张兰亭：河北正定县人，中共党员，曾从军10年。现为河北作家协会会员、河北影视会会员，拜贾大山为师，擅长写传记体长篇历史小说。曾出版过《一代名王》《武则天》《司马迁》《南越王》《赵子龙传》《白朴全传》《习凿齿传》《血噬残阳》等，编剧多部电视连续剧《细流新浦》《情系东山坳》《晶莹大道》《真情》等。曾获河北省文联、河北省作协第五界"金牛文学奖"；河北省第五届精神文明建设"五个一工程"入选作品奖；电视剧《真情》获得2005年国家"飞天奖"、第十三届中国电视金鹰奖优秀中短篇电视剧奖。2005年《求是》第21期为电视剧《真情》发表评论《奉献：共产党员的光荣天职》。

王阳明(上)全传

/张兰亭 杨廷强/著

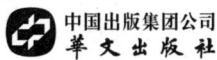

图书在版编目（CIP）数据

王阳明全传 / 张兰亭，杨廷强著. —— 北京：华文出版社，2019.5
ISBN 978-7-5075-5056-6

Ⅰ. ①王… Ⅱ. ①张… ②杨… Ⅲ. ①王守仁（1472—1528）- 传记 Ⅳ. ①B248.2

中国版本图书馆CIP数据核字(2018)第292375号

王阳明全传
WANG YANG MING QUAN ZHUAN

作　　者：张兰亭　杨廷强
责任编辑：王晓冰　李　化　杨艳丽
内文插图：王　环
出版发行：华文出版社
地　　址：北京市西城区广外大街 305 号 8 区 2 号楼
邮政编码：100055
网　　址：http://www.hwcbs.com.cn
电　　话：总编室 010-58336239　发行部 010-58336267
　　　　　编辑部 010-58336191
经　　销：新华书店
印　　刷：三河市祥宏印务有限公司
开　　本：710×1000　1/16
印　　张：49.75
字　　数：950 千字
版　　次：2019 年 5 月第 1 版
印　　次：2019 年 5 月第 1 次印刷
标准书号：ISBN 978-7-5075-5056-6
定　　价：168.00 元

版权所有，侵权必究

CONTENTS

目 录

序 ··· 1

一	浪荡天子自荒唐	上天怒目呈异象 ·················	1
二	排兵布阵修王墓	史河难觅尚兵武 ·················	14
三	刘瑾变色温柔刀	阳明里外受煎熬 ·················	25
四	继母思后欲成美	阳明用心抵谄媚 ·················	38
五	虎狼当道磨难多	阳明机智思对策 ·················	50
六	大义凛然属阳明	百般狼狈是刘瑾 ·················	62
七	杀鸡儆猴嘴脸现	魑魅魍魉欲撑天 ·················	73
八	阉人弄潮血雨飞	众志砥柱可壮威 ·················	86
九	天运不助莫彷徨	诡诈欺天笑狐狼 ·················	99
十	祸国窃贼结宸濠	阉官挥舞两面刀 ·················	110
十一	宸濠潜心窥皇祚	阳明高义不入伙 ·················	123
十二	瘸腿麋鹿偏做马	癞蛤擂鼓赚乌鸦 ·················	136
十三	邪风妖歌催人醉	铮骨丹心大义巍 ·················	149
十四	欲成大事忍为高	刘瑾三策励宸濠 ·················	161
十五	豺狼共谋纵阴风	师徒联手铁骨铮 ·················	174

十六	诸氏遭掠受煎熬	阳明王妃机缘巧	187
十七	众勇夜半星火照	王妃摔杯斥宸濠	199
十八	养正助恶救十三	娄谅年迈明肝胆	212
十九	娄谅大义斥忤逆	吴匪掘坟遭雷劈	225
二十	戴铣蒙冤挨廷杖	阳明拍案斗虎伥	237
二十一	原形毕露巧圆滑	生死关头该刑罚	248
二十二	种下祸果遮圣眼	绝处逢生遭谪贬	260
二十三	奸佞设下天罗网	赤胆忠心破伎俩	273
二十四	智善寺暗藏杀机	众志诚鬼梦桎系	286
二十五	铁超徘徊斗心魔	元亨洞观世清浊	298
二十六	江彬忐忑下江南	众志成城真伟男	311
二十七	钱塘绝处神迹现	浪飞涛助武夷山	322
二十八	无奈避雨玩易窝	偏遭土匪明抢夺	335
二十九	阳明龙场悟心道	挥却阴霾独逍遥	347
三十	阳明悲写《瘗旅文》	安氏平乱消丑闻	359
三十一	嫣儿临祸吐真言	刘瑾伏法沉贼船	371
三十二	阳明获释坐庐陵	百姓苦难得伸平	385
三十三	尘世福禄如云烟	徐爱遗宝传人间	397
三十四	尚德大义标卢珂	赣闽粤湘起兵戈	411
三十五	十家牌法黎民真	盗贼从此难匿身	423
三十六	尚德遇贼怒气冲	里应外合称英雄	436
三十七	阳明丹心保社稷	提督军务缘便宜	450
三十八	谈笑虎穴唯尚德	决胜盗匪巧震慑	464
三十九	尚德楔钉敌心脏	阳明挥手织罗网	476

四　十	战旗猎猎起苍黄	志珊凭险耍花样……………………	489
四十一	狼狈为奸生祸端	官军震怒求开战……………………	501
四十二	官军同心剿敌顽	黎民踌躇举刀难……………………	514
四十三	天凤折翅坠桶冈	尚德营造正能量……………………	525
四十四	仲安暗中布眼线	尚德卧底志如磐……………………	539
四十五	金秋曼舞祥符宫	东墙刀斧伏匪雄……………………	552
四十六	和平立县得永固	吾心光明岂可污……………………	565
四十七	阳明星夜访耆老	先朝五将终雪昭……………………	577
四十八	蛇鼠同恶结鬼胎	阳明洪都祸连灾……………………	593
四十九	大义凛然敬孙燧	心机用尽徒伤悲……………………	607
五　十	真诚相助披肝胆	孙燧丹心映日天……………………	620
五十一	宸濠设宴孙燧诀	白鹿欣受阳明学……………………	635
五十二	丰城祈凤赐船发	万民踊跃聚兵马……………………	649
五十三	布下疑兵夺南昌	宸濠优柔兵难张……………………	662
五十四	貌似大义内狰狞	强帅麾下无弱兵……………………	675
五十五	奸佞竭力谋逆狂	旗卷余孽擒苍狼……………………	690
五十六	谈笑风生觑奸诈	张忠许泰脸丢大……………………	706
五十七	圣上贪功亦作假	元亨忠诚遭囚押……………………	721
五十八	朝廷行事走浮桥	抉择思田非戈矛……………………	736
五十九	扫除八寨断藤匪	朝议方见两是非……………………	749
六　十	鞠躬尽瘁心亦然	阳明星落逝南安……………………	764

后　记………………………………………………………… 783
跋…………………………………………………………… 787

一　浪荡天子自荒唐　上天怒目呈异象

　　京城一位满腹文韬的髯翁临终遗下警句，云："大千世界，芸芸众生，岂不见鲜活生灵朝来夕往，如雨如风，如云如雾，急匆匆来，又急匆匆去，肉骨归于土，留下了善恶的空壳，自伊甸至今，真个周而复始无穷尽也。"

　　大明武宗，讳厚照，乃孝宗朱祐樘长子，其母为孝康敬皇后，弘治五年被立为太子，性聪颖，好骑射。弘治十八年五月，孝宗崩，即皇帝位，以明年为正德元年，八月立皇后夏氏。

　　武宗朱厚照，性格顽劣，贪享乐，好犬马，登基未至一年，满朝文武多有微词。这日散朝，大臣不满之启奏声萦绕于耳，回到后宫，斜倚在翡翠玉榻之下，拿起先皇和皇太后生前酷爱的九龙镂空琥珀宝瓶，抱在怀里把玩。少顷，他目光恍惚，顿觉困意袭上头来。此时，他摇摇晃晃，似乎轻飘飘离开卧榻，一白衣使者在前，两耳但闻嗖嗖之声，山川河流田野等如闪电般向后甩去。

　　武宗睡意蒙眬之中，迷迷糊糊进入一片摩天峡谷。举目一望，峰峦叠嶂，岑岩入云，离天三尺三。站在谷底的武宗，顿时吓得汗水淋漓、魂魄离身！向上仰望顿感身如虫蚁，即使微风吹来，势必扶摇直上，翻着筋斗，打着旋儿，不知身在何方。此时看来，人之卿卿性命何足为道。

　　正当他惊魂落魄、胡思乱想之际，从身后跳出一只似牛非牛、似虎非虎、似狮非狮、似鹿非鹿、嘴大似盆、狼牙利齿、头上生角、尾粗如棒的怪兽。此等四不像的奇特凶猛怪兽奔来之时，山摇地动，尘土飞扬，好不威猛！怪兽奔到武宗面前，双眼大如铜铃，寒光四射，扬起头颅怒吼三声，刹那间飞沙走石，天地为之变色。它张开血盆大口，舞动着利爪，向武宗直面扑来……

　　武宗顿时惊得魂飞魄散，手一抢，把放在榻侧的九龙镂空琥珀宝瓶碰倒了。顿时，宝瓶摔得粉碎。而武宗自己则如肉泥般瘫倒在榻上，汗水淋漓。两个侍女吓得不知如何是好。

　　原来，武宗初在翡翠玉榻上斜倚时，太监刘瑾曾侍奉在一侧，见武宗昏昏睡去，遂把他怀中的九龙镂空琥珀宝瓶轻轻拿起来放在一侧，看了看两个侍女便悄悄退了下去。但万万没有想到，先皇和先皇后非常珍爱的九龙镂空琥珀宝瓶却被摔了个粉碎！

两个侍女一个叫婵儿，一个叫嫣儿，是孪生姊妹。而那个叫嫣儿的侍女最是机灵，也最受武宗的宠爱。在后宫中凡有封号的嫔妃，包括皇后在内，都另眼高看这个嫣儿。

婵儿见出此大祸，急切地向嫣儿问道："姐，这如何是好？待圣皇醒了，如何……"

嫣儿柳眉微蹙，点头说道："婵儿，别怕，咱……"

噩梦毕，吓出一身冷汗的武宗顿时睁开了眼。嫣儿和婵儿见状，俯伏在地，就在这一刹那，机灵的嫣儿突然发现地上粉碎的琥珀瓶片中，有一个密密缝制的拳头大小的黄色锦缎包儿。她伸手拿起来……

武宗看到九龙镂空琥珀宝瓶摔碎了，又见侍女嫣儿和婵儿俯伏在地上，遂怒道："嫣儿，朕的九龙镂空琥珀宝瓶为何摔碎了？"

嫣儿跪伏于地施礼道："启奏陛下，奴婢即使斗胆也不敢直言，请陛下……"

武宗马上想起了方才噩梦，遂挥手道："嫣儿、婵儿，你们无罪，是朕方才噩梦中挥手打碎的。朕不能怪你们，你们起来吧！"

嫣儿和婵儿叩头道："谢陛下！"

嫣儿起身上前，向坐在翡翠玉榻上的武宗说道："陛下，九龙镂空琥珀宝瓶虽然摔坏了，可奴婢捡到一个锦缎心形包儿！"

武宗接过之后心里一惊，此包儿是皇太后生前用金丝线亲手缝制的，他慢慢拆开一看，竟是父皇亲笔写下的四句诀词：

> 会稽山下生奇才，
> 余姚紫气滚滚来；
> 怀胎十四五岁言，
> 保尔社稷稳如泰。

武宗大惊道："嫣儿、婵儿，此乃先皇亲笔所书诀词。至关朕的江山社稷，汝等绝不可外泄！"

嫣儿微皱眉头说道："陛下，恕奴婢多嘴，不可外泄包括对皇后和刘公公吗？"

武宗点头道："对！包括皇后和刘瑾，此乃天机，泄露者诛九族！"

嫣儿和婵儿伏地施礼道："是，陛下！"

武宗伸手拉起嫣儿，说道："嫣儿，朕知道你心思缜密，多有心机，你明白先皇这四句诀词的用意吗？"

嫣儿点头笑道："陛下，奴婢明白！"

武宗拿起写有四句诀词的黄锦缎，在燃烧的灯烛上烧了，向嫣儿说道："嫣儿，虽然朕没有册封你，没有给你名号，但朕把你和你妹婵儿，看得比皇后都重要，都知心，都更值得信任！所以，朕想请你帮朕暗中查找此人。"

嫣儿点头道："陛下，此事至关陛下的江山社稷，奴婢一个柔弱女子，怎能担当此等重任？请陛下……"

"不！嫣儿，你别推脱。朕给你写一个手谕，明天你就出宫查找此人如何？"武宗做皇帝，是因为他是先皇的长子，长子继位在历朝历代名正言顺，但他对做皇帝心里没底，加上他天性好享乐，喜欢声色犬马，感谢上天和先皇给他遗下四句诀词。一旦找到这个会稽山奇才，他的江山社稷就可以高枕无忧了。因嫣儿和婵儿是孪生姐妹，二人长相难辨彼此，所以派嫣儿私下查找此人，既不显山又不露水，还可以迷惑他人。

嫣儿点头道："既然陛下如此信任嫣儿，嫣儿定尽心尽力，万死不辞！"

武宗说道："以嫣儿看，此人当在会稽，还是在朝中或是在州、府、县为朕供职？"

嫣儿笑道："启奏陛下，此事奴婢不敢妄断，唯有调查之后才知分晓。"

早朝前，武宗在皇后夏氏百般劝说下，方才让嫔妃为他梳洗打扮。武宗站起来喝道："快，传刘瑾入宫，朕有话说！"

刘瑾，何许人也？史书记载：他本谈氏之子，孝宗时，天下凡依附中官刘姓者，皆可鸡犬升天，遂冒称刘姓，进入宫中做侍奉太监，坐法当死，然得免，阴差阳错，得侍当时太子朱厚照于东宫。后朱厚照即位，让刘瑾领掌钟鼓司，与马永成、高凤、罗祥、魏彬、丘聚、谷大用、张永均以旧恩得幸，人称"八虎"。瑾性尤狡狠，尽投武宗所好，帝大乐，遂对其深信不疑。进内宫监，总督团营，扶摇直上，几乎尽揽内廷大权。

刘瑾闻圣上急召，慢腾腾地坐起来，接过侍者奉上的清肠茶，吭了一口，却直到把这盏茶喝毕，才在侍者的扶持下，从床上起来。梳洗打扮穿戴完毕，这才走出来。几个太监不敢怠慢，搀扶着他上了武宗派来的肩舆。

魏彬从一侧走来，见刘瑾上了肩舆，揖礼道："大哥，有何急事，怎么这么早？"

刘瑾抬头一看是老五魏彬，笑着还礼道："五弟，没办法，你大哥干的就这差事，圣上急召，岂敢怠慢？"

直到魏彬离去，刘瑾才向抬着肩舆的太监说道："走吧，圣上等急了！"

四个太监听到吩咐，飞也似的急奔武宗的寝宫。肩舆刚落地，刘瑾急忙走出来，直奔到武宗面前，尚未行礼，武宗就上前搀起道："瑾儿，免礼！瑾儿，免礼！"

刘瑾喝退众人，直言道："陛下，急召奴才来，不知所为何事？"

武宗把昨夜梦中四不像怪兽之事说了一遍，惊问道："瑾儿，此乃何兆？"

刘瑾微微一笑道："陛下，此乃天意！天意！"

武宗自从登基后，把一直对他"忠心耿耿"的刘瑾视为可信之人，常当人以"瑾儿"呼之。见刘瑾如此说，惊问道："瑾儿，何谓天意？"

刘瑾皱眉道："陛下，奴才以为，陛下自登基继大统之后，皇恩浩荡！莫说民心，就是天上的飞鸟、地上的爬虫，都被陛下的皇恩笼罩。他们每天沐浴陛下的皇恩，恕奴才直言，陛下恰恰缺乏圣皇之威！"

"是吗？"武宗心里乐不可支，点头道。

刘瑾见武宗高兴，心中突生一个念想：我何不借此天赐良机，用昔日赵高指鹿为马之事试陛下，看他可否听从我的摆布。刘瑾便接着说道："陛下，自古凡成大器的君王，当立威在前，加恩于后。上天让天下臣民见到陛下，如鼠儿畏猫，羊儿怯狼，诚惶诚恐。稍微给他们点恩泽，他们都会感谢涕零，高兴得手舞足蹈，对圣上顶礼膜拜！此四不像怪兽出现，就是警示陛下，说白了，老虎总不发怒发威，臣民会以为陛下是病猫。陛下，这是上天赐予的一个上佳之梦！"

武宗大喜道："瑾儿，太好了！"

刘瑾心里在笑：好个傻大小子，果然听凭我的摆布！

这天早晨，身为朝廷少詹事的王华在步入朝门的路上，恰与五官监侯杨源相遇。待叙礼毕，王华问道："侯爷，今日为何紧锁眉头，有何不快之事？"王华，字德辉，号实庵，余姚人氏，明成化十七年状元。

杨源点头道："是啊，今日本侯入朝，必向当今圣上奏本！"

王华叹道："侯爷，下官深知侯爷为人，但眼下时势变幻，切莫快一时直谏，而重蹈下官的后尘。"

王华言外之意，即前两天，他因力谏当今圣上，受到廷杖之责。虽然朝臣们都明白，王华是在为当今社稷安危进言，但却忤逆了圣上之意，故而当众遭受廷杖之责！

杨源拍着王华肩头说道："德辉兄弟，朝中文武百官皆知你的人品，大家都在为你鸣不平！今日老夫不怕，老夫曾侍奉三朝圣皇，心如明镜，不贪、不占、不私、不枉，一心为当今社稷，心中有本必奏，我看陛下如何！"

"侯爷，请三思！"王华大声道。

武宗把刘瑾当作他的主心骨，按临朝之法，作为后宫的太监，尽管刘瑾当时已权倾后宫，朝中文武百官都知道他的奸诈和歹毒，但他无论如何是不能在金銮殿参政议事的。武宗却偏给他大开方便之门，在百官面前，特允他侍坐一侧，这比昔日皇太后垂帘听政，更让人觉得可敬可怕！

今日武宗临朝，非同以往，文武百官朝拜，当他说罢"众卿平身"之后，便收敛以往的笑脸，双目炯炯，大声说道："众卿，朕昨夜做了一梦，一只四不像的怪兽张牙舞爪向朕扑来，此乃何意？"

文武百官听后先是一惊，继而皆缄口不语。独户部尚书韩文施礼奏道："启奏陛下，依臣之见，此乃江山社稷之凶兆，陛下当警醒！"

武宗怒道："韩文，何谓凶兆？你须仔仔细细说来，否则，朕决不饶你！"

枪打出头鸟！这正是今日武宗所要的皇威。但韩文及文武百官哪知道武宗的心思。韩文皱着眉头说道："启奏陛下，依下臣之见，世上万事万物的安排和决定，皆由上天来定。陛下位在九五之尊，故而称天之子！既然陛下受命于上天，那么，上天的安排和决定，必然会通过梦境、异象等诸多方式警醒于陛下，此皆常理！"

武宗把手一挥道："韩文，你别东扯葫芦西扯瓢，直言何谓江山社稷的凶兆？"

文武百官皆摇头相叹，大明江山社稷，偏由武宗这样一个怪人执掌！碰上他既是众人的福祸运道，也是众人无法躲避的缘分，谁又能跳出事外？

韩文索性奏道："陛下，四不像本乃凶煞恶兽！它之所以张牙舞爪，向陛下直面扑来，其寓意在于，从此之后，陛下的江山社稷，将慢慢陷入劫难层出不穷之地！"

武宗拍案大怒道："韩文，你信口雌黄，蛊惑百官，意在忤逆朕！"

韩文大声道："陛下，下臣真心相告，岂有他心？乞请圣明陛下明鉴！"

此时，坐在一侧的刘瑾把双手攥成拳，向武宗传递一个暗示：陛下，对此等藐视天子、胡言乱语之人，必重罚！

武宗怒道："来呀！韩文大逆不道，廷杖三十，去其爵位，打入天牢！"

杨源从文班中出，施礼道："陛下，且慢，杨源有本奏！"

武宗一看，阶下施礼者，乃当朝顾命大臣，且是侍奉三朝圣皇的元老，五官监侯杨源。他换了一种口气说道："杨爱卿，你有何本要奏，莫不是与大逆不道的韩文有关吧？"

杨源环顾文武百官微微一笑道："陛下，老臣正是此意！"

武宗一时哑然，长叹一声，向奔上殿来的锦衣卫一挥手，示意众人退下。

杨源开口道："陛下，昨夜子时，下臣焚香更衣，站在观星台上夜观天象，果有异象现矣。"

武宗一听顿时来了精神，脸上的怒气一扫而光，遂笑道："杨爱卿，上天现何异象，快说给朕听！"

"陛下，正值子辰，天狼凶星时现时隐，继而星云涌动，让老臣甚是惊诧！此乃老臣观星象三十余年来，见所未见、闻所未闻之异象，恰与陛下夜中所梦四不像之怪兽，张牙舞爪向陛下扑来，如出一辙。故而，老臣深信，此乃上天警示，陛下不可不察，不可不信！"

听到五官监侯杨源的话，武宗顿时心慌意乱，惊问道："杨爱卿，今朕之江山风调雨顺，万民乐业，边陲无战事，文武百官各司其职，莫不是杨爱卿老眼昏花，指鹿为马，谬说天象吧！"

杨源厉声道："陛下，自古'君前无戏言'。臣自当忠贞不贰！况且下臣曾侍奉三朝圣皇，岂敢在陛下和文武百官面前戏说天象？老臣今忠言逆耳，良药苦口，陛下当三思，何故疑惑老臣之奏？"

武宗见杨源一改昔日慈眉善目，大声质问他，心中想道，倘正如杨源老匹夫所说，此是罕见天象，确实令人担心！杨源在朝中素有贤名，两朝先皇都曾亲临他的府宅，登门向他问安，为他祝寿。他是大明根基之重臣，难道朕和瑾儿早晨商议的皇威之事，在杨源老匹夫奏本之下，皆成了过耳之风和过眼之流云吗？

武宗把目光转移到坐在下首一侧的刘瑾身上。此时的刘瑾，正怒火攻心。他想，虽然朝中文武百官皆知五官监侯杨源素以夜观星象见长，两朝先皇都曾多次主动向他询问星象，且此人刚正不阿，以直谏闻名于朝。但今日谁让他偏撞在枪口上，我正巧借傻大小子的大炮，铺就我的坦荡大道，遂提笔匆匆写了几个字，示意身边的侍者奉于武宗。

武宗正愁束手无策，不知如何对付元老之臣杨源，当他看罢刘瑾写来的字条，双目怒瞪，拍案大怒道："杨源老匹夫，你今日别倚老卖老，今之天下乃朕之天下，朕岂能容你在此蛊惑朝臣、指手画脚，杨源老匹夫，你知罪否？"

杨源听了武宗的话，顿时如五雷轰顶，怒发冲冠，怒道："好个荒唐至极的糊涂皇帝！老夫尽吐肺腑之言，一腔忠心赤胆，偏遇到你这个皇帝好坏不分，是非不明，黑白颠倒，正邪不清！可怜、可悲、可怒、可气，要杀要剐随你处置！"

武宗欲树皇威，高喝道："殿前左右御史何在？"

两个威风凛凛、虎背熊腰的披甲之士快步趋前，说道："启奏陛下，下官在！"

武宗从金銮宝殿的九龙座椅上下来，奔到杨源面前，指着他的脸怒道："老匹夫，昔日殷纣王一怒之下，曾取亚相比干之心！朕是个文明之君、斯文之君，操刀剜心这种血淋淋的事朕不干！这样，今日朕要换一种惩罚方法。杨源老匹夫，朕赐你廷杖三十，籍没你五官监侯、麒麟阁大学士之职，然后打入天牢，听候发落！"

见武宗如此，王华奔出班列，施礼高声道："启奏陛下，万万不可！万万不可！"

武宗一看是当年给先皇侍讲的近侍王华，立时又想起他曾讲过的唐朝李辅国与张皇后表里用事的典故。正是由于王华向先皇讲了这个故事，导致先皇大怒，当众责罚了正在嬉戏的他与太监刘瑾，害他在东宫足足养了一个月。后来，刘瑾添枝加叶，有意中伤王华，使仇恨的种子在武宗心里牢固扎了根。武宗心想，朕正愁找不到惩罚王华的借口，今他反倒主动找上门来，便冷笑着质问道："好个刁钻、能言善辩的王华！朕记得，当年你做先皇侍讲之时，你借口那个唐朝李辅国和张皇后表里用事进言。就为这件和朕八竿子打不着的事，先皇廷杖朕三十！三十棒啊！朕把它牢牢记在心里！"

王华说道："陛下，自古以古为镜，可以正人心、明得失，可以借鉴以往而知今日之事，下臣错在何处？陛下总不能失天下之心，用欲加之罪，又要廷杖下臣三十吧？"

"哼，四海之内，率土之滨，唯朕称九五之尊。凡忤逆朕者，朕岂会轻易放过？"武宗说到此处，刘瑾又煽风点火让近侍递上一张字条，只见上面写道："陛下，王华乃朝中难得的尤物，自古慢火炙鱼，最是上策！今日赏他三十廷杖，来日让他欲死不能、求生不得，做个活靶子，煞是好玩。"

武宗笑道："王华，朕乃大明之主，方才只不过戏言尔，你是否要为杨源求情？"

王华说道："陛下，公道天理在上，但为人臣者，岂能不为之？下臣当然要为三朝元老杨大人鸣不平，难道不应该吗？"

"好！王华不愧吾朝忠贞之士！这样，今朕借此问文武百官，何人心意如王华，请班列一侧，让朕看看！"武宗笑眉笑眼说道。

文武百官见圣上如此，以为他暴戾之心已经收敛，众人压在心口的重石顿时消失殆尽，都长长舒了口气，金銮殿的氛围轻松了许多。有臣竟高声道："天运使然，我朝有望啊！"

武宗听不得满朝文武乱哄哄地你言我语，高声道："朕方才说了，何人心意如王华，请单列一侧，让朕看看！"

话音一落，文武百官哑然互视，自有奋勇者皆匆匆班列在王华之后。但其中有一些老谋深算的老臣，也有一些和后宫有关联的文武官员，他们深知武宗在太监刘瑾怂恿之下，不但越发贪玩、享乐，而且心机重重，又岂是奸诈二字可表。他们原地不动，各自强沉下心来，想着一会儿倘武宗问起罪来的应对办法。

坐在一侧的刘瑾心花怒放，没想到陛下心机如此大进，比自己更胜了一筹。他连连向武宗点头，两眼喜悦之光陡生，高声说道："陛下啊，奴才高山仰止！"

武宗见文武百官中，有的人还在犹豫不决，又大声问道："你们中间有人还犹豫什么，当断则断嘛！"

过了片刻，泾渭分明，在王华身后站了将近半数的文武官员，当王华侧目看时，和他深交的都察院右金副都御史孙燧以及首辅大臣杨廷和二人却站在原地不动。此时，杨廷和的目光恰与王华的目光交织在一起，杨廷和轻轻摇摇头，继而又点点头，王华和他相视一笑。

武宗见状，转脸怒道："来呀！廷杖王华三十，将王华身后的文武官员登记在册！"

杨廷和，字介夫，新都人，现为先帝顾命辅政大臣、首辅大臣。他深知武宗自乱朝纲，且有太监刘瑾为虎作伥，遂高声喝道："陛下！你好糊涂啊，你这是在搬起石头砸自己的脚！陛下不能自毁江山社稷吧？"

在杨廷和走出班列的同时，另外三个辅佐大臣相继走出来，与杨廷和齐刷刷跪伏在大殿上。

这种场面是武宗无论如何也预料不到的，有道是立皇威，要抓住理，让文武百官从内心折服。现在武宗和刘瑾的想法是鸡蛋里挑骨头，甚至是无理显摆皇威，这样的做法会让文武百官和天下苍生寒心的！虽是大明的皇帝，是万尊之躯，但他有些胆小，有些惧怕，万万不可引发众怒，一旦失信于文武百官，那大明的江山社稷会很快土崩瓦解的！

武宗有些慌乱地说："杨爱卿、刘爱卿等免礼免礼，平身！"

杨廷和站起来说："陛下，今日之事，陛下有失公允！但是下臣等作为先皇的顾命大臣，受命辅佐陛下，如陛下的船偏离了航线，下臣等再打一把舵，让船回归到大明江山社稷所要的航线。请陛下收回口谕，赦免韩大人、杨大人、王大人等之罪，非如此，不足以使文武百官折服，请陛下三思！"

立皇威这件事到了这种地步，武宗已经无话可说，他看了看坐在下首的刘瑾，叹道："众卿，昨夜朕醉酒深厚，今差点铸成憾事，幸亏杨爱卿、刘爱卿等力挽狂澜！好，朕赦免杨爱卿、王爱卿等人之罪，过去先帝曾降罪己诏，今朕口谕收回……"

武宗回到后宫，向刘瑾怒道："瑾儿，依朕看，这皇威之事以后再说吧！若朕失信于文武百官，朕的大明江山就彻底完了，朕不能再做这样的荒诞之事了！"

刘瑾见武宗发怒，急切地俯伏于地，叩头道："陛下，奴才罪该万死！罪该万死！"

"瑾儿，起来！起来！你也不必如此。朕明白你的一番良苦用心，你也是为了朕的江山社稷，皇威之事，依朕看，不做也罢！"

刘瑾站起来后，先给武宗斟了杯热茶，笑着趋近他的身边，正色道："陛下，不，皇威之事，陛下必须做！不过，陛下当找一个合适的机会、合适的场合才好行事！"

待刘瑾等退下，武宗向近侍婵儿问道："婵儿，你姐没回来吗？"

婵儿摇头道："没有，陛下。"

散朝后，杨廷和、孙燧在门外和王华见了面，三个至交想起金銮殿之事，不约而同哈哈大笑起来。

杨廷和向王华说道："老兄，你别光顾高兴，工部不是派贤侄到河南浚县督造威宁伯王越墓吗？他这一走几天不见，还真有点想他呢！他有消息吗？"

"是啊，王兄，方才我也有此意。看来阳明这孩子挺招人待见，几日不见，我也想他呢！"孙燧，字德成，和王华同为余姚人，现为右佥副都御使。他接过杨廷和的话，笑着向王华说道。

王华点头道："二位仁兄，实不相瞒，前日犬子来信，说近一两日回京。"

就在三人站在朝门口闲聊时，一个七品官的县令向他们走来。只见他头戴珠翠五翟冠，身穿大红纻丝大衫，深青纻丝金绣孔雀褂子，青罗金绣孔雀霞帔，抹金银坠头。身后跟着两个县衙的差役，其中一个牵着一头长着五条腿、三只耳朵的大青驴。或许是异驴奇观，很多人都在指指点点，议论和见证这头怪异的五腿三耳驴。大街上竟有人高喊："快来看啊，青县的五腿三耳朵怪驴来啦！"

大街上，青县知县牵着怪驴向朝中进献，而此时后宫内玉成大殿前，武宗在嫔妃的拥簇下，正兴高采烈地观看相扑。其实如同市井间的两个男人摔跤，只不过后宫搭了个大木台，有擂鼓鸣锣助阵，甚至还找来些卖冰糖葫芦和捏泥人的，把整个后宫搞得如同市井一样热闹。武宗坐在台下，刘瑾媚笑地向武宗说着什么。看到动情处，武宗有时大喊大叫，有时笑得前仰后合。

又过了一阵，或许看腻了相扑，武宗突然向刘瑾说道："瑾儿，这相扑有何好看的，两个汉子相抵，比的是力量和技巧而已，你还有没有新花样，让朕彻底放松放松！"

刘瑾叹道："陛下，这世间大凡能玩的、能乐的、够刺激的，奴才都已给陛下呈现过。如今，奴才真的再拿不出什么新玩意儿来逗陛下欢心了，请陛下恕罪！"

武宗突发奇想道："瑾儿，朕想看看男人和女人摔跤，这件事你万不能想到吧？"

刘瑾哭丧着脸叹道："陛下，这件事奴才委实想过！奴才担心摔跤汉子粗野莽撞，万一失手摔伤了宫内嫔妃，奴才担当不起呀！故而，奴才早有其想，但一直没有说出来。"

两个摔跤的汉子正如两只斗鸡，都摔红了眼，实在难分高下。他们都有一种不把对方摔倒不罢休的想法，因为武宗皇帝有言在先，获胜者立赏十两白银，为了十两白银，两人势同水火，摔得难分难解。

武宗说道："瑾儿，你知道的，后宫的妃子们不是在为侍寝明争暗斗吗？这样，一个皇妃出三个宫女，让三个宫女和一个汉子摔，哪个妃子的宫女摔倒了汉子，朕就让哪个妃子侍寝。若如此，这摔跤的场面啊肯定不同以往，瑾儿，你看如何？"

刘瑾拊掌点头道："陛下，如此最好！"

两个汗流浃背的摔跤汉子停了手，刘瑾向他二人说着什么，末了，按武宗口谕，每个皇妃挑选出属下身强力壮的三个宫女，用刘瑾的办法，摔跤男子用黑布遮面，然后，任三个宫女上前抱之而摔。

武宗呡了口茶，又如同数年之前做东宫太子时一样，一手拥着娇美的皇妃，一手持汤盏，说道："摔吧，朕看高兴了自然立赏。"

正当武宗目睹三个宫女与一蒙面汉子摔跤时，礼部右侍郎，现已升为吏部尚书的焦芳匆匆入后宫，与刘瑾相见。

焦芳，泌阳人，他与刘瑾亲近，将其视为密友。他向刘瑾施礼道："千岁爷，下官按千岁所示，这王华之子王阳明真的与众不同，着实让下官费了心思。"

原来，刘瑾倚仗武宗权倾天下之后，他的八虎之友向他密告，说首辅大臣杨廷和与孙燧、王华两人关系最好，三人时常在一起议论朝政，且三人素日来往密切，如同异姓兄弟一般。刘瑾心想，今武宗当政，欲成大事，只要抓住杨廷和、王华、孙燧，包括他们的家人一点儿把柄，他就能为三人罗织罪名，而后一举斩断王华和孙燧，让这个首辅大臣杨廷和失去左膀右臂，故而他把监视王华的事交给焦芳，而孙燧则由他的另外一个密友张彩监视。

今焦芳的下属入京，向他禀报，王阳明入仕后，按刘瑾之意，由工部派遣其到河南浚县为威宁伯王越修建陵墓。这是一份苦差事，不仅劳心费神，弄不好会受到朝廷的责罚。但王华和王阳明，包括杨廷和和孙燧，哪里知道其中的这些关联。

刘瑾还礼笑道："芳兄弟，怎么样，王阳明这小子有什么表现吗？"

焦芳说道："千岁爷，有啊！有啊！"

刘瑾把手一挥道："芳兄弟，别介，鸡零狗碎的破事儿，爷看不到眼里，要说就说顶要紧的！"

刘瑾这句话打乱了焦芳的思绪，他想了想说道："对，王阳明按职责所在，应当一心一意修坟，可他却让那些修坟的民工，大白天张旗明号、列队、操刀、射箭、格斗，这哪里是修坟呢？分明是训练民工，试图造反啊！"

此话正是刘瑾所要听的。刘瑾喜道："好啊，这个情报很重要！这样，芳兄弟，你作为吏部尚书，好好跟踪王阳明，把他的每日活动都记录下来。记住，先不要惊动他，更不能打草惊蛇，咱让王阳明尽情做！直到他做足了，够分量了，到那时候咱连他老子王华，还有那个软硬不吃的孙燧一窝端。咱只要把杨廷和的左膀右臂斩断，仅剩一棵独木，那这个先帝遗命的首辅大臣，势必徒有虚名。咱再轻轻一推，他就彻底了账，玩完！"

焦芳瞪着一双奸诈的眼睛，连茶也顾不得喝，直盯着刘瑾，他怕漏听了一句话！他又献媚地说道："王阳明今日当回京，下官一直派人盯着他，一旦有情报，下官定当第一时间禀告千岁爷！"

"好！"出于昔日仇恨之故，刘瑾说到这儿，突然皱起眉头，站起来在焦芳面前徘徊。在刘瑾面前，焦芳岂敢再坐，他也站起来，不知所措地看着刘瑾。千岁爷到底在想什么呢？

刘瑾转身说道："芳兄弟，八年前，这你知道的，王华做经筵侍讲，他向先皇讲述唐朝李辅国和张皇后表里用事、祸乱后宫之事，恰此时，爷陪着当今陛下逗鸡斗狗，先皇当众杖打陛下，责罚爷三十杖，这个仇恨爷铭刻在心里！现在好了，陛下登上九五之尊，这王华，包括他的杂种儿子成了爷砧板上的鱼肉！"

"千岁爷，咱动刀吗？"

"不！你近前，爷自有妙策！"刘瑾诡秘地一笑，示意媚笑的焦芳到他身边来。

王阳明，初名云，由一云游的道士异人为之起名为守仁。他自幼聪慧超人，五岁开口说话，以后能吟咏祖父读过的诗文。父亲王华中状元后的第二年，王守仁随父入京，途经镇江游金山寺时，在席间即兴赋诗《金山寺》：

金山一点大如拳，
打破维扬水底天；
醉倚妙高台上月，
玉箫吹彻洞龙眠。

王守仁十七岁时回余姚，后赴江西南昌与诸氏完婚。时任江西布政使司参议诸让，字养和，余姚人，因是王华相契的至交好友，故很早便把女儿托付于王华家。后来，王守仁偕夫人诸氏回余姚，途中拜访名扬天下的理学家娄谅，请教程朱理学，自建阳明洞，招收学生讲学，从此守仁更名阳明。直至弘治十二年，王阳明二十八岁时中进士入仕，在工部观政。

从河南浚县骑马归来的王阳明，进入京城的大门，越发有些激动。王阳明入仕受命的第一件事，就是为曾经威震北房的大将军王越修建威宁伯墓。现在王越墓即将完工，按王越家人之意，他须回朝中，当面请示几件事。两个仆人也乘马紧随其后，入得京城大门，他向仆人说道："到了！咱总算到家了！"

这时，有两个放荡娇艳的女子，不知如何竟在他的马前跌了一跤。王阳明急切飞身下马，上前搀扶倒地的女子，他刚搀扶一女子的胳臂，此女子的衣袍顿开，不仅露出女人的红肚兜，还裸露出半个白皙皙的嫩乳房来！

这女子急切地抓住王阳明，大呼大叫道："天啊！你竟敢光天化日之下，调戏猥亵本姑娘，今后让本姑娘如何见人啊！"

另一个女子，急切地上前死死抓住王阳明，也大呼大叫起来……

此时巡城的官兵没来，但早已埋伏在四周的七八个打手，不约而同、呼啦啦拥上来。

作为一个男人，在此场合下终是百口难辩。

王阳明一边推搡两个死死抓住他的女子，一边大声喝道："天地良心，我王阳明绝无亵渎两位姑娘之意，我的两个仆人可以为证！"

王阳明见众汉子持刀舞棒奔来，他快速想到在正常情况下，岂有一搀扶就扯开姑娘衣袍之理？呃，他明白了，这分明是有人陷害他！他迅速做出了判断。

围上来的七八个汉子分明是有备而来，这两个女子，不过是诱饵！看着他们持刀舞棒的气势，今要置王阳明于死地啊！即使今天死了，还要背上个骂名！

王阳明见两女子死缠烂打，他用尽全力大吼道："汝等分明要陷害我！"随之两个女子倒在地上。他见两个仆人被人围住厮打，就势一滚，奔到马前，取下长剑。但是来者有备而来，个个会武功。

王阳明胆大心细，待他看清了来者的套路，先向为首者卖个破绽，继而娴熟地飞出一脚！

二　排兵布阵修王墓　史河难觅尚兵武

王阳明从小习武，好骑射，从五岁至今二十八年，他向来手不释刀，口不离诗文。此一脚有力道、有分量，如千斤铁锤击物，已把为首者踢到丈八之外，当场昏死过去。

正所谓"欲威震群汉，首制为首者"。众汉见王阳明绝非一般人，吓得不敢近前。

王阳明笑道："好，看我陪你们练练吧！"

王阳明手握长剑，目光锐利，他手舞长剑先是雄鹰展翅，次而草蟒出洞、飞龙冲天，继而雪花漫舞疾风吹……顷刻之间，围攻他的群汉，刀剑棍棒皆失手。王阳明纵身一跃，仗剑腾空，敛身趋势，飞展左脚，好个精妙绝伦的连环踢。

两个仆人奔上来，见围攻他们的汉子都倒地呻吟不止，上前向王阳明说道："少爷，捆了他们送官府吧，咱不能轻饶了他们！"

王阳明摇头道："得了，由他们去吧，咱回家！"

见父亲王华和继母赵氏站在门口，王阳明急忙飞身下马，快步奔至父母面前，急切抚衣正冠，俯伏在地施礼道："儿阳明，今从河南归来，拜见父亲、继母大人！"

两个仆人也随王阳明俯伏在地，施以大礼。

礼毕，王华笑道："儿啊，起来吧！"

王阳明站起来说道："谢父亲、继母大人！"

以王阳明的性格，但凡在外边处理好的事，回到父亲和继母面前，就不会再絮絮叨叨。所以，他除了向父亲和继母问安之外，并没有主动多说什么。

王华为儿子归来，自是准备一桌丰盛的菜肴和烈酒。王华笑道："儿啊，刚才我看你脱下的外袍，不但破烂了，还有血迹，路上你是摔伤了还是碰伤了，实话告诉爹。"

继母笑道："儿啊，刚才我问了随行的仆人，多亏你从小习武防身，若不然……凶多吉少啊！"

见继母知道了内情，王阳明不敢隐瞒家人，把入京城大门后的遭遇详细说了，他叹道："爹，孩儿一向不惹事，不知这是何人所为？"

王华皱眉道:"儿啊,也许是爹的仇家知你从河南浚县归来,故意拦路找你的麻烦,多亏我儿从小习武防身啊!"

王华的话一出口,又觉得非常惭愧。他拿着竹筷,向阳明笑道:"儿啊,这个莲子清蒸鲶鱼,是你继母精心为你做的。来,尝尝味道如何?"

继母说道:"他爹,世态炎凉,好人难做!咱守仁只能文官武卫,你以往被人家欺负便也罢了,咱守仁绝不能走你的老路!"

王阳明皱着眉头,把竹筷伸到莲子清蒸鲶鱼盘前,又悄然抽了回来,他问道:"爹,谁是咱家的仇家?您老告诉孩儿!"

王华摇头道:"儿啊,咱家没仇家,来,吃鱼!吃鱼!"

当王阳明正在屋内翻看兵书《文韬》时,王华悄悄走过来说道:"儿啊,你刚入仕,朝中差你做的第一件公务,对你以后的仕途很重要。儿啊,不是爹不愿意让你在家,你把京城之事办妥之后,马上回河南浚县吧,咱还真要防止节外生枝啊!"

王阳明与坐在一侧的诸氏急忙站起身来,夫妻双双向王华施礼。王阳明扶王华坐下,说道:"爹,儿奉命修建威宁伯王越墓,不能侍奉爹和继母茶水,请爹见谅。不瞒爹说,孩儿正有回河南之意!"

王华拿起王阳明所看的兵书《文韬》,皱眉道:"儿啊,从今往后,你还是多看些四书五经吧,这些兵书与你的文职相差甚远,何必再费这些心思。"

"不,爹,大明江山社稷,正值多事之秋。正所谓北虏南倭犹在,咱要为朝廷效力,要保家卫国,文官倘不懂兵法,遭遇战事,岂不束手待毙?"

"儿啊,话是这么说,自古'武将效死,文臣效忠'。况且,'兵者,凶也'。儿还是三思为上!"

"爹,您是知道的,儿从小喜欢刀剑骑射,《孙子兵法》是儿的至宝。汉代马援前辈的'马革裹尸还',是儿崇尚的将者最高境界!就说朝中刚离世的威宁伯王越老将军,他的战法,令北虏至今丧胆。儿子的一双手,一手习武,一手习文,文武合璧,互为依存,缺一不可!"

王华明知儿子说得句句在理,但他想到早逝的夫人,只给他生了这么一个聪明过人的好儿子,现在续弦赵氏又无生养,在他这一支上,王家仍是单传,他这才不想让儿子从武,目的就是要保守和延绵王家的子嗣。人生天地间,既要做到孝顺爹娘,但还有一句话更为重要,那就是"无后为大"。

王华正色道:"儿啊,你这次离京,可以带你媳妇同往。说心里话,爹和你继母多想享受儿孙绕膝的天伦之乐啊!"

见爹如此说，王阳明立时哑然。

次日，王阳明带着两个仆人匆匆离京归河南不提。且说杨廷和独自回府的路上，联想今日朝堂之上，身为大明江山九五之尊的武宗竟做出如此荒唐之事，心中的郁闷，怎么也缓释不开。作为首辅大臣，真的感到有些力不从心，关键是以享乐贪欲为荣的武宗，本性如此，再加上常侍他身边的刘瑾作伥，要拨乱反正，实在太难了！

正当杨廷和低着头、袖着两手走近府宅门口的时候，她的宝贝女儿婉婳穿着一套艳丽的袍裙从一侧悄悄奔到他身后，想用手捂住他的两眼，但她根本够不到，无奈只得把花手帕一扬，大声笑道："爹，你想什么呢？连婳儿也看不到！"

杨廷和笑着拉住女儿婉婳的手说道："婳儿，爹正想你，爹的宝贝女儿！"

婉婳今年十几岁，杨廷和年轻时无子无女，直到过了中年，上天眷怜，才得婉婳这个独生女。杨廷和晚年得女，对婉婳可谓含抚皆怕有失，集夫妻二人万般宠爱于女儿一身。

婉婳天生丽质，长得淑美。她笑着说："爹，今日姨娘带俺见一头五腿三耳朵怪驴，听说皇上要当众杀那怪驴呢！"

婉婳的话一出口，从宅院走出杨廷和的夫人和婉婳的乳娘。身材姣好、长得俊美的中年乳娘高声说道："老爷，莫非朝中真有传闻，皇上要杀那头怪驴吗？"

其实杨廷和除了在朝门外见过那头怪驴，其他一无所知。不过，根据武宗的为人处事，他绝对是要当众杀掉这头怪驴的。听到乳娘如此说，他皱眉道："我刚从朝中回府，并没听到圣上的口谕，但话又说回来，以圣上的秉性，这怪驴肯定活不长，谁让它是天降的怪胎呢！"

在饭桌上，婉婳问："爹，听说阳明哥哥回家了，他怎么不来看我，我想吃了饭去见他！"

杨夫人问道："老爷，贤侄真的回京城了？"

杨廷和夹一口菜点头道："是啊，他有事回京城，办完就回河南，只怕没时间到咱家来！"

婉婳听后说道："爹，可是我想见阳明哥哥！"

杨廷和笑道："婳儿，这次你阳明哥哥确实有事，下回他再回到京城，爹让他见你行吗？"

婉婳笑着说道："爹，你说话算数！"

杨廷和点头道："婳儿，放心，爹的话一定算数！"

王阳明走后第三天，孙燧和王华匆匆来到杨廷和家。孙燧把王阳明回京没进家门前，遭人陷害和围攻的事告诉了杨廷和。

王华叹道："杨兄、孙兄，你们说，要不是他从小习武能防身，岂不早成了人家的刀下之鬼！"

孙燧皱眉道："哼，依我看，这是后宫大阉官刘瑾所为！他一定是在为当年的事报仇！"

杨廷和点头道："我早就说过，这个大阉官头顶长疮，脚下流脓，这种陷害人的勾当，舍他其谁？"

王华长叹一口气，过了许久说道："其实，这些年我心里清楚，自从先皇归天以后，在朝中我处处小心侍奉，尽职尽责。这次要不是杨兄出面力挺，恐我也难逃劫难！"

孙燧点头道："自古独木难成林，蚍蜉难撼大树。咱们三人联在一起，不是结党营私，只是求得自保，对朝廷大义，没有丝毫损害。这是咱们对付后宫大阉官刘瑾之流的最好办法！"

杨廷和挥手道："其实，二位老兄明白，'物之所以类聚，人之所以群分'，这是人的本性使然。我从内心推崇二位仁兄，从无害人之心，为朝廷做事尽职尽责，不敢有一点怠懈。更加上二位仁兄，刚正不阿，光明磊落，既有忠孝之心，又有侠骨柔肠，用至善至美可能有些不妥，应当是世人公认的有良知、有公德、有大义的大好人。有句话怎么说来着，'试金要烧三日满，辨人须待十年期'。咱们在朝为官这么多年，你们二位仁兄选择了我，我同样也选择了二位仁兄！"

"所以'一个好汉三个帮，一个篱笆三个桩'。物竞天择，我们三人心知肚明，此心光明走在一起，成为世上公认的三挚友！"孙燧笑着说。

杨廷和给二人斟上茶，坐下来说道："王兄，刘瑾这次未得手，而且贤侄一人击溃了他的属下，恐怕他不会善罢甘休！"

王华皱眉道："咱们须商议个对策，害人之心不可有，但防人之心不可无！杨兄，你看如何是好？"

王阳明打退了焦芳的属下，这让奸诈心狠的焦芳大为震惊！他真的没想到，王家父子，不仅文才盖世，武功竟也如此了得。他看着被打成重伤的为首者，怒道："你们这帮蠢货，这回把老子的脸丢大了！你们说，偷鸡不成蚀把米，怎么向千岁爷回禀？"

为首者从地上强爬起来，抬起头，叩道："家主，小的该死！小的该死！"

焦芳长叹口气，把手一挥："滚！全给老子滚！"

焦芳深知，千岁爷刘瑾做这种事，一向极其认真，从不虎头蛇尾，他一定在等结果。唉，我该怎么办呢？躲、等，都不是办法，因为时间不饶人，无论如何，就是觍着脸，今日也要去拜见千岁爷！突然，焦芳想到了张彩，他一直负责盯孙燧的梢，我先去见见他，看他有何良策，也好在千岁爷那儿交账！

刘瑾第一次见张彩时，见其高冠鲜衣、白皙修伟、眉须蔚然、词辩泉涌，特别喜欢，当众执其手说："子神人也。"不过，张彩极其好色，在刘瑾庇护下，被提升为太常少卿，闻知抚州知府刘介是其同乡，又知其妾美，便盛服见刘介说："子何以报我？"刘介惶恐谢道："下官一身之外，皆为公物。"史书载："彩使人直入内，牵其妾，舆载归。又闻平阳知府张恕妾美。数次索之不予，遂令御史张仑致其罪，拟其戍边。恕急献妾，始得脱。"不过，刘瑾十分欣赏他。就凭这一点，焦芳决定搭上张彩，或许可以在刘瑾面前免祸。

两人相见，焦芳毫不掩饰，把欲陷害王阳明的事和盘托出。张彩惊道："焦兄，为何如此？"

焦芳道："这件事是我看走了眼。我只把他王阳明当成手不能拎、肩不能担的弱文官，哪想到他竟有如此手段！事情办砸了，无脸向千岁爷交代，今至此特来讨一救命赎罪之法，还望张兄慷慨相助，让我无论如何也要渡过这一关！"

张彩转而笑道："焦兄，你我皆为千岁爷的心腹，你的官帽，我的官帽，皆是千岁爷赏的。依我看，只要你用心做了，千岁爷就不会怪罪你。听我的，你直言相告，准保无虞！"

果如张彩所说，刘瑾眯缝着两眼坐在软椅上听着俯伏在地的焦芳说毕，反而站起来，上前把焦芳搀起来说："焦兄弟，这好啊！你大可不必如此！你此番行动不但无罪无过，还有功呢！"

诚惶诚恐的焦芳简直不敢相信自己的耳朵。后宫人素知，刘瑾一向杀人不眨眼，今为何如此大度，简直不可思议！他会不会在试探我、取笑我？遂越发俯伏在地，叩头说道："千岁爷，莫说笑话，下官愧不敢当！愧不敢当啊！"

刘瑾佯怒道："焦兄弟，爷的话一向只说一次，除了面见圣上，绝无复语，你起来坐下说话！"

张彩伸手搀扶道："焦兄，千岁爷一口唾沫一个钉，起来听千岁爷的训示。"

这也确实是刘瑾万万没有想到的，王华之子王阳明竟然会武功，且武功竟如此高超。他背手在屋内踱步，转身说道："两位兄弟，古人云'以其人之道还治其人之身'，爷通过这次行动，起码知道了王阳明的底细，这是好事！"

张彩和焦芳站起来，俩人互视了一会儿，便齐声道："千岁爷，这是好事？"

老谋深算、善于攻心的刘瑾突然哈哈大笑道："你们想啊，兵法中有'知己知彼，百战不殆'。爷呢，接下来就会看菜吃饭、量体裁衣，爷给王阳明量身定制，看他如何逃脱爷的手掌心！"

待刘瑾说罢，焦芳恭维道："好，千岁爷高明！孙悟空即使一个筋斗十万八千里，纵有七十二般变化，但无论如何也跳不出如来佛祖的手掌心儿，倘再有机会，看我不弄死他！"

刘瑾作色道："焦兄弟，你呀，根基太浅！以爷现在的权势和地位，借故杀死老匹夫王华和王阳明，简直易如反掌！就算他没碴儿，没事儿，派几个蒙面之人，大白天到他家里杀了他全家，谁又能知道是爷所为？就算知道了是爷所为，只要圣上不点头，谁能奈爷何？"

至此，张彩和焦芳似乎坠入了五里云雾，简直不知天在何处，地在何方。两人一时摸不清千岁爷刘瑾的头脑里到底在想啥。

张彩皱眉道："千岁爷，此乃何意？下官和焦兄弟一头雾水，请千岁爷指点迷津。"

刘瑾有板有眼说道："你们知道，杀一人手起刀落，痛苦和疼痛只在一瞬间！这种办法对付一般的仇敌还算合适，但对爷心中的仇敌，这未免太简单、太容易了！实不相瞒，昔日爷在杭州吃过一次活驴肉。"

焦芳抢先献媚道："千岁爷，这个下官不知道。"

刘瑾脱口道："焦兄弟，你为何如此健忘？爷说过的，爷说话时，你只管张耳细听，谁让你插嘴呢！"

焦芳急忙俯伏在地道："求千岁爷恕罪！求千岁爷恕罪！"

刘瑾把手一挥，怒道："起来，滚一边儿去！"

刘瑾说道："爷吃活驴肉，绝不同常人。爷是上厨之师！在一块偌大的木板上，先凿出四个驴蹄子木洞，然后，将活驴四只蹄子依次放入木洞之中，此时活驴跳不得、踢不得、动不得，只有张着大长驴嘴苦叫。继而，再用清水为活驴洗身、剃毛，爷想吃哪块肉，就让厨子操刀割哪块肉……"

刘瑾以超乎常人的狠毒心思绘声绘色地说着。在他看来，这种血淋淋、惨不忍睹的画面，似乎很正常。他把自然界弱肉强食、物竞天择的规律，运用到红尘人世当中。因为他手握重权，他就是要利用手中的权力为所欲为。他早已把剥夺一个生灵的命，完全不当一回事甚或他还有快慰感。这就是当今皇帝武宗朱厚照身边的大红人刘瑾的真实写照。

当然，吃活驴肉只是刘瑾权欲中的一件小而又小的事。就在这天他还向两个心腹布置了对付杨廷和、孙燧、王华尤其是王阳明的计划和办法。

王阳明率两个仆人离开京城后，快马加鞭，日行夜宿，很快来到浚县威宁伯王越的墓地。修建坟墓的众民工见王阳明归来，主事者按照王阳明训练他们的规则，高声喝道:"众兵听令,行揖礼!"

修墓的工地上,搬砖的、和泥的、挖坑的、推车的、扛木的,包括轮班正在操练的近百名民工,皆丢下手中的器物,整衣正冠,齐刷刷双脚并立,轻抱双拳,向王阳明施礼。

王阳明飞身下马,放眼所见,工地上鸦雀无声,寂静得像无人世界。他高揖双拳相扣还礼,大声说:"弟兄们免礼!"

民工天性自由散漫,各随各的意,像从没有羁绊的一窝蜂,哪来兵武的素养,但经过王阳明一个多月的训练、调整,他们今天完全变了样!为此,王阳明感到由衷的兴奋和喜悦。

数百民工听到王阳明的免礼,甲乙两队的队长和那个主事的主动奔过来,再次向王阳明施礼。甲队的黑大汉笑道:"王大人,草民有一件事想问大人,不知当问不当问?"

王阳明见黑大汉发问,差点笑出声来。当初抽调民工时,这黑大汉偷奸耍滑不肯卖力气干活,背后还鼓动同乡来的民工闹事儿,他自恃会拳脚功夫,不把王阳明看在眼里。但为了统一民工之心,王阳明故意一忍再忍,直到最后,黑大汉口出狂言,王阳明把近三百名民工集合在一起,三招之内,把黑大汉打倒在地。继而,他跪伏在地,百般乞求要拜王阳明为师。王阳明当众拒绝,后向众民工约法三章,至此,民工们口服心服,心甘情愿听从他的驱使。王阳明说道:"黑兄弟,你我皆兄弟,有什么不当问的。"

黑大汉脱口道:"王大人,圣上给咱的工期是……"

王阳明点头道:"三个月。"

黑大汉一听,心中算了算,掐头去尾,所剩时间不多,叹道:"王大人,实话说吧,大家都想延长工期、拖延工期。当然,只要大人同意。"

王阳明皱眉道:"不可!三个月工期是圣上钦定,岂能当儿戏?我问你,你们为何要延长工期?"

乙队的赤脸大汉说道:"大人,咱明说吧,弟兄们觉得大人文武双全,都想多跟着大人学点本事,可是三个月一到,工程一完,弟兄们将各奔东西,岂不让人伤心?"

那主事的是当地县衙的典史,他叹道:"王大人,平心而论,属下和弟兄们都离不开你,与大人相处几十日,胜似属下在县衙十几年。以大人的品德和为人,属下愿为大人赴汤蹈火,在所不辞!"

王阳明笑道:"也罢,自古'男子汉大丈夫当有精忠报国之心'。如老将军马援所说,男子汉大丈夫当轰轰烈烈干一番惊天地泣鬼神的大事业!孝当尽心,忠当竭力,驰骋沙场马革裹尸是兵武者的最高境界!从今日起,修墓工程,除两班之外,训练科目,增加格斗、械斗及排兵布阵，号角旗鼓金。时间短，咱们必须抓紧时间，一日当作十日用，末了，本官用全部赏银犒劳大家如何？"

三人齐声道："王大人英明，吾等敢不遵命！"

王阳明的归来，给威宁伯王越墓的修建工程注入了蓬勃的动力，典史负责修墓工程进展，王阳明负责训练。在墓地之外的一大片空地上，典史从县衙找来旗鼓及部分刀剑器械，大家修整了点将台，王阳明威风凛凛、英姿勃发站在点将台上。他腰挎长剑，手持五色令旗，身后是四面战鼓，站在他面前的则是服色不同，但清一色手拿长棒笔直站立的民工。按训练科目进度，今天要按《孙子兵法》中的《九地》，即散地、轻地、争地、交地、衢地、重地、圯地、围地、死地来演示，列率然阵亦即常山蛇阵。孙子曰："故善用兵者，譬如率然。率然者，常山之蛇也。击其首则尾至，击其尾则首至，击其中则首尾俱至。"

王阳明高举黄旗，列队的民工们开始变换队形。继而高举赤旗，遥指向东，军鼓三通，位于八卦之位的列队民工，则有乾、震、坎、艮四队涌动；同时王阳明以右手高摇黄旗，军鼓鸣，而位于八卦之位的坤、巽、离、兑四队民工则举棒以进。继而，阳明又变换令旗，民工们又列队成甲、乙、丙、丁、戊、己、庚、辛、壬、癸十队……

在民工们以令而行，率然阵三变之后，群情激昂。王阳明手指领队总兵，总兵极其聪明，他高声领唱刘邦《大风歌》。

民工队仗棒而进而退，如雷声运于长空，自成气势。齐声唱道：

> 大风起兮云飞扬，
> 威加海内兮归故乡。
> 安得猛士兮守四方？

正在战歌嘹亮之时，威宁伯王越的夫人亲率家人牵羊担酒来犒赏王阳明及民工们，他们身后跟着当地的知府和县衙的官员们。

王阳明急忙与威宁伯王老夫人相见。

王老夫人万分喜悦道："王大人，你文武全才真是世所罕见呀！"

王阳明说道："威宁伯王老将军威名闻名朝野，北虏闻之丧胆！我一向敬畏老将军！先时，四方民工云集来修墓室，一盘散沙，我给他们讲了威宁伯王老将军威震边塞之事，从此将他们按军队编成两队，一队挖土修墓，一队进行训练，这样轮换进行，不到两个月，他们换了将士铠甲之服，完全可以当将士驱使，令行禁止，指到哪儿打到哪儿。高山敢上，火海敢闯，堪称铁军！"

在王阳明向王老夫人述说时，知府和县衙的官员也奔向前来，与王阳明相见。虽然王阳明初入仕途，论品爵和知县不相上下，但他身负使命，故而连知府大人也不得不来慰问、犒赏。自从王阳明奉旨修墓以来，墓地上从来没有这么多人来慰问和犒赏。

正在王阳明与知府大人见礼说话时，不知是什么原因，有一个人看到王阳明，立刻把脸偏离过去，他的目光似乎不敢直视王阳明。心细如尘的王阳明很惊诧，此人为何如此惊慌？莫非他见过我，还是有什么让我惊讶之事，一句话，此人肯定有事儿。

王阳明向跟在他身后的黑大汉低声耳语一阵，黑大汉点点头悄然离去。

王老夫人和知府等在王阳明带领下，参观了正在修建的威宁伯王越之墓，王老夫人见王阳明儒雅风范、谈笑风生，观他对墓室的设计、用料、施工以及人员分配，包括为防他人盗掘此墓采取的防范措施都极其精致，她频频点头表示满意。

这时，一直面带微笑的知府突然问道："王大人，听说圣上施工期限只有三个月，既然工期如此紧张，不知为何王大人还要搞什么军事训练？这些一天只知三饱一个倒儿的民夫，训练他们既耽误时间，又对牛弹琴，王大人不怕误了工期，违抗圣命吗？"

王阳明笑道："大人多虑！本官考虑到威宁伯王老将军名冠天下，北虏闻风丧胆，朝野上下，无人不敬仰老将军！他在成化年间，曾以都御史提督军务，两次率兵深入河套袭击'套虏'，创造了自永乐以来明军最为成功的战例，故而封为威宁伯。本官之所以边修墓边训练民夫，正是对老将军的一片敬畏之情。大人方才目睹了工程进展，作为督建官，我可以自信地说，威宁伯王老将军之墓，只能提前竣工，绝不可能延期！"

王老夫人笑道："知府大人，王大人修墓井井有条，而且工程质量相当好，王大人言而有信，从不食言，工期不会晚！作为朝廷诰命夫人，我非常满意，非常满意！"

说到这里，王老夫人向随身侍女说道："来，取老爷昔日宝剑来！"

王阳明看着王老夫人双手捧上的王越老将军用过的寒光四射的宝剑，立时想到自己入仕前后，曾在京城做过一梦，梦见王越老将军笑着双手把宝剑赠送给了他。时隔数年，没想到他入仕后的第一件差事，就是为威宁伯王越老将军修墓。更没想到的是，今天他心中敬仰已久的大英雄的夫人竟当着众人，把英雄用过的宝剑赠送给自己。

王阳明见王老夫人微笑着双手托着宝剑站在他面前，他扑通双膝跪地，然后才伸出双手，朗声说道："老夫人，多谢相赠王老将军宝剑。"

当王阳明刚要接宝剑时，站在一侧的知县皱着眉阴阳怪气地高声道："老夫人，慢，下官有话说！"

众人顿时大惊，不知道这个知县大人要说什么。

王老夫人皱眉笑了笑："知县大人，你有何话？"

知县环顾众人，最后把目光落在王阳明身上，讥嘲道："哼，王阳明你沽名钓誉，看看你给威宁伯王老将军修的墓道里有什么？"

王阳明作色道："方才王老夫人和知府大人不都看过了吗？有什么？"

知县高声说道："王阳明督造工程别有用心！大家去看，他亵渎王老将军在天之灵，墓道里有污秽之物，真令人厌恶！"

王阳明大喝道："你胡说八道！我王阳明初入仕途，又逢第一次钦命，岂能为此龌龊之事？"

知府此时挥了挥手，笑着说："王大人，自古有道是身正不怕影子歪！你怕什么，咱们去看看不就明白了？"

王老夫人初听墓道里有污秽之物，立刻大惊起来，心中顿生厌恶之情。可她怎么能相信，老爷未下葬却有了污秽之物，这太不吉利了！王阳明……她心中顿时乱如麻团儿，为查看墓道里到底有没有污秽之物，她让侍女收了宝剑，随着众人去看刚才曾经看过的墓道。

众目睽睽之下，果然在正修建的墓道里发现一只带血的死猫头鹰和一只生了蛆蝇的死狗。看见这种状况，人人都觉得恶心，个个都感到寒栗！

知府见状大声向王老夫人说道："老夫人，真是知人知面不知心，这王阳明身负圣上钦命，怎就做出这等肮脏之事？来呀，把王阳明押回京师，启奏圣上发落。"

十几个早有准备的衙役直奔王阳明，王阳明大喝一声："慢！此事蹊跷，定是奸诈之人所为！"

黑大汉从人们身后奔来，他押着一个穿着便服的汉子近前，往众人面前一推，说道："王大人，这件事是他干的！"

那汉子被推倒在地，王老夫人和王阳明包括知府、知县等顿时大惊失色。王阳明怒道："说，你是何人，墓道中的污秽之物是不是你所为？"

那汉子把眼一闭，一副死不开口的样子。

黑大汉怒道："王大人，对这种奸诈之人，这样文绉绉问他等于白问，看草民怎么问他！"

黑大汉上前，将他反捆的手用力一掰，并用中指点在他的穴位上，汉子疼得大声号叫道："大人，我说！我说！"

站在一侧的知府向身后两个汉子示意，其中一汉子悄悄抬起袖口，欲射杀跪伏在地的汉子。

王阳明用余光发现那汉子抬起袖袍，遂伸手一拉，将那人袖袍中的袖箭抽出，掷于地上。他说道："知府大人，他不能死，他必须说出实情！"

王老夫人发现王阳明将汉子的袖箭掷于地，似乎明白了什么，向跪在地上的汉子喝道："说！你为何如此？"

那汉子这才说道："王大人，老夫人，小的奉命往墓道投放污秽之物，不过……"

王阳明大喝道："不过什么？"

黑大汉又点中他的穴位，汉子疼痛难忍，号叫起来。他说道："不过，这猫头鹰和死狗都是县衙给的……"

王阳明待汉子交代完毕，向众目睽睽下的知府和县衙知县问道："两位大人，墓道的误会真相大白！你们说这件事怎么办？要给王老夫人一个满意的答案，告慰威宁伯王老将军的在天之灵！"

知府向汉子怒道："浑蛋，这件事本大人一无所知。王大人，你想怎么处理就怎么处理吧！"

知县见知府大人如此，等于告诉了他一个摆脱的好办法，遂上前啪啪打了那汉子两耳光，大怒道："你这个死到临头的恶魔，你简直血口喷人！本官一向敬畏威宁伯王老将军，更敬畏威宁伯王老将军的在天之灵！本官一向堂堂正正、光明正大，岂能为下三烂龌龊之事？你临死还想拉个垫背的，你真该死！真该死！"

那汉子同样惜命，似乎不甘心就这样被人杀了，他想最后一搏，遂高声说道："王大人，王老夫人，草民素与王老将军无冤无仇，这种缺德之事，草民就是再苦再穷，谁愿干？有一点可以证明，草民的确是受知县大人之命，草民的口袋中有银两二十两，看是否官银？"

王老夫人至此已明白了污秽物原委，竟是知府、知县联手做的，现在干此勾当的汉子供出此事，知府大人想杀人灭口，知县又再三推脱，他们真的太可恶太可恨了。也好，这汉子不想白白送死，更不甘心做冤死鬼，他要拿出身上的赏银做证，那好啊，倘是真的，我倒要看看你知县知府两位大人还有何话要说？她冷笑道："知府大人，知县大人，今日我就想知道真相，你们也看在俺老头子在天之灵的分儿上，当面检验，别再横加阻拦，行吗？"

王老夫人转身向跪地的汉子说道："对，只要有赏银做证，本夫人就减轻你的罪孽。王大人，行吗？"

三　刘瑾变色温柔刀　阳明里外受煎熬

王阳明见王老夫人如此说，遂向身边黑大汉说道："把他身上的纹银掏出来！"

黑大汉从那汉子口袋里掏出纹银二十两。王阳明一看果然是县衙金库里的官银。王老夫人接过纹银，看了看向知县问道："知县大人，这不是官银吗？大人还有何话可说？"

知县大怒道："巧了，本衙金库丢了官银，即便不是这个恶徒偷的，但肯定与他有关联！知府大人，官银丢失事关重大，请大人允许下官将这恶徒与这官银一并带回县衙查证如何？"

知府点头道："是啊，你县衙金库被盗一事，因事关重大，本官一直压着还没上报朝廷，现在人赃并获，好，你把他带回县衙吧，回府！"

王阳明见知府与知县二人沆瀣一气、蛇蝎一窝，挥手道："知府大人，不可！"

王老夫人笑道："知府大人，到现在为止，墓地内的污秽之物已真相大白，这个恶徒不能让知县大人带走，否则，今天这事怎么了结？本命妇如何向俺老头子的在天之灵交代？"

知府见王阳明和王老夫人执意不让他和知县带走那汉子，向二人怒道："哼！此事发生在本官的地界上，本官有权力把他带走，胆敢阻拦者，以违抗府衙之命论处！"

王阳明知道，只要他把那汉子一带走，肯定杀人灭口，到那时，你无证据，说什么朝廷也不会听！遂又说道："知府大人，本官奉旨督建威宁伯王老将军之墓，不幸发生墓道污秽物之事，但知县大人和知府大人都无权把他带走审问。况且，这个人一走，本官无法向王老夫人交代，我这个奉旨官更难以向朝廷、向工部交代！两位大人站在本官的位置想想，我有皇命在身，难道不该如此吗？"

知府狡黠一笑："王大人，事虽如此，可是本官问一下，你执意留他有何事？你总不会，等我们走后，派人把他押到京城吧？"

王阳明笑道："大人多虑！本官奉旨督建此墓，自是离不开知县和知府大人的鼎力相助。本官为朝野上下闻名的威宁伯王老将军建造墓地，是一件庄重神圣之事，委实马虎不得。既然这恶徒在墓道投放了污秽之物，使王老将军亡灵受到莫大亵渎，本官想暂时留下这恶徒，请当地寺院高僧做一个法事，做完法事之后，本官一定把他交给两位大人如何？"

知县如释重负，首先点头道："好，王大人几日做法事？"

王阳明笑道："此事本官听凭王老夫人之意。"

王老夫人点头道："两位大人公务繁忙，三日之后做法事，事毕按王大人之意，两位大人就可把他带走。"

知府见王阳明说得在理，点头道："也罢，就这样吧。"

这时，知府和知县等要离开墓地，知府向相送的王阳明转身说道："王大人，威宁伯王越老将军墓地发现污秽物之事，事关重大，这也涉及王大人的清誉，王大人，你要保证把这个投放污秽物的恶徒，完完整整地交给本官！"

王阳明正色道："知府大人放心，本官言出必行，请大人如期派人来带走就是。"

王阳明向王老夫人说道："老夫人，本官担心知府大人反复无常，眼下当务之急，是当着老夫人的面，让这恶徒说出详情，然后让他签字画押如何？"

王老夫人点头道："好，就依王大人！"

待王阳明和王老夫人让那汉子录完口供，签字画押之后，刚把他带出门，知府和知县两人率领随从匆匆又奔回来。

王阳明惊问道："两位大人又匆匆而来，不知所为何事？"

知府皱眉道："王大人，王老夫人，这墓地只有工棚草房，都是临时住所，把这个恶徒放在这儿，万一他跑了，本官难以向朝廷交代，为安全起见，本官让知县大人先把他押回县衙看管，待做法事那天再把他送来如何？"

王老夫人皱眉看了看王阳明。

王阳明故作难色说道："知府大人，看来大人不相信本官，这……"

知府正色道："王大人，相信归相信，但这世上常有万一之事发生，本官是为你着想，把他暂时押到县衙看管。"说罢，他向知县示意。

知县会心一笑，故意叹道："王大人，王老夫人，论职位，你们一个是朝廷的钦差，一个是朝廷的诰命夫人，谁都比下官官大，请二位高抬贵手，就让下官把他带走，待做法事时再送来吧。"

王阳明向知府知县说道："好！你们带走吧！"

商议罢请寺院高僧做法事之后，王老夫人想到，夫君在世时有两件物品是他最心爱的：一是宝贝女儿簪儿，正值芳年十四，春时簪儿夭折，夫君几近癫狂！他满脸泪水厚葬了女儿；二是这把宝剑。戍边时，敌方派来刺客，刚及他的门口，这宝剑在剑鞘中上蹿下跳铿锵鸣响。他闻声而起，剑遂人意，杀死高手！老夫人长叹一声，遂从侍女手中接过夫君王越昔日珍爱的宝剑，再次向王阳明说道："王大人，真金不怕火炼,这两个月来,王大人的所作所为,令本夫人内心折服。自古宝剑识俊杰,唯俊杰义士、侠客才是宝剑的归处,请大人接了此剑。"

见王老夫人真诚地双手捧剑,王阳明急忙两膝跪地双手施礼道:"谢老夫人厚爱,谢老夫人遗爱王阳明!"

王阳明双手庄重地接过宝剑,他当着王老夫人的面,"唰"的一声,抽出宝剑,顿时寒光四射,盈盈豁然一亮。他向王老夫人再次施礼道:"老夫人,实不相瞒,本官未曾入仕之前,就非常仰慕王老将军,后来做过一梦,梦见王老将军亲手把这把宝剑赠送于本官,今果然也。"

王老夫人笑道:"王大人,冥冥之中,此乃上天之意,也是天意当如此,让宝剑实至名归!"

此处不表王阳明督建的威宁伯王越之墓,请寺院高僧做法事及提前竣工返京。只说王阳明回京后,把墓道的污秽物之事如实告诉了父亲王华。王华在见到首辅大臣杨廷和与孙燧时,有意说出了这件事。杨廷和听后叹道:"王兄,这是大阉官刘瑾第二次加害贤侄,你务必让贤侄处处防备,事事小心,以免落入刘瑾的圈套!"

王华点头道:"杨兄,话虽如此,我儿再怎么防范也跳不出刘瑾这个恶魔的掌控。依我看,咱们处处事事提防刘瑾,不如联合朝中大臣,变被动为主动,大家联手上奏当今圣上,除掉这个害人的恶魔!"

孙燧放下茶杯道:"不!要想除掉刘瑾,首先要躲过他的暗探和爪牙的监视。因为大家都清楚,东厂西厂人数上千,都是他的属下,稍有风吹草动,刘瑾就会知道。所以,咱们要做这件事,必须小心、小心、再小心!"

杨廷和很赞同孙燧的说法,由于武宗对刘瑾的宠爱,刘瑾越发有恃无恐。就连武宗有时都睁一只眼闭一只眼,朝中公、侯、勋、戚以下,"莫敢钧礼,每私谒,相率跪拜"。章奏时先写好红揭投刘瑾,号红本。经刘瑾同意后,才可上通政司,号白本。朝野上下"皆称刘太监而不名,都察院奏谳误写瑾名,刘瑾大怒,都察院屠庸率属下跪谢乃已"。武宗竟不再审批奏折,他嫌麻烦。刘瑾每批答章奏,全部拿回府邸,刘瑾与妹婿礼部司务孙聪、华亭人张文冕相参决,倘写的词率鄙冗,则由吏部尚书焦芳为之润色。杨廷和等顾命辅政大臣联合上奏,武宗都不同意,仍让刘瑾全权处置。

杨廷和长叹一声说道:"刘瑾权倾天下,要避开刘瑾的爪牙,联合朝中大臣共同举事,只能私下悄悄进行,而且还必须保证这件事不外泄,否则,此事难成!"

王华此时也清楚,武宗已被刘瑾架空,这件事说来容易,但要做起来,真的很难。可一想到刚刚入仕的儿子王阳明,短短三个月,两次遭到刘瑾的陷害,结果真的不知道怎样。他说道:"杨兄,你说咱们怎么办才好?"

"先不急，先找咱们身边最信任的人，悄悄收集刘瑾作恶的证据，咱们手中只要掌握他几件铁证，再计划下一步，时机一旦成熟，就反戈一击，我不信，天下邪恶总开顺风船！"杨廷和想了想，最后放下茶杯，向王华和孙燧说道。

王阳明回府后，本想找父亲问事情，可是父亲总是忙忙碌碌。这天夜里，王阳明饭后坐在灯下，拿出一部书来。

夫人诸氏进来，她用巾物擦着手，坐在王阳明身边，说道："夫君，污秽之物这件事怎么办？大阉官刘瑾绝不会就这样了事，贱妾真的为你担心啊！"

王阳明这才放下书卷。想起十几年前，他到南昌诸伯家迎娶夫人，转眼十几年过去了，诸氏身体一直不好，在京城内找了很多郎中给夫人把脉问诊，身体总还是这样。尽管她多次入道观进寺院，烧香叩头、许愿，但是……

王阳明什么也没说，拉起夫人的纤细玉指，诸氏顿时红透了脸，夫君的一股暖流顿时涌入她的心田。在诸氏看来，夫妻二人虽说正值青春旺年，应该能生养，可是她在京城寻医问药这么多年，早已经知道了自己不能生养，所以她既想着多和夫君在一起，但又害怕夫君和自己在一起；她既相信郎中，似乎又不太相信郎中。她是释放着柔情蜜意的女人，别人该有的她似乎都有，为何人家婚后一两年，就能为夫家生儿育女、相夫教子，可她为什么不能呢？

诸氏笑吟吟地依偎在王阳明的温暖怀抱中，抚摸夫君的手，抬起头说道："夫君，方才贱妾问你话呢。"

王阳明自从竣工向朝廷交了差，心里就一直想着这件事，而且他在离开河南浚县之前，做了很细致的防范。他临离开河南时，只有知县和几个官员相送，当王阳明问知县那个投放污秽之物的恶徒时，知县先是支支吾吾，末了干脆说，此事事关重大，县衙早把那人送到府衙，究竟此人下落如何，他不知道。尽管如此，王阳明防备之心并没放松，可是直到现在也没见朝廷有任何动静。听了夫人的再次催问，便说道："夫人放心，尽管有人想借修墓之机陷害我，但上天相助，让我明察秋毫，真理在咱手里。况且，威宁伯王老将军的夫人对此事十分清楚，真要有一天对簿公堂，我有铁证，不怕他！"

诸氏听了王阳明的话，笑着说："夫君，这太好了！太好了！刚才母亲大人说及此事时，贱妾还十分担心，现在看来，是贱妾多虑了。"

王阳明回到京城第一天晚上，他亲手端了盆热水，按照他多年侍奉父亲和继母的习惯，大凡公干离家归来总要为父亲和继母洗脚。他给继母洗完脚，继母示意诸氏退下。继母说道："吾儿，我虽然不是你的生身母亲，但你十三岁那年，你母亲过世，我作为继母续弦进了你王家大门。这十几年来，我对你视若己出，你把我当成生身母亲一样孝顺，我打心里感激你啊，守仁！"

见继母如此说，王阳明双膝跪地说道："继母大人在上，您老有什么话尽管说，守仁一定静心听教诲。"

继母赵氏看了看王华，对王阳明说道："守仁，自古'不孝有三，无后为大'，自从你和诸氏成婚以来，你们一直没有子嗣，这些年，我背着你爹，多次带诸氏四处求诊问医，现在作为你的至亲，我告诉你，诸氏今生不能生养，按郎中的话，她是天生石女！"

"继母大人，这是真的吗？该不会是郎中误诊吧？"

"不！不是误诊，这是真的！"

赵氏见王阳明一时哑口无言，她接着说道："守仁，现在大凡做官和有钱的人，哪个不是三妻四妾。这不是一件丢人的事，这是光宗耀祖的好事！我和你爹商量好了，只要你开口，我和你爹就立刻托人去办！王家人从余姚、绍兴到京城，也算出人头地的大户官宦之家，咱不能无人延续王家列祖列宗的香火，你……"

至此，王华才慢吞吞说道："儿啊，天意如此，你好好想想，王家不能没有后啊！要不然，你爹和你继母百年之后，如何到九泉之下见王家的列祖列宗呢！无后为大！"

听到这儿，王阳明顿时汗颜无语。他抬眼看到了父亲两鬓的白发和满脸的皱纹，父亲和继母已经奔向苍老的大门前，可是，我……

这时，王阳明想起十几年前，他和夫人诸氏拜完堂，双双入洞房，在侍女的侍奉下，两人喝罢合卺酒，他这才发现，诸氏长得非常俊美，不愧是官宦之女。诸氏纵情地依偎在他怀抱中。她见王守仁英俊潇洒，脸色白皙，双目炯炯，身材伟岸，须眉清秀蔚然，且胸有大才，词辩泉涌，分明是天地间独一无二的大丈夫，诸氏万分喜悦。自从她扑入他怀中的那一刻起，她真的担心有一天她人老珠黄，会有别的漂亮女人占有了他。故而，她担心又喜悦，不知怎么竟掉下泪来。

王守仁见美艳如花的诸氏在洞房之夜竟流出眼泪，以为他有什么过错，令新婚夫人悲伤，遂伸手为她拭泪，抚着她柔软似是无骨的肩头，问道："夫人，是我不好，让夫人伤心落泪。请问夫人，我做错了何事，请夫人一定告诉我！"

越是这样，诸氏越发收不住眼眶里的泪水。自古女人多为懦弱之躯，女人是水做的，倘哪天自己病了，花儿凋零，或是自己遭遇了不测，属于她的俊美伟岸丈夫必定会离她而去。想到世人说水做的女人不幸，她眼含泪水，伸展双臂，紧紧地把王守仁搂在怀里，在他脸上狂吻着。末了，王守仁动情地把她抱起来，双双进入锦纱红帐。第二天早晨，当王守仁醒来时，诸氏笑吟吟地坐在床边，梳妆打扮得更加楚楚动人，美艳四溢。她红着脸儿妩媚地说道："夫君，贱妾已是你的人了！从今天起，贱妾生是你王家的人，死是……"

王守仁有些不快，他皱眉道："夫人，大喜之日，说这些不吉不利的话不好，你放心，一朝为夫妻，终身不相移！"

"夫君，你熟读经史，有首汉乐府的《上邪》，不知夫君可记得否？"诸氏双手搂着王守仁的脖子，四目相视，她用一种火辣辣的情欲目光，看着王守仁的眼。

王守仁脱口道："夫人，我记得《上邪》乃《汉乐府·铙歌》。"

"那好！夫君，你我夫妻此时共同吟诵此诗，让上天神灵做个见证如何？"

因为刚成婚，王守仁真不知道夫人心里是怎么想的，似乎总有一种要离要散，很难白头偕老之意。可是，诸氏执意如此，他心中闪过一丝忧郁之情，不过很短暂，几乎是稍纵即逝，但毕竟这个念头在他心里想过，凡是在心里想过的事情，必定会留下痕迹。他由此想到，昨夜入洞房，诸氏就曾泪水涟涟，今日又要共同吟诵《上邪》一诗，女人是雾中之花，真不知道她心里在想什么。得，夫妻以和为金，不如随她去，省得她又要泪水涟涟。

王守仁笑着从床上坐起来，穿衣系带，按诸氏的要求，俩人手牵手相视而蹲踞在地上，同声吟诵《汉乐府·铙歌·上邪》：

上邪，我欲与君相知，长命无绝衰。山无棱，江水为竭。冬雷震震，夏雨雪。天地合，乃敢与君绝。

这场面，如同铁砂金笔，牢牢雕刻在王阳明的心里，不管风吹雨打，过去了十几年，依然鲜明、清晰地镌刻在他的心里。今日想起来，恰恰应了坊间的话"洞房不吉言，途半必罹难"。与诸氏成婚十几年来，夫妻聚多散少，可还是膝下无半个儿女，这是上苍之意，还是其他什么原因，让他和夫人诸氏不得享受儿女绕膝的天伦之乐……

父亲和继母已经说出了这样的话，说明两位老人已经考虑再三。王阳明抬起头来叹道："爹、继母大人，这件事至关重大，孩儿到现在还没听到夫人的话，孩儿要和她商议，请两位老人家海涵。"

王华见王阳明如此，笑道："守仁，你回屋吧。"

诸氏离开上房回到她和王阳明的居室，她想爹和继母留下夫君，肯定是说我的事。但这件事怎么说得出口呢？况且，为此事，我给爹写了家书，现在爹的家书未到，若不然等等再向夫君说吧！

王阳明离开上房，并没有马上回到自己的屋里，他站在院内，抬头仰望繁密如银点撒落的夜空，他极目眺望着两颗闪亮的星星。

京城之夜，到处静悄悄，黑漆漆的世界幽暗寂寥，白日车响马鸣、男欢女笑的活生生的世界，此时却死寂一般无声无息。当然，京城内偶尔传来守夜人打更之声。

王阳明双臂抱在胸前，静静地仰望着星空。是啊，我自从和夫人诸氏成婚后，冬去春来，在各自的盼望中，我们走过了一年又一年，不觉得十几年的岁月，竟从我们的指间悄然流逝了。我一向遵守父子、君臣纲常，这件事真的非常难以启齿，若我说出来，夫人诸氏做何想，她会怎样呢？我和她在新婚之夜，曾共同手牵手，四目相对，吟诵过《上邪》的，那时我们恩恩爱爱，藤倚萝，萝缠藤，亲密无间，画面犹在眼前！也不知王阳明在庭院之中伫立徘徊了多久，在三星西下之时，他决定，随遇而安，这件事须待夫人提起时再商议如何办，才能上安爹和继母，下和夫人。

这天晚上，在京城内外暗查了一个多月的侍女嫣儿端着一盏热茶进来，武宗假意困觉，示意皇后、嫔妃、刘瑾等退下。

婵儿把门一关，垂手侍于一侧。

嫣儿从袖中拿出一沓纸，俯伏于地向武宗道："启奏陛下，奴婢按陛下旨意，经过明察暗访，开列了朝廷内生在余姚、会稽的文武官员名单，请陛下过目！"

武宗接过名单细细一看，拿起毛笔，把王华、王阳明父子的名字划掉，然后交给嫣儿说道："嫣儿，这王华虽是余姚人，但他一直是朕的心中之恨。所以，他们父子不可能是'保尔社稷稳如泰'之人，故而排除他俩仔细查吧。"

嫣儿皱眉道："陛下，此等攸关江山社稷的大事，乞请陛下抛却个人恩怨，应以先帝的诀词为上，请陛下三思！"

武宗点头道："嫣儿，即便添上他们父子二人，你只有余姚籍官员名单，可怀胎十四个月，五岁言，要查起来岂不更难！"

嫣儿叹道："陛下，难不怕，此事关乎大明江山社稷稳定，即使再难，奴婢一朝受命绝无二言。"她和婵儿在武宗身边做近侍已经两载，耳濡目染明白了江山社稷的重要。

"那好！嫣儿，你记住，除朕、你妹婵儿之外，先帝诀词之事，决不可外泄，朝廷内外，皆知朕宠爱皇后和刘瑾，甚至还呼他瑾儿，朕是大智若愚，虽好犬马享乐，但朕的心里真正相信的是汝二人。这是世人万万想不到的！"武宗点头说道。

嫣儿与婵儿双双伏地道："谢陛下！"

刘瑾这次一反常态，他看了看俯伏在地的知府和焦芳，倒背两手，不知怎么突

然哈哈大笑起来。

知府汗流满面，以额触地，血迹斑斑。他惊恐万分地说道："千岁爷，小的该死！小的该死！"

焦芳稍微抬头斜睨倒背两手、仍在大笑的刘瑾。他什么也没说，心中庆幸今天知府是他的替罪羊，原本他要按刘瑾之意，在威宁伯王越墓道中的污秽之物上大做特做文章，不但借此惩处王阳明，而且还要对杨廷和、孙燧、王华产生重大威慑和致命一击！现在是知府办事不力，没头脑，让王阳明又一次躲过了。对付王阳明，再次竹篮打水一场空！王阳明啊王阳明，你天生是我焦芳的克星，我怎么就……

刘瑾笑毕说道："焦兄弟，这件事又办砸了，你自己说，让爷怎么办？"

焦芳皱眉道："千岁爷，下官焦芳这条命，是千岁爷赏赐的，千岁爷是主人，主人说怎么办就怎么办，焦芳绝无半点儿不满之意，一切听凭千岁爷的处置！"

相比权倾天下的刘瑾，小小知府简直不足为道。刘瑾踢了知府一脚，大声吼道："小兔崽子，这没你事儿啦！"

知府得到赦命符，连连向刘瑾磕头谢恩，旋而如脱钩的鱼儿、顿开枷锁的鼠兔，急匆匆、灰溜溜地逃走了。

刘瑾说道："焦兄弟，这王阳明的算计，也算周密。你看他以做法事为借口留下了人，随即审问写下了供词，而且怕有人将来杀人灭口，还对投放污秽之物人的家庭、街坊四邻都做了笔录。你看他做得天衣无缝！所以，爷说，这个王阳明，非常了不起，他的智商和算计远远超过了你们。如此，你们怎么和王阳明斗？你们斗了两次，两次都败在他手下。"

焦芳叹道："千岁爷所言，句句在理，面对文武全才的王阳明，不是咱们缺乏算计，而是那王阳明太能算计，太难对付了！"

刘瑾喝了口茶，冷笑道："焦兄弟，话虽如此，但是，你不要忘了，古语说得好，'智者千虑必有一失'。虎狼豺豹虽凶猛，但它们尚有打盹、睡觉之时，世间万事万物，都有它的软肋，都有它的致命之处，只是咱没找到他的软肋、他的致命之处，所以我们才屡战屡败，成了王阳明的笑柄。"

焦芳见刘瑾面色稍缓，站起身，用近乎商量的口吻说道："千岁爷，其实这件事很简单，用不着费这么多周折，完全可以一招致命。"

"屁话！爷东厂西厂养着上千人，随便找两个人，伏于王阳明家门口或他经常经过之地，要么用鹤顶红毒箭，要么用蘸了毒的匕首，要那样，王阳明早死了八百回了！可是，爷的焦兄弟，那样有意思吗？如那样，人人自危，个个胆怯，其中必有不要命的！如此，你和爷这样的人，还有生存之地吗？他们不把京城闹翻了才怪呢？故而，爷要成大事，需打着皇上的招牌，开自己的店铺。有一条必须记住，对付某些人可以万般诡计，但不能引发众怒，明白吗？爷的焦兄弟！"刘瑾长叹一声说道。

"千岁爷，下官知道王阳明成婚十几年，至今膝下无子嗣，其妻诸氏乃天生石女，不能生养，王阳明和诸氏感情很好。另外，他的继母赵氏，家教甚严，王阳明又很孝顺，下官把该想的办法都想了，真不知道再用什么办法，请千岁爷明示下官！"焦芳身为朝廷吏部尚书，整天公务之事让左右侍郎代劳，他只是一门心思对付王阳明，现在他除了一踢二叫，真的是黔驴技穷了。

人的心思和智能，就像空中的闪电，骤起的风，又如一纵即逝的云烟。徒手去抓，时间无人抓得住，但会留下记忆，像滞留在千年冰雪封冻下的保鲜果一样，色泽永远那样鲜亮。刘瑾听着焦芳的话，突然心头闪过焦芳之妹美艳动人的笑脸。他点头笑道："焦兄弟，人吃五谷杂粮，咱们对王阳明换一种方式如何？"

焦芳正苦于无计可施，遂高兴道："好办，下官愿闻其详。"

刘瑾示意焦芳近前，微微一笑道："焦兄弟，抛开王阳明与爷的个人恩怨，你以为王阳明这个大才子人品如何？你说心里话！"

焦芳霎时坠入云雾之中。他惊道："按说这人有些大器晚成，不过长相、人品、智慧、能力在满朝文武官员之中，可谓一等一的良才！只是他不识时务，偏生在与千岁爷有仇恨的王华门下，人好，但他投错了胎，站错了阵营，他人再好，在千岁爷眼里，也不值得一提。"

"呃，焦兄弟，爷明白了，你认为王阳明是满朝文武百官中一等一的良才！爷想化敌为友，让他成为爷驱使的人！焦兄弟，你敢不敢一试？"刘瑾转动一双狡诈的眼，紧紧盯着焦芳的脸，看似试探，其实他已决定就用这个办法。说罢，他有意扬了扬瘦巴脸。

"千岁爷，试与不试如何？下官唯爷的训示是从，绝无二话！"焦芳这些年从名不见经传的庶吉士，青云直上，做到了多少文武官员几辈人做梦都不敢想的吏部尚书的高位。当年王华侍讲宫中，由于他焦芳粗鲁无学识，性又阴狠，动就议讪，人皆避之。但在刘瑾提携之下，他进入东宫侍讲。他根本不是侍讲之才，但后来还是被刘瑾提携到了吏部尚书的高位上。若不是首辅大臣杨廷和和右金副都御史孙燧上奏，按焦芳之意，非把王华调至吏部不可，他要借手中之权，好好整整王华。现在他平步青云，春风得意，有千岁爷这棵大树，何事可愁？

见焦芳如此，刘瑾正色道："焦兄弟，爷听张彩说，你有一个待字闺中的胞妹，年方二八，姿色绝美。倘若与王阳明为妾，岂不是一桩人间上佳的姻缘，不知你意下如何？"

焦芳万没料到刘瑾会如此说，可既然话已出口，说明千岁爷正有此意。按品爵，他与王华相当，也算门当户对，可关键是做妾，他有些不甘心。焦芳迟疑一阵，说道："千岁爷，恐怕不妥吧？王阳明已有妻室，下官之妹，如入王家，只能做妾……"

刘瑾笑道："妻如何？妾如何？关键取决于权位高低。焦兄弟只要做着吏部尚书，他王阳明敢小看你吗？况且，只要王阳明回心转意，肯为咱用，朝中的高官厚禄，只要他提出来，爷就能满足他，爷让他高官任做、骏马任骑！"

焦芳猛然想到，王华之才远远在他之上，而王阳明更是青出于蓝而胜于蓝，倘以后他胞妹真的有缘嫁与王阳明为妾，凭王家父子的聪明智慧和才干，很快就会超越他焦芳，到了那时，千岁爷还会像今天这样器重他吗？

想到这儿，焦芳问道："王华呆板固执，与千岁爷有切齿之恨，他能接受这门亲事吗？再说，咱们两次为难王阳明，在他心里只有恨和仇，他愿意化干戈为玉帛吗？这件事咱可别拿着热脸贴人家的冷屁股！届时，下官吏部尚书的面子可以不要，但千岁爷的面子往哪儿放？"

刘瑾见焦芳如此说，脱口道："焦兄弟，你放心，眼下，他王华、王阳明和咱势同水火，但是，只要咱们把这件事当面提出来，他王华、王阳明就得好好考虑考虑。成了能怎样，不成又能怎样，但是这层窗户纸必须先捅破。王华固执呆板也好，王阳明心里有恨有仇也罢，咱们不走出第一步，如何能知道人家想什么？"

焦芳心中仍有芥蒂，有些不情愿。他说道："千岁爷，恕下官直言，下官以为玉成这件事难于上青天！"

刘瑾明白了焦芳的心意，佯怒道："焦兄弟，想想你当庶吉士，想想你入东宫当侍讲时，你可没有这难那难的！今儿你高官任做、骏马任骑，爷还没让你赴汤蹈火、上刀山下火海呢，你就前怕狼、后怕虎，你蹲着屁股就不往前走，爷打你一鞭子，你回回头儿，挠挠痒痒儿还不走，你是不是拉着马车的畜生要卸套不干了？"

焦芳扑通双膝跪地，叩头道："千岁爷，是下官一时糊涂，今下官立誓，下官本人，包括下官的家眷子女，一切听从千岁爷驱使，即使赴汤蹈火，也在所不辞！"

刘瑾手抚着稀疏的几根髯须大笑道："焦芳，你始终要明白一个道理，只要咱们的圣皇在位，爷高兴时你可以做朝廷的吏部尚书，甚至还可以坐到王、公、侯、伯之位上，倘爷哪一天不高兴，不说你的官爵品级全无，随便找个理由灭你焦家九族，爷也可以做得出来！哼，你只要上了爷的船，就当尽心尽力往前开！倘想搁浅，或是下船，那么爷会毫不留情。只要能做到的，就要绝对做到！"

"千岁爷，下官再无二话，听凭千岁爷安排调遣。"

见焦芳再无话，刘瑾左手抚摸着右手说道："焦兄弟，你去把张彩和江彬找来，爷自有安排。"

三天以后，王华刚从朝门中走出来，张彩和江彬二人从一侧走来。

王华知道张彩和江彬是刘瑾的死党，他像躲瘟神似的，急匆匆加快了脚步。

张彩施礼后高喊道："王大人，下官奉刘公公之意借一步说话！"

王华停下来，回了揖礼道："张大人、江大人，下官刚散朝，不知刘公公有何事儿？"

江彬笑着施礼道："王大人，此乃好事，找个茶馆，请下官和张大人喝杯茶吧！"

好事儿？刘瑾权倾天下，有一肚子坏水，他派二人来能有什么好事？不过，念在同朝为官的分儿上，请二人喝杯茶就喝杯茶。王华还礼后笑道："那好，既然是好事儿，下官就请二位大人喝杯茶！"

三人沉默寡言来到逸春茶馆门口，王华停下来，在京城之地，逸春茶馆也算京城的高档茶馆。王华请张彩、江彬在前，一起走进茶馆后，点了清明时节烹制的新茶，店小二给三人斟了茶。

王华一边手抚茶杯，一边想，他见二人面带微笑，并无恶意，遂把茶杯一推，直言道："二位大人，咱们同朝为官数年，刘公公有什么话不妨请讲吧！"

张彩笑道："王大人，贤侄，不，阳明大兄弟成婚十几年，至今膝下无儿无女，下官听坊间说，他的夫人天生石女，不能生养。不知王大人是否想过为贤侄，不，为阳明大兄弟纳妾之事？"

王华叹道："是啊，世上无十全十美之人，吾儿守仁的确如此。不过，守仁夫妻一向感情深厚，这件事呢，下官……"

江彬把茶杯一放说道："王大人，下官知道，阳明大兄弟堪称天下大才子。可是'无后为大'呀！阳明大兄弟纵有千般好，他媳妇再贤淑端庄，不能生养，这总不好吧？一句话，现在京城纳妾收偏房成风，都是你王大人管教太严，放在任何一个官宦之家，像阳明大兄弟这样的情况，早纳妾收偏房了。你呀，至少给你的王家列祖列宗耽误了一代人！"

"王大人，你心里呢，不要有任何隔阂，刘公公常年侍奉在圣皇身边，他天生一副慈善心肠。用刘公公的话说，要想叫马儿跑，就要让马儿多吃草多吃料，刘公公愿做月下老，给你们王家牵这根姻缘红丝绳。不知王大人乐不乐意？"张彩抿了口茶，看着王华的脸，笑着说道。

王华至此心中犯难。可以这样说，为侍讲唐朝李辅国和张皇后表里用事这件事，刘瑾也不止一次报复和为难王华了。王华还挨过几次廷杖，甚至被免过职。但王华身上有一种傲骨，他没有向刘瑾低过一次头。他不知这次刘瑾又要什么花样儿，但既来之则安之。如果断然拒绝，肯定引发刘瑾不满。不如先应承着，然后再想对策。王华笑道："下官知道，过去的事，就让它过去，谁愿总背着过去的记事簿呢，下官先谢谢刘公公的好意。其次，不知女方是谁家，下官儿子守仁初入仕，品级低微，不知和人家是否门当户对，请张大人、江大人赐教。"

张彩点头道："王大人，其实女方家和大人很熟，虽然时间短，但做过同僚。说白了，未出阁的黄花大姑娘，人家年方二八，正是待阁之女，诗书文采样样皆通，至于女织、三从四德更不在话下。姑娘的兄长，就是当朝吏部尚书焦芳焦大人是也。"

"对，焦大人身为朝廷大员，其胞妹与阳明大兄弟这个当今大才子，可谓珠联璧合、郎才女貌啊！说是绝配、天配一点也不为过！"江彬趁机用颇带恭维的口气说道。

王华自语道："呃，是焦大人的胞妹。"

张彩站起来，向江彬递了个眼色，又向王华说道："王大人，今刘公公的话，下官和江大人已经当面传达。王大人回府好好想想，三日之后回个话，下官也好给刘公公回话，好，告辞，王大人！"

四　继母思后欲成美　阳明用心抵谄媚

张彩和江彬急匆匆离开茶楼，二人径直奔后宫。临近门前，张彩说道："江兄，这件事你我兄弟如何向千岁爷回禀？"

江彬脱口说道："爷要给王阳明纳妾，王华初时有疑虑，后来经过你我兄弟苦口婆心、百般劝说，王华才答应回家和王阳明商议，三天之内必有回复！张兄，如此说如何？"

张彩深知刘瑾的处世为人，考虑到王华昔日和刘瑾曾有过几次过节，更加上刘瑾两次派焦芳设计劫杀、陷害王阳明，这些仇恨岂能因纳妾之事，顷刻间烟消云散呢？故而王华和其子王阳明绝不会轻易同意这门亲事。他点头道："江兄，咱们不必那么乐观，多说说难度，千岁爷才会相信，况且这门亲事，咱们真的没有底。"

江彬知道张彩在刘瑾心中的位置，他虽不在"八虎"之列，但他与刘瑾关系却非常密切，在某种程度上远远超过了吏部尚书焦芳，正如坊间所言，"乌龟与绿豆对眼，彼此难分"。江彬不过是上赶着，觍着脸，采用各种奉承、巴结、谄媚的手段，试图到刘瑾面前分一杯赏赐的羹。江彬遂点头道："张大人想怎么说就怎么说，需要下官做的无非是敲敲边鼓，补台而已。"

刘瑾听完二人的回禀，一手抚摸着下巴，在二人面前踱步，皱眉道："不管怎么说，王华没有耍他的驴脾气。人常说：'伸手不打笑脸人。'看来他也识趣，他更明白爷在朝中的权势，他应该明白，人在屋檐下，不得不低头的道理。这样，三日之后你们再去见王华，看他如何回答。"

张彩施礼道："千岁爷，恕下官直言，以王华和他儿子王阳明的脾气，欲释前嫌、心甘情愿接受这门亲事，恐怕也难！"

刘瑾冷笑道："不见得！他们父子俩表面看起来不好斗，但他们也知道好汉不吃眼前亏，他们会识时务的。爷现在是谁，爷是圣皇一人之下、万人之上的大总管！各县府衙、各省，包括朝廷文武百官上疏奏折，皆由爷先查收，由爷审判、批答，爷审了看了，再上交通政司，试问，天底下如爷这样的大总管、大千岁，谁人不服？谁人不怕？王华、王阳明这父子俩，包括首辅大臣杨廷和、右金副都御史孙燧，他们难道不畏爷手中的权势吗？他们敢硬着头皮拿起鸡蛋碰石头吗？"

说到这里，刘瑾故意停下来，坐在软椅上看着垂手侍立的张彩和江彬，他端起镂金茶盏，轻轻抿了口茶，接着说道："当然，爷想过，王华和王阳明这对父子，会软磨，会推托来对付爷。这些爷也想过。爷有备而来，有圣皇的大树撑着，天下有难事吗？"

待张彩、江彬退下，吏部尚书焦芳来见刘瑾。

焦芳进门施了礼，担心道："千岁爷，下官知道王华的脾气，通过这两件事，下官也明白，王阳明绝非那种俯首帖耳的顺毛驴，比起他爹王华来，这王阳明更是诡计多端，咱说得再天花乱坠，他也不一定信，他比他爹更难缠，更难对付！"

刘瑾听了半天，似乎明白了焦芳的话中之意，那就是这个王阳明比他爹王华更难对付。他放下镂金茶盏，摆手道："焦兄弟，你啰儿八唆说了半天，也没有说出个所以然来。你来干什么？见爷有什么话就直说，别拐弯抹角好吗？爷伺候皇上很忙，没闲工夫听你说这些废话！"

至此，焦芳才说道："千岁爷，下官担心王家父子驳了爷的面子，让下官今后在朝中文武官员中抬不起头，咱们可别用热脸去贴王华父子的冷屁股啊！"

刘瑾听后怒道："焦兄弟，有道是'舍不得孩子套不住狼！'这世上没有免费的午餐，王华父子再诡计多端，他们能大过天去？你记住，如来佛祖不怕孙猴子斗法，爷喜欢也愿意陪着王家父子斗心计，看他能逃过朝廷的圈去！"

焦芳非常明白千岁爷的话外之音，只要在大明江山社稷之内，王华父子再怎么能耐，再怎么难对付，朝廷的圈，他们永远跳不出去。焦芳今天从千岁爷刘瑾这儿吃下了定心丸。

王华心中疑云重重，他离开茶馆后，深一脚浅一脚，下意识地往回走，此时王阳明和诸氏双双从外边笑着回来。

王阳明和诸氏向王华施礼，王华说道："守仁，你到爹屋里来，爹有话说。"

诸氏回屋后，来到下房看女佣们做好饭没有。她经过上房窗口的时候，无意听到王阳明大声说道："爹，吏部尚书焦芳和大太监刘瑾穿一条裤子，他是什么东西？退一万步说，儿以后纳妾收偏房，但绝不能和这种小人做亲家！"

再后来，继母赵氏从外边回来，诸氏远远向继母施了礼，这才从上房门前走过去。到吃中午饭的时候，继母也知道了刘瑾做媒，欲把吏部尚书焦芳之胞妹焦氏嫁给儿子王阳明为妾之事。三个人吃饭时，谁也不提王阳明纳妾之事，诸氏几次张了张嘴，也没有说出来，她心中开始恼恨公爹王华，当然她也恼恨夫君王阳明。

晚上，屋内只剩下王阳明和诸氏，诸氏忍不住脱口道："夫君，贱妾知道作为王家的儿媳妇，无后为大！贱妾也知道俺是石女。不过俺也想好了，爹不是说，大太监刘瑾做媒，要把吏部尚书焦芳的胞妹嫁给你吗？夫君不如这样，你立马给俺写张休书，俺爹重病在床，俺正好回南昌伺候爹，这样你和俺心里都轻松！"说罢，诸氏第一次呜呜大哭起来。

诸氏说出这番话，是王阳明万万没想到的。本来爹和继母正在让他考虑收偏房纳妾，为王家列祖列宗传承香火之事，王阳明还没想好如何和夫人诸氏开口，今天爹又带回刘瑾做媒欲让那焦芳胞妹为妾的事。他想到这件事犹如巨石压在他的胸口，他正在思考用什么样的方法和方式，早日向夫人诸氏说出这件事。没想到纸包不住火，见诸氏第一次呜呜大哭起来，王阳明急忙搂起诸氏，叹道："夫人，大太监刘瑾想做媒的事，我也是刚刚听到，你别哭了，你素知我王阳明的心，无论到了何年何月，从我王阳明口中绝不会说出那两个字，更不会提笔写那两个字！"

诸氏泪水涟涟说道："夫君，无后为大！无后为大！面对爹和继母大人，你怎么办？面对王家的列祖列宗，你能怎么办？"

王阳明把夫人诸氏紧紧搂在怀里，他拿出手帕为诸氏拭泪，长叹道："夫人，你放心，大太监刘瑾做媒，这件事，绝不为！"

这时，侍女嫚儿进屋，要诸氏去见继母大人，诸氏擦了把泪水，匆匆随女佣嫚儿出屋，王阳明想到肯定是为纳妾之事。

继母见诸氏礼毕，让她近前直言道："孩子，朝里刘太监做媒的事，想必你也知道，王家不可能没有后，也不能没有后！孩子你怎么想？"

诸氏皱眉道："继母大人，当初淑娟和夫君在南昌成亲时，曾立定誓言，白头偕老，永不分离！"

继母正色道："可是，你和守仁成婚十几年来，上天给了你们足够的时间！当然，我带你见过的郎中，众口一词，你是天生的石女，永远不会生养的。长此下去，想过我和你公爹吗？你让我们王家怎么办？"

诸氏哭道："继母大人，有道是，既知今日，何必当初，我夫君一直深爱着我，他不会弃我而去！"

"哼！你呀，只想我儿守仁对你的情意，你想过我和你公爹吗？你想过我儿守仁吗？一边是我们王家列祖列宗的无后为大，一边是他不愿意叛逆初衷，两相取其大，王家列祖列宗是其大，而卿卿我我，你和吾儿守仁的感情当然是其小。孩子，咱王家没办法，也是无奈之举，好好的鸳鸯，不拆散你们怎么办？孩子，你有比这更好的办法吗？我们做长辈的，只有忍痛割爱，只有痛下决心，丢卒保车舍了你，而成全了王家列祖列宗的香火！"

诸氏扑通一声双膝跪地，泣道："继母大人，我也人到中年，已成破瓜之女！请问，孩儿的后半生将身倚何处？"

继母叹道："普天之下，人皆私之，上天饿不死瞎眼的雀儿！这十几年来，我和你公爹，见你毫无报喜之意，几次想劝说吾儿守仁，休了你再续新弦，是你公爹天性善良，话到嘴边，又休了此念。可是这件事当断不断，反受其乱！天意如此，现在正是痛下决心了断的好时机，故而我和你公爹商定，让守仁写休书，先休了你再为守仁续弦填房！"

"继母大人，孩儿十几年来奉茶侍汤，起早贪黑，含辛茹苦，侍奉二老，自古欲休妻者，必有七出之实。请问继母大人，孩儿有几出？"诸氏抬起泪水涟涟的脸来，看着坐在木椅上的继母说道。

继母站起来，勃然大怒道："无后为大！难道不是七出之实吗？不过，你别死死抱着这个当理说，这不是水中救命稻草。你如果还真心爱我儿守仁的话，你当冷静下来想想，我儿守仁，上愧他爹和我，下无颜见我王家同辈的兄弟姐妹。再想想我儿每天受着夹板罪，从这家中走出走回，他是饱读诗书之人，无后为大这顶无形却重如千钧的帽子，每天压在他头顶上！你知道他心中的苦楚有多少？这些你想过吗？"

话已至此，诸氏已经再无任何借口，擦了把泪水说道："继母大人，孩儿无话可说，愿听凭公爹和继母大人安排。"

继母从木椅上站起来，上前搀起诸氏，抚摸着她的头说道："好儿媳，看来咱们婆媳的缘分尽了，你好自为之，等着吾儿守仁写休书吧。"

听到这里，诸氏禁不住泪水涟涟，她想说什么，话到嘴边又咽了回去。是的，到了形同陌路人的地步，再说什么又有何益呢？

不过，继母笑吟吟地掏出手帕，为诸氏拭了泪水，拍着她的肩头说道："孩子，我和你公爹商议好了，我们王家断不是无情无义之人。你公爹给你在京城看了一处宅院，价钱你公爹已经和人家议定，加上这次守仁修威宁伯王越墓王家和朝廷的赏银，已足够买下这处宅院。你公爹念在和你爹多年至交的分儿上，今日给你爹修了书，你出阁时的两个侍女——嫚儿和嫣然，还跟随你。你公爹多年侍讲圣皇，和后宫四司八局的人都熟，和女官们关系颇好。你公爹知你刺绣手艺极好，尚服局的女官看了你的刺品，大加赞赏。你只要按时按量给人家刺绣，可保你后半生富足无忧。况且，嫚儿、嫣然刺绣的手艺也很好。"

见继母大人如此说，诸氏道："继母大人，感谢继母大人和公爹对孩儿的厚爱。"

"另外，你公爹让我转告你，侍女嫚儿和嫣然出阁之时，嫁妆、酒食等费用，我们王家也负担。这样可解除你的后顾之忧。也不枉你来王家一场，更不枉你与吾儿举案齐眉、恩恩爱爱做过一场夫妻。"

在继母和诸氏在房中说话之时，王华也走进王阳明的屋内，向王阳明摊牌，让他慎重考虑，刘瑾做媒之事，必须暂时先应承下来。重要的是立即给诸氏写休书，让诸氏及其侍女嫚儿、嫣然三天之内离开家。

王阳明一听作色道："爹，自古杀人不过头点地！孩儿知道，刘瑾这个大阉官权倾天下，就连圣皇也敬之三分。咱们需要想办法对付他。至于夫人诸氏，十几年来与孩儿感情深厚，岂可用一纸休书把她推出王家门外。如此，我王家列祖列宗世世代代的大德大义、大善大仁、大爱之根何在？爹，别的事儿，孩儿可以让步可以遵从，唯这件事不……"

王华怒道："吾儿，爹知道刘瑾几次布下劫难却陷害不成，他今日又变换花样，收起仇恨刀剑，向咱们抛眉弄眼，送来温柔花，咱们必须先像模像样地接着……"

"爹，自古强扭的瓜不甜，何况吏部尚书焦芳，大字不识几个，他凭着溜须拍马，阿谀奉承，吮血舔疮，出卖祖宗，才步步青云爬上了吏部尚书的高位！爹，我王家世代忠良，一向以刚正不阿著称于天下，岂能与这种势利小人为伍！"王阳明一提起类同"八虎"的焦芳，愤慨之气陡然而生，他几乎咬牙切齿说道。

"儿啊，你好糊涂啊，爹与焦芳那厮在宫中共事两年，岂不知他的为人。在大阉官刘瑾魔爪之下，咱们退一步，先应承下来，这样咱们还有退路。若咱们硬挺着脖子，誓不折腰，倘刘瑾拿皇上说事儿，说咱们违抗圣命，这正是刘瑾所要的结果。儿啊，你涉世尚浅，咱们不能硬碰硬，更不能拿起鸡蛋碰石头。咱们要委曲求全先接下来，哪怕再想办法，大活人总不能让尿憋死吧！"

王华说到这里，王阳明长叹了口气，是啊，当今的圣皇几乎成了朝廷的摆设，他只知道吃喝玩乐，只知每天在刘瑾的安排之下，入豹房和放荡不羁的女人们鬼混，把男女的肉体之欲做到了极致。他是大明百官公认的玩皇帝！唉，正是天道不济，众生遭殃，大明天下何有公道可论？处在这个时代的有志之士，即使满腹经纶，一腔精忠报国之心，又能怎样？

见王阳明无话可言，王华说道："吾儿，刘瑾做媒这件事，你我无须再议。再者，你与儿媳之事，爹和你继母大人做了充分的考虑和安排，为避免以后淑娟与后来的填房闹矛盾、起争议，你快刀斩乱麻痛下决心，写张休书，反正无后为大，为了王家列祖列宗承继延续香火，你必须这样做！"

"爹，不写休书不行吗？天地良心，孩儿不愿也不忍心和夫人淑娟分手，请爹和继母大人三思！"说着，王阳明扑通跪在王华面前。王华从小教诲他，男儿膝下有黄金,身为男儿,上跪上天神灵、君王,下跪爹和娘,余者就是打断双腿断然不可下跪。王阳明用庄重敬畏的一跪,向爹表明了他与夫人诸氏矢志不渝的决心。

王华摇头道:"吾儿,咱王家以德、以善、以仁、以爱闻名于世,你明白无后为大不孝。你应该知道,以顺为孝的普通道理,爹和你继母是一心一意为你好,爹和你继母就你这么一个儿子,说到这儿,有一件事爹必须告诉你。"

王阳明惊道:"爹有何事?孩儿洗耳恭听。"

王华叹了口气说道:"当年,吾儿生身娘亲病逝,你年龄尚小,你祖父看着咱们父子委实可怜,遂托人续弦,把你今天的继母娶进门来。一年之后,你继母突然身怀有喜,你继母为了把女人所有的母爱全部用在你身上,在你祖父不知情的情况下,和爹商定决定不要腹中之子,一心一意抚养你成人!她对你严加管教,让你从小习文、习兵马刀剑,所以你才有了今天的本事。说起来这都是你继母对你的最大挚爱呀!儿啊,你应该庆幸有这样无私坦荡的继母!"

王华将王阳明扶起来,他抚摸着王阳明宽大厚实的肩膀说道:"儿啊,你这一辈子,倘因一时之气,对你爹不好,爹不会怪你,但对你继母,你绝不可有一点不孝不顺。"

王阳明点头道:"爹,孩儿知道了。"

"知道了以顺为孝,儿啊,爹和你继母大人愿拿出全家多年来的积蓄把儿媳淑娟安排好,包括随儿媳出阁相陪的侍女嫚儿和嫣然,爹和你继母大人都想到了,现在万事俱备,只欠你这张休书了。"王华已与继夫人商定,不达目的不罢休。他说着示意一直站在旁边的男仆,打开文房四宝。墨已研妥,一杆王阳明用惯的毛笔斜倚在端砚一侧。

王阳明叹着气抬起头来,动情地说道:"爹,孩儿知道以顺为孝,可是何必这样相催甚急啊?"

王华一时无语,看了看王阳明甩手走了出去。就在这天晚上,王阳明悄悄背着夫人淑娟、爹和继母三人,给远在南昌的岳父大人——在江西布政使司仍做参议的诸让写了封家书,催其速移贵体赴京,有要事相商。与此同时,王阳明不知道,夫人诸氏也给远在南昌的爹写了书信。

晚上,王阳明和夫人诸氏双双坐在床边,诸氏给王阳明斟了杯茶,双手捧着放在他面前。王阳明叹道:"方才爹和我谈了,大阉官刘瑾权倾天下,爹和继母大人让我退一步,先答应下来这门亲事,然后再想办法。"

诸氏笑道:"夫君,这件事你不要和贱内商量,你想好了就是。"

诸氏说到这儿,站起来背对王阳明,刚开口抑制不住的泪水便流了出来。她模糊着双眼说道:"王阳明,咱们夫妻缘分已尽,你今晚写了休书,我明天就离开这个家!"

王阳明遂站起来，从诸氏身后张开双臂，紧紧搂住了她，把脸伏在她肩膀上。叹道："夫人，别，别，你我夫妻二人相濡以沫十几年，咱们没吵过嘴，更没红过脸，这个休书，我真的下不了手写呀！"

诸氏转过身来紧紧搂着王阳明，泪水涟涟盯着他的脸，皱眉泣道："夫君啊，你今日到了两难之地，休书不写，爹和继母大人那里过不去！夫君不用为贱内担心，爹和继母大人对贱妾，包括嫚儿、嫣然以后的事，都已安排妥当，明早我就拿着休书离开这个家！"

王阳明用力摇动着夫人诸氏的双肩说道："夫人，不！爹和继母大人那里我去说，这个休书我不写！夫人休想离开这个家，我要和夫人白头偕老！"

王阳明和夫人诸氏，就这样说着话，一会儿泪水涟涟，一会儿两人相抱相拥，真是肝肠寸断！其实两人心里生生不愿分开，真个是棒打鸳鸯两相飞，绕来绕去，两只鸳鸯又双双栖息在一起。

第二天，王阳明梳洗完毕，刚从屋内出来，看见王华和继母就站在上房门口，王阳明遂向爹和继母问安，继母向王华示意，王华长叹一声问道："吾儿，怎样，写休书了吗？"

王阳明双膝跪地道："二老在上，这张休书孩儿真的下不了手，请两位老人三思！"

王华说道："儿啊，忍一时之痛享万日之安，你休书不写怎么行呢？"

继母附和道："守仁，我和你爹给你娶了偏房，人常说：'两个女人一台戏，三个女人过不去。'到那时你按下葫芦起了瓢，你怎么处？儿啊，别犹豫，该断就断吧！"

王阳明摇头道："爹、继母大人，纳妾为王家列祖列宗延续香火我同意，并非儿子违逆爹和继母大人之意，并非儿子不以顺为孝，这是王家的大事，我不能草率从事，更不能轻易写下这张休书。况且即使我以后收了偏房，与淑娟仍为夫妻有什么不可呢？我们王家是书香礼仪之家，凡事包容大度，凡事吃亏是福，我们又怎可做出不仁不义之事呢！"

王华见王阳明如此，怒道："儿啊，你真是难为爹呀！"

王阳明根本不知道，当王华答应接受刘瑾做媒时，上午说罢，下午刘瑾派张彩转告王华，欲娶吏部尚书焦芳之胞妹，必须给现在的夫人诸氏写张休书，要让焦芳之胞妹变成夫人，这就是王华和继母为何让王阳明给儿媳写休书的原因所在。刘瑾设了圈套，让已入圈套的王华有苦难言。王华想来想去，只能委屈了王阳明和夫人诸氏，但这个代价太大了，王阳明和诸氏哪能承受得了。

王阳明从继母那里知道了后来刘瑾的话，怒道："爹，刘瑾失言在先，这张休书儿非但不写，焦芳的胞妹这门亲事，也拒不接受，看大阉官刘瑾能如何？"

王华摇摇头道:"儿啊,咱们拿鸡蛋去碰石头,有这个本钱吗?"

继母长叹道:"儿啊,非是我和你爹再三逼你,咱们已钻进刘瑾设下的圈套,刘瑾就等着看休书呢!"

第二天,武宗临朝,说有急事面见文武百官,朝议军国大事,王阳明虽入仕不久,但也在朝见之列。文武百官齐聚金銮殿,王阳明一眼就看到了坐在武宗下首的刘瑾。

武宗待百官朝拜之后,赐众人平身。他说道:"昨日西北边塞,安亭将军派手下快马三次上疏,近日,北房屯兵十万时常借机挑衅,他们先入侵居庸关,继而又出兵攻打大同,你们说这不是大火上房吗?朕不知所措,诸位爱卿有何御敌良策?"

殿内一片哑然,文武百官谁也不说话,大家都低着头,正因为武宗一反历代皇帝作风,推崇宦官刘瑾为上,使之权倾天下,大臣们敢心中怒,却不敢口中言。更加上刘瑾动用东厂西厂和"八虎"作伥,谁还敢为武宗皇帝出谋划策。今日西北边塞军情告急,武宗无奈,才升金銮殿朝议此军国大事。

武宗再次开口请众卿献良策,以御北房,可朝内仍是一片沉寂。正是养兵千日,用兵一时之际,文武百官开始离心离德,让他成为真正意义上的孤家寡人。众人沉默不语,武宗无奈转身看刘瑾。刘瑾皱着眉头,一只拳头攥得很紧,武宗拍案大怒道:"众卿,朕已再三发问,汝等已考虑再三,倘再无人启奏,朕开始钦点众卿名号!"

王阳明心中叹道:这是大明江山社稷的朝臣吗?西北边关三次告急,文武大臣竟然沉默不语,可见皇帝已经失信于朝、失信于民。他抬起头来发现父亲和孙燧站在杨廷和之后,杨廷和看了王阳明一眼,暗示他初出茅庐,切忌热血沸腾,多看看,多想想,找准自己的位置,这才是你王阳明应该做的。

吏部尚书焦芳看了看王阳明,又把目光收回来。

首辅大臣杨廷和启奏道:"昔日西北边关有威宁伯王越老将军镇守,北房闻之丧胆。为震撼北房,王老将军挥师进入河套地区,北房皆四散矣。今王老将军刚过世几年,为何西北边关又起北房之患呢?宋平将军等为何不效仿王老将军镇关之法,勤于操练,严守关口,量北房绝不会如此嚣张妄为。整肃三军,扬我军威于北房,北房必不敢侵也。"

武宗听罢首辅大臣杨廷和启奏,首肯道:"是啊,威宁伯王越严厉三军,严把关口,操练防务有度,故北房万分惧怕。只是,今战端将起,北房西北边关陈兵十万,众卿,这个万分火急之情如何解?朕甚忧之。"

王阳明见首辅大臣杨廷和启奏之后,金銮殿又是一片沉静。他出班奏道:"启奏陛下,不才王阳明愿为陛下分忧,以解西北边关之危。"

武宗往金銮殿下面一看,竟是那个奉旨修建威宁伯王越墓初入仕的大才郎,遂笑道："王爱卿，朕想起来了，你是少詹事王华之子，去年刚入仕，威宁伯王越之墓，不是你刚刚督工建造完工的吗？"

"启奏陛下，威宁伯王越将军之墓，正是下官督造。"

武宗听了王阳明的话，心里别是一番滋味，今西北边关十万火急，除杨廷和老臣之外，满朝文武大臣皆不敢言兵，独刚入仕的王阳明敢越班启奏，这时他接到刘瑾传过来的一张字条。

武宗看罢字条，用轻蔑的口吻说道："王爱卿，你是个文官，你懂得兵法吗？排兵布阵，要真刀实枪，比经书之中之乎者也那些文绉绉的诗文，重要万倍！"

王阳明点头道："启奏陛下，臣自幼喜爱兵法，深知《孙子兵法》之谋攻、军形、兵势等十三篇之奥妙；臣还研读过《司马法》之仁本、天子之义、定爵、严位、用众，把握其中之玄机；至于《尉缭子兵法》之天官、兵谈、武议、战权、重刑、分塞、兵令二十四篇……"

王阳明说到这里，吏部尚书焦芳越班怒道："启奏陛下，今西北边关十万火急，好个不知天高地厚的王阳明，他竟在此王婆卖瓜，自卖自夸，哗众取宠，在纸上谈兵，步昔日赵奢、马谡、东晋之口谈玄言大师殷浩后尘，你有真才实学吗？"

张彩也出班启奏道："陛下，王阳明自入仕以来，一向口出狂言，桀骜不驯，他若不为西北边关十万火急奏出个子丑寅卯，请陛下治他一个无视君威之罪。"

王阳明头脑清晰，思绪敏捷，他大声道："陛下，臣绝非沽名钓誉之辈，修造威宁伯王越老将军之墓时，下臣就按兵法令三百名不懂任何兵术的民夫分兵习武。孙子云：'故善用兵者，譬如率然，率然者，常山之蛇也，击其首则尾至，击其尾则首至，击其中则首尾俱至。'下臣以常山之蛇兵阵，分兵抗击，三战三捷，若下臣依其地势，让彼方变换阵形，继而，彼方变，此亦变，彼此对阵，率然阵之威顿现矣！"

武宗点头道："王爱卿，朕知此事，原来爱卿效法威宁伯王越之英勇，在墓前演兵布阵，并非空穴来风，乃实为也。朕听听你解除西北边关十万火急之法。"

王阳明这才长舒一口气说道："启奏陛下，不知殿中可有速记官否？"

武宗皱眉道："殿前御史，朕这满朝文武百官之中，可有写字如飞的人？"

殿前御史说道："回奏陛下，中书省有一个都事、一个检校，素以誊写文书飞快著称，依下官看，此二人可为此事。"

武宗大声道："中书省正七品都事、检校可在？"

那都事、检校二人出班俯伏在地道："启奏陛下，下官在！"

武宗问道："王爱卿口述上疏，汝二人可为之速记！"

王阳明开口道："陛下，下臣面陈口述《陈言边务八目疏》。"

二人齐道："可！下臣遵旨！"

武宗喜道："好，好，王爱卿你奏吧。"

王阳明说道："陛下，臣之《陈言边务八目疏》共计八目。一者曰示文。即速以朝廷名义，六部会要，写出利国、利军和边之关文，派都御史照会意欲来犯之北虏。二曰选将。自威宁伯王越将军之后，西北边关屡屡告急，敌我对峙，时打时和，臣以为镇关之主将，缺乏守关御敌之术，此将必须是闻名朝野，必须具备至少三年以上，甚或五年以上带兵打仗的经验，在西北边关，倘提及此人，让北虏闻风丧胆！这正是古之将立则边固的镇边之宝。三曰练兵。西北边关练兵必须针对北虏，以其人之道还治其人之身。正如对付北虏骑兵马队，无非钩索弓弩行之有效，一招制敌，则犯者闻风必溃。四曰备粮。臣知道现在西北边关还在采用朝廷按月拨发的老办法，此时必须改变。可建看守严密，既防水又防火的地下粮库，切忌战起又劳民伤财，臣以为西北边关有精兵良将据守，粮米充足。试问，北虏敢以头颅肉身之躯，撞我铜墙铁壁乎？"

武宗万万没想到，王阳明口若悬河，头头是道，堪称满腹经纶、字字珠玑、运筹帷幄决胜千里之外的栋梁之材。他高兴得手舞足蹈，哈哈大笑道："王爱卿，天下奇才！天下奇才！"

武宗赞毕，向都事、检校二人说道："王爱卿句句吐金吐银，乃自有大明以来的奇才高士，你们千万不可漏记，否则朕必罪之！"

都事与检校二人齐道："陛下放心，下臣不敢怠慢漏记。"

武宗点头笑道："王爱卿你接着上疏，朕正洗耳静听。"

王阳明开口接着说道："五曰固边。臣闻这些年朝廷为守边关，时常调兵遣将，如走马灯一般。正所谓，'你有你法，我有我术。'如此边关能固如铜墙铁壁乎？朝廷下令，给边关守将八个字，乃一夫当关，万夫莫开。我有如此之边关，倘敌来犯，我惧乎？六曰全歼。倘敌执意来犯，我必集中绝对优势兵力，给来犯者以重创，确保痛击，争取全歼！若西北边关如此，请问敌还敢来犯乎？七曰奖罚。古之今来，将兵之用，除勇、毅、术三者外，贵在奖罚鲜明。凡边关击溃、歼灭来犯之敌后，一定要不惜血本重奖守关将士，此举既壮军威，又扬士气，敌岂敢再生来犯之心？凡边关之罚，贵在罚其属实，自古攻心为上，攻城为下，故罚其身在次，而罚其心则在其上。边关尤恶杀戮之罚。八曰善后，朝廷对边关牺牲阵亡的将士，重抚恤存问，当如同朝中之岁禄，抚恤直至其亲属亡。如此，凡镇守边关之士，则无后顾之忧。重抚使边关将士勇敢陷阵，慨而赴死而无他。臣之八目践行，则西北边关必固矣！然，大明其他边关可依次效之。陛下，若朝廷如此，大明江山，只要无内乱之忧，则社稷无虞，可保源远流长矣！"

武宗闻后乐而忘忧，当殿抚案大笑道："诸位爱卿，何言朕之大明江山无栋梁之材，王爱卿口述八目、边务之疏，无愧国之栋梁之材，兵部尚书刘湛何在？"

刘湛出班奏道："启奏陛下，臣在。"

武宗说道："刘爱卿，王爱卿八目边务之疏，可称边关守卫之法宝，汝用心一一实为，倘再有边关十万火急者，朕只拿汝是问！"

从金銮殿出来，以武宗之意，想赏赐王阳明，刘瑾近其身低声道："陛下，王阳明之为乃臣之职责所在，不必赏。"

武宗皱眉道："瑾儿，你岂不知，少詹事王华和王阳明父子皆是文官，文官陈言边务之疏，实乃难能可贵！凡赏必励众也，何不为之？"

刘瑾笑道："陛下，难道你忘了当年先帝的三十廷杖之痛吗？如剥皮抽筋呀！"

武宗点头道："对呀，当时王华给先帝讲了唐朝李辅国和张皇后表里之事，恰发现朕与众妃子嬉戏纵酒，对……这个王华真是可恶！"

"对嘛！有其父必有其子。表面看，王阳明是为陛下排忧解难，可是陛下你知道吗？兵部的尚书、左右侍郎、武选、职方、车驾、武库、四清吏司的郎中、员外郎，包括主事，都愤愤不平。要不是奴才斥退，他们非要群起围殴王华和王阳明父子！陛下身居九五之尊的高位，岂能看到兵部的下情呢？"刘瑾擅长摇唇鼓舌，空穴来风，本来没有发生的事，他可以描绘得栩栩如生，十分逼真，近乎刚刚发生的一样。他用不容武宗置疑的口气，盯着武宗的脸说道。

武宗大惊道："瑾儿，怎么会这样？兵部尚书刘湛想干什么？自己胸无点墨，弄得边关屡屡告急，朝内兵武不振，就是各省、府、州、县衙的屯兵，也时常不和，他还无端闹事，真是岂有此理！"

刘瑾说道："陛下，朝中文武百官，皆见风使舵者，他们都是墙头草，哪边风大哪边倒。王阳明本是文官，却在众多将领面前大言不惭地言兵事，他上疏的边务八目，其实逐条看下来，也稀松平常，老生常谈耳！唉，王阳明自不量力，敢班门弄斧，关老爷面前舞大刀，他越俎代庖，自以为是，这让朝中将领很是不满啊！故而此风不可长、不可励，陛下，奴才这是为陛下的江山社稷着想啊！"

武宗点头喜道："好，好，朕听瑾儿的就是。"

尚未进后宫之门，焦芳和张彩二人候在门口，刘瑾近前道："如何？王阳明给诸氏写休书了吗？"

焦芳皱眉道："他没写，还拖着呢。"

张彩则说道："千岁爷，据属下人员来报，王华要给他儿媳买宅院，价钱都谈妥了，他这是给儿媳找退路呢。"

刘瑾大怒："屁话儿！你去告诉那个卖宅院的人，他敢卖给王华，爷让他家中所有财产充公，让他一家子蹲大牢！"

张彩点头道："是，千岁爷。"

刘瑾说道："爷就是让王华父子既无退路，又无进路，把他逼疯逼狂，让他们从内心深处知道爷的手段，知道爷的厉害。"

焦芳喜道："是啊，他要不听千岁爷的话，咱让他步步是灾，步步有难！"

五 虎狼当道磨难多 阳明机智思对策

杨廷和示意夫人和女儿婉娴退下,他轻轻关上门,向王华说道:"王兄你想到没有,这些天,刘瑾肯定派了东厂或西厂的暗探,始终盯着你们父子俩。当然我和孙兄也有尾巴,可是……世上竟有这样的霸道恶徒,圣皇不做主,谁又能奈何得了他呀!"

这些天,王华和儿子王阳明的遭遇,杨廷和和孙燧最为同情,也最为关注。王华父子面对强权的刘瑾,采取了妥协的办法,一忍再忍,一退再退。刘瑾早已把握了王华的心思,你们父子,包括满朝文武官员,都畏惧我刘瑾的权势,你们不敢硬碰硬,如那样,正是我刘瑾想要的结果。那么好吧!我先让你王华父子同意这门亲事,同意刘瑾来做这个媒。而后,刘瑾又加码,让王阳明必须给现在的夫人诸氏写张休书,驱出王家大门。继而让焦芳之胞妹由原来的进门纳为妾室,改为正房夫人。这明明就是要活生生地拆散王家人。当然王华最畏惧的是,倘若刘瑾让武宗皇帝传旨下来,到那时你王华、王阳明敢不遵圣命,敢抗旨不遵吗?那样刘瑾对王华父子就真的能为所欲为了。杨廷和和孙燧二人非常明白刘瑾的险恶用心,他明知做媒这件事,表面看是好事,但实质是件恶事,常人看明知不可为,但无所不能的刘瑾偏偏这样做!故而,杨廷和与孙燧,趁着今夜风大又黑,方才把王华叫来,共同商议对策。

王华叹道:"杨兄、孙兄,咱知道胳膊扭不过大腿,能不能想想别的办法?抛开'八虎',现在除吏部尚书焦芳外,又多了个专给刘瑾拍马屁的张彩!真是物以类聚,蝎子、毒蛇、老鼠等类臭味儿相投,专往一起相会。京城之内乌烟瘴气,奸佞之气上升,正气下沉,暗无天日。"

杨廷和突然点头道:"王兄、孙兄,昔日我与张彩之父一向交好,现在张彩之父张忠义病了,不能上朝,我去见他父亲,听听他有什么办法。"

孙燧向王华问道:"我那侄子阳明呢?他前天当殿口述的《陈言边务八目疏》,说得真好,令将领们十分折服,他今日去哪儿了?"

王华叹道:"时运不济,我儿时常叹气,今日去工部,说有文书要他处理。唉,这个大阉官刘瑾怎么就一手遮天了?"

孙燧说道:"王兄、杨兄,现在世情观冷暖,人面逐高低,咱们要想联手根除刘瑾的势力，无异于逆水行舟，迎风撑帆，肯定举步维艰。"

王华叹道："自古邪不压正，江山代有人才出。"说到这儿，王华转向杨廷和与孙燧说道，"要不这样，钝刀子杀人让人欲疯欲狂，我索性去宫中找刘瑾，咱当面锣、对面鼓和他挑明了，他到底要把我王家父子如何？"

"王兄，你呀，火性还这么大？刘瑾他是个无赖，更是个奸诈之徒，还是忍忍吧，咱们再想想办法。"杨廷和说道。

王阳明这几天肚里憋着一股怒气，他面对家人的时候，把这股时不时冲撞起来的怒气压了又压，因为他们都是和他息息相关的亲人。当然，尤其是面对他父亲王华和继母时，他表现得很淡定，大有满不在乎之态。但天地之大，大千世界，两条腿的人比比皆是。他想，人的办法总比厄运多。这几天他苦思冥想，他要找出一条避开厄运的生存之道，让爹和继母，还有他的夫人诸氏都如初到京城时那样，活出快乐，活出滋味来。

这天王阳明或许就该有事儿，他出外多穿了件外袍，而且还多准备了一顶诸葛巾。这诸葛巾是用双层软纱绢制成，团在一起可放入口袋内；展开之后，无折无皱，戴在头顶上非常漂亮、时尚。也不知是不是骨子里气节相传，王华也爱在闲暇时戴顶诸葛巾。诸葛巾在王阳明看来，蕴含着读书人的智慧，对男人而言，似乎诸葛巾是读书获取仕途的标志。王阳明心想我没必要去理会人家，我只要一戴上诸葛巾，就如三国时诸葛亮一样，学会聪明做人、学会运用人的智慧，靠那些突如其来的闪光灵感做事。

王阳明今日不上朝，故而不用穿朝服，更不用戴那顶乌黑透着光亮的乌纱帽。他选择了六角帽，这种六合一统帽亦称瓜皮帽。它是用六片罗帛拼制而成，有天地四方会合，国家一统。当然，市井中的小商贩及市民也多戴这种六合帽。

王阳明戴了六合帽，与继母及夫人话别。刚刚走出家门口，他就隐隐约约发现，有两个人头戴清一色四方巾，身穿镶了黑边儿的直裰，装作无事人急匆匆跟在他的身后。

王阳明心想，这一定是刘瑾派的东厂和西厂的暗探。今日，我若去办事，必须想法甩掉他二人。不如这样，找个僻静之处，我问问他们到底是谁派来的。他想着，装作不经意离开京城大街，拐入一个有弯道的小巷内。

王阳明进入小巷之后闪在一侧，没过一会儿，那两个盯梢人，也悄悄奔入小巷。

其中一人大声道："坏了，王阳明去了哪儿？千万别跟丢了！"

另一人则道："哼，我眼睁睁看他进入这小巷子，他跑不了，你别到处乱喊乱叫，快过来，咱们等他出来。"

王阳明此时距离这两人不远，他就藏在一株大槐树后面，盯梢人离他仅几步远。王阳明悄然走过去，趁二人不备，慢慢来到他们身后，以千钧之力、闪电之势、侧掌如刀，猛击黑大个儿一掌，此人未出声便瘫倒在地，而后他飞起一脚，将另一个俯身在墙边的人踢倒在八尺之外。

王阳明一脚踩在倒地人的身上，怒道："说，谁派你们跟踪我的？"

那人假装闭眼不说，王阳明一把抓住那人的手腕，点着他的穴道怒道："说，再不说我让你痛不欲生！"

那人疼痛万分说道："王大人，小的说，小的全说！"

这边，焦芳、张彩等正齐刷刷盯着执茶盏在手的刘瑾。

刘瑾大怒道："呃，爷听明白了，王阳明这小子到现在都没写休书，而且拒绝和焦家人见面。看来他是真的不把本爷这个媒人放在心上。那好啊，甜葡萄送到嘴边，他不吃，不识抬举，今儿爷就送他碗黄连水。"

焦芳从内心钦佩王阳明胆大心细，轻易躲过了他精心设计的两个圈套。焦芳想，这次刘瑾愿做媒，把他琴棋书画皆通的胞妹嫁给王阳明，虽然昔日他与王华有隙，但秦晋之好，即使做妾，如能嫁给当今大才子，也算此生找到了最佳归宿。焦王两家联姻，自然能一好遮百丑。他从内心期盼这桩婚事圆圆满满。没想到，后来刘瑾命张彩、江彬传过话去，让王阳明务必写休书，休掉现有夫人诸氏，让焦芳的胞妹做王阳明的正房夫人。王阳明做事做人都有底线，刘瑾似是故意直逼王阳明的底线！王阳明不写休书，不答应把焦芳的胞妹变为正房夫人，同时更不同意王华和焦芳见面相议两家婚姻之事。焦芳在内心深处，渐渐滋生出一句话，千岁爷，你到底是为我好呢，还是……

焦芳听了刘瑾的话，不知是出于内心还是下意识地说道："千岁爷说得对，他王阳明乳臭未干，在京城之地，他以为他是谁？"他说出这句话后，看了看刘瑾，接着说道，"千岁爷不知……"

刘瑾向张彩说道："你下午去工部，把刘其能叫来，就说我有要事让他办！"

张彩点头道："千岁爷放心，下官一准让他来见千岁爷。"

刘瑾窃以皇上武宗的近侍太监为荣，初时的"八虎"渐渐已名存实亡。其根本原因是，他欲以近侍的资格统领"八虎"，独断专行，动不动就以皇上的口谕来威震他人，时间一长，他的行为渐渐为人不齿。在朝廷中，九卿也好，六部两院也罢，传唤尚书、御史是家常便饭。更加上武宗把文武官员的上奏和疏报的审阅、批答之权，全权交与刘瑾，他虽是内宫近侍太监，实际已是大明江山的二皇帝。刘瑾借助皇上武宗之手，打压朝内不顺从的文武官员。但是他发现虽然王阳明刚入仕，却是个非常难得的干才。两次阴谋不成，遂改为阳策：欲把王阳明拉拢在自己的门下，为他将来的大事效力。可没想到王阳明休书不写、名号不听，甚至还断然阻止自己的父亲王华和焦芳见面相议姻亲之事。刘瑾精心设计的计划彻底被击碎了，所以刘瑾咆哮大怒。

工部的刘其能是个骑墙派，典型的墙上茅草，哪边风大哪边倒。他没想到刘瑾和他见面后竟让他查找王阳明的过错，他听后皱眉道："刘公公，王阳明做事尽职尽责，他没什么过错呀，怎么查？"

刘瑾怒道："混账！我不信王阳明做事十全十美，没有一丁点儿的过错。"

刘其能叹道："可是，王阳明真的……"

"你真是个十足的笨蛋、蠢猪！刘其能，爷告诉你，爷可没有那么大耐心在这儿对你进行启蒙教育。现在摆在你面前的只有两条路，要么保你的官帽，要么找王阳明的碴儿，你选择吧！"刘瑾心中怒道：刘其能，看来当初真的该叫刘无能，要找一个人的过错简直易如反掌，你连这点儿小事都不会，你还当什么官戴什么乌纱帽？

刘其能急忙匍匐在地乞求道："刘公公，恕下官愚钝，下官自然以官帽为重，请刘公公明示！"

刘瑾见刘其能服了软，鄙视道："刘其能啊刘其能，爷告诉你，你会鸡蛋里挑骨头吗？"

刘其能抬头盯着刘瑾的脸，似乎想从对方的脸上找到王阳明的骨头，可是刘瑾脸上无字，对他没有任何提示。他茫然地摇摇头，似乎在云雾之中一时难辨东西。他虽是墙头草，还是个低能官儿，但他不能让刘瑾把他看成十足的草包笨蛋，他故意装腔作势若有所思地说道："是啊是啊，这件事……还请刘公公明示下官吧！"

刘瑾抬脚猛踢了他一脚，怒道："刘其能，不！刘无能，王阳明不是负责你工部的书案吗？"

"对，对，王阳明是负责书案！可……"

"哼，负责书案还不好办！你去找吏部焦尚书，他属下有个模仿笔迹的大能手！你让他在王阳明经手的书案上做文章！"

刘其能仍在云雾中徘徊。他紧锁双眉，两眉中间的川字纹紧皱着。他问道："刘公公，王阳明经手的书案有的是，怎么模仿？"

刘瑾伸手指点着刘其能的鼻子骂道："刘无能，你真是个死木头！浑身上下不透一点儿灵气儿，他有书案就好办！"

"咋好办？"

刘瑾先润了一口茶,讥嘲道:"你让大能手在书案上去字、加字,以篡改他文章的本意,让他有损朝廷圣意;或者,干脆让他辱骂圣皇。只要大能手做到天衣无缝,你刘无能就鼓动你的其他属下,联名上奏圣皇说他王阳明诋毁朝廷。有了这个奏本加上大能手改过的书案,这叫人赃俱获,这就是铁证!他王阳明浑身上下长出千张嘴也难辩其清。得,你去办吧,我专等你的奏本。"

离开后宫,刘其能惊出一身冷汗。通过今日太监刘瑾面授机宜,他立时明白,原来欲加之罪竟可以如此罗织。王阳明啊王阳明,这黑白颠倒之事,倘若明日做成了,你怪不得我,只怪你得罪了刘公公。我若不如此,他就摘我的乌纱帽,为保乌纱帽我不得不如此啊!

三日之后,刘其能作为工部的首官,拿着属下联名上疏王阳明诋毁朝廷的奏折,覆盖了红帖,也叫红本,亲手交与刘瑾。

刘瑾喜道:"刘其能,我说什么来着,有权能使鬼推磨。这原本没有的事,经过你刘其能一折腾,告发王阳明的上疏就完成了。"

刘其能一听刘瑾的话,身上立时惊出冷汗,遂说道:"不,多亏刘公公指点迷津,下官总算不辱使命。"

刘瑾皱起眼角盯着刘其能的脸问道:"这件事真的办得天衣无缝吗?你千万别留下什么把柄或尾巴。"

刘其能急忙点头哈腰,信誓旦旦说道:"刘公公放心,上报到吏部的书案和留在官衙的书案如出一辙,王阳明绝无二话可说。"

刘瑾冷笑道:"好,如此你们就做死了王阳明!"

虽说是刘其能一手策划实施此事,带有强制性联合签名,但属下中难免有人心生疑惑:王阳明到工部观政,每件事都干得漂亮、利落,简直无可挑剔,为何要害他?可刘其能让做,没人敢说不做,但做了之后又觉得于心不忍。先是一个叫周德的人在这天晚饭前,特意绕到王阳明家。

论职位,周德比王阳明高两品。王阳明一见同事周德,率先施礼道:"周大人,突然光临寒舍,令寒舍蓬荜生辉。"

周德把手一挥,急切地说道:"阳明兄弟,咱们都是工部的同事,不需要这些繁文缛节!你是忠诚厚道之人,我是实在人,因有人要陷害你,我虽然同他们一样,被迫入了伙,但我于心不忍,特来据实相告。"

王阳明给周德斟了杯茶惊道:"周大人,请把详情如实告诉我。"

待周德把事情原委说罢,王阳明皱眉道:"刘大人不能如此,我自入仕以来,既没辜负工部,更没辜负刘大人,他何故如此,要陷我王阳明于死地呀?"

周德双手叉腰怒道："所以我于心不忍，觉得对不起你阳明兄弟，觉得如此做太卑鄙、太无耻也太可恶！所以我才唐突来到你家。"

王阳明叹道："也罢，人在尘世中，该来的，它迟早会来。我王阳明做事一向光明磊落。况且，任何栽赃陷害、人为做出来的假事、恶事，岂能做到天衣无缝？周大人，我王阳明感激你对我的信任和厚爱，既然上疏已送达刘太监手中，我只有拭目以待！"

没想到送走了周德，少顷又来了张大河。他也是良知未泯，不忍王阳明平白无故遭受横祸。不过，张大河向王阳明提供了线索，他亲眼所见，那天事发前，刘其能和吏部尚书焦芳与吏部的模仿笔迹大能手，三人同进了酒楼。第二天一早，卯时未至，张大河这天不知道怎么，提早来到工部官衙，刚好细听了刘其能和吏部大能手的秘密对话。一直到了第三天，刘其能才把工部除王阳明一人之外，全部叫到一起训话，布置了联合签名之事。张大河愤愤不平地告诉王阳明："刘其能说，凡不愿签名者，明日直接到东厂马永成的稽查室报到，从此，就不用到工部点卯上班了。"朝中文武大臣都知道，东厂马永成乃"八虎"之一，他的稽查室是个活人进去、死人出来的魔窟。即使你钢筋铁骨，重刑之下，你不死即亡，末了做一整套畏罪自杀的铁证，你到哪儿申冤去？谁有翻天覆地的大能手，为你平反昭雪？所以，权威、淫威严逼之下，尽管绝大部分人心不甘情不愿，但为了活命，为了俸禄，只能把胸中热得发烫的良心、良知丢到爪哇国的寒冷世界里。

张大河在工部是个出了名的厚道人，临走他拍着王阳明的肩膀动情地说道："阳明好兄弟，我知你的丹心可照日月，但在这个是非难分的混沌世界，你想独善其身，你想锁进陋室成一统，这帮恶人偏不放过你！横祸临头，依我看你斗不过他们，兵法中不是有三十六计走为上吗？要活命，你还是赶紧离开京城虎狼之地，远遁他乡另谋生路吧！"

王阳明强笑了笑，摇头道："张大人，我绝不能那样做！"

"为什么，阳明兄弟？这世道是秀才遇到兵，咱有理说不清啊！"

"不，倘若如此，做此局者岂不幸灾乐祸，可以信手拈来把污水骂名随意往我王阳明头上扣！况且我能往哪儿逃？到处是大明的山河，咱上不能飞天，下更不能遁地，早一天晚一天，肯定会被抓住，到那时，无罪之人也难逃死有余辜的骂名，我王阳明偏不为！"

"可是，阳明兄弟，自古胳膊拧不过大腿，你不撞南墙不回头，也罢，上天自有公道心，你好自为之吧！"

五　虎狼当道磨难多　阳明机智思对策

刘瑾是个不达目的不罢休的人,他接到工部刘其能送来的王阳明诋毁朝廷的上疏后,把焦芳、张彩以及妹婿礼部司务孙聪、华亭人张文冕召集到一起,商议如何做死王阳明。

阴谋也罢,阳策也罢,刘瑾担心,一失策成千古恨,他也要集思广益,趋利避害。大家唯刘瑾之命是从,故而表面看似争来争去,而实际上,都想从刘瑾的话中找保官之语。

偏是刘瑾的妹婿孙聪,以为每天晚上到内兄的私第批答朝中所有奏疏关系不同别人,他大胆地说道:"诸位,此事大可不必如此,区区一个名不见经传的王阳明,虽然是朝廷公认的大才子,但他不是权重九卿的政要!我看只需在刘其能的工部上疏之下,批答八个字,即'铁证在案,抓捕监审'足矣,何必费这么多周折!"

焦芳有意侧目细看刘瑾,见其脸生怒色,微笑不在,便说道:"不可!今有铁证在此,必须公审他,让他在铁证面前哑口无言、身败名裂,千岁爷是不是想要这个结果呢?"

刘瑾拊掌大笑道:"我方才说什么来着,三个臭皮匠凑成一个诸葛亮!我赞成焦尚书的意见,你们都知道,杀一个王阳明,派东厂的人,或找几个武林高手,手起刀落,他必死无疑!这样有什么效果吗?能威震朝中文武百官吗?显然不能!我想要的是把这件事做足做大,咱们就拿刚正不阿的王阳明开刀,闹他个遗臭万年!请问,这朝中、世上还敢有重蹈王阳明覆辙的吗?还有不听从咱们号令者吗?"

见刘瑾一锤定音,众附庸者皆点头道:"唯刘公公之命是从!唯刘公公之命是从!"

接下来,刘瑾想借此打压杨廷和和孙燧等,又说道:"既然王阳明诋毁朝廷之事,已由工部办成铁案,咱们就让首辅大臣杨廷和监审此事,都察院和刑部会审专办此案,让他自己不得不给王阳明定罪,依案定罪,天经地义!"

焦芳马上附庸道:"好,如此,王阳明必死无疑!"

刘瑾至此方才把此上疏和自己的批答之意,和盘奏报了圣上武宗朱厚照。

但是,当刘瑾提及王阳明时,武宗皱眉说道:"瑾儿,在朕的记忆中,王阳明先是督造修建威宁伯王越之墓,虽说此乃奉旨督建,是职责所在,但王家为此非常满意,上表要朝廷表彰嘉奖王阳明,这是其一吧?"

刘瑾先是一惊,心中叹道,我日日陪他安逸享乐、纵之声色犬马,他居然把王阳明的事记得如此清楚,难道他酒喝少了,还不能沉醉,看来这皇上,不,这个先帝的傻大小子,还需要再用心力,让他更加荒废朝政才是。

刘瑾轻抚着武宗的手,又说道:"陛下心聪目明,过耳不忘,对小小一个王阳明,竟然记得如此清楚,此乃大明江山社稷之福,平民百姓之幸啊!"

武宗微笑道:"不,瑾儿,你知道大智若愚的含义吗?朕有时表面似大醉如泥,其实不过佯醉而已!醉后观真情,朕就是要看看,谁对朕是真忠,谁对朕是假忠,对吧,瑾儿?"

刘瑾大惊!他心想,看来皇上不愚不呆不痴不迷,他只不过逢场作戏而已!他点头道:"陛下如此实乃苍生之幸、大明之幸!"

武宗笑道:"不过,别人忠不忠且不论,朕深知,瑾儿是天底下最忠于朕的人了,这才是朕的大幸啊!"

奸诈的刘瑾听了武宗上面的话,对他方才这句话的真伪起了疑心。往日他肯定会说"感谢陛下的厚爱,感谢陛下的信任"。而今,他却拿出十分受宠若惊的样子说道:"是吗?陛下,如此奴才愿为陛下万死不辞!"

武宗把手一挥说道:"瑾儿,你不需要给朕表忠心、立誓言,朕心里最有数。"

刘瑾扶武宗坐下,侍立一侧说道:"陛下,王阳明,他……"

武宗笑道:"瑾儿,朕还知道王阳明上《陈言边务八目疏》,解决了朕西北边关防守的大事,这些朕都在心里记得清清楚楚!"

刘瑾心想,看来皇上知道王阳明正面的东西太多,他一改昔日恭维接话的习惯,说道:"陛下,其实知人知面不知心,比如王阳明,他就有陛下不知道的一面!在奴才看来,这就是最典型的两面派!"

武宗皱眉说道:"是吗?"

刘瑾把工部的联名上疏拿出来,说道:"陛下,这就是工部的联名上疏,王阳明的罪远远大于他的功绩!"

武宗接过上疏,他从不愿意看这些长篇大论的上疏,不得已硬着头皮粗略看了一遍,递给刘瑾,叹道:"看来,还真有此事!"

刘瑾正色道:"都察院和刑部要求联名会审此案,奴才为保证此案公正、公平、公义,想请首辅大臣杨廷和监审,不知陛下有何旨意?"

武宗一听点头道:"也罢,瑾儿,你去看看,王阳明入仕时间短,怎么会这样呢?"

刘瑾从武宗这里听了口谕,心里有了底,为防止杨廷和私下和王华、孙燧会面商议对策,他传圣上口谕,让都察院和刑部先把王阳明抓了,然后才通知杨廷和。

工部周德和吏部尚书焦芳住在同一条小巷内,平时两人关系处得比较好。在都察院和刑部抓王阳明之前,焦芳把这件事透露给了周德,周德原本就对刘其能联合签名上疏有意见,今听闻此事,离开焦芳府第,便直奔王阳明家。

此时,恰王华和孙燧两人正在书房喝茶,周德遂与王华、孙燧见面,把工部刘其能属下联名上疏，奏报王阳明诋毁朝廷一事，一五一十告诉了王华和孙燧。

王华一听，怒道："工部刘其能的官帽是大太监刘瑾给的，刘瑾肯定是幕后主谋，故意让工部联名上疏，企图置我儿于死地！"

孙燧怒道："刘瑾如同春秋时鲁国的庆父，有句话叫作'庆父不死，鲁难未已'，刘瑾是祸根之源！祸根之源！"

王阳明摇头道："孙伯、周大人，我在工部书写文案，凡用字词，历来严谨，总是反复斟酌，从不妄书或多书一字儿，我倒要看看，这刘大人请了吏部模仿字迹大能手，他真的能做到天衣无缝吗？况且假的就是假的，永远不可能成为真的。我就不信这个邪！"

周德摇摇头道："阳明兄弟，我知道'清者自清，浊者自浊'，但现在朝政混乱，圣皇很少主理朝政，时至今日，有多少冤假错案，即使指鹿为马、张冠李戴，谁又能力挽狂澜、扭转乾坤呢？正像孙大人说的，刘瑾是祸乱之源，祸乱之源！"

至此，众人皆知此乃人做的冤案，面对权倾天下的刘瑾，似乎谁也没有办法。

待周德走后，王阳明沉思了一会儿，突然向孙燧和王华说道："爹、孙伯，孩儿认为，这是揭穿刘瑾丑恶嘴脸的大好时机！"

王华疑惑道："吾儿，你眼下生死未卜，自己已经泥牛入海，哪还有机会揭穿刘瑾呢？"

孙燧正色道："自古，每临大事须静思，让阳明贤侄把话说完嘛！"

王阳明微微一笑说道："爹、孙伯，刘瑾此次不是让我杨伯监审吗？这很好！"

王华此时心急如焚，可是一时又想不出让儿子王阳明脱离灾祸的好办法。他摇头道："你杨伯监审又怎么样？人家做成了铁证，他一人之力，岂能力挽大厦之倾！"

王阳明给父亲和孙燧各斟了一杯茶，接着说："爹，孩儿想让杨伯在会审前提议，最好让朝廷的六部和九卿都参与这个会审，最好让他们做旁听，人越多越好，什么是铁证？一只活蹦乱跳的梅花鹿，怎么可能大家眼睁睁硬要说成是一匹大花马呢？"

孙燧点头道："贤侄，看来你对你经手的书案有充分的信心和把握，即使吏部模仿字迹的大能手，也难以以假乱真？"

"孙伯，放心，我明日笑对两院会审！"王阳明信心满满地说道。

王阳明话音刚落，都察院和都御史等执行会审的人就来到了王阳明家。王阳明被他们强制带走之前，向站在门口的父亲、继母以及夫人诸氏，大声笑着摆手说道："爹、继母大人、夫人，最多三天！三天，劳烦二老和夫人，你们知道孩儿最爱吃鱼香肉丝、白菜豆腐炖粉条，烫一壶烧酒，孩儿一定回来陪父亲痛饮三杯！"

会审这天，都察院和刑部按着首辅大臣杨廷和的提议，果真把朝廷六部九卿的大人们以及工部联名上疏的人，包括刘其能等都请到会审的旁观席上。

刘瑾一进来，惊道："杨大人，这阵势不小啊！"

杨廷和皱眉施礼道："刘公公，老朽想了想，虽弹劾王阳明一人，但工部联名上疏的人多，为公平公正起见，故而把朝中六部和九卿大人们都请到会审现场，请诸位大人列旁观席，都察院和刑部大人无异议。"

刘瑾心想，这样最好！咱有铁证在手，要让你王阳明名声扫地，在朝廷六部九卿中，不但要处死你，还要让你遗臭万年。他笑着回礼道："杨大人乃首辅大臣，一切听凭大人安排，小奴无任何异议。"

会审台上，杨廷和坐首位，太监刘瑾次之，都察院左右御史和刑部尚书坐下首，再次之是都察院和刑部主要会审人员。

会审人员拍响惊堂木，传唤王阳明上堂。两厢是威武执棒的衙役，两个衙役推着戴着罪枷的王阳明进来。

按刘瑾事先给都察院和刑部的安排，针对王阳明诋毁朝廷一案，只需由会审人员拿证据在王阳明面前一晃，然后联名上疏的工部人员，依此述说王阳明在疏案中诋毁朝廷的犯罪事实。

但是，按以往惯例，会审结束，案犯签字画押后才能戴上象征罪犯的罪枷桎梏。王阳明一走进会审大堂，就高声说道："请问左右都御史大人、尚书大人，今只有联名上疏，还没有会审定罪，请问我王阳明该戴这副罪枷吗？公理何在？朝廷的法度何在啊？"

都察院和刑部官员们顿时一惊，他们完全是按刘瑾之意，先给王阳明戴上罪枷。可是在王阳明家时，王阳明没表示任何异议，今会审大堂上，王阳明当众提及此事，都察院和刑部立时感到不妥。朝廷有明文规定，凡入仕有品级的官员，未定罪之前不允许披戴罪枷。当然，对平民百姓凡有犯罪嫌疑的人，抓住后即可披枷戴锁甚至桎梏。

杨廷和听了王阳明的话，皱眉向坐在会审台前的几个大人说道："是啊！王阳明说得对！你们凭什么在未定罪之前，就给王阳明带了罪枷？你们无视朝廷律法！"

刘瑾万没想到王阳明搬出了朝廷法规，这种场面让他非常尴尬。他向都察院两个御史喝道："是啊，怎么会这样？呃，我明白了，你们把王阳明当成了平头百姓，这不好啊！会审要的是公平、公正、公义！你们怎么这样办事呢？"

王阳明冷笑道："公平、公正、公义，未会审定罪，就戴了罪枷，这能公平、公正、公义吗？"

刘瑾站起来，趋近杨廷和笑道："杨大人，这件事都察院、刑部办得确实不妥，有悖朝廷法度，请大人示下怎么办？"

　　杨廷和皱眉向王阳明说道："王大人，今都察院、刑部未会审就委屈了你，你说怎么办？"

　　王阳明正色道："事已如此，我王阳明是胸怀大度之人，我绝不会为此纠缠不休。这样，当场开枷，当众让都察院和刑部向我赔礼道歉，另外赔付我白银一两！"

　　杨廷和环顾都察院和刑部官员说道："王阳明开出的条件，俱在情理之内，无可非议，只是他要赔付的银两少了些。"

　　这时，都察院左都御史向王阳明施礼道："王大人，赔付银两少了些，你可以再多要些。"

　　王阳明正色道："不，我只要你们支付一两赔银！"

　　待都察院和刑部两个首官向王阳明当众赔礼道歉后，又当场交付了赔银，刘瑾心中恨道，还没会审，由于疏忽，就让王阳明打了自己一个响亮的耳光，真丢人现眼啊！遂大喝道："开审吧！"

　　杨廷和高声道："刘公公，这种说法不妥，是会审开始！"

六　大义凛然属阳明　百般狼狈是刘瑾

刘瑾虽早已算计清楚，但没想到会审联名上疏时，会出现分歧。以刘其能亲信为首的少数上疏者认为，王阳明平日书案敷衍了事，马马虎虎，不求甚解；而周德、张大河等多数上疏者认为，王阳明书案用词严谨，因王阳明说过，谁能修改他写的书案中一词一句或一个字，他愿以一两纹银相送。这句话大家公认。其实，自王阳明到工部做书案以来，工部在朝廷六部，乃至宗人府、都察院、通政使司、大理寺、詹事府等所上报的书案，包括奏折、上疏、表等，是朝廷上下公认的工整、规范，无可挑剔。尤其是其书写的文字，就连朝中大学士们都首肯称赞。谁都知道王阳明书法上追二王，他是王羲之第三十四代孙、大明朝数一数二的书法高手！王阳明写字是有神韵的，尽管吏部字体模仿大能手修改了王阳明的书案，但他是在模仿，是那种一笔一画小心翼翼写的，自然和王阳明的字迹有着神韵上的天然差别，所谓形似而神不似，破绽暴露无遗！

本来，按刘瑾给都察院和刑部主会审官的交代，只需把大能手修改过的书案在王阳明面前一晃，就立马定罪。因王阳明知道了这个联名上疏案的原委，他当然不会让会审官这样对待他的。那会审官拿着书案走到王阳明面前，在他眼前晃了一下，转身就要走。

与此同时，刘瑾暗授机宜的左都御史拍案道："事实确凿，我看可以定罪啦！"

王阳明大喝道："慢，刚才的书案我没看清楚，你们就这样草率定罪吗？"

刑部尚书反问道："王阳明，刚才会审官不是让你看了吗？怎么没看清楚？"

王阳明大怒着向转身的会审官说道："你去尚书大人跟前，就像刚才你那样，看他能不能看清楚？"

杨廷和大声说道："所谓会审，必须让王大人看清楚，因为他写的书案不让他看清楚，就草率定罪，那今天还要会审干什么？还要六部九卿大人们旁听干什么？左都御史大人，按王大人的要求做！"

刘瑾张了张嘴，什么话也没说出来。

但是，都察院左右都御史和刑部尚书都与刘瑾当面密谋过，所以左都御史大人听了杨廷和的话，没有立即执行，而是把目光抛向刘瑾，那眼神分明在说，刘公公，是否按杨大人的话办？

旁听的六部和九卿大人，其实已经非常明白，从提前让王阳明披枷戴锁，到现在只把书案在王阳明面前象征性地一晃，这一切都是刘瑾导演的。他是会审案的主谋，人们见左都御史把目光瞥向刘瑾，都不约而同地摇了摇头，或长长舒了一口气，原来他是主谋者！

大家的目光都聚在了刘瑾脸上，刘瑾向左都御史怒道："左都御史大人，杨大人是首辅大臣，是监审，那还用问，都必须听杨大人的！真怪，你们看我干什么？该怎么办就怎么办！"

刘瑾放下话，左都御史唯命是从，会审官只得让王阳明详细看书案，王阳明自己写的书案自己最清楚，他一看就看出了破绽。他站起来，手拿书案大声说道："诸位会审大人，诸位旁听大人，我王阳明非常负责地说，这个书案有人篡改过！模仿的笔迹和我王阳明的笔迹虽形似，但神却不似，小心翼翼，别别扭扭！我敢断定，模仿我笔迹的始作俑者，就在六部之内，具体是谁，大家去想吧！"

刑部尚书正色道："王大人，你别妄下断言，信口雌黄，你自己写的公文书案，谁去模仿？谁去篡改？只怕是你的狡辩吧？"

左都御史也借机附和道："王大人，我知道你很有才，是个干才，但你骨子里是诋毁朝廷的，大丈夫做事，要敢作敢当，自己做的事，你不要反咬一口！按大明律法，你主动承认有罪和拒不认罪，两者判决不同，自然下场不同，你可要想明白了！"

王阳明冷笑道："尚书大人、左都御史大人，这张书案，和我自己写的书案，形似但神不似，我想请各位会审官对比着看一看，辨别一下，哪个是真，哪个是假，不需我多说，请你们用你们的良知，公平、公正、公义地甄别！"

王阳明这个举措，是刘瑾密谋时根本没想到的，大大出乎他的意料。刘瑾这次不想让都察院和刑部的几个大人——这几个磨道里的笨驴，听他的吆喝声，以免弄得他太被动。故而在王阳明话音刚落时，他说道："也罢，王大人今日死到临头，却头顶屎盆不认赃，咱们今儿退一大步，劳驾你们会审大人都看看，比较比较，王大人今儿是不到黄河不死心啊！"

都察院和刑部从左右都御史、刑部尚书到下边参与会审的官员们，从上至下，拿着修改过的书案慢慢转了一圈儿，正如王阳明说的，其笔迹形似而神不似，行笔时小心翼翼，别别扭扭，笔锋根本放不开，根本没有王阳明特有的笔势神韵。

左都御史率先装聋作哑道："王大人，这两张都是你的笔迹嘛！如一个模子刻出来的，这没有两样，完全是你王大人写的嘛。"

刑部尚书摇头道:"王大人,我左看右看,前看后看,上看下看,无论怎么看,都是你王阳明王大人一手写的,完全没有模仿,没有篡改,根本没有嘛!"

余下的人不用说,两位大人定了性,今日就是要指鹿为马,以假乱真。大家看也白看,都一致表示,这两张书案未见异常,都是出自王阳明一人之手。

刑部尚书拿着两张书案,正色说道:"王大人,你别再狡辩了!我们会审官员一致认为,你的书案就是你的书案,没有模仿,没有篡改,别耽误时间了,你认罪吧!"

刘瑾心中大笑,你王阳明不是能吗?不是有才吗?你不是软硬不吃吗?遂高声说道:"王大人,实话告诉你,你今天老老实实认罪伏法,是明智之举!倘你硬着头皮,死扛硬推,那只能加重你的罪行,小心株连你的九族啊!"

杨廷和摇头道:"各位会审大人,把两张书案拿来,我看看!"

刘瑾笑道:"杨大人,都察院、刑部的大人们都认真看了,没有提出异议,这说明这件事是板上钉钉子,十拿九稳!依我看,省省吧,杨大人就免了吧!"

杨廷和说道:"刘公公、众位会审大人,我杨廷和身负圣命,非同儿戏,今会审当中,该我尽职尽责,我不怕麻烦,更不怕什么操劳,只有我认真看,才心安理得,来,拿给我看!"

至此,刘瑾及会审官们无话可说,杨廷和审视两张书案之后,微微一笑,大声说道:"诸位大人,今会审此案,不仅事关王大人是否有罪,更重要的是关乎文武百官还有黎民百姓对朝廷的信任。正好,咱们增加些透明度,我提议,请旁听的六部和九卿大人们,也见证一下这两张书案的真相!"

监审是圣皇武宗赋予的最高权力,会审官们见杨廷和如此说,谁也不再说话,包括刘瑾也不得不点头认可此事。

没想到九卿之中,高大人、周大人、胡大人、孙大人等刚看完,就先后表示,这两张书案根本不是出自一人之手。高大人大声说道:"你们都察院、刑部还会审王大人案子呢?两张书案明明不是一个人写的,你们非睁着双眼说瞎话,说是一样的,你们的良知在哪呢?真是明目张胆说假话!照这样,以后朝廷谁还相信你们都察院和刑部呢?"

胡大人则怒道:"你们都察院和刑部的良心是让狗吃了,还是让狼叼走了?大白天说谎话!别嫌老夫说话难听,我看你们都察院、刑部赶紧全换人吧,不然谁相信你们会公正、公平、公义地判案、定罪呢?杨大人,老夫为王阳明王大人鸣不平!"

最后一个大人看罢,拍响了案台,震得他面前的茶杯跳了起来,他站起来怒道:"这两张书案,一个是模仿的,一个是王大人的手迹,因为老夫当年临摹书圣王羲之、王献之书法,王大人不愧是书圣王羲之的第三十四代孙!你们难道看不出来,王大人的手笔，处处透露着书圣王羲之的神韵，人家是一脉相承，真个铁笔银钩活灵活现啊！唉，依老夫看，如果你们都察院、刑部愿意颠倒黑白，同穿一条裤子，一个鼻孔里出气，大家也没办法，那这个案子索性别再审下去了，你们就直接定罪，也别让圣上为难，可直接把王大人拉出去砍头！"

九卿大人纷纷抱不平，个个怒气冲天！杨廷和挥手道："诸位大人，你们都是知无不言、言无不尽的大人，你们敢作敢为，不怕别人给你们穿小鞋！我杨廷和今日从诸位大人身上，看到朝廷还有希望，我从心里敬佩你们！"

刘瑾见大势已去，他不想把矛头引向自己，他必须下决心把临头的大祸推到别人身上。他遂环顾众人，突然高声说道："左都御史大人、尚书大人，工部大人不是有联名吗？先查查这些联名的人，再查查刘其能，他们这不是在诬陷王大人吗？哼，好好地嗑瓜子，怎么会嗑出几个小王八来，真是让人恶心！"

左右都御史都是正二品，他们已经明白，刘瑾站在高处突然改风向了，把矛头直指工部刘其能，他要把整个联名上疏弹劾王阳明诋毁朝廷的案子，全部归结到刘其能身上，这个飞来的大祸刘其能必须承担。

右都御史叹道："其实呢，这几日我在家里辣子吃多了，正患眼病，看什么都是模模糊糊的、雾气昭昭的，就是到现在，我还分辨不清王大人的两张书案是否一致。一句话，九卿大人和六部大人们，个个火眼金睛我心服口服了，我也认同了诸位大人的看法！"

刑部尚书则怒道："我看大家不必打哑谜、推太极，工部的联名上疏案，说到底主谋是刘其能，他必须对这件事负责！"

刘其能原本一同参与会审，他坐旁听席，后来工部有急事，他中间出去了，现在却被都察院和刑部的两个差役强制带了进来。

左都御史冲着进门的刘其能说道："刘大人，看看你办的这事！这件案子经过都察院、刑部会审，首辅大臣杨大人、刘公公监审，真相大白，这两张书案，一个出自王阳明王大人之手，一个纯粹是模仿，是篡改！这分明是一个大冤案，你冤枉了王大人！你身犯诬陷罪、诽谤罪、嫁祸罪，倘……"

没待左都御史大人说完，刘其能一下子蒙了。他的一张脸通红，急忙反驳道："宋大人，你说什么？你这是血口喷人，我真的冤枉啊！"

杨廷和挥手道："刘大人，你的事一会儿再说。"

杨廷和向王阳明说道："王大人，本官知道，你办事缜密，头脑机敏，是胆大有心思之人，方才你看两张书案，除了他人模仿之外，你还发现了什么？"

王阳明皱眉脱口道："大人，下官认认真真看了他人模仿的书案，撇开模仿，还有两个致命缺陷！"

左右都御史两人同时惊道："王大人，还有两个致命缺陷？"

刑部尚书也惊道："王大人，怎么还有两个致命缺陷？我怎么没……"

刘瑾此时睁大了双眼，心中叹道，没想到王阳明心机如此深厚，他真非常人也！

王阳明向刘其能说道："刘大人，第一，我王阳明的笔迹，不管你找什么部的大能手模仿也好，篡改也罢，除了形似神不似以外，凡经我手做成的书案，我都在每张书案的背面，画了一个绿豆大的小圆圈儿；第二，模仿、篡改的书案，根本没有你刘大人的签名，这个漏洞大家都能看出来。但是有人视而不见，索性充当了好人，劳烦大人们再看，是不是如我方才所说？"

左右都御史、刑部尚书三人凑在一起，按王阳明说的一看，模仿的书案上果然没有小圆圈儿，也没有刘其能的签名。

不知出于什么原因，刘瑾此时也凑过去，一看，果如王阳明所说。心想，王阳明心思缜密，仅模仿、篡改就出现了形似而神不似，除此之外，尤其是没有刘其能的签名，放在平时，这张书案只是一张草案，丢就丢了，因为没有刘其能的签名，没有产生公文效应。刘其能啊刘其能，你拍着胸脯打保票，信誓旦旦说，这书案是一个铁案，抛开模仿、篡改不说，没你工部首官签名，拿着一张草案，算什么铁证？还要给人家王阳明定罪，真是天下的大笑话啊！

刘瑾向左都御史低声说："这个联名上疏案的屎盆子不能扣到咱们身上，必须实打实地扣在刘其能身上，让他在朝廷内遗臭万年！"

至此，王阳明从那个专为罪犯准备的四腿靠背的本色木椅上站起来，大声说道："联合会审的诸位大人，我王阳明诋毁朝廷书案一案，至此已经大白于天下，我是无辜的，我是受冤的，本案有三大疑点，仅用其中一点，就事实胜于雄辩，倘我把另外两点提出来，联合会审的诸位大人，更会瞠目结舌，那样就会加速这个案件的终结。我王阳明，今天要给人家充分的表演时间，就像站在我们面前的丑八怪，他却故意穿上一层又一层的华丽外衣，我要让他自己一层一层地往下扒，直扒到露出他丑八怪的真实面目，诸位大人就会认清他的本来面目。原来，这个丑八怪，用欲加之罪这种伎俩，不仅做成了这个千古笑案，还做成了许多如出一辙的大坏事、大恶事，使多少英雄豪杰为此折腰，为此洒下那惊天地泣鬼神的泪水……"

刘瑾一听就明白，王阳明所说的这个穿着美丽华衣的丑八怪正是他。他不想让王阳明在光天化日之下，在众目睽睽之时，左右扇他耳光，遂向左都御史低声说了什么。

左都御史高声说道："王大人，方才书案一事已大白于天下，此时不需别的会审，只会审工部的刘其能,看他是如何制造联名上疏和模仿王大人书案的!"

刑部尚书很会见风使舵,他向执杖的差役喝道:"来人啊,摘掉刘其能的冠冕,让他坐在审判木椅上!"

刘其能见差役上前,把手一挥,高声道:"诸位大人,我刘其能是冤枉的!我是受人指使的!请诸位大人想想,王阳明王大人去年入仕,我要对王大人有成见,我是工部的首官,我想怎么做就怎么做,我何必要鼓动全工部的属下,搞什么联名上疏!说句大不恭的话,我何必拿起大棒子,去抽打一只正在飞的美丽蝴蝶呢?我用得着这么兴师动众吗?"

左都御史怒道:"刘其能,你是堂堂五尺之躯男子汉!发生在工部的事,敢作敢当,你别再东扯葫芦西扯瓢,倒打一耙,这样对你有什么好?来呀,让他坐下!"

差役两人上前,如提赖猴似的,左右将这刘其能的胳膊反向一拧,连推带搡,把他硬摁在了罪犯坐的木椅上,继而将他的双腿和双手用桎梏一套,任你钢筋铁骨,哪怕你心中万般不服不从,也休想和这木椅分开。

刘其能见摘下他的冠冕,又把他硬拽到木椅上,怒气冲天吼道:"诸位大人,你们凭什么这样待我?我冤枉啊!我刘其能绝不甘心当这个替罪羊!"

刑部尚书正色道:"刘其能,你休得抵赖,方才联名上疏的工部属下二十八人异口同声说,他们之所以联名上疏,完全是出于你的威逼,害怕你在工部的权势,对这一点儿,你敢说不是吗?"

刘其能点头道:"不错,我刘其能只是一个小官儿,我是受人指使的,我不得不这样做。"

至此,杨廷和已经看到了此事端倪,刘其能所说的受人指使,不言而喻是指宫中大太监刘瑾。他心想,昔日刘瑾为虎作伥,近日又戴上慈善的面具。今天一定要让刘其能说出他的幕后主谋。他说道:"刘其能,我可以告诉你,王阳明诋毁朝廷书案一事,是奉了皇上口谕的。就是说,这件事,不管涉及谁,最终必须要水落石出。你若想减轻自己的罪恶,唯有把案子的真相毫无保留地告诉都察院和刑部联合会审的诸位大人,这才是你当前的唯一出路!"

此时,站在会审大厅外边的孙燧向身为九卿之一的孙大人说道:"那,照大人说来,王阳明王大人提出了此案的三个致命伤,除了模仿、篡改之外,还有王阳明行文的特殊标记小圆圈儿和刘其能的行文签名。呃,我明白了,王阳明用此三点,洗刷了自己的冤情,他已经离开了罪犯所坐的那张木椅,坐在了旁观席上。"

孙大人抚髯说道:"是啊,王阳明行文的笔迹,真个是铁笔银钩,人家是王羲之的第三十四代孙,纯属一脉传承,率然自得!凡模仿、篡改高手,无论如何,也只能形似神不似，所以，假的就是假的，王阳明真的很了不起啊！"

至此，孙燧已经把这件事了解得仔仔细细，至于下面继续会审工部刘其能，他觉得打听或不打听已经无关紧要了。他笑了笑，非常轻松地转身走了。

王阳明在家时就被都察院和刑部的差役给戴上了罪枷，尽管他离开家时，满脸微笑，像个无事人儿似的，他甚至把身上的披戴当成了玩具，觉得很新鲜，还放了话，什么最多三天，准备烧酒、鱼香肉丝和白菜豆腐炖粉条等，但是王华知道刘瑾不是一般意义上的奸诈多谋，他毒如狼蝎。倘儿子怒气冲天，揭穿了刘瑾指使工部刘其能制造的大冤案，刘瑾会不会狗急跳墙，图穷匕首现。这天王华没去公廨公干，他坐在书房里，他的继夫人赵氏坐在一侧，两人似是喝茶，但谁也不说话。

夫人赵氏说道："话又说回来，你方才不是说，诋毁朝廷可是死罪啊！唉，没想到这个刘瑾会用这种恶毒办法来对付咱家守仁，但愿上天赐福吾儿，让他无论如何闯过这一关！"

王华站起来，踱着步说道："我知道我儿守仁是无辜的，可没办法，这个奸诈狠毒的刘瑾，他死死咬着咱不放，自守仁入仕以来，他已经三次派人对付守仁了。但愿上天相助，王氏列祖列宗庇护，赐我儿这次平平安安归来！"

赵氏还没说话，儿媳诸氏进来，施礼道："双亲大人，有道是福不是祸，是祸躲不过。都想开些，该吃饭了！"

继母赵氏笑了笑说："娟儿，放心，我信守仁的话，走，他爹，吃饭去。"

王华点头道："好，饭后我上街给儿子买烧酒，我有一种预感，真的，守仁肯定能大获全胜而归！"

这时，孙燧满脸笑容来到大门口，男仆领他匆匆进来，当孙燧看到王华时，大呼道："王兄，平安无事啊！阳明大侄子只一个回合，就打败了刘瑾！"

孙燧进来，众人见他满脸笑容，就把他请到书房，在书房门口，孙燧高揖双拳，向王华、赵氏施礼道："恭喜王兄和嫂夫人，你们的儿子王阳明今日大获全胜，他真了不起！了不起啊！"

王华说："孙兄，同喜同喜，让我儿子闯过了一关！来，咱们兄弟俩先庆贺一下！"

孙燧挥手道："王兄、嫂夫人，这喜讯一到，胜似千杯喜庆酒！这样，阳明大侄子这个大案，现在已真相大白、水落石出，喜庆酒先好好放着，等阳明大侄子归来，咱们孙、王、杨三家，好好庆贺一番如何？"

赵氏说道："大兄弟，晌午到了，你回家吃也是吃，何不在这和守仁他爹先小喝一杯呢？"

孙燧笑道："王兄和嫂夫人的美意盛情我心领了，我今儿在会审大厅外等了大半天了,才得到这个喜讯,况且内人此时正在家门口引颈相望,我先把喜讯带回家去!"

不言孙燧婉言谢绝在王华家小庆一杯。此时,会审大厅内,工部的刘其能已经被左右都御史和刑部尚书逼到了绝境,他汗水淋漓,满脸通红,颤抖地说道:"诸位会审大人,我说!我说!我全说!"

刘瑾伸手啪地一拍案台,大声说道:"刘其能,我今羞与你同姓,你今天的脸丢大了!不过,我告诉你,做人要有底线,人切忌死前拉个垫背的!我知道你外君子内小人,小人有小人的准则,做你小人自己该做的事,这算我对你的忠告吧!你好自为之,切莫触碰底线!"

杨廷和正色道:"刘公公,劝人要劝他迷途知返,不能劝他一意孤行,一条路走到底!世上凡有良善之心的人都会如此,我不知刘公公方才这几句话,是何用意?是劝人向善呢,还是要他负隅顽抗到底?"

"杨大人,你和我同是圣上指定的监审人,你这话是何意?难道你有良善之心,而我却是蛇蝎心肠,如此说话不妥吧?"

杨廷和担心刘瑾故意扭转会审主题,他不想和刘瑾有口舌之争,挥手道:"刘公公,我们现在是监审工部刘其能。刘其能,你接着说!"

刘其能很清楚,刘瑾现在权倾天下,他似乎成了圣上的代言人,他当初为何不在王阳明的书案上签名呢?他担心一旦王阳明被定了死罪,他是工部的首官,而且还签了名,那么说明他同意这个书案,他势必负连带责任。假如王阳明被砍头,那么他起码要撤免官爵、蹲大牢!为防此事发生,他当时悄悄留了一手!

他万万没想到的是,王阳明非一般干才之辈,他做事缜密,在行文上有自己独特的手段。而王阳明轻而易举地一翻盘,就等于把刘其能的如意算盘彻底打乱了!就像我们常说的侍一主不能二心一样,你要么往前走,要么往后走,要么站在墙这边儿,要么站在墙那边儿,你想骑墙,你想站在中间,不卑不亢,世上哪有这种好事儿!

可是,真要面临砍头杀身,他内心又恐惧起来。虽然曾有壮士说,来吧,举刀砍吧,大不了留个碗大的疤,二十年后又是一条好汉!其实这些不怕死的人,砍头权当风吹帽,死就死,你瞎摆那些大气冲天的话干吗?刘其能刚刚风风光光做了工部的首官,轿前马后吆五喝六,他舍不得丢弃这些富贵荣华,活命比什么都重要!

刘其能向左右都御史等说道:"说实话,我刘其能天生是软骨头,我怕死,我真的最怕死!假如我供出了此案幕后的主谋,你们可以宽恕或解除我的罪过吗?"

左右都御史包括刑部尚书,此时三人谁也没料到事情会发展到这一步,更没有想到刘其能为了活命，竟敢孤注一掷，三人一时没了主意。三人互视一阵，便不约而同下意识地把目光停在了刘瑾身上。

杨廷和抚髯一笑："三位会审大人，刘其能在问你们话呢，你们怎么充耳不闻呢？总要给人家一个答复嘛！"

刘其能看到杨廷和在声援他，他似乎直起了腰杆，大声近乎乞求道："三位会审大人，我全坦白了，你们会免我刘其能无罪吗？"

刘瑾哈哈大笑道："刘其能，会审官、首辅大臣杨大人和我，谁都没封上你的嘴，你想说什么就说什么，没人拦你，你说吧！"

刘其能见事已至此，纸包不住火，遂说道："三位会审大人，王阳明诋毁朝廷书案，是大太监，不，是刘公公指使我干的，我拗不过，也只能如此！"

刘瑾突然冷嘲道："刘其能，好，好！你说是我指使你干的，你红口白牙，上下嘴唇一呱嗒，想说什么就说什么，诸位大人，让刘其能拿出证据来，今天他必须拿出证据来！"

左都御史会意，向刘其能怒道："刘其能，今刘公公奉圣上旨意监审此案，你别信口开河，胡搅蛮缠，拿出证据来！快！"

刑部尚书拍案怒道："刘其能，拿证据，别的什么也别说！"

刘其能汗水滴落下来，吭哧了半天说道："那天、那天夜里，刘公公让我到后宫，是他让我制造工部属下联名上疏，弹劾王阳明诋毁朝廷书案，事情就是这样。我若有半句谎话，天打五雷活劈了我！"

左都御史拍案道："刘其能，诸位大人今儿会审要你的证据！证据！你明白吗？"

刘其能接着说："诸位大人，刘公公让我找吏部尚书焦芳焦大人，让他们部的大能手模仿王阳明的笔迹，就这样！"

焦芳此时就坐在旁观席上，他气得把案台一拍，怒道："刘其能，你死到临头，还想再拉个垫背的！你纯粹胡诌八扯，我焦芳何时与你见面了？会审诸位大人，让他拿出证据！证据！"

刑部尚书看了看刘瑾，大怒拍响惊堂木，说道："来呀，刘其能满口胡言乱语，严重触犯了朝廷会审的律法，依先帝钦定的特殊法律，可以对未判罪的犯罪嫌疑犯实施廷刑询问，今依此法，廷杖三十！"

左都御史高声说道："今日会审，是圣上钦定的，决不允许刘其能在大堂上胡言乱语，廷杖三十是警醒他！"

站在一侧的差役奔过来，把刘其能扯下木椅，一脚踢倒在地，一人记报次数，另两个差役站在两侧举杖便打，任你凡人肉骨自谓刚强，三十廷杖下来，刘其能一点嘶号之声也没有了，半截布袍都被打烂了，血肉模糊、皮开肉绽，昏死过去。

另有差役提了一桶盐水上前，泼在刘其能身上，刘其能疼得大声号叫起来！

刘瑾冷笑道："诸位会审大人，诸位旁听大人，我刘瑾天天在圣上左右侍候，时常为圣上传唤口谕，或许不知道哪件事我没办好，得罪了刘其能，没想到今让这条疯狗反咬一口，今日我只有一个提议，不管诸位会审大人用什么办法，一定要让刘其能拿出证据来！"

刑部尚书喝道："来呀，把刘其能押过来，坐在罪犯椅上！"

差役狼行虎步，哪管在地上号叫不止的刘其能疼痛难忍，将他硬拖至木椅前，拽到木椅之上，继而戴上罪枷，两腿和腰一锁，他哪里还能动弹，汗水浸湿了满头乌发，连髯须之上都带着滚落的汗珠。

左都御史拍案道："刘其能，你两耳不聋吧？"

"不聋！"

"你两眼不瞎吧？"

"不瞎！"

左都御史大声道："诸位会审大人、旁听大人，今刘其能不聋不瞎，那好，刘其能拿出你的证据来！"

刘其能此时浑身瘫软，若不是被固定在木椅上，他早瘫倒在地上。此时听到左都御史问话，由于汗水已经模糊了他的双眼，他摇了一下头，说道："诸位会审大人，反正我刘其能说的句句是实话，包括我和吏部尚书焦芳会面，都是真话、实话，请会审大人们明鉴！"

刑部尚书大怒道："刘其能，方才高大人已经说了，要证据，证据！你难道不懂吗？"

刘其能哪料到，刘瑾传唤他时，包括他和吏部尚书会面时，什么证据也没有，现在只能描述这个过程，别的什么也拿不出来。他挣扎着大声说道："天地良心，诸位会审大人。如果你们要信的话，这就是证据；如果不信，我刘其能再毫无任何办法！"

右都御史说道："诸位旁听大人，诸位会审大人，听听，就凭刘其能信口胡诌几句话，就随意诬陷刘公公和焦大人，他太肆无忌惮了！"

刘其能竭尽全力，高声道："诸位会审大人，上天有神灵为证，地下有我刘家列祖列宗为凭，我说的句句是实话，倘有半句假话，让我刘其能暴死在会审大堂上！"

刑部尚书拍响惊堂木，喝道："刘其能，你是白痴还是真傻啊，我说你杀死了人，你必须以命还命，你不甘心吗？"

刘其能道："大人，我明白您的意思！可是，我拿不出刘公公和焦大人的证据，反正这件事就是真相，你们不信的话，我刘其能无话可说！"

刘瑾怒道："诸位会审大人！刘其能信口雌黄，胡说八道，我冤枉！我强烈要求诸位会审大人，依法判定刘其能诬陷罪、诽谤罪，为我恢复名誉，刘其能必须向我当面赔礼道歉！"

焦芳亦怒道："诸位会审大人，刘其能无凭无据，满口胡说八道，我强烈要求诸位会审大人，为我焦芳做主，主持公道，判定刘其能诬陷罪、诽谤罪，请你们必须为我恢复名誉，我也和刘公公一样，刘其能必须向我当面赔礼道歉，否则，我决不饶他！"

左都御史说道："刘其能，本官告诉你，如果你拿不出铁证来，仅凭你信口胡说，依照朝廷律法，你不但犯诬陷罪、诽谤罪，同时还犯阴谋组织罪、制造冤案诬陷罪，数罪并罚，撤免你一切品爵官禄，贬为庶人，还要判处你死刑！"

刘瑾挥手道："诸位会审大人，按照圣上钦定的律法，像刘其能这样的恶毒罪犯，好像还应当株连九族、磔于市吧？"

刑部尚书点头道："对，刘公公所言极是，圣皇的确有这样的钦定条文。"

至此，会审官员中，一人拿出判定罪犯之书，让刘其能签字画押。刘其能仰天大呼道："天啊，刘家祖宗啊，今我刘其能做了替罪羊，我是大明第一大冤……"

刑部尚书见状上前，啪啪扇了他两个耳光，怒道："死囚犯，你喊叫什么？再咆哮公堂，小心廷杖伺候！"

七　杀鸡儆猴嘴脸现　魑魅魍魉欲撑天

刘瑾挥手喝道："诸位会审大人，请你们主持公道，必须让刘其能向我赔礼道歉，恢复我刘瑾的清誉！"

焦芳亦高声说道："诸位会审大人，刘其能罪该万死！他今日砍头也罢，磔于市也罢，株连九族也罢，他必须当面向我焦芳赔礼道歉！"

刘其能冷笑道："哼，你二人是罪魁祸首，怪我当初没留下丝毫证据！你们记住，即使我刘其能无奈做了替罪羊，我至死也不会向你二人赔礼道歉！"

说到此，刘其能高揖双拳向坐在一侧的王阳明说道："王大人，这个冤案，是刘公公，不，是太监刘瑾指使我干的，焦芳也参与了此事，我刘其能听信刘瑾之言，威逼工部属下二十八人都联名签了字，我刘其能实在对不起王大人了！我今天三揖向王大人赔礼道歉！"

王阳明还礼道："刘大人，不必！我知道自古'清者自清，浊者自浊'，好在上天睁眼观看，我王阳明平安无事！"

刘瑾说道："刘其能，我再问你最后一次，你不当众向我赔礼道歉，恢复我刘瑾清誉吗？"

刘其能怒道："你休想，大奸佞刘瑾！人到了死时没什么可怕的，我刘其能今误入歧途，做了你的替罪羊，我已经后悔万分。我宁可粉身碎骨，也不会奴颜婢膝向你赔礼道歉！"

刘瑾冷笑道："刘其能，好！你罪该万死，你死有余辜！今我刘瑾不要你一个死囚的赔礼道歉！也罢，那就让世人诅咒你！让你的魂灵永世不得安宁！"

刘瑾接着向杨廷和说道："杨大人，罪犯刘其能该受朝廷极刑！可是，工部二十八个属下联名上疏诬陷王大人，此事不可不查，此事不可不究，总不能让他们逍遥法外吧！"

杨廷和皱眉向刑部尚书说道："大人，朝中律法对此等冤假案件，是何定处？"

刑部尚书看到刘瑾正注视着他，遂说道："这种案件轻重不一，我们可以继续会审，也可以请求圣上旨意。"

杨廷和叹道:"诸位会审大人、刘公公,依我之见,此案当启奏圣上,然后方可定夺!"

刘瑾正色道:"杨大人,圣上日理万机,每天很忙,待我先奏明圣上之后,再等圣上的旨意如何?"

杨廷和点头道:"好,就这样办!"

刑部尚书说道:"来人,把刘其能打入死牢,把联名上疏诬陷王大人的二十八个工部官员押入监牢候审,散堂!"

刘瑾向左右都御史和刑部尚书示意,三人随他进入会审大堂的侧室。

刑部尚书关上门后,向刘瑾施礼道:"千岁爷,这二十八名工部属下,咱怎么处置?"

刘瑾冷笑道:"哼,你们想,刘其能这个大恶魔,他就是条断开链子的疯狗,他咬我,我决不会就此罢休,这二十八个官员,是刘其能的殉葬品!待我请了圣上的口谕再说!"

"千岁爷,我明白,咱们要借机杀鸡儆猴,让他们明白,千岁爷长着几只眼!"右都御史点头说道。

刘瑾顿时来了灵机,向刑部尚书说道:"我刚才灵机一动,突生一念,叫这二十八个官员死无葬身之地!"

左都御史喜道:"刘公公,你有什么好办法?"

刘瑾示意三人近前,低声向他们说了一阵,末了大声说道:"好,就这么办!"

会审一散堂,杨廷和向王阳明示意,两人向前走了一箭之地,杨廷和说道:"贤侄,刘其能是个替罪羊,他判得冤枉。可是,我明知道他冤枉,又拿不出证据来证明他是冤枉的,这刘瑾真是吃人不吐骨头啊!"

王阳明说道:"杨伯,这个案件从一开始我就知道是刘瑾设计的圈套。杨伯你想,刘瑾现在权倾天下,连圣上的奏折、上疏等,都要先交给他审查,由他和他妹婿等在自己私第批答。所以,刘其能他哪敢不听从刘瑾的。现在木已成舟,两张书案,我一眼就辨出真伪。都察院、刑部会审不可能到此终结此事,刘瑾要借机推波助澜,于是刘其能无奈只能做了替罪羊!刘其能怕死,供出了刘瑾,没想到刘瑾死蛤蟆不开口,只向他要证据,这就导致了刘其能替刘瑾做了恶事,末了还要背上磔于市后的骂名!"

"是啊,面对这个替罪羊,咱们手无证据,无法为这个冤案平反昭雪!"杨廷和说道。他作为先帝临终的托孤大臣,当今圣上的首辅大臣,这个冤案他听得非常明白,明知是刘瑾主谋操纵,让刘其能出面组织了这个王阳明诋毁朝廷的书案,现在主谋者逍遥法外,组织者却被戴上了死罪的罪枷,是自己太软弱、太无能,还是刘瑾太狡猾、太张狂，令他无可奈何。

　　王阳明示意杨廷和在大街上一家小茶馆内入座，他推开茶盏，向杨廷和说道："杨伯，依我看，刘其能做替罪羊一事，暂且不论，眼下最要紧的是工部联名上疏的二十八名属下官员，这件事必须想办法立即上奏圣上，请皇上出面，让刘瑾的阴谋不能得逞！"

　　王阳明的话并没有使杨廷和充满必胜的信心，他叹道："贤侄，会审大堂你亲眼看到了，现在朝内文武官员，似乎都被刘瑾的强权所震慑，都得了一种'恐瑾病'，都怕引火烧身，大祸临头。连今天旁听的六部和九卿诸位大人们，听了刘其能最后的陈述，也都心知肚明，明白刘其能是替罪羊，但这件事除了刘瑾自首坦白外，世上任何人都拿不出证据。所以刘其能必死，刘瑾只能逍遥法外。至于二十八名联名上疏的官员，要救他们脱离牢狱之厄，咱们也没有任何证据。当然，他们这二十八人谁也拿不出经得起会审的证据，况且，刘瑾就是要借此告诉文武百官，谁敢和我刘瑾斗，这就是下场，以此达到'顺瑾者昌逆瑾者亡'的目的！"

　　事情到了这种地步，王阳明从内心深处，感到对不住工部的同僚们，尤其是周德、张大河等，眼睁睁地看着这些同僚，由刘瑾强逼联名上疏，到个个披枷戴锁，人人被打入监牢，有可能一个不少地引颈待戮。王阳明长叹一口气，将茶水一饮而尽说道："杨伯，此事难道真的不能柳暗花明了吗？"

　　杨廷和不置可否说道："贤侄，倘天意如此，谁又能扭转乾坤？"

　　且说杨廷和之女婉婳，这日突然从仆人那听说，今日朝廷都察院和刑部会审王阳明诋毁朝廷书案，她认为这是自己和王阳明见面的好机会，哪怕她不说话，只远远看阳明哥哥一眼，也可以慰藉自己一直牵挂的心。杨、王、孙三家多年来一直交好，婉婳也几次见到过王阳明，他在她心目中的印象是威武、高大、俊雅，既能张弓驰马，也能行笔如云，他是男子中的文武全才者，他是她心中十分羡慕和追求的大美男子、大英雄、大丈夫。用婉婳朦朦胧胧的感觉说就是，他是她最最心爱的哥哥，随着年龄的增长，她若几日不见王阳明，心里就开始想他，开始思念他。有时她甚至会聚精会神听自家大门口的任何响动，因为只有门响了，她的心上人阳明哥哥才有可能来到她家中。

　　婉婳在侍女玲儿陪同下，悄然推开母亲大人的房门，上前施礼，直言道："娘，听说大街上有人卖糖葫芦呢，婳儿嘴馋，真想到街上守着卖冰糖葫芦的老儿，吃个够！"

　　严加管教日渐长大的婉婳，是杨廷和的一再嘱托，也是作为婉婳母亲的重要责任。

有句话说"子不教,父之过",当然还有一句话则说"女不淑,母之错"。听了娬媔的话,她母亲摇头道:"媔儿,你是个姑娘家,别整天抛头露面的,你在闺阁里做绣工吧,冰糖葫芦的事,让玲儿去办!"

娬媔一听立即噘起嘴来,抢白道:"娘,闺阁,闺阁,一天到晚,媔儿只能待在闺阁里吗?媔儿快憋疯了!"

见女儿如此,娬媔的母亲顿生怜悯爱惜之心,叹道:"也罢,去吧!不过玲儿,你和媔儿早去早回,切莫在外边待久了,老爷回来会不高兴的!"

玲儿施礼道:"老夫人放心,玲儿记下了。"

娬媔和玲儿一离开家门,便如同打开鸟笼的飞鸟儿,但娬媔最想见的是她心中的阳明哥哥。两人买了冰糖葫芦,一人一串,一边吃一边往都察院和刑部门口走,去等王阳明,可是差役们至少站了两层岗,她们无论如何进不去。

玲儿最懂娬媔的心思,拉着她悄声道:"小姐,我知道,你出来买冰糖葫芦不过是借口,你真正的心思是想见王大人吧?"

娬媔对玲儿毫不隐瞒,说道:"是啊,我阳明哥哥已经好几天没到我家来了,我就是从心里想见到他,哪怕他只对我笑笑,或者说上一两句话,我的心里就暖洋洋的,我真的很想见到阳明哥哥!"

玲儿看了看持刀剑、站在门口的差役说道:"小姐,你今天真的想见到王大人吗,我有办法,准能让小姐如愿。"

娬媔高兴得眉飞色舞,妩媚地笑着说:"玲儿,我的好妹妹,你真的有办法让我见到阳明哥哥吗?"

玲儿故意皱了眉头,说道:"只是怕时间长了些,老爷和老夫人会责怪玲儿,玲儿……"

娬媔心切摇头道:"你放心,反正今天我就想见到阳明哥哥,我爹和我娘如果责怪下来,我就说是我的主意。你放心就是!"

玲儿说道:"小姐,你不是随老爷和夫人去过王大人家吗?咱们就在他家门口等,王大人今儿一定会回家的。"

娬媔一听,立即笑着自言自语道:"是啊,我真笨,工部不能去,但他家门口可以等啊!走,咱们在大街上闲逛会儿,一会儿再去阳明哥哥家门口!"

再说嫣儿身负武宗皇帝圣命,把朝廷内余姚籍的官员几乎全查了一遍,都不符合"怀胎十四五岁言",最后她把焦点指向了王华和王阳明,嫣儿经过打听,很快找到了王华的家门口。

嫣儿今天没按大街上的妇女发髻梳成扁圆形的桃心髻,她乌发高绾成髻,顶部插一金簪,穿了一件浅色长裙,京城人称月华裙,她浑身上下的装束不像丫鬟,倒像一个出自名门的闺秀。说来也巧,快到王家门口时,走在她前面的王阳明的继母赵氏,不知怎么突然脚下一滑,扑通摔倒在地上。

嫣儿此时正走在她的身后,见有人摔倒在地上,急忙奔上前,伸手把她扶起来,关切地问道:"大娘,你没事吧?"

赵氏非常感激嫣儿相助,她慢慢站起来,笑着说:"姑娘,多亏你伸手相助,若不然我……"

嫣儿用手帕擦着赵氏身上的泥土,见她站起来后踉踉跄跄,似是腿脚不听使唤,便笑着说:"大娘,来,我扶着你慢慢走走看,千万别窝住了火。"

嫣儿和赵氏就这样走在回家的路上,一来二往,话自然就多了,话一多也就更加亲切起来。不一会儿工夫,嫣儿扶赵氏就来到家门口。

嫣儿抬头一看,两扇大黑门,门楣上大书"王府"两个字,门口两旁各有一株大槐树,正赶上槐花初绽,两株槐树白莹莹的,芬芳的槐花香味儿四处飘散,门口两侧各蹲踞一尊带圆石鼓的半身狮子,它们雕刻得一点也不张牙舞爪,却像是吃饱了喝足了,安然蹲踞在门口。推开两扇大黑木门,进门是迎客照壁墙,洁白的墙面上画着松鹤延年富贵吉祥的画,让人一看就能感觉到,王府是个世代书香门第,是至孝、至忠的中等以上的官宦人家。

尽管嫣儿嘴上推辞,不想进门打扰人家,但她从内心深处,非常感谢上天相助,让她和王阳明的继母邂逅,而她又恰到好处地帮助了赵氏。

王阳明之妻诸氏,听说继母大人路上摔倒,多亏这个年轻貌美的女子相扶,所以像对待王家大恩人似的请嫣儿落座,并恭恭敬敬上了一杯热气腾腾的明前茶。

赵氏笑道:"姑娘,别客气,先喝一盏新茶。"

嫣儿笑道:"大娘,小女子听说王大人去年入仕,他从十几岁就开始写诗作词,他不但诗写得好,而且书法甚有造诣。后来,小女子才知道,王大人原来是书圣王羲之之后。怪不得书法上逼二王,飞云走龙如铁笔银钩,名门之后,一脉相承!"

诸氏见嫣儿如此说,突然似是生出一种莫名其妙的妒意。心想,我夫君的事,你竟能说得活灵活现,保不准她是哪个达官贵人家的千金,怎么她对我夫君这么熟悉,便端起茶盏强笑道:"嫣儿姑娘,敢问姑娘贵姓,家住何府?"

嫣儿透过诸氏的神色,发现了她眼神中散发出来的丝丝嫉妒之情,心想,也怪我嫣儿心情高兴,不加思考,如数家珍般说出了王阳明的家底,便点头笑道:"嫂夫人,实不敢相瞒,我家姓黄,就住在黄府。"

七 杀鸡儆猴嘴脸现 魑魅魍魉欲撑天

赵氏也发现了这个貌美如花的姑娘对儿子王阳明的情况了如指掌，遂问道："嫣儿姑娘，你为何对我儿王阳明情况如此熟悉，不知姑娘听谁说的？"

嫣儿知道杨廷和、孙燧和王华的关系，她故意说道："今年初，西北边境告急时，王大人口述的《陈言边务八目疏》，闻名朝野，连圣上都说王大人文韬武略是朝廷难得的干才，这件事文武百官中都传遍了，难道你们家不知道吗？"

赵氏点头道："嫣儿姑娘，刚才进门的时候，你问我儿王阳明是在余姚生的，还是在京城生的，你这是何意呢？"

嫣儿脱口道："大娘，以王大人的聪明才智，我听老辈人说，凡这样有本事、不同寻常的人出生时都有预兆，有的紫气环绕，有的祥云高照。总之，像王大人这样的人，出生时肯定与凡人不一样！"

赵氏见嫣儿如此说，她呷了口清茶，笑着说："嫣儿姑娘，这话说起来就长了，想当年，我听守仁他奶奶说，当年守仁的母亲怀胎十四个月……"

嫣儿一听，心中非常喜悦，脱口接过话来问道："大娘，天底下人都知道女人怀胎十月，瓜熟蒂落，王大人的母亲那时竟怀胎十四个月，远远超出了正常人，一定是上天赐的，不然怎么会这样呢？"

赵氏点头笑道："嫣儿说得对！当时，守仁的奶奶和守仁的母亲，为此非常着急。你说，怀胎十四个月，这太长了！果然有一天守仁的奶奶祷告了列祖列宗之后，就坐在院内那棵上百年的大槐树下，也就是在天刚刚亮的时候，守仁奶奶不知怎么就在大槐树下睡着了，这时，她竟做了一个梦！"

"什么？做了一个梦？按说老人家起得早，祷告了列祖列宗，再睡去也正常啊！"嫣儿边皱着眉峰如黛的眉头，边微笑着说道。

"不，可不是这样！嫣儿姑娘，当时，守仁奶奶坐在大槐树下的软竹椅上，她悠然梦见天空中金笙玉笛声悠扬飞来，此时，天空中紫气缭绕，赤橙黄绿青蓝紫七色吉祥旗幡随云招展，一群来自天国的天使拥簇着一个头戴雪白银盔、身披白色铠甲脚踏雪白银光的伟岸的天使，他怀抱一个身穿小红肚兜的婴儿。他胯下骑着一匹通体雪白矫健、俊俏的天马。众人皆在一大片彩云之上，他们从天空中悄然飘落下来，那怀抱婴儿的天使，云步走到大槐树下，看了看守仁奶奶，便走进守仁家内屋，微启丹唇，口中似是有话说出，当他从屋内出来后，只见王家大门角处，有一个身长不及五尺，头戴瓜皮帽，满脸漆黑，尖嘴猴腮的世人从大门角处，突然跃起，他的手似乎很长，竟一下子把细长的手伸进窗内，只听屋内守仁母亲大叫一声！"

嫣儿惊道："大娘，竟有这等事儿？"

继母夫人赵氏接着说道："尖嘴猴腮的世人，所做的这一切，很短暂，似在一瞬间，刚刚转身的天使见状，皱眉喝道：'呔！你竟敢在此作祟！'真个声起物落，那头戴瓜皮帽的世人，手竟像闪电一样缩回，再到大门角处看，地上只有一片不足巴掌大小的灰色碎衣片儿。"

嫣儿张了张嘴，又把到嘴边儿的话咽了下去。

赵氏说道："天使们踏云走后，守仁奶奶从梦中醒来，这时守仁母亲'哎哟'一声大叫，继而怀胎十四个月的守仁，啊啊啼哭着出生了。"

"好啊，好啊，看来，王大人母亲怀胎十四个月，是上天让天使踏祥云送子而来，真是人间一件稀奇古怪之事啊！"嫣儿说到这儿，接着皱眉说道，"王大人当是神童降世，肯定从小聪明透顶，一岁能言，两岁能字，三岁能歌，四岁能诗，五岁能文，他的机灵和智慧远远超过同龄孩子吧？"

夫人赵氏连连摇头，叹道："守仁这孩子小时候才怪呢，从生下来第一声啼哭之后，一直到五岁，还不能开口说话，把全家人急得不知道怎么办才好。光守仁奶奶就亲自到观音庙、土地庙、城隍庙烧香磕头、求神问卦无数，守仁母亲以为自己上辈子造了孽，今世当得报应，每天以泪洗面，除了睡觉就是不停地干活，像赎罪似的，守仁他爹为此也放弃了学业！"

嫣儿看了看赵氏和诸氏叹道："五年啊，不会说话，求神问卦，烧香祷告，那后来呢？"

赵氏说道："有一天，守仁奶奶突然说：'我想起来了，是不是我梦中那个头戴瓜皮帽尖嘴猴腮的人，伸出去的那只长手那么一抓，孩子一声大叫，把孩子头上的话骨弄坏了，长了五年也没长好呢？真要这样的话，那我这大孙子就彻底完了！'"

嫣儿惊奇地问道："大娘，人人头顶上都有话骨吗？"

赵氏摇头道："这件事我也不知道，我还是第一次听守仁奶奶说，不过……"话说到这儿，她掰着手指头，笑着说，"嫣儿姑娘，你看人走路有腿骨，人吃东西有牙骨，人听见声音有耳骨，就是人睁开眼睛看东西，两只眼睛不是还有两块眼骨吗？所以人说话当然有话骨啦！不然，那说话声音从哪来的呢？"

嫣儿被赵氏的话逗乐了，她不想打乱赵氏的思绪，便问道："大娘，那后来呢？"

赵氏接着说："有一天，守仁奶奶跪下来，祷告了列祖列宗，中午发困时又做了个梦，梦见有人来救她孙子！守仁奶奶知道上天显灵，急忙望着空中顶礼膜拜，说道：'谢谢上天赐福！谢谢上天赐福！'"

嫣儿看了看诸氏，会心地笑起来，她喝了口茶，又聚精会神地听赵氏接着说。

赵氏笑着描述着。按以往的习惯，守仁奶奶肯定斋戒三日，虔诚祈盼时日到来。她想既然上天告知，祷告什么也不灵，故而她该干什么干什么。恰巧第三日这天，

大街上突然人声鼎沸，街坊四邻都奔出家门，说是看到一个似道士非道士，似和尚又非和尚的怪异之人。他穿着破衣烂衫，通身上下肮脏无比。他两只脏污的手拿着一副鸡蛋大的铜铃，身上背一个盛着行头的大布囊，见众人围上来，他一瘸一拐高声喝道，没想到他的嗓音竟如此清脆，如鹂之鸣，似珠儿落玉盘，又像山歌般清脆，只见他两铜铃轻轻相碰喝道：

> 尘世苦难数不清，
> 皆怪贪恶诱众生；
> 酒色财嬉忘本药，
> 周而复始罪恶中。

> 拯救尘世一盏灯，
> 诚心顺天约己行；
> 欲恶退去罪不再，
> 阖家得恩享清平。

异人一曲刚唱完，守仁奶奶岑氏就带着已经五岁仍不能说话的孩子，来向异人求救了。

异人围着孩子连转三圈儿，时笑时摇头叹道："此童儿如何？"

守仁奶奶叹道："仙家，这孩子生下来至今已满五岁，却不能开口说话，我们真不知道怎么办才好，请仙家慈悲为怀，施一援手，救救这孩子吧！"

异人轻拈手指似乎恍然大悟道："老人家，你们家可是王姓？"

守仁奶奶连忙点头道："对呀，我家就姓王！"

异人接着说："你家当院之中可有一株状如伞状的百年大槐树？"

"对！对！我们家是有一株大槐树！"

异人笑道："好，这就对了！山人今从会稽山上下来，走进你们这余姚闹市，要寻找的正是这个孩子！"

这时有一个年过五旬，长得五大三粗的汉子突然说道："王家大嫂，现在游走江湖的大骗子太多啦，小心他骗了你，让这孩子……"

那异人转身向那汉子哼道："好个多嘴多舌之人！"他话音刚落，那汉子就直挺挺地站在那儿，嘴张着，眼睁着，手定格在空中，霎时上不去，又下不来，真个怪呀！

众人见这异人确实神奇，纷纷跪伏下来，齐声道："仙家降福，仙家降福！"

这时异人微闭双眼，轻轻念动几句真言，遂伸手连抚孩子后背，说道："开言吧，孩子！你将有经天纬地之才！"

孩子竟大声道："奶奶！娘亲！娘亲！"

孩子奶奶和母亲泪水涟涟，把孩子抱起来真不知说什么好，众人也纷纷相贺。

异人走到那仍定格的汉子跟前，说道："你这个多嘴多舌之人，记住好话说三遍，不好也好！坏话说一遍，不坏也坏！"

异人说罢，没等守仁奶奶和守仁母亲相谢，转身便走，旋即众人却不见了他的踪影……

听罢继母赵氏关于王阳明儿时的奇怪经历，嫣儿知道了，原来，那会稽山下出奇才……怀胎十四个月五岁言保江山社稷稳如泰的人，就是王阳明！她达到了目的，便借故笑着离开了王家。

然而，嫣儿心情喜悦地刚走出王家门，迎面走来一位官员，他儒雅俊美，皮肤白净，国字脸，一双浓黑的剑眉，身材伟岸，气度不凡，看起来年龄在三十岁左右。她想，此人气宇轩昂，步态轻盈，他莫非就是王阳明？

此时嫣儿与王阳明迎面只有三五步之距，嫣儿贸然施百福之礼道："敢问这位官人，你莫非就是朝廷工部的王阳明王大人？"

王阳明遇见素不相识的人，对方直接称呼其名的还是第一次。他立刻停下脚步，上下打量着嫣儿，心中思道，这姑娘眉清目秀、皮肤白皙，定是京城内达官贵人的家眷，遂也高揖双拳，笑着施礼道："姑娘，恕下官斗胆相问，下官与姑娘素不相识，何以知道下官就是工部观政的王阳明？"

嫣儿微微一笑，说道："大人气度不凡，一表人才，而且小女子刚从你府上出来，故而斗胆一问，便知是王大人！"

王阳明观察嫣儿的面相，知其是个善良、貌美、知书达理的姑娘，遂笑道："承蒙姑娘美言，下官不胜感激，不胜感激！"

嫣儿问道："王大人，小女子如果没有猜错的话，王大人一定刚刚从会审大堂回来，看大人喜悦的面容，大人一定赢了此案。"

王阳明一听，对眼前的姑娘肃然起敬，心中想到，这姑娘绝非京城一般达官贵人家的姑娘，她或许出自后宫，她一定知道是当今圣上钦定的此次会审，她究竟……

大凡世上的聪明人，都明白由表及里，举一反三。既然是志在鸿鹄的大丈夫与心存高远的美女子相遇，岂肯擦肩而过？况且，两人短短几句交谈，双方都有滔滔之言未尽之意。

王阳明落落大方施礼道："姑娘如不嫌弃下官清贫，可否请姑娘移步，到街边茶坊一叙如何？"

嫣儿正想借此多了解一下王阳明，看他是否胸中文韬武略。说大一点儿，也是在为大明江山社稷检验他，他王阳明是否就是先帝诀词中所指的那个"保尔社稷稳如泰"的栋梁人！

嫣儿笑道："王大人，按礼仪和女人三从四德、七出，孤男寡女不可独处。可是，本姑娘品行正直端庄，一向不为这些清规戒律所左右，更不为男女苟且之事！我清白如荷，洁净如藕，正巧，大人有事，本姑娘也是有事相问，那恭敬不如从命，就与大人在茶坊边喝边说吧！"

于是，嫣儿在前，王阳明在后，两人走进了街边"春香"茶坊。

正巧杨廷和之女娩婳和侍女玲儿也朝这边走来。偏是玲儿眼尖，她向娩婳说道："小姐，正说曹操，见曹操。那不是你日盼夜想的王大人吗？"

娩婳急忙停下脚步，她按玲儿所指的方向定睛一看，那人果然是王阳明。娩婳直言道："玲儿，咱们去看看，光天化日之下，在人来车往的大街上，我阳明哥哥在和哪个大姑娘说话！"

玲儿把她一拉说道："小姐，别！别呀！看王大人的样子，人家在谈正事呢！"

娩婳轻轻一笑，说："玲儿，你看他俩进了春香茶坊。走，咱们也去喝茶，听听他们在谈什么。"

依玲儿之意，在王阳明和嫣儿走进茶坊之后，娩婳和玲儿才低着头进了茶坊，她们选择坐在王阳明和嫣儿后面的屏风背面。王阳明和嫣儿无论如何看不到娩婳和玲儿，但二人说的话，娩婳和玲儿却能听得见。

王阳明和嫣儿落座之后，店小二放下两杯热茶转身而去。王阳明再次向嫣儿施礼道："姑娘，你到底是干什么的？为何对会审一事，如此清楚明白，依下官看，绝非平凡人家之女。"

嫣儿在圣皇面前侍奉，六部尚书、朝廷九卿，包括各王侯将相，什么样的朝中大员她都见识过。她端起茶杯不卑不亢，微微一笑说道："王大人，本姑娘的身份并不重要，重要的是，你王大人的才能我略知一二，倘你真有雄才大略，是朝廷的栋梁之材，别的本姑娘不敢说，你在朝中但有什么难处，本姑娘可为你化险为夷，保你遇难成祥！"

嫣儿的话，是王阳明万万没想到的。听她说话的口气，大有气吞山河的能耐。她到底是干什么的，竟能说出如此大话，遂谢道："倘真如姑娘所言，那真是下官三生之幸，三生之幸啊！"

嫣儿正色道："王大人，你不需要再猜本姑娘的出身，本姑娘知道工部的首官刘其能鼓动下属联名上疏王阳明诋毁朝廷的书案，是圣皇钦定先帝的托孤大臣——今圣皇的首辅大臣杨廷和和刘瑾共同监审，朝廷都察院和刑部联合会审，本姑娘说得不错吧？"

王阳明急忙点头道："对！对！姑娘说的是！"

嫣儿皱眉说道："王大人能够轻松回家，看来，王大人的书案是冤枉的，主谋是刘其能，或是另有其人。不过，按照通常习惯，王大人是入仕不久且是刘其能的属下，用不着全工部的二十八个官员联名上疏啊，这不合情理！所以，本姑娘以为，王大人一定得罪了什么人，而这个人和刘其能非常熟，所以就炮制了这么一个书案！本姑娘说得对吧？"

见嫣儿说的句句属实，字字合乎情理，王阳明索性把刘其能的最后辩白告诉了嫣儿。王阳明不求别的，只求姑娘相助，千万要救一下工部二十八名属下官员。

嫣儿听后笑道："王大人，本姑娘所猜没错，果然是阉人庆父所为，他的手真长！可是，你王大人与他有何恩怨？他为何对你下死手？呃，王大人，本姑娘明白了。"

王阳明点头道："下官请教，姑娘明白了什么？"

嫣儿说道："一者，王大人之父先前做侍讲时，这个阉人因王老大人所讲唐朝李辅国与张皇后表里用事之典故，曾挨过先帝的重打；二者，阉人明白，今杨大人、孙大人以及令尊大人，乃朝中人人皆知的三个至交好友，他是想断其一指，使三人之桩从此难以立足。"

王阳明频频点头道："姑娘真乃女诸葛也，说得一点儿也不错。"

嫣儿推开茶杯，站起来施礼道："王大人，你不需要恭维本姑娘，放心，王大人，这件事本姑娘帮你就是！"

待王阳明送走了嫣儿，婉婳和玲儿悄悄来到他身边。

婉婳施礼大声说道："阳明哥哥，人家都走远了，你怎么还送人家呢？"

王阳明转身一看是杨大人家的千金婉婳，遂还礼笑道："婳妹，你从哪儿来的？冷不丁听到你的话，真让我惊讶！"

玲儿向王阳明施礼笑道："王大人，我家小姐说这么多天没看到你，她想见你，这不从家里跑出来，就为和王大人见一面。"

婉婳通红着脸摇着王阳明的袍袖，笑着说道："阳明哥哥，你真那么忙吗？这么多天不到俺家里来，婳儿很想你！"

王阳明笑着说："婳妹，你快长成大姑娘啦，听话，快回家去吧，免得杨伯伯和伯母又要说你在闺房里坐不住。"

娖婳见王阳明如此说，佯装生气道："阳明哥哥你也是，人家跑这么远来见你，话还没说上几句呢，你就让人家走！"

王阳明把娖婳拉到一边说道："婳妹，你已经快成大姑娘了，而且你也见过你嫂嫂，我把你当成小妹妹，你牙牙学语时，我在你家里拉着你的手到处跑，但现在你阳明哥哥早已成亲，而且你也已经长成大姑娘了，我和你还怎么能像以前那样在一起玩呢？"

娖婳摇着头说道："阳明哥哥，我不管！我不管！我就是从心里喜欢你嘛，别人怎么看，我才不管呢。"

看着娖婳生气地和玲儿转身走了，王阳明心里一声长叹，他想了想，他和娖婳也只能如此。

王华和继母赵氏以及夫人诸氏果然按王阳明所吩咐的，烧了菜，又烫了酒，当一家人坐下来的时候，王华见王阳明仍不高兴，便问道："吾儿，会审结束，咱们赢了，你怎么还不高兴呢？"

王阳明说道："爹，您老不知道，刘瑾这个大阉官，他见会审堂上真相大白，便把矛头指向工部二十八位联名上疏的官员，他不把他们和刘其能置于死地不会罢休！"

王华怒道："他这是想杀鸡儆猴，看以后谁还敢和他斗！"

八　阉人弄潮血雨飞　众志砥柱可壮威

朝廷都察院和刑部会审的第三天，杨廷和、孙燧以及王华到处奔走，把会审真相想方设法告诉了在押的工部二十八名属下官员的家人，让他们联合起来，人人高举冤枉的大字条幅，浩浩荡荡奔到皇宫大门外，要求圣上武宗平冤昭雪，立即释放二十八名在押的官员。

以周德和张大河两家为主，在后宫大门前集聚起数百人，振臂高呼：

> 恭迎圣皇平冤案，
> 祈盼清新艳阳天；
> 内除奸佞外防患，
> 大明驰骋顺风船。

刘瑾此时正陪着武宗在豹房吃花酒。张忠，霸州人，正德时为御马监太监，与司礼监张雄、东厂张锐并侍豹房用事，时人多称其为"三张"。张忠性凶悖，与京城大盗张茂结为兄弟。张忠常悄悄把他引入后宫豹房，尽享世上女人之乐。在刘瑾的引荐之下，张忠常携张茂侍奉武宗蹴鞠。

张锐常以捕妖居功，圣上加其俸禄一百二十石。他先设法诱人为奸，然后再悉数捕之，只要肯贿赂则释放。其时，三人按刘瑾之意暗中结交朝廷中的宁王朱宸濠，串成一条似隐似现的绳索，由此拉起一张硕大的网！

昔日，宁王朱宸濠从南昌亦即洪都封地入京，他知道刘瑾早年侍奉武宗在东宫，后武宗继帝位，刘瑾又侍其左右，是武宗的心腹。刘瑾也知道宁王朱宸濠非常反对武宗继位，曾传太后口谕说，宁王勤勉，来日可为大统之位。太后死后，武宗继位，所以，宁王早有篡夺帝位之意。当刘瑾见到朱宸濠时，二人有以下的对答。

朱宸濠问："刘公公得侍圣皇，是本王之福也。"

刘瑾摇头道："宁王素有大志，且有雄兵十万，虎踞南昌，看来宁王想驰骋沙场，运筹帷幄，指点江山。"

朱宸濠挥手道："刘公公谬赞！我兵即汝兵，汝兵即当今圣上之兵，此事不可戏言矣！"

刘瑾摇头道："宁王非也，此事如窗纸，彼此不必捅破，汝志即吾志，汝心即吾心，沉默是金，以待时运如何？"

朱宸濠大笑道："善！可是你须助我！古人云：'兄弟同心，其利断金！'你好自为之，必有福果降临。"

于是，刘瑾与朱宸濠各自心知肚明，便连饮三杯，以为誓……

这时，张忠入内，悄然趋至刘瑾身边，低声道："千岁爷，工部二十八个属下官员家人组织闹事了！他们在宫门口，有好几百人，高举着大字平冤的牌子，光围观者就达到了千人以上，怎么办？来势不小啊！"

刘瑾大惊道："这些不知好歹的刁民，张锐呢？马永成呢？快把他们找来，我有事办，快！"

不到两盏茶的工夫，西厂马永成和东厂的张锐都匆匆奔来了，二人施礼道："千岁爷，何事这般急切传我？"

张忠在一侧说道："今工部二十八个官员的家人齐聚在皇宫大门前闹事，看态势这事儿越闹越大，圣上一旦知道此事，对咱们大家都不好。"

刘瑾怒道："他们二十八人把它看成是冤案，我看它不是冤案！这样，你们东厂、西厂全体出动，换上便衣，到宫门口，先抓那些带头闹事儿的。御林军也出动，轰赶、驱散他们离开宫门！事毕，你们东厂、西厂各留下便衣，但有聚众的，见一个抓一个，见两个抓一双，我就不信，他们不怕死！"

马永成说道："千岁爷，倘有拼死反抗者，怎么办？"

刘瑾怒道："你们手中的刀剑是摆样子的吗？杀！"

马永成点头道："是，千岁爷！"

张锐说道："千岁爷，抓了他们……"

刘瑾怒道："把他们全带到东厂、西厂，让他们一个个尝到大刑的滋味，等我的话。"

待张锐、马永成走后，刘瑾倒背两手，在屋内踱步，向张忠等人说道："现在这世道，就是撑死胆大的，饿死胆小的。做好人做好人，能得到什么？什么也得不到！我十几年啊，卑躬屈膝，点头哈腰，好不容易熬到了出头之日，我就是要拼死一搏，胜者王侯，败者寇！今天二十八个工部的属下官员，我就想把他们办成个死案，杀鸡儆猴也罢，敲山震虎也罢，我就是要向朝中文武官员发出个信号，谁敢和我斗，谁敢悖逆我，这二十八个官员，就是例子！"

张忠和张雄则说道:"千岁爷,我们三张唯爷马首是瞻,爷到哪儿,我们三张就到哪儿,刀山火海,万死不辞!"

刘瑾低声说道:"不,记住:'鸷鸟将击,卑飞敛翼;猛兽将搏,弭耳俯伏;圣人将动,必有愚色。'以后,不论在什么场合,不要动不动就为我如何如何,要说为朝廷、为圣皇,咱们扛着大旗,拉着虎皮,才能往前走。切忌过于骄狂,那样咱们就成了众矢之的,欲成大事者,忍为高。"

张忠、张雄点头齐道:"多谢千岁爷教诲!"

刘瑾侍奉武宗皇帝在张忠、张雄等主管的豹房之内享女人之乐,京城几个数得着的青楼头牌姑娘,在武宗面前,使尽浑身解数,逗得武宗"梁园赏花,流连忘返"。正是:

笑磨妩媚温柔刀,
花海艳国尽逍遥;
丢却黎民万般苦,
丧送江山休号啕。

又有诗云:

世间美色万千重,
百花千色各不同;
休痴眼前艳光好,
岂知已登丧魂冢。

阳奉阴违敛刀枪,
奸佞诱他举杯畅;
艳歌听罢靡舞起,
温柔背后杀气扬;
消得年华灯油尽,
千古骂名送夭殇。

武宗这日在豹房内,被一个唤作青鸟的头牌姑娘消磨得如痴如醉,三番春药,已使武宗汗水淋漓,筋疲力尽。武宗示意青鸟退下,刘瑾匆匆入内。

武宗边更衣边向刘瑾说："豹房春色不尽，怎奈朕的体力有限，下一个头牌赛貂蝉明日再说吧。"

刘瑾应道："陛下，也罢，接下来让豹房的花魁侍酒如何？"

武宗点头道："好，让她陪朕喝酒！"

直到这天戌时，武宗才在刘瑾侍奉下回到寝宫，待刘瑾等退下，嫣儿和婵儿上前搀扶武宗上龙床。不知怎么，当武宗发现嫣儿已回寝宫，似是想起了先帝的四句诀词，他强打精神坐在床头，问道："嫣儿，那保江山社稷稳如泰的人找到没有？"

嫣儿见武宗醉意蒙眬，虽喝下醒酒汤，但酒意还未退去。她便笑道："陛下今日已酩酊大醉，恐难以再议先帝四诀词之大事，依奴婢看，陛下歇息吧。"

这时尚寝局的太监，拿来嫔妃侍寝牌子，请武宗挑选。武宗刚要伸手拣选，嫣儿阻拦道："陛下精疲力竭，还是龙体安康为重，这牌儿就别拿了。"

武宗点头道："好，不拿了，你们退下吧。"

待尚寝局的太监退下，武宗半倚在床头，自言自语道："今日朕太累，确实该好好休息一晚。"

嫣儿端了杯热茶，放在床头，笑道："陛下，有些话，不知奴婢当讲不当讲。"

武宗笑道："嫣儿，朕有你姐妹俩做近侍，十分喜悦！朕前些天说过，朕有些话不会告诉皇后和刘瑾,但朕绝对会告诉你们姐妹俩。你们姐妹俩是朕最可以信任的人，比如先帝的四诀词，朕只相信你们姐妹俩，其他人，朕一概不信。所以，嫣儿，你有什么话，尽管说，即使说错了，朕也绝不怪你们。"

嫣儿说道："奴婢知道，刘公公从陛下是东宫太子时就侍奉陛下左右，算起来也十几年了。陛下登基，是为九五之尊，富有五湖四海，拥有何止万千民众。奴婢虽然身份卑贱，但有闲暇时间，必阅读史书，有一句话奴婢想问。"

"嫣儿，你尽管问吧！"武宗没想到嫣儿竟是个才女。

嫣儿说道："奴婢知道，这大明江山是陛下的，陛下是不是渴望大明江山四海升平，社稷稳固，皇位久远？"

"当然！朕当然想让江山稳固，皇位久远！"

"可是陛下，奴婢只问陛下，江山稳固，皇位久远靠什么？"

嫣儿说到这儿，武宗哑言，无语可对。

嫣儿接着说道："奴婢知道，大明江山社稷是陛下的，陛下的江山自当陛下格外珍重，绝不可儿戏！故而，陛下万不可听信一家之言，不理朝政，这样会让文武百官寒心啊！陛下万不可让奸佞当道，丧失忠臣良将的一片报国之心！"

武宗皱眉道："嫣儿，何为奸佞？"

嫣儿正色道："凡那些怂恿陛下吃喝玩乐，好声色犬马之徒，凡让陛下缠绵日日入豹房的人，就是奸佞！"

武宗皱紧了眉头，一句话也不说。

嫣儿见武宗不语，知其正在思索自己方才所说的话，遂又说道："昔太祖皇帝曾谕：'天下新定，百姓财力俱困。如鸟初飞，木初植，勿拔其羽，勿撼其根；然唯廉者能约己爱人，贪人必朘人以肥己，尔等当戒之。'陛下沉醉于豹房，贪图享乐，日耗岂止千两白银！那些整日向陛下点头哈腰、毕恭毕敬的人，专门投陛下所好，如此陛下的江山社稷大业是否可稳，皇位可否久远？"

武宗见嫣儿说到他的痛处，连连点头道："嫣儿，朕今日真正明白了'良药苦口利于病，忠言逆耳利于行'的含义，朕从内心谢谢嫣儿提醒、警示！"

嫣儿接着说道："陛下，奴婢知道，工部二十八人的联名上疏参王阳明诋毁朝廷，是陛下口谕都察院和刑部联合会审的，事过三日，他们向陛下启奏了吗？"

武宗脱口道："这件事朕口谕刘瑾去办，是什么情况，他还没给朕奏报，朕现在一无所知啊！"

嫣儿笑道："陛下，所以'兼听则明，偏信则暗'，这件事如果刘公公奏报的话，陛下可让首辅大臣杨廷和杨大人一同与刘公公奏报，如此陛下可以听到真实会审情况！"

武宗连连点头说道："听嫣儿一席话，朕脸红心跳，但受益匪浅啊！好，朕就依嫣儿的话！"

嫣儿忽然想起今日和王阳明见面之事，她笑着说："陛下，托陛下洪福，先帝四诀词中的人，奴婢找到了！"

"是吗，他真的是怀胎十四个月而生，五岁言吗？"

"当然！这样，今日为时已晚，请陛下安歇吧！"

武宗摇头道："嫣儿，此事至关朕的江山社稷，乃国之大事，待朕选个大吉之日，还在这寝宫，嫣儿你再告诉朕如何？"

"好！奴婢听凭陛下之意！"

武宗伸出手指道："嫣儿，今起，但逢朝中大事，朕把握不准时，先听嫣儿的意见再做决断如何？"

嫣儿挥手道："陛下，非也！昔太祖有定制，内臣不许读书识字。奴婢感谢先帝宣宗于后宫设内书堂，选小内侍，令大学士陈山教之，遂为定制。奴婢仰仗此制，方得读书识字，且嫣儿乃奴婢之身，地位低贱，岂可参与国之大事，倘为人知，奴婢姐妹性命休矣，请陛下三思。"

武宗摇头道："不，朕一言九鼎！只在寝宫，在没有皇后和嫔妃时，朕才问政于嫣儿。朕除有男子汉大丈夫、国家栋梁之材相助外，嫣儿当为巾帼之助！此事朕知，嫣儿、婵儿知，天下无人知也。你不要推辞，朕意已决，决不更改！"

第二天，武宗梳洗完毕，刚要过御膳堂，刘瑾近前说道："陛下，奴才听说居庸关以外的山林里，近日有大批野猪和狼出现，当然，也有群鹿出没，所以奴才给陛下安排这两日率群臣狩猎如何？"

武宗想起昨夜嫣儿所说，皱眉道："瑾儿，难道近日朝中无大事相议吗？"

刘瑾笑道："陛下治国有方，威名远播，四方臣服，八方升平，到处莺歌燕舞，黎民百姓都在称颂陛下洪福齐天呢，现在朝廷无大事可议，天下太平呢！"

武宗皱眉道："瑾儿，你不能只报喜不报忧！都察院和刑部会审王阳明诋毁朝廷的书案，进展如何？朕可是没听到你的任何奏报！"

刘瑾本想拿到奏折和上疏批答大权之后，一手遮天，今天圣上突然一反常态，不按他的安排去居庸关狩猎，却问什么王阳明诋毁朝廷的书案会审进展。看来宫内有人向圣上奏报了这件事，遂双膝跪地谢罪道："陛下，此事是奴才的疏忽，是奴才粗心大意，乞求圣上赦免奴才之罪。"

武宗如在以往，定会让刘瑾平身免礼，但今日武宗讥道："瑾儿，朕既然授你以权，你当鞠躬尽瘁、死而后已为朕办事。朕上次说过，朕耳不聋、眼不瞎，朝中大事朕怎能没有耳闻？关键就看你及不及时奏报于朕。你说，昨日是不是有大事，你只字没向朕奏报？"

刘瑾急忙说道："陛下，有人小题大做，昨日宫门确有人聚众滋事，他们危害到陛下的安全，故而奴才调动宫中御林军，已经把他们劝散了，真的，什么事也没有！"

武宗怒道："刘瑾，你别把朕当傻子！你不是派东厂张锐、西厂马永成穿便衣抓人了吗？事已至此，你还想瞒朕？"

刘瑾急忙叩头不迭道："陛下，奴才该死！奴才该死！"

武宗怒道："得，看在你侍奉朕多年的分儿上，朕还不想让你死！你去把首辅大臣杨廷和杨爱卿找来，朕今日升金銮殿，朝议王阳明诋毁朝廷书案，朕要听到最真实的声音！"

刘瑾对武宗方才的不满非常在意，他急忙让小太监召集焦芳、张彩等人，再后来左右都御史、刑部尚书都到了。刘瑾说道："诸位今天要格外小心仔细，会审的结果和咱们要达到的目的，肯定有悖于圣上。大家今儿就来个真真切切，让圣上见真情，否则咱们就彻底输了！"

左都御史高大人说道:"千岁爷,按爷说的我们都准备好了!"

"准备好了就干!若不然杨廷和就占了上风!我和大家都在一条船上,今日不是鱼死就是网破!大家只要同心,圣上就会向咱们这边靠!好,散!"刘瑾把手一招,众人各自散去。

武宗让文武百官平身之后,户部另一高姓大臣出班奏道:"启奏陛下,工部刘其能主谋,策划了他的属下二十八名官员联名上疏王阳明诋毁朝廷一案,会审结果是,刘其能欲嫁祸其罪,却又无凭无据,按朝廷律法,当磔于市、诛灭九族!其属下二十八名官员,暗结死党,勾搭成帮成派,试图陷害王阳明王大人,按律法,这些乱朝纲、结科党、有意对抗朝廷者,亦当全部处死,以绝后患!"

孙燧出班道:"陛下,工部刘其能是王阳明王大人的直属首官,倘刘其能对其属下不满,根本用不着要求属下二十八名官员联名上疏,这条件不对等,有点杀鸡用牛刀啊!所以,臣以为刘其能最后陈述,是受太监刘公公指使,而且此案刘公公是主谋,虽然刘其能拿不出真凭实据,但是,大凡这种对面指使的对话,是根本拿不出证据的!再退一步,假如刘其能真是刘公公面授机宜,刘其能按之做了,此时再向刘其能要证据,当然拿不出来。诸位大人都知道,无证据就是陷害、诬陷、诽谤,所以只有天知道刘其能是不是替罪羊。"

一黄姓大臣奏道:"陛下,方才孙大人所言属无根之木、无源之水!试想,刘公公素与入仕不久的王阳明王大人无任何冤仇,一个在宫中,一个在朝廷衙署,刘公公因何指使刘其能陷害诬陷王大人呢?所以,刘其能在最后的供述中,显然在嫁祸刘公公。臣为刘公公鸣不平,对刘其能当罪上加罪!诚然,刘其能的二十八名属下官员,有意制造冤案,意在颠覆朝廷,结党营私,当一并处死!"

武宗万没想到朝议一开始,双方唇枪舌剑,水火不容,此案的焦点在刘瑾身上。他环顾殿中文武百官,向仍坐在他下首的刘瑾说道:"刘瑾,方才诸位爱卿所说王阳明诋毁朝廷书案,确也有些奇怪,朕委实不明白,刘其能为何要联合属下二十八名官员,来诬陷弹劾自己属下的一名入仕不久的小官,他有这个必要吗?看起来失常得很!可是,让你刘瑾指使刘其能去诬陷、诽谤一个工部的小官儿王阳明,也是不值当的,刘瑾你怎么看?"

刘瑾急忙俯伏于地,泪水涟涟说道:"陛下,刘瑾身负陛下之托,管理着朝廷一些事,很可能在某些时候,刘瑾得罪了刘其能这样的奸佞之徒!所以,他才借机报复,临死非拉我刘瑾去垫背。奴才刘瑾侍奉陛下十几年,刘瑾之心天地可昭,日月可鉴!奴才真的很痛心,像刘其能这样不干事的奸佞之徒,为何非要妒忌像奴才这样为朝廷鞠躬尽瘁、死而后已的干事之人呢?奴才痛心疾首,真的不知道今天为何变成这样了呢？"

焦芳出班奏道："陛下，刘公公一心一意为朝廷做事，忠心耿耿效忠陛下，没想到竟遭了像刘其能这样的奸人的诬陷！下官强烈要求圣上为刘公公做主，还刘公公清誉，严惩刘其能，严惩结党贼子，也就是工部的二十八名官员，今不严惩不足以平民愤，不足以正朝纲，不足以面对黎民百姓的真心拥戴！"

张彩出班奏道："陛下，工部的贼子们，危害朝廷安危，他们明目张胆挑战朝纲的底线，对这些结党营私、拉帮结派之徒，必须见一个杀一个，绝不能宽恕！"

武宗知道，焦芳、张彩与刘瑾三人交往甚密，可是这件事真如他们所说，刘其能是在嫁祸吗？可是看刘瑾痛哭流涕的样子，他分明是受了冤枉。

这时王阳明出班奏道："启奏陛下，关于刘其能制造的这个冤案，不管他是受人指使，还是他自己主谋组织，现在这个案件种下了种种疑点，这种案件不同于其他的刑事案、经济案、贿赂案，要取证确实不易！从古至今，凡有案底，必有案由。刘其能咎由自取也罢，做替罪羊也罢，世上没有不明之案！下官相信，人在做天在看，只要有人做了，迟早会得到应有的惩罚！"

武宗连连点头道："王爱卿说得在理，这叫'天网恢恢，疏而不漏！'抛开刘其能，方才有几位爱卿说工部二十八名官员联名，他们结党营私，颠覆朝纲，罪该万死，王爱卿，你怎么看？"

王阳明环顾文武百官，说道："启奏陛下，自古'真金不怕火炼'，参加都察院和刑部会审旁听的六部和朝廷九卿大人们应该最清楚，这二十八名官员之所以联名，只有极少部分人是为了迎合刘其能的权势，绝大部分都是被逼无奈，我如果没有记错的话，周德和张大河的供词说，如不同意联名上疏，一是明日起不要到工部点卯；二是要被送到东厂稽查室，让人活着进去，死后出来。下官不想把此事挑明，诸位大人一听就应当明白了吧！所以，下官凭这二十八名官员的供词，可以断定，他们是被刘其能的权势所逼，根本不是心甘情愿的，他们迫于活命，才同意联名上疏的。"

武宗皱眉道："是啊，大凡入仕之人，都是受了十年寒窗之苦，为了功名，为了活命，谁敢不从！"

王阳明大声说道："陛下，他们是结党营私吗？他们是乱臣贼子吗？他们是意在颠覆朝纲，试图推翻朝廷吗？下官敢放言，他们不是！他们慑于权势被迫签了名，今日就当处死吗？如此岂不是让他们冤上加冤，这公平吗？这正义吗？请陛下三思！"

武宗连连点头道："王爱卿所言极是，朕首肯你的见解！"

杨廷和出班奏道:"陛下,臣以为尽管刘其能到目前为止担当了这个案件的主谋和组织者两大罪名,但正像方才王大人所说,世上没有不解之案,凡有案底,必有案由。倘陛下钦赐尚方宝剑,下官不信邪能压正!这个案子定能查个水落石出,此乃一也。工部二十八名联名上疏官员,今有他们的口供为证,他们不是乱臣贼子,更不是结党营私、试图颠覆朝廷的团伙!所以,他们罪不该死,应当视其情节轻重,分别予以处置,此乃二也。刘其能最后陈述说,他找到吏部尚书焦芳焦大人,由焦大人找到吏部擅长模仿字迹的大能手模仿了王阳明王大人的笔体,写出了形似神不似的公文书案,这件事到此便没有了任何下文,会审的都察院、刑部,我不敢妄言他们包庇,但不能就此束之高阁,不问不查了吧?此乃三也。以上是臣的肺腑之言,请陛下三思啊!"

刘瑾听了王阳明和杨廷和的启奏,心想,杨廷和意在请出圣上的尚方宝剑,重审刘其能,而且凭圣上的尚方宝剑可以召唤我刘瑾,甚至还可以给我用刑,这是件最要命的事,如果这样,我这么多年的心血将付之东流,而我的大业,也将化为泡影!怎么办呢?难道这是个死局?不能再破解?我的出路在哪儿?

刘瑾突然看到了焦芳,他立即笑了。

这种思考在短短的一刹那,刘瑾急忙向武宗示意,武宗以为刘瑾赞同杨廷和的提议,开口道:"刘瑾,你是何意?和杨爱卿的意见相同吗?"

刘瑾摇头道:"陛下,方才王大人、杨大人所提之事,是为国之大事,绝不可小觑!依奴才之见,他们提得好,但是这件事不宜急办,宜缓办。"

武宗皱眉道:"此事关乎稳定朕的文武百官,事关朕治理朝政,为何宜缓办?"

"陛下,古往今来,凡急躁之事,必有余祸。为慎重起见,小心谨慎方能驶得万年船,请陛下三思!"刘瑾现在要的是时间,只要他有了时间,他就能稳操胜券,他就能在朝中,在武宗面前立于不败之地!刘瑾说上面这段话时,他的眼睛一直盯着武宗,让武宗不容置疑,他完全是为圣上的江山社稷大业考虑。

王阳明似乎很明白刘瑾用意,他出班奏道:"启奏陛下,方才杨大人所言三件事,乃国之大事,不存在急办和缓办之别!只要陛下认为于国于民有利,难道还要商量斟酌吗?朝议国之大事,最忌议而不决、拖而不办,这样势必会冷了文武百官之心。"

刘瑾怒道:"王大人,你说这番话,是不是在指责陛下议而不决、拖而不办呢?你虽有才,总不该连陛下都不放在眼里吧?"

王阳明亦大声说道:"诸位大人可以为证!下官方才所言是在指责陛下吗?我没有一丁点儿这样的意思。"

"你没有，我看你别有用心，或者是在哗众取宠吧？"刘瑾就是要借此激怒王阳明，从而达到武宗发怒的目的。

王阳明笑道："陛下，朝议国之大事，意在知无不言，言无不尽。看刘公公之意，这件事宜缓办，对！缓办，就给了某些别有用心的人时间，他便可以偷梁换柱，可以张冠李戴，还可以指鹿为马，把假的做成真的！到那时，诸位大人，假作真时真亦假，真作假时假亦真，诸位大人记住，奥妙就在于此！"

武宗此时没看到刘瑾的真正用意，朝议了半天，赞同刘瑾的有，但反对刘瑾的也大有人在。他一时难辨真假，况且，朝议至此，他的耳朵听得已经麻木了，他打了一个长哈欠，伸了伸腰，强打精神，索性把手一挥："诸位爱卿，散朝！"

刘瑾见武宗如此，他站起来走到王阳明面前，低声说道："王大人，初出茅庐，锋芒太露，我看你是根出头的嫩芽子！"说罢转身便走。

杨廷和见状走过来，向王阳明说道："贤侄，刘瑾方才说了什么？"

王阳明笑道："随他，自古邪不压正！"

然而，王阳明一回到家里，王华就把他叫到书房，这时家里的饭菜已准备就绪，继母赵氏匆匆奔到书房，向王华说道："有什么事这么要紧，饭摆上了，吃了饭再说吧？"

王阳明其实早已饥肠辘辘，附和道："爹，咱先吃饭，吃完饭再说不行吗？"

王华皱眉道："夫人啊，吃饭有什么重要的？你先出去，我有几句最要紧的话，必须先说给儿子。"

待继母一走，王华怒道："守仁我儿，爹知道自古邪不压正，刘瑾在刘其能这桩案子上肯定是主谋，诸位大臣已经心知肚明了。只是除刘其能之外，谁也不愿捅破这层窗户纸！孩子，你维护正义，做父亲的绝不反对，因为做人有标准，有起码的道德底线。但是，你在维护正义、帮助善良的同时，首先要学会保护自己，不要咄咄逼人，锋芒太露不好，儿子！"

王阳明皱眉道："爹，可是我看不惯刘瑾、焦芳之类人的嘴脸，他们明明是在迷惑圣上，混淆视听！"

王华正色道："儿啊，这些明眼人一看就知道，你是爹唯一的骨肉，你难道不知道刘瑾毒如蛇蝎、狠如狼吗？他的下三烂手段应有尽有，你这样公开和刘瑾叫板对阵，你不怕他暗中指使东厂、西厂密探和亡命之徒绑架和暗杀吗？"

王阳明睁眼道："爹，我……"

王华怒道："儿啊，我什么我？从今起，你必须听爹的话，要收敛锋芒，处处小心，时时提防！千万不能再落入刘瑾设下的陷阱。"

见父亲如此，王阳明叹道："爹，孩儿记下了，先保护好自己，再伸张正义。"

焦芳急匆匆往后宫走，恰碰见江彬和张忠，便问道："你们方才见千岁爷了吗？"

张忠笑着说："焦大人，你真是再生诸葛啊，你怎么知道我们见千岁爷了？"

焦芳并没有接他的话，问道："千岁爷高兴吗？"

江彬摇摇头："千岁爷不太高兴，不知道他有什么烦心事。"

听二人如此说，焦芳向张忠又问道："千岁爷找你们说什么事儿了？"

张忠叹道："不知道后宫哪个多嘴多舌的，把都察院和刑部会审的结果全奏报给了圣上，这事儿弄得千岁爷很被动。"

焦芳顿时心中大惊，脱口说："既然如此，圣上知道了会审的真相，肯定对千岁爷不满，这分明是隐情不报、欺瞒圣上，这样大家都很被动。"

江彬叹道："圣上一不高兴，千岁爷也不高兴。这不，千岁爷限我和张忠三天查出来，到底是谁向圣上奏报了此事。"

其实，焦芳不担心这件事，他担心朝议之后，首辅大臣杨廷和和观政工部的王阳明提出的几点建议，如果按这几件事落实会审的话，那千岁爷肯定要暴露，他一他一倒台，和他有关联的人都要跟着倒霉！如那样，千岁爷十几年精心经营的计划就彻底完了，千岁爷真的就是古人说的："一损俱损，一荣俱荣！"

焦芳硬着头皮，敲开了刘瑾的门，小太监急忙给二人斟了茶，然后悄悄地退了出去。

刘瑾皱眉道："焦兄弟，现在的时局对咱们非常不利啊！你这个吏部尚书，看来很难再做下去了，焦兄弟，怎么你一点儿没看出来？"

焦芳听到后立即大惊道："千岁爷，何以见得？"

刘瑾说道："昨日，我侍奉陛下时，陛下认定是你从中做了手脚，说你在吏部主政，不想法儿治理朝政，尽想着法儿整人，制造冤假案件……总之，这不是儿戏，圣上既然如此说，他肯定有了打算，所以你说你这个吏部尚书还做得长吗？"

焦芳一听，急忙跪地千般叩头说道："千岁爷，请你在圣上身边多美言几句，哪怕让我倾家荡产我都愿意，只要能保住我头顶上的乌纱，我焦芳绝无二话！"

这就是刘瑾今天所要的结果！

他没有立即把焦芳拉起来，更没有准他免礼。他看了看焦芳，叹道："焦兄弟，这件事不用说，爷我肯定不会袖手旁观的。你只要听爷的安排，就肯定能化险为夷、毫发不损地过这一关。"

焦芳一听，他还大有希望，看来千岁爷担心失掉他，因为他和张彩、江彬、张忠等是他的爪牙，是他最信任的，也是最得力的干将，没有这几个人铁心相护，他的大业就难以成就。他说道:"千岁爷,爹娘生了我这躯体,但是,自从我焦芳投在千岁爷的门下,我这躯体时时刻刻任凭千岁爷驱使、驾驭!只要千岁爷吩咐,我焦芳万死不辞!"

见焦芳信誓旦旦说出了这句话,刘瑾这才上前把焦芳扶起来,笑着说道:"兄弟,你敢为爷肝脑涂地,爷一心为你保驾护航!来,你坐下,爷有重要事找你,这件事非你莫属!"

焦芳推开茶盏,向前屈了屈身子,笑着说:"千岁爷,何事?"

刘瑾说道:"刘其能的最后供词,明眼人一看,就不合常理。你知道,这个案件原本是爷策划主谋的,目的在于打压杨廷和、孙燧、王华这个顽固团伙。但刘其能不听话,说出了案件的真相,弄得爷非常被动。杨廷和和王阳明又死死抓住这一点,大做文章,震惊了朝野。因为这个案件本身只有你和刘其能接触,所以现在只能由你担当这个案件的转折点。说白了,是你向刘其能部署下达的指令,才促成了这个案件。"

焦芳一听,皱眉道:"千岁爷,下官和刘其能品爵相当,况且,下官没有权力领导刘其能,这不合常理啊!"

"怎么不合常理?你吏部不是负责朝廷各部门的考绩和连任考核吗?有这一点,刘其能敢不听从你的话吗?"刘瑾前挡后堵,让焦芳没其他路可选,只能按他的计划去办。

九　天运不助莫彷徨　诡诈欺天笑狐狼

　　见刘瑾如此说，焦芳这才意识到，原来他就是刘瑾手中的一颗棋子，他想什么时候用就什么时候用，想把这枚棋子放在哪儿就放在哪儿。而今，刘瑾面临灭顶之灾，于是又拿出他焦芳这颗棋子，把他当作盾牌，当作替罪羊，他要义无反顾地冲锋陷阵，用他的肉身之躯，去抵挡向刘瑾刺来的致命之剑！焦芳这时才感到了恐惧，他只要一应承下来这件事，他就成了圣上和朝中文武百官案板上的鱼肉，任人切割，任人宰杀。他可能成了第二个刘其能，他开始万般恐惧起来。他斜瞥一眼咄咄逼人的刘瑾，小心翼翼嗫嚅道："千岁爷，倘下官承认了是主谋和指使者，那下官还有救吗？"

　　"焦兄弟，爷早就说过，爷和你是兄弟，咱们是拴在一条绳上的蚂蚱，咱们就是要有福同享有难同当。况且，你焦兄弟为爷挡了这致命一箭，你今后就是爷的救命恩人，爷能不竭尽全力搭救你吗？这种事你大可放心！"刘瑾见焦芳能承担这件事，心花怒放，可当着焦芳的面，他只能把这种切骨的喜悦强压下来，他拍着焦芳的肩膀，像是给他一颗定心丸。

　　"可是，如果圣上大怒，传旨处斩下官呢？"焦芳心里还是忐忑不安，他在这种能救和不能救的致命旋涡里，前想想，后想想，一时犹豫不定。他终于敢抬起头，盯着刘瑾的脸，想得到他所想要的肯定的答复。

　　"放心，昨日在金銮殿朝议时，杨廷和和王阳明的穷追猛打之意，是让圣上立时钦赐尚方宝剑，立即传旨彻查你与模仿大能手。但是，爷出面抵挡，结果杨廷和和王阳明的话成了耳边风，爷只要在圣上面前多说几句，咱先拖后改，慢慢圣上就没有治理的心气儿了！有爷在，你怕什么？"

　　看来，眼前就是刀山火海，就是布满刀剑的陷阱，焦芳是躲不过了，他只有打肿脸充胖子，拍着胸口充当英雄好汉。天运让他结识了刘瑾，他确实一夜之间飞黄腾达了，现在他面临着火坑、刀山，这也许是命运使然，作为一个被人执在手中当玩偶的棋子，他只有俯首称臣、点头哈腰接了这件事！

　　焦芳默默喝下一盏茶，抬起头来向在屋内徘徊的刘瑾问道："千岁爷，下官出面承认了组织、主谋、指使这个案件，那会审拘押的刘其能那儿怎么办？他的供词要和下官一致，而且他必须翻供！他不翻供，这砖瓦不合槽，咱们也按不下去呀！"

刘瑾笑道："这件事爷早就想到了。你呢，把你在什么地方、什么时间、给刘其能说的哪些话和交代他办的哪些事告诉我，只要你俩口供一致，这就成了铁案。你现在就把时间、地点、哪些话、哪些事想清楚，你告诉爷，剩下刘其能，爷自然找人办就是！"

俩人一合计，立即把双方的供词都商定了，刘瑾这才让小太监拿来了笔墨，焦芳当面写下和刘其能制造组织王阳明诋毁朝廷书案的悔改书，当面签字画押，还把时间写上。一封完整的、自愿的悔过书就这样炮制而成了。

搞定了焦芳，刘瑾又把江彬找来，江彬听了刘瑾的话，顿时大惊失色。原来，千岁爷让焦大人做了他的替罪羊，真是太可怕了！现在刘瑾叫他过来，只有一件事，劝说刘其能，要他按刘瑾和焦芳锁定的口供翻供！

原来，刘其能昔日与江彬之父，因边关危急派救兵之事，引发了先帝大怒，先帝革了江彬父亲的职，同时廷杖了刘其能。当江彬入仕时，刘其能甚至还给圣上上疏，阻止仇家之子入仕，若不是有人让江彬找刘瑾，江彬根本入不了仕。为此，江彬更加记恨刘其能。两家现在成了世仇，不共戴天！

江彬本不想蹚刘其能这场浑水，他向刘瑾直言此事，刘瑾摇头说道："江兄弟，你呀，抬头看看，现在是什么世道？你爹和刘其能那点儿事早就灰飞烟灭了！你昨天过了那座山，今日来到这座山下，自然该唱这座山的歌了！"

江彬皱眉道："千岁爷，下官不明白，两家的世仇怎么可能就灰飞烟灭了？刘其能就是典型的势利小人，他这条老狗，怎么能改了吃屎的习惯呢？"

"不，江兄弟，他现在是阶下囚，早已风光不再！咱恨他，工部二十八个官员，现在谁不恨他，人人都想生吞活剥了他！他现在是仇敌林立，四面楚歌。江兄弟，你忘了一句老话：'鸟之将死其鸣也哀，人之将死其言也善。'他一个面临磔于市的死囚犯，当然渴望送来一根救命稻草，顶事不顶事，起码有了盼望，有了希冀！他岂能不答应？"

待刘瑾说罢，江彬问道："千岁爷，什么时候给刘其能送救命稻草？"

刘瑾讥道："江兄弟，有些事，你们不在皇上身边不知道，比如关于刘其能吧，当初会审结果是处死刘其能，但他这条疯狗，却道出了爷是主谋，是爷指使他干的。所以，爷就让会审的都察院和刑部加上了把刘其能磔于市并株连九族这一条！现在你完全可以拿这两条要挟他，他只要同意翻供，爷就可以只处他死刑，不磔于市，不诛杀他九族。爷可以让都察院和刑部删去这两条，他们都听爷的，这就叫'翻手为云，覆手为雨'。江兄弟，你去监中劝他吧，他准同意翻供！"

江彬冷静思考了一阵，突然说道："千岁爷，这样说，倘刘其能问，此话何以当真？何以为信？咱们去监里空手套白狼，他信吗？"

"这好办，明日爷让都察院左都御史和刑部尚书陪你去。当面锣对面鼓，他不得不信！"刘瑾现在是大权在握，要风得风，要雨得雨。他要让江彬明白，刘瑾我手握文武百官和各县、州、行省的官员奏折、上疏等的批答职权，无所不能！

江彬本来还想再问什么，但看到刘瑾信心满满的样子，他点头同意了。

就在江彬临出门的时候，刘瑾正色说道："江兄弟，你认真去做这件事吧，杨廷和和王阳明等注定要和爷斗下去，爷表面上也要收敛锋芒，咱就是要当面和他们嘻嘻哈哈喝酒，暗地里向他们捅刀子！现在杨廷和、孙燧、王华、王阳明就是爷刀剑下的四个活靶子，朝中文武百官都知道，杨廷和、孙燧、王华他们三人刚正不阿，顽固得透顶，软硬不吃。而王阳明羽翼未丰，还是个小官儿，爷就拿他开刀！王阳明在给威宁伯王越修建墓地时，不是说过一句话吗，叫作'伤其十指，不如断其一指'，爷现在就把目标放在王阳明身上。反正他的聪明才智和才干不能为爷所用，那么爷就要定准时机，不出刀则已，只要爷出刀，就要给他致命一击！"

江彬明白了刘瑾的用心，回家以后，江彬的父亲听了刘瑾给江彬的安排，摇头道："彬儿啊，你好糊涂啊！爹当初就说过，刘瑾这个阉人不是个好鸟！他昨天让刘其能顶罪，今天又让焦芳顶罪，倘明天再有了事，他一定会让你去当替罪羊！这种人成事不足，败事有余，这件事你真的不该应承下来！"

江彬皱眉道："爹，儿子处在屋檐之下，岂敢不低头？像这种事他既然选择了我，我不干，他准翻脸！爹，你想想，他一翻脸，哪还有你儿子的好果子吃！唉！当初咱一步上船，现在想下来都难！"

江彬父亲思考了一会儿，突然说道："首辅大臣杨廷和不是请圣上钦赐尚方宝剑吗？倘真的有了这把尚方宝剑，刘瑾说到底，只是侍奉皇上的阉官儿，到那时你肯定受到牵连，像他这种人，要么得势时大红大紫，要么倒台时就骂名千古。这种人最是可恨、可恶，咱江家可千万别沾他的边儿！"

江彬在家中以孝顺出名，听了爹的话，思考了半天说道："爹，这个刘瑾绝非一般小人可比，人常说'宁可得罪君子，不可得罪小人'，尤其是像刘瑾这样的小人。我既然应允了他，我还是要去见刘其能的。"

江彬之父叹道："也罢，你好自为之！"

按照刘瑾的安排，上午江彬和都察院的左都御史、刑部尚书三人一同到监牢去面见刘其能，但江彬故意选在了下午，这样就避免了多人一起见刘其能。

江彬和刘其能一见面，刘其能怒道："老子是快死之人，你来干什么？呃，你来看老夫的笑话吗？老子现在脸都不要了，还怕你这种势利小人看笑话吗？"

江彬一看刘其能的怒气很大，此时如谈这些，只能是火上添油。江彬先高揖双拳施了礼，笑了笑，然后坐在靠近刘其能的一张木椅上，说道："刘大人，不，应该叫刘叔！"

江彬见刘其能背过了脸，似是故意不想听他说话，他把手中的一样东西轻轻放在刘其能面前，接着说道："刘叔，我爹呢，被圣上贬为庶民，现在是闲云野鹤。你呢，误入刘公公的圈套，成了他的替罪羊。这样，依晚辈之见，你与我爹那些所谓的仇恨也罢，怨恨也罢，从此两清，也叫一笔勾销。晚辈侥幸入仕，你儿子正轩经商，你们上世的仇怨，我们这一辈就不往下传了！"

刘其能没想到江彬会如此说，他转身看了看江彬，说道："好，前世恩仇今世免，也算一种解脱！"

江彬喜道："刘叔，你知道我为何入监看你？"

刘其能脱口道："一定是那个阉人刘瑾指使呗！"

江彬不急不躁说道："对，我是奉千岁爷之命而来，但你知道我为何而来？"

刘其能把目光转向江彬放在案台上的那包东西。原来监狱史按刘瑾之意，硬生生敲掉了刘其能的上下门牙，因他在死囚牢内，手脚都被锁着，还戴了罪枷，而送饭的牢头特意送给他大块的圆状食物，让刘其能只能看，要吃下去却很难。而且，刘瑾让监狱史把刘其能一直关在漆黑的小木笼里，站不起来又蹲不下，一天十二个时辰，见不到一点儿光亮。只有今天上午都察院的左都御史和刑部尚书来时，才把他从小黑屋的小木笼里扯出来，卸下脚镣与颈上的罪枷，只戴了桎梏和他们见面。人都有求生欲，现在刘其能和江彬见面，再次见到了光亮。刘其能长舒一口气道："是不是今儿上午都察院和刑部说的那个翻供的事儿？"

江彬点头道："刘叔，正是此事儿！"

刘其能脱口道："江彬，你看我能同意吗？"

江彬说道："其实，依晚辈看，同意翻供，很可能有更大的灾祸等着你。而不同意翻供，人大不了有一死等着！这也是人生的底线。就历史长河看，莫说千古英雄，就是百年英雄、十年英雄的人，就算你当时显名，而十年、百年之后呢？如果世上没有留下文字，那么十年、百年之后你就成了过眼云烟。风消云散之后，你在这个世上除了一把骨头化为尘土之外，照样什么也没有！故所有的凡夫俗子都是过眼云烟！不过，汉时司马迁说过：'人固有一死，或重于泰山，或轻于鸿毛。'这是指千古英雄与凡夫俗子。"

刘其能笑了笑，点头道："我刘其能让人摘了乌纱帽，也成了凡夫俗子，我想能解脱就解脱，咱力不能撑天，包拯也不会再生，做冤死鬼就做冤死鬼吧，我真的不想再留下骂名！如果一个凡夫俗子化成尘土之后，连同他的骂名一起埋掉，总是有一种遗憾，一种愧对人生的极大愧疚！江彬，你说对吧？"

江彬突然说道："刘叔，其实你方才说的也是我的本意。可是倘若刘公公看不到你的翻供，他再派人来，或者写好了一份翻供词，强让你按了手印，画了押，你怎么办？"

刘其能站起来，哈哈大笑道："江彬，那倒不怕！人常说，'头顶三尺有神灵'。人在做天在看，我本没做，他却强加于我，如果有什么惩罚，我很坦然，我不怕鬼会来敲我的门！"

至此，江彬正色道："倘刘公公派人来，问我江彬入狱中如何劝你呢？你如何回答？"

刘其能大声说道："江彬侄儿，做人都有底线，无论如何，正人君子都不会出卖自己的良心！过去做工部首官时，我是阴阳脸，是势利小人！可自从深陷囹圄之中，我有了良知发现，况且我是被打入死囚牢的囚犯，我在世上的时日不多了。我应该弃恶从善，重新做一个堂堂正正的人，哪怕你在世上只活三五天，但你回归了人的本性！不明真相的人，他愿骂就骂吧，但他影响不了我已经成为真正的人！"

江彬笑道："呃，我明白了，刘叔，看来你要把刚才所说的话，原封不动地告诉刘公公，对吗？这……也太可怕了！"

刘其能正色道："不！如果那样我不是仍在做恶事吗？我要面对刘瑾，真诚地撒一个善意的谎言！你刘叔岂能辜负了你一个晚辈的良苦用心呢？"

太阳西落的时候，刘其能说道："贤侄，我真愿永远停留在你我方才的惬意说话之中，有阳光普照，连这空气都是清新可贵的。可是，时光不再，我还是回到黑暗中去吧！"

见刘其能转身，江彬急忙拿起来案上的那包东西，说道："刘叔，这是你最爱吃的盐酥鸡，这是晚辈的一点儿心意！"

刘其能双手接过来，兴奋地说道："好！好！贤侄放心，做回真正的人，即使明日走上断头台，我也会笑对魔鬼！"

就在刘瑾数着指头，算计着江彬和都察院的左都御史和刑部尚书一同去监牢面对刘其能的时候，他听司礼监的太监告诉他，方才杨廷和、王华、孙燧来面见圣上，被司礼监的太监挡了回去。所以，指使江彬三人去见刘其能，成了刘瑾今天最大的事。没想到江彬上午竟没入监见刘其能，这使刘瑾怒气冲天！傍晚时他见到江彬，待江彬施罢礼，刘瑾死盯着他的脸，大声问道："江兄弟，你今儿上午有天大的事吗，为何不和他们一同去见刘其能？"

江彬知道这些年刘瑾专横跋扈惯了，他急忙再次施礼道："千岁爷，上午下官的父亲突发急症，我实在不能脱身，这不下午入监见了刘其能。"

刘瑾面色稍缓，示意道："江兄弟起来吧。"

见江彬侍立一侧，刘瑾问道："怎么样，刘其能同意翻供吗？"

江彬叹道："他不同意翻供，我已经按千岁爷说的话，做到了仁至义尽。"

刘瑾一听怒道："这个可恶的刘其能，他真是不知天高地厚！也罢，从明天起，爷让监狱史一天砸断他一根手指，十天之后再砸他的脚趾，爷要让他站不起来，吃不下饭！"

江彬一听，叹道："千岁爷，这是何苦呢？刘其能他就是个死囚犯，他不愿意翻供就不翻供，爷可以想别的方法啊！"

刘瑾并没有接江彬的话，仍怒气冲天道："好，他不愿意翻供就不翻供，爷折磨人的办法有的是，爷就不信，他敢和爷对抗到底！"

正如刘瑾方才所知道的那样，杨廷和、孙燧、王华三人的确到宫中想拜见圣皇武宗，然而司礼监听从刘瑾之命，坚决不让杨廷和等人和圣上见面。

离开皇宫之后，兵部的王琼此时正从大街回府，他急忙下轿，向杨廷和施礼说："三位大人，走，到下官的府宅去，下官有话要和诸位大人说！"

杨廷和知道，自从刘瑾权倾天下之后，东厂、西厂的密探在京城非常活跃，他们盯梢儿、跟踪，往人头上套麻袋，背后打闷棍，朝廷文武百官提起东厂、西厂个个心惊胆战。他环顾四周，见无可疑之人，方才点头大声道："好！就依王大人之邀！"

王琼，字德华，太原人，初授工部主事，右副都御史督漕运。为人有心计，善钩校，昔日与杨廷和有小隙。

当四人坐定，大家重又叙了礼，王琼说道："三位大人，下官知道你们敢联合起来与那个大阉官刀对刀、枪对枪地对着干。下官也知道刘瑾不敢把你们怎么样。可是刘瑾却把报复的矛头落在一个无辜的王阳明身上！你们和刘瑾就像水与火，根本不能调和。可是有人却比你们聪明，人家在朝议时，根本不和刘瑾废话，他们在底下悄悄地联合，准备抓住刘瑾及其爪牙的致命伤，联名上疏，扳倒这个大阉官！"

王华皱眉道："王大人，朝中谁有这么大的能量，还敢私底下秘密联合上疏？"

王琼笑道："是婺源人，原兵科给事中戴铣也！"

王华说道："莫非是圣皇即位后，请敕六科行进贤、退奸、节材、训兵、重祀、慎刑、救灾、恤困诸大政的戴大人？"

孙燧点头道："我素闻此人刚正不阿，有黑脸包公之誉。此人振臂，必有从者，这是件好事啊！"

杨廷和摇头道:"王大人,刘瑾的东厂、西厂密探们,绝不是吃白饭的,他只要私下联名,就不可能不被刘瑾的手下盯上!唉,现在是圣上被蒙蔽,登金銮殿的次数越来越少,朝廷很多事都让一个阉官代之!所以啊,朝廷阴气太重,阳气下沉,别的不说,这个上疏能不能送到圣上手里,还是个大疑问呢!"

王琼叹道:"下官听说,这个戴铣已经和给事中李光翰、徐蕾、牧相、任惠、徐暹及御史薄彦徽等联合,现在正紧锣密鼓搜集刘瑾等人的罪行呢!"

孙燧叹道:"现在刘瑾就是鲁国的庆父,他一日不死,咱大明就一日不宁!唉,上梁不正下梁歪,事实果真如此!"

杨廷和皱眉道:"不,德成兄,忠臣一向不私下言帝过,我们做好臣子之事,也是为国为圣上尽忠!"

王华皱眉道:"杨兄,话虽如此,可依我之见,大阉官肯定早吩咐了属下,包括司礼监等十二监,除非圣上亲自传召,若不然,刘瑾怎么可能让我们轻而易举地和圣上见面呢?倘不能见面,杨兄在金銮殿朝议时提出的三句话,真要成为空话了,那样,我们就真的败在了大阉官刘瑾手上!"

孙燧怒道:"后宫有大阉官刘瑾这条看门狗在,咱们请不到尚方宝剑,咱们现在所做的一切都是空的、没用的!"

杨廷和长舒一口气说道:"诸位不要灰心丧气,咱用尽心力,尽了做臣子的职责,上天和神灵最公正无私,是不会让我们徒劳的!"

王华站起来在屋内踱步,他叹道:"诸位,这使我想起了当年屈原的一句话,'路漫漫其修远兮,吾将上下而求索'。可是咱们忠贞不渝效力朝廷,咱们的出头之日在哪儿?"

孙燧怒道:"诸位,有一段时间,我恨大阉官刘瑾恨得咬牙切齿,我真想从我的兵营里,选数名死士,埋伏在刘瑾出入的路上,万箭穿其身,万刀同剁,把他剁成齑粉!方解国人心中之恨!"

王琼则说道:"大阉官刘瑾把持了朝政,他在圣上耳边常说坏话,圣上偏听偏信。据我所知,自圣上继位大统之后,给圣上上疏的文武官员不下数十人,可刘瑾的坏话让这些肝胆相照的热血心肠,一次次化成云烟,消逝得无影无踪!说起来,真是大明江山社稷的悲哀啊!"

"是啊,这就是上天对我们忠臣良将的一次次试炼,看看你有没有不折不挠、忍辱负重的心志!为何世人常说,做忠臣难,做小人奸佞易。可是,诸位,一个人如果不拿自己的良心当回事儿,那到头来,那他还算真正的人吗?如此活着,和行尸走肉、畜生有何分别?"杨廷和站起来,双臂抱在胸前,他的内心无时无刻不在企盼着正气回归朝廷！他说完这段话，长长舒了一口气，仿佛这时，他又吸纳了世间的正气，从胸口涌遍全身。

王华说道："杨兄、孙兄、王兄，面见圣上是咱们当前最大的难事！难，不怕，咱们各自想办法，总会有出路，各自回府吧！"

刘瑾早饭前，把负责豹房的张忠、张雄等人找来，让他们想方设法把豹房极擅挑逗的女人找来，让她们穿上薄如蝉翼的艳丽舞裙，高梳扁圆形状的桃心髻、金花髻、西番莲梢髻、坠马髻等，让她们在武宗即将路过的豹房一侧，百般作态，千般挑逗，在器乐舞曲的伴奏之下，真是一群玉人降凡间，哪个男人闻声不偷看！

本来，昨日金銮殿朝议王阳明诋毁朝廷书案，让武宗大为震惊。今日想召集九卿和几个辅政大臣商议这件震惊朝野的书案，没想到刘瑾偏让抬着车辇的太监们故意绕道经过豹房。武宗闻声禁不住扭头观看，而侍在一侧、手拿拂尘的刘瑾见状，趋近武宗说道："陛下，人的青春几何，过而不返。相信先前司礼监王振所言：'御花匆匆急，犹似劲鹿跨溪，时光不倒转，犹恨年老时！'陛下看着这些花枝招展、楚楚动人心魄的美人们……"

武宗叹道："瑾儿，昨日之事萦绕于心，朕是天下之主，岂能坐视不理呢？"

刘瑾示意车辇停下来，说道："陛下，自古人的青春有限，过了这个村儿，哪还有这个店儿，得享受时且享受嘛！"

此时，武宗贪欲之心大增，笑道："是啊，朝政之事多如牛毛，朕不能事事亲力亲为，还是与众佳丽吃花酒、观艳舞、听那靡靡之音赏心悦目啊！"

刘瑾见时机已到，轻声问道："陛下，王阳明诋毁朝廷书案，真要查起来劳心费神，如陛下信服，还是由奴才处置这件事如何？"

武宗此时早为众妩媚女色所诱，心中哪还装得下什么朝廷大事，遂脱口说道："也罢，朕去享受，有劳瑾儿！"

因上午嫣儿有事出宫，只有婵儿和那梅儿、凤儿侍奉武宗，待婵儿和嫣儿见面后，婵儿道："姐，刘公公今儿又故意在豹房门口，让众妩媚女色引诱，圣上没到中和殿议事，又去豹房了。"

嫣儿正色道："刘公公处心积虑，就是不想让陛下治理朝政，他就是想方设法引诱陛下享乐、喝花酒、听那淫靡之音。长此下去，江山社稷就成了他刘公公的天下！刘公公还向陛下说什么来着？"

婵儿把陛下同意刘瑾代言陛下处理王阳明诋毁朝廷书案一事告诉了她！

嫣儿一听，想到王阳明请她务必想法搭救工部二十八名官员，千万不能由着刘瑾处死他们，如那样，朝廷文武百官对圣上的怨恨就太大了！

嫣儿为此心急如焚，盼望圣上早日回宫，也好把此事及早告诉圣上，请圣上务必口谕刘公公不能胡来。可是，从日落西山到酉时还不见圣上回宫，她站在门口，望眼欲穿，急切地踱来踱去。

皇后夏氏这些天也心情烦躁，因为自从刘瑾等设立豹房供武宗恣意享受女色以来，武宗总是钻入豹房，早晨从御膳房出来，就奔入豹房；中午在豹房传膳和众艳女们吃花酒、猜拳行令，直到晚上酉时以后才回寝宫。可是，作为母仪天下的后宫之主，她应当有这个义务劝说武宗少入豹房，当以朝廷大事为要，她只劝说了一次，武宗便三日不与其说话，无奈她只能任他所为。

这天，皇后心里实在烦躁，传了侍女，便走出了紫云宫，出门之后，就远远看见侍女嫣儿。嫣儿见皇后走来，急忙俯伏于地施以大礼。

皇后知道武宗非常喜爱嫣儿和婵儿这对姐妹，这姐妹二人知书达理，不但机灵、聪慧，还非常诚实、忠厚，遂让嫣儿免礼。

嫣儿起身后又施以万福之礼说道："多谢皇后娘娘恩典！"

皇后近前拉着嫣儿的袍袖说道："嫣儿，知道今日陛下去哪儿了吗？"

嫣儿说道："启禀皇后娘娘，今日陛下又去了豹房。"

皇后夏氏知道豹房是做什么的，遂怒道："这刘瑾和张忠几个人，就知道缠着陛下去豹房，去厮混妖媚浪荡女人，照此下去，岂不荒芜了朝政大事！"

嫣儿点头说道："是，皇后娘娘。"

皇后夏氏又说道："嫣儿，本宫知道陛下愿意和你姐妹俩说话，你替本宫劝劝陛下，豹房里边没什么好东西，以后让陛下多管管朝中大事，别什么事都交给刘瑾，时间一长，容易寒了文武百官的心！"

嫣儿说道："启禀皇后娘娘，奴婢谨遵懿旨。"

直到戌时，皇上武宗才被刘瑾等人搀扶着回后宫，嫣儿和婵儿见状，一个去御膳房熬醒酒汤，一个搀扶着武宗上龙床，刘瑾等人退下。约莫过了半个时辰，武宗清醒过来，向嫣儿叹道："嫣儿，今儿朕又没听你的劝，在豹房又喝多了！"

嫣儿扶着武宗斜倚在床上，近前把皇后夏氏的话奏报了武宗。

武宗叹道："这事都怪朕！既管不住自己的嘴，又管不住自己的腿，本来要去办理朝政大事，却经不得豹房的诱惑，朕继位多年来，这些大好时光，都从朕的指缝和眼睛中滑走了，消逝了！"

嫣儿奉上一杯清茶，说道："陛下，按理说，嫣儿、婵儿只是小小的奴婢，管不了朝政大事，但因至关重要，奴婢斗胆相问一句，不知陛下……"

武宗接过茶杯笑道："嫣儿，这寝宫只有你、婵儿及朕三人，你想说什么就说什么，朕愿意听嫣儿说话！"

嫣儿施礼道："陛下，引发朝中文武百官关注的王阳明诋毁朝廷书案，非一般案件，陛下是否把他交给刘公公处置了？"

武宗点头道："是啊，朕在豹房门口是传口谕给了刘瑾，怎么，不妥吗？"

嫣儿道："陛下，除文武百官的奏折、上疏的审核批答交给刘公公外，现在为何又把这等大事交与他？如此不是在一步步架空陛下，这样会失信于文武百官，从而让刘公公的权力越来越大，这样对陛下的江山社稷有利吗？"

武宗自继位以来，从没听到过这样的话，他以为皇帝就是要尽情享乐，至于那些奏折朝政之事，交给刘瑾去做，省去了许多烦恼，所以，他有些不以为然。他说道："嫣儿，刘瑾从东宫时就一直侍奉朕，他就是爱揽点儿权、管点儿事，再就是他贪点儿财，别的他不会做什么。"

嫣儿正色道："既然陛下如此说，那陛下知道这个上疏案的进展吗？知道刘公公为何借陛下高兴时，把上疏案一事揽过去吗？"

武宗怔道："这些朕不知。"

嫣儿知道江彬、张忠、焦芳等来后宫见刘瑾是为了何事，遂把焦芳当替罪羊，让江彬、都察院左都御史、刑部尚书到监牢内，劝说刘其能改口供、翻供等详细说了一遍。

武宗皱眉道："好个刘瑾，他竟敢背着朕做这种假事，真让朕大失所望！明日朕传口谕，不让刘瑾再过问此事，这个口是心非的家伙！"

嫣儿笑道："陛下，依奴婢看不必如此，陛下可以还让他管这件事，但是要告诉他这个书案的底线。"

"底线？呃，朕明白，让他什么事可以做，什么事不可以做，嫣儿你说，这个案子的底线在哪儿？"

"陛下，其一，这个案子应该一审到底，查出到底谁是真凶。但现在刘公公不愿再审下去，他怂恿刘其能翻供，假如刘其能被逼无奈翻了供，那当替罪羊的焦芳必须承担主谋指使的罪名，按朝廷律法，该杀就杀，该磔于市就磔于市，不能迁就、赦免。只要焦芳愿意为人当替罪羊，不喊冤也可以。其二，对刘其能的处置要轻，只诛杀他一人，不要株连九族。其三，对工部二十八名属下官员，应当据他们的口供和事实量刑定罪，但罪不至死。人非草木，只要一死，就无法复生。如果是冤假错案，就无法弥补，故而，要慎用死刑。"

第二天一早，武宗传口谕给刘瑾。当时他先是一惊，稍后才点头领旨。

转过身来，刘瑾向焦芳、张忠、江彬等吼道："真不知道杨廷和、孙燧、王华如何把书案的底线奏报了圣上，也罢，爷就按这个底线，好好管管这件事！"

这天，刘瑾传唤朝中文武百官，齐刷刷跪在金水桥前，向陛下谢罪，继而宣布：吏部尚书焦芳主动坦白王阳明诋毁朝廷书案，自己是组织者和主谋者。他认罪态度良好，免其刑罚，但给予其训诫！然后传唤二十八名工部的属下官员，依次押着来到文武百官前，宣布无论口供如何，只要在奏疏上签了名的，一律当众廷杖三十。谁知三十廷杖下来，有三人禁不住重打，活生生被打死。

刘瑾上前看了三名死者，问监狱史，那监狱史顺从刘瑾安排，说此三人原本有病，属于意外之死，每个人的家属只发十两白银，以示抚恤，其他二十五人当场释放。

王阳明当时吼道："刘公公，人命关天，此番处置，是陛下的口谕吗？"

刘瑾高声说："谨奉圣上口谕，全权处置此案，当然算作陛下的口谕！"

杨廷和则怒道："刘瑾，你只是陛下的一个近侍，是个太监，是陛下让文武百官在金水桥前跪罪吗？只怕你是狐假虎威、假传圣旨，故意打压文武百官！"

刘瑾高声说："陛下这几日不愿临朝，认为文武百官忤逆，现让文武百官罚跪金水桥前，是让文武百官自省的，有什么不妥吗？"

圣上不在，刘瑾借圣上之名，做什么都让别人无法指责，当刘瑾说到理屈词穷时，他把手一挥说："文武百官，散了吧，各自该干吗就干吗去！"

这天，刘瑾回到后宫，把东厂张忠和西厂马永成二人传来。

马永成知道王华、孙燧、杨廷和三人一直和刘瑾公开作对，也知道王阳明胆大包天，众目睽睽之下，从不把刘瑾放在眼里，公开和刘瑾争长论短。他说道："千岁爷，王阳明是千岁爷的眼中钉、肉中刺，咱东厂、西厂的弟兄们绝不是吃素的，千岁爷，你下令吧，三日之内，让王阳明永远在京城消失！"

张忠也说道："千岁爷，像王阳明这种软硬不吃的家伙，该杀就杀，何必对他这么客气呢？"

刘瑾挥手道："不，以爷现在的权势，杀一个人容易得很！但要让像王阳明这样的人，整天处在担惊受怕的恐惧之中，实在不易。他王阳明想玩，爷就陪他玩玩！你二人过来，听爷说，爷有良策，让王阳明整日处在坐立不安之中。"

十　祸国窃贼结宸濠　阉官挥舞两面刀

在刘瑾做媒，逼迫王阳明写休妻之书，接纳焦芳之胞妹为王夫人时，王阳明和夫人诸氏分别给家在南昌的诸让写了书信，但没想到，他们先后写了几封书信，皆如泥牛入海，过了一两年才知道，是刘瑾凭借手中之权，私下扣押烧毁了他们的书信。

天之大，一只手是无法遮住的。这天有从南昌来的旧友，给王阳明带来了岳丈诸让的亲笔书信，从此，王阳明和诸氏才知道了岳丈家的消息。

恰巧这天，王阳明和夫人诸氏去工部同事周德家。金水桥廷杖，刘瑾故意从东厂和西厂的流氓无赖中挑选了三十名身强体壮者，用刘瑾的话说，找些力能扛鼎之士，爷不信这二十八名官员能禁得住廷杖三十的惩罚！周德身体硬朗硬撑下来了，经过两个多月卧床养伤，伤患处才结痂长出新肉，所以王阳明和夫人诸氏带了点肉食之类，来看望周德。

王阳明夫妇进屋后，在周德床边还有两个官员，双方见过礼，王阳明感到这两个人似是有一面之交。

周德谢道："阳明兄弟，你和杨大人冒死搭救二十八名同事，你的大恩大德，我终生不忘！王夫人，我更谢谢你们来看我。"

王阳明还礼道："周大人，不用客气，应该的！应该的！"

这时，那两个官员中，有一人再次起身施礼道："王大人刚正不阿，敢和阉官刘瑾对着干，朝中文武百官无不敬佩你的胆气，下官刘心洁从内心深处敬重你的气节！"

王阳明起身还礼道："刘大人，哪里哪里，因我实在看不惯一个阉官竟如此跋扈。"

另一官员急忙施礼道："王大人，下官久闻余姚王守仁的大名，今日相见，实乃幸会，幸会！"

周德叹道："刘瑾这个大阉官，做事越来越无法无天了，老天爷怎么不生出一个炸雷来，下雨天活活劈了他，即使如此，也难解万民之恨！"

王阳明叹道："不用急，有句古话说得好，'万民所指，不病亦亡！'他犯下这么多滔天罪行，岂有不亡不灭之理！"

这时,那刘心洁说道:"王大人,你或许不知道,刘瑾这个大阉官,让东厂和西厂的暗探们把持京城人家书信的渠道,凡进出京城的书信,都要经过东厂、西厂。你们说,现在京城天理何在?"

王阳明这才看了看夫人诸氏,说道:"夫人,咱谁也别埋怨了,看来咱们的书信都被东厂、西厂的暗探们扣留了!"

刘心洁怒道:"哼!现在大阉官刘瑾,比先帝英宗时的王振和石亨还嚣张呢,咱们想不到的坏事,他们都敢干!"

周德拉着王阳明的手,盯着他的眼,说道:"刘瑾卑鄙无耻,他什么坏事都干得出来,杨大人、孙大人和令尊,还有你,你们千万要小心,他们背后套麻袋,背后打闷棍,当面泼药水,背后放冷箭,什么坏事都干,你和令尊大人,千万千万要小心啊!"

诸氏看了王阳明一眼,那眼神分明是说:"夫君啊,咱们惹上了大阉官刘瑾,今后还有好日子过吗?"

这天晚上,王华临关大门前,向两个男仆说道:"你们俩晚上轮流值夜班,小心听着府上大门响动,现在是非常时期,多留点心,多留点神啊!"

王华和继母赵氏临回正房前,特意来到王阳明和夫人诸氏所住的西厢房,王华对王阳明说道:"吾儿,你知道大阉官刘瑾毒如蛇蝎,咱们是他的死对头,他绝不会轻易放过咱们。这几天晚上你们要格外小心些,实在不行就合衣而睡,这样有什么事方便起来应付。"

继母赵氏看到王阳明一侧放着把长剑,说道:"守仁,刀剑这东西不长眼,咱也不想害谁伤谁,不到万不得已别动这东西。"

王华说道:"好,你们早些歇息吧!"

回到上房,当王华与夫人赵氏躺在床上时,王华翻来覆去睡不着。

赵氏用胳膊故意碰了碰他,说道:"他爹,你想什么呢?"

王华叹道:"也许是咱们上辈子作了孽。唉,仕途不如愿,偏遇上了个死冤家刘瑾,他抓着咱们不放!再就是守仁他们至今不能生出一男半女,没个绕膝之乐,唉,我觉得这日子忒乏味!"

赵氏依在王华怀里,伸手搂着他的脖子说道:"当年贱妾续弦进了你王家大门,俺这肚子争气,没多长时间就有了喜,那时候俺多想把那孩子留下!"

王华抚摸着赵氏的身子,叹道:"是啊,那时候我也很想,可是后来……"

赵氏说道:"俺怕你日后说俺偏一个、舍一个,爱这个不爱那个,俺下狠心,为了守仁,把肚里好好一个孩子丢了,现在想起来,心里还真有点儿后悔呢!"

王华说道:"夫人,那时候守仁还小,不管怎么说,当时那样做一方面是为了守仁,另一方面也是怕街坊四邻笑话!"

赵氏啧道:"街坊四邻笑话啥?"

王华说道:"笑话啥?咱们都多大岁数了,还生儿育女,你不怕人家说咱们老不正经啊?"

赵氏把他一推,佯怒道:"人家那时是黄花大姑娘,说实话,男人和女人结婚,谁家不为生儿育女呢?况且,俺一个大姑娘家,一辈子没有生养,这世上最冤的就是俺!"

王华伸手欲搂抱赵氏,赵氏把他一推,转身给了他一个脊背,不知为当年的决定遗憾,还是为做了一辈子女人,却从来没生养过子女而自责,心里觉得委屈万分,竟扑簌扑簌暗自哭泣起来。

王华伸手一摸赵氏的脸,泪水涟涟的,他急忙坐起来,把哭泣的赵氏揽在怀里,抚摸着她叹道:"夫人,好!好!这件事是我对夫人一辈子的愧疚,还是我过去说过的一句话,这一辈子咱们俩举案齐眉,我绝不动你一根手指头,每天好好地侍候你,不让你发怒、伤心行不行,夫人?"

赵氏抹了把眼泪,扑哧喷出了笑,佯怒道:"哼!他爹,你还说呢,依我看呢,当年咱们心甘情愿丢了肚子里的孩子,引起了神灵震怒,这不,守仁三十几岁的人了,到现在和淑娟生不出一男半女来!长此下去,你说怎么办呢?"

王华把赵氏放在枕头上,又慢慢躺下,他盯着漆黑的屋顶,叹道:"夫人,自古上天不予人奈之何?谁知道咱家哪点不顺服上天之意,让咱王家无后……"

赵氏转过身来,抚摸着王华的手,放在自己胸前,突然说道:"他爹,你发现没有,杨大人家的千金娓婳,她昔日三天两头来找守仁,你别怪我老谋深算,我注意观察过,这个亭亭玉立的大姑娘,虽说每次和侍女玲儿一起来,我看她的眼神,一直盯着守仁。守仁呢,也不烦,婳儿问什么他说什么。你说,是不是这婳儿对咱家守仁有点那个呢?"

王华摇头道:"夫人,我知道,自从我入仕,守仁随我入京后,特别是他去南昌迎娶了诸兄的女儿淑娟,我和杨大人、孙大人一来二往就成了无话不说的好兄弟。你想啊,守仁无弟无妹,而杨兄家的婳儿是独生女儿,她没有哥哥,这不婳儿见了守仁,才一句接一句地叫守仁哥哥守仁哥哥,从她三四岁一直叫到了现在,说起来也有十几年呢!他们一个是哥,一个是妹,咱们可不能瞎想这个事!"

赵氏笑道:"得了,你忘了那年,咱们三家在一起过八月十五的时候孙大人说的那句话了吗?"

"孙大人说什么来着,我怎么没记得?"

"哼！那时，你来了兴趣，一杯接一杯喝酒。那时孙大人向杨大人说道：'杨大人你看，守仁和婳儿这两个孩子多好，守仁一会儿不在，婳儿就一声接一声地叫守仁哥哥！守仁哥哥！他们俩从小到大，两小无猜，天生一对美少年啊！'"

王华想了想，似乎那一幕早被岁月的风雨冲刷掉了。他说："是啊，我记得那时我只顾和杨兄喝酒，没听见孙兄说这话儿，呃，对了，杨兄当时说什么来着？"

赵氏笑道："杨大人只是笑着说，是吗？是吗？只要婳儿高兴，我就高兴。"

"是吗？我还真是忘了。"

赵氏说道："也是那时，我们几个女眷坐在一起，孙夫人向杨夫人说：'大妹子，我看守仁这孩子真好，聪明、厚道又孝顺，将来我给你们两家当月老如何？'你猜杨夫人怎么说，她说：'我从心底里喜欢守仁这孩子，我家婳儿更喜欢！'这时，我说道：'可是，我们守仁已经有了妻室，这……'孙夫人笑道：'这怕什么，只要他们两人好，什么做大做小呢？女人呢，最大的福气就是找到真心喜欢自己的男人！你说是吧，大妹子！'杨夫人连连点头道：'是啊，是啊，谁说不是呢？'"

王华长舒一口气叹道："是吗？你们几个女眷还有这一出呢！我真的只顾着喝酒了，根本没听见你们说什么，我说怎么光见你们笑呢！"

王华话音刚落，两枚震天雷似的纸爆竹"当"！"当！"在王华家庭院内炸响了！

王华和夫人顿时大惊！

王阳明和夫人诸氏从睡梦中惊醒！

王家的男女用人也都吓得匆匆从屋里奔出来。

王华一边提着衣袍，一边和赵氏一前一后冲出房门。

王阳明手提长剑，环顾四周，大怒道："哪个伤天害理的大恶人做了此事，有本事，你滚出来！滚出来！"

王华四处看了看，院内地上散落着炸碎的爆竹纸屑，其他什么也没有。他说道："守仁，你别大声吆喝了，人家是从院外把炮仗扔进院里的，这会儿扔炮仗的人早跑没影了！"

安抚了家人和男女用人，王阳明轻轻掩上西厢房的木门，然后扯了把椅子，手握着长剑，一直坐在木椅上就这么等着，只要再有什么事，他一定会第一个冲出去，非把这个故意制造声势的恶人抓了不可。

王阳明就这样从子时一直坐到了四更时分，后来，诸氏实在不忍心，硬拉王阳明到床上来睡。

令家人万万没想到的是，天亮之后，家里男仆打开大门，一股浓浓的屎臭味扑鼻而来。他往门前一看，不知哪个缺了八辈子大德的恶人，硬生生把一大桶粪便倒在家门口，这真是欺人太甚！

王家的男仆和女仆此时没有声张，赶紧用车、担把门口的粪便全部清运完毕。

诸氏向王阳明说道："夫君，你发火顶什么用？你知道这件事是谁干的？昨夜往院里扔了两枚火爆竹又是谁干的？"

这两件事是是可忍孰不可忍！

王阳明向王华说道："爹，今日我豁出去了，每天只去署衙点名，若无什么公文之事，我干脆回来在家里等着，看看是谁胆敢如此欺人太甚！"

王华摇头道："吾儿，咱家在明处，人家在暗处，他们瞅准了机会才去做事，咱们就是全家人睁大眼，也不知道人家什么时候来，来做什么，咱们防不胜防！"

"爹，照你说，咱们就无声无息咽下这口窝囊气吗？"

刘瑾听了张忠的禀报，哈哈大笑起来，笑后说道："对，咱们就是让王家上上下下吃不好睡不着，每天瞪大了眼，在家里坐卧不安，惶惶不可终日，直到把他们父子憋疯了、憋狂了，爷还不罢休！"

这时马永成倚仗和刘瑾同为昔日的后宫"八虎"，俩人关系好，摇头道："千岁爷，东厂、西厂的弟兄们都是精选细挑的精英壮士，这些偷鸡摸狗、下三烂上不得台面的鸡零狗碎的事，咱们以后是不是少做，或者干脆不做？"

刘瑾环顾众人，强笑着说："永成兄弟，怎么，你有哪些上得了台面高层次的手段？"

"千岁爷，反正属下觉得做这些土包子才干的事，有损东厂、西厂的声誉，请千岁爷三思！"马永成叹道。

刘瑾怒道："哼！咱们现在是黑猫白猫蛤蟆老鼠一起上，只要能把王华、王阳明父子俩弄得一天到晚神经兮兮、魂不守舍、哭天抹泪、怒气仇恨无处发泄，那就叫过瘾！"

张忠摇头道："除了这些，咱们还能干什么，千岁爷？"

刘瑾说道："这样，你们几个别天天逼着爷想法，从现在起你们就放开了想，只要想那些弄不死人的好办法、好方法，今天放炮，明天挖坑，后天放火，你们把那些能折腾扰乱王家父子正常生活、休息的主意都找出来。"

这时，张雄趋近刘瑾说道："千岁爷，宁王殿下来了，点名要和爷见面。"

刘瑾点头后向众人说道："你们都去想办法吧。"

待马永成等施礼退下，刘瑾转身向张雄说道："现在算起来，宁王有三个多月没来京城了吧？"

"是啊，三个多月了，不过这次宁王爷带来两个人，一个叫凌十一，一个叫吴十三,乍看上去,这两个人都是会武功的人,绝非一般之人!"张雄毕恭毕敬地说道。

"好,今儿陛下在豹房,爷正好有时间,你把他们带到客厅,记住让他们先换了官服,别穿宁王府的,以免引起别人注意。做这种事,一定要谨慎、谨慎、再谨慎,能做到滴水不漏、瞒天过海最好!"刘瑾低声说道。

此时,宁王朱宸濠和他新结识的凌十一、吴十三等正在驿馆等候。

原来,朱元璋建立明王朝后,拼命扶植其本家朱姓势力。所以,大肆分封自己的儿子及侄辈到各地当"藩王",其第十七子朱权被封为宁王,封地在长城喜峰口外大宁,但是到了一四〇三年,终于篡夺了皇帝宝座的燕王朱棣把一心帮助他成就大事的朱权改封到了南昌。到了正德年间,即武宗朱厚照时,朱宸濠袭封。他是朱权的玄孙,即四世孙。没想到的是,朱宸濠见朱厚照这个皇上年近三十还没有生出儿子,加上刘瑾自己想成大事,主动拉拢宁王,告诉朱宸濠一旦朱厚照驾崩,在皇位继承上,肯定会出现重大变故,说不定有一场抢夺皇位的血战。就这样,朱宸濠萌生了夺取皇位的反心。

宁王朱宸濠在前,凌十一、吴十三在后,三人随刘瑾进入客厅,侍女进来斟了茶。

刘瑾向宁王朱宸濠施礼,此时凌十一和吴十三就站在宁王两侧,大有护驾之意。

宁王朱宸濠开口笑道:"刘公公,尚未进城,本王已知刘公公权倾天下。近日听说刘公公又弄了什么书案,竟敢让文武百官跪在金水桥前向陛下谢罪,现在京城之内,但提刘公公名者,无不为之胆怯!"

刘瑾把手一挥说道:"宁王玩笑,纯属玩笑!试想啊,我一个阉官,已经无颜面见我家列祖列宗,岂敢冒天下之大不韪,让京城之人胆怯?我只不过是偶尔按陛下口谕管理一下朝廷之事,万万不能像宁王说的那样啊!"

宁王朱宸濠并不是朱元璋后代中的纨绔子弟,他有谋有略。此人从小习骑射,非常尚武,善使一把旋风刀,自从有心篡位以来,便在南昌以征民夫修宁王府等为名,招兵买马。在宁王府四周,但闻鼓角声声,刀枪剑戟厮杀,就是他在练兵习武。后来他听从了其主要谋士李士实建议,收敛欲叛逆的锋芒,改明练为暗练,并开始收集大明州、府、行省以上驻军的数量及位置,以便将来大旗举起时再用。这次到京城来,他就是想查看刘瑾的动态,更想与武宗见一面,正面试探一下武宗对南昌、对他宁王的看法。

宁王朱宸濠笑道:"刘公公,昔日咱们订立的盟言,不知刘公公可记否?"

刘瑾非常明白宁王朱宸濠的弦外之音,皱眉脱口道:"宁王,这个咱们不会变。这天下是你们朱家的,外姓人想坐江山那是异想天开!当然事成之后我刘瑾做个千岁丞相足矣,你呢,必坐九五之尊的帝王之椅!"

宁王朱宸濠正色说道:"刘公公,当初咱俩分工,你主京城之变,我主扫平京城之外那些镇守兵马。而今,本王派属下秘密做了搜集和统计,尚未把大明江山三分之一行省统计完毕,发现欲要做到这件事,眼下我的兵马数量根本不能与之匹敌,你看怎么办?"

刘瑾一听,皱眉道:"宁王殿下,这件事确实难办!"

宁王反问道:"怎么难办?只要想办法让皇上削减各行省的驻军,比如减四分之一,本王在外边做起来压力就要小些,按现在的驻军数量,真要对起阵来,本王无一点胜算的把握。"

刘瑾摇头道:"宁王殿下,我倒有一个办法,当然这要下本钱,而且做起来还要天衣无缝,才能不被别人察觉,不知宁王殿下可否一试?"

宁王朱宸濠一听喜道:"刘公公请讲,本王洗耳恭听。"

刘瑾说:"宁王殿下,你可以先以江南为界,我的东厂和西厂可以助你一臂之力,先拿江西、浙江两地开刀。要么私下诱之,要么私下逼之,要么以其儿女子孙和父母要挟之,凡能为我所用者留之,不顺我者皆亡,如此不费多少周折,伤其一半或三分之一,半年到一年之内,再以现在的兵力来对付剩下的行省,岂不易乎?"

朱宸濠点头笑道:"好,这倒是一个好办法。不过,兵贵神速,倘你在行省之间做得长了,此事岂不张扬出去?一旦张扬出去,朝廷会立即更换守将,兵部也会对各行省的驻守情况进行调整,到头来,狐狸没打着,反惹一身臊。而且,我们的事很快就会被查出来,以本王看这种事还须谨慎办!"

刘瑾似乎明白宁王朱宸濠现在的实力,他狡黠地一笑说道:"宁王殿下,实不相瞒,我在京城要打通关节收买人心,近日真有些捉襟见肘啊,我刘瑾实在羞于开口!"

国人皆知宁王府富甲天下,刘瑾虽在皇宫做近侍,但他的财宝还不及宁王朱宸濠万分之一。

宁王朱宸濠笑道:"刘公公放心,本王要想让马儿跑,草料是充足的。本王来时给你带了些,因怕张扬出去,让张雄、张锐、张忠三人先代为收着,这是财宝清单,请刘公公查收。"

刘瑾接过清单一看,心里惊道:果然,宁王殿下的一根汗毛比我的腰还粗,遂喜道:"宁王殿下,有这些金银财宝做底,我就有了底气,现在是能拉一个就拉一个,实在不能拉的就除掉他!"

宁王朱宸濠说道:"刘公公,本王听说先帝的顾命大臣,也是现在皇上的首辅大臣杨廷和,还有一个孙燧,一个老臣王华,三人一向与刘公公公开为敌,听说王华的儿子王阳明文武双全,此人善于演兵,给威宁伯王越修建坟墓时,还把征来的民

夫分作几队，排兵布阵，操练《孙子兵法》中的'常山蛇'阵，此人可否为本王一用？"

刘瑾说："宁王殿下，实不相瞒，王阳明的确是一个难得的将才、干才。但他这个人属于那种君君、臣臣、父父、子子的正统人，动不动就良心啊，良知啊，忠君报国啊，他和咱们不是一路人。"

"呃，王阳明竟是这样的人，那……一点可能性都没有吗？"他皱眉问道。宁王朱宸濠现在招兵买马，正是用将才、人才之际，故而想从刘瑾这儿得到一点吸纳王阳明的办法。

刘瑾站起来，叹道："王阳明这个软硬不吃的东西，他现在是我的头号死对头，说不定哪一天我的忍耐到了极限，我就弄死他！"

宁王朱宸濠本来想说，他要千方百计收服王阳明，一个将才能抵十万兵嘛！天地之间既然生出了这个将才，如果弃之不用，岂不太可惜了。可是他刚要说话，站在他一侧的吴十三轻轻扯了一下他的袍袖。

刘瑾笑道："宁王殿下，一路鞍马劳顿，确实该到京城放松放松，我这后宫有个好去处，不知宁王殿下敢不敢潇洒走一回？"

宁王朱宸濠笑道："刘公公，也许一年或许两年，这大明天下将是本王的，就是龙潭虎穴，在本王看来也是小菜一碟儿！有什么不敢去的，只要刘公公安排了，本王就敢潇洒走一回！"

这时，在一侧没说话的凌十一笑道："宁王殿下，我刚刚得知，刘公公为取悦当今皇上，在后宫新建了一座豹房，清一色的艳丽妩媚女子，听说她们豆蔻年华，人人会一门驾驭男人取乐的绝技。她们猜拳喝花酒，最是能诱惑男人的心，因她们都是京城数一数二的顶级妩媚女色之豹，故而取名豹房。大凡入豹房的男人，无一不欢快淋漓，酥骨酥心，那是玩弄女人的最高享乐境界！当然，这个豹房只属于皇上一人享用！"

宁王朱宸濠皱眉道："哼，皇上是什么？他也没有三头六臂，他照样拉屎放屁。只不过，先帝按皇祚把皇位传给了他！假如不是他，而是别人，他朱厚照很可能是大街上早起到家家户户淘粪坑的臭拉大粪的！刘公公，后宫竟然有这样的好去处，本王先体验体验做了皇上的感觉，这有什么不好呢？"

刘瑾点头道："好，我马上派人去安排一下，在这偌大的后宫，只要瞒了皇上、皇后和嫔妃们，我什么事都不怕！"

刘瑾悄悄地把宁王朱宸濠送入豹房之后，又派后宫的高凤等陪凌十一、吴十三喝茶吃饭，再把几个心腹找来，商议宁王朱宸濠的事。

焦芳做了替罪羊，又被刘瑾假传陛下口谕赦免了，他这会儿正沐浴在刘瑾大恩之中。他听了刘瑾的话，笑道："千岁爷，敢情这大酒篓子，到现在还蒙在鼓里，以为真要扶持他登上皇位啊？他也不拿镜子照一照，他有谋略的手段吗？痴心妄想！"

张忠则说道："千岁爷，这回宁王殿下送来了这么多金银财宝，真是天赐良机呀！"

张彩则说道："千岁爷，宁王朱宸濠不是想明天和皇上见面吗？他是来试探皇上的，还是来麻痹皇上的，他不会出卖千岁爷吧？"

刘瑾哈哈大笑道："张兄弟，你是杞人忧天啊！我不管他试探也好，麻痹也罢，爷在皇上身边，离九五之尊的宝座最近，他宁王呢，现在也是爷手中一个能打能杀的棋子，让他尽心尽力跳吧、闹吧，咱们就当看西洋景，多给他鼓劲打气，让他甩开肩膀子干！说实话，现在这年月，大明的江山社稷，除了他朱家人关心传给谁以外，其他外姓人谁关注这些？谁当这个皇帝都是活，谁当这个皇上，天该下雨还下雨，天该刮风还刮风，村里有句话说得好，'天要下雨娘要嫁人'，全由他吧！"

张彩点头道："千岁爷，照这样说，爷等于找了个帮手，让他率领千军万马，为爷冲锋陷阵、血战沙场，爷这招儿叫作'明修栈道暗度陈仓'，高啊，实在是高啊！"

见众人如此兴奋，刘瑾示意众人近前，低声说道："诸位弟兄，你们想拥戴爷成就大业，封妻荫子，那么从现在起，大家都要克己省身，收敛锋芒，拿出大智若愚的样子，咱们只有这样，才能瞒天过海成就大业！"

焦芳放下茶盏皱眉道："千岁爷，皇上这两天不是害头痛病吗？这正是个好时机，依下官看，刘其能不能再活下去了，有些事该断则断，倘不断说不定招来什么变数！况且杨廷和、孙燧、王华三人无时不在寻找机会，想面见圣上……"

刘瑾冷笑道："刘其能就是和爷对着干的活靶子！明日当宁王殿下入宫和皇上见面的时候，爷就传唤朝中文武百官到金水桥，当场把他磔于市，这是爷杀鸡儆猴，故意做给朝中文武百官，尤其是杨廷和、孙燧、王华、王阳明看的，爷就这样处置刘其能，谁能奈何爷？"

此处不表宁王在豹房内尽情享受，在他和众丽人喝完花酒离开豹房后，按朝中规定，凡分封在外的藩王，完全可以在后宫安歇。但是，宁王担心后宫人多眼杂，为了不让人发现他的端倪，他回到了驿馆，和凌十一、吴十三占了驿馆之内最豪华最舒适的房间。

待驿馆内的侍者退出房间，凌十一大声道："宁王殿下，在天子脚下的京城，咱快憋疯了，说话要小声点儿，办事要小心，入宫还要换冠袍，哪有咱在南昌潇洒、快活？咱想怎么样就怎么样，谁也管不了，那多自在逍遥啊！"

吴十三笑道："凌兄，说话还是要小声些。人常说'隔墙有耳'。天知道哪个是刘公公派来的东厂和西厂的密探？"

宁王朱宸濠皱眉道："两位仁兄，你们发现没有，这刘瑾表面装傻充愣，他是想拿本王当枪杆子，而他自己又藏着另一个险恶之心呢？"

吴十三叹道："王爷，说心里话，我和凌兄弟是第一次入京，第一次和这个手眼通天的刘瑾接触，我似乎真的发现了他说话的端倪。"

宁王朱宸濠问道："是吗，吴兄，何以见得？"

吴十三笑道："我注意观察了刘瑾的眼神，他似乎在糊弄、敷衍王爷殿下。就各行省驻军兵马一事，他完全可以通过皇上传口谕或圣旨，设法削减行省的兵马。由他提到的这个主意，我萌生了一个大胆的想法，完全可以做到神不知鬼不觉，就可以四处开花、大张旗鼓地扩充兵马了。"

宁王朱宸濠急切问道："吴兄，你有什么办法？快说！"

吴十三趋近，示意凌十一近前，他俯身在宁王朱宸濠耳边说道："王爷殿下，鄱阳湖水大面广，咱们可以离开南昌城，到鄱阳湖四周大肆招兵买马，就是训练造船打制刀剑，也方便了许多。在这里咱们可以屯集成千上万的兵马。"

宁王朱宸濠点头道："好！咱兄弟三人入京要说收获，这就是最大的收获！他一下子解决了本王数年想解决而又解决不了的难题。吴兄心思敏锐，帮本王解决了。"

凌十一笑道："好！凭吴兄此计，大可以瞒天过海了。"

吴十三叹道："江西中书省知道咱们和王爷的关系。呃，我忘了，现在江西中书省已改为布政使司，只要把这布政使司的两个大人搞定，咱们就可以信马驰骋了！"

凌十一冷笑道："这次刘公公给咱们提了个醒，咱们不妨采取京城东厂西厂的办法，能顺从咱们一切好说，凡不顺从的，派两个行刺高手，要么暗杀，要么背后放冷箭。人都一样，都是两只胳膊两条腿儿，谁背后也没长眼睛，做这种事，我和吴兄最擅长。风高夜黑，弄死个把人儿，易如反掌！"

宁王朱宸濠拍着凌十一、吴十三说道："实不相瞒，当初来京城时，本王想让李士实和刘养正二人相随。但是咱们喝酒时，两位老兄执意要到京城走一遭，本王才换成了你们二位。你们二人今天的提议，使本王茅塞顿开呀！"

吴十三抿了口茶，踱到宁王朱宸濠身边："刘公公安排好了吗？明日和皇上见面吗？"

朱宸濠点头道："见，必须见！不过，明天你们打听一下，王阳明的家住哪儿，这个人刘瑾不用，本王用！"

吴十三摇头道："王阳明既然刚正不阿，以我对这些人的了解，他不会心甘情愿辅佐王爷的。"

凌十一笑道："咱们是打家劫舍、占山为王出身，对这些人，要想让他真心归顺辅佐王爷成就大业很简单,他不是和夫人诸氏关系好吗,咱就在她身上做文章,不愁他不死心塌地!"

宁王朱宸濠一听,点头道:"现在皇上和王阳明对本王都很重要,你们先把他的家住哪儿打听好,本王有信心让他归顺辅佐!"

宁王朱宸濠入宫见圣上武宗,他临入宫前做了充分准备,首先把袍服、冠带换成分封王朝拜皇上用的官服。按品爵,宁王朱宸濠是分封的藩王,属朝中正一品大官,他穿了绯袍,按洪武二十六年定制,此绯袍盘领右衽,用纱丝或纱罗绢制成,袖宽三尺,这种袍服加金。凡是切成细丝的称为明金、缕金,而人工捻成线的称燃金,两种并用的称两色金。其袍属明金。今日宁王朱宸濠的冠饰,其冠为八梁,加笼巾貂蝉,立笔五折,四柱,香草五段,前后为玉蝉,束公服玉带。不过,宁王朱宸濠在朱氏儿孙中,一向以嗜酒如命著称,号称"酒袋子""酒包子"等,还以斗蛐蛐儿为长。故而今入宫前,他特意让侍从往身上泼洒了烧酒,手中专门提个盛放蛐蛐儿的小竹笼,此竹笼制作得十分精巧,他要这样去拜见当今皇上。

刘瑾一见,低声道:"宁王殿下,怎么早晨还喝酒?"

宁王朱宸濠笑着点头道:"刘公公,酒是本王的命根子,本王是顿顿不离酒。不过,公公放心,皇上知道本王的嗜好,不会怪罪的!"

刘瑾指着他手中的小竹笼说道:"宁王殿下,这小竹笼子就别带了吧?"

宁王朱宸濠故意把眼一瞪,高声说道:"别介!这几天,本王的赤头将军有些虚弱,刚刚养得好些,它是寸步不离本王的。"

宁王朱宸濠和武宗皇上见面时,表现出身体弱不禁风的样子,浑身冒着虚汗,他向武宗施罢礼,武宗从九龙椅上走过来,上前搀扶脸冒虚汗、酒气冲天的朱宸濠说道:"宁王平身,快请坐下。"

此时侍女嫣儿和婵儿在侧,嫣儿上前扶宁王朱宸濠入座,她向婵儿示意,二人斟了茶,侍立一侧。

武宗向侍立的刘瑾说道:"你退下吧!"

待刘瑾施礼退下,宁王朱宸濠装作咳嗽的样子,用巾帕捂着嘴角。

武宗没想到宁王嗜酒如命,竟成了这样,故一片怜悯之情涌上心头。他笑着说:"宁王,依朕看,酒能伤身,你看前几年你入京见朕时,身体硬朗,说话胸中底气十足。为这杯中之物,竟把身体弄成这样,今后还是少喝酒为好!"

宁王朱宸濠勉强笑道:"多谢陛下挂怀。可是没有酒,我这日子怎么过呢?陛下知道,我从小就爱喝酒。其他王兄也多次劝我少喝酒,现在除了喝酒,我就用这蛐蛐打发日子,南昌不比京城,到处是山路,闭塞得很,今年王府佃户的租子,连四成也收不上来，这日子难熬啊！"

武宗从上到下打量了宁王朱宸濠半天，再看看他身体虚弱的样子，王府的收成又这样，遂说道："来人！"

一中年近侍施礼道："启奏陛下，奴婢在！"

武宗传旨道："朕赐宁王粮三万斤，锦缎五千匹，牛一千头，羊一万只，以助宁王生活之用。同时，从今儿起，免宁王两年朝贡！"

宁王朱宸濠听罢，急忙俯伏于地，大声道："谢陛下恩典！谢陛下洪恩！我愿陛下万岁！万岁！万万岁！"

后来，武宗把宁王朱宸濠送出来，搀扶着他的袖袍说道："朱宸濠，快把身子养好，以后再和朕见面时，千万不可这样！"

宁王朱宸濠回到驿馆，与凌十一、吴十三高兴得手舞足蹈。他放下茶杯笑道："走，本王去见王阳明！"

王阳明根本没有料到，封于南昌的宁王朱宸濠会来见他。王阳明和父亲不知如何是好，王华向王阳明说道："儿啊，宁王千里迢迢入京，为何要与你见面，莫非你在南昌时曾拜见过他吗？"

十一　宸濠潜心窥皇祚　阳明高义不入伙

王阳明摇头道："爹，孩儿从未和这宁王见过面，孩儿真不知道他和孩儿见面干什么？"

王华皱眉道："宁王在朱氏子孙中实力最强。江西布政使司的刘大人曾说，'宁王富甲天下'，咱们何不借此机会，和这宁王相识，联合他一同启奏陛下，彻底铲除大阉官刘瑾多好，这正是上苍赐给咱们的大好机会！"

王阳明确实对宁王朱宸濠一点也不了解，对为何约他见面，连他自己也不清楚。他问了凌十一，凌十一只是说道："宁王殿下见王大人，下官真的不知道要与王大人谈什么，下官此来，一来送上拜帖，二来传宁王殿下吩咐，宁王要亲自登门拜见王大人。"

因当时王华没在，王阳明只和夫人诸氏及男女仆人们在家，王阳明想了想，这两天刘瑾属下的恶人，时常在家人不备时故意制造事端，万一大阉官刘瑾与宁王不和，或是宁王来拜访他，有人把此事传到刘瑾或是武宗皇上那里，天知道会引来什么事儿。最主要的是，他根本不知道宁王为何屈尊来拜访他，为了家族清誉，为了家里安宁，避免引来祸端，他向凌十一说道："凌大人，让宁王屈尊到寒舍与下官相见，下官实在承受不起，况且下官最怕招来朝廷非议。不如这样，京城之外有座玉禅寺，那是座没有香火、即将倒塌的寺院。如宁王殿下肯屈尊到玉禅寺与下官相见，既减少了对宁王的非议，同时对下官今后出入朝廷也不会有什么大碍。请凌大人转告宁王殿下，下官仅此请求，还望恩准！"

凌十一想了想，点头施礼道："也罢，下官回去转达王大人之意。"

见凌十一及两个侍从转身欲走，王阳明说道："凌大人，宁王殿下的拜帖下官收下，但宁王殿下这些见面礼，下官无功受禄，实在不敢当，还请凌大人带回为好。"

凌十一笑道："王大人，你这人啊，真怪！宁王殿下送上门的见面礼，你怎么好推却呢？下官无法回复宁王殿下，这样有失宁王殿下的脸面，恕下官不敢从命！"

王阳明笑道："凌大人，下官向来无功不受禄，下官为宁王殿下没尽过一点儿力，不管大人回去如何禀报宁王殿下，这个见面礼，下官绝对不敢收。"

无奈，凌十一示意随从把见面礼又收起来，这才和王阳明揖礼相别。就这样与宁王朱宸濠见面，定在了次日上午巳时京城外玉禅寺。

王华听了儿子王阳明的话，也觉得贸然与素不相识的宁王会面，实在唐突。不过，他不知道儿子见宁王是福是祸，会不会是刘瑾设下的圈套呢？他夜里还是到了杨廷和家，也把孙燧叫去，三人商议此事，为慎重起见，他让儿子守仁带几个人同去，哪怕远远站着，万一有什么不妥之事，也好接应。

王阳明说道："爹，不必顾虑，儿想起来了，这宁王就是正德年间继封的宁王，他的夫人是儿的心学启蒙恩师娄谅的女儿，我与娄谅女儿相识，她长我几岁，我在老师家里和她相识没两年，她就嫁给了宁王。当时有人说我恩师有攀龙附凤之意，我老师为此还大发脾气呢，故而从此，我恩师再不与他的女婿来往，只和女儿书信往来，现在算起来，也有十几年了！"

王华此时心里稍解，说道："儿啊，你知道，宁王是宁王，他夫人是他夫人。十几年间，人的变化难以预料，为安全起见，也为减少事端，儿必须找两三个门徒随行，只有这样，为父才能放心。"

王阳明立即想起了多年来笃信他心学的武陵人冀元亨，前年刚成婚，膝下只有一个女儿；再一个就是广东龙川羊子铺的卢尚德，此人虽家在广东龙川羊子铺，但因殿试未到时日，在京城复习，二人都拜他为师并学习阳明心学。除公务之外，王阳明常与追随他的几十个弟子相会，冀元亨和卢尚德在众弟子中出类拔萃。而且，王阳明除讲授心学之外，还向弟子们传授他所创的刀枪剑戟及拳脚功夫，遇上这种事，自然率先想到了此二人。

次日夜里，王阳明来到冀元亨和卢尚德住处，三人商议和宁王相见的具体事宜。

这天早晨，王阳明找了三匹马，冀元亨、卢尚德二人都有佩剑，三人约定在城门口相见。然后，王阳明驰马在前，冀元亨、卢尚德在后，三人一路又说又笑，出京城一个时辰，就到了已经荒废多年的玉禅寺山门前。

因今日是私下相见，王阳明和冀元亨、卢尚德三人俱头戴黑漆四方平定网巾。此网巾，是当年太祖朱元璋召见杨维桢时，杨维桢所戴。据记载，圣上问之："此巾何名？"杨脱口对曰："此四方平定巾也！"朱元璋听后甚喜，遂于洪武三年二月，命四方平定巾颁行天下。

卢尚德说道："老师，我与冀兄，是在老师数十米身后等待，还是就站在老师身后，以防他用。"

王阳明笑了笑说："不必，汝二人只在我身后，倘需要时，我自然会示意。"

宁王朱宸濠和凌十一、吴十三等策马来到玉禅寺山门前，远远看到王阳明等三人骑在马上。

宁王朱宸濠勒住马缰，向二人说道："看到没有，从王阳明骑在马上的姿势来看，此人善骑射，不信今日可试试。"

吴十三笑道："是啊，王阳明坐在马上，腰挎佩剑，威风凛凛，仅凭这一点，我也喜欢上了此人。"

王阳明见宁王被凌十一、吴十三护在中间，遂在马上欠身施礼道："宁王殿下，下官王阳明有礼了！"

宁王朱宸濠高擎两手为拳，施礼道："王大人，久闻大名，今日相见，凭装束，果然是良将之才也！"

这时，凌十一和几个侍从从马上下来，因玉禅寺多年无人居住，其院内树木疯长，树枝缺少修剪，凌十一向随从指指点点，不知他们在做什么。

宁王朱宸濠从马上下来，在吴十三等人陪同下向王阳明走来，王阳明亦从马上下来，微笑着向宁王走去。

宁王朱宸濠再次施礼道："王大人，今日相约前来相见，乃本王仰慕之至。王大人选择此地，虽然荒凉，左右无耳目窥视，但凡说话皆你知我知也，无丝毫外泄，甚好。"

王阳明还礼道："宁王殿下，不必如此，不知今日前来有何见教，请宁王殿下直言，下官洗耳恭听。"

宁王朱宸濠站在距离王阳明三五步之处，他微笑着说："王大人不必拘礼，本王听说大人擅长骑射，十八般兵器样样精通。且大人还喜爱兵法，对孙子兵法、司马法、尉缭子、吴子，文韬、三略，唐李问对，都相当了解。听说大人初入仕为威宁伯王越修造墓地时，就曾用民夫对阵排兵演练，不知此为谬传，还是果有其事？"

王阳明至此似乎刚刚明白了宁王朱宸濠相约见面之故，他想宁王一定在试探我对于兵法的习学程度。我在京十九年，从未遇到过有人请教我兵法的，我不管他用意如何，只当对昔日之学做一次回顾又能如何。遂笑道："宁王殿下，方才所说下官精通、喜爱乃谬传矣！对骑射我略知皮毛，十八般兵器，倘仓皇时会用些，至于先贤大家之兵法，下官实不敢妄议，只是昔在余姚时，闲暇之际，偶尔翻看几册书简，其兵法中一些要义，可能随岁月消逝，相忘了十之有三也难说。故而，下官回答恐让宁王殿下失望！"

其实，宁王朱宸濠这两天假他人之名从兵部尚书王琼那里借了几部兵书，他在驿馆反复看了半天，从中选择了几个易记的篇章，以此来考问王阳明，他是有备而来。但王阳明从乡试至今，十几年间，并没有再看过兵法书简，有的也是昔日学习兵法的积淀和记忆。

站在一侧的冀元亨向卢尚德说道:"看来今日宁王殿下要考验恩师,他是何用心,是险恶之心,还是一片丹心?"

卢尚德笑道:"冀兄,何必忧天呢?想我老师,上通天文星月变化之机,下明地理金、木、水、火、土之变,凭兵法,老师不会为难!"

吴十三侧耳向宁王朱宸濠低声说了些什么,宁王朱宸濠问道:"王大人,本王是朱氏家中的纨绔之子,我除了嗜酒之外,无一强项。敢问王大人,《孙子兵法》有多少篇?本王记不住,请大人赐教。"

"回禀宁王殿下,《孙子兵法》共十三篇,皆用兵之精髓,向为古今用兵之瑰宝。乃昔日春秋争霸中,先人实战而得,故而素称上乘兵法、圣法、神之法也!"王阳明脱口说道。

吴十三低声道:"凭此几句话,王阳明名不虚传也!"

宁王连连点头,开口道:"王大人,本王听说,《孙子兵法》中有上兵伐谋,其次伐交,其次伐兵,其下攻城,攻城之法为不得已!何谓知胜有五,请大人赐教。"

王阳明微微一笑说道:"宁王殿下,下官不知殿下今与我见面所为何事,难道就为兵法问答吗?"

宁王朱宸濠笑道:"既然方才大人说,《孙子兵法》向为古之用兵瑰宝,本王请教一下,难道……当然,昔日有唐李问答,而今来个朱王问答难道不可吗?"

王阳明轻松笑道:"下官学兵法浅薄,只怕枉费了宁王殿下一番热诚之心,请宁王直言其事如何?"

宁王朱宸濠摇头道:"试金要烧三日满,乞请王大人对答本王方才所问!"

王阳明连连点头道:"好,下官记得,知胜有五。乃知可以战与不可以战者胜;识众寡之用者胜;上下同欲者胜;以虞待不虞者胜;将能而君不御者胜。此五者,知胜之道也。故曰:知彼知己,百战不殆;不知彼而知己,一胜一负;不知彼、不知己,每战必败!"

吴十三高声喜道:"殿下,方才王大人所言,不妄一字,不错一字!皆《孙子兵法》知胜有五之文,下官吴十三佩服得五体投地!"

宁王朱宸濠竖指赞道:"王大人,果然名不虚传!"

王阳明微微一笑道:"殿下,下官倒是有些记忆。看来还要感谢爹娘赐予的肉身之躯和聪明才智!"

宁王朱宸濠皱眉思忖片刻,说道:"本王听说《六韬》乃文武龙虎豹犬是也,大人可知其八胜九败是何也,请大人赐教!"

王阳明皱眉向宁王朱宸濠摇头道:"殿下,这九败八胜,倒是有些难,不过,容下官回忆一下……"

冀元亨说道："宁王殿下，我恩师现为观政工部官员，他做的是文案事，学兵法当在十几年之前，今日殿下这么细致的问题，只怕难为我恩师了。"

卢尚德把手一挥，大声道："殿下，你别提这些咬文嚼字、磨磨叽叽、七扭八拐的兵法，我老师擅剑，擅弓弩，若不然，看我老师刀刀见肉的真手段！这才是真功夫，真手段哩！"

王阳明突然眉头舒展，笑道："殿下，下官想起来了。"他开口吟诵道，"敌之前后，行阵未定，即陷之。旌旗扰乱，人马数动，即陷之。士卒或前或后，或左或右，即陷之。阵不坚固，士卒前后相顾，即陷之。前往而疑，后恐而怯，即陷之。三军卒惊，皆薄而起，即陷之。战于易地，暮不能解，即陷之。远行而暮舍，三军恐惧，即陷之。此八者，车之胜地也。将明于十害八胜，敌虽围周，千乘万骑，前驱旁驰，百战必胜！"

吴十三向宁王朱宸濠频频点头，连连拊掌说道："好！好！王大人之诵，如临战阵，果然即八胜也！"

宁王朱宸濠频频首肯道："王大人所诵，果然精妙。但不知九败如何？请王大人不吝赐教！"

王阳明说道："宁王殿下，其实《六韬》中的八胜与九败，几乎相辅相成，不知我是否诵得出。"

王阳明踱了几步，他眼前是荒芜的玉禅寺，昔日这里暮鼓晨钟，香烟缭绕，和尚们齐齐打坐于大殿之上，诵经、礼佛、木鱼、青灯，而今，风光不再。

王阳明转身面向宁王朱宸濠，点头说道："殿下，下官想起来了！凡以骑陷敌，而不能破阵，敌人佯走，以车骑反击我后，此骑之败地也；追北逾险，长驱不止，敌人伏我两旁，又绝我后，此骑之围地也；往而无以返，入而无以出，是谓陷于天井，顿于地穴，此骑之死地也；所从入者隘，所从出者远，彼弱可以击我强，彼寡可以击我众，此骑之没地也；大涧深谷，翳荟林木，此骑之竭地也；左右有水，前有大阜，后有高山，三军战于两水之间，敌居表里，此骑之艰地也；敌绝我粮道，往而无以返，此骑之困地也；污下沮泽，进退渐洳，此骑之患地也；左有深沟，右有坑阜，高下如平地，进退诱敌，此骑之陷地也。此九者，骑之死地也。明将之所以远避，暗将之所以陷败也。"

王阳明刚诵毕，凌十一等奔来，向宁王朱宸濠施礼道："殿下，下官知道，兵法固然重要，然三国之马谡、东晋之殷浩，皆纸上谈兵之辈，到用时才知道是稀泥软蛋，学以致用，不知王大人骑射如何？何不在此一试！"

此时，王阳明亦非当年从居庸关回来时的状态，那时骑马如飞，轻舒力臂，飙准目标了，百步穿杨，五十步掷蛋，没有不中靶心之事。术家曾言："经不离口，拳不离手，曲儿常弹，诗词常吟，四书五经常诵。"这乃学家之道，倘不如此，随着时光岁月，随吃随忘，到头来只记得些皮毛，何谓精湛高深之功！

王阳明向宁王朱宸濠说道："殿下，下官已多年没有习骑射，允下官习练两遭如何？"

吴十三点头道："殿下，以下官经历，王大人所言甚为有理，不妨让他习练一下，再做比试亦不妨。"

宁王朱宸濠点头道："方才王大人所诵《六韬》之中八胜九败之兵法，听其言语，不错一字，不漏一词，令本王十分敬佩，至于习骑射之事，说得在理，可先允他习练一二。"

于是王阳明拍马驰骋，继而取下腰挎之弓弩，轻舒力臂，觑准目标，即飞快射出一箭，如昔日一般，大喝一声："中靶！"果然箭射到挂在柳树间的靶心，三箭皆中。

宁王朱宸濠等点头道："好，王大人之骑射，如汉之李广也！不用比，吴兄必输。"

吴十三在南昌向以骑射为长，但今日清风乍起，柳枝缓缓摇动，悬挂在柳枝上的靶物左摇右晃，这让吴十三有些心慌，不过他接过马缰，表面微笑着，心里却想着怎么稳定心神。

凌十一大声说道："吴兄，方才王大人之射可谓神射。不过，你是我南昌的神射手，相信绝不亚于王大人，请上马吧！"

王阳明和冀元亨、卢尚德哪里知道，这凌十一和吴十三，皆是猖狂活动于鄱阳湖一带占山为王的盗贼，江西布政使司几番派兵围剿，无奈有宁王朱宸濠的暗中相助，故而江西布政使司的兵马屡屡失手。后来，凌十一和吴十三索性投拜在宁王朱宸濠的门下。另外还有一个闵念四，他也是后来宁王朱宸濠收纳的一个占山为王的大盗贼，仅此三人啸聚的兵匪达三万余人，成了宁王朱宸濠的主要爪牙和帮凶。此三人的礼数和说话，都是后来宁王朱宸濠指使谋士李士实、刘养正教习的，不然三人匪气十足，到京城一来就露出了真面目。昔日在鄱阳湖、大山上大碗喝酒、大口吃肉的土匪，今日却成了宁王府朱宸濠的左膀右臂。

宁王朱宸濠此时也觉得吴十三有些胆怯，担心三箭骑射比不过王阳明，让他这个宁王丢脸，遂说道："吴兄上马，本王相信你三箭三捷！"

冀元亨悄悄向卢尚德说道："卢兄，恩师方才三箭定乾坤，看这个肥头大耳的夯货箭法如何吧！"

王阳明向二人低声说道："汝二人休得聒噪！孔圣人说过：'三人之行，必有我师。'

看人看长处，切莫瞪大了双眼，看人家短处，那样于己不利！"

说话间，吴十三飞身上马，两腿一夹马腹，那匹通体丈二有余、漆黑如乌的高头骏马，四蹄攒动，立即飞奔起来。吴十三凝气聚力，两只胳膊拉成箭势，继而从背后的箭袋之中，抽得一支狼牙箭，紫檀弓扯得如满月，然后大喝一声："中它！"

然而清风不作美，但见那柳枝晃动，一箭落空。

第二箭时，吴十三心中诅咒道："箭啊箭啊，无论如何你要为我吴十三争口气，撇开宁王殿下，我吴十三说什么也做过七八年山大王，射准！射准！一定要射准！"遂用尽全身之力，嗖地射出一箭，大呼道："中它！"

此箭真的射在靶上。

吴十三暗祷：神弓，神弓，不愧我吴十三的神弓！

凌十一大呼道："吴兄，加把力，宁王殿下和我凌十一先为你贺喜了！"

吴十三又飞马驰来，心中暗祷告：马啊，马啊，睁开大眼，看准了，我吴十三，怎么也要听个双响炮，千万不能一瞪眼啊！射准它！射准它！一定要射准它呀！

然而，箭儿在空中飞驰，偏和吴十三开了个大玩笑，此箭从柳枝上的靶物边一擦而过，没射中！

此时，大家无语，鹿死谁手，立见分晓。

但就在吴十三驰马奔来的一刹那，吴十三想，这会儿我把宁王殿下的脸丢大了，既如此，我不如找个缘由，也好让宁王见谅。说时迟，那时快，吴十三咬牙将手指在两眼上一划拉，留下血痕，当他驰马与众人见面时，那眼眶上的血水已流淌下来……

王阳明会心一笑，又急忙收敛了笑容，上前向吴十三施礼高声道："吴大人，不小心伤了眼睛，故而没有射中靶物，即便如此，吴大人也不愧神射手！"

宁王朱宸濠借坡下驴佯怒道："吴兄，你也是，射此三箭怎么不小心弄伤了眼。"

凌十一说道："吴兄，今儿我算明白了，何谓神射。这真是货比货该扔，人比人该死！你真不争气，怎么伤了眼？"

吴十三随声附和道："宁王殿下，下官扯紫檀弓时用力过猛，刮伤了双眼，下官不是存心的，请殿下见谅！"

冀元亨看物如看人，一眼窥至心底，他向宁王朱宸濠施礼道："宁王殿下，我与这位同路的卢兄，皆王大人在京城接纳的弟子，我作为先生的学生说句公道话：兵法、骑射已毕，宁王有什么要紧话，此时该直言了吧？"

卢尚德说道："宁王殿下，方才是骡子是马已经显明，你到底要我的老师干什么？"

王阳明接过话茬说道："殿下，请赐教。"

宁王朱宸濠到了该摊底牌的时候，他环顾一下四周说道："王大人，本王乃大明分封在南昌的宁王。时下，大明江山危机重重，朝野之中多有不满愤恨之声！本王实言相告吧，我想请大人及其两位高才弟子，到我南昌府做兵马大将军如何？我保俸禄比你在工部观政多三倍，当然，王大人还可以把家眷带过去，一切肯定比在京城好，只要你辅佐我成就大业，将来的功劳簿上本王记你第一功！"

直到现在，王阳明才彻底明白，原来宁王朱宸濠不满当今皇上朱厚照，加上朱厚照贪图享乐，好女色及犬马之戏，所以，他要招兵买马，将来挥军北上，取而代之。呃，他有了篡逆之心，觊觎皇祚之位！

王阳明听到这儿，说道："宁王殿下，华夏子孙一统，乃万民之幸也，你让我做悖逆、篡位、助纣为虐之事，我王阳明断不为也！"

宁王朱宸濠皱眉道："王大人，自古'成者王侯败者贼'，你看这江山社稷，哪个不是后者推翻前者。唯有如此，本王才能享受荣华富贵，你和本王才能名垂千古。"

王阳明正色道："宁王殿下，我奉劝你迷途知返，放弃你的痴心妄想。我知道大明江山刚刚稳定，虽然现在的皇上懦弱，百姓还在受苦，倘你自不量力，非要亲身一试，只怕你连江南也打不出去，就会被各路大军剿灭。到那时，你的忤逆梦想会昙花一现，留下千古笑柄，你的子孙后代会为你的愚蠢而背上千古的骂名！"

凌十一怒道："王大人，道不同不相为谋，算我们宁王殿下瞎了眼，错看了你！"

宁王朱宸濠则向凌十一说道："别！人各有志，何必强求，他走他的阳关道，咱走咱的独木桥！"

王阳明向冀元亨和卢尚德一挥手，转身驰马而去。

吴十三见王阳明转身而走，向宁王朱宸濠说道："殿下，像王阳明这样的人，咱们见多了，这种人刚开始贼硬誓不回头，一旦抓住他的致命要害，他就会从巨人一下子变成孙子！"

宁王朱宸濠皱眉道："吴兄，依你之见，王阳明还可用吗？"

"可！是人都有软肋，是人都有亲情。我不信他的心是铁打的！"吴十三信心满满地说道。

宁王朱宸濠点头道："是啊，三国时刘备三顾茅庐，请诸葛亮出山相助，结果成就魏蜀吴三分天下。本王现在才理解，一个要成就大事的人，首先要忍！忍一般人不能忍耐之事！既然如此，实施第二套方案吧！"

在回城的路上，冀元亨和卢尚德策马追上王阳明。冀元亨说道："恩师，你做得非常正确，像宁王这样试图篡位谋反的乱臣贼子，古往今来，没有一个不身败名裂，留下骂名千古！"

王阳明点头道："元亨、尚德，你们记住，做人要先立身。立身就是一个人先天就有的良知再现，也就是说良知告诉你什么是好，什么是坏，好的大家都喜欢，而坏的大家都嗤之以鼻。比如正与邪、善与恶，你要站在先天就有的那个良知上，也就是决不能凭自己的好恶、自己的欲望做事，欲望这个东西，就是人的邪念，本不该做的，你去做了，这就违背了你的良知。"

卢尚德说道："老师，比如宁王说的荣华富贵，就有诱惑力，可是你如何判断这种荣华富贵是好的，还是恶的呢？"

王阳明笑了笑说："尚德，关键是看这种荣华富贵是如何获得的，比如宁王送给你美色、享乐、富贵等，一是他给你绝不是天上掉馅饼，他必有所图，要么做他的鹰犬，要么百倍地为他付出，去夺取百倍的富贵，这种富贵你要吗？二是假如你贪图了这种送上门来的富贵，说明你失去了良知，你的欲望占有了你的意念，你和他同时都踏上了悖逆人伦道德的邪路。"

卢尚德叹道："老师，我明白了，一个人保持了先天就有的良知，就保证了这个人一生都不会走邪路，对吧？"

王阳明点头道："对！有句话叫作'近朱者赤，近墨者黑'，还有一句话叫作'物以类聚，人以群分'。但是，这个世界由于人本身对良知的固守和泯灭，所以才出现了差异；才有了有些人可以花天酒地、挥金如土、妻妾成群，而有些人则衣不蔽体、食不果腹，在水深火热中煎熬！"

冀元亨点头道："恩师，所以，这个世界上的人，必须回归良知，必须重回君君、臣臣、父父、子子这种最起码的伦理道德，当然重要的是要灭人欲。"

王阳明说道："当然，这种欲望和人的智慧加创造性是两回事。比如昨日我们还肩扛手提，今日我们可以推着木轮车，用智慧和创造取代了往日的辛劳，这是社会进步。这种欲望是社会前进的推动力。"

将至京城大门的时候，数十名骑着快马的士兵从王阳明等人身边驶过，马队掀起一大片尘土，而走在大路上的黎民百姓，为了不让马队踩伤和遭受马鞭的抽打，仓皇地向路两边闪躲。

冀元亨追上王阳明问道："恩师，这个日益溃烂的尘世，只有靠人回归良知来拯救吗？"

王阳明点头道："这只是其一。"

卢尚德近前，提起缰绳，那白马随之高昂起头来，咴咴嘶叫着，他与王阳明和冀元亨并辔而行，他高声说道："老师，除此难道还有第二吗？"

王阳明看了看二人叹道："是啊，上天为这尘世制造了各种生灵，其中就包括人，原本是让人在这世上行善的、和睦相处的，但人却禁不起做恶事、坏事的情欲的引诱,如同一池碧清的池水中,掉入一粒两粒污秽之沙,清池不再,污浊之气渐渐笼罩了尘世,使尘世越发污秽满地。于是上天动怒,看洪水泛滥、龙卷风、海啸、地震、熊熊大火等接连不断地出现,多少生灵,包括尘世中的人,转眼之间失去了鲜活的生命,继而又化作了尘土,正是你本来自土,只是让你有了生存的气息,现在你存活的气息没有了,于是你又回归了尘土!如果说要拯救尘世,只有让人自然回归良知,这样更容易让人觉醒!"

冀元亨和卢尚德二人点头道:"对,老师上洞察天地万物,下洞察人的良知,真吾等之师也!"

刘瑾掌管朝廷的东厂和西厂,如同一张无形的大网,把偌大的京城几乎完全笼罩起来。

从宁王朱宸濠率凌十一、吴十三等进京那天起,马永成就奉刘瑾之命,派人一天十二个时辰秘密监视,包括凌十一拜见王阳明,王阳明与宁王见面等都被马永成的属下发现和跟踪了。

刘瑾见武宗犯了头痛病,三五日不能临朝议事,所以他越发狂妄起来。

此时,张锐等跪伏于地,刘瑾大怒道:"看看你们个个都是蠢猪,都是白痴、低能儿!十天过去了,到底是谁向圣上泄露了王阳明书案,查了半天竟查不出来!"

张锐说道:"千岁爷,凡是爷说的小人们都查了,一个也没漏掉!"

刘瑾怒道:"在圣上身边的近侍,嫣儿和婵儿查了吗?"

张锐说道:"嫣儿和婵儿她俩是近侍,不出宫,她俩天天都在圣上身边,不用查也不会是她们呀!"

刘瑾怒道:"这世上不怕一万,就怕万一,她们俩也必须查!"

张锐说道:"千岁爷,嫣儿和婵儿最受圣上恩宠,连皇后娘娘都敬她们三分。况且,谁去叫她们?圣上那儿怎么交代?关键是嫣儿和婵儿没离开过圣上!"

刘瑾一想也是,连皇后娘娘都敬嫣儿和婵儿三分。上次,他本来要带圣上去豹房,不知怎么,豹房那儿全准备好了,结果圣上没去,在后宫待了一天。他想也是啊,嫣儿和婵儿这姐妹俩做近侍,整天和圣上形影不离,她俩锁在深深的后宫里,怎么能知道王阳明的案子呢!

可是,这真的奇了怪了,是谁把王阳明书案的事告诉了圣上,若不然,他怎么会知道得如此清楚呢?刘瑾陷入了沉思。

这时,马永成进来,向刘瑾施礼后说道:"千岁爷,下官的属下禀报,宁王属下凌十一带着拜帖和见面礼到了王阳明家!"

刘瑾皱眉道:"看来,这个酒袋子明修栈道,暗度陈仓,他竟然给我来这一套!后来呢,他们什么时候见面的?"

马永成说:"千岁爷,这不,今天早上,宁王和凌十一、吴十三等随从,驰马出了京城,我的属下看他们出了京城,以为他们是回南昌,就没有跟踪。"

刘瑾惊道:"呃,或许王阳明不和他见面,再说他此次来京,主要是和我见面,其次和圣上见面,事办完了,很可能回南昌吧?唉,那王阳明呢?这几天没活动?"

真是哪壶不开偏提哪壶。马永成深知现在的刘瑾不比昔日侍奉东宫太子时,他现在是飞扬跋扈、为所欲为,太子做了皇上,他侍奉的东宫成了正果。故而,人一阔脸就变,脾气就长。本来他的属下发现,王阳明和冀元亨、卢尚德骑马出了城,又猜不出他们去干什么,回去再骑马追吧,又怕两头误,所以就没回去骑马追出城门。巧的是,当王阳明和冀元亨、卢尚德骑马回京城后,发现宁王和凌十一、吴十三等随从骑马从城外回来。稍微有点头脑的人都会说,原来他们是到城外会了面,究竟是怎么谈的,又怎样定的,一无所知。他想把这件事索性全隐瞒下来,可又怕刘瑾眼线多,等人家报了,他马永成就麻烦了,报与不报让他十分为难。

马永成长叹一口气,索性孤注一掷,说道:"王阳明这两天没什么活动,还是老样子!"

此时,不知是上天造就了说假话当受到惩处,还是尘世间万事万物,有着千丝万缕的关联,或是京城之小,奇事被巧字联在一起。

马永成的话刚落下音儿,一个太监匆匆入内,趋近刘瑾身边,匆匆施了礼,他看了看众人,把赶到嘴边的话又咽了下去。

刘瑾怒道:"小柱子,有屁就放,有话就说,这儿都是自己人,看你像孙子似的怕什么呢?"

这个叫小柱子的太监,先向刘瑾施礼,遂说道:"千岁爷,今早时,王阳明带着两个年轻人骑马从京城外回来,过了半个时辰,宁王和凌十一、吴十三等随从,也骑着马回到京城,小的不知道王阳明是否与宁王有联系。"

刘瑾一听向马永成怒道:"永成兄弟,你方才不是说,你的属下见宁王他们出京回南昌了吗?你不是说王阳明这几天还是老样子吗?你们都两眼不瞎,两耳不聋,你们说,小柱子和你的话,爷该信谁的?"

马永成急忙说道:"千岁爷,这件事千错万错错在我身上,一定是我的属下说了瞎话,回去之后,我一定惩罚他们、教训他们,请千岁爷放心就是!"

刘瑾向马永成说道:"永成兄弟,爷和你们现在同坐一条船,是拴在同一条绳上的蚂蚱,万一哪一天爷露馅了,被人家抓住了把柄,爷上断头台的时候,你们都是爷的属下，用杨廷和、王华他们的话说，你们都是爷的爪牙、狗腿子，你们能逃得掉、躲得开吗？倘把爷磔于市，那你们也免不了被砍头，你们都明白吗？"

马永成接着说道："千岁爷，你说的这些我知道，我知道。"

刘瑾大怒道："你知道！你知道！你知道圣上什么时候砍爷的头？唉，醒醒吧！你们做事不是给爷干，是给你们自己干！咱们只有同心同力、同舟共济，才能成就大事，才能成为人上人，都明白吧？"

十二　瘸腿麇鹿偏做马　癞蛤擂鼓赚乌鸦

坊间有句话,"不怕贼偷,就怕贼惦记"。自从宁王朱宸濠和凌十一、吴十三从玉禅寺回到京城,王阳明仪表堂堂、玉树临风的样子,一直都印刻在宁王朱宸濠的心里。凌十一带着一个随从乔装打扮到王阳明家踩了几次点,回来以后,宁王想了想都不妥当。

后来,还是有心计的吴十三说道:"殿下,下官以为,最稳妥的办法,是先在京城,也可在靠近城外的地方,租一个小院,凌兄那种入室捉人的办法不妥,据凌兄上次送请帖回来时说,王阳明家有男仆女佣,即使瞅准时机入家抓人,也可能会惊动街坊四邻,到时候狐狸没抓着,反惹一身臊。"

宁王朱宸濠上午一直都在想这件事,王阳明是他这大半生中见到的最好的将帅之才,为了他,除了他的宁王之位和府第,他怎么去换都心甘情愿。驰骋沙场的老将常说,"兵马易得,良将难求",所以他决定在京城下此大赌注,一定要把王阳明赚到手,吴十三的话提醒了他。

他踱到凌十一面前说道:"凌兄,我看这样吧,咱们张网以待、守株待兔如何?"

凌十一性情急躁,他一听吴十三的话,心里就升起一股怒火,方才又听宁王朱宸濠如此说,他把川字眉头一皱,两道黑黑的斧头眉顿时耸起,说道:"宁王,此计好是好,只怕没有十天半个月碰不到撞树的兔子!况且,咱们离开南昌日久,就李士实、刘养正那两个酸文人,能看好宁王爷的府门吗?"

宁王朱宸濠皱眉道:"凌兄,本王这次入京,首先没有看到刘瑾的真心,他分明在敷衍本王,到头来他来个鸠占鹊巢,成就了他的继位大梦!这是京城,是刘瑾的一亩三分地,你们看到没有,他和本王平起平坐,大有称兄道弟之意,这还没成事就这样,真成了事,他准是那个笑在最后的人。所以,此前咱们低估了这个阉了子孙根的王八羔子!"

吴十三说道:"殿下,恕下官直言,刘瑾那家伙,不管横看竖看、上看下看总不像个好东西,和这种奸诈小人打交道,咱要是实打实,到头来肯定受了他的算计!"

宁王朱宸濠挥手道:"吴兄,你们听本王说,咱们此次入京,和刘瑾联合是一件大事，本王从刘瑾敷衍中看到了他的真心，索性他变咱也变，本王不想在他这棵歪脖子树上打三斗粮。有道是靠山山倒靠水水流，所以，这大明的江山社稷，咱们自己打自己坐，岂不快哉？"

凌十一拊掌笑道："好！宁王殿下英明！实在英明！"

宁王朱宸濠接着说："第二，本王以嗜酒如命的懦弱之躯试探了皇上，他倒是生怜悯之心，赐了粮又赐绸缎，这件事本王是成功的。"

吴十三点头道："殿下，这场戏演得好！"

宁王朱宸濠站起来，双臂抱在胸前说道："两位兄弟，咱有了大旗，有了兵马，现在最需要的就是像王阳明这样的大将之才！所以，咱们不能从京城只摘取了两个果子，就心满意足地回南昌，那样咱们几个成就不了帝王大业！"

凌十一听了朱宸濠的话，心里顿生不满之意，当初朱宸濠拉他和吴十三、闵念四三人入宁王府时，他可是在犒赏宴会上说，你们三兄弟以后是本王的左膀右臂，是咱王府千军万马的带兵大将！这可好，昨日之言犹在耳边回响，这一入京，把王阳明看成了四面放光的金蛋子，而我和吴兄、闵兄成了破砖烂瓦，这叫什么事儿？

凌十一把茶杯一放说道："殿下，王阳明除了仪表堂堂、气度不凡，能背诵些兵法，射得百步穿杨之外，他还能干什么？他或许中看不中用呢！况且，我和吴兄、闵兄，当年也曾统领千军万马，占据偌大的鄱阳湖，那才是有头有脸的大将之才，岂不比一个文弱书生王阳明强百倍！"

宁王朱宸濠笑道："凌兄，你别不服气，《孙子兵法》和《六韬》你看过吗？你能活学活用，用它来带兵打仗吗？"

凌十一笑道："难道非要用什么孙子兵法、儿子兵法吗？人常说，姜还是老的辣，自古以来，都是儿子、孙子听爹、听爷爷的话，哪有当爹、当爷爷的去听什么儿子、孙子的兵法，要真心让我，别，就是让殿下以为熟读什么孙子兵法的王阳明去打，保准十战十败，还统一大明的江山呢，那是梦！"

吴十三禁不住哈哈大笑起来。

凌十一瞪着两大眼，惊问道："吴兄，你笑什么？我说的话，真的有那么可笑啊？"

宁王朱宸濠强抑住笑，摇头道："凌兄，本王知你是个粗人，我不笑你，但我告诉你，你们昔日在鄱阳湖占山为王的时候，不就是见湖中有客船来，见山下一顶小轿或是几辆车马过来，一阵木棒子响，早已埋伏在两侧的兄弟，呼啦啦一窝蜂冲上去，抢了人家的钱财，对要财不要命的人，挥刀砍了人家，你这是率领千军万马吗？你这是打家劫舍，是劫盗，是杀人越货，连兵法的皮毛都比不上！"

这时，吴十三擦着笑出的眼泪，说："凌兄，我套用宁王殿下的话告诉你，你就恍然大悟了，咱那时是啸聚山林、打家劫舍，终是上不得台面的盗匪、草莽英雄！现在咱们要跟着宁王殿下操练兵马、排兵布阵，而后攻城略地，县衙也好，州衙也好，府衙也好，布政使司也好，镇守的营帐也好，咱要和人家刀对刀、枪对枪地打仗，统领这些兵马攻城略地的才称得上将领之才！"

没想到凌十一哈哈大笑道："这个我知道！我知道！那年在鄱阳湖，有个县衙的知县，总是派捕快抓咱们，那时，我一气之下，大白天冲进城里，赶跑了知县，一把大火把县衙烧了个黑漆烂光。"

凌十一方才说的这件事，吴十三知道，他笑着说："凌兄，你这是瞎猫碰上了死耗子，算你侥幸！当时县衙无一兵一卒，只有十来个衙役，再就是县丞、主簿、典史等，所以你算侥幸做成了此事，倘县衙有一百个尖兵呢，人家是经过反复操练的正规军，而咱呢，只是振臂一挥，拿起菜刀、大刀就呼啦啦一下子上了山做了匪、做了盗的人，能和人家相提并论吗？"

至此，凌十一突然大声道："殿下，现在我终于明白了，看来咱是没见过大世面的山大王，而人家王阳明才是真正能攻城略地的将领之才！"

见凌十一不再有异议，宁王朱宸濠说道："本王方才说的守株待兔，是最好的办法。凌兄这件事还是要靠你办，下午刘瑾约本王与他见面，正巧吴兄同本王一块去吧！"

凌十一按宁王朱宸濠所说，先租下一套靠近城外独门独户的小院，然后从随行人员中挑选了两个精明的士兵，远远守在王阳明家门口，一张无形的大网就这样悄悄拉开了。

王阳明进了京城大门，冀元亨和卢尚德帮他把马送回，然后三人各自回家。

王华见他毫发无损地进门，问他在京城外荒芜的玉禅寺和宁王朱宸濠见面的情况。王阳明在书房内，把他和宁王见面的过程一五一十详细说了一遍，最后说道："爹，原来这宁王朱宸濠是想篡位谋反，他想拉我做他的统兵大将，不容置疑，我当即回绝了他！"

"好！好！儿啊，你今日所学，今日所成就的文韬武略，为的就是精忠报国，将来能成为匡扶大明江山的栋梁之材，咱绝不可能助纣为虐，遭到后世万人唾骂！"

王华突然接着说道："原来这宁王和刘瑾，他们是一丘之貉，都是危害朝廷的可恶之徒！儿啊，宁王不会再找你了吧？"

王阳明点头说道："爹，不会，绝对不会！"

王华皱眉道："看来，宁王试图篡位谋反的事，当今圣上还蒙在鼓里，这件事咱们必须想办法奏报圣上。"

王阳明说道："爹，此事不宜操之过急。您想啊，这宁王和刘瑾怎会内外勾结？他们俩是不是同党，咱们不清楚。当今圣上被刘瑾蒙蔽，而宁王又试图谋逆篡位，这两人一唱一和，大明江山岌岌可危啊！"

王华站起来，在书房里踱着，他转身说道："明天爹和杨大人、孙大人见面，事关重大，我们当商议一个能够瞒过刘瑾耳目的好办法，尽快向圣上奏报！"

这时，王阳明夫人诸氏笑吟吟地进来，向王华施礼道："爹、继母大人催你们吃饭呢！"

王阳明笑道："夫人，你先去，我和爹马上就过去。"

待诸氏退出，王阳明说道："爹，依我看，这种事不必马上奏报当今圣上。现在宁王正在谋划这件事，我们并没有他篡位谋反的真凭实据，倘被刘瑾和宁王反咬一口，那我们的处境就难以预料了！此事当慎重。依我看，也不必告诉杨伯和孙伯，以后再有什么事发生，到那时咱们就真的被动了！"

王华说道："儿啊，可是宁王找你见面这件事，你杨伯和孙伯是知道的，明日见他们，爹怎么说？"

"爹，事关重大，知道此事的人越少越好。就说宁王在南昌从我岳父那里知道了我，这次入京不但捎来我岳父的家书，还向我打听了京城朝中一些事，这样说看起来自然，让他人无从挑剔。"

王华摇头道："儿啊，爹和你杨伯、孙伯不但是至交，还是生死之交，我们都是忠于朝廷和圣上的，你让爹说这些，他们怎么能相信呢？"

"爹，此话怎讲？"王阳明笑着问。

王华说道："儿啊，如果真是你家在南昌的岳父写来书信，甚至捎来了南昌的土特产，随便派一个人送到咱家就行，宁王没必要和你见面。就算担心大阉官刘瑾的爪牙看到，担心朝廷内文武官员借此想入非非，如不是重大之事，为何跑到京城之外荒芜的玉禅寺见面呢？儿啊，这事儿不说出个子丑寅卯来，你杨伯、孙伯那里说不通。"

王阳明觉得王华说得十分在理，但他确实没有什么更好的说辞，他叹道："爹，咱说什么都行，万万不可说宁王让我做他统兵的将领和他要谋反篡位等，此事一旦外泄，被刘瑾之流利用了，咱家将面临灭顶之灾，请爹三思！"

王华点头道："好，儿啊，你放心，爹会办好这件事的。"

由于跟踪、盯梢的暗探没有像苍蝇见血一样紧盯宁王和王阳明，自作聪明的刘瑾一下子陷入了迷茫之中。他摸不清宁王和王阳明到底联合入伙没有，俩人是谈崩了，还是谈和了，他虽然通过几次交手，知道王阳明的品行，但如果宁王抛出的条件有巨大的诱惑力,应该没有人禁得起!现在他两眼一抹黑,他不知道人家的套路和招数,一提及此事,他就痛恨马永成误了他的大事!可是这世上没有卖后悔药的。

当然刘瑾非常明白他与宁王朱宸濠的关系,倘成就大事之时,京城之外的大明各布政使司的兵马没被消灭,他只在京城篡夺了皇位,那么昔日效忠大明江山的兵马大旗一举,攻破京师恐怕连三天都用不了。到那时,他及手下的人必须死,而且以大逆不道之罪,还要被灭九族、磔于市。现在看来,昔日他与宁王朱宸濠同床异梦,真的是荒唐又可笑。今日,他与宁王的关系必须改善了,至于宁王与王阳明的关系,变得有些次要了。想到这些,他心中的忧愁,随着窗外的风顷刻间消失了。

于是当宁王来访时,刘瑾一改昔日的怠慢,面带热情洋溢的笑容率先向宁王朱宸濠施礼,他高声说道:"奴才刘瑾,大礼参见宁王殿下!"

宁王朱宸濠初时一怔,旋而也以大礼回道:"见过刘公公!"

吴十三也施礼道:"下官吴十三参见刘公公!"

刘瑾此次高举双拳,郑重向吴十三施礼。

凌十一办完事也随宁王来,他学着吴十三的样子,郑重向刘瑾施礼道:"下官凌十一参见刘公公!"

刘瑾亦高举双拳相揖道:"刘瑾见过凌大将军。"

刘瑾率先改变了与宁王朱宸濠的见面礼仪,使双方昔日的疑惑之心顿减,宁王朱宸濠脸上出现了喜悦的表情。

刘瑾笑着说:"宁王殿下,大明江山五湖四海,九河八川,地域辽阔,黎民百姓千千万万,仅兵马就超过百万,昔日刘瑾但有怠慢宁王殿下之处,还望见谅、包涵!"

宁王朱宸濠一听,脱口道:"刘公公,俗话说得好,'一个巴掌拍不响''一个好汉,三个帮',本王与刘公公联合,欲成就大业,各怀心思,各打各的算盘,只能两败俱伤,听刘公公方才一席话,本王心中无忧矣!"

此时,刘瑾一招手,把他的心腹之人焦芳、张彩、江彬、马永成、张忠等几个人招来,与宁王朱宸濠一一见过面。从此时起,同在一条船上的人就这样相互认识了。

宁王说道:"刘公公,本王听说,连兵部尚书王琼也十分惜爱王阳明这个天下奇才。昨日本王与王阳明相约在京城之外的玉禅寺相见,刘公公,你猜本王与他见面,见识到了什么?"

刘瑾没想到,今日宁王会主动提及此事,而且特别爽快,他笑道:"殿下,奴才刘瑾生来愚钝,请殿下直言。"

宁王朱宸濠遂把试探王阳明兵法及骑射的过程详细说了,异常兴奋地赞道:"王阳明真乃天下奇才、将才、帅才,本王的这个看法,凌将军、吴将军可以证明。"

吴十三点头道："一个在工部观政的小文官，竟有如此奇才，怪不得连兵部尚书王琼也敬之三分，实在难得，难得！"

张忠向刘瑾说道："千岁爷，御林军中有个都尉，也能百步穿杨，也当是个奇才吧？"

刘瑾怒道："忠兄弟，人家王阳明是驰马百步穿杨，和王都尉站在那儿挽弓射箭根本不是一回事儿。"

凌十一笑道："是啊，我吴兄可谓南昌宁王府的射箭高手，昨日和王阳明比骑射，人家王阳明三箭三中，吴兄三箭却只中了一箭！"

吴十三说道："刘公公，关键是王阳明对《孙子兵法》《六韬》，张口就能诵出，竟不错一字！"

宁王朱宸濠叹道："也许本王说话太直白，想请他做统兵大将军，他一口回绝了本王，现在本王和王阳明就僵在这儿。刘公公可有办法，让王阳明服服帖帖做本王的统兵大将军？"

这次刘瑾才彻底明白，兴奋地说道："殿下，奴才别的事做不来，要拉拢、腐蚀、陷害人的办法多得很，至于这王阳明嘛，即使费点周折，折些本钱，为了殿下的大业，也是值得的。"

宁王朱宸濠一听此事大有希望，他笑着说："刘公公，这样，你与本王从现在起，把劝服王阳明之事放在第一位，只要他投拜到本王的麾下，成就本王大业一定指日可待！"

刘瑾点头笑道："好！好！奴才一定竭尽全力，劝服王阳明归顺殿下。"

宁王朱宸濠点头道："刘公公，很好！不过你有更为具体的办法吗？不妨当面说说看。"

刘瑾向马永成、张忠等说道："你们几个兄弟，听清了，今儿起，放弃对王阳明，包括王华及其家人的一切活动，把盯梢人员全部撤回，咱们来个黑白大颠倒，化昔日干戈为玉帛，明白了吗？"

马永成、张忠等站起来，齐声道："明白，千岁爷！"

刘瑾转过身来向宁王朱宸濠说道："殿下，奴才与王阳明之父王华结怨甚深，此事奴才不宜出面，但劝服办法奴才可以为殿下多想，具体出面，还是由殿下去做如何？"

宁王朱宸濠从朝臣中已经了解，刘瑾和杨廷和、孙燧、王华一直是公开敌对，只是刘瑾面对此三个眼中钉无计可施，才转嫁到王阳明身上，反而使他们对刘瑾仇恨更大、更深。所以正如方才刘瑾所说，刘瑾可以做幕后诸葛亮，但与王阳明真正接触，还要宁王及其属下。不过，除了宁王朱宸濠告诉王阳明要篡位以外，他与王阳明关系还算可以。王阳明也没有因为不做他的统兵大将而和他撕破脸皮，因此这件事大有可周旋的余地。宁王朱宸濠连连点头说道："好，还是刘公公考虑周全。"

临分手时，刘瑾再三嘱咐道："殿下，此大事既已外泄王阳明，他是否会把此事通告于辅佐大臣杨廷和与孙燧呢？这对成就宁王大业相当危险啊！"

宁王朱宸濠摇头道："放心，他没有任何证据，倘他外泄，本王可以通过圣上定他诬陷之罪！放心，现在世上的人，尤其是朝中大臣，凡没证据的事，谁也不敢张扬，以免引祸上身。你说对吧，刘公公？"

送走宁王朱宸濠之后，刘瑾顿觉得身上轻松了许多，不管用什么办法，只要能劝服王阳明，宁王就会增加更大的信心，那么真正成就大业将指日可待。

这时，有一个戴着四方平顶纱帽，身穿盘领圆衫，腰间束带的官吏站在刘瑾门外向里边探头，见再无他人，遂轻叩房门，进门后向刘瑾施礼，口中说道："千岁爷，下官今日得到确切消息，还是那个软硬不吃的兵科给事中戴铣，他私下与李光翰、任惠等，正在收集千岁爷枉法、僭越权位的证据。"

刘瑾大惊道："是吗？他私下没和杨廷和、孙燧、王华三人联合吗？"

那官员摇头道："没有，起码现在下官在盯梢中没发现戴铣和他们有丝毫联系。"

刘瑾示意其近前低声道："好！还按以前爷答应过你的，你只要把戴铣的事儿盯好、办好了，年底前爷保你升为侍郎！"

那官员急忙施礼道："谢千岁爷，下官一定尽心尽力把这件事办好！"

当宁王朱宸濠等回到驿馆，他斥退从人，向凌十一、吴十三说道："你们两个说，本王如何取悦王阳明，只要本王能做到的，就算赔进血本，也要把王阳明劝顺过来！"

凌十一皱眉道："殿下，依下官看，首先王阳明不能在京城做官，离殿下太远也不行，更不要让他到他的老家江浙一带，最好在江西！"

吴十三点头喜道："士别三日当刮目相看，凌兄仅在京城十几天，就有了这么好的办法，凌兄继续说你的锦囊妙计！"

凌十一说："下官不知道现在中书省改布政使司之后，是不是还有平章政事、左右丞相及参知政事这些从一品、正二品、从二品的官位，如果有，殿下可以通过刘瑾，让圣上封他做江西从一品或从二品、正二品的官，这样，殿下可以一举两得！"

吴十三点头向宁王朱宸濠说道："殿下，这是一步妙棋！只要王阳明受封到了殿下的地界，拉他做大事就易如反掌，比在京城要容易得多！"

宁王朱宸濠皱眉道："凌兄，何谓一举两得？"

凌十一笑道："倘王阳明能到江西布政使司任职，最好让他掌管兵马，一旦他顺从了殿下，那样他属下的兵马完全可以为殿下使用，如此岂不是一举两得吗？"

吴十三摇头道:"殿下,这个主意好是好,但是你们不要忘了,王阳明现在只是五六品官员,怎么一下子可以升到从一品、正二品和从二品呢?如果这样,朝中文武百官肯定横加干涉,即使做个三品、四品恐怕还会有朝廷大臣不服呢!封他江西的高官有些难!"

宁王朱宸濠皱眉道:"道理虽然如此,可这毕竟是个相当不错的办法。他只要到了江西,本王自有办法拉他顺服!吴兄,你有没有什么好办法?"

吴十三皱眉道:"殿下,下官由凌兄的高官厚禄,联想到王阳明家在余姚,他王家的祖坟肯定也在余姚,殿下可以出资帮他修缮一下王家列祖列宗的墓地。倘殿下主动帮王阳明做好了,他会不会感恩戴德呢!"

凌十一摆手道:"吴兄,如此不妥!"

吴十三皱眉道:"怎么不妥?"

凌十一说道:"吴兄,你想啊,王华自从余姚来京师将近二十年,余姚老家有他的兄长和弟弟在,殿下用什么说辞给人家修缮祖坟,这样做,还没有直接给王阳明高官厚禄靠谱呢!"

宁王朱宸濠点头道:"凌兄说得在理,是有些强词夺理,这种事本王不能做。不过,再想想,还有别的办法吗?"

吴十三突然一喜道:"殿下,下官觉得还有一个办法,可以让王阳明感激不尽,只要把这件事办好了,再劝顺王阳明就容易得多!"

凌十一问道:"吴兄,你说,做什么?"

吴十三说道:"我听说,王华、王阳明向以礼仪治家,听说他祖父叫王伦,号竹轩公,此人曾给儿子王华写了三块警语牌匾挂在家里墙上,挂在上房的牌匾是'居家戒争讼,讼则终凶,处世戒多言,言多必失';挂在客厅的牌匾是'宜未雨而绸缪,毋临渴而掘井,自奉必须俭约,宴客切勿流连';挂在书房的牌匾是'凡事当留余地,得意不宜再往;读书志在圣贤,为官心存君国'。"

凌十一笑道:"王阳明祖父王伦给子孙留下的牌匾固然好,不过他与殿下劝服王阳明有何益处?"

吴十三说道:"下官已查清楚,王阳明的祖母尚在,此人是信奉释迦牟尼的居士,每日在家参禅、打坐、礼佛,还经常到会稽山上打柴。不妨给王阳明祖母,打造一个制作精美、栩栩如生的金佛之像,到余姚寺院,请大法师开光,然后请入王阳明祖母住的老宅之内。仅此一项,功德无量,定会感化王阳明。而且我听说,王阳明小时候最听祖母的话,请殿下想想,如此是不是更能感化王阳明?"

宁王朱宸濠皱眉道:"吴兄,这确实是一件最能感化王阳明的大善事。可是,本王为何而送，理由是什么，既不能牵强附会，又不能做得太贴不到边儿，凌兄，你说是吧？"

凌十一点头道："殿下，如果对王阳明先礼后兵的话，下官以为，上策是封王阳明高官厚禄，把他升调到江西布政使司，这样殿下做什么都方便；下策还是绑架，软禁王阳明的家人，倘上策不成，殿下再用下策，绑架他父亲王华，或是他夫人诸氏，这两人只要有一人控制在我们手上，王阳明无奈只能顺从！"

吴十三权衡利弊，点头道："殿下，凌兄的上策和下策，确实不错。依我看，用此二策，一阳一阴，一张一弛，王阳明只能落入我们的手掌之中！"

宁王朱宸濠点头道："好，凌兄，下策先暂停，本王明日约见刘瑾，这个高官厚禄的皮球就踢给他，这是考验他是否和本王同心同德的最好验证！"

吴十三喜道："殿下英明，倘他连这件事也办不成，说明刘瑾能量太小，不足以成就大事！"

刘瑾听了宁王朱宸濠的话，当时怔了一下，皱眉道："殿下，平地之间，让王阳明连升五六级，这恐怕有些太荒唐了吧？倘圣上问奴才，王阳明何功何德，可以平步青云，连升五六个品级。只怕太过分了吧？"

宁王朱宸濠笑道："刘公公，虽然看起来有些荒唐，可是除此高官厚禄，你有比这更好的办法吗？如果没有，请刘公公一定玉成此事！"

刘瑾心里压根就不愿给王阳明升官，如按他最初的想法，王华和王阳明必须一步一个灾，一步一个难，不论在仕途上还是在家，决不让他父子风调雨顺。可是宁王朱宸濠却让原本被他一步步打入十八层地狱的王华父子一下子步入天国，步入无与伦比的最佳境地。他不直言此事不好办，也办不成，却说："殿下，倘这件事能办成，谁提前去向他吹风，向他买好，他王阳明能不能心甘情愿买你宁王殿下的账和情呢？"

这点儿至关重要的说辞，宁王朱宸濠来见刘瑾之前确实没想过。是啊，这还真是一个不可忽视的难题！

见宁王朱宸濠语塞，刘瑾继而说道："这件送花送喜的事，奴才去不合适，殿下亲自去太没意思又不合适，所以这就需要有一个介于宁王殿下和王阳明中间的说合人，叫送喜媒人也可，必须由这个中间人去做，殿下你有合适的人选吗？"

宁王朱宸濠张了张嘴，又无语叹起气来。

凌十一不满道："刘公公，恕下官之言，倘你没这个能耐办成这件事，你就不要假装，没开始做，你就在一边说这难那难，咱这汤是躺着喝，还是站着喝，你这分明是破裤子先伸腿儿，说明你压根就站不起来摆不平嘛！"

宁王朱宸濠摆手笑道："凌兄，你不必如此！刘公公，记得坊间有句话说得好：

'十八岁的姑娘一朵花，何愁嫁不出去！'多余的话本王不想说，高官厚禄的事，请抓紧时间给王阳明疏通办理，本王在京城驿馆立等消息！"

说罢，宁王朱宸濠站起来，示意凌十一等匆匆离开。

刘瑾一屁股瘫坐在软椅上。他望着远去的宁王朱宸濠一行人心想，宁王红唇白牙，上下嘴唇一呱嗒，嗖的一脚，把一个又软又大的腻歪皮球踢过来，他借此验证我是否与他同心同德，好一个让人头痛心碎的大难题呀！

这天晚上，跟随刘瑾的侍童又把朝廷各部院局以及各州、县、府、布政使司送来的奏折、上疏等厚达百册之多，送到他的私第。他通知的焦芳、张彩、江彬、张忠、张锐等皆提前候在书房内，唯有刘瑾的妹婿礼部司务孙聪和华亭张文冕、马永成没来。

刘瑾背着两手，在中堂内踱来踱去，过了一会儿，他向站在一侧的侍者吼道："笨驴，你在这儿傻站着干什么，快去催他们啊！"

像这种在私第商议探讨事务，对刘瑾的心腹来说已经司空见惯，所以大家似乎都麻木了。但碍于刘瑾的权势，心中有怨恨之词，却又不敢说出来。在深山里，有一些以鹰捕捉猎物的猎人，每日每夜要熬鹰，这种熬不是水煮之意，而是把鹰放在自己的胳膊上，不让它吃饱，让它飞走之后再飞回来，始终让它睁着眼，它一旦想闭眼休息，就会被猎人惊醒，直到熬它四天四夜，有的鹰需要更长的时间。这时猎人和家人轮流熬煎猎鹰不让它不闭眼休息，待鹰实在睁不开眼，甚至无法站立的时候，让这只鹰才歇息个够，而后再把它放出去捕捉猎物。马永成曾私下对张忠说过："兄弟，走吧，千岁爷又要熬鹰呢！"

刘瑾把宁王朱宸濠的要求一说，焦芳率先说道："千岁爷，恕我直言，这件事除非皇上不顾文武百官反对，来个旱地拔葱，硬生生地让王阳明平步青云，否则不可能啊！"

张彩笑道："宁王殿下想让王阳明做他的统兵大将军，他想疯了吧！凭什么天下掉下这么大一个金元宝，偏偏要掉在王阳明的怀抱里，连升五六个品级啊？"

张忠刚要说什么，刘瑾怒道："诸位兄弟，大家别光说风凉话，反正事儿就是这么个事儿，人说三个臭皮匠合成一个诸葛亮，按咱今儿议事的人数，至少有三四个诸葛亮！大家帮爷想个办法，这件事明知不可为，偏偏要去为，不然宁王殿下看不到爷的诚心诚意，他就会对爷失去信心。大家必须清楚，没有宁王殿下做战场厮杀，攻打外围，光咱几个想成就大事，那才是瞎子点灯白费蜡！即便爷侥幸夺了皇位，不出三天，大兵压京，你们都要随爷死无葬身之地！你们几个别光顾着低头喝茶，都把聪明的脑袋转动起来，快想出好办法来！"

这时，一个坐在梅兰竹菊四君子扇屏一侧的中年人站起来，刘瑾看清他叫余得水，是翰林院的。余得水顿了顿嗓子,高声道:"千岁爷,既然不可为偏要为,这是宁王殿下在验证爷,是否与他同舟共济,小的倒有一个办法,让宁王殿下无话可说。"

刘瑾喜道:"得水兄弟,爷早就说嘛,你在众兄弟间,平时看不见,偶尔露峥嵘,快说说你的办法,让众兄弟都听听!"

余得水说道:"千岁爷,焦大人在吏部做尚书,最具权威性。咱可以这样,请焦大人出面,联合朝廷文武百官,包括各行省的布政使司官员、平章政事、左右丞以及参知政事,联名上疏,上奏王阳明入仕前后的功劳,当然这些事可以无限或有限地夸大,吹牛嘛,咱们最拿手!反正圣上时常不理朝政,他孤陋寡闻,咱给他送什么,他接什么,千岁爷做个局外人,只在圣上旁边添油加醋。倘圣上不准,咱再联名上奏。如此者三,假亦真来真亦假,此事只要炮制得天衣无缝、如假包换,到那时,王阳明一步五六阶不就顺理成章了!"

余得水此时如坠入一个炮制如假包换、美轮美奂、神奇而又自然的世界里,他说得绘声绘色、环环相扣,直到后来,连他自己也不相信自己竟有如此聪明绝顶的办法。

过了很久,寂静的书房内才出现了窸窸窣窣的响动。刘瑾笑着问道:"诸位兄弟,此法虽然看起来慢,但它有根基,代表多层面。如此者三,死缠烂打,不屈不挠,甚或联合跪于金水桥前,不怕圣上不恩准!"

这天,武宗龙体稍安,刘瑾见武宗龙颜大悦,他趋近圣上说道:"陛下,前天奴才去兵部见王大人,陛下你猜王大人说什么来着?"

武宗摇摇头以示猜不出来,只是笑眯眯地看着他说道:"刘瑾,你别装腔作势,有什么话你直说吧!"

刘瑾这才说道:"陛下,王大人说,刘公公,快向圣上举荐王阳明吧,看看他的文韬武略,我王琼在兵部尚书之位,实实在在羞愧难当啊!陛下,奴才对天发誓,奴才方才所说王大人之言原原本本,不敢妄加或减少一字儿!"

武宗通过王阳明奉旨修造威宁伯王越墓之事,以及刚刚过去的王阳明诋毁朝廷书案,更加上近侍嫣儿和婵儿奏报,虽尚未道破将来"保尔社稷稳如泰"的人就是王阳明,且先前留在武宗心里文韬武略、英气勃发、仪表堂堂的豪迈形象,已经在他的内心深处屹立起来。

听到刘瑾的话,武宗皱眉道:"王爱卿博学多才,自从遏制西北边关军情之后,运筹帷幄,从京城到各州府,包括行省布政使司,被治理得井井有条,他居然说出这番话,实在难得。"

十二 瘸腿麋鹿偏做马 癞蛤擂鼓赚乌鸦　147

"当然，自古'强中自有强中手，高人之外有高人'嘛！现在，满朝文武都有一个共识，那就是王阳明是上天赐给朝廷和陛下的一个非常难得的奇才！是金子就应当让它发光，总把它埋在泥土里，这样就失去了金子的价值。假如陛下的朝廷把一块闪光的金子，视为破砖烂瓦、泥土尘沙，上天会因此不喜悦的！陛下，江西一带盗贼蜂起，那里的平章政事、左右丞，包括参知政事，吓得两三天才开一次公衙，甚或七天半月开一次公衙，长此以往，也不是个办法呀！"

刘瑾说谎，编瞎话，一向张嘴就来，倘有人追问或验证绝无此事，他会瞪大双眼说："奴才是听宫中人传说的。这个传瞎话的东西，用这些谎话、瞎话脏了奴才的耳朵，奴才这就洗耳去！"

如此者三，刘瑾几乎天天给武宗下毛毛雨，武宗信以为真。

十三　邪风妖歌催人醉　铮骨丹心大义巍

嫣儿身为近侍，她有一双看似温柔却又非常犀利的大眼睛，她还有一对侧身细听百米之外的玉耳朵，自从宁王朱宸濠与圣上武宗见面之后，嫣儿特意让婵儿妹妹注意观察谁在和刘瑾来往。据婵儿说，这些天刘瑾趁武宗患头痛病，借故后宫事务繁忙，已四次和宁王朱宸濠会面。有一次，宁王朱宸濠带着他的属下，健步如飞去和刘瑾会面，手上根本没提着那个盛放蛐蛐儿的精美小竹笼。她心里想，这宁王朱宸濠背着圣上，三番五次到后宫，频频和刘瑾会面，到底所为何事呢？

有一次，一个十四岁的小太监负责司礼监客厅斟茶，不小心摔了茶杯，刘瑾为此打得他皮开肉绽，他在屋里悄悄啼哭，被去提开水的嫣儿听到。嫣儿像姐姐一样安慰他并给他擦泪。那小太监告诉她，刘瑾这些天常常和宁王朱宸濠见面，他们谈的说的都是和王阳明有关的事。从小太监断断续续的口述里，她似乎明白了，刘瑾和宁王朱宸濠有篡位谋反之意。按宁王朱宸濠的话说，武宗朱厚照继位后，膝下无子，且又贪图享乐，好声色犬马，时常不理朝政，常让刘瑾代之。昔日太后健在时，曾向宁王朱宸濠说过一句话："以你朱宸濠的聪明才智，你可继大位！"更主要的是，宁王和刘瑾见面，商议最多的是想把王阳明拉过来，让王阳明做他南昌宁王府的统兵大将。

嫣儿一听，从内心深处震惊了。原来满身戾气、脸冒虚汗、行步颤颤悠悠、手提精美蛐蛐儿竹笼儿的宁王朱宸濠，竟是装出来的。

当然篡位谋反，乃国之大逆。此事事关重大，若无真凭实据，岂可随意乱说。嫣儿悄悄把自己欲出宫的事告诉了妹妹婵儿，现在只有她和婵儿知道此事，因圣上武宗曾口谕，但凡遇国之大事，允她化装出宫，帮武宗查证。这种奇妙的关系，也仅限于三人知道。故而她向武宗说道："陛下，奴婢有事，须出宫几日，还望陛下但有人问起，帮嫣儿遮挡一下。"

武宗点头，嫣儿化装之后，悄悄出了后宫。

自从和宁王朱宸濠见面之后，王阳明除了到衙署点卯，做些文案之事外，无甚要紧之事，就把冀元亨、卢尚德等约到他家，在后院之中，教他们刀剑武功以及兵法之事，有时王阳明借几匹马，他们驰马到京城外，讲习操兵演练、排兵布阵，冀元亨和卢尚德等的武功大进，王阳明心里非常喜悦。

这日，嫣儿在王阳明家门口等他归来，她故意戴了一顶大席帽，席帽下垂半尺多长的黑色锦纱。她看到王阳明与夫人诸氏笑着从街市上买菜回来，嫣儿随手捡起一块核桃大小的瓦砾，远远掷在王阳明脚下。

王阳明向诸氏说道："夫人，你先回家，我看到了一个熟人。"

诸氏点点头，接过菜篮子独自回家。

王阳明转过身来，看见路边一个头顶大席帽的女人，向他点点头，便往前面走了。王阳明知道，肯定有大事儿，便跟在她身后。二人仍进入了那个门槛赤红、旗幌上大书"春香"的茶坊内。

此时正是京城人喝茶聊天之时，茶坊内人很多，除了熙熙攘攘的说话声，还有店小二清脆嘹亮的传话声、送客声、收银声。

恰巧靠近屏风的拐角处有一个茶位，嫣儿和王阳明坐下来。王阳明传了茶，店小二嗓音洪亮地高声唱着奔过来："屏风后面，拐弯儿边儿上，又鲜又嫩的碧螺春茶来喽！"

嫣儿推开茶杯，低声说道："王大人，小女子嫣儿有大事相告。"

"嫣儿姑娘，我上次不是说过吗？不要再叫我王大人"。

"是，我知道，叫阳明大哥！"

"对，嫣儿，你说吧，我洗耳恭听！"

嫣儿把宁王朱宸濠数次入后宫和刘瑾见面，包括由吏部尚书焦芳发起，朝中文武百官联名上疏，欲给王阳明加官晋爵等事，一股脑儿告诉了王阳明。

末了，嫣儿说道："现在刘瑾造势，而且按宁王朱宸濠之意，让圣上封你到江西承宣布政使司做官，以便宁王朱宸濠拉你入伙，做他宁王府的统兵大将军。方才我说了，他们对你有两策，一是高官厚禄；二是抢劫扣押你的家人，逼你就范。"

王阳明长叹道："嫣儿，这件事刘瑾还没向皇上提起吧？"

嫣儿一笑，摇头道："没有。"

"没有就好！"

嫣儿又摇头道："从皇上头痛病好后，刘瑾就开始在皇上耳边吹风，我知道他张口就能将谎话编得和真的一样。他拿兵部尚书王大人夸你。现在焦芳及江西承宣布政使司的上疏还没上来，这段时间刘瑾一是在朝中文武百官中造势，二是在皇上身边大吹耳边风。"

王阳明摇头道："嫣儿，通过我和你几次见面，想必你也看出了我的性格，我从不自吹自擂，更不会打肿脸充胖子，对这种人为吹出来的盛名，其实就是阳光下的冰山，它堆得越高，滑下来得就越快。我是书香家子弟，上可追溯到我的本家先祖王羲之、王献之你在宫中读过史书，先祖王羲之，已经做到了很高的兵马职位，特别是做会稽王简文帝司马昱的内史，正因为他看腻了朝廷内部尔虞我诈、钩心斗角的那种官场上案前对几而饮，案下却捅刀子的血雨腥风，才放弃高官厚禄，像陶渊明一样，流连于山水间，终以书法、绘画为业，过上了闲逸轻松的田园生活！"

嫣儿点头喜道："是啊！是啊！所以他成就了一代书圣的英名！"

王阳明接着说："我虽然没有先祖那么超凡脱俗，但我的志向是精忠报国，鞠躬尽瘁，死而后已。嫣儿，这是我王阳明一生要追求的目标，也是我为之乐意奋斗的最高境界！如同汉时马援将军留给我们后世的那句名言，'军人当驰骋沙场，老来马革裹尸而还！'"

嫣儿点头道："阳明大哥，现在宁王和刘瑾正在为你量身定做大金元宝呢，你正好双手接着，岂不强似你辛辛苦苦追求十几年？如果机遇不对，上天不助，甚或追求一辈子也难以实现你的终极愿望呢！"

王阳明摇头道："嫣儿放心，你大哥绝不是那种趋炎附势、溜须拍马之人。你大哥要凭自己的真本事去得到它。别有用心的人怀着不可告人的目的，即使可以告人，但不是我王阳明应得的，哪怕是再大的金元宝，我也不会接受它！"

嫣儿点头笑道："阳明大哥，看来我嫣儿没看错你，故而上天就让你来做大明江山社稷的栋梁之材！"

嫣儿说到这里，急忙又改口道："阳明大哥，嫣儿是说，凡天地造就，必有所用。你熟读兵法，文韬武略在胸，应当是上天送给大明江山社稷的栋梁之材，这不是谁想要谁就能得到的，你说对吧，阳明大哥？"

王阳明并没有意识到嫣儿话中蕴藏着什么，他摇头说道："不，江山代有才人出！我王阳明不是什么奇才神才，我是每天吃素炒大白菜，喝玉米面粥，吃玉米面窝窝的凡夫俗子。我不指望做什么高官，我只想把我毕生所学，毫无保留地拿出来，义无反顾地报效国家，送给生我育我的父老乡亲和黎民百姓！嫣儿，我不是在夸夸其谈、自诩非凡，我每天都在这样做！我自入仕以来，直到今天，我都是这样说，也是这样做的！"

嫣儿放下茶杯，正色道："阳明大哥，你知道嫣儿和我的妹妹婵儿是皇上的近侍，刘瑾和宁王朱宸濠现在绞尽脑汁，最后让皇上首肯，给你一把高官厚禄的大座椅！嫣儿今日出宫正为此事，今嫣儿知道了阳明大哥的心里话，嫣儿当知道在皇上面前如何说话了。"

王阳明笑道："嫣儿已经明白了我的心迹，嫣儿自然知道该如何向皇上说。"

"可是，倘若皇上恩准了此事呢，你难道要忤逆圣旨，不接受这个天上掉下的大金元宝吗？"

"当然，我王阳明不是故意忤逆圣旨，我现在还没有修炼到那个层次。我对仕途，对官场，尤其是对兵马将领之事，刚刚了解了皮毛，还只停留在书本上，距离真正的带兵打仗、攻城略地、排兵布阵还远着呢。兵法中有知己知彼，百战不殆，我没有准备好，怎么可能接这个大元宝呢！"

事也赶巧，这天武宗回寝宫，或许又是在刘瑾安排的豹房内，和很多女人多吃了些花酒，喝过醒酒汤后，虽然清醒了许多，但还是迷迷糊糊的。这时皇后突然来到寝宫，嫣儿和婵儿急忙伏地施礼。

皇后笑道："嫣儿、婵儿，你们是圣上的近侍，不必总这么拘礼，快起来吧！"

说罢，皇后趋近斜倚在龙床上的武宗，抚摸着他说道："陛下，你看，今日又喝这么多酒，贱妾今晚就留在这儿，有些心里话，想和陛下说说呢！"

武宗睁开惺忪睡眼，强笑了笑说："娘娘，唉，今日朕在豹房太累了，哪有心思说悄悄话呢？"

"陛下，你今日累、昨日累、前日累，自从贱妾做了这后宫的皇后娘娘，陛下和贱妾只相处了几个晚上，贱妾哪里还叫什么皇后娘娘，索性叫贱妾独后娘娘吧！"说到这儿，皇后眼中溢出了泪水，她说得真真切切，是压抑了多少年的苦闷所致，她呜呜地哭起来。

武宗似乎明白了皇后娘娘的痴情，昔日先帝在位时，只让有封号的嫔妃侍寝，而且往往把皇后摆在第一位，只有这样，才能使皇祚有继承的本钱。当然这里还有一个嫡生和庶生之别，和皇后娘娘在一起的时间长、时间久，自然嫡生的多；反之，如果和有封号的嫔妃们在一起过夜的时间多，自然庶出的儿女就多。但在皇位继承上，历朝历代都有嫡在前庶在后、长在前次在后之别。凡遵从君君、臣臣、父父、子子的皇上，多选择与皇后过夜，其次才是有封号的嫔妃。唐明皇李隆基选择了李白诗中说的"三千宠爱于一身"的杨贵妃，贵妃是她的封号，并不是皇后，所以，即使李隆基与杨贵妃在一起生了儿女，那也是庶出，而不是嫡出。

这位在朱厚照登基时就封为皇后娘娘的夏氏，按说当母仪天下。可是十几年来，朱厚照不停地在皇后和有封号的嫔妃之外采摘野花，抚蕊摸瓣，他在刘瑾精心为他建造的豹房里和那些能媚动男人魂魄的丽人厮混、歌舞、喝花酒，他已经不能自拔了！

听了皇后的话，武宗说道："娘娘，这都是朕不好，今晚朕实在太累，也没精力说什么悄悄话，不如这样，明晚朕移驾娘娘处，咱老夫老妻好好说说悄悄话如何？"

皇后擦了擦眼泪，点头笑道："陛下，你是大明之主，你说话可要算数，不要让贱妾望穿双眼啊！"

武宗抚摸着皇后，点头道："娘娘，朕一言九鼎，岂能让娘娘望穿双眼呢？回吧，朕真的要好好歇息了。"

皇后临走时，她拉着把她送出门口的嫣儿说道："嫣儿，你是陛下的近侍，明日你务必提醒陛下，到了酉时，一定要告诉陛下移驾中宫！"

嫣儿点头道："娘娘放心，奴婢到时候一定提醒圣上移驾中宫。"

皇后示意嫣儿近前，低声道："嫣儿，刘公公已经跟我说过几次，让我劝说陛下，有一个叫王阳明的文官，他在工部观政，说他有经天纬地之才，要我转告陛下，给王阳明封高官，而且还要让他去江西，我一直在深宫，本来不问朝廷之事，嫣儿，你说刘公公托付我的话，我该不该向陛下说呢？"

嫣儿惊道："娘娘，恕嫣儿直言，这大明江山社稷是陛下和娘娘的。就是他整天引诱陛下出入豹房，和外边青楼的头牌女人厮混、喝花酒，真不知道他用心何在！娘娘，你说嫣儿说得对吗？"

皇后皱眉道："嫣儿，这件事我考虑很久了，但是男人坐了江山，天下都是他的。他想干什么就干什么，天底下数他大，我想劝他，但几次话到嘴边又咽了下去，这一来二往，年年岁岁都这样消磨过去了，到头来，连个亲生的一男半女都没有，想起来真是难受啊！"

夏氏身为皇后，母仪天下，主管后宫，她难得遇到一个可以说心里话的人，嫣儿和婵儿就是这样的人。

嫣儿见皇后娘娘还想说下去，她想到现在只有妹妹在圣上身边，遂说道："娘娘，嫣儿出来久了，担心圣上传唤，请娘娘回吧。"

果然，武宗醒了酒，向婵儿说道："婵儿，你姐姐呢，朕有话想和她说说。"

婵儿笑道："陛下，我姐去送皇后娘娘啦，可能很快就回来了。"

嫣儿趋近武宗笑着说道："陛下，嫣儿来了，你有什么话说吧！"

武宗皱眉说道："嫣儿，这些天刘瑾总在朕耳边说王阳明是个什么天下奇才，什么文韬武略之才，让朕一定要重用他。这不，他吹了几天风，吏部尚书焦芳发起联合朝廷州、县、府及各行省布政使司的官员，近一百五十人联名上疏，要朕给王阳明封高官。朕又收到了江西承宣布政使司的上疏，他们也和焦芳联名上疏，不同的是，有一条说，江西境内近日盗匪横行，急需要一个能统领江西布政使司兵马的人前去镇守，以维护江西黎民百姓之安全。"

"是吗？陛下，先刮细细的西北风，再下毛毛雨，继而一声霹雳，瓢泼大雨骤然而至，这是刘公公一贯的做法，既然如此，陛下怎么看？"

武宗说："朕和王阳明见过三面：一次是当年，朕传旨让他到河南浚县威宁伯王越故地，为威宁伯修造墓地。一次是西北边关告急时，他口述《陈言边务八目疏》，为朕救了一次急，连兵部尚书和一些负责朝廷兵马的将军们都佩服。最喜悦的是西北边关的吴将军，他上疏说，有了王阳明的《陈言边务八目疏》，北虏急忙撤军，还给他特意写信。除了这个，记得好像还有一次朝议。对，就是几个月前发生的，刘其能主谋策划的王阳明诋毁朝廷书案之事。他和刘瑾直言相对，言辞锐利如刀，让刘瑾无法招架。就是那次朝议，一方以杨廷和、孙燧、王华，还包括这个王阳明为主，另一方则以刘瑾、焦芳、张彩等为主，吵得不可开交。那次朕犯了头痛病。但朕记得清楚，杨爱卿力挺三点，主要是刘其能最后会审供词说明，是刘瑾指使和谋划了这个书案，是他让刘其能做的，这件事朕也记得清清楚楚。"

嫣儿见武宗兴致勃勃地说王阳明，便问道："陛下，依你之见，王阳明是陛下的爱卿还是……"

武宗脱口道："那还用说，当然是朕的爱卿喽！而且是个非常难得的爱卿！假如我用重量衡量，别的爱卿在朕的心目中重十斤的话，那爱卿王阳明则重五十斤！"

嫣儿笑道："陛下，既然如此，那刘公公吹的风，焦大人一百五十人的联名上疏，包括江西布政使司的上疏，不都是在赞美和需要王阳明这样的奇才吗？"

武宗摇头说道："王阳明入仕才几年，如果是统兵镇守一方，或许可以用得上。但朕想这里面可能运行和策划着一件什么事，朕是局外人，就像当年魏兵初临诸葛亮的八阵图，看似简单，可一旦进入，便杀机重重，任你神兵百万，也要丧生在这八阵图中！朕没有什么透心镜，可以看透刘瑾和焦芳他们心里是怎么想的，让一个文官从五六品扶摇直上、平步青云，直到三品、二品，这不合常理，必然会遭到文武百官的质疑。他们会认为朕是不是得了失心疯，王阳明没有为朝廷建大功立大业，凭什么有了这两个上疏，就一夜之间飞黄腾达，跨入朝廷的公卿之列呢？这太荒唐、太可笑了，朕就是再贪图享乐，好声色犬马，也不至于如此糊涂，如此不拿朕自己的江山社稷当回事。"

嫣儿会心地笑了，她看着武宗的样子，心中突然涌出一个念头，宁王朱宸濠和刘瑾不是数次在后宫背着圣上偷偷见面吗，他俩里应外合，不就是要篡位谋反吗？理当告诉陛下，让他不要被宁王朱宸濠的假面目所蒙蔽……可是，她旋而一想，不可！万万不可！现在还没有宁王朱宸濠和刘瑾真正里应外合的铁证。

嫣儿给武宗斟了杯浓茶，笑着双手奉与他，说道："陛下，那明天刘公公肯定会千方百计地向陛下要圣旨，请圣上传旨，陛下怎么办？"

武宗笑道:"朕充耳不闻,如同耳旁刮过一阵风。朕是皇上,朕只要不开口,他刘瑾总不能上了天吧?"

嫣儿笑道:"话是这样说,但是如果陛下沉默不语,或用其他语言推托,必定不是回答批奏上疏的办法。"

武宗喜道:"好个鬼灵精的嫣儿,你这个小脑袋瓜里是不是已经有了好主意,有什么主意就快说。"

嫣儿这才正色说道:"这满朝文武百官中先帝顾命大臣,今陛下的首辅大臣杨大人,还有孙大人以及王阳明的父亲王大人,办事最具公正之心,是朝廷刚正不阿的典范。依嫣儿看,最烦琐的事可用最简单的办法!"

武宗大喜问道:"嫣儿,什么是最简单的办法?"

嫣儿妩媚一笑道:"陛下把焦芳包括江西承宣布政使司的两本上疏,让刘公公拿给他们三人,看看他们是否赞同这两个上疏。"

武宗大喜道:"好,嫣儿,这不失为一个上上之策,朕明日就这么办!"

妠姬和玲儿自从与王阳明见面后,因回家晚,遭到了妠姬娘亲怒斥。原本妠姬一直是一个很听话、很腼腆的姑娘,不知是长期被关在闺房的原因,还是当女孩到了青春朦胧期,或是对自己身体发育出现一种不可言状的羞愧之感,或是对自己内心喜欢的男人,充满了好奇和喜悦之心,那种喷薄欲出、勃勃欲发的情窦,已经从孕育、生根、发芽到开始悄悄地伸展枝叶儿,散发着那种最自然、纯洁的青涩之味!这种冉冉升腾着的青春情窦是人为完全不可抑制的神奇力量,它已经从瓶底升腾到了瓶口。

玲儿跪在一侧,妠姬倔强地抬起头来,抹了把泪珠,说道:"娘,姬儿就这样!就这样!"说罢拉了玲儿一把,两人匆匆离开上房。

妠姬母亲眼见妠姬匆匆走出,一时也失了主意,遂喊道:"你这个孩子!咋这么不听话呢!"

这天夜里,杨廷和从朝中的署衙里回来得很晚,当一家人围坐在饭桌前吃饭时,妠姬母亲看了看杨廷和,又看了看女儿妠姬,话到嘴边又咽了下去。杨廷和似乎发现了夫人的细微举动,但他什么也没说,依旧吃自己的饭。

杨廷和初入仕时,风姿俊美,性格沉静详审,为文简畅有法,好考究先前的掌故,很快就晋升为文渊阁大学士。而今他是当今圣上的首辅大臣,还是光禄大夫、柱国,且兼武英殿大学士之职。此时,他躺在床上,想着离开署衙前,有人密告他,吏部尚书焦芳等一百五十人的联名上疏,欲给王阳明高官厚禄的奏折,今已上报当今圣上,因为所有上疏、奏折等都要经过刘瑾的手，他还要对这些奏折上疏等进行批答，之后才交与通政使司，再由通政使司将个别重要的奏折和上疏交与当今圣上武宗定夺。一听到这个消息，他就去找王华和孙燧二人，王华因有事已提前离开衙署，他急匆匆地把这个消息告诉了孙燧。

夫人哪知道此时他心里装着这件事，她趋过身来，说道："夫君，你看咱家宝贝女儿，是不是长成大姑娘了，我还没有管教她几句，她倒发火了，根本不理我，气呼呼地奔回她的闺房。"

杨廷和笑道："是啊，或许咱们的婳儿真的长大了，现在见了我，总是低着头吃吃发笑。唉，孩子开始懂事了，说是好事，其实也把咱们的烦心事带来了。"

夫人笑道："夫君，不过咱家的婳婳从小听话，关于她的终身大事，咱们可要好好给她精挑细选一个如意郎君，不能委屈了宝贝女儿啊！"

杨廷和叹道："话是这样说，我相信人是靠姻缘的，没有缘分，到头来让人两头忙，还惹得孩子不高兴。这是婳儿的终身大事，咱不急，一切随缘分，都是上天注定的，唉，夫人，一切等待缘分吧！"

夫人一听叹道："夫君，贱妾可不这么看，年方二八的姑娘是一朵花，到了婚嫁年龄，有了合适的人家，当然是门当户对，也必须是京城的官宦人家，姑娘嫁人，就像刚长出的时令菜蔬，像刚刚绽开的花儿，这能等吗？不能等，反正贱妾是这样想的！"

杨廷和一听，叹道："夫人，你何必这么早就操心劳神呢？方才我说了靠缘分，现在我再加上一句，有了缘分，还要水到渠成，你提前劳神操心想这些没影儿的事，实在不值得！"

杨廷和做过朝廷大学士，最早拜左春坊大学士，后相继为文渊阁大学士、武英殿大学士、谨身殿大学士、华盖殿大学士，可谓当今文武百官之中，做过大学士最多的人。所以他说话办事，向来都有章法，从不说废话。大凡做文案工作的人，都是如此，办事干净利落，从不拖泥带水。正是什么夫找什么妻，天长日久，夫唱妻随，夫人也随了他的习惯。

夫人知他心中有事，用胳膊肘捅捅他说道："夫君，今日回来得晚，莫不是朝中又有什么新鲜事儿？"

杨廷和转过身来，叹道："是啊，是一件你猜都猜不到的奇闻奇事！"

"是吗？什么奇闻奇事啊？说来让贱妾听听。"

杨廷和遂把朝中传闻之事说了，叹道："我与王兄、孙兄是朝廷中出了名儿的和刘瑾对着干的死对头。今不知这个刘瑾动了什么恻隐之心，一心向善，竟让焦芳出面，私下联合一百五十人上疏，要给侄儿阳明封高官厚禄，真是大白天见了鬼，竟有这种事，太阳从西边出来了吗？刘瑾为何向咱示善，他是要脱胎换骨，一下子放下手中的屠刀，立地成佛了吗？这不是天大的大笑话、大奇事吗？"

夫人摇头道："夫君，这也难说。你看，你们三个一直是刘瑾的死对头，敢当着朝廷文武百官和刘瑾过不去。书案的事，不管怎么说，圣上没有依他，他虽然杀鸡儆猴，让文武百官在金水桥前跪伏谢罪，但不是也没敢拿你们的罪吗？夫君是当今圣上的首辅大臣；人家王兄侍讲过两代皇上；孙兄弟呢，身经百战，如今到了都察院，所以他只能拿大侄子说事儿。不过，这也好，倘圣上开恩，准了焦芳等一百五十人的上疏，那大侄子一夜之间不就飞黄腾达、平步青云了吗？这是好事儿！是刘瑾向你们三个俯首认输发出的信号！"

杨廷和摇头道："夫人，有一句话，我这一辈子都相信，你知道是什么话吗？"

夫人笑道："夫君，你胸怀锦绣文章，多如晴天流云，天知道你信服哪句话呢！"

杨廷和作色道："夫人，你记住吧，'是狗就改不了吃屎，狼走千里改不了吃人！'他刘瑾是什么玩意儿？说句咱这文人，不，咱算朝廷的大文人吧，说句不该说的坊间粗话，他刘瑾但凡一撅屁股，谁都知道他要拉什么屎！"

夫人一听，摇头道："夫君，你看你，能说出这种肮脏话吗？真让人恶心。"

杨廷和看着漆黑的屋顶，说道："哼，我以为世上绝没有送上门的好事！他刘瑾一定有所图谋，若不然，他岂肯花这么大的本钱，故意给王阳明造势？对，他的目的一定不可告人，只不过我们暂时都被蒙在鼓里，看不透他这金光闪闪的面纱之后，到底隐藏着什么？"

"夫君，或许他突然间受了佛的点化，决定弃恶从善，或许真的是佛的功德呢！"

杨廷和听夫人如此说，腾地坐起来，低声说道："夫人，你不要把佛的能量无限夸大好不好？我早跟你说过，是上天造就了这个活生生的世界！这些熙熙攘攘，地上爬的、天上飞的、水中游的，还有那些钻在泥土中的，一切活生生的动物之灵，都是来自上天的大能！"

夫人摇头道："夫君，可是世人还给佛盖了寺院，就咱大明国土之内，礼佛的寺院就多得很，人们虔诚地烧香求拜，而且还四处传扬他的经卷，现在京城之内，有儒教、道教、佛教，这佛教在人的信仰中，还是相当大的一派呢！"

"夫人，不管你说一千还是道一万，追根溯源，这不，汉代以前，中国还没佛教呢，更没有人知道释迦牟尼是何许人也！一句话，只有上天才是人们应该虔心敬仰、虔心祈祷的！"

杨廷和就是这种一竿子插到底的人。他经常把他所明白的道理，认认真真、不厌其烦地告诉夫人。

夫人点头笑着把杨廷和拉着躺下来，拍着他说道："夫君，贱妾也听人说过，比如日常生活中人们求雨，求五谷丰登，求家人平安，都是祈求神赐福，我说得对吧？"

杨廷和见夫人不再说什么，此时也不知道是什么时辰，他轻轻闭上双眼，睡吧，明天不知道会发生什么事呢！

第二天，正如嫣儿料想的一样，刘瑾见武宗面色红润，脸上没有一丝不高兴的样子，他向圣上请安后，说道："陛下，焦大人他们一百五十人联名上疏，陛下可否现在传旨……"

武宗摇头道："刘瑾啊，这件事朕觉得太离谱！即使王阳明有经天纬地之才，可他并没有为朕的江山社稷做出过大功劳、大贡献，不要说朕这一朝，就是先帝们，也从来没做过这种奇事啊！"

刘瑾说道："陛下功德盖世，让满朝文武钦佩得五体投地，这是历代先帝们所没有的，可谓开历朝历代之先河，千古一帝！倘陛下传旨封了王阳明高官厚禄，那么凡有抱负之人，一定会以王阳明为典范，勤奋地为朝廷做事，效法王阳明。陛下试想，那将是一幅什么波澜壮阔的神奇画面，那将是先贤老子、庄子所描述的无为可治的和平时代！"

武宗知道刘瑾再说下去，那些赞美之词会滚滚而来。他摆手说道："刘瑾，朕知道王阳明确实是一个奇才，但也不能让他平步青云。这样，这件事倘若真如焦爱卿等一百五十人联名上疏中写的那样，朕不想一口吃个胖子，朕不差这一日三日，朕准备分两步走。"

刘瑾心中十分不快，可他脸上却笑着问："陛下的英明决断分两步，哪两步？"

武宗说道："刘瑾，你先去找首辅大臣杨爱卿和孙爱卿以及王爱卿，把焦芳等一百五十人的上疏和江西承宣布政使司的上疏，一同交与他们认真看看，先征求一下他们三人的意见，然后让杨爱卿一人面圣，其二嘛，刘瑾，你应该想得到。"

刘瑾说道："不，陛下，奴才向来愚钝，请陛下明示。"

武宗说道："第二步，当然是王阳明。"

刘瑾心中恨意又增加了三成，可他脸上却装作认真聆听的样子，说道："陛下，王阳明？"

"对，刘瑾你把此次焦爱卿等上疏的情况，如实告诉王阳明，然后让他单独入宫面圣。"

这是两块千斤重石，呼啦啦一下子砸在刘瑾的心口上，他真有些招架不住。他万万没想到武宗怎么一下子变成了另外一个人，做事竟如此谨慎小心。若在昔日，肯定不问缘由，只要他刘瑾一吹风，武宗肯定点头恩准。现在他怎么了？他是不是比昔日更加看重他的江山社稷了？如果这样，我刘瑾成就大业就难了十倍甚至百倍呀！

刘瑾依然面上笑着说道："陛下英明，陛下英明。"

十四　欲成大事忍为高　刘瑾三策励宸濠

刘瑾从后宫出来，觉得心里不是滋味。他十分鄙视地笑着，这种笑没有任何声音，只是静静地展现在脸上。为了成就他梦寐以求的大业，他在陛下面前，始终是一副孙子相，一副勤勤恳恳吃了苦又急于讨好的样子，他觉得自己似乎又像个晶莹剔透的玻璃球儿。他好不容易围着圣上鞍前马后绕来绕去，使这个玻璃球儿向前滚动了一点，离他想要的那个大业之城近了一些，可是有时圣上的一句话，一个他认为不应该的决定，又使这个玻璃球儿退回到了原点，之前的努力和挖空心思的经营，转眼成了徒劳！

走近杨廷和署衙时，刘瑾心里开始盘算，其实杨廷和这个人，从开始走到现在的辅佐大臣的位置，可谓千辛万苦，来得实在不易。他父亲名叫杨春，做官初为湖广提学佥事，到成化十四年时，他十九岁，才改庶吉士，回家娶了现在的夫人。直到弘治二年晋修撰《宪宗实录》，以预纂修晋侍读，改左春坊左中允，侍皇太子讲读，充日讲官。正德二年由詹事入东阁，参与机务，翌年加少保兼太子太保。也正是此前，刘瑾故意从杨廷和完成的会典中，找出其中的文字用词小误，加以夸大，致使杨廷和与大学士李东阳等俸禄连降两级。虽然后来杨廷和又因完成了《孝宗实录》恢复了那两级俸禄，但也就从此时起，两人的仇恨越结越深。在这种情况下，王华与孙燧主动与杨廷和联合，刘瑾至此才有了惧怕之心。因为此三人，不论是谁都在先帝和后来的武宗面前，被称为上爱之重卿。所以，刘瑾无法扳倒这三个老臣。使刘瑾万万没想到的是，这三个老臣还没解甲归田，英姿勃发的王阳明又横空出世了，修建威宁伯王越之墓时的陷害，以及西北边关告急，和他一手制造的做媒焦王两家，包括后来精心策划的书案，都没有扳倒这个余姚来的大才子。而今，为了成就他的大事，他从满腔怒火冲冠，转变为主动觍着一张皮笑肉不笑的脸，让焦芳等一百五十人联名上疏，欲封王阳明高官厚禄，满脸陪笑送王阳明平步青云。用刘瑾自己的话说，昨日他对人家王华父子还上祖宗、下八代地臭骂，今日却笑着像断了脊梁骨的巴儿狗，向人家王阳明摇尾乞怜，活脱脱一个阴阳两面的嘴脸。

唉，刘瑾自嘲地苦笑了一下，他见到杨廷和先施了礼笑道："杨大人，奴才奉陛下之命，今把焦大人等一百五十人的联名上疏送给大人。对了，还包括江西布政使司的上疏，一并送给大人。请大人和王华王大人、孙燧孙大人在一起商议之后，杨大人再独自入宫面圣！"

杨廷和昨日已经知道，这个联合上疏是有关要请圣上封王阳明高官的事。他看了看，问道："刘公公，这两封上疏是何意啊？"

刘瑾说道："杨大人，这是请圣上敕封王阳明高官厚禄的上疏，因事关重大，故而陛下请杨大人等过目商议。"

杨廷和微微一笑，向刘瑾说道："前几个月，满天乌云，雷霆万钧，有一桩刘其能组织的王阳明诋毁朝廷的书案，弄得满朝文武百官沸沸扬扬，这个书案的幕后黑手是谁，没有挖出来，只能让刘其能当了替罪羊，死后背了个天大的冤字！今时光倒转，太阳从西边升起，忽然，一片祥云笼罩，风和日丽，焦大人等一百五十人，不知受了何方高人指点，竟联名上疏，欲封王阳明高官厚禄！刘公公，你说有人颠倒黑白，混淆是非，今王阳明成了某些人想扔就扔、想捡就捡的饽饽了！唉，我杨廷和老了，真不知道这是什么世道，让人左右为难啊！"

刘瑾非常明白杨廷和的话外之音，他所说的幕后黑手和那个点化了焦芳等一百五十人的人，本是指他刘瑾。但是文人骂人不带脏字，听起来还有些雅致，与其如此，还不如对刘瑾指名道姓，甚至指着他的鼻子骂他，那样美丑分明、善恶立见多好。但是杨廷和用这种一语双关的话，让刘瑾不得不静下心来，张着耳朵，每一个字，每一句话，他都听在了心里，而且他还不能反驳，只能把杨廷和凌空抛出来的屎盆子往自己头上扣。好个可恶、可恨、可诅的杨廷和啊，总有机会我刘瑾会让你跪伏下来舔我鞋履上的尘土，还要"千爷爷，万祖宗"地叫着，任我骑来任我打，老小子杨廷和你等着吧，我会让你看到这一天的！

刘瑾想了半天，他真不想伸手捡这个屎盆子，他心里的怒火让他恨得咬牙切齿。他长舒一口气，强笑了笑说道："杨大人，正所谓'天有不测风云，人有旦夕祸福'。咱都是凡夫俗子、肉胎之身，无论如何，咱们谁也逃不出、跳不出这个生生死死的红尘之道！"

刘瑾正皮笑肉不笑地站在他面前，杨廷和特别想抓住这个天赐良机，一层又一层扒下刘瑾身上的衣袍，让他在众目睽睽之下体无完肤，赤裸裸露出他的真正嘴脸。他会心地笑了！笑可怜的小丑只能这样，十分尴尬地站在他面前；笑昔日飞扬跋扈的刘瑾也有点头哈腰、卑躬屈膝的时候。

杨廷和摇摇头挥手说道："刘公公，此言差矣！生死轮回，下十八层地狱、冥府、阎罗殿，那是世人对毒恶之人的报应之说。其实我所知道的是，行恶的凡人，一定是情欲之鬼附心，所以他才做恶事、坏事。一个人如果一天被情欲之鬼附心缠身，做一两件恶事、坏事，还不可怕，怕就怕一个人在尘世的几十年当中，终日被情欲之鬼附心，他恶事做尽坏事做绝，就算他死了上百年、上千年，早已化为尘土，但是到了上天清算尘世的时候，他必须下地狱，承受永远的火炼之刑！"

刘瑾一听，感觉非常瘆人，仿佛他周身都是火刑，走进了杨廷和说的那个地狱世界。他急忙摇头道："杨大人，你怎么知道这个？"

杨廷和说道："刘公公，你见过用砖砌成的炼铁炉吗？"

刘瑾说道："怪事儿，我怎么见过那种炼铁炉呢？"

杨廷和接着说道："就是这种炼铁炉，此时炉火熊熊，火光四射，人们都排着队，有两人就站在炉门口。那两人也是力大，把排队的人们不分男女，抬起来，扔到大火熊熊的炉内，继而又扔第二人。我是做梦看到的，有一个人，他作恶多端，他看到烧人的大火炉，转身就跑，可是他跑来跑去，总也跑不出那火炉的周围，到后来有一只大手伸过来，一把将他抓住，送给火炉门口的那两个人，那两人一人抓两条腿，一人抓两只胳膊，也不需太用力，就把他扔进火炉内，转眼间什么也看不见了。"

刘瑾听后身上直冒冷汗，他看了看杨廷和，脱口问道："杨大人，如果世上有人不想下地狱呢？"

杨廷和哈哈大笑道："刘公公，那好办，首先他必须真心真意地立地为善，不能做一丁点儿恶事、坏事，行大善献大爱，如此，他绝不会到地狱里承受永刑之苦！"

刘瑾笑了笑说："杨大人，那他最后去了哪里？"

"那还用说，他去了上天之国！"

刘瑾笑了笑说道："杨大人，直说吧，人各有志，不可强求。我明白你的意思，你编造了一个神造世界、神造地狱、神造天国的美丽传说。这样说吧，这世上谁见过情欲之鬼？谁见过地狱？谁见过天国？既然这世上谁也没见过，那就是你臆想、信口瞎编的！都说什么恶人、坏人必须恶死。我刘瑾不信这些，我就信一天不给皇上干活，一天拿不到俸禄。得，我闲着没事儿，和你在这胡扯乱说有用吗？"说罢，他向杨廷和打了个揖礼，上了肩舆匆匆走了。

这日，杨廷和来到后宫大门口，刘瑾急匆匆从后宫出来，向杨廷和见过礼问道："杨大人，你和孙大人、王大人都商议过了，我这样说吧，这对王阳明来说，是千年逢一回，机会实在难得，你们三人是同意，还是有什么异议呢？"

杨廷和正色道："刘公公，这话是你说的，还是圣上有这口谕？"

刘瑾微微一笑说道："不，圣上绝无此口谕，是我好奇，想先知为快，杨大人，请吧！"

杨廷和向武宗施了礼，刘瑾转身欲退下，武宗说道："刘瑾，你别走，听听杨爱卿如何说吧！"

刘瑾施礼道："是，陛下，奴才听命。"

杨廷和总算找到了面圣的时机，他说道："陛下，臣敢断言王阳明并没有给焦大人等一百五十人造就什么大恩大德，他们却要无端联合上奏这么一疏，这背后肯定隐藏着什么不可告人的目的！王阳明入仕才几年，他现在只是五六品官员，怎么可能一下子荣升到二品或从一品呢？这肯定是阴谋！背后不知包藏着什么险恶用心！我和王华、孙燧三人认为此疏太过荒唐可笑，我们千万不要被恶者所用，祈请圣上把此疏当作一张废纸一笑了之！"

武宗笑了笑："杨爱卿，你们三人就这个意见？"

"对，臣等三人就此意见。"

武宗转向刘瑾说道："刘瑾，听清楚了吧，这是一张十分荒唐可笑的上疏，朕真的要一笑了之！杨爱卿，退下吧！"

一个星云密布的晚上，刘瑾在他的私第里与焦芳等心腹见了面，刘瑾把杨廷和对圣上说的话原原本本告诉了众人。他叹道："爷现在是两面不是人，圣上不满爷吹耳边风，而宁王肯定不愿听到这个结果，接下来，大家说怎么办？"

焦芳叹道："千岁爷，说句心里话，当时做这件事时下官就感到荒唐、不靠谱。可是咱也没有什么更好的办法。圣上来了个一笑了之，把咱再上疏的路彻底堵死了，有一个词儿怎么说来着……"

看着焦芳煞费心思的样子，马永成说："什么词啊，值得大人这么苦思冥想？"

焦芳一拍大腿说道："当然，也许这个词儿，用在这儿不合适，是'黔驴技穷'。"

马永成摇头怒道："焦大人，这是什么词儿？咱们都是人，不是驴！"

焦芳看了看正襟端坐在案首的刘瑾说道："千岁爷，反正我是无计可施，大脑里一片空白了，但不知道哪位高兄贤弟还有什么妙策好招儿！"

其时坐在刘瑾四周的除焦芳、张彩、江彬等在朝廷里做官的，其余的绝大部分都是后宫的阉人。除了尚宝司、四司、八局就是司礼监、御马监、印绶监、尚衣监等十二监头头脑脑。此时刘瑾才感觉到，他拉着这个车一步步往前走，真是有些艰难！他简直感到力不从心。可是，他知道开弓没有回头箭，上了驰骋战车的人，哪怕你再后悔，也不可能把奔跑的战车拉住停下来。因为和这辆战车并行的还有宁王朱宸濠，所以这辆车明知前方有一条深不可测的大峡谷，或是一堵十分坚固的南墙，也要硬着头皮往前撞！当然也许大峡谷可以变成平坦的大路，坚固的南墙可能在并驾齐驱的马车冲撞下，立即崩塌。

焦芳之后，张彩和江彬等一句话没说，而那些几乎日日和刘瑾照面的四司八局十二监有权柄的人，无非鸡一口、鹅一嘴，东一句、西一句，都说些不酸不咸、不淡不凉的废话，大家乱嚷嚷了半天始终没说出个子丑寅卯。刘瑾此时也是无计可施，他临散场时说："诸位兄弟，回家之后，再多想想，要不然，宁王那里爷交不了差呀！"

宁王朱宸濠自从和刘瑾分手之后，几乎是每天数着手指盼刘瑾的回话。不过，凌十一、吴十三等随从，乍到京师之地，感觉比南昌不知好了多少。所以这些人每天山吃海喝，有女人，有歌舞，有茶楼，享受不尽，他们乐不思蜀。

这日，宁王朱宸濠见凌十一和吴十三两人醉醺醺地回到驿馆，怒道："凌兄、吴兄，本王带你们到京城是干啥来的，咱不能天天喝、日日醉吧？"

此时，两人在酒楼里早已备下了说辞。凌十一说道："殿下，高官厚禄的事，全权委托给刘公公了，他一旦有了进展，肯定来向宁王殿下禀报；他不来，那就是事情没办好，急也没用，咱只能等！"

凌十一这些话让宁王朱宸濠听了无言以对。

吴十三善于察言观色，他看出了宁王心中极其愤怒。他长叹一口气说道："殿下，自古欲成大事者要有静气，该来的总是要来，我想刘瑾那儿该有消息了。"

宁王朱宸濠叹道："两位老兄，本王是朝廷的封王，今悄悄居在驿馆之内，不便轻易抛头露面。本王呢，也不是反对你们喝酒找乐子，可是咱们总这么傻等下去，恐怕也不是办法。你们都清楚，本王的基业在南昌府，本王离开南昌府快两个月了吧？府里这些天发生了什么，江西承宣布政使司的对头们这些天对咱王府做了什么，本王一无所知啊！"

凌十一摇头道："殿下，依下官看，殿下多虑了，咱想啊，有聪明、贤惠、善良、大度容人的王妃娘娘坐镇王府，谁能把殿下的王府怎么样？"

吴十三点头道："王妃娘娘是个气度非凡的女人。虽然她反对殿下北上京城，更反对与刘瑾联合谋反！不过，咱按殿下的说法，叫作按太后遗诏办事！对，王爷，咱完全可以按太后的笔迹和印玺，炮制一个遗诏，这样，王爷要成就大业，不就容易多了吗？"

宁王朱宸濠大笑道："吴兄弟说得好，炮制一份遗诏，本王真的可以号令天下了！好！谢谢两位老兄今日醉酒，否则吴兄怎么能突然提出太后遗诏之事呢！好，本王手中应该有一份太后遗诏！"

凌十一皱眉说道："殿下，咱有了遗诏，大旗一竖，就可以名正言顺地号令天下，声讨这个圣上朱厚照了吧？如果这样，那这刘公公对咱来说，还有何用？"

吴十三摇头说："殿下，不可！依下官看，刘公公毕竟是公开帮助咱们的同路人。眼下最重要的是，太后遗诏这件事关系重大，对外一点儿也不能声张。也就是说，在临起兵之前，只限于咱们三人知道，他现在为殿下做事，咱应该主动找他要结果！"

宁王朱宸濠笑道："凌兄，你今晚入宫一趟，和刘公公见面，就说本王为王阳明之事，需要和他见面！"

刘瑾自从听了圣上当着杨廷和的面说的那句一笑了之的话后，翻来覆去一夜未眠。没想到，要成就这件大事，真的很难。眼下最难的是如何面对宁王朱宸濠，联合上疏的事，已经成为死棋，可如何向宁王朱宸濠说明呢？

第二天，刘瑾和朱宸濠约定，到驿馆见面，因为总在后宫怕引起他人注意，倘传到圣上那里，势必引起相当大的麻烦。昔日出行时，旗号鼓鸣，人欢马叫，甚是威武，而今是秘密约见。为防他人行刺，随从者达十余人，临近驿馆，刘瑾从舆内下来，只带了两个贴身护卫。恰此时，凌十一等按时辰已候在驿馆外，所以不用声张，刘瑾随凌十一来到宁王朱宸濠的会客房间。

双方施罢礼，宁王朱宸濠开口说道："刘公公，本王离开南昌王府已逾两月，此次在京城逗留时间可谓长矣。客气话本王不说，只问刘公公，王阳明的高官厚禄之事办得如何？王阳明几时到江西任职？"

刘瑾知道纸包不住火，宁王或许已经知道了联合上疏的最后结果，或许他还不知道，不管如何，他把自己如何费力劳神，组织一百五十人联合上疏，又如何让江西承宣布政使司也上疏，添枝加叶地说了一遍，末了才说出圣上朱厚照说的那句话：一笑了之。

凌十一大声说道："刘公公说了半天，你是水中捞月一场空啊！接下来怎么办？你有高招妙招了吗？反正殿下认准了王阳明，欲成大业非王阳明任统兵大将军不可！"

吴十三趁机说道："刘公公，殿下这个把月来，盼星星盼月亮，几乎是天天数着日子过的，原来刘公公费尽了移山心力，到头来竹篮子打水啊！刘公公，这个结果实在让殿下难以接受啊！"

刘瑾几乎哭丧着脸说道："宁王殿下，现在是一计不成又生一计嘛？奴才真的在尽心尽力，大不了，不是还有下策托底吗？"

宁王朱宸濠正色道："本王不到万不得已才使用下策。况且，本王在玉禅寺曾与王阳明见过面，也对过话，他这种人意志坚定，绝对不是那种人云亦云、随风倒的人。他有主见，有智慧，有毅力，试想对待这样的人，只能让他口服心服。本王不能像三国时曹操软禁徐庶一样，你是扣了人家，可到头来，徐庶入曹营，一言不发，体现不了他的价值。所以攻心为上，而扣押其家人当为下下之策！"

吴十三向刘瑾说道："刘公公，现在除了高官厚禄之外，刘公公又想了什么计策？"

凌十一也趁机说道："是啊，有什么妙策说说看。"

刘瑾摇头道："殿下，你想，如果一个人连送到嘴边的高官厚禄都不要，当然并不是王阳明真的不要，是当今圣上不给他！金银财宝他能要吗？唉，殿下，说句心里话，对王阳明，奴才觉得，就差给他提鞋、擦屁股和跪下叩响头了！"

凌十一把眼一瞪，怒道："刘公公说了半天，你没有想出妙策啊，让殿下和下官们白高兴了！"

宁王朱宸濠正色说道："刘公公，本王在京城的时间不多了，抓紧吧，不然咱们的大业难成啊！"

王华回到家，把他与杨廷和、孙燧看到的焦芳等一百五十人上疏的事如实说了，当然也把他们三人商议的结果告诉了家人。王阳明其实已经通过近侍嫣儿姑娘，提前知道了这件事，今天听了爹的话，点头说道："爹，你和杨伯、孙伯的意见很好，儿决不会无功受禄，刘瑾、焦芳的这个阴谋后面，肯定有险恶用心，圣上召见不召见，儿就是这样，要得就得咱应该得到的，这是做人的基本常理！"当然他没有把嫣儿的情况告诉家人，更没有把宁王朱宸濠和刘瑾商议对付他的上策和下策告诉家人，他想，这些事关家人安危，不到关键时候，决不轻言此事。

王阳明说这些话时，夫人诸氏一直低着头，手里抚摸着袍袖，在那里坐着想事儿，直到晚上，她和王阳明沐浴完毕，王阳明笑着说："夫人，咱上床歇息吧！"

诸氏一边用巾物擦着脚，一边头也不抬说道："夫君，你先睡吧，贱妾还想再绣几针呢！"

王阳明起初并不在意。诸氏拿起尚未绣完的牡丹花锦缎，一边绣一边说道："唉，夫君，你看人家隔壁的汪大人，论品爵比你的官位还低一级，你看人家里吃的、穿的、用的哪样不比咱家好？"

王阳明一边脱衣上床一边说道："这汪大人，唉，怎么说呢？人各有志，人家和咱做人的方式不同，这……"

诸氏一听大声说道："看看吧，咱家你和爹都在朝中做官，按说每月的俸禄比汪大人家多，我算看透了，你知道咱家为什么月月盼俸禄，月月等俸禄，家里没有一点节余吗？"

王阳明转过脸来皱眉说道："夫人，你想说什么？"

诸氏大声道："想说什么？咱家挣的是有数的俸银，可人家呢，里找外找，前算后算，有名头儿、没名头儿的纹银收得比俸银还多！所以人家日日见荤见肉，咱家呢，七天吃一次肉还紧巴，上个月十天才吃了一次肉！"

王阳明急忙坐起来，向其实也无心再绣牡丹的夫人说道："夫人，别着急，咱家会好的，一定会好的。"

"哼！好什么？猴年马月吧！"

"夫人，瞧你说的话，只要我的职位上去，咱家的好日子就到了！"

诸氏摇头道："得，你别拿这些好听话哄我，上次人家宁王派一个什么人来咱家，送上门的见面礼，比爹和你两人一年的俸禄还多得多，可你呢，把好好的见面礼又退了回去，我当时心中那个气呀，我真想……"

王阳明笑着说："夫人，你真想什么呢？"

诸氏怒道："夫君，你别给我嬉皮笑脸的，我真想拉下脸皮来问你，咱家不是正愁着买一张书案和换一张早就坏了的木床吗？这些银两来得太及时了，这些银两不但可以买床买书案，也可以给继母和我买几身像样的袍裙，还可以把当年咱们从余姚和南昌带来的，用了十几年的被褥、床单统统换一遍！可是你红口白牙，上下嘴唇一呱嗒，把白花花的银两退了回去！记得那天吗，我一天说肚里不饿，其实那是气饱了，怎么吃得下呢！"

王阳明深思了很久，长舒一口气，这才说道："夫人，人常说'吃人家嘴软，拿人家手短'。咱无功不受禄，况且，宁王的银两不是那么好收的，咱收了就要付出十倍甚至百倍的代价，弄不好会名声扫地、一败涂地，从此在人面前，咱王家永远站不起来！这些夫人你想过吗？我不想上他的贼船！"

诸氏说道："哼，还有今天中午，爹说什么，吾儿刚入仕几年，哪能一下子接受那么高的官位呢？咱要靠自己的本事，天上掉下来的金元宝咱可不能接。听听，咱家穷得快要雇不起用人了，看看继母的袍裙，再看看我的袍裙、头饰，这还是俺南昌娘家十几年前出嫁时陪送的。王守仁你整天正人君子似的，走在大街上，朝里来朝里去，授徒授业，你不害羞啊！"

王阳明怒道："诸淑娟，瞧你刚才说的啥？自古君子爱财取之有道，我和爹不贪不占，两袖清风，一身正气，半夜不怕鬼敲门，我活得坦然，活得自在！"

诸氏一怒道："哼，我知道，我爹老了、病了，你们用不着了。我就觉得官宦之家就应当像个官宦人家的样子，我一天天穷兮兮的，快和市井的女人没两样了！在京城整天一点儿喜庆事没有，干脆我回南昌老家算了。"

王阳明怒道："诸淑娟你走！你走啊！明天我就给你写休书，从此咱们两清！"

诸氏突然大笑道："好！好！我知道，你早晚要说出这句话。别明日写，你现在就写，现在写我现在走！"

西厢房紧挨着上房，在上房睡觉的王华和夫人赵氏早听到了二人的争吵。继母赵氏急忙奔过来，她边束着袍裙边推开门说道："守仁、娟儿，你们俩大半夜不睡觉，吵什么？有什么可吵的、可争的？"

诸氏放声大哭道："王守仁，你写休书，你快写休书啊，我这就走！这就走！"

王阳明怒道："继母大人，她就是个泼妇，她不可理喻！不可理喻！"

王华背着两手走过来怒道："守仁，你长大了，你翅膀硬了，你学会和媳妇吵架了！去，到列祖列宗牌位前，跪三炷香自省！"

王阳明见爹发怒，从屋里奔出去，来到列祖列宗牌位前，点燃了三炷香，双膝跪伏在地上。

此时，诸氏把两人吵架的缘由说了一遍，又哭着说："爹、继母大人，你们知道的，我从来没和守仁吵过争过，可今天，不知怎么突然升起无名火，我真的不像一个五六品官员家的夫人，更像挑起担子卖青菜的农妇！"

赵氏摇头道："傻娟儿啊，你发无名火让守仁的脸面往哪儿放？唉，熬着吧，只要守仁升了职，咱家每月的俸禄就多了，到那时日子自然就好过了。"

这天清晨，从南昌宁王府驰马来了两个家丁，家丁把王妃娄氏写的书信交给了宁王，他一看，向凌十一、吴十三说道："本王不能再等下去了，三天之内回南昌，府中有急事。"

凌十一说道："殿下，既然三天之后离开京城，那王阳明的事怎么办？咱还等刘公公吗？"

吴十三说道："依我看，这刘公公是老鼠的尾巴，挤不出多少脓水，咱索性用下策，让王阳明到南昌见殿下！"

宁王朱宸濠摆手道："不！先不要着急，再等等看吧！"

京城到了桃李妖娆争芬芳、花儿吐艳之时，大街两侧的大柳树，熬过了苦涩、寂寞的冬日，终于迎来初春时节，吐出绿莹莹毛茸茸的嫩芽，迎面吹来的风儿暖了许多。似乎睡足了觉醒来的各种鸟儿，开始叽叽喳喳，在柳梢枝头，成双成对地跳来跳去。大街上推着木轮车，或肩扛着高高草棒卖冰糖葫芦的人，嗓门嘹亮入云地高喊着："卖红通通、亮艳艳、吃一口甜掉牙的大冰糖葫芦喽！……"

大街上，春潮涌动，刘瑾似乎轻松了许多。此时，他在后宫寝室里左转转、右转转，最后向站在一侧的张彩和张锐说道："也罢，这两天让宁王扒了爷一层脸皮又一层脸皮，今儿豁出来，到王阳明家走一趟，成败在此一举！"

张彩说道："千岁爷，高官厚禄的上疏，现在王华父子早已知晓，爷这次去王阳明家，可以算咱们二贴王家的脸了，但不知王阳明会怎样？"

刘瑾皱眉道："爷呢，这次来个微服私访。爷不信，爷的千万般诚心买不来王阳明点头笑？这样，爷去不是抡胳膊打架，是示好示和，送和合酒，张彩兄弟能言善辩，到时别尴尬，你在一侧打个帮腔。张锐你守在圣上门口，但有传唤你帮爷支应一下，千万别让圣上知道爷溜出了宫。"

张锐点头道："千岁爷放心，圣上那儿有奴才支应就是。"

刘瑾向张彩说道："爷听说，王阳明不上朝时常带诸葛巾，今儿爷也效法一次，不要带六合统一帽，更不戴纯阳巾、遮阳帽，爷也学得智慧些，起码王阳明见了，心里有一种亲近感。张彩记着，只要王阳明不怒不骂，不，即使人家怒了骂了，你和爷也都要忍着，爷今天也来个大肚能容天下可笑之人。"

张彩皱眉道："千岁爷，就我和爷去吗？"

刘瑾摇头道："不，让司礼监去两个人，让他俩和你一样，穿百官燕居服，头戴遮阳帽，礼品早已备下，巳时赶到王阳明家。"

张彩问道："千岁爷，王阳明家属于书香门第，爷让人送拜帖了吗？像他们这样的书香门第，最讲究这些礼仪之事。"

刘瑾皱眉道："放心，拜帖爷已派人送去，比咱们早到王阳明家一个时辰，爷和他王家关系特殊，送早了反而不好，不送拜帖更不好，拜帖到了，爷和你一会儿就到，这样王阳明想推却都不行，只能开门迎咱们进他家大门。"

让人想不到的是，当刘瑾在辰时派人敲开王阳明家大门时，家里只有继母夫人和诸氏在家，男奴女仆各自忙自己的事。那化装的太监张雄施大礼道："启禀老夫人，奴才奉刘公公之命，今送上拜帖。"

继母赵氏皱眉道："请问哪个刘公公，要拜见谁？"

张雄说道："回老夫人的话，是掌管内廷的刘瑾刘公公，刘公公今儿要拜见王阳明王大人！"

诸氏皱眉道："我夫君向来和刘公公没有来往，因何事要见我夫君？"

张雄笑道："禀夫人，小的不知因何事，请看拜帖。"

这时继母赵氏接过拜帖，看了看，上面写得简单，只写了刘瑾于何月何日何时来拜见王阳明王大人，什么缘由没写。继母见此人诚诚恳恳，并无什么不良之意，遂将拜帖递给诸氏，向张雄笑道："小官人，可巳时不知吾儿守仁能否回来，也罢，请刘公公来吧！"

即将到巳时，王阳明和冀元亨、卢尚德及另外两个人回来了，王阳明一一向继母和夫人做了介绍，众人向她二人施礼。

诸氏把拜帖拿过来说道："夫君，这是刚才有人送来的拜帖，你看看，说刘公公一会儿就来。"

王阳明接过拜帖，看后向继母和诸氏说道："继母大人、夫人，前天高官厚禄上疏之事刚刚过去，这不人家又上门来拜。也罢，既来之则安之，我倒要看看这刘公公到底要干什么！"

按王阳明安排，继母和夫人都到后房歇息，又让卢尚德他们到后院习剑，只留冀元亨在身边。

刘瑾、张彩都和王阳明相识，只是道不同不相为谋，自然交往得少，更加上刘瑾的背后活动，其矛头一直对着王阳明，两人心知肚明。不知是侥幸，还是上天多次相助，王阳明每次都能化险为夷，一个幕后用尽阴谋，一个凭着智慧和机敏反阴谋，两个对手在冥冥之中默默地较量着。今日刘瑾一进门，即高揖双拳施礼道："王大人，今日刘瑾喜登贵门，专门来送和合酒，王大人胸怀大度，刘瑾昔日多有对不住你的地方，请笑纳一礼！"

继而，张彩也笑着施礼道："王大人乃盖世奇才，请受下官张彩一拜！"

王阳明脸上笑着回礼道："多谢刘公公，多谢张大人。"

刘瑾见王阳明面带笑容，便把随从手中的和合酒接过来，双手呈向王阳明，笑道："王大人，昔日我刘瑾多有冒犯大人之处，乞请大人忘却那些不愉快，请大人务必赏脸，接受和合酒！"

"刘公公，昔日之事已经过去，我王阳明从没有记怀它。喏，你看我，任风吹雨打，更加蓬勃生机，故而不需什么和合酒，请刘公公收回！"王阳明说着，并没接他手中的两瓶装潢精美的上等好酒。

刘瑾示意随从双膝跪地，向王阳明呈酒。

王阳明把身一转，说道："刘公公，我说了，决不收这和合酒，刘公公让你的属下起来吧！"

刘瑾见王阳明不接，他双手接过来双膝跪地，高声道："王大人，刘瑾这厢有礼，请接过刘瑾诚心诚意送上的和合酒。"

王阳明大声道："刘公公，既然昔日之事已经过去，我和我爹依然如故，阳关道也好，独木桥也好，还是我行我素，各行其道，鱼儿和熊掌岂能兼得，请自重，起来吧！"

刘瑾见王阳明不接，遂说道："王大人，自古伸手不打送礼人，好，今我刘瑾给你三叩首。"

王阳明突然转身面向刘瑾亦跪地说道:"我王阳明决不接受刘公公跪拜叩首大礼,你三叩,我亦三叩,我一个礼不缺!"说罢,亦三叩首。

刘瑾从来没遇到过这样的事,他站起来,王阳明也站起来,他微微笑道:"王大人,看来你是不原谅我刘瑾喽?"

王阳明亦笑道:"刘公公,请直言,今日到寒舍,不知有何见教,王阳明洗耳恭听!"

刘瑾叹道:"好,王大人你是世上少有的聪明人。恕我直言,今日我除要送你和合酒,永释前嫌外,还带来了三百两谢罪纹银,这个请王大人务必收下。"

王阳明笑道:"刘公公,自古君子取财,受之有道。此时何谓谢罪银,只怕这纹银背后有下文吧?"

刘瑾点头道:"王大人,想必你已知晓,前几日焦大人等一百五十人联名上疏,是想通过朝廷送大人一个高官,无奈圣上一笑了之,此疏成为一张废纸!今我刘瑾送你三百两谢罪银,说实话,三百两区区之数,不足挂齿,我刘瑾想请你给我一张薄面,务必答应我一件事。"

王阳明厉声道:"刘公公,我王阳明目光短浅,没见过如此庞大之数,故而谢罪银不敢接,请问刘公公,何事?"

刘瑾说道:"王大人,今刘瑾替宁王殿下代言,请王大人做宁王殿下的统兵大将军!从今起二十年,按王大人为三品官员计算每年所得俸禄,共两千一百二十两纹银。王大人可以偕夫人一同去南昌宁王府,也可携令尊令堂及全家至南昌,宁王给王大人阖府建造一套豪华府第,不知大人应允否?"

王阳明正色道:"我王阳明从入仕起,立志一心一意侍奉朝廷,报效大明社稷,决不侍奉一人!刘公公方才所说我一概不受,权当一缕凉风,擦耳而过,元亨,代我送客!"

冀元亨向刘瑾说道:"刘公公请吧,我恩师一概不受!"

十五　豺狼共谋纵阴风　师徒联手铁骨铮

　　刘瑾怒火满腔，让随从提了酒，又收起纹银三百两，悻悻走出王阳明家大门，他得意而来，没想到却灰溜溜碰了一鼻子灰。张彩说道："千岁爷,这回爷的脸丢大了！王阳明软硬不吃，爷从没有受过这般气呀，自古杀人不过头点地，依我看，爷给王阳明脸，他却不要。正好啊，爷今儿上策这一篇咱是翻过了，接下来翻下篇，让他妻离家散吧！"

　　刘瑾一时怒火无处可撒，向随从吼道："拿爷的遮阳帽来！"

　　侍从把带在身边的遮阳帽双手递给他，刘瑾把头上的诸葛巾扯下来，往地上一扔，带了纯羊帽大怒道："爷今儿起决不与王阳明同戴诸葛巾！"

　　张彩心中有忌讳，他向刘瑾说道："千岁爷，这诸葛巾上有爷的聪明智慧和灵气，怎么能随便扔啊？此帽如人之首，弃之于地，不就是让人踏踩吗，十分不吉利，快快捡起来吧！"

　　刘瑾急忙停下来，盯着张彩的双眼，问道："张兄弟，坊间真有此等说法？"

　　"当然，帽如首，巾如头，弃之于地，不就是让人踩踏吗？依我看，还是捡起来为好。"

　　偏说这话时，刘瑾等距离扔在地上的诸葛巾有七八步远，有一个不到十岁，头上梳着羊角的小儿走过来。他破衣烂衫，手里拉着一根三五尺长的木棍，木棍那头是个年过花甲的双眼瞎的乞丐。那小儿抬头看见一个年过四十的汉子，肩上扛着插满了红通通、亮晶晶的冰糖葫芦的草木棒出神，看着看着他嘴里哈喇子都流出来了。而这老乞丐随着木棍的引领，偏一脚踏在诸葛巾上，老乞丐虽有感觉，但是他没在意，竟走过去了。

　　刘瑾此时看了个真真切切，正在他皱眉头的时候，张彩大惊道："千岁爷，此乃不吉之中的大不吉呀！你看旁人踩踏还好说，偏是个最下贱的老乞儿，大不吉大不利呀！"

　　刘瑾登时大怒，向那个没提箱子的随从吼道："你这个蠢猪，给爷往死里打他！"

　　老乞丐哪想走路飞来横祸。两个随从放下手中礼品，对老乞丐一顿拳打脚踢，不消半个时辰，老乞丐便瘫倒在大街上，地上流了一大摊血。

这天晚上，刘瑾让张彩等跟随着，坐肩舆来到宁王朱宸濠所住的驿馆，把上午拜见王阳明的事说了一遍。

凌十一讥道："殿下、刘公公，下官说什么来着，对王阳明这种酸腐的文人，根本用不着请客吃饭、高官厚禄、金银财宝这些打赏的事儿！咱就用下策，又干净又利索，省得打不着猎物惹自己一身气，看看怎么样，撞了南墙该回头了吧？"

刘瑾推开茶杯，伸出三个指头，向宁王朱宸濠说道："殿下，我刘瑾是个奸诈、降灾祸的人。今天只需要三策，保管王阳明上赶着做殿下的统兵大将军。"

宁王朱宸濠皱眉道："刘公公，是吗？"

刘瑾站起来，凑近宁王朱宸濠耳语一阵。宁王朱宸濠听罢，哈哈大笑，笑毕，大声道："凌兄、吴兄，听本王之令——"

自从那天晚上诸氏和王阳明大吵了之后，心中似乎就留下了郁结，虽然每天和王阳明还"夫君，夫君"地叫着，但心里总觉得不是滋味。

而王阳明也觉得那天晚上自己太过分，在他们居住的西厢房里给诸氏赔礼，主动给诸氏斟茶水，甚至还不顾一天的劳累，蹲下身子给诸氏洗脚，想法弥补那日吵架的亏欠。

但是心地狭窄的女人思来想去，总跳不出，诸氏亦是如此。贤惠归贤惠，厚道归厚道，反正那晚吵架王阳明说给她写休书的话，如同一个忧愁的种子静悄悄扎根在她的心底，这缕愁云飘来闪去，总也无法消逝。

这日，继母赵氏看着坐在门口默默晒太阳的诸氏，从上房拿了些纹银，笑着说道："娟儿，现在春暖花开了，你还年轻，去吧，到大街上买块锦缎，做一件好的袍裙，将来和守仁走在大街上，让人羡慕羡慕。"诸氏强笑了笑说道："继母大人，我有袍裙，我不去。"

继母把诸氏拉起来，把纹银硬塞给她说："不行，自古以顺为孝，你快去街上买来，让我和家人都看看。"

诸氏妩媚一笑，她刚要出门时，继母让侍女嫚儿陪她同去。诸氏笑着说："继母大人，我和嫚儿这就出门。"

诸氏虽然年过三旬，但少妇的妩媚之美犹在，看见路边的花儿，手抚着下垂的翠绿的柳枝，又抬头望了望柳枝间飞来荡去、啁啾高鸣的各色鸟，她想是啊，公爹罚了夫君，继母又给自己赔了礼、道了歉，夫君又想法逗自己开心，而且还给自己洗脚，这对一个大男人来说，已经做到了极致，我诸淑娟是该释怀了，好好珍爱我的守仁吧。

这时，有两个身穿团领衫、头戴乌纱帽、腰际束带的年轻官员奔来，见到诸氏和女仆嫚儿时，那高个儿的官员向诸氏施礼道："夫人，你是王阳明王大人的夫人吧？"

诸氏一听，柳眉一皱急切问道："官人，奴家是王阳明的夫人，怎么，有事吗，两位官人？"

那高个儿的官人说道："夫人，我们俩是户部的主事，王大人刚才在新街口被一辆马车撞了，现躺在那里昏迷不醒。"

诸氏一听，立时吓得不知如何是好，急切道："两位官人，快带奴家去看我家夫君。"

高个儿官员和小个儿官员对视了一下，小个儿官员说："夫人，路远着呢，请夫人跟我们走快些。"

正说话间，对面奔来一辆马车，高个儿官员一招手大声道："小郭子，来，帮个忙，快拉我们去救王大人。"

那赶马车的汉子施礼道："刘主事，路远吗？如果远的话你要先交车钱，我可不白拉你们。"

高个儿官员一摸身上，向小个儿官员说："孙主事，你身上有钱吗？"诸氏从包里拿出钱，说道："大哥，你要多少车钱？"

那汉子说道："你们人多，看样子路又远，少说纹银一两。"小个儿官员说："小郭子，咱们是熟人，你咋开口要天价？你这不是大白天敲诈人吗？"

那汉子怒道："得，你们嫌多就下来，快下来吧！"

诸氏从包内拿出一两纹银说道："行了，快走吧，救我夫君要紧。"在一个十字街口，宁王朱宸濠、凌十一、吴十三等均站在马前，见马车飞奔过来，宁王笑道："好，货到了，上马！"

王阳明回到家里，继母告诉他，诸氏和侍女嫚儿上午出去买锦缎做袍裙，不知为何到现在还没回来。王阳明立刻联想到昨日刘瑾到家拜访，来送谢罪纹银，肯定他恼羞成怒，让宁王朱宸濠抓走了夫人，这正是嫚儿当时所说的下策。可是这个宁王朱宸濠在哪儿住呢？他是等着我去换回夫人，还是他们已经带着夫人去了洪都，也就是南昌城了呢！王阳明把他对夫人诸氏下落的猜测告诉了爹和继母，说："这件事肯定是刘瑾与宁王朱宸濠勾结干的，他们要挟我做宁王朱宸濠篡位谋反的统兵大将军！"

王华一听，怒道："宁王用这种下三烂的手段，逼吾儿就犯！可是，人在他们手上，咱怎么办呢？可千万千万别把娟儿带到洪都啊！"

王阳明心里开始想，现在夫人肯定在宁王朱宸濠身边，可是我找谁才能知道宁王的住处呢？他皱眉想了想说："爹、继母大人，现在救人要紧，江彬是刘瑾的心腹，他或许知道宁王朱宸濠的住处，只有找到朱宸濠的住处，才能想法解救夫人。"

王华皱眉道："儿啊，你和江彬熟吗？"

王阳明说道："我和他交往过几次，在刘其能入监后，有一次，我与他在青草街口见面，他低声告诉我说让我来回路上小心些。对，我就去找他问问。"

刘瑾坐在软几上，他轻轻呷了口茶，向侍立的马永成说道："永成兄弟，爷今日起决不在王阳明面前装孙子了。爷还是爷，这回爷倒要看看，他王阳明有多大能耐，识相的就投拜在爷的面前，爷高兴了，兴许在宁王殿下面前，给他说几句好话呢！"

马永成说道："千岁爷，王阳明的媳妇被宁王抓走了，咱何时把宁王这封信交给王阳明呢！"

刘瑾皱眉道："这件事不急，从京城到洪都，山高路远，又是水路，又是旱路，宁王殿下少说半月二十天才能到洪都。咱呢，多给殿下留些时间，让王阳明在京城多转几天，三天之后，咱再把宁王殿下的书信交给他。"

马永成喜道："好，从现在起，王阳明一家人甭想睡安生觉。"

刘瑾向马永成说道："永成兄弟，传爷的话，告诉咱那几个兄弟，嘴都严实点，只要兄弟们不跑风漏气，非累死他不可！别，真要累死他，那殿下就……"

马永成说道："千岁爷放心，王阳明正值壮年，他怎么会累死呢！"

这天夜里，王阳明找户部的一个员外郎帮忙，总算找到了江彬家。还没等王阳明开口，江彬急忙施礼道："王大人，下官知道你为嫂夫人的事而来。"

王阳明急忙还礼道："江大人，怎么，你知道我夫人之事？"

江彬遂把他与刘瑾下午见面时所说的事粗略一说。

王阳明推开茶杯说道："江大人，别的事我暂且不理他，我只问宁王朱宸濠现住在哪儿，我夫人肯定在他那儿扣着。"

江彬摇头道："王大人，实不相瞒，宁王朱宸濠让他的属下人化装骗走夫人之后，宁王朱宸濠等骑着马，夫人坐在马车上，当时就出京城大门奔洪都而去了。"

王阳明皱眉想了想，即使马车走得慢，从上午到此时，起码也走了将近百里路，现在夜已深，驿道又不平坦，但只要知道了宁王朱宸濠的行踪，解救夫人就有了希望。

第二天，王阳明去找了冀元亨、卢尚德以及其他弟子，借了马，又带了些盘缠路费，他告别爹和继母，一行数人匆匆上了路。

刘瑾两眼注视着窗外，他看到兵部尚书王琼匆匆走来，故作惊讶地迈出门，向王琼施礼道："王大人，奴才刘瑾施礼了。"以往，王琼白天不往皇宫里走动，他担心给人口实。今日，近侍刘瑾假托圣上之意，在后宫司礼监客厅与王琼会面，王琼本来对刘瑾就不满，加上又在他总管的一亩三分地儿见他，心里颇有怒气，但没办法，这是当今圣上口谕，让刘瑾代之，他一个尚书大员，只能屈尊来见没人品的阉人刘瑾。

王琼见刘瑾施礼，便回礼道："刘公公，本官回礼。"

刘瑾请王琼落座之后，笑着向一侍者说道："快，拿最好的茶来，请王大人品茶。"

王琼环顾这间豪华的大客厅，又看了看刘瑾，开口说道："刘公公，今儿皇上口谕，请刘公公招本官入宫，不知有何谕示？"

刘瑾长叹一口气，皱眉道："唉，王大人，还不是前年西北边关战事吃紧时，王阳明上奏《陈言边务八目疏》，这件事王大人还记得吗？"王琼不假思索说道："记得，王大人当时这八目之疏，解救了边关战急，不光北虏，就连南倭，也不敢藐视我大明边关。怎么，这件军国大事有什么问题吗？"

其实兵部尚书王琼哪知道这是刘瑾扳倒王阳明的三策之一。是无中生有，硬是瞪大了双眼从鸡蛋里挑骨头，他假传圣上口谕，不但今日和王琼见面，还假传圣上口谕把镇守西北边关的高贺将军招来，让其从王阳明上疏的八目中找事儿。高贺初时认为八目今对镇守西北边关无可挑剔。但刘瑾整人的手段有的是，不到半天工夫，高贺无奈，只得坐实了八目给边关造成的致命缺陷。事毕，刘瑾明言高贺，此事不可向第二个人泄露，否则圣上绝不轻饶。

刘瑾叹道："王大人你是知道的，当今圣上，自然是民不告官不究。就是这个心高气盛的王阳明，信口雌黄，西北边关告急，他一个刚入仕的文官，偏要横插一杠子，弄得你王大人以及镇守边关的各位将领们很是没面子！这八目中不是有一条，让边关建什么粮仓，以防战时调运不便，就是这一条……"

王琼盯着刘瑾的脸，他知道这个大阉官凭借近侍之便，经常假传圣上口谕，他狡似狐，阴如貉，奸似豺，每次都能顺利得手，即使有人斗胆问圣上，他也能自圆其说。因此，朝廷文武百官中，盛传一句口头禅：任尔铜头铁罗汉，就怕刘瑾来传唤。王琼微微一笑道："刘公公，这备战粮仓库怎么啦？"

刘瑾怒道："现接到边防一校尉举报，西北边关守将高贺属下一偏将，利用掌握粮仓仓库钥匙之便，私下把战备粮卖到就近府、县、州，要不是这名校尉举报，皇上还一直蒙在鼓里。更重要的是，在你王大人兵部的属下，有个叫周明的人吧？"

周明在兵部一直担任侍郎，为人善良、本分，他在兵部人缘好，几乎没一个人说他坏话。但这两天不知为什么没来兵部。王琼脱口道："刘公公，本官兵部里有一个周明，职位是左侍郎。"

"他是不是负责将士抚恤金发放啊？"

"是啊，多少年来，他一直负责这件事。"

刘瑾怒道："王阳明这个八目疏，其中一条是关于边关将士守关以及阵亡以后抚恤金的。就是王大人属下周明从各省布政使司截取扣留了抚恤金达五百两之巨。昨日，西厂稽查室把他从家中带走进行审查，奴才听马永成说确切数目为五百一十二两，所以王大人的兵部出大事了！"

王琼听说过刘瑾的奸诈手段，即使你没任何贪赃枉法之事，先抓了再用刑，一旦有了口供证据，再让他指认别人。只要被东厂和西厂的暗探抓了，没有一个案件不坐实的。冤案也是铁案，要么自杀身亡，要么意外而死，在朝廷文武百官中，但提东厂西厂之名，人们已经到了谈虎色变的境地。而今王琼明白刘瑾正是飞黄腾达之时，和他硬顶，绝没有好果子吃。

王琼笑了笑说道："刘公公，如果属下周明发生了截留贪占各省布政使司抚恤金之事，不管数额多少，本官都有连带责任。"刘瑾仍怒道："可是圣上已大怒！说实话，这种连带责任说大就大，说小就小，关键你这兵部尚书须拿出一种态度来，一种能被圣上接受的态度，明白吗？王大人。"

王琼知道，刘瑾已经设计好了圈套，你若不按他所说的去做，他就会想法调动东厂西厂的人来审查你，直到把你坐实了，你招了，画押了，再到皇上那儿说这件事儿。他心里打了寒战说道："刘公公，直说吧，你想让本官做什么？"

刘瑾把眼一瞪，反问道："王大人，别介！什么叫本官让你做什么？现在是你自己面对周明贪占抚恤金一事，你打算怎么办？你打算如何开脱，或是减少你的连带责任，还是一股脑把这件事承担下来，你要权衡利弊，明白吗，王大人？"

至此，王琼才看到了事情的严重性。这种严重性原本没有，包括周明贪占抚恤金一事，很可能是刘瑾下令指使东厂西厂炮制的，把这个本分善良厚道的周明屈打成招，或事先写好了口供，然后让他画押签名，坐实了这个贪污侵占抚恤金的重大案件。尚书王琼为兵部首官，乃兵部之主，自然逃脱不了连带责任。王琼见不可一世的刘瑾发怒，遂笑了笑说道："对，刘公公说得对，不过，我王琼生性愚拙，还望刘公公高抬贵手，给我王琼指一条明路，如此，则王琼必定厚谢！"

刘瑾故意端起茶杯，佯怒摆手道："王大人，奴才是在为皇上办事，厚谢什么？当然，你的态度现在最重要！"

王琼心想，这个吃人不吐骨头的奸诈之徒！他想要你干什么，他口中不说，攥着两个拳头让你猜，他再用圣上的口谕，大杀你尚书的威严，他要让你从高峰跌落到深谷，他要让财富大亨瞬间蜕变成乞儿。你本一匹烈马，你志在千里也好，你壮志凌云也罢，他要让你转眼间变成瘸马，变成掉了牙、连头都抬不起的老马，这正是刘瑾想要的。你变成这样，你就明白出路多么重要。前边迷雾重重，四面都是齐天高的铜墙铁壁，你逃不出、走不脱，只有束手投降，才是你当前的唯一出路。

都说男子汉大丈夫膝下有黄金，不到万不得已不会低下高贵的头颅，王琼万般无奈说道："王琼乞请刘公公指一条明路！"说罢，双膝跪地，跪在了刘瑾面前。

刘瑾这才笑道："王大人，这就对了嘛！起来吧，我今儿告诉你怎么办。"

王琼战战兢兢地说："请刘公公赐教。"

刘瑾说道："王大人，你马上以兵部尚书的身份写一个上疏，题目应当是《彻查王阳明〈陈言边务八目疏〉危害朝廷安危疏》。对，你要一字不差，马上写来，我亲手交与圣上。"

王琼没想到，刘瑾炮制周明案，目的则是对付王阳明。而且这个上疏必须由他兵部写，他在心中长叹一声，点头道："刘公公，王琼这就回署衙办！"

王琼初与刘瑾见面时，还本官本官的，到了后来，面对奸诈跋扈的刘瑾，他不得不以王琼自谓，面对权势你不得不低头，否则非碰个头破血流不可！

王琼从宫里出来，觉得作为兵部尚书，把原本子虚乌有的事硬要说成真真的存在，他觉得自己在助纣为虐，可是如果不这样，他就很难保住头上的乌纱帽，保住他朝廷大员、正二品尚书的俸禄。在红尘滚滚的人世当中，一天之中能发生多少冤枉好人的事，谁能说得清呢？

王琼和王华见面后，也不知道这个曾经血性阳刚的西北汉子心中有多少说不出的苦衷，他拉着王华的手，泪水涟涟说道："老兄，咱俩同朝为官十几年，今晚王琼万般无奈办了一件，不，应该说准备办一件对不起你儿子王阳明的大事！王老兄，我王琼原本不是存心的，可是我不办，就过不去眼前这道坎儿啊！"

王华素知王琼为人，急忙拉他坐下，拍着他的肩头，看着泪水满面的他说道："王兄，别急别急，你静下心来，咱慢慢说！"

就这样，王琼把今天见刘瑾的始末仔细说了一遍。

王华怒道："王兄，不用说，周明的案子是刘瑾炮制的冤案。不过，周明做了替罪羊，他只是序幕，而真正的冤案当是来自你兵部尚书的上疏，皇上只能知道你的上疏，而周明的案子只是借口，借口而已！"

王琼哽咽地说："王兄，现在我才真正明白，为什么你和孙大人、杨大人要联起手来始终不渝地对付刘瑾，而刘瑾对你们三人又束手无策，所以他才选择了你的软肋。王兄，你赶紧和杨大人、孙大人商议，我现在按刘瑾之意，给你们摆了阵，你们快想办法如何保护阳明大侄，如何让刘瑾枉费心机、徒劳一场吧！"

从京城出发到江西有官道有驿道，还有水路，按照难易程度，王阳明在出发前进行了周密研究。宁王朱宸濠此番入京，随从近百人，但左膀右臂只有凌十一和吴十三。闵念四、李士实、刘养正等负责守卫他的宁王府。宁王朱宸濠通过在玉禅寺和王阳明的接触，料到他肯定会追上去，设法抢回他的夫人诸氏。宁王朱宸濠也清楚，凭单打独斗，以王阳明的本事，凌十一和吴十三肯定不是他的对手。另外，在玉禅寺见面时，王阳明有两个学生，事后宁王朱宸濠才知道，一个叫冀元亨，一个叫卢尚德，除了跟着王阳明学心学，还跟着他学了武功，甚或学了兵法。等于说，王阳明不是孤军作战，他有帮手。自古强将手下无弱兵，以王阳明之才，他的两个学生一定出类拔萃，绝非泛泛的习武之辈。为防王阳明突袭抢人，宁王朱宸濠与凌十一和吴十三密谋之后，并没有走由京城、保定、真定至邢台、邯郸到安阳乃至郑州直向南边，最终拐向洪都宽敞的官道。他采用了从京城向西，最后直向西安的另一条稍窄些的官道。一匹马拉的木轮车，是不可能走得如同单人驰马似的。但是，即使最有名的大宛马，或汗血宝马，也只是日行四五百里之遥。唐宋时所说的驰马日行千里，夜行八百，和明代的里程不同，它有很大缩水，合今日之程，也只是四五百里而已。而且马不是连轴转的车轮，它要吃草吃料，还要途中饮水，当然，它也要歇息养精蓄锐。它朝行夜宿和人是一样的。

诸氏和侍女嫚儿知道上当受骗后，后悔已晚，况且女人肢体，无论如何不及男人。开始时，因诸氏喊叫厮打，凌十一让士卒捆了她，又塞了她的口，直到过了保定才给她松了绑，拿了她口中的巾物。至于随从的嫚儿胆小怕事，凌十一拿刀逼着她，她不敢喊，不敢叫，吓得低着头坐在颠簸不停的马车上，她二人虽在同一辆马车上，但因为有士卒押着，谁也不敢说话。

骑在马上的凌十一，边走边向吴十三说："吴兄，王阳明没有驰马来追，咱走这么快干吗？"

吴十三则说道："你呀，殿下说得对，咱只有白天多赶些路，才能早日到江西境内。"

直到人马困乏之时，宁王朱宸濠才令大家停下来，除了歇息之外，还命随从买吃的回来。到了晚上歇息时，随从一律野外扎营，只有宁王朱宸濠、凌十一、吴十三及诸氏、嫚儿等人可在客栈过夜。

凌十一说道："殿下，她二人怎么办？派人看押吗？"

朱宸濠怒道："这还用说？派人前后轮流看押，绝不能马马虎虎过夜。"

王阳明和冀元亨、卢尚德等一行数人，虽说单身驰马走得快，但两条官道，一条宽敞的，一条稍微窄些，这两条路上，大白天可见源源不断的行人，或是骑马的士卒，或是大户人家的车马经过。王阳明向冀元亨说道："元亨，看得出来，你骑的马脚力好，你自己走这条宽的官道，我和卢尚德等走那条窄的官道。"

冀元亨皱眉道："恩师，宁王的人马虽然快，但有马车拖着，不会走得太快，不如大家在一起，急追两天两夜，肯定走在了马车的前边。如果这条官道上没发现扣押夫人的马车，那他们走的一定是另一条官道。如此，咱不会耽搁太多行程，只要跟上了目标，一切问题就都好办。"

王阳明一想也是，遂驰马先走大官道，直至没有发现夫人马车，包括随行近百人的随从，这才一起拐向另一条稍窄的官道。

冀元亨驰马在前，他率先发现了扣押夫人的马车，继而看清了宁王朱宸濠的旗号。正是宁王朱宸濠居中，凌十一和吴十三各在两边，三马并辔齐行，而夫人的马车紧跟在他们身后，马车之后便是持刀剑的随行护卫人员。按照朝廷律法，由于从江西到京城路途遥远，他比平常出行时几乎少了一半的随从人员。

王阳明心里很清楚，宁王朱宸濠护卫人马多，他和他的弟子们算起来只有五六个人，单打独斗、面对面地去抢夺夫人，那肯定是不可能的。因为宁王的这些随从，每个人除了手里的刀剑之外，都肩挎一张弯弓，箭袋里每人配备了五十支狼牙利箭，所以他只能选择智取。

宁王朱宸濠这次志在必得，用他的话说，只要保护好夫人诸氏，王阳明就是散兵游勇，他无法冲出咱们的包围圈，他无奈时只能投降，听从本王的指挥。

这天露宿之前，一个随从驰马来到宁王朱宸濠面前，告诉他在大队人马后面，发现了王阳明等六人骑马跟随。

朱宸濠皱眉道："凌兄，本王没见识过王阳明单兵厮杀。不过，本王有一条万全之策，你只需带领三十名弓箭手和王阳明对峙，告诉他，如识相，就投靠在本王麾下，做本王的兵马大将军；倘不识相，两个女人在本王手上，要杀、要剐，本王说了算，让他别再顽抗到底。"

凌十一点头道："是啊，他本事再大，也抵御不了我手下三十名弓箭手，箭雨一发，轻者重伤，重者丧命，他只有五六个人，死一个少一个，所以他不敢造次！"

吴十三说道："殿下，凌兄生性鲁莽，万一箭伤了王阳明，咱一切就都白费了，我带三十名弓箭手和他对峙！"

凌十一把手一挥道："殿下，倒不如这样，我率三十个弓箭手悄悄埋伏在大队人马之后，待王阳明追上时，把他绑了捆了，岂不一了百了，也省得押着他的夫人费这么多心思。"

宁王朱宸濠摇头道："凌兄，你不明白本王用意，现在才正是他与本王对峙的关键时候。他少我多，他弱我强，他不敢轻易下手，本王也不给他下手的机会，本王就是要和他这样熬耐力、拼毅力。对，吴兄，你说得对，你去和他正面对话，凌兄，

咱们继续往前走！"

当吴十三率领三十名弓箭手站在大路中央的时候，王阳明已率冀元亨等人来到了吴十三的面前。

吴十三远远高揖道："王大人，别来无恙，下官吴十三有礼了。"

王阳明看吴十三身后三十名弓箭手正挽弓搭箭，只等吴十三下令放箭，他示意众人停下来，不许下马。

王阳明向吴十三微微一笑，施礼道："吴将军，阳明还礼。"

吴十三坐在马上，以鞭指王阳明说道："王大人，殿下万般无奈，这才想把贵夫人接到洪都宁王府，让她先到宁王府看看，小住一段时日，然后再与大人联系。"

冀元亨怒道："吴十三，好个接夫人到洪都宁王府，这是接吗？分明是设计扣押夫人！说，你们宁王到底要把我师母怎么样？"

吴十三说道："年轻人，你别火气太大！这你也见了，我们殿下好言请王大人做宁王府统兵大将军，可王大人一万个不答应。殿下无奈之时，才想了此等下策！我吴十三今代替殿下，只想问王大人一句话。"

王阳明说道："吴将军，什么话请说。"

吴十三笑道："王大人，你现在属于散兵游勇，即使你本事再大，面对我这阵势，你也绝不敢硬闯。你和我们殿下相比，好比一只羔羊面对一头大象，双方实力悬殊！殿下只想问你，你要这样继续耗下去呢，还是来个痛快的，索性答应殿下，做宁王府的统兵大将军。说实话，你耗不起，而且，朝廷那边的麻烦已经出现了，只怕你现在还蒙在鼓里！"

王阳明怒道："吴将军，上次在玉禅寺我曾当面向宁王殿下表明心意，决不助篡位谋反之事，再说我也是重复而已！"

"可是，你看到了，你的夫人就在前边的马车上，现在宁王是以礼待之。倘你顽固到底，誓不为宁王殿下所用，殿下方才说了'顺我者昌，逆我者亡'，到了刀兵相见的时候，我只需把手一挥，这三十名弓箭手都是使用的狼牙箭，其弓都是清一色的大力紫檀弓，百步之内，箭透七层盔甲。识时务者为俊杰！所以我奉劝你，别一意孤行。"

王阳明怒道："吴将军，宁王殿下真是可笑，以我夫人之身做人质，绝非大丈夫所为，汝等不以此为耻，反以此为豪，岂不贻笑天下！"

吴十三摇头道："不！英雄自古不论出处。当然王大人我明告诉你，殿下扣押夫人做人质，还是想请你做宁王府统兵大将军，就是说还给你留着面子。所以呢，就凭这一点，你当迷途知返，莫把殿下逼急了！"

卢尚德大怒道："把宁王殿下逼急了，你们能怎样？"

吴十三说道："年轻人，你说把殿下逼急了，能怎样？我告诉你，两个女人在我们的手上，这近百人的随从个个都是饿狼，饿狼对女人会干什么？你是男人，你不知道吗？"

冀元亨怒道："倘你们如此，禽兽不如！"

吴十三笑道："是啊，我们禽兽不如，鸟兽不如，豺狼不如，什么都行，反正生米做成了熟饭。年轻人，关键是王大人的名节，即使他以后如何飞黄腾达，如何荣耀他王家列祖列宗，但他夫人遭到近百士卒戏弄这件事，就会像一块永远揭不掉的屎膏药，'吧唧'贴在了他王家列祖列宗的石碑上、族谱上，不论过去多少年多少代，这块屎膏药都不会掉！叫一恶遮百荣，一粒老鼠屎坏了满锅汤！就像汉代司马迁老先生，就算他完成千古不朽的巨作《史记》，他名垂千古，可是他因李陵之事，被皇帝处以宫刑，成了司马家族永远的耻辱！王大人何去何从，可要想清楚，坏女人名节在这个时候非常抢手，做起来也非常容易，请王大人三思！"

王阳明听了吴十三的话，心里顷刻如压上了千斤巨石。是啊，你不从，盗匪不和你讲理，夫人和嬷儿在他们手中，他们如果被激怒了，应当说宁王朱宸濠如果被激怒了，他绝对会毫不客气地这样做，甚或把夫人和嬷儿送到青楼里。唉，他简直不敢想象以后到底会有什么事发生。王阳明长舒一口气，大声说道："吴将军，你我都是顶天立地的男子汉大丈夫，我知道，'一朝玷污，万年难雪'。请你转告宁王殿下，他也有名节，而且他是当今圣上亲封的宁王，如果他不思后果，不怕他堂堂宁王背负上千古骂名，他尽可以做，看谁愿给这样一个禽兽不如的王爷殿下做事。这样，咱双方现在都克制一下，都好好想想，千万不可造次，一失足成千古恨！"

吴十三点头道："不过，王大人，殿下的忍耐是有限的，他完全可以推说属下所为，斩一两个为首者，也足以撇清他的清白，对他的名誉不会有丝毫损伤。殿下做事总是循序渐进，先礼后兵。考虑到王大人的父亲和继母在京城，这来来往往需要些时日，殿下给王大人十天时间，十天一到，若王大人还置若罔闻、推推托托，只怕夫人和那女仆的生米，则开始点火做饭了！当然，洪都南昌青楼卖笑馆很多。女人嘛，只有到了那个地方，才能最大限度地物尽其用地发挥她们的优势！"

王阳明大怒道："得，吴将军，容我回京十天，我会让殿下满意的！"

吴十三大笑道："王大人，这就对喽！你好我好两好合一好，于你和殿下都有利嘛！"

王阳明遂向吴十三施礼，然后拨转马头，向冀元亨说道："走，咱们回京城！"

吴十三见王阳明等拨转马头回京城，遂向身边的一个副将道："女人是男子汉大丈夫的软肋，是致命处。我不需要和他刀枪相对，话是开山斧，衣是瘆人毛。他的女人攥在咱手里，他不听咱的能行吗？他只能乖乖地回京城商量。"

在吴十三和王阳明对峙时，凌十一忽然向宁王朱宸濠淫笑道："殿下，下官看王阳明的夫人长得真够水灵，三十多岁的女人还像一朵花儿，整个妩媚动人。只看了她一眼，那白皙的脸儿，弯弯的眉儿，红红的嘴儿，尤其是那高高的胸儿，像两座馒头山，倘若能和这样的女人，哪怕只享受一晚上，这辈子就是死,也值啦！"

宁王朱宸濠怒道："凌兄，此妇人可不比天下的任何夫人，她是本王未来的统兵大将军的夫人。到了宁王府，本王还要给她赐封号呢，你馋归馋，想归想，切记不可坏了本王的大业！"

凌十一淫笑道："殿下，时下三月未雨，稻苗渴得要死！若丽人、贵夫人不能碰，我甘愿求其次，那侍女小腰儿细细的，皮肤白嫩，像田里的豆蔻花儿，一水儿的嫩、鲜，下官只用她一夜总可以吧？"

宁王朱宸濠怒道："凌兄，休得信口雌黄，哪个都不能动！"

十六　诸氏遭掠受煎熬　阳明王妃机缘巧

驰马不及十里，王阳明突然停下来，向冀元亨说道："夫人在朱宸濠手上，我只能走此下策，以待时机！"

卢尚德又道："老师，师母被朱宸濠押着向南，咱难道真的要回京城吗？"

冀元亨笑道："尚德兄，你呀，想哪儿去了，这是恩师的疑兵之计！"

王阳明正色说道："诸位，咱现在要回到另一条官道上，除了歇息、吃饭，日夜兼程直奔洪都南昌。"

冀元亨点头道："朱宸濠以为恩师回京与家人商议，其实我们快马加鞭赶在他们前面，伺机而动，恩师是不是？"

王阳明点头道："对，诸位徒儿辛苦些，走！"

从京城出来，即便驰马日夜兼程，到洪都南昌也需些时日。王阳明与冀元亨等到达南昌之后，择一距离宁王朱宸濠府第近一些的客栈入住。按王阳明安排，大家换了袍服。

王阳明写了拜帖，是写给宁王妃娄玉的，十几年前，他信奉推崇程朱理学，到上饶拜当时声名鹊起的娄谅为师，因那时王阳明还未参加任何入仕考试，加上那两年身体不好，他就想遁入道观中，习学养生之道。正如后来湛若水所作的《阳明先生墓志铭》所说之五溺："初溺于任侠之习；再溺于骑射之习；三溺于辞章之习；四溺于神仙之习；五溺于佛氏之习；正德丙寅，始归正于圣贤之学。"

娄谅喜欢朱熹之"格物"，即穷尽事物之理。当时，王守仁住在恩师娄谅家时，自然和比他大几岁的娄谅之女娄玉相识。娄谅让王守仁以姐呼之，故二人成了姐弟关系。从那时起，娄玉总以姐姐的口吻和王守仁交往。娄玉或王守仁甚至相互交换写的诗词，那时，他刚刚十八九岁，已到南昌与诸让之女淑娟完婚。他后来去了九华山，写了一篇《九华山赋》，专门寄给恩师娄谅。娄谅虽然潜心研究程朱理学，但对诗词也略知一二，他认为这首写得非常好，遂让女儿娄玉抄写了几遍，寄给当时名扬天下的诗词赋大家。王守仁凭这篇《九华山赋》名扬天下。后来，他筑室阳明洞，潜心研究程朱理学，并创立了他的阳明心学。那时他在阳明洞讲学，并改名王阳明。一句话，王阳明与娄家有着超于常人的亲密关系。娄谅之女娄玉与朱宸濠结婚时，娄谅专门写了书信告诉王阳明。那时王阳明已随父入京，在王华强烈训示之下，开始学习科考知识，准备应试。他入仕时已经二十八岁，相比于其他入仕者而言，是比较晚的。正德年间，朱宸濠继封为宁王，娄玉被当今圣上册封为宁王妃。

　　这里有个插曲，娄玉出自书香之家，始终享受着礼仪和正统的熏陶，而朱宸濠虽继承了宁王之位，但他尚武，喜欢骑射，在王府内史等人蛊惑下，滋生了篡位谋反的野心。这与刘瑾有一定关系，刘瑾加快了他篡位谋反的步伐。娄玉非常反对宁王朱宸濠谋反，为此事两人多次争吵。后来，宁王朱宸濠索性背着娄玉招兵买马，聚集了许多手下，包括与谋士李士实、刘养正及后来结交的鄱阳湖等地占山占水为王的凌十一、吴十三、闵念四等。有一次，娄玉发怒说宁王府快成盗贼窝了，朱宸濠佯装听不见，只顾喝自己的酒。娄玉琴棋书画、刺绣样样精通。原来宁王府奢侈，挥金如土，有皇帝的赏赐时，还能维持。但随着与圣上的关系越来越远，宁王府得到圣上的恩露越来越少。男仆女奴，工匠艺人，各种作坊、酒坊、面坊、米坊、油坊等算下来数千人之众，仅靠当年圣上封地的收成供养，吃喝拉撒还不够……正因为宁王妃善于理家、理财，经过她十几年的治理，才有了宁王府"富甲天下"之誉。可见宁王妃在宁王府的位置多么重要。所以，宁王朱宸濠在府内府外不得不敬畏王妃。

　　且说，王阳明亲笔写的拜帖送入王府之后，娄玉一看拜帖，一时高兴得不知如何是好。急忙传话下来，让下人们把宁王府收拾打理得锃亮，王府客厅大门前，都摆上了各色花卉，她要恭迎他的师弟王阳明入府。

　　这天，刘养正留在府里，而铁心孝忠宁王朱宸濠的李士实等到鄱阳湖有公干，所以迎接王阳明这件大事只有刘养正知道。刘养正昔日在娄谅家与王阳明相识，成为娄门师兄弟。王阳明入京后一直和刘养正有书信来往，两人关系还算友善。但是刘养正已投拜在宁王朱宸濠的麾下一事一直瞒着王阳明。刘养正得知王阳明要拜见宁王妃，他想在这种时候还是不见的好，或许因为当年拜访娄谅的年轻学者很多，娄王妃可能已忘了刘养正与王阳明相识之事，他悄悄跑到任南昌江西承宣布政使司的好友那儿闲聚。

　　娄玉也给王阳明写了回帖，此时王阳明正在客栈内，他看到娄玉的回帖后，递给冀元亨、卢尚德等人看。

　　王阳明环顾众人说道："按照行程，宁王朱宸濠他们明后天当到南昌，现在咱们六人分成三队，除了一人留在客栈外，元亨和田庄一路，守候在南昌城门口。尚德和金岸为第二路，守候在宁王府门口。我担心宁王朱宸濠诡计多端，他有可能把夫人和嫚儿放在王府之外。所以一旦夫人的马车进入南昌城门口，元亨你就盯紧马车。

假如马车一同进入王府，那么元亨你和尚德四人中，只留两人守在宁王府大门口，密切监视王府动向。"

尚德说道："老师，假如马车看守松懈，有机可乘，可否下手抢回夫人和嫚儿？"

王阳明说道："这种可能几乎没有。南昌城白天人多，即使看守松懈，你抢回夫人的马车往哪儿躲？这种抢法成功率很低，而且一旦暴露我们进了南昌城，我们就处于劣势，想逃出南昌城很难。所以你们不要打草惊蛇，只要盯准马车停在什么地方，夫人和嫚儿从哪儿下车就可以了。今日上午我只带一个人去宁王府拜见王妃，大家按为师的安排，各就各位吧！"

宁王妃今日打扮得雍容华贵，带着侍女站在王府大门口，看到王阳明和一个侍从英姿焕发地来到大门口，王阳明率先高揖施礼道："玉儿姐，阳明兄弟给你施礼了！"

娄玉满面春风地道个万福，笑着说道："好弟弟，你怎么十几年后才来看姐呀！姐这十几年真的好想你啊！"

说罢，上前抚摸着王阳明的肩头，两眼上下打量着他，说："好兄弟，你现在真的成了伟岸大丈夫，气度不凡啊！"

王阳明边说边环顾宁王府的大门是何等地富丽堂皇和气派，仅门口左右两个蹲踞的大石狮，就足以彰显宁王府第的威严。他笑着说："姐，我万万没想到姐成了王府之主，此乃恩师之福，当然也是阳明之福！"

王妃向侍从说道："来，快给我的阳明弟弟见礼。"

众侍从施礼，齐声道："见过大人！"

娄氏携王阳明之手说道："好弟弟，你知道，你姐上无兄，下无弟，家父和母亲大人只生了姐这么一个女儿。姐一直把你当成亲弟弟，姐结婚那年，家父给你写信，你那时怎么不来呢？姐为此还独自大哭了一场！"

王阳明点头道："姐，那时我正准备应试、做功课，我也想来，总之，阳明辜负了姐的一番疼爱之心！"

娄玉先把王阳明带到客厅，待侍女献上了茶，娄玉示意侍女都退下，向王阳明说道："好弟弟，说说你这十几年吧，和江西承宣布政使司参议诸让的女儿淑娟结婚后都好吧，都说给姐听听。"

王阳明遂把和诸氏结婚后乃至现在入仕之事，详详细细都说了，末了，才端起茶杯呷了口茶。

娄玉点头喜道："好弟弟虽入仕晚，但你一定会成大器！说说你这次到南昌来有何公干？"

宁王朱宸濠和娄玉毕竟是夫妻，一个宁王，一个王妃，王阳明觉得这件事是绕不过去的，况且为救夫人和嫚儿，这个多年不见的姐姐肯定会帮助。他想了想，突然说道："姐，恕阳明直言，我在京城和宁王殿下见过面，姐你万万想不到吧？"

娄玉大惊道："好弟弟，怎么，你真的在京城和你姐夫见过面，你们为何见面，他是不是还和后宫的太监刘瑾见了面？"

王阳明心想，看来玉儿姐知道宁王和刘瑾的关系，这也说明她知道他要篡位谋反，遂说道："姐，殿下和刘瑾多次见面，若不然，我不可能突然来到南昌！"

娄玉一听，惊道："好兄弟，怎么你也想助纣为虐，和他一起篡位谋反？"

王阳明叹道："姐，阳明绝不做这种大逆不道之事！"

娄玉喜道："好，我阳明弟弟识大体，不愧于当年我爹的孜孜教诲。"

王阳明把宁王朱宸濠入京乃至抓了夫人诸氏一事，刘瑾许以高官厚禄及上疏之事都认真说了。他向娄玉说道："姐，我至死不愿做什么统兵大将军，所以殿下才派人设法抓了我夫人和侍女，他人多势众，我只带了几个徒儿，驰马提前赶到南昌，等他回来！"

娄玉怒道："好兄弟，这些年，姐和他为他篡位谋反之事争吵了多次。这次入京前，姐和他又大吵了一次，没想到他竟做出此等伤天害理之事！好兄弟不为谋反之事，乃世间真正的男子汉大丈夫！这样，等他们回府后，我让他当面向你赔礼道歉，并把淑娟妹子还有那个侍女嫚儿当面还给你如何？"

王阳明摇头道："姐，关于阳明此次来南昌之事，千万不可告诉殿下。"

娄玉皱眉道："为何不让告诉他？"

王阳明说道："姐，阳明现在朝为官，后宫太监刘瑾一直和殿下有联系，本来刘瑾就想打击报复首辅大臣杨大人及右金副都御史孙大人和家父他们三人，如果知道我与姐的关系，特别是我到过宁王府，他必然借此大做文章！如那样，我就是浑身上下都长满嘴，也难辩其真。一句话，无论如何不能让殿下知道我和姐的关系，包括入府这件事。"

娄玉笑道："对，还是姐的好兄弟聪明又看得远！可是你不让我出面，你怎么才能救回淑娟和嫚儿呢？"

王阳明笑道："姐，你放心，相信你弟弟的智慧和能力，这件事阳明自有办法！"

娄玉突然笑着拉着王阳明的手说道："好兄弟，咱们姐弟今日好容易见面，今后姐若想你，只能给你写信吗？难道咱们姐弟以后没机会见面了吗？"

王阳明想了想说："姐，我看可以这样，我给姐写信，寄到上饶恩师那儿，姐写信的落款仍写上饶，这样，姐与弟弟就能保持联系了，而不被殿下包括刘瑾知道。因为刘瑾太奸诈，这个人从血水到骨子里都坏透了。"

说到这儿，侍女入内说道："启禀王妃娘娘，汤菜准备好了，请王妃娘娘用饭吧。"

王阳明站起来施礼说道："姐，弟弟不麻烦姐了，阳明告辞！"

娄玉佯怒道："好兄弟，你我姐弟十几年没在一起吃过饭，姐这十几年想你想得好苦，你既然来了，无论如何和姐吃顿饭，给姐多留个念想啊！"娄玉说着差点掉下眼泪来。

王阳明急忙说道："姐，好，好！弟弟今儿就陪姐姐吃顿饭。"

随后，娄玉一句话，汤菜就传了过来，一切准备妥当之后，娄玉向众侍者道："你们都退下吧！"

待侍女退出，娄玉滴下泪水来，她一边拿手帕拭泪，一边道："好兄弟，姐知道，我夫君一意孤行，和大太监刘瑾里应外合谋反。好兄弟你想，反旗一举，必然招来四面八方的兵马讨伐！到那时，姐还能逃脱诛杀之罪吗？姐的时日恐怕真的不多了。可以这样说，从今以后你我姐弟见一面少一面，所以姐就想让好弟弟给姐留下些念想！"说到这儿，又潸然泪如雨下。

王阳明眼前似乎呈现出一幅幅画面，宁王朱宸濠骑在马上，他身后车子无数，刀剑熠熠闪光，他把长剑一挥，千军万马向前冲去。而此时站在对面的讨伐大军，兵马无数。于是两军厮杀。宁王朱宸濠带着娄玉等被五花大绑地从那边押了过来；刀斧手举起鬼头大刀，站在宁王朱宸濠和娄玉等一干罪犯身后；奉旨行刑大臣把令箭投掷于地，高喝道："斩！"于是，阳光下，一排鬼头大刀飞下，宁王朱宸濠及娄玉等人的头颅纷纷滚落下来，血水飞溅，即将遮住红红的太阳……

王阳明长叹一声，他从臆想的画面中回到饭桌前，他想了想说道："姐姐，我恩师这些年来过宁王府吗？"

娄玉说道："好弟弟，你难道不知道你老师的为人吗？你老师哪儿有来过？特别是姐被封为王妃娘娘后，他连信都不写一封，姐回上饶看过几次，可每次回到故乡上饶，家父只让姐吃一次饭，然后就催我走。而且，家父不让我往上饶家中带一丝锦、一文银！唉，家父要与富贵的宁王府划清界限，真让姐不知道说什么好！怎么，好弟弟，你有什么想法吗？"

王阳明点头道："姐，既然恩师没来过宁王府，那么殿下篡位谋反之事，恩师一定不知道。阳明想这次倘夫人如愿得救后，我们一同去拜见恩师，这也是我入仕后第一次偕夫人拜见恩师，阳明想借此机会，劝说恩师，请恩师到南昌来一次，当面劝说殿下悬崖勒马，回头是岸，如殿下知耻而退，那么，阳明和姐姐不就无忧无虑了吗？"

听了王阳明的话，娄玉一笑，点头道："好弟弟，这主意好是好，可是以姐对家父的了解,他决不会踏入这王府大门的。"

王阳明皱眉道:"恩师为何不来?"

娄玉叹道:"姐听上饶人传话,家父说他这辈子做了件最遗憾的事,当初千不该万不该,不该把宝贝女儿嫁入王侯之家。所以,家父说,从姐的夫君封宁王那天起,家父立誓井水不犯河水,让姐走自己的阳关道,他走自己的独木桥!你想,家父有言在先,他怎么可能自食其言来南昌劝姐的夫君呢?"

"姐,请放心,一为南昌的黎民百姓不受战乱之苦,二为使殿下悬崖勒马,三为姐长命百岁,凭此三者阳明必竭力为之!"

再说刘养正为了打发时间,从江西承宣布政使司出来后,已经三次到宁王府门口试图截住王阳明,争取两人见一面,以慰这十几年来的思念之情,可是他三返宁王府大门,却始终不见王阳明从府中出来。正当他转身要走时,猛听得宁王府门口一阵喧哗顿起,他急转身看,发现宁王妃正笑吟吟地把王阳明送出来,二人依依施礼而别。他远远看到娄玉不停地用手帕擦拭两眼中掉下的泪水。

当王阳明和随从说笑着离开宁王府大门口,走到另一条大街的转弯处时,早已等在路边的刘养正突然从侧面走上来,向王阳明施礼大声说道:"阳明兄,别来无恙,为何入宁王府不来找我?"

王阳明抬头一看,说话的不是别人,而是十几年前在上饶恩师家中相识的同门师兄弟刘养正,遂大笑着还礼道:"刘兄,你在南昌真个潇洒自在,好个超凡脱俗的仙家啊!"

刘养正摇头道:"阳明兄,休得见笑,自从你那篇《九华山赋》闻名天下之后,我听说这些年,你在京师之地,不但入仕做了五品官员,你的阳明心学在京城也早已传播开来,还常招收门徒讲学。士别三日,令养正高山仰止、刮目相看啊!"

王阳明摇头道:"刘兄,哪里哪里,你太过誉了。我实话告诉你,到现在为止,我虽然在京城多次开坛讲学,其实我知道自己一天吃几碗干饭。刘兄,你不是知道'盛名之下,其实难副'吗?"

刘养正心中有话,似乎压抑不住直往外跳。他拉着王阳明的手,说道:"阳明兄,走,就去这个茶坊,咱师兄弟俩十几年不见,只有书信来往,今儿要痛痛快快聊聊!"

但是,王阳明才出得宁王府大门,一心想早些与卢尚德等弟子相见,诉说一下和玉儿姐相见的情况,他万万没想到,此时天上却降下个刘养正。当然,如果从他恩师娄谅那儿论起来,论年纪他长刘养正几个月。也罢,既然上天赐予此时与好友刘养正相见,那就顺服上天之意吧。王阳明笑道:"刘兄,到了你刘兄的地界上,我只有六个字,恭敬不如从命。"

刘养正和王阳明面对面落座之后，在寒暄之中，大有"静默三分钟，各自想拳经"之势。王阳明从其他好友处得知，刘养正已入宁王府，做了宁王朱宸濠的幕僚。而刘养正也知道京师的"王阳明诋毁朝廷书案"闹得沸沸扬扬。但是，好友之间，若志向不同，各自身上发生哪些事儿，只要人家不主动说，一般绝不会提及，以防各自尴尬。但今天刘养正知道王阳明在京城仕途上很艰难，大凡才华横溢的人，尤其是集文韬武略于一身的人，往往会成为世人的聚焦点。所以，他一定要说出他那句句见血、句句见骨的心里话！

王阳明此时也在想，他到南昌宁王府，和王妃玉儿姐的这次见面，不告诉他吧，说明自己揣着明白装糊涂；可是如果告诉他吧，他肯定会接着问，阳明兄从京城数千里到南昌，仅仅是为了见王妃一面吗，难道说没什么要事？可一旦他说出是为搭救夫人诸淑娟和侍女嫚儿而来，刘养正是宁王朱宸濠的谋士，正愁找不到机会向宁王献媚，势必会告诉朱宸濠，那么再想成功搭救出夫人，恐怕就难上加难了！再说，朱宸濠一旦知道了王阳明入宁王府，那么在刘养正的口中，也会揭开王妃和他在上饶时就认识的私密。此时王阳明心中纠结的念头，要远远多于刘养正。王阳明看着满脸堆笑的刘养正，把心一横，事已至此，躲是躲不开了，想藏恐怕也是藏不住的，还是择机而定吧！

王阳明决定化被动为主动，开口说道："刘兄，你我相交十几年，平心而论，你我兄弟算不算那种至交好友或至交兄弟！"

刘养正开始没反应过来，迟疑了半天，而后才斩钉截铁说道："阳明兄，咱们研究程朱、周敦颐之理学，同拜一个恩师门下，当属同门师兄弟，毫无疑问，咱俩是至交好友、至交兄弟！"

说完这句话，刘养正似乎觉得王阳明话中有话，他皱着眉头，盯着王阳明脸问道："阳明兄，看来你一定有话憋在心里，如果阳明兄担心我会说出去，我们同门师兄弟可以订一个君子协定如何？"

这句话正是王阳明想要的。但王阳明没有立即接过话茬儿，他叹道："刘兄，恕我直言，在这种混乱的尘世中，真正的正人君子少之又少。有了铜臭的熏陶，于是'世情观冷暖，人面逐高低'，想做君子的人少了，而小人和奸诈之人反而多了！也罢，今儿就依刘兄，咱们同门师兄弟订一个口头君子协定，今天你我在茶坊说的话，除上天知道外，就你我二人知道，出了茶坊，不透露给第三个人，话多有时就是惹祸之胎！"

刘养正连忙点头道："好！好！就依阳明兄这个君子协定！"

王阳明见刘养正点了头，便把由刘瑾牵头，宁王朱宸濠和他相约在玉禅寺见面，直到现在朱宸濠扣押了他的夫人和侍女等事讲了一遍。另外，他直言告诉刘养正，他王家世世代代维护朝廷一统,绝不做忤逆谋反之事,所以,他不让王妃出面救出夫人和侍女,更不想让宁王知道他和王妃的关系,这样省去了很多烦恼。他说道:"后宫刘瑾和宁王朱宸濠勾结,欲成谋反篡位之事,而且一定要拉我入伙,做他的统兵大将军,这种遭千古骂的事,我王阳明宁死不为!但万万没想到,宁王竟用此下三烂的手段,掠劫我的夫人和侍女,这就更增加了我对宁王朱宸濠的厌恶和仇恨!"

王阳明说出的这些话,使刘养正大为震惊!宁王和他殊途同归,只是没想到宁王的手段太卑鄙了!这是他完全没想到的。王阳明已经表明心态,决不篡位谋反,做千古罪人。现在,他还能对王阳明说什么呢?不过,他还是不甘心,长叹道:"阳明兄,我知道你的心志,你也看到了,朝廷腐败不堪,百姓怨声载道,而且当今圣上贪图享受,朝政大权竟然操纵在一个太监手中!这样的皇上,文武百官有必要为他舍身卖命吗?况且自古'成者王侯,败者贼'。难道这皇上一生下来,就注定他该当皇上吗?"

王阳明一听皱眉道:"刘兄,你这话是何意?"

刘养正长叹道:"阳明兄在朝廷为官,当明白,大太监刘瑾迷惑圣聪。其实,我也知道,刘瑾想方设法给你制造圈套儿,从修建威宁伯王越之墓,到刘其能受刘瑾之命制造的诋毁朝廷书案,哪一次不是要置你于死地,且当今圣上并没有惩治刘瑾欺上瞒下之罪!"

王阳明说道:"刘兄,我知道'清者自清,浊者自浊'。先帝英宗时,太监王振狡黠得帝欢,他掌管司礼监,误导帝用重刑御下,防大臣欺蔽,于是大臣下狱不绝!侍讲刘球因雷震上言陈得失,言语刺于振,振下球狱,还让指挥马顺肢解了刘球的身体,可谓至歹至毒至恶至害矣!但是,日月昭昭,内侍张璟、顾忠、锦衣卫王永心不平,以匿名之书,暴露王振滔天之罪,事发王振被磔于市!今刘瑾作恶多端,民怨沸腾!我敢断言,刘瑾在步王振后尘,不需几年,必被磔于市、诛九族!故而,刘瑾之奸佞,不足为患。天网恢恢,疏而不漏,他们自有被惩处之日!而朝廷就是朝廷,岂可随心所欲篡位谋反乎?"

还能说什么呢,人家拿出先帝英宗时的太监王振的下场,来预示当今刘瑾的下场。刘养正笑了笑说道:"阳明兄,你既然心怀坦荡,吾心光明,那我告诉你,现在我就在宁王殿下的麾下做谋士。在这儿月俸比我在江西承宣布政使司多了一倍,人生在世,奔来奔去,无非两个目的,要么图名,要么图财。我就是一个肉胎凡骨的俗人,我食人间烟火,我不想什么精忠报国,为江山社稷如何如何,我就要那些看得见、摸得着的,实实在在的真金白银。也罢,人各有志,道不同不相为谋。不过,你我是同门恩师教授出来的门徒,也是至交好友,更是好兄弟!"

王阳明点头笑道："刘兄，不过，我今有一句话必须说！"

刘养正点头说道："阳明兄有话但说无妨！"

王阳明笑道："刘兄，世界上什么都可以有，唯独没有后悔药可买！所以，一失足成千古恨，作为好友，我还是要劝一句，钱财固然对人生存极其重要，但比钱财更加重要的是一个人要固守他的良知，良知平常看不见，但它通过人行为体现出来，望君好自为之！"

到最后两人站起来的时候，刘养正紧拉着王阳明的手，叹道："阳明兄，好，你我兄弟就此一别，放心，咱们的君子协定铭记在心！"

王阳明点头道："我与刘兄一样，永不忘怀！"

快到南昌城大门口时，吴十三勒住马缰绳，向宁王朱宸濠施礼道："殿下，下官知道王妃娘娘心意，为避免麻烦，王阳明的夫人和侍女当放在何处为妥？"

凌十一直言道："殿下，这还用说，先放在王府关起来，等待王阳明来王府换人呗！"

宁王点头道："吴兄，按说该如此。但本王知道，娘娘一向妒忌本王接触别的女人，况且王夫人和侍女乃漂亮女人，看来放在王府多有不妥，那把她们放在哪儿才好呢？"

凌十一大声道："殿下，南昌是殿下的领地，放在哪儿都安全！况且王阳明回京城，等他来到南昌，两眼一抹黑，他怎么知道夫人关押在哪儿？找不到夫人，他唯有投拜在殿下面前，接受统兵大将军之职！"

吴十三叹道："凌兄，王阳明聪慧善机变，切不可低估了他。殿下，为安全起见，依下官之意，不如把王阳明的夫人和侍女，都放在下官在南昌城的兵营里，在那儿应当比在王府更安全。而且王阳明即使聪明透顶，也想不到会把他的夫人关押在兵营里。退一步说，就算他知道了兵营，想抢走恐怕也办不到啊！所以他只有唯殿下马首是瞻，归顺了才能和他夫人团聚。"

宁王朱宸濠点头说道："吴兄，好，此乃上策。那就把王阳明的夫人带回你的兵营看管吧！"

宁王朱宸濠说到这里的时候，他似乎突然想起了什么，又说道："吴兄，王阳明的夫人对本王成就大业至关重要！管好你的属下，绝不可造次！记住，给王夫人找上好的房子，门口安排哨兵轮流看守，一日三餐不可怠慢，要派专人伺候，出了丝毫疏漏，或者说王夫人跑了或者被人抢走，唯你是问，到那时别怪本王不客气！"

吴十三点头道："请殿下放心，下官定竭力而为，让王夫人吃好、住好，决不让她走出军营半步！"

宁王朱宸濠接着向凌十一、吴十三说道："此番入京，至关重要，千万不可向他人透露入京之事，违者军法处置！"

吴十三听后则说道："殿下，伪造太后遗诏之事，望加快办，那可是咱们起兵的本钱。"

宁王朱宸濠点头道："放心，本王岂能忘了此等大事！"

吴十三遂与宁王朱宸濠和凌十一分手，率领他的随从，又督促着马车随他们行了七八里路，才来到他的军营门口。

此时，早已人困马乏，太阳已经落下，营房门口也渐渐黑沉下来。

和冀元亨守在南昌城门口的田庄，是个非常干练的年轻人。他二人见吴十三及随从押着载有王阳明夫人的马车，匆匆向他的军营方向走去。田庄说道："冀兄，我突生一念，今儿上天帮助咱们，你看太阳马上落山，这正是好时机，咱们当好好利用一下。"

冀元亨颇有学问，但他的头脑似乎不如田庄机敏多变。他说道："田兄弟，你想利用什么？人家是兵营，有成千上万的兵马，就咱们俩，万一被人家发现怎么办？"

田庄诡秘地趋近冀元亨说道："老师让咱们守在城门口，就是要发现宁王把师母她们关押在哪儿，今儿咱好不容易发现了师母的藏身之地，可是军营这么大，房子这么多，咱当找到师母被关在哪儿，将来好搭救师母。"

冀元亨一听就摇头说："田兄弟，咱俩身无双翼，人家有站岗的，怎么进这军营？"

田庄趋近冀元亨身边低声道："冀兄，老师常说，'不入虎穴，焉得虎子'。我有办法，趁现在天没黑，咱去买些礼品带上，总要有个扮相啊！"

冀元亨虽然知道田庄善于应变，人都说他鬼机灵，但他担心人常说的那样，"嘴上无毛，办事不牢"！万一偷鸡不成，反倒蚀了一把米，那肯定会影响恩师的搭救计划。他扯住田庄的袍袖说道："田兄弟，你这葫芦里到底装的什么药，你说清楚好不好，别让我蒙在鼓里。不然我心里没底气！"

田庄笑道："冀兄，天机不可泄露，请大胆一次，相信你的田庄师弟好不好？"

至此，冀元亨叹道："田兄弟，既如此，那就随你买礼品吧！"

一切准备妥当，冀元亨和田庄提着一大堆礼品来到营房门口。门口此时有两个站岗的士卒，田庄上前施礼道："官兵大哥，俺和俺哥是从京城来的，来找吴大将军！"

站岗士卒甲一听，上下打量二人，果见是京城人打扮，且提着一大堆礼品。说道："你们从京城来的，来找吴大将军，你们是吴大将军什么人啊？"

田庄拿出两盒制作非常精美的蜜饯，每个士卒送了一盒，笑道："官兵大哥，我们俩是吴大将军的远房亲戚，好不容易才找到这儿，让我们进去吧！"

接了蜜饯的胖士卒点头道："好！记住往前走，有一棵大树的那个房子就是吴大将军的营帐。"

另一个点头道："去吧，去吧！吴大将军刚回来，你们真是赶巧了！"

离开营房门口往里走的时候，冀元亨似乎明白了田庄所谓的"天机"。他低声说道："田兄弟，你真行，如果换作我，三天三夜也想不出这么个好办法来，恩师让你来，说明恩师知道你聪明机智。"

俩人在营房里左走走、右走走，士卒们正准备吃饭，有排队的，有去拿碗筷的，当然也有赤手的，谁也没有在意他二人。

冀元亨心里有些焦急，偌大的营房这么找下去也不是办法，万一有管事的和多事的人阻拦相问，该怎么回答人家。他向田庄说道："田兄弟，咱从第一排营帐找到了现在，天知道师母被关在哪儿？"

田庄低声说："冀兄，上天自会帮助咱们，你想咱们从京城几千里来到南昌，现在又跟到了营房，快了，很快就会看到关押师母的房子了！"

说到这儿，田庄似乎顿悟道："冀兄，对，咱就找有人站岗守卫的，那一定是师母被关押的地方！"

果然，他们看到在一幢大房子前，有两个士卒持刀侍立门口两侧，屋里还亮着灯光。他们走近，只听吴十三说道："王夫人，你们放心住下来，殿下已经发了书信，王大人很快会知道夫人到了南昌，王大人多则十天，少则三五天，一定会亲自上门接夫人回京城。不，也可能王大人和夫人今后会移居南昌。"

诸氏大声说道："吴将军，你们一路上遮遮掩掩，总没个实话，你让本夫人怎么才能信你？"

吴十三说道："王夫人，既来之则安之嘛！说实话，夫人已经离开京城几千里路，还是随遇而安吧！好，王夫人，下官不打扰了，你们沐浴一下，一会儿会有人送来饭菜！下官告退！下官告退！"

待吴十三等从大房子内走出来，田庄向冀元亨示意，二人悄悄奔至大房子后面的窗口前，田庄轻轻敲了敲窗子，在屋里抱着双臂踱步的诸氏听到了，而侍女嫚儿正低头喝茶。

冀元亨轻轻推开窗，向诸氏施礼道："师母，你别怕，我是冀元亨啊！"

诸氏起初吓了一跳，她细心观看后，果然是冀元亨。她颤抖着说："元亨，师母不是在做梦吧？你，你……你们一直跟着来了？"

冀元亨点头道："师母，这是田庄兄弟，是恩师在吏部讲学时新收的学生，不过今天多亏他，要不然学生绝见不到师母！"

田庄施礼后则说道："师母，这次我和冀兄来，是奉了老师之命，老师和尚德兄他们在南昌城里,师母放心,我们回去就禀告老师想办法!"

诸氏顿时喜悦异常,没想到,夫君从京城一路神不知鬼不觉地跟来。她向冀元亨说道:"元亨,告诉你们老师快想办法,快把师母救出去,我和嫚儿一天也不想在这儿了!"

十七　众勇夜半星火照　王妃摔杯斥宸濠

　　冀元亨和田庄悄悄从营房里往外走，到大门口时，发现营房大门已关闭，田庄刚要说什么，却发现自己身上还背着那个装满礼品的袋子。

　　此时，冀元亨也发现了这件事，遂低声说道："田兄弟，你是乐疯了吧，怎么这个礼品袋没给师母她们？"

　　田庄和冀元亨先前计划得很好，进营寨时，以看吴十三为借口，一定要把礼品袋送给师母，可能由于二人轻而易举和师母隔着窗户见了面，他二人只顾高兴，竟忘了把它们留下，现在走出营寨门口，再去送肯定是件难事。这时，那值守士卒高声喝道："你们干什么去，不知道晚上不得走出营寨吗？"

　　田庄上前施礼道："官兵大哥，我们俩不是营寨里的人，我们是来找吴大将军的！"

　　没想到此时换了岗，两个士卒上前，用刀剑拦住了他们。因此时天色已晚，只有门口两侧各点着一只大火把，光亮下，两个士卒一看他们像是穿着官服。其中一个说道："吴大将军怎么说，天这么晚，你们……"

　　冀元亨说道："官兵大哥，吃饭前我们进营寨找吴大将军，这不见完了我们就想赶紧回去，现在兵荒马乱的，谁不怕走夜路啊！"

　　另一个士卒则说道："这样，我去问吴大将军，有没有这回事儿，如果确有此事，我们马上放你走！"

　　田庄一怒道："你愿问就去问吧，我们等着！"

　　待那人一走，门口只剩下一个士卒，冀元亨料到待那士卒回来肯定要坏事。他向田庄说道："兄弟，天都这么晚了，你当知道的，我们最怕走夜路的！"

　　田庄趋近士卒身边，笑着说道："官兵大哥，这样，这些礼品呢，是吴大将军送给我们的，我们俩都是好人，又是你们吴大将军的亲戚，我们俩都怕走夜路，请官兵大哥高抬贵手，这些礼品留给你们俩享用吧，我们先走啦！"

　　那士卒说道："别，你们再等会儿，他问了吴大将军一会儿就回来，等等吧！"

　　冀元亨笑道："不！别客气，你收下，天太晚吴大将军也不放心的，官兵大哥，我们走啦！"

那士卒看了看一大堆礼品，还没等他说什么，田庄和冀元亨推开一扇大门，匆匆走了。

冀元亨和田庄二人离开营寨门口，如脱网之兔，二人加快脚步匆匆往前走。没走半个时辰，就听见身后马蹄声声，继而听到有人大喊："站住！站住！你们再不站住，老子就放箭啦！"

田庄说道："冀兄，不好，咱们这两条腿怎么也跑不过四条腿。咱们拐向这条小路，先隐藏起来，等等再走如何？"

冀元亨则说道："田兄弟，这儿离营寨太近，如果咱们在这儿隐藏起来，倘人家搜查，咱们就彻底完了！"

"冀兄，那依你之见，咱们先跑啊？"

"对！咱离营寨越远越安全，打起精神，跑吧！"

这条从城门口通往营寨的路很宽，两边都是茂密的树林，这里几乎没有人家，冀元亨和田庄不是奔跑在路中央，而是沿着路边，这样不易被驰马而来的士卒发现。而驰马而来的士卒跑了一段路，便挽弓向大路两旁胡乱放箭。有士卒高声道："放箭射死他们，他们肯定钻进了树林！射箭！射箭！"

十几个士卒骑在马上，用力挽弓射箭，放了一阵箭，见大路两边无任何反应，又归于一片宁静。

为首的士卒说道："走，咱们向大将军禀报，就说他俩躲进了树林。"

吴十三此时站在营寨大门口，他手握一把长剑，他想这两个自称他亲戚的人，一定是王阳明派来刺探他夫人关押在何处的。可是他又一想，这怎么可能呢？一路上没见王阳明的人影，他们怎么可能是王阳明的下属呢？他长叹一声，转而又想，不管如何，马总比人跑得快，等把他们抓回来，用不了三十马鞭，他们就会乖乖说出实话。

十几名骑马的士卒奔回来，为首的士卒下马向吴十三施礼道："大将军，天太黑，兄弟们追了五六里路，一直没看见他们，他们也许钻进了大路两边的树林！"

没想到吴十三大怒，用力扇了那人一耳光。骂道："浑蛋！这林子不大，他们两条腿跑不远，快带上你属下所有人马，连夜封锁大路两边树林，老子不信抓不住那两个鸟人！快去！"

那士卒得令后，驰马入营寨，不到半个时辰，他带着三五百士卒，全副武装，从营寨里奔了出去。

吴十三向站在一侧的四个士卒说道："你们四个，马上到老子营帐里，把这两个人的情况说清楚，这回老子绝不轻饶你们！"说罢他转身就走，那四个士卒只得跟在他身后，准备接受吴十三最严厉的审讯。

幸亏冀元亨和田庄选择了快速逃脱的办法，此时两人早已大汗淋漓，即使如此，哪怕还有一丝力气也要往前奔跑。

正是在骑马士卒一走一来的这段时间差里，冀元亨和田庄冲出了他们的包围圈。

王阳明在客栈里见到冀元亨和田庄大汗淋漓地归来，急忙和卢尚德把他二人扶进客栈。不待冀元亨的话说完，卢尚德大笑道："好！上天不负有心人，咱们总算知道师母她们关押在哪儿了！"

冀元亨放下茶杯说道："恩师，《尚书·旅獒》中有'为山九仞，功亏一篑'。"

王阳明说："元亨，到底怎么回事儿，把你们累成这样？"

冀元亨说："本来我们跟随着夫人的马车，来到了营寨，晚上田庄兄弟出了个好主意，我们俩混入了营寨，终于和师母她们见了面！"

王阳明喜道："是吗，你师母如何说？"

冀元亨把和夫人见面的过程说了，他接着说："我们俩出营寨的时候，遇到了守卫大门口的士卒盘查，虽然我们金蝉脱了壳，可后来吴十三派兵马追赶，又封锁了大路两边的树林，多亏我和田庄兄弟跟着恩师冬练三九、夏练三伏，有了这么强壮的体魄，才侥幸躲过了一劫。"

卢尚德喜道："不管怎么说，这是不幸中的万幸，知道了师母的下落，剩下的就是如何想法搭救师母她们了！"

田庄说道："老师，如果没有门口士卒的阻拦盘查，我们顺利走出了大门，剩下的就是顺理成章地设计救出师母她们了，可是现在情况不同了，吴十三肯定加强了戒备，再想把师母她们救出来，相当于虎口拔牙，只怕要难了！"

王阳明叹道："放心，敌变吾亦变。营寨虽是虎狼之穴，只要我们计划得当，一定能救出你们师母她们！"

且说王阳明带领冀元亨、卢尚德等离开京城之后到了第四天，刘瑾才让焦芳把宁王朱宸濠挟持诸氏及侍女的事告诉了王家，让王阳明到洪都南昌，要么以钱赎人，要么以人换人。

王华一看书信怒道："焦大人，宁王朱宸濠欺人太甚！我儿自幼熟读四书五经，懂得君君臣臣父父子子之道是永远不会改变的！他宁死也不会投拜在逆贼宁王朱宸濠麾下，充当他的帐下统兵大将军！请你转告刘瑾，今日我说的话，就是吾儿要说的，你们彻彻底底打消这个念想吧！"

焦芳强笑着说道："王大人，那王阳明王大人没在家吗？"

王华说道:"焦大人,吾儿三天前已驰马追赶宁王朱宸濠去搭救我儿媳了!"

就在这天,首辅大臣杨廷和、孙燧两人和王华见面,杨廷和三人决定面见圣上,请圣上评断这件事。在后宫的刘瑾得到密报后,担心一旦三人把宁王朱宸濠掠走王阳明夫人,以此要挟王阳明做他的统兵大将军一事上奏圣上,他与宁王朱宸濠篡位谋反之事就要浮出水面,那么圣上雷霆大怒之后,他就彻底完了。他告诉东厂和西厂暗探,两人一组,十二个时辰不间断蹲守,其实也等于变相软禁,如有人胆敢强制出门,则强制待之,保证三人不能入宫面圣。

与此同时,刘瑾拿出兵部尚书王琼的上疏,即彻查昔日王阳明上疏《陈言边务八目疏》造成严重危害的上疏,他和焦芳又添油加醋,把王阳明的八目疏中的几目所产生的消极影响写得非常严重,同时他还带着边关几个将军的署名上疏。一句话,他要用这几个上疏,逼王阳明走投无路,再去投靠宁王朱宸濠。

也许是天意,也许是巧合,这几天圣上头痛病又犯了。刘瑾急忙召集宫中御医会诊,治疗武宗的头痛病,御医说,让圣上静养一个月。

圣上毕竟还是担心他的江山社稷。刘瑾把他早上准备好的几份上疏奉与圣上。武宗皱眉道:"刘瑾,王阳明当初的八目疏,大家多有称赞,怎么今天又成了这样?"

刘瑾此时早想到了退路,遂说道:"陛下,此事是兵部尚书王大人一手所为,他原本是要带几个边关将军来面圣的,是奴才好说歹说,才没有让他们入宫,请陛下恕奴才之罪!"

武宗此时忽然大怒道:"刘瑾,这是真的吗?"

刘瑾急忙双膝跪地一脸苦态说道:"陛下,此等军国大事,奴才岂敢掺一点儿假。如果陛下不信,奴才马上把王大人他们传来面圣!"刘瑾要孤注一掷,必须让圣上取信。

偏这武宗见刘瑾信誓旦旦、绝非假话的情景,相信了这件事是真的。况且,一个近侍太监,即使借给他一万个胆子,他也不敢谎报军情,因为他知道欺瞒圣上会是什么结果,所以,武宗对刘瑾的话深信不疑了。

武宗看了看仍跪伏在地上的刘瑾说道:"刘瑾,你起来吧!不是,这个王阳明怎么这么多事,总让朕不安心!"

刘瑾起来后,观察武宗的脸色,他长叹一声说道:"陛下,以兵部尚书王大人之意,这个王阳明虽是大才子,但他却是朝廷的大祸端,陛下你看这事儿怎么办呢?"

此时,武宗并不知道王阳明是先帝遗命诀词中,那个"保尔社稷稳如泰"的人。一看眼前兵部和边关将领的几个上疏,武宗心里开始烦躁起来,他的头又痛了。武宗急忙坐下说:"刘瑾,朕……"

刘瑾急忙说:"陛下,是奴才不是,真不该把这些烦人的上疏让陛下看,陛下安心歇息吧!奴才告退。"

待刘瑾退下,嫣儿奉上一杯热茶,说道:"陛下,你静心歇息吧,先别担心这些事儿。"

武宗叹道:"嫣儿,朕不知怎么,但凡刘瑾一有上疏或是说什么人好、什么人坏的时候,朕就心生疑惑,不太相信他的话。比如这个王阳明。"

嫣儿故意道:"陛下,这个王阳明不是很好吗?"

武宗说:"前几个月,朕记得焦芳他们联合一百五十人上疏,要朕封王阳明高官厚禄,朕觉得太过,故一笑了之。今风向变换,从暖风一下子变成了寒风,兵部和边关将领又上疏,说王阳明当年上疏的《陈言边务八目疏》贻害严重,到了不得不彻查清算王阳明的时候!嫣儿,你看看,世上有这样的事吗?昨日要封高官,今日又说处死,什么诛九族,这朝廷大臣是怎么了,忽冷忽热,真是扑朔迷离,不知朕是该喜还是该怒!"

嫣儿笑道:"陛下,你一言九鼎,遇到这种犹豫不决的时候,不免先放一放、看一看,以嫣儿的见识,王阳明肯定是忠于陛下的臣子!他绝不是什么大逆不道之臣。陛下,你现在病着,等陛下好些时,嫣儿出宫访访,一看一听便知真伪!"

武宗笑道:"所以,天下人谁的话朕都可以怀疑或不信,但嫣儿的话,句句是真,朕是必信!"

嫣儿施礼道:"多谢陛下!多谢陛下!"

刘瑾一见到等他的焦芳便说道:"陛下现在不知怎么了,连我的话也开始怀疑起来,这下可好,陛下不表态,又把我架起来了!"

焦芳知道是为王琼等将领上疏的事,说道:"千岁爷,咱还以为人家王阳明在京城里四处转圈儿找他夫人呢,这可好,人家是和宁王殿下前后脚离开京城的。"

"什么,王阳明随着殿下离开京城了?唉,焦兄弟,咱们总是低估了王阳明的智商!可不对呀,他王阳明又不是能掐会算的诸葛亮转世,他怎么知道殿下的住处?他怎么知道殿下用马车诱骗了他夫人?不对,爷看咱这兄弟中,一定有吃里爬外的奸细,要不,他王阳明是神啊!"

焦芳叹道:"千岁爷,说一千道一万,反正王阳明早离开了京城,咱现在又束手无策了!"

因为王阳明夫人地位特殊,吴十三重新布置关押了诸氏之后,一边品茶一边想,倘由于我的疏忽,让王阳明他们真的钻了空子,把夫人救出了营寨,我怎么向宁王殿下交代？对，此事宜早不宜迟，我应先到殿下那儿刮刮风，倘若真的下起了雨，到那时殿下也绝不会怪罪我吴十三。

吴十三知道殿下和王妃有分歧，而且王妃曾当着他和凌十一的面，不但一直反对举旗造反，而且还说这样的话："夫君，贱妾劝你悬崖勒马吧，自古有多少篡位谋反的封王，到头来，不但杀身灭九族，还留下千古骂名！你再看看，为了你所谓的大业，咱堂堂的王府，快成贼窝匪巢了！"所以，这次进王府，他想尽量选择殿下和王妃不在一块时最好。可他到了王府，发现宁王与谋士李士实、刘养正三人正在谈话。他知道自己的身份，更清楚殿下的规矩，该谁知道的事，谁就知道，不该谁知道的，你别打听，也别问，否则宁王会为此大怒。吴十三只得站在一株硕大的槐树下，抬头看树上的一大群雀儿扑腾着翅膀，在树枝间跳来跳去，喳喳叫个不停。

会客厅里，宁王朱宸濠向李士实说道："李参议，在南昌的路上，本王忽然想，皇太后的口谕，虽说当时带有玩笑的口吻，但这就是太后当年写给本王的遗诏，别人又能怎样？本王想举旗夺取皇位，朱厚照至今还没有皇子，这对本王来说，是大喜之事！本王正好可以炮制一份遗诏，天下外姓人谁知道皇家内族之事。所以本王也不必仿照皇太后的笔迹，本王就自己做一份遗诏，天下除本王与你李先生，何人能知道这是假的。"

李士实皱着眉头，抚摸着髯须说道："殿下，话是这样说，可万一有人要看皇太后的遗诏怎么办？咱不就……"

宁王朱宸濠挥手道："李参议，到现在你怎么还转不过这个弯儿来？你想啊，皇太后一直深居后宫，现在活在世上的朝廷大臣，包括封王、九卿及其他大员们，有几个人见过皇太后的字迹？现在的首辅大臣杨廷和都没见过，他虽然早年写过两代先帝的起居实录，可他见过皇太后实录吗？所以，本王说这遗诏是皇太后亲手写的就是皇太后亲手写的，谁敢站出来说它有假？"

刘养正则笑道："李兄，恕我直言，你太过迂腐！咱现在吃谁的饭？端谁的碗？正侍候谁？殿下的话对咱来说就是圣旨！你是属下，还让殿下费尽心思给你解释这，解释那，你就按殿下的旨意去办，你还啰里吧唆、挑三拣四、说五道六，你快去办就得喽！"

宁王朱宸濠笑道："对！刘先生悟性高，眼皮儿也活，一件事听了就能领悟，就知道该怎么办。李参议，你快去办吧！"

李士实这才点头道："殿下，恕老朽愚拙，老朽这就去办！这就去办！"

李士实从客厅出来的时候，娄玉在侍女的陪同下，正从一座制作精美的碧玉圆月桥下走过来。她看到了抱着双臂正在看大槐树上雀儿的吴十三，当然她也看到了李士实从客厅里走出来，二人遂向她施礼。碍于李士实和吴十三都是殿下的属下，她随意点了点，表示了回礼，继而直接走进客厅。

刘养正因十几年前在名噪一时的娄谅门下学习程朱理学，他与宁王妃早就相识，二人不言而喻都很聪明，权当昔日相识是一阵穿耳之风，宁王朱宸濠一点不知。刘养正向娄玉揖礼道："娘娘，养正见过娘娘！"

娄玉点点头说道："刘先生，你太客气了！"

宁王朱宸濠笑道："娘娘，你快坐吧，我刚刚给你准备了一杯热茶，喝着它如神仙一般，味道儿真是好极了！"

"好！我也尝尝是不是你说的那样儿！"娄玉满面春风地笑着说。宁王从京城回来之后，娄玉根本不问他去京城的事儿，而宁王也不想告诉她，他到京城究竟干了什么，和谁见了面。其实为宁王执意要篡位谋反这件事，娄玉心里早憋了一肚子火，她一直压着，如同两个推太极的高手，两人都在试探对方。尤其是宁王朱宸濠，他清楚，宁王府之所以富甲天下，全凭娄玉精打细算。在宁王府，但提王妃，朱宸濠都格外敬畏，崇尚她的才能及理财手段。

宁王朱宸濠看到了侍在客厅外的吴十三，他挥手不知怎么竟脱口道："吴兄，你有事就过来说吧！"

吴十三犹豫不决，按说只要王妃在，他和宁王就只哼哼哈哈地说些府内外的奇闻奇事，从来不言与谋反沾边的事。今日怎么了，莫非王妃从此不阻拦此事了。

娄玉向来眼观六路，耳听八方，她是女人中顶级聪明的丽人。四十岁的女人，看上去依然光艳照人，妩媚贤淑，丽质丝毫不减。她笑着说："殿下，你看这吴先生像做错事的孩子，他多可笑，他站在门外想进还是不想进？"

说到这儿，娄玉故意斜瞥一眼坐在软椅上，心里忐忑不安，而表面上却若无其事的宁王朱宸濠。她分明在嘲弄和讥笑这两个心怀鬼胎的大男人，我看你们还怎么装下去。

朱宸濠一说出刚才那句话就后悔了，若没有其他人在，他真想打自己的嘴！可是说出去的话，犹如泼出去的水，想收回是绝对不可能的。他索性把心一横，大不了今日当着外人的面，让娘娘指着鼻子骂我就是，除此她还能怎样？见娄玉坐在一侧，一边品茶一边微微笑着，好一个完美的激将法！宁王朱宸濠再次摆手道："吴兄，你快进来吧，不然娘娘真要笑话你是做错事的孩子！快进来，今儿有什么事，什么话尽管说！"

这句话犹如让大家都不再尴尬的特赦令！

吴十三进客厅后先向娄玉施了礼，继而又向宁王施礼，末了才向专心品茶的刘养正施礼。

娄玉笑道："殿下，我不碍你们的事儿吧？"

宁王朱宸濠急忙点头笑道："娘娘，瞧你说哪儿的话，吴兄，有事只管说！只管说！"

吴十三只得把营寨内发现两个陌生人，他断定这就是王阳明派来的奸细，他们已经知道了王夫人的藏身之地，他现在又给王夫人换了住所，但是那个侍女还留在那儿，他加强了警戒，防止王阳明来偷袭救出他的夫人，等等，都说了一通。

宁王朱宸濠皱眉说道："吴兄，这不能吧？王阳明他是神啊还是仙家啊？他怎么会知道他的夫人在你营寨里关押着，你不是眼睁睁地看他率他的学生们回京城了吗？他怎么可能腾云驾雾紧跟在咱们后边呢？这不可能！不可能！"

吴十三瞪大双眼说："殿下，下官审问了四个站岗士卒，从他们的描述中，我敢肯定，其中那个高个子的当是王阳明的大弟子冀元亨，至于那个小个儿的，下官不敢妄猜。"

娄玉从吴十三的描述中，明白王阳明已经知道了他夫人的藏身之处，听了这些她放心了许多。

而坐在一侧的刘养正，至此也明白了王阳明正在做搭救他夫人的准备，王阳明竟如此神机妙算，知道了他夫人的关押处。刘养正心想，你吴十三自以为神机妙算，那是你在正常人中，不过有些小聪明、小机灵罢了，真要和精通文韬武略的王阳明比起来，你连个小巫都不是，人家一眼就看到了你心里，而你却还自称神通广大，世上无人能及呢，真是太幼稚、太可笑了。

其实倒不用听得太多，仅凭方才吴十三那几句话，娄玉柳眉一耸，两个杏儿眼大大地一瞪，看着宁王朱宸濠大怒道："殿下，这就是你们要造反篡位所使用的伎俩吗？王阳明是谁？你们为了达到不可告人的目的，竟然用了这样下三烂的手段，你们抢劫了人家夫人、侍女，要挟人家王阳明听从你们安排，我娄玉敢断定，就凭你们下作待人，人家绝不会听命于你们！我看你们真是枉费了心机！"说到这里，娄玉异常暴怒，她把手中精美的镶金碧玉茶盏啪地掷在地上，气冲冲地走了。

过了许久，宁王朱宸濠才说道："吴兄啊吴兄，平常你还自以为聪明机灵呢，本王让你进来你咋真的就进来呢，你就没有点儿心眼，这下可好，娘娘三五天不会理本王，你……你……真让本王难堪！"

刘养正以为在宁王朱宸濠麾下资历最长，他强笑道："殿下，其实也没什么，自古'凡成大事者不拘小节'，娘娘说就由娘娘说吧，反正殿下铁心已定，谁也扭转不动，仅凭此，殿下的大业一定会成！"

吴十三这才说道："殿下，王阳明夫人的事怎么办？咱可别让王阳明钻空子救走

了夫人，将来咱们竹篮子打水一场空啊！"

宁王朱宸濠突然大怒道："本王就不明白，王阳明怎么就不愿做我的统兵大将军呢？看来，本王必须做刘公公说的第三件事了，让王阳明名声扫地，从此走投无路，最后只能投拜在本王麾下！"

刘养正笑着说道："殿下，何谓刘公公说的第三件事呢？"

吴十三说道："刘先生，是这样，一个月前，刘公公为彻底收服王阳明，他告诉了殿下三策：一者扣押诱骗王阳明家人，十指连心，让他不得不救；二者让兵部尚书及边关将领上疏，上报王阳明《陈言边务八目疏》中遗留的严重危害，让王阳明在朝中无法留任下去；三者最为严厉，就是到余姚挖掘王阳明家祖坟，还要在坟地上大书：王阳明自掘祖坟！且让他无颜再回余姚，无颜再登会稽山，无颜再进余姚的王家老宅大门！"

刘养正听了，心里甚是震惊，可见刘瑾和殿下的手段之狠、之歹、之毒、之绝，转而又想，殿下越是如此，只怕越是无法挽回王阳明的心。他不由得叹道："殿下，我以为前两策已经至极，而第三策却有些……"

吴十三说道："刘先生，有些什么？殿下就是要让王阳明走投无路，而且还要背负骂名，如果他真的识时务的话，他早就应该回头登上殿下的大船！"

宁王朱宸濠似是明白刘养正后边的话，他叹道："本王知道，此策一用，本王就真的成为王阳明的仇敌了，可是本王没别的更好的办法。要不这样，本王临时变动一下，把这句话告诉王阳明的夫人，倘王阳明救走他夫人，又不投靠本王，本王就派人挖他王家的祖坟，让他永世别回余姚老家，永远别再登上会稽山遥望四方了！对，吴兄，这件事你速去告诉王阳明夫人，看他们怎么选择！"

王阳明最后同意由冀元亨和田庄去吴十三的营寨。上次二人是由大门而入、大门而出，这次二人在营寨的围墙处一试，围墙不太高，天开始蒙蒙发黑的时候，冀元亨往地上一蹲，田庄已明白他的心意，遂双脚踩在他的肩膀上，冀元亨悄悄站起来，田庄的头已经和墙头持平了。田庄没入京时，上树爬墙，身轻似猴，奔跑起来，脚底生风。他曾经在田野里，徒手追一只惊兔，任那兔儿左拐右绕，人兔仅三步之差，结果那兔儿奔到最后，嘴里喷出一口血，累死了！他在村里徒手攀爬双手搂不住的高大槐树，竟能身轻似猴，手脚交替用力，转眼工夫就爬到了树杈上。至于夏日，别人都在大树荫凉下歇息防晒，他则哧溜溜爬到大树杈上，在上面两脚盘着树杈，两手放在后脑勺下当枕头。家人喊他吃饭，他高声说："等会儿，俺在树上哩！"

田庄他娘逢人便说："俺庄儿是猴儿、猫儿、鸟儿转世，生下来和别人家孩子不一样，总爱登坡爬高，除了晚上睡觉在炕上，其他时候在树上待的时间最长！"

田庄灵敏机变，他悄悄爬上墙，而后又转身把手往下一伸，冀元亨就这样被田庄拉上了墙。田庄低声说道："冀兄，你这人咋这么笨，我拽你时，你也脚蹬墙，手抓砖缝儿，不就轻轻松松上来了。你这可好，全凭我往上拉，这多费劲啊！"

冀元亨笑道："田兄弟，那当然！我冀家历来是书香之家，我从小到大哪爬过墙上过树呢？就是我邻居家的枣树上，枣儿成熟了，掉在地上，我若一看，我爹就会说，枣儿是人家的，君子不为！我就是在这样的环境中长大的，这些非君子的事我没做过！"

田庄把手一指说道："冀兄，其实咱们从墙上出入，要比大门方便多了，只要里边的士卒看不见咱，咱想啥时候来就啥时候来，这才叫来去自如，如入无人之境呢！"

两人在营寨内寻找夫人和侍女时，在老地方只发现了侍女嫚儿，冀元亨因经常去恩师家，所以嫚儿认识他。

嫚儿说道："冀大哥，就在你们和我们说话的那天晚上，他们就把夫人拉走了，究竟关在了哪儿，嫚儿也不知道！"

冀元亨让嫚儿千万忍耐，再坚持几天，能吃就吃，能喝就喝，在屋里多锻炼，将来搭救时，腿上好有力气。

嫚儿喜道："冀大哥，营寨里士卒这么多，整天出出进进，你们怎么就进来了？"

田庄笑道："嫚儿，你冀大哥就像猴儿一样从墙上爬过来了，我们一会儿出去的时候，也从墙上走，这叫如履平地啊！"

冀元亨低声说："嫚儿，记住，我们找到了师母大人，会在明天晚上来救你们。记住，耳朵仔细些，但有什么异常响动，就是我们给你发出的信号，行动时千万不要有一点儿响动，把那些带响的盆啊碗啊拿远点儿，这样咱们才能神不知鬼不觉地把你们救出去。"

嫚儿突然说道："冀大哥，那你俩现在把我带出去吧，在家的时候，我也爬过墙，偷摘过邻居家的枣儿！"

田庄笑道："嫚儿，这枣儿是人家的，君子不为！"说完他自己先笑了。

嫚儿说："田大哥，你笑什么？"

冀元亨说："嫚儿听话，我们俩还要寻找师母关在何处，你耐心等待就是！"

虽然费了些周折，但这世上只要是人想做的事，就总会做成的。原来吴十三把王阳明夫人关押在营寨中的院中之院中。此处的墙不高，他们翻入院中。夫人诸氏在灯光下刚看清冀元亨，田庄不小心撞到了铜铃铛，铃铛一响，哨兵就奔入了院内。多亏墙不高，冀元亨和田庄如灵猴般逃出了小院，等到营寨中骚动时，二人已按原路轻而易举爬过了围墙。

王阳明听了冀元亨和田庄到营寨打探的情况，说道："这个吴十三真是可恶，他们放置了铜铃，很容易让咱们打草惊蛇。"

冀元亨说道："恩师，我大概用步丈量了一下，从嫚儿到师母关押的地方，顶多一百步，到那时咱可以兵分两路，一路去救嫚儿，一路去救师母。"

王阳明问道："吴十三的营寨大概有多少人，他们成天都干什么？"

冀元亨想了想说道："按营寨的大小，小的营寨能容纳五六十人，大的有一百多人，这样笼统算下来，当有万人左右。我和田庄兄弟详细查看了，他们可能是水军！因为大多营寨门口都扔着或靠着划船用的东西，有绳，有长不及三尺的木板。"

王阳明点头道："我明白了，这是吴十三的水军。从营寨到鄱阳湖不过几里之遥，可是这个营寨却隐蔽在树林里，真是个天然的藏兵之地！"

田庄则说道："老师，我以为要营救师母，可以用火攻，让吴十三哭天抹泪找不到北。"

王阳明皱眉问："田庄，你在营寨里发现了什么？"

田庄说："吴十三不过是个草莽英雄，我和冀兄先发现了吴十三的粮库，它和伙房紧挨着。关键是他让士卒们打了很多的干柴，像小山一样堆在伙房、粮库一侧。所以，我以为他犯了兵家大忌，只需一把火，师母她们不就能被轻而易举救出来了吗？"

"好！田庄可教也！你们大家听听，田庄和冀元亨这次入吴十三营寨，他们观察细致，连划水用的东西都看到了，还悄悄步量了两房之间的距离，包括柴堆与粮库、做饭的伙房都观察了。观察细致，带回的资料就多，我们制订计划就会更加稳妥！以后但有这种事，一定要如元亨和田庄一样仔细，如此则'知彼知己，百战不殆'！"王阳明非常庆幸他有了冀元亨和田庄，两人办起事来稳妥，让他如此放心。

吴十三向站在他面前的几个将领说道："你们看到没有，这就是王阳明的精明、机智和过人之处。我只能让你们加强警戒，日夜轮流不间断地值班！面对王阳明这样的对手，我只能这样啊！"

这天早晨吃饭后，吴十三推开关押诸氏的房门。诸氏见了吴十三怒道："吴大将军！你说，你们到底什么时候放我出去？你们是男子汉大丈夫吗？我夫君不论在余姚，还是今日在京城担任朝廷官员，他可从来没做过这种事！他言必行，行必果，出则君子，入亦君子；他在家尽孝，在国尽忠；就是在京城开始讲他的阳明心学，也是教授弟子存良知，为善事。哼，倘把你们和他相比，我夫君是熠熠闪光的金玉之才，而你们充其量是糟粕和尘世间奸佞不可救药的人渣，只不过是你们的爹娘给了你们一个肉胎，让你们白白披了一张人皮，在世间做行尸走肉罢了！"

吴十三怒道："王夫人，你骂够了没有？你说这些没用的！"

诸氏讥道："原来，我这是对牛弹琴啊！"

吴十三讥道："王夫人！你对谁弹都没有用的！今日我说句实实在在的话，你用心听着：宁王殿下说了，如果王阳明王大人把你从这儿救走了，他不答应殿下提出的条件，那么，从那时起，王阳明就是殿下的仇敌！殿下说，他要让王阳明身败名裂，遭世人唾弃！"

诸氏怒道："我明白，我夫君如果哪天救走了我，你们水中捞月一无所获，所以你们就要用更恶劣、更歹毒的办法来对付我夫君！自古杀人不过头点地，你们有什么毒招儿、损招儿说吧，我张耳静听哪！"

吴十三说道："这就好！我听说世上最下作的手段莫过于挖祖坟，将他列祖列宗挫骨扬灰，将祖坟夷为平地！这比春秋时伍子胥掘开坟墓打开棺椁，鞭打楚平王尸首还要狠毒！可是，王夫人，宁王决定就这么干！谁能把宁王怎么样？谁让王阳明不顺服宁王呢？"

诸氏虽是女流之辈，她不听则已，听后勃然大怒！猛然间打了吴十三一记响亮的耳光，大骂道："你们这些狗东西！人间的恶魔！你们尽情尽意地做吧，上天看得清清楚楚，我不求上天雷劈火烧你们！我只祈求上天，赐给我夫君机会，有朝一日，你们宁王朱宸濠反旗一举，朝廷当命我夫君率兵亲手来斩杀你们，让你们这些断了脊梁骨的小丑、可怜虫死无葬身之地！"诸氏说着扑通跪在了地上眼望上天。

吴十三重重地挨了一耳光，又听了诸氏方才的话，他捂着疼痛的脸，心里顿时恐惧极了。他边往外走边说："王夫人，我吴十三好男不和你一个妇道人家斗嘴耍贫，反正他王阳明要倒霉！而且要倒大霉！"

第二天晚上，天很黑，漫天之中小如金豆的星星，此时静静地镶嵌在宁静的天穹之上，它们默默地闪烁着寂寥的光亮，使人感觉到了天之高、地之幽。不知何时起，阵阵凉风习习吹来，给寂静之夜增添了些许生机。

为干净利落救出夫人和嫚儿，王阳明带着冀元亨、卢尚德等五人，驰马在城门外无人之处特意进行试练，不但增加了各自的胆识，还提高了协同行动的能力。王阳明告诫众人："男人要坐如松、敏如兔、奔似马，不动则已，一动必然龙虎生威，一招制胜！"

卢尚德进入营寨之后，率先和金岸一同点燃了存放在粮库门一侧的干柴垛，点火前还悄悄在伙房、粮库门口放了干柴，风纵火势火助风威，火风交织，把个偌大的营寨照得漫天通红。

十八　养正助恶救十三　娄谅年迈明肝胆

也正是此时，冀元亨和田庄及王阳明等人分为两组，实施解救夫人诸氏和嫚儿的计划。大火未起之时，两组已分别来到关押嫚儿和诸氏处。冀元亨率先用布把铜铃包了，爬墙进入小院儿很顺利，但没想到的是房子的前门加了大铁锁，后窗则用木板钉上了，冀元亨根本没带开锁的工具，夫人诸氏房内虽有灯光，但彼此根本看不见。

王阳明怒道："元亨，看来吴十三加强了戒备，这两个哨兵呢，身上有剑或有长矛、长戟，来，你左我右，先把这两个哨兵干掉，不然救不出你师母！"

冀元亨叹道："恩师，这种事我或许做不来，我怎么下手呢？"

王阳明说道："元亨，在你死我活的关键时候，你不杀死人家，人家势必杀死你！大胆动手干吧，不然，救不出你师母，说不定还要搭上几条鲜活的生命，你怎么还下不了狠心呢？"

冀元亨颤抖道："恩师，即便他是敌人，我还是下不了手！"

此时站在一侧的另一弟子则说道："恩师，我去干吧！为了救回师母，我不怕溅一身血！"

王阳明叹道："得！我受元亨真情所感，你俩就在此等候，我去把他们打昏就是！"

那弟子说道："恩师，别，杀人杀死救人救活，万一他们醒了，咱们咋办？"

王阳明低声道："也罢，这种事我去做！"

王阳明悄悄奔向那两个哨兵时，冀元亨边看边自言自语道："恩师，没办法，我真的不敢杀人。倘我爹知道后，会大声骂我，说，元亨啊，此等伤天害理之事，君子岂可为？我……"

那弟子低声说："师兄，在敌人面前，不是你死就是我活，当人家把大刀架在你脖子上时，你说我是君子，千万不要杀我！当你说出这样的话时，人家会乖乖地放下屠刀吗？你太幼稚可笑了！没想到关键时候你竟这样！"

冀元亨争辩道："师弟，道理不用你说我懂，可我就是做不来，我下不了手！"

"等着吧，你总有下手的时候！"那师弟咬着牙，一字一句向冀元亨说道。

王阳明趋近两个士卒，说时迟，此时快，他噌地趋近一个高个儿士卒，把紧握的拳立化为掌，运足周身之力，"啪"一下砸在那人颈脖之处，那人不言不语瘫倒下来。继而他来个鹞子转身，飞快趋至那个小个儿士卒前，握紧拳头又来个黑虎掏心，重重杵在那人心窝之处，那人也不吭不响瘫倒下来。他的运拳速度非常之快，拳、掌非常有力，虽不致命，但短时间之内，这两个士卒无论如何都不会醒来。

王阳明向二人一招手，冀元亨上前问道："恩师，他们不会死吧？"

王阳明说道："放心，不会致命，但他们肯定要大睡一觉！"

接下来三人便用刀剑，甚至长戟、长矛很快把房门砸开，此时火光冲天，吴十三及其近万名士卒喊着叫着纷纷去救火，王阳明和冀元亨等带领夫人诸氏及那边救下的嫚儿，两边会在一起，几人合力，很快爬到了墙外。

原来王阳明已断定，倘救了夫人和嫚儿，选择地方隐蔽下来，会很不安全。宁王朱宸濠和吴十三得知夫人逃脱营寨之后，肯定动员所有兵力进行大搜捕，所以务必要提前逃离南昌城。于是，他们行动前从客栈带了随身物品，先放在墙外，为防止夜间马叫或马蹄子走路时响动，除给马带上兜嘴，使之张不开嘴之外，还在马蹄上都缠了两三层麻布。故而，马无声地候在墙外的大树旁，人一到，各自上马。一句话，马走人走，倒也做得干干净净，不留下一点儿痕迹。

吴十三的营寨地处南昌城门之外，王阳明眼望着吴十三营寨内火光冲天，人的喊叫声和救火声似是随风而去。此时除了火光，他们什么也看不见。他拉着夫人的手说："夫人，是我不好，好端端让你吃了这么多苦，我这一生一世都对不起你呀！"

诸氏泪水涟涟说道："夫君，不是，是朱宸濠、刘瑾太可恶！他们是强按牛头硬喝水，咱们也是没有办法的办法，说到底还是贱妾感谢夫君，千里迢迢，夫君带着学生，拼了命才把我和嫚儿救出来。还是夫君智高一筹，不伤不残一人，把贱妾救出来，咱真心要感谢上天相助啊！"

冀元亨则向背后的嫚儿说道："嫚儿，你记住，始终抓着我的袍带，只往前看，你就不怕骑马走夜路了！"

嫚儿点头说道："冀哥哥，咱从来没骑过马，你可要走慢些，千万千万别把咱摔下来。"

王阳明大声说道："徒儿们，得胜班师！"

不知是因为兴奋，还是因为十几天来，从京城奔赴南昌，一场惊心动魄的解救夫人和嫚儿的行动悄然成功了，冀元亨、卢尚德、田庄、金岸等压抑在心中的豪壮之气突然迸发出来，听王阳明说罢，众人不约而同道："是，老师，得胜班师！"

驰马奔出南昌十几里之后，王阳明令众人下马，只把马儿兜嘴解开，让马加快了速度。星月驰骋,黑黝黝的树木、山林纷纷向后退去。王阳明和夫人诸氏驰马在前,冀元亨和卢尚德在后,而其他三人则排在他二人身后。马儿通灵,六匹马齐刷刷地向前奔驰,人们倒也觉得周身爽朗、惬意,马儿把山把水把树木花草甩在了后边。然而,山巍巍,水漫漫,树茫茫,真是过了一山又一山,过了一水又一水,众人越走越兴奋,他们心里也越来越轻松了!

吴十三眼看着熊熊大火越烧越旺,虽然救火的人多,但是火太大了,人根本不能近前,只能眼睁睁地看着火随着自己的脾性尽情燃烧,干燥木材瞬间化作冲天大火,随之,乌烟滚滚冲向了繁星点缀的寂静夜空。

吴十三突然顿足大声吼道:"坏了,这一定是王阳明干的,他们肯定正在救他的夫人!王将军、刘将军你们快去看看!"

第二天一早,吴十三就驰马来到宁王府大门口,守卫大门的士卒知道他与宁王的关系,让他把马拴在大门一侧的拴马石上,请他从侧门进王府。

此时,宁王朱宸濠也刚刚起床,他正在一株茂盛又粗大的梅花树前习剑。粗略看去,他的一招一式,像是自创的,似乎一点儿实战性都没有,动作虽然娴熟,懂得剑道剑术的人一看就知道,他是剑为人而动,而不是那种人剑合一、人为剑动、人为剑舞的高手所为。有两个侍从持巾物等侍在一侧。

一直住在宁王府的刘养正和李士实二人也学着宁王朱宸濠,早起舞剑,吴十三先奔到刘养正和李士实面前。

刘养正收了长剑,一边用巾物拭着剑锋,一边抬起头,上下打量着匆忙而至的吴十三,低声说道:"吴将军,你这么早来王府干什么?一定有急事吧?"

吴十三低声说道:"刘参议,不,刘先生,我那儿出事了,出大事了!这可怎么办呢?"

刘养正叹道:"你呀,活了这么大岁数,你咋记不住那两句话呢?"

吴十三似乎不知道这个爱多管闲事的刘养正到底要说什么,他低声说道:"什么两句三句的,我从来不费那些心思,记那些乱七八糟的东西!"

刘养正嘿嘿一笑,他心想,你急我不急,脱口说道:"我告诉你,就两句话,很好记的:'天亮喜鹊叫,好事准来到;拂晓乌鸦噪,祸事马上到!'"

吴十三皱眉道:"刘先生,这些话,七八岁的孺子都懂,不过,它关我何事儿?"

刘养正这才说道:"李兄,你来评评理,吴将军一大早进王府,殿下肯定天天希望听到好事、喜事,可他呢,大乌鸦嘴一张,来报恶事、坏事,你说殿下会怎样?会高兴得大笑吗?"

李士实则叹道："刘兄，你别说俏皮话。你说，自从京城回府，咱这王府听到过一件喜事或好事吗？唉！"

吴十三眉头一皱向刘养正说道："刘先生，反正是纸包不住火，既然出事了，我吴十三也掩盖不住，迟说早说，我必须说，只有早说殿下才好决断！"

刘养正叹道："那好，你去见殿下吧！"

吴十三去见宁王殿下时，刘养正和李士实也跟了过去。待吴十三把事情原委说完，宁王大怒道："吴兄啊吴兄，你让本王怎么说你好呢？偌大的营寨竟让王阳明放了火，然后把人救走了，你说你能干什么？这真应了王阳明夫人那句话，水中捞月一场空啊！"

刘养正亦说道："吴将军，咱们做殿下属下的都该尽心尽力，办事做事让殿下放心。你这可好，咱手中没了刀把子，再没有主动权，这仗怎么打？这旗帜怎么举？靠你这样的将军，能成就殿下的大业吗？"

宁王朱宸濠大怒道："刘先生，你先别插话，本王的话还没有说完呢！"

刘养正急忙点头哈腰，施礼道："好！好！养正多嘴了。"

宁王朱宸濠向侍者说道："快传凌将军、闵将军速来王府，本王有话说！"

侍者应道："是，王爷。"

宁王朱宸濠在众人面前踱了一阵，转身说道："这样，情况突变，吴将军在府里先吃饭，吃饭之后都到客厅议事。"

刘养正等齐声道："是，殿下！"

凌十一和吴十三、闵念四等比起来，他的人马最多，而且他最听信宁王朱宸濠。用常人话说，宁王放个屁都是香的。凌十一常说，说一千道一万，咱不过是个匪盗之王，是个山寨大王，现在宁王殿下正是用人之际，他收留了咱，现在不再是草莽英雄，有了王爷颁发的麾下番号，属下一两万人也换了统一的将士之服，今非昔比，咱一个山寨大王，改头换面，成了有俸禄的真正将军，我凌十一从心里感恩万分啊！凌十一虽极好色，但他打起仗来身先士卒，不畏艰难，尤其是不怕死，他和士卒大口吃肉大碗喝酒，待属下如亲兄弟，仅这些足够让宁王朱宸濠重用他。

宁王府有个大练兵场，未出王府之前，宁王朱宸濠把心腹之人传到一起，他要处置吴十三失职之罪。

凌十一听到王阳明的夫人及侍女，从吴十三的营寨里被王阳明解救逃脱了，他当众向吴十三说道："吴将军，当初殿下有心把王阳明夫人交给我看押，可你呢，自以为诡计多端，你当时说什么大话来着。现在人被王阳明救走了，你说，殿下以前一切一切的努力，都化成了泡影！你吴将军今儿必须给殿下一个交代，必须的！"

闵念四，原来做山寨大王时，因他的兵马少，时常被吴十三欺负，比如闵念四的属下抢劫了财物，如从他的山下河边经过，必须分一半给他。闵念四对吴十三的仇恨已经扎根在心里。

闵念四说道："殿下将来要成就大业，治军当严，我刚学了个新名词，叫什么令行禁止，军令如山。当然，在军令面前，没有职位高低，不可以不服从命令，虽然我的手下只有几千人，但我向来说到做到，将军当为人师表，我对吴将军的事虽然不太了解，但方才凌将军所说的话我举双手赞成，不严惩不足以立法！"

后来其他将领都表了态，宁王朱宸濠心里有了底儿。

宁王朱宸濠大怒道："诸位将军，争取王阳明为本王所用，是此次入京与刘公公共同商定的用人大计。现在王阳明夫人已被王阳明从吴将军的营帐救走了，原来要挟王阳明的刀把子一直攥在本王手里，现在本王和刘公公的用人计划彻底完蛋，这个责任和损失，自当由吴将军承担！"

说到此时，宁王朱宸濠故意大声说道："吴将军，你是本王所封的英武大将军，这个责任和损失，你应当承担吗？"

吴十三心里开始打小鼓，他不知道宁王所说的责任和损失到底是什么。过去由于他的兵马多，加上他诡计多端，包括在兵马最多的凌十一面前，他都不屑一顾。殿下第一，他第二，因他作威作福惯了，引起众怒，而今他一朝失足，成了人人喊打的过街老鼠。是啊，人在屋檐下不得不低头，他说道："殿下，我失职，我对不起殿下的厚爱，我自食其果，这个责任和损失我心甘情愿承担。"

宁王朱宸濠怒道："来人，把吴十三拉到练兵场，当众惩罚五十军棍。"

吴十三一听，顿时吓破了胆。不论对错，五十军棍，就是血气方刚之人也难逃一死，他用带哭腔的声音乞求道："殿下，下官身体瘦弱，还望……"

宁王朱宸濠怒道："吴十三，军令如山，来人，带他去练兵场。"

原来练兵场旗幡飘扬、刀光剑影、军鼓阵阵，严阵以待的各路士兵已经列队，虽说不是把所有的兵马都集中在此，但起码集中了三分之二以上，按宁王朱宸濠本意，他要通过这次严惩吴十三以壮军威，把将士们的信心都鼓舞起来。

此时宁王殿下也着了将领之服，其他将领也都是全副武装，盔甲、铠甲、前后护心镜、束腰带、长剑，整个练兵场威风凛凛。在点将台下边，已经把吴十三捆绑在众将军面前，几个行刑士卒，上身裸露，头扎三寸宽的紫锦带，手握八尺长、三寸粗的军棍，站在吴十三两侧，而朱宸濠与凌十一、闵念四等站在点将台上，在他们的一侧，有左右令旗兵各数人，今天宁王要惩一儆百，大振军威。

宁王朱宸濠把手一招，所有音响戛然而止，他拿起令箭，往令旗兵面前一掷，高声喝道:"来人,行刑,五十军棍!"

宁王朱宸濠话音刚落,远处刘养正和李士实俩人气喘吁吁奔来,刘养正高声大喊道:"殿下,勿行刑,养正有话说!"

宁王朱宸濠听到喊声,转身一看,是参议刘养正。遂向令旗兵喝道:"慢!"

刘养正奔上点将台,先向宁王朱宸濠施礼,他擦着脸上的汗说道:"殿下,王阳明夫人已逃,今既成事实,无法挽回。故而,虽然吴将军有失职之罪,但如果按殿下所罚,五十军棍打下来,吴将军必死无疑。吴将军若亡,岂不等于殿下又失去一臂膀乎!乞请殿下法外开恩,免除吴将军五十军棍之罚。"

李士实施礼道:"殿下,而今正是用人之际,况且吴将军与凌将军等皆是殿下股肱之才,重刑之下必伤其筋骨。现在殿下欲起用王阳明为统兵大将军,今已成空谈,故请殿下三思,免除对吴将军的责罚。"

宁王朱宸濠见刘养正与李士实,此二人皆他文韬方面的左膀右臂,与凌十一、吴十三的武略之才珠联璧合。今刑杖吴十三,等于自伤股肱,多亏刘养正与李士实二人及时提醒,若不然,必定铸成大错。他向二人说道:"刘参议、李参议,请起。"

刘养正与李士实起身施礼道:"谢殿下。"

宁王朱宸濠环顾众将领,向伏在地上等待行刑的吴十三说道:"吴将军,本王今念在昔日你为本王立下汗马功劳的分儿上,看在刘参议、李参议为你恳切求情的面子上,五十军棍可免,但你必须将功补过,把本王的面子挽回来。"

吴十三点头谢恩道:"谢殿下给末将免刑!"

宁王朱宸濠向他说道:"吴将军,你过来。"

吴十三两眼闪着泪光,万分感激地走到宁王朱宸濠面前,再次施礼道:"殿下,今吴十三这条命就是殿下恩赐的,刀山火海,十三万死不辞!请殿下示下!"

宁王朱宸濠满脸笑着伸手把他拉起来。说道:"王阳明冥顽不化,他浪费了本王几个月的大好时光,他昨日携夫人一逃了之,本王不能就这样便宜了他,既然他不为本王所用,那他就是本王的仇敌!"

吴十三点头道:"对,下官想起此事,恨不得把他碎尸万段,以解下官的切齿之恨!具体干什么,殿下?"

宁王朱宸濠说道:"本王知道,王阳明老家在余姚,那么他的祖坟一定也在余姚。今本王给你三十名体魄健壮的士兵,你带他们星夜出发,化装成平民百姓,悄悄潜入余姚,找到王阳明家的祖坟。我这里从慧真禅师那儿请了一把文韬武略的霹雳法剑,按乾、坤、震、巽、坎、离、艮、兑八卦方位,斩断他王家列祖列宗风、火、泽三个源流,然后,挖掘祖坟,抛尸挫骨,将他祖坟夷为平地!末了,在其祖坟四周,高竖四块七尺七寸长、三尺宽的木板，用朱砂蘸乌墨各写七个大字，乃'王守仁自掘祖坟'。事毕，撤出余姚还南昌复命！"

吴十三皱眉道："殿下，有一件事下官不明，请明示。"

宁王朱宸濠说："吴将军，何事，说吧！"

吴十三说道："风、火、泽三个源流，当在何位置？"

李士实说道："吴将军，八卦之图你按猫画虎，依葫芦画瓢，当知道，上乾、下坤，至于风、火、泽三个源流，乃巽、坎、兑之位也！你明白了吗？"

吴十三这才点头喜道："殿下、李先生，下官明白了！"

宁王朱宸濠说道："你现在就挑选士卒，准备出发吧！"

王阳明与众弟子披星戴月，翻山过岭，离开南昌之后，直奔上饶。在客栈里，诸氏向正在沐浴的王阳明说道："夫君，贱妾在囹圄之时，吴十三曾告诉我一件事，让贱妾一定告诉夫君！"

王阳明问道："夫人，吴十三说了什么？"

诸氏想了想说："他说，这是宁王殿下所说，倘哪一天贱妾被夫君救走了，而夫君又决不做宁王统兵的大将军，那夫君就是宁王的仇敌。他的原话贱妾忘了，既为仇敌，就要让你身败名裂，遭千古唾骂。"

王阳明怒道："这朱宸濠到底要干什么？"

诸氏说："这宁王要派人到余姚夫君的老家，挖掘王家的列祖列宗坟墓，然后抛尸挫骨，把祖坟夷为平地！"

王阳明腾地站起来，大怒道："这个朱宸濠！你要篡位谋反，我王阳明誓不为之，你穷凶极恶，几乎让我王阳明家破人亡、身败名裂。而今你图穷匕见，终于露出了最狰狞的面孔。你要挖我王家在余姚的祖坟，还要抛尸挫骨，把祖坟夷为平地，倘你这样做了，我王阳明岂不身败名裂？不要说今生今世不得回余姚老家，就是死后也要遭千古唾骂！你恶毒之甚，穷凶之至，我王阳明今起与你朱宸濠势不两立！"

诸氏眼前似乎浮现出了那些画面，王家的列祖列宗之墓被挖掘，白森森的尸骨满地，王家族人纷纷跪伏在被夷为平地的坟墓前如丧考妣地号啕大哭，王阳明和夫人诸氏刚要进家门，王姓族人一呼百应，纷纷拿着刀剑、棍棒、菜刀之类来围攻他们；王阳明跪伏在地上，泪流满面，向王姓族人们乞求，族人们不依不饶，开始撕扯暴打王阳明……

诸氏叹道："夫君，咱现在是秀才遇到兵，有理论不清，倘他们真这样做了，你我岂不成了王家列祖列宗，包括今天余姚成百上千的王姓族人的最大罪人！夫君，

这个宁王心狠手辣，他真要这么办了你我今后怎么活呀？"

王阳明摇头道："夫人，你放心，我王阳明光明磊落，从小到大没做过一件恶事，就是奉旨修建威宁伯王越老将军之墓时，刘瑾派属下七八个手持刀剑的汉子，在城门口围杀我，我情急之下，也没有杀死一人，只让他们受了皮肉伤落荒而走。前些天我与元亨搭救你时，我听了元亨一席话，放下刀剑，只用手打伤守卫的士卒，也没有伤及他们的性命。上天神灵见证，我没有以恶报恶，我向来以德、以仁、以善报怨，我心存良知，何日何地都没有泯灭！试问，一个一心行善守德的正人君子，难道就该受到这么重的惩罚吗？他想如此，上天答应吗？我坚信，上天不会答应，这只能是他们的妄想而已！"

诸氏点头道："夫君，贱妾知你是心存良知、一心行善积德之人。可是，如果万一呢？贱妾说的是万一，咱们怎么办？"

王阳明听着诸氏的话，长叹了一口气，"是啊，你讲仁、义、智、礼、信，人家却讲欺、恶、歹、坏、诛。虽然人常说'害人之心不可有，防人之心不可无'，偌大的王家列祖列宗的坟茔，就暴露在旷野之中，无遮无盖，就真真地摆在那儿，你总不能成天不做朝廷的差事，日夜守候在此吧？你没有钻入朱宸濠的五脏六腑里，你不知道他的坏水什么时候流出来，一月是他，三月五月也是他，一年两年还是他！咱耗不起，更算不出邪恶在祖坟上出现的日子。"他忽然想到了年至九旬的祖母大人！祖母大人曾不止一次地向家人讲述，她在大树下，梦见白衣天使从天而降，赐给了她一个孙子。记得天使说过，但逢有事，请祈祷上天，定能化险为夷，遇难成祥。

想到此，王阳明站起来推开窗户，但见窗户外明月高照，星斗阑干。他把自己的想法一说，诸氏喜道："夫君，对！按祖母的话，此时正是好时机，夜空人静，月明星稀，咱们祈祷！"

这一天，冀元亨和卢尚德、田庄三人在客栈内拜见王阳明和诸氏。冀元亨说道："恩师，咱们在洪都南昌耽搁了不少时间，咱几时返京城？"

王阳明说道："元亨，眼下咱们有一件极为重要的事，刻不容缓，咱马上启程去上饶！"

卢尚德问道："老师，咱到上饶做什么？"

王阳明说道："上饶是为师的恩师之家，也是你们的师公之家。"

诸氏说道："元亨，你恩师当年十几岁，就崇尚四位先哲，乃宋之周敦颐，称濂溪先生，他是理学创始人。其次是程颐、程颢，即人们说的'二程'。再次是宋之陆九渊，他是你恩师所承心学的创始人。陆先生曾与朱熹会于信州鹅湖寺，这鹅湖寺即你家二人曾辩论'格物致知'。陆先生从孟子的'万物皆备于我'的观点说理，你恩师就是受他这句话的启迪，创造了阳明心学。"

王阳明说道："为师的心学，至今还没有形成完整体系，当然以后但到安静时，为师会潜心研究它，力争把这个心学体系完整地建立起来。"

诸氏接着说："方才我只讲了周敦颐及二程的理学，这三位师公可融为一体，共称理学。你恩师所推崇的第五位师公，乃宋之朱熹。这位师公，继承二程一周之理学，认为'理'是宇宙的本体，未有天地之先，毕竟是先有理，万物有万理，总天地万物之理，便是太极。当然，此次与你恩师前往上饶娄氏，讳谅师公之处，除探讨理学和心学之外，还有一件大事恳求你们师公鼎力相助。"

卢尚德点头道："师母，此行我们几个弟子能拜谒师公？我们由衷地喜悦、兴奋！"

王阳明说道："到上饶之后，为师先去拜见恩师，你们随后拜见师公。记住，礼多人不怪，你们师公最讲礼仪，记住师公教诲时，闭口不言，多用心记，千万不要辩论。倘有疑问下来问为师，都须仔细些。"

到达上饶后，王阳明伫立在恩师娄谅门前，回忆十几年前，自己只身从余姚来拜谒恩师，那时自己血气方刚，有时听不进恩师的教诲，自负有才学，还和恩师争辩。现在想起来，那时自己多么幼稚可笑。后来游历九华山，还产生过厌世情绪，想习道学，研究道家养生。是恩师拨开自己眼前的迷雾，让自己一边研究陆先生的心学，一边掌握真才实学，精忠报国。后来，实践证明，娄恩师的话非常正确，正像山涧的百丈松柏一样，咬定青山不放松，它才能昂然屹立，挺直了腰杆，任风吹雨打，永葆苍劲、挺拔、坚韧、不动不摇的本性。直到后来离开了恩师，在自题的阳明洞中开坛讲学，向士子、求学者传播自己的阳明心学，恩师的教诲始终伴随。

同时，王阳明还想起了当年和恩师之女娄玉在一起写诗作画。娄玉这个比王阳明大几岁的姐姐，非常疼爱这个异姓的弟弟。而王阳明这个弟弟，又非常敬爱、尊重这个姐姐。想起少年时的种种往事，王阳明抑制不住哑然失笑。

诸氏走过来说道："夫君，你笑什么，快去拜谒你的恩师啊！"

娄谅的年龄看上去比王阳明父亲王华要大几岁。此时，他正手抚髯须，伫立在家院内的菜田前。长长的豆角秧已攀爬得很高，那一串串吐出花蕊的花儿，悄悄散发着一丝一缕青涩的花香味儿，彩蝶儿在飞，风儿轻轻地拂，和煦的阳光从花树上慢慢泼泄下来，留下了斑驳陆离的一串串光艳。雀儿在菜田一侧的花树上跳着叫着，有一根一丈多长的半片竹筒，从山泉那儿接过潺潺清泉，泉水悄悄地沿着半片悬在地上的竹筒慢慢流淌下来，灌溉着绿油油、青翠欲滴的菜地。

王阳明不知怎么未曾开口，却已泪水满面，他扑通一声双膝跪地，行三叩九拜大礼，大声泣道："恩师，不孝弟子王阳明拜见恩师！"

娄谅听到说话声，转身一看，面前这个伟岸、仪表堂堂、玉树临风的男子，是谁？他擦了擦蒙蒙眬眬的双眼，从眼前这个人身上看到了少年时余姚来的那个百学不厌、事事刨根问底的王阳明的影子。他豁然笑起来，点头说道："余姚王守仁，后来创建了阳明洞，又改名王阳明，开坛讲学，广收弟子，真是青出于蓝而胜于蓝啊！"

王阳明点头说道："恩师谬奖！阳明永远是恩师的弟子，莫说一百年、一千年，就是一万年也不变！"

娄谅上前搀起王阳明，点头笑道："余姚王守仁，乃为师的高徒！今入京一边招收弟子讲学，一边不畏权贵，百折不挠，在当今之朝廷，但提王阳明者，无人不知，无人不晓！只是可恨那刘瑾、焦芳之鼠辈，因王阳明而恨所有余姚人，此乃朝廷之不幸，大明江山社稷之不幸啊！"

王阳明在娄谅恩师面前像个孩子，他站起来后，急忙给娄谅搬来藤椅，以袖拂之，趋步上前搀扶着娄谅的袍袖，请他坐下，又端起茶壶，给恩师斟茶，双手捧茶盏至前，请娄谅喝茶。然后王阳明侍立一侧。

继而让夫人诸氏前来拜见。

接着是冀元亨、卢尚德、田庄、金岸等，以入师门前后之序，一一来拜见他们的师公。

继而，把各自孝敬恩师、师公的礼品一一奉上。

王阳明手抚娄谅袍袖，把此次来上饶的事一说，没想到娄谅怒道："阳明啊，你十几年前，就知道为师的秉性，自从那个朱宸濠袭封宁王之后，为师就向众友表明心态，誓不与宁王朱宸濠同桌而饮，誓不踏入宁王府大门一步。他要反就反，与上饶一老朽何干？"

王阳明长叹道："恩师，这次为救我的夫人，我提前在宁王朱宸濠没回到洪都南昌之前进入宁王府，拜见了我的玉姐姐，玉姐姐为劝阻朱宸濠篡位谋反，俩人争吵过不止一次。"

娄谅皱眉道："怎么，玉儿一直反对他谋反忤逆当今朝廷？"

"是啊，恩师。自古国破百姓苦！现在，大明江山刚刚稳定，这宁王朱宸濠就想举兵造反，战火一起，国破国亡且不论，只怕百姓从此陷入战乱的水火之中。恩师，从十几岁我入师门，您就教诲我，要我学成文韬武略，将来精忠报国，今北虏、南倭稍稍平息，只怕恩师不愿再看到战火纷飞、妻离子散、家破人亡的惨象吧？"

娄谅叹道："阳明，为师今老矣，为师不过乡间一布衣，除了家中饲养的鸡、鸭、鹅听为师使唤之外，为师能管得了谁？况且，国家之大，为师就想在上饶娄家这一片小天地中安度晚年，锁进家院成一统，今《目录》四十卷已成，而《三礼订讹》四十卷尚在修改之中。至于宁王朱宸濠欲为千古骂名之事，为师更无力拦之，即使你玉姐回家看视，为师也不允她带宁王府一丝帛、一文银，不许之过夜。生养她一场，当年头脑发热，错把她嫁给宁王之子朱宸濠，今九曲八弯之肠已悔青矣！故而，为师只允她吃一顿饭，然后就催她上轿回洪都。似此，阳明，为师怎能出尔反尔，立言而不行，岂不愧为人师？"

见娄谅执意不去规劝宁王朱宸濠弃恶从善、放下屠刀，王阳明扑通双膝跪伏于娄谅面前，泣道："恩师，今阳明劝您老出面规劝宁王朱宸濠放下反旗，一者，朱宸濠之双亲已亡，而恩师乃其岳丈，本为长辈也；二者，劝朱宸濠不为谋逆之事，并非为一己之私，乃国之大事。倘他不作乱，国家安宁，百姓乐业，兵马不动。可战端一起，百姓流离失所，血流成河，尸堆如山，多少生灵瞬间归于尘土，是为国之大不幸也；三者，自古凡作乱者，必磔于市，诛九族。今玉姐正值芳年，倘朱宸濠死，玉姐岂可生？劝朱宸濠亦即为玉姐谋后半生之福也！是此三者，恩师难道亦不为乎？"

娄谅猛地饮了一口茶叹道："阳明，此三者为师焉能不知？然而，自古君子立言即立身，为师曾在上饶百姓及士子面前，明立其言，故言而有信，信而蕴德，此方为正人君子也。今你让为师为个朱宸濠毁灭立言，失信弃德，为师还为正人君子乎？"

王阳明大恸道："恩师，为天下苍生，为黎民百姓，为大明江山，请三思！"

这天晚上，娄谅参加了王阳明设在上饶城的答谢恩师席宴。王阳明把冀元亨、卢尚德、田庄、金岸等召集在一起，诸氏感到事关重大，夫君之事亦非个人之事，遂也参加了商议。

王阳明说："今天大家都看见了，恩师把立言、笃信、存德和正人君子看得高于一切。这使为师想起师公程颐先生说过的话，他反对夫死妇女改嫁，'饿死事小，失节事大'。恩师不去规劝朱宸濠，根子就在于此！"

冀元亨说道："恩师，记得在吴十三营寨解救师母时，我说过，杀人性命，非君子所为。这与师公不失言、不失信一脉相承！依弟子看，师公这个弯儿只怕今生今世无法扭转。故而，恩师可否再想其他办法劝说朱宸濠停止谋反啊？"

金岸则说道："老师，今千言万语难移师公之志，可见师公真尘世间君子也！既然如此，老师又何必强求？"

卢尚德叹道："老师，也许老师的方法不对，也许没有找到师公与老师共鸣之处，故而没有打动师公。"

田庄点头道："不过，话说回来，不论做什么事，都要锲而不舍，如昔日传说中小溪边的老妪铁杵磨针一样，只要有恒心，我想恩师会成功的！"

这天夜里，王阳明翻来覆去睡不着，直到四更之时他才昏昏睡去。

诸氏起得早，她知道夫君为朱宸濠谋反之事，既然来到上饶求恩师帮忙，那么他志在必得。她想，上天会让师公娄谅改变态度吗？她坚信，上天有能量，所有尘世间的事，既然都是上天安排和决定的，那么恩师娄谅老先生肯定会改变！所以，她双膝跪在安睡的王阳明一侧，双手搭于膝上，闭了双眼，开始默默祈祷。

而王阳明一起床，饭没顾得上吃，就跪伏在恩师门前，待恩师娄谅开门时，才发现了王阳明。他叹道："阳明，为师想了一夜，唯有弃小家而保大家，大河有水小河满，为师决定踏入朱宸濠家大门了！"

十九　娄谅大义斥忤逆　吴匪掘坟遭雷劈

王阳明见恩师娄谅答应了，遂兴致勃勃施礼道："恩师之德，苍天铭记！苍天铭记！"

娄谅伸手把他拉起来，抚髯说道："阳明，为师被你的真情打动，若再固守私念，守一人之立言、立信，岂不为皇天后土所笑！"

王阳明说："恩师，阳明已为恩师备下马车，恰上饶有阳明的弟子，此人姓方名万全，让他代弟子驾车，来往盘缠费用，阳明也悉数交付万全，辛苦恩师了！"

娄谅大笑道："阳明，此事安排得有条有理，朱宸濠虽几番害你，然而你不记仇，以国之大事为大，真不愧男子汉大丈夫也！"

接着，王阳明从门外带来方万全。

方万全向娄谅施以大礼道："师公，此行弟子代恩师驾驭马车，诸事晚辈已提前谋划，请师公放心，晚辈一路上侍奉师公当如侍奉万全祖父！"

却说从上饶到洪都南昌非即一日，娄谅乘坐马车来到宁王府门口时，方万全向守卫的士卒说道："快去禀报王爷王妃，上饶泰山岳丈驾到！"

此时宁王与娄玉正在用午餐，闻得士卒通禀，娄玉兴奋得不知如何是好，她满脸笑着问那士卒："真的吗？我爹他老人家真的来王府了吗？"

宁王朱宸濠也大为惊奇，向侍立一侧的管家说道："快，清水洒扫，摆放花卉，都穿戴整齐，准备迎接老泰山！"

娄玉笑着向宁王朱宸濠说道："殿下，快，你我去换衣袍冠带，迎接我爹入府！"

接着娄玉又向管家说道："我爹鞍马劳顿，快把软椅送过去，就说玉儿和朱宸濠一会儿就到门口迎候爹大驾光临！"

管家马上点头道："娘娘放心，奴才已经安排了，奴才还派人奉了茶。"

这时听到管家向男奴女仆们喊道："你们快都放下手中的活计，摆放花卉，清水洒扫，张彩挂红，迎接老泰山入府！"

继而管家又转告了李士实、刘养正等府内参议、谋士宾客，府内一时纷纷准备。

娄玉今天像大婚似的，穿上鲜亮的裙袍，头饰金玉珍珠，满脸笑着出来，喊道：

"殿下,快点儿吧,你让我爹在门口等多长时间了,快点儿出来吧!"

娄玉话音未落,宁王朱宸濠已按朝廷诏礼,冠八梁,加笼巾貂蝉立笔五折,田柱香草五段,前后玉蝉。他今天还把束发用的冠带改为束金冠,这种金冠,是用细金编制而成,外部做成多层如意形,各层上还镶嵌着宝石。当然,束发金冠在里面,被外边的朝冠罩着,为显得庄重,他今着蟒服,远看如蟒龙,盘领右衽,是用纻线织成,袖阔三尺,腰束玉带,看上去,富丽堂皇如迎接圣皇一样。

宁王朱宸濠和娄玉相视一下,娄玉携朱宸濠之手,二人从飞云宫内出来,管家见王爷、王妃出来,便高声道:"奏乐!"于是王府内鼓乐齐鸣,而侍女们开始翩翩起舞……

宁王朱宸濠和娄玉行至大门前,娄玉大声向宁王朱宸濠说:"殿下,今不用国礼,一律用家礼,别忘啦!"

大门开,宁王朱宸濠和娄玉看到娄谅正端坐在一张软椅上,他手抚髯须,正四处张望,而方万全则侍立一侧。侍卫告诉他们,王爷、王妃马上出府迎驾。继而,有侍者见了娄谅,朱宸濠和娄玉双双跪伏于地,施于一揖、三叩、九拜大礼。朱宸濠大声说道:"岳父泰山在上,请受婿儿朱宸濠迎候大礼!"

娄玉泪流满面,俯伏于地泣道:"爹,不孝之女玉儿叩拜迎候爹大驾光临,愿爹长命百岁、寿比南山!"

娄谅看了看俯伏在地的宁王朱宸濠与娄玉,叹道:"婿儿、闺女起来吧!"

娄玉和宁王朱宸濠一人在左一人在右,搀扶着娄谅登上大门口的八级台阶,进入王府。娄玉边走边说:"爹,您老人家看仔细些,前面要过门槛儿了,把脚抬高些!"说罢,她向宁王朱宸濠递个眼色。

宁王朱宸濠笑着说:"岳父大人,不孝婿儿朱宸濠早该和玉儿到上饶看望您老人家,若不然,岳丈大人此次就在王府长期住下吧,婿儿朱宸濠和玉儿早晚奉茶侍汤,让您老人家颐养天年,这样咱一家人高高兴兴、团团圆圆多好啊!"

娄谅摇头道:"得,你们有这份孝心就好。自古人老儿孙烦,我不想做什么老不待见。上饶山清水秀,俯首摘青菜绿豆,溪水潺潺流入家园,粗茶淡饭,持笔撰书,指点江山,评点人物,倒也清闲,快乐似神仙啊!"

娄玉破涕为笑道:"爹,可是,即使如此,爹无论如何都是寂寞啊,哪似玉儿在身边好啊!"

进入王府后,鼓乐齐鸣,侍女们穿着鲜亮的袍裙,转螺旋,舒长袖,舞翩翩,顿开金喉,疑似一群仙女下凡来!

继而,按娄玉安排,扶娄谅高座,娄玉与宁王朱宸濠重施大礼,继而两人轮流向娄谅献茶，至此方才礼毕。

这天晚上，宁王朱宸濠抚摸着娄玉的乌发，说道："玉儿，岳丈大人此来，不知所为何事啊？"

娄玉把他的手一推，坐起来佯怒道："好个没良心的东西，这是我爹！是我的亲爹！我爹就我这么一个女儿，我娘死得早，他含辛茹苦把我养大，他十几年才来一回，而且是第一回！怎么？我在这儿，他没事儿就不能来呀？我告诉你，你朱宸濠若敢在我爹面前表现出一点不敬畏、轻慢之处，休怪我娄玉当场翻脸！"

宁王朱宸濠昔日属于典型的纨绔子弟、花花公子哥，他生在王侯之家，从小时起饭来张口衣来伸手，不劳而食，他还嗜酒如命、挥金如土，还好声色犬马。娄玉入府后，眼里容不得一点沙子，经过十几年调教，总算有了点儿藩王的样子，关键是由于娄玉治家有方，经过十几年苦心经营，使一个病似骆驼站不起的王府，成为富甲天下的第一王府。仅凭这一点，宁王朱宸濠敬佩得五体投地。宁王朱宸濠见娄玉发火，急忙抚摸着她的肩头笑着说："玉儿，你看你，我就这么一句话，你就夹沙裹石一箩筐不满。不过，我是想，岳丈大人一定是有要事而来。"

娄玉低声说道："朱宸濠，你记住，不管我爹有什么事，只要你我能办到的，你一定答应，绝不能当面忤逆我爹，更不能当面和我爹争辩。我告诉你，我娄玉自从嫁给你们朱家，这是第一次向你提要求！"

宁王朱宸濠急忙点头道："玉儿放心，除了岳丈大人让我上天摘星星，下池塘捞月亮，捕风捉影，抓住人说话的声音之外，其余的我点头答应不就得了呗！"

娄玉伸手捏住宁王朱宸濠的耳朵，怒道："朱宸濠，你看我爹来了，你想长脸，你想耍贫嘴呀？什么乱七八糟的，你今天听话一切都好，你不听话，我就让你下不了台！"

这天娄玉把娄谅搀扶着进入客厅。客厅长条案台上摆满了南昌的时令鲜果，还有娄玉亲手做的茶点面点、蜜饯之类。娄谅刚落座，娄玉就把老人家爱吃的摆在他面前，笑道："爹，玉儿总想找机会好好孝顺孝顺爹，而今机会来了，凡是爹没有享受过的，只要玉儿能办到，玉儿一定让爹尽情享受！"

娄谅向娄玉说道："玉儿，让他们都退下吧，爹有正经话要说。"

待侍女们退下，娄玉抚摸着娄谅的手，笑道："爹，您老和玉儿有什么正经话要说？这不人都走了，爹想说什么就说什么，女儿伸长了俩耳朵，认真听、仔细听，保证每句话每个字都听进耳朵里！"

娄谅推开茶杯，一脸肃穆说道："玉儿，爹这次来，是余姚那个徒儿王阳明祈求爹才登你王府大门的！爹若不是听了徒儿王阳明的话，豁着一张老脸，爹永远不会登这王府的大门槛！"

娄玉感到满脸发烫，她摇着娄谅的手叹道："爹，人的命天注定，胡思乱想不顶用！而且玉儿在王府都给人家生了儿育了女，再过几年，连爹的曾外孙曾外孙女都快有了，爹再说什么，我玉儿再也打不回十几年前，十八岁的闺女一朵花了。"

娄谅叹道："一句话，只怪爹当时贪图富贵、羡慕荣华，爹就你这么一个女儿，爹这辈子连个传宗接代的儿子都没有。总怕你吃苦受罪，这不，就一念之差，那几年登门求亲的才俊有的是！这正是徒儿王阳明说的，'人一念之差可以为良善，一念之差也可以为恶丑'。正所谓：'失之毫厘，谬以千里啊！'"

娄玉喜道："爹，我那阳明好弟弟，人家才是真正的男子汉大丈夫！人家少年时就才华横溢，一篇《九华山赋》誉满朝野。自从从阳明洞中走出来之后，在京城讲学，登门求学的弟子很多，仕途上不卑不亢、一身正气、一门心思做精忠报国的正人君子，面对朝廷中的奸恶小人，他也不失君子本色。长此下去，我这个好弟弟，本事和名望真是不可限量！"

娄谅正色道："玉儿，听徒儿阳明说，这婿儿朱宸濠已萌反心，正招兵买马、紧锣密鼓准备打起谋反朝廷的大旗，真有这事吗？"

娄玉点头道："爹，确有其事。阳明弟弟告诉我，说这次朱宸濠入京就是和宫中太监刘瑾联合，俩人沆瀣一气，狼狈为奸！这不，刘瑾和朱宸濠设下种种圈套和阴谋，试图拉阳明入伙，做朱宸濠的统兵大将军，结果朱宸濠和刘瑾空忙一场，什么也没捞到。玉儿不知道朱宸濠心里又憋着什么坏主意呢！"

娄谅怒道："玉儿，自古夫妻本是同林鸟，一荣俱荣，一损俱损。他既有谋逆之心，你怎么没发现呢？爹知道古训，男主外女主内，可是这么大的事，你怎么早不知道呢？"

娄玉叹道："爹，玉儿只有一双眼、一对耳朵，玉儿总不能抛头露面到府外去招摇吧？朱宸濠昔日像卧不住的兔子，成天不是骑马，就是坐轿往府外去；不是去会狐朋狗友，就是与那些占山为王的盗匪吃吃喝喝！爹知道，玉儿是个顾家的女人，我能管住他王府里的嘴，可我无论如何管不住他的腿呀！现在木已成舟，再想逆转只怕不可能了！"

娄谅怒道："玉儿，难道你不知道？这些年朝廷刚刚稳定，百姓乐业，一旦战火起，有多少无辜的百姓要丧生在战乱之中啊！而且这一震荡最少三五年，要想稳定还不知需要多少时日！真是家室不幸，家室不幸啊！"

娄玉点头道："这些我那阳明好弟弟当面给我讲过。他还说朝廷历来对大逆不道、篡位谋反之事恨之入骨入髓！就像朝廷的大院里突然烧起了一把火，大家围上来七手八脚把火就扑灭了。可接下来，对谋逆者，肯定磔于市、诛九族，而且还要留下千古可笑的骂名！唉，螳臂岂能当车呢！"

娄谅瞪着两眼怒道："玉儿，你既然知道这个下场，你怎么容忍朱宸濠这样做呢？你难道不怕为此丧命吗？对你来说，太不值了，你总不能让白发人哭黑发人吧？"

至此，娄玉什么话也没说，她手抚着香手帕，垂泪道："爹，这也许就是玉儿的命，玉儿一点儿办法也没有啊！"

娄谅说道："玉儿，爹这次来，就是受徒儿阳明之托，来劝说朱宸濠，你看爹怎么说，他才能悬崖勒马，回头是岸呢？"

娄玉抹了把泪水叹道："爹，朱宸濠心已铁，况且他现在是箭在弦上，不得不发，只怕爹劝也白劝！依玉儿看，爹在这儿和和气气地住着，最好别提这事儿。"

娄谅怒道："别提？要不为这事，爹会到你南昌来？你现在就把朱宸濠叫过来，爹就说这事儿！"

当宁王朱宸濠施礼落座后，他端起茶盏，斜睨着坐在上首的娄谅，心中说道：岳父大人无非说谋反之事，别的他还能说什么？

娄谅强笑了笑道："朱宸濠，老朽今是第一次直呼你的名字，你少时在王府读过不少书吧？你说说看，一个人从赤手空拳呱呱坠地，直到他行步执杖，进入棺椁。正所谓'生于土，又归于土'，就连他先前生存的气息，也化作一阵清风，无迹而终，这就是上天给生存的人，当然，也包括世上存活的鸟兽花草等画定的生命轨迹。如同一个偌大的圆圈，从始至终，就这样生而不息，亡而又生来往着、繁衍着……"

宁王朱宸濠笑道："岳丈大人，您老说的这些太高深莫测，婿儿学识浅薄，有什么话请岳丈大人直接教诲就是。"

娄谅说道："人虽然死了，但他的名声却留了下来。比如宋朝的秦桧，都知道他用'莫须有'三个字，就把一个赤胆忠心的岳飞杀了。所以，秦桧的坏名声遗留千古！"

娄谅说到这儿，话锋一转，直问道："朱宸濠，你想在百年之后，留下什么名声？"

朱宸濠皱眉道："岳丈大人，这人都死了，名声好坏重要吗？"

娄谅大声道："怎么不重要？你是死了，可你的儿孙他们还要活，他们还要把你家这个朱姓延续下去！朱宸濠，如果你名声好，你的子孙会高高兴兴地活在这个世上，提起爹或爷爷之名，他们会感到自豪，感到荣耀！假如你名声不好，你的儿孙会小心翼翼、胆战心惊地活在这个世上，提到你的名字，就连儿孙们也会恨得切骨入髓，那是你没有给他们留下好处，而留下了丑恶！所以，世上才有了'人过留名，雁过留声'这句话。"

娄谅的话，宁王朱宸濠听了进去，不须问，他需要自己的子孙们因他而得到荣耀，不希望因他而得到恶名。这就是人们活着，之所以要选择当好人，而不愿选择当坏人的原因。他抬起头说道："岳丈大人，婿儿也想过了，儿孙有儿孙的不同，如婿儿朱家，先祖给儿孙们留下了大明江山，留下了世代祖传的九五之尊的龙椅，坐上它的人会因此无上荣光，连同他的子孙，也在延绵不断享受他的福分。比如夏日可以坐在阴凉之处，就连摇扇也让别人伺候，冬天寒九之时，不需动手，便有人把炕烧好了，把酒烫好了，这是一种福分。还有一种福分，比如黎民之家的儿孙，即使他爹他爷爷留下再好的名声，他们也要三伏之天挥汗如雨，还要荷锄收庄稼，三九之天还要往田里送柴送粪！岳丈大人，两种福分两种天，两种儿孙两种苦和甜。所以，人生下来，必须干事儿，而且必须干大事儿，才能福荫子孙！"

娄谅怒道："朱宸濠，对，干事儿，干大事儿！但也有好坏之分。比如你在朝廷，当个封疆大吏，或大将军，你驻守边关，让北虏不敢进，南倭不敢掠，你为江山社稷，守护了国家平安，倘朝廷钦赐个'威武大将军'或'龙虎大将军'，那你的儿孙就有福禄继承！比如春秋时吴国之伍子胥，汉时之飞将军李广，宋时之岳飞！"

宁王朱宸濠笑道："岳丈大人，不，什么是好，什么是坏？自古'成者王侯，败者贼'，人们都在做同一件事。比如我朱宸濠成了，很可能封王列侯；倘别人败了，他就是贼，就是匪！胜者对败者可以为所欲为，他的儿子哪怕学识再渊博，再有胸怀大略，也必须一生一世做男奴；而他的女儿，哪怕再漂亮，再会琴棋诗画，也要充作官妓，送到卖春的青楼，死后，一张破席子裹了扔在水沟里、山坡上，任狗撕鹰啄！所以，这种好坏不是做这件事之前定的，而是事成或事败之后才定的，难道不是吗？岳丈大人！"

听到此处，娄谅听出了宁王朱宸濠的弦外之音，他厉声说道："朱宸濠，咱今儿打开窗户说亮话吧，今大明江山四海升平，百姓乐业，你是不是觉得你头上宁王的官帽太小了？你想招兵买马，举反旗，篡位谋反吗？"

娄谅说到这儿，两眼盯着宁王朱宸濠大声问道："你说你把黎民百姓推到战乱的水火之中，这是好事儿还是坏事儿？老朽问你话呢！"

宁王朱宸濠看到娄谅大怒，也看到娄玉正两眼瞪着他。他想到刘先生说过，"君子不做口舌之争，更没有必要说过程，只要结果好，管他过程做什么？"对，刘先生还说，"遇事忍为上，忍为大，任你有千条妙计，我有一定之规。你在明，我在暗，我什么也不说，你不会知道我在想什么！"他淡淡一笑，不置可否，借机端起茶盏，一边欣赏玲珑剔透的麒麟玉盏，一边呷着茶水。

娄玉实在看不下去了，她柳眉倒竖，满脸通红大声喝道："朱宸濠，我爹问你话呢？你吞了炭还是嘴里含了鸟，哑巴啦，怎么不说话呢？"

娄谅怒道："朱宸濠，你今天可以装聋作哑，可以充耳不闻老朽的话，但是，老朽今日敢给你断言！你这是十恶不赦的大恶事！凡篡位谋反，行大逆不道之事的，其结果必定是身败名裂！或磔于市，或五马分尸，或刀砍斧剁，或点天灯，或炮烙其身。但绝对不是笞、杖、徒、流、死这种不太受罪、不太疼痛的轻刑罚，末了还要诛九族，祖宗八代都要背上千古骂名，他会遗臭万年！"

待怒火千丈的娄谅说完这些话，客厅内一片沉静，这样持续了很长时间。后来，宁王朱宸濠抬头说道："岳父大人，人各有志，不可强求，得，今儿不说这些不愉快的事儿，婿儿今日让下人们打猎，这不打死一只梅花鹿，这鹿儿怀着小鹿，真有些晦气，不过，这也没什么，这世上的鸡羊牛猪马，生下来就是上天给人准备的一道肉食菜，岳父大人有口福，细细品尝吧，和昨日的野猪肉味儿，会截然不同的。"

娄谅把案台一拍，大怒道："好个孽障！好个不忠不孝的婿儿！老朽不辞辛劳，来南昌劝你走光明大道，可你呢？龟儿吃了秤砣，你铁了心要走独木桥！那好啊，今儿上天为证，土地为凭，是遗恨千古，还是荣耀万代，上天之神自有分说！玉儿，爹无遮天之手，认命吧！"

说罢，娄谅从客厅内气冲冲地走出来，向站在门口的方万全说道："万全，一腔热血暖不化冻冰坨！走，咱爷孙二人回上饶！"

娄玉向宁王朱宸濠吼道："朱宸濠，你这个畜生，从我爹今日离开王府起，你休想有好日子过！"

宁王朱宸濠见娄玉雷霆大怒，强笑着站起来，说道："玉儿，玉儿，我没有想到岳丈大人有这么大脾气，你去送，我也去送送！"

娄玉不知哪来的偌大气力，两手一推，把个没有任何防备的宁王朱宸濠推倒在地。大吼道："呸，你也配送我爹，我不稀罕！"

娄谅虽然年迈，但他身上原有的那种刚烈如火的脾气，一旦焕发释放出来，真个是高山挡不住，三江拦不住！他从王府内倒背着两手，高挺着胸脯，两眼如同喷火一样瞪着，旁若无人，藐视一切地只顾往前走。而正值血气方刚的方万全，则匆匆跑着跟在后边。

方万全大声说道："师公，自古君子不与小人动气，您老这是何苦呢？话不投机半句多。师公，您老别生气，您老走慢些，师公，看清楚些，前边有台阶，走慢点儿吧！"

直走到台阶的时候，方万全才追上娄谅。他拉着娄谅的袍袖又劝道："师公，您老万万不可生气。人常说，'气大伤身，恨大伤骨'。倘因此气坏了身子，我恩师绝不会饶我！"

十九　娄谅大义斥忤逆　吴匪掘坟遭雷劈　231

娄谅并不接方万全的话，他长舒一口气，从王府里走出来，走到马车前，但见车上装了女儿精心为他准备的腊肉、干鱼以及糕点之类，他抓起来刚要往地上扔，这时娄玉奔出来，扑通一声跪在地上，泪流满面，哭着大声说道："爹，您千万别扔，那是玉儿的一片孝心！爹今日一怒，让玉儿终生难忘。玉儿从小知道爹的脾气，玉儿不敢再多说什么，玉儿为答谢爹的养育之恩，今儿给爹叩九个响头，以表玉儿为爹送行之礼！"

说罢，娄玉两手趴于地，把头上的王妃王冠一扔，扑通！扑通……连叩了九个响头！

娄谅转过身来，急切地扶起娄玉，但见她额头处血迹斑斑，那些溢出的血水，顺着她的眉眼和鼻子流淌下来……

娄谅再也控制不住，泪水从他混浊的双眼中流淌出来。他伸出袍袖给女儿擦着脸上的血水，擦毕，他张开双臂，把哭成泪人的女儿搂在怀里失声哭道："玉儿，是爹当年贪图富贵之名，让爹的玉儿走上了一条不归路，是爹对不起玉儿！对不起那几个不知名字的外孙女、外孙！"

娄玉边哭边跺着脚泣道："爹，玉儿不怪您，玉儿到死都不能怪您老人家！这是玉儿的命，玉儿怎么能和命相争呢？爹，您老还是淡泊尘世，修身养性，好自为之吧！只怕此一别，玉儿再也不能为您老尽孝啊！……"

娄谅把女儿一推，向站在一侧的方万全吼道："万全，这不是咱爷俩待的地方，你快赶车呀，咱走！走！"

却说那日，王阳明和诸氏及弟子冀元亨、卢尚德等，把娄谅和方万全送出上饶城。王阳明笑着向诸氏说："夫人，恩师去南昌劝说朱宸濠，此乃你我之福，天下苍生之福。现在好了，咱凯旋回京城吧！"

诸氏突然皱眉道："夫君，万一朱宸濠真的派人去余姚挖掘咱王家的祖坟呢？咱怎么办？"

金岸怒道："自古杀人不过头点地，人家不从，难道非要人家与你朱宸濠同流合污，犯下十恶不赦的大罪吗？挖掘祖坟，抛尸挫骨，真是个一损千年、一骂千年的恶招儿！可是，老师，咱堂堂君子在，岂能坐视不理，这岂是男子汉大丈夫所为？"

冀元亨点头道："恩师，自古一人做事一人当。咱岂能连累已经在九泉之下安息的列祖列宗，咱不能就这样回京！我想，朱宸濠如果派人去余姚，一者，人数一定少；二者，他一定会让属下化装；三者，他们不敢大白天行事，只能晚上伺机而动。那好啊，咱去报告余姚知府，让余姚知府派兵守株待兔，把他们一网打尽，人赃俱获，这是铁证，看朱宸濠如何说！"

卢尚德摇头道："不，冀兄，君子能与小人论道吗？你这是对牛弹琴！老师，咱就以其人之道，还治其人之身！咱就埋伏在祖坟旁边，到时候把他们全抓住，让他们蹲大牢！"

王阳明笑了笑说道："诸位徒儿，上天绝不助大逆不道、有悖人伦之事！朱宸濠可以这样想，咱拦不住，任他真做，上天绝不会让他肆意妄为！"

诸氏摇头道："夫君，元亨、尚德他们说得对，回京城咱早一天晚一天，想必朝廷署衙不会怪罪你。依我来看，咱就做两手准备，我那会儿听田庄这个机变的徒儿说，人决不打无把握之仗，听元亨他们的吧，咱们这就去余姚，咱有了两手准备，就没有万一之说！"

王阳明皱眉道："夫人，相信我的话吧，咱有一手准备就足矣，有上天在，他们不会得逞的！"

诸氏摇头道："夫君，我知道，我也相信。我是说元亨、尚德他们为了我，不辞辛苦，骑马驰骋数千里，今儿好不容易来到了江南，咱带他们到你的老家余姚转转看看，让他们先登临一下巍峨壮观的会稽山，再带他们去绍兴，瞻仰、缅怀你的先祖书圣王羲之、王献之的故居。文人嘛，要增长灵感和创造力，像这样的游历是绝对不可少的。"

卢尚德喜道："老师，恕徒儿直言，你总是让我们学学学，干干干，哪像师母，懂得徒儿之心，寓教于乐之中。"

王阳明笑道："对，长期积累，偶尔得之。这是文人修身养性的最好方法。元亨、尚德，咱听你师母的，今儿就去余姚老家！"

到吴十三受命真正离开洪都南昌宁王府之时，宁王朱宸濠把一封书信交给了他，嘱托道："吴兄，此行事关本王切齿之恨，要让王阳明身败名裂、遗臭千年！倘遇什么麻烦，你把这封信交与余姚知府，他会出面调停，让你们化险为夷。"

吴十三喜道："多谢殿下！"

宁王朱宸濠说道："吴兄，本王和刘公公计划策反王阳明为统兵大将军一事，已经放了空炮！但是本王的反旗还是要举，本王府的兵马呢，还是要反！本王不瞒你，统兵大将军就是吴兄和凌兄两个人选，本王现在还在犹豫，你和凌兄身上各有长短，又都各有致命的软肋。本王真不知道，该把这副千斤重的担子放在谁肩上，谁能为本王执牛耳！吴兄，你此行放开手脚做吧，如果你做得漂亮、干净利落，本王或许会把统兵大将军的令箭交给你！"

这是吴十三万万没想到的。但是，自从对王阳明的期望化为泡影之后，这又是吴十三意料之中的事。他故作感激涕零地施礼谢道："请殿下放心，十三一定竭尽全力，排除一切障碍和阻力，马到功成！"

　　这里有件事须表明，自从王华、孙燧、杨廷和与刘瑾、焦芳之辈在朝廷内明争暗斗时起，尤其是出类拔萃的王阳明让刘瑾、焦芳之流屡战屡败之后，刘瑾和焦芳等人就痛恨余姚入仕的官员，许多余姚籍的官员受排斥、受挤压，有相当一部分被无缘无故地革职查办。自然，余姚知府包括知县等，都换成了刘瑾、焦芳的人。刘瑾向宁王朱宸濠所献的三策，其最后一策，就是挖掘王阳明在余姚的祖墓，这封书信刘瑾早就写好了，并在京城与宁王朱宸濠分手时就提前交给了他。可见，如同两个老友弈棋，棋技低的，只能投下一子，看一两步，而棋技高超的，则投下一子，已经看了四五步，先你一筹。正所谓：将遇良才棋逢高手。刘瑾当为这个高手，而宁王朱宸濠虽有倚天之志，但他眼高手低，不足以成大器。

　　在余姚客栈内，吴十三的随从都已安排住处。他关上房门，拿出那把宁王朱宸濠给他的霹雳宝剑，又把李士实给他画的八卦图拿出来，找出巽、坎、离三个方位。是啊，这次殿下把这个重大的事交给我办，一旦成功，很可能统兵大将军的那把宝剑就会握在我吴十三手里。再往后想想，倘此番谋反成功，那兵部尚书，不，应当是宰相，或护国大将军的宝座，就是我吴十三的。我吴家多少代以来，都是土中刨食的百姓，列祖列宗的坟墓上，就是烧纸祭奠时，冒出的也是乌黑的如炭般的一片黑烟，沉甸甸的如铅般无法向上飞腾，只能与泥土融为一体。如坐上宰相或护国大将军的位子，我要重修吴家祖坟，请求圣上赐予我列祖列宗封号。到那时，我吴家祖坟上一定会青云缭绕，不，应该是紫云缭绕，或红云笼罩。由此，吴十三功高如日月，必将荫庇吴家的子孙，让他们世世代代如宁王这个封号一样绵延流长。到了那时，历史长河的碑廊上，必然有人为我吴十三大书特书一笔，这就是流芳千古之大事啊！

　　吴十三在客栈内美美地梦想着。

　　这时，有侍者入内禀报："吴将军，王阳明的祖坟已经找到，那里大白天空旷无人，离村庄农户不太远，而且坟墓土质松软，只是被一些树木杂草包裹着。"

　　吴十三喜道："好，你现在到店铺里买些铲土、挖土的工具，都准备好了，再来禀告本将军。"

　　待侍者退出，吴十三想，此地不宜久留，余姚毕竟不是殿下的一亩三分地儿。况且，夜长梦多，万一王阳明派人来守墓呢？有些事只怕现在难以想象，所以快刀斩乱麻，速战速决才是上上之策。不过余姚知府怎么到现在还没消息呢？本将军奉殿下之令到了，他个知府怎么还不露面呢？

快到正午时，余姚知府从官轿上下来，在侍者带领下，匆匆来到客栈和吴十三会面。

知府率先施礼道："下官刚才得知，吴大将军驾临余姚城，下官因公务缠身，迟迟未来参见大将军，还请吴大将军恕下官怠慢之罪！"

吴十三还礼道："知府大人，本将军初至贵地，多有打扰，还望知府大人鼎力相助。"

知府笑道："吴大将军放心，王阳明虽是余姚人，但本府是他王家的父母官儿，本府手中有权有兵马。当然，为防王家扰乱滋事，把此事闹到京城，吴大将军最好选择夜深人静之时把事儿做了，本知府权当眼不见耳不闻。倘若王家报官或是讼书此事，本府会把责任推到附近的盗贼或山寨大王身上，此事自会大事化小，小事化了，最后也不了了之。"

吴十三一听喜道："知府大人，如此最好。"

知府再次施礼道："吴大将军奉命到此，本府已备下接风洗尘酒，请吴大将军移步酒家，本府亲自把盏，略尽地主之谊如何？"

吴十三致歉道："也罢，自古恭敬不如从命，知府大人，今日打扰了。"

因王阳明等人从上饶到余姚来得比吴十三早，这天晚饭时，冀元亨向王阳明和夫人诸氏施礼道："恩师、师母，方才弟子和尚德他们商议了一下，吴十三及其随从的事弟子也打探清楚了，弟子们有个请求，不知恩师和师母可否答应？"

王阳明笑道："元亨徒儿，有什么话尽管说，何必那么客套！"

冀元亨这才说道："恩师、师母，此次和吴十三交战，不是体力之战，而是智力之战。恩师常说，'兵不在多兵贵精，兵贵出其不意。'所以，这次守护祖坟，我们几个已研究了几个方案，最后决定使用田庄兄弟的方案，请恩师、师母放心，让我们几个弟子来做这件事如何？"

王阳明摇头道："元亨，你们几个徒儿的心意为师领了，只是守护祖坟，为师自然要负起责任，这是义不容辞的。为师不是不放心，是这份力，为师必须出，不然为师何谈王家列祖列宗之子孙乎？"

卢尚德早就料到老师会如此说，他摆手道："老师，恕徒儿争辩多嘴，我等皆是在京城老师开坛讲学时招收的弟子，自古'一日为师，终身为父'，老师、师母之事，自当是徒儿之事，老师大可不必事事亲为。替老师传道，为老师做事，这是徒儿们心甘情愿做的事，让朱宸濠、吴十三在我们几个徒儿面前发抖吧！"

诸氏笑道："夫君，你听听，他们是你多好的徒儿啊！我为夫君有此等肝胆相照、风雨同舟、万难不避的徒儿而发自内心地自豪啊！得，师母同意！"

王阳明的泪珠在眼眶内滚来滚去，他把握紧的拳头，坚定有力地在眼前一挥，大声道:"好,元亨、尚德,为师放心,你们去做吧!"

到了晚上,冀元亨和卢尚德等按照鬼灵精田庄的计划,率先隐伏在草丛树林之中,做好了一切准备,只待吴十三等匪徒的出现。

吴十三手握那把斩断王家风水的霹雳宝剑,带着随从,人人皆着黑衣黑袍,拿着铲土、挖掘的工具,带着写有"王阳明自掘坟墓"四块七尺七长的木板,像夜色中心怀狡诈之心的一群幽灵,鱼贯般悄悄奔到王阳明家祖坟之前。吴十三按在客栈内熟记的八卦之图,想象巽、坎、离亦即风、水、火的大致方向,举起霹雳宝剑,盘双脚坐于祖坟前,心中默默念起诅咒……

其时,天上不见一颗晶莹闪烁的星儿,不知从哪儿吹来一阵凛冽的寒风,接着天空中乌云密布,悄然在寒风推动下,蓦地一个惊天动地的大火雷,在闪电后咔嚓一声炸响!

二十　戴铣蒙冤挨廷杖　阳明拍案斗虎伥

　　此时从坟地上站起来的吴十三，仗霹雳宝剑直奔巽、坎、离之位前，欲斩挥三剑，以斩断王阳明文韬武略命脉之根。他刚刚举起长剑，偏是雷声大作之时，那团天雷之火，不偏不倚，像是瞄准了，直挺挺地顺着那高举的长剑直劈打在吴十三的右臂上，只听吴十三哎呀一声惨叫，便瘫卧在坟地上。继而埋伏在祖坟四周的冀元亨等五人，每人身穿白衣白袍，头戴白帽，两眼似是喷射着火光，皆作僵尸状，伸展双臂，双腿跳跃，口中"啊！啊！"地怪叫着，从草丛树林中依次闪现出来。

　　众随从突然见天闪斗笠大的火雷，此雷声竟如此巨大！脆亮鸣响，大有震耳欲聋、炸毁苍穹之势。且吴十三举剑蓦地被火雷击倒，接着黑夜中出现一群身穿白衣白袍，两眼喷着火光的精怪幽鬼。他们怪声怪调地大声叫着，从草丛树林中蹦跳而来。继而炸雷再次在随从们头顶上炸响，白衣僵尸幽鬼怪声大叫着越走越近，此可谓千古第一吓！吴十三这些如行尸走肉般的随从，顿时惊得胆战心惊，毛发倒竖，目瞪口呆，顷刻间魂飞魄散！他们撇下手中的一切，奋不顾身，跑的跑、散的散、逃的逃、亡的亡！说时迟那时快，倾盆大雨自天而降，把尘间的一切都笼罩起来，好个酣畅淋漓的大雨啊！这场大雨来得急，下得猛，走得快，不到片刻工夫，雨停风散，夜空中映出密密麻麻的星和晶莹剔透的月。

　　被大火雷劈了的吴十三，并没有死，只烧断了一只右臂，他的右腿也瘸了。

　　吴十三被他的随从抬回客栈的时候已昏死，过了三五天他才从昏迷中清醒过来，一看自己失去了右臂，右腿也瘸了，发疯似的号啕大哭起来。三十个随从，真个是变成一群残兵败将。他们乘兴而来，却溃败而归。

　　偏是十分之怪，那倾盆大雨降下来时，化装成僵尸的穿白衣白袍的冀元亨等五人，竟滴雨未沾。直到第二天，王阳明和诸氏听了，简直不相信世间竟有此等奇事，况且回到余姚老家，还没按三牲六器祭奠王家列祖列宗呢。

　　当余姚知府和王阳明来到祖坟前时，人们顿时惊呆了，那十个被惊雷或是幽鬼吓死的人，面目皆非，有的双膝跪在坟前而死，有的俯伏在地五体投地而亡，有的像狗卧狼缩曲卷着躯体永远闭上了眼……

除此之外，那把什么寺院大法师开光的霹雳宝剑已被烧得七扭八拐，那四块写着"王阳明自掘坟墓"的木板和挖掘坟墓用的器物，皆躺在泥水之中。

余姚知府早有耳闻，王阳明绝非一般朝廷官员，他和刘瑾争斗的几件事，他悉数了然。见状他急忙高揖施礼道："王大人，这肯定是附近山寨大王和盗贼所为，本府从今日起，立即派出人手查访，至于这十个不知姓名的死尸，本府派人拉到你王家祖坟之外，挖一深坑掩埋，剩下的事，请王大人及弟子代劳吧！"

王阳明皱眉道："知府大人，这种令人切齿的龌龊之事确实让我无以言表，想必他们做出的阴谋勾当已经惊动了先祖先宗，我和夫人借此祭奠他们，以慰他们的在天之灵！"

不到半天时间，王家祖坟前，惊吓死十个不知姓名盗贼的消息就传遍了全余姚城。在余姚知府派士卒衙役等抬走十个死尸时，王阳明备上三牲六器点燃香烛祭奠，王家子孙们纷纷来到墓前，见证了这桩离奇的死尸案。当然，这也是余姚以王阳明和夫人为首的一次空前盛大的祭奠活动。

王阳明和夫人及冀元亨等驰马回到京城，家住南昌的诸氏家来了书信，诸让病重。诸氏接到书信，思父心切，王阳明遂派两名弟子护送夫人回南昌。此时户部与王阳明十分交好的焦大人，专程来到家里，告诉他这些天常有喜爱阳明心学的士子们来到户部找焦大人，问王阳明何时还在户部开坛讲学。王阳明想了想，刚从余姚回京，需要打理一下署衙和家里，答应三天之后在户部开坛，讲授阳明心学。

这是王华一家吃饭时间最长的一次晚宴。王华看到为王阳明不避千难万险，驰马数千里，搭救儿媳的冀元亨、卢尚德、田庄、金岸等徒儿，与王阳明胜利归来，很高兴。在为他们准备的这场接风宴上，王华把好友孙燧和杨廷和也请了过来。人多自然话多，王阳明和冀元亨等把这次追赶被抢劫的夫人诸氏，在余姚完成的规模最大的祭祀王家祖坟等事，详详细细、完完整整述说了一遍。

说完了朱宸濠和刘瑾、焦芳等奸佞小人的话题，孙燧突然说道："杨兄、王兄，你们或许不知道，近日南京科道官戴铣等人联名上疏的事吧？"

王华与杨廷和皆摇头不语，孙燧说道："现在刘瑾控制下的东厂和西厂的密探，像幽灵一样，整天活跃于文武百官及重点人物出入的宅院和大街小巷。我听说，他们正在收集戴铣等人活动的情况，最后，汇总到焦芳手中，这不是个好征兆啊！"

王阳明说道："孙伯，南京戴铣等所在的科道署衙，就是专门详议时政得失的部门，是朝廷直谏的部门。人家出面搜集刘瑾、焦芳非法活动的情况，是其职责所在，有何非议之处？依我看，刘瑾和焦芳之流又没有喝大海之水，他们有何权力管那么宽啊？"

杨廷和摇头道："贤侄，这多明显，刘瑾现在就是寻找攻击目标，打压别人，才能显示他的强大。这样依附他、归附他的人会更多。为他和宁王朱宸濠篡位谋反，扫清前进路上的障碍，这是他们必须要走的路！"

王阳明说道："杨伯，您老是朝廷的首辅大臣，最具有号召力。我们这次下南昌，已发现了宁王朱宸濠确实聚集了一批草莽英雄、谋士、幕僚、爪牙。加上刘瑾、焦芳等正想法消灭异己，扩大自己的势力范围，这些情况，杨伯你不是了解得清清楚楚吗？为何不向圣上面奏，粉碎他们的阴谋啊？"

孙燧叹道："贤侄，坊间有句话说得好，'捉奸在床，捉贼见赃'，咱现在没有一件真凭实据，而且朝廷上下得了恐刘、焦之病，谁也不愿出来做铁证。没有证据，咱怎么说话？当今圣上怎么采信？而且皇宫内外，到处是刘瑾的眼线，朝廷中稍有风吹草动，刘瑾很快就会知道。他现在正采取秘密绑架、暗杀、活埋等极端手段，在这种情形下，我们不出击则已，一出击必置他于死地，否则他一旦反扑回来，后果将不堪设想！"

王华叹道："现在刘瑾这只最初扮作猫的真老虎，已经长成成年虎，从笼里闯了出来。对他的突袭和阴谋诡计，咱可要万分小心，咱不能一着不慎，全盘皆输！"

按王华的安排，先送走了冀元亨、卢尚德、田庄、金岸等人，到最后，杨廷和示意王阳明出来，王阳明随他来到一个僻静之处。

杨廷和说道："贤侄，老朽非常钦佩你的才学和过人的智慧，自从你在京城开坛讲阳明心学以来，老朽有些话压在心里许久了，今借此天赐良机，咱爷俩心平气和地说说呗！"

王阳明笑道："有什么话您老就说，阳明屏气静心地恭听就是。"

"不，贤侄，你现在是京城翘指可数的心学，也就是阳明心学的开山立宗之人，说一代宗师并不为过！"

王阳明脱口道："杨伯，晚辈知道您在潜心研究一周、二程、朱熹之理学，而且很有造诣。晚辈前一段时间有个大胆的设想，后来随着书案和夫人失踪之事，被晚辈搁置在一边，今想起来，大有冒天下之大不韪之状，晚辈今惭愧，不敢开口说及此事！"

杨廷和抚髯笑道："贤侄，记住，当年你爹在居庸关下救了我的命，是你爹背着我，躲在草丛里躲过了北虏的搜索，要不然我早被五马分尸了。而孙伯呢？在一次盗贼抢劫你爹时，正巧被孙伯遇上。是孙伯一人独战八个盗匪，救了你爹的命，那应该是你爹入京第二年发生的事。至于老朽和你孙伯呢，我俩是从小换帖的兄弟。所以咱们三家就形成了这样的铁三角关系。老朽和你孙伯视你为膝下之子。今天老朽把我们三家的底牌和十几年的秘密都告诉你，你当明白你对老朽是多么重要了吧？贤侄你有什么话只管说，在某种程度上，对老朽说亦当是对你爹说！"

王阳明叹道："杨伯，晚辈斗胆，想约杨伯出面，在众弟子面前，我与杨伯共同探讨一周、二程、朱熹之师公理学，与晚辈继承的陆九渊前辈的心学相比，哪一个学说更接近今天的现实，哪一个学说更容易让今天的士子和学者接受。当然还有哪一个学说能够推动和促进今天的社会发展。总之，杨伯，晚辈可能是异想天开，但晚辈凭心中的良知而论，确实有过这个想法！请杨伯不要见怪！"

杨廷和哈哈大笑道："好个平时不显山不露水的阳明心学大师！哼，你那根本不是什么公开共同探讨，你分明是要与老朽当面锣对锣，鼓对鼓，撕破脸皮地大辩论！就像东晋时黄老之学继钵人殷浩一样，你那是要设天下第一大辩台！当然咱不是公开辩论先生鸡还是先生蛋，你是要辩论理学与心学之优劣！今老朽告诉你个阳明孺子，不，应该说，阳明心学大宗师，这种唇枪舌剑、谁对谁错的大辩之台，你杨伯是不会去的！"

王阳明淡淡笑道："杨伯，您老为什么不去？难道您老让我唱独角戏吗？您老不怕晚辈的阳明学，亦即心学，会像风儿一样在京城这个千人千面的大舞台上，飞速传播吗？"

杨廷和叹道："贤侄，学问不是在大庭广众之下，口若悬河地夸夸其谈；学问是要俯下身来，板凳要坐十年冷，两耳不闻窗外事，一门心思去研究、去比对，取其精华，弃之糟粕。这种千锤百炼、精心打磨出来，确实对今人或后人有启迪和感化作用的，才叫真材实料的好学问呢！"

王阳明点头道："杨伯，您老方才一席话，又胜我读三年书！您老说得很对，晚辈把您老的话，一句一字记在心里！杨伯，晚辈忽然想起来，方才晚辈有些喧宾夺主，杨伯此番单独把晚辈叫出来，只怕有更重要的话要说吧！"

杨廷和惬意地拍着王阳明的肩膀，他似乎看到，如果王阳明锲而不舍，像高山峡谷中的青松一样，死死咬定青山不放松，也许过不了许久，一位令世人高山仰止的心学大宗师就会横空出世！他的心学会像漫山遍地的桃李之花，名满天下！如此和王阳明比起来，杨廷和顿觉自己心胸狭窄，太多地考虑了自己的名声，而且忽视了一个重要的问题，那就是学问需要在传播碰撞中深入，在实践的长河里茁壮成长，进而长成参天大树。

杨廷和摇头叹道："贤侄，那些过时的话，今日不想说了。"

王阳明笑道："杨伯，晚辈向来敬您老如父，既然杨伯不想说，晚辈就不再强求。但晚辈知道，学问学问，只有通过不断学他人之长，问自己所不明白、理解不透彻的事，人才能进步。这或许就是学问二字的价值所在。"

杨廷和忽然笑道："好，贤侄不必用激将法，老朽在心胸宽广、心地无私的晚辈面前，也受到良知召唤。老朽那时几次想让户部的焦大人转告你，要讲你的阳明学，也就是现在的心学，不要总拿老朽敬畏的周敦颐、程颐、程颢、朱熹这四位大师说长道短，现在看起来，是老朽心胸狭窄、目光短浅，任何学科都是在比较中成长、在比较中成熟的，这一点，经贤侄这么一点化，老朽总算悟通了。"

离开王华设的酒宴，杨廷和一回府，发现婠婠正双膝跪伏在地上，噘着嘴儿，痛哭涟涟呢！

杨廷和急忙俯下身来，盯着婠婠的脸，笑着说道："婠儿，你娘又怎么啦？让婠儿跪在地上，看眼里金蛋子掉下来了，多可惜！别哭了，宝贝女儿，什么天大的事儿？咱不跪了，起来吧！"

这时婠婠母亲从堂屋出来，大声向杨廷和说道："婠他爹，你说这叫什么事儿？人家王大脚是咱这京城中最能撮合亲事的大媒人。这不，今儿上午人家刚一登门，你家这宝贝女儿就从闺房里出来，对人家说话连讽带刺，谁知道她从哪儿学来那么多狠话，三五句话，让人家红了脸儿，说今后再不登咱这杨家大门了，这闺女太厉害！太厉害！"

杨廷和一听是这些，向已经从地上站起来的婠婠说道："你这孩子也是，你的婚姻大事，自当是父母之命、媒妁之言，没有媒人两家撮合，怎么把你嫁出去呢？你这个不懂事的孩子！"

婠婠突然转过身来，向杨廷和说道："爹，婠儿早就跟爹和娘说过，婠儿现在谁也不嫁！谁也不嫁！"

婠婠母亲刚要发怒，杨廷和斜瞥她一眼，满脸笑着向婠婠说道："婠儿，你应该知道的，是姑娘今生今世就要嫁人的，这偌大的尘世上，哪有姑娘不嫁人的？咱们杨家也学学人家宋大人家，让保媒拉纤儿的也听听姑娘的话。坊间有句话说，'世上什么都可以老，唯独姑娘不能老，嫁不出去的姑娘就叫老闺女！'明白吧，婠儿？"

没想到，婠婠母亲皱眉道："老爷，别介！自古男大当婚，女大当嫁！咱不学宋大人家，婠婠亲事，咱俩说了算！"

婠婠瞪着两眼说道："娘，你和爹不学人家也可以，反正我不同意的人，婠婠决不上大花轿！"说完匆匆走出上房。

杨廷和叹道："夫人，你看，咱就这么个宝贝闺女，你是怎么管教的？现在连我的话也不听了！"

婠婠母亲突然向站在一侧的女仆说道："去，把玲儿叫来，一问便知！"

玲儿是从大街上买来的侍女，当时她只有四五岁，不知人贩子从哪弄来了三五个这般大小的小女孩，一个个穿得破破烂烂，头发也没梳，每人在衣领上插一根稻草跪在地上。杨廷和和夫人见状顿生怜悯之心，既没挑也没拣，交了钱，拉起一个小姑娘就走，这个小姑娘就是现在出落得亭亭玉立的玲儿。说是陪伴婉婳的侍女，可十几年来，一直按亲生女儿对待。玲儿天生心地良善，她记得清清楚楚，老爷和夫人没打过她，天天"玲儿，玲儿"地叫得脆声脆气。

玲儿双膝跪地施礼道："老爷，夫人。"

杨廷和不忍心地说道："玲儿，你站起来说话。"

杨廷和向夫人说："夫人，这些儿女情长之事，你问玲儿，我去喝茶。"

听了夫人的话，玲儿说道："老夫人，玲儿知道，小姐喜欢的是她的阳明哥哥。"

婉婳母亲一听惊道："这是不可能的，贤侄阳明是有妻室之人，况且这年龄也不合适啊？"

玲儿接着说道："老夫人，小姐不止一次说过，她非阳明哥哥不嫁！"

"是吗？这个可恨的婳儿，她怎么能这样呢？真是气死我了！"

戴铣在南京科道署衙任职，因太祖朱元璋创立明王朝之后，最先立都南京。后来听了大臣的建议，又把大明王朝的都城移到了今天的北京，亦称燕京、京都。都城虽然北迁了，但南京这块风水宝地，朱元璋心里一直割舍不下，当时留了一些署衙在南京，时间一长，南京的几个署衙，基本上和京城设置一样，但几乎没有相应的下级署衙，几乎都是闲职人员。

随着时间流逝，刘瑾的野心越来越暴露。当然，朝廷内外，痛恨刘瑾的人越来越多，所以身在南京科道署衙的戴铣，决定彻查刘瑾飞扬跋扈、肆无忌惮之事。在查访中，他发现仅凭一人之力或科道署衙，难以彻底扳倒刘瑾。所以，戴铣在他人建议之下，开始联合南京与京城的文武百官，增加他联名上疏的实力。

刘瑾此时恰如处在风口浪尖蜘蛛网上的一只机灵的蜘蛛，稍有风吹草动，由东厂和西厂构成的暗探网就会第一时间传输给刘瑾。前面已经提到，刘瑾早已发现了南京科道署衙的戴铣离开南京，住在京城的驿馆里，正在做联名上疏前的准备。

这天，焦芳来找刘瑾，两人落座后，焦芳说："千岁爷，属下有两个重大消息禀报千岁爷。"

刘瑾对这种事格外机敏，他说："焦兄弟，你说。"

焦芳说："千岁爷，我的属下已经目睹，这个大难不死的王阳明今率五个弟子驰马从余姚回来。从宁王殿下的飞鸽传书中，属下知道王阳明等已把他夫人救了出来。

千岁爷和殿下起用王阳明做统兵大将军之事根本没戏了！而且殿下派吴将军去王阳明老家余姚，挖掘王家列祖列宗坟墓之事，也……"

刘瑾不待焦芳说完，抢过话头说道："有的事，决定权在人家王阳明，咱没办法！去挖掘祖坟，是咱自己偷着干，当然还有余姚知府配合，这个事儿咱有主动权，总不该也流产了吧？"

焦芳叹道："千岁爷，属下现在总算知道了什么叫人算不如天算，什么叫天不助！这不，吴将军率三十名精明强壮的勇士，化装驰马到余姚。深夜，吴将军刚作完法，举起手中的霹雳法剑，偏这时晴朗的夜空突然被乌云遮住，一颗硕大的炸雷恰在空中炸响，一个碗大的火球，从天上直落在吴将军的法剑上，吴将军当场倒地，他竟被天雷火劈了！"

刘瑾一听，惊道："天啊！竟有这样的事，吴将军还活着吗？那后来呢？"

焦芳说到这儿，他叹了口气，端起茶盏，欲喝水。

刘瑾两眼一瞪大怒道："焦芳，不喝茶能渴死你吗？爷正听得上瘾呢，你倒斯斯文文把盏！"

焦芳急忙放下茶盏，说道："吴将军当时被大火雷劈倒在地，但接下来这事情更叫人听了头发根倒竖，心中发悸！天上倾盆大雨骤然落下，接着身穿白袍，头顶白帽，两眼像喷着火似的白色幽灵，从树林草丛中蹦跳出来，这些白色幽鬼一边蹦跳着，一边'啊！啊！啊！'地大叫着。事后有人说，这些白色的精怪幽鬼，都是给王家列祖列宗守坟的，是上天有意安排的！"

刘瑾倒吸一口寒气，叹道："后来呢？"

焦芳说道："后来因炸雷劈了吴将军后，他的三十个随从已经震耳欲聋，吓破了胆，逃的逃、亡的亡，谁还顾得挖坟掘墓呢，真是雷炸群鸟各自飞，没一个不逃的！"

刘瑾擦了擦额头上的虚汗，长舒一口气，问道："后来呢？"

焦芳说道："后来才知道，火雷劈中了吴将军的一只胳膊，他的右腿残疾成了瘸子，总算保住了一条命！但是他的属下被火灵和白色幽鬼活生生吓死了十个！"

听到这儿，刘瑾半晌没有说话。他心想，看来挖掘王阳明祖坟，惹怒了上天，幸亏这些损事儿是宁王属下所为。世上有些事可为，有些事不可为，如果强为，神灵就会降下惩罚的灾难！吴十三一残废，殿下等于失去了一臂，只剩下这个凌十一了。

焦芳知道此时刘瑾心里想什么，他见刘瑾只顾默默地喝茶，这才端起茶盏，刚要喝口茶。

刘瑾把茶盏一掷，怒道："焦芳！王阳明他们还京，这算第一件重要事儿吧，那第二件事呢？"

焦芳放下茶盏,干咳了几声说道:"千岁爷,据下官属下查证,戴铣的联名上疏已经有二十一个人签名了,这个时候收网,二十一个人一大排,应当有震慑力了!不过……"

刘瑾怒道:"不过什么?有话你说呗!"

焦芳说道:"戴铣他们很狡诈,上疏所指,他们不敢直指千岁爷的名讳,却点名说高云如何如何。"

刘瑾大怒:"戴铣这个老王八,休得在爷面前耍花枪,张冠李戴,高云不过是爷手下的一个小而又小的喽啰,他分明在指桑骂槐,转移爷的视线!这个可恶的东西,敢和爷过不去,那爷就让他们一个不少地见阎王!"

焦芳说道:"千岁爷,现在戴铣他们二十一人在上疏上都签了名,难道等他们把上疏想方设法送给当今圣上吗?那样只怕也就被动了!"

刘瑾冷笑道:"哼,他们太高看自己了,爷把上疏的路堵死了,连首辅大人杨廷和、孙燧、王华三人想面圣,都被爷的属下挡了回去。哼,他们知道宫里的大门怎么开吗?焦兄弟,这样,你让东厂和西厂的兄弟们今晚全部出动,先扣押戴铣,然后按名单全部抓起来分别拘押。爷呢正好去面圣,让圣上传旨,爷要在文武百官面前,诛杀了这二十一个诋毁、谩骂圣上者,爷要吓破百官的苦胆!"

焦芳点头道:"千岁爷,好,今晚行动!"

送走了焦芳,刘瑾在屋里坐了一阵,他想好了说辞便匆匆进入碧云宫,此时只听嫣儿笑着说道:"陛下,奴婢记得那句话是这样说的,'治大国如烹小鱼。'"

武宗放下茶杯喜道:"嫣儿,对,就是这句话。说的就是治理一个国家,如同在灶台上烹制一条鱼,把各档事备齐了,才能看灶台上的火候,把那条洗剥好的鱼儿放入油锅之内,用温火烹鱼最是讲究。"

嫣儿笑道:"陛下,对,就是这样,就是这样!"

刘瑾突然停下脚步,忽然思道,对呀,'踏破铁鞋无觅处,得来全不费功夫。'莫不是这个嫣儿向圣上奏报了王阳明书案的事?他转而又想道,不对啊,这嫣儿作为近侍从来不出宫的,她哪有机会接触到王阳明的书案呢?可是,嫣儿和圣上的关系最密切,我刘瑾不及,连皇后也不及,如果这嫣儿不是王阳明书案的传话之人,我看这嫣儿倒真的可以一用。倘她听话,让她做耳目,做传话人,甚至做吹枕边风的人都可以。我刘瑾真是聪明一世,糊涂一时,怎么把嫣儿这个大宝贝忘了?

按后宫安排,武宗的近侍就在寝室一侧安排着床铺,他只需咳嗽一声,睡在寝室外的近侍就会听见。刘瑾想,这嫣儿、婵儿几乎昼夜在圣上一侧,要和她说这些话,该选择什么机会呢?也罢,来日方长,我刘瑾总会有时机的。

刘瑾一见到圣上，就哭丧着脸说道："陛下，这大臣们就像朝廷车辕里的马驹子，咱一日不敲打，他们就不知道天高地厚！你说这个戴铣，不在南京科道署衙好好待着，偏偏大老远跑到京城来，在朝廷文武百官中散布谣言，说什么当今圣上懒惰，吃喝玩乐，不理朝政，现在他正在联合百官，要搞什么集体弹劾圣上您呀！美其名曰什么'劝谏陛下'。您说这不是犯上作乱，以下犯上吗？"

武宗一听，怒道："刘瑾，这个不知名的鼠辈真的在这样做？他不怕朕砍他的头吗？"

刘瑾再次拱火说道："陛下，奴才方才说的都是戴铣等二十一个大逆臣子劝谏中的一小部分，更难听、更火药味的话都在这个所谓的劝谏上疏里。陛下，您说戴铣这二十一个大逆不道的臣子，多么可恶，他们完全抹杀了陛下治理大明江山的丰功伟绩！"

武宗把茶杯一掷，说道："刘瑾，把戴铣他们写的拿给朕看一下！"

刘瑾摇头道："陛下，他们写的所谓劝谏不堪入目，看了反而会使陛下大怒，这对陛下的龙体安康实在不利！唉，陛下的头痛病已经犯了好几次了，奴才这次无论如何不能让陛下再生气，更不能让陛下再犯病，若不然奴才愧对先帝的在天之灵啊！"

其实刘瑾已做好了两手准备，戴铣等二十一人的上疏，他已经让人誊写了一份。重棒之下，哪个签过名的大臣敢不在刘瑾起草的上疏上签字，签了名就是铁证，百辩难雪其冤。

武宗一听也有道理，刘瑾处处事事为他着想。不过，他看了站在一侧的嫣儿一眼，嫣儿把妩媚的双眼一瞥，又点了一下头，武宗似是明白了嫣儿的用意。他说道："刘瑾，你拿给朕看看，料它不至于把朕怎样！"

刘瑾窃喜起来，好啊，我现在比过去又聪明了一倍，有东厂和西厂这些属下，什么样的上疏我刘瑾做不来。他从袖袍里抽出来，又叹道："戴铣这二十一人目无圣上，他们哪是劝谏，这字里行间分明在破口大骂圣上，依奴才看，陛下还是不看的好！"

武宗想了想，点头道："来，朕看看！"

武宗接过经刘瑾找人重新誊写的上疏，没看几行就怒气顿生，他不愿再看那些近乎谩骂的词语，他一目十行，边看边手儿颤抖，最后扫了一眼落款，看到了戴铣等人的签名，不过在签名之处，有一滴十分鲜红的血滴痕迹，他没顾多想，啪地扔给刘瑾，戴铣等真是可恶！

武宗说道："刘瑾，来呀，把戴铣等二十一人先拘捕起来，朕要当着文武百官的面，当场惩处他们！"

刘瑾开心地笑了，他说道："是啊，对这些乱臣贼子、大逆不道之徒，陛下必须使用铁的手腕，让他们多吃苦头，吃大苦头！"

此时王阳明在户部开坛讲他的阳明心学，到中午吃饭时，上百名徒儿和士子、学者们都散去了，冀元亨和卢尚德从门外进来。冀元亨施礼道："恩师，工部的郭大人等要见你。"

王阳明皱眉道："工部的郭大人，他们在哪儿？你们带为师去吧！"

在冀元亨和卢尚德二人带领下，他来到户部署衙的一间客厅里。众人见王阳明进来，均向王阳明施礼，然后有人匆匆把门关上。

至此，王阳明才知道了戴铣等二十一人因联名上疏，已被东厂和西厂的人扣押起来。不过，这人世上的事，不是件件都可以做到天衣无缝的，因为你不可能把所有发现这件事的人都抓起来。戴铣等二十一人联名上疏案，本是正常的，无任何非议的，但一经刘瑾等参与炮制，特别是炮制了第二份上疏，和原来的上疏就有了质的差别！原来的劝谏，现在变成直接谩骂！最根本的是有人看到了东厂和西厂制造冤案。

王阳明明白了，刘瑾等屈打戴铣等二十一人，然后让他们画押，这就有了那个带红色血滴的第二份上疏。王阳明环顾众人，怒不可遏地说道："诸位大人，天理昭昭，不能让刘瑾、焦芳二人一手遮天，明日朝议此案，我王阳明第一个上疏，但是诸位大人当记住，痛打落水狗，要靠大家一起动手，你们只要做好了呼应，我敢当面力谏皇上！"

王阳明回到家，王华却向他透露，刘瑾这次和焦芳就是要枪打出头鸟。用他的话说，这次他要佛挡杀佛，魔挡杀魔，他要撕破脸皮，真的是要孤注一掷了！

王阳明遂把刘瑾炮制的第二份上疏情况一说，王华叹道："郭大人他们也是，像这种事关生死的大事，他们当选一人当面先奏报，咱可以据理力谏，怎么可以让你先上谏呢？这不是明摆着再次让你成为刘瑾首选的对头吗？"

王阳明笑道："爹，遇到这种强奸民意、指鹿为马之事，儿子就要占这第一奏报。况且，戴铣他们本是南京科道署衙，做的就是查访、评议、劝谏当今圣上的职责分内之事。这可好，经过刘瑾移花接木、张冠李戴，硬是在光天化日之下，把一封正常的上疏偷梁换柱，重又炮制了第二份面目全非、公开谩骂的上疏，真是肆无忌惮到了顶峰！爹，您老放心，我有证人做后盾，我不怕刘瑾！"

再说圣上怒气冲冲把手中的上疏往地上一掷，就随刘瑾出了碧云宫。嫣儿觉得甚是奇怪，世上哪有吃了皇家俸禄的大臣，且是二十一人，竟敢联合签名上疏谩骂当今圣上，难道他们不知道应当先正常上疏，如一疏不成，又再而三，即使到了最后，也不可能用极端手段，信口公开谩骂圣上，他们难道不怕圣上大怒，传旨杀了他们吗？

心细如丝的嫣儿从地上捡起那份上疏，没看几行字，一个个疑团就从心中升起来。这分明是一大群连死都不怕的大傻子们，通览全疏之后，嫣儿在联合签名处发现了那颗大如黄豆，非常鲜红而又不规则的血滴，任何上疏人都不会这样做的。如果真的见了血滴或是乌墨，肯定重写，绝不会马马虎虎、置之不理就呈上去的，文人墨客断然不会如此！

　　嫣儿拿着这份上疏，找到了紫云宫，她叩拜了皇后娘娘，把这件事详细说了一遍，又让娘娘看看上疏，皇后娘娘明白这一定是刘瑾炮制的假上疏。

　　嫣儿说道："娘娘，此事关乎二十一名朝廷重臣的生死，请娘娘务必破此一例，写几句话，盖上娘娘的印章，赶快送给圣上。若朝议时，圣上在大怒之下传旨，即使错了，也无法再更改，请皇后娘娘立断！"

　　果然，朝议尚未开始，就把戴铣等二十一人从牢中押到殿外，继而有殿前御史宣布了戴铣等二十一人的滔天罪状，在文武百官朝议开始后，刘瑾为震慑众官，让侍卫把戴铣等二十一人押了进来，这二十一个人，皆用巾物塞住嘴，五花大绑，不能说话，只能看人或点头、摇头，别的什么也做不了。

　　王阳明第一个出班施礼奏道："陛下，下官王阳明有几句要紧的话，当面启奏陛下！"

　　刘瑾大声说道："王阳明，你懂不懂得朝廷的规矩？六部九卿大员们未启奏，你只有六品，有何资格第一个奏报？"

　　王阳明大声说："好个可笑的规矩，照你刘公公说，话要朝廷大员先说，饭要朝廷大员先吃，车要朝廷大员先坐，马要朝廷大员先骑，那么死呢？"

　　文武百官顿时哄堂大笑起来。

　　武宗挥手道："王爱卿，先前没有这个规矩，现在朕更没有这个规矩，王爱卿，朕最喜欢听你上奏，朕听你奏报！"

二十一　原形毕露巧圆滑　生死关头该刑罚

王阳明不急不慢把刘瑾私下炮制第二份戴铣等人上疏之事，详细说了一遍。

武宗不听则已，听后大惊道："刘瑾，汝等真做了此事儿？"

刘瑾双膝跪地喊冤道："启奏陛下，奴才绝不敢乱为此事，此乃犯上之罪，奴才懂朝廷法度，这是王阳明公开诬陷奴才，请陛下一定做主，还奴才一个清白！"

王阳明启奏道："陛下，此事非下官凭空臆造，今有人为证！"

此时，户部郭大人等均出班奏道："启奏陛下，下官据戴铣等家人透露，东厂和西厂的士卒在抓捕他们时，又草拟了另一份上疏，就是公开谩骂陛下的那份所谓的劝谏上疏！"

刘瑾这时呼道："陛下，奴才明白，是王阳明、郭孟达等暗中勾结戴铣等人，诬陷奴才制造了第二份上疏，奴才是千古第一冤！"

武宗皱眉问道："刘瑾，方才你让朕看的那份上疏呢？你拿过来，朕再详细看一遍！"

刘瑾这时才恍然大悟，他把方才让圣上看的炮制的上疏忘在了碧云宫，这如何是好？倘真的对质起来，肯定要露馅！可是刚才的事，圣上不可能忘记，现在想打马虎眼蒙混过关实在不易，遂说道："陛下，奴才不是刚让陛下看过吗？陛下难道忘了？"

武宗一想，说道："来人，速去碧云宫找嫣儿取那份上疏，快，朕等着！"

刘瑾立时想到了在戴铣等二十一人中，有两个人是他的救命稻草。他伏在地上，泪水涟涟向武宗说道："陛下，戴铣等惑乱朝廷蓄谋已久，那封充斥着谩骂陛下的劝谏上疏，就是戴铣等二十一人亲手所为。但后来，他又联合了王阳明和郭孟达等，戴铣他们一被抓，王阳明和郭孟达等就公然跳出来，给他们喊冤叫屈！而且还诬陷奴才制造了第二份谩骂的劝谏上疏。今无论如何，请陛下做主，看在奴才鞍前马后侍奉陛下十几年的情分上，为奴才说句公道话儿！"

听了刘瑾方才的话，王阳明想到，好个奸如狐、滑如泥鳅的刘瑾，现在看来，仅让郭孟达等人做证，还不足以让圣上信服。现在的矛头，当集中在戴铣等人身上，可是他又担心这二十一人并非个个都是宁折不弯的正人君子，现在事情僵持在这儿，必须从戴铣等人身上找到突破口，找到新的证据。

武宗一听，看到伏在地上的刘瑾泪水一把，鼻涕一把，诉说自己的冤情，顿生怜悯之心，他说道："刘瑾起来吧，只要事实如你方才所说，朕自会给你做主！"

刘瑾见有了转机，遂说道："陛下，殿前御史不是应该有戴铣等二十一人被扣押的名单吗？"

武宗问道："刘瑾，有名单又如何，他们不都在大殿外候传吗！"

说到此处，武宗似乎悟到了什么，他高声道："来人，呈上戴铣等二十一人的名单来！"

近侍上前把名单奉上，武宗说道："刘瑾，给你名单。你想做什么？"

刘瑾接过名单，他内心开始发笑，我刘瑾今天要用这份名单，当着圣上的面打你们的耳光，让你们知道我刘瑾的手段。他看了看名单，向王阳明和郭孟达等说道："王阳明、郭孟达，我知道你们是为了维护朝廷正义，为了给戴铣等二十一人洗清罪名。我刘瑾呢，说白了就是圣上的近侍，可是你们不能平白无故地冤枉我呀，我是无辜的，我只负责向圣上传递一下文武百官的奏折上疏。今圣上做主，我有了戴铣等二十一人的名单，陛下，奴才可以随意从名单上传唤罪人，当殿质问吗？"

武宗点头道："可以！朕今要明辨是非，到底有没有第二份劝谏上疏！"

正在这时，近侍婵儿从一侧趋近武宗身边，悄悄说了句话，而后把皇后娘娘夏氏写的那张纸交给了武宗。婵儿悄悄退下。

武宗打开纸，只见上面写道：

陛下：

　　臣妾方才在碧云宫看了戴铣等二十一人的这份劝谏上疏，此疏竟公然悖逆礼仪之道，千古以来，此乃第一臣子上奏的忤逆之疏！试想若有臣谋反，包围了皇宫，陛下执意不降，叛臣贼子一定会用这种上疏公开大骂陛下；可是，公然谩骂当今圣上本是死罪！请问，戴铣等二十一人是在给陛下写劝谏上疏，难道他们连这点儿起码的常识也没有吗？公开谩骂不是说明他们二十一人一定要前来送死吗？那他们何必要联合写什么劝谏之疏呢？臣妾知道，蝼蚁尚且贪生，世上没有一个人，更何况是十年寒窗苦，十年板凳冷，才求取了功名的人，在他们的事业辉煌之际，为何非要引颈请陛下赐死？倘退一步，一个人可以如此。但二十一人都傻了吗？疯了吗？都愿意送上性命吗？由此，臣妾断定，此上疏乃伪上疏！乃有人制造的假上疏！他们用此疏来蒙骗陛下，可见他们的用心是何等歹毒？他们分明是要把戴铣等二十一人置于死地而后快，这才是写此上疏或授意篡改原上疏主谋者的真正用意！明镜高照，大凡通情达理的人，一眼就能看穿其狼子野心，请陛下明鉴！

臣妾夏氏

武宗一看，心中叹道："看来，确实有人借此大做文章，其目的就是置戴铣等人于死地，朕几乎上了他们的当！"正在思虑，刘瑾已经传唤了一个叫胡延的官员。此人肩扛木枷，手和脚皆戴着铁锁。他一进来，不用任何人提示，就双膝跪在武宗面前。把头低下，一副认罪负罪的罪人姿态。

刘瑾怒道："胡延，你知罪吗？"

胡延抬头说道："陛下，胡延有大逆不道之罪！罪人胡延该死！该死！"

刘瑾说道："既然如此，本公公今代陛下问你，你立即当着文武百官的面，坦白你们是怎样写这封劝谏上疏的吧！"

胡延说道："陛下，恕罪臣直言，罪臣和戴铣等知道正常的上疏引不起陛下的足够重视，所以我们二十一人决定采取公然谩骂、公然侮辱、公然诋毁陛下的方式写劝谏上疏，像当年晁错一样，清君侧！"

王阳明大声问道："既然如此，你们二十一人抱定了必死的决心吗？你们当知道，公然谩骂当今圣上乃大逆不道之罪，你们是不是都愿意为此请死？"

胡延笑道："王大人，你何必说笑！蝼蚁尚且贪生，何况人乎？我们二十一人活得好好的只是劝谏，只要陛下能够正朝纲、清君侧，谁愿意去死呢！"

王阳明怒道："胡延，既然你们二十一人都惧死，都怕死，那为什么还要明知故犯，写这样大逆不道的劝谏上疏呢？"

胡延此时才认识到这封劝谏上疏本是一把双刃剑，天下之是非原本是两条独自的路，你的腿再长，你的脚再大，也根本不可能两腿跨两路，你要么站在是上，要么站在非上。要么你就自己打自己的脸！他立即争辩道："王大人，不，我们二十一个人谁也不想死，我们……"

胡延看到了刘瑾大怒的脸，他低下头一句话不说了！

王阳明见状，向刘瑾说道："刘瑾，你不是找证人吗？这个胡延就是你中意的证人吗？"

刘瑾大声道："陛下，方才奴才发现了王阳明分明在用恶毒的眼神怒视胡延，故而胡延才不敢说真话，请陛下让王阳明闭嘴行吗？今奴才刘瑾再质问第二个罪人！"

武宗点头道："王爱卿，你暂时别搭话，让刘瑾质问吧，文武百官今儿都是见证人！"

接着，第二个官员被带上大殿，此人一看就是奸诈之徒，可不知为何，竟和戴铣等人上疏，此人叫范竹，是南京吏部一个侍郎。

范竹方才伏地施礼时，但见他口如马喙，其心实难于信。当时戴铣为此人花言巧语所蒙，把他也拉入了二十一人劝谏联名上疏之中。

刘瑾拍案问道："范竹，知你罪在何处？"

范竹慢慢抬起头，泣道："陛下！罪臣该死！罪臣真该万死！"

刘瑾说道："说吧，你和戴铣他们写了怎样的劝谏上疏？记住你必须说实话，否则你必死无疑！"

范竹用袖儿擦了一把泪水，说道："陛下，罪臣等知陛下为奸佞之徒所蒙蔽，一般的臣子上疏，陛下根本不会在意。重病下猛药，响鼓用重锤！故而，罪臣等采用谩骂、诋毁、怒斥、嘲讽等强力劝谏，才能使陛下迷途知返；醍醐灌顶，方可使陛下醒悟。所以根本没什么第二份上疏，只此一份上疏，只此一份谩骂加劝谏的上疏而已！"

刘瑾怒喝道："范竹，如此你不怕陛下传旨砍你的头吗？这样的上疏可是死罪呀！"

范竹点头道："汉之司马迁说过，'人固有一死，或重于泰山，或轻于鸿毛！'今为君正朝纲、除奸佞，死有何畏惧？我范竹乃堂堂君子，死了满朝文武百官都会记得南京吏部侍郎范竹。倘获此殊荣，死有何憾！"

武宗听了点头道："范竹，你真的不怕死，那朕真的要传旨处你死罪！"

范竹急忙摇头道："启奏陛下，罪臣不过嘴上说说而已，何必真的传旨呢？"说到此处，他向刘瑾示意，见刘瑾正用两眼怒视他，又说道："陛下，罪臣不畏死，劝谏之疏乃罪臣之愿也！"

武宗大怒道："范竹，你分明是奸诈小人，一会儿言其左，一会儿又言其右，来呀，廷杖三十，以治其方才欺君之罪！"

此时，候在一侧的殿前侍卫奔至范竹面前，这些殿前的虎狼之士手法极其娴熟，转眼之间，便把范竹扭翻在地，举起那八尺长、圆光光、黑溜溜、粗如肘的赤木无情廷杖，刚要打，这范竹就猪嚎般吼道："刘公公，你说过的，你快救我范竹吧！"

王阳明这才出班奏道："陛下，现在范竹说了实情，究竟谁在主谋此事，陛下当心明如镜了吧？"

刘瑾大怒道："陛下，你看看，这罪臣范竹死到临头，还想拉个垫背的！陛下想想看，奴才天天侍奉在陛下左右，何时能和这个范竹见面，他分明是要陷害奴才！"

武宗怒道："范竹，你到底想说什么？"

这时，侍在一侧的南京御史蒋钦出班奏道："启奏陛下，今范竹之言，已天下大白，倘把方才胡延的话和范竹的话联在一起，就证明，刘瑾才是当今大逆不道的主谋者，请陛下为朝廷清君侧，杀了刘瑾！杀了刘瑾！"

刘瑾大怒："启奏陛下，请陛下为奴才做主！"

武宗大怒："来人！蒋钦胡言乱语，廷杖三十，贬为庶民，押入大牢！"

于是殿前侍卫将蒋钦拖翻在地，蒋钦伏在地上，大呼道："陛下，你睁开眼吧，刘瑾不死，国难不已！"

殿前侍卫廷杖三十，蒋钦被打得皮开肉绽，当场昏死过去，被拖了下去。

第二天，蒋钦醒来之后，又要上疏，以朝廷之法，允他上疏，他面对武宗一开口又大呼道："陛下啊，请记住罪臣蒋钦的话：'刘瑾不死，国难不已。'清除刘瑾以还天下太平！"

武宗大怒，又喝令殿前御史廷杖三十，以示对他胡言乱语之惩罚。

蒋钦被拖翻在地后，不顾颈上的木枷尽力叩地大呼道："今圣上被刘瑾所惑，刘瑾不死，国难不除！"

廷杖之后，刘瑾走到蒋钦面前，大声说道："蒋钦，我问你，你如此不惧死，力疏圣上，是不是受王阳明的指使，你说了实话，我可劝陛下免你一死！"

蒋钦睁开眼，又声嘶力竭大呼道："陛下，为明我蒋钦心志，明日倘我不死，我必再来上疏！至于阉人刘瑾方才之话，我蒋钦没受任何人指使，我就是要刘瑾死，我不愿与刘瑾这样的可恶之徒同朝为官！不愿与他同活在这个世上！同活一天我都觉得失了我的名节！"

王阳明这时出班奏道："启奏陛下，南京御史蒋钦不避生死，已经两次冒死请诛天下公贼刘瑾，可陛下依然庇护刘瑾，臣实在不明白，蒋钦不惧生死，冒死上疏，圣上为何还信服刘瑾呢？"

武宗摇头道："王爱卿，你是受蒋钦蛊惑，朕倒要看看，蒋钦是否果真钢铁如一，视死如归，那么朕要亲自开审戴铣之案！退朝。"

到了次日，蒋钦醒过来，他狼吞虎咽在大牢中吃了饭，再次大喊冤枉，再次大呼他要面圣上疏。典狱史无奈，只能让两人拖着他面圣，允许他上疏。

武宗问道："蒋钦，今日你还要上疏吗？是不是你受戴铣等人蛊惑太深，不能自拔？你连性命都不顾，你不怕死吗？"

蒋钦大笑道："陛下，大凡肉躯之体，世上没有哪一个人不怕死！正所谓虫兽尚且偷生，蝼蚁尚且怕死。但是，我蒋钦决不舍大义而偷生，大阉人刘瑾人面兽心，他表面装作淳厚、良善，但他骨子里却满载着奸诈和毒恶，朝廷文武百官上千号人，蒋钦唯一敬佩者乃王阳明也！"

武宗皱眉道："蒋钦，为何你敬佩王阳明？"

蒋钦一手支撑着身子，笑道："王阳明光明磊落，他敢冒死质问，反诘大阉人刘瑾！他敢公然维护朝廷正义，他敢为大臣据理力谏。从刘瑾一手炮制的王阳明诋毁朝廷书案至今，几年来，唯王阳明乃天下第一男子汉伟丈夫也！所以罪臣知道，今日戴铣等二十一人公开谩骂当今圣上的劝谏上疏，其实就是刘瑾背着圣上一手炮制的！所以，陛下，我蒋钦实在不愿和天下公贼、大阉人刘瑾同在这个朝廷！我觉得这样的奸佞小人不除，是朝廷的耻辱！是当今圣上的耻辱！所以，我蒋钦愿拼上最后一口气，向圣上和文武百官大呼：'刘瑾不死，国难不除！刘瑾不灭，天下难得安歇！刘瑾不亡，天下凄凉！今不诛之，朝廷无望！'"

武宗大怒道："蒋钦蛊惑视听，来人，廷杖三十！"

这次殿前侍卫不需太费力，蒋钦已然伏于殿上，他用颈上的木枷叩地，大呼道："陛下，今蒋钦慷慨就死，面不改色，依然心志昂扬！请陛下记住南京御史蒋钦临死前的这句话：'刘瑾不死，陛下难正朝纲！刘瑾不亡，天下苍生难得安康！'"

三十廷杖下来，蒋钦连呼号之力都没有了，重如百斤的廷杖打在蒋钦身上，如同打在破烂不堪的袍服裹着的血肉上，打到最后，连殿前侍卫也难以重力击打，他们廷杖举得高高的，落杖时快似风，但打在血肉模糊的蒋钦身上，却如同雪花飘落在地。

蒋钦怒瞪双目，满口血水从腹腔反呕出来，他已经气绝人亡！他在怒视金碧辉煌的偌大金銮殿，又像是询问苍天之神，刘瑾这个天下公贼、奸佞小人，何日得除，我蒋钦之死，何日得到平反昭雪？

蒋钦笑领当今廷杖三次，计九十廷杖，实现了他"誓不与公贼刘瑾同朝"的愿望。此时，他年仅四十九岁矣！京城有髯翁为纪念其大义凛然和笑傲就死，挥笔写下《哭蒋钦之死》一诗，其诗云：

蒋钦无畏身死难，
廷杖九十笑坦然；
为唤苍生诛刘瑾，
名垂青史照肝胆！

自古作孽休梦幻，
昭昭天理岂能瞒；

上天怒目审判日，

奸佞难逃火刑山！

待侍者从碧云宫拿回来那份戴铣等二十一人联合签名的劝谏上疏，圣上看了，咬牙切齿，掷之于地。刘瑾卑躬屈膝地笑着，俯首从地上捡起来，他拿起来似是在认真地看，其实他心里已经开怀大笑了！

武宗大怒道："诸位爱卿，看了戴铣等二十一人诋毁、谩骂朕的所谓劝谏上疏，朕实在怒火冲天，朕的忍耐、宽容到了极限！"

刘瑾说道："诸位大人，奴才刘瑾就是陛下身边的一个小小近侍，但是奴才实在看不下这份所谓的劝谏上疏，这分明是一封公开谩骂、诬蔑、诋毁的讨伐檄文！是可忍孰不可忍啊！这二十一人天天拿着圣上的俸禄，端着圣上赐给的皇家饭碗，张嘴从碗里大口吃着肉，碗还没放下就骂皇上，这种人是不是太可恶、太可恨？"

刘瑾这段话分明是火上浇油，他今天要把戴铣等二十一人置于死地而后快，从而威慑朝廷文武百官。

武宗拍案大怒道："来呀，传朕旨意，将大逆不道、公开忤逆朕的戴铣等二十一人处死！"

王阳明出班大呼道："启奏陛下，万万不可！万万不可！戴铣等二十一人蒙天下奇冤，岂能草草处死？请陛下收回成命！收回成命！"

王阳明说着伏在地上，以额头触地，血水顺着额头，从他的眉峰上、鼻翼间、脸上流淌下来。

文武百官似乎也受到王阳明无畏生死的感染，他们皆伏地施礼，齐奏道："戴铣等二十一人蒙大冤，请陛下收回成命！收回成命！"

刘瑾怒道："王阳明，你在蛊惑群臣，你知道陛下乃九五之尊，圣旨岂能随便收回？"

王阳明大怒道："刘瑾，你乃天下公贼也！陛下很清楚，朝廷文武百官齐奏说明大势所趋，绝不能受你蛊惑，白白冤死戴铣等二十一人！"

武宗见王阳明与文武百官皆伏地，齐奏戴铣等二十一人蒙天下奇冤，可是，他作为九五之尊，一言九鼎，口谕一出，岂可轻易更改收回？可是如若不收回，将来铸成天下奇冤，他这个当事皇上，也难逃脱像昏君纣王那样，留下千古骂名。他叹道："诸位爱卿请起，朕口谕已出，实难收回，但看在文武百官齐奏的面上，朕收回对戴铣等二十一人处死的口谕，但是死罪可免，活罪必受！来呀，把戴铣等二十一人带上金銮殿，每人廷杖三十，以正朕之皇威！"

于是，戴铣等二十一人被拖入金銮殿，二十一人齐刷刷地伏在武宗和文武百官面前，他们都肩扛木枷，手和脚都戴着桎梏。戴铣大声呼道："陛下，臣戴铣原本为正朝纲、清君侧，诛杀刘瑾这个奸佞之徒！没想到，刘瑾翻手为云，覆手为雨，蛊惑圣聪，到头来竟落到了这个下场，真是可悲、实在可悲啊！"

其他人众声齐道："陛下，吾等奇冤，吾等天下奇冤！"

刘瑾冷笑着向武宗说道："陛下，戴铣等二十一人反复无常，分明在藐视陛下，这是一群顽冥不化之徒，不打不足以让他们明白当今圣上之威！殿前御史，行廷杖！"

圣谕一出，殿前御史一招手，执廷杖行侍卫之责的近侍们呼啦啦皆奔来，故而不管你是铁骨钢筋，还是柔弱瘦小的文官，两个虎狼之士对付一个人，十分娴熟，早把伏在前面的人扭翻在地，然后两人分开，一人至前，一人留后唤作前压其两手，后踩其两脚，即使你有千钧之力，此时手脚难以合力，想动弹一下也是枉然，只能忍受三十廷杖。在金銮殿行三十廷杖时，不像在地方布政使司或府州县衙，每打一杖，要高声唱数，直至杖毕，而金銮殿为肃穆、庄严、彰显皇威之地，这些廷杖之数，由执杖的人自己记数，所以难免有多打或少打之事。但是，廷杖是圣上惩罚罪臣的基本手段，要求行廷杖之人必须尽力、竭力。用殿前御史的话说就是，杖杖到肉，杖杖击之深之重，必入骨髓，方显廷杖之威！

廷杖毕，有四人死于杖下，而其他人皆重伤昏死。即使有个别人过了一会儿清醒过来的，也实在是难得，侥幸得很！仿佛是从魔鬼的死亡之殿走出来，来到有生灵的人间一样。

刘瑾伏地奏道："启奏陛下，王阳明、郭孟达等在此次戴铣等二十一人劝谏一案中，妖言惑众，说奴才炮制了第二份谩骂陛下的劝谏上疏，而事实证明，这纯属子虚乌有之事！请陛下放下对王阳明的信任，惩罚王阳明等，方彰显陛下的公正、公义、公平，请陛下明鉴！"

王阳明怒道："刘瑾，你早已出卖了你的良心！不过，历朝历代，奸佞就是奸佞！你的伎俩无非如此，排除异己、天下唯我独尊！我王阳明今当着陛下，当着朝廷文武官员的面大声警告你：头顶三尺有神灵，上天之神无处不在！上天之神在明鉴着天地万事万物！你别忘了会稽山下，天打大火雷立劈了吴十三一条胳膊！雷霆和白色幽鬼又收回了十条人命！当心吧，哪天雷也劈了你！"

刘瑾硬着头皮说道："王阳明你在京城开坛讲你的心学，你可以蛊惑你的弟子和那些道行不深的士子和学者们，我刘瑾一身坦荡，我没做过恶事，上天之神绝不会惩罚我刘瑾的！有道是：'问心无愧身影正，夜半不怕鬼敲门！'"

说到此时，刘瑾站起来欲回到圣上武宗一侧。不知为何，他的一条腿顷刻发软，那身儿兀地一歪,不偏不倚扑倒在地,刘瑾的头偏碰在金銮殿的台阶上,立时血流如注!

武宗惊道:"刘瑾,这是怎么回事儿? 真是神了! 怎么好好的说完话就猛然栽倒了!"

王阳明则大呼道:"诸位大人,今大庭广众之下,刘瑾无故栽倒,难道这不是上天之神的报应吗? 不过,这只是警告! 刘瑾你等着吧!"

无奈,武宗只得传旨退朝,后来御医赶到,让刘瑾坐起,这才用巾物强行按着止住了刘瑾头上的血,刘瑾被焦芳等人扶着方回了后宫安歇。

这天晚上,焦芳、张彩、江彬、张忠等都守候在刘瑾身边。直到刘瑾苏醒过来,他喝了些御医熬制的补血补气的汤羹,才勉强坐起来。他环顾众人说道:"诸位兄弟,你们看到没有,爷是你们的主心骨,爷是你们在朝廷的靠山,爷一旦有个闪失,你们肯定就难以自保了!"

众人见刘瑾如此说,十几个人,各自大眼看小眼,大家面面相觑,此时众人心知肚明,他们原本都是刘瑾手下的爪牙,真是坏事做尽,恶事做绝。自古天不掩人耳目,天不藏奸! 今刘瑾和王阳明争吵完,眼睁睁地转身就栽倒在金銮殿的台阶上,立时血流如注,光巾物拭血,就换了两三次。现在刘瑾脸色蜡黄,惨白得吓人。故而,大家不约而同施礼道:"千岁爷,既然我们跟随千岁爷上了同一条船,吾等与爷今一损俱损,一荣俱荣,好歹在此一举,请千岁爷示下! 吾等赴汤蹈火,在所不辞!"

刘瑾强笑了笑说道:"诸位兄弟,这就对了! 这样,当前爷公开的敌人就是王阳明。咱明着暗着下手,是最蠢的办法! 咱要用磨锋利的软刀,一点儿一点儿杀死他! 咱只要踢倒了这个绊脚石,看朝廷文武百官谁还不顺从咱!"

于是刘瑾示意众人近前,他密授机宜,让众人分头行动,他断言,此次必置王阳明于死地!

第三天,在京城的大街小巷里,迅速流传出一首歌谣。

此时只见大街一侧,三五个童子大声唱道:

> 余姚守字换皇裳,
> 雪花纷飞日照床;
> 会稽山下明反旗,
> 谋取江山兽中王!

这分明是一首藏字反诗,自然而然传入了宫,传入了围在圣上武宗身边的婵儿和嫣儿耳朵里。

嫣儿向武宗笑道:"陛下,奴婢和皇后娘娘看法一致。戴铣等二十一人的冤案,还真的要彻底查一下！陛下不是传旨让人拿着这份劝谏上疏，让戴铣他们都核对了吗？证明这份上疏就是假的，它绝对真不了！陛下想如何处置这件事？"

武宗叹道："是啊，可是要真查起来也不易。这样，朕传旨，把戴铣他们一律释放，官复原职，每人补偿牢狱之难赐银十两，受冤杖下而死的，每人赐抚金二百两如何？"

嫣儿点头道："陛下，为安抚民心，先这样呗！"

这时，皇后娘娘和几个嫔妃一齐来到碧云宫参拜武宗。礼毕，皇后娘娘和武宗一左一右相坐，其他嫔妃则侍立两侧。

武宗笑道："娘娘，你们今天来见朕，只怕有什么事吧？"

皇后娘娘点头道："陛下，现在京城到处流传着一首民谣，听了真的让人很担心啊！"她把那首民谣口诵给圣上武宗听。

武宗大惊道："这民谣写得太直白，分明是余姚王阳明反嘛！这怎么可能呢？通过这几年一件接一件的朝政大事，怎么会说王阳明反啊？"

其中一嫔妃皱眉道："陛下，自古'人不能貌相，海水不可斗量'。人家存的什么心，咱又不是人家肚里的蛔虫，怎么会知道人家的真心实意呢？"

武宗问道："娘娘，你怎么看？王阳明真的会反吗？"

皇后娘娘叹道："按说不会！可是，世事难料啊！"

有一嫔妃则说道："陛下，反不反事实不明摆着吗？世上没有空穴来风，现在京城人传神了，宁可信其有，不可信其无！陛下还是早提防，有道是先下手为强，后下手遭殃啊！"

众人都退下之后，刘瑾独留焦芳，示意他近前低声道："焦兄弟，依你之见，这王阳明是不是会什么大法？昨日他刚说完，爷的腿就发软，像抽了筋的软面团儿，而刚迈了一两步，就两眼一黑栽倒在地上，是不是他给爷念了什么咒语？"

焦芳叹道："千岁爷，这些事我也一直在想，王阳明在京城除开坛广招弟子，再就是讲他的心学，没听说他会什么奇门遁甲、太白阴经什么的。可是，千岁爷，这些事也怪，咱无论怎么设圈套，到头来他都屡屡逃脱，这些事真的很神！余姚会稽山，昔日吴越争霸时，那是越国勾践、文种、范蠡等人故地，他在那里是不是得了仙气神气滋养，或者他真的会什么法术、避邪之类，若那样，爷，咱们注定扳不倒他！"

刘瑾叹道："焦兄弟，王阳明是咱们当前最大的绊脚石。你马上想法查访查访他，看看他到底有什么法术。查证实了，爷好找破解之法，你快去吧！"

焦芳皱眉道："千岁爷，这种东西怎么查访？依我看除了找京城武林高手和他过招儿，就只能早晨、晚上偷看他习武、练功，而且像我这样对武术、法术一窍不通的人，咱就是看了也不懂是什么呀！"

刘瑾叹道："上天也是，既生瑾，何故还生个王阳明，专门和爷作对！咱现在是和他王阳明屡斗屡败，屡败还要屡斗！他软硬不吃，真让爷伤透了脑筋，但愿这次歌谣之事圣上能够信服，那样王阳明必死无疑！"

焦芳突然喜道："千岁爷，我受爷的启示，突然想了一法，可以为'王阳明反'再加个注脚！"

刘瑾顿时来了精神，急切问道："焦兄弟，何谓加个注脚啊？你说说看！"

焦芳附其耳说了一阵，刘瑾攥起拳头往案上用力一砸，说道："好！让王阳明反成铁证，不愁圣上不信！"

第二天，司礼监的一个太监在后宫深井里汲水，水桶像是被什么东西挂住。他这一喊，顿时招了后宫许多人，包括皇后娘娘、几个嫔妃都过来观看。刘瑾上前向皇后娘娘施礼后大声说道："娘娘，以前这口水井打水从没有把木桶挂住过，请娘娘示下，奴才派人下井察看如何？"

皇后娘娘点头道："刘公公，千万小心些！"

刘瑾派了一个精瘦小太监，用绳索系了腰，众人拉着粗绳，慢慢把小太监送到了井下。少顷，拴在绳子上的两个鸡蛋大的红球儿摇动了，继而大家用力把小太监拉了上来，只见他手中提了一块长不及一尺，宽不及四寸，高不及五寸的密封的石函。四面封闭，似无处开口，众人疑惑不解。

刘瑾看后说道："启奏皇后娘娘，此造型精美的石函上为何画了枯树、乱石、枯草，还有一只被风吹起羽毛的乌鸦呢？这是何意呢，真让人费解！"

一嫔妃叹道："娘娘，近日京城之内不是正四处传唱什么歌谣吗？这水井内早不发现，偏是现在才发现了这个晦气的石函，该不会和那歌谣有关联吧？"

另一太监则说道："对呀对呀，每逢天降灾象时，这歌谣算一个，今咱后宫发现的这个石函，一定和它有关联！"

另一嫔妃则说道："娘娘，此事至关重要，吾等不如随娘娘一起面圣，请圣上决断此事最为妥当！"

刘瑾忽然说道："娘娘，奴才想起了小时候在兴平老家时听奴才爷爷好像说过，这种石函多用蜡封，欲开石函，当虔心双膝跪地，双手平放膝上，闭目祈祷上天之神。然后，方可点燃木柴，悄悄熔化密封石函的素蜡，如此方可打开石函！"

在皇后娘娘带领下，众人来参拜武宗皇帝。娘娘与武宗双双跪在石函前，众人尾于后，祈祷上天打开石函。只见函内有玉如意一枚，上书"王阳明反"四字，落款乃顾延之。

二十二　种下祸果遮圣眼　绝处逢生遭谪贬

武宗大惊道:"石函内竟有'王阳明反'四字,这顾延之是谁?"

皇后娘娘皱眉道:"陛下,此人是臣妾先父时的星象大师。孝宗先帝时,他曾为先帝多次夜观乾象,有人说他是大唐星象大师李淳风转世,百看百灵,甚得先帝孝宗喜爱。"

刘瑾皱眉道:"陛下、娘娘,这顾延之老先生去世至少四十年了吧,他如何知道王阳明反呢?莫非他像三国时诸葛亮一样,能掐会算,精通麻衣相法?"

皇后娘娘惊道:"陛下,这个石函至少是四十年前所写,怎么竟和现在京城传扬的歌谣一样呢?这件事怎么这么怪呢?"

嫔妃说道:"陛下,娘娘,天机不可泄露,宫外的歌谣已交口相传,这石函就是王阳明反的天赐铁证,不知陛下如何处置?"

刘瑾摇头叹道:"陛下,有些事如城门失火、孩子落水缓不得,当断不断,反受其乱,请陛下明断!"

武宗怒道:"传朕旨意,拘押王阳明!"

皇后娘娘摇头道:"陛下,慢!自古前事为后事之师,后车当以前车为鉴。今依臣妾看来,虽然歌谣在前,这石函在后,他们二者最多不过三天,而且后者为何急于证明前者,它们遥相呼应,无非证明一件事,王阳明反!如果陛下再把这两件事与前些天戴铣等二十一人联合签名的劝谏上疏连在一起呢?陛下难道没看出来,都是这个王阳明!再退一步说,王阳明手中有兵马吗?有大权吗?他什么也没有,他只是一个五六品的官员,他有资格反朝廷?"

刘瑾一听,怒火腾地在胸口燃烧起来。原本就差一句话的事,偏这个皇后娘娘打了个横炮。他强压怒火,笑着说:"陛下,大凡世上的事,宁可信其有,不可信其无啊。恕奴才多嘴,王阳明在京城以讲他的心学为由,开坛广招弟子,说他门徒三百不为过吧?据东厂密报,王阳明先前以拉拢朝中余姚、绍兴籍官员为主,前段时间又改为凡江浙一带官员,他都暗中联系。听说他还搞了什么花名册,连住址都写得清清楚楚。另外,奴才还听到了一个消息,王阳明私底下还训练他的学生,教他们骑马射箭,在他的门徒中还搞什么骑马、射箭、刀、剑等兵器的比赛,月月还要评选出什么状元、探花、榜眼三个等级。陛下,如此和歌谣石函联系起来,这不就足以证明王阳明要反朝廷吗?"

说完这些话,刘瑾心里总算痛快多了,他善于捕风捉影、信口雌黄,让人不得不信。把他冠以撒谎大师并不为过。他说完这些话,便拿两眼观察圣上武宗的眼色,一边观察眼色,一边思考应答对策。有些逼真的添油加醋的材料,在他心里存着,一旦需要,便如滔滔之水,奔流不息!

武宗惊道:"刘瑾,王阳明真有这些事?"

刘瑾笑道:"陛下,这种事朝廷文武百官早已交口相传。陛下和百官们私下交往少,当然不知其情。但奴才总是听吏部、工部甚至户部的大人们说这些事,人家都习以为常,陛下则以为奇闻奇事。这也难怪,在陛下眼里王阳明忠君爱国,是个循规蹈矩的大好人。其实不然啊!他就是用这种两面派的方法,迷惑了陛下,蒙蔽了圣聪!"

皇后叹道:"陛下,臣妾深居中宫,自然不知宫外之事。刘公公经常走动于朝廷文武百官与后宫之中,看到的知道的自然很多。事关重大,依臣妾看,还是慎重为好,千万不可重走处理戴铣等二十一人劝谏上疏的旧路!"

刘瑾脱口问道:"如何是旧路?"

武宗怒道:"刘瑾,朕听了王阳明的建议,近侍拿着那份劝谏上疏,让戴铣等十七人观看验证,果然是有人强制让他们写那个劝谏上疏,朕一怒之下,冤枉了他们!唉,刘瑾,这封上疏可是你拿给朕看的,你是从哪儿得到的,这正是朕要问的事!"

这是刘瑾万万没想到的,圣上背着他让人去和戴铣等人进行了比对,怪不得把戴铣等人放了,每人还给了十两纹银作为补偿。现在圣上当众逼问上疏的来处,多亏他老谋深算,他从上次朝议时,就为这种结果做好了准备,故而他让后宫小太监高云承担此事。见圣上追问,脱口答道:"是奴才身边的侍从高云啊!他接到了上疏交给奴才的,奴才不敢怠慢,就匆匆给陛下送来了!"

皇后笑道:"陛下,这个容易,来人!"

侍在一侧的近侍应道:"娘娘,奴才在!"

皇后说道:"速去司礼监客厅传高云面圣!"

这个叫高云的小太监正在收拾客厅,听到圣上传他,已料到是那份上疏之事。因为吃饭后,刘瑾就曾告诉他,听说戴铣等人已经释放,还给了补偿,下面圣上肯定要追查上疏之事,一旦圣上传旨,定是此事,你到时把这两粒药丸吞下,保你昏迷不醒,等你醒来时,这件事爷就摆平了!你会安然无恙的。

待那近侍一转身,高云悄悄按刘瑾所说,把两个药丸吞进腹内。其时,那传唤他的太监刚转身,此药毒性巨大,胜似民间常用的八步断肠散,少顷,他便心如刀绞,大叫一声,继而口吐鲜血,扑通一声栽倒在地,真个是生死道上不分老幼,烈药之下,何辨男女？用坊间的话说,这高云急匆匆意忙忙从阳间奔入了阴曹地府！

刘瑾等奔来一看,向武宗和皇后等嫔妃们号啕大哭道:"高云啊高云,好你个小兔崽子！你悄悄脱了个一身干干净净,剩下奴才,你让奴才如何说清呢？陛下、皇后娘娘,奴才刘瑾这下跳进黄河也洗不清啊！"

武宗一想也是,这侍从一死,查无对证,自然把责任全推到刘瑾身上。看着刘瑾似是错怨了八代人似的痛哭。武宗伏身拍着他说:"刘瑾,人死如灯灭,这上疏之事,定是他一人所为,至于是谁把上疏给了他,朕一概不究,到此为止。现在,只说这歌谣和石函之事！"

刘瑾马上从地上站起来,说道:"陛下,奴才有一法,让王阳明哑口无言。"

武宗听了刘瑾的话,点头道:"也不尽然,朕是让人说话的,朕历来不做只听一家之言的事！"

按刘瑾之法,御林军到王阳明家后,只说了个"请"字,王阳明还不明白所为何事,就被带到了圣上武宗面前。而御林军同时知会了王华和首辅大臣杨廷和及孙燧,让三人一同入宫面圣。

圣上武宗皱眉道:"王爱卿,京城里流传的歌谣想必你已经知道吧？这是一；再者,朕从后宫水井里捞出一个石函,你看这上面写的什么？"

王阳明一看,料定必是刘瑾陷害他。他哈哈笑道:"陛下,关于刀刻字画一事,下官略懂一二。我敢断言,此玉如意上这些字,是今人所刻,而且时间当在四天以前,绝不是什么四十年以前！"

武宗自然不信,因落款写"顾延之"三个字。按照王阳明要求,侍者提来滚开水之后,往上一浇,那种表面做旧的痕迹荡然无存,刀刻过的新痕清晰可见。

武宗惊道:"王爱卿,你真是聪明绝顶！这分明是现在人写的,虽然刻了前人的名字,这应当是今人伪造的！"

刘瑾不信,果然见开水浇过之后,那些表面做旧的痕迹转眼不见,新刻的刀痕清新分明。他心中大恨道,这王阳明太精明,世间之事大多数人可瞒,偏他无论如何瞒不住！他冷笑后说道:"陛下,就算石函是今人做的,可那歌谣呢？"

王阳明正色道:"启奏陛下,下官冤枉！"

武宗叹道:"爱卿,人有千算,不如天算,这件事朕真的救不了你！"

刘瑾怒道:"陛下,昔日先帝但遇此事,不论青红皂白,是先要打入死牢的！三五日之后,磔于市,这个古法不能变吧？"

武宗颇有惋惜地说道："王阳明，朕已经给你开了先例，没在你家里给你五花大绑，戴上木枷，但现在不得不按先帝的法度，处置这种歌谣、异象之事。从现在起，朕封你的口，你不可争辩，朕只听他们三个爱卿说！"

王华和孙燧、杨廷和知道这是刘瑾设计的圈套儿，他先编写了歌谣，然后花银两让人们互相传唱。可是这些事无法查证，所以原本人为的歌谣，就变成了自然的歌谣。因为历朝历代，大凡发现这种歌谣，特别是像这种影响面广、声势之大的，歌谣所说之人，都不免磔于市，甚至诛九族。

王华怒道："启奏陛下，这个歌谣是编造的，我儿是冤枉的！这是个别人阴谋陷害，请圣上明鉴。"

武宗反问道："朕知道你对朝廷对朕的忠诚之心，现在歌谣已经在京城四处传唱。王爱卿，你也是文人，你不妨编写一首歌谣，在京城试试，看看能不能唱起来。如果真的能唱成今天这样的歌谣，朕无二话，立即释放王阳明！"

刘瑾讥笑道："王大人，知道什么是民意，什么是天意吗？这个歌谣就是民意，就是天意！这就叫作'忽如一夜春风来，千树万树梨花开'！唉，奴才没想到，陛下对王阳明那么关爱，他为什么要造反呢？他这是以卵击石，搬起石头砸自己的脚，他真是太可笑了！"

杨廷和沉默半天说道："陛下，歌谣的事，的确有诈！"

武宗惊道："杨爱卿，诈在何处？"

杨廷和皱眉道："陛下，下官不妨做一个假设，咱别多找，我只要能派出二十个人，在京城的各个要道路口，凡人烟密集之处，凡传唱一人歌谣，赏银一分，不需要两天，保管整个京城遍唱这个歌谣！"

武宗点头道："杨爱卿说的是用纹银买唱的办法？"

杨廷和笑道："是啊，现在钱能通神。世上之事没有钱办不到的，只要你肯花钱，这种歌谣谁都可以做！"

刘瑾冷笑道："杨大人，用钱买唱，世上谁肯掏这个腰包？"

杨廷和笑道："那个想方设法置王阳明于死地的人！他这次下了血本，现在看来，他的确赢了，王阳明被扣押了！"

刘瑾讥道："三位大人，你们别在圣上面前假如、假设地胡猜乱猜，圣上要的是证据！就像一个人杀了人，但必须找到那把刀，这才有了证据，空口无凭，先拿出你们的证据来，再说你们的假设吧！"

武宗见杨廷和、孙燧、王华拿不出歌谣是人为编造的真凭实据，怒道："来人，把王阳明打入天牢！"

王阳明大呼道:"陛下,下官冤枉!下官冤枉!"

武宗皱眉道:"王阳明,你们拿不出任何证据来,这说明歌谣所传就是真的。依先例,押入天牢,三天之后碟于市!当然,朕可以网开一面,等三位爱卿证据,看在你们父子先前效忠朝廷和朕的分儿上,朕可以给你们五天时间,就五天!"

走出后宫后,王华叹道:"杨兄、孙兄,这如何是好,圣上只给了五天时间,咱到哪儿找证据去?"

杨廷和叹道:"两位仁兄,不是咱们无能,是咱们事事被动,总让刘瑾牵着鼻子走。我杨廷和相信,似贤侄这样赤胆忠心、顶天立地的男子汉大丈夫,功劳未著,岂能就此了结?我相信上天之神总会派人搭救的,他不能就这样完了,让我们三个白发人哭送黑发人吧?"

王华突然说道:"两位仁兄等我消息,我突然想到了一个人,他能帮咱的忙。"

孙燧脱口说道:"王兄,莫不是江大人之子江彬吧?"

王华点头道:"孙兄,正是此人!上次就是他帮了我儿。"

孙燧说道:"好,我与你一同去见他!"

冀元亨和卢尚德等王阳明的弟子们,这些天也听到了京城内传唱的歌谣。他们一听就知道是后宫太监刘瑾所为。这是继戴铣等二十一人上疏,刘瑾惨败之后,又一次对王阳明的报复!

这天,冀元亨和卢尚德等几个人准备到恩师家,当面和恩师商议一下,有几个淳朴厚道的士子,执意要让冀元亨等说情,让王阳明收他们为弟子。另外,他们准备展现一下,近日各自的武功是否有了长进。

突然,一个中年汉子从一侧闪出来,向冀元亨施礼道:"元亨兄弟,你们这些弟子去哪儿呢?"

冀元亨反问道:"石头大叔,你有什么事吗?"

因这石头大叔与冀元亨是邻居,他把冀元亨一拉,走到一侧,低声说:"元亨兄弟,你想挣银子吗?"

冀元亨上下打量着他,说道:"石头大叔,想归想,不过,君子取财自有君子之道,决不做违背良知之事!"

那石头大叔点头道:"当然!你我是邻居,正所谓:'低头不见抬头见。'大叔知你是正人君子,这件事极其简单,只要你跟着大叔唱,你就能挣银子!"

"怎么挣哪,大叔?"

"大叔跟着臭三唱时,他给了大叔三文钱,大叔剩两文,给你一文。现在你有这么多同门兄弟,大叔给你每人三文钱,你呢每个人只需给他们一文,那么,你每个人头上纯赚二文。核算起来,你一下子就挣十几分银子,就这么简单! 一天下来,不是只此一会儿,你就比那些卖菜的、挑担儿的、卖馄饨的、卖包子的喊一天挣得还多!"

冀元亨说道:"石头大叔,这些银子你从哪来的?"

石头大叔笑道:"元亨兄弟,大叔有上线,就是臭三!"

冀元亨惊道:"大叔,就是那个在大街上遛遛逛逛一天到晚不干正事儿的臭三吧?"

"对呀!别看这个臭三,人家懒人有懒命。这不,为唱这个歌谣,人家赚大发了!人家宫里有人,钱就从宫里出。你干吧,听说唱歌谣没几天了,元亨,大叔可告诉你,这就是挣钱的机会,过了这个村儿,真的就没这个店啦!"

冀元亨高兴地点头道:"石头大叔,这事儿我们兄弟几个都干!不过,我有个条件。"

石头大叔皱眉说道:"你这个孩子唱个歌谣,还提什么条件?说吧,什么条件?"

冀元亨说道:"大叔,这事儿我想大干,趁机会大捞一把。所以,我不但要见臭三,我还想让臭三引荐一下,见一见宫里那个人,这样,我们才好放心大干!"

石头大叔迟疑了一阵,说道:"臭三吧,好说!可是那宫里人不是说见就能见到。不过,看在你是我家邻居,你本人又是正人君子的分儿上,也罢,大叔让臭三这就见宫里人!"

冀元亨感到这是揭开谜底的最好时机。所以众人当下表示马上传唱歌谣,而且答应石头大叔,如果及时给银子,他们会带更多弟子来传唱歌谣。石头大叔眼里挂着喜悦的泪花儿,万分感激冀元亨能带这么多弟子来唱歌谣。臭三那儿传来消息,下午未时,带他们去见宫里人。

到了下午,冀元亨、卢尚德带着十几个弟子,跟着石头大叔,不一会儿在十字街口,就远远看见臭三和那个宫里人走了过来。冀元亨向众人示意,众人列成伍,一边高唱一边表演,逗来许多人观看。

那宫里人很是兴奋,他见冀元亨等向他施礼,高揖双拳还了礼。笑道:"年轻人,听说你叫冀元亨,你们这样好啊,只要你们多多传唱给别人,我这儿纹银有的是!"

冀元亨笑道:"公公,小的不知道你叫什么、姓什么,假如知道了你叫什么,又不缺银子,明天我保证有一百多人传唱这首歌谣!"

那宫里人笑道:"冀元亨,这个简单。我叫李超,行不改名坐不改姓。倘你们想进后宫,就提印绶监,我李超人人皆知,人们都叫我见面熟。这下你放心了吧?"

冀元亨笑道:"那好,李公公你放心,我们几个一人传唱五人,保准明儿能唱这歌谣的会超过一百人!"

李超从袍袖里拿出十来两银子,交给臭三说:"臭三,现在就把纹银发给他们,

我没看走眼，这冀元亨是正人君子，他说到做到！"

待李超走后，冀元亨拉着臭三低声说道："臭三兄，这宫里人嘴上无毛，办事不牢，我看他说话信口开河，说的一套儿一套儿的。这人真的叫李超吗？"

臭三上下打量冀元亨伸出手来，笑着向冀元亨撇了撇嘴，那大拇指和食指磨来磨去，做了个数钱的样式，说道："兄弟，这不难，有钱能使鬼推磨！"

冀元亨把十文钱塞给他，臭三笑着说："好，看在你这个兄弟懂大礼的分儿上，我告诉你，他的真名叫蒋明！说实话，你要再加五文钱，我把他家住哪儿，家里都有什么人全告诉你！"

冀元亨从兜里又拿出五文钱，塞在臭三手里，他便把蒋明家住何处，家里有什么人都告诉了冀元亨，末了他拍打着冀元亨的肩头说道："去吧，这十五文银子，只要你传的人多，一会儿就挣回来！"

冀元亨带着卢尚德按臭三所说的地址，不到半天工夫就找到了蒋明家，一问果真是在后宫印绶监做太监。

冀元亨和卢尚德、田庄、金岸四人来到王阳明家，恰巧王华刚从后宫回来，众人一听恩师王阳明被扣押入了天牢，立时大惊失色！继母夫人听了后，泪水涟涟叹道："儿媳回了南昌，阳明又下了监，咱们家可如何是好呢？"

冀元亨等把通过邻居石头大叔传唱歌谣、结识臭三以及那个叫蒋明的印绶监太监之事，认真说了一遍。

王华一听大喜道："元亨，你们这些好孩子，今儿真是帮了大忙！这样，我带你们去见杨大人和孙大人，咱们一同入宫面圣。"

且说那日王阳明被打入天牢之后，焦芳、江彬、张彩、张忠等特意为刘瑾备了一桌子庆功酒。恰是酒过三巡、菜尝五味之时，焦芳端起酒盏，喜道："千岁爷，自古'出头的椽子先烂'。要说这王阳明，也是自找倒霉，先时他躲了爷的棒，后来他闪了爷的刀，今儿呢他却着了爷的剑！王阳明就像天上飞的一只鸟儿，爷一箭射不着，咱就用两箭、三箭，可他却侥幸躲过了，后来爷来个万箭齐发，王阳明还能往哪儿逃？他中了歌谣这个箭！现在你王阳明再怎么说，你也是手脚戴了铁锁链，肩上扛了木枷，你再想像正常人那样，抓抓头儿，挠挠背儿，搔搔痒儿，只怕也难喽！"

张忠则说道："唉，所以啊，我常劝那些不听话的人，咱千岁爷是谁？咱爷在圣上面前，那是百面之王！别和咱爷斗！王阳明就是那种自以为是硬鸡蛋的人，结果自不量力，偏来碰爷这块大石头，结果，咔嚓栽倒了！三天后处死，磔于市，这多爽哪！咱们大家像喝了蜜，心里那才叫个痛快啊！"

当焦芳等满脸笑着要敬刘瑾酒时，刘瑾突然意识到了什么，他皱起眉头，那双三角眼里像是看到了什么。他放下酒盏，说道："诸位好兄弟！爷怎么突然有一种不祥之感，咱们是否高兴得太早了？咱是否太低估了王阳明的能量！咱这猎人费了九牛二虎之力，虽然把这老虎捆住了，眼看着它躺在那里。可是，爷还是要提醒诸位兄弟，王阳明毕竟是只猛虎！是只靠咱们自己心力无法控制的烈虎！所以爷刚刚像连环画似的，回顾过去咱们和王阳明争斗的那些事，爷突然得出了一个经验！或者叫一个致命的忠告！你们知道是什么吗？"

焦芳等见刘瑾的情绪低落下来，又回到了先前那种愁眉苦脸，挖空心思找办法、想主意的模样。焦芳问道："千岁爷，什么是致命的忠告？"

刘瑾自呷了一口酒，放下酒盏说道："诸位确实看到了，王阳明这只非常难斗，让人非常头痛的老虎，咱是把他捆住了。可是兄弟，这只老虎不是省油的灯。它还会挣扎，它只要挣脱了绳索，它照样还会像以前那样咬人，甚至会变得比以前更凶猛，用更锋利的牙咬咱们！所以呢，咱们要学学山里的老猎人，他们绑住捆实了老虎，会拿起最锋利的刀，直刺向老虎的咽喉，直到老虎伸开了四条腿，虎腰虎背瘫成了一大块儿，而且眼珠都白了，即使这样，有经验的老猎人，还要踢上它一脚，直到确认这只老虎真的死了，这时老猎人一招手，众人合力抬了虎才下山，回到家之后，才聚在一起喝庆功酒！诸位兄弟，这才是真正的山里老猎人啊！"

张忠摇头叹道："千岁爷，三天后处斩，爷还怕他死里逃生、起死还阳啊？"

刘瑾摇头咬牙切齿道："来，咱也学学老猎人，再给王阳明捅一刀，先给他放了血，再喝这庆功酒也不迟！"

焦芳不解道："千岁爷，你的意思是这就派人进天牢，把王阳明杀死在天牢里？"

刘瑾怒道："焦兄弟，你真实在呀？如那样圣上怎么处斩王阳明，亏你想得出来！爷手把手教了你们半天，还这么低智商，真是猪脑子不开窍儿！"

张忠疑惑道："千岁爷，那你说让我们怎么办？"

众人见刘瑾招手，都趋至他面前，他低声说了一阵，众人这才如释重负。

焦芳如从五里云雾中走了出来，他点头道："好！即使王阳明心有千算，料他也想不到会这样！"

刘瑾是一只非常狡猾的凶恶之狼。这天他把东西准备好之后，亲自送两个太监离开后宫，直奔关押王阳明的天牢。

原来这江彬之父早年和孙燧相识，还是至交。王华向江彬述说了圣上因歌谣生怒，扣押了儿子王阳明，至此江彬才明白。

江彬说道："晚辈知道刘瑾的底细，他为了这首歌谣一日传遍京城，从后宫抽了五个太监，让东厂和西厂的人全部出动到京城的大街小巷，分头传播这个歌谣。这些纹银是他和焦芳筹集的，他只把我和张彩、张忠等叫在一起，商量如何在短时间内传遍京城的办法，传唱一人奖励两文钱的办法是张彩提出来的。没想到，有钱能使鬼推磨，一日之内果真唱遍京城大街小巷。"

在回来的路上，王华突然说道："孙兄，我突然想起一件事！"

孙燧问："何事，王兄？"

王华说："我们面圣时，如何能让刘瑾不在圣上身边，只有他不知情，才能让圣上很快抓住证据。"

孙燧皱眉道："这件事要说不难，到那时，咱请求圣上让刘瑾回避不就可以了！"

王华等准备离开杨廷和家入后宫时，婳婳在窗根儿听了王阳明被扣押在天牢，她爹等众人正商议入后宫面圣，请圣上开恩救出王阳明的事。孙燧和冀元亨他们走出家门时，婳婳上前拦住杨廷和和王华，她跪伏在地上，泪水满面说道："爹、王伯伯，今儿不管千难万难，请你们一定要想办法救出阳明哥哥，要不，我也随你们去！"

杨廷和叹道："婳儿！你放心在家吧，今儿爹和你王伯伯有了救出你阳明哥哥的证据，你在家等着吧，婳儿！"

婳婳点头道："爹，不过天黑前如果爹你们回不来，我就到后宫找你们！"

杨廷和知道婳婳脾气倔强，叹道："婳儿，那好，你在家和你娘等着吧，爹很快就会有你阳明哥哥的消息！"

两个太监带着准备好的饭菜，来到天牢大门口，他们有刘瑾的吩咐，所以，不费任何周折，就来到了关押王阳明的木槛栅处。此时王阳明正闭目养神静坐在乱草堆上。他的手和脚戴着十几斤重的铁锁链，肩扛着又厚又沉重的木枷。他的袍衫有明显的血迹，头发蓬松杂乱，几乎遮盖了又黑又厚的木枷，他的脸上乌青，有明显的伤痕，血水还在流淌着。

这时，狱卒大喊道："三号王阳明，快，你家人给你送吃的来了！"

狱卒接过太监送上的东西，示意二人出去，二人一步一回头，悻悻而去。

王阳明心里一惊，从圣上扣押到现在还不到两个时辰，继母大人怎么这么快就给我送来饭菜，就是我爹从宫中骑马出来到此也不至于这么快啊？

正在王阳明疑惑之间，狱卒一手提着那盛着饭菜的赤红色圆圆的竹篮子朝他走过来，不知是狱卒走得快，还是他脚下突然被什么东西绊了一下，他扑通一声栽倒了，那手中竹篮子里的饭菜全部泼洒在地上。

王阳明原本是眼睁睁地看着这个狱卒从那太监手里接过竹篮子，地上平平的没有任何障碍物,两边是宽宽的青砖铺的五六尺宽的路,他怎么就一下子栽倒了呢?

狱卒在狱中是霸道惯了的,他爬起来后,大骂道:"真他娘的晦气,天还不黑就摔跟头,都是你王阳明!"说着他伸脚猛踢那还在滚动的竹篮子,一脚踢出去,那腿儿不知怎的一软,又栽在地上……等他好不容易再爬起来的时候,他刚才踢竹篮子的那条腿软得再也站不起来。

这时,站在木槛栅里的犯人齐声哈哈大笑起来。

有个满脸疤痕的囚犯高声说道:"大家看看,上天庇护人家王阳明!虽然王阳明饭菜没吃上,但这个天天打人、天天骂人的蠢猪,从今往后就成了废人!看,这就是上天的报应,不是不报时辰未到,时辰一到先让你栽倒啊!"

狱卒站起来,斜倚着木槛栅举起木棒大声骂道:"牛大头,你别瞎咋呼,老子起来照样揍你!"

那个叫牛大头的瞪着双眼,以手指脸,高声道:"孙子,你揍!你揍,小心再瘸了你那条腿!"

狱卒似是知道了方才是上天的惩罚,遂把手中的木棒放下来,但他嘴里却不饶人,高声道:"得,咱大人不和小人计较,看老子明日怎么收拾你!"

那个叫牛大头的说道:"孙子!你还有明日吗?只怕你今儿晚就当不了这牢头,还不卷铺盖滚蛋呀!"

武宗瞪着两眼惊道:"嫣儿,你怎么也说这歌谣是花钱雇人传唱的,这怎么可能呢?"

嫣儿笑道:"陛下,当今世上,正是崇拜孔方兄的时候。别的不说,在京城连问路都要给人家指路钱。若不然,本来那地方在东,他偏往西指,末了冲人家背影还要送上一句:'老抠门儿,累死你!'所以,只要有钱,这世上还没有办不成的事儿!"

武宗叹道:"朕就一双眼、两只耳朵,天下之大,朝廷内外何止万万人,无论怎样,朕都有被蒙蔽、被欺骗的时候!"

嫣儿说道:"陛下,这件事王阳明是冤枉的,这肯定又是个圈套儿!人家故意火上浇油,让陛下一怒之下传了旨,而今陛下必须救王阳明。当然此时杨大人、王大人、孙大人他们不会闲着,他们很可能要入宫面圣了!"

武宗怔道:"嫣儿,你为何说让朕必须救他?此话何意?"

嫣儿笑道:"陛下,有件事看来日久天长陛下忘了。"

"忘了什么,嫣儿?"

嫣儿妩媚一笑道:"陛下忘了先帝的四诀词!"

武宗顿时如一盆凉水灌顶。他点头道:"好,朕这就传旨放他。"

嫣儿摇头道:"陛下,你这样无凭无据释放了王阳明,有人会更加疑惑,陛下要放得自然。当然必要时,也需做做样子,让王阳明吃些苦头,这样才逼真嘛!"

武宗皱眉道:"嫣儿,可是朕给王华他们的时间一共只有五天,时间不饶人啊!"

嫣儿笑道:"陛下,放心!一夜之间歌谣成了神话,可见被推动的人非常多,人多了就把持不住这张嘴。所以,破绽一定会很多!相信吧,王大人、杨大人、孙大人他们会带来证据的!"

杨廷和想起了武宗圣上的口谕,五天之内可以随时来后宫面圣。故而,原本想阻拦他们的守门太监,只能为他们放行,等他们一转身,另一个太监飞也似的去报告刘瑾。

刘瑾此时正在屋里喝茶,听到传报,点头道:"好,你下去吧,爷知道了!"

当刘瑾慢悠悠迈着八字步来到碧云宫的时候,见武宗高坐在软椅上,杨廷和、王华、孙燧及冀元亨等人班列两侧,他近前环视众人。

武宗一反往常,并没看他,说道:"好,你把名单给朕吧!"

冀元亨早把蒋明以及后来王华与孙燧了解到的东厂和西厂,包括后宫已知名的四个太监名单,一并交给了圣上。

武宗不出宫的时候,由两个太监、两个宫女侍候左右。偏今天侍候的近侍太监中,有一个人和刘瑾死不对眼,他最厌恶刘瑾说谎话从不脸红,而且能说得和真的一样。他曾说过刘瑾,你这谎话总有一天要露馅!总有一天让你难自圆其说!后来刘瑾掌管了后宫大权,掌管朝廷批答文武百官奏折、上疏的大权,刘瑾几次欲言又止,生怕此人一反常态给他生出事端来,这个近侍因是武宗选定的,无奈,只能由人家继续做近侍。

做圣上近侍,宫内有一条不成文的规定,圣上吩咐的事可以马上去办,但近侍数量不可少。没在圣上身边侍候的近侍,总是侍候在外边,只要从圣上身边走了一个近侍,另一个候在外边的近侍自然要补上去。所以,等候在外的近侍至少三五个人,近侍的太监多,而近侍的宫女亦很多。不过,嫣儿和婵儿是双胞胎姊妹,且是武宗钦定的,而其他则是皇后娘娘选中的。

武宗看到了刘瑾,他向那个近侍太监说:"这件事你立即去办,人到齐了再给朕奏报!"

此时,刘瑾内心深处并不急,因为饭菜已经送进去,借口天牢内的典狱史自会有出处,他现在是咬住别人的血肉,让别人疼痛得钻心入肺,而他自己则像得胜凯旋的将军，只等赏钱和坐在庆功宴上啦！

从碧云宫出来，走到等候着东厂和西厂钦差们的空广场还有一段距离。武宗登上龙辇，他向嫣儿一招手，心灵机变的嫣儿立即近前，他悄悄向嫣儿说了些什么，嫣儿又向武宗说了几句，武宗这才点点头。

当手拿着扫尘，侍奉在武宗身边的刘瑾，来到站着一片人的空地上，他立即惊呆了，他选定的五个太监和东厂、西厂的钦差，都一动不动地站在那儿等候圣驾光临。不过，惊讶之后，他心里坦荡了，反正饭菜进了天牢，就算证明这歌谣是人为的，又能如何，王阳明此时已经走近阎罗殿大门口，时间一到，他的脚会自然而然迈进这个与阳世永远隔绝的幽鬼之地！

武宗这些年或多或少从刘瑾身上学会了对付犯人或嫌疑人的狠辣手段。他一招手，御林军和行刑执棒的侍卫们不由分说把五个太监，包括东厂、西厂所有钦差拖倒在地，这叫依法打杀威棒。

打毕，武宗把歌谣的事一说，先是五个太监，而后是东厂和西厂的钦差，把传播歌谣的事说了个完完全全，武宗一听主谋者不是刘瑾，而是那个叫郭云飞的太监。

郭云飞明白他与刘瑾的约定，三十杖下来，郭云飞依然闭口不说。武宗大怒："来呀，今儿朕要破破先例，朕不要你养好了棒伤再打，来呀，再送他三十杖，朕不信撬不开他的嘴！"

三十杖后，郭云飞已经皮开肉绽，衣袍上血迹斑斑，早已昏死。用凉盐水把他泼醒，武宗看他仍不说实情，又赐三十杖！打到第十杖时，郭云飞喷出一大口血水，便气绝身亡！

二十三　奸佞设下天罗网　赤胆忠心破伎俩

刘瑾在一侧心里大喜道："郭云飞兄弟，你够义气，够哥们儿，既然你遵守咱们之间的约定，我刘瑾决不会食言！你的爹娘，我刘瑾侍奉到老！"

刘瑾非常得意，死无对证，再大的祸根主谋，与我没丝毫关系！他趋前说道："天哪！这件事果真中了杨大人之言，这歌谣也能用银子去买人们传唱！这世道真是变了，到底什么是真？什么是假？真的让人难以分辨啊！"

武宗向刘瑾说道："刘瑾，现在真相大白，王阳明果真是受了冤枉。但是戴铣等二十一人劝谏上疏一案时，他极力主张说有第一份上疏，可是朕一直没见到这上疏的影子，朕很是恼火。再者此次歌谣一事，确是郭云飞等指使东厂、西厂和几个太监所为，王阳明反这件事，虽然是一大冤案，但是在这京城之地，也不能按正常冤案处治，刘瑾你说呢？"

刘瑾心里笑了，看来圣上已经不再怀疑我刘瑾了。他低声道："陛下，依奴才之见，这王阳明是个极易沾惹是非的人，而且他一而再、再而三让陛下费心劳神，他是盏极不省油的灯啊！不能太便宜了他！"

"刘瑾，你这话是何意？"

"陛下，王阳明反这个歌谣，文武百官现在人人皆知，京城的百姓家家尽晓，朝廷内外都拭目以待。此时，陛下千万不要生什么怜悯良善之心，陛下必须给天下人一个交代！何况他为何叫王阳明，他既然叫了王阳明，就必须接受一下惩罚！只有这样才能安抚天下之心！"刘瑾边说边揣测武宗的心，如同一个偷窃惯了的老扒手，他一边笑着和你说话，一边把手伸进你的口袋里，在神不知鬼不觉的谈笑中，偷走你的金元宝！

武宗点头道："好！你说的话正合朕意！"

此正是蹬着鼻子上脸的最佳时机，刘瑾内心似乎厌倦了和王阳明的争战。他以为此时王阳明已经落入地狱幽鬼之地，只能永世在阴间了，见武宗如此说话，他借坡下驴道："陛下，当着文武百官之面，廷杖四十，谪贬他到外地，或是边陲之处，让他享受寂寞清净之美，当是极好的结果！"

说完这句话,刘瑾心里却叹道,按正常时间,王阳明此时当在天牢内畏罪自杀,他不会走到这里,他只会被人抬过来,掀开蒙着头脸的罩布,他应当是一具还带一点体温的死尸!

武宗向环立一侧一直没说话的杨廷和、王华、孙燧包括冀元亨等人说道:"诸位爱卿,现在看来,所谓王阳明反这个歌谣,纯属郭云飞指使东厂、西厂和几个太监干的,王阳明是冤枉的,所以朕决定把他释放出来!"

王华等急忙跪伏于地,叩头谢恩。

武宗说道:"诸位爱卿请起。但是,王阳明反这个歌谣传遍了京城千家万户,朝廷内外都知道了这件事。所以朕必须给天下人一个交代。另外,上次戴铣等二十一人劝谏上疏一案时,王阳明曾藐视朕!来呀,速把王阳明带上来!"

刘瑾瞪着双眼,一心想看那抬死人的担架,偏偏却突然看到王阳明手脚戴着铁锁链,肩扛木枷,被狱卒押着走了过来。他情急之中擦了擦眼,看那人真就是和他刘瑾水火不容的王阳明,他顿时惊傻了!这莫不是王阳明的躯壳吧,他现在不可能再活着呀?

冀元亨和卢尚德等见恩师走来,扑通一声跪伏在地上,向王阳明施叩拜大礼。礼后,众人上前,搀扶着王阳明往前走,直走到武宗面前。王阳明笑道:"元亨、尚德,你们且闪开,为师要给圣上行大礼!"

武宗点头道:"王爱卿,你平身吧!"

王阳明这才站起来,说道:"谢陛下!"

武宗说道:"王爱卿,朕今免你死罪,死罪可免,但活罪必受!来呀,廷杖四十,贬谪到贵州龙场,做个清闲无事的驿丞吧!"

王阳明再次施礼谢恩,继而被侍卫拖翻在地,刚要举杖打时,冀元亨和卢尚德二人走出施礼道:"启奏陛下,慢施廷杖,草民是恩师的弟子,弟子愿替恩师领刑!"

刘瑾急忙摇头道:"陛下,自古刑罚没有他人代领之先例,如果此次破例,恐怕以后难以震慑罪臣之心!请陛下还是依法而行吧!"

武宗挥手道:"你们几个平身,此事与你们无关,罪身只王阳明一人,他人岂可替代行刑?"

打完四十廷杖,王阳明没有昏厥,他奇迹般清醒着。冀元亨等上前搀扶起王阳明。刘瑾向武宗趋耳又说了什么,武宗点头。

刘瑾喝道:"来呀,圣上口谕,王阳明家人不得护送,倘违旨当以犯罪论处。来两个侍卫,把王阳明的木枷及铁锁去掉,明日即送他赴贵州龙场!"

王阳明大声道："谢陛下！"

王华愤恨难抑，跪地施礼道："启奏陛下，吾儿守仁是触犯了陛下的皇威，可是他那是被刘瑾所逼，况且此次传播歌谣之事，他更是冤枉！这些圣上应当知道，为何还要这样对待吾儿？"

武宗挥手道："王爱卿，朕也想了，王阳明到了贵州，你呢，再在京城已不合适，这样你到南京吏部任左侍郎吧！"

杨廷和跪地高声奏道："陛下，王阳明本已受奇耻之冤，今陛下为何反把他贬谪到贵州龙场做驿丞，王阳明已连降至无品，陛下又雪上加霜把王大人调到南京任职！这未免对王家父子太不公平了吧？"

孙燧正色道："陛下，而今一心效忠朝廷、效忠陛下的反而调离谪贬。唉，既然如此，王大人一走，也索性把我孙燧调离京城吧！"

武宗摇头道："孙爱卿，别说气话，朕现在还离不开你和杨爱卿，好，都退下吧！"

第二天，王阳明很快恢复了体力，杖伤之处几乎不用涂跌打再生膏，依旨赴贵州龙场。冀元亨、卢尚德等一二百名弟子前来送行。

冀元亨等跪地泣道："恩师，弟子等愿终身跟随恩师，哪怕刀山火海，也心甘情愿，弟子有志把恩师的心学传扬发展下去！请恩师恩准！"

卢尚德则泣道："老师，尚德从老师身上要学的东西很多很多，尚德从此决不入仕！因为仕途多奸诈之徒，有良知的人总没有发挥才华之处，请老师无论如何要把尚德带上！"

田庄则摇晃着王阳明的袍袖泣道："老师，田庄自幼机灵多变，常侍老师左右，可替老师察看那些奸诈之人，使老师免受其害，田庄誓死跟随老师，请老师务必恩准！"

金岸等刚要说话，王阳明眼里含着泪水，长叹一声高声说道："众徒儿，为师先前曾经说过，文人当以仕途为重。为师走后，你们在京城可以传播为师的心学。但眼下，为师是贬谪到贵州龙场驿，你们呢，当专心仕途！元亨你为长徒，尚德、田庄你们为次徒，你们三个徒儿要把为师的其他徒儿带好，既然是为师的徒儿，就要给为师争气，要活得坦坦荡荡，决不为苟且之事！等为师有了转机，自会写信和你们联系，到那时你们再到为师身边吧！"

走出家门来到大街上，因京城黎民百姓，包括朝廷文武百官皆知王阳明受了奇天大冤，都到大街口为他送行。

一个听过王阳明讲授心学的老学究，带领十几个士子来到王阳明面前，他高举一盏酒，施礼道："王大人！王大师！来，老朽今率士子为心学大师饯行，乞请喝下

这杯壮行酒!"而后他环顾众人,高声诵道:

> 朝廷贪佞太昏暗,
> 大师屡遭刘宇奸;
> 京师黎民心自明,
> 万众愤慨发冲冠!
>
> 上天炯目睁眼看,
> 良知做人天之愿;
> 横扫邪恶天下平,
> 还我山河晴朗天!

这老学究刚诵完,六部及其他朝廷署衙的大人们也来送行。众人齐刷刷向王阳明施礼,王阳明泪水涟涟高揖双拳大声说道:"谢谢!阳明真诚多谢诸位大人!"

一个工部侍郎挤过来,向两个为王阳明送行的侍卫说道:"郭铁、周超,这一百两纹银,是文武百官的一点心意。另外,我们文武百官送王大人一匹骏马,以壮行色!你们在路上要好生照料王大人,倘你们借此落井下石,为难、刁难甚至公然欺负王大人,上天眼睁睁看着,你们必遭惨报!何况你们的家在京师,大家都明白,人在难处之时,就要多积一点德善,那样上天会赐福与你们!"

那个叫郭铁的侍卫笑道:"周大人放心!王大人乃顶天立地的男子汉伟丈夫,京城之人,但提王大人之名,莫不竖指称赞!小的和周超会像王大人的弟子一样,侍候和照看王大人!"

王阳明接过马,高声道:"谢谢诸位大人!请大家相信,天理昭昭亘古不变,朝廷自有朗朗晴空时!"

那些街坊四邻也都围上来,有送鸡蛋的,有送面饼食品的。有个老汉提着一坛酒高喊道:"大家让开!让开!咱也要送王大人一杯壮行酒!"

王阳明接了老汉奉上的酒,环顾众人说道:"诸位大人,诸位士子,诸位街坊四邻乡亲们,天长日久,上天总会让良善相会!感谢各位为我壮行!我王阳明与大家就此别过!"

郭铁和周超牵马往前走,王阳明泪水满面向人们揖别。

在王华与杨廷和、孙燧离开皇宫往回走时,焦芳急匆匆地赶过来,他对王华说道:"王大人,本官有话说,请留步!"

王华看了看杨廷和、孙燧大声道:"焦大人,有何话请讲!"

焦芳斜乜一眼,低声道:"王大人,有些要紧的话,刘公公让我专门转告你王大人……"

王华坦言道:"说吧,既然是刘瑾的话,我洗耳恭听,请讲!"

焦芳笑道:"王大人,其实你们斗不过刘公公!刘公公有当今圣上这座大靠山,你们的胳膊岂能拧过大腿呢?今天这事儿你们心知肚明,王大人确确实实是冤枉的!但刘公公稍微送上这么几句话,这不王大人不但挨了四十廷杖,还被贬谪到不毛之地的贵州龙场做一个小小的驿丞,这就是你们和刘公公斗的结果!"

王华怒道:"焦大人,你到底带了什么话儿?有话直说,有屁就放,何必绕这一大堆弯子!"

焦芳低声道:"刘公公说了,只要你王大人到刘公公面前求个情,叩三个响头,刘公公只需一两句话,当今圣上就可以收回成命,王大人不但不遭谪贬,还可以晋爵一级!至于大人您呢,更不用去南京吏部做什么左侍郎。依本官看,别拿鸡蛋去碰石头,赶快低头求情吧,现在一切都还来得及!"

王华大怒道:"焦大人,你去转告刘瑾,我王家父子宁可认命也决不会向刘瑾低头,卑躬屈膝地去求情!"

焦芳切齿道:"王大人真的不求情、不低头?"

王华怒道:"决不!除非山无棱,海无水,天地翻转!"

焦芳咬牙道:"好!我佩服!佩服啊!"

见焦芳怒气冲冲而走,杨廷和叹道:"两位老兄,我感到,山雨欲来风满楼,刘瑾通过圣上,先把王兄调到南京,恐怕接下来就是我和孙兄了!孙兄,你我即使招致千刀万剐,也决不会与刘瑾同流合污!"

孙燧握着王华的手,正色道:"朗朗上天为鉴,不管你走到哪里,我和杨兄的心,永远和你在一起!"

杨廷和大声道:"天涯海角何所拦,你我三人还是一条心!永远忠诚报效大明江山社稷!"

送走了恩师,冀元亨回到家,斜倚在木椅上,轻轻闭了双眼,不一会儿便打起鼾来,少顷,他悄然进入梦乡……

王阳明骑马往前走,郭铁和周超笑着向王阳明招手,王阳明拍马前行,突然王阳明和马一起跌入深沟之内。这时,郭铁和周超哈哈大笑,他们抡起手中长剑,向王阳明刺去!王阳明低头一躲,继而他纵身一跃,连马带人一同跃出深沟。

郭铁高呼:"放箭!"

但见四面八方皆有伏兵,众人从草丛中站起,把王阳明围在核心。周超挥手道:"来呀,奉刘公公之命,放箭射死他!"

但见箭雨泼至,王阳明身中数箭,从马上栽下来……

冀元亨大呼一声:"恩师!恩师!"从梦中惊醒。

冀元亨遂从墙上摘下长剑,向家人说道:"你们好生在家,恩师有难,我去救他!"

冀元亨提剑出门时,恰遇卢尚德、田庄和金岸等七八个人都来找冀元亨,一同商议暗中护送老师去贵州龙场之事。

田庄叹道:"冀兄、卢兄,护送老师的两个侍卫一个叫郭铁,一个叫周超,他们都是后宫的人,很可能是刘瑾所派,如若这样,老师一路上凶多吉少啊!"

卢尚德说道:"冀兄,方才田庄说的只是其一,我想歌谣风波过后,刘瑾已经露出狰狞的真面目,这次老师远赴贵州龙场,何止几千里也!而且山高林密,湖泊纵横,我想他一定不会放弃这次绝好的刺杀机会。"

冀元亨点头道:"方才我在家小憩,做了一个恩师遇险的噩梦,此梦当为不祥之兆!我同意大家的想法,现在咱们就加快脚步,跟在恩师他们身后,暗中护卫恩师!"

冀元亨,乃东晋时陶渊明先生所写的那篇《桃花源记》中的武陵人。冀元亨本士子,在武陵十年寒窗,后与同乡到京师寻找入仕之路,闻听余姚人王阳明开坛讲心学,遂与同乡前往,聆听王阳明讲学一次,便决意终身相随。

龙川县和平峒羊子铺的卢尚德与田庄、金岸等都是来自全国各地的士子,在家苦读四书五经,后至京师寻找入仕之路。他们都是立志报效国家的热血沸腾的士子,但自从听了王阳明讲心学之后,不约而同抱定心志,追随王阳明。王阳明为他们举行了隆重的拜师收徒仪式,故而才有今天勇于护卫王阳明之心。

待焦芳回来,把王华的话说了,刘瑾气得暴跳如雷,他在屋内大吼道:"好个软硬不吃的王家父子!这样好啊,爷今天起,不和你们王家人玩了!爷让你王阳明死无葬身之地,让王华这个死硬东西,孤独、凄凉、白发人哭送黑发人!"

焦芳叹道:"千岁爷,王阳明这个硬骨头太难对付,这次必须来绝的!不然……"

刘瑾突然皱眉道:"焦兄弟,上次爷让谁去天牢给王阳明送的饭菜?"

焦芳说:"千岁爷,这件事我记得爷当面交给张忠,还是张锐?唉,说起来,那当是一个以绝后患的妙计。只可惜又功亏一篑,让本应到阴曹地府的王阳明又活了!"

刘瑾怒道："来人，让张忠、张锐来见爷！"

侍者施礼后点头应声而去。

张忠和张锐虽同姓，但二人不是出自同一个张家。二人听到刘瑾的传话，各自奔来，不期而遇。张忠说道："张兄，知道刘阎王找咱有什么事吗？"

张锐说道："哎呀，你咋还反应不过来呢？"

张忠一脸怒气，说道："谁知道他要问何事？"

张锐说："张忠兄弟，你忘了王阳明入了天牢，刘阎王不是让你派两人给王阳明送过饭菜吗？"

"呃，我明白了，王阳明没死，他找我算后账呀！"

"那当然！咱先别去，咱商量好了办法怎么应付他！唉，今天你我兄弟可要过这个大难关呀！"

俩人左商量右商量最后决定把那两个送饭的太监用绳索五花大绑起来，每人背上插了一大把柳条儿，以示向刘瑾负荆请罪之意。

等见了刘瑾，张忠率先跪地施礼道："千岁爷，是奴才不察，两个失职的太监在此，请千岁爷责罚！"

刘瑾一见五花大绑的太监，登时怒火高千丈，他怒问道："两个兔崽子！说，那饭菜是如何送给王阳明的？他为何没吃啊？"

其中一个说："千岁爷，是那狱卒接了，他让咱们走，然后他提着饭菜进了木栅栏。剩下的事奴才就不知道了！"

另一个则说道："本来，俺俩想亲眼看着王阳明把饭吃下去才肯放心，那狱卒接了饭菜，就让俺俩走了出来。奴才也是尽了心的啊！"

刘瑾一听，话虽如此，但今天必须杀鸡儆猴，让他们都知道他刘瑾的厉害。他把手一扬，高声喝道："来呀，棍杖侍候！"

两个侍从拿来了棍杖，刘瑾向众人说道："你们大家清楚，从王阳明给威宁伯王越修墓到现在，在对付王阳明上，偏遇到有人拿爷的话当耳旁风，所以，爷才一次次败给了王阳明。他们俩就是你们的样子，你办事不尽心尽力，就是这下场！"

此时，被五花大绑的两个太监已跪伏在地上，见刘瑾如此说，知道他们将面临一场大劫难，他们待刘瑾说罢，边向刘瑾叩头谢罪，边大声说道："千岁爷，饶了奴才吧！饶了奴才吧！奴才从今往后，为千岁爷做牛做马，也心甘情愿！"

刘瑾大声讥道："那好吧，你们现在就做一对挨打的牛马吧！三十大杖，开打！"

果然有一个太监当场喷出一大口血水，立时呜呼哀哉！另一个则昏死过去，待泼过盐水，那人从昏死中醒来，刘瑾还要再打。

焦芳等一齐跪伏于地，为之求情道："千岁爷，开恩吧，再打他肯定撑不下去了，请饶了他吧！"

刘瑾怒道："好吧，今儿就饶了这个兔崽子！"

刘瑾和众人回到屋里，大家鸦雀无声。刘瑾说道："诸位兄弟，你们都知道，两个押送王阳明的兄弟，一个叫郭铁，一个叫周超，虽然都是咱们的人，但他俩面对的是武功高强的王阳明。所以爷就没指望他们能怎样。诸位谁与京城的武林界有交往，请讲！"

张彩说道："千岁爷，我倒是认识几个习武的人，上次在京门口，刺杀王阳明那几个武林高手我也认识，可惜没有成功！"

刘瑾皱眉道："这样，你找他们师傅的师傅，爷这次拿出一百两纹银，先给他们三十两作为定银，剩下的七十两，事成之后再给他们如何？"

焦芳喜道："千岁爷，这个办法好。这叫重赏之下必有勇夫，王阳明这次必死无疑！"

张彩点头道："千岁爷，好，我现在就去办！"

待张彩出去，刘瑾独自在众人面前踱着，他两手抱在胸前，边踱边思考着。他停下脚步说道："张锐兄弟，爷听说，你那里有两个百步穿杨的射箭高手，他们还在京城吗？"

张锐知道刘瑾要干什么，但是只要你一旦领了命，倘做不成时，刘瑾就会勃然大怒。他想了想说道："千岁爷，那只不过是风传，其实我那里哪有这样的射箭高手啊！"

刘瑾似乎洞穿了张锐所想。他强笑了笑，讥道："张锐兄弟，有没有，爷说的这件事就全权交给你办了！去几个人，怎么动手爷不管，爷只要你们在武林高手失手以后，让你的属下乱箭射死王阳明！爷就向你要这个结果，如何？"

张锐万没想到，刘瑾非要把这块狗皮膏药强贴在他身上。这等于要他立下军令状，一旦事情不成……想到此，他挥手道："千岁爷，王阳明神机妙算，心机多端，只怕他早有防备之心，射箭也未必……"

刘瑾怒道："张锐，你别推三阻四，爷给你脸你偏不要脸！爷今儿当众把这件事就交给你了！爷只要人死的结果，至于怎么干，那是你想的事！散了吧！"

正是人心隔肚皮，是伪善是作恶只在他自己。朝廷文武百官为王阳明饯行时，送了一匹马，又凑了一百两纹银，虽然王华和杨廷和、孙燧三人送给了王阳明一些纹银，可是人在旅途，焉知漫漫长路上有多少坎坷和磨难等着他。这个郭铁和周超，两人貌似君子，其实一肚子男盗女娼！

晚上入住客栈时，郭铁笑着向王阳明说："王大人，一路劳顿，况且又有杖伤在身，这样，大人睡里边那间客房，小的和周超睡在外边，一来守护大人，二来万一有什么山贼强盗入室，小的也好为大人抵挡一下。"

王阳明正为此疑惑，本来四十廷杖下来，他觉得自己应该昏死过去，早已体无完肤，皮开肉绽，手不可触。没想到他回到家之后，王华和他的弟子们为他涂了药，待上马时，竟一点儿也不疼。可是，他对护卫他到贵州龙场的这两个侍卫一点不了解，故而他仍装作疼痛入骨入髓之状，斜倚着伏在马背上，当他下马被人扶着小解时，伸手一摸，廷杖之处竟完好如初。他暗自喜悦，我王阳明不但无辜，我还问心无愧！虽历百难而不惊。

王阳明点头道："好！只是如此则辛苦了两位兄弟！"

周超则说道："王大人，小的为你效劳，应该的！应该的！"

安睡之前，王阳明首先详细观察了这间客栈。比如，客栈内的摆设，窗口在哪儿，灯烛在哪儿，一切熟记在心之后，他方才洗浴安歇。他想起爹临行嘱托的话：记住，我儿你是孤身一人，每个接近你的人，都有可能是害你的人，尤其是这郭铁和周超，你更要注意！

王阳明把随身佩剑放在枕边，而那个装着他所有钱财的布囊则压在枕下，人在险恶丛生的旅途上，只有把至关重要的钱财和护身之剑备好，才可放心。

且说郭铁、周超和王阳明有一墙之隔，两人吹熄了灯烛之后，周超突然说道："郭兄弟，你我都是明白人，所以呢，咱做事也须明白些！"

郭铁知道他在说文武百官给王阳明凑的那一百两纹银，加上临行前以官家名义给的一百两纹银，合下来为二百两。他低声道："周兄弟，咱这是秃子头上的虱子明摆着呢，我清楚，你也清楚，况且，这银子是让我管，并没有交给你呀！"

周超说道："郭兄弟，我知道你是属狗的，凡入了你怀里的东西，想拔也拔不出来！既然如此，从今往后，银两你管，王阳明你也管，我呢无钱无事一身轻，这几千里的路，天长日久着呢，凡遇事你都管就是，别再烦我！"

郭铁一听，气不打一处来，腾的一下坐起来说道："周超，我就知道，坊间说的那句话'仰头的老婆，低头的汉！'这一路上你噘着嘴、低着头，我知道你在瞎盘算着银子，你呀，就是那半干的萝卜，蔫儿辣！"

周超也腾的一下坐起来，说道："郭铁，我不管你什么萝卜白菜，这二百两银子，你我各拿一百两，单日子你拿银子，双日子我拿银子。到最后剩下的各自收着，谁也不用来回找，这样你放心，我也放心！至于……"

郭铁问道："至于什么？你说！"

周超说道："得，咱明人不说暗话，至于王阳明那肩上背的银两，你说怎么办？"

郭铁睁目低声道:"周超,人家王阳明还活着,你怎么现在就想分赃啊,你的贪心也太大了吧?"

周超笑道:"郭铁,你不想想,咱千岁爷恨王阳明恨得咬牙切齿,这次让咱送他去贵州龙场,放心,不用咱动手千岁爷肯定派人来追杀他!我呢,没事儿一路净琢磨这些,只不过我把以后可能发生的事,提前说出来,咱兄弟俩早研究,早定计策罢了!"

郭铁问道:"周超,你说你想怎么办吧?"

周超说道:"很简单,待到住客栈时,咱俩尽量不动声色,让王阳明自己掏腰包儿。二呢,倘他被千岁爷派来的人杀死,咱呢,只把他的银两包囊拿了,到时谁也别抢,咱俩平分如何?"

郭铁说道:"周超,自古人有千算,不如天算,倘他一直不死呢?"

周超说道:"那也好办,但逢用银两之处,咱俩就挤对他,花光了他的银两咱俩都省心。"

郭铁想了想,俩人要翻山越岭,乘船渡水,这几千里地呢,何必为了钱,让周超心存二念,遂把银子拿出来,点上灯烛,当下每人分了一半。

没想到周超说道:"郭铁,这一路上别看我沉默不语,我是哑巴吃饺子心中有数哪!你少给我周超三分银子对吧?"

郭铁索性把兜里的碎银子掏出来,往床上一扔,说道:"三分银子是吧,这些都给你总够了吧?"

周超只捡了一分银子,而手中的那枚一分的银子,他捏在手里,久久不愿放下。他想若给了郭铁,我周超吃亏;可是我若拿了,他肯定不高兴,这可怎么办呢?

郭铁似是明白了他的心意,讥笑道:"周超,你真是个精细鬼,为了一分银子,你何苦呢,给你吧!"

周超摇头道:"郭铁,别介,咱亲兄弟明算账,这分银子我先拿着,但有找零的时候,你告诉我,我再拿出来就是!"

郭铁讥道:"好,你先装着,这些是你的,这些是我的,咱各自收好。记住,单日子我付银子,双日子你付银子!"

周超笑道:"郭铁,你放心,从明天起,咱开始挤对王阳明,用银子时让他掏腰包儿!"

郭铁大怒道:"周超!我看你是钻进钱眼里出不来了!你要清楚咱的身份,咱是小的,人家就是遭谪贬了还是大人!当然,有时他执意要结账,咱也不拦着。"

"对!对!咱可不拦着!"周超说着,他心里想,今日目的达到了,白花花的银子入了自己的口袋，只有这样睡起觉来才香甜。他挥手道："得，咱俩都清了，睡吧，明儿还要早点儿赶路呢！"

王阳明就在隔壁，他听见了郭铁和周超为分银子的争吵声，他听了几句，淡淡一笑，心想，这天地万物都是上天所造，这尘世自然也是上天的，至于世上的钱财更是身外之物。正所谓："生不带来，死不带走。"觉得他二人甚是无聊，便把双眼一闭，慢慢睡去。

此处当有一个小插曲。且说杨廷和回府之后，因愤愤不平把王阳明及王华的事说了。正是说者无心，但听者有意。婋婳怒道："这皇帝老儿太让人失望了，他怎么事事听太监刘瑾的！爹，不管我阳明哥哥去哪儿，我走遍万水千山必去找他！"

她母亲怒道："婳儿，你这死丫头，你怎么说话呢？"

婋婳亦低声道："娘，你说我该怎么说话？"

杨廷和见婋婳太不像话，睁目说道："婳儿，你是个姑娘，那阳明只是你的哥哥而已，从今往后，你可不许瞎想！"

婋婳母亲则说道："是啊，你阳明哥哥好归好，但他是有妻室的大男人，你一个姑娘家，说出这样的话，人家别人会笑话咱！"

婋婳说道："爹、娘，我早就说过，我喜欢阳明哥哥，我就想和他在一起，怎么啦？"

杨廷和怒道："婳儿，爹和娘这大半辈子没骂过人，也不会开口骂人。这件事爹和娘早就说不行！不行！你明白吗？"

婋婳把碗一推，站起来说道："爹，你说不行我偏说行！"

婋婳母亲亦怒道："婳儿，爹和娘生养你这么大，你今天翅膀硬了，你反啦！这件事你爹说不行，我也说不行！"

婋婳腾地一坐说道："爹、娘，你们说不行，我不听！我不听！"

杨廷和没想到自己的宝贝女儿现在竟成这样了，他气得浑身发抖，口吃着说道："爹是一家之主，爹说不行就不行！"

婋婳笑了笑说道："爹，我婋婳虽是你们的女儿，但我今儿把话告诉爹和娘，我婋婳这辈子认准了阳明哥哥，我非他不嫁！大街上不是有人说吗，我婋婳生是阳明哥哥的人，死是他王家的鬼！"

杨廷和大怒道："婳儿，你真是混账！糊涂！可笑！"

婋婳站起来欲走，母亲拦住她高声说道："婳儿，你怎么这样？娘今儿告诉你，娘宁可让你做老姑娘，一辈子不出闺阁，也不能让你给人家当妾！"

杨廷和似是找到了说辞，附和道："对，让你做老姑娘，一辈子不出闺阁！"

二十三　奸佞设下天罗网　赤胆忠心破伎俩

婉嬿叹道:"爹、娘,既然如此,咱们就这样!"

一家三口就这样僵持在这里。过了一阵杨廷和说道:"嬿儿,说实话,此次你阳明哥哥谪贬边关,千里迢迢,况且,刘瑾必定借此机会,要斩草除根!所以,现在你阳明哥哥凶多吉少,今日出得了京城,他日是否客死他乡,现在只有上天才知道。所以嬿儿,从今儿起,休了此念吧!"

婉嬿一字一句说道:"阳明哥哥有难,我更应该这样想,也更应该这样做!总有一天,我婉嬿一定会去找他!"

第二天一清早,王阳明想了想,与其这样和郭铁、周超打哑谜,倒不如点透了他二人,让他们知道我王阳明是男子汉大丈夫立于世,害人之心我从来不会有,但防人之心我有的是。

早饭时,按约定俗成的规矩,王阳明独自在饭桌上吃饭,而郭铁和周超是护卫,他俩属下人,当另在一处吃饭。王阳明看了看他们的饭菜,向店家说道:"掌柜的,从今以后,我们三人饭菜应当一样,而且我和他二人当在一起用餐。"

郭铁摆手道:"王大人,这是自古以来的规矩,我们做小的岂敢有此非念。王大人,就这样吧,这样很好!"

王阳明说道:"既然你俩执意,我也不勉强。不过,你们俩当记住,从一出京城大门,我们就等于上了同一条船,这叫同舟共济。到贵州龙场千里迢迢,山高水长,私下我们三人当以兄弟相待,有什么事别藏着,也别掖着,这才叫风雨同舟,肝胆相照!有外人或人多市井之处,你们可以把我当成大人,有些礼数嘛,还是要讲的,虽然是做给别人看,但也必须这样做!"

周超笑道:"王大人,你和别的大人就是不一样,怪不得大人离京时,数百人不约而同为大人饯行,人能活到像大人这份儿上,也算知足了!好,我们一切听凭大人安排!"

郭铁刚要说什么,王阳明摆了摆手说道:"两位兄弟,人本来一出娘胎,无有善恶,先天的良知之心人人都有。只是尘世间的钱财、名利、地位让人们有了私欲,私欲侵占了良知,让邪恶代替了它,这是上天非常不喜欢的。在这世上,只要上天和良知不喜欢你,那么灾祸就会喜欢你,所以你就成了灾祸之人。从此,你会被灾祸、邪魔缠身,上天之福就不会再光顾了!人哪,什么都可以出卖,唯独不可以出卖内心的良知!"

郭铁和周超知道当年刘瑾在金銮殿上无故栽倒之事,二人听了王阳明的话,如醍醐灌顶。郭铁脱口道:"王大人,小的今儿彻底明白了,上天喜欢你就得福。上天不喜欢你，灾祸就会喜欢你，所以灾祸、磨难就包围你！"

王阳明说道："所以，人务必要有向善之心，贪欲是人们走向深渊的诱饵，为何圣人说人一日要三省吾身。说的就是千万不要失去良知、良善之心，一旦失去再想拿回来，只怕就难了！"

二十四　智善寺暗藏杀机　众志诚鬼梦枉系

王阳明和郭铁及周超一行三人，刚跨过了一座山，又面临一条又宽、浪又急又大的河。郭铁说道："周兄，你陪王大人在此稍歇我去找船家。"

周超和郭铁一样，从未出过京师大门，更没有跋涉过这么远的山路和水路，没走几天，原先穿在脚下的鞋磨破了，而且脚出了血疱。周超面对大河一屁股瘫坐在岸边，把鞋轻轻脱下来。一脸说不上来的苦滋味和怨气。

王阳明见状，近前蹲下来，伸手把他的脚抬起来说道："周兄弟，我看没什么，我这里正好带着针线，来，我帮你穿破它，把血水挤出来，不出两天就走路无碍了！"

周超见王阳明对自己真如亲兄弟。笑着说："王大人，你是小的这半辈子见过最好的大人！来，穿破它，我不怕疼！"

王阳明把周超的脚放在自己怀里，然后，用针把黄豆大的两三个血疱刺破，又用自己身上的巾物擦拭，直到把几个血疱都挤干了，笑道："放心，周兄弟，两天就无碍了！"

这时，郭铁从远处奔来，见状吃惊道："王大人，你这是为周超做什么？"

周超点头道："王大人刚才为我挤血疱，他真是我这半辈子见过的最好的大人！"

郭铁叹道："王大人，你不但学问高，待人还这么好，我们兄弟俩今世能结识你这么好的大人，真是我们的福气。"

王阳明笑道："两位兄弟，我先前说过什么，咱们三人同舟共济，有难同当，有甘同享！你们知道吗？我们三人今生今世有缘，所以上天才把我们聚在一起，这就叫缘分！"

郭铁笑道："王大人，我们学会了做人，做一个有良知的人！这是我们兄弟俩在宫中无论如何也学不到的！"

周超说道："郭兄，那两个过来的人就是船家吗？"

郭铁笑道："对啊，人家听说咱们和王大人要过河，饭也没吃，这不放下碗筷父子俩就过来了！"

见渔家父子俩过来，王阳明高揖双拳施礼道："老人家、小兄弟，给你们添麻烦了！今天得辛苦你们一趟！"

那个头顶斗笠，身穿一身黑袍的老者急忙还礼道："官人，自古哪有官人先向草民施礼的，草民还礼！官人，请你们上船吧！"

上船时，那年轻人斜睨着王阳明身上的包裹，又看了看郭铁和周超。然而，这个瞬间即逝的动作，王阳明已看在眼里。这条船长两丈有余、宽五尺，父子俩一人在前一人在后。王阳明趋近老者说道："老人家，家里生活怎样，你们父子俩只靠划船捕鱼养家吗？"

老者转身说道："官人，咱草民说句你们官人不愿听的话儿，这叫什么世道儿？前些年，俺这里县老爷还算好，税赋收得少，咱草民一家四口，还勉勉强强过得去，吃了上顿有时候还没下顿！唉，自从换了这县太爷！俺们可是苦透了！"

王阳明皱眉道："老人家，怎么，这个知县大人不好吗？"

老者索性把手中的划板一顿说道："官人，岂止不好，他简直是人见人怕的活阎王！种田的先前一亩地按十成算，人家只收四成，这个活阎王可好，他一下收人家八成！剩下的粮食连三个月也不够吃！这还不算，这一年之中，还有这税那税、七费八税，把打的粮食全都交上还不够！交不上税时，先用人顶！是姑娘、小媳妇的，就卖到妓院或大户有钱的人家，当下贱女人，当女用人。男人呢就拉去干杂役，咱这村里，原本五六百户的村子，为躲债躲税，这不，现在连一百人都不到了！"

王阳明说道："老人家，知县上面不是有知府吗？百姓是知县的衣食父母，人都跑了，这不等于杀鸡取卵吗？知府不管吗？"

这时，老者儿子接过话来，怒道："管个什么！听县衙里当小差的人传话来，就这知府还说本县这税那税、这钱那钱没交齐呢！他们上下穿着一条裤子，老百姓真是没法活了！"

老者怒道："不瞒你这官人说，俺家那口子，就是孩子他娘，为让俺吃顿饱饭，到村里大榆树上刮榆皮，从树上摔下来，活生生地摔死了！走的时候，连件新衣袍都没有，就穿着那套身上的旧衣袍，俺连席片都没有，就这样入土了！官人你说，是俺人懒吗？不是，俺天天起早贪黑，干了这活儿，又去干那活儿，一天忙到晚，连口饭也吃不上，你说老百姓还能活下去吗？"

王阳明叹道："是啊，官员越贪婪，老百姓越是没法活呀！"

老者长叹一声说道："官人，你们不知道，半月前县衙里来了几个差役，在俺家翻来覆去找值钱的东西，结果带毛的活物家里一只也没有，这不硬把俺儿媳抓走了！俺和儿子跪在地上，一把把眼泪、一声声痛哭地求人家，俺和儿子的额头都叩破了，俺儿媳怀着身孕，俺求他们哪怕待儿媳生了孩子，你们再抓她走，可那些畜生抡起差杖就打俺父子俩，打得俺父子俩无处躲、无处藏！结果，硬把儿媳拉走了，到底是卖在妓院，还是什么地方，俺们什么也不知道啊！"

周超怒道："老大爷，世上竟有这样的事儿？"

老者怒火万丈地吼道："瞧你这公人说的话儿，俺闲着没事儿，谁愿意说自家这长那短的！你莫非是从石头缝儿里跳出来的，根本不知道什么是老百姓？你这年轻人真是，啥也不知道！"

老者儿子叹道："当时俺气得牙齿咬得咯咯响，俺想和他们拼命，他们几个差役围着俺像打畜生一样，往死里打。要不是俺爹哭着求情，人家还想把俺抓走当壮丁，还想点火烧俺家的草房！你们几位官人，若有慈悲良善之心，给俺爹和俺指条活路吧！若不然，俺和俺爹迟早会死在县衙的差役手中！"

船到河中央时，那儿子用暗语说："爹，你看起风了！"

老者忽然意识到什么，大声说道："儿啊！咱不能对人家再干那阴损的事儿，人家这几个官员是好人啊！"

老者儿子怒道："爹，咱没活路啊，多劫一个咱爷俩就能吃几天饱饭！爹，咱翻脸吧！"

说着，年轻人就伸手拔那船底的盖板，盖板一拔下来，此船很快就会进水，继而沉入河水之中。老者喝道："逆子！咱不能把伤天害理的恶事，做在这无辜的好人身上！"

老者不知哪来的敏捷，他手舞着划板，飞步跨到年轻人面前，当头一划板，盖板没拔开，而年轻人一头栽在船舱里。老者急忙跪在船舱内，向王阳明施礼道："官人，对不起！对不起！我这逆子惊吓了你们，草民给你们赔罪！"

王阳明万万没有想到，老者会如此大义灭亲。他急忙把老者搀起来，说道："老人家，自古'爱财惜命之心，世人皆有之'。老人家能幡然悔悟，放弃贪财夺命之心，也算是大善之举！这说明老人家的天性良知没有泯灭，是一份难得的高义啊！"

周超和郭铁明白了眼前的一切，把那倒在船舱的年轻人扶起来坐在船舷上，问道："年轻人，我们三个往日与你无冤，今日与你无仇，你为何生出这种伤天害理之心啊？"

年轻人用手擦着头上的血，低头说道："官人，你们不知道，人到了实在活不下去的时候，什么伤天害理的事都能干出来！多亏我爹这一板，若不然，现在你们三个已成俺父子俩的刀下之鬼了！"

老者奔过来，抓住年轻人的袍领，怒道："逆子！快来给这位大官人谢罪，请大官人饶恕咱父子俩！"

见年轻人真心谢罪，王阳明扶他起来说道："年轻人，你爹这一板打得好！使你弃恶从善啊！"

年轻人点头道："官人说得对！咱一定弃恶从善！"

王阳明接着说道："年轻人、老人家，我不管你们以前做过几次这样的恶事，但你们想过没有，就说我吧，上有年过八旬的老祖母，眼前爹和继母大人还健在，我夫人在南昌侍奉我生病的岳父大人，倘我在这次劫难中死了，我祖母怎么办？我爹和继母大人怎么办？我夫人孑身一人又该怎么办？另外，我在京城还有几百名追随我心学的弟子，我的心学还没有至善至美，我想用更多的时间完善它，让它成为一门劝人从善，恢复纯真良知之心的好学问！可是我死了，这些事谁来做？况且，我的两个随从，都是刚娶妻的年轻人，这郭铁的妻子已经怀孕，而周超他们小夫妻俩，已经有了一个两岁的可爱的儿子，倘若在今天这次劫难中，他们也死了，你说，让他们的妻子怎么办？让他们的儿子怎么办？所以这种伤天害理、缺德作恶之事，给我们这三个家庭，将造成多大的伤害！就算有一日你们萌生了向善之心，悬崖勒马，而且那颗不可泯灭的良知又回归了，我问你们，这些伤害，你们用什么来弥补？何况，人死如灯灭，你们能起死回生吗？不能！你们做恶事、坏事，就是做了邪魔的俘虏，让邪魔在你们心里称了王。如此，上天绝不会喜欢你们。你们能得到上天的赐福和恩典吗？肯定不能！自然你们就掉进了灾难、祸害的旋涡！"

老者和年轻人一听，似乎突然大悟，二人不约而同一齐跪在王阳明面前，边叩头边说道："多谢大官人指点草民生路，让俺们迷途知返，重新做人！"

王阳明示意郭铁和周超把二人搀起来，说道："上天对尘世之人向来是平等的，你存良善之心，做良善之事，上天自然会把恩典和幸福，包括钱财源源不断地赐给你们。反之，你就得不到这些，你只能灾祸连连，永无宁日。这才是世人最可悲、可怜之事！"

周超长舒一口气，叹道："王大人，可是世上有的大恶人、大坏人，他们死时无病无灾，甚至在家里寿终正寝地死去，世上确有这样的事啊！"

王阳明笑道："周兄弟，世上确有这种事！但是你记住，并请你转告你所知道和所认识的其他人，上天永远是公平、公义的，上天有一种对恶的回报，那就是请切记这八个字：'近报己身，远报子孙。'上天给予谁的就是谁的，你剥夺了人家的钱财，自然该你归还人家。这个道理多简单、多显而易见啊！"

下船的时候，这渔家父子拉着王阳明的手，非要请王阳明到他家里去，哪怕野菜炖咸鱼也要请他们去吃一次饭。

这时，郭铁说道："老人家，我们是奉差到贵州的官人，现在已经耽搁了时日，请老人家无论如何见谅！"

王阳明从布囊里掏出银两说道："老人家、年轻人，就此别过，这是我们三人乘坐你家船渡河的费用，请收起来！"

老者急忙摆手阻拦道："大官人，你为我们指点了迷津，这是多少银子也买不来的！这银子无论如何我们不能收，大官人若强给我们，就是用手打我们脸，请大官人收回！"

这时，郭铁把一些银子放进老者所提的鱼篓里，但被他儿子看到了，大声道："爹，人家这位官人把银子扔进爹提的鱼篓里，快把银子退给人家吧！"

王阳明见郭铁对他笑了笑，三人遂施礼道："老人家、年轻人，我们真心谢谢你们，请多保重！我们上路啦！"

王阳明骑在马上只顾往前走，这时走在后面的郭铁和周超不知说了什么，俩人走到马前，拉着马缰绳，扑通一声，双双跪在王阳明马前。

王阳明笑着飞身下马，上前欲扶起二人说道："周兄弟、郭兄弟，你们俩这是做什么，有什么话起来说！"

郭铁仍不起来说道："王大人，经过这几天护送大人，我和周超兄弟，如大梦惊醒，大人若不弃，我们今起心甘情愿拜大人为师，追随大人终身学习心学，劝诫世人找回良知之心！"

王阳明笑道："两位兄弟，这样，本官和你们定一个君子协定，此去贵州龙场路程遥远，倘你二人潜心归善，摒弃先前一些不当行为，从一个老旧人，成为一个上天喜欢的新人，只要一到龙场，我就收你们为弟子如何？"

周超看了看王阳明说道："王大人，从现在起，我和周超兄弟，就以弟子之礼侍奉大人，开始做良善之事。"

王阳明点头笑道："那好，人人劝善，人人弃恶，则良知之事，必大兴矣！"

且说冀元亨和卢尚德、田庄等远远看到王阳明等三人来到一座寺院前，他们猛听到身后的马蹄之声，冀元亨一挥手，众人随之闪入道边的草丛之中。

少顷，张锐带着十几个快骑驰马奔来。此时，从这儿到王阳明等所进入的寺院，不过三四箭之地，张锐示意，众人勒住马缰，飞身下马。

张锐说道："诸位兄弟，你们看王阳明他们三人正站在寺院前，大家快看看，他们似乎正在说什么？"

其中有个射箭高手眼力极好，他看了看王阳明，笑道："张大人，王阳明武功再高，也料不到咱们背后放冷箭！冷箭能打他个冷不防，当他发现咱时，他已经中箭倒地，一条小命玩完，还称什么武林高手！"

射箭高手的话音刚落，又有人说道："张大人，我看咱别迟疑，把马扔在这儿，咱们现在就悄悄摸进去，从东、南、西三面，每人最多三箭，王阳明必死无疑！"

正在这时，张彩在前，身后有三个持不同兵器的武林高手，也驰马到此。

张锐一看张彩，急忙上前施礼道："张大人，张锐施礼了！"

张彩草草还了个礼，以马鞭向前指道："张锐兄弟，那三个人，就是王阳明他们吧？"

"对，就是他们三人！怎么，是你们武林高手先上，还是我的飞虎箭队先上？"张锐有心和张彩比试，王阳明是他们共同的目标，谁先得手，谁就可以到刘瑾那儿论功行赏。所以，他要先下手为强。

张彩想了想，笑道："张锐兄弟，咱不急。这样你们先去吧，我们静而观之。"

张锐喜道："那好，麻烦张大人帮我们照看一下我们的马匹如何？"

张彩笑道："好个不知趣的张锐！你有你的任务，我有我的指令，咱们井水不犯河水，你的事你自己办吧！"

张锐说道："好！好！刚才算我白说行吧？"

在他们前面，有几株参天大树，张锐率领众人把马皆拴在大树上。而后他一招手，众人手提大刀，肩挎紫檀硬弓，每个人身后背着近百支利箭，像一字展开的雁阵，悄悄向那座寺院靠近。

这时，站在张彩身后的是一个手提鬼头大刀的武林高手，他姓赵，说话声若洪钟，一身蛮力，很有底气。他嘴里叼片树叶，说道："张大人，咱们何日动手，我和宋大师、苏大师正等着王阳明一死，早点把那七十两银子分了，大家好散伙！"

张彩说道："赵大师，咱不急！你看寺院南面有一座山头，像人的冠巾，咱们现在去那儿，从那个方向应该比这儿更能看清王阳明的活动，况且咱还要把寺院勘察清楚，咱和他们不一样啊！"

"好，张大人，我去叫他们，咱们这就走！"这个赵大师说罢转身就走。

张彩看到三人飞身上马，低声说道："不可骑马，都下来，牵着马从草丛里走！"

两支刺杀王阳明的人马一离开，冀元亨一招手，众弟子皆从草丛中提着刀剑奔出来。

卢尚德禁不住说道："冀兄，没想到，刘瑾派了两支刺杀队伍，一队是弓箭手，一队则是武林高手，咱如何分工保护老师呢？"

田庄说道："卢兄，咱的人数和刚才摸过去的箭队人数差不多，咱一对一在他们身后。冀兄，这次可是真刀实枪的血肉之战，你不杀人家，人家就要杀你。你呀，从现在起,放下你正人君子那一套,用你的刀剑,用你的实际行动保卫老师吧!"

卢尚德接着田庄的话说道:"只要咱们敲掉了这个弓箭队,这三个武林高手就不敢小视老师,他们就不敢轻易下手!"

冀元亨点头道:"田兄弟的办法好!那咱们现在就从他们背后摸过去,防止他们先下手放箭。"

田庄笑道:"大师兄放心!至少天黑前他们不会下手,咱们有的是时间。这样,大家不是午饭没顾上吃吗,人家弓箭队连马带吃的都送来,咱们此时不取更待何时啊!"

冀元亨喜道:"田兄弟,对呀,咱这就去取!"

田庄说道:"大家小心些,咱们到了那几株大树前,动作要快,解开缰绳拉上马就走,谁牵哪匹马,以后就是谁的坐骑。有了马咱就长了腿,高山大河咱都不怕!"

冀元亨和卢尚德在前,众弟子在后,正是"螳螂捕蝉,黄雀在后"。众人靠近几株大树。还好,张锐率领的飞虎弓箭队,为减少响动之声摘下了马铃铛,他们的马蹄上都包了七八层麻布,就这样,大家把马匹分别解开,末了还剩下两匹马,冀元亨和卢尚德每人多牵一匹马,从大树下匆匆离开。

或许这就是上天所赐,在寺院背后,有一片又密又高的树林,把这十几匹马隐藏在此处,真是个绝妙的好办法。有了马,大家又匆匆吃了些大饼和牛肉,才开始寻找弓箭队的人。

王阳明和郭铁、周超来到寺院前的时候,时辰将近酉时,再往前走,就是一座比一座高的大山。偏此处有一座寺院,就坐落在大山之前,门前有几株成双成对的古柏,苍翠欲滴。未进寺院就有一种超尘脱俗、庄严肃穆的氛围,令人肃然起敬。过了寺院的山门,抬头只见赫然醒目写着"智善寺"三个镏金大字。

郭铁说道:"王大人,再往前边就是大山,咱们今晚看来只能在此安歇了!"

周超说道:"王大人,此处留宿一定简陋,看来只能委屈王大人了!"

王阳明笑道:"无碍。人生天地间,走到哪儿哪儿就是家。天当屋,地当床,有这座寺院,能遮风挡雨、寒霜不侵,是个歇息的好去处。"

三人来到智善寺院内,原来只有一个长老和一个十二三岁的小和尚在此守寺。王阳明向长老问安,长老听说王阳明三人是从京城远道而来,便急忙让那小和尚斟茶倒水,还把二人从山上采摘下来的果蔬拿来,敬献给王阳明等人。

到晚上用餐时,长老亲自下厨为王阳明等做了素食。

吃饭时,长老与王阳明对坐,长老直言不讳说道:"王大人,你们可能不知道,老僧的智善寺,在半年前无端遭受了一场血难!老僧几十个徒儿被杀,只留下老僧和这个小弟子！老僧是方外之人，想暮鼓晨钟，一心诵经，有木鱼青灯相伴，做个超脱尘世之人，然而在这个尘世之中，难啊！"

王阳明点头道："长老，你们出家人尚且如此，何况我这样的朝廷命官，也是一言难尽啊！"

长老放下竹筷说道："是啊！老僧听来寺院诵经的施主们说，当今圣上受一个姓刘的太监蒙蔽，恶人鸡犬升天，良善之人反遭种种灾难，这是为何呀？请大人帮老僧释疑！"

王阳明皱眉道："长老，人原本都是善良的，人人都有良知之心。可是，贪欲二字占据人心，于是，为了生存，为了权欲，为了占有，人们泯灭了天赐的良知之心！开始尔虞我诈，打打杀杀，使这个尘世越发动乱不安起来！要说尘世间的祸恶之根，就在于此啊！"

长老满脸堆笑，点头道："看来王大人绝非一般的朝廷官员，心存大爱大善，高瞻远瞩，寥寥数语便指点了尘世迷津！汝腹中必有一整套救济尘世的大学问！"

王阳明挥手说道："长老过奖！其实救赎尘世的办法很简单，人人都用良知之心立身、做事，则贪欲的邪魔必去！"

长老双手合十赞道："善哉！善哉！王大人此言甚佳！当为警世之言啊！"

正是这时，王阳明似是听到了什么，他一侧脸，郭铁向周超十分警觉地说道："周兄，保护好王大人，我出去看看！"

王阳明和智善寺长老谈天话地之时，冀元亨和卢尚德带着众弟子，正按他们的行动方案，实施一对一的背后劫杀！

田庄行动时像翻墙越脊的狸猫一样神速，他奔至那已张开弓、准备射箭的黑衣人背后，猛地扑上去，一手先把此人的嘴和下巴抓住，另一只手则按住他的肩头，用力一扭，此人便一声不吭倒在草丛中，继而他又向第二个挽弓人奔去。

冀元亨看到田庄干净利落，眨眼间干掉了两个人，他悄悄奔到一个挽弓的身后，今天他必须痛下杀手，不然，他的弓箭一发，恩师必死于他的利箭之下，他想着不知怎么，竟突然脱口说道："小子，我要杀你啦！"

结果那挽弓人听到背后有说话声，腾地把手中紫檀弓一掷，拿起身边的大刀就向冀元亨砍来。冀元亨稍微一闪，那把带着扑面呼呼凉风的刀，劈在一侧，一株胳膊粗的树干被拦腰断下！

冀元亨心中大惊，他冒出一身冷汗，这时对方又飞过来一刀，冀元亨又巧妙闪过。但就在这一刹那，这个持刀人飞起一脚，正踢在冀元亨腰间，登时将他踢倒在草丛之中。接着那持刀人一个大鹏展翅，直向倒地的冀元亨扑来。冀元亨急忙抽出长剑，就势拼力一滚,剑锋直透持刀人的胸背,那人瘫倒在地。

冀元亨立时惊慌失措,呆在原地,心里猛地叹道:"我冀元亨今儿杀人了!我冀元亨今儿杀人了!"就瘫坐在那人面前。

但是这些弟子中,并非人人都接受了王阳明的武术训练。他们都是第一次凭着一腔热血、一身勇气,为保护老师而拿起了刀剑的。有个弟子勇气可嘉,但缺乏生死决战中的技巧和机变,他虽然扑倒了对方,但尚未对人家动刀,却反被人家一刀毙命!

郭铁仗剑离开王阳明以后,看见有一个身穿黑衣、头戴乌巾的中年男子,手持刀剑转身就跑,郭铁追了一段路,那人突然转身,向郭铁喝道:"郭铁,你还追?看看我是谁?"

那人说罢,将遮面的乌巾一拽,原来他就是后宫御马监提督张锐,是郭铁的顶头上司。

郭铁急忙撇下长剑,跪地向他施礼道:"提督公公,奴才不知道是公公驾到,请公公饶恕奴才非礼之罪!"

张锐做御马监提督太监多年,后来成了刘瑾的得力干将。所以,除御马监提督太监一职外,他在豹房,在后宫,甚至在东厂还担任了一些要职,郭铁是他御马监的一名手下,也充当了后宫侍卫。

张锐说道:"郭铁,这是千岁爷的亲笔信,你看后立即吞到肚子里!"

郭铁慢慢打开了刘瑾的书信,只见上面写道:

郭铁:

　　十万火急!欣喜你和周超负责护卫王阳明到贵州龙场赴职,今爷给你一条密令,择机诛杀王阳明!你们御马监的提督太监张锐会一直跟随在你们身后,事成后,由张锐或你提王阳明头颅回京见爷。

　　另,你的爹娘及你的弟郭木,包括你的妻子都已接入宫中,辟室暂住。倘你完不成使命,你必定以死谢罪,而你家人的五条性命,权做你的殉葬品,或称你们一同赴幽界,永为幽界之鬼!

　　该如何抉择,你自己选定!

刘瑾亲书

张锐喝道:"郭铁,你看完没有?"

郭铁叹道:"提督大人,奴才看完了!"

"那好，当着我的面把它吞下去，快！"张锐大声说道。

郭铁趁其不备，假装把信吞下，实则藏进袖子里。

张锐又把另一封信交给郭铁。说道："这封信是千岁爷写给周超的，你不许偷看，回寺院务必交给周超！"

郭铁离开张锐后，急匆匆奔回寺院，他借为王阳明铺床之际，把刘瑾的信塞给了周超，做了个不许声张的手势。周超似乎懂了，他点点头悄悄离去。

周超来到寺院如厕处，见左右无人，他打开那封信，只见上面写道：

周超：

　　你谨记依此信而行！爷给他郭铁一封密杀令，让他择机杀死王阳明，你只负责催促他，联合他行使密令。当然，如果他迟迟不肯动手，心生怜悯之心，你必须为爷杀死他，绝不能手软！

　　另外，你爹娘和妻子已接入后宫，当然还包括你的儿子。倘你不执行此令，违背爷意，回京后，你们神宫监提督太监会毫不犹豫处死你，包括你家人四条人命。何去何从你自己决定，勿谓言之不预（看后吞下）。

后宫刘瑾亲书

周超看罢，刚想把团成了纸团儿的书信放进嘴里，他突然自语道："好个奸诈可恶的刘瑾！你分明是卸磨杀驴，伤天害理呀！我该怎么办呢？我是不是要和郭铁先商量？不、不能商量。要不，我先暗示他！"

张锐只顾借机送刘瑾写给郭铁的书信，当他回来时，发现埋伏在寺院的飞虎箭队的人，怎么一个都不见了？后来，他在草丛中发现了他们的尸体，立时心慌意乱起来，是谁干的？我的人难道都死了吗？

到了晚上，他用暗号联系呼叫时，只有一个受了重伤、满脸是血的属下爬了起来。张锐想了想，我出师未曾告捷，先全军覆没啊！王阳明竟然有如此众多的护卫者。看到气息奄奄的重伤属下，心想，他虽活着，但他是我的累赘，遂在搀扶他的时候，掏出短刀，闪电般将刀捅入他胸内，瞬间那人连吭也没吭一声便死了。

当然，即使背后捕杀，也不会无声无息。这些俱被与张彩同行的武林高手看到了！

张彩叹道："你们看看，我说什么来着，王阳明绝非等闲之辈，他这是一明一暗啊！如此，咱们动手杀王阳明太难了！"

那姓赵的却不屑一顾，说道："张大人，不至于吧！就他们这些背后捅刀子的护卫，他们能保护好王阳明吗？他们仨茄子不顶一个冬瓜！老子一出手就以一当十，他们能挡得了这三十斤重的大板斧吗？"

另一个姓宋的武林人，手里擦着一把雪亮的长剑。他笑道："赵大憨，我告诉你，人家不会齐刷刷地站在那儿，任你用三十斤重的大板斧砍！张大人，自古'出水才现两腿泥'，今晚王阳明侥幸取胜，他可能正一盏接一盏地喝庆功酒呢。咱呢，就奔入他房间，先试探一下王阳明如何？"

张彩一听拍手道："好，咱就这样。看来，今晚需辛苦一下宋大师了！"

到了这天晚天，宋大师仗剑下了山。他刚来到智善寺门口，突然一声狼嚎声起，他仗剑左右急切回顾，狼和狗一样，都有一犬吠声、百犬吠影之说。孤狼叫，一般情况下是在呼唤同伴，他小心谨慎地一步步往前走，突然，两个黑影仗剑而出，拦住宋大师去路。

田庄喝道："来吧，欲见我老师，先过我这一关！"

宋大师急忙仗剑，田庄和卢尚德在众弟子中剑法相对强一些。先前在京城时，田庄曾和卢尚德力战王阳明，他们俩剑法从此大进。今日与这宋大师对阵，俩人一开始便拿出初生牛犊之力，逼得宋大师步步退却，简直抵挡不得。

宋大师暗自称奇，他自诩为京城武林高手以来，从没遇到过如此珠联璧合的好剑手。

田庄用剑照样诡诈。他故意卖个破绽，大喝道："哼，就你这剑术，还敢见我老师！来，卢兄，亮出我们自创的绝招儿，断他一只臂膀！"田庄凌空一跃，仗剑在宋大师眼前，好一个雪花纷飞漫天雪，剑之凉风直透他的面颊。宋大师把一只手悄悄伸入衣袋内，抓了一把白灰，望田庄脸前一撒！田庄哪想到激战中，对方还有这一招儿。幸亏他见宋大师手一扬，便仗剑翻飞，虽然挡了一些白灰，但毕竟有一些白灰泼到了脸上。

卢尚德纵身一跃，一剑向宋大师背后刺来，此招式唤作流星剑，速度之快，几乎在须臾之间。宋大师虽然急忙躲闪，但剑比人快，背上兀地中了一剑。他急忙又抓起一把石灰，往卢尚德面前一散，卢尚德旋即把脸儿一扭，宋大师没想到，这卢尚德在扭脸的同时，又反手刺出一剑，刺在他腰肋之处。

恰在此时，狡诈的张彩，已和那个抡大板斧的赵大师候在一侧，眼见宋大师不敌二人，再次用他衣袋中的石灰粉，在武术这个特殊行当之中，有一而再，绝无再而三，故技重演即你黔驴技穷也！与狐狸打交道的人都知道，狐狸逃跑的绝技就是放一个极臭的屁，让追击者只能败阵或者疑惑，有了逃走的机会。赵大师急切呼道："宋大师，我来也！"旋而像隋唐时的程咬金，闯关入阵时惯用程门绝技三板斧一样，向卢尚德和田庄舞来。

按分工守候在墙边的冀元亨大呼一声:"尚德、田庄我来助你们一阵!"

虽在夜间,冀元亨仗剑腾地一跃,如大鹏展翅飞跃而来,他恰恰站在赵大师身后,张彩见状,大呼道:"赵大师,快撤!"

冀元亨见赵大师等拽了板斧就逃,他仗剑大呼道:"哪里走,请吃我三十剑!"

田庄一边揉着眼,一边高声道:"冀兄,穷寇莫追,回来吧!"

智善寺门口的对打之声自然传到了寺内。此时正秉烛看书的王阳明放下书,提了长剑刚要出门,他自笑了笑又把腿抽回来,放下剑,依然拿起书来看。

此时,郭铁心怀刘瑾密杀令之事,一边在灯烛下擦剑,一边想着什么。而这个周超,则坐在案几旁边,他前边放着一把青花瓷大茶壶,他一盏接一盏地闷头喝茶,不时向擦剑的郭铁斜睨一下。

偏这时,智善寺门口有刀剑对打之声,二人不约而同站起来,郭铁说道:"周兄,你先照看王大人,我去看看!"

郭铁仗剑飞步来到智善寺门口时,恰见那长老和小和尚二人提着灯笼亦走出禅房,到门口看动静。

然而,当他们来到门口时,却不见一个人影。

长老向郭铁施礼道:"官人,看来贫僧的智善寺也不是宁静之地,刚才贫僧明明听见刀剑对打之声,贫僧与徒儿出来时,却不见一个人影,这真是一件怪事啊!"

郭铁回礼道:"长老,你们回寺内安歇吧,我在门口四周找找刚才厮杀的人究竟去了哪里。"

长老和小和尚提着灯笼回寺之后,周超悄悄到门前一看,王阳明屋内还点着灯烛,且王阳明正专心看书的影子被烛光照映在窗纸上。周超心想,怪不得王大人满腹经纶,别人歇息时,人家却在孜孜不倦观书,仅此一点,我周超远远不及也。

周超见王阳明安然观书,他索性提了剑往智善寺门口走,他想去看看,郭铁是否和那些打斗的人见了面。然而,快到门口时,他却听见了对话声。

冀元亨和卢尚德、田庄三人见张彩和赵大师搀扶着受伤的宋大师急匆匆逃走,三人也不再追赶。卢尚德听力极好,他似乎听到了寺内奔走之声,向二人示意,悄悄隐于门前的古柏之后,看老师会不会出来。

郭铁和长老及小和尚提着灯笼,几乎一前一后走回寺院,长老和郭铁说着话,在灯光之下,冀元亨等已大致看清了郭铁的面庞。三人断定,此人定是护送老师的两个侍卫中的一个人,此乃天赐良机。我们应当向他亮明身份,让他小心侍奉老师,勿生妄念。

二十五　铁超徘徊斗心魔　元亨洞观世清浊

郭铁一心想查找方才门外打斗声的人影到底去了哪儿。而守候在古柏树后的冀元亨向卢尚德和田庄示意，三人仗剑奔过来，郭铁见三人神秘跃出，挡住了他的退路，他欲仗剑拼死一搏。

冀元亨笑道："壮士，你不必害怕，我们知道你是谁。"

郭铁仗胆问道："你们是谁？怎么知道我是谁？"

冀元亨笑道："我们知道你是护送我恩师去贵州龙场的一个侍卫，你叫郭铁，还有一个叫周超，我说得没错吧？"

郭铁点头道："呃，我明白了，你们是王大人的弟子！"

冀元亨收起剑，直言道："郭铁，论年龄，我当呼你郭兄。我呢，叫冀元亨，是恩师的大徒弟；这位是卢尚德，是二徒弟；这位叫田庄，是三徒弟。来，我们三人向郭兄施礼，感谢他一路辛苦，护送恩师至此！"

于是三人向郭铁施礼。

郭铁急忙还礼道："原来是王大人的高徒，郭铁失敬，失敬了！"

卢尚德直言道："郭兄，今儿咱实话实说，我们十几个弟子一直在你们身后，你们走到哪儿，我们跟到哪儿！"

郭铁点头道："今儿不知王大人的三位高徒现身智善寺，对郭铁有何指教？"

田庄则说道："郭兄，你可能还不知道，方才要刺杀我老师的乃后宫飞虎箭队，共十六人，由御马监提督太监张锐率领，我们是螳螂捕蝉，黄雀在后，这不，除张锐一人侥幸逃脱外，我们已诛杀十五人！"

郭铁大惊道："什么，后宫的飞虎箭队已死十五人，只剩下提督太监张锐一人？"

冀元亨笑道："郭兄，这只是其一，另外，我们还知道一个叫张彩的太监，他带着京师三个武林高手，乃宋、赵、苏也。就是刚才，这个善于用剑的宋大师想入寺刺杀我恩师，我的两个师弟，也就是他们两位，尚德和田庄，联手打败了这个宋太师，而且让他受了重伤！再到后来，可能是张彩带领抡大板斧的赵大师，也算暗中接应。不过，这不都落荒而逃了！"

郭铁叹道："什么？连张彩带的京城的武林高手也逃走了？可见王大人的三位高徒武艺非凡！"

田庄说道："郭铁，恕我田庄之言，方才所说的不过是刚刚发生的事，我和两位师弟此来单独和你见面，还有另外一层意思。"

郭铁点头道："田庄兄弟，请赐教！"

田庄说道："我们的目的是誓死护卫老师，而且在没到达贵州龙场之前，我们不会和老师会面，我们一直是暗中保护，此一也。我们不管你和周超是否受命于阉人刘瑾，他是否给你们下达了刺杀我老师的密令，我们警告你，包括那个周超，我们十几名弟子，始终护卫在老师身边，倘你们怀揣不测之妄心邪念，想伤害我们的恩师，你和那个周超必死于我们的乱剑之下，此二也。今夜我们与你单独会面，切记，不可告诉我们恩师，我们十几名弟子就在他身后，此三也。今起，你和周超必须对我们的恩师好生侍候，我们恩师途中倘病了，或瘦了，休怪我们这些弟子翻脸无情，此四也。大师兄、二师兄，方才我说的这四项，无遗漏吧？"

冀元亨、卢尚德点头。

田庄说道："好，郭兄，因世道险恶，人心叵测，我们不知你是否有良知之心，我们先小人后君子。此时，上天之神在上明鉴，又有星月为证，勿谓我们言之不预！"

郭铁点头道："好，王大人的三位高徒，方才所教诲这四项，郭铁一一刻在心上，时时牢记在心中，不敢相忘！"

田庄又道："郭兄，切记，我们以一声狼叫为号！再会！"

说罢三人旋即消失在古柏之中。

而躲在一侧的周超听得清清楚楚，他往回走时，叹道："呃，原来王大人有十几名弟子暗中保护，这我周超却不知道。"

早晨吃饭时，王阳明听了长老的话，向郭铁和周超二人说道："昨夜我只想看书，寺外究竟发生了什么事，你俩知道吧？"

周超看了看郭铁，说道："王大人，我一心看护着大人，郭兄去门外察看来着。"

郭铁心想，昨晚之事只有我郭铁知情，且只有我和王大人的徒弟们见了面。他想了想说道："王大人，昨天天黑之前，寺外的确发生了打斗，但我们都蒙在鼓里。不过昨晚长老他们走后，我沿智善寺查过了，死了十五个身穿黑袍的人，据说是内廷飞虎箭队，只有一个人侥幸逃脱。"

周超故作吃惊之态问道："什么，飞虎箭队来这儿干什么？难道他们是来……"

王阳明哈哈一笑道："周兄弟，这本是掌中之物，岂能不明白？他们分明是奉刘瑾之命，来刺杀本大人的吧？那寺门口戍时的打斗之声呢？虽然剑与剑击打之声单薄，但看样子和郭兄弟方才说的什么飞虎箭队不是一路人吧？"

郭铁点头喜道："王大人不愧是高才！昨晚戌时的确有人在寺门口打斗，等我赶到时，双方已退去，不知是何人所为。"

长老向王阳明说道："王大人，看来这些人是冲大人而来，还好有人暗中相助，贫僧如此说，不是捕风捉影吧？"

王阳明点头道："当然！长老，尘世常常如此。有人费尽心机想置人于死地，这就是昨日我与郭、周二兄弟说的那些话，这种人遁入歹毒之欲的旋涡不能自拔，一天到晚便生出这些伤天害理的邪念来，但他们恰恰忘了，这天地万物本来是上天所赐，正如鸟儿各从其类，鱼儿各从其类，尘世男女也当各从其类，如此等等。可是这种人被歹毒之欲附了体，所以尽做些上天厌恶之事，我真想对着他们的耳朵，高喝一声：天地万物尽在上天脚下，上天厌恶、不喜欢之事，汝等能得逞吗？"

长老点头道："王大人不愧为尘世间高人，这些人用王大人的心学来看，他们唯有回归良知，除此别无生路！但用我们释门弟子之言，那就是唯有放下屠刀，立地成佛。"

王阳明摇头道："长老，在佛门重地的寺院，你可以这样说，但我这个人是个较真的人，我不怕絮叨，我愿让每一个与佛沾边儿的人都明白！长老，你当记住：佛，释迦牟尼，他只是尘世间的凡人，只不过他多行良善之心，广施恩德、良善于人。于是人们都尊重他，他涅槃之后，人们为了弘扬他的良善、恩德，把他的言行收录起来作为法，称他为佛。这是人造的偶像！但是，上天创造了世间万事万物，其中就包括了有灵气的人。有人曾经问我，是佛大还是神大？我一笑说道，没有上天造的人，何来佛？上天是天地万物之主，佛只是一个人，一个上天给了生灵的人，他是被人无限夸大了的人。因此，佛岂能与上天相提并论！"

长老笑道："王大人，这些贫僧焉能不知？只不过贫僧身在佛门，自然多言佛，多诵佛，多传佛。当然，佛，只是尘世间一个凡人，他自然在上天的创造之列。是的，我们每个尘世间的人，都应当处处事事尊上天为大，敬畏它，信奉它，赞美它！多谢王大人提醒，贫僧当切记于心。"

郭铁自从接了张锐送来的刺杀密令，内心开始挣扎，倘若现在还不认识王阳明，还不知道他是什么心学大师，刘瑾的密杀令一到，他会不由分说，趁机杀死王阳明！可是现在王阳明每次说的话，都像烙印一样铭刻在他心里，知道了人的良知之心，再让他去杀王阳明，他又怎么能下得了手呢？

但是，这个被歹毒压制、被邪恶捆绑了心的刘瑾，他已经跌入邪恶的旋涡。所以，他担心郭铁下不了手，他把郭铁的家人都软禁起来，用他家人做人质。你不杀王阳明，那么我就杀你的家人！郭铁开始用量多量少来对比，他只需杀王阳明一人，那么他和他的家人都可以免于一死，他如果不动手杀王阳明，那么至少他的家人必死，五六条性命和一条性命对比，孰轻孰重，不言自明。

另外，刘瑾还给了周超一份密信，信上究竟是什么，虽然他不知道，但凭他的猜测，一定与他刺杀王阳明有关。我郭铁和周超，与其各自攥着两个拳头，让对方猜我手里究竟拿着什么，倒不如先试探他一下，看他如何说。

此时，周超也经历着和郭铁一样的烦恼，但周超知道郭铁也接了一份密杀令，刘瑾就是让他刺杀王阳明的。而给他的密令则是督促郭铁刺杀王阳明，如果他不杀王阳明，那么刘瑾让他动手杀了郭铁！

更让周超担心和害怕的是，他的家人已经被刘瑾软禁，他若不督促郭铁杀王阳明，那么他就杀郭铁，若不然就杀了他的家人！他庆幸的是，刘瑾没有让他刺杀王阳明，这让他心里又轻松了些。

这天，因王阳明说在智善寺多住一天，恰好给了郭铁和周超深入谈话的机会，在寺院一角，有一座风雨六角凉亭，它既是智善寺一景，又是当年智善寺兴盛时，香客、居士包括僧人早看日出、晚观夕阳的好去处。现在此六角亭早已荒凉，很少有人再坐在那儿谈天话地、喻古比今了。

郭铁开口说道："周兄，此六角亭幽静、典雅，是个赏心悦目的好地方。周兄，你有什么话尽管说，寺内的长老和王大人无论如何听不到。"

周超一笑道："郭兄，自从咱兄弟二人奉旨护卫王大人以来，你我从没这样单独相对过，我吃饭时就知你有心事，而且我也知道你的心事是什么，你说咱们该怎么办？"

郭铁见周超知道自己有心事，说明他知道刘瑾给我的密杀令是什么。这个可恶的刘瑾，他一条绳子牵着我们俩的鼻子，他指到哪儿，我们就只能走到哪儿。他想到这儿，看着周超笑了笑说："周超，我问你，你还带着那个密令吧？"

周超脱口道："带着呢！那你的密令呢，郭铁？"

郭铁点头道："我也带着呢！"

郭铁看了看周超，说道："你我都是小人物，干吗让刘瑾这个王八蛋用一根绳子牵着鼻子走呢？这样，把给你的密信说给我听，我的密信也说给你听，咱们都明白了怎么回事，再想对策如何？"

周超喜道："好，咱就这样办！"

两人交换密信，郭铁率先骂道："刘瑾这个畜生，他原来把咱俩的家人都抓了！这是咱俩的软肋！"

周超说道:"是啊,他有权势,他什么损人的事都能干出来!现在刀把子攥在他手里,他主动,咱被动!他总能要挟咱,可咱对他一点主动权都没有,郭铁,咱们怎么办呢?"

郭铁叹道:"怎么办?平心而论,为这事啊,把全家人的性命搭进去,真是不值!你说呢,周超?"

周超叹道:"郭铁,此时你的心就是我的心,你怎么想我也怎么想!"

郭铁站起来,说道:"其实,人活在这茫茫尘世当中,无非为了名、为了利!挣钱为了养家糊口,上养老、下养小,中间才是自己!至于别的什么,只不过嘴上说说而已,那些东西岂能当饭吃,当银子花?"

周超则说道:"郭铁,至于王大人说的那些上天啊、歹毒啊、情欲啊,你见没见,咱管不了!当然王大人一心劝人从善,这本意是好的。可是,这个尘世历来是弱肉强食,善良人永远被奸诈人欺负。"

郭铁则说道:"现在这个熙熙攘攘的人世,就是有钱人的世界!我说得绝对到位!你看,你有钱鬼都可以为你效劳!所以呢,咱们从现在起什么也别信,只信这个钱字儿吧!"

周超拍手道:"郭铁,我原本还想劝你呢,现在看来一说这个钱字啊,就开通了你的心窍!兄弟齐心,其利断金。说咱面对的具体事儿,咱怎么办?"

郭铁正色道:"该怎么办就怎么办!咱不能不为家人着想吧?"

周超想起昨晚郭铁和王阳明弟子三人见面一事,他叹道:"郭铁,我周超是个直肠子,对你现在我一丝一毫没隐瞒!"

郭铁笑道:"周超,我也没隐瞒你什么。"

周超讥道:"别,你好好想想吧!"

郭铁猛然想起晚上和冀元亨等人见面之事,当然他也想到了田庄这个三师弟说的那四项。一想到这件事,他犹豫了一下,但还是无保留地告诉了周超,其实当时周超就在一侧,他听得清清楚楚。

两人想到此,皆哑口无言,只要你们敢动手杀王阳明,他的弟子就绝不会袖手旁观,就连张彩从京师找来的什么武林高手,王阳明弟子一联手,皆败北而逃,何况他郭铁和周超呢?

郭铁犹豫道:"周超,我观察王大人的弟子,可谓个个都是铮铮铁骨的汉子,张彩找的武林高手尚且不是他们的对手,何况咱二人呢?唉,一边是刘瑾的密杀令以全家相要挟,一边则是十几双眼睛盯着你我的一大帮弟子!"

周超叹道:"郭铁,现在咱俩前有猛虎,后有怒狮,往前不是,往后亦不是,可是咱们的家人在刘瑾手里，他可是什么事都能干出来呀！"

郭铁叹道："但是你没见过这群追随王大人心学的弟子们，他们连张锐带来的飞虎箭队都杀光了，只剩下张锐一人，有他们在我们背后，我俩真的是上天无路，入地无门！"

周超站起来说道："不！老虎还有打盹儿之时，只要咱们选好了时机，咱们虽不会土行孙的遁地术，但只要白天看好了退路，晚上动手，天黑可以让咱们瞒天过海啊！"

郭铁点头道："周超，就算你我千算万算得了手，可回到京城，谁敢确保刘瑾不杀咱们，他在后宫尽干杀人灭口的勾当，光我知道的就有好几件，咱为他卖命，真不知道值不值得？"

正说话间，一群乌鸦从他们头顶飞过，偏是一堆鸡蛋大小的乌鸦屎，热乎乎地从高空直下，啪嚓直落在周超的脸上。

周超用手一摸，热乎乎的，极臭。他用手一甩，望空骂道："这群乌鸦，真是可恶！可恶透顶！倘有弓箭，我非射死它们不可！"

郭铁皱眉说道："周超，这种飞鸟拉屎落在人脸上的机会，可谓少得可怜。可怎么这乌鸦屎不赶前不赶后，偏偏落在你的脸上，真晦气！"

"是啊，我也觉得晦气。我活了二十多年，这是第一次，算我倒霉吧！"

"别，按王大人所说，该不是上天给你我的警告吧？"郭铁看了看早已消失在空中的乌鸦群，心有余悸地说道。

周超心里原本对上天的大能量就有一种惧怕，但他嘴上却说："郭铁，这事儿你别和上天联系，这或许就是一种巧合，就算巧合吧！"

可是当他们二人离开六角亭回寺院禅房时，俩人有说有笑，不知怎的，周超的脚似被什么绊了一下，他扑通一下栽在地上，栽了个满脸花，脸上不但破了皮，还流出了血，居然把嘴栽歪了！

周超一边骂着一边从地上站起来，他先拍了拍身上的尘土，又抹了抹脸、嘴唇，却发现了血水。他向郭铁说道："郭铁，你看怎么回事，好好的怎么就摔倒了，真是怪事儿！"

郭铁禁不住笑道："周超，你看你的嘴栽歪了，嘴唇也肿了，我看一会儿吃饭时，怎么见王大人和长老吧？"

智善寺里铜镜极少，无奈郭铁给他出了个主意，到智善寺一侧的龙潭水池那儿，恰好此时有阳光可以照一下，于是周超跑到龙潭水池边一看，果真嘴歪了。

郭铁虽然嘴上什么也没说，但他心里在想：天空中一群乌鸦飞过来，为何偏偏一摊臭屎，砸在了周超脸上；寺院地面原本平平的，没有一点儿坑洼之地，为何周超又栽倒了呢？而且不但满脸花，还把一张嘴栽歪了，冥冥之中，莫非……郭铁不敢再想下去。

将至傍晚时分，智善寺长老陪着王阳明来到龙潭水池边，当然郭铁和周超持寺内灯笼站在一侧。此时，可见悬崖边伸着一只雕刻精美的龙首，那泉水从龙的口中喷射出来，喷洒在至清见底的水面上，荡起一片片银装素裹的碎玉，而且有一股沁人肺腑的凉气扑面而来。灯笼光照之下，细观龙潭深处或水池边，一群群鱼儿无忧无虑地游弋着、嬉戏着，泉水的喧嚣之声，再配上水中鱼儿的嬉戏，使这龙潭水池有了勃勃生机。

长老向王阳明施礼，说道："大人乃当今旷世奇才、高才，今适逢客住小寺，乃敝寺之洪福降临，怎么说也该留下一点墨宝，或诗词曲赋，以文纪念，也好让后人观瞻，不知王大人可否恩赐我小寺？"

王阳明点头笑道："长老，请拿文房四宝来！"

站在长老身后的小和尚正准备了一套文房四宝，长老欲为王阳明研墨，郭铁忙上前笑道："长老不可，今有郭铁在，岂能劳长老大驾！"遂上前为王阳明研墨。

王阳明思忖一会儿，提笔在宣纸上苍劲有力写道：

何处花香入夜清？
石林茅屋隔溪声。
幽人月出每孤往，
栖鸟山空时一鸣。

草露不辞芒履湿，
松风偏与葛衣轻；
临流欲写猗兰意，
江北江南无限情。

长老一看，王阳明挥笔而就，不仅词好，书墨之字更是绝妙绝伦，脱口道："王大人，贫僧不但在此竖碑铭刻，还要把这首王大人亲手所书之诗，像圣僧，不，像当今圣上所赐的万金袈裟一样珍藏，当为我智善寺的镇寺之宝！"

鬼使神差，张锐和张彩终于在山坡下见了面。先时前呼后拥、气势冲天的张锐，如今只剩下孤身一人，提了长剑，而且已两日没吃任何食物。

张彩这里，宋大师受了重伤，只有赵大师和苏大师二人，也可谓残兵败将了。不过和孤家寡人的张锐比起来，张彩自诩比他优胜许多。

张彩说道："张兄，我真没想到啊，这弓未挽，箭未发，你怎么就成了秃子头上一根毛了……接下来怎么办？回京见千岁爷吧，恐怕会让你非常难堪！可不回京吧，难道你会姜子牙的法术，指木为兵，重组人马，再次刺杀王阳明？现在看来这两个都是画饼充饥，只是哄骗了自己的肚皮！"

张锐万没想到昔日在后宫以兄弟相称的张彩，今日竟为他的惨败落井下石，说话时夹刀裹剑，简直要把张锐挖苦得要死。他说道："张兄，别介，咱俩都是落难同胞，上了前不着边后不靠岸的大船，都生死难卜。现在说到底，你比我强不了多少，不信你再派这赵大师、苏大师同时下山刺杀王阳明，有他十几个弟子暗中守护，只怕他二人，能全胳膊全腿儿而回，你就该谢天谢地了，你牛气什么？"

张彩也觉得方才说话确实阴损了些，遂笑道："张兄在这千里迢迢的山路上，你不来时，无人能知我张彩的苦衷，你一来，我不过一番戏言，逗逗你，你开心了，我也开心了！你呀，看起来五大三粗的，其实你的心眼儿比针鼻儿大不了多少，这就叫笑一笑十年少，愁一愁白了头，咱何必自己糟践自己呢，对吧我的好兄弟？"

张锐一听，方才的沉闷与郁结一扫而光，他笑了笑说道："张兄，你们文人啊，嘴尖舌利，一会儿刮风下雨，一会儿又天气晴朗，不过，我就是坊间那种轱辘对磨盘，实打实的实在人，我就说实话、干实事儿。"

张彩此时面对王阳明正束手无策。他也在想，倘若他再派人去刺杀王阳明，很有可能招致全军覆没。他正苦于没有好的办法，是进是退一时难以决断，听了张锐的话，他想，张锐或许真是他的帮手，功成自然在我张彩，但垂败则可以推到张锐身上。

张彩喜道："张兄，眼下咱们算足了就五个人，当然动手动脚，真正能杀能打的就赵、苏两位大师，你既然净说实话，干实事儿，那你给咱支个招呗？"

张锐心里恨道，果然话是惹祸之根，好好的咱给人家出什么主意啊？都怪我这张脱口而出的嘴。他叹了口气说道："张兄，自古兵不在多，兵贵精，咱人少，目标小，不会引人注意，关键在于出其不意，一招制敌，做王阳明意想不到的事！"

"好，果然是妙策！可是张兄，我知道，护送王阳明的两个侍卫，一个是你的手下，一个是什么监的，如果他们能和咱们配合，里应外合，王阳明即使有再多的弟子，恐也难逃做刀下之鬼的命运吧！"张彩知道刘瑾的底细，他也知道张锐的底细，他直言张锐没有告诉他这事，看着他的脸，准备听他如何说。

"张兄，你说得对，我还有一支劲旅，就在王阳明身边，郭铁和周超是两支暗箭，

这是王阳明万万没想到的。只要咱能吸引王阳明的弟子，咱们就可以里外开花，让王阳明防不胜防！"

张锐的话一出口，站在一边抱着毛茸茸双臂的赵大师突然说道："张大人，别介，我和宋大师、苏大师千里迢迢追踪王阳明，好容易跟到了现在，只要我们找准机会下手，就能杀死王阳明。那七十两银子就是我们的。可是，你们又派别人去刺杀。这个功劳，如果算到我们头上，钱照给我们当然行；如果算到别人头上，不数给我们银子我们怎么干？"

而斜身躺在草丛中的宋大师，倚坐起来说道："张大人，咱出京前讲好了规矩，可你们头头刘瑾呢？又暗中派什么阿猫阿狗，包括什么飞虎箭队，都来刺杀王阳明，这叫一女许三家，这叫什么事儿？"

蹲在一侧，用手中的大刀无聊地砍一株大树树枝的苏大师扭过脸说道："张大人，按江湖规矩，王阳明这个标，本是给我们兄弟三人的，你们头头背地里又指使张三、刘四、王五来杀，这本身就是小看我们、藐视我们。要不大家在一起定个期限，我们三人动手杀不了时，你们别人再去杀。这样公平，在期限之内，杀不了王阳明七十两银子就与我们三人无缘，这样如何，张大人？"

张彩和张锐听了三位大师的话，两人立时一句话也不说了。过了许久，张彩为避免尴尬，他干咳两声，向张锐说道："张大人，要不让郭铁、周超先等等，让我们三位大师先下手，杀王阳明如何？"

张锐讥笑道："可以呀，但期限呢，谁来定，定多长时间？"

赵大师脱口说道："这还用说，期限当然我们来定！"

张锐背对赵大师说道："说吧，多长时间？"

赵大师看了看宋、苏两位大师，三人交换了一下眼色，他脱口说道："这种事儿，一是机会，二是天气，太长了不行，但太短了也不行，这样从现在起就一个月吧？"

张锐一听，怒道："一个月，你们怎么不定一年呢？"

赵大师怒目道："张大人你们要清楚，最初刘瑾找的我们，明白吗？"

张锐亦怒道："是啊，可是后来怕你们杀不了王阳明，这不才又派了我们吗？"

赵大师怒道："张大人，你别门缝里看人，把我们看扁了，你怎么知道我们杀不了王阳明？"

"是，你们第一仗就被人家王阳明的弟子们打成重伤，最后你们落荒而逃！"

赵大师大怒道："是，第一次交手我们失败了，可是你们呢？弓未张，箭未发，就全军覆没！不，就剩下你一个光杆司令！"

张锐的话引发了众怒，那苏大师一把揪住张锐的衣领，要不是张彩手快眼疾，苏大师手中的大刀早捅进他的身上了。

张锐见张彩大怒,制止了苏大师,他跳着双脚,大怒道:"张大人,我和他们不是一路人,根本尿不到一个壶里!这样,咱八仙过海,各显其能,谁愿意怎么干就怎么干,用不着商量啦!"

赵大师把大板斧一举挡住了张锐去路。大怒道:"张大人,今儿别给你脸你不要脸,你的什么郭铁、周超,胆敢先动手杀王阳明,我们索性先杀了你。不过,我们杀你也白杀,一分银子也得不到!"

张彩叹道:"赵大师,休得无礼!大家都为杀一个王阳明,何必自己人和自己人翻脸呢?"

王阳明等离开智善寺,继续向前走。到午时,恰到一个小集市,这里人口众多,交通发达,化装成平民百姓的张锐,头戴一个大斗笠,身披蓑衣,背着渔网,提着鱼篓,靠近郭铁跟前,低头道:"郭铁,千岁爷飞鸽传书,因你多日不动手杀王阳明,昨日把你弟郭木杀了!如果你三日还不动手,那么就杀你媳妇;再过三天你还不动手,就再杀你爹。我告诉你,你只有三天时间!"

张锐说罢,提着鱼篓,背着渔网往前走,但是同样着百姓衣袍的田庄发现了这个打鱼人,主动靠近了郭铁。田庄向金岸示意,二人紧追张锐,到了一个十字街口,田庄和金岸,一前一后,用匕首顶住了张锐。张锐怕死,说出了他知道的全部实情。

金岸向田庄说:"田兄,把他掏净了,放他走吧?"

田庄低声道:"张锐是刘瑾的爪牙,留他也是祸害,给他了账吧?"

金岸点头,二人把张锐拉到一墙角的向阳处,田庄捂着他的嘴,两把匕首同时刺入张锐身上,他连一声喊叫都没有,便呜呼哀哉了。

田庄给他伪装了一个晒太阳的样子,坐在墙角处归了西。

冀元亨和卢尚德一听田庄和金岸的汇报,顿感大事不好,因郭铁就在老师身边,他只要选择王阳明不经意时行刺,那简直不可想象。

冀元亨说道:"这样,两天之内我必面见郭铁。"

郭铁一回到客栈,王阳明就发现了他脸色很难看。其实,王明阳心里非常明白,他的弟子们一直尾随着他,在智善寺,寺院后丛林中的尖叫声,包括智善寺门口夜间的宝剑撞击声,他听得清清楚楚。他知道,冀元亨、卢尚德、田庄、金岸等,至少有十几个弟子,在暗中护卫着他。他心中叹道:冀元亨他们,是多么好的弟子啊!一朝叩拜为师,便生死不避,刀山火海都敢闯!正是他站在陆九渊肩上创立的心学,才把冀元亨等从四面八方吸引到了他的周围。他兴奋的是，元亨他们经过南昌搭救夫人，和今天千里迢迢去贵州龙场，在这漫漫征程上，他们长大了，他们学会了用智谋，而且自发地建立了牢不可破的作战团队。虽然刘瑾多次派杀手准备路上劫杀他，要把他置于死地，但他身后的坚强后盾，却无怨无悔地挡住了刀剑，他真想大呼一声："元亨、尚德、田庄、金岸，你们不愧是为师的好徒儿！"

心细如针的王阳明甚至还发现，当周超闷闷不乐地进屋坐下喝茶时，郭铁却用脚轻轻踩在了周超的鞋上，而且连踩了三次，这分明是他在向周超发出警告和暗号，他要把他方才在外遇到的事，秘密告诉周超。

果然，周超说道："王大人，你暂且喝茶，我和郭铁出去喂一下马，顺便给王大人买点橘子、葡萄之类的水果，我们一会儿就回来。"

待二人走出去，王明阳断定，这个郭铁或许接到了后宫某人的密信，让他如何如何。可郭铁一时又拿不定主意，他是想和周超商量一下这件事该怎么办。王阳明转而一想，元亨他们肯定就在这客栈周围，他们的一举一动绝对逃不过元亨他们的视线。不过，他还是倒吸了一口冷气。

在客栈喂马槽一侧，郭铁把和张锐见面一事说了一下，没想到周超说道："这个刘瑾，他给张锐的飞鸽传书中也说，见我督促你杀王阳明不利，先把我的儿子杀了，再杀我媳妇！"说着，把一张字条递给郭铁看，尽管信的落款上写着刘瑾，但郭铁看了半天，说道："周超，这信我看不像刘瑾写的吧？拿出你那封信来比对一下吧！"

周超说道："郭铁，你的密信呢！"

郭铁说："你呀，还多什么心眼儿，我的就在这袍子上缝着呢，撕开看了，还得缝上，快拿你的！"

两封信一对比，果然和刘瑾的字迹不同，后来这封信，是张锐以刘瑾的名义写的，但不管怎么说，家人都押在刘瑾手里，想杀想放，都由刘瑾说了算。

郭铁说道："周超，不管如何，咱俩包括张锐回京后都是要和刘瑾见面的，现在咱还真的要听张锐的话，若不然刘瑾也不会饶了咱俩。"

周超皱眉道："郭铁，你别太乐观了，说不定咱们的家人早被刘瑾杀害了，他的借口张嘴就来！"

见周超如此说，郭铁叹道："周超，那你说，咱是杀王阳明，还是不杀呢？"

周超点头道："废话！现在咱死马当活马医，为一家人能保命，只有杀了王阳明才有盼头，如果犹犹豫豫，那咱俩就一点盼头都没有了。"

郭铁切齿道："好，那咱决定就杀王阳明！"

周超说道："事不宜迟，你我先看好退路，天黑或子夜再动手，一旦你得了手，提了王阳明的人头，咱俩就连夜逃出这个客栈！"

说到这儿，周超又低声说："王阳明一死，他的那匹马也就没用了，这样，下棋讲究走一步看三步，吃晚饭的时候，你找个理由，就说那马有点儿拉稀，喂了草料，需要遛遛马，把它提前放在对面的小树林里，你杀了人，提了人头，咱们一起到小树林里，骑上马，总比咱们走路快，即使有人发现了，他们也根本追不上咱们。那样，咱俩就大功告成，胜利回京见刘瑾了！"

天不助恶。到吃晚饭时，偏下起雨来，继而电闪雷鸣。见周超要去遛马，王阳明说道："周兄弟，那马拉稀，是咱们喂的干草、干料太少，总让他喝水喝的，再说天又下雨了，你怎么去遛马？算了吧，咱们都早些歇息，明日还早点儿赶路呢。"

郭铁也假意说道："得，周超，就按王大人所说，咱回屋睡觉吧！"

王阳明独居一室，郭铁和周超同在一间房内，知道了内情的冀元亨和卢尚德、田庄、金岸四人拨开门闩，悄然而入，拿匕首对着他二人，吓得周超尿湿了床。

冀元亨低声道："郭铁、周超，我实话告诉你们，张锐已被我们杀了，我们料到今晚你俩要对我们恩师动手！"

郭铁似是有疑问地在灯烛下看了冀元亨一眼，冀元亨说道："因为你俩在马槽那儿所说的话，都被我们听到了。我告诉你们，明天早晨，你俩把刘瑾的密信主动交给我恩师，并向我恩师当面谢罪，如若不按我们所说的去做，我们要杀你二人易如反掌，郭铁，你听明白了吗？给我们重复一下！"

郭铁点头道："冀大兄弟，你让我们明天早晨把刘瑾写给我们的密信交给王大人，并当面向王大人低头谢罪，否则就要我们的命！"

周超此时的嘴依然歪着，他联想到，在智善寺时看到一群乌鸦，在坊间乌鸦和猫头鹰都是报丧事或祸事的鸟儿。偏有乌鸦屎落在他脸上，继而又在平平的寺院内栽了一跤，把嘴栽歪了，至今不愈。今日，两人刚商量好的事儿，天又下雨，这应该是借机杀人逃跑的好机会，偏冀元亨等出现了，而且还知道了他俩及张锐的所有阴谋诡计。这不是什么巧合，是冥冥之中上天让冀元亨等出面，阻止了他们愚蠢的行为。周超把这三件事连在一起，此时，才真正相信了王阳明先前所说的话。

二十六　江彬忐忑下江南　众志成城真伟男

王阳明回到屋里，想到郭铁和周超喂马时间竟这么长，其中一定有诈。晚饭后，他看了一会儿书，便躺在床上思量他二人到底要干什么。直到戌亥之时，似听到窗外有窸窣的细微响动之声，王阳明用心一听，知道是人走路时鞋底摩擦地面的声音，接着听到了说话声。他坐起来侧耳细听，说话之人却是冀元亨，王阳明笑了笑，索性倒头便睡。

第二天吃早饭时，郭铁和周超二人突然跪伏在王阳明面前，把私下接受张锐密信及后来之事，如竹筒内倒豆儿，全都倒了出来。末了，二人把密信双手呈在王阳明面前。

王阳明看了皱着眉头说道："郭兄弟，今儿我什么话也没说，你为何悬崖勒马，主动向我坦白这件事呢？"

郭铁说道："王大人，我郭铁受良知的谴责！刘瑾这个至恶、至毒的人，很有可能已残害我的家人，我不能无辜伤害大人，倘我听了刘瑾之命，加害大人，岂不是罪上加罪吗？"

王阳明说道："周兄弟，杀我这件事，原本是刘瑾下达给郭铁的，你只是督促、协助，为何也主动向我坦白呢？"

周超叩头道："王大人昔日所言，我周超似是刚刚悟到：自从我为救家人想杀大人那一刻起，上天就警告我，勿生杀欲的邪恶之心！"

王阳明正色道："呃，有意思，你说说看！"

周超这才把他和郭铁在智善寺六角亭时那群乌鸦的粪便和在平坦的寺院里栽了一跤，摔歪了嘴，以及他和郭铁定好了夜间准时动手杀大人，却有几个人突然出现在他们面前，要他和郭铁悬崖勒马之事一五一十讲给王阳明。

王阳明说道："周兄弟，其实自从你和郭铁产生杀我之意起，你们原本的良知之心已被侵占，所以上天才向你发出警告。前两次你都置若罔闻，即使昨夜没人阻止你，你二人持剑来杀我，上天也不会让你们得逞，你们还很可能丧失了性命！好险啊，你们总算及时悬崖勒马，否则后果不堪设想！"

周超起身谢道:"多谢大人教诲,周超一定铭记在心!"

郭铁也起身谢道:"万分感谢大人,大人之德,郭铁没齿不忘!"

王阳明笑了笑说道:"二位兄弟,有件事我说给你们听听。当年,刘瑾让宁王朱宸濠劫走了我夫人,逼我上他们的贼船。但自古善恶不同流,我王阳明决不会和刘瑾之辈同流合污,我带几个弟子,驰骋数千里,救回了夫人。但这刘瑾、朱宸濠甚是恶毒,他们竟派吴十三、带领三十个人,从南昌驰马到我的老家余姚,去挖我王家祖坟!"

郭铁切齿道:"这个人面兽心的刘瑾,将来千刀万剐了他!"

周超怒道:"是啊,这种最阴损的事,刘瑾竟也做!"

王阳明坦然说道:"这天天气晴朗,到晚上吴十三和三十个部下带了工具,到我祖坟前,当然,我的三五个弟子要替我守护祖坟。相比之下,我才三五个弟子,而他们是三十人之众。偏这时乌云密布,突然电闪雷鸣,一个炸雷直劈到吴十三的一条胳膊上,当时他就瘫倒在地昏死过去。事后,吴十三被劈掉一只胳膊,腿也瘸了,此外,还有十人被当场吓死了!"

郭铁叹道:"王大人,这显然是上天发怒,也是上天借助雷电惩罚了吴十三,还有那被吓死的十个人!"

王阳明笑道:"我本与你们无冤无仇,就算我与你们有深仇大恨,可是天不藏奸!这就是说,该惩罚谁,不该惩罚谁,上天看得清清楚楚,用不着世人常说的以牙还牙,以恨报恨,以恶还恶,这是上天不喜欢的。况且,倘你们侥幸杀我,上天会让你俩身带血腥味逍遥快活吗?当然不会!所以,人之恶念莫生,恶事莫做,一旦你做了,你就依附了邪恶!"

王阳明笑道:"你们二人都会看到,天不养奸!刘瑾已经恶贯满盈,罪孽极大,他磔于世的那一天越来越近了!"

郭铁点头道:"王大人,这个我郭铁坚信!"

周超也点头道:"王大人,我也信!"

王阳明把几封信收起来说道:"这几封信,对我来说很重要,这是刘瑾要杀我的铁证。今日我先把它存起来,将来会有大用场的!"

郭铁则说道:"王大人,到那时,我和周超心甘情愿当证人,从而证实王大人的清白!"

没想到,周超才说完这句话,他的嘴就不歪了。

周超伸手一摸,喜道:"王大人,真神了,我的嘴真的不歪了!"

王阳明笑道:"好,这说明你的良知刚刚归来,邪恶立时逃离了你的内心,你心里有了上天！"

张彩在约定的时间没等到张锐，他认为张锐肯定死在了王阳明的弟子手中，于是他就派赵、苏二人到人口稠密之处打探。果然，苏大师看到了一大群人围着张锐的尸体。按刘瑾提供的沿途官员名单，他把张锐和他的武林高手之事如实向刘瑾做了汇报。

刘瑾此时刚侍候武宗从居庸关回来，原来武宗在刘瑾的簇拥下，非要亲自骑马到居庸关外打猎，结果镇守居庸关的守关将军，以没接到圣上旨意为由，拒开居庸关大门。从辰时直到申时，任刘瑾百般破口大骂，那守城门的将领说，只要见了圣上的圣旨就开门。最后，武宗原本乘兴而来，却败兴而归。

由此刘瑾断定，这些将领都听命于兵部王琼。他以为和武宗在一起，他就是皇上。可万没想到，皇上没传圣旨，皇上自己照样出不了居庸关，他刘瑾真的还不能为所欲为！

这时，驿站快马送来了张彩的书信，刘瑾看完信，立即传召焦芳等人，火速到后宫见他。

众人刚落座，刘瑾就把张彩的书信念了一遍，大怒道："王阳明绝非等闲之辈，爷派了两批杀手，现在张锐的飞虎箭队全军覆没，无一生还！张彩的武林高手，刚一交手，就被暗中保护王阳明的弟子刺成重伤。张彩说，这个宋大师有可能成为终身废人。更气人的是，郭铁和周超两个兔崽子根本不听爷的话，早已被王阳明的心学软化了。所以我决定，全部斩杀郭铁和周超的家人，一个都不留！这件事，江彬你亲自执行！"

江彬点头道："是，千岁爷！"

刘瑾如坐针毡，他从软椅上腾地站起来，在众人面前徘徊说道："诸位，爷真的是养兵千日，用兵一时，爷现在告诉你们一个好消息，禁卫军已经按你们每个人的家庭住处，把你们的家人一一请到东厂和西厂长期居住。你们呢，要想和家人见面、团圆，今后，不，应该说，从今天起，只能到那儿才能看到你们的家人！"

焦芳叹道："千岁爷，何必这样呢？让诸兄弟心里不踏实，好像人质似的扣押着，依我看……"

刘瑾怒道："焦兄弟，今儿你说对了！爷若不这样，你们就不知道什么叫齐心协力，什么叫尽职尽责！这几年，爷和王阳明、王华、杨廷和、孙燧等斗，为什么咱们屡战屡败，没有称心如意过一次！这次爷要下全力，宁王殿下也来信了，让咱们这次无论如何要把王阳明杀死，不然，宁王殿下举兵北上东进时，王阳明就是最大的障碍！

二十六　江彬忐忑下江南　众志成城真伟男　｜　313

焦兄弟，咱们没时间了，这是咱和王阳明最后一搏，胜败在此一举！"

江彬说道："千岁爷，恕我说句不该说的话吧，正像爷刚才说的，王阳明绝非等闲之辈，他有十几名弟子誓死暗中护卫，爷等于派出了三班人马刺杀王阳明。结果呢？都没成！世上的事，有些事可为，有些事无论如何不可为，咱们何必即劳财又伤人死人？这是何苦呢！况且……"

刘瑾怒道："大家听听，我看你们都得了恐王病！不要忘了，他有再多弟子，也是单打独斗！咱有东厂、西厂、后宫，算起来半个朝廷了，怎么就斗不过一个王阳明呢？"

江彬说道："王阳明出了京城，他等于逃出了困兽之斗的京城铁笼子，他现在犹如龙归大海，鹰翔蓝天，爷，咱怎么和他斗？"

刘瑾把手一挥，怒道："得！江彬兄弟，你别长他人志气，灭自己威风！现在都闭嘴，咱只说下一步，你们怎么真刀实枪地杀死王阳明吧？"

焦芳说道："千岁爷，下面按天数算，王阳明该走水路了！这给他的十几名弟子暗中护送增加了难度。如果杭州知府有咱们的人，我看爷您干脆假圣上之名，传旨让杭州知府派出一二百名强弩手，或有武艺高强者做领队，封锁所有水路，只放行王阳明、郭铁、周超三人，形成一个水笼子。如此，王阳明身无双翅，又无龙王爷赐给的什么避水宝珠，他还能再活下去吗？"

刘瑾拍手大笑道："焦兄弟！好啊！爷让杭州知府选派得力人手，王阳明这回死定了！"

焦芳说道："千岁爷，此计好是好，但有两点是必要的，一是必须选派一名有智慧、敢干、机变的人，到杭州亲自组织这件事；二是必须有圣上的圣旨才好放开手脚，一举置王阳明于死地！"

刘瑾说道："圣旨好办！我一会儿去见皇上，就说刚刚收到杭州知府十万火急上疏，有一伙江洋大盗危害杭州知府，请圣上传旨，令杭州知府通力合作，务将江洋大盗缉拿归案，就地处决！至于派谁出京组织这件事，爷还要仔细想一想。这样，哪位弟兄肯去做这件事，爷拿出一百两纹银作为奖赏，谁去？"

众人皆不语。

刘瑾笑着说："这样，爷再大方一些，三百两纹银，谁去？"

众人还是无人应答。

刘瑾笑道："五百两！如果没人去，焦兄弟就你了！"

焦芳挥手道："千岁爷，我可离不开，现在润色、批答奏折和上疏，非我莫属，我不能去，咱不能因小失大对吧？"

刘瑾笑道："这样看来，这件事非江彬兄弟不可！五百两银子，爷马上让人去拿！"

江彬摇头道："千岁爷，我手无缚鸡之力，只是嘴上能说几句中听的话，我可没这本事！"

刘瑾怒道："江彬，爷知道，只有爷、焦兄弟和王阳明有切齿之恨，你们都和王阳明无深仇大恨！但是，你们都是爷一条绳上拴的蚂蚱，忤逆篡位乃大逆不道之事，是死罪！爷死你们也必须死，爷荣你们也必须荣，这件事就江彬兄弟了！"

江彬叹道："千岁爷，如今真要赶着鸭子上架，真是让我十分为难！可是此事看来非我莫属了！不过，千岁爷，下官有个条件，请千岁爷一定应承下来！"

刘瑾说道："好，你说！"

江彬说道："此次我去杭州组织这件事，如果成了，我江彬分文奖赏不取。但是如果败了，千岁爷也不能伤我性命。只要千岁爷同意这个条件，这件事我就同意干！"

刘瑾说道："好！但你必须尽心尽力，不可懈怠！"

江彬原打算和家人见一面，但拿到圣旨的刘瑾怕江彬节外生枝，告诉江彬，和家人见面事小，去杭州组织督办此事，乃大事中的大事，不可耽搁，马上出发！

因为银两分配问题，张彩挑唆赵大师和苏大师发生矛盾，赵大师杀了宋大师，三人匆忙将宋大师埋了。

江彬和两个侍从日夜兼程，驰马来到杭州后，立即和在杭州等候王阳明到来的张彩及赵、苏二位大师见了面。

张彩待双方施礼，风趣地向江彬说道："江彬兄弟，我说什么来着，重赏之下必有勇夫，王阳明这只独角兽，今必死于江彬兄弟之手！"

江彬挥手道："张兄，咱兄弟俩见面就说最实在的，千岁爷，他这是死撑着鸭子上架，我江彬只能硬着头皮来杭州。张兄，相比之下，千岁爷更欣赏你，你说这件事怎么办吧？我江彬全听你的！"

张彩摇头道："别介！江彬兄弟，现在你是主帅，我只是个小卒子，这叫主次分明，我是来听你号令的，是你说怎么办就怎么办！"

杭州知府请江彬、张彩等吃了饭，又喝了烧酒，江彬这才按刘瑾来时制定的方案，开始分配各自职责。杭州知府派出了校尉叫作高天雷，他率五十名猛毅之士，主要负责水面和陆路追击，他们每人配备了马匹、长剑、弓弩、竹箭，而且水面上备了四五丈长的快船。另有杭州知府派出正五品同知祁大龙，率领一百名士卒，包括衙役等，主要在各交通要道、通衢之处，设立盘查点，重点阻止王阳明弟子混入。

用刘瑾的话说，用细网网住过江鲫鱼，合围两厢，只给过江龙王阳明留下一条通道，待其进入伏击圈，则由校尉高天雷率五十名猛毅之士，先以长剑攻之，末了用箭雨群攻之。如此，则王阳明定难逃必死的下场！

张彩见此次能稳操胜券，主动请缨和两名武林高手配合高天雷，务必阻断王阳明退路。同时，把郭铁、周超也列入诛杀之列。

王阳明得到了郭铁和周超的密信，视其为扳倒刘瑾的至宝。他担心千里迢迢万一遗失，后悔晚矣。他在晚上入住客栈之后，把这几封信细细缝在贴身的衣袍上。

与此同时，一直不露面的冀元亨心里非常清楚，自从智善寺京城的武林高手与他们交手后，和他们对阵的那个剑客一定受了重伤，短时间内，为首的张彩不会轻易来刺杀他们的老师王阳明。

一向不爱说话的金岸，这天晚上向冀元亨说道："大师兄，马上就要到杭州了，你们想过没有，我们应该做好准备，防范张彩的阴谋诡计！"

金岸这一句话使大家顿时来了精神。田庄笑道："冀兄、卢兄，我们老家有一句话叫作'蔫萝卜，辣死人'！看来我们的金兄弟是口吐金玉良言，挥手指航向了！金岸兄弟，你说！"

金岸说道："我想张彩是刘瑾最器重的爪牙，他的花花点子最多。自从他派杀手试探我们以后，就再没有出现过。可是他们一直跟在老师身后，绝不会自己择机下手，他很有可能和在京城的刘瑾联系。刘瑾呢，一定会抓住这次千载难逢之机，让杭州知府派人和张彩等两面或多面夹攻，老师这次的处境，当比以往任何时候更危险！另外，张彩已经知道了我们的存在，在杭州不会轻易放过我们，或者说他想好了对付我们的办法！"

正在这时，那两个盯着张彩的弟子回来了，向冀元亨说道："大师兄，我们看到了，后宫的江彬带着两个侍从，驰马入了杭州知府衙门，江彬的到来，肯定与老师有关！"

先时，冀元亨兵分两路，一路前来杭州打探情况，另一路跟在老师之后继续保护。将进到杭州地界之时，在钱塘县城门口有哨卡，陆路交通要道有，水路江口江边也有。到中午的时候，王阳明和郭铁、周超三人化了装，才从陆路进入水路，而冀元亨等十五人，无论化什么样的装，也没能从钱塘县城门口江边入内，被卡在了外边。

张彩也并非酒囊饭袋，他只身提前去了杭州知府府衙，等候江彬到来，却让赵大师和苏大师化了装，跟随王阳明通过了钱塘县城门口。就是说王阳明、郭铁、周超三人，加上赵、苏二人，都进了钱塘县城内。

待张彩与江彬等议事时，苏大师驰马奔到杭州知府衙内，向张彩说道："张大人，我和赵大师看到了王阳明他们入住的客栈，是现在一锅端还是怎么办？"

江彬说道:"别介!此种事不宜白天做,待天黑时,悄悄包围客栈,只要把前后门、窗户等封死了,我就不信王阳明能跑了!"

张彩说道:"苏大师,你马上回到赵大师处,两眼一动不动地盯着王阳明,这回说什么也不能让他们再逃走了!"

江彬说道:"苏大师,那王阳明的弟子们呢?他们没有进入钱塘县城吧?"

这时杭州知府笑道:"江大人、张大人放心,本府已给钱塘县衙崔知县下达密令,凡二十岁至三十多岁的男子,一个也不准入内,除非他们化装成六十岁的老头,或是十几岁的孩子,不过本府还要求属下检查,要揪胡子、摘冠巾、裸上身,有这三点,他们只怕过不了关口!"

江彬大笑道:"这个主意好!好!"

杭州知府笑道:"江大人放心,不光陆路,水路亦是如此,王阳明的弟子们无论如何也进不来!"

江彬说道:"现在是万事俱备,只欠天色黑下来,知府大人,高校尉有事吗?他怎么还没来?"

杭州知府点头道:"江大人,本府这次要高校尉务必活捉王阳明。他去做一件事,他只要一来,本府就可以断定,今晚百分之百活捉王阳明!"

直到申时,那个叫高天雷的校尉,才率五十名猛毅之士,雄赳赳气昂昂地来到江彬等人面前。每个猛毅之士身上多了一个布包。

冀元亨从来没有像今天发过这么大的脾气,现在最让众人担心的是,恩师他们过了交通要口,而他们十几个人一个也没过关,等于说恩师与他们断开了,暗中保护成了一句空话。他怒道:"诸位兄弟,咱们都是恩师培育的精英,现在恩师和咱们分开了,摆在恩师面前的是刀山火海,还是天罗地网,咱们无一丁点儿能力再去保护,再去为恩师分忧,你们都想想怎么办!"

卢尚德叹道:"冀兄,你别光发火,现在大家谁心里不急?可是光急有什么用,关键还在于想办法!办法!"

田庄叹了口气说道:"你们都看过了,钱塘县城墙非常之高,咱没有绝招,别说城墙上不去,就那两丈多宽的护城河,只要吊板一升起,没有木板,咱怎么到城墙脚下!"

这时,那个叫玉松的弟子说道:"大师兄,我和天顺按你说的话,围着钱塘县城墙跑了整整一圈,确实只要东南西北四座城门一关,人就真的无法进去。现在,我们山穷水尽了!"

金岸突然说道:"大师兄,方才咱们不是路过了一座兵营吗?他们肯定在城外专门负责守候杭州知府衙门。"

卢尚德摇头道："得，金岸师弟，兵营与咱有何关系？"

金岸微微一笑道："二师兄，你忘了，兵营内有刀枪武器库，可能还有炮库，有炮库就有炸药，只要咱们弄了炸药，再弄一把紫檀弓，二师兄不是箭法好吗，你只要把护城河上吊桥的绳子射断，那踏板不就落下来了吗，踏板一落下，咱们就可以如履平地，到达城门口，接下来炸药一堆，还怕炸不开吗？"

冀元亨喜道："金岸师弟，这个主意好！可以说是咱们当前入城的最好办法，我看现在就分头行动！"

金岸摇头道："大师兄，先别急，这种事只能夜黑风高之时方可动手。老师曾说：'兽之动，必先爪牙；禽之动，必先嘴距；螫虫之动，必以毒；介虫之动，必以甲也。'我们只要乘了势，得了要领，何愁进不了这钱塘县城呢？"

冀元亨笑道："好！金岸兄弟，这叫'凤凰落在大殿顶，三年不鸣，一鸣惊人'。能把恩师平常说的话潜记于心，到情形紧急时，能把恩师的话活学活用，转化到解救当前咱们危难，这就是锲而不舍、水滴石穿之功效！金岸兄弟当为吾等楷模也！"

冀元亨点头道："我记得书上这样说，长生、安乐、富贵、尊荣、声色、喜悦，此十二个字，乃人生庆言也。而死亡、忧患、贫贱、苦辱、刑戮、诛罚，此十二个字，乃人生吊言也。人与贵者谈，言吊则怒；与贱者谈，言庆则悦；此乃与人交谈结识之至理。当然，合其心，迎其意，或庆或吊，以惑其志；情变于内者，形变于外，常以所见而观其所隐，所谓测隐探心之术也。"

田庄站起来说道："大师兄、二师兄，时间不早了，先吃饭，再做今夜入兵营的打算吧！"

冀元亨亦站起来道："好，分头吃饭去！"

将至酉时，张彩、江彬、高天雷三人悄悄在苏大师带领下，来到了赵大师正在观察着的顺天客栈。不知怎么，江彬一抬头看到"顺天"二字，心里不禁打了个寒战。

张彩低声问："赵大师，王阳明他们在客栈吧？"

赵大师点头道："张大人，他们在。他们吃饭都没有出来，现在只要围上去，准一窝端！"

江彬说道："端什么？我说过天黑之时动手，现在真打起来，你能和王阳明打多少个回合？他跑了找你要人啊？自古'君子用智不用力，攻心在上，攻城在下'嘛！"

张彩看了看高天雷打开的布包，问道："高校尉，你手里这是什么？一会儿有用吗？"

高天雷笑道："张大人，此乃飞云网。王阳明不是会武功吗？他肯定能飞檐走壁。但是，只要下官手中的飞云网往空中一撒，再高的武功，哪怕踩水如履平地的轻功，在我的飞云网之下，也会上天无路，入地无门，只能被活捉！"

张彩皱眉说道："江彬兄弟，我从高校尉飞云网想到了阻止王阳明逃跑的办法。"

江彬喜道："张大人，什么办法？请讲！"

张彩说道："咱们把王阳明可能逃跑的地方，都拴上绊马索，上面再拴上铜铃铛，既能绊倒他，又能知道他往哪跑，岂不更好？"

江彬想了想，他和王阳明本来无冤无仇，甚至还暗中帮助过王阳明。可今天他无奈被刘瑾逼到了杭州，组织人马来刺杀王阳明。所以他事先向刘瑾说了条件，不管事情成败，都不要奖罚，只是不能伤害他性命。听了张彩这个分明要置王阳明于死地的办法。他叹道："张大人，话虽如此，但任何事情有其利，则必有其弊。你布下绊马索，安挂了铜铃铛，他王阳明不能跑，咱们的人也跑不得。算了，不必放这些东西！"

高天雷笑道："张大人，的确不必如此，下官这五十名猛毅之士，绝非一般的士卒，真打起来，他们能以一当十。况且，王阳明只是个文人、文官，又有我这飞云网，看吧，一切包在我高天雷身上！"

要论冀元亨等和当年王阳明修建威宁伯王越墓时雇佣的流民民工，有着智慧上的差别。钱塘县城外驻扎的兵营，多年无战事，这些懒散惯了的将领士兵，早已刀枪入库，马放南山。三五月不练一次兵，将领士卒们，除了一日三餐外，就是到钱塘县城或附近县城闲逛，狎妓成风，酗酒滋事，县衙管不了驻军，只能告到知府，知府倘有乱事、匪盗之事，自是依靠着兵营，所以只能不了了之。这就给冀元亨等夜盗炸药提供了便利条件。

一切准备就绪后，卢尚德如愿获得了一把紫檀硬雕弓，拉开此弓，需三百斤之力。在漆黑的夜里，吊桥及吊板上的绳索几乎看不清楚，照明方便卢尚德射箭的事，田庄想到了，故而他把盗来的火药做成烟火。

冀元亨等伏在护城河前，他一挥手，金岸点燃了烟火，药引线滋滋点燃后，那烟火像一道火光喷射出来，光高丈余。卢尚德叉开丁字步，左手如托婴儿，右手奋力把紫檀硬弓拉满了，瞄准了那拴在吊板上的麻绳，嗖的一箭射了出去。

卢尚德不负众望，真个是箭到绳断，只听咣当一声巨响，那吊板落在了护城河两岸。

或许真的是上天相助，方才在护城河边燃放烟花，包括那吊板落下时的巨响，竟没有引起守城士卒的任何注意，至于没有歇息的百姓，更不管此事了。

冀元亨事先和大家约定，吊板落下后，必有声响，待无任何异常情况时，大家再通过护城河木板。见无异动，冀元亨一挥手，众人才鱼贯过了吊桥，来到城门之下。冀元亨急于炸开城门，刚要点燃药引线时，田庄奔过来低声道："大师兄，先别点爆，现在咱们不能入城！"

卢尚德说道："田庄兄弟，为何不让点燃炸药？"

田庄说道："大师兄、二师兄，你们当知道，现在钱塘县城内人们都还没有安歇，守卫城门的士卒也没有安歇，容易引起官兵护城反应，这对咱们很不利。我认为，最佳的引爆时间当在三四更时，炸开城门后天也快亮了，进城方便查找老师所住的客栈。"

冀元亨笑道："田庄兄弟提醒得好，若不然很可能前功尽弃，一旦引起钱塘县衙注意，再想保护恩师就被动了，大家先在此小歇一会儿，四更天快亮时，准时行动！"

王阳明入住顺天客栈之后，向郭铁和周超说道："入城时，我们三人都化了装，侥幸入了城。可见这是刘瑾和张彩设下的网，这次必将是一场刀对刀、枪对枪的血战！"

郭铁怒道："王大人放心，我和周超已铁心做大人的护卫！为了保护大人，死有何惧？"

周超笑道："王大人，我和郭铁已经从老旧人转变为新人，我们的良知已经回归，人到了连死都不怕的时候，世间无怕事！"

王阳明摇头道："你们不可轻言死字，我还想和你们一同走到贵州龙场呢！等到了龙场，第一件大事，就是收你们为心学的弟子，让你们开始学道。我要通过心学这个道，让你们无畏生、无畏死，具有纯真良知之心，而且还要懂礼仪，崇尚仁、义、礼、智、信，有学问，将来能为国家效力！"

郭铁点头道："王大人，为此郭铁静心期待！"

做好了各种防备，王阳明并没有睡在床上，为防万一，他先在灯烛之下写了《绝命诗》二首。到了夜里子时，他蹲坐在屋内东墙角，到四更时又蹲坐在屋内西墙角。

果然，说来也巧，冀元亨他们炸城门时，正是江彬、张彩、高天雷动手之际。高天雷等摸到王阳明客房前时，蹲靠在墙角、手握长剑的王阳明，正利用客栈内微微光亮细细分辨刺客方位。

二十七　钱塘绝处神迹现　浪飞涛助武夷山

说时迟，那时快，十几张紫檀硬弓同时对准了王阳明所躺的床，只听嗖嗖嗖如箭雨般，那些利箭直透床被，高天雷大声道："掌灯，王阳明必死无疑！"

高天雷说罢，众人挽弓搭箭悄悄拉开了门，有两个挽弓人进入屋内，接着手提灯笼的人也走进屋来。王阳明扯了一张薄被，砸在那手提灯笼的人身上，灯笼熄了，屋内一片漆黑，挽弓人被突然一击，借此，长剑飞舞，把两个挽弓人刺倒，没等高天雷等反应过来，他已仗剑夺门而走。前面有几个猛毅之士，拦住王阳明去路。王阳明迈出流星之步，运足气力于臂上，剑到之处，非死即伤，猛毅之士拦不得，任王阳明跳到圈外，恰遇京城武林高手赵大师，他见王阳明奔出，大呼道："王阳明，吃我三板斧再走！"

王阳明此时反而镇静自如，入住客栈时，他已看好退路，遂舞剑直逼赵大师。而赵大师的板斧在八尺到一丈的距离才能发挥它的优势。王阳明微微一笑，剑锋直逼赵大师胸前，赵大师无奈，为了抡起板斧，步步向后退缩，王阳明知他已退至墙边，便卖个破绽，有意让赵大师来攻，他的板斧尚未抡起，王阳明斜刺一剑，正中其腰肋之上。继而飞起一脚，直踢在他肚腹之上，因赵大师身体失衡，被这一脚直踢到墙上，胖大身体如重夯一般摔倒在地上。

张彩见赵大师与王阳明酣战，向苏大师喊道："苏大师，王阳明在这儿，快截住他，别让他跑了！"

苏大师听到提醒时，王阳明已将赵大师踢倒在地。赵大师腰肋之处中了一剑，他操刀在手，挡住王阳明退路，此时，又有几个猛毅之士仗剑前来助阵。王阳明想，此时唯有下狠招，杀开一条血路，让围攻的人从内心深处畏惧，才能冲出重围。

却说郭铁和周超，晚上入睡时，按王阳明所嘱，不在床上入睡只蹲靠墙角，果然在高天雷率猛毅之士射杀王阳明床铺时，亦有五六个士卒来到他们房间，挽紫檀硬弓齐刷刷射在了东床，又射西床。二人按王阳明所说，背对背从屋里向外杀出。高天雷见王阳明势不可当，他的士卒根本无法拦住他，此时发现郭铁和周超也从屋内冲出。郭铁在前，边抡剑边逃，高天雷把背上的飞云网掷出，不偏不倚，把郭铁罩住了。这时，手持刀剑的猛毅之士，非刺即砍，郭铁被飞云网罩住，没跑几步，倒在了血泊之中。

周超见郭铁被众人刺杀，已倒在地上，他仗剑一声大吼，欲往外奔，两个猛毅之士向他掷出了飞云网，因飞云网四周都坠着沉甸甸的锡块，网张开之后，那些锡块坠着网向下垂，周铁被网罩住，手中的长剑无法施展。七八个猛毅之士围上来，刀剑齐至，周超再也没吭一声亦倒在地上，任凭上来的士卒杀戮。

王阳明飞舞长剑，须臾之间刺倒七八个猛毅之士，当苏大师舞大刀至前时，他稍微一闪，故意猛地在苏大师面前伸出一只手，苏大师以为王阳明运功击打他，他慢慢一躲，没想到王阳明却把利剑刺入他的胸内，飞速拔剑之时，腹中元气外泄，顷刻倒地而死！

刺死了苏大师，又刺倒了七八个猛毅之士，此时天已大亮，张彩见赵大师倒地，苏大师已死，提了剑便跑，有个猛毅之士掷出飞云网，王阳明见空中一物飞来，把长剑伸向飞云网，继而顺势以剑旋了一两圈，用力一掷，正砸在那士卒盔甲上，王阳明飞起一剑，把那士卒杀了，众人见王阳明破解飞云网竟在须臾之间，谁也不敢近前。

在王阳明回首看郭铁和周超时，高天雷挽弓搭箭，向王阳明射来。王阳明见有人向他射箭，便飞转身子，用长剑把箭挡了，继而伸手抓住利箭，嗖的一下又掷回去，那高天雷根本没想到王阳明能把利箭挡下并且抓住又回掷而来，恰击中了他的眼。

江彬看得清楚，张彩手下的两个大师，一个中剑而亡，一个中剑倒地，王阳明动作如此娴熟，须臾之间回掷伤了高天雷，众猛毅之士纷纷后退，谁也不敢再放弓箭，王阳明大喝道："来呀，挡我者死！"

直到王阳明奔出城门外，无一人敢再追。

方才已经说到，冀元亨等众弟子和围困在顺天客栈的高天雷与张彩等几乎同时行动，一声巨响之后，把城门炸开一个大窟窿，众人推开城门，直奔城里。时天已大亮，闻得东南方向有喊杀之声，众人便驰马奔去。

江彬和张彩见王阳明仗剑无人敢挡，已夺路而去，这时高天雷被士卒扶着奔来。

江彬怒道："高校尉，五十名猛毅之士，竟然拦不住一个王阳明，真是废物！"

江彬看了看张彩说道："张大人，你说现在怎么办？"

江彬话音未落，冀元亨等仗剑驰马奔来。

张彩认得冀元亨，向江彬说道："江彬兄弟，这就是王阳明的大弟子冀元亨，他们不是被挡在城外了吗？怎么进城了？"

江彬向高天雷大声道："高校尉，快让你的属下上！"

二十七　钱塘绝处神迹现　浪飞涛助武夷山

就在这期间，也就是王阳明仗剑奔出之时，高天雷派随从驰马去禀告扬州知府，知府闻王阳明已逃脱，立时吓出一身冷汗，因为刘瑾给他下了死令，王阳明死，他则生；王阳明逃，他则亡。他立时组织兵马，亲自率兵从杭州城杀奔而来。

冀元亨驰马奔来时，高呼："恩师，弟子冀元亨来也！"

卢尚德驰马看到了高天雷及其猛毅之士，伸手一指："众师弟，冲过去，快救老师！"

高天雷的猛毅之士皆步战，没有马匹，冀元亨等驰马奔来时，众士卒并没有按高天雷之命迎头对阵，而是选择了逃避，但两条腿的人，无论如何也跑不过四条腿的马。

冀元亨两眼血红，他看不到恩师的踪影，仗剑大怒，逢人便杀，毫不留情，而江彬、张彩见王阳明这群天不怕地不怕的弟子驰马奔来，吓得四处逃窜。

高天雷被士卒搀扶着急忙逃奔，卢尚德与田庄驰马奔来，飞剑把士卒及高天雷刺倒。

天亮时，猛毅之士几乎已被杀净，冀元亨等这才奔入客栈，发现了已经身死的郭铁和周超，无论如何，此二人护送老师至此，一路辛苦，他们虽号称是刘瑾的属下，可他们并没有伤害老师，按卢尚德之意，把二人尸首放在马上，大家奔出客栈大门，杭州知府已亲率大队人马奔来。

田庄等飞身上马，向众人道："大师兄，杭州兵马来了，他们人多势众，三十六计走为上策，大家随我撤！"

杭州知府和逃散的江彬、张彩见了面，那赵大师中剑正伤到要害之处，他未曾拿到七十两纹银，和苏大师一样，死在了钱塘县城内。

江彬说道："王阳明是步行出城，估计最多不过十里路，现在追应该还来得及。"

杭州知府说道："江大人，本人在刘瑾刘公公那儿已立下军令状：王阳明生，本府则亡；王阳明死，本府则生。迟不得，快下令追吧！"

张彩突然说道："慢，王阳明善机变、多诡诈，假如他还没出城，我们岂不扑了空？依我看，先从城内挨家挨户搜起，城内确实没有王阳明时再追也不迟，只要他在杭州地面，他就无处藏身！"

江彬一听，想了想，他抬头看了看"顺天客栈"四个字，心中叹道："刘瑾逆天而行，王阳明顺天而行，今日无论如何是抓不到王阳明的，这或许就是上天之意。"便说道："也罢，先从城内搜查吧！"

王阳明已经算到，现在唯一的出路是逃出钱塘县城，他把布囊斜背在身上，里面有他所有的银两。王阳明是个文人，文人最大的嗜好是书籍及文房四宝，这些他也都背在身上，奔出城门时，他已大汗淋漓。这时有人告诉他，出城不远就是钱塘江，那儿有商船，便于他尽快离开杭州辖区。可是他来到钱塘江边时，已经看到了几十个士卒驰马奔来，而且还听到了喊杀之声。他在当地人指引下，钻入一片芦苇荡中，暂时逃脱了追兵的视线，但很有可能，骑兵一会儿就会追过来。

王阳明想，今日我若过不得钱塘江必死无疑。但是死又何惧，于是他拿出事先写好的绝命诗两首，只见上面写道：

其一
学道无成岁月虚，天乎至此欲何如；
生曾许国惭无补，死不忘亲恨不余。
自信孤忠悬日月，岂论遗骨葬江鱼；
百年臣子悲何极，日夜潮声泣子胥。

其二
敢将世道一身担，显被生刑万死甘；
满腹文章宁有用，百年臣子独无惭。
涓流禅海今真见，片雪填沟旧齿谈；
昔代衣冠谁上品，状元门第好奇男。

王阳明看毕，把外套脱了扔在水中，又把郭铁和周超交给他的那几封密信塞入芦苇茎内，放在布囊之中。天不亡王阳明，一艘商船开过来，船距离王阳明四五百米时，王阳明急忙招手大喊："船家，快让我上船！快让我上船！"

此时恰身后无追兵，王阳明做好了跳水身亡的假象。他急切跳入江中，向大船飞快游去。商船上有人看到他游来，便抛下绳索，王阳明飞快爬上了船。他高揖双拳，大呼道："多谢相助！"

且说那些骑马的士卒，是杭州知府分开撒网，寻找王阳明的其中一支人马，他们看到商船时，那船已经远驶而去。为首的张彩率众人来到江边时，首先看到了漂在江边的外袍，继而又看到了岸边王阳明留下的一双鞋，上面放着两首绝命诗，因事关重大，一个时辰之后，杭州知府和江彬就都来到钱塘江边。

张彩说道："江彬兄弟，我可以肯定地说，王阳明已跳入钱塘江中，你看他的外袍，还有这双鞋。"

杭州知府在江边徘徊了许久，说道："江大人、张大人，依本府看，这可能是个跳江而死的假象，据方才张大人所说，你们赶到时，有商船在钱塘江上已远去三五里之遥,本府知道,商船根本不在此停靠,但倘若王阳明向商船招手,而王阳明又识水性,他如果从此游到了商船上呢?"

张彩执意说:"知府大人,且不说钱塘江到了月满涨潮飞瀑时,你们看,江水现在是逆流,谁有这么好的水性,像浪里白条张顺重生,游到几千米开外的商船上呢?他王阳明是人,不是神!他和咱一样,他凭什么就能绝处逢生呢?"

江彬点头道:"知府大人,从这儿游到商船要过的船道太远,况且张大人率一队人正追赶他,他只有两条腿,他这人很自尊自爱,宁可自己跳江而死,也绝不愿意活着落在咱们手中。时间太短,他只能选择跳江而死,别的路他没有。放心吧,有这两首绝命诗,足以证明他已跳江而死。"

杭州知府想了想笑道:"是啊,是本府把王阳明想得太有本事了,他就是一介文官嘛,只是咱们没捞到他的尸首,不过两位大人可以为本官做证。"

江彬点头道:"放心,你、我包括张大人是一同受命,自当一起互为做证。"

出了城门,田庄似乎觉得不妥,他和冀元亨、卢尚德二人商议后,决定还是要返回来寻找老师的下落。所以,当江彬和杭州知府等人驰马奔到江边和张彩会合时,他和金岸两人从江边的芦苇荡里悄悄爬了过来,远远看到他们站在江边说着什么。过了一会儿,当他们陆陆续续从江边撤走后,他和金岸这才来到江边,看见了老师的一双鞋,那纸张已刮到了江里,他下水捞了上来,金岸从岸边捡起那件湿透了的外袍。

俩人睹物,看罢绝命诗后,便号啕大哭起来。哭了一阵儿,田庄想到了大师兄、二师兄等人,遂让金岸去约会地点把他们都带过来,为老师送行。

这十几名弟子中就卢尚德看后说道:"大师兄、众师弟,我不认为老师已投水而死,你们看这两首诗,再看这双鞋,整整齐齐摆放在这儿,我知道,老师在余姚就识水性,他跳水逃生,而不是跳水而亡,请你们务必相信我,今儿谁也不许哭,更不许说那些不中听的话。"

冀元亨面对浩大的钱塘江水,他眼里含着泪,长吁短叹,痛恨自己为什么没有护卫在恩师身边。他举目望着滔滔江水,一句话也不说。

且说王阳明上了商船之后,夜深人静之时,悄然从船舱内走出来,看着乌黑的海面,又抬头仰视星斗如云的苍穹,心潮澎湃,感慨万千,他在船上长叹一声,随口吟出一诗道:

险夷原不滞胸中，
何异浮云过太空？
夜静海涛三万里，
月明飞锡下天风。

　　但到了后半夜，海面上偏遇大风顿起，商船乃一艘陈旧之船，禁不起海风巨浪颠簸，众人皆沉入水中。远处的一块木板，不知为何，竟浪推风助般直漂到他面前，正在水中不知所措的王阳明，虽觉得非常奇怪，但顾不得多想，急忙把木板抓过来。就这样，王阳明搂着一块船板，也不知过了多长时间，当他醒来时，正躺在一个农家小院的木板之上。

　　一老者端碗笑道："大兄弟，看你这一觉睡得真长！"王阳明睁开眼，左右看看，欲坐起来。

　　一老妪说道："大兄弟，这下你总算醒了，来，先喝碗鸡汤，暖暖身子吧！"

　　王阳明喝完鸡汤，听了老两口的介绍，放下碗，站起施礼道："大叔、大婶，我王阳明谢谢你们的救命之恩！"

　　老者说道："大兄弟，我们在海边晒网，发现你被海水冲上了海滩，这不，我们一家人就把你抬了回来，大兄弟还记得你从哪儿来吗？"

　　王阳明想了想说道："大叔，从钱塘江边爬上了商船，再后来海上遇上大风，商船沉了，大家各自逃生，我只记得我抓住了一块船板，也不知道这是哪儿？"

　　老者说道："真是哩，钱塘江就是苏杭二州那儿吧，这儿离那儿远了去了。呃，你问这是哪儿？这是武夷山！"

　　王阳明坐起来，向窗外看看，说道："大叔，这兴许就是福建呗？"

　　老者点头道："是啊是啊，唉，这真是天有不测风云，人有旦夕祸福，不过你这大兄弟将来命大福大，这就是你命中的一个坎，只要你过了这个坎儿，以后的道儿就顺了！"

　　武夷山下的老两口是慈善之人。第二天，他们把王阳明身上带的布囊等一一交给他说道："大兄弟，你看看，这些都是你身上带的东西，我们给你晾干了，你收起来吧！"

　　在接下来的日子里，王阳明随老者打鱼打猎，有时还帮他种些青菜，老两口对他非常友善。他们的儿女则更愿意听王阳明讲京城和武夷山外的事，一家人听后往往哄堂大笑。那老妪总是坐着藤椅，拍着膝盖说："是吗？世上竟有这样的事，我可是第一次听说！"

慢慢地，老者知道了王阳明的身世。这天劝他说："阳明大兄弟，其实像我们这些平民百姓，向来不与尘世上的人争，躲进这深山之中，有鱼吃有米吃，还有青菜吃，一家人晨起出门干活，日落时扛着沉甸甸的东西回家，茶香怡人，烧酒醉人，其乐融融多好！干脆听大叔劝，你就下决心留在这武夷山，我们给你再张罗一房媳妇，我们帮你砍竹子，搭建几间草房，在这度一生不一样快活吗？"

老妪一边用竹片修补坏了边的斗笠一边说道："大兄弟，你想吧，凡人多的地方就爱闹不和，轻则动嘴吵，重则舞刀抢棒，这都是兽行啊！在我们武夷山的大山之中，从没有人争过吵过，山里边还有几家人，我们都和睦相处，他们打了猎物就约我们全家过去吃伙饭，我们捕了鱼或是做了烧酒，也把他们约来吃鱼喝酒，逢年过节，我们几家轮流做东，围着篝火唱山歌跳舞喝酒。外面人说上有天堂，下有苏杭。天堂在天上太高了，我们没见过，但地上的苏杭哪有我们这儿好呢？我们这儿要啥有啥，根本用不着银子。东晋时候有个陶渊明先生，他家门口种了五棵大柳树，自诩五柳先生，他描述的那个世外桃源是他自己向往的地方。我孩子他爹说：'那才叫子虚乌有呢！'大兄弟，你再看看我们这儿，岂不就是真真的人间的世外桃源吗？"

王阳明这些日子以来，完全被这一家人的淳朴厚道和善良挚爱所打动。因为少年时他驰马居庸关，学兵法，曾立下保家卫国的雄心壮志，入仕之后，他感到和刘瑾之类的奸佞之徒斗，在某种程度上，也是在为国家出力，他不能在此沉沦，在此过着逍遥无忧无虑的日子，他胸中那颗报效国家社稷之心还在咚咚跳个不停，催促他马上踏上征程。

当王阳明真的准备离开这个温馨淳朴的山野之家时，老者叹道："阳明大兄弟，我看出来了，你是折了翅的大鹏鸟，现在翅膀长好了，你不留恋这燕雀之窝，你想高飞，你想飞向能为国家效力的地方！可是眼下的路很远很远，现在你又患了病，还是等过了年你再上路，那样我们才好放心啊！"

老妪也说道："大兄弟，你想先到哪儿去，你知道路吗？"

老者说道："阳明大兄弟，水路怎么走，这儿没有船，我们不知道怎么走，山路呢，我们也不太清楚，这就要靠你自己了。"

王阳明说道："大叔大婶，我去意已决，不管山高水长，我必须走出这武夷山，只有走出这武夷山，我才好分辨该怎么走。"

王阳明自从跳入钱塘江之后，不知为何患上了肺病，经常干咳，另外肠胃消化也非常不好，经常吃不下饭，但是越这样他越坚定，他必须站起来，一步一步走出这武夷山。

热心的老两口给他准备了咸鱼干儿和干粮，满满地装了一大布囊，大概走了二十多天，他疲劳极了，只得在山中开始休整。后来，在路人的指引下，他开始往南京方向走，因为他非常清楚，正是由于戴铣等二十一人劝谏上疏之事，刘瑾借此大加报复，他不但下了狱，挨了四十廷杖，贬谪到贵州龙场，而且他父亲王华也被调到南京故都任职，和杨廷和、孙燧从此天各一方。

快到南京之时，王阳明住进了一家客栈，让人修了面，又蓄了胡须，把身上的衣袍浆洗后，觉得有些寒酸，索性又拿出银两，置了两件新衣袍。同时又让郎中切了脉，抓了些草药，直到三天之后，所患肺病见轻，肠胃病也比在武夷山时好了许多。一切准备就绪之后，他决定去找父亲。

王阳明父亲王华在南京城的住处倒也好打听。当侍女嫚儿打开家门时，大惊道："天啊！少爷，你这是从哪儿来？怎么……"

王阳明笑了笑说道："嫚儿，我爹和继母大人在家吗？"

嫚儿这才回过神来，急忙向王阳明施了礼，大声说道："老爷、老夫人，少爷回来啦！"

仅仅几个月不见，王华的胡须全白了，人也驼了背。王阳明见爹和继母大人双双走出上房大门时，扑通双膝跪地，行三叩九拜之古礼后，方才站起来。

王华或许根本不知道儿子从何而来，见到受了谪贬的儿子便泪水涟涟，他拍打着王阳明的袍袖泣道："吾儿，你这是从哪儿来？让爹好不伤心啊！"

继母则笑道："守仁他爹，你看你，孩子好容易回家了，你不高兴反倒掉下眼泪，他爹，这是喜事啊！"

真是，面对慈父和继母大人，王阳明万言难尽心中之意，三人从见面直说到戌亥之时。

王华不由得频频点头，说道："是啊，多亏上天赐福，我儿虽历万险而不伤其身！总算死里逃生，平安回到了家。"

王阳明拿出郭铁、周超交给他的密信，让王华看了说道："爹，这是刘瑾刺杀我的铁证，有朝一日把这些信交与我杨伯，当然如果最近杨伯和孙伯父搜集到新的证据更好，有了这些证据，刘瑾、焦芳之辈就在劫难逃了。"

王华喜道："这些密信爹会好好保管交给你杨伯、孙伯。有他们俩在京城，刘瑾、焦芳等就不敢肆无忌惮，为所欲为。"

王阳明说道："爹，为了孩儿您老人家受了牵连，在京城原本好好的，却被调到南京上任，这是孩儿心中抹不掉的遗憾。"

王华笑道："儿啊，'人生自古谁无死，留取丹心照汗青'，就是人生最大的幸事。何况哪里黄土不埋人！儿啊，只要把生前的事做好了，上对得起朝廷爹娘，下无愧

黎民百姓和儿孙就足矣，魂落何处有什么关系呢？"

王阳明点头道："孩儿谢谢爹的教诲。明日孩儿将离开南京回贵州龙场，中间看能不能回一趟余姚老家，以后但有什么事儿会写信和爹、继母大人联系。另外，爹，因刘瑾、焦芳之徒欲置儿于死地之心不死，而这次遇难成祥，就不要和任何人说起，以免给孩儿给爹又带来不必要的麻烦。"

王华点头道："放心吧，儿，爹和家人严守此事。"

江彬和张彩及随从在杭州只住了两三天，因刺杀王阳明之事已经告终，二人便告别了杭州知府，驰马返回京城。

刘瑾原本在后宫每天数着手指头度日。他想，纵然王阳明再机变多谋，再武艺高强，这次杭州的困兽之斗，也绝无再生还的任何机会！

可是，当江彬和张彩两个心腹驰马回京向刘瑾施礼时，根本不像那种凯旋高奏喜气洋洋的样子。待江彬把整个围剿王阳明的过程禀告之后，刘瑾铁青着脸怒问道："怎么？王阳明跳了钱塘江就死定了吗？"

张彩急忙施礼道："千岁爷，百八十号人围攻王阳明，他一个人能有多大能量？我看得清楚他跳江之后，外袍在江边的浅水处，已经开始下沉，他的一双鞋，对，还有他写的两首绝命诗，都在江边，这些江彬兄弟可以为证。王阳明担心抓住他后不得好死，所以他很识趣地只能提前跳江自杀。"

江彬也说道："千岁爷，的确如此，大家都尽力了，江水流得太急，真的不知道把王阳明的尸体冲到哪儿了！"

刘瑾突然问道："王阳明写的那两首绝命诗呢？快拿出来看看。"

江彬迟疑了一阵，开口道："千岁爷，这……"

张彩却说道："千岁爷，王阳明人都跳江死了，他那两首诗我们谁也没拿，任大风把它吹到了江里。"

刘瑾顿足道："天哪，你俩说了半天，等于两个肩膀头顶着一个脑袋回来了，一无所获呗！"

张彩则说道："千岁爷，不过郭铁和周超都被我们杀了。"

刘瑾怒道："这两个小兔崽子不值得一提！对了，你们说的王阳明弟子什么冀元亨、卢尚德等，他们现在总该回京城了吧？"

张彩点头道："千岁爷，这个确实不好说。"

江彬说道："这十几名弟子非同一般，原本杭州知府责令钱塘江县衙封锁各交通要道，但他们从兵营中偷了炸药，炸开了城门来保护王阳明。后来，在杭州知府率

二十七　钱塘绝处神迹现　浪飞涛助武夷山 | 331

兵入城后,冀元亨他们见人多势众,才吓得仓皇逃出城去。千岁爷,这些人狡猾多端,他们是在杭州继续寻找他们的老师,还是回京城,我确实不敢断定。"

刘瑾说道:"不管怎么说,明日起,让东厂、西厂把人都撒出去,打探他们的下落,他们是王阳明的余孽,必须死。"

张彩说道:"千岁爷,恕我直言,有些事见好就收吧。京城本来就是多事之地,一旦王阳明的弟子们联起手来,吃亏的肯定是我们。"

江彬也说道:"千岁爷,得饶人处且饶人,干吗以死相逼呢,他们真要拼命,我们就十分被动了。"

刘瑾怒道:"你们都是小脚女人——怕事。也罢,这件事等我想好了再说吧!"

当江彬和张彩要离开的时候,刘瑾说道:"你们可以找人,把王阳明已跳江而死这件事设法告诉杨廷和与孙燧,看他们有什么活动。另外,王阳明弟子现在是群龙无首,小心他们暗中去联络杨廷和与孙燧,有什么情况,马上报来。"

离开后宫的路上,江彬向张彩说道:"张大人,咱们头儿一天到晚似乎看谁都不顺眼,杀了王阳明还想杀他的弟子,他想斩草除根。"

张彩摇头道:"是啊,人啊,不可自作孽!他天天树敌,等到了四面楚歌之时,千夫所指,他必死无疑!可惜我们自从上了他的贼船,没见过一天好,天天打打杀杀,他受死的时候,我们两人都得垫背,谁也跑不了。"

江彬说道:"张大人,来日方长,以后别太拿他的话当回事!只要我们不上赶着,他找咱们事,咱们哼着哈着,咱们两脚不动或少动不就结了。和他在一起,只怕得不到善果!"

既然有人放出了风,杨廷和、孙燧自然得到了消息。孙燧一直喜欢王阳明,觉得他是个人才,他曾与杨廷和多次想举荐王阳明,可是由于刘瑾横加阻拦,加上武宗耳朵软,禁不住刘瑾吹风,所以这件事一直没能如愿,这是孙燧心中的一大憾事。戴铣等二十一人劝谏上疏出现之后,刘瑾想尽办法打压王阳明,欲置他于死地,多亏王阳明弟子们找到了铁证,但糊涂的武宗,还是谪贬了王阳明,将他从六品官一下子贬到不入流的九品小官。王阳明再想翻身谈何容易?孙燧听说王阳明被逼无奈,投钱塘江而死,他既愤恨,又十分惋惜。愤恨的是刘瑾欺人太甚,派杀手追杀王阳明;惋惜的是,有如此文韬武略的王阳明,还没为国家效力就英年早逝,这真是国家的一大损失啊!

说来也巧,恰此时冀元亨和卢尚德二人从一侧走来,和孙燧碰了面。冀元亨上前施礼道:"孙大人,我和尚德正想找大人有要事相商。"

孙燧大喜道:"老夫在此正想你们恩师之事,是上天所赐,让老夫和你们相见呀!"

冀元亨把他们暗中保护老师王阳明，直到钱塘江边发现他的鞋和衣袍及绝命诗这些事，告诉孙燧，又说护送老师的周超和郭铁，手上有刘瑾亲笔写的两封密杀书信，这是刘瑾试图置老师王阳明于死地的铁证，二人临入钱塘县城之前，已交给了老师，现在这些铁证当在老师手中。

孙燧听后长叹一声说道："元亨、尚德，照你们如此说来，你们老师凶多吉少啊！"

冀元亨摇头道："孙大人，从表面看的确如此。可是我坚信恩师的智慧和毅力。况且听张彩、江彬说，他们到达时首先看到有一条商船向远方驶去，或许是上天赐福，虽然船不会抵岸边，但恩师水性很好，在深水处他可以两手举过头顶，两只脚踩水。有一次我听他向师母说他的仰泳可以在水上自由自在浮游数十里之遥。一句话，他不仅是陆地上文韬武略的强龙，在水里，他亦是蛟龙！孙大人你想，我的恩师怎么会真的投江自尽呢？"

卢尚德皱眉说道："孙大人，上次我们几个随老师下南昌搭救师母，老师喝酒时说过他今后有两大志愿。"

孙燧笑道："你们老师真怪，在我和他杨伯面前，总是谦卑地什么也不说，总像个求知的学生。好，我倒听听他有什么志愿？"

卢尚德点头道："老师说，他的心学体系还没完善，尤其是支撑心学的核心要义还没有真正探讨研究出来。他说一旦能静下心来，一定要把这个难关攻破，让心学真正在世人面前站立起来，让心学系统完整起来，成为人人都能接受的一个完整独立的学科。"

孙燧点头道："好，阳明他果然有志气！平心而论，杨大人推崇宋代一周二程和朱熹的理学，我就觉得虚头巴脑，让人不可捉摸，像天方夜谭、捕风捉影一样。嗯，你们老师的第二志愿是什么？"

卢尚德看了看冀元亨笑道："很简单，精忠报国，匡扶江山社稷。唉，没想到，朝廷昏暗，奸佞小人当道，我老师大志未抒，却身遭谪贬之冤，我们京城的数百名学子为老师鸣不平！"

听了卢尚德方才说的王阳明的理想，正是杨廷和与孙燧一直想做而又没做成的事。孙燧突然说道："上天最公义、公平，老夫现在也相信你们老师他一定没死，两件大事未了，他怎么能就此销声匿迹？我相信你们说得很对，不会的，绝对不会的！"

令人意想不到的是，孙燧把这件事告诉了朝廷首辅杨廷和，隔墙有耳，婉姻把二人谈话听得仔仔细细。她从侧室跑出来时，恰和侍女玲儿碰了个满怀。

玲儿急忙说道："小姐，你怎么哭了？"

婉姻有事瞒不住，脱口说道："玲儿，我刚刚知道，阳明哥哥投钱塘江自尽了。"

二十七　钱塘绝处神迹现　浪飞涛助武夷山　| 333

玲儿睁大双眼，疑惑万分惊道："小姐，这怎么可能呢？只怕是谣传吧？这怎么可能呢？我不信！"

娪姵作色道："我刚才听孙伯和我爹说的，说阳明哥哥的弟子冀元亨和卢尚德说的，他们刚从钱塘江回来。"说到这儿，她又自言自语道，"阳明哥哥死了，阳明哥哥死了，阳明哥哥……"她失魂落魄地边说边往她的闺房走。

待玲儿把手里的衣服放回再来找娪姵，已不见了。玲儿顾不得向家主禀报，就急匆匆去追赶。

娪姵悲痛万分，不能自抑，当时朝廷廷杖王阳明时，她并不知情，后来她去找孙燧大伯，才知道此事。孙燧知道娪姵的心意，她想终身和王阳明在一起，所以便百般劝说她等等看，也许过一两个月，武宗皇帝一后悔，很有可能让他官复原职，回到京城。从此，娪姵便数着日子等，这中间她做好了去贵州龙场寻找王阳明的准备，但又被孙燧劝阻。万万没想到刘瑾竟一路派人跟踪追杀王阳明，而且逼他跳入钱塘江自尽。但娪姵认为他的阳明哥哥绝对不会死，所以她无论如何也要找到冀元亨和卢尚德问问这件事。

到吃饭的时候，杨廷和及夫人才发现娪姵和玲儿不在府上，问了守门的下人，才知道她俩一前一后出了门。夫人站在门口，向杨廷和说道："老爷，娪姵一定是为阳明的事去找冀元亨、卢尚德了，你说怎么办呀？"

杨廷和大怒道："这个姵儿真让人不省心！我还想阳明被贬谪到贵州龙场，时间一长，她会慢慢淡忘的，没想到她还是这么固执！"

夫人突然说道："老爷，要想让姵儿死心，其实也容易。"

二十八　无奈避雨玩易窝　偏遭土匪明抢夺

夫人接着说:"咱们告诉冀元亨和卢尚德,就说阳明真的跳入钱塘江自尽了,同时把那两首绝命诗交给她看,她看了肯定死心。"

杨廷和一想,事已至此,看来只能这样才能让婗儿死了这条心。杨廷和知道卢尚德的家,此时,七八个阳明弟子正在习武,冀元亨等见杨廷和与夫人突然来到,皆放下手中刀剑施礼。杨廷和向冀元亨、卢尚德说道:"元亨,你让他们先练着,你和尚德过来,我们有话说。"

卢尚德听罢,迟疑了一阵,叹道:"也罢,反正现在没有老师的音讯,可是……"

杨廷和把手一挥说道:"尚德,没有这么多可是!老夫拜托你二人就这样说吧,只有这样婗儿才会死了这条心。"

因婗婳不知道冀元亨和卢尚德家住在哪儿,她在大街上毫无目的地乱找乱碰,从上午一直找到天黑,也没有遇到二人。

晚上,婗婳和玲儿回来后,婗婳躺在床上,她母亲过来抚摸着她的手说:"婳儿,你和玲儿跑出去一整天,干什么去了?"

婗婳一声长叹,依然盯着房顶出神,像没听见问话。

母亲叹道:"婳儿,其实娘已经问过玲儿了,娘知道你在找冀元亨和卢尚德。唉,人死了,你找谁也没有用。"

为了让婗婳彻底死心,母亲长叹一声,拉着婗婳的手,说道:"婳儿,你爹为你这事,还给你打听到了卢尚德的家,你看看,这是卢尚德家的住处。"

婗婳一听是卢尚德家的住处,立时振作精神坐起来,她喜道:"娘,快,我看看!"

果然,婗婳和玲儿乘兴而去,扫兴而归。在回家的路上,玲儿见婗婳如霜打了的茄子,低着头,什么话也不说,只是闷闷地往回走,回到家之后把门一关又上了闩,任玲儿如何敲门,婗婳也不说话,更不开门。

杨廷和听了玲儿的话,和夫人一同来敲婗婳的房门。杨廷和担心出事,示意众人一同撞开房门,但见婗婳梳洗打扮齐整,描唇画眉,插金戴银,饰珠佩玉,真淑女也！可此时她颈下挂了一条白丝带。先前恬静俊美的婉婳，已悬梁自尽，她留下一首绝命诗，那诗写道：

> 春阳骤逝花不再，
> 秋月无倚登高台；
> 愿随恩君乘风去，
> 未曾移步泪满腮。

> 棒打鸳鸯两相拆，
> 凛雪飘飞花枯哉；
> 熙攘尘世皆陌人，
> 唯赴幽冥续情爱。

众人合力把婉婳从悬梁上解下，胸口似还有一丝温热之气。此时婉婳母亲已哭成泪人，杨廷和大怒道："夫人，你先别添乱，婳儿或许还有一丝生机！"

玲儿曾经见过救助寻短见的人，她对杨廷和说道："老爷别急，当年奴婢陪老爷老夫人回新都时，不是遇到过寻短见的人吗？我知道怎么救小姐！"

玲儿一边嘴对嘴呼气吸气，一边用手按压，不到一会儿，婉婳竟奇迹般地活了回来。

婉婳拉着杨廷和及夫人的手，喜道："爹，娘，我刚才似是亲眼看见了，我阳明哥哥没死，他还活着呢。"

婉婳母亲则抹泪泣道："老爷，你看婳儿怎么这样说呢？"

王阳明从南京城出来，经水路，走山路，晓行夜宿，路过浙江时，他想了又想，决定回余姚老家看望一下祖母岑氏，便绕道余姚看望了祖母，这才向贵州方向直奔。

路上遇到两个准备到京城考取功名的士子，其中一名叫作罗钦顺，字允升，泰和人。原来他隐居二十年，足不入市，潜心格物致知之学，他曾多次与在京传播心学的王阳明互通书信，他万分喜悦地双膝跪地行大礼，喜道："上天啊，钦顺不知幸遇恩师，请恩师受钦顺大礼！"

王阳明笑着把他搀扶起来说道："钦顺，万万没想到，我与你通书信多年，还是第一次和你见面，都说中国之大，其实再大也大不过你我的缘分啊！"

当年王阳明入京之后，不久就开坛讲授他创立的心学，一时在京城声名大振。才知之士，翕然师之，罗钦顺闻之，即致书王阳明，论"正心诚意"之学。

当年，阳明得书，亦以书报，其大略云："理无内外，性无内外，故学无内外，讲习讨论，未尝非内也。反观内省，未尝遗外也。"共两千余言。

罗钦顺再以书辩白曰："格物者，格其心之物也，格其意之物也，格其知之物也。正心者，正其物之心也。诚意者，诚其物之意也，致知者，致其物之知也。"

宋代的朱熹认为，世间的一草一木皆含至理，凡格物者，必以天下万物为对象，穷其之理。当年十六七岁的王阳明还未到上饶拜师娄谅之前，曾和一个姓钱的好友讨论到朱熹的格物，两人突发激情，就想做一次尝试。当时他们所在的地方有片十分茂盛的竹林，当时姓钱的好友说，他今天就格竹子。

于是姓钱的好友盘起双腿，双手自然放于膝上，睁着眼，两眼一动不动地盯着这片竹林开始思考。围绕竹子能产生或不能产生甚至臆想出来的问题，都在他思考之列。他这样接连三天双腿麻木了就伸展双腿，坐累了就站起来，站累了又坐下，最后竟昏睡在竹林前。

王阳明当时正年轻力壮，认为钱兄体质弱，对竹林格物不尽心尽力。于是他沐浴之后，拿一把竹凳坐着面对竹林，双眼微闭，开始静思。

王阳明像半截木桩，坐在或站在竹林边，心无任何杂念，非常虔诚地格竹子之理。到了第六天，他实在坚持不下去了，终于也像他那个钱兄弟一样病倒了。那时的他得出了一个结论：世间万物，如果没有上天的大能量，哪怕是世间人们公认的圣人先生，也无法在他一生之中，把世间万物格尽其理。朱熹只是非常不负责任地一说，上下嘴唇一呱嗒，弄得多少文人墨客也要格物致理天下，真是无稽之谈！

其实，格物致理，只是给人们提供了这样一个方法。朱熹倒不如说世界万物都有其存在的道理，如果想穷世间万物之理，凡人肉胎者谁也做不到。

罗钦顺向同行的另一个年轻人说道："老师，我的这位小兄弟叫何瑭，字粹夫，乃武陟人，他曾说过一句关于礼的话，说得很到位。"

王阳明喜道："孔夫子说：'三人之行，必有吾师。'钦顺，这位兄弟如何说？"

罗钦顺说道："我的何瑭兄弟曾说：'仁者，人也，礼则人之元气而已，则见侵于风寒暑湿者也，人能无为邪气所胜，则元气复，元气复而其人成矣！'"

待罗钦顺说罢，那个右面颊长着七个黑痣，仪干修伟的何瑭恭敬地问道："老师，不知学生的话是否得当，何瑭双耳恭听教诲。"

王阳明点头道："这位兄弟不必过谦，我看可以这样说。"

罗钦顺接着说道："老师，何瑭兄弟七岁时就与常人不同，让坊间之人莫不瞠目结舌。"

王阳明笑道："是吗？这位何瑭兄弟竟有这等本事？"

罗钦顺说道："他发现家中正堂之中供奉着释迦牟尼佛像，他让家人立即把佛像撤去，家人起初不同意，你猜他说什么？"

何瑭这才笑道："老师，其实也没有什么，我只对爹娘说：'世间万物乃上天所造，佛只是一个肉胎凡人，只不过他做些良善之事，尘世人若拜他，上天放在何处？'"

王阳明问道："何瑭，你小小年纪，当时为何这样说？"

何瑭皱眉道："那年我祖父上山打柴，突然来了一只身长八尺的斑斓猛虎，他叼起我祖父就走。我爹体弱，平时在家里徒手抓只羊都累得气喘吁吁，抓半天也抓不住。那天我爹也跟着我祖父去砍柴，两人相距三五丈之远，此时不知我爹哪里来的神力，竟飞步赶上老虎抓住老虎的尾巴，硬是拖了一两丈远。继而用力一扭，竟把胳膊粗的虎尾巴扭断了！再后来我爹飞起一脚，把这只大虎踢倒了，就这样虎被吓跑了，我祖父得救了，可是你们知道当时我爹猛追虎之前他喊了一句什么话？"

罗钦顺摇头道："你父亲喊什么了？简直不可思议，把虎尾扯断了，还把大虎踢倒了。"

何瑭说："当时我爹见老虎把我祖父叼走了，他以为家里的天从此塌了，他和我娘哪能再活下去，所以他大呼道：'上天啊，快救我，快给我力量！'所以是上天救了我祖父的命！"

王阳明点头笑道："是啊，你说得对。对上天只有信得过，才能靠得住，而且还能行得出，最后才能得得到。所以何瑭兄弟我相信你爹打虎之事，也相信你执意让家人把佛像扔掉这件事，因为你和你爹都是发自内心的。"

来到岔路口时，王阳明说道："钦顺，你和何瑭去京城吧，我要往西走，到贵州龙场赴任，咱们师徒在此分手吧！"

罗钦顺急切双膝跪地，拉了何瑭一把，也让他跪地，说道："老师，学生未见老师以前，因老师在京城开坛讲学，学生和何瑭早想投奔老师，终身跟随老师研究心学。今既与老师相见，岂有再到京城之理？故今儿老师去哪儿，学生和何瑭也去哪儿，此心上天可鉴！"

王阳明摇头道："钦顺，并非为师不让你二人跟随，为师这是在京城遭到了阉人刘瑾陷害，被贬谪到贵州龙场做驿丞，这是一个非常苦非常难的差事，等于到了被世人遗忘的角落！所以为师凭良知说话，真的不愿连累你们受苦受罪。"

罗钦顺执意道："老师，弟子从来视功名利禄为浮云。方才钦顺既已正式拜师，终身当以生身之父来侍奉，何瑭你呢？你还没有向老师行三叩九拜大礼呢！"

何瑭见状，急忙整衣正冠，高声道："老师，请受弟子何瑭三叩九拜之大礼！"

王阳明点了点头，正式受了礼，而后叹道："钦顺、何瑭，此去贵州山高路远，苦难何止万千。"

何瑭说道："老师，弟子何瑭与钦顺兄今生跟定老师，虽千难万险，至死不回头，请老师务必准予我二人侍奉左右！"

在罗钦顺与何瑭两个新收弟子侍奉下，一个月之后，王阳明终于到达了贵州龙场。

当时，贵州龙场有九驿之说。早在洪武四年即一三七一年，贵州彝族土司霭翠被朝廷任命为宣慰使，同时朝廷任命马烨为贵州都督。十年后，霭翠去世，按彝族之法，霭翠去世后由其妻子奢香执掌彝族部落。贵州都督马烨，日渐专横跋扈。他强占豪夺，对彝族越来越肆无忌惮。奢香为此曾数次前往贵州署衙交涉。因贵州除彝族外，还有苗族、土家族等，众民族怨声载道，皆痛斥马烨霸道行为，后来在万般无奈之下，有的民族欲起兵诛杀马烨。奢香四处奔走，阻止起兵诛杀马烨。经过大家商议，众人推举另外一个刘氏首领，代表众民族奔走京城，直接面见太祖朱元璋，告马烨的御状，到了洪武七年即一三七四年，朱元璋传诏奢香入京觐见，当着奢香的面，朱元璋表示可以除掉马烨。但他问奢香，如何报答朝廷的恩德。奢香一听非常高兴，说我们子孙后代永不背叛朝廷。朱元璋摇头道："华夏本一统，彝族等都是华夏的子孙，一脉相承，不反叛是华夏各民族应该做的，这不应当算报答朝廷的恩德。"奢香又想了想说："贵阳西北方向有条路可以通达四川，不过由于多年山洪暴发，山石倒塌，此路早已中断，我愿出资出人力修通此路，供四川、贵州的驿差来往，由此报答皇恩。"朱元璋听后表示同意，于是传旨召回马烨，数其罪斩之。

奢香从京城返回贵州后，立即组织人力，开偏桥、水东，已达乌蒙、乌撒及客山诸境，立龙场九驿。此龙场九驿起自贵阳城西四十里的威清，经龙场、陆广、谷里、水西、奢香、金鸡、阁雅到归化驿。数年间一共修了五百六十多里山路，因第一驿站起自龙场，故统称龙场九驿。它是明朝通往四川的两条驿道之一。龙场驿站设驿丞一人，吏一人，马二十三匹，铺陈二十三副。王阳明是朝廷谪贬之官，独断的驿吏根本不让他在龙场驿居住。

罗钦顺把王阳明拉到一侧，低声说道："老师，你本来受冤至此，今跋山涉水、千里迢迢来到贵州龙场，当这个什么驿丞，一个根本不入品、不入流的小官，咱们不住驿站，到荒山野地里结草庐而住吗？这叫'人善被人欺，马善被人骑'。这件事，学生出面，我去和那个驿吏交涉，在此山高皇帝远之地，他能奈老师何？"

何瑭也说："老师，你在门外先歇息一会儿，我和罗兄去见那驿吏。"

王阳明当时根本没想到，朝廷将他从五品的官一下子降为末品，甚至根本不入流的驿丞，千里迢迢，冒着数次被追杀的巨大风险，好不容易来到龙场驿，却不让

二十八 无奈避雨玩易窝 偏遭土匪明抢夺 339

入住。他此时心中也充满了愤慨，见罗何二人如此，长叹一声，什么也没说，实际上等于默认了罗何二人。

驿吏身高不过六尺，长得极瘦，年龄当在四十岁以上。因他做龙场驿吏多年，而那个驿丞前些年得病死了，一直没人来做这个驿丞。所以驿吏成了名副其实的驿丞，成了龙场驿之主。王阳明尚未到来之时，他就提前找到贵州布政使司、知府、县衙都照了面，没等王阳明这个五品官谪贬至此，他心中已有了方略。

罗钦顺进门，施礼道："请问驿吏，是谁不让驿丞住在驿站，我们这就找他去。"

驿吏笑道："诸位随从，实不相瞒，上面的大人都这样说，我作为一个小小的驿吏，没办法让驿丞大人入住。"

何瑭怒道："我告诉你，你只是个驿吏，你连品爵都没有，你胆敢欺骗王驿丞，别怪有朝一日对你不客气！"

罗钦顺说道："驿吏，你照实说，哪个大人这样说，今天我就要刨根问底儿，说呀！"

驿吏强笑道："你们别问我，反正上面的大人都这样说，我也无能为力。"

何瑭怒道："哼，既然如此，我们不用理睬你，驿站有七八间房子，我们自己打扫自己住得了。"

驿吏软中带硬说道："是啊，你们人多势众，这驿站就我一人，不过王驿丞是知书达理之人，他知法度，只怕他不会这样做。"

罗钦顺皱眉道："既然这样，王驿丞及我们随从吃饭怎么办？"

驿吏摇头道："这我不知道！反正驿站按编制齐了，只有两个人的俸禄、皇粮及驿站马匹费用，其他一概没有，你们到哪住包括吃什么在哪吃，我真的都不知道！"

何瑭大怒道："照你这么说，皇上把王驿丞贬谪到此地，既不让住驿站的房子，又不给粮食，敢情让王驿丞整天站在龙场喝西北风吧？上面这些大人还是不是人啊？"

这时王阳明走过来说道："钦顺、何瑭，自古人生天地间，哪里都有安身之处，你们何必如此？"

驿吏马上满脸带笑施礼道："驿丞大人，驿吏刘黑狗拜见大人。"

王阳明笑道："刘兄弟免礼，同是天涯沦落人，何必这么拘礼。不过，我既被谪贬至此，你带我看一下驿站，好让我心中有数。"

驿吏刘黑狗施礼道："是，大人！小的这就带大人看一下驿站。"

整个龙场驿站只有七八间一溜房舍，另外有一个大马棚，按编制有二十三匹马，供通过驿站的朝廷和府、州、县传达快报和圣旨的公差使用。这驿站一年下来，不过过往七八次公差之人，二十三匹马，驿吏暗中卖了三匹，却谎报说得病死了，王阳明看过马匹之后，又看了这几年来往经过驿站的差役记录。

王阳明正色道："刘兄弟，龙场驿站我看过了，你记住，从现在起，你要尽心尽力守候驿站，确保经过驿站的差役及大人吃饭和休息两件事。这二十匹马，不得有任何闪失，有了病马上找兽医看，不得减膘，更不得丢失，我虽被谪贬，但我是驿丞，所以我对朝廷负责，把驿站的公章交与我吧！"

驿吏刘黑狗一听，心里顿时乱作一团，原来他要架空王阳明，没想到心思缜密、办事极有头脑的王阳明如此一说，立时打乱了他先前的计划。他把龙场驿站的公章交给王阳明，回归了他在龙场驿吏的本来面目。

待王阳明转身，驿吏真的有些后悔，真不该到贵州布政使司，更不该到府、州、县见那些大人，到头来驿吏还是驿吏，是做不了驿丞的。他施礼道："驿丞大人，你们要到哪住下，倘有事儿，小的如何找到驿丞大人？"

王阳明伸手一指，说道："喏，你看，据此三四里路，有座栖霞山，那里山势背坡向阳，既有竹林树木，又有江水，当是个好去处。"

离开龙场驿站，到栖霞山山坡向阳处，王阳明左环右顾寻找结草为庐的下榻之地。他向罗钦顺、何瑭说道："咱们师徒三人就在此结草为庐，像昔日在山水间游历的先贤圣人们一样，过咱自己的逍遥快活生活吧！"

山里好养人，此处有竹有树，有泉水，山下还有一大片未曾开垦的沃土之地，在王阳明带领下，他们三人不到一天工夫便砍竹伐木做成了三间草庐。

恰好有一对彝族男女从此经过，王明阳主动向人家施礼，托人家给买些粮米和生活用品。那男子看了他们搭建的草庐说："远方的客人，你们这样搭建草房，不下雨刮风能住，倘若刮风下雨怎么能住呢？"

傍晚时分，天边推来乌云，继而大风骤起，不一会儿瓢泼大雨降下来。果然如彝族男子所说，三间草庐根本不能住。王阳明遂带着罗钦顺、何瑭二人离开草庐，想找个避风挡雨之地。还好，在离草庐不到一里的地方，他们发现了一个山洞，按当地人的说法，这个山洞就叫玩易窝。此洞口不大，有五六尺之阔，沿着洞口入内后，约一两丈之纵深，再沿着陡坡往前行，里面有一间房子大小的山洞，可容纳二十余人。

王阳明和罗钦顺、何瑭三人刚来到龙场驿站时，立时引起了附近占山为王的一群盗匪的注意，从他们身挎的佩剑和背上的布囊，包括他们穿的袍服来看，这三个人当是有钱的人。所以他们就派人一直跟踪下来，到他们从驿站出来，在背山向阳处开始砍竹木搭建草庐之时，那跟踪者才跑回山寨里禀告。

贼王听了说道："照你这么说，他们在龙场驿站没待一会儿，就到这个山口搭建草庐，看样子他们要常驻此地了？"

那喽啰皱眉道："这件事难说。不过，他们应该很有钱，那个布囊沉甸甸的，少说也有百八十两银子，况且他们每个人都有个背囊，很值得弟兄们下山走一趟。"

贼王抿口茶问道："你看他们像文人、商人，还是什么游手好闲之人，咱可不能走空啊？"

"大王放心，他们像文人，弟兄们只要下山，绝对会有收成。怎么样大王，咱干不干？"那喽啰十分确切说着，促使大王早下手。

原来这贼王手下只有十几个喽啰。不过他们昔日都是游手好闲、专门打家劫舍之人。今天一听就三人，贼王向报信的喽啰说道："你怎么知道那背囊之中有百八十两银子，依我看三个人顶多三五两银子。"

有属下说道："大王，就算他们是老鼠的瘦尾巴，就那一点点儿油水，也值得干！"

贼王决定下山时，偏天降了大雨，到了戌亥之时，天才停了雨，十来个喽啰提了刀拿了棒，匆匆下山。众人摸着黑来到三间草庐时，按他们打家劫舍的做法，先堵了后门，在前门设伏，当他们仗刀持剑冲入三间草庐时，发现空空如也，连个人影也没有。贼王见扑了空，心中生怒，示意众喽啰把三间草庐推倒了才离开。

第二天午时，山下的喽啰上山报告贼王说，他们发现那三人躲进山下玩易窝。贼王一听，大喜道："这好啊，咱们山上的弟兄都下山把他们围了，一抓一个准！钱财嘛，一个也不会少，做完之后，都抹他们的脖子，往山涧里一扔，彻底了账！"

玩易窝地处山脚之下，四周皆是平原，真正的高山离此至少几十公里，孤零零的一个独立山包，山包一侧便是这个玩易窝，十分荒凉，基本上无人烟。

这天一大早，贼王与众喽啰吃了饭，便提了刀、拿了剑、扛了棒，除留两人守山寨之外，都随贼王下了山。按贼王的安排，众喽啰悄然伏在玩易窝四周，从玩易窝出来一个捆一个。偏这早晨太阳出来后，罗钦顺第一个出来小解，他低着头刚从洞里爬出来，因玩易窝外太阳已高高升起来，光艳耀眼。他突然发现两个操刀的人就站在玩易窝出口处，他大喊一声："你们干什么的，抢劫呀？"

罗钦顺这一喊，大大出乎两个持刀守在洞口喽啰的意料。罗钦顺返身往洞内走，两个持刀人上前欲抓住罗钦顺，此时王阳明和何瑭刚起来，听到罗钦顺的叫喊声，王阳明马上拿起了靠在洞壁上的长剑，噌的一下站起来。他抬头一看，见罗钦顺匆忙往洞内走，两个持刀喽啰正在进洞，王阳明大喝一声："何瑭，抄起家伙！"

曾在附近山寨抢劫过的两个喽啰，发现王阳明持剑往前走。王阳明大喝道："好个大胆的山贼，想打劫啊？"

　　王阳明眼中有一种极大的威慑和震撼力，两个喽啰见了，吓得转身往洞外走，而此时提了刀和木棒的罗钦顺和何瑭在王阳明之后出了洞。

　　贼王没想到两个守在洞口的喽啰吓得仓皇匆匆奔出来，其中一个喽啰叫道："大王，人家，人家出来了。"

　　贼王倚仗人多势众，吼道："怕什么，他们不就三个鸟人吗？咱们这么多人还怕他？"

　　当王阳明三人从洞内出来，与贼王等十几个人对峙时，王阳明先声夺人，喝道："朗朗乾坤，清平世界，你们要干什么？要打劫吗？"

　　贼王喷着唾沫星子吼道："老子今儿就要打劫！你们要想活命，乖乖地把钱财双手送上来，不然的话，别怪老子用刀子杀了你们，连个全尸也不给你们留，识相的快点儿吧！"

　　王阳明大笑道："那好啊，你们若要钱财不难，不过先要问我手中这把长剑！"

　　贼王没想到天底下竟有这等不怕死的人，这些人无非是舍命不舍财，他向众人喝道："弟兄们，上，砍了他！"

　　王阳明手持长剑，两眼环视这些持刀剑涌上来的喽啰，贼王发一声喊，众人挥刀舞剑抡棒奔上前。他们的步法、刀法、剑法，纯属一群未经训教的乌合之众！王阳明站在众喽啰中间，他毫无半点惧怕，腾空一跃，把千钧之力均聚于仗剑的手腕处，使出雪花飞舞漫天雪，这些刀儿剑儿棒儿纷纷被他的长剑击于地上。众喽啰见状都吓破了胆，贼王看得眼花缭乱，不知此人竟有如此神奇剑法，疑惑之时，王阳明飞起一脚，把贼王踢倒在地，剑指其首，喝道："哼，一群乌合之众，危害乡里，你们都该死！"

　　贼王急忙乞求道："大人，英雄，好汉，壮士，饶命，饶命！"

　　王阳明收起长剑，喝道："滚起来！"

　　众喽啰畏畏缩缩看贼王，贼王急忙向王阳明施礼道："大英雄，真好汉，今日我等瞎了眼，冲撞了大英雄，请大英雄饶命恕罪！"

　　王阳明正色道："我问你们，你们危害乡里，残害人命，靠打劫钱财过日子，你们心中的良知何在？"

　　王阳明的话对贼王等众喽啰无异于对牛弹琴。贼王他们做盗贼多年来，从未遇到过给他们上课讲道理的人，所以贼王及喽啰一时茫然。今天被王阳明打败了，不杀他们，反倒动嘴劝他们弃恶从善。

王阳明剑指贼王喝道:"我问你呢,你的良知何在?"

贼王见王阳明发怒,急忙双膝跪下说道:"大英雄,山人不知什么是良知,山人真的不知!"

王阳明正色道:"良知就是你们淳朴的良心!你们现在杀人越货,强行夺取他人钱财,你们的良知被贪婪恶煞之鬼所占领!可知道你们这样杀人越货,抢夺他人钱财的结果吗?"

贼王及众喽啰皆摇头不知。

王阳明说道:"按上天之意,你们当受到最严厉的惩罚!你们愿意有这样的结果吗?"

贼王一听,乞求道:"大英雄,大好汉,我们不想,我们不愿意受惩罚。"

王阳明正色道:"从今天起,把你们的良知呼唤回来,马上洗心革面,悬崖勒马,放下屠刀,你们只此一条路!"

贼王看了看众喽啰,高声道:"大英雄,我们愿意洗心革面,悬崖勒马,重新做人。可是我们这些弟兄说老不老,说少不少,我们都是光棍汉,一个人吃了全家不饿,我们能干什么呢?"

王阳明顺手一指说道:"这很简单,你们马上从山上搬下来,在这里搭建茅庐,开荒种地,秋天就能收获粮食,你们只要从今以后自食其力,上天素有大爱之心,更有怜悯之怀,一定会把很多的福分赐给你们。"

罗钦顺向众喽啰说道:"听到没有,今天我的老师给你们指出了一条光明大道,自食其力是做人的本分,只要你们改邪归正重新做人,我在此替我的老师立下一个心愿:有了粮食,有了茅庐,给你们每个人成家,娶个老婆!"

王阳明对这些杀人越货靠抢劫他人钱财为生的山匪盗贼,没有以恶制恶,他引导他们弃恶从善,回归良知,从内心深处彻底顿悟。所以当一次次人为的灾难、祸害打击他时,他都能够化险为夷,让那些要置他于死地的阴谋诡计一次次落空。

就在这天下午,王阳明等三人来到栖霞山那日搭建的茅屋处,恰那对彝族中年人带了人和工具来,要给他们重新搭建茅屋。突然来了一个老汉,告诉中年人他儿子病了。中年人一听放下木斧说道:"驿丞大人,实在对不起,我的孩子病了,让阿三阿川他们帮你们搭建茅屋吧。"

王阳明遂向何瑭说:"何瑭,你外祖父不是坊间郎中吗?你随着大哥大嫂快去看看孩子。"

原来,何瑭的外祖父乃乡间郎中,向以望闻问切为旨,在坊间颇有名气。何瑭随彝族中年夫妻回到寨子后,见其儿子发热、咳嗽、流鼻涕、目赤、多泪、遍身布满红色斑疹。他当下确诊为初期小儿麻疹，提笔开了药方。

三剂药服下，到次日，彝族中年夫妻的小儿子痊愈了。为了答谢何瑭，中年夫妇把王阳明、罗钦顺和何瑭三人请到寨中吃肉喝酒以示谢意。后来，周围苗族、彝族、傣族的人都和这个谦和、大度、明理的王阳明建立了睦邻友好关系。王阳明为了纪念彝族夫妇等帮助搭建的三大间茅屋，亦为实现自己的远大抱负，为茅屋取名何陋轩。

为了庆贺何陋轩的建成，王阳明和罗钦顺、何瑭特意做了几个菜，又买了些烧酒，请众人喝酒。他兴致勃勃地当众吟诵了唐刘禹锡的《陋室铭》：

山不在高，有仙则名。水不在深，有龙则灵。斯是陋室，惟吾德馨。苔痕上阶绿，草色入帘青。谈笑有鸿儒，往来无白丁。可以调素琴，阅金经。无丝竹之乱耳，无案牍之劳形。南阳诸葛庐，西蜀子云亭。孔子云：何陋之有？

王阳明在京城开坛招收弟子讲阳明心学，与朝廷中的阉人刘瑾斗争，因而闻名朝野。他与两名弟子罗钦顺、何瑭到达贵州龙场旬月后，很快引起了贵州宣慰使安贵荣的关注。他派出属官，了解了王阳明的情况，遂命属下"廪人馈粟，庖人馈肉，园人代薪水之劳"。安贵荣明白朝中大才子贬谪到不毛之地的非常困境，王阳明回书表达了真诚的谢意，与安贵荣建立了非常好的关系。

龙场是个世外清静之地。王阳明为了专心致志地研究他的心学，白天独自到玩易窝思考。后来随着四方崇尚阳明心学的人越来越多，仅栖霞山的一个何陋轩和玩易窝，远远满足不了需要，遂又在栖霞山附近的山洞中，建造了龙岗书院，后来取名阳明洞，或称阳明小洞天。继而陆续在栖霞山上建了寅宾堂、子云亭等。

这天，王阳明正静坐在阳明小洞天中省思过去所读诗书，忽然罗钦顺带着一个中年官员来到栖霞山阳明洞中，那人先向王阳明施大礼道："阳明先生在上，请受贵州提学副使席书一拜！"

王阳明还礼后，罗钦顺呈上拜帖说道："老师，据席副使大人所言，他是从安大人那得知老师消息的，特意从贵州来拜见老师。"

席书，字元山，昔日王阳明在京城时，素闻王阳明之名和王阳明的心学，他从贵州宣慰司宣慰使安贵荣那得知王阳明情况后，便匆忙赶来向王阳明请教。

席书点头喜道："阳明先生，学生知道，君子向不坠青云之志。今日我亲眼看见阳明小洞天，再看先生在这石穴之内心无杂念、专心致志研究心学，令学生十分折服，不愧一代心学大师也。"

二十八　无奈避雨玩易窝　偏遭土匪明抢夺

王阳明摇头笑道:"席副使过誉!咱们都是寒窗苦读、求知多年的文人。大多数文人坚信书中自有黄金屋,书中自有颜如玉,有朝一日腾达麒麟阁,名扬天下,此乃为世间名利所驱也。当然,这些无可厚非。我原本就一个志向,那就是用我所学之才报效国家,有朝一日为国效力,可是世间偏有一些人不让你如愿,现在想起来还是我的恩师说得好啊!"

二十九　阳明龙场悟心道　挥却阴霾独逍遥

席书在王阳明面前，俨如一根铁钉，王阳明的几句话，犹如刹那铸就了一块超强吸力的大磁盘，他这根铁钉儿，立刻被大磁盘牢牢地吸住了。他笑道："请问先生，尊师如何说？"

王阳明说道："我恩师说：'世间大道千万条，何必非走仕途这个独木桥。'现在我心淡定如池塘之中的静水，暂且把报效国家的这颗赤诚之心压下去，继续研究我的阳明心学！人来到尘世上有效的岁月满百者，少如凤毛麟角！故而，人在世上当视岁月如金，绝不可随意消磨、浪费。我现在除了在龙岗书院定期开坛讲学，余下的时间，正致力完善、系统化我的阳明心学！"

席书由衷叹道："先生，学生有一事不明，何谓心、物、知也？"

王阳明眉头一皱说道："夫心外无物，心外无事，心外无理，心外无义，心外无善也！人身主宰在于心，心之所发便是意，意之本题便是知，意之所动便是物。且知是心之本题，心自然会知。犹如见父自然知孝，见兄自然知悌，见孺子入井自然知恻隐，此便是良知。良知者，人人皆有。不假外求耳！正所谓，经，常道也，其在于天，谓之命。其赋予人谓之性，其主于心，谓之心。心也，性也。命也，一也。通人物，达四海，塞天地，亘古今，无有乎弗具，无有乎弗同，无有乎或变者也，是常道也；其应乎感也，则为恻隐，为羞恶，为辞让，为是非。其见于事也，则为父子之亲。为君臣之义，为夫妇之别，为长幼之序，为朋友之信。"

末了，王阳明笑着说道："良知为圣愚所共有。只要能致良知，则人人可以为尧舜。至于明德是此心之德。即为仁，仁者，以天下万物为一体，使有一物失所，便是吾仁有未尽处。良知之在心，无间圣愚，天下古今之，此同也。世之君子，唯务求其良知，则自能公是非，同好恶，视人犹己，视国犹家，而以天下万物为一体也。"

席书此时内心顿感非常清爽。他激动忘情地站起来，在阳明洞天地穴之内徘徊，他万万没想到，今日与王阳明相见，犹如拜谒世间圣人、古之大贤，他按捺不住心中的喜悦之情，脱口又问道："先生，在当今之世，何谓明德者？"

王阳明思考一下，看了看罗钦顺，慢慢说道："明明德者，立其天地万物一体也。

亲民者，达其天地万物一体之用也。故明明德必在于亲民，而亲民乃所以明其明德也。是故亲吾之父以及人之父，以天下人之父，而后吾之父。人之父，与天下人之父为一体矣，实与之为一体。而后孝之明德，始明矣。实与之为一体，而后悌之明智始明矣。君臣也，夫妇也，朋友也，以至于山川鬼神鸟兽草木也，莫不实有以亲之，只达吾一体之仁，然后吾之明德始无不明，而真能以天下万物为一体也。夫是之谓明明德于天下，是之谓家齐国治天下平，是之谓尽性！"

世间有句话叫作"世上没有不透风的墙"。因贵州和京城间有官员及疏奏来往，有人把王阳明已到贵州龙场驿这件事传到朝廷中。最先知道这件事的是焦芳。

焦芳将此事禀告了刘瑾。

刘瑾听了焦芳的话，大怒道："哼，张彩不是说王阳明跳入钱塘江自尽了吗？人家那是用的金蝉脱壳之计，把咱们都蒙骗了！现在看起来，这个王阳明真可称得上诡计多端，咱多少人前堵后截，到最后他又逃脱了！焦兄弟，这下打听清楚了？"

焦芳说："千岁爷，这次下官通过田州知府打听清楚了，现在王阳明身边有两个弟子，一个叫作罗钦顺，一个叫作何瑭，他们没有住在龙场驿站，他们在栖霞山上自己盖了茅屋，叫什么何陋轩，还有子云亭、阳明洞天、龙岗书院等。"

刘瑾听后，摇头叹道："王阳明真称得上世间一个人物！听听，王阳明现在比在京城时还逍遥，还滋润！他又有亭阁，又有洞天，又有书院，不用说一边开学一边收徒，他就是沙地里的沙打旺！咱们杀来杀去，他倒活出灵性来了！"

焦芳长叹道："千岁爷，既然如此，王阳明的事儿……"

刘瑾大怒道："不，我说过，宁王殿下也说过，王阳明必须死！既然他在钱塘江死里逃生了，那就让他死在贵州龙场吧！"

因在豹房的张忠经常出入京城几家有名的青楼，故而和一个专门配置毒汁的江湖人结识了，此人在江湖上号称"毒王"。张忠把这个毒王之事密告了刘瑾。

刘瑾大喜道："张忠兄弟，你真乃及时雨也！这次辛苦你和毒王到贵州龙场一次，把王阳明的性命解决了。凯旋后，爷在圣上面前为你美言，保证提你的职。"

但是张忠知道对付王阳明非常之难。他为难道："千岁爷，实不相瞒，奴才身体亏得太多，这千里迢迢只怕奴才承受不了，请千岁爷开恩，还是另请高明吧！"

刘瑾立时变了脸，作色道："张忠，你知道的，爷派你去是爷高看你！你别推三阻四，明日就和毒王出发，爷在京城静等你的佳音！"

张忠知道，他的家人都被请入了东厂居住，一家人的性命都攥在他刘瑾手里，他无奈地点头说道："既然千岁爷看得起我张忠，我去就是！"

刘瑾正色说道："张忠，此次你要配合毒王，千方百计一定要杀死王阳明。爷不希望你无功而还，如那样只怕你家人的性命就难保了。爷别的话不说，就说这句，权当爷给你的送别留言吧！"

没到龙场之前，毒王和张忠二人改换了当地苗族人的服饰，扮作猎户。这天恰逢王阳明在龙岗书院讲学，有五六十名当地的士子及学者前来听王阳明讲课。毒王看了何陋轩及龙岗书院说道："张大人，这里距离山太远，做了事咱们难以脱身，只要被人家抓住，咱二人非死不可！"

张忠点头道："毒王，你是说近距离投毒不宜脱身，那再想别的办法吧！反正千岁爷让咱俩必须杀了王阳明！"

毒王奸诈一笑，说道："张大人，我倒有个主意，不用咱俩下手，就能让王阳明死无葬身之地。"

张忠听了毒王的话，皱眉道："是啊，不入虎穴，焉得虎子，咱去试试看。"

这天晚上，张忠和毒王悄悄摸进驿站，驿吏刘黑狗看了白花花的纹银，立时心花怒放。他听了张忠的话，说道："张大人，小的听明白了，原来你们从王驿丞一出京城就开始行动，到现在多少人、多少次竟没有杀得了王驿丞。小的实话告诉你们，前几个月，王驿丞刚到驿站时，这里的贼王带领十几个喽啰要劫王驿丞三人的钱财。王驿丞凭三寸不烂之舌，硬是让贼王他们放下屠刀弃恶从善！你们出的银两太少，世上只怕没人能做这件事！"

那毒王点头道："刘黑狗，我知道你是龙场的地头蛇，你觉得多少银子合适？"

刘黑狗心里盘算道：王驿丞是我眼前的绊脚石，这倒是个机会。但是，我一个人在驿站孤立无援，倘若我借机杀了王驿丞，他们再来个卸磨杀驴，这些银两又一分不少地回到了他们的手里，我落个人财两空，我能怎样？这件事看似小，其实它很大，牵一发而动全身。或再退一步说，我做完了事，他们再让县、州、府追查王驿丞被杀案，到那时，我满身长嘴，又怎能为自己辩白呢？

过了许久，刘黑狗叹道："张大人、大侠，这件事很难办，根本不全是银子多少的事！要不，你们找别人吧，我干不了！"

张忠怒道："刘黑狗，我告诉你，既然我和毒王选定了你，你干也得干，不干也得干！反正你的家人我们都访查好了，你不干，我们就杀你的家人！"

驿吏刘黑狗被逼到了绝境，虽然他内心不情愿，担心事后被倒打一耙，可是他也必须干。张忠向毒王递个眼色，毒王把自制好的剧毒面料递给他，同时送上一百两银子。

张忠见他接了说道："刘黑狗，事不宜迟，我给你三天时间，必须毒死王阳明！"

刘黑狗摇头道:"张大人,时间太短!你总该让小的考虑用什么办法吧,咱不能点炮就响,种下稻苗就收稻谷吧?"

张忠自来到龙场,没有住的地方,在龙场驿站住,担心被王阳明或他的弟子发现。所以,为求秘密行动不露痕迹,他和毒王只能藏匿在杂草丛中,整天东躲西藏。身上有银子,在此地也买不到吃的,真是饥一顿饱一顿,在驿站总算吃了顿饱饭,张忠开口道:"刘黑狗,你说几天?"

刘黑狗说:"最少五天!"

张忠说:"好!五天就五天!不过你从明天起,每天须给我二人做好饭,就放在你门前那棵桂花树下,这五天没有特殊事,我们不要见面,要见就在那棵桂花树下。记住,刘黑狗,你别耍花招儿,我们俩就在驿站附近监督你,你的一举一动都在我们的监督之下!"

刘黑狗说道:"张大人,毒王,剩下的那一百两银子何时给小的?"

张忠正色道:"放心,刘黑狗,大事一成,立时给你。"

待张忠和毒王悄悄离开驿站,刘黑狗看着桌上的银子,开始想,这个张大人一定是千岁爷刘瑾的嫡系。可是他以我家人相要挟,我必须想个法,不能伸着脖子让他肆意要挟我,驿站里有马,我不若带上些银两连夜跑回家里,好好安排一下,然后再做这件事!

刘黑狗对龙场四周极熟,他担心张忠和毒王看到,于是挑选了一批好马,给马蹄包上了麻布片,又给马戴上了防止夜间嘶鸣的笼头兜嘴,趁着夜色牵着马走了一二里之后,这才把龙头兜嘴和麻布片收起来,驰马飞奔起来。到了贵阳府老家,天已大亮,他带家人立即搬了家,把家人安顿好之后,又驰马返回龙场。此时已是下午申时,他匆忙吃了喝了。然后才提了饭篮子,悄悄来到桂花树下,放下饭篮子,闪到一侧,直到戌时才看到两个黑影到桂花树下提了饭篮子。

刘黑狗见二人离开了桂花树,向远处走去。他突然想,他俩现在要挟不了我,我手上有剧毒面料,不若给他们放入饭菜之中,把他们俩毒死,岂不一了百了?转而一想,那京城里的千岁爷见他二人不回去交差,肯定还要派人来。按说我刘黑狗和王驿丞前世无怨,近日无仇,人家对我刘黑狗还算不错,没办法,二百两银子在贵州府城,足够买一套上好的宅院了吧!干吧,别犹豫,杀了王驿丞得一套好宅院,还有剩余做棺材钱,岂不比租住别人的房子强太多?

在一个有月光的夜晚,罗钦顺给老师王阳明温了热水,送到他的面前,让老师沐浴。王阳明笑道:"钦顺、何瑭,你们别和我一样,整天在屋里憋着,今晚月光多好啊,你俩也出去转转,这何陋轩今晚最适宜赏月了!"

罗钦顺点头道："是，老师，学生这就和何瑭兄弟出去赏赏月，老师劳累了一天，早些安歇吧！"

王阳明开始沐浴，罗钦顺和何瑭从何陋轩里出来，坐在星空之下，何瑭突然伸手指道："罗兄，你看怪不怪，昨夜我似发现那棵桂花树下有人影，不知怎么后来又不见了，你说奇怪不奇怪？"

"是吗？就在那棵桂花树下？你莫不是看花了眼吧？这龙场荒无人烟，晚上桂花树下哪来的人影？"罗钦顺摇着头说道。

何瑭看了看头顶上状似银盘的月亮，说道："罗兄，老师刚才说，他明天到小洞天研习心学，看来老师的研习渐入佳境，他不让任何人来打扰他。"

"是啊，老师最初和咱俩见面时就曾说过，他的心学要完整、系统。所以这个时候，老师当然不希望有人打扰他。唉，何瑭，你看，桂花树下的确有个人！"罗钦顺说着，伸手指给何瑭，他站了起来。

何瑭也站了起来，他看着桂花树下的人影，那人影旋即消失在月光之下。他突然说道："罗兄，你说怪不怪，那人又走了？他是谁呀？深更半夜到桂花树下干什么？"

罗钦顺说道："人常说有再一就有再二，他莫不是驿站的那个驿吏刘黑狗吧？"

何瑭点头道："是啊，这方圆几十里内，除了贼王那十几个人在此开荒种地，再就是咱们师徒三人，剩下的只能是驿站的刘黑狗了！可是他大半夜跑到桂花树下干什么？莫非……"

罗钦顺点头道："对，何瑭兄弟，我第一次见刘黑狗就感觉他不是个好东西，你看他那样儿，说话假惺惺的，两只眼贼溜溜地乱转，如果真的是他，那他一定有什么不可告人的事！这样，咱们俩这就悄悄过去，看看他到底大半夜去那儿干什么？"

二人悄悄来到桂花树下，何瑭在月光下发现一个竹篮子，提了提很沉，他拿起上面的巾物，一看是饭菜。他说道："罗兄，你看，这刘黑狗不知道给谁送的饭，饭菜还热乎呢！"

罗钦顺看了看，低声道："何瑭兄弟，要不这样，一会儿准有人来拿这饭，咱俩走到一边等着看看吧！"

罗钦顺和何瑭隐匿在杂草丛中之后，一会儿就听到了张忠和毒王的声音。

张忠说道："依我看，这刘黑狗绝不会是什么老实巴交的厚道之人，今天是第四天了，他明天再不行动，那他就是存心耍咱俩！"

"张大人放心，刀把子攥在咱手里，他若不仁，咱就不义！大人若想杀他，岂不像踩死一只蚂蚁那么容易、轻松。再等等，明儿他准行动！"毒王走在张忠后面，俩人踏着月光，从草丛中走过来。

他俩一前一后来到桂花树下，张忠把竹篮子提起来，掀开巾物看了看，笑道："毒王，刘黑狗的饭菜做得不错，挺香的，来吧，咱俩就在这儿吃吧，吃完了再回去。"

毒王此时心中也放松了许多，他们在这荒无人烟之地，已经住了六天了，每天度日如年，明天就是刘黑狗毒杀王阳明的最后期限，只要投了毒，他和张忠就可以放心回京城，在这里他一天都不想多待！他也如同张忠似的，俩人围着竹篮子放心地吃起来。

吃完了饭，张忠擦了擦嘴儿拍打一下手，说道："毒王，咱们回去吧，明天咱等刘黑狗的好消息吧！"

罗钦顺叹道："何瑭兄弟，今日这件事，完全是上天所赐！本来晚上咱俩从来不欣赏什么月光的，而且老师自咱俩到龙场，还是第一次让咱俩出来赏月。你想啊，咱们按老师的话做，就遇到了刘黑狗和人勾结要暗害老师的事！何瑭兄弟，你说，这不是上天有意让咱们发现这件事吗？若不然，咱们和老师岂不还蒙在鼓里，以为刘黑狗是个大好人呢，这就叫上天的警示！"

何瑭点头道："对！老师一心向善，试图用他的良知之心拯救世人，他没有一点害人之心。所以，上天才多次赐福给他，让他遇难成祥。"

走到何陋轩门前时，罗钦顺见老师屋里还亮着灯，老师看书的剪影映照在窗纸上。他拉着何瑭低声道："从今晚起，你我轮流值班，防止刘黑狗和那两个人对老师下手！"

何瑭点头道："罗兄，你先回屋歇息，到二更的时候，我再叫你起来，看护老师！"

这天，王阳明沐浴更衣，师徒三人从何陋轩来到洞天，罗钦顺为王阳明烧了开水，沏了茶，把茶盏放在石穴的书案一侧，说道："老师，学生告退。"

王阳明点点头，他面前摆放着周敦颐《太极图说》《通书》《周子全书》以及朱熹的《四书集注》《周易本义》《诗集传》《楚辞集注》《朱文公文集》等书卷。因周敦颐晚年在庐州莲花峰山下筑濂溪书院讲学，世称濂溪先生，并且程颐、程颢均为其弟子，世人称之学派为"濂学"。周敦颐认为宇宙之体是精神性的实体"太极"。因而，太极动而生阳，动极而静，静而生阴，阴阳生五行，五行生万物。他认为这就是世界产生的过程。他把人无欲诚心作为修炼的最高境界，继承了西汉时董仲舒"天人合一"的思想。周敦颐的两个弟子，即程颐、程颢二人，对周敦颐的学说进行了发展，二程反对王安石变法，与司马光、富弼、吕公著等聚居洛阳，与新政对抗，提倡父子君臣，天下之定理，主张格物穷理。

朱熹是二程四传弟子，他认为"未有天地之先，毕竟是先有理，万物有万理，总天地万物之理，便是太极"。要"存天理，灭人欲"，通过"居敬穷理"，以求仁。

王阳明由"身之主宰便是心，心之所发便是意，意之本体便是知，意之所在便是物。

如意在于事亲，即事亲便是一物；意在于事君，即事君便是一物；意在于仁民爱物，即仁民爱物便是一物；意在于视听言动，即视听言动便是一物"。悟出心即理，心外无物。

王阳明由"人必有欲食之心然后知食，欲食之心即是意，即是行之始矣"，悟出知是行的主意，行是知的功夫，知是行之始，行是知之成，故而知者行之始，行者知之成，圣学只一个功夫，知行不可分作两件事，知行合一，这个大道今终于成矣！

王阳明想到，心者身之主也。而心之虚灵明觉，即所谓本然之良知也！且天理之在人心，终有所不可泯；而良知之明，万古一日。良知不是空洞无物，"洞观尘世，良知之体皦如明镜，略无纤翳，妍媸之来，因物见形，而明镜曾无留染。故而良知即是道。良知之在人心，不但圣贤，虽常人亦无不如此。若无有物欲牵蔽，但循着良知发用流行将去，即无不是道，但在常人多为物欲牵蔽，不能循得良知"。

王阳明从良知又悟出如何致良知，这是人性的一个飞跃。如童子不能格物，只教以洒扫应对，洒扫应对就是一物，童子良知只到此，那便教其去洒扫以对，就是致他这一点良知了。又如童子知畏先生长者，此亦是他的良知处，故虽嬉戏中见了先生长者，便去作揖恭敬，是他能格物以致敬师长之良知了。童子自有童子的格物良知。因此，天理在人心，亘古亘今，天理即良知，千思万虑，只是要致良知，良知愈思愈精明，若不精思，漫然随事而去，良知便粗了。

王阳明在阳明洞天内，经过深思熟虑，把他的心学体系进行了完整、充实，从心外无物到心即理，完善了心的静态体系；从知行合一，到良知和致良知，完成了人心的动态体系；再到满大街人都是圣人，无善无恶。完成了人人皆有良知，人人皆可以为尧舜。无论智愚、贫富、贵贱皆可成为圣人的平等体系。

王阳明心学完整、系统，有十二句箴言为证：

  知是行之主意，行是知之功夫；
  知是行之始耳，行是知之成矣。
  身之主宰乃为心，心之所发便是意；
  意之本体便是知，意之所在便是物。
  无恶无善心之体，有善有恶意之动；
  知善知恶是良知，为善去恶是格物。

直到第七天时，王阳明容光焕发，两眼炯炯有神，气宇轩昂，健步从洞天中走出来。此时，罗钦顺、何瑭等恭迎在洞外。十几名士子和学者，以及龙场附近的苗、傣、彝族的男女数十人，得知王阳明先生在小洞天中悟道，都恭候在洞外。贵州提学副使席书见王阳明先生从洞中出来，与众人齐施大礼，王阳明笑着还礼。

在王阳明回到何陋轩吃饭之时，除他两名弟子罗钦顺、何瑭在身边外，其他人都候在门外。罗钦顺给王阳明斟了杯酒，说道："老师，这是苗寨的弟兄送的，来，老师在小洞天内悟道，辛苦了，弟子和何瑭同敬老师一杯！"

王阳明爽朗笑道："昔日为师在京城讲学，心里就有一种言未尽、意未犹之感，通过小洞天七天悟道，把这些事都一概解决了！为师现在神清气朗，如站在高山之巅俯瞰大地，一切都清新如许。此乃上天所赐，故而为师在洞天内七天不饮不食，腹中似是食物满满。也不知怎么，按说现在这种季节，小洞天内当阴凉之气入骨髓，可是为师感觉如五月之天，温暖如春。"

王阳明走出何陋轩屋门，众人又齐刷刷向他施礼。王阳明还礼后，高声说道："今日幸蒙诸位前来道贺，阳明倍感欣慰！请诸位随我到栖霞山龙岗书院，今日我讲学的题目是人人可以致良知，人人可以知行合一，人人都可以成圣！"

席书向王阳明施礼道："先生，学生今日来，原本贵阳知府三公子要婚庆大典，邀学生做嘉宾。却不知因何缘故，又推迟了三天，早晨学生夫人说：'先生在龙场待你不薄，你当常去看看先生才是！'这不今日学生就来了，何况学生此次来，原想向先生请教朱陆之学同异之处，万没想到，先生入阳明洞天悟道七日，终得圆满，真令学生钦佩！"

王阳明刚要转身，贵州宣慰使安贵荣又派属下给王阳明送来了米二石、柴炭鸡鹅等肉食及日常生活用品，还送来金帛、鞍马。同时还有一封信是贵州宣慰使安贵荣亲笔书，信上写道：

上次书信，我已收悉，勿念。近日，我初闻先生为小人所制，没在龙场驿站入住，是先生自己上山砍竹木，自结茅屋乃名之何陋轩。既然有人以朝廷的名义为难先生，驿丞不在驿站入住，岂不咄咄怪事？先生自结茅屋，自奉薪火，丰衣足食，皆自力也，千古无此例也！既如此，如先生同意，我即上疏朝廷，撤销龙场驿站，至于先生以后生活之用，皆由我为先生筹妥，以解先生后顾之忧矣！今派属下送上一些生活必需品，另奉上金帛、鞍马，以为先生之用，仅以拳拳之心，聊慰先生暂栖龙场陋地！

贵州宣慰使：安贵荣拜上

王阳明令何瑭奉文房四宝，当即给安贵荣复信：首先，龙场驿站乃朝廷联络贵州及四川交通驿站,不可随意上疏撤销。另外,安大人送上的金帛、鞍马,因阳明在龙场除了讲学授徒派不上用场,金帛、鞍马实不能收,并以此致歉安大人。

王阳明在龙岗书院侃侃而谈,人的良知对社会、对家国天下影响深远,尤其是致良知,可使国家江山社稷强盛!国人如一人,天下一统华夏之邦,发展繁荣的美好未来,令贵州提学副使席书以及士子、学者等精神为之一振。其间,掌声雷动,几次打断了王阳明讲学。王阳明为众人解疑释惑,给人们指出了一条呼唤良知之路,描绘了致良知以后的美好前景。此次演讲,深得民心民意,堂内一次又一次沸腾。

席书曾往返王阳明所在的龙场驿站,即龙岗书院、何陋轩四次,终得心学大悟大彻。回到府城之后,自筹措资金建造了阳明书院,正式聘请王阳明为院长,主持了开学大典。在大典之时,贵州宣慰使安贵荣等高官出席开学仪式,席书率三百多学者、士子行拜师大礼。虽然席书年龄长于王阳明,而且官位也高于王阳明,但他从此以后,以师礼敬重王阳明。嘉靖年间,席书率贵州有关官员上疏,力荐王阳明入朝廷内阁,其上疏说:"综观朝廷诸大臣中,皆一般之才,甚或中才,无足与计天下事,而今能定朝廷大计者,非王阳明不可!"虽然此举未能成功,但可见学者对王阳明的敬重和崇拜。

席书离开龙岗书院的晚上,实在按不下心火的张忠和毒王,再至龙场驿站和驿吏刘黑狗见了面。张忠不问青红皂白啪啪扇了刘黑狗几个响亮的耳光,大怒道:"刘黑狗,本大人一忍再忍,现在十几天过去了,你怎么还不下手?怎么,你是反悔了吗?"

刘黑狗双膝跪地,叩头道:"张大人!非是小的不去做,是王驿丞入阳明洞天悟道七日,洞口有他的两个弟子把守,他们寸步不离,小的去了两次,都下不得手。这不,他今天才走出了山洞。"

张忠怒道:"王阳明这人真怪,他好好的不吃不喝,进入阳明洞天,他在里面干什么?七天才出来?"

刘黑狗说:"大人,听说他在洞中悟道,七日后大彻大悟,这才出来。这不,今天他就在龙岗书院讲他的阳明心学,什么良知不良知的,就他那一套,小的知道的就这些。"

张忠突然笑道:"刘黑狗,王阳明大彻大悟心学,这就是个好机会呀!你这样,明天以给他送粮食为名,把面料掺进去,这样连他的学生都毒死!"

毒王喜道:"好,张大人这个主意好!刘黑狗,你明天就这样办吧,你早了事,我和张大人早回京复命。"

这天上午,王阳明和罗钦顺、何瑭三人吃了早饭,苗族和傣族几个年轻人到山上砍了竹木,做了几十条木凳,还没上桐油,上午龙岗书院没安排上课,王阳明正准备骑马到贵州的阳明学院讲学。

刘黑狗从驿站牵出一匹马，他把装着粮食的麻袋搭在马背上，给王阳明送粮。他向王阳明施礼道："驿丞大人，小的恭贺大人悟道成功，今特送来一袋白米，这是驿站收入的俸粮，小的一人怕吃不了，故而送来接济大人生活之用。"

何瑭说道："刘黑狗，你可能看到了，我老师今非昔比，昔日结草为庐时，需有人雪中送炭，你是一粒粮食不送！今日老师在贵州声名大振，现在我们老师啥也不缺了，你倒好，来个锦上添花。哎呀，刘黑狗，我真不知你到底是一副什么样的心肠，真让人捉摸不透啊！"

罗钦顺笑了笑说："何瑭兄弟，老师说了，现在人人呼唤良知，而且还要想方设法让世人致良知，既然刘黑狗良知发现，咱不能再拒之千里之外。老师，刘黑狗的这袋白米咱收下吧！"

王阳明笑道："兄弟，良知在人，随你如何不能泯灭。虽盗贼亦自知不当为盗，倘唤他做贼，他在你面前还扭捏惧怕，这就是人的良知反应。今日黑狗兄弟既有良知之心，这袋白米且收了吧！不过我谢谢你顿悟，谢谢你找回了良知！"

当刘黑狗把马上的白米放下来时，那米袋竟突然破开一个洞，里面的白米撒了出来。当时罗钦顺和何瑭也没在意地上撒出的白米，抬了白米就往栖霞山上的何陋轩走。

这时，飞来几只花喜鹊，它们或许看到了地上撒下的白米，匆忙来争食。少顷，有两只喜鹊啄食白米后，倒地扑腾了几下，便一命呜呼！那几只飞来准备啄食白米的喜鹊，见它们的同类啄食而亡，便落下地来，围着已经死亡的喜鹊，哇哇大叫不停。

待罗钦顺和何瑭从栖霞山上下来，闻得喜鹊哇哇大叫，他们奔过去一看，那几只花喜鹊似是不怕人至，在地上仍跳来跳去哀鸣不止。

何瑭见状大惊道："罗兄，这事儿怪呀，怎么两只喜鹊吃了地上的白米死了呢？"

罗钦顺皱眉大声道："何瑭，亏你还出自郎中世家之门，这不明摆着吗？这白米里有毒！"

何瑭突然说道："罗兄，不好，这说明刘黑狗给咱们的那袋白米里有毒，这个奸诈的狗东西，我这就找他算账去！"

罗钦顺摇头阻止，像发现了什么秘密，说道："何瑭兄弟，你忘了，在桂花树下，那两个悄悄来吃竹篮子饭的人吗？刘黑狗就是奉了那两个人的命令，来借机毒害老师的。今日刘黑狗终于露出了真面目！"

何瑭立时大怒道："咱们老师是多么好的老师啊！他像一缕春风，走到哪里，哪里就绿了山、红了花，快乐了一大片人！过去我何瑭没拜老师时，或许无关痛痒，但现在老师犹如我何瑭的再生爹娘，谁和老师过不去，我何瑭就敢和他拼命！"

罗钦顺大笑道："何瑭兄弟，你忘了老师是如何让咱们顺服上天之意的。你方才以恶制恶，完全出自邪恶之意，你这是邪恶入心。现在咱们决不能上邪恶的当！"

何瑭摇头道："是啊，罗兄，我情急之下说出的这些以恶制恶的话，就是邪恶在我心里作怪！不过，我们对这个大恶人刘黑狗怎么办？难道我们对他视而不见，让他偷着乐呀？这样我们太好欺负了吧？"

罗钦顺摇头道："咱们先把刘黑狗送的那袋白米单独放起来。等老师从贵阳讲学回来后，把这件事和咱们夜间发现桂花树下，刘黑狗给两个不明身份的人送饭之事告诉老师，听听老师怎么说，你看这样行吧？"

何瑭点头道："可以，只是这几天便宜了刘黑狗和那两个来历不明的人。"

五天后，王阳明从贵阳讲学回到栖霞山何陋轩，罗钦顺和何瑭把刘黑狗被两个不明真相的人教唆，试图毒杀王阳明的事一说，王阳明淡淡一笑说道："看来刘瑾知道我到了贵州龙场驿，他置为师于死地之心不死。但上天庇护了为师，所以才有了两只喜鹊食而暴死之事，为师明白这两个人的真正用意，为师不死，他们不会离开龙场。既如此，你们和老师共同演一场戏吧！"

三十　阳明悲写《瘗旅文》　安氏平乱消丑闻

罗钦顺皱眉说道："弟子愚拙，不知老师是何意？"

王阳明让二人近前，说了一番话，二人听后连连点头说道："老师，弟子明白！"

是日，罗钦顺和何瑭二人穿了孝服，从何陋轩出来，边走边哭，悲悲切切，十分哀恸。

此时，站在远处偷窥的刘黑狗看到这一幕，匆匆奔到桂花树下，张忠和毒王正在树下等候，刘黑狗左顾右看，气喘吁吁奔过来说道："张大人，想必你们已经看到了，王阳明已经中毒身亡了，你们看，罗钦顺和何瑭今早就穿上了孝服！我那一百两银子该兑现了吧？"

刘黑狗担心张忠反悔，更担心他们卸磨杀驴，他做好了大喊大叫的准备，一旦张忠和毒王对他下杀手，他准备拼死一搏，此时他腰里插着一把短刀，以备应急之用。他说完这句话，见毒王站了起来，他大声道："张大人，咱们谁也别耍花招，快把那一百两银子给我！"

张忠故意说道："刘黑狗，表面看起来王阳明死了，因为他的两个弟子都穿了孝服，可是你想过没有，王阳明绝非愚拙之辈，他善于欺骗，十分诡诈，在钱塘江边，他扔了衣袍，写了两首绝命诗，给人造成跳江自杀的假象，让我们上当。今儿他的事不会是假的吧？"

刘黑狗怒道："张大人，咱们事先讲好了的，把带有剧毒的白米送给王阳明，就算完事！现在他的两个弟子都穿了孝服，而且哭得悲悲切切，悲痛欲绝，难道这不是真的吗？世上哪有人愿意诅咒自己早死呢！"

毒王冷笑道："刘黑狗，王阳明是世上少有的奸诈之人，他什么事做不来？万一正如张大人所说，他是假死，或故意装死呢？我们回京城无法向千岁爷交代。所以张大人的意思是，王阳明必须真的死了，我们才能放心，才能把那一百两银子给你。"

张忠说道："刘黑狗，让世人上当的事太多，所以，我们还要看到真凭实据才放心！"

听这意思，实乃鸡蛋里挑骨头。可是刘黑狗也无奈，他即便说破嘴皮子也白搭。

遂咬牙切齿道:"张大人,那好,你们谁愿陪我走一遭?咱们绕到何陋轩的背后去看看,我要让你们死了这条怀疑的心!"

张忠笑道:"这就好嘛,这正是本大人所要的。毒王,你辛苦一趟,陪刘黑狗去看看!"

刘黑狗二人顺着树林,绕到栖霞山上,又攀登到何陋轩的背后,刘黑狗和毒王同时看到何陋轩的小院里放着一副刚做好的棺材,二人这才从一侧悄悄返回桂花树下。但是在返回桂花树下的路上,刘黑狗故意蹲在地上,以查看裤腿为由,悄然从地上抓了一把干土放入衣袋中,慌忙赶路的毒王并未看到。

毒王点头道:"张大人,看来王阳明真的中毒身亡了,我和刘黑狗看到何陋轩小院里停放着一副新棺材。"

张忠点头笑道:"好!这才是千岁爷所要的。"说到这儿他不拿银子,却向毒王递个眼色,毒王悄悄掏出刀趋到刘黑狗身边。

刘黑狗此时正察言观色,发现张忠和毒王要杀人灭口、卸磨杀驴,遂拔出刀来。他大喝道:"张大人,我刘黑狗早就料到你们要杀人灭口!"

张忠大怒道:"刘黑狗,你今日必须死,我们才好放心回京城!毒王行动吧!"

刘黑狗心里已经算过,两人战一人,他的胜算很小。他怒斥道:"张大人,你们大错特错了,我刘黑狗是练家子,动拳脚你二人即使一起上,也不会胜我,今日我刘黑狗要大开杀戒啦!"说着操刀向张忠刺来,其实他必须从二人中间跳出来,选择好逃跑的路线。张忠失去了主见,刘黑狗如果真的会武功,那么我和毒王肯定难逃一死!在这龙场荒草野地,除了狼叼狗撕、鹰啄鸟噬之外,想入土为安是不可能的,末了做个他乡野鬼,死后连祖坟也进不了,真是太悲哀了!

毒王在江湖只会制毒,若论刀剑腿脚功夫,他远远不及。见张忠往后退,他开始犹豫了,今日张大人敢对大功告成的刘黑狗杀人灭口,那么在回京途中,倘他也动了这个心思,他答应我的那二百两银子,不就也成为画饼充饥了吗?人呢,都怕死,我毒王闯荡江湖几十年,万不可在此阴沟里翻了船,张大人退我亦退!

刘黑狗见说大话起了效用,继而大怒道:"张大人、毒王,你们两个听仔细了,我刘黑狗恩怨分明,我是个宁可舍命也不舍财的人,你们啊,乖乖地把那一百两银子放下,若不然我让你们俩死在龙场荒山野地里!"

张忠似是吓破了胆,把手里的包裹一扔,说道:"刘黑狗,我知道强龙压不过地头蛇,银子给你,你让我们走。"他说着转身就在荒草杂木中飞跑起来。毒王见状,跟在张忠后面也拼命往外逃。

刘黑狗见状,变本加厉大喊道:"快滚蛋吧!这回老子生了慈悲之心,饶了你俩狗命，倘下次再敢到龙场来，老子定亲手杀了你们！"

刘黑狗的喊叫声，自然被守在何陋轩院外的罗钦顺和何瑭听得一清二楚，二人也亲眼看到张忠和毒王狼狈逃窜的样子。罗钦顺喜道："何瑭兄弟，老师真的是神机妙算，只要这两个家伙逃回了京城，老师以后就安然无恙了！"

何瑭站起来，说道："这两个人跑了，可刘黑狗呢？"

罗钦顺说："刘黑狗孤掌难鸣，你放一百个心，老师自有办法对付他。"

且说，王阳明料到两个不明身份的人一定是奉了刘瑾之命，必置他于死地而后快，所以他满足了他们的心愿。不过，此时王阳明没有在何陋轩内坐着或躺着，也没有坐在木几前看书，他突发异想，上天赐给了我王阳明一个机会，既然做了一副棺材，我想试试，人死后躺在棺材里会有怎样的感受。他在罗钦顺和何瑭穿上孝服走出何陋轩之时，笑着躺进了棺椁里。

王阳明如同真的死人那样，放松四肢，微微闭上双眼，棺材盖子盖上，棺内黑洞洞的。他想到，人最初的时候，在娘胎里渐渐长成人形，既而发育有了五官和四肢，或许六七个月的时候，就会在娘胎里动弹，怀胎十月之后，可谓瓜熟蒂落，随着哇的一声大叫，便从娘胎里生了出来。从此，这个人就赤条条、两手空空地来到这个世上。随着岁月消逝，冬去春来，他长大了，学会了算计，学会了求取功名，同时也学会了奸诈。于是他睁大双眼，伸出一双欲壑难填的大手，争啊、夺啊、抢啊、捞啊，甚至不惜杀人害命。可到老来，他在这个世上先前所掠夺到的一切，什么也带不走。他一命归西，人们把他放进棺椁里，有无陪葬品且不论，到了这时，尘世才给他盖棺论定，无非恶善两个牌子。大多数三五十年以内，背上的无形牌子烟消云散，即使有名德传世的人，一二百年有之，三五百年亦有之，倘是大名人，或许千年足矣！到了最后，世上只留下他的名字，或是一个与他人相区别的符号而已！

王阳明又回顾了自己从师承娄谅到龙场悟道的心学之路。

王阳明觉得眼下最为遗憾的事，是谪贬龙场，在这个偏僻的角落之地，当初的拳拳报国之心无法实现。他叹道："上天啊，我王阳明就这一个心愿，就这一个志向啊！"

罗钦顺和何瑭回到了何陋轩，却不见老师的身影，何瑭笑道："罗兄，老师万万不会为了迷惑刘黑狗他们，自己躺进棺材里吧？"

罗钦顺笑道："这也难说，老师说过要逼真嘛！"

何瑭推开棺椁盖，果见王阳明在内，遂说道："老师，戏演完了，那两个从京城来的人逃走了，刘黑狗似是获胜了。老师，弟子扶老师出来吧！"

王阳明笑道："好，他们都打着如意算盘，心满意足了，但这件事还没画上句号。这样，今晚咱们去驿站，见刘黑狗去！"

从栖霞山的何陋轩出来,到龙场驿站,大概有二三里的路程,王阳明在前,罗钦顺在后,不一会儿就来到龙场驿站。驿站一排七八间房子,只有驿吏刘黑狗住的房屋内亮着灯光,在漆黑、沉寂的龙场,这盏灯火犹似一点鬼火,又像魔鬼邪灵的眼睛,放着似红非红的光亮。

此时,自以为有了圆满收获的刘黑狗正沉浸在兴奋喜悦之中。灯光下,那二百两银子像列队的勇士一样,接受刘黑狗的检阅。他特意炒了几盘荤素搭配的下酒菜,一壶烧酒,放在案几上,他斟了一盏酒,刚要举箸夹菜的时候,罗钦顺把门一推,说道:"刘黑狗,你好逍遥自在啊!"

刘黑狗发现罗钦顺后面是王阳明,像吓破了魂魄似的急忙双膝跪地,叩头道:"驿丞大人,小的该死,小的该死啊!"

王阳明往木几上一坐,大声道:"刘黑狗,你也不必如此,你听从京城两个人的指使,企图毒害我,为了银子,你的良知真心被狗吃了吗?"

刘黑狗至此,还以为是魂魄附体的王阳明来找他算账,颤抖着身子,几近梦呓般问道:"驿丞大人你是人啊,还是鬼啊?"

罗钦顺开怀大笑道:"刘黑狗,你还做梦呢!我的老师他命大福大,就你和京城那两个人的鬼把戏,早被我的老师识破了!"

到了此时,刘黑狗才伏地认罪道:"驿丞大人,小的本来是至死不做的,可是京城那个张大人,以小的家人相要挟,是他们用刀逼着小的干的,请驿丞大人明察!"

王阳明看着俯伏在地的刘黑狗说道:"刘黑狗,你完全不用狡辩。这件事我早已洞若观火,你是为了这些白花花的银两,出卖了良知!肆无忌惮地投毒害人!"

王阳明说到此处,站起来踱到刘黑狗面前,接着说道:"退一步,倘我没有识破你们的阴谋伎俩,我真的被你们送来的白米毒死了,你可能还会这样心安理得地在灯下品酒,在灯下拿起这些充满血腥和毒恶之气的银两,勾画你自己的美好未来。但你忘了一句百试百灵的话:'人在做,天在看。'你侵占了他人财物,将来总有一天,会有人从你手里夺过来,因为这些不是你的,是不义之财!"

听了王阳明一席话,刘黑狗立时傻了!

刘黑狗连连叩地有声说道:"驿丞大人,小的罪该万死,请驿丞大人给小的指一条明路,让小的将来赎罪!"

罗钦顺怒道:"老师,像刘黑狗这样的小人,他有奶便是娘,放下带血的刀,就喊自己罪该万死,像他这种出尔反尔的无良知之辈,他岂能彻底醒悟,彻底摆脱罪孽呢?依弟子看,他是痴人说梦!"

刘黑狗见罗钦顺如此说,他信誓旦旦把手一指,说道:"倘我刘黑狗有半句瞎话、假话蒙骗驿丞大人，让天打五雷立劈了我，风吹起个大石轱辘当场砸死我！"

王阳明怒道："刘黑狗，你不可信口起誓，你现在什么也不要说，静下你的狂妄之心来，按照我说的去做就可以了。"

王阳明告诉他，这袋白米不可掩埋烧毁、暴殄天物，当把这袋米漂洗去毒，无毒之后食之。另外，对这些银两，大行慈爱、怜悯之心，散发给苗、傣、彝族及路过此地逃难之人或穷苦之人，立下受苦的心志，与罪恶断绝，如此才是唯一出路。

偏这一天，王阳明和罗钦顺等站在栖霞山上，发现远处有两个过路之人，守着一个卧地之人抚胸大哭，伤悲之情溢于言表。

王阳明与罗钦顺急忙从何陋轩拿了些食物奔到那三个人面前，一问才知道，他们是主仆三人，主人被朝廷处罚到边塞戍边赴任，结果他的身子虚弱，禁不住这翻山越岭之苦，路上得病死在了这里。王阳明与罗钦顺找来工具，把这位死在路上的主人埋葬了。因他们还要赶路，王阳明把食物送给他们，这才回到何陋轩。

到第二天清晨起来，王阳明和罗钦顺、何瑭站在栖霞山上远望，发现一个人又在那儿号啕大哭，而且比前日之哭更甚。王阳明和何瑭赶到一看，那儿子因父病重致死，失去了到边塞的信心，竟自绝身亡了。此时唯一的仆人悲痛欲绝，伤心至极。王阳明与何瑭帮着仆人掩埋了主人之子，父子共葬一穴。

王阳明要剩下的这个仆人到栖霞山来住。仆人执意不从，要为主人守坟，到第二天早上，王阳明发现那个仆人躺在坟前已经一动不动了。

罗钦顺说道："老师，不好，这仆人一定是随他主人去了！"

王阳明等三人来到那仆人跟前，只见他手里攥着一张字条，上面清晰地写道：

不知姓名的大善人，主子已死，身为奴仆，岂有苟且偷生之理？我心甘情愿随主子而去，埋了我吧，我们主仆是三人坟。

没有落款，字迹写得歪歪扭扭。但看得出，此仆人是心甘情愿去死。由此三人，王阳明想到了他和罗钦顺、何瑭师徒三人，他们三人在龙场驿都曾经大病过，是他拼着一定要活下去的心愿，又多亏苗、傣、彝族帮助，这才活到了今天，为此他抑制不住泪如雨下。遂挥笔写下了悲贯长天、流芳百世的《瘗旅文》，其悲辞曰：

维正德四年秋月三日，有吏目云自京来者，不知其名氏。携一子一仆，将之任，过龙场，投宿土苗家。予从篱落间望见之，阴雨昏黑，欲就问询北来事，不果。明早，遣人觇之，已行矣。薄午，有人自蜈蚣坡来，云："一老人死坡

下，傍两人哭之哀。"予曰："此必吏目死矣。伤哉！"薄暮，复有人来，云："坡下死者二人，傍一人坐哭。"询其状，则其子又死矣。明日，复有人来云："见坡下积尸三焉，则其仆又死矣。"呜呼伤哉！念其暴骨无主，将二童子持畚锸往瘗之。二童子有难色然。予曰："嘻！吾与尔，犹彼也！"二童悯然涕下，请往。就其傍山麓为三坎，埋之。又以只鸡、饭三盂，嗟吁涕洟而告之曰：呜呼伤哉！繄何人！繄何人？吾龙场驿丞余姚王守仁也。吾与尔皆中土之产，吾不知尔郡邑，尔乌为乎来为兹山之鬼乎？古者重去其乡，游宦不逾千里，吾以窜逐而来此，宜也。尔亦何辜乎？闻尔官吏目耳，俸不能五斗，尔率妻子躬耕可有也，乌为乎以五斗而易尔七尺之躯？又不足而益以尔子与仆乎？呜呼伤哉！尔诚恋兹五斗而来，则宜欣然就道，胡为乎吾昨望见尔容蹙然，盖不任其忧者？夫冲冒雾露，扳援崖壁，行万峰之顶，饥渴劳顿，筋骨疲惫，而又瘴疠侵其外，忧郁攻其中，其能以无死乎？吾固知尔之必死，然不谓若是其速；又不谓尔子、尔仆亦遽然奄忽也。皆尔自取，谓之何哉！

吾念尔三骨之无依而来瘗尔，乃使吾有无穷之怆也。呜呼痛哉！纵不尔瘗，幽崖之狐成群，阴壑之虺如车轮，亦必能葬尔于腹，不致久暴露尔！尔既已无知，然吾何能违心乎？自吾去父母乡国而来此，三年矣，历瘴毒而苟能自全，以吾未尝一日之戚戚也。今悲伤若此，是吾为尔者重而自为者轻也。吾不宜复为尔悲矣，吾为尔歌，尔听之。歌曰：

"连峰际天兮飞鸟不通。游子怀乡兮莫知西东。莫知西东兮维天则同，异域殊方兮环海之中。达观随寓兮奚必予宫，魂兮魂兮无悲以恫！"

又歌以慰之曰："与尔皆乡土之离兮，蛮之人言语不相知兮，性命不可期。吾苟死于兹兮，率尔子仆来从予兮。吾与尔遨以嬉兮，骖紫彪而乘文螭兮，登望故乡而嘘唏兮！吾苟获生归兮，尔子尔仆尚尔随兮，无以无侣为悲兮。道旁之冢累累兮，多中土之流离兮，相与呼啸而徘徊兮。餐风饮露无尔饥兮，朝友麋鹿暮猿与栖兮。尔安尔居兮，无为厉于兹墟兮！"

王阳明这篇饱含血泪的《瘗旅文》，是中国文坛祭文中的名篇。

王阳明悟出心学之道，开始在贵州龙场龙岗书院讲学之时，王阳明的心学，如星火燎原一样，传播开来。贵州除席书率先创办的聘请王阳明讲学文明书院外，很快出现了正学书院、阳明书院、南皋书院、学孔书院等二三十所书院。所以，王阳明几乎天天奔走于这些学院之间，致使他的肺病、哮喘病复发并严重起来。

贵州是个少数民族集中的省份，这时距离龙场不远的宋氏土司内部，因争夺土司之位，发生了贵州有史以来最大的内讧。贵州官府令安贵荣率兵平定宋氏土司叛乱。后来有人传言，这次宋氏土司发生的内部叛乱完全系安氏指使。安贵荣听到这个传言非常气愤，他向属下说道："平定贵州民族叛乱，是当今圣上赋予本使的权力，本使岂能私下鼓动宋氏土司叛乱，这不是自己找麻烦吗？"

又过了一段时间，平叛兵马准备妥当，准备正式出兵平叛时，又有传言说宋氏土司的叛乱当由宋氏土司来平定，不需安贵荣率大兵来平叛。安贵荣心胸狭窄，为这些谣言所困，一时不能自拔。主帅有了这种念头，自然讨贼的官兵行动迟缓。从贵阳府出来，一路上走走停停，完全不是那种雷厉风行、十万火急的状态，到后来安贵荣索性称疾，大军不前。

而此时，宋氏土司叛乱呈现白热化，已经严重危及其他少数民族的安全，民愤越来越大。这等于说讨贼主帅由于谣言四起，在半路上故意称病，三军不前。而叛乱如同燎原大火即将祸及其他少数民族的稳定。

此时王阳明对这件事已经有了深刻了解。这天晚上，王阳明想到了自己和安贵荣的关系，照现在的局势发展下去，倘有人给朝廷上疏，奏报安贵荣无病呻吟、小病大嚷，那么安贵荣面临的必然是撤职查办，甚或押送京师被诛杀的危险！王阳明连夜挥笔给安贵荣写书信，其信曰：

安大人：

自古正人君子为事，当不为小人所困。譬如当今之谣言，不过是那些怀揣叵测之心的小人嚼舌根而已，大人又何必当真呢？池塘原本清洁无尘，风平浪静，但偏有人往池塘里投石或投沙，使池塘污秽四起，这些奸佞小人就愿看这样的笑话儿！而今，宋氏土司内讧起，至今已将近一月，且如烽火燎原之势，祸及苗族、彝族、傣族，死伤人数逾千。

兵法云："凡兵不攻无过之城，不杀无罪之人。夫杀人之父兄，利人之货财，臣妾人之子女，此皆盗也。故兵者，所以诛暴乱，禁不义也。"且兵贵神速，出其不意，攻其不备。今叛乱已经白热化，故而，大人当即刻起兵，强力平叛，以此雷霆万钧之力，用平叛的事实，破除众谗之口，平息多端争议。如此，则谗言不攻则自破也！

安大人，因为大人对阳明不薄，阳明刚入龙场之时，大人曾两次派属下送来粮肉衣物，解阳明燃眉之急。正所谓滴水之恩当以涌泉相报也！今阳明在贵州讲学时闻得此等谣传,大人切不可因小人之谗言而自乱阵脚,此正中谗言炮制者之意也。且燎原之火不可蔓延,胜战之兵当惜时如金。不可怠慢!乞请大人听信阳明肺腑之言,时下刻不容缓,即使抱病也当驰马飞进,唯此即可平叛乱,又不毁大人之清誉也。请大人见信后,驰马立行,不可再耽误了时间!切!切!切!

余姚王守仁书

此时,安贵荣尚在帐中,他接到王阳明通过快马送来的书信,顿悟兵贵神速,再迟缓下去,必难平定叛乱,遂即起兵,不消五日,就把宋氏土司的大叛乱平定了。

王阳明多次外出讲学,世人对王阳明越发敬重。一次,思州太守坐轿到衙署,路上看到一个偷人钱物的贼被抓住,太守悄悄笑着下了轿,看众人如何处置这个行窃的小偷儿。

一个学士样的人向那小偷儿怒道:"你这年轻人有手有脚有力气,干吗不做些正经事,何必做此勾当!我来问你,你的良知何在?"

那小偷儿擦着被打出的一脸血说道:"良知是什么?是白色的还是黑色的?我可从来没见过!"

那学士叹道:"小偷儿,你真愚拙!阳明先生说:'良知只是一个天理,自然明觉发现处,只是一个真诚恻怛,便是他本体。'一句话,良知就是人内心那颗最淳朴、最洁净的心!我再告诉你,阳明先生说,'良知既不是白色,又不是黑色,是纯正的热气腾腾的红色!'"

另一个士子推了一把小偷儿大声说道:"你真是世间白痴!良知和致良知,是当下咱贵州最流行的热门话儿。阳明先生说,'知是心之本体,心自然会知;见父自然知孝,见兄自然知悌,见孺子入井自然知恻隐,此便是良知不假外求!'"

这时,一个上年岁的老汉把小偷儿拉起来说道:"孩子,记住戒偷如戒火!你把钱财退还人家,再叩三个响头,从此不为偷窃之事!像方才这几位先生所说,你快按阳明先生开出的方子,找你自己的良知吧!找到了良知,你再重新做人,听阳明先生的话,致良知吧!"

太守想这个王阳明竟然让思州的百姓人人皆知,如此敬重崇仰。署衙的人更是对王阳明崇拜至极,而且他还在属下的办公案上看到了恭放的王阳明画像,画像一侧,用毛笔写着公公正正的两行字:

知善知恶是良知。

千圣皆过影，良知乃吾师。

太守当下闷闷不乐回到他的办公案前，心中自怒道，本守执掌思州多年，倘换了便服，走在思州大街上，竟无一人识得本守。身为思州的父母官，竟不如一个贬谪到龙场驿站的驿丞王阳明，真是让人可恨！

太守在署衙内徘徊许久，想出来一个办法，他要给王阳明一个下马威，要让他知道小小的龙场驿丞该是什么样的角色！他派了两个人来到龙场，专门来会会这个名噪贵州的王阳明。

这天，正赶上龙岗书院开门讲学，除了求学的士子及学者，思州的苗、傣、彝族的青年男女及老人们，都来龙场看望王阳明。王阳明用谦卑之心热情接待这些少数民族的百姓。罗钦顺和何瑭在人们中间来来往往，端茶倒水，一时何陋轩的小院里，十分热闹，让人倍感亲切。

那两个奉了太守之命的官员先悄悄看了龙岗书院，见学者士子们站在院内兴奋地谈天话地、无拘无束。他二人从书院出来，登上栖霞山，来到何陋轩。罗钦顺满面春风地迎接他二人道："两位大人，欢迎来到何陋轩，我的老师正准备讲学，请二位大人到客房先喝茶吧！"

其中红脸的官员怒道："我二人是思州府衙的官员，快让王阳明来迎接本官，你嬉皮笑脸的算什么东西？"

罗钦顺皱眉道："两位大人，我素闻凡在官府的大人都是知礼仪懂羞耻之人，且我与你二人往日无仇，近日无怨，你们做大人的，怎么会如此说话？"

何瑭见罗钦顺高声说话，他奔过来说道："罗兄，他们要干什么？你怎么了？"

另一个白脸的官员怒道："老兄，你看看，何陋轩都是什么货色，竟敢对我们如此无礼！"

何瑭一听，顿时怒火在心中升腾，道："两位大人听着，何陋轩乃吾师起居礼仪之地，我不管你什么思州、想州的大人、官员，你们既然如此不知礼仪，不识待客之道，今儿你二人休想参见我的老师！"

院内既有大声说话的人，自然让王阳明听见了。他匆匆奔出来，率先向思州府衙的官员施礼道："两位大人，不必动怒，方才我的两个弟子多有慢怠、失礼，阳明为此给你们二位赔礼！"

这时红脸官员并不还礼，上下打量着王阳明，向白脸官员说道："老兄，你看，这就是贵阳人风传的大名鼎鼎的王阳明，原来他没有长着三头六臂呀！你这个小小的龙场，一个鸟不拉屎、鹅不下蛋的破地方竟滋生出了这么一个妖孽！"

那白脸的官员则说道:"那当然,这年头儿奇怪的事多了去了,说不定头顶上咔嚓一声震雷响,又生出一个比王阳明还有名气的怪物来!"

此时王阳明并不恼,亦不怒,微微一笑说道:"二位官员,恕阳明说句不恭的话,看来你二人不是从吃五谷杂粮的尘世凡间而来,你们……"

何瑭怒道:"老师,我看他们是从魔鬼邪窟里刚出来,所以他们根本不懂得接人待客之道,这也难怪啊!"

红脸官员怒道:"王阳明,你别忒猖狂!你这小小的龙场驿丞,当归思州管辖!你看,我们得知你王阳明名扬贵州,今特来龙场,送上一件令你非常称心的礼物,请笑纳吧!"

说着红脸官员从手提的布囊中拿出一件花花绿绿的女人衣袍儿和一件女人的胸兜、短裤。他在手里高举着,只怕众人看不见似的,一边说一边故意摇来摇去。

何瑭早已怒火攻心,攥紧拳头狠狠砸在那红脸官员的脸上,高声大怒道:"是可忍,孰不可忍!我今儿不管你什么州的官员大人,我今天不顺上天,我先揍了你再说!"

罗钦顺没想到这两个不知名姓的官员竟如此戏弄老师,向白脸官员吼道:"我老师贬谪贵州龙场,本来心里就强压怒火,今在贵州之地奔走讲心学,碍着你什么了,你们竟用女人裙袍侮辱老师,你们到底是披着人皮的狼,还是披着人皮的狗?"

几十个苗、傣、彝族的青年男女,这时才明白,原来这两个思州署衙的官员拿着女人的袍裙、胸兜、短裤,是来故意羞辱王阳明的,顿时大怒。人们呼啦啦上来,围住红脸、白脸两个官员,攥拳抡掌打起来。正是:

> 过街老鼠偏招摇,
> 龇牙咧嘴歪戴帽;
> 摇头晃脑数他高,
> 纵口不逊嘴放刁。
>
> 阳明大度侧目瞧,
> 弟子怒火胸中烧;
> 群起拳脚漫天来,
> 皮开肉绽遗屎尿。

王阳明见状,急忙高声说道:"大家不要急,不要恼,别再打了,再打只怕要死人的!"

当红脸白脸两个官员,从地上被众人扭着面向王阳明跪下的时候,有个中年人吼道:"狗官,你俩听着,先生救过俺们寨子里人的命,他是俺们苗族弟兄姊妹的大恩人!你敢戏弄先生,就是戏弄我们!你瞧不起先生,就是瞧不起我们!这次算轻的,下次非砸断你们的腿不行,让你俩这狗官从龙场爬回思州!"

另一老汉则伸手指着那两个狼狈不堪的官员说道:"睁开你俩的狗眼仔细看看,先生是这人世上最好的人!他教我们文化,教我们种地,我们敬仰他、崇拜他,你们侮辱先生,就等于侮辱我们!快滚吧,记住,别再到先生这儿来,不然你俩来一次,我们打一次,以后别登龙场的地边儿!"

王阳明摆摆手向众人说道:"谢谢大家为我打抱不平,这世上百人百样,就是平常嗑瓜子啊,说不定也会嗑出个臭虫来,让人恶心,我已见怪不怪,大家快散了吧!"

何瑭气得从地上拿起那女人的衣袍、胸兜、短裤,让那两个被扭跪在地上的官员一人头上挂了一件。大声说道:"我的老师,一向来者都是客,但是倘你们专门来找碴儿滋事,这你俩看到了,根本不需我老师动手,就足以灭了你们!"

王阳明则示意众人放开这两个官员,他叹道:"上天赐予了每个人向善之心。与人为善,唤发每个人的良知,这世界该有多美好!你们是思州的官员,按理说你们到龙场来见我,我们当以礼相待,可是没想到你们却来诽谤侮辱,受些皮肉之苦,权作教训吧,你们俩可以走了。"

思州太守看到被打得体无完肤、狼狈至极的两个官员,顿时大怒,吼道:"好个不知天高地厚的王阳明!在思州这块地界上,本守当为天下第一,他竟敢暴打本守的属下,分明是藐视本守,根本不拿本守当回事儿,明天就有好果子给他吃!"

有道是,阎王易见、小鬼难拿。譬如思州这两个官员,依太守之意是让他们到龙场驿站见王阳明,看这个王阳明真的如传说中那么神吗。是他俩路上心生异念,见到王阳明之后,故意态度傲慢,先用冷嘲热讽,讥笑王阳明,然后再用女人之服污辱、戏弄王阳明。因为书中有"君子不为愤怒而动"。两人打赌要验证王阳明是否正人君子!俩人被众人暴打之后,验证出王阳明果然是正人君子,根本不为他二人的戏弄和嘲讽所怒。俩人在走进思州府衙之时决定,索性破罐子破摔到底,把一切不是都推给王阳明,这才使思州太守勃然大怒,要给王阳明好看。

三十一　嫣儿临祸吐真言　刘瑾伏法沉贼船

正所谓，日月如梭，岁月如歌。王阳明处理完驿吏刘黑狗投毒一事后，汉代大将马援那句"马革裹尸还"，再次激发了王阳明报效社稷的凌云之志。他不甘心只讲述阳明心学，他想驰骋沙场，为国建功立业，干一番轰轰烈烈、气壮山河的大业。所以他特意写了两封书信，一封给杨廷和，一封给冀元亨，让刚刚收为弟子的阿平和阿山，陪同罗钦顺入京。

其实，杨廷和早接到了来自南京王华的书信，信中夹带着当年刘瑾写给护送王阳明去贵州龙场的郭铁和周超的两封亲笔信。一直不肯嫁人的婍婳看到了王华写给杨廷和的书信，知道王阳明没死，而是去了贵州龙场赴任。她一心想去贵州龙场找王阳明，所以被家人看管起来。为此婍婳寻死觅活，杨廷和与夫人非常烦恼。这时，罗钦顺带着王阳明的书信来拜见杨廷和。

玲儿得知此事，急忙奔到婍婳房中，把罗钦顺前来拜见其父的事说了。婍婳想，现在家里一年到头很少有人来拜访，她觉得这个人来，一定和王阳明有关系，遂和玲儿悄悄趋近接待客厅的一侧，细听来人与父亲的对话。

待罗钦顺把王阳明的书信交给杨廷和，杨廷和看后大笑道："好啊，这样看来，阳明这孩子在贵州龙场挺好，不仅开办了龙岗书院，还经常到贵阳府四处讲学，这比在京城还好啊！"

罗钦顺接着又把刘瑾派人到贵州龙场毒害王阳明的事说了，并说他老师有封书信，是写给冀元亨的。后来又把他老师的打算告诉了杨廷和，他要代替老师面见一下嫣儿。杨廷和非常乐意，他通过关系，让罗钦顺和嫣儿见了面，嫣儿从罗钦顺这里知道了王阳明现在的情况，为此特别兴奋。就在这天晚饭前，婵儿悄悄告诉嫣儿，说刘瑾总拿另外一种眼光看她，似是在监督她。

嫣儿由此预感到，刘瑾已经知道她暗中帮助王阳明的所有事。这天掌灯时分，武宗又从豹房醉醺醺地回到碧云宫，嫣儿和婵儿为武宗服下醒酒汤，待武宗清醒之后，嫣儿说道："陛下，嫣儿有要事想向陛下禀报。"

武宗说道："嫣儿，有何要事尽管说！"

嫣儿遂把刘瑾从戴铣等二十一人强谏上疏至王阳明被打入天牢，又被廷杖四十，贬谪贵州龙场驿，直到现在，刘瑾派人一直追杀王阳明的事，完完整整地告诉了武宗，继而又把那两封刘瑾写的书信给他看。

武宗大怒道："好个奸诈之徒，原来朕在自毁社稷栋梁！朕明天就……"

嫣儿摇头道："陛下，此时尚不是惩治刘瑾的最好时机！他是一株大树，在朝廷六部三院，包括各行省乃至州府，都培植有盘根错节的亲信和爪牙。依奴婢看，刘瑾的末日即将到来，陛下今儿起，可不可以看在嫣儿与婵儿姐妹侍奉陛下多年的分儿上，向上天起个誓言？"

武宗点头说道："嫣儿，朕始终把你和婵儿看成朕的亲生女儿，你让朕起誓就起誓！"

嫣儿说道："嫣儿和婵儿多谢陛下抬爱。嫣儿即使明日为陛下而死，也绝不后悔！嫣儿通过看宫中古书，明白了一个道理，历朝历代君王，毁在色欲上的不在少数！嫣儿要陛下今儿起誓，从此再也不入豹房！不近嫔妃以外的女色，此一也；从明天始，多理朝政，有关江山社稷之大事，一定要亲为，绝不可再让刘瑾代劳！"

武宗遂双膝跪地，面向苍天庄重道："好，当今皇上朱厚照今日起誓：今日起，不入豹房！不近嫔妃以外的女色！从明日始，有关江山社稷之大事，一定要亲为，决不再让刘瑾代劳！如若违背今日之誓，听凭上天责罚！"

嫣儿点头道："陛下，今天嫣儿可以告诉陛下，先帝的四句诀词的谜底，将来保陛下江山社稷的是王阳明！"

"王阳明！好！是朕听信刘瑾谗言，多次冤枉了王阳明！嫣儿，你一定是上天赏赐给朕的。这样，明日朕下旨，封嫣儿与婵儿为朕的干女儿！"

嫣儿摇头道："陛下，别，别！只要陛下心里默认，就是嫣儿和婵儿的最大福分！陛下听嫣儿之言，不要再听刘瑾的蛊惑，嫣儿冥冥之中感觉到，上天惩罚刘瑾的日子越来越近了！"

原来，圣上武宗都不知道，刘瑾常年不离手的那把丝绸折叠扇子，内中藏有两把带有鹤顶红毒汁的尖刀。刘瑾从小太监那里得知，在杨廷和的引荐安排下，王阳明的弟子罗钦顺与圣上近侍嫣儿见了面。这个消息一出现，刘瑾终于找到了圣上庇护王阳明的真正原因，原来都在这个日夜形影不离陛下的近侍嫣儿身上。此人就是王阳明在朝中的卧底，是她在不断给当今圣上吹风。现在看来，张忠和毒王此番千里迢迢去贵州龙场毒杀王阳明，依然是竹篮子打水——一场空！此时他不想处罚张忠和那个毒王了，他眼前最大的敌人，是圣上身边的近侍嫣儿！

刘瑾选在武宗入恭之时，趋近嫣儿笑道："嫣儿妹妹，你看你的家人来看你和婵儿了!"

顺着刘瑾所指的方向,前面确实有一个驼了背的老者,背对着嫣儿站在那儿,手里拎着一个沉甸甸的布囊。嫣儿柳眉一皱,思道,我的家人入宫当先有书信来,为何不来信,人却来了?她有些生疑,关键此时除了远方背对的那个人以外,碧云宫前只有刘瑾和嫣儿。

正在此时,刘瑾闪电般打开丝绸折扇在嫣儿身上一划拉,这个动作来之快,去之疾,为此刘瑾特意在屋中练了几十遍。原来这把丝绸扇中藏着的两把锐利无比的刀刃上,除了鹤顶红,还有一种短时间即生效的麻醉药,故而嫣儿当时并没有感到疼痛,但不一会儿,裙袍就被血浸湿了,当她感觉到疼痛之时,那鹤顶红毒汁已入血肉之中。

鹤顶红乃剧毒,见血封喉。不消一刻,嫣儿没说出一句话,就倒地身亡了!

武宗得知嫣儿已死,抱着嫣儿百般痛哭,他悲痛欲绝时,看了看旁边哭成泪人的婵儿,他想起了嫣儿昨晚说的话,遂立传口谕,封嫣儿与婵儿为他的干女儿,将嫣儿以公主身份厚葬。后来,武宗为婵儿招了驸马,风风光光把婵儿嫁了。这是后事,此事表过不再赘述。

此处当有一个小插曲。前面提过,当年近十五岁的朱厚照继承皇位之后,先前在东宫侍候过朱厚照的刘瑾等太监共有八人,成为朝廷内外皆知的"八虎"。其中有保定新城人张永,朱厚照初登帝位时,念其旧恩,令张永总领神机营,与刘瑾为同党。但是张永素有良知之心,他看不惯刘瑾飞扬跋扈、不可一世的嘴脸,故而时常表现出来对刘瑾不满。刘瑾也觉得张永不附己,便时常言于帝,欲将之远放至南京。性情直爽暴躁的张永得知后,直接到武宗前诉说刘瑾陷害他。于是武宗召刘瑾来与之对质,俩人立即争吵起来,刘瑾自以为他是"八虎"之长,不把张永放在眼里。张永力大,遂挥拳殴打刘瑾。武宗无奈,令"八虎"之一的谷大用专门置和合酒为两人调和。张永没到南京,从此和刘瑾暗中较上了劲。

另外,自明太祖朱元璋成就帝业,改立年号为洪武以来,朱家人包括亲信都受到了皇恩雨露,基本上都被分封为王。燕王朱棣发动了"靖难之役",篡夺了其侄惠帝朱允炆的皇位,开创了分封藩王反叛朝廷的先例。到正德五年,宁夏安化王朱寘鐇,如同当年燕王一样,打着"清君侧"的招牌,历数阉人刘瑾十七大忤逆之罪。如同唐时骆宾王所写的《代徐敬业讨武曌檄》文一样,其文辞虽比不上骆宾王的才华,但也确实写得气壮山河,令人怒发冲冠,义愤填膺。

直到这时,刘瑾才从内心感到非常惧怕。因各行省、府、州、县的奏折都交到他的手中，故而他把这篇檄文藏匿起来。这样，武宗就成了睁眼瞎，对安化王朱寘镭反叛之事，他只知道皮毛。

杨廷和和孙燧得此十万火急的军国大事，建议武宗起用都御史杨一清总制军务，同时令张永做监军，发兵十万立即征讨安化王朱寘镭。

大军出发前，武宗戎服亲送至东华门，同时赐予了关防、金瓜、钢斧饯行。可以这样说，对张永此番征讨宠遇甚盛。

原来，杨一清昔日为将官，他的部将距离安化王朱寘镭叛乱地方不远。这位部将出奇兵，不伤一兵一卒，硬是把反叛朝廷的安化王朱寘镭给活捉了，轻而易举震压了反判！

张永和杨一清即入城，安抚安化王朱寘镭的余党，抓捕首要爪牙与余孽，一并关押起来。

张永和杨一清骑着逍遥马，将士们打着得胜旗、敲着喜庆鼓，在凯旋的路上，杨一清不想这么快就回到京城接受武宗的赏赐，他想享受一下被圣上封赏前的快乐。所以，他向张永提出，大军需在灵州休整三日，张永点头称是。

杨一清，字应宁，云南安宁人，父亲以奇童荐之为翰林秀才，后授中书舍人。一清貌寝而性格极其敏警，与人好谈经济大略。他在陕八年，后进入南京太常寺卿。他曾巡抚山西，仍督管马政。先帝曾赐之银章两枚：一曰"耆德忠正"，一曰"绳惩纠违"，令其用密信言事。后来，杨一清被刘瑾陷害入天牢，是杨廷和与孙燧力荐，才起用了杨一清。

另外，此时当后事前说，以后不再提及。后来张璁接受了张永之弟的钱财，由张璁出面，请杨一清为张永写墓志铭。一清曰："老矣，以为孺子所卖。"后来杨一清疽发背而死，为明世宗赐太保，谥文襄。

杨一清与张永在灵州对几而饮，杨一清素知张永与刘瑾有很深的矛盾。他笑了笑放下酒盏说道："张兄，依我看朝廷外乱易平，难就难在朝廷内乱上！比如那个刘瑾，当然我送给他绰号'刘不倒''刘猖狂'。我觉得他当是朝廷一大内患！"

张永并不知杨一清心中之意。遂叹道："是啊，圣上信任他，况且我知道他耳目众多。当今之事，有许多原本应该的事，大都由于谋划不周，真正行事时有疏漏，往往打蛇不成，反被蛇咬！弄不好还要丢了性命，倘如此，宁可不为！"

杨一清笑道："张兄，你知道我眼下最佩服谁吗？"

张永笑道："杨兄，我又不是你肚里的蛔虫，我岂知你最佩服谁？"

杨一清笑道："你当知道，他是朝廷的大才子！他开门收徒讲阳明心学！"

张永笑道："对，王阳明！此人深不可测，胸怀文韬武略，当为朝廷的栋梁之材！

对！他和刘瑾是死对头，任刘瑾多少次派人诛杀，都被他的机变和智慧化解！你佩服他，我张永亦佩服他才是响当当、铮铮铁骨的男子汉大丈夫！"

见张永如此说，杨一清笑道："张兄，看来，你不怕刘瑾！"

张永点头道："那当然！我只是苦于没有合适的机会，倘上天赐给我机遇，我愿意早日除掉这个祸国殃民的东西，为王阳明平反昭雪！自古以来，大丈夫当为此等江山社稷之大事死而无憾矣！"

杨一清啪地一拍案儿，喜道："张兄，我杨某今有诸葛孔明先生般的锦囊妙计一策，你若从我，必诛刘瑾！"

此时刘瑾如惊弓之鸟，他把侍女嫣儿之事如实告诉了焦芳、张彩、江彬等。另外，因宁王朱宸濠手下的大将吴十三成了半个废人，更加上凌十一与其他人的矛盾，起兵誓师之事，一推再推，这让刘瑾心中十分急躁！他早已设想到，嫣儿临死前肯定把她所知道的王阳明的情况都奏报了当今圣上。这个年轻的皇帝现在不仅厚葬了嫣儿，关键是从此再也不入豹房，不听刘瑾的一切安排，甚至开始过问朝廷的军国大事。昔日像个温顺的绵羊，今日却成了睡醒了的雄狮！此次派张永和杨一清出兵去镇压安化王朱寘鐇的叛乱，就是一个明证！这是一个要全面驾驭军国大事的响亮信号！

坊间常说："先下手为强，后下手遭殃。"刘瑾和众心腹商定，不等宁王朱宸濠内外呼应了，只要下手软禁了朱厚照，当今朝廷谁敢不听他刘瑾的！

其实刘瑾心藏奸诈，一直期盼黄袍加身，他侍奉朱厚照时，曾找过一个号称姜神仙的算命先生，说他的徒孙二汉当大贵，这本不是他的心愿。以他之心，是他能坐上这个至高无上的皇帝之位，而不是什么徒孙、儿子！况且他年轻时就入了宫，那个子孙根早已割去，人人皆知他是阉人！他不相信这个命运，他不但要踩着死人的血骨，而且要踩着活人的肩膀、头顶，把比他强的人硬按下去、打压下去，得到九五之尊的帝位！为此，他提前暗中让后宫兵仗局太监孙和数遣以甲仗，两广镇监潘午、黄昭又为其大造弓弩，至于皇帝御用之物，也已悄悄准备完毕。当年周瑜攻打曹操大营前，曾经万事俱备，只欠东风。而今刘瑾只等待一个大吉之日的到来！

此时，张永和杨一清派快马入京，奏报当今圣上，将于八月十五这天向圣上献被俘的安化王朱寘鐇。刘瑾得到这个消息后，如同热锅上的蚂蚁，他开始上蹿下跳，恐慌不安起来。因为八月十五是他登基的大吉之日，如那天献俘，则他登基就成了泡影，所以他假传圣旨推迟献俘。他想方设法，以此日是圣上皇后娘娘的忌日为由，说明此日不宜献俘，没经当今圣上允许，就私自替圣上传了口谕。

刘瑾心中的如意算盘噼里啪啦打得山响，但上天偏不这样安排。偏这时，他的亲哥哥都督同知景祥突然暴死！死前一点儿征兆都没有！这是刘瑾万万没想到的。都督同知在朝廷也算是个重要人物。亲人在丧，他不得不先处理此事。这正是，上天不佑，你走得快赶上祸，你走得慢祸赶上，让你两头忙两头都不如意！

更重要的是，张永和杨一清得到了刘瑾传的圣谕，因张永几乎一直在后宫，对圣上、皇后娘娘的吉日、喜日、忌日记得非常清楚。张永听后大笑道："杨兄，这纯属刘瑾耍的心眼儿，我一看就知道这是他的老把戏！"

杨一清正色道："张兄，圣谕可不是儿戏！依我看，咱是圣上的臣子，咱还是按圣谕推迟献俘吧！"

张永仍笑道："杨兄，刘瑾这小子一向爱假传圣上口谕，而且来传口谕的那个太监，我认识他，他是刘瑾的属下。你放心，这件事如若说违背了圣上旨意，一切后果我张永承担！"

杨一清说道："张兄，依你如何？是八月十五献俘还是……"

张永怒道："不，此事咱就是要出其不意，提前两天献俘！入京之后，我让我的属下直接奏报圣上，我看刘瑾到底要耍什么花招儿！"

这时，一个太监驰马来到营帐，前来拜见张永，张永惊道："小郭子！什么事这般急？"

这太监看到帐内有杨一清，迟疑道："张公公！是……"

张永笑道："小郭子，这是杨大人，有事尽管说！"

太监向杨一清施礼后说道："张公公，刘瑾这几天要作乱，只是瞒了圣上一人！"

张永怒道："狐狸终于露出尾巴来了！他要作乱，天地不容！"

杨一清突然悟道："看来，这才是刘瑾的真面目！既如此，事不宜迟，张兄，咱们马上进京！"

张永原本是内廷的人，拜见圣上自然非常方便。这日，张永和杨一清入宫拜见圣上。

这时刘瑾等人，侍于圣上一侧。武宗喜道："张永、杨爱卿，汝等率军出师平定安化王之乱，乃国之大事，今日朕设宴犒赏汝二人！刘瑾，去好好安排一下。"

刘瑾向张永施礼道："张兄，恭喜你和杨大人！"

张永还礼道："刘兄，为圣上分忧乃你我之本分，咱同喜同贺，一切功劳当归于陛下！"

武宗笑道："张永，你出征时朕还有些担心。朕没想到，你胸怀将帅之才，等三日后斩了安化王，朕一定重赏汝二人！"

即将到晚上时，有人来找刘瑾，此时刘瑾心里如打翻了五味瓶。他如坐针毡，心焦如火。他没想到，张永和杨一清竟有如此本事，硬是把安化王朱寘鐇擒获了。他真想找一个安静之地，把他头脑中纷乱如麻的思绪，好好梳理一下，看来越等越对自己不利。他想和焦芳他们赶快商议一下，把各自的职责分清，而后统一时间，统一行动！可是当今圣上在座，他没有理由离开。正当他一筹莫展、心情烦躁之时，有人来找他，这真是个好借口啊！

其实，杨一清在案下，几次用脚示意张永。张永几次摇头，有刘瑾在，偏这时有人来找刘瑾，真是天助也！

待刘瑾一出，张永向正在夹菜的武宗说道："启奏陛下，知道安化王朱寘鐇为何而反吗？"

武宗皱着眉头，想了想说道："是啊，朕一向待他不薄，朕真不知道他为何而反。"

说到此处，张永微微一笑，从袖中抽出安化王朱寘鐇写的《讨伐刘瑾之檄文》让武宗观看。武宗看后怒道："朕明白了，原来是刘瑾把这个檄文扣压下来，他告诉朕只说安化王朱寘鐇反了，没想到刘瑾竟有十七大忤逆之罪，把朕一人蒙在鼓里，刘瑾欺朕太甚！欺朕太甚啊！"

张永趁机说道："陛下，人常说：'灯下黑是万祸之源！'比如这个刘瑾，就这次，本来奴才想和杨大人在八月十五入京献俘。奴才的奏报入京后，刘瑾向陛下奏报了八月十五献俘吗？"

武宗摇头道："他没有向朕奏报！朕只是接了小郭子的奏报，知道汝二人今日入京献俘，别的朕一概不知！"

张永怒道："陛下，刘瑾这么多年以来，他经常假传陛下口谕，打着陛下的旗号到处招摇撞骗。他十恶不赦，请陛下速传旨！"

把檄文一掷，怒道："来啊，传朕口谕，立即拘捕刘瑾！"

张永道："陛下，奴才张永接旨！"

此时，刘瑾刚把焦芳等送出门外，他向众人说道："明日酉时在碧云宫先把圣上软禁起来，你们就开始行动！"

当焦芳等人从刘瑾家出门之后，恰遇到张永等率领的锦衣卫三百人驰马而来，不消一刻，尽数把他们捆绑起来。刘瑾尚未上床入睡，张永等就涌入屋内。

刘瑾拿起那把扇子，刚要自刎，被锦衣卫一士卒发现，飞起一脚，把刘瑾手中的扇子踢掉，继而众人上前，把刘瑾捆了。

次日早晨，张永来到碧云宫，向武宗施礼道："陛下，请移驾刘瑾家中。"

武宗说道："张永，怎么昨夜朕传旨拘捕刘瑾，莫非他真的有忤逆之心？"

张永正色道："陛下，属下已经封锁了刘瑾内外宅邸，现正在查抄！不过陛下，仅凭安化王檄文中的十七大罪状，足以治刘瑾之罪，请陛下切莫生什么怜悯之心！"

武宗说道："张永，你先到刘瑾家吧，朕正想把此事通报给朝廷百官！"

张永和杨一清凯旋入京献俘一事，在京城和朝廷内像疾风入树林般很快传遍了。孙燧兴奋得晚上去找杨廷和，俩人一见面，杨廷和喜道："孙兄，张永此次出征凯旋，看来朝廷的风向要改变啊！"

孙燧说道："杨兄，我刚听说，今晚圣上赐宴犒赏张永和杨一清，但有一件事，你听了肯定会分外兴奋的！"

"什么事？孙兄，你快说！"

"杨兄，我刚从杨一清属下那里听说，安化王朱寘鐇谋反，你知道他打的反旗的旗号是什么吗？"

"这，我怎么知道？"

"我今儿告诉你，安化王朱寘鐇列举了刘瑾十七大罪状，他以清君侧的名义，发了《讨伐刘瑾之檄文》，但是刘瑾把檄文扣压下来，只向圣上奏报了安化王谋反，故当今圣上也蒙在鼓里！"

"孙兄，我早先说什么来着，刘瑾诬陷王阳明侄子时，也是欲加之罪，何患无辞。他张口圣上口谕，闭口圣上口谕，有谁敢去和圣上当面对证真伪！但是，纸包不住火，今天总算让他现了原形！"

"对，杨兄你说得对！张永和杨一清一回京城，圣上自然知道了安化王朱寘鐇谋反的真正目的。所以刘瑾飞扬跋扈，欺上瞒下，为所欲为，气数已尽，好！这真是大快人心之事，阳明侄子的冤案现在可以昭雪天下了！"

孙燧看着杨廷和此时兴奋得如同童子，把案头上王华寄来的刘瑾指使郭铁、周超刺杀王阳明的亲笔书信看了看，仅这些罪证，就足以为王阳明平反昭雪，这件事还是嫣儿有心机，她让圣上看了这两封书信后，又送回到杨廷和手里。两人此时都是发自内心的喜悦，想压制都压制不住，全部洋溢在脸上。看着杨廷和手抚髯须，在屋内兴奋踱步的样子，孙燧点头道："杨兄，对，这就是今晚我来找你的真正原因！"

杨廷和大喜道："大厦将倾，刘瑾到了树倒猢狲散的时候，现在有嫣儿送回的这两封书信，正是给阳明侄子平反昭雪的好时机！孙兄，这件事你说咱们怎么办好，很可惜，王兄不在，咱俩就商量一下，怎么来为阳明侄子平反吧！"

此时，玲儿悄悄奔到娓婳闺房里，向她说道："小姐，你今天应该高兴，我告诉你，孙大人满脸笑着来找老爷了，肯定有什么喜事，你不去听听？"

自从王阳明被谪贬之后，家人催她早日嫁人，她整天寻死觅活。到了后来，爹娘见她真心实意要嫁给王阳明，并且王阳明的夫人诸氏，在回京城的路上溺水而亡，

船家不知她是何处人，出于怜悯慈善之心，把她葬了。当然这个情况，是在南京任职的王华给杨廷和、孙燧写信时透露的。世上的事，就是这样稀奇，瞒着的事，到后来不免还是露出了真相。

其实，要不是家中看管严厉，婉姵早就奔赴贵州龙场，去和王阳明相会了。今天，听了玲儿的话，婉姵顿时身上似是涌起千般之力，兴奋地说道："玲儿，好，你去门口看着我娘，我这就去！"

婉姵从屋里针线竹箩里拿起一把剪刀揣在衣袖里，然后才悄悄奔到客厅窗下的墙根儿处，从杨廷和与孙燧断断续续的商谈之中，她听明白了，他们准备联合王阳明的弟子和戴铣等上奏当今圣上，公开刘瑾之罪，请求圣上赦免王阳明。二人商议之后，孙燧去叫王阳明弟子卢尚德，因冀元亨知道恩师在贵州龙场正四处讲学，和卢尚德商议之后，便和罗钦顺一同去了贵州龙场。

听到这些情况后，婉姵心想，刘瑾从明天起风光不再，面临万民痛斥，所以刘瑾这一篇到了该掀过的时候！那么，阳明离平反昭雪重新任职之时也不远了。此时，我婉姵必须大胆、勇敢、果断地奔到阳明身边，去踏踏实实做他的夫人！

婉姵做了个大胆的决定，她从墙角走进屋内，当杨廷和正在惊疑之时，她泪水涟涟跪地泣道："爹，刚才爹和孙伯伯说的话女儿听得仔仔细细，阳明哥面临平反昭雪，且嫂夫人已殁，正是女儿嫁给阳明哥的好时机！请爹看在女儿十几年如一日铁心愿为阳明哥夫人的分儿上，咱家里不要再为此事闹得天翻地覆了吧！"婉姵说到最后，嗓子突然沙哑，语言变得含糊不清，禁不住失声痛哭起来。

闻到哭声，杨廷和夫人急忙奔过来，还没进屋，先大声说道："老爷，这怎么回事儿，天都这时辰了，姵儿为啥哭呢？"

杨廷和并未伸手搀起婉姵，背着两手怒道："姵儿，你怎么这么死心眼呢？你阳明哥比你大十几岁！十几岁！爹和你娘怎么能同意让你嫁给他呢？"

杨夫人一听又是为婉姵嫁给王阳明的事，见婉姵跪伏在地上，已哭成了泪人。她长叹一声，上前抚摸着婉姵的乌发。说道："姵儿，看来这就是你爹和你娘的命！俺们认定不能做的事，姵儿偏要做啊！你前世一定是你爹和你娘的仇敌！而你姵儿呢，上辈子，或许更上辈子，欠了你阳明哥的情债，这世呢，你偏要偿还！"

婉姵儿索性抬起头来，用香手帕把脸上的泪水一擦，沙哑着嗓子问道："爹、娘，今日姵儿想和二老做个了断！"

杨廷和一听，长叹道："姵儿，你想如何了断？"

杨夫人一听皱眉道："姵儿，你是爹娘的掌中之宝，是娘身上掉下来的血肉，你这傻孩子，你怎么能和爹娘做个了断呢？"

婼媈刚硬地说道："媈儿早已铁心嫁给阳明哥，媈儿现在就两条路，要么爹娘心甘情愿同意媈儿嫁给阳明哥，要么让媈儿立时死在爹娘面前，除此媈儿再无别的路可走！"

　　杨夫人见自己宝贝女儿说出此等绝情之话，似是数年的辛酸苦辣心路历程让她筋疲力尽。她摇着头大声长叹一声，泪水流淌下来，说道："也罢，从今天起，这件事娘不再拦你，娘不是心甘情愿，娘是彻底放弃！"

　　婼媈破涕为笑大喜道："娘！媈儿从内心深处感激娘，谢谢娘给了媈儿盼望多少年，今日才盼到的幸福！"

　　婼媈转身扑到她娘怀里，她脸上虽有点点滴滴泪花，但她此时的内心比千倍万倍的蜜还甜！

　　此时，固执如铁的杨廷和却怎么也转不过这个弯来，他见夫人如此说，啪地一拍案几，怒道："不可！我乃一家之主，我说不行就不行！"

　　婼媈一听从母亲怀里腾的一下抽出身来，切齿道："爹，也罢，是媈儿不孝，媈儿这就到阴间去等阳明哥哥！"说着从衣袖中抽出那把剪刀，噌的一下就向自己胸口扎来！

　　因为杨夫人已经见证过自己女儿几次欲自尽的场面，见女儿如此猛地扎下去，她用力一挡，女儿手中的剪刀却扎在她的胳臂上！

　　此时，恰逢孙燧把卢尚德找来，孙燧见状向杨廷和怒道："杨兄，你怎么还这么固执、死板？媈儿不顾生死喜欢阳明侄子！你成全了她，岂不是世间一大美谈！"

　　杨廷和见夫人胳臂上淌出了血，急忙俯下身来，他大声道："夫人！夫人！你看你的胳臂出血了！"

　　此时，婼媈从地上坐起来，两眼呆滞地站起来，泣道："爹，既然如此，咱父女俩今生今世的情分已尽，媈儿今去也！"遂一头向墙上撞去！

　　卢尚德见状，刚想出手去抓婼媈，已被眼疾手快的孙燧一把抓住，怒道："媈儿！媈儿！你怎么这样？"

　　杨廷和把夫人扶起来，向寻死的婼媈怒道："媈儿！好！好！你爹这大半辈子从没输过任何人，今输给了自己女儿！爹屈服了，爹从今天起同意你嫁给你阳明哥哥总行了吧？"

　　孙燧这才笑道："杨兄、嫂夫人，这就对了嘛！成全媈儿和阳明侄子的好姻缘，是我多年的心愿！这样，咱趁热打铁，这个媒人我来做，明日我就给王华写信，让他回京，咱们三人一起商议此事如何？"

　　杨夫人叹道："也罢，正是'女大不中留，留来留去留成仇！'。既然矢志不渝，老爷，咱就成全了婳儿！"

杨廷和见婳婳破涕为笑，他摇头叹道："婳儿，你不记恨爹吧？"

婳婳笑道："不会！不会！爹和娘是世上最好的人，婳儿只怕感激还感激不过来，婳儿怎会记恨爹呢！"

当晚拘捕刘瑾及其同党，是张永奉圣上旨意经过精心筹划才实施的，所以不见风吹草动，刘瑾及其同党被悉数捉拿起来。次日早朝时，有一老臣在进金銮殿大门口时，他有意拉了杨廷和和孙燧两人，低声附耳道："你们两个人从今往后柳暗花明又一村了！咱先说好，今儿中午你们俩人必须请我！"

杨廷和笑道："谢兄！这不公平吧，我和孙兄不知道什么事儿，凭什么请你喝酒啊？"

这个老臣点着杨廷和的鼻子笑道："孙兄，杨兄，你们别装大头蒜啦！我今儿看你俩的脸色，就知道你们已经知道了刘瑾这个大魔头昨晚被抓了，怎么不值得一请吗？"

孙燧大笑道："谢兄，杨兄故意和你开玩笑呢，今儿是普天同庆！我和杨兄不但请你，还把咱们原来户部、吏部的老兄弟都叫齐了，今儿中午不醉不归！"

杨廷和笑道："谢兄，现在咱们就定下，按孙兄所说，把吏部、户部原先咱们那几个老兄弟都叫上，客我和孙兄请，但叫人的事你来办如何？"

那老臣点头喜道："好！心有灵犀一点通！人我叫！"

就在他三人说话之时，卢尚德带着几十名弟子匆匆奔过来，孙燧上前示意卢尚德，低声说道："尚德，一会儿圣上万一让你们觐见时，你们再进去，现在先在门外候着吧！"

卢尚德点头道："孙大人！好！我知道了！"

没想到，武宗驾临金銮殿之后，想到昨夜传口谕拘捕刘瑾之事，心中还在生气。遂开口道："众卿，刘瑾这些年虽然侍奉朕，可他屡违圣谕，多次假传朕意，特别是安化王朱寘鐇谋反，公列了刘瑾十七大罪状，可是刘瑾藏匿了这十七大罪状的檄文，只简单奏报朕安化王反，张永和都御史杨一清奉旨讨伐安化王，胜利回京之后，朕才见到了公列刘瑾的十七大罪状！朕传旨，今起撤刘瑾奉御之职，谪居凤阳，永不招用，籍其家！"

杨廷和出班奏道："陛下，刘瑾罪恶滔天，罄竹难书！只谪居凤阳，籍其家，永不招用，不足以平民愤、泄民恨！"

孙燧出班奏道："陛下，想想朝廷大才子王阳明的大冤案！想想戴铣等二十一人的冤案！想想朝廷中因刘瑾治罪而死的那些大臣吧，陛下如此处置罪恶滔天的刘瑾，臣第一个不服啊！"

继而朝廷金銮殿内如炸了锅一样，数以百计的朝中文武官员皆历数刘瑾之罪，一时怨声四起，怒火万丈！

武宗自登临九五之尊，乘六龙以来，从未见过此等百官咬牙切齿之恨，遂说道："众卿，对一介太监，况且又侍奉朕多年，今不看罪恶看功劳，网开一面，让他终身到凤阳苟延残喘，了结此生吧！"

有大臣大喝道："不！陛下，自古'打蛇不死，必招祸害'！今朝中文武百官，切齿其恨，即使千刀万剐也不足以平众人之怒，请陛下三思！"

杨廷和则高声道："陛下，不可！陛下登基以来，刘瑾飞扬跋扈，独断专行，罪恶滔滔如海如天，如此处置，朝廷文武百官皆不服，不信陛下可以一问！"

武宗问道："如杨爱卿所说，朕当问一问。"遂环视金銮殿中文武百官，大声说道："朕如此处置刘瑾，众卿服否？"

文武百官齐声怒道："陛下！臣等不服！不服！不服！"

其声如雷霆万钧长鸣不停。武宗为之震动，遂又说道："众卿，倘刘瑾有谋反忤逆之大罪，朕必不轻饶他！"

这时，张永从殿外入高声道："陛下，刘瑾正有谋反之大罪！"说着把刘瑾准备登基用的龙服、皇冠、玉玺等御用之品，由十个太监依次呈上来。

文武百官皆目瞪口呆，原来刘瑾如此打压文武百官，制造滔天罪案，肆意诛杀文武百官，他真的是要谋取皇位，梦想有朝一日登基啊！

武宗大怒道："传朕旨，明日把罪孽刘瑾磔于市，暴尸三日，诛谈氏九族，碎其首为齑粉烂泥！"

文武百官顿时欢声雷动，群情激昂，久久不能平息！

次日，京城百姓，万家空巷，都齐刷刷来看诛刘瑾！

京城士子有诗为证：

刘瑾为虎作伥狼，
世间毒恶逼人尝；
炮烙抽肠点天灯，
天下痛绝民欢畅！

上天怒目天下望，
总见邪恶诱他狂；

三十一　嫣儿临祸吐真言　刘瑾伏法沉贼船

> 万般罪孽今清算,
> 碎尸万段骂名长。

京城髯翁有诗为证:

> 泥人吹气人模样,
> 良知圣灵占心堂;
> 做人良善乃至本,
> 邪恶偏纵他放荡!

> 刘瑾争尊忒猖狂,
> 一字一狱他独创;
> 凶恶极欲枉百算,
> 磔市灭族罪难偿!

三十二　阳明获释坐庐陵　百姓苦难得伸平

把罪恶滔天的阉人刘瑾磔于市后，武宗临朝第一件事即为王阳明平反昭雪，传旨王阳明无罪，升为庐陵县知县。即从未入流的九品之末，升为七品县令。为此王华专门到京城，答谢皇恩。同时，和杨廷和、孙燧商定了婉媚和王阳明二人的婚事。按媒人孙燧之意，因阳明已封为庐陵知县，乃七品之官，故此次婉媚的婚姻大事宜简办。

朝廷的圣旨是派钦差乘快马送去的。钦差临出发前，王华写了书信给儿子王阳明，这样就有了卢尚德、田庄、金岸等人护送婉媚与侍女玲儿到达贵州龙场的宽松时间。

王阳明接到了这封家书之后，特意让弟子冀元亨与罗钦顺、何瑭等人准备了丰盛的酒宴。当然在这之前，他已知道夫人诸氏已死在途中。为此，他让罗钦顺、何瑭看守龙场何陋轩、龙岗书院等，他与冀元亨沿途寻找掩埋夫人的坟墓。之后，将夫人的棺椁护送回余姚祖坟发表，办完这些事后，才回到贵州龙场。此时婉媚、卢尚德、田庄、金岸等人已来到龙场。在苗、傣、彝族等众人的帮助下，他和婉媚举行了成婚典礼。三天后，王阳明即率夫人婉媚及弟子冀元亨、卢尚德、田庄、金岸、罗钦顺、何瑭等辞别当地百姓，前往庐陵县就职。

王阳明一行刚到庐陵县衙大门前，百姓听说庐陵新知县到任，许多人匆忙围拢过来，守卫县衙大门的差役用手中的器械驱赶百姓，不让他们近前。这时，县丞率众衙役出衙迎接王阳明的到来。按县丞的安排，给王阳明等在庐陵县最著名的桂花大酒楼订了酒宴。

王阳明进了县衙大门，守在门口的差役马上关上了大门。王阳明觉得怪异，他没进县衙客厅的大门，挥手说道："文县丞，我初到庐陵，接风宴暂且免了吧，除了和公衙的差役及公人见面外，我想和庐陵的百姓照个面。"

文县丞连忙摇头道："知县大人，卑职知道昔日大人在京城的名望。但咱这庐陵刁民太多良民太少，就是平常咱县衙的人出门也要结伴而行，若不然定有不测之事发生！"

王阳明一听笑道："看来咱这庐陵县衙和百姓们不是一家人呀？"

文县丞皱眉道："知县大人有所不知，庐陵天高皇帝远，公人遇刁民，有理说不清啊！"

王阳明正色道："文县丞，此乃咄咄怪事！朝廷派咱们到庐陵管理这里的黎民百姓，他们交税，他们纳粮，他们把生产的物品交给咱们，他们才是咱真正的衣食父母啊！若没有他们，咱们吃什么？喝什么？穿什么？若没有他们，朝廷怎么会派我们到这儿来！所以，咱县衙和他们是一体，他们是水，我们是鱼！文县丞，你想过没有？没有水的鱼儿怎么活？"

文县丞摇头道："知县大人，按说该如此。可是现在世道变了，他们都成了刁民，他们和咱县衙成了死对头！"

正说话间，闻得门外大吵大闹，衙役们纷纷拿了棍棒，从衙内向门外奔去。

王阳明说道："文县丞，是山贼还是土匪，为何衙役们都持枪挟棒而去，走，咱去看看！"

文县丞伸手示意道："知县大人，此乃家常便饭！等衙役们把刁民镇住了，大人再出去吧，不然，衙门外太危险！"

王阳明怒道："文县丞，这真是天下怪事！在衙门口能有什么危险？这样，文县丞，你和我一同出去，我去和百姓们见面！"

庐陵县衙门外，此时已集聚了一二百人，县衙的差役们，用棍棒驱赶奔到门前的黎民百姓，到处是衙差们的喝骂和怒斥之声。文县丞长叹道："知县大人，你看这些刁民，根本不把大人放在眼里，对他们只能以棍棒相加，要不然，根本震慑不住！"

王阳明示意众差役不可如此。他高声喊道："庐陵县的父老乡亲们，知县王阳明今儿给你们施礼了！我王阳明初至庐陵，大家不要嚷，不要乱，有事尽管跟我说！"

这些围在县衙周围的百姓们，从来没有见过哪个知县向他们施过礼，更没有如此客气地说过话。一见知县大人如此仁义有礼，一个老者急忙伏地施礼道："知县大人，草民有冤，草民一家人给大人施礼了！"

王阳明急忙走下县衙门口的台阶，趋身向前搀扶着老汉说道："老丈，按年龄您老与我的父亲相近，我尊您一声老叔吧，不必如此，有话站起来说！"

老汉见王阳明如此，泪流满面，颤抖着说："大人，就凭你方才几句话，草民发自内心地说，大人一定是个好知县，庐陵今儿开了天眼，草民遇到青天大人了！"

接着，王阳明搀扶着老汉进了县衙，并给他一木凳请他坐下，冀元亨斟了一杯茶。王阳明捧至老汉前，说道："老叔，有事请讲，我恭耳静听！"

原来这老汉姓陈，他的儿子叫陈江，是庐陵县的粮长，负责向县衙交纳粮食，而今他的儿子陈江和其他几个粮长，都被县衙抓了，十日之内，不拿出一百两银子赎人，陈江和那几个粮长就要被发配边关戍边，老汉正为此事到县衙来告状！"

王阳明问道："老叔，黎民百姓种地产粮，按时交纳皇粮国税，自古以来都是如此，该交的必须交纳，如果执意抗粮抗税，府衙会怪县衙的！"

老汉急忙摇头道："大人！三年了！我儿收不上粮来，收不上税来，我儿卖房卖地替百姓们交了三年！"

王阳明从老汉的话中似是听明白了，陈江是庐陵县属下的粮长，因百姓们交不上粮税，陈江为此卖房卖地，替交不上粮税的百姓交了粮税，今年他家里实在拿不出粮税，所以才被县衙关进了大牢。

王阳明一听有些蹊跷，说道："老叔，我初来庐陵，这样，你可不可以让你的家人，带我的属下去你家里看一下、访一访，果真如此的话，我马上释放你儿子陈江！"

老汉点头道："当然可以，现在就去？"

王阳明点头道："对，现在就去！"

待冀元亨、卢尚德与几个衙役查看回来之后，一说情况果真属实。可当他要释放陈江等人时，文县丞把王阳明拉向一侧，低声说道："知县大人，看来大人只知其一，不知其二，陈江他们几个万万放不得！"

王阳明不解道："文县丞，论理，陈江收不上粮税，他卖房子卖地，替其他百姓交纳了三年粮税，他这是功，应当奖励！现在他们一家七口，住在一个大草房里，既不能避雨，又不能遮风，他已经到了绝境，他哪还有可交的粮税？咱县衙万不可横行霸道，为所欲为，长此以往，岂不要官逼民反吗？"

文县丞说道："知县大人，可是葛布没收上来，折合的银两更没收上来！他陈江是粮长，咱县衙倘若放了他，葛布和折合成的银两咱找谁要啊？"

正在这时，府衙同知派两个差役持书信来庐陵县衙。王阳明接过书信，还没看完，其中一个府役大声道："你就是新来的知县王阳明吗？同知大人说了，十日之内，倘若凑不足三百二十两银子，你王阳明亲自到府衙回话！"

两个差役刚走，文县丞就叹道："知县大人，你看看上面来的都是爷！眼看就到吃午饭的时候，咱怎么也要留人家吃饭啊！他们这样空手回到府衙，肯定会在同知大人面前说咱们坏话。如那样，大人这个知县之位，恐怕就不好做了！"

王阳明突然说道："我王阳明也食人间烟火，也知道这是起码的待客之道。可是，正因为咱县衙没有银子，没有招待上面来人的费用，我说了个一菜一汤，他们就怒气冲冲走了！"

文县丞笑道："知县大人，说实话，但凡上边来的人，哪怕只是一个小小的差役，少说也要六菜一汤，临走之时还要奉上几两银子意思意思。更何况他们都有官身，在同知大人左右。大人方才说一菜一汤,等于打他们的脸,肯定是怒气冲冲走了!"

"可是咱县衙不是没有招待用的银子吗?遇到这种事你们怎么办?那六菜一汤的银子从哪儿来?"

"从哪儿来?自古'鸡鸭不尿尿,各有各的道儿',咱县衙就羊毛出在羊身上!县衙周围的大街上,不是有酒家吗?就在那儿赊账!咱都是记账吃喝,完了一年下来,用他们的税银相抵,倘他们不乐意,一是给他们涨税银,二是找碴儿让他们关张滚蛋!"

"文县丞,你这是杀鸡取卵!如此,谁还敢和县衙的人打交道呢?这种寅吃卯粮、不断加码的事酒家岂能接受?"

"知县大人,你错了,想在县城开酒家的人海了去了!咱今儿杀了这只鸡取了卵,下一只鸡早等在那儿了。而且在这只鸡身后,还有好多鸡排队等候呢。这叫靠山吃山,有羊吃羊,没了羊,不是还有鸡、兔吗?世上的东西是死的,人是活的,自古大活人岂能让尿憋死?"

第二天,王阳明这才了解到,庐陵县自古以来不生产葛布,因这里的地理环境和气候不宜葛生长。但是在庐陵县衙的案卷中,在武宗登基前,专设镇守中官一职。其实这是朝廷在边镇或地方派遣的一种专门收集土特产,向皇帝进贡的专门官员。他的权力和地位,当在巡抚文官和镇守武官之上。他的职责就是专门搜刮掠夺地方土特产。武宗继位之后,因江西土特产较多,故而即向江西布政使司加派了镇守中官,有时也称镇守内官。庐陵是江西省中的大县,不生产葛布,遂被摊派转化成纹银一百多两,县衙就把这些银两分派下去,百姓都拒绝交纳。按县衙规定,凡收不上来的税银,就由粮长赔交。陈江等人身为粮长,已经连着代赔交了三年,到后来不仅银两照交,还要买办葛纱,因交不上来又办不了,故而被抓捕入监。

王阳明了解到这个情况后,立即如实向府衙递交了报告,态度诚恳,但措辞十分强烈,请求府衙一定要解决此事。根据他掌握的情况,按庐陵县人口摊派,本来一年岁银是三千八百两,如今已达一万多两,超出原额五倍之多。至于公差,往来兵马,都要骚扰盘剥。另外,庐陵县长年干旱,瘟疫等经常蔓延,村村寨寨,多有合家而亡,即使有幸存者又为县衙追缴所迫,弱者无奈只能逃窜流离,强者索性聚众为盗,府衙等若不宽赦此事,日久必生大变。

王阳明出于公心,不为头上乌纱帽折腰,大胆为民喊冤诉冤。府衙看了庐陵王阳明知县的报告,事实确凿,又知王阳明在朝野内外的声望,遂批文下来,凡加派的银两一概免除!庐陵百姓闻知此事后,集聚在庐陵县衙大门前,数以万计的黎民百姓,自发地敲锣打鼓,又放爆竹,又舞龙,又扭秧歌,真是一片欢腾!有诗为证:

黎民水火苦连天，
葛布摊派强逼办；
雪上加霜尽忧愁，
村寨破败无炊烟。

阳明立信解民悬，
艰难险阻一肩担；
待到免除批文来，
百姓欢舞喜满天。

按照王阳明来到庐陵做知县第二天的决定，县衙门前重新竖起了鸣冤鼓，大开大门。过去县衙门两侧，是四个衙役值守，现改为两个，从县衙大门到照壁之后的两进院大门皆打开，直至知县的办公大堂，百姓们额手相庆。

第二天，庐陵县衙的公人们仍沉浸在昨日的欢腾喜悦之中，突然有人擂响了鸣冤鼓。王阳明和夫人住在县衙的后院，他急忙放下筷子站起来，拿起乌纱帽，刚要出门，娅婳笑道："夫君，你干吗这般着急，吃了这半碗饭再去嘛！"

玲儿亦笑道："老爷，就是啊，吃完再走嘛！"

王阳明摇头笑道："不，夫人、玲儿，民情如火，半碗饭事小，民情事大啊！"

这时，玲儿突然说道："老爷，元亨大哥说让老爷出门，别忘吃药！"

王阳明这才想起，这些日子他的胃病又犯了，而且时常咳嗽不停，冀元亨给他找来郎中，按郎中所开出的药方，一早一晚必须喝药。王阳明走到家门口时，玲儿已把汤药端来。王阳明笑着说："好，按元亨说的办，我喝了它！"

在门口喊冤者是一对年过六旬的老夫妇。还没来到县衙大堂时，王阳明看见文县丞匆忙奔到耳房，他此时没看见王阳明从后院出来。只听他在耳房大声斥道："你们是怎么搞的？本官一再告诫你们，无论如何要把他二人看住，看住！这可好，他们来喊冤击鼓了，让本官怎么办？"

只听其中一人说道："大人，请大人指条明路，若放在以前，早把这两个老东西乱棍乱杖打出去了。可是今天该怎么办呢？"

王阳明从后院走进耳房时，只听文县丞说道："去吧，就这么办！"

当衙役从耳房中奔出来时，其中一个恰与王阳明撞了个满怀，把王阳明撞了个趔趄。衙役一看是知县大人，急忙叩头道："知县大人饶命！知县大人饶命！小的只顾低头想事，没想到撞到了大人，请大人恕罪！"

这时,文县丞从耳房匆忙出来,他先向王阳明施了礼,才向跪地的衙役喝道:"你这个记吃不记打的奴才,真蠢!长着两只眼睛干什么吃的?快滚吧!"

鼓声一声强似一声。文县丞笑道:"知县大人,你看,我当时说什么来着,这些刁民,咱当官儿的好心好意给了他鼻子,现在他们这不是明摆着蹬着鼻子上脸吗?这鼓打两下听见就行了,偏是打起来没完没了,这分明是到咱县衙示威来了!"

王阳明笑了笑说:"文县丞不必如此,咱是官,人家是民,区区小事,不足挂齿,让衙役传击鼓者进堂!"

老夫妇被衙役领进县衙大堂,文县丞和两人的目光碰在一起,那两人快速低下了头。而文县丞则大声说道:"小心些,县衙的门槛高着呢,小心摔倒了,状没告成,反而又添新祸!"

王阳明坐在正堂之上,冀元亨与卢尚德侍立一侧,文县丞坐在一侧,县尉及典史等公人各司其职。老汉和老妇从没见过如此威严肃穆的大堂,衙役们持威武杖侍立两侧,文县丞大怒道:"大胆刁民,面对知县大人还不跪下,难道要藐视知县大人吗?"

老汉没想到,县丞文思仁这个大仇家就在县衙大堂之上。他刚刚跪下,似是想到有县丞文思仁在,看来今天告状,不但告不赢,而且说不定还要吃堂杖之苦,遂向端坐的王阳明等说道:"大人!草民今儿不告了,不告了!"

老汉说着站起来,拉着老妇人就要走,王阳明离座走到老汉面前,先施了礼,笑道:"老丈,县衙就是说理诉冤的地方,本县绝不会徇私舞弊,包庇纵容犯罪,倘我违背良知,一者愧对天地,二者愧对庐陵县黎民百姓!"

老汉见王阳明如此说,又知道轰动全县的葛布之事,心中颇有些激动。可是当他抬起头时,他的目光又和文县丞凶恶的目光碰在了一起,那灼热如火的目光分明在说:"好啊,有胆有魄,你就告吧,今儿我让你老两口吃不了兜着走!"

此时,王阳明察觉到了老汉和老妇人要告的状,肯定与这个文县丞有关。遂笑着说道:"文县丞,本县突然想起了一件公差之事。这样,今天这个案子本县亲自来审,你呢,和县尉商议公差征夫一事,做一个方案,把庐陵的公差征夫数额分拨下去。"

文县丞知道,以王阳明的性格,这个案子不审则罢,只要一审便会水落石出。他在大堂侍坐,审出来肯定难堪无比。话又说回来,只要击鼓上了堂,就没有不审的案子!正在他左右为难之时,王阳明临时动意的话给他找了个非常合适的台阶。可是他又担心,他前脚走,后脚可能王阳明就会传令衙役去拘捕他,但不管如何,下台阶总比众目睽睽之下被审出来要好得多。所以他急忙站起来应道:"好,知县大人,那下官去了!"

文县丞一走，老汉和老妇扑通一下跪在地上，大声说道："青天大人，草民有冤！草民有冤呐！"

王阳明点头道："老丈、大娘，你们起来说话！"

原来这老汉和老妇在庐陵县有一处祖上传下来的大宅院。他们的独生儿子原本在朝廷为官，后来得罪了阉人刘瑾的属下，刘瑾一句话就把他儿子打入了东厂大牢中，酷刑受遍，不到三天尸首就从东厂内拉了出来。文县丞知道这件事后，便开始在这老两口身上做文章。他指派属下晚上装鬼，多次恐吓老两口；继而又往院内扔石头；夜间子时引爆竹。更可恨的是，还让算命先生入其宅，给他二人算命。再后来，在他家门口，以庐陵县衙的名义，挖掘大沟，让老两口及其家人无法出入。最后，文县丞又派人出面，要买这座宅院，偏这老汉是倔强之人，宁肯死在院中，也不变卖祖上传下的宅院。

于是，文县丞开始栽赃陷害，让属下扮作盗贼，抢庐陵县衙的银库，然后把库银放在老汉家中，老两口因此被双双押入大牢。但他的属下在茶楼喝茶时，把这件事说出来，恰被来查证此案的衙役听到了，而文县丞一听吓破了胆，急忙找到一个郎中，开具了致人失声的哑药。所以尽管属下伏法，老汉老妇释放，却没法把他供出来。文县丞索性以老汉的名义写了出售宅院书证，晚上派两个属下蒙头遮面，对老汉老妇一顿暴打，在他二人昏死之后，按了手印儿，再后来索性把老两口及家人赶出宅院，文县丞立即着手改换府宅名号，光明正大地住进了这个庐陵县最大的宅院。

王阳明不听则已，听了顿时勃然大怒！让老夫妇坐在一侧，立传文思仁县丞上堂。

县衙内的衙役们昔日对文思仁怒在心里，却不敢言在口中。今天王阳明传他到大堂，衙役们也找到了泄恨的机会，遂把他反扭着押过来。

文县丞的乌纱帽和束带已被衙役丢到地上，他被人反扭着，强压着跪在王阳明面前。他猛地抬起头说道："知县大人，我文思仁乃庐陵县丞，你怎么可以这样对我？"

王阳明向两个衙役示意道："且放手，容文县丞说话！"

文县丞看了看坐在一侧的老夫妇，向王阳明说道："知县大人，大人初到庐陵，庐陵县水有多深，树有多高，大人一时半会儿不会知道。我文思仁可以告诉大人，这两个极其擅长伪装的刁民，信口胡说八道，我是公平、公义地经中人介绍买了他的宅院，别的我什么也不知道！"

王阳明摇头道："文县丞，依当今朝廷之法，此案在你没有签字画押之前，你依然是文县丞。不过按朝廷新法，你属于涉案嫌疑人。所以，扯掉你的乌纱和束带，并不为过，包括对你用刑都是合情合理的。这样，我这里有方才老人家的证词和案情经过，你看一下是否属实吧！"

王阳明如此一说，文县丞立即汗流满面。心想我文思仁昔日在庐陵县，人人必须尊我、敬我，我文思仁一跺脚，庐陵县城就要为此摇三摇，而今竟成为涉案嫌疑犯。我只和这两个老东西见过两面，除逼他们签字画押出售宅院之外，别的什么都没有亲手去做，没有作恶的证据，随他怎么说，我只要不认账，他王阳明就不能定我的罪。

文县丞看罢强笑道："知县大人，除了我让他们签字画押出售宅院，前面的一切，都与我文思仁无关，他们是在诬陷我，他们是在血口喷人，这是天大的冤枉！"

王阳明笑了笑说："文县丞，说心里话，我王阳明不希望县衙的任何人牵涉此案，包括你文思仁。不过你可能还不了解我王阳明，我这个人一向不按常规出牌，擅长逆向思维。这件事其实很简单，但不知你文县丞敢不敢应承，我这心里现在还没有底。"

文县丞见王阳明并没发怒，脱口说道："那好，只要能洗脱我文思仁的冤情，别说一件，就是一千件事，我也敢应承下来！"

王阳明叹道："文县丞，你真的敢应承？"

文县丞果断道："我文思仁心中无事，夜半不怕鬼敲门，我当然敢应承！"

王阳明大声说："刚才大家都听见了，文县丞敢应承我提出的任何可以证明他清白的办法！这样，文县丞，就从老汉老妇第一晚有人到他们家装鬼，后来扔石头，引放爆竹这些事开始，一个一个证明你文思仁人没有在场，典史准备给文县丞做好笔录！"

文县丞一听皱眉道："知县大人，自古哪有这样审案的，这些证据应当他们俩提供，与我何干？"

王阳明一拍惊堂木怒道："方才，你当众说了，别说一件就是一千件，你也愿意，本县只要你提供这一件事，你就反悔了！"

文县丞急忙摇头说："知县大人，我没反悔，我没想到是这件事！"

王阳明怒道："既然你不反悔，我这叫无嫌疑反证。文县丞，就按我方才说的一件一件去反证你没在现场，我要一一核实，你说吧！"

王阳明来到后，已经完全掌握了文县丞与县衙公人的亲疏关系，所以没到反证第二件事，就把他的属下暴露出来。王阳明见他暴露一个又一个，自然而然，把文思仁利用县丞之职，逼迫老夫妇把宅院几乎无偿地送给他这件事说出来了。说到最后，有个属下说，把老夫妇打昏之后，抓住其手摁了手印儿，这个大宅院一分一文也没给老者，等于硬抢了过来！

王阳明大怒道："文思仁，你可知罪！来呀，让文县丞签字画押！"

忽然门外有衙役呼道："知县大人，吉安知府大人到！"

这是王阳明万万没想到的。他急忙站起来，理衣正冠，率庐陵县衙的人到门外迎接知府胡大人。

吉安知府铁青着脸,草草还了礼,也不搭话,随王阳明等来到县衙大堂,刚一落座,把茶杯一推,怒道:"王知县,文县丞怎么啦?"

文县丞见知府大人一来,立时大呼道:"知府大人,我文思仁在庐陵县做县丞七八年,没想到,王知县一来,就制造了一个惊天大冤案,请知府大人为下官做主,我文思仁冤枉啊!"

知府怒道:"王知县,本府今日闻讯而来,不是要庇护文县丞,而是要看一下,你这个鼎鼎大名的王阳明在庐陵是怎么主政的。你可不能凭着侥幸心理,心高无物,制造一个大冤案,如此会让天下人为你这个大才子失望寒心啊!"

王阳明从知府入衙时起,就见他怀着一腔怒气,他肯定是闻风专程来庐陵为文县丞出气的,遂淡淡一笑说道:"知府大人,今日审案,大家都在,大人不妨问问。一者我王阳明,向来无害人之心;二者我向来对事不对人,请大人明察!"

这时,文县丞怒道:"知府大人,自古以来审案都是原告提出证人证词。但这个不可一世的王知县,却来什么嫌疑反证,让我提供证据。现在,知府大人来了,我方才所说的全都推翻!此事,我只买了他的宅院,其他我一概不认!"

王阳明大怒:"知府大人,下官素闻官高者都有三明之誉,即明德、明心、明事。故而请知府大人评判此事,到底该如何办?方才下官所审之事,难道仅凭涉嫌此案的文思仁一句话,就前功尽弃了吗?请大人公定吧!"

知府一见文县丞要红口白牙翻案,而王阳明所言句句在理,无可争议。心想,不争气的文县丞,你可以说你有冤,但也不能一见本官来,就把刚才所审证人、证词全部推掉,你如此说,分明是让本官来为你公报私仇了嘛!现在,本官必须说公道话,想徇私舞弊已不可能,遂笑道:"文县丞,本府素闻王阳明为人刚正无私、天性良善,并有良知之心,在京城时,就敢与阉人刘瑾相争。所以,本府对王阳明的人品及办案之心没丝毫怀疑,本府只问你王知县方才所审的证词、证人,包括他的涉案嫌疑反证之法,你有何异议?"

文县丞根本不理解知府这番话的真正目的,他以为知府要为他出气,要为他彻底推翻此案。他高声道:"知府大人,方才所说的证人、证词都是在王知县威逼诱导恫吓下做成的。我文思仁素闻知府大人公正无私,我现在彻底推翻此案!包括所有的证人、证词,我文思仁冤枉之情,真比汉时的东海妇还冤呢,可以说冤情大如天啊!"

知府见文县丞越抹越黑,大怒道:"文思仁,这是庐陵县县衙大堂,不是品茶闲聊杂谈的坊间!你现在说出的每句话,你必须负全责,你别信口开河、口无遮拦,好吗?"

"我今天就是要彻底翻案,请大人为文思仁平冤昭雪!"

王阳明笑道:"知府大人,诸位都听听,文县丞说得明明白白、清清楚楚,文县丞要知府大人为他彻底翻案。文县丞,你不是无罪吗?既然无罪,为何还要彻底翻案?这说明你有罪,你有涉嫌此案之情!再者,文县丞要知府大人为其平反昭雪,既然文县丞要昭雪、要平反,说明他承认自己犯了罪,参与了此案,人本有良善之心、良知之心,可见文县丞现在已被邪恶控制,所以他一会儿刮东风,一会儿又刮西风,今天好在有知府大人在,请大人定夺评判,是重审,还是在原来的证词、证人基础上,做最后的认定!"

知府此时不敢有一点偏袒之心,王阳明方才的话把前面的路和后边的路都封死了,推翻重审肯定不可能,那么只有最后认定。

知府皱着眉头长叹一声,心想,在庐陵县,王阳明是一县之主,本府只不过听说文县丞受了冤枉,现在看起来事实清楚,证词、证人如山,而且我乃一府之尊,总不能在庐陵强压知县,以大官压小官。况且这个王阳明最是不好惹,当年阉人刘瑾统揽朝廷大权,几次都斗不过王阳明,结果刘瑾被诛九族、磔于市,何况我一个小小的知府呢。重要的是,今天王阳明知尊长,通礼仪,人家给足了我一个知府的面子,你总不能拿自己的脸面不当回事吧?想到此笑了笑说道:"王知县,本府到庐陵不能喧宾夺主。这样,今日你是主,本府是宾。自古'主有主道,宾有宾礼。'面对两头舌的文县丞,你说怎么办,本府听你的!"

文县丞见知府如此说,大声说道:"知府大人,当年下官为大人鞍前马后,功劳苦劳之事,想必大人还记在心里吧?下官求大人千万不可如此,万万不可如此!"

知府大怒道:"文思仁,什么当年马前驴后?你我之间何有功劳苦劳之说?看来,你文思仁就是个反复无常的小人!王知县,你说怎么办就怎么办!"

王阳明啪地摔响惊堂木,大声道:"文思仁,庐陵百废待兴,黎民百姓还处在水火之中。本县要处置的事很多,本县不想任由你一会儿东一会儿西,白白耽误大好的时光!这样,你承认方才本县所审的证人、证词吗?"

文县丞此时心里还想抓住知府大人这根救命稻草,遂说道:"知县大人,承认怎样?不承认又怎样?"

王阳明正色道:"本县承认有承认的办法,不承认有不承认的手段。快说,本县不想在此饶舌!"

文县丞冷笑道:"知县大人,我不承认!就是不承认!"

这时,有个衙役趋近王阳明身边,耳语几句,王阳明摇了摇头,做出无可奈何的样子,长叹一声说道:"知府大人,我王阳明从小一心向善,向来无害人杀人之心。

眼前但有虫蚁绝不相踩，而今文县丞出尔反尔，令人厌恶，来人，刑具伺候！"

王阳明令下，早有衙役上前把文县丞迅速捆在大堂柱上，将他的袖口、领口、腰以及裤腿口一一束了，上身与下身放入七八只半大不小的饥鼠。不消一刻，文县丞又号又叫，汗流满面，哀求道："知县大人，我招！我招！我全招！"

王阳明示意道："来呀，给他松绑！"

待把文思仁衣袍内鼠儿放出，文思仁瘫卧在地上。他把陷害老两口的过程一五一十全部说了出来。然后双膝跪地，百般乞求道："知县大人，那两个家丁不是我打死的，我只踢了他俩几脚，绝不会致命！"

知府大怒道："文思仁，你是知法度的人，那两个家丁已死，你难逃其咎！"

王阳明怒道："文思仁！两个家丁已死，这是事实！方才你既然说，每个人你只踢了几脚，绝不会致命。那么我问你，当时你和谁殴打这两个家丁来着？"

文县丞想了想说道："知县大人，没别人，就我一个人。"

王阳明大怒道："文思仁，既然没别人踢那两个家丁，哪怕只有一脚，人既死，你就是杀人之罪！"

文县丞知道杀人偿命。他大呼道："知县大人，我……我当时真的不是要有意踢死他们！请知县大人明察，饶我一死！"

这时，知府脸上开始冒汗。他说道："王知县，依文思仁之罪，杀人偿命，无可非议。可是据本府所知，文思仁在当年庐陵县遭遇大水之际，曾救过人。因此，依本府之意，可以将功补过，免其一死！"

王阳明淡淡一笑道："知府大人，文县丞救人之事，可有人证、物证？"

知府想了想说道："知县大人，这件事本府亲眼所见，要说人证，本府可否算作人证？"

王阳明正色道："知府大人，文县丞救人时大约在哪个时辰？"

知府说道："大概是酉时吧？对，是在酉时！"

王阳明问道："酉时，当时文县丞还在庐陵县县衙吗？"

知府想了想说道："他没在县衙，他那时陪本府巡察。"

王阳明说道："依知府大人之意，他在陪大人巡察，那么巡察是公务吧？"

知府脱口道："当然！记得那时本府是奉圣上旨意巡察，当然是公务巡察！"

王阳明笑道："公务巡察，只有大人和文县丞吗？"

"对，没有别人，只有本府和文县丞！"

"既然如此，知府大人，你们是骑马还是坐官轿去的？"

知府迟疑了一阵说道："是骑马去的！"

王阳明笑道:"知府大人,一个四品官员巡察不带随从,轻身前往,而且还是奉旨巡察庐陵县?随从也只有文县丞一人,也骑马,恕下官冒犯,这听起来不合常理吧?"

知府内心想救文县丞,但他没想到,王阳明会步步紧逼,而且让人不得不折服。他说的巡察其实纯属子虚乌有。话已至此,再往下还能怎么编呢?再编下去肯定漏洞百出。他索性喝了口茶说道:"王知县,怎么,本府的话,你这个七品知县还要丝丝相扣,一直查下去吗?"

王阳明大笑道:"知府大人,恕下官直言,县衙公堂之上,向无戏言!大人想救文思仁,这无可非议。但要拿出经得起反复推敲的真凭实据来。人命关天,岂容儿戏,请大人恕下官直言!"

知府把王阳明拉到一侧,低声叹道:"王知县,平心而论,这个文县丞过去对本府有恩,本府真的有心要救他!"

王阳明摇头道:"自古杀人偿命,大人若无真凭实据,根本救不了他!"

吉安知府只好向王阳明说道:"王知县,请继续处置文县丞这桩杀人命案吧!"

王阳明摔响惊堂木,高声道:"事实确凿,人证、物证皆已核实,让罪犯文思仁签字画押!"

三十三　尘世福禄如云烟　徐爱遗宝传人间

王阳明在庐陵勤于为政，每事倘自己不能亲为，便让弟子冀元亨、卢尚德、田庄、金岸、罗钦顺、何瑭去做。故而一两年时间，庐陵大治。真个是政通人和，民风清正，庐陵人皆称王知县一来，紫气东来，换了人间！

王阳明在庐陵声名鹊起，传到圣上朱厚照耳边。圣上突然来了兴致，想起当初媪儿为他寻找先帝四诀词，能真正帮他维护江山社稷的当是余姚王阳明，遂传旨令王阳明进京朝觐。

临动身之前，王阳明与夫人娓婳商议道："夫人，圣上传旨，让我入京朝觐，我想我很可能要离开庐陵县了，咱们夫妻二人当一同入京。"

娓婳笑道："夫君，我爹昔日说过，凡入京朝觐的地方官员，朝觐之后必有升迁。其实，我自离京之后，一直想念爹和娘！"

"是啊！夫人，我知道，夫人爱我胜过一切。当年，夫人执意等了我七八年，为此给岳父、岳母增添了不少忧愁。今回京，咱夫妻二人当在岳父、岳母面前，奉茶侍汤，尽一尽儿女的孝顺之心！当然，我最爱吃岳母大人做的春卷儿，那滋味儿我这一辈子都忘不掉，堪称京城一绝啊！"

见王阳明眉飞色舞，娓婳说道："夫君，我知道你馋了！你看你说起话来像个孩子！"

王阳明点头笑道："那当然，做晚辈的在老人家面前，永远是个长不大的孩子！"

娓婳叹道："夫君，婳儿自和你成婚之后，一直还没在爹面前尽过孝道，更没有看望过从小疼爱你的老祖母。这次回京夫君有心愿，作为王家的儿媳，婳儿也有心愿。"

王阳明笑道："是啊，这是做儿女最起码的事。另外，昨日吉安府差役说，知府大人要亲自来庐陵为我们送行。可是，我走了谁来做庐陵知县，这可是关系到庐陵黎民百姓安定的大事。"

娓婳笑道："夫君，咱初来庐陵时，知府大人对你心存芥蒂，特别是审文县丞那个案子时，现在知府大人彻底变了，和夫君成了无话不说的好朋友。十天半月就到庐陵来，和夫君喝酒聊天。"

正说话间，衙役来到后院，向王阳明施礼道："大人，知府大人已经来到县衙门口，快去迎接吧！"

王阳明高揖双拳施揖礼道："知府大人，下官事先未接到示下，不知大人前来，恕下官失迎！"

吉安知府抚衣正冠道："阳明大先生，昔日你我可以按官职论，但今日不同，因为你这位大先生要离开我这吉安府庐陵县了，故而，请阳明大先生，受学生一拜！"

王阳明急忙趋身近前搀扶道："知府大人，如此岂不折杀我王阳明，世上哪有知府大人给七品知县施大礼的，快起来，折杀阳明也！"

知府环顾众人，向王阳明正色说道："这一两年，先生在庐陵传播心学令学生痛改前非，明白为官当有良知之心，而且处处事事还要致良知，把良知当成为官的准则，然后才可知行合一。先生，今日之拜，庐陵县众人在此为证，学生今日行了叩拜之礼，我胡一德就是先生正儿八经的学生了！"

王阳明摇头叹道："知府大人，大人毕竟在官，不同冀元亨、罗钦顺他们，他们无官一身轻，研究心学、传播心学，甚至开坛授徒讲心学都无可非议，可是，大人就不同了。"

知府把手一挥道："先生放心！据我所知，朝廷内外，研究心学、传播心学的官员何止我一人？倘若天下人人都如先生，致良知，知行合一，那么，今日的大明，就是尧舜的天下！我恨结识先生太晚，不过，我会加倍努力，让吉安府的官员，包括州衙、县衙的官吏们，都信服先生的心学，以良知之心为政，何愁我吉安府不乐满天下！"

到了县衙大堂，知府说道："先生，我知道先生此番入京，必定升迁，这样，我想借先生的两名学生暂主庐陵县如何？"

王阳明叹道："大人，我以为此乃好事，只是弟子们接受了我到京城给他们的分工，不知他们愿不愿意？"

冀元亨率先说道："弟子无话，但凭恩师吩咐！"

王阳明突然说道："知府大人，近日，我的弟子尚德接到龙川来信，除他有急事回龙川之外，其他弟子但凭大人挑选。"

知府胡一德笑道："平心而论，先生的弟子皆大才，我真的都想留下来，分派到我的泰和、吉水、永丰、安福、龙泉等九县，可是，学生刚拜先生为师，不能夺先生之爱。故而，我只想请冀元亨师兄暂代庐陵知县一职，待朝廷任职一到，即请冀元亨师兄回到先生身边。其次，请田庄师兄代庐陵县丞之职，只要朝廷任职一到，即请田庄师兄回到老师身边。"

王阳明点头道："知府大人，果然好眼力，我同意！"

冀元亨与田庄双双跪伏于地说道："恩师，恕徒儿不孝。"

王阳明笑道："元亨、田庄，自古'忠孝家国，乃国之大孝'。汝二人务必勤于政务，待汝二人与为师相会时，我闻政绩连连则喜也！"

正德七年三月，王阳明进京朝觐，升为考功司郎中。十二月，又改升为南京太仆寺少卿。至正德九年四月，王阳明又改升为南京鸿胪寺卿。

回到京城之后，应许多士子和学者之邀，王阳明又开坛讲阳明心学。此时的学子比过去多了一两倍。当然，王阳明经过贵州龙场悟道，已经完善了他的心学体系，从论"心即理""心外无物"，到"知行合一""良知""致良知"，又到"满街都是圣人"，再到"无善无恶"。阳明心学实现了一个又一个大飞跃。王阳明没想到的是，以研究、发扬理学为志的杨廷和与孙燧，都悄悄以学子的身份，听王阳明讲了几次心学。

孙燧笑着说："杨兄，看到没有，朝中有多少大臣都在听你这宝贝女婿讲心学，他的心即理，以及心外无物，让我大开眼界！当然，我之心，乃国之心民之心，有此信念，我就能摒弃杂念，一心为国，一心为民！"

杨廷和点头道："我这婿儿，确实不同凡响，阉人刘瑾在时，多少次危难，他的弟子如同他的儿子，个个对他尽忠尽孝！今晚，让我这婿儿陪咱俩痛痛快快喝一杯！听听他在偏僻的贵州龙场是怎么悟道的，是如何提出和完善这么精辟的心学体系的！"

抛开王阳明与夫人娓婳孝顺双方父母这些人伦俗事，刘瑾在正德五年八月被磔于市。因武宗顽劣，贪欲天性难移，刘瑾死后，他身边很快自然而然出现了类似刘瑾之徒。

武宗或许是良心发现，他在王阳明到南京鸿胪寺任职前，再次传口谕，在碧云宫约见王阳明。太监张忠，原本刘瑾之爪牙，在圣上传旨抓捕刘瑾之时，反戈一击，如同入网之鱼，又侥幸从网内逃了出来，他名正言顺地成了奉圣御的太监。不久，这张忠就成了武宗身边的大红人。

此时，武宗已经二十四岁，从近侍嫣儿发现先帝即武宗之父的四句诀词，直到今天，武宗见天下太平，并无什么战事，只有安化王朱寘鐇造反一事，而且张永与杨一清马到功成，很快剿灭抓获了反王朱寘鐇。所以，他以为先帝的四诀词似无什么用处，但是，王阳明入京朝觐之后，每逢他讲学，士子和学者皆慕名拥来，就连朝中大臣、文武百官，都愿听王阳明讲学。而今朝廷内相议之事并非朝政，乃王阳明心学！武宗管理天下万民，今万民皆不念武宗之功德，反而议论崇尚什么阳明心学，这让武宗心里很不是滋味。他表面是求教于王阳明之心学，实则吹毛求疵，鸡蛋里挑骨头。

但此时的王阳明心外无物，唯有尽臣子之道，全臣子之礼。

武宗点头道："王爱卿，不必拘礼，朕与卿曾多次见面，请坐下吧！"

王阳明摇头道："陛下，自古'君君、臣臣、父父、子子'，此礼不可逾越，陛下当坐，臣子当侍立为妥。"

这时张忠狡诈一笑说道："王大人，昨日讲学，朝中文武大臣，包括九卿在内，京内外士子和学者，如众星捧月，众人环立你独坐，今日何必谦逊啊！"

圣上朱厚照笑道："是吗？其实朕也知道，如果朕不是一国之君，没人向朕施以叩拜大礼，更没有人尊朕为圣上。王爱卿则不然，如桃李之下，不令则成蹊；如凡夫见仙子，不令则礼。对，昨日众星捧月，今日朕也当尊爱卿为上！"

王阳明向张忠正色道："公公，此乃万民之主面前，岂可造次！至于昨日讲学之时，学子等众星环侍，那是礼下臣之心学，当然不可和万民之尊、万民之敬之帝王相提并论！"

圣上朱厚照一听，满脸欣喜，点头道："张忠，汝不可再戏言王爱卿，爱卿之言，正合朕意！"

王阳明急施礼谢恩道："谢陛下万恩！"

圣上朱厚照说道："爱卿，朕今日一见到你，就让朕想起朕之干女儿嫣儿！刘瑾蛊惑朕之时，几件大事都是嫣儿明察秋毫，让朕不致上当受骗。朕现在说句良知话，这些年，朕无意之中让爱卿受了不少冤枉，爱卿这些不白之冤，都是朕制造的。今在上天面前，朕为赎回这些罪业，向爱卿叩头谢罪了！"说着圣上朱厚照扑通跪地，向王阳明施以大礼！

王阳明急忙趋步向前，双手搀起刚欲叩头的圣上朱厚照，急切说道："陛下！万万不可如此！万万不可如此！"

王阳明把圣上朱厚照搀起之后说道："陛下，自古君主待臣如儿如女，君主当如一家之父。父管教儿臣，是为家国更好，岂有错谬之理！陛下，如论自责，当是下臣行事不当，惹恼君主发怒，陛下教训下臣，令下臣受些皮肉之苦，当是应该的！今日请陛下万勿再提及此事，下臣顾及的是，一旦国家有难，陛下一句圣旨，下臣当赴汤蹈火，在所不辞，此乃下臣之本分也！"

圣上朱厚照一听，更对王阳明充满宠爱。点头道："爱卿方才这些话，倘面对朝廷文武百官说出来，该有多好！谨此，爱卿即日起，当为朕之师也！"

王阳明不想多听赞叹荣光之语，开口说道："陛下，今传下臣前来，不知所为何事，臣下愿恭耳静听圣言！"

此时，圣上朱厚照才想起来，说道："爱卿在贵州龙场受冤将近三载，今天下太平，万民乐业，朝中文武百官各司其职，这是朕最高兴的时候。本来朕想委爱卿以重任，但想到爱卿在朝野内外弘扬心学，让万民致良知，存良知，民不滋事，官不生恶，天下太平，此乃大善大德大智大爱之事，故而朕让爱卿挂个闲职，做南京鸿胪寺卿。"

王阳明摇头道："陛下，下官之阳明心学，就国家五湖四海来说，不过星星点点，润物细无声。国家真正的教化，还在于陛下多施德政，不为暴政，礼贤下士，近君子，远小人。请陛下谨记唐太宗李世民当年评价宰相、谏臣魏徵时所说：'以铜为镜，可以正衣冠；以古为镜，可以见兴替；以人为镜，可以知得失。'除此之外，下臣再送给陛下一句话：'居安思危，防微杜渐！'如此，即可为明君也！"

其时，王阳明之父王华已赋闲在家，守奉母亲，而且老家从余姚迁至山阴，即会稽山下。自从贵州龙场悟道之后，王阳明就有一个心愿，回余姚老家侍奉祖母和爹及继母大人几天，尽一下儿孙的孝道，后来从父亲的来信中得知爹已迁山阴，恰此时圣上封他做了南京鸿胪寺卿，这就方便了他的心学传播，同时又可与爹、继母以及祖母见面。远在庐陵做代知县和代县丞的冀元亨与田庄也回到王阳明身边。此时，只有卢尚德去龙川没有回来。不过，卢尚德给王阳明来了一封长信，王阳明看后，向众弟子说道："尚德吾徒眼下正做大事，一旦有了眉目，他会很快回来的。"

冀元亨说道："恩师，我们几个弟子，愿终生追随恩师，致力心学传播，我们不需商议，跟随恩师就是。"

王阳明笑道："是啊，这些年你们都成了家，差不多都有了儿女。咱们这样，到老家之后，呃，对了，现在你们的师爷住在山阴。不过，余姚、山阴、绍兴都紧挨着，到那儿之后，我与知府大人商议一下，都给你们安排个兼职或闲职，为家庭生计挣些俸禄。我们的心学讲学也可以适当收些费用，贴补众人。咱们取之于学子，用之于学子。况且，为师老家还有你们未曾见过的其他弟子，这次回老家，为师三个目的都能兼顾，一者省亲，二者师徒大团聚，三者游历会稽山。"

王阳明十八岁拜上饶名儒娄谅为师，后来建阳明洞研究心学、讲心学。他感到守仁只是做人的一个基本常识，而阳明不但阳光而且光明，这对心学来说，是最好的一个诠释。故从十八岁起，禀告了父亲之后，立志阳明，而不再单纯承袭传统的守仁。人的名字，虽为区别于他人之号，名字变，其实也意味着志向随之发生巨大改变。

此处，应再为王阳明之恩师名儒娄谅补充一些介绍。娄谅曾被选为成都训导，成《日录》四十卷、《三礼订讹》四十卷。娄谅门人除王阳明外，还有一个较为著名的，即夏尚朴，字敦夫，乃广信永丰人。那时，他初闻阉人刘瑾把持朝政、肆意妄为，仰天长叹曰："时事如此，尚可于进乎？"遂不试而归故里，专心致志研究陆九渊的学说，但不幸中年而逝。

另，王阳明在京讲学时，有一个几乎和他旗鼓相当的学者，此人当时和王阳明齐名，两人关系甚好，即湛若水。湛若水，字元明，增城人。湛若水初与王阳明同讲学，后各立宗旨，王阳明以致良知为宗旨，湛若水则以随处可以体验的天理为宗。王阳明言湛若水之学为求之于外也。湛若水亦谓王阳明格物之说不可信者有四。又说："阳明与我言心不同，阳明所谓心，指方寸而言。吾之所谓心者，体万物而不遗者也。故以吾之说为外。"在京城，学者遂分为王、湛之学。

当然，湛若水初时讲学与王阳明同名，但后来，因其学说空洞无物，很快被尘世人海淹没，可谓昙花一现！而王阳明名声久长，阳明心学遍及全国各地，传至数百年。

王阳明率夫人及弟子们回老家省亲、讲学、游历，其中提到的，他首倡阳明心学时，最初受业者有余姚徐爱、钱德洪、山阴之蔡宗衮、安福邹守益、朱节之、应良、卢可久、应典、董沄之属。徐爱字曰仁，王阳明妹夫也。正德三年进士，南京工部郎中。最初，王阳明讲良知之说，学者初多未信，爱为其疏通辨析，畅其指要。王阳明曾说："徐生之温恭，蔡生之沉潜，朱生之明敏，皆我所不逮。"

余姚钱德洪，名宽，字德洪，后以字行，改字洪甫。王阳明当年自尚书归里，德洪偕数十人共学，四方士踵至，德洪与王畿先为其疏通大旨。

安福人邹守益，字谦之，父贤，授南京大理评事、福建佥事。学生称其为东郭先生。

王畿，字汝中，山阴人，他与德洪同第进士，授南京兵部主事，进郎中，他讲阳明心学遍及东南，吴、楚、闽、越皆有讲舍，学者称龙溪先生。

最初受业于王阳明的弟子中，堪称高弟子的是钱德洪、王畿、邹守益、徐爱、王艮、罗洪先等。

余姚时下阳明心学正炽，钱德洪与王畿、徐爱正以嫡传弟子的身份广招弟子，传播阳明心学。这日，钱德洪与徐爱、王畿三人在家中闲坐。

突然，有学士奔入，向钱德洪等施礼后，气喘吁吁说道："三位先生，学生在大街上听说，师公率弟子回故里省亲，这不，王家的人都奔到城门口迎接师公、师婆了。"

钱德洪惊讶道："那好啊！徐爱，你去通知邹守益。王畿，快，咱都沐浴更衣，老师喜爱诸葛巾，咱都戴诸葛巾，速到城门口迎接恩师！"

心学宗师王阳明率弟子回余姚省亲的消息，最先传到绍兴府。因为有绍兴府的差役到南京公务，闻得王阳明上疏朝廷，当今圣上准其回余姚省亲。当时，这两个差役并没把它当回事儿，待驰马回到绍兴府后，偶尔提及此事，恰被绍兴知府得知。

此时的绍兴知府姓祁，这位祁姓知府接任的就是那个与刘瑾有关系的谪免知府。祁姓知府心想，当年宁王朱宸濠派吴十三到余姚王阳明祖坟盗掘坟墓之事，虽不是他所为，但毕竟是绍兴府派员支持吴十三的。另外，王阳明与刘瑾之争世人皆知，特别是贵州龙场悟道之后，王阳明声名大振，考虑到王阳明此次回余姚老家省亲，虽经圣上应允，但仍属私事。这个祁姓知府思前想后，决定派同知到余姚城门口迎接，而他特意至余姚挑选了酒楼，为王阳明及弟子们接风洗尘。

钱德洪、徐爱、王畿、邹守益等整衣正冠来到城门口迎接恩师王阳明时，恰遇到王阳明的家人、绍兴知府的同知大人、王阳明在余姚的街坊四邻、余姚知县等，百余人都等候在城门口。

王阳明和夫人从官轿上下来，急忙向迎候的绍兴府同知大人施礼，继而向余姚知县施礼，再向街坊四邻及钱德洪等人施礼，末了才向家人施礼。

钱德洪、徐爱、王畿、邹守益、蔡宗兖、应良、卢可久、应典、董沄等弟子跪伏于地，施以叩拜大礼。王阳明笑着趋步，说道："德洪、曰仁、谦之，汝等都起来吧，为师多年想念你们，今日终于见面了！"

这时，王阳明又把随行的弟子冀元亨、田庄、金岸、罗钦顺、何瑭等一一介绍给钱德洪他们。

这时，绍兴府同知再次向王阳明及夫人娓婳施礼道："先生、夫人，知府大人已在酒楼订了饭，为先生、夫人及弟子等接风洗尘，请先生和夫人移步前往如何？"

王阳明高揖一礼，向众人笑道："感谢诸公！我这次偕夫人及弟子省亲，在老家需住一段时间，除了游历之外，更多的是讲学。所以我与诸公来日方长。今日知府大人相请，我与夫人领命就是。"

余姚赵知县笑道："先生，也罢，明日中午我来请先生、夫人。"

王阳明笑道："赵知县和知府大人都是我的父母官，正是恭敬不如从命！"

钱德洪施礼道："恩师，弟子等禾苗盼水，恳请恩师及早与士子及学者们相见。"

迎来送往世俗之事不必多述。

待王阳明与钱德洪、徐爱、邹守益、王畿、王艮及冀元亨、田庄等坐下来之后，王阳明说道："德洪，我看你们讲学的学舍，山阴、绍兴、余姚这三处太小，这次我回故乡省亲，昨日在会稽山下忽生一念，我想把会稽山下那山洞修一修，往深处、广处挖一挖，那当是个讲学的好地方！"

钱德洪喜道："恩师既有此意，弟子们下手做就是。"

冀元亨点头道："近来恩师身体不适，肺病、肠胃病时常发作，恩师有了此洞，一面讲学授道，一面休养身体，放荡山水间，会稽山下真的是个好去处！"

王阳明所说的会稽山下的山洞，不大不深，直视可见其洞壁，有两三个几乎相连。据说五帝之一黄帝曾在此修建侯神馆，后来被道教列为三十六洞天中的第一大洞天。另外，相传当年大禹在会稽山下这些似洞非洞、似谷又非谷的山地间盘腿静坐，寻思治水之法，三昼夜无果。后来和风吹来，玉笛声声，白衣使者姗姗而来。他送给大禹金简玉字之宝书，此书把华夏之山川、河流融为一体，尤其是山势走向、水流之向描绘得栩栩如生，如亲临其境。大禹看后茅塞顿开，遂识华夏之山河走势，画百川流水之图，终于治平洪水。治水结束后，大禹把宝书藏于洞中。大禹死，亦葬于此。因此山处有孔有穴，故后人称之为禹穴。汉代大文学家司马迁写作《史记》之前，曾数上会稽山，探访禹穴，再之后，代代文人墨客，皆到会稽山下探访禹穴。

徐爱说道："恩师，在学我当称恩师，在家当称兄长，这件事交给我去办，我带人先开挖一下洞穴，使之深些广些，另外到会稽山上再砍些竹木，如此洞就更舒适些，请恩师先为此洞题名吧。"

钱德洪点头道："是啊，恩师，请题名吧。"

王阳明想了想说道："吾心光明，无遮无掩，恰如心学，我看就叫阳明洞吧！"

这天王守信，即王阳明的堂弟，来拜见王华夫妇及祖母。施罢礼，王华之母此时已九十有余，她笑道："守信，今有何事儿？"

王守信施礼笑道："祖母大人，恰我堂兄守仁哥、嫂二人回来，今孙儿有个请求。"

祖母笑道："说吧，守信，奶奶听着呢！"

王守信告诉祖母，他想把儿子正宪过继给堂兄王守仁。堂兄结婚多年，诸氏时无子女，现在杨氏还无子，他不想让堂兄脸上无光，堂兄不能承担无后为大的俗世笑话。

祖母点头道："好！守信这孩子提的这件事太好了！都是咱王家的骨血，且守信有三个儿子，把最小的正宪过继给守仁做儿子，是件为娘从来没想到的事。华儿，你意下如何？"

王华点头笑道："好！我没意见！"

随即祖母岑氏让家人把孙子王阳明和孙媳杨娬嫄叫来，她把话一说完，娬嫄立时红透了脸，急忙站起来施礼道："祖母、爹、继母大人，嫄儿不孝！"

祖母岑氏挥手道："孙媳妇不可如此说！也许时机不到，你和守仁迟早会有儿女的！"

王阳明向堂弟守信说道："好兄弟，你替兄长想在了前面，兄长应当好好谢谢兄弟！"

祖母岑氏喜道："守仁，谢什么谢？正宪是咱王家的骨血，今天就是个好日子，让正宪正式拜你为爹吧！"

按照王阳明的分工，负责在会稽山下修建阳明洞的是冀元亨、钱德洪和徐爱三人。徐爱在南京工部任郎中，此时在家休假。偏这天他夫人有疾，且稻田里有些事，徐爱和夫人自成婚起就举案齐眉，百般恩爱，他扛起锄头就去田里了。他告诉夫人，明日他要和钱德洪及冀元亨三人到会稽山下禹穴处，具体商议修建阳明洞一事。所以，家里有什么事，他想尽快做完，不耽误明日三人到会稽山下。

世间之事，林林总总，原本当各自为主，各自依其性而为。偏是徐爱扛着锄头从田里回来，迎面碰上余姚知县的二公子。此时桃李盛开，公子倒骑在牛背上，一边吹着竹笛，一边用脚踢着牛的肚腹。而走在牛一侧的是另一个官家浪荡公子。此公子突发奇想，点燃爆竹扔在正慢吞吞走路的牛蹄一边，爆竹声脆，把老牛惊吓了！

老牛一惊，先把坐在其背上的知县二公子摔在地上，又瞪着一双大眼，用犄角直抵那燃放爆竹的浪荡公子，顽皮的浪荡公子见状，急忙躲在路旁的大树之后。此时，老牛怒气冲天，尾巴直竖，逢人便抵，用那硬似石头的犄角直顶直挑。

此时徐爱嘴里叼着一枚草叶儿，扛着锄头一边走，一边回忆往事。想当年，王阳明讲授阳明心学中的良知之说时，王畿是个极爱咬文嚼字的人，从字、词里捕捉他不理解的话。每逢此时，徐爱就和王畿争得面红耳赤。钱德洪当时笑道："你们俩一个是山阴的犟驴儿，一个是余姚的驴儿犟，今儿老师把你俩拴在同一个槽池里，你俩竭力犟吧，我打坐在城楼上观山景！"徐爱和王畿一听，知道钱德洪在嬉戏他二人，二人发一声喊，就起身追钱德洪。钱德洪奔到王阳明跟前，笑道："老师，你快来管吧，两头犟驴儿来啦！"徐爱是个性情中人，想到这儿，不由得低着头大笑起来。

此时发疯发狂的老犟牛见徐爱低头向它走来，攒足了力气，瞪着两只血红的大眼，直冲仍在大笑的徐爱奔来。牛如一团黑雾似的奔来，徐爱想躲避已经来不及，那怒牛将犄角斜侧着直抵在他腰肋之处，接着把他抵在大树上！

余姚知县的二公子和那个官员的浪荡公子，见那老牛仍在用力抵已经倒地的徐爱，吓得转身就跑，徐爱就这样告别了人世！

王阳明闻此噩耗，顿时惊得心中无主，待赶到徐家，看到徐爱倒在床上，身上皆鲜血时，便抚其尸大号起来。这等于说妹丈横祸而亡，撇下妹妹与幼子，以后的日子该是多么痛苦啊！

悲切之情自不必说。

尽管王阳明的弟子们都不在现场，王家的人也不在现场，但有人告诉了王家人，是余姚知县的二公子和那个浪荡公子惊了牛，造成了徐爱之死。

余姚知县表面对王阳明恭敬有加,但真摊上了事,也不愿承担责任。知县家人说道:"知县大人说了,二公子一直在家读书,根本就没出门玩耍!"

王阳明怒道:"既然如此,依我看还是报官吧,咱不能让曰仁就这么白白冤死了!"

王华说道:"儿啊,在余姚报官吗?知县不说话,衙役捕快们谁敢真查。当然,谁也不愿让曰仁这孩子就这么白白冤死了,但咱没办法,不就是这种世道吗?"

王阳明说道:"爹,这样,我今天去绍兴府一下,我不信余姚知县能一手遮天!"

王阳明执意报官,他只带着钱德洪、邹守益二人骑马来见祁知府。待弟子钱德洪把徐爱惨死经过说完,王阳明说道:"知府大人,我先表明一下,这件事从内来说,徐爱是我王家的女弟之夫。从外来说,他又是我的弟子。正如德洪方才说的,徐爱不能就这样白白冤死,今日我在知府大人面前报了官,就是要知府大人派人或是督促余姚知县彻查此案,把真相查出来,给徐爱一个圆满的交代!"

祁知府连连点头道:"先生放心!论公,先生现为南京鸿胪寺卿,论职位下官不敢不认真彻查。论私,先生是当今心学大宗师,名扬海外,又是咱绍兴府的荣光。无论公私,下官都会彻查此案,给先生一个圆满交代!"

邹守益施礼道:"知府大人,我们还需不需要到余姚县衙报案,余姚是案发地,如果我们只到府衙报案,余姚会不会说我们恩师以大欺小,这样对破解此案不利。"

祁知府说道:"好!你们也可以去余姚县衙报案。但同时,也可以告诉知县,就说你们也在府衙报了案。这样,下官再派人或是督促此案,就名正言顺了!"

王阳明决定去找余姚知县报案的时候,是案发第五天。

知县在事发当天,和县丞一起把两个孩子叫到一起。知县大怒道:"我早就说过,让你们出去不要仗势欺人,不要滋事生非,可你们这俩孩子,把我的话当成耳旁风!现在惊牛出了人命案,而且还是大名鼎鼎王阳明的弟子,王阳明岂肯善罢甘休?所以,他肯定要报案追查此事,你们说怎么办?"

县丞蓄着一绺山羊胡子,他手抚髯须皱眉看了看知县,不慌不忙说道:"大人,不必发怒,既然事情已出,发怒毫无益处。眼下无非两条路可走,要么把两个孩子交出去,依法处置,要么想不交的辙。"

知县长叹一声说道:"咱有辙吗?人都死了!"

县丞脱口道:"只要大人下得了决心,咱就有辙!坊间不是有句话吗,'世上没有上不去的山,更没有过不去的河!'"

知县脱口道:"既如此,眼下咱想什么辙?"

县丞趋近知县耳边细细说了一阵,最后说道:"大人,只要把这些做好,就是包公再世,也休想查出此案!"

知县点头道:"好!咱就这样办!"

祁知府知道王阳明在朝中的分量,更知道王阳明是个有胆识、多机变、从不畏惧权势的人。他这天特意骑马来到余姚县,在县衙大堂和知县、县丞二人见了面,晓之以利害,决定成立府县查案组,一定要把徐爱这个案子彻查,给王阳明一个圆满的交代。

知县笑道:"那好啊!既然大人亲自督查此案,余姚是案发地,下官和县丞定全力配合侦破此案,大人需要下官做什么,下官一定倾全力,这点请大人放心!"

知府点头道:"好!今日就把布告张贴出去,凡提供线索或犯罪嫌疑人的,一是替本人保密,二是经查证属实,立奖赏白银十两!"

县丞听后心想,倘如此对其相当不利。他说道:"大人,下官以为,这种意外伤人案,没必要如此,到案发现场明察暗访,可能比这样更能直接破案,时间上说不定还快呢!"

知府笑道:"不!把布告张贴出去,加上明察暗访,这样做是咱绍兴府和余姚县衙给王大先生的一个最好的交代!看,我们已经动了真格,开始彻查此案,这样既简单又明了,多好!"

果然,重赏之下必有报案人。按知府定下的办法,凡举报的嫌疑人,由府衙掌握,提审嫌疑人府县都参加。当然,使惊牛意外伤人的是知县和县丞的两个公子,这种事无法掩盖,很快有人举报了。

知府这天在余姚县衙向知县和县丞二人说道:"两位大人,客气话今天本府没有,张贴出去的布告很管用,有人举报此案就是两位大人的公子所为!纸包不住火,瞒是瞒不住的,现在是你们两位大人主动交呢,还是……"

知县摇头道:"大人!我的孩子这些天连家门都没出,一定是有人借机打击报复,故意诬陷我的儿子!"

县丞也摇头说:"大人!下官的孩子,这些天正背诵四书五经呢,他根本就没出过门,这件事,下官可请师爷为证!"

知府突然说道:"两位大人,此事你们也不需多辩白。事情很简单,你们把他们叫来,当堂一问不就清楚了。这叫什么,洁者自洁,污者自污,又岂能黑白颠倒,互相混淆呢!"

县丞摇头道:"大人,孩子毕竟不是大人,他们哪见过这种场合,孩子本来就有惧怕大人的心理,没准儿本来不是,一问很可能就招认了,如此就成为冤案了。再者,下官与知县大人在余姚从政多年,人活天地间,谁没几个仇人,人家现在要落井下石,下官是一点儿办法也没有,只有任其冤枉了,这未免有些太不公了吧?"

知府正色道："不，孩子们最率直，有就是有，没有就是没有！依本府看，你们不必推三阻四，你们昨天不是说，肚里没病死不了人吗？做人要坦荡、明快些！"

知府见知县和县丞二人再无话可说，遂道："这样，快把你们的孩子叫来，本府亲自问话！"

事实胜于雄辩。知府让知县和县丞二人回避，不消半个时辰，两个孩子招认了此事：是县丞的孩子故意燃放爆竹，使老牛惊吓，才导致疯牛抵死了徐爱。更重要的是，两个孩子还把知县与县丞在家商议的话，包括把老牛杀了卖肉，以此毁灭证据之事都和盘托了出来。

知县和县丞二人跪伏在知府面前。知府叹道："本府早就说过，人的巴掌再大也遮不住太阳！依本府看，王大先生的弟子徐爱已死，人死不能复活。这样吧，县丞，肇事的孩子是你的，你拿二百两白银。知县，你的孩子虽不是主犯，但属从犯，且事后是你决定杀牛卖肉，毁灭证据，你也有责。你拿一百五十两白银，本府这就带汝二人，到徐爱家认罪，把赔偿的银子一并交给人家，以求得饶恕和谅解如何？"

知县和县丞此时无任何选择，只能按照绍兴知府所说的去办，王阳明爱徒徐爱之死，就此解决。

但是，在家人收拾整理徐爱生前遗物时，王阳明和钱德洪、邹守益、王畿及冀元亨等大惊。

原来，王阳明在一次和徐爱促膝长谈中说，徐爱和当年孔夫子的弟子颜回同德，这句话让徐爱深深记在心里。当年，是颜回等弟子根据孔子生前的说话论道，整理成了《论语》。而徐爱也如颜回一样，他把王阳明平日与弟子谈论心学的话，采用问答方式写成了《传习录》。王阳明先前一句不经意的话，竟成谶言。徐爱果然与颜回同德，都给恩师整理出传于后世的书籍，且都是年仅三十一岁而死，这既是神奇的巧合，也可能是上天的有意安排。

王阳明手捧着字迹端庄清秀的、厚厚的《传习录》，大恸不已。在场的钱德洪等十几个弟子皆泪水满面，没想到总以内心体验心学的徐爱，竟完成了如此一件大事，令今人后人皆赞叹不已。

王阳明（下）全传

/张兰亭　杨廷强/著

中国出版集团公司
华文出版社

三十四　尚德大义标卢珂　赣闽粤湘起兵戈

这日，王阳明在新落成的会稽山下阳明洞正讲心学，下课后，弟子何瑭指着会稽山下岩中的花树，问王阳明："老师，天下无心外之物，如此花树，在深山之中自开自落，于我心有何相关啊？"

王阳明环视众弟子笑道："何瑭，你未看此花时，此花与汝心同归于寂。你来看此花时，则此花颜色一时明白起来，便知此花不在你的心外。"

王阳明这种颇含禅机的话，和当年唐代高僧慧能的"自心即佛""悟者自净其心"，如出一辙。当年慧能在广州法性寺听二僧论辩堂前风幡。他二人一个说风在动，一个则说幡在动。俩人互不相服。慧能却说道："不是风在动，也不是幡在动，而是你的心在动。"故而，心即佛和心即理可谓同论。

不知怎么，王阳明突然叹道："为师愿曰仁在九泉之下，能闻得此言！"说罢，便潸然泪下。

王阳明遂率众弟子来到徐爱墓前，酹酒告之，高声歌曰：

　　会稽苍苍，姚江泱泱；
　　曰仁之风，山高水长！

离开老师之后，卢尚德昼行夜宿，非即一日，总算经过山路、水路、陆路回到了龙川县。

龙川，秦朝时，曾置龙川县，任嚣和真定人赵佗奉秦始皇之命率五十万大军平定百越后，赵佗被任命为龙川令。到了明时，龙川仍置县衙，只是它隶属惠州府。

卢尚德刚走进老隆，亦即老城，就见从龙川县衙大街上，走出两个骑马腰挎长剑的衙役，身后则是二三十个持长矛、长戈及佩刀的士卒。城内的老百姓见状，纷纷向四处躲闪。卢尚德跟随老师从京师到贵州，什么样的场合和阵势没见过，他索性站在一侧，抱着双臂看这些士卒往哪儿走。

正在这时，一个六七十岁的老汉，肩挑着担子，带着一个十六七岁的年轻姑娘从那边走过来。

卢尚德见老汉放下担子，上前拍着他的肩头说道："尚德大侄子，你从哪儿回来，你爹为你的婚事，着急死了，这下好了，你总算回来啦！"

卢尚德仔细一看，拍他的老汉不是别人，是他在龙川羊子铺的老邻居红旺大伯，而跟在他身后的姑娘叫阿香。阿香上下打量着卢尚德，见他似是远渡重洋，刚刚回家的样子。喜道："尚德哥哥，还记得我吗？"

卢尚德笑道："阿香！"说到这儿，他接着说，"大伯，那年离开龙川的时候，阿香才多大，不过八九岁吧，眼下长成大姑娘啦！"

老汉脸上笑着说道："你看你都多大啦，胡子拉碴，要不是我仔细看，我也认不出你是当年最调皮捣蛋的卢尚德啊！"

从龙川县城回羊子铺路上，老汉得知，是卢尚德父亲给他写了书信，催他回到龙川羊子铺和女家完婚，同时里面还附带了一封卢珂的书信。卢珂是他堂叔伯兄弟，让他回龙川，帮助自己成大事。但卢尚德所不知道的是，卢珂已经占山为王，并且与早年占山为王的池仲容、郑志高及陈英等，成为龙川县占山为王危害最大的山贼大盗。

回到羊子铺，卢家人分外高兴。全铺的人都知道，当年有龙川县衙人传说，在京城有才高八斗的王阳明，最为孜孜不倦，他开坛授徒，经他指点和教授出来的徒弟，许多都入了仕，即使不入仕，跟着这个王阳明也能成大气候。就这样，卢尚德走出龙川之地，长途跋涉，终于到了京城，成为王阳明的得意弟子。回到家，因卢尚德的父亲有病，按风俗习惯，以大婚之喜冲有病之人。卢尚德与在龙川等他七八年的姑娘玉苗成婚之后，其父病果然大愈。

这天，卢尚德与新婚妻子玉苗正在房中，突然从窗外掷入一封叠成箭形的书信。卢尚德打开一看，是堂兄卢珂写的，遂告别妻子玉苗，刚要出门，病愈的父亲瞪眼问道："德儿，你这么多年在外，在家里屁股还没坐热，你要去哪儿？"

卢尚德施礼道："爹，是我珂哥约我见面，我去找他。"

其父怒道："卢珂上山做了剪径劫道的山贼大盗，龙川县衙张榜要捉拿他。咱现在躲他还躲不及呢，咱可不沾他边儿！爹说不能去就不能去！"

卢尚德说道："爹，珂哥是什么样的人，咱们都清楚。再说，珂哥给我写了信，我回到龙川，回到羊子铺，无论如何也要见他一面，一家人怕啥？"

其父道："德儿，此一时彼一时。过去他在家里种田，是个好老百姓，今儿他上山为贼为盗，按县衙告示所说，德儿，你这叫通盗通贼之罪，这是要蹲大牢、杀头的！德儿你千万不能去！"

卢尚德道："珂哥过去好好的，不就是和池仲容两人同县衙作对，后来不和池仲容干了，回到了老家浰头淡坑，可为啥上山当了盗贼呢？他应该入试，一旦及第，至少能戴上乌纱帽，他为啥呢？爹！"

其父说道："按说，珂这个孩子，上过私塾，读过四书五经，他不和池仲容干了。可后来，不知道怎么和大盗郑志高、陈英认识了，不交粮不交税，专与官府的公人为仇，杀死了官府的人，逃到了山上，听说他手下已经三五百人。龙川县衙本来有池仲容、郑志高、陈英等山大王就犯愁，如此又出了个卢珂大盗。儿啊，这是火坑，这个亲咱不能再认了，听爹的话，德儿！"

论亲，卢珂和卢尚德是没出五服的堂兄弟。卢珂想做一个有头脑、有远见的山大王。他觉得，欲成大事者，必有一个类似诸葛亮、刘伯温式的军师人物坐镇山寨，这个人必须有深厚的文化底蕴，还要见过大世面，本人还要聪明、多机变。他选来选去，终于选准了他的堂弟卢尚德。虽然这样似是委屈了他的堂弟，可他没想到的是，他的亲叔叔竟不让他的堂弟上山，无奈他决定用下策，把堂弟请上山。因为离郑志高生辰之日越来越近，他想在龙川几个山大王相会之日，给郑志高和陈英一个惊喜，让他二人都归顺到他的麾下，这样，三山合一，就是明日龙川县衙公开派兵马来围剿，他卢珂照样可以稳坐钓鱼台了！

卢珂这天特意化装戴了个大斗笠，穿一身深灰色长袍，又剃了须刮了脸，文文静静带了两个同样化了装的随从，悄悄来到羊子铺。他派人送了信，得知他叔叔不让堂弟出来。待到天刚蒙蒙发黑的时候，恰巧卢尚德出屋小解，卢珂瞅准机会，突然笑着出现在卢尚德面前，低声道："尚德，我是你珂哥！跟我走一趟吧！"

卢尚德此时想到了老师王阳明，虽然堂兄有盗贼之心，但总不会加害于他，况且他还有老师教的一身功夫护身，就是单打独斗，三五个人他一点也不畏惧。遂笑着低声施礼道："珂哥，尚德有礼了！"

几年不见，卢珂见卢尚德身材伟岸，仪表堂堂，他从内心里非常兴奋。可见卢尚德在京师一定混得很好，乍一看他的面相，又增添了三分之爱！他轻轻还礼低声道："尚德，弟妹我见过，至于我叔吗，等你安定下来再向叔说吧，走，随我走吧！"

卢尚德轻轻一笑说道："好，尚德听哥的！"

说罢他拉着卢珂，悄悄来到窗下，向背向窗口的媳妇说道："玉苗，放心，我和珂哥先去了！"

这个叫玉苗的卢尚德媳妇，长得极其貌美。她转过身向卢尚德柳眉一竖，通红着脸说道："好，你和珂哥快去快回！"

卢珂则说道："弟妹，有珂哥在，尚德没事，别管多长时间，你放心吧！"

就这样，卢尚德出了羊子铺，四人上马，直奔山寨。

此时，山寨点起十几盏松油灯火，照得山寨大殿分外明亮。卢珂亲自把盏，为卢尚德斟酒，有几个相陪的中年人，向卢尚德频频举杯。继而，卢珂把龙川几个山寨大王一一作了介绍。

卢尚德开口道："珂哥，依我之见，珂哥一定有事，咱血脉相通，一个卢字分不开，有什么话请直言！"

卢珂直言道："尚德，明日是郑志高的生辰之日，我和陈英准备一起贺寿，故而带上你。尚德只需往哥身边一坐，不需多言，就可以让他们心悦诚服。"

"珂哥，你让众位兄长退下吧，你我兄弟畅所欲言如何？"卢尚德一路上一直思考，到了山寨之后，又四处看了看，他已经明白了卢珂之心。但是按老师临走说的话，他和老师志向一样，人有才有德有智，当效忠国家、匡扶社稷，决不可给后世留下骂名。他想，这或许就是上天给自己备下的一份功业。

卢珂遂向作陪的山寨中人说道："弟兄们先退下吧，今儿我与堂弟尚德不醉不休！"

大厅中只有卢珂和卢尚德二人了，卢尚德说道："珂哥，说吧，从你写那封信到现在，我断定哥肯定有大事要我相助。但是，灯不拨不亮，我还是那句话，请珂哥直言！"

卢珂这才说道："其实，按我们山寨的话，尚德，哥想让你入伙，咱兄弟俩联手，轰轰烈烈做一件大事，光耀我们卢家列祖列宗！"

卢尚德笑道："好！但是，就哥这山寨，三五百人，长矛大刀，个个头顶稻谷渣子，要么傻大楞粗，要么尖嘴猴腮，如何能成大事儿？先说好，欺负黎民百姓的事，我尚德决不为，其他的倒可以商量！"

卢珂高声道："尚德放心，欺负老百姓的事，哥这山寨过去干过，但现在决不干了！"

卢尚德问道："山寨不欺压黎民百姓这很好，但山寨仇敌是谁？"

"是官府！是县衙！是那些帮助官府欺压老百姓的富豪之家！咱的仇敌是他们！他们这才叫逼人上山为寇，逼人上山为盗！"

"珂哥，何出此言？"

卢珂说："我叔没告诉你吗，你嫂子原本在家里种水田，咱交不起年年涨的粮食和税银，逼得哥没法，这不就和刘家铺的几个哥们儿想靠拦路打劫得来的钱财抵账。后来，发现靠这个法儿，哥们儿几个能天天大碗吃肉，还能天天按功劳大小分银，我们一商议，索性做个快活的盗贼算了！哥这一落草为寇可好，县衙就派人抓我，抓不到我就抓你嫂子，可恨的是，看守的士兵……你嫂子觉得无脸见人就悬梁自尽了。县衙看守的人，硬说看你嫂子要逃跑，他们这才把她杀死，还把你嫂子尸首吊在龙川县城的大门口！这还不算，又把房子烧了！尚德兄弟，你说，县衙里当官儿的还是人吗？所以，你珂哥早已立下志向，对龙川县衙的人，我见一个杀一个，见两个杀一双！"

说到这儿，卢珂已经泪流满面，他端起一盏酒，一饮而尽。

卢尚德听了，叹道："呃，县衙的人真是可恨！后来，我嫂子尸首呢？"

卢珂含着泪说道："后来，我到郑志高那儿求救，到了第三天晚上，悄悄把你嫂子尸首偷回来，发丧后埋了！现在山寨人马越来越多，为了报仇雪恨，前些天我率人去龙川县衙抢粮食，从此他们别想再睡安稳觉！"

卢尚德说道："珂哥，你知道，我只是个文人，跟着我的老师，除了从仕，就是四处传播老师的阳明心学。我到这山寨来，肩不能担，手不能拎，世上有句话说得好，'最是无用乃书生！'我能干啥？"

"不！尚德，你能干的事都是大事！"卢珂说到这儿，离开酒席，双膝跪地道："尚德，做我的虎头军师吧，咱俩成就一番惊天动地的大事业！"

卢尚德急忙俯身把卢珂搀扶起来说道："珂哥，我答应你可以，但是，你也要答应我！"

卢珂点头道："尚德，只要你答应我，就是一百件事，我也答应你！你说吧！"

卢尚德稍候说道："珂哥，你知道，我的老师对我有脱胎换骨般再造之恩！不管这山寨今后发展如何，一旦老师有召，你不可阻拦，我必往！此一也；老师的心学是我立身、立言、立功之本，我如在山寨，会随时随地传播老师心学，此二也。如若珂哥同意，我就留在山寨，我还是那句话，除恶除霸可以，但残害黎民百姓之事，我断不为！"

卢珂大笑道："好！尚德说得句句在理，我同意！"

这天晚上，卢尚德躺在床上，他望着窗外的星月，心想，此时，不知老师及大师兄冀元亨，及田庄、金岸他们在哪儿，我卢尚德今有心学在胸，百害不侵！况且，这冥冥之中，上天让我离开老师及众弟兄，肯定不是让我真的上山做土匪、做强盗，专门干杀人的勾当。我要用老师的心学，来拯救这个山寨的兄弟，让他们成为对国家、对社会、对黎民百姓有用的人。龙川县有几个占山为王的山寨大王，加在一起有一万几千人，假如我卢尚德对这些人进行规劝，让他们能回归良知、找回良知，并且能够达到知行合一的境界，从此龙川县不复有盗贼也，这个功业有多大！

快到了夜之时，卢尚德兴奋得又翻了个身，他望着清静的星月夜空，窗外虫儿

三十四　尚德大义标卢珂　赣闽粤湘起兵戈

轻轻叫着。此时，夜气来临，心智清明，无私无欲自然流露，他想到老师那段非常精辟的话：

"人一日间，古今世界都经过一番，只是人不见耳。夜气清明时，人无视无听，无思无作，淡然平怀，就是羲皇世界。平旦时，神清气朗，雍雍穆穆，就是尧舜世界。日中以前，礼仪交会，气象秩然，就是三代世界。日中以后，神气渐昏，往来杂扰，就是春秋战国世界。渐渐昏夜，万物寝息，景象寂寥，就是人消物尽世界。学者信得良知过，不为气所乱，便常做个羲皇世界之人。"

当年，卢尚德和大师兄冀元亨等追随老师，为搭救师母，他们也曾在深山野林里过夜，但那时有老师在，躺下一会儿就打呼噜睡着了，起来后只听老师说怎么做，做什么，放心去做就行。后来，在护送老师去贵州龙场时，老师在明，他和大师兄冀元亨等在暗处，那时有事总是他和大师兄及三师弟田庄商议，即使遇到了天大的难事，师兄弟们一咬牙、一跺脚，任何艰难险阻都能闯过去！而今，他孑然一身，今后的路该怎么走，这些散兵游勇，甚至地痞流氓、光棍汉，甚或好吃懒做、游手好闲之人，岂是轻易可以用老师的心学调教的，他们不是士子，更不是要求上进的学者，他们如果是榆木脑袋呢？不怕！老师说过，世上的办法，总比难事多！

第二天，卢珂与卢尚德骑马的时候，卢珂想起昨日卢尚德飞身上马的麻利动作，说道："尚德，看来你并不是个简单的文人，我从你拿刀和上马看得出来，你瞒不了我！"

卢尚德大笑道："珂哥，你从来没问过我，何谈瞒你呢？"

卢珂亦笑道："看来，我低估了你！"

卢尚德翻身上马，笑道："珂哥，你想多了，我只是你的堂弟而已。"

虽然在路上，卢珂几乎一直和卢尚德并辔而行，卢尚德侧目看过卢珂，他肯定在想事，而此时卢尚德也想到，此次去山贼大盗郑志高那儿贺寿，倒是个非常好的时机，如果能把这些散兵游勇联合起来，成为一体，就抬高了珂哥的地位，同时也就抬高了我卢尚德的地位。如此我再到郑志高和陈英那儿，做起事来就容易些。

卢尚德突然向卢珂说道："珂哥，小弟这几天看你胸有大志，非一般人可比，此次去给郑志高贺寿，我以为乃天赐良机，珂哥如有什么艺压群雄的本事，悉数拿出来，到关键时候我提议推举你做他二人的大哥如何？"

卢珂一听，脸上顿现光彩，他点头道："尚德，这正是我梦寐以求的。说心里话，我怕郑志高与陈英不服，所以无论如何请你到场，为我摇旗呐喊！"

此时，坐在迎客大厅中的郑志高，正浮想联翩，激动不已。因为他已经做好了各种准备，他想借这个机会成为龙川山大王中的王中王，他要坐上第一把交椅。他知道陈英虽有智谋，但做事前怕狼，后怕虎，并且山寨兵马不及他的多，可以忽略不计；他真正的对手当是卢珂。不过他真心帮过卢珂，卢珂应当知恩图报，至于池仲容，暂不理他，所以这样看来，做龙川山大王中的王中王，他应该是蛮有把握的。

郑志高这是第一次邀请卢珂和陈英到他的山寨喝喜酒祝寿，他在山寨大门口欢迎，卢珂把他的堂弟卢尚德介绍给他和陈英时，他一下子被卢尚德的相貌及伟岸身躯震惊了。他在心里一笑，看来这个卢珂今日肯定有戏，他莫非也想借此机会坐上龙川山大王中的王中王之位？看来，我万万不可低估了卢珂！

郑志高在前，卢珂与陈英在后，穿过碎石路，来到一片开阔的山地，郑志高说道："卢大王、陈大王，你们看，我这里有一支神箭队，他们的箭法技艺高超，百步穿杨，百发百中，请两位大王赐教！"

卢珂和陈英一样，根本没想到郑志高会借此向他们卖弄实力。郑志高从站成一排的统一了衣甲的弓箭手中，大声喊出一人，那人雄赳赳、气昂昂，用力挽弓射箭，一箭中的！

但卢珂笑道："郑兄，你的人果然厉害！不过，我的帐下也有神箭手，因轻装而来为郑兄贺寿，没把神箭手带来。是我疏忽！"

这时卢尚德说道："郑大王，方才我堂兄既然如此说了，我初来贵寨，可否让我一试？"

郑志高上下打量后说道："当然，请把弯弓给他！"

卢尚德见一棵树上拴着马，接过弯弓之后，解下树上的马缰绳，飞身上马，然后，飞马向众人驰来，继而蓦地转身，挽弓搭箭，嗖地射出一箭，正中百步开外的靶的！站在一侧的弓箭手们，无不大声喝彩！

卢珂大呼道："郑兄，这就是我的堂弟尚德！"

郑志高和陈英顿时大惊失色！特别是郑志高，本想先胜卢珂一筹，没想到，他的堂弟竟有这般高超的射箭本领。

这时，卢尚德见空中有飞鸟经过，驰马挽弓又射一箭，一个不知名的大如喜鹊的鸟儿，从天空中戛然落下来，正落在郑志高等三人面前。正在大家惊讶之际，卢尚德飞身下马，向众人作揖道："小弟卢尚德今在三位大王面前献丑了！请多多赐教！"

郑志高与卢珂、陈英走向大厅的时候，郑志高心想，好啊，你卢珂敢在我的地盘灭我威风，你今天不就区区四五匹马吗，我一会儿就让你难堪！

陈英心想，本来今日约我和卢珂来是给你郑志高贺寿的，你存心搞什么神箭手，结果被卢珂堂弟灭了你的威风，今日虽然天时、地利都在你郑志高手里，可是我陈英和卢珂两个山寨的人马加起来，自然比你郑志高的多。卢珂手拉着卢尚德，两人有说有笑跟在郑志高身后往前走。

陈英大声说道："郑兄，今日我与卢兄都来为你贺寿，你在山寨里给我们备了什么好酒啊？"

郑志高笑道："陈兄放心，还是贝墩烧酒！"

陈英说道："好，这酒入口甘醇，有甜口，味道正，是咱龙川的好酒！郑兄，现在开席吗？"

郑志高笑道："陈兄，不急！卢兄、陈兄，我这里有一个神剑手，他自称打遍天下无敌手，他会一套祖传的周氏八卦嘶风剑，今日请二位前来，不，应该是请三位来辨别一下真伪如何？"

卢尚德低声向卢珂说道："珂哥，看到没有，今日醉翁之意不在酒，这位郑大王真的驭人有术啊？"

卢珂万万没想到，今日郑志高会如此。不过，幸亏有堂弟尚德相随，第一个射箭回合，就把郑志高打败了。他低声说道："尚德，你的剑法如何？"

卢尚德低声说道："珂哥，今日我已经抢了你的风头，人家郑志高是点名请你，我只是作陪嘛，我哪还敢再喧宾夺主啊？"

卢珂佯怒道："尚德，别！今儿咱是上山打虎，打虎嘛，当然要靠亲兄弟！说真的，你的剑法到底如何？"

卢尚德故意答非所问，笑道："珂哥你忘了，咱今儿是看菜吃饭、量体裁衣，弱宾岂能压强主呢？"

郑志高故意向卢珂和陈英再次说道："这个周黑剑呢，在山上总是吹大话，我真的希望有人能够杀杀他的威风，让他知道这只是小山寨，外边的世界大着呢！"

众人在大厅落座的时候，郑志高招手，早已候在一侧的那个持剑的中年汉子，啪的一声跳到人们中间，开始舞剑。卢尚德在一侧专注观看，花样虽然翻飞，但看得出缺乏凌厉攻击之势。郑志高赞叹地说道："诸位，周黑剑的剑法可谓高超吧？这样，我让属下和他比试比试，诸位再做定论如何？"

卢珂点头道："好！如此我才信服！"

周黑剑仗剑大喝一声，与两个持剑人比试，经过一番交战，自然周黑剑胜了两个持剑人。

这时，郑志高故意向卢尚德说道："卢兄弟，你既然会射箭，我想你应当也会剑术，来，请和这周黑剑比比如何？"

卢尚德摇头道："郑大王，别，我只会射箭，剑术吗，相当一般，岂敢和大王的舞剑高手对阵呢？"

郑志高拿过一把剑来，说道："卢兄弟，别太谦逊了，看在你堂哥的面儿上，我已经连求你几次了，你总该给我一个面子嘛，刚才你风光了，现在别装熊了！"

卢珂也觉得甚没面子，他拉了拉卢尚德，说道："尚德，今儿咱不管输赢，你给郑兄一个面子，哪怕输了咱也认！"

陈英也附和道："卢兄弟，今郑兄寿诞之日，相互切磋切磋，无所谓胜负！"

郑志高冷笑道："卢兄，你的堂弟论箭堪称高手，可是天下七十二行，一到论剑术比高低，他就成了驴粪蛋子外光里拉碴。得，不比了，和稀松软蛋有什么好比的！"

卢尚德大怒道："郑大王，实话告诉你，今儿在你的地盘儿上，我不想再抢你的风光！但是，我老师说过，人不可欺人太甚！大丈夫立于世，无非一个死字挡着，今儿为了我珂哥，这样，倘我胜了你这山寨的高手周黑剑，我说什么你和陈大王能答应吗？"

郑志高脱口道："卢兄、陈兄，这样，我知道你这堂弟不忍我刚才那些话，他要拼命！好啊，今我郑志高立誓，若这卢兄弟胜了我山寨的周黑剑，莫说一件事，就是一百件我也答应，天地共鉴此话！"

卢尚德点头道："好！请诸位做个见证！"

郑志高高声道："不过，卢兄弟，剑锋无情无眼，倘伤了或是让周黑剑刺到你的要害之处，一命呜呼，到时你可别怪别人，只怪你阳寿短，既怨不得我郑志高，又恨不得周黑剑！"

卢珂站起来说道："郑兄，算了，我知道我堂弟为面子要拼命，我堂弟认输还不行吗，下面咱入席喝酒庆寿诞吧？"

郑志高越发来了威风，怒道："卢兄，别介！方才，你这堂弟山呼海啸的，大话说得震天响，我也当众言了誓，这在我的地盘儿上，我说话总不能不算吧？我刚来了兴致，这比喝酒要壮烈得多，怎能说不比就不比呢？"

卢珂真的担心尚德会命丧山寨，他刚要跪地却被卢尚德一把提了起来。卢珂顿感尚德力大如牛，这一提让他的胳膊疼痛难忍，简直入骨入髓。

卢尚德大声道："珂哥，你不必求他，人家分明要给你来个下马威！但是，我今儿纵然一死，也要让他明白，天外有天，世上藏而不露的高人大有人在！郑大王，你不能反悔呀？"

郑志高大怒道："放心，我郑志高今若反悔，从此以后，我再见到你们，像乌龟、王八一样在你们面前爬！周黑剑，拿出你的独门绝技，灭了他！"

周黑剑牙齿咬得咯咯响，大声道："大王放心，不出三剑我就让他命丧黄泉！"

说罢,卢珂把佩剑一掷,高声道:"尚德,小心应战!"

卢尚德腾空一跃,如蛟龙腾云,气贯长虹,他伸手娴熟地接了空中飞来的长剑,继而抽出长剑,与早已准备厮杀的周黑剑战在一起。当两把长剑砍刺在一起时,周黑剑顿感右臂麻木,难以抵挡卢尚德的巨大臂力,三招之内,尽管周黑剑使出了浑身解数,仅与卢尚德战了个平手。但他哪里知道,当年,王阳明教授冀元亨、卢尚德等弟子剑术时,让他们一定遵守"三合认剑"这四个字。其意是,大凡性烈如火的剑手,一旦与对方比剑,决不会拖拖拉拉、文质彬彬,他肯定会拿出最狠、最毒、最恶的剑术,试图在前三个回合,先震慑了你的心志,让你在他的威猛剑势之下,吓破了胆,乱了阵脚,到那时,你自然有了惧怕的心理,如此你就输定了。在抵挡对方三合认剑时,你必须集中精力,认清他的剑术的来龙去脉,把握对方习惯性的剑法和破绽。所以,卢尚德谨遵师训三合认剑,以守为主。

三合认剑过后,卢尚德大吼一声,震得在场人无不惊魂掉胆,二人你来我往几个回合之后,卢尚德卖个破绽,令周黑剑失掉手中长剑,趁周黑剑手足无措时,卢尚德飞起一脚,直踢在脚下无根的周黑剑前胸,好个漂亮洒脱、干净利落的"踢泰山"之势,硬是把一百多斤重的周黑剑踢倒在丈八之外,他的腰肋之处至少断了三根肋骨,再也站不起,瘫倒在了地上。

卢珂站起来脱口呼道:"尚德,好脚力!"

此时,郑志高惊得魂不附体,看着头顶上寒光四射的长剑,再看看瘫倒在地的周黑剑,瞪着两眼一句话也说不出来。

陈英连连点头,把受到惊吓的魂魄收回本体,脱口大声道:"好啊!这卢兄弟藏而不露,堪称世间论剑高手、圣手啊!"

卢珂上前,抓住卢尚德的手,连摇带晃道:"尚德,哥今天真是开了眼界,有你这样的神勇兄弟,我卢珂骄傲!兴奋啊!"

卢尚德淡淡一笑,向陈英说道:"陈大王,说实在的,大王你说我是舞剑高手,我羞愧难当,因为我老师才只称自己为高手,从来不敢妄称圣手!因为世界之大,从来就是人外有人,天外有天嘛!"

卢尚德笑微微地走到郑志高面前,腾空一跃,把插在木柱上的长剑拔下,交给身后的侍者,向仍在胆战心惊的郑志高说道:"郑大王,该兑现你方才的承诺了吧?"

郑志高这才从惊慌中回过神来,急忙强笑着说道:"卢英雄,你说!你说!"

卢尚德环顾陈英与卢珂说道:"诸位大王,我刚从京师回来,我的老师姓王讳阳明,我方才的射箭、剑术,皆我老师所传。你们在这崇山峻岭之中,可能不知道,我的老师名气很大,今朝野内外所敬仰的是老师的阳明心学,我这次应我堂兄之约回到龙川，就想助我堂兄一臂之力，故而，今我提议郑大王、陈大王及我堂兄三山三王联合起来，成犄角之势！"

陈英点头道："好！这个主意好！"

卢尚德接着说道："我珂兄待人谦和，从不妄言，做事厚道，且胸有倚天大志，我推举我珂兄为三山之主，陈大王，你意下如何？"

陈英喜道："有卢兄弟这样的盖世之才辅佐，我举双手赞同！"

卢尚德向郑志高说道："郑大王，你意下如何？"

郑志高叹道："论能力，论才干，论真本事，更加上卢兄弟这样的英雄奇才做虎头军师，我郑志高心服口服，我同意让卢兄做三山寨之主！"

卢尚德这才向郑志高施礼道："郑大王，今日多有得罪，还望恕罪！"

郑志高急忙还礼道："卢兄弟，方才我郑志高以小人之心度君子之腹，言语尖酸刻薄，请卢英雄海涵！"

卢尚德说道："郑大王、陈大王，三山联合起来，平时以信鸽为号，互传情报，但有战事，以施放三枚冲天火箭为号，三山由我堂兄统一指挥调动，今儿起各山寨加紧士卒登名造册之事，汇集之后，交与我堂兄。堂兄，今三山联合大事成，今后无论遇到何事，三山皆无忧矣！"

卢珂向诸位施礼说："诸位，我这堂弟乃当今朝野闻名心学大师王阳明大先生座下弟子。今我三生有幸，把他从京师请到山寨来，我们是井里的蛤蟆，就看见头顶上巴掌大的天！而我堂弟论学识，论胆量，论武艺，论兵法，样样精通，但从他来到山寨起，从没在我面前显露过，今儿若不是郑兄步步紧逼，他可能还藏而不露呢。我呢，昔日爱打抱不平，今儿有幸做了三山寨之王，我没本事，但我有一颗视人如兄弟、如同胞的真诚之心。郑兄，今我喧宾夺主了，来，我们一同为郑兄贺寿吧！"

郑志高大喝道："好！今日好不快哉！来呀，贺寿开始，请诸位入席，不，请三山之王卢兄先入席！"

正德十一年，即公元1516年，赣、闽、粤、湘四省相接壤山区治安状况极其混乱，经常发生山民聚众抢劫过往行人、商人的恶性事件。南赣巡抚始设于孝宗弘治年间，它是由原江西按察使司岭北分司即后来的岭北道改置的，这些抢劫事件非常严重。

特别是进入九月以后，在江西南安府大庾之横水、桶冈、左溪等地出现了谢志山、蓝天凤、陈曰能等部；广东龙川县则出现了池仲容、卢珂、郑志高、陈英、黄金巢等占山为王，抢劫官民，包括围攻县衙的事件；广东乐昌高快马占山为王；龚福全则在湖广之郴州、詹师富则在福建南靖公开与官府作对。因这些占山为王的盗匪，向附近黎民百姓提出的共同口号是"不纳粮，不纳银，不当差"，得到附近民众的广泛支持。当地官兵屡战屡败,而朝廷鞭长莫及,多是就地取材,多派贵州或湘、广少数民族的狼兵。这里所谓的狼兵,大多是少数民族土司训练的壮民士兵,他们凶狠顽强,吃苦耐劳,而且作战相当勇猛。这些狼兵,但凡作战所经之地,必先洗劫一空,把钱财珠宝揣进自己腰包里。所以,他们愿意出来打仗,因为一打仗就有收获。凡集聚的山贼盗匪,一般不愿与狼兵交战,他们会暂时藏起来,这些为了钱财的狼兵,打仗在其次,抢劫为其主。山贼盗匪如同春夏之交的韭菜,消灭了一批,很快又滋生出第二批。朝廷为此十分头疼,当地百姓也怨声载道。无奈,官府只能每天龟缩在衙署里,不敢轻易出来,而盗匪则越来越猖狂。

圣上武宗无奈登临金銮殿,朝议赣、闽、湘、粤四省盗匪之事。论心地武宗并不坏,只是他遇事不仅无主张,而且还时常忘事,他刚一提到盗匪之事,大臣杨一清就奏道:"陛下,这四省附近的黎民百姓与盗匪乃一体,除非把这里的老百姓迁徙到外地或是把他们全部拘起来,若不然,这盗匪谁也没能力剿灭他们!请陛下早做决断!"

此时,杨廷和出班奏道:"陛下,下官不赞成这种禾稗不分、好坏一起铲除的做法。像这种剿匪灭盗之事,下官举荐一人,肯定能马到功成,从此一劳永逸!"

武宗似乎突然想到了先帝的四诀词,他摆手道:"杨爱卿,你与朕同在一张纸上写出如何,看朕是否和爱卿写的一致。"

于是,当下取来文房四宝,武宗写的和杨廷和的一致,都是"王阳明"三个字。武宗看后大笑起来,说道:"看来爱卿与朕所见相同!"

这时,兵部尚书王琼出班奏道:"启奏陛下,自古好钢用在刀刃上,下官知道陛下与杨大人所写肯定是南京鸿胪寺卿王阳明!"

武宗大喜道:"王爱卿,兵部尚书力荐王阳明,是朕没有想到的,你为何知道这满朝文武百官之中,唯有王阳明可为此等治国平乱大事?"

"启奏陛下,据下官所知,王阳明自幼熟读兵法,他在奉旨修建王大将军坟墓时,还把散乱的民工分为三队,排演常山蛇阵法。当年西北边塞危急之时,是他作为一个文官提出了《陈言边务八目疏》,使西北边关从此固若金汤,多年不再为患;他虽为文官,不但能治国安邦,还曾徒手击败过十几名盗匪,所以他有武将之才,这次下官力荐王阳明马到成功!倘不成功,下官王琼愿听凭圣上处罚!"

武宗喜道:"传朕旨,命南京鸿胪寺卿王阳明,即日起为都察院左金都御史,令他为江西之南安、赣州,福建之汀州、漳州,广东之南雄、韶州、惠州、潮州和湖广之郴州巡抚之职,但有盗贼发生,即剿捕不复上疏!"

此时,王阳明尚在老家余姚边养病边传播阳明心学。

三十五　十家牌法黎民真　盗贼从此难匿身

这几天，王阳明正处在万分喜悦之中，因为自从堂弟守信把儿子正宪过继给王阳明与夫人杨娡姻之后，娡姻竟有身孕了！倘把正宪当作神赐之福，果然天遂人愿。玲儿到了待嫁之年，由王阳明做媒，把玲儿嫁给他的弟子，成就了一段美丽姻缘。尽管王阳明和娡姻再三拒绝，但玲儿夫妇为报答二人之恩，心甘情愿侍候娡姻。娡姻则说，待玲儿有喜之后，她也照样侍候玲儿，玲儿感激得泪雨纷纷。这是因为玲儿没爹没娘，从小进了杨家门，一直和娡姻在一起。说是侍女丫鬟，因她年龄小，娡姻如亲妹妹般待玲儿，所以这种姊妹之情加主仆之情交融在一起，使得她们即使成婚之后也难舍难分。

王阳明接到圣旨这天，他的所有弟子都知道圣命不可违。王阳明说道："众徒儿，没办法，国家有难，身为朝廷官员，唯有全力以赴！我还是那句话，打仗不同儿戏，随时都有生命之险，我主张你们能应试的应试，争取人人及第入仕，不能入仕的可以留在为师身边。今儿起凡跟随为师的，为师要向朝廷为你们争取一份固定俸禄，因为你们融入了战争，每天将面临着死亡和伤害的危险。再者，你们大多数成了婚，有了子女，也需要银子。为师与你们师母，从来不积攒什么银两，你们就是为师和你们师母的儿女，这些银两和俸禄都会用在你们身上。一句话，做这个巡抚之职，为师与你们身肩两项重任，一者打仗为先，二者传道为次，大家考虑好了，明日咱们出发。"

冀元亨十分激动地说道："恩师，正所谓'一日为师,终身为父'。徒儿受业于恩师，已经万分荣幸，徒儿能追随恩师成就一番大事业，乃无上荣光也，为此何惧生死？莫为这些生活琐事缠扰，还是那句话，恩师一句话，徒儿万死不辞！"

钱德洪说道："恩师，余姚乃恩师的老家，徒儿与邹守益、王畿等就厮守恩师心学故乡，终身开坛讲学，为恩师传道，直至百年！吾等就不随恩师巡抚赣、闽、湘、粤四省了！"

这时，金岸入内施礼道："恩师，有一个名叫王艮的弟子，在阳明洞外要拜谒恩师，请恩师示下。"

王阳明一听，弟子王艮来拜见，抚须脸转怒，把手一挥说道："王艮违背为师之意，让他回吧，不见！"

过了一阵，罗钦顺入内施礼道："恩师，王艮在阳明洞外长跪不起，让他回，他也不回，他说今天即使死，也要拜谒恩师。弟子看他真心实意，似有悔改之意。恩师，他闻恩师在余姚，故千里迢迢来向恩师谢罪！"

王阳明长叹一声说道："既如此，让他进来吧！"

王艮，字汝止，初名银，是王阳明为其更名为艮。当时，王艮拜师时，特意请人做了一套大服，沐浴更衣之后，恭敬施以三叩九拜之大礼，王阳明遂收其为弟子。

王艮曾说："吾师倡明绝学，何风之不广也！"他回家之后，专门制作了一辆稀奇古怪的小木车，车上插着旗幡，写着心学的大横幅，有鼓有锣，约定几个弟子，所经之地，大张旗鼓宣扬阳明心学。还驻足给士子和学者讲心学之道，聚观者成百上千，甚或数千人。

王阳明当时向其他弟子说："心学是一门很严肃的学问，岂能像做买卖一样四处吆喝传道？如此虽得心学，但太庸俗、太世故了，这样做不好，为师不喜欢！"

王艮进屋后，向王阳明施以大礼，以头叩地道："请恩师宽恕弟子！弟子心无杂念，一心一意想把恩师的心学之道传至千家万户，让黎民百姓也能受益。"

王阳明叹道："徒儿，为师知道你的一片赤诚之心。可为师的心学之道，毕竟是一门学问，它不能如世俗间买粮卖菜四处招摇。要靠感兴趣的人去悟，让人润物细无声般转化思想，让人存良知、致良知，实现知行合一。让人知礼仪，尊长扶弱，明人之心如明鉴，如澄泉，月明天中，形物于外，则使贤任能，不失其时，以达到匡扶正义，让人效忠国家、维护社稷安稳之目的。"

说到此处，王阳明环顾众弟子说道："夫人有八性不同，乃仁、义、忠、信、智、勇、贪、愚。为师之心学的根基当建立在这八性之上。汝等皆知，仁者好施，义者好亲，忠者好直，信者好守，智者好谋，勇者好决，贪者好取，愚者好矜。大凡人君合于仁义，则天下亲；合于忠信，则四海宾；合于智勇，则诸侯臣；合于贪愚，则受制于人。另外，仁义可以谋纵，智勇可以谋横，纵成者王，横成者伯，其实人们所说的王者之道，不在兵强士勇之际，而在于仁义智勇之间耳！"

王阳明向王艮说了朝廷的旨意，王艮直言道："恩师，弟子今拜谒恩师之后，昔日数年之心愿足矣，再无憾事！艮愿回故乡，在那里像钱师兄、邹师兄他们一样去传播心学，开办学舍，把恩师的心学之道传播开来！"

王艮一言既出，必为之践行。后来的事实证明，王艮传道于林春、徐樾；而徐樾则传道于颜钧；颜钧则传道于罗汝芳、梁汝元；而罗汝芳则传道于杨起元、周汝登、蔡悉。王艮作为王阳明高徒，为世人所赞颂，此乃后话。

虽然其父王华把家迁至山阴，但王阳明心里总思念故乡余姚，王阳明奉旨做赣、闽、粤、湘四省巡抚之事，绍兴知府及余姚、山阴等县的知县已尽知其事，故都来为他送行。

此时，赣辖南昌府、瑞州府、九江府、南康府、饶州府、广信府、建昌府、抚州府、吉安府、临江府、袁州府、赣州府及南安府计十三府。而赣州府则下辖雩都、信丰、兴国、会昌、安远、宁都、瑞金、龙南、石城、定南、长宁十一县。按朝廷的设置，巡抚的署衙当在赣州府，故而，王阳明即率弟子日夜兼程直奔赣州。

赣州，其南有崆峒山，因章、贡二江之水，是夹山流经左右，经城之东西，后来人们习惯把贡水叫作东江，它自福建长汀县流入府界，而章水人们习惯称之为西江，它源自湖广之宜章县流入府界，至城北，东西江，或章、贡二水在此合流为赣江。此处东北有磨刀寨、巡检司，后迁至石院铺，南有长洛巡检司，后迁至县西黄金镇。

王阳明刚一来到赣州府，其府内知府邢珣以下皆出府门之外三里迎接。

邢珣，当涂人，弘治六年进士。正德初，历任南京户部郎中，忤刘瑾，除名。瑾诛，起南京工部，迁赣州知府，招降巨盗贼满总等。

王阳明在知府邢珣陪同下，饭后即召开会议，研究山匪盗贼之事。邢珣向王阳明再次施礼道："王大人，下官素闻大人之名，今盼星星、盼月亮总算把大人盼来了！大人一来，赣州有救了！"

王阳明回礼道："邢大人，你可能还不知道，本院一向以做事为先，客气的话不必说，距赣州府最近的山匪盗贼是谁？"

邢珣说："是福建的詹师富这个草莽大王！"

从正德十年起，南赣等地狼烟渐起，先是南安府王祚、乐昌县知县韩宗尧被俘，他们的头颅被送到府门前；继之县主簿吴玭战死；而南安、南康、信丰、龙南、安远、乐昌、桂阳等县城多次被盗匪围攻，前巡抚文森托病躲避。现在就这个詹师富距府衙较近。

王阳明让邢珣介绍一下詹师富的情况。邢珣告诉王阳明，福建按察使司兵备佥事胡琏等在长富村击溃了詹师富，已经把他逼到了象湖山。詹师富也很清楚，官军绝不可能容忍他们的存在，他们和官军之间势必有一场血战。为了这场必有的血战，他苦心经营，精心布局，沟壑洞穴，凡是可以利用的决不放弃，现在的象湖山可谓一夫当关，万夫莫开。当然，官军在大伞地曾经展开过激战，官军试图攻占象湖山，没想到，在象湖山的前沿地带大伞地，就遭到詹师富盗匪的猛烈反击，当时的指挥覃桓、县丞纪镛等战死，官军受到重挫，只得鸣金收兵退回！

正当知府邢珣向王阳明介绍这些情况时，王阳明似是通过阳光照在窗上的剪影，看到了有个人头的影子在晃动，他悄悄向侍在一侧的田庄示意，田庄装作起身斟茶，之后如同不在意地提了水壶往厅外走，因取水的方向与窗外无关，待剪影刚要转身时，王阳明有意说道："邢知府，咱们现在就商议攻打象湖山之事。"

偷听人像一个游滑如鱼的老行家，他刚要转身，王阳明故意又抛出诱饵，把他又勾了回来。

田庄擅长机变，他放下壶，返身转到能看清窗外的地方，首先从外形上，确定偷听者是何人、居何职、高矮胖瘦，继而跟踪他，看他到底要如何向盗匪传递消息。当偷听者趁着天黑欲从马棚盗马时，被田庄、金岸等抓获。

饭后，王阳明在知府邢珣陪同下正喝茶，田庄入内施礼道："老师，正如所料，抓住了！"

邢珣大惊道："大人，抓到什么了？"

王阳明笑道："邢知府，看来你这府衙有透风的墙啊！田庄，带上来，为师与邢知府一同审他！"

邢珣似有所悟道："大人，莫非下官这府衙有奸细？这不可能吧？况且，大人初到，怎么……"

王阳明笑道："邢知府，你看看就知道了！"

田庄把那老吏带上来，不须审问，那老吏便扑通一声跪在了王阳明与邢珣面前，说道："大人、知府大人，奴才有罪啊！"

邢珣拍案怒道："老田头！你莫非是象湖山上詹师富的奸细？你……你……本府真是没有想到啊！"

老吏叹道："知府大人，奴才并非出于真心要帮詹大王，可是奴才不做也得做！"

在邢珣的质问下，老吏告诉他，詹师富的属下抓了老吏的家人做人质，现在他家的人质已放回两个，独剩下他的儿子。詹师富说，一旦老吏搜集到重大军事情报，即可释放老吏的儿子。

王阳明正色道："你放心，本大人向来无杀人嗜好，你只要按本大人要求做，不但可以免罪，还可以立功！"

那老吏听罢，感激涕零地叩首道："只要大人不杀奴才，奴才愿为大人、为知府大人而死，奴才决不退却！请大人吩咐吧！"

盘踞在象湖山上的可塘峒主詹师富，老家是芦溪村。他是竹篾师，这个詹师富并不因为在大伞地击溃了前来围攻的官军而得意忘形，特别是闻听朝廷派了文武全才的王阳明担当南赣等地巡抚后，虽然他不知道王阳明的底细，但还是立时忐忑不安起来。自古没有攻不破的城，也没有攻不破的山。

詹师富虽没看过什么兵法，但他知道，官军攻破象湖山是早晚之事。所以他多次派属下到赣州和那老吏联系，老吏为了救自己的亲人，也为了领到那些赏银，就把赣州府内，包括象湖山所在的县衙的情报，源源不断地提供给詹师富。这次詹师富特意嘱咐，一旦老田头取得了巡抚王阳明的重要行动部署，立即释放他的儿子！

此时，田庄和金岸、何瑭三人，受王阳明指派，去了解象湖山的工事防御情况，待三人出发之后，才让老吏老田头离开府衙，星夜入象湖山传递情报。

詹师富一见老田头，喜道："老田头，快把这些礼节收起来，怎么样，这个王阳明如何？"

老吏笑了笑说道："詹大王，请把我儿子带过来，让我见了，咱再说情报的事。"

詹师富拍案怒道："老田头，你今天想和本王讲条件？别忘了，人有时候会翻脸无情，快说这个王阳明如何？"

老吏冷笑道："詹大王，你还有没有良心？今儿我就认定了，不见我儿子，我老田头一个字儿也不说！"

詹师富冷笑道："老田头，好！算你毒，本王服软！来人，带老田头儿子过来！"

此时，老吏心里痛骂这个喜怒无常的詹师富，牙齿咬得吱吱响。可如今刀把子就攥在人家手里，他必须该软时则软，该硬时则硬，目的就是救出他儿子。他今天事先设定了自己的行动示意图：先面见詹师富，再见儿子，一旦情报说完，就带儿子离开象湖山，从此脱离詹师富的魔掌。

老吏的儿子被带来了，但是儿子被捆着双手，面黄肌瘦，双眼眼眶塌陷，脸上身上到处是伤痕，脸上有块伤还在淌血，有一块则化了脓，一个刚刚二十岁的儿子，胡须没剃过，短短半年多，看上去像三十多岁，有一种无法掩饰的沧桑憔悴之感，父子相抱大哭。老吏悲痛之心顿起，他故意痛哭流涕，像茫茫尘世间，唯有他老田头冤枉似的。

詹师富怒道："老田头，你别没完没了，今儿正事还没办呢，来人，快把老田头儿子拉走，本王这里吉祥着呢，又没死人，哭什么哭？号什么号？快拉走！"

老吏顿时大惊，两三个盗匪奔上前来，管你什么情思、怨念、离苦情深，老吏儿子虽然执意抵抗，不想离开他爹，但在虎狼之士面前，显得非常柔弱，这两三个盗贼连踢带打，把老吏的儿子拉了下去。

老吏吼道："詹师富，你们这帮该死该剐的禽兽！为何这样对待我的儿子，我为了给你们送情报，在卖命，知道吗？"

詹师富冷笑道："老田头，你别在本王面前说什么卖命不卖命，倘本王不抓住你

儿子做人质，你肯这样俯首帖耳吗？说到底你还不是为救回你的儿子？得了，儿子你也见到了，说正事儿吧！"

老吏按照王阳明的安排，把他该说的都说了，最后说道："詹大王，王阳明初来赣州，他没带一兵一卒，他要大张旗鼓犒赏大伞地溃退下来的官兵，目的就是给他们鼓劲打气，让他们不要太灰心，朝廷以后再想办法。"

老吏说罢，双膝跪地乞求道："詹大王，方才我冒着杀头的危险，把我所听到的王阳明与知府大人的对话，都一五一十说了，我知道的就这些，请大王兑现承诺，放我儿子回家吧！"

詹师富手抚髯须冷笑道："老田头，就这也算重大军事情报？你哄骗谁呢？这个情报不算数，你再去探吧！来人，送他下山！"

老吏拼了命似的用力一推拥上来的几个盗贼，大声喝道："詹大王！你作为一山之王，说话不能不算数，今天你不放我儿子，我决不下山！"

詹师富吼道："好啊！老田头竟拿了本王的话当耳旁风，来呀，乱棍把他打下山！"

流氓就是流氓，盗匪就是盗匪，与匪与盗与贼谋钱谋财，等于谋命。群起之下，一个老吏怎禁得住众人举棍乱打，不消一盏茶的工夫，老吏身上着了许多棍，他如同遭到了群狼围攻，号叫着连滚带爬逃下了山。而詹师富则站在山垭口，露出一副盗匪的嘴脸，唯我独尊，双手叉腰，哈哈大笑不迭……

就在老吏上象湖山见詹师富、田庄等三人乔装打扮刺探象湖山防御工事及兵力部署之时，王阳明悄悄调集了赣州府下辖的雩都、信丰、兴国、会昌、安远、宁都、瑞金、龙南、石城、定南、长宁等十二县中几乎所能征杀的全部兵力，王阳明先率两千精兵，从赣州出发，悄然驻扎在长汀、上杭等处。与此同时，还抽调精锐兵力，暗中把象湖山团团围定，设路卡在山垭口、悬崖峭壁等可能有人出入的地方，实施暗中拦截。二月十九日，他以护送广东布政使邵蕡为名，挑选一千五百名士兵为先锋部队，四千名重兵殿后。兵分三路，同时出发。福建按察使司兵备佥事胡琏等带队秘密出征象湖山；此外，王阳明白天大张旗鼓地骑马到打了败仗的溃军营中犒赏存问。兵不厌诈，是兵战之中常见之事。而出其不备，则是兵战中屡试不爽的有效手段。王阳明的这些举动给詹师富造成了一种假象，以为王阳明在积蓄力量，在等待兵强马壮之时，才能攻打象湖山。因此，詹师富放弃了心理上的防备。

这天晚上，邢珣有些担心地问道："大人，象湖山易守难攻，且詹师富构筑工事多年，我们有几成把握？"

王阳明笑道："邢知府，先说你有几成把握？"

邢珣叹了口气，过了一阵极不自信地说："大人，最多三成吧！"

王阳明正色道："三成？不，邢知府，今我军上下一心，吾有心力也；前几个月打了败仗的将士，经过休整补充，有复仇之力也；今象湖山像网中之猎、笼中之鸟，吾必乘势也；今我们布置妥当，精准攻击和佯攻时间，吾已明察也；三军将士在奖赏明确，逃、避、畏、怯四字上清楚惩戒，吾有气势也；当我们把心力、复仇、乘势、明察、气势等诸方面加在一起时，邢知府，此已九成也！"

邢珣极其佩服地点头道："大人，下官明白了，大人已运筹帷幄，决胜在心，令下官内心折服也。请问大人，这不是还差一成吗？"

王阳明踱着，伸出手在空中画了一个大圆圈儿，铿锵说道："号令出，千军发，吾之疾战也！此不正是十成吗！"

邢珣转身向府内官员正色说道："诸位，今上天之神赐福我们赣州，有了王大人，我们杀敌建功立业、福荫子孙、彪炳史册的天赐之时到了！"

王阳明点头道："好，时辰到，号令三军开始！"

此时正是正德十二年二月十九日夜。在王阳明精准的指挥下，兵分三路的攻击大军，直抵象湖山之下。五千七百多名官兵，如猛虎般以迅雷不及掩耳之势，扫平了象湖山下詹师富的防御力量。而那些昔日认为一夫当关万夫莫开的关隘、险要地带，大多数被官军占领，詹师富一时吓蒙了！这是昔日交过战的赣州的官兵吗？他们简直是天兵天将，从哪儿一下子冒出这么多将士啊？

詹师富咬牙切齿，他把身上的厚甲脱下来，提了一坛酒呼噜噜直往肚里灌，末了，把嘴脸一抹，手提他的开山大刀，赤裸着膀臂，大声吼道："弟兄们，别慌别乱，跟着本王和王阳明拼啦！"

詹师富复仇之火燃烧起来，他要做最后一搏！

尽管网中之猎的拼死挣扎，初看起来气吞山河，但在铁壁铜墙的围攻下，却显得憨傻、可笑！尽管守在防御工事的盗匪凭借地势险要的优势，有个别关隘飞打礌石滚木，甚至点燃沾满了松油的滚木，但因为战前未做防范演练，亦自然无力回天。

这场志在必胜的象湖山攻击战，战至次日中午，在田庄、金岸、何瑭带领下，将士们悄悄从悬崖峭壁攀至山顶，率先抢占了象湖山制高点。田庄、金岸率人以擂鼓摇旗制造声势，众盗匪见大势已去，昔日的铁壁象湖山工事，如今立时垮塌崩溃，有句话用在此时尤为恰当，那就是"兵败如山倒，水溃破大堤"！

二十一日，盘踞象湖山多年的詹师富在可塘峒山寨被金丰三团哨委官指挥王铠生擒。象湖山四处逃散的盗匪，至三月下旬均被剿灭，短短两个月，连续作战奔袭围剿，王阳明及其属下五千余众连破詹师富三十余寨，俘虏斩首二千余众，招抚四千余众,象湖山这座昔日山寨纵横、盘根错节、互为倚仗的盗匪群居贼巢,一举告破。

剿灭詹师富这股盗匪之后,五月二十八日,王阳明据福建按察使司兵备佥事胡琏呈报,上《添设清平县治疏》;正德十三年十月十五日,再上疏朝廷《再议平和县治疏》。直到正德十四年三月,朝廷才批答,同意添设福建平和县,并改小溪巡检司为漳汀巡检司。又至同年六月,增设福建漳州平和县主治于南靖县之河头大洋陂。至此,平和县正式挂牌开县。

王阳明把赣州知府邢珣及他的弟子冀元亨、田庄、金岸、罗钦顺、何瑭等召集在一起,有两个知县应邀也来到巡抚办公大厅内。

众人都在低头喝茶,整个大厅内没有一人高声说话,或许大家此时彼此都在猜测,巡抚王大人今儿把这么多人召集在一起,不知有何事。正在众人边喝茶边疑惑之际,王阳明和一个知县走进大厅。

王阳明笑着说:"大家不要紧张嘛!两个月前,本院问知府一举剿灭詹师富有几成把握,邢知府说有三成,而本院则说有十成,今果验否,邢知府?"

邢珣站起来施礼说:"大人用兵如神,今果见矣!邢珣敬佩得五体投地,今后但有大人言,下官百般听令!"

几个知县也正色道:"吾等今后唯大人马首是瞻,视死如归!"

王阳明摇头道:"诸位,今本院把大家召来,是有要事相议,恭维成功的话不需说,只议战前、战中及战后有什么问题或不足,大家诚心相对,摆摆这个龙门阵吧!"

邢珣微皱眉头,淡淡一笑,脱口道:"大人,我们整个仗下来,有什么问题?下官随大人到营中犒赏将士时,大家高兴得嗷嗷叫,说这是一次最过瘾、最出气、最扬眉的胜仗。让那些至今还做贼大王美梦的傻子们发抖吧!"

王阳明摇头道:"邢知府,记住本院这句话:骄兵必败!"

邢珣急忙点头应承道:"是,大人,骄兵必败!咱不骄傲,对,咱今儿起必须谦虚,大人此意高明,令下官十分折服!"

冀元亨施礼道:"恩师,以弟子此次参战之见,有一个问题必须引起恩师重视。"

王阳明笑道:"元亨,你细细说,什么要引起重视?"

冀元亨叹道:"府、县包括行省兵备提督兵马在调动上,各吹各的号,各等各的令,迟滞了整个战役的行动。可以说如果不耽搁时间,解决詹师富近七千之盗匪的三十余座山寨,或许用不了两个月时间。这个问题请恩师重视!"

金岸说:"恩师,整个战役就是一盘棋,恩师是做到了统一安排,但在统一指挥上迟缓了战役进程,这当是我们的软肋。昔兵法有父子兵之说,即众兵视将帅为父,而将帅视众兵为子，即上阵父子兵也！没有统一指挥、统一行动，就没有父子之兵！"

王阳明点头道："这件事我已经注意到了，诸位，其他方面的事呢，诸位再想想。"

一知县说道："大人，这次围剿詹师富，下官全程参与了，除了这个统一指挥、统一行动之事，其他下官以为都尽善尽美，没有什么可想的。"

邢珣点头道："是啊，下官理解，大人未雨绸缪，这已经很好了，第一仗出手就这么干净利落，一举歼灭了不可一世的詹师富，朝廷当给大人记大功啊！"

王阳明叹道："记功的事且不议，本院在战前发现了一个致命问题，不知诸位注意到没有？我们的兵源问题！"

邢珣正色道："大人，兵源有何问题？"

王阳明说："邢知府，开战之前，本院曾三番两次给朝廷上疏，反复催促朝廷派出兵马，听本院调动。可是至开战之前，朝廷没调出一兵一卒，却回复说，朝廷没兵马，要调只能调云、贵、川等地的狼兵。这怎么行呢，兵战之事，贵在神速，关键在于乘时乘势，时机稍纵即逝，可是……"

邢珣说道："大人所言，下官不知其所以然。但狼兵之事，多亏大人没与朝廷交涉，倘狼兵来，赣州将不堪重负也！"

王阳明问道："邢知府，狼兵训练极严，他们个个不都是不惧生死的勇士吗？就连被俘获的詹师富还以为本院在用狼兵打仗呢！邢知府话中何意，请直言！"

邢珣说道："大人，说实话，下官曾与这些狼兵打过交道，论作战可堪拼命不惧死，但狼兵有两个致命弱点：一者凡狼兵所经之地，抢劫地方百姓，百姓恨之入骨入髓；二者，狼兵大多在云、贵、川等地，从军令发到作战，来回需近一年时间，而且走到哪儿，地方府州县都要到军中犒赏。狼兵不可用！万万不可用！"

王阳明是个惜时如金的人，他挥手道："邢知府，狼兵之事本院不用，故而不需再议。本院今所说的是，朝廷既让本院来剿灭赣、湘、闽、粤四省的盗匪，却不发一兵一卒，此真个是巧妇难为无米之炊！但系于职责所在，剿灭詹师富只是整个剿匪的开始，也就是说刚刚拉开了序幕，所以兵的事，本院不得不考虑，本院总不能只带着府衙、州衙、县衙的文官们，去和那些生性粗野、血气方刚的盗匪们舞刀抡剑吧？"

邢珣叹道："是啊，大人，这次攻打詹师富，我们共集结了十二县加府衙，总共算起来才五千七百多人，其中还有几千义兵。这可是费尽了心，总算拉起了攻打詹师富的人马。大人说到了点子上，兵马之事，是今后剿匪大事中的大事，诸位当如大人鞠躬尽瘁之心，不得不察呀！"

说到这时，王阳明站起来说道："诸位，要想马儿跑，马儿必有足够的草料，有时候还要喂黑豆和杂粮，让它增力！咱们怎么办？诸位有什么良策吗？"

众人一时鸦雀无声。

王阳明说道："自古兵来自民也。象湖山之盗匪与民有着千丝万缕的联系，本院攻打詹师富之前，颁发了《南赣乡约》，收效甚大，今本院想推广使用十家牌法，以此断绝民与匪的联系。"

邢珣说道："大人，何谓十家牌法？"

王阳明说道："本院以每十家为一甲，发一块木牌，设计一下格式，由每家如实标注，十家轮流掌管此牌。每天酉时，当值户主持牌往九家巡视，细查某家今夜少某人，往何处去，做何事，何时回来。而某家今夜多了某人，何姓名，何处来，准备做何事，巡视完后，连同自家的情况通告各家，如有疑处立即告知官府，倘有隐瞒，一旦事发，十家连坐同罪。如此，则山贼与民再无联系，切断了内应和粮食供应，大家以为如何？"

邢珣听后说道："大人，赣州之地连年灾荒，民不聊生，各村各寨来来往往，飘忽不定，依本官看，就这十家也不宜安定，何况这需要多大的工作量，要把每府、每县、每州彻查一下，昔日至少一年时间，而今县衙、府衙、州衙统共才多少人，这件事很难办！"

王阳明正色道："邢知府，本院明白，山贼盗匪经常扰乱地方，今日还在家种地，明日就上山做了匪，唯有十家牌法可彻查各村各寨的人口，十家牌法就是一次大彻查！"

邢珣叹道："大人，非下官有意推托，实乃府、州、县衙没人手，谁来落实，谁去落实？依下官看，在其他省份或许可行，但赣州实难推行！"

王阳明大怒道："邢知府！本院在赣州将近三个月，这里管理松懈，且官衙与民矛盾极大，本院并非代表朝廷来整顿地方，但这里从县衙到州衙，从州衙到府衙，你们的政绩何在？你们从朝廷那里年年岁岁俸禄一文也没少拿，可地方治理了吗？今天，就从你这个知府起，能推行十家牌法的就留其位，不能推行十家牌法的，本院代表都察院、吏部，可以先斩后奏，用通俗的话说，不想推行十家牌法的，本院立即换人！本院相信，自古以来，朝廷缺什么也从不缺当官的人！"

邢珣见王阳明大怒，知其言行必果，遂俯首认罪道："大人，下官再无他议，一切按大人所说速办！"

王阳明向在场的人说道："本院一向雷厉风行，办事从不拖拉！今詹贼已除，从赣州府起，除留下正常公务值守人外，其他一律分赴各县，督办十家牌法。本院给你们府县一个月时间，办妥之后由邢知府上报本院，本院择地抽查，倘有遗漏或行事草率者，一律以战时军法从事，决不宽恕！"

王阳明遂颁十家牌法，其文曰：

十家牌法告谕各府父老子弟

本院奉命巡抚是方，惟欲剪除盗贼，安养小民。所限才力短浅，智虑不及；虽挟爱民之心，未有爱民之政；父老子弟，凡可以匡我之不逮，苟有益于民者，皆有以告我，我当商度其可，以次举行。今为此牌，似以烦劳。尔众中间固多诗书礼义之家，吾亦岂忍以狡诈待尔良民，便欲防奸割弊，以保安尔良善，则又不得不然，父老子弟，其体此意。自今各家务要父慈子孝，兄爱弟敬，夫和妇随，长惠幼顺，小心以奉官法，勤谨以办国课，恭俭以守家业，谦和以处乡里，心要平恕，毋得轻意忿争，事要含忍，毋得辄兴词讼，见善互相劝勉，有恶互相惩戒，务兴礼让之风，以成敦厚之俗。吾愧德政未敷，而徒以言教，父老子弟，其勉体吾意，毋忽！

轮牌人每日仍将告谕省晓各家一番。

此牌就仰同牌十家轮日收掌，每日酉牌时分，持牌到各家，照粉牌查审：某家今夜少某人，往某处，干某事，某日当回；某家今夜多某人，是某姓名，从某处来，干某事；务要审问的确，乃通报各家知会。若事有可疑，即行报官。如或隐蔽，事发，十家同罪。

这里需要提及的是，消灭詹师富之后，王阳明在给学生杨任德信中说，"破山中贼易，破心中贼难"。后来他在给学生薛侃信中再次写道："破山中贼易，破心中贼难。"可见，人们的心中之贼，如想攻破，十分艰难！

王阳明被任命为赣、闽、粤、湘四省巡抚之事，如从京师刮来一股烈风，自然而然吹到了龙川县境内。在卢尚德参议之下，如今的龙川县境内的三大盗匪，卢珂成为贼王，而郑志高和陈英心甘情愿做了二王和三王。昔日，卢珂之妻的兄长高时竹，因吃不得农田劳作之苦，也跑到山上，做了山寨的管家。卢尚德没来之前，高时竹就成了一人之下、数百人之上的高位者，卢珂的属下莫不仰高时竹的鼻息。虽然其妹早已长眠山水间，但因卢珂念及旧情，故而处处上尊这位妻舅。卢尚德一上山，卢珂则想法平衡卢尚德与高时竹的关系。随着卢尚德在卢珂及郑志高、陈英面前崭露头角，这个土里刨食的泥腿子，斗大字儿不识俩，如何再维系以前那样的高位呢？卢尚德在明处，而手持贪婪、凶残、妒欲之刃的高时竹在暗处，可谓君子防小人难！

这天,从山下回寨的一个中年人,饭后把高时竹拉到一片山坳处,兴致勃勃地说道:"大哥,咱整治卢尚德的机会来了!你看,我从龙川县衙得到了一个天大的消息,卢尚德的老师王阳明被朝廷封为赣、闽、湘、粤四省的巡抚,他率军在福建的象湖山打了一仗,硬是把六七千人的詹师富灭了!这你万万没想到吧,原来卢尚德是来卧底的,咱们都还蒙在鼓里!"

高时竹一听喜上眉头,连连点头道:"好!好啊!唉,龟孙子,你手里拿的什么,快给我看看!"

这个报信的中年人,连忙把袍袖中圣上《敕谕》的抄写件及王阳明颁发的《巡抚南赣钦奉敕谕通行各属》两份公文,双手递给高时竹。这对高时竹而言,恰如刚识仨字的幼童突然看到篆文天书一般,但这个高时竹却摆出一副居高临下的样子,说道:"你这个混账东西,没看见你大哥身上正热吗,你念给我听听!"

跑腿儿的肚里有些墨水诗书,他心知肚明,这个高时竹根本就是个睁眼瞎,他根本不识得这些字儿。他擦了把脸上的汗,先念那县衙文吏抄写来的《敕谕》。

高时竹一边听一边连连点头,向那中年人说道:"你再把那张纸给大哥念念。让大哥也听听是啥意思。"

当中年人念完后,说道:"大哥,机会来了,卢尚德这个卧底怎么办?咱总不能还让他在弟兄们面前吆五喝六吧?"

高时竹咬牙切齿说:"兄弟,不急,等大哥想想看,咱要弄他,就打他个冷不防,把他弄死!"

三十六　尚德遇贼怒气冲　里应外合称英雄

初春时节，龙川的上空，一直铅云笼罩，淅淅沥沥的小雨就这样蒙蒙地飘着，从早飘到晚，第二天又这样缠缠绵绵地从空中慢慢飞落下来。

此时的卢尚德恰如这不休的细雨，心里像乱了麻。眼前明摆着有几件要事要办，可人在山寨，心要么飞到了老师那儿，要么又萦绕在羊子铺的家里，刚刚新婚三天，他就随着卢珂上了山，而且一去半月有余。他想起临走时妻子玉苗说过的话，让他快去快回。不过，直到现在，他基本上把卢珂、郑志高、陈英三个山寨的情况摸清了，而且，在他的撮合之下三个山寨已同意合伙，尊卢珂为大王，郑志高为二王，陈英为三王，山上都是卢珂的人，他孤掌难鸣，所以他这才决定下山回家一趟，有些事在山上是根本做不成的。要说卢珂倒是爽快，卢尚德一提出来要下山回羊子铺一趟，他马上点头同意。不过他对卢尚德说，把家里事处理好后，还是马上回来，要不就把玉苗接到山寨住，卢尚德没点头，只说这件事以后再说。

细雨蒙蒙，天空中墨青一色。卢珂和卢尚德并肩走到山寨大门口，侍者牵来了一匹马，卢珂拉了拉卢尚德身上的蓑衣说道："尚德，上马吧，记住，把家里事安排好了，早日回寨！"

卢尚德拉着卢珂的手说道："哥！放心，咱俩是一家兄弟。哥不用担心我，二王、三王刚刚归来，小事儿不必太认真，但在大事上决不糊涂和放纵，要把三块大小不一的石头弄到一起，绝不是件易事，哥在这上面多用心就是。"

卢珂点头笑道："尚德，放心，哥记下了！"

卢尚德飞身上马，沿着下山的路走了一段儿，他想先到龙川县城转转，在山寨太闭塞，天下的事什么也不知道，而且，他要马上给老师及大师兄冀元亨、田庄、金岸他们写封信，告诉他们自己回到龙川以后的情况。他自己根本不愿在龙川的山寨里做什么军师之类，他的心在老师那里，唯有跟随老师，他才觉得这是他卢尚德应该做的。想到此，他快马加鞭，迎着扑面而来的蒙蒙细雨，直奔龙川县城。

卢尚德一进县城，就发现张贴在大街一侧墙上的告示，其意说，朝廷任命王阳明为粤、闽、赣、湖四省巡抚，初战平定了福建象湖山詹师富的盗贼，让龙川县黎民百姓立即揭发，规劝仍盘踞在龙川数座山上的池仲容、卢珂、郑志高、陈英、黄金巢向县衙投降，规劝追随他们做盗匪的弟兄们回心转意，下山归田，不要再助纣为虐，为非作歹云云。继而，卢尚德又看到了龙川县衙抄录的当今圣上的《敕谕》及王阳明签发的《巡抚南赣钦奉敕谕通行各属》的公文，还有一个惠州府《敦促卢珂、郑志高、陈英、池仲容、黄金巢投诚的劝降书》等。

　　卢尚德看罢兴奋极了，此时此刻，他真的想身生双翼，乘着这蒙蒙细雨和满天的乌云，飞越龙川直奔赣州，去和老师及大师兄他们见面，去和他们并肩驰马剿匪！况且赣州距离龙川不远，如驰马半天工夫就可以到达赣州，对！我现在回家干吗？闻老师在赣州，自当即刻驰马去见老师和师兄、师弟他们才是正理！

　　好在上天赐福，初春时节，虽然驰马几百里，但空中的细雨并没有使马儿太热，这是卢尚德第一次一个人驰马走这么远。他从小在龙川县的羊子铺长大，从父亲那里他听说过赣州，但他根本没来过赣州。一颗喜悦之心，高山拦不住，硬是从上午驰马直到酉时，才来到赣州城里。他索性牵着汗水淋漓的乘马直奔赣州府衙。而府衙的一个官儿，听说他是巡抚大人的弟子，立即带着他直奔巡抚大人的衙署。

　　当卢尚德泪水涟涟向王阳明施叩拜大礼时，王阳明兴奋异常地上前说道："尚德，好，好！为师昨日还和你师兄元亨他们说你来着，看来你我师徒相见，是上天的恩赐啊！"

　　继而，卢尚德向大师兄冀元亨等一一施了礼。

　　王阳明笑道："尚德，看你脸上高兴的样子，你一定有什么喜事相告吧？"

　　卢尚德擦了擦眼泪，把他回到龙川县羊子铺之后，特别是把龙川县三个占山为王的盗匪之间发生的事细细说了，向老师请求示下。

　　王阳明说道："尚德，好！自古兵法攻心为上，攻城为下，你回龙川先和龙川县衙知县见面，你脑子聪明，不用为师多费心，为师只送你四个大字儿：不战而降。你把这件事办好了，你就为龙川剿匪立了一大功！"

　　冀元亨说道："师弟，听你刚才草草说了一句，你回龙川结婚成亲了？你可欠师兄师弟们一场喜酒啊！"

　　卢尚德说道："是啊，我回龙川县很快就结了婚，婚后第三天就被我那堂哥卢珂拉上了山！"

　　田庄说道："师兄，看来你谨记恩师教诲，儿女情长、家庭琐事和国事相比自当以国事为重。"

　　卢尚德向王阳明说道："老师，这次我回龙川县持老师的公文和书信先与知县大人见面建立联系，然后再商议如何让这三个山大王不战而降，不论对谁这都是一件好事！"

"对，尚德，时间紧迫，为师不再留你，今后有事就往南赣巡抚署衙写信，为师会及时回复。记住你肩上担负着重要使命，注意防备身后小人阴谋诡计。去吧，上马！"王阳明在卢尚德和师母等见了面后，又匆匆把他送到衙署大门口，把公文和书信交给他后催他即刻出发。

卢尚德拜别了王阳明及师兄、师弟们，遂驰马离开巡抚衙署大门，胯下的马极通人性，卢尚德双腿一夹马腹，那马儿便竖起双耳，打了一声喷嚏儿，飞快地向龙川县奔驰。

刚到龙川县城大门前，就见城门奔出许多黎民百姓。原来是浰源的池仲容之弟池仲安率领化了装的七八个盗匪，伺机抢劫了龙川县城大街两侧一家珠宝店之后，正向县城外逃窜。盗匪骑着马，有一盗匪边奔边高声喊道："识相的快闪开，池三爷来了！"

到了龙川卢珂山寨之后，卢尚德才知道，龙川除了这三个占山为王的大盗贼之外，还有池仲容占据着上浰、中浰、下浰三地的三十八个山寨。相比卢珂、郑志高和陈英，池仲容的盗匪兵马总数要比他们三个人的多。面对池仲容加上卢珂、郑志高、陈英、黄金巢，龙川县衙采取睁一只眼闭一只眼的态度，甚至每逢过年还要给几个大王分别送什么犒赏慰问的大米和肉。惠州府兵力有限，又离龙川远，他们似乎默认了这种井水不犯河水的现状。然而，一旦盗匪粮食等短缺，势必要到龙川县城里抢劫一番。比如池仲容，他帐下有六七千人，他们平时在山田种地，足以养兵，还有练兵场，但对过往行人和一些大户人家，时常轮番骚扰抢劫。今日，池仲容的胞弟池仲安就是化装后到龙川县城抢劫财产的，但他们没想到，朝廷钦封的南赣巡抚王阳明已经坐镇赣州，而且首仗歼灭了盘踞在象湖山上公开与府衙县衙为敌的詹师富及帐下六千余众的盗匪。今日的龙川县衙，已今非昔比，特别是南赣巡抚第一仗歼灭詹师富之后，县衙灭匪灭盗之心大增，今闻有人在县城内抢劫，知县率衙内差役、官吏持刀剑从县衙奔了出来。池仲安等万没想到，县衙的官吏竟持刀仗剑追赶他们，真个是路见抢劫一声吼，盗贼心惊胆战抖三抖。见后面官衙人追赶，池仲安仗剑驰马率随从急往县城外跑。

卢尚德让开逃散的百姓，把大斗笠往下一拉。仗剑驰马迎面高声吼道："大胆盗匪哪里逃！"

池仲安向随从大喝道："来呀，怕他做啥，冲上去杀了他！"

卢尚德毫不畏惧，眼看三四个盗匪驰马仗剑而来，把他围了，他虚晃一剑，躲过左侧盗匪的长剑，却反手一刺，正刺中一个从右侧仗剑而来的盗匪，那人中剑从马上摔下来。继而拨转马头，与另外两个盗匪搏杀，剑术的套路是死的，但人的反应总是随机应变的。卢尚德故意大喝一声，猛地高扬一手，两个盗匪以为卢尚德用什么暗器要伤他们，下意识地往上一看，此乃虚势也。卢尚德飞剑花开两朵，突然之间，握剑的右手用缚龙之力，飞转手中之剑，刹那间两个盗贼中剑摔下了马！

池仲安没想到，拦截他们的这个头戴斗笠的青年人马上剑术竟如此高超，转眼之间，他的三个随从都被杀死，从马上摔了下来。池家三兄弟自从占领三浰建造了三十八个寨子称王之后，他们的随从都是经过精挑细选的，偏是世上强中自有强中手，池仲安向余下随从喝道："来呀，你们快关门四处打狗！"

这是池仲安的一种暗语，见池仲安如此说话，众随从皆大喝一声："是，威武将军！"余皆仗剑驰马，如众流星转月，围着卢尚德一齐向他刺来！

威武将军，是池仲容给他胞弟的封号。

池仲安见卢尚德无暇顾及他，且他身后的县衙官员和衙役们都仗剑握刀追了上来，他双腿一夹马腹，驰马而去。

卢尚德见三四个盗贼仗剑刺来，毫不畏惧，即使马上搏杀也能达到人马合一的最高境界。卢尚德大吼一声，一手抓了马脖颈上的鬃毛，腾空一跃，双脚从脚蹬上抽出，屁股离了马鞍或踞或站，或仰或侧，身儿像粘在了座椅之上。长剑在这几个盗贼头顶上飞舞，顿时让盗匪乱了阵脚，一时不知所措。

龙川髯翁有诗为证：

> 驰马搏杀藏玄机，
> 心灵会意百般奇；
> 脚离蹬儿腾空跃，
> 剑舞雪花乱残敌。

> 剑左开花飞血滴，
> 剑右哀号栽下地；
> 高手搏杀心百变，
> 旋即让尔魂魄离！

当龙川县衙的官员、差役手持刀剑，寒光四射奔上来时，地上已躺下六具盗贼尸体，剩下一人拨转马头欲落荒而逃，卢尚德复又坐在马鞍上，运足气力，掷出长剑，大喝道："小子，留下命来！"

那长剑似是会意，竟直挺挺飞过去不偏不倚直刺在那盗贼的后背上，顿时他从马背上栽下来，活生生的人，瞬间落在尘埃之中，变成了一具死尸，尘世之中又少了一个恶人！

县衙的人和城内大街两侧的人都围观过来，但见几匹失去主人的马，在一侧咴咴叫着，六七具尸体各自瘫卧倒在大街上，一动不动，永远睡去。

卢尚德奔上前，从倒地的尸首上拔出长剑，在那人背上擦了擦插入剑鞘之中。

知县向前施礼道："客官，好剑术，敢问尊姓大名？"

卢尚德高揖双拳回礼道："大人，卢某不足挂齿，不过，今日卢某有事见大人，可否到县衙面议？"

知县上下打量了一下卢尚德，看他连杀六七个盗贼，正是路见不平拔刀相助之正人君子侠士之为，遂点头道："侠士所言，正是本县之意。"

当二人说话时，县衙其他公人衙役开始拖拽那些盗匪尸首。卢尚德转身向知县说道："大人，我以为可把这些盗贼的尸首摆放在城门口，警示那些山寨王和盗贼，敢和县衙作对者，这就是下场！"

知县喜道："好，好，本县马上去办！"

知县向属下说罢，便携卢尚德之手，并肩向县衙走。卢尚德说道："大人，为震慑这些盗匪，今日之事当写出布告，晓谕全县黎民百姓，让盘踞在山上的盗贼们从此不敢小觑县衙！"

快到县衙大门时，卢尚德这才说道："知县大人，恕我直言，我此次前来就是奉命要消灭龙川这些盗匪的！"

"好！太好了！请到衙内一叙！"知县非常喜悦地说道。

卢尚德落座之后，拿出南赣巡抚王阳明的公文及书信，知县看罢，急忙俯身再次施礼道："兄弟，下官实不知兄弟乃王大人所派，恕下官方才失礼冒犯，还望饶恕不知之罪。"

卢尚德起身搀扶起知县说道："知县大人，不必多礼，今我有要事与大人商议。"

知县再次给卢尚德续茶，笑道："尚德兄弟，你说！你说，下官洗耳恭听！"

当卢尚德把他接到卢珂信起，直到从赣州驰马回来所经历的这些事原原本本说罢之后，他盯着知县的脸说道："知县大人，接下来，就是如何筹划实施我老师所说的'不战而降'四个字。"

知县一听此事非同小可，不过有巡抚大人在福建象湖山的第一仗，这正是震慑威逼龙川县之池仲容、卢珂、郑志高、陈英及黄金巢投降的大好时机，更加上卢尚德在县城内当着黎民百姓诛杀七盗匪的新闻，龙川县当借此机会，大张旗鼓，为敦促还占山为王的土匪们投降大造声势。他兴奋地站起来说道:"尚德兄弟,看来王大人和你已有良策在胸,现在你说怎么办,下官就怎么办!"

卢尚德附耳把他的计划告诉知县之后,知县大喜道:"尚德兄弟,你和王大人是下官和龙川县黎民百姓的救命恩人!这样,下官先陪尚德兄弟吃饭,饭后你上山,下官亲自派人到羊子铺,向令公和弟妹传递消息,让他们放心,请尚德兄弟先给令公和弟妹写封书信,下官好一并带到。"

卢尚德说道:"知县大人,一定转告我爹,就说家事为小,国事为大,恕孩儿不孝,待龙川这些盗匪平定之后,孩儿一定回羊子铺向老人家谢罪!"

非是卢尚德吹毛求疵,龙川县衙确实有盗贼的坐探,卢尚德杀了那几个来县城抢劫珠宝的盗贼后,那个表面憨厚淳朴的典史,在大街上就趋近卢尚德身边,他以看清已经死去的盗贼面目为由,侧着脸看清了头戴斗笠的卢尚德,一是眉眼,二是身高,三是他所佩的长剑,自然也包括他的衣袍、束带。卢尚德在知县陪同下喝酒时,他又偷听了二人的谈话,虽然听不太清,但他把二人的谈话综合起来,如把散落在地上的珍珠一颗一颗串联起来,这时,他终于下了定论:呃,原来这姓卢的是巡抚大人的属下,他奉命独自来龙川剿匪,有了这个定论就足够了。

世间的事,原本就奇事连连,想拦都拦不住。卢尚德牵着喂足了草料的马从县衙出来,想在县城的大街上边走边看看。刚走了一箭之地,偏偏上次他回龙川时,遇到的那个老汉及他的女儿阿香,又神奇地和他照面了。而且又是老汉拍着他的肩膀,笑着说:"尚德,我跟你说实话,这几天你爹在羊子铺又发火了!你这个孩子呀!"

卢尚德急忙施礼道:"大伯,我知道,我结婚之后出去二十多天没回家,我爹和我媳妇肯定着急了。"

这老汉说道:"这不,你爹知道我天天到龙川县城卖菜,就让我和闺女在龙川县城找找你,让我见到你,舍下脸来,一定把你拉回羊子铺!"

卢尚德叹道:"大伯,这几天我还真的不能回去,我有大事要办,麻烦大伯给我爹捎个话儿,等我办完了事,我也不可能留在羊子铺,要走我带着媳妇玉苗一块走。"

老伯一听佯怒道:"你这孩子,现在翅膀硬了,到京城闯荡了几年,有本事了,只带你媳妇玉苗走,没良心的孩子,那你爹呢?你不让他晚年享享清福?"

卢尚德叹道:"大伯,自古男子汉志在四方,况且忠孝不能两全,我顾不了家!他现在该知道了,我在为国家做事!"

老汉叹道:"唉,要说也是这个理儿,可是……"

卢尚德说道:"大伯,这一两天,龙川县衙的人会去羊子铺见我爹,我有书信,县衙的人会当面交给我爹的。"

看着卢尚德翻身上马远去,老汉说道:"阿香啊,看到没有,这才是堂堂正正的男子汉大丈夫!不知你将来有没有福气,倘你能像玉苗那样,能找到这样的好男人,不但咱家祖坟上能冒青烟,就是你爹两眼一闭、两腿一蹬嘎嘣死了,也会瞑目啊!我早看准了,咱羊子铺将来要显名啊,就只有尚德这小子,别的都是玩闹儿!"

卢珂自占山为王之后,特别是现在他依靠卢尚德周密计划,当了龙川三王之首后,越来越看重大王这把座椅了。

高时竹见卢珂双手叉腰站在忠义大厅门前,远眺着翡翠般黛绿的青山出神。他见左右无人,趋前低声说道:"妹夫啊,我今儿有件天大的事要告诉你,你啊,再不能蒙在鼓里受人摆弄啊!"

卢珂虽然平时话少,但听了这话,也立时警觉起来,因为高时竹这几句看似用平和语气说出的话,暗藏杀机,他头脑中那根极其敏感的神经立时绷紧起来。他猛地转过身,盯着高时竹的脸,说道:"走,咱到屋里说!"

高时竹早已精心计划,先说什么,后说什么,说罢,又让他看龙川县那几张公文。高时竹定论似的说道:"妹夫啊,你这尚德兄弟就是彻头彻尾的巡抚大人王阳明的卧底和坐探!"

卢珂迟疑了半天,向高时竹说道:"内兄,这不可能吧?我这尚德堂弟,为了让我坐上这三寨之王的交椅,两次力挫郑志高和陈英,才使他们心悦诚服让我坐了头把交椅!他又为我出谋划策,训练士卒,我敢这样说,现在的弟兄们再打起仗来,只怕同等的人数,他龙川县衙,包括惠州府衙也奈何不了我卢珂!"

高时竹冷笑道:"妹夫啊!自古以来,多少英雄豪杰,功亏一篑,都是败在念及旧情旧义上,悲哀啊,悲哀!妹夫你怎么也要踏上他们的老路呢?"

这句话像寒冷刺骨的冷水,浇在卢珂的心上。他说道:"可是内兄,他是我卢家的堂兄,他身上流淌着我们卢家世祖血脉,他怎么会置他的兄长我于死地呢?"

"傻子!傻子!天底下少得可怜的傻子!妹夫,待到刀架在脖子上,宝剑刺入你胸膛之时,就是你们卢家六世祖或四世祖庇护或救你命,也为时已晚!人的脑袋不像春天地里的韭菜或茴香,割了还长!妹夫,快从睡梦中醒来吧!"

"可是我是他的亲堂兄、真堂兄,我下不了这个手啊!"

高时竹冷笑道:"妹夫,现在你装作什么也不知道,你只需点一下头,剩下的事我来安排。不过看在他是你堂弟的分儿上,我可以给他个全尸,不让他缺胳膊少腿儿!"

卢珂心里非常明白,一旦人死绝不会复生,他长叹一声,说道:"别!此事非同小可,让我再想想,再想想。"

高时竹大声道:"好,你想吧,总有英雄泪满襟那一天!"

快到中午之时,二王郑志高和三王陈英带着几个随从驰马来到卢珂的忠义厅前,他们押着一穿县衙公服的官吏,按山寨的规矩,他被黑布包裹着头脸,两手被反缚在背后。

此时,卢珂在大厅一侧的大竹笼里喂鸟儿,山寨里有粘鸟的大网,挂在树林里。卢珂让属下放一枚山炮,惊鸟四飞,许多鸟儿飞起来的时候,就被大网粘住了。卢珂做了大竹笼,高丈余,长两丈多,阔八尺,就把这些被粘住的各色鸟儿放进这大竹笼里,每到中午时分,卢珂拿来杂粮一边学着鸟叫,一边喂鸟儿。

卢尚德不在,按山寨以往的规矩,卢珂的胞弟虽也算山寨的首领,但他此时带领二十多人巡山未归,自然这个不算首领的高时竹,因为和卢珂的特殊关系,此时倒成了主事人。

人常说,"在幽府之内,阎王易见,而小鬼难拿"。因为你要见阎王,须先过小鬼这一关,高时竹向郑志高和陈英说道:"二王、三王,卢尚德肯定与龙川知县早计划好了,里应外合,只怕这一两天就把咱们一窝端了,咱们还卢尚德这儿好,卢尚德那儿好,我看咱们都是傻子!被他蒙了骗了啊,你们在大厅里等着,我这就去找我妹夫去!"

添油加醋,是高时竹擅长的。卢珂此时说是喂鸟儿,其实他在想卢尚德这件事到底该怎么办。

县衙典史的黑头套被摘掉之后,只见刀剑列两班,卢珂居中,郑志高在左,陈英在右,三个龙川县大王威严地注视着他,吓得他急切双膝跪地施大礼道:"卢大王,小的把该说的都给郑二王、陈三王说了,小的句句实话,绝不敢有半点谎话。"

卢珂大怒道:"卢尚德在龙川大街杀死的六个人,到底是谁的人?"

典史说道:"县衙的人查证了,是池大鬓的!对,是池仲容的人!"

卢珂说道:"既然如此,你把你听到的,就是卢尚德与龙川知县在酒楼说的话,向本王再说一遍,倘有一句是假的,本王立时宰了你!"

典史战战兢兢地说:"大王,上有天,下有地,在三位大王面前小的不敢说半句谎话,小的就清清楚楚听到了四个字儿!"

卢珂说道:"哪四个字儿?"

典史说道:"不战而降!"

郑志高怒道:"大王,没想到这卢尚德吃里爬外,外表装得一表人才,他来咱们这三个山寨卧底,当巡抚王阳明的坐探,他分明要里应外合呀!大王,咱就一个字儿,杀!"

陈英也说道:"大王,对,杀!"

卢珂示意县衙的典史近前,低声问道:"你方才所说,句句是真,一字不假吗?"

典史点头道:"大王,对!小的不敢!"

当高时竹用眼神瞅卢珂时,他环顾郑志高、陈英二人说道:"好,杀他!"

卢尚德驰马回山寨以后,高时竹和几个人在大厅前迎接。

高时竹施礼道:"军师,你回来得正好,大王、二王、三王他们三人正在喝酒呢,请军师入席吧!"

卢尚德翻身下马,把马缰扔给一个侍者,腰挎长剑,向高时竹还了礼,便径直向大厅内走去。他刚入门,埋伏在四周的刀斧手用绳子将他绊倒,未等他反应过来,众人上前把他按住,不由分说,用麻绳捆了。

卢尚德边挣扎边大喝道:"珂大哥,你为何如此?"

高时竹冷笑道:"尚德兄弟,你别大呼小叫了,大王已经知道了你的底细,你是南赣巡抚大人的坐探、卧底!呃,对,你还是南赣巡抚大人的弟子。"

卢尚德大怒道:"高时竹,我卢尚德光明磊落,我没有做一点对不起大哥的事,我要见大哥!我要见大哥!"

高时竹大怒道:"快,你们几个笨蛋,快押他走!快!"

卢尚德见几个士卒奔上来,飞起一脚,将一个人踢倒在地,大喝道:"珂大哥,你就这样让我死吗,我死了你会后悔的!"

当高时竹挽弓搭箭要射杀卢尚德时,在大厅一侧的卢珂及郑志高、陈英三人这才走出来,卢珂大声道:"慢,让尚德兄弟把话说完!"

郑志高摇头道:"大王,此时绝不可以妇人之仁,已经决定杀了,怎又反悔了,大王?"

卢珂走到卢尚德面前,质问道:"兄弟,你说,我怎么后悔?"

卢尚德环视众人大声说道:"珂哥,我卢尚德初来山寨时,并不是什么卧底、坐探。后来,我在龙川县城的大街上,看到了我老师做了南赣巡抚,在福建象湖山,第一仗就歼灭了詹师富这伙盗贼,他属下盘踞那么多寨子,六七千人,被我老师一扫而光!"

卢珂大惊道:"什么,詹师富在福建象湖山死了?这不可能吧?"

原来，卢珂当年与池仲容联手攻打龙川县衙时，就是想效仿詹师富，在他心目中，这辈子能像詹师富那样，即使被杀也值！

卢尚德大声道："怎么不可能？卢珂哥，你不信问问这个在县衙做事的人？"

县衙的典史施礼道："大王，这是真的，詹师富六七千人马被巡抚大人一举歼灭！"

卢尚德这才说道："珂哥，我在龙川县城得到这个消息后，连羊子铺的家也没有回，就驰马去了赣州到巡抚署衙当面拜见了我老师，现在我老师已向三浰的池仲容等人，发布劝降公文，倘执迷不悟者，必重蹈詹师富的覆辙！"

卢珂点头道："尚德兄弟，我明白了，于是，你在赣州和你老师商议了对付我们龙川三王的计划，你呢从赣州回来，在龙川县城又遇到了抢劫的池仲容的属下，所以你当场连杀六人，和龙川知县见了面，说出了你老师的计划，于是你再次上山，想里应外合，一举端了我们三王。叫什么'不战而降'，是吗？"

卢尚德坦然笑道："不错，这是我上山的行动计划。"

卢珂说道："尚德兄弟，我待你不薄，你为何如此，你不怕我翻脸把你杀了？"

卢尚德大笑道："一是你不敢！二是你不划算！所以，你们眼下只有放我一生条路，因为我还要带着你们去见龙川知县和我老师呢！"

郑志高大怒道："卢尚德，我知道你的手段，更知道你的谋略，可是现在你是我们的阶下囚，杀了你祭旗，我们再与官兵战个你死我活！"

卢尚德大喝道："笑话！詹师富六七千人尚被我老师一战歼灭，你们只有区区三四千人，尚不及詹师富一半人马。不，就算现在你们有一万人马，我老师自有神机妙算，照样灭了你们！不信，你们先把我押起来，我倒要看看，你们怎样被我老师一举歼灭！"

高时竹大怒道："我不信你老师是诸葛亮再世，不管三七二十一，先下手为强，后下手遭殃，我们先把你杀了，你一死，什么事儿也不知道了！"

卢尚德笑道："当然可以！"

郑志高说道："是吗，那好！"

卢尚德怒道："郑志高，你真是个笨蛋！用我卢尚德一人之命，杀你们三四千人陪葬，我卢尚德值了！"

陈英说道："大王，卢尚德文武双全，能言巧辩，听说他是巡抚大人的高足，我们拙嘴笨舌辩不过他，干脆咱杀了他再与官府拼命！"

卢珂怒道："不！人活在世上，哪个不想延年益寿、长命百岁呢？何况我们是堂堂七尺之躯，大业未成，岂能早早了结性命！尚德兄弟，为了龙川三四千兄弟的性命，你怎么保证巡抚大人不诛杀我们龙川三王呢？"

卢尚德正色道："珂哥，我卢尚德是第二个拜巡抚大人为师的弟子，老师待我恩重如山，把我卢尚德当亲生儿子一样对待。我的话，老师深信不疑！因此，我敢保证，我老师绝不杀你们。"

郑志高冷笑道："卢尚德，当年赵子龙大战长坂坡，七出七入曹营，拼了命救了阿斗，可后来刘备见赵子龙怀揣阿斗回来，不是假惺惺地摔阿斗吗？这是仕途中常要的把戏。倘巡抚大人知道我们三王杀过人，奸淫过妇人，烧过房子，砸过县衙，他一翻脸要杀我们三王怎么办呢？"

陈英说道："是啊，到那时我们三王再哭天抹泪儿有个屁用！"

卢珂说道："尚德兄弟，人心难测！所以二王、三王的担心不是没有道理的。"

卢尚德大声道："这样，今儿当着三王和属下，倘我卢尚德说话不算数，你们人人可以诛杀我，今儿上天睁眼看着，我卢尚德有良知在，岂敢面对上天说半句假话！"

见卢尚德如此说，卢珂上前亲解其缚，与众人拜俯在卢尚德面前，高声道："谢尚德兄弟金玉良言，我卢珂愿率郑志高、陈英等三四千余兄弟，兵不血刃，不战而降！"

卢尚德笑着示意众人起来，他高揖双拳大声说道："好！珂哥，这样，其他兄弟暂在山上等待军令，三王可随我下山去见龙川县知县大人，商议我们下一步该怎么办？"

这时，那个在龙川县衙做卧底的典史，双膝跪在卢尚德面前，乞求道："尚德兄弟，看得出来，你才是堂堂正正的男子汉，请你大发慈悲之心救救我！"

卢尚德怒道："不！你的情形恶劣，吃着朝廷俸禄，竟敢做违背朝廷的事，你的事，只有听凭知县大人处置！"

按照商议的计划，为了暂时保密，尤其不让浰头的池仲容及另一个在横水占山为王的黄金巢知道，把三四千人暂置一处等待巡抚大人之令。而此时卢尚德则与卢珂、郑志高、陈英四人驰马直奔赣州，即南赣巡抚王阳明署衙处。

卢尚德下马，带着龙川三王来拜见老师时，王阳明正与众人商议攻打横水、桶冈、左溪及三浰之军务大事。

冀元亨在门口最先见到卢尚德。卢尚德笑着施礼道："大师兄，请受尚德一礼！"

冀元亨回礼道："师弟，恩师知你行事缜密，让我在此等候你，恩师实乃神算也！"

卢尚德把卢珂、郑志高、陈英三人介绍给冀元亨后，卢珂复向冀元亨施礼道："恕卢珂无礼，敢问这位兄弟，巡抚大人如何神算，料到尚德兄弟与我们会此时同来？"

冀元亨回礼道："卢兄，我恩师知我师弟有雄才大略，他会利用福建象湖山之捷，以及现在正着手进行横水、桶冈、左溪等的军事行动，来威慑你们龙川三王，而兵不血刃。不战而降，是当初我师弟离开赣州时，恩师给他的基本要求，而且龙川县衙会全力以赴支持他、配合他。所以按时间算，我师弟和你们三王，今天不来，最迟明后天准来。因为要攻打横水、桶冈、左溪等地的盗匪，恩师已经把你们龙川三王的三四千人马列入整个军事围剿行动之中，你们可以不急，但我师弟急呀，所以，我在此先迎候了你们。"

郑志高向卢尚德说道："尚德兄弟，看来我们龙川三王是幸运的，你是我们的大恩人！若不是遇到了你，我们三王及其属下三四千人，倘负隅顽抗，与官军为敌，我们将死无葬身之地！"

卢珂笑道："不，志高，上天把你赐予我，让我及早给尚德兄弟写了书信，所以他才回到了龙川羊子铺，后来我又同意尚德兄弟下山回羊子铺看望堂叔和弟妹玉苗。不过，尚德兄弟在龙川县城看到了南赣巡抚大人的消息，又鬼使神差般拨转马头，独自来这赣州之地。唉，三王属下的三四千人的性命啊！这个大恩大德，咱们三王包括咱们的属下，当为巡抚大人上刀山下火海，万死不辞！"

冀元亨笑道："好！就凭卢兄这一腔报国之心，我恩师一定会褒奖你们，让你们奋勇杀敌，为国家建功立业，福荫子孙！"

王阳明与刚投降的卢珂、郑志高、陈英龙川三王见过面，卢尚德又把黄金巢及三浰池仲容的情况说了以后，他沉思了一会儿说道："尚德啊，为师以为区区黄金巢不足为虑，唯池仲容的三浰表面看是个难点。虽然他也受到歼灭詹师富大捷的震慑，但他决不会不战而降。所以，池仲容这里需要我们认真做一下文章。但眼下卢珂、郑志高、陈英龙川三王不战而降，可以说扫平了最后围剿三浰池仲容的前沿障碍。今据田庄、金岸等几个弟子化装到三浰的侦察，池仲容的上浰、中浰、下浰共有三十八座山寨，他手下有七千余众，战线拉得很长。破敌有千方百计，为师历来兵战，除非狭路相逢之时，否则决不用猛打猛冲之勇字，我们用谋！当然，这肯定要有龙川三王的配合，咱们把戏演得逼真、到位，不怕池仲容不按时落入我们的掌控之中。故而平三浰之池仲容，是早一天晚一天之事，不信，你们龙川三王可拭目以待！"

卢珂连连点头道："巡抚大人方才一席话，就是一部活生生的兵书！来的路上我还胡乱猜疑，今日幸见大人，方知尚德兄弟所言，一字不谬！巡抚大人真是料事如神，运筹帷幄之中，决胜千里之外。池仲容过去和我有过交往，还共同举过事，不过今日看来，他仅是一个只有蛮力的农民，啸聚了几千人，占山为王，就想与巡抚这样智慧超群的官军首领作对，真是白日做梦！"

吃过午饭以后，王阳明单独把卢尚德与卢珂叫到大堂来，低声说道："卢珂，本院知道你早年与浰头池仲容有过交往，听说直到现在他还封你为他帐下将军呢！这很好,你现在按本院的意思,给池仲容写封书信,推荐尚德到他的浰头去,本院今未雨绸缪,让尚德做本院的卧底,数月之后,咱们来个真的里应外合,一举把池仲容端掉!"

卢珂感恩涕零地施礼道:"巡抚大人,卢珂今愿为马前卒,莫说一封书信,就是让卢珂去死,我也欣然前往,绝无半点儿后悔!"

王阳明笑道:"卢珂,本院今一没封你高官,二无当众褒奖你,不让你们龙川三王与本院属下其他人见面,你为何敢为本院赴死?"

卢珂正色道:"卢珂能为叱咤风云、胸怀文韬武略的巡抚大人去死,是男子汉大丈夫一件幸事、喜事,我卢珂乐意啊!"

三十七　阳明丹心保社稷　提督军务缘便宜

为像王阳明吩咐的那样演得逼真,卢尚德驰马回到龙川县的山寨,把原班驻守在山寨的卢珂人马调回来,惠州府联合龙川县衙,集聚了大约一千五百人马,开炮围攻山寨。官军四面八方摇旗呐喊,冲上山寨,俘获了山寨人马。而卢尚德借机驰马冲下山,官兵数十骑追击,卢尚德奔入三浰之地。与此同时,龙川县衙与惠州府张贴抓获龙川三王及其军师卢尚德逃脱的布告,甚至连池仲容的三十八寨之前都张贴了缉拿卢珂军师卢尚德的布告,布告上有他的年龄、画像等。

此处暂不表卢尚德之事,王阳明与赣州属下的官员共同商议之后,决定向朝廷上疏,要求朝廷给予单独旗牌,提督四省之军务,能够便宜行事。其实进攻象湖山之前的大伞地遭遇战,就是有关府衙官员不奉节制,导致惨败。因事关重大,王阳明决定率赣州知府邢珣和大弟子冀元亨驰马京师,面见圣上。

王阳明离开赣州前,夫人娬婳说道:"夫君,此次驰马京师是公务之事,贱妾不能同夫君一起入京,贱妾给爹娘写了封书信,夫君当面交与他们,让他们多保重身体。特别是爹,现在爹不做首辅大臣,朝廷令杨一清接任,让他别再操心朝廷事务,贱妾就这些,务必转告爹娘。"

王阳明笑道:"夫人放心,此番回京虽是公务急事,倘有时间我还想拜见一下孙伯,现在他们三个老至交,爹回老家侍奉祖母,岳父大人做了闲职,改为进少傅兼太子太傅、谨身殿大学士、华盖殿大学士。现在就孙伯难受,因为钱宁、张彩,再加上张璁等中官挤对他。唉,朝廷啊,这一批又一批的小人、奸佞层出不穷,只是苦了如孙伯、岳父大人这样的忠良之士!"

这时,田庄与金岸入内施礼道:"恩师、师母,弟子与金岸请恩师批准,我二人想再去横水、桶冈、左溪一趟。"

王阳明皱眉说道:"好,为师也不想那么草率围剿这三个地方的盗贼。开战之前,这些必要的再侦察对整个战役至关重要,你二人可带几个随从,遇事也好照应一下。记住,争取二十天内返回大本营,因为到那时,为师已经办妥了京师之事。"

待田庄和金岸二人退出,王阳明又向巡抚署衙属下交代了一些事,这才和赣州知府邢珣、大弟子冀元亨翻身上马。刚上马王阳明就干咳起来，剧烈的咳嗽让他弯了腰，他用手急挠胸部。

冀元亨翻身下马说道："恩师，出发前没喝药吗？"

过了一阵儿，剧烈咳嗽过去，王阳明抬起头，他的脸已咳得通红。他说："元亨，上马吧，老肺病不碍事，出发吧！"

冀元亨看了看恩师，无奈地叹了口气，这才翻身上马。

到达京师之后，王阳明和邢珣、冀元亨先拜见了兵部尚书王琼。

王琼是替代陆完做兵部尚书。他为人有心计，非常明白朝廷内部之事。他笑着向王阳明等还礼，说道："御史大人！好啊，御史行巡抚之职后，果然不负朝廷厚望，首战歼灭了詹师富六七千人，朝廷内外闻之无不振奋啊！"

王阳明点头道："尚书大人，实不相瞒，这首战虽然打胜了，但也暴露出不少问题，这些问题非常严重，今驰马入京，就为解决这些急事啊！"

王琼立即收敛了笑容，问道："御史大人，请直言，是何事？"

王阳明说道："尚书大人，昔日平贼戡乱时，朝廷哪次不派兵马？而今赣、闽、粤、湘四省盗贼风起云涌，我粗略算了一下，达数万之众。可是朝廷封我做了都察院左佥都御史，专行巡抚四省叛乱之事，却不拨一兵一卒，让我这个空头巡抚如何剿匪？"

王琼笑道："御史大人，朝廷皆知你的大名，况且你素怀文韬武略，有些事我这个尚书都远不及你。这不，朝廷没给你派一兵一卒，你御史大人首战就歼灭了詹师富六七千人！你呀，堪称朝廷第一军事帅才！御史大人，关于你两次上疏派快马入京请调兵马一事，已成过去，今后再不要提起，这样对你对我都好，只要你不再提及这件事，我为你办什么事都行！今御史大人打了大胜仗，你现在是向我要兵还是要权？"

王琼身居兵部尚书之位，他哪里知道，正德十二年年初，王阳明受命之后，在南下赣州途中，经过南昌时，他就接到了福建、广东兵备道的报告，称依照两省巡抚都御史、巡按御史的命令，已分头向猖狂活动在福建、广东交界的赣南山区的詹师富等山贼实施围剿。可是，当王阳明刚到赣州任上，大败的报告已送到了巡抚衙门，是福建参政陈策、佥事胡琏等呈，那战报上这样写道：

"为急报贼情事，已经密具方略，行各官遵照，约会广东官兵，克期夹攻；随据各官呈称，指挥覃桓、县丞纪镛，在广东大伞地方遇贼突击，抵战身死；又称象湖、可塘等寨，系极高绝险，自来官兵所不能攻，乞添调狼兵俟秋再举等因。"

王阳明直言道："尚书大人，好，不愉快的事，过去的就过去了，我决不主动提。我此次入京，是向朝廷要敕谕领兵之旗牌，提督四省之军务，使我这个都察院左佥都御史在巡抚围剿盗匪时,能够自主便宜行事。"

王琼一听,皱眉道:"御史大人,这件事恐怕不好办。圣上未必能下这道敕谕,这件前无古人后无来者之事,很难!"

王阳明笑了笑说:"朝廷令我做巡抚,面对数万盗匪,想让马儿跑,总要喂马儿一些草料吧?况且军令不一,我怎么能做到统一指挥、统一行动啊?"

王琼摇头道:"御史大人,实不相瞒,有时候我这个兵部尚书,就是个空位,人家没人拿我当回事儿。可是我这做和尚的,起码也应该撞几下钟吧?御史大人,我知道朝廷让你领这个空头衔很难。不过,幸亏你的智慧、机变,打了第一个让人意想不到的大胜仗!这真是本朝一个大奇迹!"

邢珣施礼道:"尚书大人,下官这个赣州知府知道御史王大人战前的苦楚,真的是巧妇难为无米之炊!自古以来,哪有像御史王大人这样的巡抚,下官的赣州府,只留下三五个人坚守,府辖十二县衙,每个县衙只有两三个人值守,余皆一律编入作战部队,这些文官哪有上战场打过仗的,差不多都学会了骑马射箭,而且有些文官还拜御史王大人为师,学会了几套刀法、剑法,现在在下官赣州之地,但提御史王大人之名,府衙县衙没有人不伸大拇指称赞的!"

王琼大惊,喜道:"御史大人,我真没想到,你是朝廷的全才!高才!就凭这一点,我王琼从内心深处佩服你!"

冀元亨施礼道:"尚书大人,某冀元亨,是我恩师的大弟子。"

王琼连忙点头道:"冀大学士,我听说过,我早就听说过!除了你冀元亨,还有卢尚德、田庄、金岸等,都是御史大人的弟子,你们能拜这样的大人为师,是你们的福气。你们辅佐御史大人,你们对朝廷的江山社稷有大功啊!御史大人给你们申报了终身俸禄,自古没这个先例!但有功著,我兵部尚书自会为你们向当今圣上报功!"

冀元亨急忙摇头道:"尚书大人,元亨说的并不是这个意思!"

王琼不解地问道:"冀大学士,那你是何意?"

冀元亨说道:"尚书大人可能不知道,我恩师身患肺病、胃病,实不相瞒,这次入京,我师母让我随身带了药,从南赣来京城的路上,我恩师重病,歇息了两天。我恩师说,既受君命自当鞠躬尽瘁!统兵旗牌,提督四省军务十万火急,请尚书大人多多疏通,此番务必请圣上下敕谕,如此才不负我恩师一片丹心啊!"

"好!好!今晚我就把御史大人的上疏送到中宫去。请御史大人在京静养数日,等我的好消息吧!"王琼由衷地叹道。

其实,在明朝开国之后,六部三院等是朝廷的职能部门,凡通过这些部门办事的，往往要等待好长时间。王琼为人有心计，他早看透了朝廷的这些内幕，互相扯皮，为此他选择"走中宫"的办法。也就是通过圣上身边的近侍、太监，只要有银两开道，在皇上身边的近侍能量很大，他们服侍圣上时，不但准奏快，在六部三院等办不成的事，在中宫就可以轻轻松松办成。所以当年刘瑾做奉御近侍时不把六部三院等放在眼里，就因为他在皇上身边，何事办不成。王琼做了兵部尚书，也采取走中宫之路，有事为证，当年孝丰贼汤麻九反，有司请发兵策。结果一请不来，二请亦不来，办事人急得火烧眉毛，也难以批下来，只好等。此时王琼入中宫请密敕，令勘粮都御史许廷光，出其不意擒之，四方捷奏上，众人多推王琼之功，遂数受赍赏，累加至少师兼太子太师，其子锦衣世千户，王琼宠遇冠诸尚书之上。

　　刘瑾被诛之后，江彬反戈一击，非但没受到责难，反受到了器重，他和近侍钱宁一起，又重蹈了刘瑾的覆辙。当然重蹈刘瑾覆辙的还大有人在，此处暂且不提。就是说王阳明是正人君子，人都知道，君子之交淡如水，从他离开贵州龙场之后，不论是在庐陵，还是后来直至正德九年之后升任南京鸿胪寺卿，他再没和江彬等联系过。就是这次被任命为都察院左佥都御史，专事巡抚四省之事，他入京也没和江彬照面，除先拜见兵部尚书王琼外，还拜见了岳父杨廷和，和其父至交孙燧也只是吃了一次饭。再就是应在京师的弟子及学士之约，连续讲了几天阳明心学，要不是他当时咳嗽得厉害，半天直不起腰来，还要讲两三天呢，是大弟子冀元亨终止了后来三天的讲学。

　　江彬以为王阳明苦难过去，再也用不到他了，遂对王阳明产生了恨意。而王琼要走中宫之路，请圣上敕谕，当今圣上身边的大红人，除了当年在豹房的张忠，以及许泰之外，就数钱宁和江彬了，张忠诡诈，许泰暴戾，非找江彬和钱宁二人不可。

　　江彬慢悠悠呷着香茶，听了王琼一大通话之后，淡淡一笑道："好啊，这王阳明不是比过去更有本事吗？朝廷不派一兵一卒，他就挥师全歼了福建最大的盗贼詹师富六七千人！他是当今朝廷难得的全才，他能有什么困难？"

　　王琼长叹一声说道："你不知道，王阳明没办法，把赣州府以及下辖的十二县的公人差役们都组织起来，又临时招募了一些民兵，经过半个多月的强制训练，才分数路去围剿詹师富老巢象湖山呢！"

　　江彬有些不耐烦地说道："好，假如朝廷的文武官员都如王阳明一样，赣、闽、湘、粤四省哪还会有盗匪占山为王之事！看来尚书大人的兵部可要多多提携这个无事不能的王阳明啊！"

　　"不，王阳明剿灭詹师富只是围剿四省盗匪的开始。据王阳明上疏所言，这四省的盗匪加起来有数万！因此他上疏中的几件事是公事，是朝廷的军国大事，人家提得非常合理，应当解决！"

江彬把茶盏一放说道："尚书大人，既然这样，军国大事是朝廷公务，你干吗来找本官，快走六部三院吧，他们应该正经八本地干这事儿，何来烦本官？"

王琼情急之中，这才意识到自己说错了话，惹了江彬。遂又施礼笑道："您知道的，倘让六部三院办这事儿，至少要半年之后才会有批复，他们都是不办人事儿的人！相比起来，这些年，倒是您最是疼爱我王琼，帮了王琼不少忙，这些王琼心里有数，这不我王琼正想找机会报答您的大恩呢！"

王琼说到此处，侧目细看江彬，见他脸上有了笑意，趋近江彬身边，提了茶壶为他斟了茶。笑道："其实我知道王阳明这人耿直，不太懂人情世故，办事也呆板。不过他向来无害人之心，对朝廷尽忠尽职，是难得的清水官儿。您现在帮他其实是在帮我王琼啊，咱俩可是多年的至交好友啊！"

江彬这才笑道："其实，尚书大人，平心而论，本官不太喜欢王阳明这种人。清水就清水吧，没有虾没有鱼，本官认了，可你王阳明也几十岁的人了，总要学学身边的人吧，现在这世道，光说声感谢施个礼，当清水一杯的正人君子有屁用？既不能花，又不能买。唉，好吧，不看他的面，也看尚书大人的金面，有何事请说吧！"他已经习惯了，没有皇上的时候，他就是皇上的代言人。

王琼说出王阳明要请圣上敕谕，要圣上颁统领兵马的旗牌，提督四省之军务，好让他自主便宜行事。江彬立时拉下脸来，说道："尚书大人，王阳明分明是在伸手向圣上要兵权吧？多少年来，巡抚就是巡抚，他要了兵权，这巡抚成什么官儿啦，自古从没这事儿啊？"

王琼继续说，四省在军务上各吹各的号，各鸣各的角，要消灭盗匪，军务指挥权必须由巡抚统一掌握，这样才可统一调度，王阳明要的是圣上颁发的统一领兵旗牌、提督四省军务，他好自主便宜行剿匪之事。

江彬这才点头道："不就是统一领兵的旗牌和提督四省军务这两道敕谕吗，好，本官听懂了，尚书大人，等消息吧。"

王琼这里刚和江彬说好，从房里出来，恰又遇见了近侍钱宁。王琼想了想，方才听江彬的意思，现在这个钱宁正找江彬的碴儿。王琼真的怕钱宁打了横炮。但是王琼还没说话，钱宁却轻揖一礼上下打量着王琼说道："哟，这不是兵部尚书王大人吗？走中旨怕又有什么事要办吧，呃，对了，你是到江大人那里去了吧？"

王琼急忙施礼道："钱大人，一向可好？"

钱宁不温不凉地说道："尚书大人，本公公方才的问话是刮了一阵风吧，怎么不接本公的茬儿呢？"

王琼心里长叹一声，点头道："钱大人，是啊，我是到江大人那里去来着，今儿巧了，我也想请钱大人帮帮忙，玉成此事。"

钱宁把手一挥冷笑道："尚书大人，得了，这年头儿人们都成势利眼儿，谁能办事就找谁！当然了，你尚书大人不找本官，或找本官少，并不一定本官不能为别人办事。况且江大人在左，本官在右，我们俩都是奉御近侍，你既然找了他，他向皇上提起时，本官睁一只眼闭一只眼，张一耳侧一耳，这个耳朵进，那个耳朵出，全装作听不见不就结了，放心，这种事本官一般不打横炮！"

可看钱宁的笑态，分明是在故意嘲弄王琼。他想既然这样，不就是几句话的事吗，索性也与他说了，这样他和江彬一左一右，互为帮腔，如此皇上肯定点头下敕谕，那样王阳明入京的事就成了，他虽是巡抚，但他打了胜仗，一者我举荐有功，二者我兵部脸上也有光啊！

走到一株桂花树下，王琼示意钱宁到树一侧来，王琼这般恭敬待他，钱宁此时风凉话少了，忙说道："尚书大人，你该知道本官的难处，奉御近侍圣上，一天下来说不了几句话，好不容易见了你这朝中兵部尚书大人，本公公愿意逗逗嘴儿，闲磕磕牙儿，找找随便说话的乐子！别介意，方才本公公是故意的！"

见钱宁脸上笑起来，王琼又把王阳明请求圣上敕谕领军旗牌和提督四省军务之事说了一遍。钱宁怒道："尚书大人，朝廷也是，又让马儿跑，却又不给马儿草料！这王阳明真是大能人！朝廷不发一兵一卒，他竟带着府衙县衙的官员和差役们打了一个大胜仗，真是了不起呀，尚书大人，王阳明想要什么？"

听了王琼的话，钱宁说道："好，明儿皇上不出宫，这件事江大人不说，我说！人家带着肺病驰马几千里入京，凭这点精气神，也该请求皇上下敕谕。看吧，本官就是软磨硬泡，也要想法让皇上恩准了这件事！"

此时，圣上朱厚照见一个宫女抱着一堆洗完的衣袍从浣衣局出来，怎么此女如此像嫣儿呢？遂向近侍说道："去，把那个女仆叫来。"

近侍不敢怠慢，那女仆见了圣上急忙跪于地上，以为犯了什么错导致龙颜大怒。叩头道："奴婢拜见圣上，奴婢有罪！奴婢有罪！"

武宗摇头道："抬起头来，恕你无罪，让朕看看。"

这个名不见经传的后宫小女子抬起头来时，武宗大惊道："你叫什么名字，怎么这么像朕的干女儿嫣儿？"

因这女仆不是圣上或皇后娘娘的近侍，没有赐名，入宫时她姓白，叫梨花，一直在后宫八局中的浣衣局做事，后宫中男奴女仆数以万计，除了浣衣局，没人会知道她。

看着站起来的白梨花仍在颤抖不止,圣上朱厚照说:"姑娘,你愿到碧云宫服侍朕吗?"

白梨花急忙施礼道:"启奏陛下,奴婢只是浣衣局一个洗衣的奴婢,不敢高攀,更不敢有此奢望。"

武宗一听,此女子也是读过诗书之人,笑了笑说道:"姑娘,你读过四书五经吗?"

见圣上向白梨花问话,浣衣局的女仆都匆匆奔出来,参见武宗。其中排在首位的一个标致中年女人参拜武宗说道:"陛下,白梨花不仅读过四书五经,诗词曲赋她也样样精通,她是奴婢浣衣局的才女!"

近侍道:"陛下,宫中素来才女如云,但不知这浣衣局的白梨花是否真才女?"

武宗刚从侍讲殿出来,负责侍讲的张大人刚给他讲了《吕氏春秋》之《季春纪·论人》。他想了想说道:"姑娘,朕想当众考考你的才学如何?"

白梨花知道史书上下几千年,除了四书五经,就诗词曲赋传下来的又何止数万首呢,皇上考非同凡人,弄不好要杀头的。不过,聪明的白梨花又一想,这又不是三年一次皇上殿试,大不了我还在浣衣局,皇上总不会因为我答错杀我或是赶我出后宫吧。她稳定了一下心绪,说道:"陛下,奴婢才疏学浅,不敢承陛下提问,只怕坏了陛下的心情。"

武宗笑道:"姑娘,这且无妨,只要你答对了,下午就到碧云宫服侍朕,倘你答不对,朕也想让你到碧云宫,一句话,朕今日得见你,说明朕与你有缘分。"

标致的中年女人是浣衣局女官,她万没想到,她浣衣局宫女竟被圣上看中,今后这白梨花到了碧云宫,就成了皇上身边的人,诸事很有可能还要仰仗她。她笑了笑向跪在地上的白梨花说道:"梨花,此乃上天所赐,让你今得遇陛下,尽你所学之才,万不可坏了陛下的心情!"

武宗因这几日常怀念故去的嫣儿,没想到上天之神竟把酷似嫣儿的白梨花赐予他。于是,他向白梨花提问了《吕氏春秋》之《季春纪·论人》中的"八观六验"和"六戚四隐"。他笑道:"当然,姑娘,你可以思考一下,回忆一下,只要能说出大要,朕就以为你答对了!"

白梨花柳眉微皱,微微一笑,洁白红润的脸上渐现两个梨窝儿,她抬头仰望着丽日蓝天。她飞快想着,突然两眼一亮,自语道:"对!凡论人,通则观其所礼,贵……"

继而白梨花向武宗施礼道:"陛下,奴婢刚刚想起来,且听奴婢背诵之。"

凡论人，通则观其所礼，贵则观其所进，富则观其所养，听则观其所行，止则观其所好，习则观其所言，穷则观其所不受，贱则观其所不为。喜之以验其守，乐之以验其僻，怒之以验其节，惧之以验其特，哀之以验其人，苦之以验其志。八观六验，此贤主之所以论人也。论人者，又必六戚四隐。何谓六戚？父、母、兄、弟、妻、子。何谓四隐？交友、故旧、邑里、门郭。内则用六戚四隐，外则用八观六验，人之情伪、贪鄙、美恶无所失矣。譬之若逃雨污，无之而非是。此先圣王之所以知人也。

圣上朱厚照听罢，先是击掌为乐。喜道："姑娘所诵，正是朕今所学也，一句不谬，一字不非。朕没有想到，朕的后宫之中，竟有如此才女，朕幸甚！朕幸甚啊！"

白梨花满脸通红，低首说道："多谢陛下褒奖！"

武宗笑着想了想说道："今起朕赐你'姝儿'之名如何？"

白梨花急忙叩头谢恩道："多谢陛下赐名！多谢陛下赐名！"

碧云宫的女侍，不同于其他宫殿，她们是皇上的近侍。刚赐名来到碧云宫的姝儿，打扮齐整从房内出来时，先前的嫣儿之妹婵儿，猛地大惊，以为她姐姐死而复生了。

武宗向婵儿说道："怎么，极像你姐姐嫣儿吧？"

婵儿笑道："陛下，姝儿真的很像我姐姐。"

姝儿施礼道："婵儿姐，今后还请多关照，多关照！"

武宗叹道："朕的干女儿仙逝，一直让朕万般眷恋！今日朕的这个凤愿总算了了！婵儿，姝儿比你小一岁，今起你为姐她为妹，你要好好教授她一下，用不了多久，当让姝儿像当年你姐嫣儿一样服侍朕，朕在后宫即无忧矣！"

婵儿笑道："陛下放心，婵儿知道怎样做。"

姝儿再次施礼道："陛下，姝儿今儿从天天起早贪黑劳作的浣衣局出来，入碧云宫，可谓一步登天矣！姝儿自当按姐姐吩咐服侍陛下，姝儿初来乍到，倘有不当不妥之处，还望陛下看在含笑九泉之下的嫣儿姐面上，饶恕姝儿！"

武宗喜道："婵儿，今儿起朕总算给你找到了伴当，但嫣儿的音容笑貌，嫣儿的忌日，朕永远忘不了！"

这时，江彬从外边进来，武宗说道："江彬啊，今儿上天从浣衣局赐给了朕一个酷似嫣儿的姝儿，得偿朕怀念嫣儿几年来的凤愿。姝儿是个大才女，你和钱宁等，今儿起要像敬畏婵儿一样敬畏姝儿，明白吗？"

江彬连连点头道："是，陛下，奴才遵旨。"

继而江彬又向姝儿施礼道："姝儿姑娘，今后请多关照江彬！"

姝儿还礼道："江大人客气了，彼此彼此。"

江彬或许见武宗品茶无事，遂趋近他，把王琼所乞求之事简单一说。武宗说道："江彬，王阳明不是奉旨担任都察院左佥都御史，专赴赣、闽、粤、湘四省巡抚之职吗，怎么，他还有什么事吗？快告诉朕！"

江彬笑道："陛下，这王阳明果然不负陛下知遇之恩，他到任在福建打了第一仗，全歼了詹师富六七千人，给四省占山为王的盗匪来了个震慑！大长了朝廷的威风啊！"

武宗皱眉道："江彬，不对吧，你不会像当年刘瑾那样，瞎话谎话随口就来吧？据朕所知，朝廷没派一兵一卒，他王阳明一个光杆儿巡抚，就歼灭了詹师富六七千人，是你吹牛吧？"

正说话期间，钱宁也来了，二人遂跪在地上，江彬说："陛下，王阳明确实首战告捷，全歼了福建詹师富这个盗匪及其属下六七千人！此事千真万确，奴才愿以项上之首担保！"

武宗向钱宁说道："你说，王阳明拿什么去攻打詹师富，总不能只带他的弟子，师徒上阵冲杀吧？"

钱宁点头道："陛下，所以，这是当今满朝文武百官最热议之事！陛下崇尚的这个王阳明，不仅带他的随身弟子参战，据兵部尚书王琼所说，王阳明的二弟子卢尚德，今已潜入广州龙川盗匪池仲容帐下卧底；而福建象湖山，王阳明第一个胜仗，就是依靠他手下的弟子田庄、金岸、冀元亨等分头化装侦察得来的情报，才一战告捷的！"

武宗皱眉道："得，就算这个天才王阳明带了弟子上战场，可是与六七千盗匪相比，岂不寥若晨星，不就那屈指可数的十几个人吗？其寡能敌众吗？"

钱宁这才说道："陛下，朝廷没派一兵一卒，王阳明无奈，他就地取材，把赣州府以及其下属的十二个县衙，除留几个公人值守外，全都抽调在一起，又从当地招募了一些民兵，就这样，他以少胜多，出其不意，三路大军围歼了詹师富六七千人！这是我朝，更是汉晋南北朝隋唐宋元之时，前所未有之事，把衙内文官差役培养成勇士上战场，而且首战告捷，此乃陛下之洪福也！"

没想到，圣上朱厚照听了，皱眉道："当时朕钦封王阳明为都察院左佥都御史，专事赣、闽、粤、湘四省巡抚之职，六部三院没有调集兵马、粮草，让王阳明统一指挥使用吗？如此朝廷分明是让王阳明空手套白狼吗？真是岂有此理！"

武宗看着钱宁、江彬说道："来呀，传朕旨意，传都察院左佥都御史王阳明面朕！"

此时，王阳明正和邢珣、冀元亨在茶馆内。邢珣叹道："王大人，这次入京，下官总算知道了在朝廷办事有多难！而大人奉命后，不敢有一点懈怠，首战告捷之后，朝廷没有一点存问犒赏,为了这个领军旗牌、提督四省军务,大人又拖着病躯,真不知道上天是否会怜惜大人一片赤胆忠心,尽快赐福大人,把旗牌、提督军务的敕谕颁发下来!"

王阳明正色道:"此番入京,倘兵部尚书王琼不能得到中旨的敕谕,那我将直入宫中面圣,为何不惜身家性命为江山社稷着想竟如此之难!"

王阳明和王琼分手后,王阳明告诉了王琼他在京城的住地,即除了老家的宅院和驿馆之外,就是茶馆。倘有急事,他定在这三个地方,因为他要等圣上的敕谕。

圣上传旨之后,王琼即派出属下在京城这三个地方找王阳明,三人正说话间,近侍江彬率两三个太监驰马来到茶馆前。

王阳明见江彬走进茶馆内,急忙笑着站起来施礼道:"江大人,你有何事这般急切?"

江彬还礼道:"王大人!你好清闲啊!总算找到你了!快跟我走吧,圣上召你入宫呢!"

王阳明大喜道:"好,我这就随你入宫!"

江彬上下打量一下王阳明说道:"王大人,你也不问一下本官,圣上召见所为何事,圣上此时是高兴还是不高兴。你也不做准备拍屁股就走啊?"

王阳明笑道:"江大人,你多虑了,我没想那么多!我只关心圣上的敕谕,至于其他的想都没想,等见了圣上,圣上但问,我必答就是。"

江彬直言道:"王大人,兵部尚书王大人为了你等待的圣上敕谕,不但找了我,也找了钱宁,面圣之前,他有个请求,倘圣上问起朝廷发兵之事,你千万不要说你两次派快马上疏请求朝廷发兵之事。"

王阳明正色道:"江大人,平心而论,我确实两次快马入京,并上疏催促朝廷发兵,这是事实!况且,他兵部对我的上疏置若罔闻,一提这事……"

江彬说道:"王大人,人嘛,谁没有一次马失前蹄的事!其实人们都是相互利用的,没有利用何来你好我好的人际关系。比如这件事,你能帮兵部尚书王大人搪塞或遮掩你这两次上疏兵部没办的事,王琼大人才入宫竭力让本官和钱宁向皇上疏通敕谕之事。而本官和钱宁为何竭力为王琼大人疏通呢,是因为王琼大人帮本公公和钱宁办了几件我们不能办到的事。人活在世上,还是多修桥、不断路,修桥多了,你可以驰骋天下无人拦,可断一次路,你今后注定就无路可走!"

王阳明笑了笑说:"江大人,我明白了你的意思。可是倘当今圣上主动向我问起是否曾上疏和催要剿匪兵马呢?我是摇头装作不知,还是故意打哈哈、闪烁其词呢?"

江彬叹道:"王大人,见了圣上只要你想要的敕谕,至于圣上假如真的问起来,你先装作没听见，或是想法搪塞其事，实在无法躲避时，反正你做的事，只有王琼大人知道，这就好办了，你一迁就，王琼大人就躲过了失职这一关！"

王阳明长叹道："得，我这是打自己的脸，但还要笑着。为了圣上不追究不严惩王琼大人，我必须做这个大好人，是吧？"

江彬笑道："对！王琼大人就是这个意思，他对你的宽恕和救恩会铭记在心，他以后会报答你的。"

王阳明向武宗施了大礼，武宗急忙走下龙椅，伸手搀起王阳明说道："朕说过的，你在朕面前不必这么拘礼。"

王阳明说道："不，陛下，君臣之礼，决不可免，这是为臣之道。"

武宗说道："朕刚知你有病，此时不必拘礼，请坐下说吧！"

王阳明施礼道："谢陛下！"

"朕知道，剿匪首战告捷来之不易，但是今天朕告诉你一个朕从来没有对外说过的秘密。"说到这儿，他示意婵儿和姝儿近前，而让江彬、钱宁退下。

武宗向王阳明笑道："王大师，朕的干女儿嫣儿，想必你和她相识吧？"

王阳明喜道："是！嫣儿几次救我于危难之中，这份恩德我永世不忘！可是，陛下，这两位姑娘？"

武宗笑道："这是朕的干女儿婵儿，她是嫣儿的同胞姐妹；这是因朕思念过世的嫣儿，上天赐给朕的一个酷似嫣儿的姑娘，朕为她取名姝儿。今儿之所以向王大师说这些，是因为先帝在世时，曾遗下四句诀词，朕记得是这样的。"

> 会稽山下生奇才，
> 余姚紫气滚滚来；
> 怀胎十四五岁言，
> 保尔社稷稳如泰！

武宗接着说："嫣儿发现这四句诀词之后，先后多次出宫查找你们余姚人，最终查到了你王大师。上天把嫣儿、婵儿姐妹赐予朕，侍奉朕左右，是嫣儿揭开了这四句诀词的谜底。所以朕每每见到你王大师，就思念已故的嫣儿。"

王阳明叹道："我明白了。嫣儿是个难得的好姑娘！我也很怀念她。今儿有幸见到嫣儿的胞妹婵儿和这个酷似嫣儿的姝儿，使我更加思念嫣儿！"

武宗说道："王大师，你今天所提的领军旗牌、提督四省军务，为便宜行事，朕都答应你!朕知道,你王大师是真正为朕的江山社稷保驾护航的功勋之才,也是朕历经考验最可信任的栋梁之材!你的赤胆忠心,朕记在心里!你但有事,可以派人入后宫,请婵儿或姝儿传递,不必走六部三院那些烦琐手续。"

王阳明顿时明白了武宗的心意,遂谢道:"陛下,倘下臣有急事,定与婵儿或姝儿姑娘联系,请放心,下臣定为陛下的江山社稷粉身碎骨,在所不辞!"

武宗喜道:"有王大师守护朕的江山社稷,朕今起无忧矣!"

有诗为证:

> 胸襟如海历万辛,
> 尘沙淘尽始见金;
> 阳明丹心映日月,
> 山河歌泣古至今。

自从武宗封王阳明为都察院左佥都御史,专项巡抚赣、闽、粤、湘四省盗匪后,作为朝廷的兵部尚书王琼,原本就该立即着手组织调动兵马,以为剿匪之用。刘瑾之后,朝中文武百官对奉御近侍太监恨之入骨入髓。但善于观察世事的王琼却不如此,他认为只要结交上这些天天侍奉在圣上身边的人,办事不但快而且极其方便,所以他认定了走中旨办事的路,恰王琼为江彬办了件事,江彬请他喝酒,他慷慨允之。

江彬此时已经很反感正人君子王阳明了,俩人对几而饮,自然把话锋转到了准备去剿匪的王阳明身上。江彬说:"尚书大人,刘瑾死了,王阳明没有笼头、没有羁绊了,他可以为当今圣上大展身手了!他擅机变,咱普通三五个人的脑子加在一起都没他转得快,他可是朝廷的大能人啊!"

王琼说:"所以我才力荐他去做巡抚。我敢说,以他的聪明才智,最多三年,这四省的盗匪,他会一扫而光!可是,你不会知道,我虽为兵部尚书,也不过是个空架子,这不正为筹措兵马着急上火呢!"

江彬讥道:"笑话儿!兵部尚书,军令一下,各行省的府衙县衙哪个敢不动,你愁在何处?"

原来,自从英宗之后,明朝进入了安定时期,朝廷开始重视文官,而武官因为不打仗受到了冷落,刀枪入库,马放南山。因为大兴土木,无奈开始削减戍边和各府县及行省的兵马,所以到了朱厚照做皇帝时,除了京师的御林军从不减少之外,兵的影子越来越少,王琼作为兵部尚书,已经捉襟见肘。

江彬点头道:"王大人,咱俩可以打一个暗赌,你即使不给王阳明派一兵一卒,我也敢断定，他王阳明完全可以利用他的弟子们，用他那一大套心学体系，诱化说服劝降这些盗匪。他不是向你说过吗，'破山中贼易，破心中贼难！'既然这样，你为何还犯愁呢？"

王琼点头道："是啊！反正圣上要的是剿匪的结果。"

"对，你不给他派一兵一卒，王阳明照打胜仗，不信，咱俩走着瞧！"

"好！这次我这个兵部尚书就这么办！"

王阳明被圣上急召入宫之后，知情的王琼开始坐不住了，虽然江彬向王阳明说了，千万不要提他两次上疏、两次派快马入京催要兵马之事，但倘圣上追问起来，岂不就露了馅。擅长应变的王琼决定马上入宫。但是，当他将要迈出兵部署衙大门时，他又犹豫了，倘圣上不追问此事呢，我却主动揭自己身上的伤疤，岂不是自投罗网？正是暮色之时，老狐出冢，他犹豫再三！

三十八 谈笑虎穴唯尚德 决胜盗匪巧震慑

王琼微微一笑,心中只恨自己如此反复,索性传了属下,坐官轿直至宫门前。按后宫规矩,任何朝廷官员,包括那些卿大夫和封王级别的官员,到后宫大门前,必须下轿入内。王琼快步来到碧云宫前,站在门外的钱宁急忙向他招手。

钱宁低声说道:"尚书大人,你总算来了,皇上正和那个王大师密谈呢,这不把我们这些奴才都赶了出来。"

王琼惊道:"等一下,什么王大师,王大师是谁?"

钱宁笑道:"就是王阳明呗!皇上一句接一句的王大师,奴才从没见过皇上如此敬重王阳明。不但口口声声称他大师,还请他入座,奴才担心王阳明告你的状,这不奴才正准备去找你,奴才想着想着,大人竟神奇般地来了,真是巧啊!"

王琼大惊道:"既如此,我怎么办?"

钱宁向江彬说道:"我们俩知道,你在这儿候着吧,万一圣上召见你,你先认错,后捶胸,圣心心软,几句话可能就化干戈为玉帛了,等着吧!"

既而,婵儿从碧云宫走出来,向江彬说道:"江大人,传兵部尚书王琼面圣!"

江彬示意道:"婵儿姑娘,这不,尚书王大人就候在这儿。"

婵儿柳眉微皱,有些惊讶道:"好,既如此,随我进来吧。"

王琼急忙点头施礼道:"多谢婵儿姑娘。"

武宗见王琼入内,喝道:"王琼,你知罪否?"

王琼急忙俯身施以大礼,在地上向圣上叩头道:"陛下,下官这几天正准备驰马赣州,到那儿犒赏御史大人的兵马,下官不知有何罪?"

武宗大声道:"王大师身负朕之重托,巡抚赣、闽、湘、粤四省,你拿朕意当儿戏,竟不派一兵一卒,你让王大师凭什么剿匪,朕看你这兵部尚书不想当了吧?"

王琼急忙叩头道:"陛下,下官有罪!不过,下官也有难言之隐啊!"

武宗怒道:"哼,你有什么难言之隐,说!"

待王琼把话说完,武宗大怒道:"即使再难,朕之泱泱大明朝,各行省竟挤不出一万兵马来,你简直在戏弄朕!"

王琼此时无话可言，是啊，大明朝这么多行省，即使再削减，各行省都有常备的守军和驻军，挤出一两万人确实不是问题。但事已至此，王琼想扭转自己的被动局面，开口道："陛下，下官和御史王大人，同为王羲之第三十四代子孙，虽不在五服之内，但下官对御史大人的胆识、能力了如指掌，虽表面看巧妇难为无米之炊，但御史大人擅机变，他会就地取材，对付那山贼流寇，应当不是问题！不是吗？他首战告捷，证明了下官的判断。"

武宗见王琼如此说，面色稍解，讥道："朕不管你什么判断不判断、机变不机变，就凭你兵部尚书占着茅坑不拉屎这一点，今儿起罚你半年俸禄，以观后效！"

走出碧云宫，王琼一下子灰了心，他强装笑脸向江彬和钱宁说道："多亏王阳明没有趁机诘问我，倘他问了，圣上一怒之下，我这个尚书肯定易人，说到底我还得感谢王阳明，他确实是世上难得的正人君子，看来他没有向皇上告状。唉，圣上还算开恩，只罚我半年俸禄，罚就罚呗，不过，我王琼还有翻盘的机会！"

且说卢尚德从溃败的山寨上，甩掉了追赶他的官军，驰马绕过山间小路，走了十几里崎岖山路，现在总算可策马扬鞭了。

刚进入池仲容的山寨区域，突然从山路两侧飞出绊马铁钩和绳索，任你再骁勇的骑士，也难逃栽下马的厄运！没等卢尚德从地上爬起来，埋伏在山路两侧的几十名盗匪皆奔上来，众人上前，刀架在了卢尚德的脖子上，转眼把他捆了。

众人押着卢尚德拐入一个山垭口，这时池仲安走出来，他肩扛着大刀，身后跟了七八个随从，有个喽啰向池仲安施礼道："将军，我们在山口刚抓了一个骑马的人，看样子是从县城方向跑过来的，请将军示下！"

池仲安上前，掀开卢尚德的斗笠，又看了看那匹马，忽然想起了什么，先伸手啪啪打了他两个耳光，怒道："我看你像县衙的官军吧？来呀，先打他十六杀威棒！"

卢尚德大吼道："浑蛋！我是从卢珂山寨上逃出来的，我来投奔池家老大，我有卢珂的信，不信你们看看？"

池仲安冷笑道："小子！别说你是卢珂的属下，就是卢珂来了，只要我大哥不点头，那也照打不误！凡外人入山寨必打十六杀威棒，这是我大哥定下的规矩！弟兄们，用点劲儿，先好好侍候他一下！"

卢尚德没想到池仲容竟这么霸道凶残，可如今被人家捆了，只能任他们摆布。不过，众人上前把卢尚德扭翻在地，喽啰们开始举棒，刚打第一棒，卢尚德便大号大叫起来。站在一侧双手叉腰的池仲安讥道："你们看，看他长得五大三粗的，竟这般禁不得打，他在装疯卖傻，得，越是这样，越不能轻饶他，打足十六棒！"

打足了十六杀威棒，当众喽啰拖着不能走路的卢尚德走向大厅的时候，池仲安又看了看马的颜色和卢尚德的背影，他突然开口说道："好吗，我说这么熟悉，原来他就是那天杀我随从的人！"

池仲安奔到大厅时，池仲容和他的胞弟池仲宁已经坐在大厅正中的座椅上。为区别尊贵和职位大小，池仲容的座椅是一张虎皮，而左侧池仲宁和右侧池仲安两兄弟的座椅则是狼皮。池仲容正在看卢珂的举荐书信。

池仲安则高声道："大哥，这小子是假的，那天我带着随从到县衙抢珠宝，就是这个小子挥剑杀死了我六七个随从，让我只身从县城逃回来！"

池仲容皱眉道："仲安，那天真的是他？你没看走眼吧？"

池仲安咬牙切齿道："大哥，你放心，虽然我没看到他的脸，但他骑的马我认识，他带的这把剑我也认识，他一定是那个小子！"

池仲容与卢珂是拜把子弟兄，当年他二人曾一同率人攻打过龙川县衙。卢珂的家人不让他做匪，逼他结了婚，卢珂媳妇被看守士卒糟蹋后自缢身亡，但官府却说，他媳妇试图逃跑，才被杀死。后来卢珂装作叫花子查证了此事，但从此卢珂自立山头，不再和池仲容联系，两个把兄弟，就这样说不断但也就真的断了联系。今卢珂写了举荐信说，县衙大批兵马围攻山寨在即，生死难料，他有一个足智多谋的堂兄弟叫卢尚德，请看在昔日叩头为兄弟的分儿上，收留他重用他，等等。

这到底是真是假，池仲容一时陷入了左右为难之地。当年卢珂曾救过池仲容的命，而今假若他的堂弟真的来了，又有举荐信，如果不答应，日后两人相见，他池仲容将难以面对。虽然他知道卢珂、郑志高、陈英三个占山为王的山寨被官军踏平了，他们仨都被活捉了，现已押解到南赣巡抚大人处。卢珂临危让堂弟卢尚德逃出来，并写了委托信，这样推断看来应当是真的。但是，仲安弟的话，他又不得不信，因为仲安从不说谎话，他把信交给仲宁和仲安两个兄弟都看看，千万别错待了卢珂的堂弟卢尚德。

池仲宁说道："大哥，我看这是真的！"

池仲安则说道："是官军的人，绝不是什么卢尚德？"

池仲容大步走到趴在地上的卢尚德面前，用脚踢了卢尚德问道："卢尚德，据我所知，我卢珂兄弟一直独自占山为王，你何时到了山寨？你不是一直在京城闯荡吗？何时回了龙川县？"

卢尚德把情况一说，见池仲安不信，大怒道："我堂兄写了书信，龙川县衙张贴了布告抓我，我又骑马从堂兄的山寨上冲出来，你们若再不信，随你们处置！"

现在池仲容与池仲宁相信了卢尚德，独池仲安不信。他向二人说道："马就是那人骑的马，剑又是那人用的剑，你们若信就信，反正我不信他是卢珂的堂弟！"

池仲容想了想向卢尚德说道："我没别的办法，你用什么证明你就是卢尚德！"

卢尚德大怒道："我卢尚德凭堂哥的信来，你们竟这样对待我，有朝一日我堂哥若见了你，看你怎么办？这样，还有一个办法，你可以派人到龙川县城看看，那里有抓捕我的广告和赏银，你们去看，我卢尚德立等！"

卢尚德从进大厅到现在，一直对池仲安的怀疑怒气冲天。池仲容这才哈哈大笑道："尚德兄弟，而今朝廷的巡抚大人正四处剿灭盗匪。说实话，我池家三兄弟都在剿灭之列，我们怀疑你以假乱真，你也应当理解。来人，赏卢尚德一把椅子，请入座吧！"

池仲宁示意侍者给卢尚德送了一盏茶，他说道："卢尚德，据我所知，卢珂、郑志高、陈英原本各自占山为王，后来，卢珂做了大哥，三王合一，听说是为了联合对付龙川县衙，可为何今日反让官府的人一下子把你们端掉了呢？"

池仲容把手一挥说道："仲宁，那些陈谷子烂芝麻，不必再提！我只问你卢尚德，听说你颇有本事，你到我的山寨来，你能干什么？"

或许方才十六杀威棒的疼痛已过，卢尚德说道："池大哥，今南赣巡抚王大人率数路大军，先在福建象湖山歼灭了詹师富及其属下六七千人，现又进军大庾，对横水、左溪、桶冈之蓝天凤、谢志珊、陈曰能实施战前围攻。至于围攻池大哥的三浰之地，是早晚之事，摆在池大哥面前的只有两条路，要么降要么战，降需要如何降，战又要如何战，这才是池大哥当前最应该关心的事！"

池仲容一听喜道："卢尚德，看来你有谋略。不过，我池仲容当然要战！"

卢尚德问道："以池大哥眼下三浰的兵马及防御，能和詹师富相比吗？他的六七千人马都集中在象湖山附近的三十多座山寨内，结果三天就被朝廷巡抚大人的三路人马，一举攻破！"

池仲安正色道："我们有三十八座寨子，我们的人马不少于福建的詹师富，我们凭什么投降，我们当然要拼死一战了！"

池仲容则说道："詹师富这个人我听说过，而今这横水、左溪、桶冈的谢志珊和蓝天凤、陈曰能都与我们有过交往，但是今日卢珂、郑志高、陈英的山寨已破，接下来便是我三浰之地！"

卢尚德说道："池大哥的三十八寨绵延流长，就像摆在朝廷巡抚面前的三十八个活靶子，长线一字阵。却不像兵法中的长蛇阵，攻其首尾至，攻其尾首至，攻其中，首尾并至。对付这三十八寨，其实，朝廷官兵不需什么兵法和战法，就像我们敲钉子，平常用锤子一个接一个地敲，三十八寨最慢两月足矣！"

池仲安大怒道："卢尚德，我看你在危言耸听，长朝廷的威风，灭我池家三兄弟的志气！我就不信他巡抚王阳明能掐会算，会像诸葛亮一样，用兵如神！"

这时，有山下探马入内报："启禀池大帅！朝廷巡抚大人帐下派人送来书信，请大帅过目！"

池仲容接过来一看，是朝廷巡抚大人所颁之告谕。

正当池仲容观看朝廷巡抚大人告谕之时，有属下抬进来朝廷所赐之牛酒银两布匹等，池仲容顿时忐忑不安起来。

卢尚德看罢告谕，大声道："池大帅，朝廷巡抚大人的告谕写得明明白白，他分明是想劝降，不想派兵围剿，而且还送来了这么多牛酒银两布匹。倘大帅再执迷不悟，铁军围剿之时，只怕悔之晚矣！乞请大帅看在数千弟兄性命的分儿上，快快决断吧！"

池仲容突然把手中茶盏掷于地，大怒道："弟兄们，朝廷的告谕分明是一派谎言！咱们都杀过人，抢掠过官府，包括惠州知府陈祥的爹娘也是咱们杀的！至于这龙川县衙，咱们多次烧杀抢劫，甚至还纵火烧过县衙。死在咱们刀下的官军、衙役可以说不计其数。所以，即使我池大鬓带领你们降了朝廷，你们和我们池家三兄弟一样，也难逃被千刀万剐的下场！反正横竖都是死，咱何不放开手脚，杀一个赚一个，杀两个赚一双！"

此时，池仲宁低声说道："大哥，朝廷是先礼后兵，人家一送告示，二送牛酒银两布匹存问，咱若孤注一掷，全三浰数千弟兄的性命，岂不全完了！"

池仲安则说道："大哥，反正我杀死过几十个官军和官衙差役，即使投降了，我也属于首恶必惩之人，与其束手就擒伸着脖子让人家砍头，不如再痛痛快快杀一场，拼他个鱼死网破又如何！"

这时，池仲安看见卢尚德正向其他人说着什么，大怒道："大哥，这个卢尚德怎么办？咱不能让他再妖言惑众，扰乱了弟兄们的心啊！"

池仲容走到卢尚德面前大喝道："卢尚德，我池大鬓看在卢珂兄弟的情面之上，对你一忍再忍，但你不能得寸进尺吧？最好别让我发怒，快闭上你的嘴，我池大鬓不降，浰源数千弟兄就不降，要想活命，你唯有听话这一条路！"

池仲安摇头道："大哥，卢尚德明是投靠大哥，实乃害群之马！杀了他以绝后患，岂不一了百了！"

池仲宁则说道："仲安，你不知道，大哥最讲义气，卢珂当年救过大哥的命，大哥……"

池仲安则说道："大哥，今卢珂、郑志高、陈英已向朝廷投降，你这里厚待卢尚德，说不定明天卢珂等就会率领朝廷的兵马来攻打咱三浰呢！大哥，有道是'画虎画皮难画骨，知人知面难知心'，小心咱错走一颗子，输了全盘棋！对卢尚德这样看似忠厚，心藏奸诈之徒，当断不断，日后必受其乱啊！"

不管池仲安说天道地，池仲容挥手道："诸位，闲话休议，今日咱们先说如何防备朝廷大军围攻吧！"

这天夜里，池仲安把他的几个随从召集在一起，向众人说道："你们看到没有，我大哥念及卢珂救命之恩，根本不想杀死卢尚德。但是，我敢确定，卢尚德就是在龙川县城杀死我随从的人！今儿不是他卢尚德死，就是我池仲安死！"

其中一人说道："将军，既然是大帅不让动的人，我们几个最好别动，以免大帅发怒，咱别里外不落好！"

另一个则说道："对啊，杀一人易，不过背后一刀一剑而已。可一旦人死，就难以复活！倘大帅怪罪下来，那……"

池仲安冷笑道："你们啊，咋就没一点儿长进呢？咱不能真刀实枪地明杀，咱是暗杀！不过，咱要伪造成他逃跑的样子……明白吗？"

众随从这才点头道："明白，将军！"

卢尚德此时非常明白自己处于虎狼之地，正所谓：不入虎穴，焉得虎子。他开始在茅屋里想，池仲容在大厅里，面对那么多属下，态度强硬，虽然老师派人送来了告谕和存问的物品，池仲容的属下无论如何还是听信他。但是，池仲容在如何防御朝廷大军进攻上面，头脑里是一片空白。至于决战到底之类的话，只是一种煽动和鼓气。其实池仲宁倒是不希望鸡蛋碰石头，卢尚德在饭后见到了池仲宁，告诉他，过去大帅率你们攻打河源、翁源、安远、龙南、信丰等地，是你们侥幸，但是只要官军一反击，你们也占不了太大便宜。但现在不同，朝廷巡抚王大人晓谕四省，形成了合力，统一了指挥，统一了部署，所以，官军会攻无不克，战无不胜，池仲宁听了有所心动。

傍晚，卢尚德向池仲容住处走去，还没到门口就被守卫拦住，卢尚德大声道："我初来乍到，想拜见一下池大帅，请通禀。"

池仲容笑道："卢尚德，我早料到，你晚上会来找我，请吧。"

卢尚德则施礼道："大帅，闲话少说，我只想问问，朝廷巡抚大人发来告谕，包括那些牛酒布匹之类，正所谓，先礼后兵也，不知大帅如何固守这三十八座山寨？"

池仲容直言道："说实话，过去我率弟兄们在这惠州府之地，多次围攻官府，死在我池大鬓手下多少官军，多少衙役我记不清。一句话，我血债累累，罪恶滔天！反正我怎么都是死，那我何不多杀一个人呢？"

见池仲容如此说，卢尚德笑道："大帅，不！你这样想想，我们都是父母所生的血肉之躯，一个人从十月怀胎到娶妻生子，这中间，包含了父母多少辛劳与汗水？

可是一个活生生的人，被你一刀杀了，他留下的妻儿怎么办？他的爹娘谁来赡养？他的祖业香火谁来承接？"

池仲容迟疑了半天，说道："我杀人时不想这些！"

卢尚德正色道："可是大帅，倘换作是你呢？"

池仲容脱口道："我运气好，我出手狠！不会是我！"

卢尚德正色道："大帅，你这是没有遇到真正的强手，算你侥幸！但是人不可能侥幸一辈子！世上没有不死的皇帝，更没有不死的人！"

卢尚德又说道："我在京师时，遇到过一个世上最好最伟大的老师，他向人们传授他的心学，说人初生之时，都有一颗洁净无尘的良知之心。可世人为了钱财，为了名利，做了杀戮之事，失去了纯洁的良知！就违背了上天造人造世间万物时的初心。按照自然法则推理，上天一旦震怒，人就必将面临毁灭的下场！"

见池仲容一句话不说，只是低着头用手抚摸着茶盏深思，卢尚德继续说道："大帅，你的良知之心在哪儿？"

池仲容双手抱头，大声说道："我的良知之心，早让狼叼走了！"

卢尚德笑道："不！狼没叼，是你自己用仇恨把良知挤走了。你要找回你的良知。从现在起再不生害人之心，向世人行大爱！做大善事！比如你属下有六七千人马，你如果执意和官军刀对刀、枪对枪，这六七千人必然都要去死！而且官军为此也要死很多人。正是由于你的一句话，导致了这么多人无辜死去。你说，你这个罪该有多大？"

池仲容大声道："现在箭在弦上，不得不发！"

卢尚德正色道："大帅，悬崖之前尚且可以勒马！何况其他？若不然，大祸不仅降临到你的头上，还要祸及你的子孙后代！"

池仲容在屋内踱着，突然大吼道："得，你别说了，我知道该怎么办！"

卢尚德出门时，说道："好，大帅，正所谓'机不可失，时不再来'。想好了再去做，不然会后悔终生的！"

卢尚德刚想进屋，他看到有个黑影在他的窗边站着，他转身的时候那黑影飞快地一闪，进入竹林之中。卢尚德急追不舍，但追出一箭之地后，卢尚德心想，这一定是池仲安设下的圈套儿，你有圈套儿我卢尚德偏不入。遂回到屋里，点上灯，把他昔日戴的诸葛巾拿出来，放在衣袍上边，在灯光的照映下，一个人的剪影就留在窗纸上。

卢尚德把门一掩，提了剑，闪到他那房子一侧的竹林里，他要暗中观看，这个池仲安到底要耍什么花招儿。

在竹林深处，池仲安向两个人说道："这个卢尚德很狡猾，他不愿上钩儿，咱们怎么办？他一天不死，这山寨就一天不安宁！"

一人说道："将军，这好办，他不来上钩儿，咱去找他，实在不行，一箭要他的命，岂不省去许多麻烦！"

池仲安点头道："对！现在咱把卢尚德射死了，我大哥知道了又能怎样？我是他的亲弟弟，他气极了能把我怎样？走！"

两个随从见池仲安一挥手，便随他又从竹林中钻出来，他们刚要走出竹林的时候，听到了池仲宁和池仲容的争吵声。

只听池仲宁大声说道："大哥，咱别拿着鸡蛋碰石头！人家是官军，要粮有粮，要兵有兵，你为何非要带着这么多弟兄，不撞南墙不回头啊？"

池仲容则说道："仲宁，我是大哥，这山寨我说了算，我说打就打！他巡抚大人并非百战百胜的将军吧？他们也是人，又没长三头六臂，咱们怕他干什么？"

"大哥，鸟雀尚且贪生，虫蚁尚且惜命！你不要不顾别人的死活，非要和人家官军争个高低！要打你去打，反正我不想白白送死！"

池仲容大怒道："不行！箭在弦上，不得不发！"

池仲宁大声道："哥，要打你和仲安去打，我不想送死，我想给咱池家列祖列宗留条根儿，我还想好好为池家传宗接代呢！"

池仲容仍怒道："仲宁，咱爹就生养了咱们弟兄三个，仲安像我，誓死不低头。可是你呢，天生的软骨头！我看你就想当池家的叛徒！"

"当叛徒怎么了？那叫悬崖勒马，改邪为正！起码能为池家列祖列宗留个根儿。爹在世时早就说过'不孝有三，无后为大'！你当大哥的，娶了嫂子，硬把人家打跑了！仲安吧，好不容易有个孩子，又夭折了！我呢，到现在连女人什么样儿也不知道，反正我不想送死，我不想和官府刀枪相向对着干！"

过了许久，池仲容长叹一声说道："仲宁！你真是气死我了！"

池仲宁说道："大哥，朝廷巡抚大人不是专门派人给咱送来告示了吗，人家还送来了牛酒银两布匹存问咱们，咱们应当礼尚往来吧？"

池仲容说道："什么先礼后兵、礼尚往来？他们这是黄鼠狼给鸡拜年，没安什么好心！咱不搭理他，该干吗干吗！"

池仲宁说道："不！你是大哥，但不能什么事都你说了算，我带随从去大庾，面见朝廷巡抚大人，我做个信差总行吧？"

"休想，今儿起，谁也别下山！"

"那好，大哥，除非我死在山下，否则我非下山不可！"

"你敢？仲安！仲安你过来！"

池仲安听到池仲容大声喊，急忙奔出来，说道："大哥，有何事，请说吧？"

池仲容向池仲安说道："仲安，从现在起，派人看住你二哥，倘他跑下了山，我拿你是问！"

池仲安点头道："好！我这就派人看着二哥！"

待池仲容回屋，池仲安叫了几个人开始盯紧池仲宁。同时，又传令山寨各守门守关的士卒，绝不许二将军下山，倘下了山，格杀勿论！

把这一切安排妥当，池仲安回到竹林，向两随从一招手，二人近前。

此时，卢尚德则隐在竹林一侧，池仲安和两个随从的所有行动，借着深夜淡淡的光线，完全可以辨别出来。他想，今夜我索性隐在竹林不动，随你池仲安为所欲为吧！

池仲安低声向两个随从说道："天黑夜静，神不知鬼不觉，此时正是射杀卢尚德的好时机！而且我二哥拼命地和我大哥争吵要下山，这都是卢尚德煽风点火造成的，今儿杀了卢尚德，就彻底断了我二哥下山的念想。走吧，开始行动！"

池仲安带着两个随从来到卢尚德房门前时，屋里的油灯依然亮着，卢尚德伏案观书的剪影正映在窗纸上。两个随从挽弓搭箭，两只狼牙利箭几乎同时射向了屋内，眼看着中了箭的衣袍，包括那顶诸葛巾一下子倒了下去，窗户上虽然灯依然亮着，但卢尚德的剪影顿时消失了。

池仲安在暗中奸诈地一笑，示意二人各自回房歇息。

按照王阳明给卢尚德的安排，他进入池仲容山寨三天之后，惠州知府陈祥会同龙川县知县等，已时将率领官军从龙川县衙出发，大张旗鼓，摇旗呐喊开始攻打池仲容的山寨，当然这只是佯攻，是一种心理震慑。

早晨吃早饭时，坐在将军案几前的池仲容，见卢尚德一直没到，想起当年卢珂的救命之恩，向侍在一侧的随从说道："你快去看看我那个卢尚德兄弟，让他快点过来吃饭！"

池仲安则不冷不热地说道："大哥，就凭卢珂一封信，大哥就这样对他，他卢尚德也不拿镜子上下照照，他算咱山寨的哪根葱啊？别理他，有他饭吃就不错啦！"

说话间，那侍从奔回来说："大帅，卢尚德不在屋，可他的屋里……"

池仲容一听急忙站起来，他立即想到了卢尚德可能已经下山了，要不然他怎么会不在屋里？可他推开房门一看，地上有衣袍，上面扎着两只狼牙箭，再看屋里哪有卢尚德的影子。他遂大喝道："来呀，找卢尚德，快！快找找他！"

池仲安本来不想去卢尚德房内，但既然大哥去了，他只好随着池仲容往前走，

三十八　谈笑虎穴唯尚德　决胜盗匪巧震慑

当他看到地上带箭的衣袍和那个诸葛巾时，心中大骂道，这个狡猾的卢尚德！那，他能跑哪儿去呢？

卢尚德背靠着一株又粗又高的竹子，正瘫坐在地上，头侧歪着，口中还流着口水，他仍在沉睡着。池仲容四处看了看，料到卢尚德肯定是昨晚逃出屋，为避免别人追杀，才在竹林里睡觉的。可是，是谁向卢尚德屋内射了两只狼牙利箭呢？对了，一定是池仲安！刚进山寨时，池仲安最怀疑卢尚德，他气恨不过，昨晚派随从射杀卢尚德。可能卢尚德已料到自己有危险，所以逃过了一劫。

卢尚德已意识到池仲容等就站在他眼前，他睁开眼，急忙站起来，向池仲容施礼大声说道："大帅，昨晚有人杀我，我只好躲到竹林里睡觉。"

池仲容转身向池仲安说道："仲安，昨晚是你负责巡山，卢尚德兄弟遭到了何人射杀？"

池仲安心里非常清楚，这种事只要不是亲手抓住，他绝不会承认的。遂坦然说道："大哥，山寨这么大，人又这么多，我哪能知道这是谁干的？"

池仲容心里有数，好在只是虚惊一场，卢尚德有惊无险，他不想再这样面对面追问下去。他拍打着卢尚德说道："尚德兄弟，卢珂兄既然把你举荐给我，放心，我就会对你负责，谁敢和你过不去，就是和我过不去。走，别往心里去，快去吃饭吧！"

卢尚德点头道："好，大帅这句话，我卢尚德认了！"正当池仲容与卢尚德、池仲安坐下来准备吃饭时，有探马飞速奔过来，向池仲容禀报道："启禀大帅，二将军率数十人冲下山去，小的拦不住，特回来禀报！"

池仲容一听，噌地站起来，把碗往地上一摔，大怒道："仲安，你在山上守着，弟兄们，随我下山捉拿二将军！"

此时，池仲容总寨处在上浰和下浰之中的中浰之处。其实，三浰亦称浰头，指上、中、下三浰。三浰正好可以左右相互呼应，互为支援。

聪明的池仲宁率几十个人奔下山寨之后，急切向龙川县城奔发，他事先准备了一杆白旗，他和另一个心腹骑马在前，扛着大白旗走在前面，而另外几十个人都只是拿着刀剑步随其后。一出了山寨，众人如脱网之鱼，恨不得脚下生翼，奔那龙川县衙。

池仲宁在马上转身说道："弟兄们，要想活命，要快，一定要快！"

池仲容向山下看看，向众随从喝道："都上马，快！快！"

从山寨驰马出来，一路直奔，没过多少时间，就远远看到了池仲宁打着白旗向前急奔。无论如何，人的两条腿也不如马的四条腿快。池仲容是骑马的老手，转眼之间，把池仲宁他们几十个人包围起来。

池仲宁见状，手执大刀，喝道："大哥，随你怎么追，今儿我去意已决，你今天拦了我的身，但拦不了我的心！"

池仲容大怒道："仲宁，我不信！来人，把仲宁押回山寨！"

池仲容把池仲宁等几十个人押回山寨，包括池仲宁在内都被捆绑起来。池仲容像暴怒的雄狮，手拿一把大刀，在众人面前踱来踱去。

这时，池仲安趋前说道："大哥，依我看，除二哥以外，都必须死！只有把他们杀了，才能镇住其他人！"

卢尚德抱着双臂，腰挎着长剑，站在一边，他在想着对策，池仲宁率众逃跑，说明他的鼓动深入了人心。可是现在，仅凭惠州知府陈祥和龙川知县率领的官军，不足以和池仲容的六七千人马公开对战。故而眼下，池仲宁和池仲容在投降与对敌的大事上已交锋，并且达到了白热化。所以，只要抓住了池仲宁的心，就能抑制池仲容，让他只在浰源守山寨，而不能派出兵马，去驰援横水、左溪、桶冈的谢志珊和蓝天凤，这才是王阳明交付给卢尚德的真正任务，池仲容不派兵马驰援谢志珊和蓝天凤，就等于给了王阳明关起门来打狗的主动权，无论如何打，他也没有后顾之忧。

卢尚德要护卫池仲宁这个反旗下长出的新苗。当然，他还要利用池仲宁发酵，开枝分权，让更多的人倾向于投降。他见池仲容向刀斧手大呼道："来呀，除二将军之外，一律处斩！"

池仲容说这话时，面对的是全山寨的兵马。他要利用这件事，杀鸡儆猴，他要给众人一个下马威。

卢尚德大呼道："大帅，不可！万万不可！"

池仲安大怒道："卢尚德，你真是狗拿耗子多管闲事！山寨是大哥的山寨，大哥说杀谁就杀谁！"

卢尚德说道："大帅！这几十个弟兄，追随大哥多年，鞍前马后，冲锋陷阵，没有功劳也有苦劳，大哥如执意手刃兄弟，岂不让众人对大哥寒心！"

池仲容怒道："可是，他们举白旗，要向朝廷投降，他们是害群之马，杀了他们可永绝后患！"

卢尚德正色道："大帅，自从朝廷巡抚大人送来告示和存问的物品之后，山寨上所有的弟兄，哪个人不想活着，哪个人不想和妻儿家人团聚，不信让众弟兄说说，哪个人愿意心甘情愿死战到底啊？"

池仲安大怒道："卢尚德，我知道你极会趁机煽风点火，蛊惑众弟兄之心！"

三十九　尚德楔钉敌心脏　阳明挥手织罗网

池仲容也说道:"卢尚德,我允许你为山寨生存大计出谋划策,但你不可借此事蛊惑众人之心!"

卢尚德走到池仲容面前,说道:"大帅,我深知山寨弟兄们之心,谁也不愿终身背上盗匪山贼的罪名,更不愿意妻儿爹娘让官府通缉,他们之所以跟随二将军悄悄下山,无非不想再背着盗匪山贼的骂名,我以为这和在山寨上反叛,杀害同寨弟兄以求在官府立功赎罪,截然不同!网开一面吧,这些弟兄会对大帅感恩戴德的,请大帅以山寨稳定为重,慎重考虑!"

池仲安则说道:"大哥,别听卢尚德胡言乱语,杀了这些叛逆,警醒山寨里众弟兄,谁再私自下山,以通官府之罪处置,看谁还敢私自下山!"

卢尚德低声向池仲容说道:"大帅,你执掌山寨贵在军令严,令行禁止,不论亲近远疏,对谁都一律平等。今二将军组织众弟兄私自下山,大帅只杀众弟兄而不杀仲宁,让人很难折服啊!"

池仲容明白卢尚德话中之意,怒道:"卢尚德,听你所说,是让我杀了我的胞弟仲宁吗?"

卢尚德笑道:"大帅,军令当一视同仁,不分亲疏,我是说以不杀仲宁而救众弟兄,这样这些弟兄会更加死心塌地跟随大帅,以报不杀之恩。"

池仲容点头道:"尚德所言,正合我意。"

池仲容站在众人面前,高声道:"众位山寨弟兄,正如卢尚德兄弟所言,仲宁他们私自下山,无非不想背上盗匪山贼的骂名,并没有对山寨造成任何影响,这和在山寨上发生叛乱,手刃同寨兄弟有很大不同。况且,仲宁为山寨立下汗马功劳,又是本大帅之胞弟,我若以此手刃胞弟,是大不义也,百年之后无法面对列祖列宗,就是现在也难以面对九泉之下的爹娘。因此,军法当一视同仁,没有亲近远疏。所以,今本帅既然不能杀胞弟,自然也不能枉杀其他跟随的众兄弟!但是,死罪可免,活罪难逃,罚仲宁率众人到山门口修筑工事,以示本帅惩戒之意!"

池仲安摇头道:"大哥,你……"

池仲容低声道："仲安，你当明白，军法当一视同仁，倘不杀仲宁而诛众人，势必让山寨众弟兄说我处事不公。再说朝廷公文告谕和那些存问的物品送上山，已经弄得大家人心惶惶，不知如何是好，倘在此时杀人，势必让山寨的弟兄们生异心以至哗变。今我听卢尚德之言，既保了仲宁性命，又赦免了众弟兄，这会让他们心存感激的！"

池仲安听了一时无话可说，他趋近池仲容低声说道："大哥，咱山寨好好的，怎么突然要搞什么比武排座次，只怕这是卢尚德的意思吧？"

池仲容点头道："对，这主意确实是卢尚德说的。不过，咱们和官军的大战随时可能发生，三十八座山寨的寨主有些确实是尿包软蛋，除咱兄弟三人外，其他寨主都要参加比武，能者上，庸者下。另外，大概我没有给卢尚德封官，他也不好直接伸手要官，正好，我借此机会试探一下他的功底，岂不是更好吗？"

这天上午，三十八座山寨的寨主云集到中心山寨，同时有一些想当寨主的人也开始报名排队，卢尚德走到池仲宁面前，低声道："二将军，其他人都去山门口修筑工事了，你没去啊？"

池仲宁急忙站起来施礼道："尚德兄弟，今儿多亏了你，救了我和众人，我和弟兄们从心里感谢你！"

卢尚德笑道："二将军不必客气，人这一辈子，做什么也别做盗匪山贼，不但官府追捕，就连家人也跟着受连累。最主要的是百年之后，如何入自己的祖坟，如何面对列祖列宗呢？"

池仲宁低声说道："尚德兄弟，说心里话，我还是要下山，决不当什么盗匪山贼，我要改邪为正，娶妻生子，过正常人的生活，从今以后再不用担心害怕了！尚德兄弟，你一定要帮我，行吗？"

卢尚德点头道："放心，二将军把我看成知心的兄弟，就凭你这种信任，这个忙我一定帮！"

池仲安向这里走来，坐在观看台上的池仲容远远望见卢尚德和池仲宁在一起，担心他们在密谋什么，所以特意让池仲安来叫卢尚德。其实善于察言观色的卢尚德，已明白池仲容向池仲安说了什么。当池仲安快到跟前时，他故意拍着池仲宁的肩膀说道："二将军，你大哥是好意，你们是同胞兄弟，为这事儿，谁也不能记恨谁。"

池仲宁则说道："尚德兄弟，你放心，我绝不会记恨大哥！"

池仲安笑道："尚德兄弟，听说你也报名参加寨主比赛了，现在弟兄们叫板，都想看看尚德兄弟到底有多大本事，快走吧！"

卢尚德淡淡一笑，说道："三将军，你别着急，我卢尚德向来不和平庸之辈比试。

哎，对了，三将军，这三十八座山寨，如何通过比武选出寨主呢？我光听你哥说了，现在还蒙在鼓里。"

池仲安把情况介绍完，笑道："尚德兄弟，是骡子是马今儿拉出来遛遛吧！现在只剩三个人数最多的山寨了！再晚了，你就名落孙山，想当寨主也只能做黄粱梦了！"

卢尚德手提长剑来到比武擂台上，司仪向池仲容说道："大帅，现在只剩下两个最大的山寨，而参加争夺这两个山寨寨主的有十二个人，这就十二比二呀，怎么比，请大帅示下！"

池仲容说道："这好说，把十二个人分为两队各六人，一队争热水寨寨主，一队争五花嶂寨主。把新来的卢尚德列入热水寨。"

池仲安不满道："大哥，热水寨是三十八寨中最大的山寨，倘卢尚德胜了，这热水寨寨主就让卢尚德做吗？"

"那当然！现在是拳脚论英雄，刀剑比高低。他卢尚德倘真有这个能耐、有这个本事，我巴不得由他来做呢！"

年长的老司仪按池仲容所说，把十二人分妥。这时和他分在一处的其他五个人开始窃窃私语起来，其中一个人说道："于大海，你打仗的时候杀人无数，这个新来的卢尚德，肯定要和你争这个寨主之位，你当小心些，别到时候咱弟兄们煮熟的鸭子，让他拣了便宜！"

那个叫于大海的则鄙夷地冷笑道："放心，我一定不出三招就把卢尚德打下台去，今热水寨寨主非我莫属！"

又一个人说："这样，咱们四个先和卢尚德车轮战，把他拖累拖乏，把他的气力耗尽，到时候于大哥一出手，卢尚德必败无疑。"

那个于大海作揖道："好！我于大海若当了热水寨主，我都封你们做官儿！"

原来，池仲容与池仲宁、池仲安弟兄三人占据了上涮、中涮、下涮之地后，因追随他的盗匪山贼人多，最多时达到七八千人，池仲容自称"金龙霸王"，下设了六个元帅，四十个总兵、都督和将军，据守涮源的这三十八座山寨乃热水、五花嶂、淡方、石门山、上陵、下陵、芳竹湖、白沙、曲潭、赤塘、右坑、三坑、铁心嶂、羊角山、黄田坳、岑岗、塘含洞、溪尾、大门山、镇里寨、中村、半径、都坑、尺八岭、新田径、古地、空背、旗岭、顿岗、黄狗坳、水晶洞、五湖、蓝州、凤盘、茶山、地水、脱石、古坑。到了朝廷巡抚王阳明发出告谕之时，池仲容、池仲宁、池仲安，在三涮之地，已盘踞达二十多年，可谓盘根错节，根基牢固。

那年长司仪向卢尚德施礼道："尚德兄弟，你们六人争夺热水寨寨主，你是先比还是后比，大帅说唯独你不用抽签儿。"

卢尚德问道："司仪，自古擂台比武，刀剑无眼，万一伤了还是亡了，是不是可以立个生死文书啊！"

恰在此时，池仲安趋过身来，低声向于大海说了几句话，于大海旋即向卢尚德等说道："你们先比，三将军找我有点事。"

这叫临阵磨刀，池仲安把于大海拉到竹林一侧，低声说道："于兄，这个卢尚德你可不能小视！我有一个办法，可以助你一臂之力，一刀就可以结果他的性命，那么，最大的热水寨寨主之位，就是你于大海的了！"

于大海长得憨实，体胖身长，很有臂力。他冷笑道："三将军放心，我上台不出三刀就可以打败他。怎么，依三将军之意，还要和他签个生死文书啊？"

"是啊，咱们比到现在，谁也没签过生死文书，还独你热水这一个寨，怎么你害怕了？"池仲安盯着他的脸问道。

于大海大笑道："三将军，我于大海怕什么？签就签呗，我才不怕什么卢尚德呢！"

这时，池仲安从袖中取出一包东西，说道："于大海，我打开天窗说亮话，这个卢尚德，我总怀疑他就是昔日在龙川县城大街上杀死我六七个随从的仇人，你杀了他就可以当热水寨寨主，我杀了他是为我昔日的随从报仇，今日咱一箭双雕！这是咱浰源老毒王制作的剧毒粉。来，只需往你的大刀刃上抹一些，就足以要卢尚德的命！"说着伸手打开了那包毒药粉。

于大海喜道："好，今天我就一箭双雕要了卢尚德的小命儿！"

此时，池仲容等都站起来，卢尚德仗剑大喝道："老司仪，两个人比试太乏味儿，这样，他们四人若无异议，我一人比他四人，倘我败了，说明我技不如人，心甘情愿不再争这个寨主之位，如何？"

这四人中有一人见卢尚德如此藐视他们，遂大怒道："卢尚德，山里的牛皮不是吹的，林间的大风不是你刮的，你别说大话闪了舌头，倘你打赢了我，你再和他们三人打如何？"

卢尚德抱着双臂笑道："壮士，咱如何比，比什么？"

那人怒道："就比你手中的剑吧！"

卢尚德向司仪道："可以开始了吧？"

司仪把令旗一举，喝道："好，可以开始！"

卢尚德尚未出剑，那人已抽出长剑，好一个莽夫舞剑，不讲剑法，只用蛮力握紧了长剑，一味地左砍右刺，直向卢尚德逼近。卢尚德故意卖个破绽，这人仗剑便刺，卢尚德只用长剑旋个半弧形，趁机一剑向这人握剑的手刺去，这人急忙松手坠剑，那剑将长剑柄挑了，在空中旋了三旋，飞快掷出，刺在一根又粗又高的竹子上，卢尚德飞起一脚,把那人踢倒在丈余之外。

众人立时大惊。卢尚德出手之快,众人还没看明白怎么回事儿,那人剑已坠手,且倒在了丈余之外,半天爬不起来!

准备与卢尚德比试的三人,齐声叹道:"好个高手!"

三人见卢尚德转眼之间,踢倒了他们的人,遂吼道:"好,来呀,杀了他!"

池仲容万万没想到,卢尚德的剑术如此高超。他心中叹道:"我明白了,卢珂兄把卢尚德举荐给我,是让我重用他,可我呢,对他一直放心不下,左怀疑,右猜测,一直不肯重用他,我还听信仲安的话,差点儿让英雄埋没!"他分外注意卢尚德,三人仗剑向他逼来,卢尚德不慌不忙,面带微笑,招手示意道:"好,好,好,三人齐上阵,算个小数儿!"

这时,那司仪对卢尚德剑术顿生喜爱之心,大声道:"尚德兄弟,不可小觑,他们都签了生死状的!"

三剑齐至,只可惜他们不懂剑术,卢尚德旋而见剑至,急切剑锋入地,轻身一跃,在他腾身一跃之时,如同利剑斩三枝,只听"砰砰砰"三声脆响,三人手中的长剑皆被斩落于地,在卢尚德双脚落地一刹那,左臂疾出如击泰山,将一人击倒在地,继而转身一跃,右臂之肘如顶碰重石,又将一人击倒,末了只轻轻把脚一抬,站在中间的人,还没回味他身边的二人为何倒地时,卢尚德便脚踢如闪电,恰踢中这人心门,三人倒在了地上,谁也没有站起来。

池仲容又是一大惊!卢尚德果然神手啊!一人仗剑敌三人,须臾之间,不但三剑落地,且三人倒地竟站不起来!

池仲安看到卢尚德仗剑击倒了三人,向于大海示意道:"于大海,快,你给本将军争口气,杀了这个卢尚德!"

说此时是机遇,一点儿不差。于大海抡刀从背后直挺挺地向他砍来。卢尚德见有个人影抡刀向他劈来,且闻得刀劈的风声至,知道是被池仲安叫走的那个五大三粗的人。遂轻轻一闪,转身高声讥道:"怎么,你们山寨比武还兴偷袭啊,这不雅吧?"

于大海见一刀被闪过,更加大怒道:"卢尚德,今儿我签了生死状,非杀了你不可!"

卢尚德微微一笑说道:"那好,今天让众弟兄们看看,是你杀我,还是我杀你!"

这于大海第一刀落空,心中之怒火又增添了三分,遂又抡起大刀向卢尚德砍来。这次卢尚德不躲不闪,只把手中的长剑轻轻一拨,大声说道:"好蛮力!好蛮力!"

此时第二刀又落了空,在众目睽睽之下,于大海接连两刀都落了空,这让他恼羞成怒,唾沫星子飞溅大喝道:"卢尚德!算你灵巧机变,你再看刀!"

于大海拿出断石碎木的蛮力，又向卢尚德腰际砍来，大凡比武以人体分为三路，即胸襟以上、胸襟部位和胸襟以下。上路用转身、斜弯身躯等可巧妙闪过，下路则用跳跃、转腿亦可躲过，唯中路，相比上下两路，闪避相对慢些。卢尚德在跟随王阳明习剑过程中，把老师的心学加了进去，他比一般人聪明些、灵便些。他眼见大刀将至，定会玉石俱焚，遂微微一笑，执剑如擎天柱，用足气力，先顺势一拉于大海的手腕，再用手中的力剑一抵，顿时震得于大海合谷爆裂出血，手臂酸麻不堪。

通常说，卢尚德的武德很好，就是习武之时，也是礼让对方三招。

卢尚德在于大海握刀的手酸麻之际，故意把手中的长剑在于大海面前来个雪花翻飞剑光闪。此时于大海畏剑伤命，胖大的身子遂向后退避，这是正常人的下意识躲避。卢尚德完全可以一剑取之性命，但他从老师王阳明那里继承了读书有学问和天性善良人的好生之德，他没有那样做，他腾空一跃，继而集中全身之力，飞快踢出一脚，此脚唤作"力豹踢山"，卢尚德这一脚不仅有力道，而且颇有几分炫耀，踢心门可毙命，但他选择了肚腹，把本来退避的于大海，踢到了池仲容的看台前，于大海如一个重重的胖圆球儿滚了过去。

池仲安大惊失色，心中叹道："卢尚德原来有这样的本事，他藏而不露，倘他对付我，我池仲安今必毙命也！"

池仲容大喜道："尚德兄弟，真的好手段！你是我二十余年来，见所未见、闻所未闻的真正武功高强之人！"

卢尚德依然淡淡笑着，走过来说道："大帅，请放心，习武之人最应该讲武德，他们几个虽然倒地，一时起不来，但不要紧，都没有性命之忧。"

池仲容奔上前，急急抓住卢尚德的手，大喜道："尚德兄弟，高手！高手啊！"

池仲安也奔过来，长叹道："尚德兄弟，我愧对了你，请多包涵，多原谅，都是我瞎想闹的，我池仲安第一个对不住你了！"

这时，其他几个经过比武当了寨主的人，没料到卢尚德有如此高超的本事，也都纷纷过来恭喜，向卢尚德自报家门，愿和卢尚德结为兄弟。

打擂事毕，池仲容与池仲宁、池仲安三兄弟为卢尚德举行了欢庆宴。卢尚德举盏谢道："大帅，二将军、三将军，我明日即到热水寨，不知三位还有何事需我来做？"

池仲容笑道："尚德兄弟，热水寨乃总寨之外最大的山寨，唯有尚德兄弟前往，我才放心！"

正在这时，有探马报，龙川县和惠州府的官军又在山下叫阵。卢尚德心中暗喜，遂说道："大帅，三位稍坐，我去去就来！"

待卢尚德轻身一跃奔出了大厅，翻身上马，便驰马下山。

池仲容向池仲宁、池仲安说道:"你们俩快去看看,官军来了多少人马!"

此处不说池仲宁、池仲安随即驰马下山,且说龙川知县见卢尚德带领几百随从冲下山来,向惠州知府陈祥说道:"知府大人,按照约定,卢尚德来矣!"

陈祥点头道:"好,按巡抚王大人计划办!"

卢尚德手拿一杆长枪,大喝道:"今大帅命我取你等首级,来呀,先接我三十枪!"

陈祥示意一将出马,与卢尚德先战十余合,那将便跑,卢尚德挺枪跃马紧追不舍。待到了密林处,卢尚德趋前,那将马上施礼说道:"尚德兄,三浰的兵力部署掌握没有?"

卢尚德马上回礼道:"掌握了,我通过池仲宁掌握了三十八寨的基本情况。好,接着,这是池仲容所有的兵力分布和以后的安排!"

那将接了放入怀内,拨马便走,卢尚德驰马紧追不舍,二马复至阵前又战,那将拨马便逃。

此时,站在阵前的陈祥把手一挥,"撤!"

站在阵前观看的池仲宁和池仲安二人,见卢尚德运枪娴熟,且官军中的将领根本不是卢尚德的对手,只能大溃而去。

池仲宁大喜道:"仲安,我前几天就说过,咱大哥应该疑人不用,用人不疑,给尚德兄弟一个封号,这样才能使他死心塌地和咱们一起守住这三十八座山寨!"

池仲安点头道:"过去我误会了尚德兄弟。好,这件事我向大哥说吧!"

见官军退去,卢尚德拨转马头驰至池仲宁、池仲安面前。大声说道:"二将军、三将军,官军不可怕,我还没过足瘾,他们就退了!"

卢尚德与池仲宁、池仲安及数百随从回到山寨,池仲容听了池仲安的话,点头道:"好!帐下记室听令:晓谕各寨,今本帅封卢尚德为四将军!同时还兼任热水寨寨主!"

记室点头道:"是,大帅!"

卢尚德施礼谢道:"大帅,尚德谢了!"

王阳明手中有当今圣上的两道敕谕。他召集赣、闽、粤、湘四省兵备,守将及四行省按察使司、布政使司及宣慰司要员,当面传达了敕谕:今起,凡剿灭盗匪之军事行动,皆听命于王阳明统一指挥,但有行动迟缓,不听调动或违令者,王阳明有先斩后奏之权。同时,把当今圣上钦赐的尚方宝剑拿出来,由冀元亨高举之让众人观看。从此,四省剿灭军令统一,赏罚严明,士气大振,百姓愉悦。

传达了敕谕,接下来王阳明率先改革了兵制。正德十二年五月,王阳明向四省颁发了《兵符节制》。

王阳明自到达赣州，任四省巡抚时起，在横水一带的盗匪首领谢志珊和在左溪、桶冈一带的盗匪首领蓝天凤、陈曰能，就已得到了这个消息，尤其当王阳明率军一举歼灭了詹师富之后，这几个大庾一带的盗匪首领，大有兔死狐悲之感，他们不但派出暗探到赣州刺探王阳明的行动，同时还与在龙川三浰之地的池仲容、黄金巢联系，商议如何迎战王阳明。

当王阳明手持两道敕谕，晓谕四省兵备和守将时，谢志珊和蓝天凤等更加恐慌不安。

谢志珊这天带了几十个随从，驰马来拜见左溪的蓝天凤。

二人相互施罢礼，谢志珊急切说道："天凤兄，大事不好，我刚刚得到探马密报，王阳明很可能要出兵来大庾，咱们可是唇齿相依，命运相连啊！"

蓝天凤把手一挥，淡淡一笑说道："志珊兄，你看你，他大军未至，你自己先慌了！自古道：'兵来将挡，水来土掩。'你怕什么？"

谢志珊心中慌乱之情未减，又说道："天凤兄，怎能不慌呢，人家王阳明率领的是他统一指挥的四省的官兵，人家不像咱们草头王，昨天还下田犁地，今儿就拿起刀枪与人家对阵。我听说，王阳明早年就熟读兵法，这不，谁能想到呢，当年叱咤风云的詹师富，转眼之间，让王阳明风卷残云，连自身命都难保！人家是自修的行伍，会操练、会阵法、习战法，而且刀枪剑戟、十八般兵器样样精通，他训练出来的兵马，比朝廷昔日的狼兵还厉害，咱能不害怕吗？"

早年，这个谢志珊初霸横水之时，和蓝天凤为争地盘、抢山头，两人各自率领属下，真个是狗咬狗一嘴毛、狼逐狼都带伤。有一次，两人为争夺一个大户人家的漂亮小姐，大动干戈，双方各自死伤近百人，最后还是以智力取胜的蓝天凤抱得美人归。还有一次，谢志珊得知横水之地的一块山脉中，曾埋葬了宋代的一个豪门望族的太尉，遂派人昼夜挖坟不止。因为蓝天凤属下在横水有卧底，把这件事飞鸽传告了蓝天凤，蓝天凤立马命属下去攻打谢志珊的横水总寨。继而在谢志珊回军救总寨时，蓝天凤则仗着人多势众，抢占了坟地。异常暴怒的谢志珊想到了蓝天凤家的祖坟，于是，派人驰马去挖蓝天凤家祖坟，蓝天凤遂兵分两路追赶。到了后来，蓝天凤的师爷出了个主意，双方才息战。谢志珊祖坟没挖成，而那座藏有无数金银财宝的宋代坟墓被挖开后，两人平分其赃物，才各自休兵。后来两人划定了山界，从此才各自鸡犬相闻，开始进入数年井水不犯河水的安息时期。

今大厦将倾，惺惺岂不惜惺惺。

蓝天凤笑道："志珊兄，你看，你我都胡子一大把的人了，咱们经过的、见过的、听过的已经够多了！说句不中听的话，只论你我各自的罪恶，王阳明即使杀咱们十次，咱也没什么可说的。王阳明人生地不熟，就算他有向导，他也是两眼一抹黑，他要攻，咱要守，他能轻而易举攻上山头吗？我横水、左溪、桶冈之地，山头林立，到处都是险关隘口，他要灭咱们，绝非易事！况且，只要你我兄弟联合，形成掎角之势，谁胜谁败实难定论！"

谢志珊一听点头喜道："天凤兄，我知道打仗不能靠蛮力，要靠智慧，听天凤兄这么一说，我浑身上下轻松多了！"

蓝天凤笑道："你记着，前年过年你我兄弟相见时，我不是说过吗，打仗嘛，攻城为下，攻心为上。我想好了，你的横水是王阳明要过的第一关，咱兄弟彼此联合，先给他来个下马威，打他个措手不及，让他第一战先畏惧咱们。只要振奋了咱们的士气，别说王阳明有四省兵马，就是有再多省的兵马，到了一夫当关、万夫莫开的险关隘道，咱想怎么打就怎么打，他能奈你我若何？"

谢志珊大喜道："看来，还是天凤兄技高一筹！"

蓝天凤把手一挥道："得，咱们兄弟之间不相互拍马屁，我本来想到横水见你，商议迎战王阳明的行动计划，今儿你正好来了，咱俩坐下来，好好商议一下咱们的具体行动吧！"

俩人正在观看侍从刚刚打开的横水、左溪、桶冈一带的地形图，有快马入内禀道："启禀大帅，惠州知府陈祥和龙川知县率近千人攻打三浰，被池大帅击退！"

谢志珊待快马退下，说道："实不相瞒，我原想王阳明率大军攻我横水时，请池大帅率轻骑驰援横水，这样就可以造成前后夹击之势，先挫挫王阳明的锐气！"

谢志珊方才的话，是蓝天凤没有想到的。看来谢志珊私下一定和池仲容联系过，是我低估了谢志珊。正在他思想之际，谢志珊叹道："天凤兄，我没想到王阳明比咱技高一筹。"

蓝天凤故作惊讶地说道："是吗，志珊兄？"

谢志珊说道："我没想到，这王阳明进入赣州之后，朝廷不发一兵一卒，他颁发了《十家牌法》，从此，四省筹集兵马成为易事。训练起来比兵备、守将的兵马还听话，还不怕死。继而他又统一了四省军务，指挥权全由他一人说了算。他四面开花，步步为营，詹师富没了，龙川三王没了，池大帅在这种情况下，肯定收缩了地盘。而咱横水、左溪、桶冈呢……唉，上天怎就生了一个王阳明，闹得咱四省不安！"

蓝天凤此时非常清楚，他和谢志珊已经拴在了同一辆战车上，一损俱损，一荣俱荣，最后两人议定了计划，并且开始了行动。

正德十二年七月，王阳明率军进驻大庾之横水、左溪附近，全面布置进攻横水、左溪事宜，随即发出了调动四省兵务的命令，大庾处在了山雨欲来风满楼的战前紧张状态。

这天，田庄和金岸初到大庾，俩人想到城内大街上买两只板鸭，回府孝敬老师和师母。他俩带着正宪，正在大街上走来走去，恰逢县衙的两个差役过来，田庄见两个人边走边小声说着什么，他悄悄跟了上去。

其中黑脸人低声说道，"赏金是让咱俩平分吧？"

那个长得精瘦、两眼鬼灵般精透的人，却说道："这银两是师爷亲自交办的，等事情完毕后咱再分。"

黑脸瞪着一双大眼说道："师爷给了咱多少赏银？"

精瘦人讥道："你这人儿，就是傻奸儿！师爷给多少银子，我心里有数，你好好跑腿办事儿，事成之后，少不了给你赏银！"

黑脸人说道："这大街上卖板鸭的人多的是，咱买谁家的？"

精瘦人说："咱再往前走走，师爷就让买蓝家的板鸭！"

黑脸人不解道："知县大人也让咱来买蓝家的吗？"

精瘦人讥道："我说啥来着，你这人儿就是木头！啥也不明白，两眼就知道盯着赏银！"说到这儿，精瘦人一拉他的袍袖，说道："师爷托咱办这事儿，咱天天在知县大人身边行走，咱按师爷所吩咐的，就是买了蓝家的板鸭，你也不能给任何人说，咱买的是蓝家的！你知道为什么吗？"

黑脸摇头道："哼，师爷和你单线见面，有事吩咐你，我就是个跑腿儿提篮儿的，我哪知你们的烂心眼儿？"

精瘦人讥道："你呀，记住祸从口出，你知道的越少对你越好，倘这回谢大帅真的败了、死了，要真追查起来，只能查到我，我不开口，永远就没你的事儿！你以为咱领了师爷的银子就好吗？我告诉你，咱是真的把脑袋别在了腰带上，随时随地都可能死！"

田庄边走边看，向身后的金岸示意一下，二人拉开了距离，从外表看，他们不是同行人，但目标却是县衙的这两个差役。

精瘦人掏出银两，在挂着醒目"蓝"字招牌下，买了那老汉两只板鸭，黑脸接过板鸭时，伸着鼻子闻了闻，涎水欲滴说道："这板鸭真香！真香啊！"

精瘦人白了他一眼，说道："我告诉你，路上你可不能偷吃啊，这是知县大人请朝廷巡抚王大人吃的！"

黑脸人明知故问道："是吗？唉，这年头儿，当官儿，当大官儿的就是好，连知县大人都巴结巡抚大人，咱们真成了跑腿儿的，光能闻闻不能吃。唉，谁让咱是县衙里的小小差役呢！"

待田庄和金岸带着正宪回到了住处，田庄来见冀元亨。低声说道："大师兄，今儿上午我和金岸、正宪到县城转，县衙有两个差役按知县大人吩咐，专门到一个挂着'蓝'字的卖板鸭的老汉那儿买的板鸭，他们鬼鬼祟祟，十分可疑！"

冀元亨想了想，说道："好，我记下了！"

到了这天中午时分，大庾知县请巡抚王阳明及随身弟子吃饭，冀元亨与罗钦顺、田庄三人作陪。按王阳明之意，不在大庾城内大街上，就在他所住的县衙内。夫人娖姮非常喜欢玲儿刚生下的女儿，才三四岁，到吃饭时，娖姮带着这个小姑娘一同入席。待分宾主落座之后，这小女儿伸手就要吃案几的鸭肉，娖姮笑道："好，来，我给你夹一块吃！"

因知县举杯，向王阳明敬酒，冀元亨与罗钦顺、田庄三人也举杯祝老师喝酒。刚刚吃下鸭肉的小姑娘开始口流白沫，娖姮惊道："这小宝宝刚才吃啥了，不就吃了块鸭肉吗？"

王阳明怔道："不好，这孩儿中毒了！"

冀元亨站起来，向侍从说道："快，传随军郎中！"

知县见状惊诧道："什么，这板鸭有毒！"

田庄说道："老师，除了这板鸭是有人从城内大街上所买之外，其他皆县衙内所做，看来，或许只有这只板鸭有毒！"

说话间，随军郎中抱起小女孩，诊了一下说："巡抚大人，还好，这小女孩只吃了一小块儿鸭肉，我给她吃副药，洗洗肠胃，没有什么大碍！"

知县此时双膝跪地道："巡抚大人，下官对天对地绝无害大人之心，请大人明察！"

这时，冀元亨说道："恩师，板鸭之事有点巧合。今儿上午田庄和金岸带着正宪到大庾城大街上，田庄发现是县衙两个差役买了一个'蓝'姓老汉的板鸭，这毒当出在这两个差役手上！"

王阳明怒道："赵知县，速把上午买板鸭的差役传来问话！"

冀元亨向金岸说道："金岸，你帮师母给恩师重新做饭，恩师，你歇息，这个案子由弟子和田庄审察吧！"

王阳明点头道："好吧，元亨，记住，一追到底！"

那两个县衙的差役被带上来之后，田庄和元亨已做好了审案的各项准备，原来这两个差役平时负责知县与县丞等生活起居之事，他们是知县等最为信任的人。

田庄拍案怒道："你二人谁先说板鸭之事？"

两个差役见大堂之上端坐着的冀元亨与田庄，知县与县丞等皆坐一侧。另外，那个卖板鸭的"蓝"姓老汉，则跪伏在地上。众衙役持棍棒列两侧，一副威武、肃静、庄重之气顿现。

那黑脸人向精瘦者说道："小魁子，赏金还没给我，这事儿从开始都是你联系的，没我的事儿，我就是个跑腿儿的！"

田庄向精瘦人说道："我知道你是主谋，我想听你先说！"

精瘦人抬头道："大人！小的是受谢大帅，不，是谢志珊的师爷之命，在板鸭上下了毒，十两赏银都在小的住的屋里，一文未动。"

田庄点头道："好！那师爷如何向你说的？"

精瘦人说道："师爷说，朝廷巡抚王大人率军到了大庾，你们知县大人肯定要请这巡抚王大人吃饭，在咱们大庾最好的名吃当属大庾板鸭了，好，你就在板鸭上做文章！"

田庄问道："你们为何非到蓝姓的老汉那儿买板鸭？"

精瘦人说道："师爷知道，在大庾城，板鸭做得最好的当属蓝家！"

冀元亨问道："谢志珊的师爷，他在哪儿向你说的这些话？"

精瘦人说道："小的才到县衙当差，师爷让我做他的眼线，给他传递县衙的情报！"

知县大怒道："小魁子，本县一直待你不薄！说，你都向谢志珊的师爷传递了什么情报？"

精瘦人说道："大人，小的有罪！小的罪该万死！"

冀元亨低声向知县说道："赵知县，从今儿起，为保证我恩师和大军行动机密，对你们县衙的人，要进行仔细甄别审查，决不放过一个奸细！"

知县点头道："是，大人！"

审完两个买板鸭的奸细之后，田庄向冀元亨说道："大师兄，通过今日审案，我想这个下山的师爷，决不会只单单策划这一场下毒之事，今晚当加强警戒，以防师爷派人对老师下手！"

冀元亨会意一笑，说道："这件事，我已经想到了，今晚起咱这样做！"

王阳明率大军驻扎在大庾之后，王阳明和夫人娩嬿以及他的众弟子，都相继住进了县衙后院，除原先的县衙衙役昼夜巡逻值守外，田庄和金岸又带了七八个精干的随从参与值守。初到大庾城时，王阳明考虑到大军已来，当地百姓肯定恐慌不安，于是他和知县到人口最稠密的十字大街口，安抚百姓，结果有人当场放暗箭，多亏弟子田庄、金岸眼疾手快，含有剧毒的箭才没射在王阳明身上，围观百姓大乱，射箭人借机逃走了。知县无奈，只得从此再也不和王阳明在大庭广众之下露面。

冀元亨事后告诉王阳明，根子就在横水的谢志珊身上，一朝不拔掉这个盗匪，大庾就无一日安宁。

　　这夜子时，有两个持剑的黑衣人，趁巡逻的间隙，溜到了王阳明住处，只见灯光下，王阳明正伏案夜读，俩人刚趋近窗口，就撞响了脚下的绊铃。

四十　战旗猎猎起苍黄　志珊凭险耍花样

　　早已埋伏在四周的田庄、金岸等仗剑把两个黑衣人围在房前，继而田庄又摇响铜铃，县衙内的巡逻差役都奔过来，黑衣人虽然擅长用剑，但已被包围圈锁定，插翅难飞。黑衣人碰上了金岸、田庄等强手，不到一个时辰，一人被杀死，一人受了重伤，还没待审问，便流血而亡。

　　土匪这边，蓝天凤已经坐不住了，他带随从驰马来到谢志珊的横水总寨，见横水、左溪谢志珊的属下都在做战前准备，他不免有些担心。

　　两人已经坐在了战前的热锅之上，不必客套。谢志珊说道："天凤兄，你看看，论玩心眼儿，动什么智慧、聪明，我谢志珊或许不及别人，可是，要论这占山、守山，我才是真正的行家！"

　　蓝天凤讥道："你呀，别在这儿吹大话了！听说几次行动都失败了，这怎么回事儿？"

　　谢志珊说道："王阳明太精明，加上他身边的十几个弟子，那才是真正的高手，他们像铜墙铁壁一样护卫着王阳明。俗话说，'狼有再大的嘴，面对浑身上下长刺的刺猬，也不好下嘴啊！'"

　　端起茶水的蓝天凤遂放下茶盏说道："关于这个王阳明，我也略知一二。这个人确实非常聪明，擅长机变，是当今朝廷数一数二的高才、将才！而且，不知道他有什么秘诀，论真刀实枪对面攻坚战，詹师富就是个例子；论诱降不动一刀一枪吧，龙川的卢珂、郑志高、陈英也是个例子。现在他在大庾面对你的横水、左溪，开始摆兵布阵，而且调集了四省的兵力，志在必得；在龙川，池仲容正泥菩萨过河自身难保。因惠州知府陈祥过去是有名的猫畏虎，只固守惠州城，从不敢出城迎战池仲容。池仲容力能缚虎，向来不把惠州知府陈祥放在眼里，也不知道王阳明给陈祥传授了什么秘诀，而今腰杆硬了，动不动就带领龙川等所属县衙，到池仲容的三浰之地前叫阵。池仲容即使无奈为了山上弟兄们的脸面，与官军战，但威风顿减，昔日的凤凰，今日变成了落魄的鸡。他肯定正担心王阳明用什么计策把他抓了！"

　　谢志珊叹道："过去在广东，但提'金龙霸王'，人们不寒而栗，而今也成了缩头乌龟，真不知这王阳明为何有如此大的能量！"

蓝天凤叹道："志珊兄，除了大庾、龙川，和王阳明身负同样使命的湖广巡抚秦金，已经把郴州的龚福全数千人团团围住，我估计龚福全也难逃一劫了！所以，我悟出了一个道理：与其刀兵相见，束手待毙，倒不如主动出击，先下手为强！"

在用智用谋上，谢志珊一直对蓝天凤佩服有加，他推开茶盏喜道："天凤兄，今王阳明的大军还没到齐，咱们如何主动出击，先下手为强？"

蓝天凤笑着附其耳说了一阵，然后又说道："当然，舍不得孩子，套不着狼！我看咱就这样干一场，看看王阳明所谓的铁军，到底有多大能耐！"

第二天，在刚刚驻扎在大庾的官军营帐之前，出现了数百个在田里劳作的黎民百姓。奇怪的是，这些黎民百姓并没有一个女人，更没有嬉戏的孩童。但此事并没有引起这些官军的注意。

官军开饭的时候，这些在田里劳作的黎民百姓，突然背上了箭袋，挽起了紫檀力弓，直赴营帐，还没等吃饭的官军反应过来，谢志珊一声号响，数百名强弩手挽弓搭箭，向正在吃饭的官军射去，因官军无任何防备，只能就地四方逃散躲避。即使如此，数十名未曾出战的官兵，顷刻之间死于箭下，此情此景，非一个惨字可表。

待这些官兵反应过来，都回营帐拿了弓箭、刀枪出来迎战时，这些伪装成黎民百姓的盗匪已急匆匆散去。

王阳明得知这个情况后，率众弟子驰马过来，察看了遭遇敌人突袭的现场。

受了伤的营官向王阳明报告了事情的全部经过。他痛心疾首地说道："是下官麻痹大意！是下官失职！是下官之罪！"

王阳明大声说道："你们看到了没有，这就是战争！这就是我们面前的敌人！这就是你们从今天起应该认识的谢志珊！"

王阳明指着几十具尸体说道："所以，从现在起你们必须警觉起来，振作起来，把这次惨败，当作我们应当时刻警醒的教训！把双眼擦亮，做好复仇的准备！"

谢志珊，祖籍广东潮汕，其祖辈随流民潮从广东潮汕逃至位于南康、上犹、大庾三县交界的横水，以开垦山地为生。他身材伟岸，两臂有力，为人慷慨讲义气。弘治七年，瘟疫肆行，干旱严重，赤地千里，流民中打家劫舍者越来越多。就是这年，南赣流民及畲、瑶少数民族在谢志珊、肖贵模等领导下，在横水公开抗拒官府。与此同时，附近左溪、铅厂、稳下、长龙、过埠、茶滩、思顺、桶冈等地农民，在蓝天凤、薛文高、陈曰能等领导下，也占山称王。按历史载，畲、瑶族本出一族，都以盘瓠氏为祖先。蓝天凤本畲族，谢志珊属客家人，为获得畲民支持，谢志珊、蓝天凤都称自己是"盘王子孙"。

正德三年至正德十一年间，谢志珊、蓝天凤率属下与广东乐昌的盗匪联合，攻打大庾、南康、上犹、赣州等地，杀死赣县主簿吴玭，引起了朝廷重视。从此之后，朝廷曾三次派兵马对他们进行大规模夹攻围剿。但由于横水、左溪等地险关隘口多，围困数月，不能损其一兵一卒，只能由夹攻改为招抚。到正德七年，朝廷给谢志珊一个不仅不入流，连闲散职也称不上的"老人"封号，还给了巾衣。但官军收兵离开后不久，谢志珊、蓝天凤等又重新占山为王。特别是心高气傲的谢志珊，自称"征南王"。他以横水为主寨，凡险关要塞处皆设营寨，有烽火台、滚木礌石，还有云栈飞梯。他和蓝天凤两人属下人数达到近八千人。

王阳明掌握以上这些情况之后，制定了攻打围剿横水、左溪、桶冈谢志珊、蓝天凤的军事行动方案。

王阳明的具体作战部署及兵力分布为：

第一路军，由赣州知府邢珣（正四品）和兴国县典史区澄等统领。先由上犹石人坑入，由上稍、石溪入磨刀坑，过白封龙。同时，另分兵搜茶滩、鸢井、杞州坑，其主力经朱坑、罕坑入杨梅村。再攻白蓝、横水，之后速与都指挥佥事许清，指挥谢昶、姚玺、知县王天与等会合为一。按王阳明要求，务求挑选精锐之兵，由向导领队，每人备三日干粮。当地畲民用本地产"大禾谷"做成"皇年米果"，口味好且耐饿，现将其改做成椭圆形的干粮，让士兵带在路上吃，称为"王爷米果"，是指御史大人王阳明赐给士兵吃的。士兵们带着"王爷米果"搜剿附近各山寨，务必将逃逸之遗匪歼灭，待横水、左溪战斗结束后，再统军向桶冈进发。

第二路军，由福建汀州知府唐淳（正四品）、上杭县丞陈秉（正八品）等统领。奔至南安府，从百步桥、浮江、合村等处进屯聂都；从乡夫中选取一百名向导，袭上关、破下关，继而又分兵三路。中路为主力逾相见岭，扑密溪，直攻左溪。而右路从下关分道搜丝茅坝，再会合中路于密溪攻打左溪。左路则自密溪搜索羊牯脑山，再自密溪会合中路同攻左溪。三路与王阳明亲率的主力合兵于横水，会同守备郑文、知府季敩、指挥余恩、县丞舒富等五军全力围歼溃散的盗匪。待左溪所有盗匪被剿尽时，该军当自密溪回关田，为全面进攻桶冈做准备。

第三路军，则由南安知府季敩（正四品），南安府同知朱宪（正五品），推官徐文英（正七品）等统领，自南安府石人背攻打义安，分兵搜朱雀坑，再入西峰，分兵搜狐狸坑，进铅厂，再搜李家坑，再逾狗脚岭，搜阴木坑，攻打左溪；与王阳明之主力会于横水，与守备郑文、知府邢珣、唐淳、指挥余恩、县丞舒富等合为一军，也是要挑选士卒搜索附近山寨。

第四路军，则由江西都指挥使司都指挥佥事许清（正三品）、千户林节（正五品）

等统领，自南康破溪湖，击新溪，攻杨梅坑、白蓝，与王阳明之主力会于横水，与知府邢珣等兵合为一军，各自挑选士卒，带干粮向四处山寨搜索，务求消灭余匪。

第五路军，则由守备南安、赣州二府以都指挥使郑文（南赣最高军事长官，正三品）、安远县义官唐廷华统领，自南安府石人坑度荡坪岭，击义安，上西峰，过铅厂，破苦竹坑，灭长河洞，搜狐狸坑，再攻左溪，与王阳明之主力会兵于横水。同时与知府唐淳、季敩、指挥余恩、县丞舒富等合为一军，搜剿附近天台巷、狮子山、丝茅坝等寨。

第六路军，则由赣州卫指挥佥事余恩（正四品）、龙南县新民王受等统军，自上犹逾独孤岭，到营前、金坑、过埠，破长流坑，分兵再入梅伏坑，破牛角窟，直攻川坳、阴木潭，与大军合攻左溪，与王阳明之主力在横水会合，再与县丞舒富、知府唐淳、季敩、守备郑文等组合成一军，剿灭残匪。

第七路军，则由宁都县知县王天与（正七品）、典史梁仪等统领，从上犹出发，取道官隘、员坑过琴江口、白面寨至长潭，过杰坝屯石玉，分兵搜樟木坑，其主力则自黄泥坑、大富湾入员分，当与王阳明主力会师于横水，再与知府邢珣、都指挥佥事许清等军会合，四处搜寻残敌。

第八路军，当由南康县县丞舒富（正八品），上犹县义官胡述等统兵，从上犹营前入金坑，过埠，击长流坑，直攻左溪，待与王阳明主力会兵横水后，与知府唐淳、季敩、守备郑文等合兵，搜寻谢志珊及属下的盘踞之地。

第九路军，则由广东潮州府程乡县知县张戬（正七品）统领其属下新民、乡夫等，从南康入长龙，搜剿稽芜、黄径坳、新地等山寨据点，进横水，等待王阳明示下。

第十路军，当由吉安知府伍文定（正四品）统领，从上犹入杰坝、横水，会同守备郑文之属下，搜剿杨家山、李坑等据点。当时，王阳明曾单独告诫伍文定，要认真观察地理环境，相度机宜，协同行事，毋得尔先我后，力散势分，致失时机。

第十一路军，由王阳明亲率的赣州卫官兵主力和部分百姓中挑选出的民兵组成中军，由随军之谢昶、冯延瑞、姚玺协同，当从南康入长龙，攻十八面，剿击先鹅头，攻打狗脚岭等山寨据点，进而破白蓝进入横水。

十一路军调拨已定，王阳明随即颁发了《征缴横水桶冈分委统哨牌》，其军令晓谕十一路官兵，但有违反者，立斩。

王阳明正在帐内审议领军将领，这时侍从报："启禀都御史大人，吉安知府伍文定求见！"

王阳明自担任巡抚之后，和这个吉安府伍文定从未见过面，遂站起来笑道："好，请他进来！"

伍文定非常精明，长得白净，身高体大，可能是长期骑马的原因，他的双腿有些罗圈，他进帐高揖双拳，以极其敬仰之态笑道："巡抚大人！下官敬慕大人统铁军剿强贼之才久矣，今下官得见尊容，幸甚！幸甚！"

王阳明笑道："本院亦闻文定忠勇，故而此番剿灭横水、左溪、桶冈之强敌，非文定这种忠勇之辈不可！"

伍文定再次施礼道："今下官有幸跟随大人为朝廷建功立业，此乃吾伍家列祖列宗积德行善之福也！此番追随大人，不管刀山火海，唯巡抚大人马首是瞻！"

王阳明喜道："倘本院属下皆文定这般忠诚精勇之士，不出旬月，必将荡平横水、左溪、桶冈之贼寇！"

伍文定落座，推开茶盏说道："巡抚大人，今不知您召下官来有何赐教？"

王阳明笑道："文定，本院听说，你与谢志珊曾有过交往，且他对你印象极好！有这回事儿吗？"

伍文定脱口道："确如巡抚大人所言。当年朝廷招抚谢志珊之时，下官确实和谢志珊有过几次碰面，下官不知巡抚大人问此事是何意？"

王阳明说道："今大战在即，倘谢志珊等负隅顽抗，不愿降我，必死伤成千上万矣，此岂不是天大的悲事吗？"

伍文定摇头道："巡抚大人，盗匪杀人如麻，他们毫无怜悯之心，更无好生之德！只怕此举是对牛弹琴，对狗吹箫。"

王阳明叹道："文定，说实话，本院在福建第一战，剿灭詹师富清扫战场时，见那尸堆如山、血流成河，顿生一种负罪愧疚之感。更为其父母、妻儿感到伤悲！从此役起，本院怜悯之心满满，故而，在十一路大军未发之际，本院思考再三把你召来，本院有要事相托，不知文定肯答应否？"

话说到了这个时候，伍文定已经明白了王阳明之意，他摇头叹道："巡抚大人怜悯之心，可映日月。实乃江山社稷之福，黎民百姓之幸也！不过，靠怜悯只怕谢志珊不买账！况且，诛杀这些专与朝廷对抗的强敌匪盗，乃为国家、为百姓除害，为何要怜悯他们！"

这时，侍在一侧的田庄亦施礼道："老师，前天谢志珊还派人假装当地黎民百姓，偷袭我们的营寨，当场杀死了我们几十名弟兄，凭这些，就不能怜悯他们！"

王阳明摇手道："文定，你们不必多言，本院心意已决，先礼后兵嘛！本院派你和本院的大弟子冀元亨前往横水，与谢志珊见面，劝其投降如何？"

伍文定点头道："既然巡抚大人决心已定，下官唯命是从！"

冀元亨喜道："感谢恩师派弟子前往！"

王阳明向冀元亨说道："文定此去凭旧情，你去主要以心学为主，让谢志珊丢下贪恶之心，致良知，让他放下屠刀，不要与官兵作对，免得死伤那么多青壮男子！"

冀元亨点头道："请恩师放心，元亨决不辱此命！"

田庄这时说道："老师，弟子有句话不知当说不当说？"

王阳明手抚髯须笑道："田庄，为师已在众将士面前，宣称唯你们几个弟子可在军中慷慨议论，不受拘礼，因为你们一直是跟随为师的弟子，朝廷给你们发放特定俸禄，你们不同常人，故而有什么话，直说无妨！"

田庄说道："大师兄，今入虎狼之地，凡事不可强求，即使劝谢志珊追回失却的良知，也要察言观色，话到为止，平安归来，是众师弟所盼也！"

冀元亨见田庄眼泪在眼眶内滚动，遂拍着他的肩膀道："师弟，你们放心，上天庇护我，我和知府大人不会有事的！"

伍文定和冀元亨二人驰马入横水前，已率先把上山拜见谢志珊的书信用响箭射到了山上，按时辰计算，谢志珊当已收到了书信。然而，正如田庄临行前所说，盗匪毕竟不是书生。所以，二人在驰马奔往横水的山道上，就被绊马索绊倒在地上。两边埋伏的盗匪不由分说，用麻绳将二人捆了，又用黑布头巾罩了，前拉后推上了山。

此时，谢志珊正在大厅正中的虎皮座椅上看王阳明亲笔写的书信，待众匪把伍文定和冀元亨推入大厅，他才慢吞吞地放下书信，说道："来人，解开他们的黑头巾！"

侍从先把冀元亨押到谢志珊面前，他俯身看了看冀元亨说道："呃，本王知道了，你就是巡抚大人的大弟子，冀元亨？"

冀元亨讯道："恕我身受拘束，不能全礼！"

谢志珊挥手道："来人，咱兵对兵、将对将，不能欺负人家巡抚大人的来使，为冀元亨松绑！赏坐！"

冀元亨松了绑施礼后笑道："今按朝廷礼仪，我不能称你自谓的征南王，论年龄，你比我年长，我以谢大哥相称如何？"

谢志珊喜道："你们大家听听，和读书人打交道就是好。人家既尊重了本王，论礼仪也当合宜。好，冀才子，本王愿听你称我'大哥'，你与本王兄弟相称，本王心里爽朗、痛快！"

继而，向侍从说道："来人，把下一个人带上来，为他摘掉黑头巾，松绑！"

谢志珊见了伍文定顿时一惊，似乎有失他征南王的威仪，大怒道："怎么会是你，伍……伍文定呢？"

伍文定环顾整个大厅，施礼笑道："谢志珊，好家伙，七八年不见，你也鸟枪换炮啦！就你这大厅也够阔气排场的，没想到你竟自谓征南王，你是不是把尾巴翘到了天上啦！"

谢志珊还礼讥道："士别三日当刮目相待！本王再也不是你们朝廷封我'老人'封号的时候了！你二人今日来，不知是朝廷的催命使，还是本王刀下的断头鬼！"

伍文定讥道："谢志珊，你别好了疮疤忘了疼！当年我伍文定略施小计就擒获了你，要不是钦差大人拦我，你早成了我刀下的断头鬼！原来朝廷要招抚你，你谢志珊不管今后，当然你已经没了今后，今儿就算你的属下把你征南王自封的大号喊上了天，你也是我伍文定手下的败将！这一点，你千万不要忘啊！"

谢志珊大怒道："来人！把这个心高气傲、故意嘲笑本王的伍文定捆了，吊他个老鸭浮水！"

伍文定双脚一跺，讥道："慢！谢志珊，看看，还自称什么征南王，你就这点修行啊？按唐代星术大家、面相大师李淳风所言，易怒者命妖！当然，他说得很对，我从内心佩服这位大师！"

谢志珊仍怒道："伍文定，本王且忍耐一下，本王问你，今朝廷巡抚派汝二人前来，不仅仅是当什么信使吧？"

冀元亨说道："谢大哥，以我跟随我恩师多年所积攒的经验，谢大哥为人豪爽，有侠义之心，但是，你这啸聚山林，劫财为盗，乃与朝廷为敌，应该说是由阳关大道悄然走上了独木桥。"

谢志珊讥道："冀大才子，照你这么说，我走上了末路？"

冀元亨笑道："那当然！你知道天下之大，皆在朝廷掌控之中。尽管谢大哥自谓什么征南王，其实，不过啸聚了几千人上山自称山大王。今我恩师生慈悲之心，担心重兵之下，几千条性命皆作烟云之散，实不忍心也。故命我与知府大人上山拜见谢大哥，只劝谢大哥一个字儿！"

谢志珊心中为冀元亨的文才所折服，此人口吐珠玑，是他这个啸聚山林的草头王见所未见、闻所未闻的金玉之言。他不但不怒，反而笑问："大才子，是何字儿？"

伍文定讥道："谢志珊，你头顶稻谷壳儿，满身泥巴，突然有一天，聚了几个人跑到山上，大言不惭自称了王，连这个字儿也不知，不愧是草头王出身，今儿我伍文定告诉你，这是个'降'字儿！"

谢志珊这才大怒道："冀大才子，你这文人就是损，忒损！骂人劝人不带一个脏字儿！可是我谢志珊已立下誓言，今必和官府的兵马拼死一战，不是鱼死，就是网破！"

伍文定亦怒道："好，谢志珊，你大言不惭！你面对巡抚大人的铁军，竟口出狂言，拼死？就凭你们手中的大刀片、长矛、竹枪、竹箭，唉，可怜！可怜啊，谢志珊死到临头还顽冥不化！"

谢志珊突然仰天大哭道："今无论如何我谢志珊都难逃一死！纵然是死，那真不如多杀一人，就多一个陪葬的，这样黄泉路上有冤死鬼哭爹叫娘，我谢志珊不寂寞！"

冀元亨叹道："谢大哥，像你这样作恶多端的恶人，可以说是大恶人！你根本不会知道'心动神知'四个字，也不会知道你的良知已丧尽。倘你现在就离恶行善，变虎狼为绵羊，你真的会得到上天的救赎、赦免！可是倘你一味地顺从邪恶驱使，自甘堕落制造一个又一个罪恶，那么地狱就在你的眼前！届时悔之晚矣！"

伍文定切齿道："谢志珊，今儿彻底看清了你的内心，你确实应该千刀万剐，你死有余辜！"

谢志珊长叹一声说道："好啊！我愿意！"

冀元亨摇头道："谢大哥，记住，我恩师只给你七天考虑时间。七天一过，勿怪我们踏平你的山寨！我们道不同不相为谋。不过，面对你冥顽不化、不撞南墙不回头的死固执，我还是愿用良知之心，真心实意地再劝你最后一次：慎重抉择吧！回头春满大地，脚下的阳光大道坦荡、宽广！既能荣耀子孙，又能名载史册！"

听到这里，谢志珊把脸上的泪水一抹，大喝道："我不要什么七天之期，让他们快下山，不然……我若反悔，非杀了他们祭旗不可！"

伍文定向冀元亨说道："冀先生，我上山时就说过嘛，对牛弹琴，枉费了我们一番心力，真是不值呀！"

冀元亨看了看谢志珊暴怒的脸和双手叉腰的姿态，不由得叹道："他是邪恶驱使下罪孽深重的人，他的下场，只能是下地狱受到惩罚！"

但是，当冀元亨满怀着忧伤之情，与怒气冲冲的伍文定下山之时，谁也没有想到，在谢志珊横水总寨大厅一侧的耳房里，端着茶盏品茶的蓝天凤，把他们三人的谈话听得一清二楚。

蓝天凤慢步踱到谢志珊身边，长叹道："看来这巡抚王大人果然有怜悯之心，还给了你七天考虑时间。但我以为，这是王阳明略施小计，猫哭老鼠假慈悲啊！"

"不，天凤兄，我感觉，这个冀元亨是真心实意地劝我归降朝廷。但这个令我多年蒙羞的伍文定，要说吧，他是性格直爽，有侠肝义胆的大善人。可是，我就听不得他冷嘲热讽，把我堂堂一个征南王挖苦、贬损得一文不值、狗屁不如！就这，我是从内心深处暴怒、生气，世上既生我谢志珊，又何必专门生出一个只会贬损我的伍文定呢！在我看来，真是不公！"

蓝天凤摇头道："志珊兄，我提醒你，你今天犯了一个天大的错误，这很可能是你一生的大遗憾！"

谢志珊接过侍者奉上的茶盏，惊问道："天凤兄，我犯了什么错误，请直言！"

蓝天凤讥道："我知道王阳明的怜悯之心，也引发你共鸣，令你生出慈善之心。你刚刚嘴里还说，纵然一死，也要多杀一个人，这样在黄泉路上不寂寞！那么我问你，伍文定乃吉安知府，当是朝廷四品官吧？况且又是昔日擒获你，使你蒙了羞的仇人！那个冀元亨，是朝廷巡抚王阳明，也就是名满天下的心学大师的高徒，是大弟子！你如果当时把脸一变，杀了他二人，你谢志珊不仅名震天下，在奔赴黄泉路上，有这样的四品官和大名人、大高才陪着，就你们谢家列祖列宗的魂灵知道了，也会觉得脸上有光啊！可是，王阳明心软，你更心软，竟失去了这样一个天赐良机！"

听蓝天凤如此一说，谢志珊把手一挥说道："天凤兄，别呀，自古'侠有侠道，盗有盗宗'。自古以来，两国交兵，不斩来使。我就是这样的人，我是朝廷通缉追杀、围剿的盗匪，昔日我杀人越货，死有余辜！可是这和信使的来往，完全是两回事儿。我不能因信使之事失信，失信就是失德，这种失信失德和我做盗匪杀人越货是两回事儿！"

蓝天凤把茶盏一放，怒道："志珊兄，你厉害啊，面对七日之后开战的敌人，还笑脸礼仪迎上山，下山时又拱手相送，你这样两面嘴脸的人，世上真是难找，凡间一样稀少。"

"得，这不，在大庾，在横水总寨，不就有吗？"

蓝天凤把手一挥道："得，人家磨刀霍霍，咬牙切齿，咱不说那些无聊的闲话，今晚还按计划行动吗？"

谢志珊怒道："当然！今晚咱就再试牛刀，让坐在大庾县衙的朝廷巡抚王大人，也活动活动筋骨儿，不寂寞多好！"

王阳明对盘踞在横水、左溪、桶冈九十多个山寨上的盗匪，还没有正式下达总攻的命令，所以，现在双方开战处在一触即发的紧要环节。盘踞横水总寨的谢志珊，站在大厅之外，向司号箭的弓弩手挥手道："来呀，快放三支号令火箭！"

三个弓弩手遂站成一排，他们每人两脚站立丁字步，一手如托泰山，一手如抱婴儿，右臂发出千钧之力，把那紫檀力弓扯如满月，嗖地向漆黑的夜空射出三支熠熠闪光的火箭，直上升到浩瀚的星云之中。

冀元亨回到王阳明的帅帐里，未曾说话，先双膝跪地，泪水涟涟地说道："恩师，元亨无能，尽出肺腑之言，谢志珊却冥顽不化，他说至死不降！元亨有辱师命，请恩师责罚！"

伍文定则郑重地向王阳明施了礼说道："谢志珊就该死，我好劝赖劝，丑话恶话说了一大堆，最后他死活不降！"

王阳明上前搀扶起冀元亨，笑道："元亨，不可如此，为师不是说过吗，'山中贼易破，心中贼难灭。'岂能人人都致良知，人人都存良知，若能如此，尘世之间就没有了邪恶、奸诈与贪婪，那样，岂不到处都是喜乐、和平、温柔、良善，满大街都是圣人！你们说尘世会有那么美好的一天吗？"

冀元亨与田庄等齐道："恩师，应该……不会有吧？"

王阳明大笑道："怎么，应该……不会有吧？"

冀元亨看了看田庄，田庄又看了看罗钦顺他们，大家只是笑了笑，一时不知其然亦不知其所以然。

王阳明郑重说道："上天最公平公义，为师郑重告诫你们，天不藏奸、天不庇贼！什么叫恶贯满盈？什么叫死有余辜？今谢志珊、蓝天凤是也！"

伍文定为人豪爽侠义，向来说话不掖不藏。他听了王阳明的话，连连点头，向冀元亨等说道："看看，你们恩师多好，时时引导，处处教诲，难怪你们恩师的心学像一缕强劲的春风，吹到哪里哪里就莺飞草长、花香满地，让人惬意孟浪啊！"

王阳明连连摇头道："文定，你过誉了！"

伍文定笑道："恕下官按圣上的口谕，尊你一声王大师吧！前几日，王大师利用战前时间开帐讲心学，将士们无一不受鼓舞，人心振奋啊！红尘世界，这些盗匪原来是有良知的，做了匪做了盗，便没有良知了！今日我与冀大先生到谢志珊横水总寨劝他投降，不再为战争死拼几千弟兄的性命；如果他能找回良知，并且还能致良知，休了此战，不论对百姓还是对他自己都将是大功德啊！可是他顽冥不化，一直要让邪恶牵着鼻子走向坟墓！可悲的是，数千跟随他的弟兄也要跟着陪葬！"

通过与詹师富之战，王阳明已经明白，这些作乱的盗匪，原本就是当地山寨内的黎民百姓，农忙时他们回寨子种地，在田地、山林里忙碌。可一旦抢劫财物，或攻打官府军时，他们便扛了刀枪，啸聚到备有防御工事的据点去，领头的大王一声令下，便去抢劫或攻打！有时候，聪明的山大王会把妇女、小孩、老人也传上山，离开居住的山寨，谢志珊就利用这个方法，把畲、瑶百姓组织煽动起来，一起对付官府军。

这日夜里，总寨上空升起三支火箭，与官府军倚临的山寨里的百姓都能看得见，于是那些受了蛊惑、愚弄、煽动的畲、瑶族的青壮年，便拿了竹箭、长矛、大刀，向刚刚吃过晚饭的官府军射箭，接着冲入营寨，见人便杀，逢人便刺。一场事先绝没料到的偷袭战就这样突然之间发生了！

但是，这些经过训练和休整集结在前沿阵地、整装待发的官军，对这次突发事件，不慌不乱，自发地执行战前军令，他们飞快拿起刀剑予以反扑，这是偷袭的谢志珊属下万万没有料到的。凡官府军右臂皆包裹白毛巾,既不会自相残杀,又不会让没有包裹白毛巾的偷袭者轻易跑掉。所以夜间偷袭战,被官府军瞬间转变为分割包围歼灭战,能侥幸逃脱的无非三五个人,绝大多数都被捕杀。

战情很快传到驻在大庾县衙的帅帐中,王阳明把佩剑一提,刚要出帅帐,田庄上前阻拦道:"老师,你身体有病,正在吃药,些许偷袭来犯者,不足论战,只怕我们赶到时,营帐已风平浪静!"

王阳明点头道:"也罢!田庄、金岸你们几个去看看,回来禀报。"

待到田庄等驰马赶到时,果如所料,偷袭者已全部被捕杀。田庄等清点了被捕杀的人数,告诉营官要严加防范,提防再次偷袭,然后拨转马头驰回县衙。

王阳明行军时有个习惯,他爱骑马,可是他的肺病、胃病多次在山路的颠簸中复发。为此,冀元亨和田庄索性强行让他坐官轿。但王阳明在军事行动中一向严令属下,为了赶路他非骑马不可!肺病使他时常大声咳嗽,而胃病又常使他吃不下饭,甚至吃了还吐出来。按冀元亨之意,大军继续前进,而他们几个弟子则留下来,住在一个山村里,专门为王阳明治病。但王阳明心急如焚,这对治疗很不利,症状稍有好转,便催着冀元亨等启程,追赶已经前行的大军。弟子们无奈只能听他的。那天,他的夫人娩嬹为此非常生气,还挥了泪,王阳明见状,强笑着拉着娩嬹的手,说:"放心,夫人,我正值壮年,无碍!我预料不到到了大庾会遇到什么突发事件,咱走吧!"

娩嬹见王阳明闻报下床提剑,也急忙起床,冀元亨与田庄他们驰马刚走,可能受了寒气,王阳明顿时咳嗽起来。玲儿急切奔过来,她见娩嬹扶着王阳明坐在木几上喝药,可是他只是一声接一声咳嗽,根本喝不下去。娩嬹一手端着药汤,一手抚着他的前胸。

玲儿奔过来说道:"老爷,外边天冷,有元亨他们……"

娩嬹叹道:"夫君,你听嬹儿的话,你一着凉气,肯定就咳嗽,你看,我……"

玲儿见状,赶紧去煮药了。

过了一阵,王阳明不再咳嗽了,可是碗里的药早已凉了,于是娩嬹又到后房去热药,待服侍王阳明上床,已到子夜时辰。

这天晚上,娩嬹躺在王阳明身边,她一点睡意也没有,昏暗的灯光之下,她长叹一声,想着京师,想着爹娘,天亮的时候才睡去。

四十一　狼狈为奸生祸端　官军震怒求开战

　　王阳明肩负当今朝廷的使命，剿灭四省盗匪叛逆，可能是由于他对心学精髓的执着追求，他在追剿盗匪这件事上产生了过多的怜悯之心。其实，十一路大军已集结待命在大庾敌寨前沿阵地，为了尽量减少对这些盗匪的斩杀，他才令吉安知府伍文定和他最中意的大弟子前往谢志珊的总寨规劝其尽快投降，免遭杀戮之祸，同时还给了他七日思考之期。

　　这天，婉姮和玲儿抱着女儿前往大街上，临出县衙大门时，过继给王阳明和婉姮的儿子正宪从后面追了上来。

　　婉姮笑着说道："宪儿，娘和你姑姑到大街上买药，你回家好好温书，小心元亨责罚你！"

　　正宪则说道："娘，该背的四书我都背诵了，老师怎么会责罚我呢？"

　　婉姮叹道："宪儿，可是你爹不是说过不让你上街吗，听话，在家好好写字温书！小心板子打你的手！"

　　正宪抹着眼泪说道："娘，你们天天叫我在家温书，可我想跟着娘和姑姑到大街上看看，真的，我就想出去看看。"

　　玲儿说道："小姐，你听宪儿多可怜，让孩子到街上去看看吧，你想啊，咱叫妮儿去了，留下宪儿，他当然不乐意了。"

　　婉姮叹道："宪儿，今儿娘看你姑姑的面子，你跟着去吧！"

　　正宪高兴地拍着两手说道："娘，太好了！太好了！"

　　婉姮正色道："宪儿，记住，去归去，但到了大街上一定要听话，千万不能乱跑啊！"

　　这时，罗钦顺和何瑭抱着一堆衣物从外边进来，罗钦顺施礼道："师母、玲儿，你们这又拉又拽要去哪儿？"

　　玲儿笑道："老爷的药没了，郎中又开了新的药单，这不我们一起到大街上买药呗！"

　　罗钦顺说道："师母，老师说了，大庾城街上很乱，谁是谢志珊盗匪的人，咱们辨别不出来。这样吧，师母你们先去，我和何瑭把事办清了，就去找你们，以保护师母的安全!"

婉姰联想到随王阳明大军进入大庾之后接连发生的事,点头道:"钦顺,那好吧,我们先走啦!"

婉姰和玲儿一个拉着一个拽着,四个人又说又笑往大街上走去,刚拐过一条街口时,有一个人飞快地向另一条胡同奔去。婉姰看了看那人背影,并没有在意。

大概快到正午的时候,罗钦顺和何瑭才把帅帐的事办完。冀元亨一听,师母和玲儿四人全上了大街,向罗钦顺怒道:"钦顺、何瑭你们咋不早说,为了师母的安全,你们快去吧!"

罗钦顺和何瑭起身便走,快步奔出了县衙大院。

冀元亨的担心真的很在理。盘踞在山寨据点里的盗匪很难辨别,他们和城内百姓无任何差别,就算长了一双火眼金睛也难以断定其是不是盗匪。

方才在婉姰他们一侧奔跑的那个人,就是谢志珊安插在县衙内的又一个眼线。他亲耳听到并且亲眼看到婉姰他们四个人上街买药,飞快告诉了谢志珊的属下。婉姰等四人买了药,走到行人稀少的小街口时,从街口一侧跳出三四个当地百姓模样的中年汉子,不问青红皂白,上前就去拉扯婉姰和玲儿,两个孩子吓得大哭大叫起来。

王阳明对弟子有着严格的规定,白天可以忙公务,但晚上必须习武,以壮体魄。婉姰和玲儿在他们身后也照猫画虎学了几套拳脚功夫。有一次,王阳明发现婉姰和玲儿在后院习武,问婉姰二人为何如此,婉姰则说,天下之大,万一遇到什么事,我和玲儿起码一时半刻能抵挡一下,不至于吃亏受欺凌!王阳明一想也对,索性单独教她二人。时间长了,婉姰和玲儿,不论跟随王阳明走到哪儿,即使一个人,也不忘天天练拳。

今日果然遇上了盗匪,俩人毫不畏惧,婉姰大声道:"玲儿,来,亮出咱们的身手!"二人遂如战时背对背,赤手空拳与三四个盗匪搏斗起来。盗匪虽持刀剑,却也刚刚与婉姰和玲儿打成平手,或许盗匪见短时间内很难制服婉姰和玲儿。其中为首的跳出来,向随从大怒道:"你们真是吃白饭的笨蛋!三个大老爷们,拿着刀剑硬打不了赤手空拳的老娘们!"

为首的盗匪见两个孩子吓得在一侧大哭大叫,索性把哭叫的正宪拦腰一抱,扛在肩上撒腿就跑。

婉姰没想到盗匪会抢走她的宪儿,遂飞起一脚,把一个盗匪踢倒,其他两个盗匪无心再战,拉起倒在地上的盗匪,三人向城外狂奔起来。

玲儿抱起吓哭的女儿,婉姰退了几十步,她虽会些护身的拳脚功夫,但女人毕竟体弱,方才打斗了半天,已体力不支,只好冲着奔逃的盗匪大喊道:"你们这些畜生,放下我的宪儿！放下我的宪儿！"

罗钦顺和何瑭，顾了城里却误了乡里。他二人在大街上寻找了半天，也不见娖嫺和玲儿他们的身影。

直到罗钦顺和何瑭望眼欲穿时，有一个头戴斗笠的中年妇人近前，因语言不通，她只好用手比画着向前一指，二人连道了声谢谢，待奔到了小街口时，果见玲儿拍打着哭叫的女儿，娖嫺脸色蜡黄，弯着腰手捂着肚腹，正声嘶力竭向奔跑的盗匪大喊大叫呢。

罗钦顺向何瑭说道："何瑭，你快去告诉大师兄，这些抢了正宪的盗匪肯定往横水总寨而去，路上定有人接应，让他骑马！一定要快，我去追他们！"

罗钦顺顾不得向娖嫺说话，飞快向奔跑的盗匪追去。但是，在前面奔跑的盗匪，扛着正宪没跑多远，就气喘起来，他自然放慢了脚步。他向跟上来的三个盗匪说道："来，你们两个交换抱上孩子奔总寨，要快！你呢往这边走，等着这个人过来，咱俩杀了他，拿他的耳朵请功。"

那个盗匪则说道："大哥，别，刘瘸子不是说过吗，王阳明的弟子都会武功，就这俩大娘们儿咱们拿刀拿剑还斗不过呢，何况追上来的这个人呢！"

为首的点头道："既然如此，咱们就跑吧，从天梯那边回寨子！"

罗钦顺追过来的时候，四个盗匪都不见了。正宪到底被盗匪扛到哪儿去了，他左看右看，急得一跺脚，怒道："这帮该天杀的盗匪！"

何瑭奔到县衙的时候，王阳明正和吉安知府伍文定、赣州知府邢珣以及冀元亨他们说着什么。何瑭向冀元亨招了一下手，冀元亨和田庄等几个弟子都悄悄走了出来。

众弟子一听，田庄怒道："何瑭，你和钦顺也是，遇到这种事，当然师母他们的安全大于一切！那些表啊报啊什么的晚一天又当如何？咱们在大庾人生地不熟，不用说了，快骑马去追，除此没别的办法！"

冀元亨说道："田庄，大庾这么大，沿途山寨这么多，天知道这些丧尽天良的盗匪抢了正宪会往哪儿逃！"

田庄迟疑了一阵说道："大师兄，依我看谢志珊在横水总寨，他们肯定要跑到总寨向谢志珊请功。对，他们一定会去总寨。"

冀元亨说道："横水总寨离咱们这么远，他们会舍近求远？"

田庄叹道："大师兄，事不宜迟，你在帅帐侍奉恩师，我和其他弟子这就去追！何瑭多牵上一匹马，在路上带上罗钦顺，与盗匪厮杀少不了他！"

冀元亨点头道："田庄，对了，我看应该让赣州邢知府派出马队，跟着你们，因为到横水总寨，要经过几个寨子，你们人少，又怎能冲得过去呢？"

田庄叹道:"也罢,大师兄速让邢知府派马队追我们吧!"

不待冀元亨转身,田庄把手一招说道:"快,随我走!"

从大庾县城到横水总寨,山高路陡,这种颇带原始性的山间小路,始终没人把它开拓得宽阔一些,坑坑洼洼,有时不得不牵马而过。但正宪被盗匪掠去,田庄心里万分着急。他率弟子和罗钦顺会合后,发现此处是个山垭口,分析后认定,盗匪挟制了正宪,只能往横水总寨走,绝不会往另一个道口去。

蓝天凤踱着步进入横水总寨的大厅,谢志珊为了表示对蓝天凤的尊重和敬意,那把象征横水、左溪征南王地位的老虎皮木椅,有时也请蓝天凤坐坐,自己则在偏座上落座。今天蓝天凤吃罢饭就出来散步,不知不觉进入大厅,见有几个侍从正打扫卫生、摆放茶点水果等,遂坐在偏座上,这毕竟是他谢志珊征南王的总寨大厅。可转而一想不对,是你谢志珊请我来帮你出谋划策,共同抵御王阳明大军围剿,你理应把我敬为上宾,索性欣然起身坐在了正中虎皮木椅上。他觉得只有这样,心中才能宽慰许多。遂把二郎腿跷起来,两眼不时在大厅内看来看去。

谢志珊眼下心情非常不好,因为昨晚他亲自布置的偷袭行动,原是想要把王阳明的营寨闹个底朝天的,没想到王阳明早有防备,一百多名偷袭的弓弩手,除了个别逃脱之外,其他的几乎全部被围歼。那个营官斩钉截铁说道:"我不打你,你反来打我,大凡看见或被抓捕者必死!"而九月时,谢志珊曾派他小弟谢志田率兵到上犹之白面寨,结果遭受官兵伏击,谢志田被杀,他为此损失了不少人。所以当王阳明率主力进驻大庾后,他再也不敢主动出击,只能搞一些偷鸡摸狗的骚扰和偷袭之事,没想到在他指挥下策划好的偷袭竟又遭到了惨败。

谢志珊一进大厅见蓝天凤正跷着二郎腿,品着茶,一副唯我独尊悠哉悠哉的样子,心里的火气一下子升了起来,但他强忍了忍,接过侍者奉上的茶盏,坐在一侧喝闷茶。

蓝天凤此时没看到谢志珊的脸色变化,他抬起眼皮,从上向下看了看谢志珊说道:"志珊兄,怎么样?昨晚的事该有消息了吧?是大获全胜,还是……"

谢志珊突然暴怒道:"大获全胜?狗屁,只逃回几个人,其他人全死了!本王或许走了什么背字儿,真是气杀我也!"

蓝天凤端坐起来,叹道:"志珊兄,王阳明夫人的事呢?也该有消息了吧?"

正说话间,一侍者手提着一只鸽子,入大厅施礼道:"大王!你看飞鸽到了,肯定是好消息!"

谢志珊从鸽腿上取下信件,但见信上写道:

大王：

　　弟兄们接到情报飞快下山，王阳明夫人没抓到，但抓到了王阳明的儿子，现在正在奔往总寨的路上！

小桃瓜写

　　谢志珊看完书信，胸中的怒气顿时烟消云散。他心中如现出万道彩虹，大声笑着说道："天凤兄，你看，这回王阳明不退兵本王决不答应！"

　　蓝天凤初时一惊，当他看了信件，从虎皮轮椅上腾地跳起来，大喜道："好！好啊！现在咱抓住了和王阳明谈判的筹码，他若不退兵，就杀他儿子，看他怎样？"

　　谢志珊顿时踌躇满志，脱口道："天凤兄，这可是个大筹码，大筹码啊！咱们一定用好它，让王阳明服服帖帖地退出大庾县！"

　　蓝天凤忽然想起什么，急忙趋近谢志珊说道："志珊兄，抓住王阳明儿子是一件大喜事！咱不能让到手的肥鸭子再飞了，依我之见，当派人下山，去接应一下，免得再出现什么意外！"

　　此时被兴奋冲昏头脑的谢志珊，把手一挥说道："天凤兄，你太小题大做了！抓住了王阳明的儿子这件事，说多大多好都不为过！来人！上酒摆宴，今儿我与天凤兄痛饮，不醉不休！"

　　蓝天凤也被谢志珊的喜悦之情所感染，笑着说："好，志珊兄，今儿不醉不休！"

　　于是，侍者急忙传令厨房立即做菜摆酒。蓝天凤见酒菜摆上，把茶盏一放，站起来喜道："志珊兄，今儿我蓝天凤要反客为主，来，我先敬你！"

　　两个抓了正宪的盗贼，奔跑了一段路，身上早已大汗淋漓，二人便停了下来。其中扛着正宪的那个盗匪，把吓得不知所措的正宪往地上一放，冲着正宪骂道："都是为你个小王八羔子，让老子跑了一身汗，把老子累死了！"

　　另一个边解衣袍边说道："是啊！咱歇会儿，好好歇会儿再说！"

　　正宪抹着眼泪说道："大哥哥，这是哪儿，我要回家！"

　　解衣袍的盗匪伸手啪地打了正宪一个耳光，怒道："回什么家？一会儿到了寨上，小心把你喂了狼！"

　　正宪一听，吓得撒腿就跑。两个解开衣袍散热的盗匪站起来边追边骂道："小兔崽子！你往哪儿跑？你看狼从那儿出来了！"

　　正宪一听有狼，又急忙往回跑，恰被一个盗贼抓住，继而对正宪又打又踹，疼得正宪在地上滚来滚去。

　　另一个见正宪撕心裂肺地号叫，急忙拉住那人说道："得，他还是个孩子，别把他打坏了，到大王那儿不好交差！"

那个满脸怒气的盗匪却叹道："哼，从这儿到总寨远着呢，他就是个不听使唤的小犟驴儿，咱只有先把他打怕了、打服了，他才不敢乱跑，乖乖儿听咱使唤。"

说到这儿，他双手叉腰，向躺在地上哭叫的正宪吼道："你再哭，老子打死你！小兔崽子，要想不挨老子打，给老子站起来！快！"

正宪吓得再不敢哭叫了，从地上爬起来，颤抖着身子站在了他面前。

田庄、金岸、罗钦顺、何瑭等驰马跑了一段，田庄勒住马缰绳说道："按路程，前面有个山寨，是谢志珊的第四大山寨，他们居高临下，有滚木礌石，加上弓箭，咱们无法通过。这样，为减少纠缠，咱们都牵着马，从这片树林穿过去。"

众人刚下马，站在山寨上的哨兵就发现了这些骑马的人，遂又擂鼓又鸣号，礌石滚木飞跳着从山顶上奔过来。

恰此时，邢珣属下的骑兵队已经驰马赶来。田庄向刚飞身下马的为首的人说道："你们看到没有，这是谢志珊的第四大山寨，你们利用树木做掩护，用利箭向他们回射，一定要拖住压住他们。我们从树林绕过去，一会儿你们再顺着我们开出的小路追赶我们！"

为首的人说道："好，我们这二十多人都配有强弩，你们放心往前追。"

于是，他向同人招手，皆下马挽强弩，向山寨上的盗匪们射箭，山上的盗匪们见礌石滚木无甚效用，遂也用竹箭从山顶往下射箭。自从王阳明大军进驻大庾以来，谢志珊属下各山寨都知道王阳明组织的都是各府衙、县衙的文官兵马，经过散打、涉水、攀登等严格训练，和这些泥腿子盗匪比起来有天壤之别。另外，王阳明大胆派出吉安知府伍文定和其大弟子，可谓双人双马，驰马上横水总寨劝谢志珊投降。事后，二人又坦然回了大庾城，并且给了谢志珊七天考虑时间，是降是战自己选择，这个消息风传了谢志珊的所有山寨，哪个盗匪不想回家过安稳日子，从此不再打打杀杀，不再让家人担惊受怕。只要催命鬼似的谢志珊不在盗匪们跟前，人们只在山寨里敲敲锣鼓，吹吹号角，随便把一些礌石滚木推下山，至于向山下官府军射箭，再不像以前那么拼命卖劲了。盗匪们都清楚，王阳明大军一发，这些所谓的"一夫当关，万夫莫开"的山寨，肯定守不住，到了这种生死攸关，过一日少两晌的时候，有谁还那么傻，只拼命不保命呢？

田庄和众弟子绕过树林，又飞快上马，跑了一段，离横水总寨越来越近，再往前走一段路，又有谢志珊的一个山寨，田庄已经料到，人的两只脚无论多么敏捷，也跑不过四条腿的马。他决定与众弟子先把马牵进树林，拴在树上，就等于把马匹隐匿了起来，然后，各自在有利位置潜伏下来，等待那两个挟持了正宪的盗匪到来。

三碗酒下肚，蓝天凤的酒兴上来了，他端起酒碗瞪着两眼说道："志珊兄，来，今儿咱喝得口甜，再干一碗，一会儿王阳明的儿子就抓来了，有了这个儿子在咱手里，他王阳明再有能耐，也会投鼠忌器。那时，他只能退兵，他一退兵，咱兄弟俩又成了世上的逍遥王。"

蓝天凤的话再次提醒了谢志珊，他扭头向侍在一侧的人说道："蓝大王方才提醒得对，咱不能让到手的肥鸭子再飞了，这都多长时间了，是不是遇到麻烦了，快，马上派人去接应一下！"

见谢志珊如此说，心里清醒的蓝天凤笑道："志珊兄，这就对了，人常说，'小心无大错，小心驶得万年船。'因为咱们面对的是狡诈多谋的王阳明！"

蓝天凤推开酒碗说道："王阳明给了你七天慎重考虑时间，现在算来只有最后两天了，也就是说，两天以后，如你不投降朝廷，王阳明就要对你大开杀戒了！当然，我也想好了，等你和王阳明一开战，我就派人来增援。有天然的险关隘道，究竟鹿死谁手，谁来执牛耳，就很难说了。"

"不，天凤兄，我虽然没有你的鬼点子多，但我知道狡兔三窟的道理，你不用再担心，现在你我是一条绳上的蚂蚱，既跑不了你，也走不了我！你的人马还是要固守在桶冈，因为那才是咱们的最后一条防线。用王阳明的话说，那是终极防线。我这里每个寨子只要能坚守三五天，我就知道王阳明官军到底有多大能耐，只要我能腾出手来，就打他的后背。让他在我谢志珊面前，顾了头顾不了屁股。他只要一发怒，定会乱了心志，到时我再把他分拨出去的所谓多少路大军，来个各个击破！"

谢志珊的话让蓝天凤兴奋不已，他大笑道："志珊兄，其实你的鬼心眼子表面看不多，但是你的主意很好，这才是稳扎稳打！你有稳操胜券的谋略，我蓝天凤再担心，就是对你志珊兄的不尊重、不相信！你有这样的胆略，我无忧虑！"

从横水总寨奔下来接应的不足三十人，侍者与谢志珊的心意相同，在咱自己的地盘上，有这二三十人下山接应，也就绰绰有余了。没必要再大动干戈，派几百人下山接人，那才是抡起铁锤砸蚊虫，费力不讨好呢！

两个衣袍湿透的盗匪，拉着死活不愿走的正宪，浑身上下实在无力、再迈不动双脚，索性一下子瘫坐在地上。

他们坐下来的位置，四周恰是埋伏的田庄他们，邢珣属下的马队与山寨上的盗匪对峙了一会儿，守寨的寨主似是被朝廷大军压境所震慑，干脆由他们闯了过去，既不派人下山追击，也不向横水总寨报告此事。所以，这支突入谢志珊纵深防区的马队很快与田庄等人合为一处，在田庄的安排下，埋伏在与他们相距一二百米的地方。

从山寨奔下来的二三十人,远远看到了有两人瘫坐在山路上,一旁躺着个孩子,遂大喜,为首的大喊道:"你们来呀,在那儿坐着干啥?我们奉大王的命令来接你们上山!"

此时,埋伏在四周的金岸和何瑭等见状,有些发慌,再往前就是谢志珊的横水总寨,现在几十个盗匪下山接应这两个盗匪和正宪。田庄低声说道:"大家别怕,他们只有两条腿儿,咱们有马,况且邢知府属下的马队,正在掎角位置,真打起来。他们未必能胜我们!老师曾说过,狭路相逢勇者胜!"

罗钦顺叹道:"师兄,话虽如此说,可是我们在谢志珊的两山寨之间,倘若他们两个山寨冲下人来前后夹击,我们……"

田庄淡淡一笑说道:"你们看,此时天色已晚,太阳很快下山,只要他们不清楚我们的底细,他们从南边向北边走到面前时,大家听我口令,咱们同时大喊一声,然后打他们个措手不及,这样肯定吓得他们拼命往后退。那时咱们不恋战,解开马缰绳,把那两个不知所措的盗匪杀了,把正宪抱上马,咱们就驰马离开,让邢知府属下的马队为咱们断后。我敢说,这样咱们定能冲出谢志珊的山寨区。"

金岸说:"好,可马队现在离咱们远,他们怎么知道咱们要这样做呢?"

罗钦顺说道:"这个放心,战场上形势瞬息万变,他们明白咱们意图之后,自然会非常默契地配合我们,冲出谢志珊的山寨区,是吧,师兄!"

田庄点头说:"那当然!"

说话间,从南边奔过来接应的二十多个盗匪,恰到田庄他们跟前,田庄把长剑一挥大声吼起来。其他弟子也几乎同时大吼起来,并且从树林中跳出来,手舞刀剑就向不知所措的盗匪砍杀起来。众盗匪一看,先是吓破了魂魄,继而自乱了阵脚,真如田庄所料转身就往回跑。跑得慢的,自然被杀死,拼命往回跑的,则侥幸逃脱,对他们来说,只要逃脱才能活命!

众人见盗匪们往回逃奔,田庄等也不追赶,从树林里解了马匹,转眼之间奔到那两个不知所措的盗匪前。此时,马队的士卒们奔出来,不须多说,杀了两个盗匪,田庄把正宪抱到马上。他飞身上马,向马队为首的说:"你们殿后,倘遇追兵,千万不要恋战,咱们目的是救人回营帐!"

天转眼之间黑了下来。众弟子跟随田庄从原路返回,而邢珣知府属下的马队,则相距百米左右断后,此番田庄等平安地把正宪救了回来,无一死伤。

田庄等去救正宪之事,很快让伍文定、唐淳、季斅等知道了。这几个知府听到此事后,就聚在一起,唐淳率先说道:"巡抚大人素有好生之德,先是派文定兄和冀

先生去劝降,结果谢志珊不答应,而且又给了谢志珊七天慎重考虑期。这可好,这个可恶的谢志珊,不仅不领情,夜间派人偷袭咱们营寨,还派人抢劫巡抚大人之子正宪,真是太可恨了!"

季敩则说道:"这几件事充分说明,谢志珊狼性难改,咱们一起去见巡抚大人,不要等什么七日之期了!"

伍文定怒道:"对!立即发兵,攻打横水、左溪!"

在将领们来找王阳明的同时,田庄他们驰马一走,冀元亨料到此事不应该瞒着恩师,况且一会儿娣嫺和玲儿肯定回府,真相自然大白。此时,十一路大军进攻横水、左溪的作战布置地形图,已经挂在了帅帐的墙上,王阳明端着茶盏,聚精会神地站在地形图前,正皱着眉头边看边想着什么。过了一阵,他放下手中茶盏,拿起笔,在地形图上又标写着什么。他自言自语道:"对!这里有个出口,堵住它,决不让一个盗匪逃脱!"

冀元亨刚准备进帅帐,娣嫺、玲儿及她的小女儿恰进入县衙大门。冀元亨上前施礼道:"师母大人,田庄他们和邢知府的马队,一前一后去追赶抢了正宪的两个盗匪,请师母大人放心,按时间推算,天黑之前就能把正宪救回来!"

娣嫺叹道:"元亨,这件事本不该发生。唉,元亨,正宪的事,告诉你恩师了吗?"

冀元亨说道:"师母,这不我刚要进帅帐禀告恩师,恰是师母你们回来了,走,我和师母你们一块去见恩师吧!"

王阳明此时仍站在地形图前边看着边思考什么,冀元亨一入内,即双膝跪地说道:"恩师,今儿元亨闯了大祸,请恩师责罚!"

王阳明见状,皱眉问道:"元亨,今日好好的,闯什么大祸?"

娣嫺则叹道:"夫君,此事与元亨没有一丁点儿关系,是嫺儿……"

王阳明看了看玲儿及她的小女儿,独不见正宪。惊问道:"夫人,到底怎么了,你说吧!"

玲儿此时也双膝跪地,泪水涟涟地说道:"老爷,这件事都怨玲儿多嘴,请老爷处罚玲儿!"

娣嫺叹道:"夫君,我们几个带着正宪去大街上买药,没想到,突然来了三四个盗匪,初看样子,以为是来抢劫我的,亏玲儿和我联合斗那几个盗匪,他们见打不过我们,便趁机抢走了正宪!"

王阳明一听此事,就联想到一定是谢志珊要用正宪做人质,逼王阳明退出大庾。谢志珊,你真是毒辣啊,他大声叹道:"夫人,你们也是,我不是常说吗,谢志珊的盗匪看起来和大街上的百姓没什么区别,可你们上街……怎么就带上了他呢?"

这时，冀元亨说道："恩师，原来师母她们出县衙大门时，恰遇到了罗钦顺和何瑭，他们说在县衙办完事就去护卫师母她们，可是他们办事时间长，待罗钦顺和何瑭找到师母时，盗匪已经抢走了正宪。于是，罗钦顺独自去追赶盗匪，何瑭即回县衙报告此事，当时恩师正与人在帅帐议事，弟子不敢擅入，即派田庄、金岸等驰马去追赶盗匪！"

王阳明俯身把冀元亨拉起来。向玲儿说道："玲儿，快起来，这件事不怨你！可是，我问你们，你们去大街上买药，为何谢志珊的盗匪就知道了呢？"

婉嫚皱眉道："夫君，也许是他们正巧碰上呢？"

冀元亨说道："师母，按说盗匪不可能认识师母你们。莫非……"

王阳明直言道："莫非这县衙内还有谢志珊的眼线！"

冀元亨忽然想到在县衙内，王阳明与各军指挥首脑议事时，他突然发现一个手拿扫帚的叫刘瘸子的人，正在窗口下窥听。冀元亨当时吭了一声，刘瘸子急忙离开窗口，开始扫院子。联想到今日之事，冀元亨曾看到刘瘸子匆匆忙忙离开了县衙，快到午饭时才回来。对，正宪被劫一事，定与这个刘瘸子有关。

婉嫚摇头道："夫君，不可能吧，上次吃板鸭的时候，不是从县衙内抓了两个奸细吗？不可能再有了吧？"

冀元亨趋近王阳明，低声向他说了什么，王阳明点头说道："对，自古'没有内鬼招不来外贼'！好，这件事到此为止不再议它，下面就看田庄和金岸他们吧！"

侍者入内施礼道："南安知府季敩、吉安知府伍文定、福建汀州知府唐淳、赣州知府邢珣，请求面见大人！"

王阳明向婉嫚等说道："你们下去吧！"

冀元亨转身欲走，王阳明说道："元亨，你别走，听听他们有何事？来呀，请他们进来吧！"

待叙礼毕，唐淳率直，施礼说道："巡抚大人，谢志珊天性敌视朝廷，看看这几天发生的事，令人切齿入骨，依下官之见，和盗匪不用讲信义，明日发兵吧！"

季敩也施礼说道："下官属下军队已做好充分准备，请巡抚大人下决心吧，和谢志珊这样的老牌盗匪，没什么良知可讲，更不能致良知，大街上倘有一个屡教不改的盗匪，那肯定就是谢志珊！请大人下令，下官季敩第一个驰马在前，杀他个痛痛快快！"

王阳明叹道："诸位，你们都看到了，这次本院集聚了一万两千多兵马，共十一路大军，和当初攻打福建詹师富时相比，虽然谢志珊的人数比詹师富多了两三千人，但我们的兵力比攻打詹师富时增加了四倍！诸公，四倍！本院简直可以用长枪、长矛换大炮了！"

这时冀元亨笑道："不仅如此，我看过各营寨的报表，仅马匹就比当时增加了两百匹！而且四个行省的正规兵备参加了集结！"

伍文定点头道："巡抚大人，下官知道大人用兵如神，可是咱对谢志珊、蓝天凤这帮可恶的孙子，不需讲仁义，不需讲好生之德，既然咱们十一路大军，兵强马壮，万事俱备整装待发，为何巡抚大人非要等七天之期呢？"

王阳明叹道："诸公心意本院都明白。但本院一言既出，岂可自毁信誉？况且本院非常清楚，谢志珊的横水、左溪，包括第二战役中将要攻打的蓝天凤之桶冈，大小山寨加起来达九十三个，可谓险关重重，隘道多多。本院敢断定，这将是场风扫残云之战！谢志珊和蓝天凤，都将没有喘气休整之机。"

季敩喜道："巡抚大人，恕下官直言，眼看着一场痛痛快快的大仗，巡抚大人不下令，下官和属下都憋不住了。不过下官今天已经彻底明白了，巡抚大人对谢志珊已经做到了仁至义尽，这样再打起来下官和属下们就没有任何顾虑了，尽管放开手脚痛痛快快地杀吧！"

王阳明立刻正色道："季知府，包括你们几位知府，当把本院的话传达下去，你们都知道，这些啸聚在谢志珊和蓝天凤麾下的所谓盗匪，除极少数人之外，绝大部分都是当地的畲、瑶族的平民百姓，他们并不是心甘情愿追随谢志珊和蓝天凤当土匪、到处打砸抢劫的，是因为这两个大魔头用尽种种手段，万般无奈才做盗匪的！对这些人绝不可大开杀戮！所以，只要他们放下刀枪，心甘情愿投降改做新民，就不要再杀他们。"

伍文定点头道："巡抚大人把谢志珊、蓝天凤及其属下分析得非常透彻，我赞成对放下刀枪、愿意弃匪做新民的绝不可再杀！如果再杀就叫滥杀。记得下官初到大庾时，巡抚大人就说了兵部尚书王琼王大人说的话，剿灭山中盗匪，不应当以斩杀人的脑袋数量为记功的条件。只要这些人不再做盗匪，缴械投降，就可留下他们的性命，欢迎他们做新民！"

王阳明点头道："对，伍知府说出了本院想说的话，诸位万不可轻视啊！"

就在王阳明与几位知府说话间，田庄和金岸等带着正宪高兴地回到了县衙，王阳明、娠嫮的喜悦之情自不必说。正宪历经一天的磨难，扑到王阳明怀里痛哭起来。王阳明抚其背说道："宪儿，别哭别哭，今后有爹和你娘在，你会平平安安的，再不会这样了！"

其实，在王阳明率主力从赣州驰往大庾准备围剿谢志珊和蓝天凤所盘踞的横水等九十三个山寨的同时，湖广巡抚秦金正在率兵攻打郴州、桂阳瑶民龚福全盗匪。

此时秦金先后破寨八十余，斩首两千余，活捉龚福全及其同党刘福兴等，但是有一千余盗匪通过事先挖掘的山洞，从山寨内逃脱，奔往大庾一带。

秦金的快马把这一消息报告给四省巡抚王阳明之后，王阳明随即抽调兵马，先后进入大庾的各交通要道，包括在山岭间的小路设伏、张网以待。

谢志珊和郴州龚福全一直保持联系，当王阳明进驻大庾，准备实施攻打他时，他才没时间联系，只顾自己战前防御。当他得到这个消息，急忙派属下把远在桶冈的蓝天凤请来，共商此事。

蓝天凤认为这是前后夹击王阳明的大好时机。于是谢志珊让属下挑选了八百名精兵，除刀剑之外，每人配备了紫檀强力弓弩、箭一百五十支，在夜间悄悄潜伏在王阳明的大军营寨之前。王阳明初到大庾时以拉网式让十一路大军进逼到谢志珊山寨的前沿阵地。为麻痹谢志珊，摆出了一副长期对峙的样子，在谢志珊山寨前，修筑工事，砍树伐木，并在其营寨四周，遍插旗幡，还经常击鼓鸣号，扰乱谢志珊的视听。

而今他却挑选八百精兵，趁着夜色，悄悄潜伏在王阳明属下营帐之前的密林之中，一旦王阳明的兵马与从郴州逃脱的龚福全残兵败将厮杀时，他想用这八百精兵，狠狠捅王阳明一刀。倘进展顺利，可马上扩大战果，进入王阳明属下营帐，用火烧了这些营帐。

战前敌我双方都加倍提高警惕，抛开"心动神知、神出鬼没"八个字，王阳明的属下经过严格的战前强化训练，每个参战的士卒，从个人战术和技能上都提高了一大截儿。当八百精兵手提刀剑、背挎紫檀强力弓弩进入潜伏地带时，惊起了栖息在密林中的各类鸟兽，引发了人为难以驾驭的鸟鸣兽叫之声，这自然引起了王阳明属下的警惕。

属下把这个非常确切的情报传到王阳明在大庾县衙的帅帐之中，王阳明一听，就明白了谢志珊的雕虫小技，遂令这些营帐的首官务必坚持八个字："张网以待，务全歼之。"

四十二　官军同心剿敌顽　黎民踌躇举刀难

　　王阳明属下的将士，总是以伪装、佯攻等隐藏真正的攻击目的。正如兵法所云：战示而不战，能示而不能，强示之以弱。这和他在仕途中一样，向来不从别人身上看问题，而是从自己身上找原因。比如昔日皇上喜声色、犬马，他不直言此事，而是说作为臣子没有为当今圣上尽职尽责，该下臣奏报的没有奏报上去，使圣上有了过多的闲暇时间；而且一旦圣上纵酒、娱乐过分了，会影响圣上的龙体安康，这是臣子失职、愧对圣上的俸禄。他把在仕途上积攒的这些迂回的思维方法，巧妙地运用到军事上，收到了意想不到的效果。

　　龚福全的余匪从郴州逃往大庾，就是想和谢志珊合为一处，继续苟延残喘，与官府军对抗。王阳明让属下数百人扮作黎民百姓，大部分人隐藏起来，只让少部分人装作在田里劳作，这就让龚福全的余匪完全失去了防范之心。其实这只是一个大口袋的口子，而在距此一二里处，则真正埋伏了重兵。

　　这一千多余匪终于摆脱了湖广巡抚秦金及属下的追击，仓皇逃到大庾之后，发现了在稻田里劳作的黎民百姓，喜悦异常，以为总算转危为安了，毫无防范地进入了伏击圈内。王阳明属下号角一响，潜伏的和劳作的官兵拿起刀枪，不但断了他们的退路，还大张旗鼓地追袭他们。当然未及奔逐一二里路，在前边埋伏的主力突然跃出发起最猛烈的攻击、围剿。此时才是真正的上天无路，入地无门，反抗必死，唯有缴械投降才有生路。不消半个时辰，一千多逃匪悉数被斩杀或擒拿，再次激励了将士必胜谢志珊的决心。

　　这厢正在打扫战场，而潜伏在王阳明属下阵前的谢志珊的八百精兵，接到了龚福全余匪进入大庾的传报，以为天赐良机，是南北夹攻力挫王阳明属下的好机会，遂吹响了号角，从潜伏地跃起，边奔跑边向营帐内射箭，然而营房已空。当他们发现上当欲退出营帐时，埋伏在营帐四周的官军号角声起，钻入笼内的盗匪，连半个时辰不到就被斩杀殆尽。

　　王阳明见过了七日之期，遂向十一路官兵发出总攻的命令！

　　十一路官兵按照战前各自的行军路线和围剿方案，如十一支无坚不摧的利箭，呼啸着开始攻打围剿谢志珊的营寨。

谢志珊的山寨据点都设在险关隘道之处，王阳明的战前将士强化训练，就是一次模拟实战的演练。就是说，攻打围剿盗匪时，编制适应实战的各种小组，如攀岩组、缆绳组、悬梯组、架桥组、弓弩组、长枪组、追击组、搜索组，主力攻击队、侧翼攻击队、佯攻队、旗鼓号令组，等等，大家各就其位，各司其职，这种细化的作战行为，既减少了战斗实施后的盲目、侥幸，又确保了战斗向前顺利推进。

和经过正规训练的王阳明的属下各部官兵比起来，谢志珊的盗匪就大为逊色，甚至可以说不堪一击，望风而逃者有之，举手投降者有之，被寨主强行逼迫无路可走跳崖者有之，原计划一天的攻坚战，不到半天就告捷。所以，用摧枯拉朽、横扫残云来形容并不为过。初战之时，这十一路大军，除第二路因迟缓遭到王阳明训斥外，其他十路都能按照战前的攻打围剿计划，步步为营，飞快向前推进。

王阳明一向强调灵活机动的战略战术，战斗向前推进中，不能固守原先的行动方案，即敌变我亦变，这十一路大军的指挥员，几乎从来没有参加过指挥战斗，一直在府县衙仕途的圆圈里画圆，何时统兵与盗匪面对面拼杀过？所以王阳明在中军帅帐，对各路军报来的战况，及时进行分析、调整，同时还把他的调整进兵意图及时传达给属下，这样就保证了整个围剿谢志珊的战役指挥的连续性、完整性。

田庄和金岸急匆匆入帐，向王阳明禀告道："老师，不知怎么回事儿，我们中军先头部队向前推进时，有些村庄空无一人，是他们听到打仗提前跑了，还是藏在了附近的山上？"

王阳明觉得非常奇怪，这种怪事从来没有出现过。官军向来只与盗匪为敌，决不在战役中骚扰百姓、杀害百姓。所以，胆小的可能躲了逃了，但大多数百姓是你打你的仗，我种我的田。王阳明正色道："那先头部队进入百姓寨子中没有，或是哄赶驱逐百姓没有？"

田庄说道："老师，攻战方略中有明确的规定，不到特殊时候，官军不得进入村寨，凡私自入村寨哄骗、欺辱、驱赶、殴打、抢拿百姓财物者，立斩！立斩黄线的军令在，谁敢逾越？"

王阳明问道："村寨成了空的，那猪羊家禽和牲畜呢？"

田庄皱眉道："奇怪！有的家中有，都还活蹦乱跳呢；有的没有，不知这是怎么回事儿？"

王阳明笑道："这就奇怪了，像逃又不像逃？"

金岸说道："老师，我和师兄为查个仔细，到附近山上的草丛树林之中找了半天，也没找到一个人影。"

王阳明点头道："好，这件事为师知道了。"

就在王阳明与田庄、金岸说话时，十里之外的伍文定在营寨中遇到了一件难事，大军攻打谢志珊属下的一个非常顽固的山寨，从上午发起攻击，山寨上的匪徒，把礌石和滚木全部推下了山，但是也阻挡不住官军的进攻。伍文定的属下把这伙只有三五百人的盗匪，从一个制高点逼退到另一个制高点，无论怎样喊话，在寨主的压制下，一直没有投降的迹象。

吉安知府伍文定得知此事后，立即上山，他向为首的盗匪寨主喊道："你们已经被四面包围，倘再抵抗，本府一声令下，你们都得死！"

那寨主回话道："草民不降，这数百名弟兄也不降！"

伍文定怒道："本府现在给你们半个时辰的考虑时间，倘投降下山，听从本府的话，本府可保你们不死！"

寨主讥笑道："知府大人，你别在这儿哄骗草民了。草民当寨主数年，杀过官军，杀过百姓，用你们的话说是罪大恶极者，草民投不投降都是一死。现在草民提个条件，你若不答应，草民率领弟兄们宁可战死，也决不投降！"

伍文定想了想说道："好，什么条件，你说！"

那寨主说道："你们的官军一律退下山寨，草民就降！"

伍文定怒道："这个条件太荒唐，本府知道你们奸诈，倘本府率众退下山，你们再次固守山寨怎么办？"

那寨主怒道："知府大人，这个条件你必须答应，倘不答应，草民山寨上有三五十个受伤的弟兄，草民有号角，以号角为准，草民三声号角杀一个重伤弟兄！"

伍文定从没遇到过这么狡猾而又顽冥不化的盗匪。但是官兵们拼了命似的才攻下的山寨，现在要拱手让给盗匪，莫说自己寒心，就是攻打山寨的所有官兵也会为之寒心的，这一步无论如何不能让！

伍文定讥笑道："那好啊！你不怕你手下的弟兄们反过来杀了你，向本府邀功吧？"

伍文定的这句话是这个寨主万万没想到的。谢志珊的属下就曾发生过几次属下诛杀寨主之事。现在对山寨来说，已经山穷水尽，而今官军断绝了这数百名盗匪的所有退路，他们只能往前走，前边就是悬崖，悬崖下是几百丈的深涧，人只要掉下去，必然粉身碎骨。听了伍文定的话，这个穷途末路的寨主，心里不寒而栗。

这时，一个奸诈的中年人说道："寨主，现在咱们的命运就掌握在这些官府军手中，你别来硬的，咱软磨软抗。说实话，咱们谁也不想死，咱们多想想他们最怕什么，找找他们的软肋。"

寨主点头道："废话，你说得容易！现在刀把子攥在他们手上，只要不投降，又能保咱们的性命，这才是咱们最想要的。"

伍文定大怒道："我告诉你们，现在你们只有两条路，要么投降，要么让我全杀了你们，你们想耍什么花招，一点儿用也没有！快，时辰快到了！"

那寨主佯怒道："知府大人，你别逼我们，再逼我们，我们就集体跳崖了！"

伍文定这时大笑道："那好啊！你们跳吧！这样我们就可以不打一炮不发一箭，连战场也不需要打扫，这好啊！"

这时，不知方才帮寨主说话的人又向寨主说了什么，寨主大声说道："弟兄们，预备——喊！"

数百名盗匪齐声喊道："官府军逼我们跳崖了！"

喊声一次高过一次，这种喊叫声在千山万壑间回荡着，久久不息！

伍文定终于大怒道："来呀，轰他们一炮！"

将士们把火药放入炮筒内，然后点燃炮捻，那火炮轰的一声，一个巨大的火球打到了对面盗匪中间，顿时有死亡重伤者，这些盗匪吓得谁也不再喊叫了。

伍文定大怒道："这是警告，再不投降，本府会令将士们万箭齐发，我看你们还怎么活命！快投降！"

寨主没想到这个知府大人会这样，他高喊道："知府大人，别再打炮了，我们甘愿投降！"

伍文定仍怒道："方才本府已经给你们交代了政策：顽抗者死，投降者活！把你们手中的枪械刀剑全扔下来。然后一个挨一个从悬崖上下来，这样本府才饶你们一死！快！"

寨主等都把手中的枪械刀剑扔了，他们中间发生了一阵骚乱。

伍文定看得清清楚楚，盗匪们拳打脚踢着什么。这时一个盗匪喊道："知府大人，我们早想投降活命，就是这个寨主可恶至极，我们现在正出气呢！"

伍文定大喊道："快，投降的快一个个下来！"

这时，只见盗匪们抬起拼命挣扎的寨主，发一声喊，把寨主扔下悬崖！有诗为证：

　　铁流滚滚贯长虹，
　　官军浴血炮声隆。
　　山匪草寇不足虑，
　　风卷残云真英雄。

此时，按最初的作战计划，各路大军的围剿已近尾声。王阳明坐在中军帅帐，凡来禀报的皆捷报。这时，赣州卫指挥佥事余恩入内禀告道："巡抚大人，围剿前进受阻，将士们无法逾越，乞请巡抚大人到前方一看，下官才好下定决心！"

冀元亨质问道："余佥事，各路军的行动方案已决定，你们都领取了令牌，遇到这种事你当自行果断处置，何劳我恩师前往？"

王阳明此时正沉浸在喜悦之中，因为各路军频频报捷，独有这个佥事前来报忧。遂说道："余佥事，你作为第六路军为首将领，虽战况瞬息万变，但百变不离其宗，那就是把握时机，以消灭敌人有生力量为主，适时率领部队快速向前推进。现在我军以雷霆万钧之力，在横扫、歼灭这些惶惶不可终日的盗匪，这有何难？"

余恩这人也怪，他爱钻牛角尖，别人的话他似是听不进去，不管冀元亨与王阳明说什么，他只是叹道："巡抚大人，不是下官畏缩不前，是下官真的不敢下此决心！"

王阳明见余恩始终不说原因，点头道："来人，备马，去横水总寨！"

田庄说道："老师，让大师兄留守帅帐，田庄愿随老师前往！"

金岸亦说道："老师，金岸也愿前往！"

王阳明这才说道："元亨，你留下吧！为师随余恩佥事去看个究竟！"

冀元亨拉了田庄、金岸一把，低声说道："记住，恩师的生命安危全系你二人一身，你俩不许冲冲杀杀，保护好恩师就是你俩最大的功劳！"

田庄、金岸齐道："大师兄放心，宁可我们死，也决不让盗匪伤了老师！"

赣州卫指挥佥事余恩在侧，王阳明驰马在中，而田庄、金岸则驰马在右，几个随从在后，十余匹奔马驰向谢志珊的横水总寨。

王阳明和金岸、田庄随赣州卫指挥佥事余恩来到谢志珊所在的横水总寨时，抬眼往高耸入云的总寨上一看，顿时大惊失色，这总寨不仅高、险，还有数以千计的黎民百姓就站在总寨前，他们像一道天然屏障一样，似乎在护卫着总寨。王阳明自从福建象湖山詹师富歼灭战以后，更加珍爱黎民百姓的生命，而今，他彻底明白，几个寨子的黎民百姓如同人间蒸发了一样，全部无踪影了，是因为谢志珊将他们抓到了总寨，这仗你怎么打？不打，谢志珊又会从此逍遥起来。

余恩又回到他的指挥位置上，盗匪仅在百米之外，从表面上看，这些站在总寨四面的黎民百姓，是被盗匪用绳索捆着胳膊连在一起，形成了一道高矮不一的护卫屏障。

此时，谢志珊正和蓝天凤在总寨上向下观望，谢志珊说道："天凤兄，有了百姓这道屏障，你回桶冈无碍，我这总寨稳如磐石了！"

蓝天凤知道王阳明属下已开始包围谢志珊的横水总寨，他已做好了回桶冈的准备。可是他又不放心谢志珊能否固守横水总寨。虽然有了数千黎民百姓摆在总寨面前，但他还是有些不放心，因为谢志珊几次偷袭王阳明，并试图与龚福全的余匪前后夹击王阳明，包括抢劫王阳明的儿子，都没得逞。他说道："志珊兄，王阳明奸诈多谋，你务必万万小心！这可是你横水最后一战，你要必胜！"

谢志珊说道："放心走吧，我总寨有百姓护卫，稳如泰山！"

蓝天凤及随从这才驰离横水总寨，直奔桶冈。

这时，余恩按照王阳明所说，向谢志珊喊话道："谢志珊，无论你今天耍什么手段，用什么方法，你已经山穷水尽无路可逃！识相的话，马上缴械投降，不然，你和你的属下只有死路一条！"

谢志珊大声喊道："官军们，你们听着，今天我就要看看，你们这些手持刀剑的父母官儿，是怎样屠杀手无寸铁的老百姓的！老百姓给你们交粮纳税，到头来你们还要杀了他们，今儿不但我谢志珊反，我要让手无寸铁的老百姓也反！只要老百姓一反，你们就无法收拾这种局面，你们只有一条路，该滚哪儿还滚哪儿！"

余恩大怒道："谢志珊，横水总寨已被铁壁合围，你别拿黎民百姓说事儿，你越顽抗，你们的下场就越惨！"

谢志珊向守在总寨的盗匪们说道："来呀，下场箭雨又如何！"

这时隐藏在黎民百姓身后的弓弩手搭箭，数千支狼牙箭向余恩及其属下射来，官兵急用刀剑或盾牌遮挡，但还是有数十个官兵倒在箭雨下。于是余恩急令大军后撤，才避免了被山上的盗匪射杀。

王阳明眼看着瞬间被盗匪的竹箭白白射杀了数十名官军，心中大怒道："这个谢志珊太可恶了，他用手无寸铁的黎民百姓做肉墙、当挡箭牌，我们又不能向百姓开炮射箭！"

听说围剿谢志珊横水总寨遇到阻力，除一部分已围剿左溪诸山寨的几路大军外，几路将领皆来到阵前。

王阳明决定把帅帐前移，就放在横水总寨下面，几路大军的指挥都默默地站立，独王阳明坐在正中央，冀元亨等弟子一字儿侍在王阳明身后。

王阳明环顾众人说道："谢志珊用黎民百姓护卫他的横水总寨，诸位都动动脑筋，认真想一想，遇到这种情况，这仗该怎么打？如何打才能不伤及百姓？"

伍文定皱眉道："巡抚大人，百姓在前，咱们真的束手无策，这仗只能等，拖着长期围困，一断水路，二断山路，我不信他们的粮食能吃到永远！"

唐淳则说道："巡抚大人，咱不妨让炮手们做做大炮试验，在什么角度下，也就是炮口抬高到什么角度，射出的炮弹，才能像长了眼睛，只打总寨上的盗匪，而不伤及黎民百姓！这是战斗进行中炮手的技术问题！"

王阳明点头道："三个臭皮匠合成一个诸葛亮。唐知府的这个创意很好，我看此事可以一试！"

田庄说道："老师，弟子以为还有一个办法，可以解决总寨屏障问题。"

王阳明说道："今日咱们要各抒己见，我抛了砖，希望能从你们中间引出一片片玉来！田庄你说！"

田庄说道："白天通过对总寨地形的详细观察，特别是对黎民百姓这道肉墙的观察，我看至少可以这样做：趁夜色潜伏靠近那些黎民百姓，既可利用百姓做掩护，射杀值守看管黎民百姓的盗匪，又可以趁机把黎民百姓悄悄拉下山，只要拆除了这座肉屏障，谢志珊的总寨就暴露在我们的攻击之下。"

南康县县丞舒富则说道："巡抚大人，下官以为，劝降比军事打击更有效！因为谢志珊最明白他现在的处境，就像当年楚霸王在垓下被围，已经四面楚歌了！他试图通过抓黎民百姓做挡箭牌，知道大人绝不会向黎民百姓开战，他抓住咱们这个弱点，故意打出这张牌。说穿了就是孤注一掷！一切的反抗和挣扎都逃不了覆灭的下场！所以，下官认为走劝降这条路可行，既可瓦解谢志珊逃生的妄想，又可唤起属下反水，还可使黎民百姓真正明白，官军只杀可恶的盗匪，而不无故伤害老百姓！"

潮州府程乡县知县张戬点头道："巡抚大人，这个主意很好！既可保护黎民百姓不受任何伤害，又可让谢志珊明白在走投无路、四面楚歌的绝境中，只有缴械投降这一条路可走！"

王阳明点头道："这样，为造成对谢志珊的巨大震慑，断绝他试图逃生的一切妄想，江西都指挥使司都指挥佥事许清、南安府知府季敩，你们马上把横水总寨之东西两面口袋收紧，现在把围剿横水总寨的六路大军的锣鼓号角都集结到阵地前沿，在帅帐号令兵的统一指挥下，鼓号齐鸣，一长三短！号令后本院向谢志珊喊话！"

自从蓝天凤离开横水总寨，回到桶冈总寨之后，谢志珊的脾气越来越坏，他昔日曾经不止两三次向属下吹嘘说，横水、左溪六十余座山寨，每个寨子够王阳明打上一个月，这样算下来，仅他自己属下的这六十余座山寨，足够王阳明攻打至少两年，两年之后，才会攻至他的总寨之下。可是王阳明发布攻打号令之后，不到一个月，就剿灭了他五十座山寨，现在只剩下横水、左溪两个总寨，且这两个总寨都已经被王阳明的十一路大军，分别像铁桶似的包围起来。而且寨内的粮食，包括日常所蓄的泉水，也仅够维持五到七天，过去他把牛皮吹上了天，现在正如王阳明当时所说，只要总攻命令一下，官军风扫残云，很快就会直逼到横水和左溪两个总寨之下，今果然也！

这天，谢志珊正去茅厕。路过两个值守哨兵时，因为他从侧面而过，哨兵并没有发现他，只听其中一个哨兵说道："这他娘的仗再打下去，咱真的连媳妇也找不到了，打光棍儿的男人，这辈子也算男子汉大丈夫吗？"

另一个则说道："其实，咱都是被谢歪瓢蛊惑愚弄的。咱俩守这个山寨能守来媳妇吗？能守来三间茅屋、一头水牛、三亩山地吗？说白了，咱是为谢歪瓢守山寨，说难听的，就像给人家看家护院的狗，一旦死了，往山涧一扔，任狼叼豹撕、鹰啄蛇噬。连入土为安都不能，只能暴骨荒野！"

先说话的那人又说道："你看人家巡抚王大人，一声总攻令下，不到一个月，先前所有的山寨、弟兄，亡的亡，降的降，就剩咱和左溪这两个山寨了！要我看，咱们谢歪瓢太不识时务，非要拿着鸡蛋碰石头，反正只有投降这一条路！他还每天自认为聪明过人，狗屁吧！"

另一个则说道："人啊，都是这样，当局者迷，旁观者清！一个头顶稻谷壳儿的土老百姓，还想打起反旗，公开和朝廷对着干，占山为王？结果，朝廷过去不搭理你，因为你实在不值得围剿，可你越来越不像话，残害当地百姓，鱼肉乡里、抢劫过往人的财物，把人家的黄花大闺女抢上山来，还封什么压寨夫人，人家不同意，就吊打人家，直到把人家打怕了、打服了。王阳明肯定能消灭谢歪瓢。"

"可是，你看咱们的大王，明明知道自己马上就要完蛋了，却偏偏抓来老百姓做挡箭牌，临死还拉人做垫背的。我知道，人家王阳明见了百姓，绝不会动一丝一毫杀念，人家肯定要走劝降这条路，这就顺服了上天。上天最公正、公义，上天怎么可能让你谢歪瓢得逞呢？这叫天不助恶，天不助奸！"

"是啊，任他谢歪瓢穷凶极恶，上天绝不会让他枉杀一个黎民百姓，他想让百姓做他的挡箭牌，上天会阻止他，到头来，只能丧送他谢歪瓢的性命，你敢赌吗？"

此时不表那两个哨兵，却说那些数以千计的黎民百姓之中，有一名老汉，满脸黧黑，髯须盈尺，在他们山寨是一个人人佩服的人物。他为人刚烈，脾气耿直，一向不拐弯儿。在谢志珊和蓝天凤这两个大魔头占山为王，欺压百姓，公开与官府军作对之后，大庾等相连的府县就没有安宁过。正值兵荒马乱的苦难岁月，百姓的性命一文不值。这老汉不管是在人前马后，总是大骂谢志珊、蓝天凤：为自己的贪婪、可恶的名利，非要充当羊圈里那儿最高的骆驼。朝廷派巡抚大人王阳明率军来围剿，苦难日子总算到头了，谢志珊、蓝天凤该彻底完蛋了。

但是狡狐即使在被缚之前，总有伺机反咬一口的时候！谢志珊在王阳明大军总攻之前，从附近的山寨里，不管男女老少一律抓捕到横水总寨。这老汉因为拼死反抗，所以，被谢志珊属下当着全山寨男女老少的面打得最惨烈，最后是被盗匪们硬拖着、血迹斑斑地拉上了横水总寨。在王阳明的大军没来到横水总寨之前，这些黎民百姓在皮鞭棍棒殴打下，搬石头、砍伐树木、竹子，修筑防御工事，架设栈道、悬梯，因老汉伤重，只能躺在山上歇息。王阳明大军一来围剿，谢志珊则立即把这数千百姓拉来做总寨的肉墙屏障！此时，老汉的伤也好了许多，起码行走如常，两只手也能拿东西了。

按谢志珊的安排，夜间直到子时，确定王阳明属下的官兵没有攻打山寨迹象时，就把这些肉墙屏障的百姓驱赶下来，除了让他们狼吞虎咽地吃定量极少的干粮外，还挥舞着皮鞭、棍棒逼着他们不能乱动，倒地歇息，为防王阳明大军攻山，天不亮一人发一个窝头，再去做肉墙屏障。

待人们倒地休息时，老汉向本村寨中几个青壮年一招手，大家就簇拥到了老汉周围。他悄悄地说道："看到没有，谢志珊这个狗东西，已经黔驴技穷了！把咱们当挡箭牌、当炮灰！咱们大家能不能挺起腰杆，不再逆来顺受了？"

一中年人说道："老叔，话是这么说，可是咱手无寸铁，人家手里有刀有枪啊，咱是人家谢志珊手下的牛羊，只能任人家驱使！"

老汉大怒道："呸！你这个没骨气的东西！你连回他一拳、回他一脚的勇气都没有吗？"

另一个有些血性的青年人说道："老伯，咱村寨里上上下下都敬佩您老是一个天不怕地不怕，敢和谢志珊这个走兽公开相斗的人。但眼下怎么办，咱们在他的山寨，难道咱们这几条泥鳅凑在一起能掀起什么大浪来？"

一个心有灵犀的青年汉子笑道："那当然！一双筷子易折断，当咱们联合成十双、二十双甚至几百双筷子的时候，就是再有劲的人，也折不断！"

老汉笑道："好！原来我以为咱们山寨大大小小五百人口，没有几个血性汉子，今儿这么一说，呼啦啦就站出几条男子汉大丈夫来！"

那个最先被老汉斥责的中年人说道："我知道大叔的意思，可是咱们现在吃不饱，又睡不着，整天饿得肚里难受，身后还有皮鞭、棍棒，咱怎么和谢志珊斗？"

老汉把手一挥说道："你别整天说那些软蛋、傻子的话！你自己不刚强，还扰乱大家的心志？孩子们，通过这几天山下的朝廷官兵和山上的谢志珊对抗，你们没看出什么门道来？难道你们只想着干活、睡觉来着？"

还是那个有志气的青年点头道："老伯，不知道咱嘴上没毛，说出的话靠不靠谱儿，让我说说看！"

老汉点头道："孩子你说！你说！"

青年人说："朝廷的巡抚大人，率领的是仁义之师、恩德之师！你看人家一看有黎民百姓被谢志珊推到了寨前，打也不打，攻也不攻，别说别的，就连那轰的一声的大炮也不用了！可是……"

那中年汉子讥道："可是什么？谢志珊居高临下，又有这么多百姓，把朝廷的兵马吓坏了，无奈只能这样两牛相顶着，谁先退后谁保准吃大亏！"

老汉怒道："哼，我看你就愿意当谢志珊牵着的一条狗！得，你这种天生断了脊梁骨的人，不值得我浪费这许多话！大家听我说正事儿。"

青年人说道："对，老伯，您就像一根齐天高的大竹竿，我们这些人，就靠您帮我们拨开乌云见太阳呢！您快说！"

老汉这才手抚髯须说道："谢志珊这个狗东西，他以为把老百姓摆在人家官军面前当棋子、当牛马驱使，人家就不敢进攻总寨了！咱们这些百姓，比谢志珊总寨的人马多得多！咱不能自做羔羊，听凭他们摆布！你们知道吗，咱们这几千号百姓，就是朝廷兵马与谢志珊天平上的砝码，咱们本不想死，而且要像模像样地活着，所以咱们只有倾向朝廷官兵，那么，谢志珊不出一天就彻底垮台！"

有个抑制不住兴奋之情的青年人说道："老伯，您是我们的领航人、指路人，您说怎么办就怎么办！为了全寨的乡亲们，为朝廷官军彻底端掉谢志珊这个最后的老窝，咱们马上组织起来，不用朝廷官兵上山，咱们百姓就把这几百名盗匪解决了！"

几个青年人同声道："老伯！真好，咱们就按您说的办吧！"

老汉说道："孩子们，趁着天黑，你们赶紧悄悄地联络咱们寨子的人，把咱们寨子的人联络好了，再联络其他寨子的人！"

到了现在，谢志珊最清楚，除去这几千黎民百姓，守山寨的盗匪剩下不到八百人，这八百人当中，还包括盗匪的家人及儿女，真正能拿刀动枪的也就六百人左右。正是人有千算，不及上天一算。这几千百姓在山上没几天，做饭的盗匪头目就来见躺在床上的谢志珊。

那人说道："大王，我那里粮食告急！水只够喝一天了！"

谢志珊怒道："你真是个没用的东西！本王不是让你每个人每天减粮减水吗？你怎么搞的，粮食告急，水只够喝一天了？"

谢志珊刚要伸手打那个人，侍者急忙拦住道："大王！你别急嘛，听他说缘由！"

那个人这才说道："山上一下子来了这么多黎民百姓，都是张嘴儿要吃的要喝的，你不给他们吃的喝的就要闹事造反，我们已经发现食堂门口有三个弟兄被杀，这些事儿谁能查得清啊？"

谢志珊至此才彻底明白，你没有粮食，没了水喝，你让人家还怎么拼命守着你等死，要不是他看管得严，以家人儿女为人质，这六百多盗匪早散了！他笑了笑说道：

"这样，事关重大，你不要向任何人提及这件事，本王再想想办法！放心吧，粮食我们会有，水也会有！"

数千名黎民百姓联合起来之后，特别是老汉已经在山寨食堂刺探清楚，山寨到了山穷水尽之时，他们几十个人商议后决定，擒贼先擒王，只要活捉了谢志珊，一切都会出现大逆转！

寨外王阳明站在高处，待属下鼓号一长三短轰鸣之后，王阳明大声喊道："谢志珊，你已经山穷水尽！今本院发布特赦令：凡谢志珊的属下，只要你主动缴械投降，不论你过去如何，今特赦你无罪！至于山寨上被执被困的黎民百姓，本院希望你们挺起腰杆，反戈一击，帮助本院官兵消灭谢志珊和顽固可恶的盗匪，以盗匪的双耳为准，本院为你们请功，让南安府、大庾县衙，根据功劳大小，以田地牛羊奖励！本院身为四省巡抚大人，言出必行，决不食言！"

寨内谢志珊倒背两手，低着头从屋里出来，正向大厅走，老汉一挥手，几个青年人如狼扑食，不待谢志珊反抗喊叫，就将其捆了个结结实实。

老汉见擒了谢志珊，向手持响箭的青年人说道："快，向山下官军发响箭，谢志珊被拿了！"

四十三　天凤折翅坠桶冈　尚德营造正能量

正是呼喇喇一声震天动地响，大厦嘎嘎将坠，横水总寨顿时乱了方寸！老汉此时正鼓动数千黎民百姓往山下大喊："谢志珊被拿了！谢志珊完蛋了！……"

而山上的百姓，边喊边就地取材，拿起棍棒、竹竿等物，即向那些值守的盗匪围捕过去。而盗匪们呢，听到主子被擒，要么跪在地上向百姓们举手投降，要么吓得四处逃窜，但黎民百姓的眼睛雪亮，岂有脱网逃脱之人？

王阳明来到横水总寨之时，谢志珊被五花大绑押上来，诛杀了盗匪的百姓从四面八方奔来，罗钦顺和何瑭开始在大厅内登记人们诛杀盗匪的双耳数量。横水总寨的大厅前，几千名黎民百姓围得里三层外三层，南安府知府季敩站在大厅前，高声向百姓们说道："南安府大庾最大的盗匪头子谢志珊及其属下今被彻底消灭了！本府按照巡抚大人之令，通过你们向大庾所有的黎民百姓传达，由于你们在围剿谢志珊及其属下盗匪时，主动协助官军，攻克了横水总寨，为此特奏报朝廷，减免你们大庾县一年的赋税和粮食！凡在围剿谢志珊战斗中，斩敌耳一双者，奖赏山羊五只，田地一亩，凡斩杀敌耳两双者，奖山羊十只，田地两亩，以此为计，叠加奖赏！……"

当王阳明率众下山时，黎民百姓簇拥着他去村寨。他笑道："你们的心意我领了，因左溪总寨和桶冈还没围剿，蓝天凤和陈曰能还想最后一搏，等把蓝天凤他们彻底剿灭了，如有闲暇时间，我一定再到大庾来，咱们再同贺如何？"

老汉点头道："草民知道巡抚大人公务在身，草民代表各村寨的百姓真心邀请大人。请大人在百忙之中，一定记住此事！"

这时，一个文质彬彬的青年人施礼道："巡抚大人，大庾这一带百姓落后，草民听说大人乃心学大师，如有可能，请大人到大庾讲心学，让百姓明良知、致良知，从而知行合一。大人有四句话，草民听说是这样的：无善无恶是心之体，有善有恶是意之动，知善知恶是良知，为善去恶是格物！大师，草民说得对吗？"

王阳明点头道："是吗？你怎么知道这四句话的？"

那青年人说道："是草民听从赣州府大人讲学时所学，故而草民像座右铭一样把它记在心里！"

走在一侧的田庄笑道："小兄弟，我老师还有四句话，你想听吗？"

那青年人大喜道："今大人与草民并肩踏着这条山路，已是草民大幸，倘能再得赐教，草民之列宗列祖则更为大幸，草民愿洗耳恭听！"

田庄看着青年人的脸说道："知是行的主意，行是知的功夫；知是行之始，行是知之成。"

王阳明拍了一下青年人说道："看来你是个上进爱学的有志之士。这样，我和弟子们回大庾县衙收拾一下，才能向左溪、桶冈进发！你呢，若是真心求学，我可以把这四句话、四句理、四句教亲笔书写赠予你！"

那青年人听罢，双膝跪地道："如此最好，不若大人收我雷天星为弟子，乞请大人恩准！"

那青年人这样一说，众百姓都围着王阳明纷纷为他求情。王阳明爽朗地笑道："雷天星，并非我为人求真，拜师收徒乃人生大事，须慎重。我可以给你三天考虑时间，如你想好了，再去左溪找我，届时在我的众弟子陪同下，我和你再叙师徒之礼如何？"

雷天星泪水涟涟，随后又破涕为笑说道："好，雷天星谢过了，不过，请大人宽限至五天如何？"

王阳明环顾众人问道："此乃何意？"

雷天星说道："大人，因我步行，怕万一路上耽搁了，届时不至，岂不失信？故而请大人宽限时日！"

王阳明点头说道："这样，五天不至，那就六日？"

雷天星施礼道："好，雷天星就依大人之约！"

这时，老汉快步跟上了王阳明，和王阳明又说又笑，他伸出手指着前方说着什么。

百姓跟随王阳明下山，雷天星在人群中挤来挤去，他突然拉住一个人的袍袖说道："天月兄，你过来，我有话说！"

这个叫雷天月的青年人一看就比雷天星长得粗壮，但他的双眼和雷天星一样，是一种智慧的明亮。雷天月喜道："天星兄弟，你为啥这么高兴？"

雷天星说道："天月兄，你现在想不想和我做一件惊天地泣鬼神，荣耀咱雷家列祖列宗之事？"

雷天月点头道："那当然！你男子汉大丈夫志在求学，而我则志在求武。可是，天苍苍，地茫茫，求学求武在何方？"

雷天星说道："天月兄，我告诉你，唐代大诗人韩愈曾说，'世有伯乐，然后有千里马。千里马常有，而伯乐不常有。'今我有幸得见伯乐，是即将改变咱雷家命运的大事！"

　　雷天月笑道："那好啊！可是再过半个月行吗？你知道，我马上要和竹花结婚了，这是你兄长的大事！"

　　雷天星摇头道："天月兄，不行！绝对不行！我在伯乐那儿只应了六天时间，而且今天就是第一天！"

　　雷天月为难道："可是，我和竹花结婚乃咱雷家的大事，我若一走了之，将来如何再见竹花？"

　　雷天星说道："天月兄，凡成大事者，决不眷恋这儿女情长之俗事，我和你只有这多半天的准备时间，大丈夫做事，当求速断，不可拖泥带水，过了今夜，你若不去，我雷天星愿独往！"

　　雷天月素知他兄弟天星的为人处事，遂长叹一声，说道："天星兄弟，这件事搅乱了我的心，不过，容我今夜商议。"

　　"商议不商议是你的事，不过记住：机不可失，时不再来！"

　　这夜，雷天星坐在家里的茅屋外边，眼望着天空深邃的闪亮星儿，陷入了沉思。

　　雷天星生活在大山深处，倘没人到南赣府，或者说倘没有今天的朝廷军围剿了谢志珊这个盗匪之首，倘没有他被谢志珊的属下抓上了横水总寨，他怎么能够和这个朝廷巡抚大人、心学开宗之师王大先生见面呢？什么是命运安排，唯有上天搭造了这座缘分之桥，并且做了这样百载难逢的巧安排，他雷天星才有了轰轰烈烈大干一场的机遇。

　　天空中闪光的密密麻麻的繁星，也不是恒生不变的，它们虽有巨大的生存空间，但它们如尘世上的人一样，也有生命存在的尽头！这时，一颗闪着光亮的星儿，划了一条长长的炽白光线，瞬间就再也无踪无影。

　　到了子夜之时，冬夜的寒冷已入骨入髓，雷天星站起来，抱着双臂，尘世的一切都不可惧怕，因为上天早已做好了安排，谁也逃脱不了上天之手！他长叹道："好，干吧，我雷天星决不愧此生！"

　　第二天，整装待发的雷天星带着绳索、砍刀、弓弩及短刀，屹立在村寨口，无聊地踢着地面上的石子。这时，他的天月兄整装待发地来了。哭红双眼的竹花在大树一侧，她看到原来鼓动天月出门做大事的人，不是别人，正是天月的兄弟。她抚摸着衣裙，咬牙嗔道："哼，你们俩走吧，就是跑到天涯海角，我竹花也认了！"

　　雷天月和雷天星兄弟二人，正大步流星往前走，但那根肉眼儿看不见，却又实实在在存在的姻缘红线儿，牵着快步紧随的竹花，她一刻也不敢放松地跟随着。等奔波了十几里的山路，雷天星才告诉了雷天月他的行动计划。

四十三　天凤折翅坠桶冈　尚德营造正能量　｜　527

雷天月一听顿时来了百倍精神，喜道："好！好！这才叫男子汉大丈夫啊。天星你记住，咱兄弟同心，黄土变成金！不达目的，咱誓不罢休！"

此时，他二人绕过山垭，进入一片偌大的密林，竹花远远跟在后面。但是，兄弟二人一用砍刀开路，自然惊起了鸟兽，接着是狼嚎虎叫、鸟儿杂乱的啁啾，整个密林从死一般寂静中复活了，有了生机勃勃的骚动。

横水总寨被攻破了，谢志珊得到了应有的惩处。

左溪这座看似固若磐石的总寨，不管寨子内有多少人，多少把刀，多少把剑，多少张强力紫檀弓弩，转眼之间都被彻底剿灭了，盗匪死的死亡的亡，被俘的皆做了新民。

这幅对蓝天凤来说凄惨的画面，让他从内心深处产生了一种狐悲兔死的感觉。古人常说："世上没有不死之人。"更没有自谓男子大英雄永远不倒的人！太不可一世、自诩的征南王，连横水、左溪的几十座山寨都没有保住，顷刻间烟消云烟，反成了世人讥嘲的话柄。在茶余饭后，人们会切齿道："谢志珊他早该死，他不死咱还不安生呢！他该死，他真的早该死！"

惺惺惜惺惺，下一个就是他蓝天凤！

但蓝天凤却有着自己的如意算盘。有一年，他带着随从到赣州，虽然他打扮成一个若傻若痴的老者，走路还故意瘸了一条腿，手里拿着半块黑漆漆、硬邦邦的番薯菜饼子，一边走一边吃，一副老乞丐之状！

偏是有一个高挂着姜天师幌子招牌的算命先生，伸手拦住了他，说道："先生，我有几句要紧话要说，请留步啊！"

蓝天凤以为算命先生说别人，惊讶道："怎么，姜天师，就我这样吃了上顿没下顿的潦倒老儿，也能称先生？"

那姜天师摇头道："当然，世上你若不称先生，这茫茫人海之中，有几个能称得上先生？"

蓝天凤讥道："姜天师，我身无分文，你想骗我、讹我，都没有结果。当然你若耍我、逗我，兴许我身上有笑料，你尽而取之为之如何？"

姜天师反讥道："就你方才的谈吐，像是老乞儿吗？那只有一种合情合理的解释，说装疯卖傻我失口德，但我说你装可爱，却又正中你的下怀吧？"

几句短话相接的开山之语，让蓝天凤大悟。这赣州大街上，不止你一人有才，看来孔子所说"三人行必有我师"乃至理。他遂向姜天师施礼道："天师既然如此洞察人世，还望不吝指点迷津。"

姜天师说话不离本行，开口道："凡人观其外，足知其内。七窍者，五脏之门户，九侯三停，定一尺之面，智愚勇怯，形一寸之眼，天仓金匮以别其贵贱贫富。今观先生，眉直头昂，富贵吉昌，且眼目光彩明净当有贵，如若能够乘势，其贵不可言。故而顺其势，吉；逆其势则凶。凶吉在乎一刹那。观夫面相当贵，其贵当在府衙之上。不过，看先生之耳，薄而不足，此乃运道，恰当把握，自当避难迎吉也！"

姜天师这几句话，就像一股兴奋剂注入蓝天凤心怀。十几年过去，他似是结了根，已坚定不移矣！今日厄运来，如何避开它，这正是蓝天凤伤透脑筋之事。过去，遇到烦心之事，他可驰马去横水、左溪与谢志珊等会面，痛饮几杯，回来的路上，忧愁如风，随即刮过。而今，谢志珊等已作古，横水、左溪已成为新民之地。

蓝天凤从总寨大厅里出来，侍者从一侧走来说道："启禀大王，官府军攻势猛烈，礌石滚木已用尽，现在不仅缺竹箭，更缺礌石滚木。请大王示下。"

蓝天凤开口道："官府军也是程咬金三板斧，没什么了不起！让弟兄们拼死力，只要顶住了官府军前三轮攻击，剩下的就是胜利！"

待侍者下，蓝天凤向身后的二寨主说道："看来官府军进攻猛烈，快把食堂之人，对，包括所有的家人都拉出来，让他们搬礌石，砍木伐竹，制作弓箭，绝不能让官府军前进一步！"

且说此时，这雷天星和雷天月刚把绳索拴好，雷天月似乎听到了身后的响动，他示意雷天星悄悄隐于树丛之中，过了一阵，只见手拿砍刀肩挎弓弩的竹花，正一手拨开树枝，悄悄走来。他站起来笑道："竹花，你这是干什么？为什么不在寨子里！"

竹花向雷天星说道："还说呢，还不都是天月，要不是他要干什么大事业，我一个姑娘家，怎么会翻山越岭来到桶冈这个破地方！"

雷天星笑着施礼道："竹花嫂子，你放心，今天下午登临桶冈最高峰，耽误不了我哥和你成亲的大喜之日！"

直到这时，雷天月才把他二人的真实意图告诉了竹花。

竹花微笑道："好！你们兄弟俩别嫌弃我，爬树攀山，我也是行家，这几年我跟爹上山采药，攀爬的悬崖峭壁很多，你没见我家房前晒了那么多铁皮石斛吗？"

其实，雷天月也曾跟着竹花和她爹攀爬悬崖峭壁，只有人迹罕至之地的悬崖峭壁上，才生长这些药用价值极高的铁皮石斛，它是石斛中的极品。

雷天月喜道："那好，现在咱们已经上了桶冈，你们看，那个山寨当是桶冈总寨吧？"

竹花伸手指道："那不是官军吗，他们从正面已把那个总寨包围起来，咱们从这儿爬上去，就可到达总寨。"

雷天星从一棵树上下来，他向天月说道："哥，我听说桶冈总寨这里好像叫茶寮，不过这里确实就是咱们的目的地桶冈。接下来，咱俩分工，让竹花嫂子在下面等我们。"

竹花讥道："天星，不是我夸口。攀爬悬崖我绝不会拖你们后腿，万一敌人多，你俩对付不过来我在后面可以帮你们啊！"

雷天月说："天星，竹花箭射得准，让她和咱们一起去！"

雷天星点头道："好，哥你身上的刀给我吧，我打头阵！"

雷天月摇头道："天星，哥明白你的用意，要真正和敌人打起来，这刀还是我用最好，你先拿根木棒，等杀了敌人，你就有刀了！"

雷天月持刀在前，三人很快登上了总寨。因蓝天凤此时把总寨中所有人都调到阵前，让他的属下除了向准备登上总寨的官军投放滚木、礌石之外，还不停地向他们射箭，因盗匪居高临下，官军前进受阻，只能隐藏在密林之中，等待攻击时机。

双方相峙，蓝天凤手下的八九个首领，即陈曰能、高文辉、唐洪、蓝文昭、陈贵诚、邓崇泰、肖贵富、叶三及肖桂模，纷纷来到大厅。

蓝天凤开口问道："诸位，这次打得很好，顶住了官军第三次冲击，照这样打下去，咱这茶寮之地，少说也要和官军相持个把月，你们都有信心吗？"

高文辉说道："大哥，我以为这样相持下去不是办法，官军在山下，他们正在集聚兵力，三日之后，他们攻击的人数会大增，到时候咱们就被动了！"

肖贵富则说道："大哥，我仔细观察了一下，官军和咱们的比例大概是四比一，或许五比一，我也担心像文辉兄弟说的那样，人家巡抚大人的后续大军一到，倘他们利用火铳、强弩以及多路攻山，只怕咱们就顾此失彼！总之，这么硬打不是办法！"

蓝文昭大声道："我看茶寮咱们很可能守不住，但咱们决不走谢志珊投降的老路，只有想办法开辟出路，不能这样坐以待毙。"

蓝天凤听了众首领的话，一下子从欢快之中坠入忧愁之地。是啊，王阳明攻打横水、左溪时，调拨了十一路大军，所以，才以秋风扫落叶之势，围剿歼灭了谢志珊及数千人马。而今，王阳明肯定会集中一切力量，来攻打桶冈，文辉、文昭他们说得对，看来真的要变换一下打法，争取变被动挨打为主动出击。

蓝天凤说道："本王也想过，这样，唐洪、刘允昌等首领，会同邓崇泰、王孔洪等首领，各自率领所属兵马三百人，从侧翼冲击合围官军，把他们从山上赶到山下！"

蓝文昭摇头道："大哥，不可！这人数太少，我看至少集聚八百到一千人，居高临下冲击官军，让官军顾此失彼。"

蓝天凤点头道："好，那就各属下再增加二百人，形成优势，才能奏效！"

王孔洪摇头道："大哥，这样不公啊！"

蓝天凤怒道："孔洪，本王如何不公？"

王孔洪说道："大哥，自从官军开始攻打茶寮，大哥就把我及属下全部调到了第一线，这两天在阵地前沿，我损失了二三百人。这次侧翼冲击又是我的人，看来大哥非要把我的人拼光，让我做个光杆儿首领了？"

蓝天凤怒道："两位兄弟，我们各路首领会聚桶冈就是为了和官军拼以死战，什么你的我的他的。现在我们没有彼此，我们是一只拳头，只有把官府军打退，消灭他们，我们才可以像过去那样逍遥自在、唯我独尊。"

唐洪怒道："大哥，你明明分派不公嘛！为什么有的首领及其所属人马一直不到前线做什么替补，这明明是在死拼我们几个首领！"

蓝天凤以手击案怒道："你们就是自私自利，当初制定作战方案后，是你们当着大家的面抓的阄儿。咱是愿打愿挨，凭的是自己的运气，这怨不得谁！"

邓崇泰亦怒道："大哥，我早就说过，咱这桶冈是八九路首领会集到一起的。当初大哥统领桶冈，是我们的主帅。但一定要一碗水端平啊！可是，战斗进行到现在，一线还是一线，二线还是二线，我的人本来就很少了，我多次说过，要么请大哥补充我的兵员，要么让我做休整，让别的首领到一线来。照大哥之意，这抓一次阄儿就定了终身吗？"

蓝天凤真的为难了。他迟疑了一阵说道："当然，抓阄儿就是一次定雌雄，我要按你们方才所说，那别的首领就有意见，你们也替我想想，众口难调啊！"

唐洪把手一挥怒道："那好，就算第一次按行动方案抓阄儿，谁在第一线就第一线！那么，这次侧翼冲击可谓新的部署，只有重新抓阄才最公道。"

邓崇泰附和道："大哥，你别指名道姓分派了。抓阄儿最是公道，是生是死全凭运气。"

蓝天凤叹道："好，懒驴不上套，上套它又拉又尿！"

蓄着山羊胡子的唐洪一听怒道："大王！天底下没有这么贬损人的吧，我们是懒驴上套吗？我们提了意见就是又拉又尿了？我明说吧，常说，一个人孤，两个人伴，三个人就乱！果不其然，要我看，咱们索性投降散伙吧，让朝廷巡抚大人把咱们都抓了，要杀要剐，咱认命！这是干啥呢，抓了大头当猴玩儿，到后来你们一个个高兴了，咱心里苦闷憋气，谁又能体贴咱呢？"

蓝天凤笑道："唐洪老弟，你千万别如此说！咱们本来是拴在一条绳上的蚂蚱，官军围了咱们茶寮，咱现在才是一损俱损一荣俱荣，大家兄弟一场，千万别伤了感情，咱无论如何不能搞什么窝儿里斗，让仇者快，亲者痛！"

邓崇泰做首领多年，虽然他有心计，但耳根子一向软，见蓝天凤如此说，他挥手道:"大哥,我的意见很明确,我邓崇泰也不做冤大头、当傻子,这事要抓阄儿我就干,不抓阄儿,要指派的话,大哥爱找谁就找谁吧!"

蓝天凤走到众首领面前,心中无奈,只得说道:"既然如此,咱就抓阄儿吧!"

蓝文昭和肖贵模二首领中了阄儿,两人来到厅外。蓝文昭怒气冲天道:"贵模兄,你说这有意思吗?不过,令在我手,咱俩到底怎么打,别人管不着!"

肖贵模点头道:"对,反正这仗再打下去,咱们要么投降,要么做官军的刀下鬼,我一点信心也没有。你呢?"

蓝文昭叹道:"是啊,没想到王阳明这么厉害,他步步为营,算得那么精准!我看咱这茶寮总寨,也就是三五日气候,咱做做样子,冲下去就冲。实在冲不下去,咱就后撤。"

过了午时,王阳明又组织了一次攻击。这次蓝天凤把所有的人都调到了第一线,有几次官军打开了缺口,却又故意放弃,蓝天凤不知王阳明是引蛇出洞还是敲山震虎,深感心神不安。

此时,雷天星与雷天月及竹花,借助茶寮上的盗匪几乎全部死守一线的空当,从后山攀爬上来。他们三人的快速偷袭,让茶寮总寨营帐内残存的盗匪措手不及。三人想起王阳明攻打横水总寨之时,以盗匪双耳记功的方法,每杀死一个盗匪,就割下他的双耳装起来。

三人前后冲入蓝天凤的大厅内,此时蓝天凤正倒背两手在踱步,年轻人身轻如燕,手疾腿快,不待蓝天凤反应过来,雷天星、雷天月已奔至面前,雷天月杀人杀红了眼,抢刀便砍,雷天星说道:"哥!看样子,这人就是蓝天凤,他咱可不能杀!"

此时,蓝天凤知道自己年老体衰,岂能斗得过两个血气方刚的年轻人。他急忙跪伏在地,颤抖着双手说:"年轻人,我投降,请你们看在我这么大年岁的分儿上,千万别杀我!"

可是,当雷天星转身之时,他猛地站起来,用胳膊反勒住雷天星的脖子,然后从腿上拔出匕首就向雷天星刺来。但被手疾眼快的竹花看到了,她快速挽弓搭箭,嗖地射出一箭,正中蓝天凤的后背。看见蓝天凤勒住雷天星的那一刹那,雷天月似是慌了,他万没想到这个老奸巨猾的蓝天凤会有反手制人这一招。正在他慌乱之时,被竹花的箭射到的蓝天凤松了手,瘫倒在地上。

雷天星和雷天月顿时大怒,各自持刀向倒在地上仍睁着眼没死的蓝天凤一顿乱砍乱剁,少顷血水满地。

接下来,雷天星用木棍高挑起蓝天凤的血袍,与雷天月、竹花奔到茶寮之巅,向山下大呼:"王大师,我们把蓝天凤杀了!我们把蓝天凤杀了!"

此时的盗匪闻山上情变,立时自乱阵脚,顿作鸟兽散,而攻打茶寮的官军则从四面八方冲上来。敌溃如水,官军乘胜围剿。

雷天星与其兄长雷天月、竹花向王阳明施一大礼,雷天星说道:"大师,六天之期,我提前了四天啊!"

王阳明这才大笑道:"尔等起来吧,围剿桶冈之役,你们雷家兄弟二人及巾帼女侠竹花,当记第一功!"

此役大获全胜,斩获蓝天凤等首领级人物六十八名,属下三千多名,至于盗匪之家人皆俘获,约三千三百众。王阳明为此奏报朝廷,在桶冈之地设立了崇义县。

此时,当为正德十二年十一月中旬。

就在众弟子及各路指挥官员陪同王阳明观看茶寮之险之高时,忽见谷下有一飞来巨石,甚是奇特。此巨石高八米,宽三米半,厚超过二米。于是,王阳明命人速磨其巨石表面,遂做茶寮碑文如下:

纪功岩

正德丁丑,寇大起江、广、湖、郴之间,骚然且四三年,于是上命三省会征。乃十月辛亥,予督江西之兵自南康入。甲寅,破横水、左溪诸巢,贼败奔。庚辛复连战,贼奔桶冈。十一月癸酉,攻桶冈,大战西山界。甲戌,又战,贼大溃。丁亥,与湖兵合于上章,尽殪之。凡破巢大小八十有四,擒斩二千有余,俘三千六百有奇,释其协从千有余众。归流亡使复业。度地居民,凿山开道,以夷险阻。辛丑,师旋。于乎!兵惟凶器,不得已而后用,刻茶寮之石,匪以美成,重举事也。提督军务都御史王守仁书。纪功御史屠桥,监军副使杨璋,参议黄宏,领兵指挥许清,守备郏文,知府邢珣、伍文定、季敩、唐淳、知府王天与、张戬。

正德十二年十二月同刻石乾字营随军吏永丰李璟

卢尚德自任热水寨寨主之后,即刻给老师王阳明写了密信,几经辗转送了出去,但由于池仲安对卢尚德的怀疑,他在卢尚德到热水寨之后,悄悄与池仲容商议。

池仲容嗔怒道:"仲安啊,现在是非常时期,王阳明正率大军攻打横水、左溪、桶冈的谢志珊、蓝天凤等,咱们哪还有时间闹内讧呢,你就记住古人的话,用人不疑,疑人不用。倘你怀疑这个,怀疑那个,到头来没有人愿意跟着你干!"

池仲安摇头道:"哥,这么说吧,你发现没有,我二哥最近经常和卢尚德联系,大战在即，两人又喝酒又见面，我真怕哪一天，突然发现他是朝廷巡抚大人的卧底，咱到那时候就全盘皆输了！"

听了池仲安的话，池仲容不由得倒吸了一口冷气。他在心里有些动摇，他总觉得有一层模模糊糊的纸罩着卢尚德，看不清他的真面目。池仲容说道："仲安，小心没大错，你想怎么办？"

池仲安说："哥，我正在找个合适的机会，我想真正接近卢尚德，揭开他的真面目，看他是不是朝廷兵马的卧底！"

这时，侍者入内报道："大师，朝廷派人来，就在帐外。"

池仲安怒道："哥，这朝廷巡抚大人也是，围剿了詹师富，又率主力去大庾攻打谢志珊和蓝天凤，只怕是黄鼠狼给鸡拜年吧，他们肯定没安着什么好心！"

池仲容皱眉道："前几日，巡抚大人专门给咱们发了告示，今为何又来人入寨，王大人葫芦里到底装的啥药，真让人费心思！"

池仲安说道："哥，咱索性斩了他，看朝廷能把咱怎么样？"

池仲容大怒道："胡说！以咱们之力，难与朝廷兵马为敌，咱还是礼尚往来，先探探他的底，咱就知道下一步棋该如何走了！"

池仲容不敢怠慢，他率池仲安等急匆匆到山寨大门口，施重礼迎接朝廷官军派来的人，原来是田庄与金岸二人。

田庄淡淡一笑说道："池仲容，看来你这三浰之地，真是逍遥自在呀，不像我们每天忙忙碌碌，走吧，到你的大寨里看看。"

池仲容急忙陪笑道："田大人、金大人请！"

来到大厅，池仲容率众又重新施礼，他与池仲安等侍于一侧，听着田庄示下。

田庄说道："池仲容，别介，你也是三浰之地六七千人马的首领，坐下说话吧！"

池仲容施礼道："谢田大人、金大人！"

田庄推开茶盏直言道："池仲容，今日我与金岸兄弟特奉老师之命到三浰来，有一件事，我当面告诉你，省得你整天费心劳神去想那事！"

池仲容笑着说："何事，草民池仲容恭耳细听。"

田庄说道："你呀，揣着明白装糊涂！我告诉你，横水、左溪、桶冈的盗贼谢志珊、蓝天凤十日之前已被彻底剿灭，砍头加俘虏，包括家人还有当场释放的达七千余人！所以谢志珊和蓝天凤已彻底消失了！这是前方战事情报！"

池仲容听了顿时大惊失色，昔日池仲容等，尤其是谢志珊、蓝天凤一直不把官府看在眼里。而今，朝廷只派了一个巡抚王阳明来，一诛福建詹师富，二诛江西之谢志珊、蓝天凤，至于龙川县的卢珂、郑志高、陈英，已先期投降……

池仲容头上开始冒汗了，他现在明白了，朝廷巡抚大人王阳明今派田庄、金岸二人是来敲山震虎的，很可能是一张不见一字的微笑战书！池仲容拿出汗巾，故意压抑一下心情，轻轻拭汗，并斜睨正在喝茶的田庄、金岸。

池仲容点头道："田大人、金大人，巡抚大人真是朝廷的大将之才。"

金岸说道："池仲容，自古识时务者为俊杰。看看詹师富、谢志珊、蓝天凤，呃，对，郴州的龚福全，一个个都被砍了脑袋，现在沉下心来，该想想你的事啊！"

池仲容摇头道："金大人，草民昔日虽做了一些坏事、恶事，可是自从巡抚大人到南赣之后，草民就改邪归正，一直不敢胡乱作为，草民的这些话，龙川县衙可以为证。"

田庄摇头道："池仲容，前些日子，巡抚大人所发的告示，想必你现在不会忘吧？"

"当然，巡抚大人的话，草民早已铭刻在心，实不敢相忘啊！"

"哼，好一个尖牙利嘴之徒！池仲容，我问你，既然铭刻在心，实不敢相忘，为何今日还啸聚三浰，不下山向龙川县衙或是惠州知府缴械投降乞求成为新民呢？"

田庄的话说到这时，池仲安已按捺不住心中的火气，他刚要站起来发怒，池仲容则说道："田大人、金大人，并非草民不想缴械投降，实乃草民担心原来的宿敌卢珂、郑志高、陈英三王，他素怀杀我之心，所以告诫属下提高警惕，严阵以待，以防他们伺机报复！"

金岸讥道："池仲容，你休得巧言搪塞！我告诫你，今龙川卢珂、郑志高、陈英押在赣州的大牢里，他们哪还有机会率兵马来攻打你三浰之地呢？况且，他们的数千兵马今已改编充实到巡抚大人的主力军中。可你呢，至今还拿着刀枪，占据着三浰之地称王道尊，你蒙谁呢？"

池仲容故意跌足叹道："唉，草民久居三浰，不曾下过山，真是洞中方三日，岂知世间已十年！好！草民池仲容真想做个新民。这样吧，容草民考虑一下，清点一下三浰的人马，再回复官府求做新民如何？"

待田庄、金岸二人下山，池仲容马上奔向大寨，随即召集众首领，商议对付朝廷兵马的方案。

此时，在热水寨的卢尚德已经知道了师弟田庄、金岸二人到池仲容总寨试探的结果。这天，他以过生日为名，让随从到热水寨附近的五个山寨中，邀请这些寨主到热水寨喝酒庆贺。这些人对卢尚德既敬佩又尊重，从那次比武打擂争寨主之后，就想与卢尚德成为换帖拜把子弟兄。卢尚德嘴上应着，直到有了老师的示下之后，才答应。此番他的请柬一到，这五个山寨的寨主很快来到热水寨中。

卢尚德做了热水寨寨主，左右溜须拍马者以及真心想投靠他的，多来相附，他表面应承下来。他从中挑选了几个淳厚实在的做自己的侍从，在召集其他山寨寨主到来之前，他要侍从各负其责，小心别有用心者偷听，以防有人把此事透露给总寨寨主池仲容。

众寨主围着卢尚德坐定之后，卢尚德开言道："承蒙各位兄台高看尚德一眼。其实，尚德生日宴在其次，主要是想和众兄弟在一起坐坐，喝酒聊天，也是弟兄们联络感情的好机会。咱们这是第一次兄弟会！当然兄弟间可以无话不说，咱弟兄们嘴上要安一把门儿的锁，明白什么话当说，什么话不当说。不过上有池大帅，我个人之意，尽量别说那些让池大帅不高兴的话如何？"

卢尚德话里透着话儿，这既是开门见山抛出的一块砖头，也是一段引发对池仲容不满的带挑唆性的话。他的话音儿刚落，大胡子寨主说道："得，弟兄们咱都拍拍胸口，问问咱们的良心，这些年咱跟着他东抢西夺、杀人放火，他应许咱们弟兄的话，有哪一句兑了现？"

一个精明的中年人说道："你呀，就是心眼儿实道。人家池大胡子给你一个大棒槌，你接过来就去认针！他在用人前，亲哥哥、老舅舅叫得你浑身酸麻，甜乎乎的像躺在蜜罐儿里，可一旦用不着你了，他大口吃着猪肉，满下巴流着油，哪怕你这会儿就坐在他旁边儿，连一勺汤也不让你喝！既眼馋着你，又明气着你！"

"是啊！是啊！上回咱们拼命去打龙川县衙，他答应得了银两，给我们山寨一半！结果呢，咱这儿眼巴巴地等着分银两，他早让池仲安把银两都拿回了他的总寨。后来我听说，池仲安下台阶栽破了下巴，我恨得只想说，咋不栽死他呢！"

还是那个大胡子长叹一声说道："最可恨的还是池仲容爱空口许愿！你们都记着没有，那年过年，咱都到总寨喝酒，他当着大大小小三十八个寨主说，给我抢一个识字的小姐做老婆！你们都记得吧？"

其中三个人点头道："那当然记得！这几年过去了，怎么……"

那大胡子说："狗屁，至今连个识字小姐的毛儿也没见着！按他的规定，凡各寨抢了有姿色的女人，都要上交总寨，谁要私自扣留藏匿，他若知道了就砍头，决不留情！你们拍拍胸口说说，感情他天天搂着女人睡，咱这男子汉大丈夫，竟跟着他烧杀抢掠，说不定哪一天被人家抹了脖子，咱连个接香火的人都没有，你们说可怜不？"

话说到现在，卢尚德已基本掌握了这几个寨主的倾向，看来他们对池仲容仇恨有加。他故意扭转话题，说道："弟兄们，从你们说的这些事来看，咱这大帅还真缺乏人情味儿，其实我今天要说的比这些还重要，关乎咱们以后的路，到底该怎么走才好。"

有个稳重的中年人说道："是啊！卢大哥见多识广，人家闯过京师，去过的地方比咱们这些井底之蛙多了不知多少倍。弟兄们都愿听听你说话！"

卢尚德遂把围剿詹师富、龚福全、谢志珊、蓝天凤的事，包括朝廷派人送告示以及田庄、金岸前几天到池仲容总寨的事，细说了一遍。

大胡子寨主一听大惊道："好家伙，照这样看，这广东就剩下咱这池大帅的三浰了！像湖南、江西、福建该剿的都剿了，完了！完了！过不了三五天，朝廷的兵马很快会围剿咱这三浰啊！"

有个寨主说道："不用说，别说三浰有三十八座山寨，就是反过来有八十三座山寨，对朝廷大军来说，也是风扫残云，咱就等着砍头吧！可是，池大帅却把这事儿瞒着，他把咱们弟兄当傻子看，真是欺人太甚，太不拿咱们当回事儿！"

"弟兄们，一句话，就是咱想投降，恐怕也难逃砍头这一关！唉，谁让咱过去跟着池大胡子为非作歹、烧杀抢掠呢，砍就砍呗，这是咱的命！"

卢尚德挥手道："其实人家朝廷官军也不是逢人就抓就杀。古往今来，哪朝哪代，都有立功赎罪可以免死这一条！"

众人一听，惊讶道："是吗？可是……"

卢尚德笑道："弟兄们，没有什么可是！中午咱弟兄们喝了酒，下午我来为你们开解开解此事，保证弟兄们听了跃跃欲试，谁都想大干一场！"

四十四　仲安暗中布眼线　尚德卧底志如磐

众人围着卢尚德正说到兴处，突然有侍者入内禀道："曲潭寨寨主卢义信前来贺喜。"

这个曲潭寨寨主卢义信进门后，先向众人施礼，继而向卢尚德说道："卢寨主，今天咱当排排家谱，按说我当尊你为叔，故而请允许晚辈尊你一声叔吧！"

卢尚德顿时有些喜出望外，他万没想到曲潭寨寨主竟是自己的晚辈，遂大喜道："义信侄儿，先时不知道你在曲潭当寨主，可是打擂争寨主那天，我怎么没见你呢？"

卢义信说道："叔啊，当时百八十人都登台打擂，乱乱哄哄的。不过现在也好，是上天巧安排，我在曲潭忽然听说叔过生日，虽然叔没邀请我，但义信是晚辈，一家人不用请的，侄儿来祝寿，理所应当！今儿特意送来一筐九月蜜桃，象征着叔福如东海，寿比南山！"

说话间，侍者果然抬着一大筐大如碗钵、皆红了半边儿的蜜桃儿，立时摆在众人面前。卢义信拿起桃儿一一送给围着卢尚德的各寨主，大厅内的氛围立时轻松许多。

这时，大胡子把手一挥说道："卢寨主，你刚才说要为我们几个弟兄开解开解此事，还说什么，谁都想跃跃欲试大干一场，快说说，我们都等着听呢！"

那个稳重的中年人看了看卢尚德，又看了看刚落座的卢义信，点头道："是啊，卢寨主尽管说，咱都不是外人，说吧！"

卢义信也催促道："叔，看来你们刚才说得挺热闹，叔接着说呗！侄儿也想听听呢！"

卢尚德点头道："好，我刚才说过的盘踞横水、左溪、桶冈的谢志珊和蓝天凤，谢志珊自诩为征南王，他抓百姓做人山人海的肉墙，企图阻止官军攻打横水总寨，结果，被他们抓的百姓反了，上下合力灭了不可一世的征南王谢志珊。而蓝天凤以为他的桶冈固若金汤，坚如铜墙铁壁。但你们不会知道，就两个青年人加上一专门攀登悬崖峭壁采挖铁皮石斛的姑娘，抄了蓝天凤的后路，就这样轻而易举前后夹攻，彻底消灭了蓝天凤！"

其他人纷纷感叹不休。

大胡子寨主抚摸着半尺长的山羊胡子说："弟兄们，这就是说，在官府军面前，特别是巡抚大人指挥下，没有攻不破的山寨，更没有什么消灭不了的征南王、蓝天凤！咱们哪，真该静下来，想想咱今后的路怎么走，看来咱再死抱着池仲容的大腿不放，任他驱使，和人家官府军对着干，那才是真正的死路一条啊！"

稳重的中年人点头道："此乃明智之举！明智之举！"

青年人则叹道："唉，要是倒退七八年，咱不跟着池仲容干多好！"

卢义信听到现在，他才彻底明白了，原来这个在京师闯荡的卢尚德借生日宴为名，分明是拉拢五个寨主，有意煽动他们反水。他这样做，是他曾经听说了这些，还是他就是官府军打入三浰之地的卧底呢？

卢义信附和道："是啊！人都说识时务者为俊杰，而今官府军势若破竹，三浰之地是惠州府、龙川县衙所称盗匪最猖獗之处。看来咱们还是早做准备好，不然，非做了池仲容的殉葬品不可！"

卢尚德笑道："其实，这些事我原本是不知道的，是我的手下经常乔装打扮入龙川县城办事，龙川县城早传开了。我呢，念咱们兄弟一场，哥们儿义气重于泰山！当然，弟兄们也权当刮了一阵耳旁风，若不然，倘有人把这些话和咱们今日相聚，说成是妖言惑众，和咱们池大帅对着干，那我卢尚德有几个脑袋，也吃罪不起！"

大胡子瞪着一双喷火的大眼睛大声怒道："弟兄们，我告诉你们，今儿卢寨主把心窝子里的话掏出来给咱听，把咱们当成生死弟兄，谁要把这话儿泄给了池仲容，咱们不光咒他生个儿子没屁股眼儿，大家只要查清了，人人得而诛之如何？"

众人齐声道："好！谁走漏风声，大家得而诛之！"

这时，侍者入内趋近卢尚德悄悄说了些什么，卢尚德听后点点头，那侍者匆匆奔了出去。

卢尚德把手一挥说道："弟兄们，今儿真是邪了门儿！咱怕什么，他偏来什么！"

精明的中年人问道："卢寨主，看你面带怒色，寨里出什么事儿了？"

大胡子也说："卢寨主，看你属下慌慌张张的，怎么了？"

卢尚德点头道："弟兄们，我卢尚德做人一向坦荡、光明，为兄弟一个义字，两肋插刀，眉头决不皱一下！今儿却有人偷听咱弟兄们谈话，来呀，把那人带上来，今儿我和弟兄们公审他！"

精明的中年人眉头一皱说道："卢寨主，别！别！这是你的山寨，万一涉及什么隐私，弟兄们怎好开口妄加评论呢？摊上这种事，还是卢寨主一人私下处置比较好，大家说，是不是啊？"

大胡子点头道："卢寨主对弟兄们的情义、信任，已经超过了同胞兄弟。就凭这一点，你卢寨主这个兄弟，我交定了！咱们仝寨主说得对，私下了之！私下了之吧！"

卢义信趋近卢尚德低声道："叔，弟兄们说得对，这种事还是私下处置好，这样既给了叔面子，又给了弟兄们面子。"

卢尚德站起来，双手抱拳施礼道："弟兄们，看来你们并不了解我卢尚德的内心，我卢尚德为人豪爽、义气，倘有一块肉，我决不自己独享，我会用刀把它分成若干块，让弟兄们先拿，最后一块是我的！来人，带那偷听的东西过来！"

侍者用力一推，把一个五花大绑的青年人推了进来。

卢义信一看，不是别人，却是今天无论如何不该出现的那人！好个冤家相逢！卢义信怕他认出自己，急忙低下头，不敢再直视他！

卢尚德怒道："我卢尚德崇尚义气、德行，我最讨厌的就是有人溜墙边儿，听窗根儿，挤眉弄眼！这样吧，弟兄们都是见过世面的人，说实话，没有三把刀子两把攮子，谁也当不了寨主！大家敞开思想，集思广益，就当你自己寨中出现了这种吃里爬外的事，咱们用什么办法，可以让他毫不保留地说实话！"

青年人说道："这好办，先给他来个头脚倒吊，扒光衣服，用半寸宽的竹片子抽他的脸，不一会儿脸就破了，揉上些细盐末子，下面放一个碗，接着他的脸，继续抹盐末子，疼得他欲死不能欲生也不能，直到脸上的血把碗盛满，我把他叫作一碗血红水！"

大胡子说道："还有更简单的，卢寨主，咱们就地取材，你这寨中不是有做饭的大锅吗，咱把他捆成两手两脚紧密相连圆碌碡，扔进大锅里，上面加盖儿，再放上一二百斤重的石头压上去。也不需太多，把灶膛里放三五根胳膊粗的干柴，一般情况下，半根木头烧不完，他在锅里会拼命地喊叫，到那时，你打开锅盖儿，你不让他招他也招！为啥，因为他受不了圆碌碡滚锅这种酷刑！我告诉弟兄们，这是我的秘密武器，一般人面前我从不说，因咱们是弟兄嘛，我今儿才说出来。因此，我那五花嶂寨内，我的属下没一个不听我的，我让他们往东他们绝不往西，我让他们去打狗，没有一个敢去撵鸡，这是我的绝招儿！"

卢尚德向被捆绑跪在地上的青年人说道："怎么样，今儿你当着众位弟兄们的面儿，是说实话呢，还是不愿说实话？"

那人连连叩头道："卢寨主，我愿说实话！我愿说实话！"

大胡子寨主讥道："年轻人，别介，万一你说的不是实话呢？刚才我磨了半天嘴皮子，告诉了弟兄们我治人的绝招儿，你也别太客气，先尝试尝试，我保准你会说实话！而且是百分百的实话！"

那人急忙叩头有声,直到把额头叩出了血,摇着身子说道:"大叔,不,大爷!我若说的不是实话,让上天打炸雷活劈了我,难道你们还不信吗?"

卢尚德点头道:"年轻人,我卢尚德是有学识的人,我实不愿做那些粗鲁野蛮之事。自古以来,身体发肤,受之父母!我和弟兄都是凡夫俗子、血肉之躯,不愿听那惨烈嘶号之声。可是,我怕你由于我和众弟兄们的怜悯之心,窃以为喜,不说那实实的真话儿,要不给你来个最简单的治人法儿,你先领受领受再说?"

那青年人两眼坦诚说道:"卢寨主,我该死!我今天做了一件本不应该做的事。但事已至此我非常后悔啊!这样,今儿面对上天和卢寨主,我若说一句假话、谎话,出寨门让奔腾烈马碰死!下山时让上天飞来巨石砸死我!"

卢尚德挥手道:"今儿我与众弟兄就信你的誓,你说吧!"

那青年人说道:"今儿我奉三将军池仲安之命到热水寨来,以给山寨修理衣柜桌子为名,暗中监视卢寨主。因三将军一直怀疑卢寨主就是在龙川县城大街上手刃他六七个随从的人。"

卢尚德大怒道:"难道池大帅没说什么,或者他与池仲安没商议什么?"

那青年人说道:"我隐隐约约听到,池大帅说,这件事要仔细,千万不要撞车,各走各的渠道。池仲安说了声'好'!"

卢尚德听到"撞车",各走各的渠道。他马上明白,说明池仲安同时或者不是同时,应该还有一个人。他脱口问道:"池仲安让你有了情报,怎么送出去,遇到紧急情况,你又怎么和池仲安联系?"

那青年人说:"这热水寨山腰里有一棵大歪脖子老槐树,有了情报,只管写在纸上,放在老槐树向阳一面的树根下,用土埋起来!至于池仲安怎么和我联系……"

大胡子怒道:"兔崽子!说呀,别张口瞎编呀!"

那青年人说:"我不敢!我不敢!我刚刚发了誓!"

卢尚德怒道:"说吧,怎么联系?"

那青年人说道:"每日夜间子时要我入厕,但看有没有火箭升空,倘有的话,第二天卯时到山腰老槐树树根北面地下,看有无书信便知内容!"

卢尚德叹道:"弟兄们,你们听听,前几天,我独自率领弟兄们下山,打退了龙川县衙的官府军,我真心为山寨立了大功,我卢尚德凭自己的真本事比武打擂做了热水寨寨主。池大帅不是说他疑人不用,用人不疑吗?大帅派人私下监视我、跟踪我,说明他们从心里就没有真正相信我!你们说,我卢尚德冤不冤?"

中年人大怒道:"卢寨主,坊间说,斩草除根,永不复生!依我看,这家伙充当池仲安的坐探,着实可恨,杀了他!"

众人齐道："杀了他！"

卢尚德皱眉道："可是杀了他，咱如何向池仲安交代？"

大胡子笑道："卢寨主，莫说你这热水寨，就是这三十八座山寨，哪个寨不是山高路深，豺狼虎豹，密林重重，要多少种死法就有多少种死法！这种事他池仲安只能吃哑巴亏，他怎么查？只能默认！"

卢尚德叹道："我初来山寨没几天，池仲安不会给我穿小鞋，故意找我的碴儿吧？"

精明中年人说道："卢寨主，此时不下定决心，只怕你后患无穷！"

卢尚德拿眼去看卢义信，他正低头喝茶。猛然，一想自从把这个坐探押入大厅之后，卢义信可是徐庶入曹营，一言未发，他怎么不说话呢？他在想什么呢？不若投石问路，看他如何说？

卢尚德笑着说道："义信侄儿，弟兄们都你一言我一语议论纷纷，怎么独你一言不发呀？"

卢义信点头道："叔，侄儿虽为寨主，但有叔在，我一个晚辈，岂敢夸夸其谈！"

卢尚德笑道："那好，你说这个坐探咱怎么处置？是放他下山，还是把他杀了，现在众议不一，我不好下定决心！"

卢义信自从这个坐探一进屋，他就低下头，他不是担心坐探把他指认出来，因为他和坐探本不相识，他是担心池仲安或池仲容不经意间说出了他的事。正巧，众人公审坐探，如当场把他说出来，那他就真的无地自容。还好，看来坐探并不知道他的事，他心里正在庆幸呢！而今，众人都说杀坐探以绝后患，我若说不杀，岂不有悖众议？人家心里疑我是他的同党，我和众人就不好相处。听了卢尚德的问话，他皱眉道："叔，恕我直言，论年龄，他正血气方刚，今后要走的路还很长！可是，倘不杀他，万一他日有个风云变化，他脱钩儿跑回了总寨，那么咱们这么多弟兄，都会被他出卖。所以，此事当以小人之心度之，杀了他，让蔓草永不复生！永绝后患！"

卢尚德点头道："好，那么今儿就杀了他！"

卢义信说道："叔，众位寨主，我叔为池家做了那么大的事，又立了功，表面上封了个四将军。可是除了热水寨这些兵马，大帅并没有再多给我叔一兵一卒。这个四将军是个虚衔！我叔有一片丹心可对日月，他却心疑派暗鬼，是可忍，孰不可忍！叔，众位寨主且稍坐，今儿这种杀人溅血之事，侄儿愿为叔代劳！"

说罢，卢义信把那坐探推出门外，与几个侍从将其押至悬崖之处，一刀砍了，然后，踢下悬崖。他脱口道："你死吧，现在咱们两清！"

时辰已到，侍从传卢尚德之令，在热水寨大摆筵席。卢尚德请众寨主入座，众

人皆拱拳贺寿，接着纷纷端起酒杯，与卢尚德喝起酒来。

正是寨中无不散之筵，山中无不谢之花。此处不表酒宴之后，卢尚德恭送众寨主下山，只说卢义信离开热水寨之后，没有回他的曲潭寨，而是快马加鞭直奔池仲安所在的总寨！

此时卢义信喝下的烧酒并不少，几十里山路下来，烧酒的余热如随身而释的风儿，一会儿就消逝了，卢义信清醒了。快到总寨时，他想，这次面见池仲安如何说卢尚德呢，是该好好想一想，给奸诈多疑的人做事，必须事事小心处处提防，稍有疏忽，很可能会招来杀身之祸。

池仲安此时正和池仲容喝茶，他笑道："哥，卢尚德再有本事，但他后背上绝不会长出第三只眼来。这回我甩出一大一小两块石头，即使卢尚德的池水再深，落石总会有声吧！无声无息绝不可能！"

池仲容摇头道："仲安，难说！我告诉你，人分三六九等，如剑客、刀手、坐探、卧底都是如此，假如卢尚德是一等一的高手卧底，用常人之法，肯定无功而返，你看似他微笑，其实微笑后面是防范！世上针插不入、水泼不浸的老手多了去了。卢尚德不是圣人，我不信他四面琉璃，八面皆光！"

池仲安皱眉道："大哥，倘我的两块石头皆有了应验，我担心卢尚德会用他表面的豪爽义气，惑乱其他寨主！为防蔓草疯长，可不可以下手永绝后患！"

"那当然！自古'水火不同炉，善恶不同室'。只要他是真的坐探，那只有一个字儿，杀！"池仲容正色说道。

池仲安皱眉道："大哥，可是卢尚德武艺高强，三五个杀手恐也难遂所愿。"

池仲容笑道："仲安，世上杀人的手法有的是，分力杀和智杀两种。对卢尚德这样的人，只能用智杀，绝不可用力杀！"

说话间，侍者报，曲潭寨寨主卢义信厅外等候，有要事禀告！

池仲安站起来，大喜道："大哥，我刚才说什么来着，这就是回声！来人，请曲潭寨寨主卢义信入见！"

卢义信言语简练，他说道："三将军，就这样，他死了！"

池仲安大怒道："这怎么可能？他去偷听，结果被抓住了，卢尚德就这么一刀把他杀了？"

卢义信摇头道："三将军，如真的是这样，一他不是真正的卢尚德；二倘若他这样无言无语死了，咱就是一件大好事，可他偏偏不是这样！"

此时，有个人影从窗外闪了一下。

池仲容皱眉道："仲安，你先别打岔，卢义信话中有话，你让他说完。"

四十四　仲安暗中布眼线　尚德卧底志如磐

卢义信这才把公审之事全盘托出。池仲安、池仲容听了，二人许久无语。卢义信此时话已出口，他非常担心。不知对他来说这是福还是祸，他在心里打起了鼓。

池仲容站起来，他在二人面前踱着，突然转过身来，勃然大怒，向池仲安说道："仲安！我先前说什么来着，你这就叫聪明反被聪明误！什么我甩了两块石头入池，不愁没有声响，这下好了，那个可恶的东西，临死把咱们都卖了！不，这五个寨主，不，应该是六个寨主，都对咱俩有了看法，再想让他们为咱们卖命，还可能吗？我的仲安老弟？"

池仲安怒道："卢义信，你莫不是捎东西捎少了，捎话捎多了，这事儿真的就这样吗？"

卢义信没想到，他的这一段话，竟引来了池仲容冲天大怒。他心里只骂自己，为了显功卖好，嘴上没把门，秃噜噜把事情全盘端出，这可怎么办？这话儿如同盆里的水，泼出去了，又岂能再收回？他连忙摇手道："大帅、三将军，不是那样的，我当时只顾着喝茶，或许我听错了，也许咱那人不是那样说的！"

池仲容此时如一头暴怒的雄狮，他狼行虎步奔到卢义信面前，瞪着一双牛大眼，一字一句问道："卢义信，敢情你听错了，还是故意来戏弄本大帅？你说，从头说，到底是怎么回事儿！"说着抡起了巴掌左右开弓，噼里啪啦打过之后，又抬起一只穿大皮靴的脚，狠狠踢在卢义信身上，把他踢倒在地！

卢义信捂着带血的脸，只得双膝跪下，如此这般详详细细地说了一遍。不过，这次他有意撇开了池仲容，只说池仲安让那人如何如何，末了说："大帅，我听到的大概就这些。"

池仲容上前一掌打飞他头上的帽子，揪住他的头发，让他仰起脸来直视着自己，大声质问道："卢义信，大概是这样，我要听详细的！"

卢义信沙哑着嗓子乞求般说道："大帅，我刚才说的也是最详细的！请大帅高抬贵手，饶了我卢义信吧！"

池仲容一脚把卢义信踢倒在地上，大怒道："仲安你看看，这就是你打出的所谓亲人牌，他连鹦鹉学舌都不会，真是个废物！就这样的人，还想刺探卢尚德，和人家斗智斗勇，狗屁，他连卢尚德的心边儿只怕也摸不着！"

待池仲容怒气冲冲走出大厅一刹那，他突然发现了池仲宁，遂皱眉道："仲宁，刚才我找你你不在，你躲在那儿干啥？"

池仲宁反诘道："哥，我在哪儿你也管吗？我还有点人身自由没有？要不，我到下边的寨里当寨主，省得你见了谁都有疑心！"

池仲容指着池仲宁说道："仲宁，我就是看在咱们一母同胞的分儿上，不和你计较。

不过，有爹娘在天之灵在，我实实在在告诉你，一条绳上拴了三只蚂蚱，官府军来了，要死都死，要活都活，谁也别打什么歪主意！"

大厅内，池仲安已经把卢义信拉了起来，把滚在地上的帽子递给他，甚至还亲手给他戴上，扶他坐在木椅上。叹道："卢义信，不管你是真也好，假也好，你撇清了我大哥，就等于把我池仲安摆在六个寨主前，可能以后马上会有更多寨主知道我派坐探盯着卢尚德这事儿。今儿呢，你在我大哥面前成了扶不起来的刘禅阿斗。我呢，成了更多寨主面前的大恶人！你呢，可能很会圆滑，在六个寨主前撇得一干二净，当然，天底下，除了我大哥，只有我知道你是干什么的，这样好啊，太好啊！"

卢义信擦了脸上的血水，叹道："三将军，我卢义信就不是这块料儿，嘴边儿的话呢，我能对付着说两句儿，真到了深处，什么动个心眼儿，使个奸计，玩个圈套儿，捉弄个人儿，我做不来。这样，我明天把三将军给我的银子，分文不少退给三将军，这左右不落好的差事儿，我不干了！"

"不干了？这是你卢义信说的话吗？什么如数退给我，我告诉你，这世上兴你反悔，也兴我反悔！咱可不是原来那十两银子，现在成了一百两！你明日送来一百两，你回曲潭做你的寨主，我呢重打锣鼓另开张，世上死了刘屠户，谁也不会去吃带毛的肉！"

卢义信一听一百两，瞪着两眼说道："三将军，大帅恼了，你也落井下石，怎么转眼就成一百两了？你就是把我家所有东西都变卖了，也不过十几两！一百两，我到哪儿弄一百两去？你真是狮子大开口，想吓死我啊！"

池仲安端起茶盏呷了一口茶，冷笑着说："卢义信，你还不起一百两吧？"

卢义信双膝跪地乞求道："三将军高抬贵手，打死我也还不起！"

池仲安笑道："卢义信，这不就结了，那还跟着我干吧！"

卢义信摇头道："我不干！这种刀尖上舔血的事，我再也不想干了！"

池仲安笑道："卢义信，别呀，要不你回家考虑考虑再说，别把话说死，一棍子把活人打倒。"

卢义信说道："三将军，不用考虑，我真不想干了！"

池仲安摇头道："卢义信，今儿我不想跟你绕弯子，说实话，我池仲安早防了你这一手，明说吧，你的儿子在我手上！"

卢义信立时大惊道："三将军，你这是干啥？做事就做事，你干吗把我儿子抓起来做人质，你这不是两头逼我吗？你快还我儿子！"

池仲安冷笑道："还你儿子？凭什么，卢义信，这些年，我治人的办法学了不少，今儿我就想用亲人儿女这张牌，看来这是一张好牌！我一打出来就抓住了你卢义信的心！不过，你今后听话呢，咱百样事都好说，倘你不听话呢，我就今儿剁你儿子一个指头，明儿削他一只耳朵……"

卢义信刚刚建立起来的防线，在狡诈、歹毒、凶狠的池仲安面前，像大浪前草草堆起的沙土坎，大浪一来，沙土坎转眼之间垮塌了，抚平了！卢义信无路可走，只能再次登上贼船，任人驱使、任人宰割了。

卢尚德这天接到了老师通过龙川县衙转过来的书信，他欣喜若狂地奔到内室，把房门一关，坐在案前，快速打开了老师写给他的书信，只见上面写道：

尚德吾徒：

　　谢、蓝战事已平，眼下独剩三浰池仲容。吾与你的师兄及师弟们都非常想念你！知你深入虎穴，孤身与池仲容等匪周旋，越是在险象环生的盗匪圈里，越要时时提醒自己。办事切不可鲁莽，言语行事前，如同执子弈棋，多想慎言总是大有益处。当然，经过一两年的试炼，为师相信你会遇事谨慎，不骄不躁，倘能游刃有余，淡泊自如，省去为师几多担心，为师幸甚！你的师兄师弟亦幸甚！

　　听龙川知县报，知你通过打擂，追击官府军，有了封号和热水寨寨主之位，可见你确实用心矣！为师准备回师赣州，大军转战数月，亟须休整。仅池仲容一股，不足为虑也！而今你当利用封号或寨主之名，四下活动，为师可以随时为你营造氛围，使更多的寨主或三浰之要员归附于你。其二，可大张旗号训练强兵，池仲容泥牛入海难保自身，汝训练士卒，名正言顺，其必不疑也！

　　三浰池仲容已四面楚歌，为师越是不动，则其越发惶惶不可终日！把握时机，还是为师昔日常告诫你的话，静如处子，思如百梳，动如雄狮，方可稳操三浰之胜券矣！

　　切切祝安

　　　　　　　　　　　　　　　　　　　　　　　　　　为师即书

看罢书信，卢尚德浑身顿感增添了无穷力量。第二天，他把寨里安排了一下，驰马到和他喝酒庆生的五个寨主的寨里转了两天，让他们向池仲容请示，要求由卢尚德训练寨内的弟兄，以准备迎接官府军。同时，让五个寨主分别到相熟的其他寨子中去活动，使更多的寨主到总寨去请求。果然很快，池仲容就和池仲宁带着随从驰马来到热水寨中，卢尚德料到有了回应，请池仲容等入寨内喝茶。

池仲容推开茶盏站起来，踱到卢尚德面前说道："四将军，看来你这个封号不能空置啊！你总要发挥点作用啊！"

卢尚德佯装不知何意，说道："大帅，此话何意，请直言！"

池仲容说道："眼下朝廷巡抚大人的主力军已回赣州。赣州离龙川三浰之地不过几百余里。我想啊，他们这是临时休整，然后肯定要对三浰有所行动，咱们万不可坐以待毙！所以咱们就利用这个空当时间，抓紧训练士卒，以备大战！"

卢尚德点头道："大帅，说心里话，自我从卢珂大哥的山寨上投奔大帅，早看到了这件事！"

池仲容反问道："四将军，你当如仲宁、仲安一样，有事就说呗，干吗藏在心里啊？"

卢尚德说道："大帅，我不是在亮家丑，我在说实情。虽然后来大帅陪我把三十八个山寨看了个遍，除了个别山寨防御工事设置漏洞太多外，主要是弟兄们都没经过正规训练，单兵素质太差。至于团队之间的配合则更谈不上，一旦官府军攻击山寨，弟兄们形不成合力，一盘散沙，怎么和官府军顽强对峙？所以，这些不适合战时需要的必须尽快改观，不然吃亏受损的肯定是我们自己啊！"

池仲容连连点头道："是啊！你说的都是实情。今天我到热水寨，就感到你这热水寨的所有弟兄都是经过严格训练的，没有你的命令，就是我这个大帅也进不了寨。我来到热水之前，已经决定，这三十八寨的弟兄，都必须接受你的正规训练，这样就真的有劳四将军了！"

听到池仲容如此说，卢尚德点头道："感谢大帅对我卢尚德的信任，可是三十八个山寨，大帅打算怎么训练？"

当听到卢尚德这句话时，池仲容却反问道："四将军你打算怎么训练呢？"

卢尚德直言道："大帅，我这个四将军只是一个封号，我没有兵马调动的令牌，哪个寨主能听我的号令？这一点大帅心里当清楚。"

一直坐在一侧的池仲宁说道："哥，你说过疑人不用，用人不疑，你只有放权，卢寨主才能训练啊！"

中午吃饭时，池仲宁利用间隙，拉了卢尚德到大厅一侧低声说："尚德兄弟，我告诉你一个秘密。"

卢尚德点头道："二将军，说吧，什么秘密？"

池仲宁说道："那卢义信被我弟仲安收买，现在又被我弟挟持，他是个坐探，你可要小心啊！"

听了池仲宁这句话，卢尚德心里的石头总算落了地，那天，审问被抓的坐探时，那人说了句"不要撞车"和"各走各的渠道"，让他思考了半天，说明池仲安同时或者不同时派出了两个人。卢尚德还记得卢义信杀死那个人时，脱口说了句，"你死吧，现在咱们两清！"既然卢义信是池仲安手中的坐探，这些话就都有了归宿，死了一个，现在看来只剩下卢义信了。

池仲安特意给卢义信谋了个职，按职位排在卢尚德之后，称为参议。有了这个封号，卢义信就可以随时随地出入各个山寨。池仲容给了卢尚德调动各寨主的权力。权力看似不小，其实只限于战前训练阶段。卢尚德心想，有了这个就足够了。

这日，卢义信率随从驰马来到卢尚德的热水寨，不巧卢尚德出外训练未归，卢义信想四处走走，但守寨的侍从说不可以，虽然他亮出了总寨池仲容签发的参议令牌。但侍从说，莫说你一个参议，就是大帅到了热水寨，没有寨主的命令，他也进不来。无奈，卢义信只能坐在客厅喝茶，有两个侍从守在门口。

快到晚上的时候，卢尚德驰马回寨，见到卢义信，卢尚德笑道："侄儿，今晚咱叔侄俩有要事要谈，你可要做好准备呀！"

卢义信心中一惊，他想可能是他的曲潭寨训练之事，因为大帅已传令，四将军有权调动任何寨主训练士卒，有违者以军法处置，他并没把这件事放在心上。

卢尚德与卢义信坐在客厅，卢尚德示意侍从退下。卢义信开始紧张起来，他低头手扶着茶盏，却斜眼偷看落座的卢尚德。

卢尚德直言道："义信，这段时间，我特意回了一次曲潭，又回了一次羊子铺，见了你二爷爷，另外我又专意和你爹、你娘见了面。咱们叔侄属于刚出五服的叔侄，我和你身上都流淌着我们卢家祖宗的血。今天，叔也不怕你出门乱说，你卢珂大伯，曾写信约我从京师回龙川，让我辅佐他。"

卢义信仍不知卢尚德要说什么，他点头道："呃，这些侄儿不知道。"

卢尚德正色道："今天咱们叔侄打开窗户说亮话，你叔的老师是南赣巡抚王大人，老师待我如儿，我尊老师为父！"

卢义信一听大惊道："叔……那这么说来，叔真是巡抚大人派到三浰的……"

卢尚德点头道："当然，说直白一点，你卢珂大伯，包括龙川的郑志高、陈英，这三人都是你叔我把他们联合在一起，又一起向官府军投降的！现在我到三浰来，是来劝降池仲容的，倘他不降，我与官府军内外联合，则池仲容必败矣！叔的话说到此，是不是该你说了？"

卢义信感到周身初冒寒气，渐渐寒气消尽心里有了些暖意，他说道："叔！说实话，初时我不知道池仲安让我干什么，反正转眼之间十两银子到手，后来他才说让我监视叔，没想到后来他反咬一口，如不干，要我立拿一百两银子还他！我没办法，现在他又扣了我的儿子做人质。叔，你说我怎么办呢？"说着双膝跪在卢尚德面前，泪水涟涟。

卢尚德伸手把他拉起来说道："其实，这些事几天前叔已经知道了！叔现在已着手想办法，找人帮你打听你儿子的下落，一旦打听到了，会有人把孩子送到我这儿！"

"叔，这是真的吗？"卢义信兴奋地说道。

卢尚德嗔道："义信，咱叔侄一条血脉，叔岂能说谎？说句更体己的话，他池仲安扣你儿子做人质，等于扣了叔的孙子！自古是灰比土热，古人常说：'兄弟阋于墙，外御其侮！'何况叔是你的长辈，怎么可能让你跟着池仲安自甘堕落，与官府军为敌呢？"

卢义信泪水涟涟说道："叔，侄儿从内心深处感激叔的救命之恩，如果叔今天不拉我，我无可奈何，只能跟着池仲安干！叔要侄儿干什么，侄儿绝无二话！"

现在卢尚德正按老师来信中所说的话做，而池仲容不是一般的草头王。这十几年来，他之所以长期盘踞三浰之地，肯定有他的过人之处。池仲容和池仲安来到热水寨时，卢尚德就曾仔细观察过，他来热水寨不仅是为了让卢尚德放开手脚，对三十八个山寨中的士卒进行训练，这件事是各寨主的呼声，他只得借坡下驴，给卢尚德放权。他的主要心思，是看卢尚德如何掌管热水寨，结果让他立时瞠目结舌！池仲容由衷感叹："卢尚德当是个将才！"

卢尚德说道："义信，你知道，叔借训练这三十八寨的机会只是把他们的兵力总数及防御弄明白了，你呢，当凭参议这个令牌，摸清每个山寨的后山及其偏僻小道，比如攻打时可以利用的地理环境等。另外，你把更多的时间投入到和这些寨主接触上。想法拉拢他们，等官府军攻打山寨时，倘绝大多数山寨能投降，剩下那些孤立、顽固的，即使动用兵力围剿，也要容易得多！至于池仲安让你刺探叔的情报，你要见机行事，要少说慎说！"

"叔，我明白了，叔是让我拉拢这些寨主为我官府军将来所用。至于池仲安那儿，只能应付，有了情报马上报告。"

"记住，多宣传福建象湖山之詹师富、郴州之龚福全，还有横水、左溪、桶冈之谢志珊、蓝天凤，当然，还有咱龙川的你大伯卢珂、郑志高、陈英之事，让他们感到，一旦官府军围剿，只有投降这一条路可以走。谁要顽抗，追随池仲容和池仲安，必然是死路一条！这些话要运用巧妙，不要让人感到你是在替官府军做宣传，否则，一旦有人把这话传到池仲容或池仲安那儿，就有麻烦事儿。"

卢义信连连笑着说道："叔，我知道了！"

待卢义信一走，卢尚德想起老师信中让他在龙川之地查询先朝祁连峰等五将军受命来龙川剿匪含冤百年之事。王阳明特意给卢尚德写了书信，宁可信其有，不可信其无，让卢尚德重访重查龙川可有此事，但今日还有别的事，暂且把它搁下。

四十五　金秋曼舞祥符宫　东墙刀斧伏匪雄

这日上午，卢尚德驰马在龙川县城大门外和龙川知县见了面，知县传达了巡抚王大人的话，要他相机将池仲安骗至赣州，龙川县衙派官军配合，二人商议计划后又匆匆分手。

龙川知县率兵至三浰总寨门口，此时卢尚德也在此处。闻龙川知县率兵至，池仲容向卢尚德说道："四将军，龙川知县此来何意，现在咱无论如何都要忍，倘不忍，大军一来，咱三浰的三十八座山寨就彻底完了！"

卢尚德说道："大帅，你这种想法很对，为表示诚意，请二将军、三将军等一起下山迎接知县大人，以防他产生误解！"

池仲容在大厅内踱了一阵，说道："四将军，这龙川知县不会当场缉拿咱们吧？"

卢尚德大笑道："大帅放心，在三浰的地盘上，知县绝不会这样做！但是，对于龙川知县大人提出的条件，大帅务必答应。"

池仲容说道："只要不让我现在投降率弟兄们离开三浰之地，除此，我什么条件都答应。"

龙川知县见池仲容、池仲宁、池仲安及卢尚德施了礼，还礼后说道："池仲容，今南赣巡抚大人传来命令，令池仲安到赣州当面向巡抚大人报三浰三十八座山寨各寨人员情况，不得有误！"

池仲容点头道："按巡抚大人之意，何日起程至赣州？"

知县说道："巡抚大人向来军令如山，下午即起程！"

池仲容点头道："是，知县大人！"

回到山寨以后，池仲安怒道："哥，这分明是巡抚大人要把我当作人质，逼哥交出三浰三十八寨！"

池仲容摇头道："仲安，非也！你想啊，上次巡抚大人专门给咱三浰之地颁发了告谕，又给咱们送来了牛酒银两等以示存问。咱后来只草草回了话，假称卢珂等要来报昔日之仇，可能攻打三浰，故而增加三浰防御。巡抚大人是个超常精明的人，他极不满意这种搪塞，故而又传令，让咱去人至赣州当面报告！"

卢尚德说道："三将军，大帅说得对。咱为表示真心归附，必须听从知县的话，上次的搪塞实在说不过去。"

池仲安说道："哥，我担心这是个陷阱，只怕肉包子打狗，从此我难回三浰了！"

池仲容摇头道："仲安放心，绝不会。况且假如果真如此，两脚长在你身上，你总是有机会的！"

池仲安笑道："好，不入虎穴，焉得虎子？我倒要看看，这个越传越神的巡抚大人，到底是何样一个人！"

待送走池仲安以后，池仲容向卢尚德说道："四将军，仲安此番入赣州，我心里没有底。不过，依我之见，咱还是要未雨绸缪，你和仲宁下寨去转转，督导各山寨抓紧训练，以应不测之事。"

卢尚德点头道："大帅英明！那好，我和二将军即刻下寨督导！"

卢尚德和池仲宁一出总寨，池仲宁担心道："尚德兄弟，依你之见，仲安此行吉否？"

卢尚德笑道："二将军，如三将军识时务，有真心归附朝廷之意，那他肯定平安无厄，但他如果行小人之心，恐怕无吉即凶也！"

此时，池仲宁已经知道了大局，当前赣、闽、湘、粤四省，绝大多数挂在朝廷帐下的盗匪，包括龙川的黄金巢都不战而降。除三浰池仲容之外，其他已围剿殆尽。他先前听了卢尚德的话，率众兵试图投降，结果被池仲容派人追了回来。他的内心深处早已厌倦了做盗匪，他想做个平平常常的人，娶妻生子，不再过人不人鬼不鬼的日子。他与哥池仲容及弟池仲安意见不合，幸好卢尚德来了，两人一谈十分投机，从此他更加坚定了跟着卢尚德走投降这条路的决心。

池仲宁说道："尚德兄弟，巡抚大人这是一步妙棋，只要我弟仲安在赣州，我哥就不敢公开与官府军反目。现在正是咱们策动寨主们投降的好时机，咱俩分头行动吧？"

卢尚德说道："二将军，记住多宣传巡抚大人率主力横扫四省盗匪的事，多说巡抚大人为人讲仁义，重信用，品德极高，一向讲求投诚从宽，抗拒必死。这次龙川知县和咱们见面，是个可以借助的大由头，如听龙川知县大人说云云。好，咱们就此别过。"

此时池仲安和两个随从驰马奔向赣州。路上，池仲安向随从说道："你们知道吗，本将军此去，是到官府军行营里，你们俩到赣州以后，都打起精神来，都注意看我的眼神行事，知道吗？"

其中一个随从说道："三将军，朝廷巡抚大人不会扣咱们吧？"

池仲安怒道："扣什么扣，咱们还没到，你就吓成这样儿？你们俩都别怕，用我哥的话说，咱老老实实，不惹事，他扣咱干吗？我想，也就是三两天的事，咱们就可以从赣州打道回三浰了！"

池仲安嘴上这么说，其实，他虽没见过巡抚大人，但关于他打詹师富，打谢志珊、蓝天凤的传说很多，都说此人机变超出常人。但他就是不知道，四省的盗匪只剩下三浰他们池家了，巡抚大人为何不派官府军来围剿，还让他去赣州报告三十八寨的事，这个从没见过面的巡抚大人，到底心里是怎么打算的，他一直纳闷。

到达赣州的第二天早晨，池仲安被人带着进入王阳明的主力大军行营。他一进来，就感到一种震慑感。此时，官兵正在训练，一队队，一排排，喊杀声震天动地，击鼓则进，鸣金则退，令行禁止，果然是官府军！和三浰的山寨士卒比起来，真是天壤之别！怪不得人家打胜仗，围剿草头王如风扫残云，他从内心彻底惧怕了！

池仲安被带进来，他低着头，不敢仰视，唯唯诺诺向坐在正中木椅上的王阳明施以大礼。

王阳明把手一挥说道："你叫池仲安吗？"

池仲安急忙把头抬起来应道："大人，草民就叫池仲安。"

王阳明呷口茶，他干咳了两声问道："上次，本院给你们三浰发的告谕你看了吗？"

"回大人，草民不太识字，不过草民让识字人念过了。"

王阳明说道："池仲安，你大哥池仲容为何不真心投降，还要盘踞在三浰，是不是有意和朝廷对抗呢？"

池仲安急忙说道："不，大人，草民来前和大哥商议归附朝廷之事，今草民前来赣州，就想当面聆听大人示下。"

王阳明从木椅上站起来，他身后站着冀元亨、田庄、金岸、罗钦顺、何瑭等，那个雷天星和雷天月也侍立在一侧。

王阳明说道："池仲安，其实，你大哥池仲容当了这么多年头领，还悟不出一个道理来，本院是在给他一个悔过自新的机会。倘他识时务，明白本院率军消灭了谢、蓝之后，为何回赣州驻扎，他就应该主动下山，到龙川县衙，甚或到惠州知府陈祥面前，表示真心投降。可是本院不明白，他为何这么愚拙呢？"

池仲安至此才意识到，巡抚大人让大哥主动投降，按卢尚德所说，不但不会被砍头，还能立功赎罪，还可以做个龙川县的新民。他说道："大人，是，我大哥太愚拙！"

王阳明笑道："池仲安，不，你大哥不是愚拙，他是在观望，在等待时机。他梦想本院会给他封官，改编三浰三十八个山寨的士卒！池仲安，本院明告诉你，他这是一场黄粱梦！他自己的算盘打得太如意了！"

池仲安跪在地上连连点头，嘴里哼哈着。

王阳明这时大声说道："池仲容大错特错了！你们三十八个山寨的人，都是干什么的，都是扔下锄头、犁耙种田的农民！本院改编他们做什么，他们如果识时务主动下山投降，本院不但不责罚他们，还给他们分田地，让他们回家好好种地，这才是他们的最好归宿！至于池仲容这十几年来，盘踞三浰之地，烧杀抢掠，对抗官府，又攻打官府，无辜杀害百姓，偷袭县衙、府衙的公人，凭这些，哪一条都可以杀他一次。算下来，杀他几十次也不为过！他哪一点够本院给他封官的条件？"

池仲安一听更加恐慌不安点头道："是，是，大人！"

王阳明说道："一个十恶不赦之人，还做什么美梦，妄想把他十几年的滔天大罪，一抹了之，这可能吗？就算本院睁一只眼闭一只眼不处死他，但龙川县衙、惠州府衙那些死去的公人怎么办？况且本院一向刚直不阿、公正无私，又岂能如此行事？他现在如还有一点良知，就该立即大开山门主动率众下山投降，戴罪立功，以求得官府宽大处理！"

说到这里，王阳明话锋一转，接着说："本院表面让你池仲安到赣州报告，实则是让他来，如他大悟，当主动前来，当面向本院谢罪。如果这样，或许本院对他的处理将变成另外一种方式，但现在晚了，一切都晚了！"

池仲安战战兢兢退出之后，惠州知府陈祥来拜见王阳明。

王阳明自巡抚四省以来，由于卢尚德的事先后和陈祥见过几次面，待他施礼落座，王阳明笑着问道："陈知府，本院最关心尚德他现在如何，你先说说他的情况吧！"

待陈祥说罢，王阳明笑道："尚德果然不负本院之望也，看来龙川、三浰之战，将是本院巡抚四省之中，最轻松、时间最短的一场战斗。此皆赖尚德忍辱负重，不屈不挠，与池仲容等斗智斗勇之功！当然，龙川是尚德的故乡，他为故乡抛头颅、洒热血，甘心奉献，当为尘世间一个美传！"

陈祥点头道："是啊，这位文武双全、机智多变的卢先生，源源不断向官府传送了那么多情报，他才是个真正不易的大功臣呢！"

王阳明正色道："陈知府，你回去转告龙川知县，现在三浰的池仲容到了抉择的关头。依本院看，以他冥顽不化的心志，他不会向官府军投降，他打算孤注一掷。所以，尚德的危险系数就增加了。据本院判断，尚德身为热水寨寨主，在那儿他是安全的，但在总寨，他可能随时面临着危险。你回去以后，和龙川知县好好商议一下，最好能派一两个人打入池仲容的总寨内，这两个人就一个任务，即不管花多大代价，一定要保护尚德的人身安全！这件事本来在攻打横水、左溪时，本院已经想到了，但由于帅帐事务繁杂，把尚德安全的事忘了！当然，现在派人打进去正当时。陈知府你记住，这件事不是私事而是公事，你和龙川知县一定要办好！"

待惠州知府陈祥退下，田庄说道："老师，自从桶冈战斗结束后，弟子特别想念师兄。如老师不弃，弟子前去，不但可以暗中保护师兄，还可以辅佐他，岂不两全其美？"

王阳明摇手道："田庄，经过这几次战役，你现在可称得上为师手下的一个将才，你们几个都不可以去。这段时间不打仗，你们几个该把讲学的事办一办，别忘了为师入赣之心。当初跟你们说过，咱们师徒一手打仗剿匪，一手开门讲学，战时打仗，闲时讲学嘛！尚德心机多谋，汝等不需为他挂念。"

王阳明自巡抚南赣以来，在赣州郁孤台创建了阳明书院，其门人薛侃、欧阳德等皆追随王阳明讲学不断。他还重修了宋理学始宗周敦颐的濂溪书院，大力在赣州兴办社学。王阳明还在赣州通天岩讲学授徒，他的《传习录》《大学》《朱子晚年定论》三本书在赣州刊刻行于市。一时赣州王学大盛。他还把客家文化和阳明心学有机结合起来，使心学扎了根。王阳明二返赣州，先前离开赣州躲避匪乱的客商也纷纷回归赣州重开了业！

王阳明回到后宅，夫人娖姻说道："妾观夫君众弟子中，都是言而有信的忠诚之子。可是尚德呢，他到龙川县老家去了那么久，况且几个大仗都打完了，他怎么还不回来？妾还有点想这个孩子了！"

王阳明笑道："夫人，你说得是，今儿下午我与众弟子还正说他呢。夫人你看这么多年来，他们结婚成家，有的还做了官儿，我与弟子们的书信从未间断过，要说叫我心里最想的就是身边这十几个。尚德和元亨一样，是我器重的弟子，等着吧，待三浰的准备做好以后，我要给这个徒儿一个交代。池仲容奸诈、多谋，尚德在他身边，伴匪如伴虎，除非他哪一天回到我身边，不然，我心里头总还惦念着他！"

娖姻笑了笑说："妾知道，夫君身边的这十几个弟子犹如夫君的儿子，有几次妾悄悄观察过，你记挂这些弟子，比咱儿子正宪还多呢！"

王阳明拿了一册简书，走到灯下，他把灯芯用旁边的细针拨了拨，那灯火顿时亮了许多。他看着简书说道："夫人，这几天元亨、田庄他们为讲学的事忙，正宪的功课都做完了吗？元亨有没有给他批改，夫人看了吗？"

娖姻噗笑道："看看，这些事人家元亨都做了。有贱妾在，正宪根本不是偷懒的孩子，元亨说他的功课做得可认真呢！"

王阳明放下书，说道："夫人，近来朝廷中有传言，听说咱孙伯有可能到江西来任职，你说朝廷中的大臣尔虞我诈，孙伯都多大年纪了，唉，我都替他老人家担心啊！"

娖姻惊道："这朝廷也该有个法吧，孙伯多大啦，从京师拖家带口，他真要来了，咱有时间可要多去照看照看他才是！"

王阳明放下手中的简册，站起来踱着说："夫人，你看这人生多是不易。抛开黎民百姓和商贸之人不说，单说这入仕之人吧，哪个不是十年寒窗苦，冷板凳坐了十年。我呢，二十八岁才入仕，偏又赶上了个刘瑾祸乱朝政，这前前后后耽误了多少年的大好时光。眼看我能为朝廷做事吧，又赶上这肺病、胃病缠身！我真的感谢上天赐给我这么多可爱的弟子，他们待我如父，我视他们如子，我不必像三国时诸葛亮，每事亲躬，终身劳累。夫人，你看有这些弟子代劳，我省去多少心血！要没这些弟子辅佐，心学也传播不了这么快、这么广。就眼前刚经过的这几个大仗，也不会这么快就结束了！"

婉姵见王阳明今日兴致正浓，说道："夫君，你昔日在京的好友湛若水呢？你好像有两三年没接到他的书信了吧，他现在在哪儿，他还讲学吗？"

王阳明笑了笑说："若水是个乐天派，是个爽朗正直的大好人！这些年，我不知他忙何事，更不知他还讲不讲学。日月如梭，岁月如金，有两三年我不知他在哪儿高就，倘知他在哪儿，我必以书信会之。"

婉姵又说道："夫君，你在南昌时遇到的那个同学刘养正呢？他还在洪都宁王朱宸濠那儿做参议，还是干什么呢？"

王阳明淡淡一笑，说："我与养正虽同出娄师公之门，但我似乎与他道不同，故而谋亦不同。不过，他在洪都，我在赣州，路并不远，从心里说，我不想和他见面。"

婉姵说道："夫君和刘养正并未有过节，又不涉及利益之争，为何不愿见他！"

王阳明直言道："夫人，你忘了我说过的王妃乃师公之女，我又尊其为姐，她一向视我为弟。可是你忘了那个宁王朱宸濠吗，他和刘瑾昔日那样对我，为我的事，王妃和朱宸濠大闹过！你说倘与养正见面，只怕后边让我自找烦恼。"

婉姵点头说道："夫君，贱妾记得，夫君初任四省巡抚时，刘养正曾来过书信，你当时只顾围剿詹师富，你给他回书信了吗？"

王阳明点头道："回了，同为江西之地，南昌、赣州不过数百里也，倘上天有意的话，很可能我会与养正见面。"

这时油灯闪烁了一下，灯火开始变小了，王阳明忽然想起了池仲安。他向婉姵说："夫人，你先安歇，我忽然想起一件事，我去看看！"

婉姵嗔道："夫君，深更半夜了。你还费心劳神，明日不行吗？"

王阳明披上衣袍说道："夫人，有些事可以拖，但这件事却不能拖！你先睡，我去去就来。"

婉姵把他送到门口说道："夫君，你慢些。快去快回啊！"

王阳明来到离自己所住不远的冀元亨家，见他家的灯还亮着，便伸手敲门，说道：

"元亨，你睡了吗？"

冀元亨在屋内应道："恩师，我没睡！"

冀元亨匆匆披衣袍边穿边走出来，说道："恩师，什么事这么急？"

王阳明说道："元亨，为师突然想起了三浰盗匪池仲安。你和田庄把他安排到哪儿了，他可是咱们手中的棋子。"

冀元亨说道："恩师，我和田庄把他安排在咱巡抚官衙右侧的偏房里，我和田庄还特意派了两个士卒守在门外，恩师放心，不会出事的！"

王阳明说："不，小心无大错，你和田庄去查看一下，这样为师才好放心！"

冀元亨关切说道："恩师，你回房歇息，我这就和田庄去一下。"

再说池仲安被冀元亨和田庄安排在南赣巡抚官衙内一间偏房。至于跟随他来的那两个随从，不知道被带到了哪儿。他在屋内四处转了转，窗户很高又很小，而且还有几根铁棍竖插在窗口，他从门缝向外张望，有两个腰佩挎刀的士卒站在门口。

池仲安并没有躺在床上马上入睡，他抱着双臂在屋里走来走去。听巡抚王大人说，他已经看透了池仲容的内心，一切都在他的掌控之中。可是他突然想到，倘这两三天，巡抚大人不放他回龙川三浰，他很可能就真的成了人质。他做了人质，那么他哥就不敢轻举妄动，倘做出一些令巡抚大人不高兴的事，那么他这个人质就有性命之忧了！这可怎么办呢？

池仲安陷入极大的忧愁之中，他想：如若借机逃走了呢，那么一旦抓住我，人家就会说，巡抚大人把你传到赣州来，什么事也没有做你就逃跑，你和你哥是不是表面归顺朝廷，而内心是要反的，这样朝廷可以名正言顺地把兵马派过去，一举荡平三浰，把我和我哥拉上断头台。我池仲安必须逃走，我池仲安要改名换姓，暂时住进人迹罕至的九连山里，他们又怎么找到我呢？起码我可以活下去，岂不强似这样被看着管着。

过了一阵，池仲安开始拍门，守卫士卒说道："敲什么敲，有事明天再说！"

池仲安说道："兵大哥，草民闹肚子，疼得实在受不了，快行个方便吧！"

那守门士卒怒道："盗匪，你进屋才多大会儿，你就闹肚子。再憋会儿吧！"

池仲安故意在屋内"哎哟哎哟"叫，那两个守卫士卒，从门缝向里一看，池仲安正蹲在地上，一边捂着肚子，一边"哎哟哎哟"直叫。

守门乙说道："你看，这个土匪头子很狡猾，万一借闹肚子之名逃跑呢，那样，咱俩可吃罪不起！"

守门甲说道："是啊，可是，假如他真的肚子疼，有个三长两短，咱俩不是一样吃罪不起吗？"

守门乙向屋内池仲安问道："土匪头子，你是肚子疼想上茅房呢？还是肚子疼想找郎中看病呢？你说不清楚，这门儿不能开！"

池仲安一听，故意边哎呀边说道："两位兵大哥，草民不想找郎中，就想去茅厕，快开门吧，草民实在憋不住了！"

守门甲向乙说道："看来，他是真的不拉不行了！打开门让他去茅房，咱俩看着他，我不信他能插翅逃了！"

守门乙点头道："那好，咱就依他。不过，为防万一，咱拴住他的胳膊和脚，防止他耍花招儿！"

打开门后，守门乙说道："你这小子可听好了，我们兄弟俩出于仁义向善良知之心，你去茅房可以，但我们得捆住你的一只胳膊和一只脚，以防你伺机逃脱。"

池仲安连连作揖点头道："好！好！两位兵大哥，怎样都行，只要让草民上茅房，要捆哪儿就捆哪儿吧！"

把池仲安捆好后，守门乙又说道："小子！你在茅房，我们守在外边，我们一摇动绳子，问你话儿，你必须回答！听见没有？"

池仲安急忙点头说："好！草民听见了！"

就这样，把池仲安的一只胳膊和一只脚捆上绳索，两个守卫士卒以为这下可以放心了。这个土匪头子初来乍到，在这深宅大院里他怎么可能逃跑呢？他俩一人牵着绳子在前，一人攥着刀柄在后，转过一个偌大的厅堂，便来到了茅厕前。

临入厕前，守门甲说道："小子，你可别耍花招儿！"

池仲安连连点头说："放心，我答话儿！我答话儿！"

池仲安进入茅房后，真是地利助他，恰在茅厕边儿有一棵树，他把绳子从胳膊和脚上解下来，把绳子这头捆在了树干上，继而蹬着墙，两手扒着爬了上去，又匆忙顺着墙边从上面溜了下来。他大致看了看方位，沿着墙边急切往外飞跑。

守在茅厕门口的两个士卒发现许久没动静，守门甲说："时候不短了，怎么这小子还不出来，你拉拉那绳子，问他拉完没有？"

守门乙遂拉动绳子，大声问道："好小子，拉完没有，我们在门外早等烦了？"

守门甲说："坏了，怎么没有回声儿，他莫不是翻墙逃跑了吧？"

守门乙急忙把绳子一扔，径直进入茅房，他大喊道："真是坏了，这家伙翻墙逃跑了！咱快找吧！"

此时，田庄和冀元亨两人来到巡抚衙署内，刚进入大门，走过第二道门，就发现一个人影站在墙下，那人似是要攀墙，田庄急忙拉了一把冀元亨，伸手一指，冀元亨连连点头。

田庄低声附耳道："师兄，你左我右，包抄他！"

巡抚署衙是冀元亨和田庄最熟悉的办公场所，二人不需费太多时间就绕到人影身后，此时池仲安两手扒着墙上的砖缝儿，两脚蹬着墙，眼看就要攀爬到墙顶，他的一只脚开始向墙顶迈跨。

田庄急忙低下身来，从地上抓起一块砖头，嗖的一下掷了出去，这砖块不偏不斜沉重一击，正砸在池仲安的脊梁上，他哎呀一声掉了下来。冀元亨和田庄上前，田庄一脚踩在他背上，两人娴熟地反扭了池仲安的胳膊，扭成燕儿别翅。

田庄怒道："你是谁，怎么，想逃？"

这时，那两个守门士卒气喘吁吁奔来，见捉拿了池仲安，遂急忙向冀元亨和田庄施礼，谢罪不迭。

当冀元亨、田庄及两个守门士卒把池仲安重又关入屋内，冀元亨说道："你二人怎么回事儿？要不是我二人奉恩师之命来查看，你俩险些酿成大祸！"

守门甲急切施礼道："冀先生，小的该死！小的该死！"

守门乙则跪在地上说："冀先生、田先生，此事万万不可让巡抚大人知道，不然我们俩就没命了！"

田庄怒道："哼，你们俩没命事小，倘池仲安跑回了龙川三浰，真不知道会带来多大麻烦！"

冀元亨怒道："你们休说糊涂话，出了这种事，怎么可以不禀报我恩师呢？不过好在没让他逃掉，我可以为你们求情，从轻处罚！"

两个士卒又再三叩谢冀元亨和田庄。

田庄说道："师兄，池仲安是老师制衡池仲容的重要棋子，绝不可掉以轻心。马上再派四个士卒过来，两人轮班，门口坚持四人值守，这样池仲安想逃也逃不掉！"

待冀元亨和田庄一走，守门甲和守门乙把门打开，此时，池仲安已躺在床上，守门甲喝道："小子，起来跪在地上！"

池仲安见二人大怒，急忙颤抖着从床上下来，双膝跪地。看着二人说道："两个兵大哥，深更半夜你们要干什么呢？"

守门甲向守门乙一递眼色，立时对池仲安拳打脚踢，暴打一阵。守门甲一把揪起池仲安，怒道："池仲安，今儿起我俩不当好人，专当恶人！让你长个记性，再出什么幺蛾子，要花招儿，我俩非弄死你不可！"

池仲安满脸血水，急忙从地上爬起来向二人叩头道："俩兵爷爷！草民再也不敢了！草民再也不敢了！"

守门甲冷笑道："池仲安记住，下回我们俩只打你身上，把你打成内伤，外表还看不出来。记住，把脸上的血擦擦，有人问时，就说是你自己不小心碰的，听见没有！"他说着又踢了池仲安一脚。

池仲安急忙说道："这伤是我自己碰的，与别人无关！"

半月以后，在三浰的池仲容有些坐不住了。因为池仲安自去赣州以后，没有一点音信。他和卢尚德商议，最后决定让卢义信率几个随从去赣州打探池仲安的消息。临行前，卢尚德给老师写了封信让他带上。卢义信率人到了赣州，呈上卢尚德的书信，王阳明看后非常高兴。于是，卢义信明白了王阳明的心意，回到了龙川三浰，把赣州的歌舞升平，正张灯结彩准备过大年，以及池仲安在赣州很好等消息报告给了卢尚德。另外，让池仲安写了信，王阳明也写了信约池仲容到赣州来过大年。

池仲容把池仲宁及卢尚德召集回来，让二人看了池仲安和王阳明的书信。卢尚德喜道："大帅，可见巡抚大人礼遇三将军，且巡抚大人亲自写信约大帅到赣州过年，足见朝廷对大帅真心归附并无疑心，请大帅莫迟疑，当赴赣州之行！"

池仲宁也说道："哥，你放心前去，三浰三十八寨有我和尚德兄弟在，这里不会出任何事。"

这时的池仲容虽尚有一些疑心，但决心大过疑心。一者有池仲安亲笔书信；二者卢义信率随从去赣州平安归来，且赣州正张灯结彩准备过大年；三者王阳明亲笔书信约他到赣州过年。但有一点卢尚德没想到，临行前，池仲容借挑选随从之名，驰马到一些山寨转了转，然后，他才带着九十八名所谓的首领驰马向赣州而来。

池仲容一到赣州，把大多数人安排到城外演兵场，这才到城内拜见王阳明。

王阳明见池仲容只带了几个贴身随从，待他施罢礼，王阳明摇头笑道："池仲容，你疑心太重，本院今有心约你到赣州过大年，你把其他首领放到城外演兵场，是不是心中还怀疑本院呢？"

池仲容立刻哑口无语，支吾了半天说道："大人，草民担心他们入城后，不懂礼数，惹大人不愉快，请大人见谅！"

王阳明笑道："池仲容，咱中国从古至今一直是礼仪之邦。这样，你明日让他们都到赣州城内转转，本院还想做东，召集大家相坐，喝喝酒，聊聊天，共同度过一个新年佳节岂不更好嘛！"

池仲容一听，再加上他所看到的皆歌舞升平，到处张灯结彩，都是准备过大年的样子，而且他还看到了池仲安正兴高采烈地学习用剑，并告诉他要把剑术十八式都学会，过年时再与他相聚，所以他就更加不怀疑了，遂把在城外演兵场的首领们召入城内。

此时为正德十二年十二月二十三日。

因为池仲容随从加起来有九十八人,王阳明让人把他们安排到祥符宫入住。

祥符宫落于赣州市内,坐南朝北,唐时称紫极宫,宋时改为大中祥符宫。其建筑巍峨挺拔,气势雄伟,庄严肃穆,古柏遮天,绿茵铺地。

池仲容向众随从说道:"你们看巡抚大人高看咱们一眼,今天下午大人安排让咱们习学礼仪,你们不能光顾喝酒,丢我的面子!"

赣州知府派了几个官吏,陪同王阳明的弟子罗钦顺和何瑭,来教授这些盘踞三浰十几年的盗匪习学礼仪,并制作当时赣州最时尚的青衣油靴让他们穿。而且自他们入住祥符宫之后,赣州府一日三餐都很丰盛,晚上还让他们喝酒,表面看环境宽松,池仲容等逐渐放松了警惕。

当然,这些常年在三浰深山密林中占山称王的盗匪,每人身上都带了些银两,他们一日三餐由赣州府负责,只有到了下午才允许他们到赣州大街上转转。王阳明在赣州巡抚几年,赣州市内商贸汇集店铺林立,社会繁荣,人们富足,到处是花花绿绿、笑声连连。

这些盗匪中,有一个叫侯九的对玉如意非常上心,他在三浰山寨中做首领十几年,从未打劫过玉如意。这些比较珍贵的玉如意,民间是无法拥有的。偏这天他和几个盗匪在赣州大街上闲逛,偶尔发现珠宝店里有玉如意,甚至还有玉镯、翡翠、珍珠、玛瑙、金银首饰等。几个盗匪似是进入珠宝世界,一个个看呆了、惊奇了。一问价钱,身上带的银两连个玉镯也买不了,更别说玉如意了。

侯九把一个盗匪拉到门外,低声道:"老三,这赣州城就是富啊!这么多珠宝竟敢摆在大街上的店铺里卖,你不知道,馋得咱眼冒紫光,尤其是那个玉如意。当然,别的珠宝咱也稀罕,好多咱这大半辈子连见都没见过啊!"

那人说道:"怎么,九哥你眼馋了,手痒了?这可是赣州城朝廷巡抚大人住的地方,咱可不能造次啊!"

侯九讥道:"屁!照你这么说,京师之地是皇上住的地方,那里就没有伸手拿来之事?"

那人摇头说道:"有,当然有啦!不过,咱们是随大帅到赣州来过大年的,是巡抚大人的客人。九哥,在这种时候,还想重操旧业,干你的老本行?"

侯九叹道:"老三啊,你是不知道,当咱看到这些珠宝时,特别是咱想了十几年一直没有到手的玉如意,咱是如二十五只老鼠在怀,那是百爪挠心啊!"

那人说道:"得,九哥,咱过过眼瘾赶紧回祥符宫吧,晚了赣州府的公人肯定说咱们,让大帅下不来台!"

侯九又奔到珠宝店里,他除了看珠宝,还特意斜眼看了看窗户和木门,这才悻悻离开。

　　坊间有句话说,"不怕贼偷,就怕贼惦记。"侯九见其他人都手拿买到的东西匆匆回来,他今儿下午只顾看珠宝了,兜里那些碎银子太少,买个珠宝根本不够,所以,只能两手空空往回走。

　　到了晚上,赣州府的公人在饭桌前告诉他们,晚上谁也不要离开祥符宫,更不能到大街上去遛,马上要过年了,都高高兴兴,别有什么不愉快的事发生。

　　池仲容点头道:"大人放心,我属下的兄弟都很听话,他们晚上都不离开祥符宫,更不会有人溜到大街上闲逛!"

　　待公人一走,有人低声说道:"你们知道吗,十字大街往南一拐,有一座翠香楼,门口就站了两个专招惹男人的粉头儿。看人家长的,脸白的,屁股圆的,奶又大,啧啧,能和这样的女人睡一晚,就是明天碰死也值了!"

　　另一个则说道:"这叫什么事儿,晚上不让出去,想嫖不能嫖,想出去喝酒更不让,真是太憋屈人了!我看这不是请咱来过大年,这和龙川县衙的监牢没什么两样儿!"

　　还有一个人说道:"赣州的女人漂亮,等下次咱再来的时候,一定买个美人儿回家当老婆!"

　　白天,这九十多人在赣州大街上过足了眼瘾,晚上回到祥符宫又过足了嘴瘾。独侯九一言不发,他把祥府宫的门窗都认真看过了,睡觉时他特意向旁边的兄弟说,他这两天老闹肚子,夜里肯定要去茅厕。那人一听嗤之以鼻,让他有屁就放,有屎就拉,爱出去就出去,与他何干?

　　到了夜深人静之时,侯九不敢走正门,翻墙从祥符宫溜出来。他带了把短刀,溜到那家珠宝店,见大街上左右无人,只有几家店铺里的灯光亮着。侯九兴奋极了,掏出短刀,开始撬门。可是珠宝店里有人值夜,听见撬门声后,那人提了一个铜锣,连敲带喊道:"抓贼啊!抓贼啊!……"叫喊声划破了赣州城宁静的夜晚。

　　侯九从珠宝店门口还没进去,看到那人敲着锣向他奔来,早吓得六神无主站起来撒腿就跑。按正常来说,盗贼既然白天踩了点,晚上逃跑之时,对于撤回的路线应该很清楚。但是锣声一响,侯九早吓蒙了,把逃回的方向搞错了,他跑到哪儿,那敲锣的就追到哪儿。

　　赣州府巡夜的公人奔来了,很快就把他抓获,捆了个结结实实。

　　到晚上戌时,池仲容有心从房内出来查看,却发现少了一个人,旁边的人说这是侯九的床,他拉肚子,可能去厕所了。池仲容知道他的爱好,不过,他还存些侥幸心理,披着衣袍到茅厕一看,哪有侯九的影子。他就急忙回屋,把众人叫醒,那个和侯九为伴到过珠宝店的人说:"大帅,坏了,九哥到珠宝店偷那玉如意去了!"

四十五　金秋曼舞祥符宫　东墙刀斧伏匪雄

池仲容一听大怒："侯九这个记吃不记打的东西！这下可好了，巡抚大人那儿咱们咋交差呀？"

第二天，田庄和金岸来到祥符宫向池仲容说："池仲容，江山易改，贼性难移，走吧，我老师发火了！"

池仲容随着田庄和金岸还没到巡抚衙署，就有几十个百姓堵在衙门口。

冀元亨大声说道："众位老乡，衙署绝不会养奸为患，请你们相信，我的恩师会严惩此事，大家散吧！散吧！"

有个老汉说："请冀先生转告一下，巡抚大人太仁义，这种土匪盗贼，贼性难改，时间一长，不知道又祸害什么，快把他们赶回山沟儿里吧！"

池仲容担心此事很可能会引起性命之危，向王阳明提出要回三浰过年，不在赣州劳累大人和州衙了。王阳明摇头不许，安慰他说，侯九是侯九，咱一码归一码；并说马上要过年了，从赣州回龙川三浰，也非一日到达，从此，严约属下，安心在赣州过年吧。池仲容无法再推辞，只能还在祥符宫住下来。

池仲容在过年时和池仲安见了面，池仲容告诉他，巡抚大人已答应，初三那天就可以从赣州启程回龙川三浰，要他和巡抚大人说说，可否一同回去，池仲安点头表示同意，然后二人就分了手。

按王阳明巡抚衙署规定，让池仲安逃出屋的两个守卫当众挨了三十军棍，二人因此对池仲安怀恨在心。当池仲安提出要与他哥池仲容一起回龙川三浰时，两个守卫表面哼哈着，接了池仲安从他哥池仲容那儿要来的银两。因现在看守池仲安的是四个守卫，这两个守卫要池仲安如此如此，方又转身告诉另外两个守卫，倘池仲安出来如何如何。

到了这天晚上，守门甲打开了门锁，示意池仲安快出来，池仲安为了与他哥同行，急忙从门内出来，守门乙发一声喊："池仲安又要逃跑了！"

四人合力一顿死命暴打。转眼间，池仲安被打死。

王阳明向田庄说道："为师看池仲容等九十八人，贼性难改，他们急于要回龙川三浰，绝非什么好事。侯九的事弄得赣州百姓怨声载道，为师本不想杀他们，只要他们改邪归正、痛改前恶，完全可以成为新民，可见为师太仁义。这样吧，今晚你让龙光他们处置吧，永绝后患！"

冀元亨说道："恩师，今晚杀了池仲容，何时攻打三浰，师弟尚德还不知道呢。"

四十六　和平立县得永固　吾心光明岂可污

这天下午,田庄把赣州府龙光等传到巡抚衙署,把老师巡抚大人王阳明所制订的计划和盘告诉了龙光等。

龙光说道:"田先生,此事贵在秘密,让池仲容等在山不知水不觉之中才好实施。"

田庄说:"记住,一定要挑选精兵,把祥符宫前门后门都封死,绝不允许有一人逃脱,把时间定在子时。"

龙光说:"好!龙光等一定圆满完成任务!"

这天晚上,冀元亨和田庄、金岸,包括桶冈之役助力的雷天星、雷天月兄弟二人等,参加了晚上的酒宴,祥符宫内气氛非常活跃。

冀元亨说道:"我恩师准许你们明日返回龙川三浰,今日酒可以尽情喝,不受任何约束,但不要耍酒疯,趁机滋事。来,我和我的众位师弟,祝汝等明日一路顺风,干!"

池仲容满脸笑着说:"众位弟兄,巡抚大人对咱们不薄,请咱们的兄弟到赣州来过大年,给咱们发青衣、油靴,特别是让咱们居住在这么豪华的祥符宫里。来,大家都端起酒来,感谢巡抚大人!感谢冀先生、田先生等,干!"

偏在喝酒时,有个高个儿盗匪酒喝多了,他抓住一个胖盗匪说道:"上次咱分银两时,你说再退给我一两银子,怎么,这都三年的账了,你总该还了吧?"

那胖盗贼说道:"你瞎说什么,我何时欠你一两银子?"

高个儿盗匪说:"你忘了,就是咱们抢劫龙南县衙的时候,你多拿了,大家都说让你退,你说事后退给我一两银子,这事儿,你难道忘了?"

胖盗贼想了想点头道:"对,是有这件事。不过,我现在没银子,等有了一定还你!"

池仲容见状大怒,奔过去,打了二人两记耳光,骂道:"怎么又是分赃的事儿,你俩睁开眼看看,这是哪儿?这不是三浰的山寨上!"

高个儿盗贼不依不饶,说道:"大帅,对呀,就是分赃时,他欠了不还,请大帅给我做主,主持公道,让他马上还我!"

池仲容怒道:"得,你们俩别喝了,滚出去!"

胖盗贼把酒杯一放,抓起高个儿盗匪怒道:"老子现在没银子,这两天在赣州花光了！老子看你就是欠揍！"

高个儿盗贼飞起一脚，骂道："都来看啊。三浰出了个赖皮！欠钱不还！欠钱不还！"

田庄高声喝道："干什么？都闭嘴！"

高个儿盗贼和胖盗贼都低下头，回到案前落座。

田庄接着说道："池仲容，你的属下你管教！你们记住，这是祥符宫，不是你们龙川三浰的山寨上！你们还有点规矩没有？巡抚大人请你们到赣州过大年，你们可好，处处不争气，侯九偷盗珠宝的事刚完，你们明天就回龙川，今天晚上喝团圆酒还打架、争吵，你们自己说，是不是巡抚大人给你们脸，可你们自己不要，岂不让人寒心！"

冀元亨说道："池仲容，从你们第一天到赣州城里，我就说要你管好属下，别给巡抚大人丢脸，可是你做到了吗？我从不说难听挖苦人的话，你自己想想，回三浰以后好好整顿一下，就目前这种状况，要依附官府军，成为龙川县的新民，你们要做的事还很多。就这样，师弟们咱们撤，剩下的时间，咱交给池仲容让他自己处理吧！"

待冀元亨、田庄等退出门，池仲容把祥符宫的大门一关，脸色一变，环顾众属下说道："刚才人家冀先生、田先生的话说得很明白，我这个大帅也不想多说，因为这不是我们的地盘儿，只要咱们明日平平安安地回到龙川三浰，老天第一，咱第二，咱想怎么干就怎么干！你们记住，夹着尾巴，酒不要喝了，吃点饭，早点休息，明日一早咱还赶路回龙川呢！"

这时，有几个盗贼提了酒坛要走。

池仲容怒道："你们真是贪吃贪喝，咱三浰没酒喝，非拿人家官府的酒？都放下！放下！我池仲容的脸，你们还没丢够啊！"不过，他们最终没有逃脱被杀的命运。

这天晚上子时，龙光带领精兵，各持尖刀利器，兵分两路，从祥符宫的前门和后门悄悄摸进来，不待沉睡的盗匪们反应过来，都将他们一一抹脖杀死。池仲容听到响声后，刚要跳起拿他的长剑，就被两个精兵前后各刺一剑，他连喊也没喊出来，就瘫倒在地上。龙光属下提着灯笼数了数，无一漏网。

龙光说道："来呀，两人一个，都搬到祥符宫外的牛车上，连夜拉到城外埋了！"

就这样，池仲容等九十八个盗匪，生在龙川三浰之地，祸乱惠州、龙川等地十几年，末了被杀死在异乡，做了异乡的游魂野鬼。属地之人都有归宿，对盗贼来说，或许他们的终结之地就当在赣州，就当这样死去。

杀死池仲容等之后，第二天，不知为何，王阳明大口呕吐起来。这可把婉姗及冀元亨他们吓坏了，又找郎中，又让王阳明喝安神药，可是他仍呕吐不止。王阳明躺在床上，示意众人退下。他想，或许表面投降的池仲容等头领不该杀，但又担心他们劣根难除，一回龙川三浰又重整旗鼓，无奈圣命在身，不得不除！

此时，王阳明顿生怜悯之心，九十多个家庭此后家破人亡，遂从床上跃起跪地，向上天祈祷。祷毕，王阳明顿感气清神朗，周身轻松，再也不呕吐了！

杀死池仲容等九十八人之后，王阳明即刻传令，围剿龙川三浰的三十八座山寨。

卢尚德与池仲宁在池仲容率随从去赣州之后，即开始组织投降事宜，并找回了卢义信做人质的儿子。事情进展得很顺利，热水寨、水晶洞寨、曲潭、白沙、芳竹湖、上陵、下陵、铁心嶂、五花嶂、塘含洞等十几个山寨都响应投降。卢尚德和池仲宁、卢义信这天都到三浰的总寨，商议其他山寨投降事宜。

这会儿，池仲宁到池仲容居住的屋里找东西。他刚进屋，就见到两三个持弓箭的人，悄悄向大厅靠近，他急忙转身。这几个人显然是冲着卢尚德和卢义信来的，他奔到大厅前，大呼道："尚德兄，有刺客！"

那几个持弓箭的人见池仲宁奔来，从窗口搭箭就向坐在大厅内的卢尚德射去。此时卢尚德闻声，眼前似看到有东西飞至，急忙俯身就地一滚，躲在了木椅之后。而池仲宁背中两箭，卢义信抓起刀一挡，飞来的箭没射到他身上。

卢尚德手握长剑，飞快奔出大厅，两三个持弓箭的人转身就逃。卢尚德抓住密林中一棵绿竹，腾空一跃，飞身刺中一人，两个人见无路可逃，撇下弓弩，拔刀就与卢尚德厮杀。

这时，卢尚德看清了二人面目，原来是池仲容派到他的热水寨的两个副寨主。卢尚德转身卖个破绽，待那人仗刀劈来，他顺势刺其刀柄，那个人刀落的同时，卢尚德翻转剑锋，把他刺倒，继而飞鹞转身，反手仗剑，正中第三个人的心窝之处，三人皆死。

卢义信从那边奔过来，向卢尚德说道："叔，二将军死了！"

按照事先计划，卢尚德与卢义信分头驰马约会已准备投降的寨主。有几个冥顽不化的寨主，闻王阳明率主力围剿三浰，不待兵至，即率约七八百人逃入九连山中。卢尚德率投降的三十几个寨主，共四千余众与王阳明主力会师在和平峒羊子铺。

卢尚德见老师兴高采烈地驰马而来，他急忙整衣正冠向老师施以大礼，跪于尘埃之中，高声道："老师，弟子尚德行拜见大礼！"

王阳明笑着从马上下来，俯身把卢尚德搀扶起来说道："尚德，为师和元亨及你的师弟们非常想念你，今日看到你，为师在龙川无忧矣！"

冀元亨、田庄、金岸、罗钦顺、何瑭包括后来的雷天星等都与卢尚德见了面，相互叙礼。

到第三天，伍文定和邢珣各率自己的属下，把逃匿到九连山深山密林中的池仲容的余匪全部歼灭，王阳明闻后大喜。

王阳明为此写下了《回军九连山道中短述》一诗：

  百里妖氛一战清，万峰雷雨洗回兵。
  未能干羽苗顽格，深愧壶浆父老迎。
  莫倚谋攻为上策，还须内治是先声。
  功微不愿封侯赏，但乞蠲输绝横征。

同时，王阳明率众人登上龙南县玉石仙岩刻写《平浰头碑》，全文如下：

  四省之寇，惟浰尤黠，拟官僭号，潜图孔亟。正德丁丑冬，畲瑶既殄，益机险阱毒，以虞王师。我乃休士归农，以缓之。戊寅正月癸卯，计擒其魁，遂进兵击其懈。丁未，破三浰，乘胜追北。大小三十余战，灭巢三十有八，俘斩三千余。三月丁未，回军。壶浆迎道，耕夫遍野，父老咸欢。农器不陈，余今五年，复我常业，还我室庐，伊谁之力？赫赫皇威，匪威曷凭？爰伐山石，用纪厥成。提督军务都御史王守仁书。时纪功御史屠侨，监军副使杨璋，领军守备郏文，知府邢珣、陈祥，推官危寿等凡二十有二人列其名于后。

卢尚德把媳妇玉苗拉过来，双双向王阳明施礼。礼毕，卢尚德说："玉苗，这是我的老师，今儿起你也随我称老师吧！"

王阳明喜道："尚德、玉苗，好一个尚德玉苗！元亨，你看，尚德和玉苗这般相配，既是尚德之福，也是玉苗之福！"

田庄等向玉苗施礼道："师兄，我们这些师弟，齐尊一声嫂子吧！"

卢尚德点头道："那当然！"

田庄等齐向玉苗施礼道："嫂子！"

这时，惠州知府陈祥及龙川知县等奔来，向王阳明施礼。

王阳明还礼说道："三浰之役，本院的徒儿卢尚德功劳最大！本院看和平峒地方原有二千余家，因池大鬓等作耗，内有八百余家投城居住，尚存一千余家。且本峒羊子铺这地方，山清水秀，地方宽平，山水环抱，水陆俱通，可以筑城立县。这样，今分割龙川和平都、仁义都和广三图，共三里；割河源县惠化都，与接近江西龙南县亦拆一里前来,共辖一县。今以和平峒地名作为县名,设立和平县。把巡检司移至浰头,以控险隘之处,以彰尔等之功,以示三浰之地今后世世代代和平,百姓安居乐业,如何?"

众人等齐道:"多谢巡抚大人!"

王阳明向冀元亨说道:"元亨,回帐即向朝廷上疏,乞请圣上恩批设立和平县。"

第二天一早,王阳明洗漱完毕,坐在桌前刚与夫人娩婳及儿子吃饭,冀元亨奔入施礼道:"恩师,惠州知府、龙川知县、和平知县率黎民百姓来到帐前,有要事相求。"

王阳明一听,有些惊诧,随冀元亨奔了出去,待众人相互施礼毕,一老者双膝跪地说道:"御史大人,天杀盗匪池仲容死了!俺百姓打心眼里感激大人为民除害啊!可是时下正是插苗栽稻之时,偏上天半月无雨,草民求大人登临城隍庙,率民祈雨,求上天降甘霖以解龙川、和平万民之难啊!"

王阳明一听点头道:"好,本御史率民祈雨!"

原来,在惠州知府安排之下,龙川、和平两县已在城隍庙前摆设了祭品及香案,数以千计的黎民百姓早等在那里,按官阶品爵,王阳明捧香在前,然后是知府知县等,官员之后乃数以千计的黎民百姓。

王阳明双膝跪地虔诚地向上天祈道:"上天之神明鉴!今池仲容等匪害除,龙川百姓频首称赞,新建的和平县百姓更是喜上加喜,偏值农时,天半月不下雨,祈求上天之神赐甘霖,以济万民!"

祷毕,两个时辰之后,乌云似从九连山峰峦叠嶂之间涌来,一声炸雷鸣响之后,龙川、和平上空雨如缸倾,好一场世上罕见的大雨啊!

王阳明巡抚四省,使多少年解决不了的盗贼一荡而平。

卢尚德尚未进家门,一股扑鼻的香味立时从屋里飘出来。他顺着香味,走到灶间门口,但见妻子玉苗正挺着大肚子炒菜,他心中立时有一股苦涩之感。可是从他内心来说,他已立定心志,和大师兄冀元亨等一起,终身侍奉在老师身边。爹已年老,不但驼了背,走路再不像昔日一阵风似的连地上的尘土、落叶等都能带动起来,爹需要人照看赡养。正像老师所说,家国之事,自当以国事为大。可是,玉苗完全可以像其他师兄师弟的夫人一样,跟随在老师身边。但起码现在不行,她要替他这个独生子为老人尽孝道。卢尚德想到这些,就觉得他对不起玉苗。

卢尚德悄悄走过来,张开双臂,轻轻从玉苗身后把她搂了起来。

玉苗妩媚笑着回过头来,低声佯怒道:"夫君,你看你,这是大白天,快松手儿,别让爹看见!快!"

卢尚德知道此时爹到菜地去摘菜了,他像个孩子似的,越发搂着不松手,斜睨着两眼，鬼灵精般得意，还撒娇似的笑着说道："我就想这样轻轻地搂着、抱着！"

玉苗放下菜铲，转过身来，与卢尚德面对面，红了双颊笑道："夫君，其实，俺也愿这样，不许别的女人看俺夫君一眼！"

可是一想到，过几天就要和老师率大军离开这个建在家门口的和平县城，他们夫妻二人要你东我西，朝夕不得相见，玉苗或许要带着他们刚刚出生的孩子，在和平侍奉爹，一阵酸楚涌上卢尚德的心头。他看着玉苗那种只有非常幸福的女人才可以释放的妩媚之态，流出眼泪。

玉苗听到卢尚德说大军不久将要离开和平，她笑着伸出手，为卢尚德拭泪，笑道："夫君，你看你走过南闯过北，心眼儿怎么小得像女人的小指甲盖，还没俺玉苗的度量宽呢！放心，咱夫妻俩分别是暂时的，将来还不得朝夕相处吗？"

卢尚德还能说什么呢，他紧紧搂着玉苗，点点头，十分动情地笑了笑说道："玉苗，你真好！你真是俺卢尚德的好夫人！"

心细如针的玉苗听见了门外细微的窸窣之声，她轻轻欲把卢尚德推开，红着脸低声说道："夫君，爹回来了，快撒手！"

卢尚德亦低声说道："好，尚德遵命！"

玉苗继续操铲炒菜，卢尚德猫下腰，往灶膛里续了把干柴。他站起来从灶间往门外走时，才发现妻子玉苗已炒了四个菜，都是荤菜。他边往外走边纳闷，玉苗半天的时间上哪儿买了肉，又买了鱼。当他来到外屋时，发现案上放着足有十几斤猪肉，还有几条没有开剥的每条足有五六斤重的大鲤鱼。

卢尚德突然意识到，爹和玉苗过日子从来不奢侈，即使买肉也只买半斤左右，这些鱼就从来没买过。那么这些猪肉和鲤鱼，一定是有人送的。他立时想到，老师已当众明确说了，让我卢尚德暂时负责筹建和平县衙，包括所需的砖石沙瓦。那么，这会是谁送来的呢？

卢尚德的父亲进屋放下刚从菜园里采摘的青菜、茄子、辣椒之类，向卢尚德说道："德儿！现在爹走在和平峒的大街上，凡认识咱的都爱和咱说话。这不，就连龙川县衙的典史、河源县的主簿大人都登了咱家的门槛儿，送了鱼还送了肉，这是爹活了六十年，从来都没有想到的。爹有德儿，今后在这和平县，也算人人脸熟的人啊！"

卢尚德的父亲是个直肠子的人，还没等卢尚德细问，他的父亲就把他原本想知道的事，和盘托了出来。在老人眼里，他认为这是喜事，是他儿子尚德有本事，就连新上任的和平知县见了儿子，都要点头哈腰。他亲眼见过，儿子不论进营帐，还是在惠州知府等人面前，大凡儿子说话时，这些人都毕敬毕恭。儿子尚德真是个了不起的人啊！

卢尚德为龙川、河源官吏送来的这些鱼和这十几斤肉，一时陷入烦恼之中，他不想给正兴致勃勃的父亲泼冷水，可又不想看到有类似事情发生。在一家人高高兴兴地围坐在饭桌前的时候，他拿起一坛贝墩烧酒，给爹和玉苗及自己斟上，他举盏说道："玉苗，来，咱们夫妻俩先敬爹一盏酒！"

三盏酒下肚，卢尚德还没有想好怎么谈关于这十几斤肉和几条鲤鱼的事。卢尚德的父亲，把嘴一抹脱口说道："德儿，爹知道你的心思，大军也许过不了多久就要离开和平县。你呢，别总担心爹，现在和平县没了池大鬓这伙盗贼，爹在和平没什么可怕的事！现在可以说，咱和平县到处是太平日子啊！"

卢尚德一听爹话中有话，遂给爹又斟了酒，说道："爹，孩儿知道爹要说什么，可是做儿子的不能不尽孝道！"

卢尚德父亲放下筷子说道："德儿，自古以顺为孝，你只要顺了爹的意，就是对爹最大的孝顺！一句话，爹给你挑明吧，大军离开和平时，苗儿必须和你一块走！不能把她和你快见到面的孩子窝在和平县！"

卢尚德皱眉道："爹，你老人家不能这么说！"

"德儿，爹知道，自古以来，家国之事，国事为大。你在家或苗儿在家是尽小孝，而你和苗儿在国，可是行大孝！没了国的大孝，哪有咱家的小孝呢？况且，苗儿是你的媳妇，是你这辈子的贴身女人，就是咱羊子铺大小人都明这个事理。女人嫁鸡随鸡，嫁狗随狗，嫁根扁担扛着走！呃，你天南地北地为国尽忠行大孝，让苗儿在家侍候一个无忧无虑的老公爹，这实在说不过去。别的事爹可以应你，唯独这件事爹可不依你！今儿就借这个酒桌，爹把话先说在前头，以顺为孝，德儿，明白吗？"

爹的话一出口，屋内沉静了许久。

卢尚德双膝跪地，不知怎么泪窝儿里的泪珠，像断了线的珠儿，噼里啪啦滚落下来。但无论如何，这个钢铁般的硬汉，此时，竟像个孩子似的哭着说："爹，尚德是个不孝之子啊！尚德愧对爹的哺育之恩！"

"德儿，快站起来！男子膝下有黄金！记住男子汉大丈夫流血不流泪！德儿，先前龙川的池大鬓这伙为非作歹的盗贼不除，龙川县没有过过一天安稳日子，咱老百姓哪个不是在躲躲闪闪、担惊害怕中过了一天又一天！现在好了，你的老师率朝廷大军一来，立时把池大鬓灭了，咱老百姓才从水深火热中上了岸，从此得了平安，所以这个和平县名，真好，真的叫到咱老百姓心坎儿里了！"

卢尚德见爹说到这儿，连连点头道："是啊！是啊！爹，可是，孩儿跟随老师为国尽了孝，孩儿却没能为养育孩儿的爹尽小孝！孩儿心里愧呀！"

卢尚德父亲端起酒盏一仰而尽，抹了一下嘴，红着脸，大声说道："德儿，自古没有国哪有家？为国尽忠，就不能同时为家尽孝。再说了，自古你见过忠孝两全的人吗？爹虽然在羊子铺见的世面小，但爹寻思着，千古以来，没有一个忠孝两全的人！德儿若不信，去请教你的老师，看看世上有没有一个既能为国尽忠，又能为家尽孝的人！"

玉苗此时也按捺不住喜悦的心情，摆在桌子上的每个菜，她只尝了几口，她只顾两眼不停地一会儿看着公爹，一会儿看着夫君尚德。在她心目中，她第一次感到公爹肚里竟有这么多话，听起来既实实在在，又非常中听。而她的夫君呢，每逢公爹说话的时候，他都专心致志，伸着耳朵瞪着两眼，既不吃菜，又不喝酒，在他这个儿子眼中似乎每句话都是从老人家嘴中涌出来的金豆子、玉珠儿，他只怕掉了、漏了……她在心中想了又想，在这种难得的兴奋场合，她怎么就插不上一句话呢？

看着夫君笑眉笑眼儿不停地说话，玉苗再次想到，过不了许久，俺玉苗就要随夫君走南闯北，到时候大家坐在一起，像这种场合肯定很多很多，如果到时连一句话也插不上、搭不上，人家一定会笑话夫君尚德。人家背地里也许会说，天啊！尚德这么聪明、能干，见过大世面，他怎么千挑万选，竟娶了个连句话也不会说、也不敢说的傻媳妇、傻女人呢？人都说，好马配好鞍，好男配名媛，这个叫玉苗的长着一副漂亮眉眼的呆女人，该不会是只知山高、坡陡、树绿、水清、野兽出来会伤人的山姑吧！不行，咱玉苗嫁夫要随夫，咱就不信这个邪，咱玉苗在这新建的和平县，虽说不算女中之凤吧，但起码也算是人见人喜的漂亮女人呀，在家不搭话不算什么，但如果在外一定丢咱和平县女人的身份！

当玉苗听到公爹说忠孝不能两全时，她闪动着细细的柳叶眉，妩媚的双眼兴奋地看了看尚德终于大胆说道："爹说得很对！比如咱家尚德吧，他跟着老师为国平天下，为国自然尽了忠，可他就一个人，身子不可能分成两半儿，他在外为国尽忠，就不能再回到和平县为爹尽孝！"

卢尚德见玉苗如此说，兴奋地说："话虽这样说，可是……"

玉苗见尚德抢了她的话，她心里立即着急上火，也不知怎的，她竟拿着手中的筷子，连连敲打着桌子，笑道："尚德，你先别说！你和爹都说了半天话了，光让俺听，现在该让俺说几句话吧？"

卢尚德本来想趁着爹高兴的时候扭转话题，说那十几斤肉和鱼的事，但却被玉苗打断了，他连连附和着点头道："好，爹，咱让玉苗说！让玉苗说！"

玉苗方才也想着把尚德的话儿压住，让自己把心中想好的话说出来。但没想到，她用话压住了尚德，却忘了方才想说的话。她红着脸看了看公爹，又看了看卢尚德，脱口道："尚德、爹，方才咱说的啥话？"

卢尚德笑着说："玉苗，你刚才说，人身子不能分成两半儿，为国尽了忠，就不可能再回和平县为爹尽孝……对，就这句话！"

玉苗这才点头道："对！俺刚才就说到这儿。爹，俺的意思是说尚德这样做了，但给爹带来了遗憾。"

玉苗公爹不解地皱眉道："苗儿，什么遗憾？"

玉苗说："爹，您想啊，是尚德不能尽一个儿子孝道的遗憾！同时呢，也是俺玉苗的遗憾！难道不是吗？"

玉苗的话说完，屋内又陷入沉静。

玉苗夹了口菜说道："爹，平心而论，做儿女的侍奉老人，天经地义。可像咱家这样，却留下这样的遗憾！俺玉苗一旦随尚德离开和平县，尚德有遗憾，俺玉苗一样有遗憾！"

这时，卢尚德父亲抿了口酒，笑道："德儿、苗儿，你们做儿子儿媳的千万不要这样想，和平县现在太平无事了，有街坊邻居，就是县衙的人爹也认识。爹身子骨壮，不咳不喘，会种地，会种菜，还会做饭，吃五谷杂粮，头痛脑热吧，顶多两三副草药就好了。爹这大半辈子没得过大病，就爹这种心情，爹也不会得什么大病！所以爹这头儿你们俩千万不要担心费神，只要你把老师交付的事儿都办好了，爹就彻底放心了！"

卢尚德给父亲斟了一盏酒，他认为时机到了，遂笑道："爹，你老可知道龙川县衙的典史、河源县衙的主簿，为何给爹送来了肉和鱼呢？"

他爹皱眉想了想，开口笑道："德儿，这还用说，德儿是大军中的老师王大人帐下的大人物，说话顶事儿、管用、好使，他们这是敬咱们呗。"

卢尚德摇摇头，笑着看了看玉苗，笑道："玉苗，你说呢？"

玉苗咬着嘴角儿想了想说道："爹说的对！你尚德是老师帐下的大人物，你说话顶事儿、管用、好使，是他们敬咱呗！"

卢尚德叹道："爹，玉苗，不对！"

玉苗问道："怎么不对？"

尚德笑了笑说："爹、玉苗，那是因为我担任了筹建和平县衙的总指挥。虽然老师委托我暂时负责这件事，他们拿礼品来看爹，真正的目的是有求于我！"

尚德父亲恍然大悟说道："呃，德儿，爹明白了，建县衙需要砖石沙瓦，县衙用了谁的砖石沙瓦，谁就能从中得利，呃，是这样！"

玉苗连忙说道："尚德，这说明人家不是来看爹，那是人家让你收人家的砖石沙瓦当建筑材料。河源县、龙川县的两个大人，今晚还要到咱家里来，非和你见一面不可！"

尚德点头道："那正好，我身上有一些银子，他们来后按市场价把这肉和鱼的钱一并还给他们，让他们从此彻底打消送礼的念头！"

尚德父亲叹道："德儿，爹开始还蒙在鼓里，现在爹真的全明白了，自古无利不起早。人家王大人那么相信你，把筹建和平县衙这么大的事交给你，对不起良心的事，咱万万不能做，你做了不仅对不起爹和人家王大人，更大的是对不起咱卢家的列祖列宗！"

卢尚德喜道："爹，孩儿忘不了爹早年教诲孩儿的话，咱身正直了，就天不怕地不怕，孩儿要像咱九连山中的杉树一样，只有扎正了根，才能长得高，长得粗大，任风吹雨打，决不弯腰！"

这天下午，在老师王阳明门口，卢尚德急匆匆入内，他带着十斤肉和两条鲤鱼。他先放在地上，然后双膝跪于地参拜老师。此时冀元亨等正围着王阳明和夫人说着什么，卢尚德羞愧万分地叩头后说道："老师，徒儿今有了过错，特向老师请罪，请老师责罚！"

王阳明笑道："尚德，你能有什么过错，快起来，有事起来说！"

待尚德把十几斤肉和鱼的事说后，自责道："老师，徒儿已准备了银两，按市场价，今晚河源县主簿和龙川县典史约定还来家中，届时徒儿把银两奉上，请老师务必责罚，徒儿不该收受他人之礼！"

王阳明拉卢尚德入座，说道："尚德，为师和你师母，历来把元亨和汝等看作为师的儿女，今天这件事，徒儿做得很对。至于汝父老人家不知者无罪，况且你已说服家人，以市场价买之，何罪之有？为师凭什么责罚如此深明大义的徒儿！"说到这里，王阳明环顾众弟子，说道："尚德今天这件事做得很对，汝等当以此为戒，人这一生一定要堂堂正正做人，清清白白做事，一尘不染，心如皎洁明月，眼如清澈湖水，唯有如此，方可称为男子汉大丈夫！"

卢尚德向王阳明夫人说道："师母，这些肉和鱼，是徒儿孝敬老师和师母的！"

娖婳笑道："尚德，玉苗正是待产之际，你应该让她多多补充营养才是正理。"

卢尚德笑道："师母放心，徒儿已给玉苗和我爹留下了，这些就是玉苗和我爹让徒儿孝顺老师和师母的。"

王阳明笑道："夫人，这样，先收下，明日中午你和徒儿们的女眷们，准备准备，咱和徒儿们聚餐！"

卢尚德说道："老师，徒儿有一个想法想告诉老师，不知老师如何看待，可不可行。"

王阳明点头道:"尚德,你说说看,什么想法?"

卢尚德说道:"筹建和平县事关重大,为防止主管和负责官吏徇私舞弊,中饱私囊,徒儿想将官府出银子购买的砖石沙瓦等质量、数量张榜公布,实行竞价购买。另外,购买的建筑材料一律张榜公示,把责任人、负责人对外公布,请和平县父老乡亲包括惠州府进行监督。"

王阳明大喜道:"尚德,这太好了,就这样办!"

四十七 阳明星夜访耆老 先朝五将终雪昭

王阳明也是性情中人，龙川、和平、河源、龙南等数县普降甘霖之后，他非常兴奋，回到帐内，婉妲迎面喜道："夫君，感谢上天降恩，这雨下得真大啊！"

王阳明手抚髯须点头道："夫人，那当然！上天知我王阳明心诚，更加上数以千计的黎民百姓同祈上天，若有吉雨兆丰年，今当甘霖粮囤满！来，庆贺一下，把那坛贝墩烧酒拿出来，今我要自贺一杯！"

婉妲皱眉道："夫君，这几天你的咳嗽刚好些，况且，酒能解药，如此早晨刚喝过药，岂不白喝？"

此时，王阳明像个顽皮的孩子拉起婉妲的手，慢慢摇起来。他一边摇一边笑着乞求道："夫人，网开一面吧，大雨下了，龙川、和平、河源、龙南的百姓欢呼雀跃，我身为朝廷命官，自当与民同乐，让我喝一盏吧，我真的想喝贝墩烧酒！"

婉妲此时的兴奋之情并不亚于王阳明，只是她把它压在心里。见王阳明如此，她扑到王阳明怀里，两眼盯着王阳明的脸，妩媚万分地点头道："好！好！贱妾给夫君斟酒！斟酒！"

一盏贝墩烧酒落肚，王阳明的脸颊立时红润起来，顿感神清气朗，似把他酒瘾的馋虫勾了出来。他笑着对婉妲说道："夫人，再斟一盏如何？这酒喝起来很甜，又不上头！"

婉妲一手盖住酒坛，摇头道："夫君，酒恰到适处为好，一盏就可以了，咱不斟第二盏了吧？贱妾又担心你咳嗽起来不止！"

王阳明笑道："夫人，酒通气血，我感觉脸都发热了，斟吧，还没到最好处。"

婉妲摇了摇头，无可奈何地说道："夫君，我拿你真没办法，既然夫君高兴，贱妾就斟第二盏！不过，只此盏，再不许喝了！"

第二盏贝墩烧酒落肚后，王阳明或许喝得太猛，以至于昏蒙蒙，遂又吃了些菜，脸不但红透了，而且还伴随着发热。婉妲摇头道："夫君，贱妾扶你到床上睡个安稳觉吧！"

和平建立县衙后，方方面面的事很多，他是朝廷的御史大人，自然请示汇报接踵而来,往往要深夜才睡,天不亮就得起来。娩姮扶王阳明上床后,俯下身说道:"夫君,贱妾让元亨守在门口,没有火急之事不得打扰你。"说着,像哄小孩似的轻轻笑着拍着王阳明说道:"睡吧!睡吧!"

……飞沙走石,摧枯拉朽,乱云飞渡,好一场世间罕见的大风啊!天黑地暗无光,世上有光亮的东西变得幽暗。王阳明提着一把剑,大风吹着他一直往前走,他原本想停下来,找个地方歇歇脚,但大风无情,不管他愿意或不愿意,他必须按照大风的旨意,就这样漫无边际、不知疲倦地一直踽踽蹒跚往前走。说来也怪,在大风的推动下,他心中归于一片沉寂,如同子夜醒来时的夜气降临,心里清纯,双目清新,此时举目能把尘世间万事万物,都看得清如湖中秋水,那些伪善的、狡诈的、包藏了祸心的、一切人为的意念的面具蓦地消失干净,人走向了自然,返璞归真……

正在王阳明惊诧之时,忽然五个丢盔弃甲、满身血渍、衣裤破烂不堪、面目模糊的将士,正站在高山之巅大声哭泣!似有弥天冤情在胸,仿佛不哭个天昏地暗、江河倒流不罢休。此时,尘世间所有的骚动不安,哪怕一丝一毫的细微响动都归于沉寂。而且,桀骜不驯的大风,像是五个将士的忠诚推手,他们的哭号之声、悲哀之泣借助风势,在天地间被无限扩大、放射。由此,悲号不仅充斥到了天地间任何一个角落,而且占据了天地间任何一个空间。总之,他们的悲号之声,让天地万物都能听得见,不管你有无生灵。谁也逃脱不掉他们发出的悲哀之声!

旋即,五个面目模糊的将士,跪伏在了王阳明面前。为首的祁连峰向王阳明叩地有声道:"御史大人,上天有旨,尘世间唯有你余姚王阳明方能为我等洗清冤情,请大人到大坝镇吧,这是我等两个花甲一百二十年的等待!期盼!万望大人此行!"

说罢,五个将士浑然不见,大风旋即归于了沉寂……

王阳明急切地睁开眼,大声说道:"夫人!夫人!我这是在哪里?"

娩姮听到屋内王阳明的问话,急忙入内,见王阳明已坐在床上,不知所措,两眼正在屋内转来转去,似是刚刚来到尘世一般,便笑着说道:"夫君,你说你在哪儿,你这不是在帅帐吗?"

王阳明哑然大笑,说道:"夫人,我方才做了个梦,快叫元亨、尚德二人来,我要到大坝镇去!"

非是笔者故弄玄虚,有意称奇,非把素淡无异的梦说出紫金花来,且往下看。当卢尚德入见王阳明后,说道:"老师,今天中午,弟子和田庄与和平县丞、典史等喝酒,弟子想,倘若当年我不走出龙川,跋山涉水,受尽万般之苦入京拜在老师门下专习心学,弟子一个山间小子,如何能在老师麾下成就了在羊子铺、和平峒立和平县的大事!人一端杯,心里高兴,就免不了多喝了几杯贝墩烧酒,躺在长条几上竟做了个梦！"

冀元亨笑着说道："师弟！自从池仲容灭亡之后，在龙川，就说只在你家和平吧，都知道你是卧底的大英雄，仅我看见的至少有三次喝高了吧？"

王阳明说道："尚德，看你的脸色，无非六成醉，别的为师不想问，倒是你做了个什么样的梦？说说看！"

卢尚德见老师追问，笑道："老师，数月前，老师曾给弟子写过一封书信，让弟子想法调查一下，先朝有五位将军在龙川剿匪、含冤百年之事。"

王阳明点头道："对啊，为师确实写过这封信！"

卢尚德说道："老师，你说怪不怪，弟子在龙川，包括现在刚建立的和平县，查访了多次，竟毫无进展。偏今中午酒后做了个梦，五位将军中为首的祁连峰梦中告诉弟子，让弟子随老师到大坝镇找一个耆老，一问便知！"

王阳明喜道："尚德，为师今中午也做了个梦，就是这五位将军的梦。这真是世间奇事，咱师徒俩竟做了同一个梦！"

因龙川、和平已无匪患，王阳明只带了冀元亨、卢尚德及田庄三人前往大坝镇。

大坝镇以大坝闻名，这个长达数十丈长的拦水大坝，汇蓄了九连山一带的泉水雨水，远远望去，如重峦叠嶂的群山之中，上天遗下的一片碧波汪洋：波光粼粼，鱼鸟儿成群，甚是壮观幽美。这些山间之水经此大坝，先在和平县境内穿行，而后流入龙川县，最后汇至东江。

在大坝一侧的一个足有七八十户人家的山寨里，住着一个耆老，是大坝镇最有盛名的才人，叫黄国祥，人皆尊称大先生。此人蓄髯盈尺，虽年过八旬，但依然童颜鹤发，面色红润，开口闭口必之乎者也，他用一种矍铄、睿智透人内心的目光上下打量王阳明，道："大人，昨夜灯花爆，今晨鹊儿噪，果然大人来也！"

当王阳明提起先朝五将军剿匪之事，黄国祥叹道："御史大人，确有此事！确有此事！"

原来，早在太祖朱元璋洪武末年，龙川一带有一个叫姚同的人，少年时熟读兵书，十八般兵器样样皆能，因殿试武状元时被人作奸顶替，遂一气之下回到龙川，誓与官府为敌。他招兵买马，啸聚山林，占山为王，不到半年就聚起三千之众，专门抢劫龙川、龙南等周围县的大户人家和官府，公开与官府为敌。惠州知府及龙川县衙，进行的几次围剿，均被足智多谋的姚同打败。后来，姚同轻而易举地绑架了龙川县知县的长子，知县为保乌纱又能救出长子，暗中指派县丞上山与姚同讲和，姚同释放他长子下山，知县把女儿送上山，做了姚同的压寨夫人，两人订了密约，把惠州府一直蒙在鼓里。从此，姚同不再祸乱龙川县衙，而在惠州甚至以外的州县抢劫和绑架。姚同祸乱惠州等府县的第四年，惠州来了新知府。都说新官上任三把火，新知府亲自率领多于姚同三倍的兵马，精心组织指挥攻打姚同，双方打了个平手。新知府无奈，这才把龙川姚同危害惠州的事上报了朝廷，联合惠州等州县，请求朝廷派兵，务必剿灭这伙盗贼。

世上有多少人，就有多少如意算盘。而且，世上不平不公之事，多如海边的沙。冀州人祁连峰，原是太祖朱元璋的属下，在明灭元的多次战役中，为朱元璋的江山社稷立下了汗马功劳，而且曾两次救了朱元璋的命。但祁连峰属于那种智商高、情商低的人，他很会打仗，但却不擅长和人打交道。朱元璋登基前，祁连峰在一次酒宴上，见众人兴奋异常，便口无遮拦，信口开河，说了一句话，让踌躇满志的朱元璋非常不高兴。他说道："马上得江山易，但马下治江山绝非易事！人一旦陷入阿谀奉承之中，难免做出傻事，从古至今，有多少帝王如此栽倒在金銮上，悲哀啊！悲哀！"

祁连峰此话一出口，就如一把利刀，刺在了朱元璋心上。在场的众人侧目，朱元璋从此开始怨恨祁连峰。朱元璋面对救命恩人，打又打不得，杀又杀不得。虽说不及当年割股奉君的介子推，负母逃入绵山，他祁连峰却没有像别的将领一样，受到高封大赏，反而到边塞做了二十多年的守将。这种封疆大将，其实就是一种变相的发配。朝中文武百官多有为祁连峰鸣不平者，但知道这句话真相的文武官员，都明白祁连峰的话触到了朱元璋的痛处，故而没一个人为他公开上疏鸣不平。而祁连峰更是倔强如驴。一次，祁连峰入京和圣上朱元璋见面后，又是在酒宴上，祁连峰愤愤不平地说："哼，自谓圣明！我看皇不及三代！"有人添油加醋，把这些话又奏报给朱元璋。此时，恰逢惠州新知府上疏龙川盗贼姚同祸乱之事，朱元璋为此大怒！

这天晚上，祁连峰的亲家余福才得知当今圣上大怒之事，连夜拜见入京尚未暖热木椅的祁连峰。两个亲家又客套一阵，祁连峰示意家人准备酒菜，多年没和亲家余福才见面，自当表示表示。

余福才见状，忙挥手说道："亲家，咱今日不喝酒，我有事相告！"

祁连峰以为亲家余福才只是客气话，并没有当真，示意家人去做，笑道："别，咱多年不见，总要喝上三杯再说话不迟！"

余福才皱眉道："亲家，你看你，今日我真的不喝。我从宫里听到了消息，这不就匆匆忙忙奔来了！"

祁连峰见余福才执意，家里只得奉茶。他与余福才相对而坐，一听有宫里消息，直言道："什么消息？"

余福才把当今圣上朱元璋听了祁连峰"皇不及三代"的话，顿时大怒，还拍响了桌子之事，细细给祁连峰说了一遍，末了长叹道："亲家，自古话是惹祸之胎，咱不能竹筒里倒豆子，酒后就口无遮拦，这可是杀头、株连九族的话，亲家这回摊上大祸了！"

"哼，大祸？是哪个奸诈小人多嘴多舌，向圣上传这些话？我祁连峰现在是虱子多了不怕咬，我做了二十多年边关大将，他圣上还能把我怎样？"

"亲家！你知道的，胳膊拧不过大腿，人在屋檐下，怎能不低头呢？我来的路上想了一个办法，亲家不妨一试，或许可以避开大祸！"

余福才说到这儿，有意停下来端起茶杯呷口茶，两眼看看祁连峰。

祁连峰不以为然地说道："什么办法？他朱元璋知恩不报，脸一阔，转身就把救命之恩忘得一干二净，他还以恶相向。我怕什么，大不了有一死顶着，他要杀要剐，随他的便！"

余福才叹了口气，说道："亲家，他是一言九鼎的圣上，咱只是人家手下的一个大臣，有道是伸手不打笑脸人。走，我陪你到后宫，当面向圣上请罪，此事或许还能缓解。不然，一旦圣旨传下来，一切都晚了！"

祁连峰摇头道："不！不就一句'皇不及三代'的话嘛，它能大到哪儿去？他朱元璋如果连这句话都嫉妒、都怀恨、都上火的话，那就不配做这个皇上！正像朝臣们说的，我祁连峰天生一个犟种，不会溜须拍马，心里怎么想就怎么说，况且说出去的话如泼出去的水，我决不会觍着一张热脸去贴他朱元璋的冷屁股！"

没想到年近五旬的祁连峰好赖不回心转意。余福才无奈地站起来，叹道："亲家，咱何苦一条道走到黑呢？你看看当年随圣上打天下的那些将领们，哪个不封官加爵，荫妻福子。你呢，亲家，你救过圣上两次性命，至今夫妻不得团聚，到老来腰里还挎着一把剑，马上去马上来，戎马半生，这就是会说话、会做事和不会说话、不会做事的差距，可谓天壤之别吧？"

就在余福才和祁连峰对话之时，皇宫内，孙太监正扇动着两片薄薄的上下嘴唇，向低头喝闷茶的圣上朱元璋说道："陛下，这个犟种祁连峰，分明就是呱呱叫的草鸭子，身烂嘴不烂！他狂妄自大，不把陛下放在眼里，或许该让他吃点儿苦头了！"

朱元璋长舒一口气，说道："祁连峰就是磨道里拉磨的犟驴！他这辈子认准了在磨道里画死圈儿，你让他离开磨道去拉车耕地，他宁死都不肯！可有时候朕睡不着，还真怪，不想别人，一想就是这个祁连峰！他两次救过朕的性命，自古'滴水之恩当以涌泉相报'。可朕不知怎么对他竟没有一丝一毫怜悯之心。二十多年了，朕什么都可以忘，偏偏登基前那场酒宴不能忘！这个犟种当时说的那句话，已经在朕的骨子里扎了根，这辈子都不可能忘掉它！"

孙太监听了圣上的话，心知肚明，他如果直言说你圣上也是犟种，人家祁连峰救过你两次性命，说一句话和人的性命相比，哪个更大？况且朝中文武百官皆知，祁连峰是个直肠子，在天王老子面前都不改他的直脾气。可是，孙太监是阿谀奉承的高手，他处处事事决不忤逆朱元璋。如果仅仅是阿谀奉承，不肯直谏君王也就罢了，关键是，他要借此陷害，要落井下石，给处在炭火下的祁连峰再加一把柴！

孙太监说道："不！陛下千万不可生怜悯之心，这个祁连峰分明从骨子里小觑圣上，对这种人应当头重击他一棒，让他知道什么是至尊至威的圣上！"

朱元璋笑道："祁连峰是开国元勋、元老，就是因为他是犟种，信口雌黄，所以他至今头上还戴着那顶将军的帽子，朕还怎么再给他当头一棒？"

孙太监说道："陛下，祁连峰不是说过，身为边塞将军，马不离鞍、剑不离身吗？现在机会来了，广东龙川姚同作乱，让这个马不里鞍、剑不离身的老牌将军率军去平定这伙盗贼，这不正是好钢用在刀刃上吗？"

朱元璋一听，似猛然醒悟地点头道："是啊，对这个犟种来说，这可是一个天赐的好机会呀！"

孙太监借机又添火道："陛下，祁连峰就是不撞南墙不回头的犟种！他酒后说了'皇不及三代'的恶话，现在却像没事儿人似的。要他祁连峰去剿匪，平定龙川姚同叛乱，必须让他立下军令状，倘若他灭不了姚同，陛下就可以堂而皇之地杀掉这个犟种！从此了了陛下一块大心病！"

朱元璋一听皱眉道："不，这有些强人所难。说到底祁连峰是朕江山社稷的功勋之臣，是元勋。他一向对朕忠贞不贰，就是酒后口无遮拦，逮住什么话就说什么话，从不忌讳。这样对祁连峰似是太苛刻，有些授人以柄的味道。"

"不！陛下一旦对臣下仁慈、怜悯，就等于开始怂恿臣下，这个头万万不可开！尤其是像祁连峰这样自以为救过陛下两次性命，是开国元勋，就无所顾忌，想说什么就说什么，这很容易给朝中文武百官造成祸乱。有道是：'杀一儆百！杀鸡儆猴！'对这种犟驴唯有惩之、杀之，方可以正朝纲，请陛下三思！"孙太监说罢，眯缝起一双奸诈的透着笑意的眼睛，斜睨着朱元璋。他的话无疑左右了朱元璋的取舍，他笑着给朱元璋斟了茶，两手垂下，做出一副对主子忠诚不贰、唯命是从的奴才相。

"好，这件事容朕再想想，"朱元璋点头说道。

传旨的时候，孙太监像复仇的猎人，把昔日和他过不去，甚至让他难堪的大臣任建新、窦天富、薛义山包括他的老对手余福才，都悄悄列入出征剿匪的将军之列。圣上一句话就是金口玉言，不管你是在户部、刑部或工部，也不管你是文官还是闲职官员，你就要率兵打仗，至于生死全凭你个人的运气。所以，不须费太多口舌，把原本是文官的任建新、窦天富，也同祁连峰、薛义山、余福才都封了将军。

任建新和窦天富知道是太监孙之业借机落井下石，二人无奈，圣旨已下，就是刀山火海也要往前走。不过，任建新和窦天富素闻瞿种祁连峰心直口快，从无害人之心，自慰此次出征也算是不幸之中的万幸。

　　立军令状时，没等任建新等说话，祁连峰瞠目向圣上朱元璋大声问道："陛下，此是军令状，还是杀将状，末将实不明白！"

　　朱元璋开口道："祁爱卿，此话怎讲？"

　　祁连峰说道："陛下，龙川姚同这伙匪患，已作乱数年之久。当地府县数次无法剿灭才上报朝廷！可是，陛下只调拨了区区两千人马，且多老弱病残，这仗怎么打？难道让末将率领四个偏将、副将亲自冲锋陷阵吗？"

　　朱元璋笑道："祁爱卿，且不可如此说话，朕素知你善于用兵，面对龙川姚同这样的草匪流寇，两千兵马加上惠州府县的兵马已足矣！此役祁爱卿定会马到成功，朕无忧矣！"

　　祁连峰接着说道："陛下，世上绝无常胜将军。况且，自古每战必异，末将不敢打保票此役必捷！所以，这个军令状，末将权且把它叫作杀将状，我和副将、偏将对这个军令状……"

　　朱元璋微笑中透露着一种至高无上的威严，他说道："祁连峰，你休想改变什么。放心签吧，只要消灭了龙川姚同这伙匪患，朕率文武百官到京师城门口迎接你们凯旋！然后为你们五位将军封官晋爵！"

　　祁连峰笑道："陛下，我祁连峰明白了，此番出征平乱分明就是君让臣死，臣不得不死！得，末将万言难改陛下初衷，上天明鉴，文武百官有目共睹，今我祁连峰就签这个杀将状！"

　　见祁连峰如此，朱元璋笑道："祁爱卿，你对朕的忠心日月可鉴，朕祝汝等早奏凯歌而还！"

　　当祁连峰拿起笔的时候，任建新和窦天富等四人同时跪地说道："祁将军，万望慎思，你这一签，我四人的性命全在这军令状上！"

　　祁连峰怒道："汝等起来，万不可跪我，我可受不了如此大礼！自古男子汉大丈夫哪个不死，天下黄土一样亲，哪里黄土都埋人！"说罢一挥而就签下了军令状。

　　有诗为证：

　　　　连峰赤胆驰沙场，
　　　　心甘国事当栋梁。
　　　　元璋长恨生妒火，

偏签皇上杀将状。

朝花夕落难久长，
河东河西浮云望。
从此诀别京师地，
却留冤妇空悲殇。

自从龙川知县用女儿赎回儿子之后，盗贼姚同自然产生了投鼠忌器之心，无奈知县只得向惠州知府禀报了此事。显然，惠州知府已经知道此事，遂盯着龙川知县的脸说道："孙知县，此事恐怕没那么简单吧？你女儿上山之后，你与那姚同有个口头协议吧？"

龙川知县一听，心中一震，脱口说道："知府大人，话万不可如此说！当时姚同传了话来，如果下官不把女儿送上山，就立马杀了下官的儿子。下官实无办法，为保儿子之命，只能忍痛割爱把女儿送上山，姚同这才放回下官的儿子！这件事不仅县丞可以做证，全龙川县衙的公人都可以做证，下官现在是哑巴吃黄连，有苦说不出，请知府大人明鉴！"

知府想了想也是，倘你的女儿被逼送上山，让你率军攻打姚同，你肯定有所顾虑。时日一长，姚同和龙川知县自然形成了默契，你不打我，我自然亦不主动打你，这才有了今天的井水不犯河水之事。他突然说道："孙知县，照你如此说，你龙川县衙就和盗贼姚同长期井水不犯河水吗？"

知县哭丧着脸说道："下官愚钝，请大人指点迷津。"

知府站起来说道："孙知县，你可想好了，按朝廷刑律一旦有朝一日姚同被剿，你的女儿作为压寨夫人，定在罪大恶极株连九族之列，那么你这个知县不但掉乌纱帽，只怕你的性命也难保啊！你现在只看近忧，却无谋远之思，届时本府也救不了你啊！"

知县伏地急切乞求道："知府大人，下官处在两难之中，何以选择？请大人明示，请大人一定救我！"

知府扶知县落座说道："孙知县，你知道自古'君叫臣死，臣不得不死'。此事对你孙知县是两难抉择，可对朝廷呢，剿匪保一方平安大如天，所以就没有了两难，只有一个字，剿！本府突生一法，至少可保全你孙知县头上的乌纱帽，不至于株连九族，不知你敢不敢为之？"

知县如突然之间看到了救命稻草，似有了一线生机，急切说道："请大人赐我救命之法！"

知府示意知县近前，附耳一阵说道："孙知县，此法如何？"

知县叹道："要想救出女儿，看来只能如此。"

知府笑道："这就对了，舍不得孩子套不着狼，你只此一搏！"

当然，知府现在已上疏朝廷，要朝廷派出兵马，一同剿灭龙川姚同，而且现在圣上已传旨，命祁连峰等五将率领两千兵马入龙川讨伐姚同。尽管知府对外不言此事，以为秘而之行，但还是被龙川知县从其他渠道得到了此消息。

经过再三考虑，衡量得失，龙川知县派人上山给姚同送去书信，姚同看罢书信，又交与压寨夫人即知县女儿看。姚同讥道："夫人，你爹你娘，真的要在龙川县城为咱们夫妇重办婚礼吗？"

压寨夫人点头道："当然是真的，贱妾现在已是破瓜之女，生是大王的人，死是大王的鬼，这种事岂能有假？"

姚同怒道："夫人，恕我直言，本王现在对谁也不相信。人心隔肚皮，你爹和你娘或许埋伏下刀斧手，摆一场鸿门宴也未可知！"

"大王！贱妾看你是疑心生暗鬼，如果你连贱妾和你的岳父岳母都不相信，那这世上你还能信谁？"压寨夫人脱口说道。她说这段话时，有意盯着姚同的脸，心想，你姚同可以不信，但我深信不疑，她想说服姚同按时下山重办婚礼。

姚同讥笑道："夫人，本王知道，惠州知府率兵马两次攻打本王，多亏本王早有防备，故而不致大败。本王小心驶得万年船，但凡让本王和夫人下山之事，本王一向慎之又慎，以防误入官府的圈套！"

接到书信的第二天，姚同即向龙川县城派了奸细，同时惠州府内的耳目也来了消息，知道朝廷已传旨意，派祁连峰等五将军率两千人马来围剿姚同，而且围剿兵马不日将到达龙川。继而，派往龙川县城的奸细，两次入知县宅院夜间听窗根。夜间夫妇二人难免议了又议，猜了又猜，姚同到底同不同意回龙川重办婚礼等。

姚同如一只狡猾的狐狸，有了这两个消息，他岂能再下山钻入惠州知府布下的天罗地网。他派出一二十人组成精兵强将，在祁连峰等率兵入龙川必经之地设埋伏。同时，又派奸细入惠州等府县城，张贴告示，扰乱惠州知府与属下将领的关系，混淆视听，让惠州属下不战先自乱。果然，刚刚调拨在祁连峰等五将军属下的两千兵马，突然遭遇滚石和火箭突袭，不战已自乱阵脚，祁连峰立斩乱军为首者，与另外四将军压住阵脚组织兵马还击时，姚同的偷袭人马已撤离，逃得无影无踪。

祁连峰虽身经百战，但他所率领的京师两千之众，皆是吃喝享受的老爷兵马，越发恐惧，为鼓舞士气，祁连峰又当即宣布了八杀令、八褒奖令，总算暂时稳定了军心。

姚同设伏给祁连峰等朝廷兵马下马威，惠州知府得知此事后，先前剿灭姚同的必胜之心，受到了巨大冲击。但也只得硬着头皮和祁连峰等见面，商议联合攻打姚同的行动计划。

姚同也开始大做文章，他故意几次派人在夜间下山抢粮，有一天，祁连峰突然收到了姚同的乞降书信。

为此，惠州知府非常兴奋，他看罢书信说道："祁将军，看来剩下的就是不战自溃，树倒猢狲散！"

祁连峰摇头道："我闻姚同一向狡诈多谋，我担心他以假隐真，难道他山上真的没了粮食？"

知府信誓旦旦地说道："祁将军，这是真的！姚同夜间几次派人下山抢粮，另外前天下官抓了两个从山上逃下来的盗匪，说山上昔日一日三餐，现改成一日一餐，而且还定量，包括姚同本人也是那个量，这还有假吗？"

听了知府的话，祁连峰开始犹豫起来。姚同的乞降书写得非常真诚，又非常可怜，他还后悔带三四千兄弟做了盗贼。并写道，其日他率山上大小头目，跪俯于山上向祁连峰等乞降！交出山上所有人马，如不践此事，上天如何如何，可谓情真意切。

这时，余福才说道："亲家！不，祁将军，我有一法，可试探姚同的真伪！"

祁连峰喜道："好，余将军你说！"

余福才说道："此番受降，乃朝廷大事，为小心起见，可先派人上山查验，若真的如姚同信上所说，再受降不迟。"

惠州知府点头道："好！这个办法好！可是派谁上山查验呢？"

龙川知县抢先说道："知府大人、祁将军，我女儿被逼做了姚同的压寨夫人，这事下官必须避嫌，此事下官不参与为好！"

祁连峰说道："周知府，圣旨上写得分明，由惠州府配合剿灭姚同，且你们熟悉姚同，派人上山查验之事，自当惠州府出人。"

知府和姚同打交道多年，素知其人狡诈阴险，这种掉脑袋的事，派谁也不愿意去。他笑道："孙知县，本府想来想去，上山查验之事，唯孙知县最为合适！"

龙川知县急忙摇头道："知府大人，下官避嫌！"

知府不急不躁地说道："孙知县，本府说过，按朝廷刑律，你的女儿不管如何，现在是匪首姚同的压寨夫人，此时你不站出来亮明态度，一旦株连九族时，可别怪本府事先不给你表现的机会。"

龙川知县一听，知府把矛头直指在他的身上。此时你不表示和姚同断绝关系，朝廷要株连九族时，知府肯定不帮他说话，可是一旦姚同有诈，诱惑朝廷的将领上山，中了姚同的埋伏，那么，他这个知县就会罪上加罪，朝廷非杀了他孙家不可！他说道：

"知府大人、祁将军,下官为和盗匪姚同撇清关系,什么事都敢做,可是事后谁为下官证明,不避刀斧,置生死于不顾,冒险去山上查验呢?"

祁连峰说道:"这好办,我们五将军可以证明,他们这些知府、知县都可以证明!大家说是不是?"

众人齐声道:"是!"

龙川知县说道:"姚同一向奸诈多谋,哪位大人愿与下官同上山查验,以防下官失察!"

结果龙南知县愿与龙川知县同往。惠州知府刚要说什么,祁连峰说道:"二位知县上山吧,刚才本将军已向山上姚同发了令箭,真假乞降在此一举!"

龙川知县和龙南知县二人只带着三五个随从,沿着山道上山,果见由于饥饿,盗匪们皆坐或躺于地上,来到聚义厅时,见匪首姚同斜躺在座椅上,其他首领有的躺在椅上,有的躺在地上。这时,有两个女佣搀扶压寨夫人从一侧颤巍巍地走来。

龙川知县惊诧道:"玉儿!你咋这样?"

那压寨夫人惊喜道:"爹!爹!玉儿饿呀!玉儿饿呀!"

龙南知县扯了一把欲走向压寨夫人的孙知县,说道:"走吧,走吧,看来是真的!"

压寨夫人说完,就被两个女佣搀着走了下去,龙川知县也被龙南知县拉着走出了大厅。

二位知县向祁连峰等五将军以及惠州知府说了上山查验看到的一切。龙南知县说道:"祁将军、知府大人,下官亲眼所见,山上着实无粮,那姚同斜躺在聚义厅的木椅上,我拍拍他,他才睁开眼,后来又闭上眼睡去。一句话,姚同乞降是真的!"

惠州知府此时点头道:"既如此,请祁将军等五将军上山受降,下官率各县官兵在山下迎候。"

就这样,祁连峰徒步在前,任建新、窦天富、薛义山、余福才四将军相随其后,他们上山后,先前躺在地上装昏饿的士卒包括匪首姚同等,没费太多力气,就把上山的祁连峰等五将军围而杀之,然后把尸体投入山谷之中。

惠州知府等在山下,一等不见祁连峰等五将军下山,二等亦不见五将军踪影。于是惠州知府率众上山,途中遭遇埋伏,数百人皆做了箭下之鬼。

姚同乘胜率众奔下山来,在箭雨之下,两千京城来的兵马,顿作鸟兽散。

第二天,姚同以为从此再无兵马敢上山围剿他,遂举行盛大庆功宴,他刚刚举起酒杯,环顾众人欲庆功时,聚义厅的房梁突然立断,连同瓦石一并坍塌下来,姚同等当即毙命……

祁连峰、任建新、窦天富、薛义山、余福才在龙川死后,龙川县联合惠州新上任的知府一同上疏朝廷，此时朱元璋已卧在病榻之上，一听大怒，下令诛杀祁连峰等五将军之家人，削去祁连峰等五将军生前一切官职，贬为庶民。这个奇天冤案，就这样在无人问津的沉默之中融入了岁月。

与姚同匪寨相邻的一个山寨内，住着七八十户人家，偏这天寨内以耕读传家的黄中月恰被一亲属相约去喝新屋落成喜酒。人一高兴难免喝多了酒，他在亲属家人的护送下，翻山越岭，摇摇晃晃总算回到家，家人连忙谢了亲属，扶他上床歇息。

午夜时分，屋内骤起马鸣之声。黄中月忽然惊醒，猛见祁连峰等五将军，满身血污，灰头土脸，甲胄不整。为首的祁连峰施礼说道："黄耆老，吾五人皆朝廷派来围剿姚同的，不幸为姚同奸诈陷害被杀，我们已经丧命荒野，魂魄无着无落，只能在大坝周围游荡，上天示下找你黄耆老。快让我们入土为安吧！"

余福才则说道："黄耆老，我们五人冤啊！我们被山贼姚同杀害后，朝廷不但不管不问，还枉杀了我们家人，无奈我们只有向上天哭诉，上天提示找你，可惜百年之后，我们的冤情才能昭雪！"

黄中月听后，猛地从床上坐起，祁连峰等五人牵着马悻悻离去。

第二天，黄中月儿子上山打猎，果在山谷间发现了祁连峰等五人的尸体，他们面色红润，双眼微闭，俨如沉睡了一般。黄中月一听，急忙找来山寨中青壮年，把祁连峰等五人的尸首从山谷中抬出来，择一依山傍水之地挖坑掩埋，并建了五将军之庙。在耆老黄中月的带领下，摆上三牲六器，点燃高香，率全寨人祭奠五将军。从此时起，五将军庙悄悄在大坝一侧矗立起来，每年春、秋、年三祭，香火不断……

王阳明、冀元亨、卢尚德听了耆老黄国祥的细说，心中感慨而悲伤。卢尚德愤愤不平地说道："太祖皇帝忒小心眼儿，看来像这种帝王，打江山时你可为他赴汤蹈火，他没成事儿时称兄道弟，一旦坐上了九五之尊的龙椅，转身就翻脸，为一句酒后话，让人家做了客死他乡的冤枉鬼！这五将军庙立得好！如此可以告慰五将军在天之灵！"

王阳明向黄国祥说道："老丈，请移步带我们先瞻仰一下五将军庙吧！"

回到和平新县衙，王阳明传下号令，三日之后，随军的各知府、将军，包括惠州知府以下各县知县等，到和平大坝镇祭拜五将军庙；并上疏朝廷，为一百二十年前被盗匪杀害的五将军平反昭雪。然而，上疏之后，竟杳无音讯。王阳明心中有些不安。

这天，冀元亨捧茶至王阳明面前，说道："恩师，可是为先朝祁连峰等五将军昭雪之事烦恼？"

王阳明点头道："是啊，为师心里很纠结，坐卧不宁。原本清清楚楚一个大冤案，不管时间过去了多少年，必须为祁连峰等五将军平反昭雪，可朝廷为何置之不理呢？"

这时侍在一侧的田庄看了看卢尚德，卢尚德说道："老师，为此不必烦恼，时过境迁，相距一百二十年，是两个甲子！圣上或许根本不把这个上疏当回事儿，老师为此烦恼又何苦呢？"

王阳明摇头道："尚德，非也！人行天地间，贵在言必信，行必果，如此方可为大丈夫也！为师既然当着众人立言，就必有结果。你们知道的，为师做事从不应付，今后如何再见和平县父老！"

这时，夫人娤婳从侧门走出来，说道："元亨、尚德，你们恩师言外之意，五将军昭雪之事，朝廷必须办！可是夫君，和平县距京师山高路远，这来来回回没有月余是不行的！"

王阳明点头道："元亨、尚德、田庄，你们师母之意，乃为师之心。五将军昭雪之事，为师非办不可！这样，元亨、尚德你二人一文一武，可谓为师的左膀右臂，你二人速速收拾一下，尽快上路，持为师的令牌入宫面圣，向当今圣上言明此事，就说为师恳求当今圣上降旨，为五将军平反昭雪，告慰五将军在天之灵！"

这时，田庄向王阳明施礼道："老师，二师兄夫人——我的玉苗嫂子待产，此乃二师兄大事，可否让徒儿代之入京！"

卢尚德向田庄道："师弟，师命已下，岂可随意更改？况且，老师常教导吾等，家事和国事，国事为大，老师知道的，阉人刘瑾虽除，但他的余孽犹在后宫，对这些人必须软硬兼施，方可完成老师交给的任务！"

王阳明叹道："尚德，是啊！为师知玉苗待产，但家里有你师母她们，因此事关系告慰五将军在天之灵，为师之所以委屈你和元亨入京，正是因为你二人可优势互补，放心上路吧！"

当今圣上闻王阳明弟子冀元亨和卢尚德持其令牌入宫，遂命二人入见。张忠向圣上叹道："陛下，王阳明总是这样稀奇古怪，让他弟子冀元亨、卢尚德持他的令牌入宫，好像后宫大门难进似的。"

圣上朱厚照挥手道："先别说这些没用的，快请他们进来吧！"

张忠万没想到，张永随冀元亨、卢尚德进来。圣上大喜道："张永，阳明大师有何事，派了两个弟子来见朕？"

冀元亨把先朝派祁连峰等五将军到龙川围剿盗匪姚同一事，包括他们如何被姚同杀害，明太祖所作所为详细说了一遍。圣上听罢沉思起来。

张忠讥道："冀元亨、卢尚德，亏你们恩师王阳明还是心学开山宗师呢！他难道不明白，太祖做过的事儿，陛下岂敢妄加评说？况且，时过一百二十年，早成了没影的事儿！就算那时有冤，现在昭雪又有什么实际意义呢？再说了，评价太祖的事，你们想让陛下背上不忠不孝的骂名吗？你们恩师王阳明放着该做的事不做，闲着没事儿却来管这猴年马月的冤案，我看……"

圣上朱厚照叹道："是啊，先朝太祖的事，过去了一百二十年，按阳明大师所说，即使太祖不慎做成了冤案，包括又斩杀这五将军的家人，朕乃晚辈，怎敢对已入土为安的先祖指手画脚呢？朕看就不要再翻什么旧账，就这样不了了之吧！"

冀元亨摇头道："陛下，太祖皇帝开创大明新时代，可谓功高日月，勋著千秋，名传万代。但是不管出于什么原因，今已查明，当年太祖皇帝派出的祁连峰等五位将军去龙川剿匪，包括祁连峰等五将军被匪首姚同设计杀害后，朝廷又把他们的家人杀害是一个大冤案！我们明知是一个大冤案，为什么不能替先朝太祖皇帝弥补这个过失，使他在后世人们心目中更加高大呢？"

卢尚德说道："陛下，昔日的龙川县，今新建的和平县大坝镇的父老乡亲们，不仅自己捐资捐物为祁连峰等五将军收尸掩埋，还自发建庙年年祭祀，让他们世世代代享受人间香火。百姓尚且能自发做这种告慰五将军在天之灵的事，难道陛下就不能为祁连峰等五将军平反昭雪，让世人更加敬仰先朝太祖皇帝吗？"

圣上朱厚照听了，连连点头说道："冀先生、卢先生，感谢你们提醒了朕，朕原本没有想到这些！"

张忠不屑一顾地说道："冀先生，你们的恩师王阳明不思在剿匪，他怎么会知道这件事呢？"

冀元亨正色道："陛下，祁连峰等五将军冤案之事，并非我恩师哗众取宠、自作多情。"

张永这时说道："阳明大师抱病为朝廷围剿四省盗匪，常冒敌矢兵刃不顾生命之危。冀先生你详细说说！"

冀元亨说道："陛下，应该是恩师率大军攻打谢志珊、蓝天凤，刚刚接近收尾的时候，恩师做了个梦。因为正准备组织各路兵马总攻桶冈，所以把这件事淡忘了。可是第三天又做了相同的梦。我恩师这才写信告诉了我师弟。当时我师弟正在池仲容那儿卧底，我师弟就开始私下查考五将军之事！消灭池仲容、和平县建县之后，我恩师和师弟同时做了一个相同的梦。所以，为祁连峰等五将军冤案平反昭雪之事，不是出于我恩师一时心血来潮，恩师岂敢不为？"

圣上朱厚照点头道："呃，原来如此！"

卢尚德说道："陛下，尚德绝没有其他意思，自古顺天意，解民于倒悬，乃朝廷本分之事。我来之前，老师让弟子一定转告陛下，老师真诚乞求陛下为沉冤一百二十年的五将军平反昭雪，让祁连峰等五将军含笑九泉。不仅五将军的后代，就是今天的和平县父老,也不会忘记陛下的大恩大德,请陛下三思!"

圣上朱厚照看了看张永和张忠说道:"朕决定传旨为祁连峰等五将军平反昭雪,和平县衙今起一年一次代朝廷祭祀五将军,以此告慰五将军在天之灵!"

张永、张忠、冀元亨、卢尚德伏地叩谢圣恩。

四十八　蛇鼠同恶结鬼胎　阳明洪都祸连灾

　　人生在世，并非事事如意。经过这段时间表面的洗心革面，太监张忠在当今皇帝面前总算过了关。他从阴影中走了出来，还被皇帝点名御前侍奉，成了近侍，可谓一步登天。偏这时，家中来了书信，说家中有事，让他务必回去一次。

　　张忠到家之后才知道，他唯一做官的叔父，被巡抚四省剿灭盗匪的王阳明杀了！世事阴差阳错，张忠父亲早丧，母亲拉扯他及三个妹妹过活，他只有一个叔父在县衙做县丞。为了张忠能出人头地，他叔父通过关系层层打点，四处送礼，总算让他入了后宫，成为一名小太监。叔父对张忠的抚育、教诲之情，他非常清楚，因此他对叔父十分顺从。现在叔父被杀，张忠又在京师，三个妹妹早已嫁人，叔父家只留下两个女儿，都未出阁。家中没有一个顶梁的男子汉，张忠为此痛苦万分，他对王阳明之恨入骨入髓。

　　张忠没有急于回京师，他专程到叔父所在的县衙去打听，这才知道：王阳明在围剿詹师富过程中，张忠的叔父负责率兵正面主攻，而且他叔父只是担负主攻部队之一。此时詹师富尚未被王铠活捉，詹师富见王阳明四处围定，插翅难逃，遂做拼死反攻，想打开突破口，冲出象湖山。因王阳明号令在前，凡遇敌退缩逃跑者，不问官职、年龄一律当场诛杀。张忠的叔父见盗匪们拼命向象湖山下冲击，遂率了随从临阵脱逃。王阳明得知此事，亲自督军堵住盗匪逃脱的关隘死守，这才保证全歼了象湖山盗匪的。正是由于张忠叔父的临阵脱逃，才造成了近百名将士死亡，王阳明为此大怒，战后执行军令，当众立斩张忠的叔父。

　　临阵逃脱被诛杀，理所应当。但张忠回到京师之后，就把这件事牢牢记在心里，王阳明巡抚赣、闽等四省，而张忠在京师后宫，他只能寻找时机。他心想自己就在当今圣上身边，机会总是有的。

　　这天，张忠侍奉正德皇帝在后花园散步，满脸笑意地向圣上说道："陛下，御史王阳明有了统兵旗牌，可号令四省兵备，他有了兵权，现在进展如何？"

　　圣上笑道："很好啊！他近来的上疏，朕几乎都是非常认真批答，朕从他身上看到了一种战无不胜的力量，这是当今任何将领都无法做到的！"

张忠本来想探听圣上对王阳明的看法，到了圣上身边，他以为圣上天下第一，他近侍天下第二，对文武百官总以居高临下的心态，因此他笑着说："陛下，御史王阳明又没有三头六臂，他有那么大本事吗？"

圣上笑道："你在后宫不知道，这个阳明大师，可谓千古奇将。朝廷没派一兵一马，他自筹将士，招募乡勇，组织府衙、县衙、文吏，先剿了福建詹师富，接着又剿灭了江西谢志珊、蓝天凤，现在又剿灭了龙川三浰贼首池仲容！真是了不起！实在了不起！朕说阳明大师前无古人、后无来者并不为过！"

张忠心里对王阳明嗤之以鼻，嘴上一半嘲议、一半欣赏地说道："是啊！这可是太好了！他可是朝廷的金不换啊！"

圣上皱眉道："张忠你说什么金不换？你说对了，阳明大师是天下奇才！多亏上天把阳明大师赐予朕，让他做朕的栋梁之材，有阳明大师，朕的江山无忧啊！"

张忠突然说道："陛下，可奴才听说，御史王阳明军规甚严，动不动就杀人，有些知府、知县在他身边畏之如虎！"

圣上正色道："当然！身为将领者，军令不严，岂能号令三军？据阳明大师上疏，初次统兵围剿福建盗贼首领詹师富时，有个县丞临阵脱逃，王阳明立斩此人，结果稳定了守关将士信心，这种人不杀行吗？必须杀！"

至此，张忠还能说什么呢，当今圣上都赞许这样做。他想了想说："是啊，可是陛下，奴才听说，这山间盗匪像韭菜一样，割了一茬又一茬，剿匪可不是一劳永逸，御史王阳明想到这些了吗？如果没想到，那……"

圣上听了不悦道："张忠，朕怎么听着你话中有话，你不会是故意在鸡蛋里挑骨头吧？"

张忠连忙说道："陛下，奴才想的是百年大计、千年大计，奴才哪能吹毛求疵，在御史大人王阳明功劳簿里挑骨头呢？"

圣上说道："朝中昔日就有那么一些人，自己没本事，光会翻动两张嘴皮子，专挑别人的毛病，这种人和心藏奸诈的人一样可恨可恶！朕昨日在朝堂上就说，御史王爱卿剿灭四省盗匪，利在当今，功在千秋。这件事，别人做不到。"

听到这里，张忠本不想再说王阳明的事，以免圣上对他产生反感。但是他今日若不说，从此就无法在圣上旁边敲边鼓、吹耳边风，这是他最怕的事。可现在圣上兴趣正浓，他不经意地附和道："陛下，他有什么本事，怎么别人就做不出来呀？"

圣上说道："张忠，你呀，在后宫什么也不知道！当然，你只是服侍朕，对军国大事、治国安邦一概不知。阳明大师独创十家牌法，在朝廷不调一兵一马的前提下，通过十家牌法，就集聚了源源不断的兵源，粮草、战船、兵器一下子全解决了。黎民有十家牌法，出入有登记，既断绝了黎民转变为盗匪的根源，又为官府提供了源源不断的兵源，真是招之即来，来之能战，战之能胜，此阳明大师独创也！"

张忠听到这里故意笑着说道："陛下，可是这样把老百姓管得太死，一天一登记，这样多麻烦，日久百姓岂不生怒？生怒岂不埋怨官府，埋怨官府就是埋怨朝廷，这事……"

圣上挥手道："你错矣！通过十家牌法，官府对百姓所需所求了如指掌，让百姓与官府互相了解，过去部分百姓敌视官府，现在变为谅解、理解、支持，这多好啊！朕从没想到过这种十家牌法，就是先帝们，包括春秋战国至秦汉以来，几千年至于今，唯有阳明大师独创了十家牌法！所以，朕以为阳明大师用十家牌法，轻而易举地平定了赣、湘、粤、闽四省盗匪祸乱，这是他独创的一个奇迹！"

张忠简直想两耳塞驴毛了！他本想试探当今圣上，从中说王阳明的坏话，哪怕圣上一天听几句，时日久了，圣上肯定会厌恶王阳明，到了那个时候，就是他用三寸舌刀杀王阳明的时候。他故意东张西望，打了个哈欠，甚至伸手摘下一朵花儿，像女人似的放在嘴边闻闻。媚笑着随意说道："是啊，奴才肉眼凡胎，一天除了专心侍奉陛下，就是三饱一倒，别的啥也不往心里去。没想到这个王阳明有这么大的能耐，此乃陛下之福啊！"

现在武宗头脑中似乎有一条非常清晰的思路，说道："阳明大师的第二个独创，是面向盗匪祸乱的四省交界之地的黎民百姓发布了《南赣乡约》。"

张忠皱眉道："看看，不用说，这又是管治黎民百姓的条条框框！奴才听说，先圣们都提倡不教而治，无为而治！"

圣上皱眉道："张忠，非也！什么是不教而治，无为而治？那是道德、伦理、三纲五常、仁、义、礼、智、信深入人心，黎民百姓将这些变为实际行动时才能做到的。那是路不拾遗、夜不闭户、耕者让畔的仁人君子之世。现在不要说地上有半两银子无人拾起，就是大家见了不打破头、闹出人命来已很好了！官府不治，黎民不管，岂不国非国民非民吗？"

见圣上不悦，张忠急切点头道："对，草民一日不管就自乱，二日不管就上房揭瓦，三日不管就冲入县衙持刀抢劫、杀人，草民就该管，就该好好地管！"

圣上并没有被张忠的话所左右，他想起了王阳明上疏的《南赣乡约》中的话，兴致勃勃地自语道："'蓬生麻中，不扶而直''白沙在泥，不染自黑'，你听，阳明大师规定得多好，他要求黎民百姓皆宜孝父母，敬兄长，教训子孙，和顺乡里，死丧相助，患难相恤，善相劝勉，恶相告诫，息讼罢争，讲信修睦，务为良善之民，共成仁厚之俗。他还推年高有德为众所敬服的一人为约长；二人为约副；又推公直果断者四人为约正；通达明察者四人为约史；精健廉干者四人为知约；礼仪习熟者二人为约赞等。他想得周到，制定得非常具体，实在难能可贵！朕相信此《南赣乡约》推行下去，乡间民风民俗必将大改观，民不但淳朴识礼仪，倘再有生邪念偷盗为奸等事，不需官府出面，民将自平矣！"

"陛下，看来王阳明真的为朝廷、为陛下做了件好事！"张忠嘴上附和道，他见圣上点头，遂又问道："陛下，御史王阳明除了十家牌法和这个《南赣乡约》，他还有什么独创？"

圣上朱厚照说道："阳明大师为赣、闽、湘、粤四省交界之地，从此再不生盗贼匪患，长治久安，一劳永逸，他上疏朝廷在福建詹师富作乱之地设立了平和县；在赣之大庾谢志珊、蓝天凤作乱之地设立了崇义县；在广东龙川池仲容作乱的三浰之和平峒羊子铺处，设立了和平县。这三县的设立彻底根绝了盗贼之患，既利国又利民，朕非常欣慰呀！"

圣上朱厚照对王阳明这样欣赏，想借机中伤王阳明的张忠说的话如秋风过耳，在他心里什么也没留下。回到屋内，张忠推开茶杯想到，看来王阳明这株大树，在圣上朱厚照眼里，已经根深叶茂，要想扳倒他，绝非易事。另外，他也想到，没有同党，就没有配合。当年刘瑾得意时，他手下聚集了那么多人，几乎架空了圣上朱厚照。以刘瑾为镜，刘瑾积怨太多，首先从八虎中反出了张永。最后刘瑾欲作乱篡位前，这个张永知其欲举事，提前动手，刘瑾被磔于市。刘瑾欲作乱，甚至还想做九五之尊，张忠没有那么大的企图，他只是想报复王阳明。所以，不需要太多的人手，更不需要把事情搞得那么大。他只想拉拢一两个人，人一多，再好的事也难以做好。可是茫茫人海，有谁能和张忠有同样的心思？不能找类似刘瑾那样的人，这种人太张狂、太自我。要找的这个人不但能接近圣上，在圣上身边，还要守口如瓶，为我两肋插刀不含糊。当然，他能对我掏心掏肺，我也照样为他上刀山下火海。张忠给这个人做了个框，开始在后宫寻找这个人。

一个月过去了，后宫凡在皇上身边的人，似乎都有自己的靠山，每个人身后都挂着长长一串人，每个人都有自己的背景。于是，张忠断定，在后宫找这个合作伙伴太难，弄不好反而会引起别人怀疑。他决定把眼光再放远一点儿，他想在御林军或尚书以上找到这个人。

这时，有个年高稳重的户部尚书为自己的父亲做寿。他想这个尚书大人在圣上朱厚照面前说话稳妥。他注意观察过，圣上呼文武百官为爱卿，但每次称这个尚书大人爱卿时，显然与别人不同，完全是发自肺腑真心实意的。而且，此人与兵部尚书王琼不和。张忠想，这当是他要找的契机，或许是他报复王阳明的切入点。所以，他置办了非常像样的寿礼，送到这个尚书的府邸。

寿诞之后，这个尚书大人梳理了所有送寿礼的人，除了彼此相知或报恩答谢种种，他把目光盯在张忠身上。在一次面圣之后，有了单独对话的时机。尚书施礼道："张公公，老朽有件稀奇之事想请教，不知张公公愿否？"

张忠见德高望重的尚书大人施礼，急忙回礼道："大人，奴才张忠愿闻其详，愿洗耳恭听。"

尚书说道："张公公，本尚书至此问一句，张公公在本尚书高堂做寿时，所送贵重寿礼，不知是何用意，今除天地之外无他人，你我可直言！"

听了尚书这段话，张忠心中叹道，看来送礼送出麻烦了。看尚书的脸色，大有兴师问罪之状。他一时慌了神，不知该如何应对。他勉强笑了笑，说道："尚书大人，奴才张忠乃善意，有心结交大人，此寿诞之日，当是个好时机吧？"

尚书挥手道："张公公，本尚书知道在圣上身边的近侍，可以给人吹风、帮腔，甚至添油加醋，当然既能为善，也能为恶！说实话，本尚书从没想过高攀你张公公这样的近侍！请张公公断了此念，你我依然井水、河水各行其道！本尚书春秋已高，明年或许可以解职归田，不想老来时走错一步，晚节不保。倘再出个王瑾、赵瑾之类的奸佞之徒，不仅名毁列祖列宗，还会祸及子孙，此等大是大非之际，岂可因一寿礼祸乱临头！"

张忠急忙辩解道："尚书大人，我张忠绝非刘瑾之类的奸佞之徒，无非想投拜在大人门下，也好有个根基！"

"不！张公公勿生此念，我这个尚书实在不敢当。我让下人到珠宝行核对了一下，张公公送的寿礼市价四百九十两，另十两是为跑腿、费心酬谢之资，请收下。"尚书说到这儿，从阔袖中取出五百两银票递给张忠。

还能说什么呢？张忠心中讥道，好一个怕近炭火的冰人！况且我张忠非炭火，我只是想借助你这个尚书大人的手，报复王阳明而已。可你账目极清，油盐不入，只怕玷污了你。张忠见尚书如此，再多说一个字儿都是多余的，遂接了银票。

尚书连告辞二字都懒得说，连礼也不施，转身就走，俨如路人。这等于张忠上赶着觍着脸笑着送礼，人家非但退了回来，还扇了他一个耳光，并告诉他你太不识相了！

张忠自从做了圣上的近侍，从来没有这样丢过面子，朝中文武百官见了他无不恭敬有加，有哪一人像尚书这样死木头不透气！他顿感自己太憋屈、太窝囊。有道是鸭子向火，身软嘴不软，他咽不下这口气，想了想，高声说道："尚书大人，走慢些，小心栽你个大跟头！"

尚书甚或连秋风吹耳都没感觉到，只顾顺着鹅卵石的甬道，穿过圆月门，径直走了出去。

恰在此时，御林军校尉许泰从那边走过来。许泰向张忠恭敬施礼道："张公公在上，下官许泰施礼了！"

张忠顿时找到圣上近侍的感觉，方才在尚书那里碰了一鼻子灰，现在一转脸，又神采奕奕，遂回礼道："许校尉，彼此彼此，你何必这么客气。"

张忠说这话时，眼角上有一丝不易察觉的鄙夷。他非常清楚，宫中御林军，除了给皇宫看家护院、日夜巡逻外，就是皇上出宫时才和仪仗队等前呼后拥围着皇上。而他张忠等是皇上亲选的，天天可以侍从皇上左右，可以随时随地沾沾皇上九五之尊的尊贵之气。他有意无意地倒背了双手，用居高临下的目光看着许泰，就差挥挥手，高声道："孙子你过来，听爷说说！"

许泰或许是个大大咧咧的人，他不会注重这些细节，趋近张忠说道："张公公，下官斗胆相问，不知公公可有闲暇之时？"

张忠皱眉道："许校尉何必这么客套，你我都是皇上身边的人，有事只管说！"

许泰喜道："倘张公公赏脸，许泰愿请公公喝杯闲茶！"

这正是眼前山高林深，岂不知路就在脚下。张忠亦喜道："好啊，许校尉有此心，本公公正有此意。"

许泰连连点头："张公公，太好了，这样吧，择日不如撞日，明日如何！"

"好，恭敬不如从命，就定明日喝闲茶吧！"张忠点头应道。

张忠长着一对三角眼，他比正常人多了一份心思。他想这许泰绝非那种无事约他喝闲茶的人，或许真的有事求他。但他哪里知道，许泰自知在御林军待着，无所事事，只不过偶遇张忠，他随口这么一说，张忠偏认了实，这就叫假作真时，无奈只得真！

这一夜，张忠山高海阔想了半夜，到子夜时方才入睡。但许泰呢，回到屋里，饭后躺下就睡，一觉睡到天大亮。

两人相坐喝茶之时，寒暄过后，张忠直言道："许校尉，论年龄，我长你两年，你尊我为兄，自古'酒有酒法，茶有茶规'。你方才说错了话，来，自罚一盏茶！"

许泰喝罢茶向茶楼掌柜高声道："掌柜的，来呀，按方才所说，上酒菜！"

此时，张忠亦有此意。坊间皆知，品茶乃君子，论酒乃兄弟。茶楼掌柜的知许泰乃后宫之人，岂敢怠慢。转眼之间，四个凉菜已摆上桌来，烫一壶燕京烧酒，提点上来。两人三盏烧酒下肚的工夫，四个热菜也端了上来，俩人你一盏，我一盏，话自然多了起来。

许泰抹了一把嘴角沾着的酒水，喜道："张兄，小弟忽生一念，不知张兄肯成全

否？"

张忠点头道："好，你我兄弟石碾对磨盘，你实在我也实在，有话尽管说！"

许泰说道："张兄，你我选个黄道吉日，当行焚香跪拜大礼，结为异姓兄弟如何？"

张忠似乎早想到了，说道："许兄弟，不可！"

许泰皱眉道："张兄，为何？"

张忠说道："你我都在后宫，桃园结义太张扬。为长久起见，本公公以为心中结拜最好！"

许泰脱口道："好！张兄，今后有事但凡说一声，许泰为张兄两肋插刀！"

张忠亦说道："许兄弟，你但凡有事，我张忠亦为你赴汤蹈火！"

至此，二人心照不宣。

再来说宁王朱宸濠，刘瑾被诛，对他产生巨大震慑。他这些年一直暗中招兵买马，准备有朝一日，登上九五之尊的宝座。

这天被宁王朱宸濠封为太师的李士实匆匆来见。他施礼毕，宁王朱宸濠喜道："看太师面相，似有喜事吧？"

李士实点头道："殿下，当年殿下和刘公公设计图谋王阳明，谁知今王阳明一举成为朝廷的栋梁之材！"

宁王朱宸濠大惊道："什么朝廷的栋梁之材，太师请仔细说！"

李士实手抚髯须，呷了口茶说道："兵部尚书举荐王阳明为都察院左佥都御史，巡抚闽、湘、粤、赣四省盗贼之事！当年殿下失策，而今王阳明如旭日东升，熠熠闪烁，成为朝廷内外一颗耀眼的巨星！殿下没想到吧？"

宁王朱宸濠听后，过了许久叹道："太师，王阳明巡抚四省，这对本王很是不利呀！而且他一定还记恨本王，看来本王的大事也将在他手中化为过眼烟云！"

李士实摇头道："不！殿下，事在人为嘛，养正是王阳明同门师兄弟。而且，养正这么多年来，一直和王阳明有书信联系。听说，过几天这个御史大人要经过南昌往赣州，他的四省巡抚署衙设立在赣州。这是个机遇，殿下要顺势而动，借其势而为。当然，要做到这些，殿下还要仰仗参议养正啊！"

宁王朱宸濠一听，遂让侍从去请他的参议刘养正到议事厅来。

刘养正在宁王朱宸濠的宁王府做参议，学会了卑躬屈膝和阿谀奉承。听了宁王朱宸濠的话，连连点头喜道："对呀，只要王阳明能回心转意，殿下筹谋已久的大事就十拿九稳了！可是，殿下总要找一个过硬的理由，让王阳明思前想后，不得不接受，如此最好！"

李士实笑着趋过身来，低声在宁王朱宸濠耳边说了一阵，问道："殿下，这个主意如何，足够有说服力吧？"

宁王朱宸濠看了看李士实，赞道："好！这个主意好。那，太师你和参议好好商议一下，争取早日去赣州如何？"说完宁王朱宸濠出去了。

刘养正听了李士实的话，正要关门议事，宁王朱宸濠的王妃娄氏从一侧走来，刘养正恭敬地向从此经过的王妃施礼。

王妃说道："养正，你过来，我有话问你。"

刘养正不知道王妃娄氏找他干什么，他来到王妃面前施了礼，笑着说："娘娘，有何吩咐，养正恭耳敬听。"

王妃淡淡一笑说道："养正，其实王阳明做四省巡抚的事我早知道了。我也明白王爷和你还有那个李士实的用意。以我对王阳明的了解，他不会与王爷为伍，他不会做王爷的同路人！至于王阳明经过南昌去赣州之事，那是官方的事，打什么主意在他身上都没有用。"

听着王妃的话，刘养正一下子泄了气。但是，摆在他面前的两个主子，他只能听宁王朱宸濠的话，对于王妃，他只能表面应承。于是他点头说道："娘娘放心，养正谨记在心。"

刘养正在仕途上一无所成，俸禄太少，不足养家。后来阴差阳错，他摇身一变，成了宁王朱宸濠府的参议，直到这时他才见到了娄氏王妃。刘养正和王阳明是在不同的时间，在上饶拜娄谅为师的。先前可以师姐师弟相称，但王府不同民间，一切照皇族的规矩，故而才有了娘娘和直呼养正之称。

娄氏说道："养正，我可以先设下一个赌，倘你和李士实去赣州，拜上巡抚大人王阳明，定是竹篮打水一场空，不信，你们就去！"

望着娄氏的背影，刘养正心里立时感到一阵烦躁。可是，他刚刚在宁王朱宸濠面前表了态，在王府他只对王爷负责，可是对王妃他也不能不顾。

站在一侧的李士实听到了王妃和刘养正的对话，他见王妃走了，走上前说道："刘参议，你可不能为此动心啊，咱们都要听王爷的。现在你啥也别想，赶紧准备准备，尽快去赣州吧！"

刘养正忽然说道："太师，你说的主意能行吗？"

李士实怒道："刘参议，这么多年了，你咋还不开窍？咱们现在吃谁家的饭，端谁家的碗？王爷欲成大事，他最忌讳王阳明，又绕不过王阳明这个坎儿，怎么办？咱们做下人的，就是要不断地给王爷出主意，让他看到一个接着一个的希望，要不人家养咱们有啥用？"

刘养正点头道："太师的话我明白，只是我担心这个主意行不行。假如这个主意不行，再想别的主意。只有这样，王爷才能信咱们用咱们，若不然咱们在王府还有什么可利用的价值！"

李士实点头道："这就对了，谁给咱们饭吃咱们就向着谁说话！"

王阳明从和平县回到赣州，真的如他前些日子所说，孙燧到江西做了江西巡抚。他看罢书信，向夫人娹婳说道："夫人，孙伯来了书信，咱们做晚辈的，应当去看看他才是。"

娹婳说道："那当然！当年，我爹和孙伯及公爹，他们三人是多么好的关系啊！连宦官刘瑾都有些恐惧。况且，妾与夫君成婚，还是孙伯做的媒呢！冲这一点儿，咱们夫妇都该去南昌看孙伯和伯母大人！"

王阳明说道："眼下，池仲容死了，和平建县了，正好无事，咱们带上元亨、尚德和田庄三人一块去吧，路上也好有个照应。"

娹婳摇头说："夫君，要我说，元亨坐镇巡抚署衙，这样夫君去南昌也好放心。"

按王阳明所说，此次去南昌拜江西巡抚孙燧是私人之事，故而随行的只有卢尚德、田庄及正宪等。因正宪年龄小，让他和田庄同乘一马。

冀元亨在他们临行前，特意向尚德、田庄二人说道："恩师和师母去南昌拜见巡抚大人，你俩千万要注意，恩师的对头宁王朱宸濠就在南昌，凌十一、吴十三都没死。过多的话我不说了，恩师、师母的安危重于泰山，师弟你俩自当小心！"

田庄向卢尚德说道："师兄，你带弓弩干什么，有一把长剑不就足够了吗？"

卢尚德摇头道："田庄，兵器各有所长。还有到什么山唱什么歌，说不定要用上弓箭呢！"

从赣州到南昌还算顺路，现在四省盗匪已荡平，王阳明此番平定四省之盗匪叛乱，分别三次上疏，即《添设清平县治疏》《立崇义县治疏》《添设和平县治疏》。立平和、崇义、和平三个新县衙，彻底解决了福建漳州之南清县、江西南安府之上犹、大庾、南康及惠州府龙川县等三个偏僻边远之处藏匿滋生盗匪之事。有了平和、崇义、和平三县衙，盗匪再无藏身躲避之处。

孙燧非常喜悦，和夫人一起迎接了王阳明及夫人娹婳等一行。

王阳明施礼道："孙伯，恕晚辈说句不公道的话，孙伯都这把年岁了，朝廷为何要把孙伯派到这里来当巡抚，真有些让人匪夷所思！"

孙燧笑道："守仁，人到了你孙伯这个年龄，经的事太多了。你孙伯早立下心志，生是朝廷的人，死为朝廷的鬼！侄儿荡平四省盗匪，你孙伯这个巡抚可就两肩一身轻了！"

王阳明笑道:"孙伯,没办法,人在无奈时不干也得干,在其位谋其政。不过,话又说回来,多亏这些知府、知县,当然还包括我的这些徒儿们,要不是他们,我一个人就是再强,能拔几个钉啊!"

娓嫚说:"孙伯、伯母,今后我和夫君一定多过来看望你们,尽个孝道啊!"

王阳明放下茶杯说道:"孙伯,江西巡抚这差事还行吧?"

孙燧摇头道:"侄儿,你不会忘吧,这洪都不是有个宁王朱宸濠吗?"

王阳明点头道:"对呀,侄儿知道他!"

孙燧说道:"当年王哲做江西巡抚,由于王哲不归附这个宁王朱宸濠,据江西按察使司的老人们说,宁王朱宸濠派人下毒,毒死了王哲!"

王阳明大惊道:"孙伯,世上竟有这样的事!那死了一个江西巡抚,难道朝廷就不过问吗?"

孙燧摇头道:"侄儿,你心眼忒实!你想啊,朱宸濠是皇族,又是南昌的封王,谁敢动他?况且这种事即使真有证人,也是大事化小、小事化了,末了,你死就白死,没人为你申冤!"

王阳明皱眉道:"那后来呢?"

孙燧说道:"听按察使司的人说,后来朝廷又派来个董杰。此人为人豪爽,刚正不阿。朱宸濠几次约他喝酒,董杰硬是以江西巡抚抽不开身,软磨硬抗不到他朱宸濠的王府去拜见。结果,董杰做江西巡抚八个月的时候,不知为什么,在南昌大街上,几个盗贼模样的人,用紫檀弓箭把他射死在街上!"

王阳明大怒道:"这朱宸濠也太霸道了!"

孙燧说道:"侄儿,正德十年十月,朝廷任我为右都副御史、江西巡抚,我以你师母有病为由,迟迟两三年不来江西任上。"

王阳明这才点头笑道:"孙伯,侄儿早就听说你到江西任巡抚,原来一直没来。可是,现在为何又来了呢?"

孙夫人笑道:"我来后才知道,江西按察使司、布政使司等官员对朱宸濠非常畏惧。现在调离江西的人有好几个。在董杰之后,朝廷又先后派任汉、俞谏来做巡抚,结果这两个巡抚一前一后,都是干了一年就罢归。后来当今圣上又传旨,加上你又在南赣,我和你伯母就来了。"

王阳明长叹道:"孙伯,依晚辈看,这朱宸濠犹如战国时鲁国的庆父,这当是朱宸濠不死,洪都之难不已!"

孙燧点头道:"对,朱宸濠就是庆父!不过,我到江西后第五天,朱宸濠派人送来一份请柬,我以初来乍到为由,没接受他的邀请。"

王阳明站起来给孙燧及其夫人各斟了一下茶水，说道："孙伯，既然如此，说明孙伯已进入朱宸濠的视线，应当引起注意，倘有什么不测之事，可派快马驰赣州。当然，如果朝廷不让侄儿离开赣州的话，侄儿接到信后，会马上来洪都！"

世上没有不透风的墙。王阳明和夫人微服来洪都拜见江西巡抚孙燧之事，宁王朱宸濠的属下凌十一和吴十三已经知道。吴十三在挖余姚王阳明家祖坟时，遭了雷劈，断了一只胳膊和一条腿成了废人。按说，人造孽挖人家祖坟，既然遭了雷劈，就当从此弃恶从善，可吴十三和凌十一、闵念四和谢志珊、蓝天凤、池仲容等都是一丘之貉，他们同属盗匪之类。但宁王朱宸濠偏把这些盗匪收归在他的麾下，有了宁王朱宸濠这个皇族招牌，谁还敢把他们当盗贼匪寇围剿。而且经过朱宸濠的豢养，他们已改头换面，成了护卫王府的军队，被封为宁王属下的将军。这件事江西按察使司、布政使司、都指挥使司等都明白，这是当今朝廷所不允许的。但宁王府富厚甲天下，又是皇族，江西地方官员只能睁一只眼闭一只眼。朝廷对皇族一向是宽了又宽，松了又松，所以宁王朱宸濠其实已经成为王中之王了。

这天，凌十一找到吴十三说道："咱们的冤家对头，微服到南昌拜访巡抚孙燧了，这可是天赐良机啊！"

吴十三摸着干枯精瘦的左臂，咬牙切齿道："凌将军，你不会哄我这个废人吧？"

同来的闵念四点头道："我亲眼看见了。算在一起才五个人！"

吴十三咬牙切齿道："好！这个账，我吴十三就是粉身碎骨也要和他清算！都来到咱家门口了，如若不算，愧对我一口吞天之吴！"

凌十一说道："十三老兄，这件事咱们殿下还不知道，而且我与念四兄商议，还是不告诉殿下好，一旦咱们成功了，让殿下对咱们刮目相看，岂不更好？"

吴十三说道："多谢两位仁兄看得起我。可是你们都全胳膊全腿的，我现在已经变成废人，我心里就是有冲天之仇，又有什么用，我怎么报呢？"

凌十一笑道："我和念四兄谈了，你只要运筹帷幄，拿出好方案来，跑腿动手的事，我们俩也不干，咱们手下有那么多持刀挎剑的弟兄呢！"

吴十三笑道："那你们俩干什么？呃，我明白了，你们俩喝着茶水，站在楼台观山景是吧？"

凌十一大笑道："那当然，咱们是啥身份，堂堂大将军！"

吴十三大喜道："好，南昌是咱们的老地盘，这回就布下天罗地网，让这个四省巡抚、朝廷都察院左佥都御史，魂丧南昌吧！"

孙燧是将军出身。这天晚上，他和夫人请王阳明等人吃饭时，突然发现窗外有人影晃动，他不动声色悄悄出去，那两个人匆匆逃走了。他让夫人陪着王阳明他们吃饭，以有事去衙署拿东西为由，匆匆奔到衙署，立即让值守者速去抽调一百名士卒，等他号令。

如果王阳明在江西南昌出现什么意外，那朝廷绝不会轻描淡写忽略不计。所以，孙燧很清楚这件事的轻重，他把这一切布置好后才回家。

江西南昌有来往官员的驿馆，值守的哨兵少，不足与几十人以上的盗匪、贼寇相争。孙燧把王阳明等人安排到驿馆，又增加了一百名哨兵值守。此时，江西布政使司等得知四省巡抚王阳明到南昌微服拜访巡抚孙燧，急忙过来拜见。王阳明摇摇头说，"此是私事不是公务。大家不必如此，本不想惊动地方，请各位回去"云云。

抛开这些琐事，有心计的孙燧晚上巧做了安排，有士兵值守，凌十一、闵念四和吴十三本来已经到驿馆对面的酒楼上，传了茶，想静坐在楼台观风景，结果让孙燧打破了他们的计划。

吴十三怒道："凌兄、闵兄，这是我万万没想到的！王阳明就五个人，杀了值守的士卒，避开巡逻的二十个精兵悄悄入内抹脖子足矣，我低估了孙燧！"

凌十一讥道："吴兄，放心，王阳明躲过初一，躲不过十五啊！"

夜间，卢尚德和田庄守在王阳明与夫人婉姗门前，到天亮时，见到驿馆内有不少士卒，便去问，为首的说，是孙大人派他们来的。

第二天，王阳明和夫人婉姗及弟子离开南昌的时候，孙燧和夫人把他们送到大门口。他们到了南昌十字大街，发现这里行人云集，纷纷驻足往上看，但见在十字路大街一角，在一杆巨大的旗杆上，吊着两幅大画。第一幅画的是王阳明向谢志珊、蓝天凤、池仲容三人跪伏在地叩头，下书：王阳明说："三位大王，我身不由己，我只杀了你们的替身，你们还做山大王吧！"第二幅画的是王阳明半裸着身子，搂着一个裸体的女人，下书一行小字：王阳明说："美人儿，我才不愿意做巡抚天天打仗，还是咱们在一起逍遥快活吧！"上书两行大字：王阳明和盗贼同流合污，王阳明最喜欢嫖漂亮女人！

巨幅画和两行大字招来越来越多的百姓围观。百姓们看后皆说："王阳明真不是东西！打着巡抚的牌子和盗匪称兄道弟，王阳明嫖女人，真给朝廷丢脸！……"

到后来，百姓纷纷向巨幅画上扔砖头、甩青菜，还有的向巨幅画吐口水，一时大街上四处都有人大骂王阳明……

卢尚德和田庄一看，急切向王阳明说道："老师，有人在十字街口公开侮辱老师的清誉，这是谁干的？谁干的？"

王阳明下马挤上前，看后大怒道："此皆匪类所为，恶意中伤，坏我清誉！"

婉姗也说道："夫君，此乃无中生有，是有人故意陷害夫君！"

卢尚德遂挽弓搭箭，嗖一箭将那高吊巨幅画的绳索射断，那画从旗杆上降落下来，田庄亦上前，二人用力把画撕得粉碎！

卢尚德站在高处，向黎民百姓高声喝道："这画乃盗贼匪类所为，我老师在朝廷不发一兵一卒的情况下，带着南赣府衙、县衙的官员们，冒敌刃、不畏生死，消灭了盘踞在象湖山的福建最大的盗匪詹师富！歼灭了盗匪六七千人，为百姓除了害啊！"

田庄亦高声说道："我老师又带着肺病、胃病率主力到大庾，歼灭了在横水、左溪、桶冈盘踞十几年的谢志珊、蓝天凤两个江西最大的土匪头子，把土匪霸占百姓的田地，全部还给百姓！"

卢尚德又高声说道："父老乡亲们，就在两个月前，我的老师用计谋杀了盘踞在广东龙川三浰二十年的土匪池仲容，接着又率主力用三天时间，收复了龙川三浰之地，把池仲容霸占百姓十几年的田地，又归还了百姓！"

这时王阳明在马上向围观的黎民百姓施礼道："众位父老乡亲，我就是刚才这画上说的王阳明！吾心光明，岂容匪类小人玷污！自古道：'清者自清、浊者自浊！'倘父老乡亲们有时间或机遇，到福建象湖山、江西大庾、广东龙川等地去看看，看看那里还有没有盗匪，看看那里的黎民百姓是不是得到了盗贼霸占他们多年的田地！事实胜于雄辩，不要轻信匪类小人的诽谤、诋毁！"

此时，坐在对面茶楼上的凌十一、吴十三、闵念四，突然发现有人挽弓搭箭把巨幅画从旗杆上射下来，并且听到卢尚德和田庄的高声说话，又见王阳明向黎民百姓说着什么。

凌十一大怒道："闵兄，你的属下怎么干的？咱千方百计弄了这画，这下可好，被人家一箭射下来，撕了个粉碎！"

吴十三摇头道："看看，咱们还想稳操胜券，让王阳明臭名远扬呢。这可好，结果功亏一篑！"

闵念四叹道："凌兄、吴兄，那这次又失算了？"

吴十三怒道："别呀，凌兄，此时还不趁百姓人多，快下手，弄死王阳明！"

凌十一向对面一招手，有人吹起了牛角……

四十九　大义凛然敬孙燧　心机用尽徒伤悲

南昌街头号角声起，原来化装成百姓的盗匪挽弓搭箭向王阳明射来。十字街口的百姓顿时大乱。

卢尚德仗剑大呼道："老师快上马，我和田庄殿后！"

与此同时，孙燧派出暗中保护王阳明的近百名士卒，与那些手持弓弩及刀剑的盗匪厮杀。大庭广众之下，盗匪人数少，急切向四处散去，而孙燧手下的士卒则紧追不舍。

凌十一站起来，望着纷乱如云的十字街口，长叹道："老子失算了！老子失算了！"

吴十三站不起来，也看不到街上的事，他仰着脸问道："凌兄，怎么失算了？"

闵念四怒道："那还用问吗？昨天夜里在驿馆，孙燧派了近百名士卒保护驿馆，咱们虽说是精兵，但毕竟人少，咱没得手！可今天呢？"

吴十三长叹道："你们也是，多派点人手，好赖都能把王阳明弄死！这可好，孙燧的士兵多，咱们人又少，看看咱们让人家追得像落荒的小鸡仔，像乱棍打散的群鸭子，到处乱躲乱窜，唉！"

吴十三的话刚说完，也不知怎的，在他头顶上方三五尺高的房檐，突然之间，无端扑通一声砸下来，正砸在吴十三的头顶上，他一声不吭，立时一命呜呼！

凌十一和闵念四原本正向大乱的十字街口张望，听到巨响，转身一看，吴十三竟被房瓦石灰泥土块兀地砸死了！埋了多半个身子！连喝茶的案几都砸烂了，二人顿时大惊失色。

闵念四说道："凌兄，这是怎么回事？方才好好的，吴兄……"

凌十一看了看，惊出一身冷汗，因为半截房檐是擦着他身边砸下来的，这数百斤重的瓦石灰泥落地，他无事，吴十三却被砸死了。他瞪着一双大眼，毛发倒竖，大惊道："闵兄，这才是天祸呢！"

闵念四倒背着手看了看满脸血污、瞪着两眼、瘫倒在楼上的吴十三，说道："凌兄，我现在悟出来了！前些年，吴兄带人到余姚挖王阳明家的祖坟，上天震怒，当时只劈了他的胳膊和腿，让他得到了报应。结果他从那时起成了十足的废人！他该从此悔改思过吧……"

凌十一怒道："闵兄，你说这话是啥意思？"

闵念四叹道："凌兄，这你难道还不明白吗？这十字大街挂巨幅画的事，是吴十三谋划的。这两幅画也是他找人画的，原本就没有的事，吴十三硬把屎盆子扣在人家王阳明头上，上天这回真的又发怒了！上回你作恶雷劈了你，还不警醒，还继续作恶，又生生地捏造是非，在大庭广众之下诽谤、诋毁他人清誉，这罪该有多大？所以，吴十三只能得到这种恶死的下场！"

凌十一惊道："照你这么说，咱俩也该得到惩罚，可是这么多年来，我杀人无数，你看我活得多滋润。是不是因为凡我杀的人，都是应该杀的。所以我什么报应也没有，就像这回，同在屋檐下，屋檐砸他却不砸我！"

闵念四点头道："对，也许你我的列祖列宗积了大德，行了大善，所以同在屋檐下，吴十三死，咱俩却啥事没有。王阳明他们骑马走了，凌兄，下面咱还干不干？"

凌十一脱口道："废话！咱俩起五更睡半夜，还不就是为王阳明吗，这主意也是吴十三出的，要下地狱他下，他死了还有他两个儿子顶着呢，反正轮不到咱，咱下楼吧！"

闵念四看着凌十一说道："那吴十三呢，咱们就这么走了吗？"

凌十一点头道："对，先让士卒看着，让吴十三的两个儿子找这茶楼的房东算账，好端端砸死了人，起码要赔副上等的棺材吧！"

闵念四笑道："你别看，吴十三真会算账，不死在自己家里，偏死在这茶楼上，连上等棺材钱都有了，好个死了也不花钱的吝啬鬼啊！"

孙燧听闻王阳明在大街遇到了麻烦，急忙随通禀的士卒驰马来到十字街口。此时，街口行人已散尽，他接过士卒从地上捡起的那些撕碎的画，展开看了看，大怒道："真个匪类诽谤之为！卑鄙无耻透顶！"说着四下张望，地上有死伤的盗匪，他上前抓住一个被砍伤腿的盗匪，以长剑抵其脸，质问道："说，这画是谁干的，你是谁的属下？"

这个人脸上流着血，被吓得大惊失色，急切说道："这画是凌将军、吴将军他们干的，小的是他们的属下！"

孙燧大怒，一脚把他踢倒，向士卒说道："知道巡抚大人他们往哪儿去了吗？"

士卒伸手指道："大人，巡抚大人随着百姓往这边儿走了！"

孙燧大惊道："你们也是废物，从这里出南昌城，前边是悬崖峭壁，最易设伏兵，倘凌十一、闵念四这些匪类设了埋伏，巡抚大人岂不危险？"

士卒点头道："大人，当时盗匪伤的伤，逃的逃，他们都往这条路上跑，刘校尉他们只能往这条路上追!"

孙燧叹道:"快,你们俩,一个到营帐,传我的命令,再调二百人跟上来;一个随我去保护巡抚大人!"

由于宁王朱宸濠是皇族之人,虽然他公开把占山为王的凌十一、吴十三、闵念四等盗匪请下山,接受改编,让这些十恶不赦的盗匪堂而皇之成了宁王府的人,但江西的官员都不敢惹他。孙燧到南昌以后知道这个情况也无奈,从昨天晚上偷袭驿馆,到今天上午公开在大街上围攻王阳明,足以说明南昌的盗匪已经肆无忌惮了。可是作为江西巡抚的孙燧,手下虽有兵马,但和盗匪的兵马比起来,显得力不从心。王阳明这次到南昌来拜望他和夫人,表面看属于个人职外行动,但是当盗匪公开刺杀王阳明时,就已经成了公务之事,围剿祸国殃民的盗匪,乃江西巡抚职责所在。所以,孙燧才决定再调二百士卒做后援。

骑在马上的王阳明向一侧的卢尚德说道:"尚德,此次出行为师失算,驿站里出现的妄图射杀为师的刺客,就是他们指使的!可是,他们怎么会知道咱们的行动呢?"

田庄说道:"老师,咱们五人,虽说只骑了四匹马,但从南昌大街里走过,肯定让盗匪们盯上了。人家在暗处,咱们在明处,且咱们不是那些盗匪肚里的蛔虫,怎么会知道他们要干什么呢?"

卢尚德点头道:"老师,临行前,师兄一再告诉我和田庄,路上一定要小心加谨慎,果然让他说准了,今多亏了这把硬弓!要不然……"

王阳明回过头来,有近百名孙燧派的士兵跟在他们后面。王阳明拨转马头,向为首的说:"刘校尉,本院已经走出南昌城了,你们回去向孙大人复命吧,就说我不忘他的救命之恩!"

刘校尉说道:"大人,按孙大人之令,须大人和夫人过了前面的豹儿岭,我们才能回去。过了那儿,才是平坦的大路呢!"

王阳明笑道:"放心,我们刚剿完匪才到南昌来,倘遇到小股或零星盗匪,我们不碍事的,你们……"

刘校尉摇头道:"大人,孙大人一向军令如山。况且我们也不想让大人和夫人有事,为了安全起见,还是让下官送大人和夫人过豹儿岭吧!"

刚被房檐砸死的吴十三的计划,共分为三步,叫作一刺,二辱,三杀。结果由于孙燧提早做了准备,驿馆夜间行刺失败;十字街口羞辱惑众,被王阳明及其弟子当场揭露了真相;现在就剩下重兵伏击之三杀了。当然,聪明机变的王阳明也无法提前料到,只能事情出现了,再用机变化险为夷。经这个称职的校尉一提醒,王阳明才意识到,按一般匪类的思维方式,除了夜刺、羞辱,当然不可缺少路边伏击这一招。

王阳明笑着向卢尚德说道:"尚德,自古'为将之道,当先治心,见泰山崩于前而色不变,遇麋鹿兴于左而目不瞬'。然后方可以制利害,可以待敌。今街口之事,你和田庄做得就很好,为师在你们身上看到了你们正在成长起来。但是,你们俩看到没有,咱们不找人家,可人家偏来找你!"

卢尚德点头笑道:"田庄,你看,这几年,你们和师兄跟着老师学到了多少在四书五经里学不到的真才实学。听老师这几句话,我像喝了蜜,过去的两三年里,我没跟着老师,少学了两三年啊!从现在起,我愿终身跟随老师,我也要像你田庄一样不断长本事!"

王阳明摇头说道:"不,尚德,为师告诉你,不是非要跟随为师,在这尘世之间,凡有人的地方就有学问!所以,人必须活到老学到老。田庄,唐朝大诗人韩愈有句话怎么说来的?"

田庄皱起眉头,想了想说道:"老师,'古之学者必有师,师者,所以传道授业解惑也。人非生而知之者,孰能无惑。惑而不从师,其为惑也……'"

卢尚德笑道:"老师,'是故无贵无贱,无长无少,道之所存,师之所存也!'"

王阳明笑道:"汝二人方才所诵,可为不谬一字。为师今天不想说学问之事,只想分析一下咱们将面临的事。今豹儿岭就在我们前面,你们说,以当年咱们的老对手凌十一、吴十三、闵念四的心智,他们会如何伏击我们,我们该如何过这一关?"

卢尚德皱眉道:"老师,今我和田庄就做张翼德和赵子龙,杀他个魂飞胆丧!老师做诸葛孔明,指挥我俩如何?"

王阳明摇头道:"不,今咱们师徒三人,见仁见智,各抒己见,和刘校尉他们一起,通力协作,打一场漂亮的反伏击战,让凌十一、吴十三、闵念四这些草头王明白,什么是真正的打仗!"

王阳明的话刚落,回头只见孙燧驰马而来,后面是他带领的二百士卒。王阳明急忙拨转马头,高揖双拳施礼道:"孙伯,今侄儿甲胄在身,不能行全礼,请孙伯见谅。"

孙燧抚髯大笑道:"侄儿,今咱爷俩联手,看我老将雄风尚存否?"

正在这时,他们已驰马来到豹儿岭下,有十几个推木轮车的庄稼汉正在大树下席地坐着乘凉喝水,还有两个青年,一个黑白花脸,一个红黄花脸,在路边比比画画打慢拳。

王阳明向孙燧说道:"孙伯,此障眼法也!一会儿他们很可能断咱们的后路。"

孙燧向身边的刘校尉说了什么,刘校尉点头。

突然,两侧号角声起,手持刀剑的盗匪从山两侧杀奔过来,那些坐在树下喝水的庄稼汉顿时拿了刀剑跳起，果然要断王阳明他们的后路。

卢尚德大呼道："田庄，你保护老师、师母和正宪！"

王阳明见贼众，大声道："田庄，放心，为师足以保护你师母和正宪，你与尚德先把那几个为首的杀掉！"

田庄驰马仗剑，如常山赵子龙冲撞敌营也！

卢尚德剑短，杀敌不过瘾，夺了盗匪一杆长枪，他与田庄一左一右，好一场痛快厮杀！

凌十一此时和闵念四在山上，但见这卢尚德和田庄二人如入无人之境，盗贼见之纷纷丢枪弃剑四散而逃，旋即见尸横遍地，数百名盗匪作鸟兽四散。

凌十一大惊道："王阳明的弟子，竟有如此神功，怪不得他此行只带两个弟子，数百人之众，不及两人之猛之勇也！"

闵念四叹道："凌兄，今日之王阳明非昔日可比，听说围剿詹师富、谢志珊、蓝天凤时，他身边有十几个弟子，个个了得，正如风传，王阳明旗下无弱兵！今果然也！"

孙燧见盗匪四处溃逃，仗剑向王阳明奔来，大喜道："侄儿，你的弟子尚德、田庄几年不见，如张飞、常山赵子龙在世也。我的人马还未上手，他俩不避刀斧，杀敌如入无人之地，两人足以击溃数百人，今若不是我亲眼所见，岂能相信这是真的！"

王阳明笑道："孙伯，盗贼就是盗贼！昔日不过一群游民，拿了枪提了棒，有了领头者，就占山为王。我每次率师围剿，我的弟子们，都如尚德、田庄这般不避生死，冲锋陷阵。人常说，置之死地而后生，更何况狭路相逢勇者胜，我鼓动士气，巧妙利用地利、人和，故而每战必克！"

孙燧喜道："好，有你这样的四省巡抚，敌不敢生也！"

卢尚德和田庄策马而来，二人大汗淋漓，衣袍上血迹斑斑，但精神抖擞，飞身下马，向王阳明和孙燧施礼，说道："老师、孙大人，盗贼四散，不足为虑，请老师、师母上马！"

王阳明与孙燧等揖别。

孙燧率二三百士卒回到南昌，心中遂更加有志。吃饭时，他说道："夫人，我看守仁侄儿乃世上少见的男子汉大丈夫！通过今日凌十一、闵念四这些盗匪的猖獗来看，为夫已处危难之中，是当死生以之矣！故请夫人与儿女们皆回京城，我做巡抚时无忧矣！"

夫人垂泪道："夫君，贱妾知你心志，可是咱们夫妻自结连理以来，从未分开过，今儿女成群，孙儿已垂髫，咱们好容易从京师搬到南昌，为何又要驱贱妾与儿女还京！"

孙燧叹道："宁王朱宸濠贪婪霸道，又豢养匪类，我必为其死敌矣，我不想连累

四十九　大义凛然敬孙燧　心机用尽徒伤悲

夫人和儿女，倘有人质之事，我愧不欲生，听我一言，明日率儿女们回京！"

此时，孙燧的儿女见他如此说，纷纷离开案几，跪伏于地，长子泣道："爹，你年过半百，正是需要儿女端茶侍汤之时，皆儿女之孝也，请爹思考再三，收回成命！"

孙燧说道："儿啊，自古以顺为孝，我意已决，岂容更改！"

夫人垂泪向儿女说道："你们的爹自入仕以来，刚正不阿，与王伯、杨伯乃生死之交也。今见守仁荡平四省盗贼，而南昌宁王朱宸濠豢养盗贼，你们的爹料到朱宸濠早晚会以娘和汝等作人质来要挟他，届时你们的爹生死难对，故而未雨绸缪，早断宁王朱宸濠的念想。"

孙燧点头道："你们娘说得对，你们早走我好早为巡抚之事！"

第二天，孙燧的夫人及儿女们，又大车小辆，泪水涟涟，难分难舍地离开南昌。临行前，孙燧附夫人耳边说道："夫人，此番之别，怕是咱夫妇二人的诀别，江山难易，我孙燧之节亦不易！倘我有难，不必担心，我之副使许逵会妥当处置，届时你与儿女要乞骨还乡，莫让我为他乡异鬼足矣！"

夫人为之大恸。

刚送走夫人及儿女，副使许逵匆匆而来，说道："宁王朱宸濠大怒，今兴师到巡抚署衙问罪，大人如何处置？"

孙燧向许逵说道："凌十一、闵念四等盗贼祸乱南昌，而宁王朱宸濠却为之撑腰，为此，我胸中早有怒气，走，我去会会他们！"

正如副使许逵所料，昔日宁王朱宸濠一向视巡抚为眼中钉、肉中刺，他暗中派人毒王哲，杀董杰，多次制造事端，使代巡抚的任汉及后来的俞谏在南昌无法任职，每人干了不及一年，便气得离职而去。今孙燧至南昌，与王阳明击溃凌十一、闵念四等盗贼派出的兵马，这正是孙燧与宁王朱宸濠之间矛盾的导火索。

俩人在随从的簇拥下来到署衙门口，但见巡抚署衙的士卒已与宁王朱宸濠的随从刀枪对峙，两不相让，大有一触即发之状。

孙燧大声说道："此乃巡抚署衙，谁敢在此耀武扬威？"

宁王朱宸濠从一侧走出来，上下打量孙燧，淡淡一笑道："吾乃宁王朱宸濠也！上次本王派人送来请柬，为何不到王府喝杯茶，莫不是不把我朱宸濠放在眼里？"

孙燧大声道："这几日署衙公务繁忙，请柬乃私事，非朝廷之命也，本巡抚在京师时，一向先公后私……"

宁王朱宸濠怒道："孙巡抚，我看你是拉虎皮做大旗，今为何率你的属下袭我王府兵马，莫不是公开挑衅吗？你巡抚是朝廷所封，难道宁王不是朝廷所封吗？"

孙燧亦怒道："朱宸濠，我告诉你，这几日我佥都察院左金都御史四省巡抚王阳明来南昌微服看我，总共只有五个人，可是枉称你属下的凌十一、闵念四，这伙十恶不赦的盗贼，企图伤害他，万不得已我才出兵保护，你反倒诬我袭你王府兵马？"

宁王朱宸濠一听，嘲笑道："好个巡抚大人，你别高抬自己，左佥都御史四省巡抚王阳明大人公务繁忙，岂能微服带四个人来看你，你这哄人的话太拙劣吧？"

孙燧高声道："哼，我孙燧年至六旬，哄你何意？不信问凌十一、闵念四去，他们的话你总该信吧！"

这时，似有人低声向宁王朱宸濠说了什么，他点点头，继而向孙燧说道："孙巡抚，我乃南昌之封王，你这个巡抚不但不入王府拜见我，今又袭我王府兵马，今日你若不给个说法，小心明日我到圣上面前告你状！"

孙燧大怒道："好个司马昭之心，路人皆知！你这封王与我这巡抚之职，同为朝廷所命。别忘了，按职责，我不隶属你，而你却在我的巡抚之内！至于你王府的兵马？朝廷规定你能拥有兵马吗？别忘了，你只有王府卫队！你给盗贼凌十一、吴十三、闵念四封将军，只怕你想做皇上了吧？"

孙燧的话直指其要害。的确，宁王府在南昌，南昌受江西行省的布政使司、按察使司包括巡抚管理，这是其一；其二，朝廷早就规定，封王之府最多只有王府卫队，而且人数限制在二十人左右，而今宁王朱宸濠收编了南昌附近的几个大盗贼，人数已达数万，加上他自己招兵买马，现兵马人数已超过九万，这分明是他想当皇帝，无视江西巡抚。这些话，多少年来，江西的各司长官及巡抚从不敢说破，今孙燧第一次在巡抚署衙门前，公开说出这些话，让宁王朱宸濠大吃一惊！

不过这种十恶不赦之罪谁也不愿顶在头上，宁王朱宸濠一听急忙大声说道："孙燧，你别血口喷人，我朱宸濠乃皇族之人，岂能为大逆不道之事？"

孙燧高声说道："朱宸濠，古人云：'若想人不知，除非己莫为！'你今日前来，我正好告诉你，以往的江西巡抚，不管你排挤也好，打压也罢，甚至使用卑鄙手段杀死也罢，毒死也罢，但是我孙燧一向不怕这些。我敬畏礼贤下士之人，我尊重遵纪守法之人，我爱戴谦谦君子。比如你方才说的我的侄儿王守仁，他亲率士卒，冒敌刃，所向披靡，不到两年全剿了四省盗匪！我孙燧敬畏的是王守仁这样顶天立地的男子汉大丈夫！大英雄！所以你宁王朱宸濠和盗贼相聚，你当小心啊！"

孙燧这些话如一把锋利的尖刀，正戳在宁王的心口处。他急切遮掩道："孙燧，你这是什么意思？"

孙燧讥嘲道："大家听听，朱宸濠装聋作哑！好，今我孙燧也把话说开，今起你朱宸濠，老老实实做你的封王，倘自不量力，故意滋事，我江西巡抚孙燧第一个不答应！"

宁王朱宸濠讥笑道："好，新官上任三把火！今起，我朱宸濠就瞪大两眼，看着你，不知你天高地厚到几时？"

孙燧讥道："汉司马迁说过，'人固有一死，或重于泰山，或轻于鸿毛'。我已年过花甲，即将就木，死有何惧？"

宁王朱宸濠以手相击笑道："好！有伍子胥的风骨，算南昌一个人物！"

孙燧说道："朱宸濠，我知道，你现在虽然脸上笑着，但你骨子里已经恨得我咬牙切齿，恨不得生啖我肉，死碎我骨，今我当众设一赌，不知你敢参赌吗？"

宁王朱宸濠大笑道："笑话，我堂堂宁王朱宸濠怎不敢参赌？有本事你说！"

孙燧说道："朱宸濠，你在南昌不闹事则罢，你就能寿终正寝，倘你肆意滋事，你必死于我侄儿王守仁手下！"

宁王朱宸濠故作正人君子笑道："荒唐！他做他的四省巡抚，我朱宸濠做我的逍遥朝廷封王，我怎么可能死于他的手下？"

孙燧大声道："那好，愿众人与我孙燧拭目以待！"

宁王朱宸濠本想以此恫吓巡抚孙燧，没想到让孙燧击中软肋，说抱头鼠窜有些过分，但狼狈而回确也恰当。出王府时他志在必得，雄心万丈；可回到王府，恨愧有加，怒气冲冲，叫人传凌十一、闵念四、吴十三。侍从告诉他，吴十三被塌落下来的房檐砸死时，他大惊道："这怎么可能，吴十三有腿疾，怎么可能到茶楼上喝茶观风景呢？"

侍从以实情告之。宁王朱宸濠把手一挥，说道："也罢，只传凌十一、闵念四二人即可！"

凌十一、闵念四只有宁王这个保护伞，他们才能得以生存，若不然，他们早如同詹师富等人一样，做了王阳明手下的断头之鬼。他和闵念四议定，任宁王如何辱骂，甚至殴打，他们也只能认了！

二人一入王府客厅，见宁王朱宸濠正怒气冲冲，二人急忙双膝跪地。凌十一施罢礼说道："殿下，末将和闵兄也是好意，如果王阳明被我们杀死，我们是想给殿下一个大惊喜！可……"

宁王朱宸濠大怒道："你们两个包括那个被砸死的废人吴十三，你们是怎么想的，当年刘瑾在朝时，本王和刘瑾联合起来还不是王阳明的对手，就你们俩这副熊样，先撒泡尿照照自己，你们怎么可能弄死王阳明呢？你们做白日梦吧！"

凌十一急忙叩头道："是，末将低估了王阳明，一次夜间到驿馆派精兵刺杀没得手，二次十字街口又用箭射不得手，后来第三次在城门外的豹儿岭伏击，又让王阳明逃脱了！"

闵念四说:"这次都是巡抚孙燧先后派士卒保护王阳明,要不我们早得手了,此时已把王阳明的人头送到了殿下面前!"

宁王朱宸濠叹道:"你们知道不,本王前日已派参议刘养正往赣州,去见王阳明。由于你们俩擅自行动,彻底打乱了本王的计划。你们刚刚派人攻打了人家,刘养正此行岂不枉然?你们真是一对猪脑子,多好的事,这下彻底搞砸了!"

闵念四从小偷盗,曾被人剁掉一指,他伸着四指说道:"王阳明这次到南昌来,总共四匹马五个人,其中还有他的夫人和一个十几岁的孩子。不管怎么说,他必死无疑!可是,王阳明却跑了!"

宁王朱宸濠把手一挥,说道:"此乃区区小事,眼下本王之大患乃孙燧也!你们帮本王多想想办法,倘孙燧能归顺本王,则南昌又是本王的天下了!你们以为如何?"

凌十一说道:"殿下,末将观察孙燧,这个人非常特别,他不喜欢金银财宝,又不喜欢女人美色,这世上最好的两件东西他都不喜欢。他软硬不吃,只抱着什么忠义、道德、孝悌活着,他油盐不进,怎么让他为殿下所用?"

宁王朱宸濠摇头道:"人生天地间,都有软肋,谁也不是钢铸铁浇的身子,只要找到了他的软肋,他身上原先所有的能耐就没了!"

凌十一摇头道:"找什么软肋,他夫人和儿女们都回京师了,他现在是王八吃秤砣,铁了心做巡抚,铁了心要和王爷对着干了!"

"不,他吃五谷杂粮,他食人间烟火,他一定有软肋,耐下心来找一找,本王再不能草率从事了!"

"王爷,孙燧既然是绊脚石,当断不断,反受其乱,派几个弟兄宰了他一了百了,省去许多麻烦!"

"不!千万别这样,这些年江西巡抚这个职位上,本王闹得动静太大了,朝廷一旦注意了,本王想做什么事只怕就难得多啊!"

王阳明、夫人娬嬹及卢尚德、田庄刚回到赣州城,冀元亨入内施礼道:"恩师,宁王府参议刘养正先生来拜,他在驿馆已等了一天了!"

王阳明一听,向夫人娬嬹笑道:"夫人,我前几天说什么来,天不转地转,我的潜意识认定有朝一日,我昔日同门师兄刘养正一定会来找我,现在被我言中了吧!"

冀元亨说道:"依弟子看,此人一副沉重之心外泄于脸上。如果是好事,他会非常高兴,按捺不住喜悦之情。他有难言之隐,弟子请他吃饭时,察言观色看到的。"

王阳明吮了口茶,说道:"按时间推算,他来赣州在先,而为师与尚德、田庄在南昌遇事在后。也罢,来者即为客,何况他是为师的师兄,你们当以师伯相称。"

冀元亨点头道:"恩师,这层关系弟子明白,故而以师伯待之。"

没想到刘养正与王阳明见面后,问礼道安过后,刘养正直言道:"师弟!我知道你在上饶时就喜爱争强好胜,可是这四省巡抚之事多难干,朝廷不派一兵一卒,多亏你有心智,才把官府公人武装起来,还在南赣推行十家牌法,有兵丁有银两,仗是打完了,我听说,你现在有严重的肺病、胃病,一天不离药汤,还遇到过几次生命危险,我啊,真替你捏一把汗!"

王阳明笑道:"师兄,人吃五谷杂粮,哪有不得病的。你看我现在好多了,和你说了半天话,连一声咳嗽都没有,至于打仗嘛,哪有不危险的!"

刘养正咂巴着嘴叹道:"师弟,其实你现在已经名扬天下了,连南昌都有你的弟子开门讲你的阳明心学,我告诉你,你的弟子已开始招收弟子,你成了师爷辈了!"

"是吗,这些我不知道。不过,他们愿讲就讲,至于招收弟子吗,只要不违背做人的良知,能够致良知,就随他们收吧,反正都是我的门徒!"

王阳明说到此,皱眉看了看刘养正,微笑着说道:"师兄,你从南昌来鞍马劳顿,风尘仆仆,你不会只有这些话吧,你肯定有事,直说吧!"

刘养正伸出两个指头,说道:"师弟所言,正中吾意,我来赣州见师弟,所为两件事!"

王阳明笑了笑,说:"这两件事,是不是都与宁王府有关?"

刘养正点头道:"当然!师弟,你不是不知道师姐理财的本事,现在宁王府富甲天下,真个金银如山、南珠盈室,你不必做巡抚这种不要命的苦差事,和我一起共谋大事如何?"

"什么大事?"

"师弟,你可能还不知道,现在皇宫里传来消息,当今圣上继位以来,虽说皇后下边皇妃有封号的美人成群,可竟生不出一个儿女来!所以,当今圣上有意把皇位传给宁王朱宸濠!"

"是吗?我怎么没听说?"

"师弟,这种储君大事,岂能如坊间戏言?宁王朱宸濠现在是紫气东来,吉星高照,好事连连,前程真的不可限量啊!"

"是吗,我怎么没看出来,是你们自编自导的吧?"

刘养正低声道:"师弟,这种株连九族之事,人有几个脑袋,谁敢自编自导啊?"

"不,即使有一天,乾坤倒转、海枯石烂,如你所说,我王阳明也不做朱宸濠这种奸佞小人的臣子!到时我解甲归田,或带弟子们四处讲学,游历华夏名山大川;或者搭一茅屋,农田石板上终日著书立说,渴了有山泉润喉,馋了有山果可食,听百鸟而歌，奏丝竹之音，足矣！"

"听听，这根本不是我师弟王阳明的心怀！这是凡夫俗子所为，我不信！你有经天纬地之才，岂肯委身于农夫田园间耳！"

"师兄，不管你如何挖苦我、嘲笑我，我今生断不与朱宸濠这种奸诈小人共谋！请说第二件事如何？"

"师弟，宁王朱宸濠慕你之名久矣！他也侧面找你在南昌的弟子学习你的阳明心学。他也知道良知、致良知和知行合一等，他想邀请你到南昌宁王府讲心学，让宁王府的人，都从贪婪、名利、奸诈、势利等烦恼中解脱出来，这是大善之举！救人救心之举！此事，请师弟不要再推辞，在这里师兄也算求你啦！"刘养正说至此，两眼表现出一种诚恳之态，还带着乞求的成分。

王阳明站起来，摇头道："师兄，宁王想讲心学，追回良知，致良知，此乃大善之举！不过，你知道四省巡抚之事，朝廷正等待我的报告，我的弟子，我说的是在身边的这十几个弟子，谁都可以代我去讲授，只要宁王有此善意之心，我安排人去就是。"

刘养正心里有些失落，他来时在宁王朱宸濠面前信誓旦旦，可是这两件事，第二件事不能算不成，但王阳明不去宁王府讲心学，只能成了一半。他还想再说什么，见王阳明脸上依然淡淡笑着，手正抚摸茶盏，两眼依然温和善意地看着刘养正。那眼神或是在说，师兄，除此你还有别的事吗？大事未成，但这个师兄弟必须一生一世交下去，因为他毕竟是个有胆有识的善良人。

刘养正笑着说："师弟，听我一句，世上千事万事，到最后还是自己的身体最重要。把你鞠躬尽瘁的辛勤劳作，减少三到四成，把你的肺病、胃病治好，我们俩要效法恩师，福如东海长流水，寿比南山不老松！"

王阳明笑道："师兄，借你吉言，但愿如此！"

刘养正想请王阳明为其母写墓志铭，但他说得吞吞吐吐，王阳明也借机打哈哈说，为其母写墓志铭这件事确实记在了心里。送走刘养正之后，王阳明立即想到了孙燧，他年过六旬，还到江西做巡抚，从严格意义上说，他是盗贼们最愤恨的人。因为盗贼们要肆无忌惮地四处抢劫，不管是大户人家，还是偏远的县衙之地，只要有钱财他们都敢为此试身；孙燧恰恰要抓捕这些人。凌十一、闵念四、吴十三等这些拥有数万属下的大盗贼，早已和宁王朱宸濠勾结起来，并且心甘情愿做了他的爪牙和走狗，他们沆瀣一气，这就让他的孙伯处在了非常艰险和困苦之地。

王阳明拿来南昌的地形图，人要想改变被动的局面，必须高屋建瓴，把握全局，找到最为主动的一点，掌握主动权。王阳明想到这些，他在江西巡抚的权限之内，给他的孙伯找到了主动点，于是连夜给孙伯写了封长信，这就有了后面的诸多事。

孙燧和宁王朱宸濠在署衙前公开叫板之后，回到家，冷静思考应对之策，眼下只有副使许逵和他同心，而他要面对的是有皇族靠山的宁王朱宸濠。正在他理不出头绪、不知如何应对宁王朱宸濠的时候，王阳明具有战略眼光的长信到了，他读过王阳明的信后，彻夜未眠。从这封信中，他似乎看到了王阳明如何率主力、冒敌刃、横扫四省盗匪的辉煌过往画面。直到天亮他还在说："守仁侄儿果然胸有韬略也！"

于是，孙燧把自己的设想告诉了副使许逵。许逵兴奋地说："大人，这是一把打开江西盗贼大门的金钥匙！如能这样，则朱宸濠必为大人所制，到那时，他再想祸乱南昌，就真的成了白日之梦！"

孙燧这日和许逵应朱宸濠再次之约入宁王府，为争取主动他二人和朱宸濠见了面。孙燧推开茶盏直言道："殿下，当今圣上派我来江西做巡抚，抓捕盗贼乃我职责所在，我不管这些盗贼头上罩了什么样的光环，只要他们杀人抢劫，危害地方，我必捕而杀之！"

宁王朱宸濠淡淡一笑道："听孙大人之言，火药味十足，你抓盗贼我拍手称赞！但凌十一、闵念四这两个人你不许动，因为他们在我王府做了王府卫队的队长和副队长，其他人你爱抓谁就抓谁，我决不干涉！"

听了宁王朱宸濠的话，孙燧大笑说道："殿下，据下官所知，凌十一和闵念四，对，还包括已死去的吴十三的人马，都编入了王府。请问，朝廷原定封王府的卫队不得多于二三十人，他们这几万人都是王府的卫队吗？这比江西、湖广几处的朝廷兵备人马还要多，只怕你拥兵自重，还是想造反吧？"

宁王朱宸濠冷笑道："不，你大错特错了，凌十一、闵念四、吴十三的兵马加起来虽说足有数万之众，但他们都是黎民百姓，农忙时他们种地，只不过闲来时参加军训、演练，这怎么能算作兵马呢？"

孙燧讥道："好，退一万步，就算凌十一、闵念四、吴十三这数万兵马算作黎民百姓，可是殿下王府至少有五万兵马吧，这个数远远超过了二三十人的王府卫队人数，这怎么说？"

宁王朱宸濠见孙燧步步紧逼，已经把他逼到了死地，拍案怒道："孙燧，当今圣上知我从小娴熟弓马，喜欢操练兵马，我只是玩玩，难道你非要死钻牛角尖，把我葫芦里的籽都抠净，还要数数吗？"

"那好，既然你执迷不悟，我今明确告诉你，你王府的人马，算起来已超过九万，你不要以为这是韩信用兵，多多益善，只要你敢公开造反，举兵南昌，或许我孙燧、副使许逵消灭不了你这九万之众，但是只要四省巡抚王阳明在，你这九万人马连江西也出不了，都将被王阳明一扫而光！不信，朱宸濠，咱们走着瞧！告辞！"

当孙燧和许逵大步走出宁王府时，宁王朱宸濠一下子瘫坐在软椅上，他的太师李士实、参议刘养正，包括躲在屏风后面的凌十一、闵念四等也都不知所措，大家一片静默。

过了许久，宁王朱宸濠强打起精神，环顾众人说道："你们刚才都听见了，巡抚孙燧给本王下了最后通牒，凌十一，你说，王阳明真有孙燧说的那么可怕吗？"

凌十一点头道："殿下，王阳明的韬略，闵将军也领略过。那天在豹儿岭，我和闵将军计划得万无一失，孙燧的一二百人还没完全投入，王阳明和夫人，还有他的儿子三人在那儿一点儿也不惊慌，他的剑都没出手，他的两个弟子，说他们是常山赵子龙、燕人张翼德也一点儿不过分，咱这数百人从两边冲下来，人家不避不退迎着你，咱的人一看吓得没了魂，转身就逃，半个时辰之内，死伤了一百多人，王阳明两个弟子的衣袍全被血水浸透了，那是咱们这边人的血，人家毫发未损，那个叫卢尚德的竟冲着逃脱的士卒们高呼：ّ来吧，来吧，我还没杀够呢！'"

宁王朱宸濠大怒："得，你别长他人威风，灭自己人的志气！唉，本王也算有眼无珠，怎么就摊上你们这帮稀泥软蛋，没有一回能给本王撑撑脸！"

闵念四说道："殿下，据上次在巡抚孙燧家做坐探的弟兄说，王阳明有严重的肺病、胃病，哪天都离不了草药汤！"

宁王朱宸濠一听喜道："这很好嘛，这就是王阳明的软肋！本王现在有两个敌人必须要面对，在本王面前的是巡抚孙燧，离本王远些的就是王阳明。本王听说，人的诅咒很灵验，你们回去不操练兵马时，和家人一起诅咒一下孙燧和王阳明，让他们早死、快死！只要除了这两个眼中钉，本王将无敌于天下！"

原来江西巡抚副使胡世宁，曾向朝廷上疏揭露宁王朱宸濠有谋逆动向，结果这份上疏被宁王朱宸濠的眼线——宫中的太监扣押了下来。按宁王朱宸濠授意，这个太监又到吏部作梗，把胡世宁贬谪到他省任职。孙燧回到署衙后，再次上疏朝廷，希望朝廷能制衡宁王朱宸濠，结果这个上疏又石沉大海。孙燧按王阳明信中所说，因凌十一、闵念四等盗贼，除在南昌、鄱阳湖有贼巢之外，在下面的县也有贼巢。孙燧以建立江西兵备为由，向朝廷列举了三个地方：进贤、南康、瑞州。因建昌县有凌十一的爪牙为盗，还有贼巢，请朝廷批准，割建昌县一部分土地，设置了安义县，彻底打乱了凌十一盗贼集聚地的布局。

五十　真诚相助披肝胆　孙燧丹心映日天

　　同时，孙燧又上疏朝廷户部、兵部，恢复了饶、抚二州之兵备。宁王朱宸濠发现了孙燧的用意，在朝廷中急忙上下打点横加干涉，本来可以遏制盗贼的饶、抚之兵备未被采用。朝廷找了个托词，让湖东分巡兼理之。孙燧非常清楚九江当鄱阳湖之要冲，其地理位置和战略地位最为要害。他向朝廷请重兵备之道，兼摄南康、宁州、武宁、瑞昌及湖广兴国、通城，以便于兵起时控制，而广信横峰、青山诸窖，地理位置险要且当地人彪悍，极善格斗，则请设置通判驻弋阳，以此兼督相邻的五县之兵。

　　宁王朱宸濠不断得到爪牙的禀报，知道孙燧在断其根脉，不由大怒。他让李士实驰马入京，通过后宫中的太监和朝中大臣，来干涉孙燧断源截流的行动。

　　这天，孙燧和许逵辰时刚到巡抚署衙，发现朝廷通过宣慰使司给孙燧送来了四竹篮东西，打开之后，乃枣、梨、姜、芥。

　　许逵皱眉道："朝廷知道大人终日为捕贼劳累，他们派宣慰史司来慰问大人，不送些实用的酒、肉啊能果腹的东西，送这些枣、梨、姜、芥有何用？分明以农夫之需来戏弄大人，欺人太甚！"

　　孙燧则摇头笑道："你呀，忠勇可嘉，但思维不足，这绝不是朝廷之意，此乃宁王朱宸濠之意。"

　　许逵如丈二的和尚一时摸不着头脑，笑道："大人，你又说笑了，这事儿与朱宸濠风马牛不相及，此绝不是朱宸濠之意！"

　　孙燧嗔道："许逵兄弟，我告诉你，朱宸濠为何在江西、南昌飞扬跋扈，不可一世，因为他是皇族之人。他在朝中和后宫关系盘根错节，朝廷一有风吹草动，他远在南昌，立时了如指掌。所以，朝中、后宫有他的代言人。这枣、梨、姜、芥四篮慰品，真实之意，是让咱们早离疆界，也就是朱宸濠爪牙的根基之地，不要再在朱宸濠根基上做文章。"

　　许逵这才恍然大悟，以手击掌道："他这是曲里拐弯儿阻止咱们不要这样干，我许逵入仕多年，还是第一次见到这种暗示，真是用尽了心机！"

娬嫚这两天不知为什么总不高兴，王阳明这日特意让下人做了娬嫚在京师时最爱吃的几样炒菜，也知她从小爱吃冰糖葫芦，可是天热时，冰糖粘不到那红红的山楂上。但为了给娬嫚一个惊喜，王阳明特意找来红糖在锅内熬制，糖稀熬好了，可是往山楂上一浇，初时还好，因天热，一会儿那糖稀就化了流了下来，王阳明拿着竹签串好了一串山楂，却浇不上糖稀，正在那儿叹气。

　　娬嫚走进来，一看全明白了夫君之意，遂笑道："夫君，贱妾知道你用心良苦，不要说在江西，就是在京师，谁见夏天有人卖冰糖葫芦呢？"

　　王阳明拉着娬嫚的手，笑道："当年我们俩在贵州龙场补办婚宴时，我就说过，从此以后，决不能委屈了嫚儿，要让嫚儿不论到哪儿都快快乐乐、高高兴兴和我一块生活。这几日我观嫚儿不高兴，就想法让嫚儿高兴……"

　　娬嫚伸手点了一下王阳明的鼻子说道："夫君，咱们是十几年的老夫老妻了，你怎么还叫嫚儿、嫚儿的，你该叫夫人，倘让弟子或下人听了多肉麻呀！"

　　王阳明摇头诡秘地一笑，伸手把娬嫚搂入怀中，说道："夫人，老什么，你还没有为我们王家真正传宗接代呢，我们的孩子还没出世呢，记住以后千万不要说老！"

　　娬嫚甜蜜地莞尔一笑，立即红透了脸颊，低声道："夫君，可是咱们能有自己的孩子吗？"

　　王阳明趋近娬嫚耳边，低声笑着说道："夫人，古时候，姜子牙八十岁得子。坊间常说，八十八还生个老倭瓜呢！"

　　娬嫚笑道："去你的，贱妾才不要等到八十八呢！"

　　王阳明笑道："那你说，何时结倭瓜呢？"

　　娬嫚笑道："夫君，你等着，过几年贱妾绝对给你生个小倭瓜！"

　　王阳明笑道："好，夫人，咱一言为定，我等着小倭瓜降生！"

　　直到这时，娬嫚才说道："夫君，这几日我之所以心中不快，是因为咱们一家人整天在一起其乐融融。可是孙伯呢，伯母走了，几个儿女也都走了，他一个人孤苦伶仃地在南昌，再说又有朱宸濠为非作歹，万一他有个闪失，连个保护他的人都没有，当年爹曾给咱夫妻俩说过，爹不在咱身边，让咱们当视孙伯为父，视伯母为母，想起爹的嘱托，贱妾心里好生不快！"

　　王阳明点头道："夫人的话提醒了我，光给孙伯写书信不行，只能安慰，但不能救急！让尚德和田庄暂时到孙伯身边怎样，我这里现在无事，只是四处讲学，把他二人抽到南昌，一来可保护孙伯人身安全，二来可监视朱宸濠之事，可谓一举两得。"

　　娬嫚皱眉道："夫君，你不是答应刘养正，派元亨到宁王府讲心学吗，正好，这尚德、田庄可以和元亨一起走啊！"

王阳明站起来，摇头道："不行！元亨是光明正大受邀到宁王府讲心学，尚德和田庄是暗中保护孙伯的人。他们不能一起去南昌。"

婉嫚连忙点头道："夫君，你看，这男女就是不一样，贱妾头发长见识短。夫君呢，是做大事的人，什么事都想那么细，不过夫君稍微那么一点拨，贱妾就明白了！"

临到冀元亨去南昌宁王府的时候，王阳明突然说道："元亨，宁王朱宸濠在南昌霸道惯了，看他表面憨厚，其实心存奸诈，你这是独入虎狼之地，说心里话，害怕吗？"

冀元亨笑了笑，说道："恩师，元亨确实有那么一丁点儿害怕。"

王阳明点头道："所以，为师为什么迟迟不让你走，你看尚德和田庄走了，为师身边讲学的事也很多，为师考虑了，让雷天月和雷天星兄弟俩和你一块入宁王府如何？"

冀元亨立时喜道："恩师，元亨明白了恩师之意，担心宁王朱宸濠会反复无常，倘有不测也好有个照应。"

王阳明向门外招了招手，雷天月和雷天星俩人从门外入内，向王阳明施礼，后又向冀元亨施礼。

王阳明问道："天月，天星，怎么样，你师兄尚德把剑术都交会你们了吗？"

雷天星说道："老师，这十八式剑术，我和我哥按葫芦画瓢，能像师兄那样做下来，就是不连贯，运剑无力，在爆发点上的功夫还远远不及师兄！"

王阳明说道："天月，你呢？"

雷天月说道："老师，天星说得对，套路能打下来，照虎画猫我觉得还行！"

王阳明说道："昔日，古人曲不离口，剑不离手。现在没时间练了，今日你们兄弟俩随你们大师兄到南昌宁王府讲心学。记住，你们俩的任务，就是保护大师兄的安全。讲心学修养，跟随为师在赣州的众弟子中，你们大师兄当为魁首。论武术修为，其实你们大师兄也绝不会逊于你们，只是他的用心重点在心学。总之，你们务必听从大师兄的安排，相互照应，谁都不能出事，要平平安安回赣州。"

卢尚德和田庄乔装打扮，驰马来到南昌，按王阳明所嘱，二人在大街一家小店门口，拦住了回家的孙燧。孙燧在京城时曾与尚德有数面之交，他示意随从守在门外，而与尚德、田庄悄然进入饭店。

尚德与田庄向孙燧施以大礼。孙燧接过奉上的王阳明书信，看后笑着说："尚德，你俩不必拘礼，老夫今见你二人，如同见到你们老师矣。其实，你们老师多虑了，老夫一人吃了全家饱，署衙不用担心，家里有士卒守卫，即使有两三个毛贼，只怕他们也奈何不了老夫！"

卢尚德点头道："老师多次说过孙大人在京师时英豪之事，不过，南昌毕竟是朱宸濠的老巢，我和师弟此番来南昌，主要是保护孙大人，其次是监视朱宸濠有什么举动。"

"好，好！还是你们老师想得周到。尚德、田庄你二人有什么要求尽管提出来。"

卢尚德说道："孙大人，从现在起，换掉府上以前的侍从，以防其中有朱宸濠布下的眼线，我和师弟是大人的贴身侍从，形影不离，至于其他的都不在话下。"

孙燧说道："尚德、田庄，老夫属下有个副使名叫许逵，为人仗义、忠勇，可与老夫共谋事，可不可以把你俩的事告诉他。"

尚德点头道："只要大人信任，当然可以告诉。"

第二天，卢尚德与田庄侍从孙燧刚到了巡抚署衙，副使许逵在署衙门外翻身下马，向孙燧施礼道："大人，今有士卒报，盗贼凌十一、闵念四等人在鄱阳湖出没，听说要搞什么水上练兵？"

孙燧问道："许逵，咱们巡抚的官船修好没有，这正是拘捕凌十一、闵念四的大好机遇。"

许逵说道："大人，全修好了！"

孙燧站起来说："好，除留值守行营的士卒外，全部出发捕贼！"

进入九月，金风乍起，鄱阳湖上，正波光粼粼、鱼跃水面、鸟飞蓝天，蟹蚌之类，鲜肉丰满肥美，好个秋美湖蓝风清日丽佳时节。

按照宁王朱宸濠的安排，将来举事时，南昌倚邻鄱阳湖，水战在所难免，故而令凌十一、闵念四趁着天清气朗，提前加紧进行水军操练，以应战事之需。

凌十一和闵念四分别率领属下的水军乘舟船，将水军操练地点，选在两山之间的开阔水域进行，这里较其他地方相对隐蔽，不易被江西兵备提督和巡抚发现。

这时，闵念四向站在另一只大船上的凌十一喊道："凌将军，不好，那里好像有官军的大船驶来，你看那旗帜，是兵备提督还是巡抚？"

凌十一大惊道："闵将军，是巡抚孙燧的大船！快命令弟兄们，撤！"

闵念四怒道："凌将军，咱人多势众，还怕他？"

凌十一说道："殿下说了，这种事尽量不要让孙燧抓住，倘他抓住了，报告朝廷，殿下的事就全暴露了，小不忍则乱大谋，快撤！"

站在船头的孙燧看得清楚，从这些士卒的衣着和船只可以看出，他们肯定是凌十一和闵念四的水军。凌十一和闵念四的水军常年在鄱阳湖上训练，他们不仅熟悉鄱阳湖的每一片水域，更知道官府军的大船旗号，他们木船行驶快，既易于集中又易于分散，常常隐于较茂密的芦苇荡中，让官府军屡屡扑空。

许逵说道:"大人,凌十一、闵念四的水军太猖獗,咱们的大船竟追不上它们,怎么抓捕他们?"

孙燧叹道:"我屡次上疏,朝廷不拨银两,不调拨兵马,用这些老掉牙的木船,只能驱散他们,真要用这些船只和他们交火,咱们几乎没有胜战的可能!"

这时,远处可见,凌十一、闵念四的水军故意在船上喊叫挑衅,甚至高喊孙燧的名字。孙燧令大船全速前进,那些水军的船只,却很快隐于一望无际的芦苇荡中。

这时,西北边云团涌起,继而大风袭来,少顷大雨至。孙燧、许逵及卢尚德、田庄和二三百名士卒,因大船无遮无盖,几条大船上所有人皆被大雨浇成了落汤鸡。

在水军小船上的凌十一和闵念四,也难逃天降大雨。凌十一说:"闵将军,你快随我上岸,这里有个避雨的好去处!"

于是,闵念四和两个随从,跟着凌十一,奔入山涧宁王朱宸濠祖墓内。

凌十一顺着又宽又高的墓道,来到墓道一侧的耳房内,向正在擦脸的闵念四说道:"看看,这就是咱们殿下的祖墓!倘哪一年,殿下真的龙袍加身,登上了九五之位,我凌十一不求别的,生时在山上落草为寇,东跑西颠,天天提心吊胆,常常被千人唾万人骂,死后能有人为我修一座这样的坟墓多好,躺在里边舒服,风不吹日不晒,雨不淋,做个逍遥快活鬼!"

闵念四摇头道:"得,你别做黄粱梦了!咱们到临了能落个全尸就烧高香吧!我就担心,殿下能成大事吗?"

凌十一叹道:"闵将军,成不成大事先放一边,眼下咱庆幸吧?"

闵念四摇头道:"庆幸啥?为躲巡抚孙燧的兵马追赶,都逃到殿下祖坟里来了。"

凌十一皱眉道:"我是说,倘王阳明率他的弟子在南昌呢,斗心计、打仗咱样样不是人家的对手。庆幸,王阳明不在!只有六十岁的孙燧,他身边就那点人儿,他追咱跑,用殿下的话说,耗死他!"

闵念四看着凌十一的脸说道:"凌将军,我发现你对殿下举兵的事很上心,殿下有当真龙天子的命吗?"

凌十一笑道:"我之所以效命殿下,就是盼他有一天做了大明朝的皇帝,咱是他的属下,自当高官任做、骏马任骑。封个王、赐个侯、赏个伯,冠一顶大将军的称谓,那才是货真价实的东西。那样才真正可以荣耀列祖列宗、封妻荫子,历史上会留下我凌十一的大名!虽说现在殿下封咱为将军,是个草帽官,也是一口唾沫的事!所以,我凌十一盼星星,盼月亮,盼赶快有那么一天,殿下真做了皇帝,我凌十一有了正儿八经的官职,盗贼二字立时烟消云散,谁见了我都要尊一声'大人',谁不尊,我转身就找个名目弄死他!有了官家这张虎皮,走遍天下都不怕!"

过了许久闵念四说："这种结果当然好！好，为了官家这张虎皮，咱俩想想办法，先弄死孙燧和他的属下许逵，先立一大功，让殿下早日造反，咱俩也早日穿上这身官家虎皮！"

凌十一突然喜道："闵将军，对，咱们得化被动为主动，找个由头，设这么一个不大不小的圈套，让孙燧钻进去，然后弄死他！"

此次抓捕凌十一、闵念四落了空。孙燧回到家里，向卢尚德和田庄说道："宁王朱宸濠势在必反，刚上任时我就给朝廷上疏，言宁王朱宸濠必反事，可是，到现在一点音讯都没有，而且朱宸濠反而变本加厉地讨伐我。我孙燧就不信这个邪，明日再上疏！"

从这以后，还无音讯，孙燧又连上五疏，志在必达当今圣上。

且说，冀元亨在师弟雷天月、雷天星的陪同下来到宁王朱宸濠的门前，太师李士实和参议刘养正同凌十一、闵念四等迎接冀元亨三人入府。宁王朱宸濠在得知冀元亨是王阳明的大弟子时，提高了礼遇规格，为之接风洗尘，还派了几个年轻的丫鬟侍奉，但被冀元亨谢绝。当冀元亨在客堂准备讲阳明心学时，刘养正带来宁王朱宸濠的话，阳明心学太深奥，只与殿下论学即可。冀元亨秉承主宾之礼，听从刘养正的安排。

论学地点选在大客厅，宁王朱宸濠端坐主位，他身边左有太师李士实，右有参议刘养正，冀元亨坐于对面宾位，雷天星和兄长雷天月各坐其左右，还有两个侍女站一侧侍茶。

宁王朱宸濠有意拉拢，让冀元亨多讲一些春秋战国时列国争霸之事，希望为自己举兵造反做事先铺垫。

冀元亨一边喝茶一边听，有道是，开口不过三即知道你的用意。听着宁王朱宸濠对春秋列国之间争霸不断赞颂有加，他只是哼哈着，不做一句评判。

宁王朱宸濠以为冀元亨离开了阳明心学，对其他就一窍不通。说得他自己都口干舌燥时，转头低声对刘养正说道："此乃痴儿，对春秋战国一无所知，王阳明的高徒就这等水平啊，我朱宸濠太高看王阳明了！"

这一日，宁王朱宸濠内心不悦，第二日他决定讲张载的《西铭》一书。宁王朱宸濠刚刚开篇说《西铭》，冀元亨就接过话来，侃侃而谈，从典故、引文到注释，讲得头头是道，中间还做了许多恰到妙处的比喻，从汉、魏晋南北朝、唐、宋、元朝，以史书为佐证，反复陈述君臣应持之大义，并说谋逆者自古以来没有一个人得到好下场，说到动情处，让宁王朱宸濠满脸通红，走亦不是，不走亦不是，羞愧难当。

最后连刘养正、李士实也坐不住了。

这天晚上，宁王朱宸濠向刘养正说道："这冀先生，说起话来竟滔滔不绝，让本王羞愧满面，这样的高徒，早已铁心磐石，本王不可能拉拢过来，战事起这些人肯定是患，战事平这些人依然是患，都是王阳明日复一日地教诲所致，选派两个高手，把他们送远些，到山野之处了他们的账！"

冀元亨在宁王府与宁王朱宸濠论学三日，宁王朱宸濠皆无言以对，只馈以厚礼，派人把他们送到南昌城外山野之处。三人驰马边说边行之际，大路上暗设了绊马索，顿时，三人被绊下马来。

接着从路两边跳出三个蒙面剑手，不待冀元亨他们反应过来，寒光四射的长剑已向三人刺来。雷天月、雷天星初学剑术，哪能把从卢尚德那里学来的套路马上变成实战的拼杀之术呢？兄弟二人见冀元亨挥舞长剑，毫不畏惧，反而使蒙面剑手节节败退，只有接剑之力。

这时，又有十几骑追赶上来，且三个剑手有意死缠烂打，让他三人短时间内难以脱身。雷天星与雷天月想起临行前老师说过的话，天月大呼道："师兄，你快走，我们断后！"

冀元亨大怒道："天月，都是父母所生骨肉，你们不怕死，我何惧！"

雷天月见冀元亨不肯先撤，伸出长剑"啪"击在冀元亨坐骑一侧，那马咴咴大叫一声，腾起四蹄便向前狂奔。也正是此时，敌人十几骑近前，三个蒙面剑手蓦地闪向一侧，这十几骑纷纷挽弓搭箭向雷天星和雷天月射来。初时飞过来的狼牙箭在雷天月、雷天星的长剑挥舞之下纷纷落地，二人转身驰马便奔，但十几骑紧追不舍，就这样战战停停，停停又奔，终是寡不敌众，二人中箭坠马身亡，冀元亨则侥幸躲过一劫。

由于王阳明当场答应了刘养正，派冀元亨代他去讲学，导致了后宫太监借此诬陷冀元亨与宁王朱宸濠勾结，犯大逆不道之罪，最后落得个冀元亨入狱、妻女随同入监的悲剧，这是后话。

在同一天晚上，宁王朱宸濠收到了从后宫转来的江西巡抚孙燧七次上疏揭露宁王朱宸濠必反的疏文，朱宸濠看罢顿时大怒道："孙燧这个老匹夫欺人太甚！七次上疏本王谋反，我看他活到头了，你们说怎么办？"

凌十一笑道："殿下，末将早就说过，对这些骨子里和殿下不一条心的人，别抱什么希望，他和咱是两条道上跑的马，永远不可能跑到同一条道上！"

闵念四说道："殿下，末将和凌将军已私下议定。"说到此，他有意停下来，趋近宁王朱宸濠耳边低声说了几句话。

宁王朱宸濠大喜道："好！你们马上去布置，本王静候佳音！"

这天上午，江西巡抚孙燧和副使许逵商议，为有效打击凌十一、闵念四在鄱阳湖上操练水师之事，他想请人设计一条载重量大、行驶速度快的大船，把大船的设计图纸和上疏，一同派人驰马直接送往兵部和工部。这样，这份上疏应该就能送达当今圣上那儿。为这件事，副使去江西布政使司，通过他们，约了一个大船设计者到署衙来，见面之后再商议设计大船之事。

正在这时，布政使司的人把设计人领到了巡抚署衙。孙燧、许逵和他见面，正在侍者奉茶时，一士卒入内向孙燧说了几句什么，孙燧向许逵道："副使，你和这位先生谈吧！"

许逵担心地说道："大人，还需带士卒否？"

孙燧说道："不用！"

卢尚德向田庄示意，二人握着剑柄，急匆匆跟在孙燧后面。大街上，行人熙熙攘攘、人声鼎沸。当孙燧和卢尚德及田庄来到一座寺院前，见数以百计的黎民百姓围着看什么。

孙燧上前斥退百姓，只见一个断了两条腿的士卒，穿着破衣烂衫，满脸污垢，他面前放着一个破瓷碗。他两手高举着一张大纸，上面写道：

江西巡抚孙燧在南昌无故打伤百姓，制造事端，他以剿匪之名，无恶不作，草民郭小奇被孙燧致残后，不敢到署衙申冤，因为他们官官相护，只能在寺院门口，乞求良善有德之人施舍救助，捐献银两，让草民苟且偷生，能够活命！

这时，有百姓高声说："这个孙燧太可恶了，你们看，他无缘无故把人打残了，人家还不敢到署衙告状，只能在寺院前乞讨善人的施舍！"

还有的说："这世道太不公平了，当官的作威作福，为所欲为，咱老百姓没法活呀！"

有的则说："来呀，父老兄弟们，大家随我高喊：'孙燧赔钱！'预备，开始！"

众百姓随着那人高举拳头高呼："孙燧赔钱！孙燧赔钱！……"

这时大街上的行人纷纷向这儿涌来，也振臂高呼起来。

孙燧把胳膊一挥，大声吼道："你们喊什么，我就是孙燧！我怎……"

他刚说到这儿，有两个人拔剑就向孙燧刺过来。

卢尚德手疾眼快急忙仗剑遮挡，孙燧根本没想到此时会有刺客。他急忙向后闪，这时另有两个百姓拔出短刀又向他刺来，田庄高呼："孙大人，快撤出来！"

卢尚德仗剑来护孙燧,原来在圈内的皆是盗匪伪装成了百姓,他们纷纷抽出刀剑,向孙燧砍来!

田庄仗剑起舞,在众盗匪头上飞旋,众人被逼后撤。

卢尚德高呼:"田庄,站我身后!"

田庄立时明白了卢尚德的用意,眼下敌众我寡,虽然孙燧也拨出长剑与盗匪格斗,各自为战,当然不如围成圆圈的车轮战。田庄舞剑奔至孙燧面前,这样,卢尚德飞剑在前,盗匪虽众却不能近前,田庄在孙燧身后,仗剑抵御后边围攻上来的盗匪,而孙燧则被二人护在核心,他们边战边向大街一侧移动。

卢尚德见盗匪越来越多,大吼一声:"挡我者死!"遂运足气力向着盗匪刺砍,果然有几个盗匪当场倒地毙命。盗匪见卢尚德勇不可当,纷纷后退,卢尚德借此施展拳脚。他见几个盗匪借机围攻孙燧,遂翻身飞舞长剑,三四个盗匪立时倒在地上,盗匪这才大溃。田庄见师兄大开杀路,也振奋精神,把手中的长剑施展得雪花飞舞,此时地上已倒下十几具盗匪尸体。

孙燧见尚德、田庄拼死打开了杀路,大呼道:"尚德、田庄,尽情杀吧!今日杀一个盗贼,明日少一个祸害!"

转眼间又有七八个盗匪倒地,其他盗匪这时才四散狂奔逃脱。

他们三人见盗匪逃奔刚转身,埋伏在四周的弓弩手,向他们泼来箭雨,近距离射箭虽猛,但有长剑在手,三人合力并肩,竹箭纷纷落地。弓弩手见射出的箭纷纷落地,并不能伤及孙燧,都从埋伏的地点冲出来,继续向他们三人射箭。

卢尚德见被动挨射,大呼道:"田庄,主动出击,断他们的手!"

田庄会意,二人腾空跃起,舞长剑,奔至挽弓的盗匪前,盗匪立时被动,卢尚德大吼道:"你们都该死!"

七八个盗匪转眼之间瘫倒地上,血水遍地。

有诗为证:

> 长剑飞旋展英豪,
> 血染战袍仰天笑;
> 任尔歹恶重兵围,
> 吾敢拼死敌怯逃。

一个时辰后,卢尚德和田庄血满衣袍、大汗淋漓,孙燧只是胳膊上中了一箭,卢尚德抓住了为首的盗匪。此时,持刀剑和挽弓弩的盗匪已尽数逃散。

卢尚德向孙燧施礼道:"孙大人,这一仗来得突然,但杀得甚是痛快!不过,我抓了他们领头的,一问便知怎么回事。"

田庄说道:"师兄,我来审他!"说罢,他把长剑"噌"的一下架在那盗贼身上,冷笑着说道:"看看,我数了数,死了三十八个,伤的逃了,你是想死还是怎样?"

盗贼胆战心惊,低着头说:"说了是死,不说也是死,我什么都不知道!"

卢尚德已为孙燧包扎好箭伤,他走过来说道:"田庄,对这种冥顽不化之徒,审他干啥,杀了算了!"

盗贼听到真的要杀他,急忙叩头道:"大人,只要你们不杀我,我知道什么说什么!"

田庄大声说道:"那好,只要你说出实情,我可以请求孙大人免你一死!"

盗贼连连点头道:"真的,小的若说出实情,可免我一死啊?"

卢尚德擦了一把汗,故意抓起盗贼的衣袍,擦了剑上的血,喝道:"你啰唆什么,快说!"

田庄向围观的百姓说道:"父老乡亲们,今日这伙盗贼设了圈套,想杀害孙大人,我们抓了他们领头的,让他当场说出实情,恢复孙大人的清誉!"

路过的百姓越围越多,有个老汉高声道:"是啊,让他说说到底是怎么回事,不然我们老百姓都被蒙在鼓里!"

有个中年女人说道:"他如果说假话呢,咱老百姓两眼一抹黑,知道哪个真,哪个假?"

田庄故意说道:"孙大人、师兄,要不为了防他说假话,咱先剁他根手指?"

那盗贼急切叩头道:"大人们放心,小的若说了假话,老天让小的出门碰死、走路摔死、天上掉个大石头砸死!"

田庄说道:"说吧!"

盗贼说:"小的奉凌十一将军的命,在寺院门口设圈套,共埋伏了两拨人,刚才逃走的那些化装成百姓的和这地上死的,都是小的同伙。小的找了个残疾人,让他说是被孙大人无缘无故打残的,小的提前给了他二十文钱!"

有百姓说:"听听,他们化装成百姓,这谁能认出来!"

盗贼说道:"第一拨化装成百姓的,先煽动路过的和看热闹的百姓,待时机成熟拔出刀剑砍杀孙大人。倘孙大人没被杀死,他们撤,小的带领弓箭手就埋伏在四周,都假装成老百姓,他们只要一撤开,小的就带属下射箭……"

孙燧大声说:"说,盗贼凌十一为什么让你们杀老夫?"

盗贼说:"宁王殿下要举大事,巡抚孙大人总挡他的路,按凌十一将军下达的命令，务必要杀死孙大人！"

孙燧喝道："你说，宁王朱宸濠要举什么大事？"

盗贼说："殿下早就想篡位当皇帝，给小的们封官许愿，让小的们为他卖命！"

孙燧环顾数以百计的百姓，高声说道："刚才大家都听见了，宁王朱宸濠早就想当皇帝，所以他才派凌十一的手下设圈套，故意诬陷老夫，说我无缘无故把平民百姓打残！我孙燧是朝廷命官，是江西巡抚，巡抚的职责就是抓捕盗贼。所以，我这个巡抚就成了宁王朱宸濠的死对头，他这才派两拨化装成百姓的盗贼刺杀我！"

待孙燧说毕，卢尚德说道："大人，这个盗匪不能放，先把他押监，凌十一不敢来，但宁王朱宸濠肯定不愿意让他四处张扬其谋逆想当皇帝之事。所以，我断定，宁王朱宸濠肯定要保护这个盗贼！"

孙燧点头低声道："尚德，好，那就把他带回去！"

还不到正午，凌十一和闵念四就带着已脱去百姓衣袍的盗匪急匆匆来到王府。宁王朱宸濠一听，大怒道："听听！看看！你们还能干什么，六七十人杀不了一个孙燧，你们不是废物是什么？"

凌十一急忙施礼道："殿下，不是弟兄们不下狠手，是孙燧身边的两个侍卫太厉害了，他们三人只有孙燧胳膊中了一箭，他的两个侍卫毫发无伤，他们杀死了三十九个弟兄！"

宁王朱宸濠怒道："这俩侍卫是谁，哪来这么大本事？"

凌十一说道："殿下，此次刺杀孙燧，虽然属下没有到现场亲自指挥，但据回来的弟兄说，这俩侍卫是王阳明暗中派来的弟子，一个叫卢尚德，一个叫田庄，都是用剑的高手，而且是一流的高手！"

闵念四在一侧说道："殿下，上次在豹儿岭，就是王阳明的这两个弟子杀死了我们一百多个弟兄！"

宁王朱宸濠说："本王说呢，上回王阳明微服私访孙燧，连他夫人加儿子在内，只有五个人，四匹马，就杀死咱们一百多个弟兄。对，王阳明料到本王必对付孙燧，故而才派他的得意门生来做孙燧的贴身侍卫。好个机变的王阳明，看来他盯上了本王！"

凌十一叹道："殿下，从豹儿岭到今天行刺，咱损失的弟兄将近二百人，只是行刺回赣州的冀元亨时，才杀死他两个弟子，这里里外外咱们亏大了！"

李士实施礼道："殿下，据我和刘参议细查，发现这个巡抚孙燧，在京师时与王阳明之父王华，还有王阳明现在的夫人之父杨廷和，这三人是朝廷内外人人皆知的死党。当年刘瑾都惧怕这三个人，而今他们三个死党你东我西，只有这个孙燧还在任上！"

宁王朱宸濠点头笑道："本王说嘛，王阳明为何派他的得意门徒来暗中护卫孙燧，原来他们都是一脉相承的死硬东西，都不是本王的同路人！"

这时有侍者匆匆入内，向凌十一施了礼，低声说了什么，凌十一脱口道："这下坏了！这下彻底坏了！"

宁王朱宸濠皱眉道："凌十一，你成天一惊一乍干什么？从你们口中，有没有这么一天，这回好了！这回好了！今儿又怎么了，这下坏了！这下彻底坏了！听听一天到晚总是丧气倒霉话，说！"

凌十一说道："殿下，刚才据属下所报，在寺院门口死了三十九人，其实是死了三十八个，领头的魏壮儿被活捉了，而且，他……他坏了殿下的大事！"

宁王朱宸濠瞪大两眼说道："这个魏壮儿怎么了，他怎么就坏了本王的大事？"

凌十一说道："殿下，这次刺杀孙燧，魏壮儿是带队的，他被孙燧活捉了。孙燧这个老匹夫诡计多端，让魏壮儿把谁指使他以及殿下要谋逆当皇帝等一大堆，他知道的事儿，当着数百围观的老百姓都说了，这不是彻底坏了是什么？"

宁王朱宸濠噌地站起来，大吼道："完了！完了！真是一着不慎，全盘皆输！老百姓嘴上没把门的，倘这一传十，十传百，整个南昌人都知道本王要造反当皇帝，那本王现在还装什么装？"

李士实把手一挥道："殿下！不！眼下以殿下的实力，还不足以成大事，公开打出反旗，还不到时候！"

宁王朱宸濠说道："太师，怎么还不到时候？"

李士实说："老夫问殿下，殿下的九万人马，有多少在南昌城内？有多少在鄱阳湖？有多少分散在各县里？又有多少在山里？分散且不说，他们的操练完成了吗？水军协作操练完成了吗？都没有吧？"

宁王朱宸濠一听，扑通一下子又坐下来，两手托着脸，过了好一阵，才抬起头来说道："太师，你说得对！可是，这被抓的魏壮儿把本王的实底都向老百姓公开说了，怎么办？"

刘养正说道："殿下，魏壮儿只当着城内数百名百姓说，我认为这没什么可怕！"

宁王朱宸濠大怒道："刘参议，你这是什么话，都这样了还不可怕？"

刘养正说道："可怕的是，孙燧把他押回入监，做了口供，或者说连人带证据，上疏一同入京，这当是殿下最最害怕的事！"

宁王朱宸濠听了跺脚说道："刘参议，快给本王指一条明路吧！"

刘养正叹道："殿下，只要魏壮儿不押入京城，咱就有办法对付孙燧！"

宁王朱宸濠说:"什么办法?"

刘养正趋近朱宸濠,低声说了一阵,朱宸濠还不停地点头。不过,朱宸濠听后说道:"刘参议,本王真要这么做吗?"

刘养正皱眉道:"殿下,你不这样做,孙燧又怎么会认为殿下是真心诚意的。"

宁王朱宸濠还有些不快,说道:"让本王……这太……"

刘养正说道:"殿下,面子值几个钱?面子难道比株连九族、磔于市还重要吗?舍吧,不舍,孙燧怎么可以信呢?"

这天下午,宁王朱宸濠带着李士实、刘养正及一些随从,驰马来到江西巡抚孙燧的署衙门口,他率众人跪伏于地,高声说道:"巡抚大人,宁王朱宸濠有罪,承蒙圣上洪恩,不该有非分之想,今定下决心,遵从朝廷制度,请巡抚大人监督宁王!"

孙燧没想到,宁王朱宸濠竟率家人跪伏在巡抚署衙大门前,情真意切,大有悔罪之意,招来众多百姓围观。他和副使许逵急匆匆出来,上前施礼道:"殿下,有话请起来说,此礼孙燧不敢受也!"

宁王朱宸濠慢慢从地上起来,回礼道:"孙巡抚肩负当今圣上使命,巡抚江西地方,我朱宸濠不该倚仗封王之号,与盗贼凌十一、闵念四等联系,滋生谋逆之心,实乃大罪也!这是本王与凌十一、闵念四断绝关系的证据,今后巡抚大人要抓要捕凌十一、闵念四等盗贼,都与本王无关!"说着,把他与凌十一、闵念四断绝关系的书证奉于孙燧面前。

孙燧初时不信,但书证上的的确确写道:

宁王朱宸濠,今起誓与盗贼凌十一、闵念四等断绝一切关系,今后朝廷的重臣要抓要捕这些盗贼,都与宁王朱宸濠无关。今起,朱宸濠安于王府,勤政爱民,愿将仁德之雨沐于南昌百姓,乞请南昌百姓鉴证!

　　　　　　　　　　宁王朱宸濠于正德十三年年初

孙燧看罢大喜,高声道:"好,殿下,此当为南昌百姓之福。"

宁王朱宸濠说道:"孙大人,今日上午大人所抓的那个盗贼魏壮儿,现在何处,请把他带来,我有话给他说。"

孙燧也没多想,让士卒把魏壮儿带来。

当魏壮儿胆战心惊看到宁王朱宸濠时,说道:"殿下,快救小的!快救小的!"

宁王朱宸濠环顾众人说道:"今这盗贼魏壮儿就是个见证,从此我宁王断不与任何盗贼来往,口说无凭,魏壮儿为证!"

说罢挥剑刺入魏壮儿胸内，立时倒地身亡。

孙燧皱眉说道："殿下，你怎么把他杀了？"

宁王朱宸濠笑道："孙大人，本王方才说了，杀死魏壮儿，是本王今后誓不与盗匪来往的见证！此见证是本王向巡抚大人一表决心；再者，为表示本王今后真诚与巡抚大人合作，本王在府内已摆下谢罪宴，巡抚大人不要找任何理由，一定光临谢罪宴！"

孙燧见宁王朱宸濠如此诚心，且又当众把盗匪魏壮儿杀了，向副使许逵说道："许逵，你在署衙值守，我现在入宁王府。"

许逵看到地上被杀死的魏壮儿，又见宁王朱宸濠跪伏于巡抚署衙前谢罪，点头说道："大人，少喝酒，莫伤了身子！"

宁王朱宸濠等在前，孙燧乘马在后，卢尚德与田庄乘马一左一右，一起来到宁王府。

卢尚德低声向孙燧说道："大人，魏壮儿交代了实情，按说他不该死呀！"

五十一　宸濠设宴孙燧诀　白鹿欣受阳明学

卢尚德这句话立时提醒了孙燧。孙燧问道："尚德此乃何意？"

卢尚德说道："大人，魏壮儿是个活见证，在南昌或许没什么，可倘把他送到朝廷做个见证呢，这才是朱宸濠最最害怕之事，故而魏壮儿一死，何惧？"

孙燧说道："可是，方才朱宸濠亲手把与凌十一、闵念四等盗匪断绝来往的证言交给了我，白纸黑字，这还有假吗？"

卢尚德笑道："大人，我老师在赣州时说过，字证未必是真的。"

孙燧说道："那今天的谢罪宴呢？"

卢尚德低声道："大人，既来之则安之。届时，先把我和田庄介绍给他，我和田庄自有办法。"

果然，宁王府的谢罪宴摆得非常讲究，案上摆着四大菜系中的名菜自不必说，仅王府侍宴的丫鬟，就美不胜收。入府前，卢尚德悄悄向田庄说了什么，田庄点头，按宾主入席就座，卢尚德的双眼盯着丫鬟端上来的酒壶。

宁王朱宸濠见孙燧背后一左一右站着两个威风凛凛的人，遂向孙燧说道："孙大人，今日我府是谢罪宴，又不是鸿门宴，大人还带侍从做什么？"

孙燧说道："殿下设宴，我心中有些忐忑。不过，有他俩侍于身后，不管什么样的宴席，我都会坦然入席。"

宁王朱宸濠说："他俩不过凡夫俗子，又无三头六臂，何至让大人坦然入席。"

孙燧说道："殿下，我正想介绍呢，在我身后左边的名叫卢尚德，右边的唤作田庄，他们俩是我侄儿王守仁特意派到身边护卫我的。"

宁王朱宸濠大惊道："是吗？好，孙大人，你真有福气。来，上酒！"

卢尚德发现，斟酒丫鬟给孙燧斟酒时，她伸手把那酒壶上的盖子轻轻一旋，然后才给孙燧斟酒，看其酒的颜色无异，可是她为何给孙大人旋一下酒壶的盖子才倒酒呢，遂用脚碰了一下田庄，田庄悄悄把一盏酒递给他。

卢尚德说道："大人，你的酒盏放歪了！"说着伸出手，用那宽大袍袖遮住给孙燧换去刚才丫鬟倒的那盏酒，在场的人，包括宁王朱宸濠皆不知其故，酒宴依然进行。

当卢尚德把换下来的酒盏交于田庄时,田庄悄悄把杯中之酒倒入袖中的一个瓷皿器中,用袖中另一个器皿中的白水涮了倒换,再换入白水,以待下一盏酒再用。

孙燧很豪爽,盏盏酒当众喝得很干净,宁王朱宸濠见孙燧不疑,心中高兴极了,笑着说道:"孙大人果然宝刀不老,豪气常在,喝酒竟这般爽快!来,刘参议,按四省巡抚都御史王大人那里算,你们是同门兄弟。而孙大人呢,又和王大人的父亲王华大人是至交好友。咱中华九州说小不小,说大又不大,这不绕来绕去刘参议今喜逢孙大人,参议,你是晚辈,当敬孙大人一杯!"

孙燧举杯笑道:"当然,我是看着守仁侄儿长大的,他一向尊称我孙伯,我呢直呼其侄儿,或守仁。我实不胜酒力,无奈殿下盛情难却,论年龄,酒席上我为长。这样,今日我倚老卖老,我只喝半盏,刘参议虽为守仁师兄,但你在我眼里是晚辈,你喝一盏如何?"

刘养正此时理屈词穷,红着脸,不知该如何才能让孙燧喝了那盏酒,瞪着两眼,脑子里一片空白,竟找不出一句合适的话,只是点头说道:"好,晚辈听从大人吩咐就是。"遂把一盏酒喝了。

宁王朱宸濠狠狠瞪了刘养正一眼。

这时,卢尚德说道:"殿下,孙大人年老体迈,不宜多饮酒,请见谅!"

孙燧则笑道:"是啊!你看,我确是不胜酒力,三盏下去头就晕了。"说着站起来,以手抚头,微闭双眼,接着假装醉意向宁王朱宸濠及众人施礼道:"殿下的酒是南昌城第一好酒,我头晕,怕再喝下去要闹出笑话,诸位,谢谢,告辞!"

宁王朱宸濠笑着站起来,说道:"既然孙大人有些为难,也罢,诸位来送送孙大人!"

待孙燧一走,宁王朱宸濠一手击掌说道:"本王亲眼所见,三盏入腹,孙燧这老匹夫必死!"

李士实摇头道:"殿下,那个卢尚德看似憨厚,其人多心机也!"

宁王朱宸濠说:"太师此言,何意?"

李士实说道:"卢尚德一直盯着倒酒的丫鬟,这丫鬟也是拙笨,非当着大家的面转动鸳鸯酒壶的盖子,这些都被那个卢尚德看到了。"

宁王朱宸濠突然悟道:"对,所以,他第一次说酒杯放歪了,伸出手来落下袍袖,正了酒杯,第二次说酒倒得太满,第三次说酒杯放得太远。总之,他总有托词,难道他……"

李士实点头道:"对,卢尚德与那个田庄密切搭档,把这酒杯来回一换,我敢说,孙燧此次决没喝下一杯毒酒!"

宁王朱宸濠叹道:"本王今天精心设计的这一系列事,其实,谢罪宴当是毒死老匹夫孙燧的最后一站。看来有卢尚德、田庄在，本王又空欢喜一场！"

刘养正突然说道："魏壮儿是死了，可是，那张断绝来往的书证不是落在了孙燧的手上吗？"

宁王朱宸濠说道："刘参议，这件事你不知道，那张字证不过半日见风即逝，他孙燧只是接了本王一张白纸，有什么可怕的！"

此时孙燧回到署衙，立即查验田庄盛回来的酒，果然是毒酒，而那张明明写下了断绝来往的书信，确实如卢尚德所说，此时再打开时，真的是一张白纸。

孙燧说道："好个奸诈、狡猾、毒恶的朱宸濠！"

就在这天下午，孙燧接到了王阳明的书信，说赣州有事，让卢尚德、田庄速回。

孙燧叹道："尚德、田庄，这些日子多亏你们俩侍卫，老夫两次险些丧命，上天注定了老夫的死生命运，你们俩放心回赣州，老夫这里但有急事，必与你们老师联系！"

卢尚德、田庄向孙燧和副使许逵施以大礼，然后翻身上马，驰马而去。

孙燧叹道："阳明侄儿有此两员虎将，今后战无不胜也！"

许逵说道："大人，尚德与田庄二人一走，大人的安危当为大事！"

孙燧心中想道："我为巡抚之职，把妻子遣回京师，一个人想赤胆忠心为朝廷尽职尽责做事，连老命都豁出去了。可是，我七次上疏竟无一点回音，朝廷太负我一片丹心啊！"他接过副使许逵的话说道："倘这次建造大船的银两不批，老夫定请辞巡抚之职，解甲归田，何苦为这不争气的朝廷，将这把老骨头扔到南昌呢！"

许逵叹道："大人，你千万不要如此，你请辞，我更难为！"

孙燧说道："不是我孙燧不为，是朝廷不力！"

冀元亨回到赣州王阳明身边。王阳明见冀元亨一句话不说，扑通跪在他面前，失声痛哭起来，便急忙起身伸手搀扶冀元亨，说道："元亨，有何事，至于如此悲切？"

过了许久，冀元亨把入宁王府讲学，以及和宁王朱宸濠论《西铭》，特别是返回赣州时，遭到伏击，雷天月、雷天星为掩护他逃脱，双双死于敌人之手的事说了一遍。

冀元亨泣道："恩师，师弟雷天月、雷天星之死，皆元亨之罪！乞请恩师重责惩罚元亨！"

王阳明说道："元亨，你虽为我门徒，但在为师和师母眼里你如我子也！今你师弟雷天月、雷天星丧于敌手，或许此乃上天安排，不可以责天怪地！故此，死者虽然可悲，但生者尤要珍惜！这你看到了，四省盗贼已灭，但宁王朱宸濠不久将为国之大害！所以，朝廷派为师做什么，为师不敢妄猜，但肯定与戡乱平叛分不开！从现在起,你当从悲愤中振作起来,将你师弟雷天月、雷天星之惨死化为力量,辅佐为师做好每天的事,这才是为师所望啊!"

冀元亨擦了擦眼泪,站起来,说道:"是,弟子谨遵师命。"

这时,罗钦顺和何瑭拿着一封书信进来。

王阳明接过看看,说道:"你们看,白鹿洞书院已经两次写信邀为师到他们那里讲心学,人家是一番盛情难却呀!"

冀元亨喜道:"恩师,白鹿洞书院号称天下第一书院,曾与岳麓书院、睢阳书院、石鼓山书院,并称天下九州四大书院!"

王阳明点头道:"是啊,这个白鹿洞书院位于江西庐山五老峰南麓,始建于南唐升元年间,南唐时建成庐山国学,亦叫白鹿国学,宋代理学大师朱熹出任知南康军时曾重建书院,并亲自讲学。这段时间,本来等朝廷敕命,可是一直没消息,为师想赴约到庐山白鹿洞书院讲学。信上还说,白鹿洞书院已向天下广发信函,约天下知名学者和有识之士,都来听为师讲心学呢!"

冀元亨喜道:"恩师,这样心学传播的范围更广,让天下更多的人从此受益,是一件好事!恩师,何时出发?"

王阳明叹道:"为师已给尚德和田庄发了书信,等他俩回赣州后,咱们就可以成行!"

孙燧见卢尚德和田庄回赣州,自己孤单一人,就算有副使许逵,也不过两人之力也,可他要面对的是九万盗匪和宁王朱宸濠,再加上当今朝廷又不为他做主,照此孤单一人与宁王朱宸濠斗,不出三两月,倘再行刺他,他就不会侥幸逃生了。如他这个巡抚之死,能唤起朝廷对宁王朱宸濠试图造反谋逆之事加以重视,那他的死也值了;可是他的死,不过秋风中的一片落叶,又能引起多大震动?他又想:如宁王朱宸濠制造成畏罪自杀,甚或其他的含冤而死,不但坏了我孙燧的一世名节,还让不明真相的人反过来恨我诅咒我,岂不冤上加冤、恶上加恶吗?

孙燧决定不做这个江西巡抚,遂上疏朝廷请辞巡抚之职,解甲归田,以此养老。可是,朝廷表示不允许他请辞,继续留任巡抚之职!

从寺院行刺到谢罪宴,宁王朱宸濠笑里藏刀,几次欲置他于死地来看,孙燧真的感到了惧怕,他感到了孤独的可怕!

偏在这时,宁王朱宸濠重金贿赂江西布政史司、按察史司、宣慰史司等,联合上疏,表彰宁王朱宸濠的孝行,当今圣上看后竟大喜。孙燧知道这个联合上疏后,立即联合副使许逵、巡安御史林潮等,把宁王朱宸濠没有孝行的恶事奏于朝廷。当今圣上闻奏,降旨朝议宁王朱宸濠是否有孝行,朝中与后宫受过宁王朱宸濠贿赂的官员与太监都说此事必是真的，联合上疏岂可有假。孙燧几个共奏，显然成了众矢之的。于是，圣上怒，斥责孙燧等无中生有，败坏封王的名号。但孙燧决不甘心此事，赴京让杨廷和打通关节，直接面圣，圣上听了孙燧的亲口之言，杨廷和又把孙燧为去掉后顾之忧，把夫人及儿女们悉数遣回京师，孤独一人与宁王朱宸濠斗，及宁王朱宸濠率家人到江西巡抚署衙当面谢罪，又当众诛杀被孙燧俘虏的魏壮儿之事上奏，于是圣上才相信。圣上决定，令御史萧淮书发宁王朱宸濠不轨之事，还严明朝廷的立场，在发告宁王朱宸濠不轨状之前，诏朝廷重臣当面宣读圣谕，至此朝廷文武重臣才知道了宁王朱宸濠的真实情况。宁王朱宸濠闻知此事，遂决意造反。

宁王朱宸濠向太师李士实、参议刘养正及凌十一、闵念四等说道："正是由于这个巡抚孙燧赴京面圣，才把本王在南昌的诸多事都奏报给了当今圣上。本王想遮拦都遮拦不住，今箭已上弦，本王不得不发！"

刘养正说道："属下明白殿下之意，在行大事之前，当先扫清南昌的几个孙燧、许逵这样的人，心头之患不除，大事难举，请殿下三思。"

凌十一怒道："孙燧着实可恶，他带人杀死了末将那么多弟兄，末将非常赞同刘参议的话，当先除孙燧、许逵！"

宁王朱宸濠说："本王知道，当除孙燧、许逵，可是那秦琼秦叔宝似的在，你凌十一手下有多少高手，能对付这两个人！"

李士实笑道："殿下，此事老夫知道底细，那卢尚德与田庄已返回王阳明所在的赣州。现在孙燧、许逵真正成为孤家寡人，杀之当易如反掌！"

宁王朱宸濠向凌十一怒道："本王早就说过，盯住孙燧，你的属下都是饭桶吗？卢尚德、田庄回赣州难道你的属下就不知晓！今要不是太师提醒，本王哪有决心下令诛杀孙燧呢？太师，你方才所说，确确实实是真的？他二人真的回赣州了？"

李士实说道："殿下，老夫恰巧路过孙府，确见卢尚德与田庄带着背囊，翻身上马，他二人还向孙燧、许逵致礼，然后才走的。另外，现在有谁见到过，孙燧身边还有卢尚德和田庄侍卫呢？"

宁王朱宸濠向李士实说道："太师，本王找什么理由更充分呢？"

刘养正说道："殿下生日宴最好！"

许逵把宁王朱宸濠派人送来的请柬拿起来说："大人，此乃鸿门宴，依属下看，还是不去为好！"

孙燧皱眉道："此次他宴请行省布政史司、按察史司、宣慰史司以及江西巡抚，非咱自己，他宁王朱宸濠好像还没有这个胆量和能力，在三司面前公开举旗造反。

有三司在，我若不去，不光会被宁王朱宸濠藐视，三司也会对我说长道短，我不想给他们留下口实，众目睽睽之下，我料朱宸濠不敢！"

"大人，如若卢尚德、田庄二人在，属下决不这样百般阻拦大人，可现在毕竟二人不在，宁王朱宸濠才可以有恃无恐。且人的面子不重要，大人找个托词，完全可以不赴宴，一旦去了只怕身不由己，到了那时叫天不应，叫地不灵，孤身之力必然寡不敌众也！大人，一旦中计，后悔必不及！"

孙燧听了副使许逵所说，静默了许久，他拍案说道："许逵，我想了多次，朱宸濠不敢冒天下之大不韪，明言反事！"

许逵劝不过，只得和孙燧同赴宁王朱宸濠生日盛宴。

当二人一入宁府便觉情况不妙，王府内如重兵降临，两边持刀执剑之士，皆甲胄裹身，威风凛凛。宁王朱宸濠只象征性地站在门口，以示迎接应邀者。当然，孙燧看到三司的大人也按时来赴约，朱宸濠笑着请这些江西的大员鱼贯进入大厅。

因宁王府富甲天下，客厅装饰的富丽堂皇，称为当今第二金銮殿并不为过。客厅很大，足以容纳六七十个人，众人刚一入内，便奔来一对持刀剑的卫兵，把客厅大门围了，接着埋伏在客厅四周的刀斧手出，把这些江西省的大员一一抓获捆绑起来。

这时，宁王朱宸濠及太师李士实、刘养正及凌十一、闵念四等才尾随入内。

孙燧大怒道："朱宸濠，吾等皆朝廷大员，你想造反吗？"

宁王朱宸濠不满道："这老匹夫不识抬举，来人，先给他表示表示！"

几个打手至前，对白发苍苍、髯须盈尺的孙燧一顿暴打，几个打手又狠狠踹了几脚，方才侍于一侧。

宁王朱宸濠冷笑道："你们还有谁不服，本王有耐心，让属下再表示表示，还有吗？"

客厅内一片沉静。

宁王朱宸濠这才大声道："诸位可能都知道，孝宗为李广所误，私抱民间子，我朱氏祖宗不血食者已十四年，今太后有诏，令我起兵讨贼，你们这些行尸走肉知道吗？"

被缚的众大员皆面面相觑，人一旦做了阶下囚，个中有血气、有侠肝义胆的能有几人，众人皆缄默不语。

此时被打晕瘫倒在地的孙燧动了动，睁开眼，许逵见状忙俯身道："大人你……你少说两句吧！"

孙燧瞪着血红的两眼，刚才被一顿暴打，他已满脸血水，他"噗"地吐出一口血水，一颗牙齿落在地上。他抬起头，说道："许逵，如果你是男子汉大丈夫，是朝廷的忠臣，你近前！"

许逵走向他，孙燧张口咬住许逵的袍袖，许逵明白了孙燧的意思，或许他的腿受了重伤，自己已经站不起来，想让许逵帮他。许逵慢慢站起来，孙燧咬着他的袍袖，慢慢倚靠着许逵的身子，摇摇晃晃总算站了起来。

宁王朱宸濠讥道："哼，世上竟有这样顽冥不化的老匹夫！"

孙燧大喝道："朱宸濠，方才你安得此言，请出诏示我！"

宁王朱宸濠哈哈大笑道："孙燧，今诏在本王口中，汝何苦顽冥不化，本王往南京，汝江西巡抚孙燧当护驾！"

孙燧大怒道："朱宸濠，天无二日，地无二主，汝当速死矣，我堂堂江西巡抚岂可从汝谋逆，做梦吧！"

孙燧说着摇摇晃晃，怒气冲天。

宁王朱宸濠看看周围大笑道："诸位，孙燧死到临头，还充什么男子汉大丈夫，社稷的忠臣，可悲！可悲！真是可悲啊！"

孙燧此时双腿疼痛难忍，汗水从脸上流淌下来，但毕竟力不从心，摇摇晃晃，倚着许逵的肩膀和被缚的胳膊，他才没倒下。

宁王朱宸濠冷笑几声，急匆匆出客厅，大厅内无一人吭声。

孙燧看那几个大员，皆扭脸避之，孙燧哈哈大笑……

少顷，宁王朱宸濠从内殿中进入客厅，此时他已换上了盔甲之服。

孙燧瞪眼怒道："朱宸濠，休得猖狂！我在巡抚署衙门前，曾告诫你，我这辈子杀不了你，但四省巡抚王阳明必杀汝，不信诸位如果不死，皆可明鉴！"

宁王朱宸濠怒道："本王知道王阳明文韬武略，但本王今有雄兵十万，投鞭足以断水，掷刀足以成山，我不怕他！"

孙燧大笑道："朱宸濠，汝等懂兵法吗？你晓阵法吗？乌合之众焉能与王阳明的铁军抗衡，放下你手中的刀，回头是岸，现在后悔还来得及！"

宁王朱宸濠突然大笑道："诸位，你们谁见过江河里的老王八在地上转圈吗？来人，先羞羞老匹夫的傲骨！"

于是几个侍从上前，将许逵往一边一扯，孙燧立时扑通一声瘫倒在地上。几个士卒上前揪住孙燧的白发往前拉，其他侍从则用棍棒击打孙燧的脊背和两腿，孙燧无奈只得向前急切爬行。

许逵见状大骂道："朱宸濠，你这个狼心狗肺的杂种，你爹你爷爷这般年龄时，是不是也这样学江河里的老王八在地上转圈，是不是那时你也高兴，你也开心啊？"

宁王朱宸濠大怒道:"来呀,许逵身上不舒服,给他表示表示!"

话音刚落,手握棍棒的士卒如狼似虎地奔上来,噼里啪啦立时群殴许逵,不一会儿许逵瘫倒在地,口中仍大骂朱宸濠不止。

宁王朱宸濠奔过来,伸出皮靴一脚踩在许逵血脸上,许逵满脸血水,一句话也说不出来。

羞辱了孙燧又暴打了许逵,宁王朱宸濠瞪眼向被捆绑的大员们怒道:"你们中间还有孙燧、许逵否?如果有快站出来,本王对付冥顽不化的人,办法有的是,你们服不服?"

这些大员们纷纷跪伏地上,叩头说:"服!服!"

李士实此时高声道:"你们这些不见棺材不落泪的东西,这已经不是宁王殿下,此乃当今皇上,快口呼万岁,否则如孙燧、许逵!"

这些大员们遂齐声道:"万岁!万岁!万万岁!"

这时孙燧挣扎着抬起头骂道:"朱宸濠大逆不道!天下人皆可得而诛之!"

宁王朱宸濠转身说道:"来呀,老匹夫有骨气,快把他和许逵用乱石砸死!以慰朕方寸之心!"

有诗为证:

> 忠臣死节刹那间,
> 高义堪同日月悬;
> 奸佞谋逆能几时,
> 留得英名万古传。

又有诗表朱宸濠之逆,那诗写道:

> 休慕逆贼一时狂,
> 皇冠实为纸模样;
> 大风腾起荡秋千,
> 权作污垢化泥浆。

王阳明和夫人率冀元亨、卢尚德等弟子二十余人,从赣州出发后,经过山山水水,来到庐山脚下的白鹿洞书院。此时,正值上午,淅淅沥沥的小雨初停,微风轻轻拂来,天空乌云渐去,皓空露白,顿现一轮偌大的七彩虹桥高挂在天上。霎时天亮、风清、日出、虹现、树绿、草清、花红、鸟鸣，好时候啊。

婉娴伸手一指笑道："夫君，你看，天现七彩虹，真是好看啊！"

王阳明喜道："是啊，夫人，彩虹现预示着今天是个好日子！"

王阳明等刚下马，发现早已有近百人在白鹿洞书院门口，皆手持鲜花向王阳明等欢舞致意。

白鹿洞书院山长放下手中花束，高揖双拳，恭敬施礼道："阳明大师，昨夜灯花爆，今晨喜鹊噪，白鹿百年喜，山长迎师到！"

王阳明还礼高声道："山长过誉，淅雨衔细风，虹现百鸟声，白鹿名神州，阳明乃学生！"

白鹿洞书院山长在王阳明介绍下，先与其夫人婉娴及弟子冀元亨等人见礼。接着，在山长带领下，王阳明与众迎接者见礼。

山长与王阳明边向白鹿洞书院内走，边兴致勃勃地点头道："大师，学生早年就听京师的大员们说，大师曾多次在吏部、寺院等多处讲学、让京师之人无不欣慰！且学生深知，大师门徒遍天下，桃李香九州。学生为表示对大师阳明心学的崇敬向往，特书乞天下有识、有名之学生，会聚一堂，权把大师的心学，视为白鹿洞书院开山之讲。"

王阳明停下来，摇头道："不，山长！白鹿洞书院创于南唐，而盛于宋。其先贤先哲在此书院讲学，不下十余人也！此乃讲坛圣地，阳明岂敢夺先贤先哲之尊，而妄自尊大，此种事，阳明断不为也！"

山长再次施礼道："山长知大师今为朝廷股肱大臣，加之大师乃阳明心学开宗大师，名扬海外，誉满四方，故当大师驾临，学生不知如何是好，心内唯感激涕零！不是学生有意咬文嚼字，是学生只怕慢待了大师，并非客套，实乃心中之情所致！"

王阳明在白鹿洞书院山长的陪同下，把白鹿洞书院里里外外看了一遍。说道："山长，此时恭敬过谦的话，不必再说，学子们等待时间过久，阳明心中惶恐，还是以讲学为重吧！"

王阳明站在讲坛上，示意众人安静，他直言道："诸位学子、先生，我王阳明十八岁之前,按父训,一直名守仁也。后来，我到上饶拜见了当时誉满天下的娄谅师公，从此尊师学教，尤心折于宋代周敦颐以及程颐、程颢几位先贤开创的理学。理学如横空出世,引领了时代的风向，其学说如太极动而生阳，动极而静，静而生阴及其天理、如格物之说，包括父子君臣，天下定理。皆彰显一时风骚，为世人瞩目！然……王阳明拜过恩师，潜心心学，秉承师公陆九渊，万物皆备于我，我心即理，于是修建阳明洞学习和研究心学，从此便以阳明为名，亦称阳明学，此乃阳明心学之历程也。"

这时有学生问道："大师，学生可以这样尊称吗？"

王阳明笑道："不必，称老师即可，有话请讲！"

这学生说道："老师，学生听说，老师在京师吏部讲学时，阳明的心学体系还不完备，可是，为什么却要开坛讲学，招收门徒呢？"

王阳明笑了笑说道："这位学子，世上任何一门学科，开始时都不完备，可为什么要开坛讲学、招收门徒呢？那是我看到心学内核良知和致良知的发展的前景！看到了就必须通过不断学习，不断发展，不断研究，才能够不断完善它，使它系统化、完整化。正是在这种情况下，我发现了心学的可塑性、前瞻性，如同大山上的树木一样，它表面已经很粗壮、很茂盛，甚至七八级的大风都不能撼动它，它按照自身的属性，只要外界存在着它可以成长的空间，它就会毫不犹豫成长，它就会向更加强大的目标行进！"

这时，有学生问道："大师，世间人曾风传，大师在贵州龙场悟道，是盘腿打坐，不吃不喝，闭着双眼，两手垂放在膝上。到第七天时，耳边突然有隆隆的震雷之声轰鸣，大师从此才悟通了道，洞彻了阳明心学的真谛！原来如同春草青青的大地上，撒满了珍珠，每一颗都熠熠闪光，爱不释手。可是大师悟道之后，似是有了一条金链，便把地上的珍珠，一一捡起来串联在一起，成了一件完美无缺的珍珠链，阳明心学也如珍珠链一样完美无缺。"

王阳明摇头说道："非也，上天创造了世间万事万物，在龙场七天悟道也非双目微闭，七天不吃不喝，这是汝等被奇谈怪论影响所误。我在龙场悟道时，虽没有见过什么上天之使，但上天确实给我赐了福。"

有学子问道："大师，将龙场悟道给学子们讲讲吧！"

王阳明笑道："七日之悟却非易事，非有恒心不可！恒心之始，必须去除心中所有杂念，一心轻松只思想心学这件事。从一个人的良知出现，恒定此心。我沿着这条光明的脉络，如同一个人在茫茫黑夜中，突然有亮光闪现，继而一条又宽又平又直的金光大道出现在面前！于是他兴奋，他喜悦，他恒心不变，他便一心一意沿着这条金光大道往前走，他在终极之地看到了累累果子！"

这时，讲坛下响起一阵经久不息的掌声。

坐在台下的冀元亨眼含泪水，他低头向卢尚德说道："听，我细心数过了，这是第二十七次掌声！"

卢尚德连连点头。他身上力量充沛，热血沸腾，紧紧抓住冀元亨的手，低声说道："是啊，老师的话像一股淙淙涌动着的清泉，流到哪里，哪里就春意盎然，百花盛开，鸟语花香！"

田庄凑过来抹了一把泪水，低声说道："老师的话如天然的笔锋，这支绝妙的画笔看不见、听不见，但它却让你时时感觉到它的存在。它画到哪里，哪里就出现一

幅天籁的画卷！"

罗钦顺悄悄扔过来一个纸团，田庄打开一看，是"闭嘴"两字。冀元亨看了轻轻点头，开始聚精会神目视前方正侃侃而谈的恩师。

有个学子看王阳明停下来喝水，他站起来问道："老师，人的良知是什么，它在哪儿呢？"

王阳明说道："良知在人胸前方寸之间。说它有形，却也无形；说它无形，却又有形。我权且给它定义为桃心形，初似有形，似而又无形。从严格意义上来讲，人从娘胎里降生，每个人都有一个灵。良知就是这个灵的代名词。这个良知无论多少年以后，世道变迁、人情冷暖，它都会纯洁无瑕、晶莹剔透。它有恒久的热度，又有恒久的光艳。它真诚不变，永不会被人利诱，永不裂变！它是一个永不亵渎的洁灵。人若虚伪生存，为利益所诱，尘世间就到处弥漫着奸诈、邪恶、情欲、血气、贪婪的气息，良知如同一块美轮美奂的宝玉，被大山似的情欲挤压在最下面，你的方寸之间虽有良知，但它已经被锁闭，这种情欲贪恶指使你，驱使你的肉体，今天抢别人的钱财，明日无事生非打人杀人，后天像贪欲无边的盗贼，别人的东西永远是好的，不抢过来彻夜难眠！于是你行更大的凶，做更大的恶，情欲贪恶包裹催促着，人便到达了罪恶深渊！"

有学生站起来大呼道："对啊，现在的世人都这样，良知被锁闭，罪孽像空气，弥漫在尘世方方面面、角角落落，可谓无处不在也！老师，这尘世不就完了吗，还有拯救的可能吗？"

王阳明笑道："有啊！所以，阳明心学可使之柳暗花明！首要的就是，必须找回人的良知，而致良知则是人找回良知的第一步。这就要求世人遵循我们老祖宗传下来的守礼仪、知孝悌、行仁德、布信义、敬王道、彰良善、惩邪恶、灭歹毒、除贪欲的规矩。这是尘世人致良知的必经之路！"

这时，坛下又响起经久不息的掌声。

有学生问道："老师，何为心外无物？"

王阳明笑道："诸位，这就是阳明心学要探讨的重要课题！诸位方寸之间，可容世间万物，而万物之理尽在方寸之间。这就是心即理。何为尘世人的心外无物？往高里说，这是一种境界，一种期盼，一种追求，一种至高的台阶！我不愿给大家讲那些高深莫测的什么玄理、极理！我所界定的心外无物，那就是在人的方寸之间，除了守礼仪、知孝悌、行仁德、布信义、敬王道、彰良善之外，不留存任何东西！倘到了这种境界，登上了这层台阶，人则达到了心外无物！这是一个什么样的尘世，是一个有序、健康、阳光、和谐的世界，这是尘世间最最美好幸福的生活！这种生活，难道你们大家不想要吗？"

众人齐呼："要！要！我们要！"

讲学大厅又响起经久不息的掌声。

王阳明笑着示意众人安静。有个学生扬手问道："老师，大家都想听听什么是知行合一，如何做到知行合一呢？"

王阳明端起茶盏呷了一口水，润清了嗓子说道："其实大家能想象到，我们这个熙熙攘攘的尘世，一千人就有一千种的心思意念，一万人更有一万种不同的心思意念。这就需要大家共同遵循一个道，共同行一个理，绝不能你干你的，我干我的，那样这个尘世就无法统一。不统一的世界，就是一个大杂烩的世界！这么多尘世之人，同行一个道，同遵一个理，就是方才所说的守礼仪、知孝悌、布信义、敬王道、彰良善，让大家都知道并且遵行这个道、这个理。让大家知耻不从，知善而随。就是说大家只要知道了这个道理，就要和自己的行为合而为一，像春风化雨，像润物无声，像万物顺天，这才达到了知行合一、自然、自在、自由的境界。"

突然有学子问道："大师，学生有一疑问，大街上的惯偷他没有良知，他不可能致良知，他更不可能知行合一，要净化这个尘世，我看谁也做不到！"

王阳明摇头说道："不！这位学子你说错了！惯偷，甚或江湖大盗，只要他是人，就当有良知。只是看他的良知被邪恶、贪欲锁闭的深浅而已。就在我悟道之后，在龙场的阳明书院讲学的那天晚上，我的门生罗钦顺和何瑭抓住一个小偷，有瑶族百姓认识他，说他是惯偷。那天罗钦顺问我：'老师，你在讲学中，说人人都有良知，满大街都是圣人，我怎么看不见呢？老师，我们抓的这个惯偷有良知吗？'我笑道：'只要他是人，他就有良知！惯偷也是人，他当然有良知。'这时，我的另一个门生何瑭则说：'老师，他只有贪婪，他的良知去哪儿了？'我说道：'来，你们都过来，今天我们给他找回良知！'我转身向跪在地上低着头不敢看人的惯偷说：'来，今天当着大家的面，把你的衣袍全脱下来，让大家看看你的良知在哪儿？'这个三十多岁的惯偷怕众人再打他，只能按我说的把身上的衣袍全脱了下来，最后剩下一件短裤，说什么也不脱，而且把头低得很低，任何人也不敢看。我说：'这就是惯偷的良知！耻到了极处不敢为，就是他的良知所在！'门生何瑭说：'小子，你不脱掉短裤，我送你到县衙！'还有百姓说：'小子，你今天不脱下短裤，你休想离开龙场！'这时惯偷两手紧紧护卫着那条短裤，我看机会成熟了，我对这惯偷说：'小伙子，人知耻知辱当不为，你今天守护的不是这条又黑又脏的短裤，你守卫的是你心中不想被人玷污戏弄的纯正良知！'惯偷流泪了，他哭得很伤心。我大声问他：'小伙子，你有良知啊，你的良知和我们是一样的，你以后还偷别人的东西吗？'惯偷站起来向我们叩了三个响头，流着泪说道：'大先生，从今以后我再不偷了，再偷我就不是人！'

果然，这个惯偷从此再不为非法之事，村寨里的人，见他浪子回头，主动给他娶妻，一年之后他生了儿子，过上了正常人的生活！"

讲坛下再次响起经久不息雷鸣般的掌声。

白鹿洞书院的山长两眼泪水涟涟地登上讲坛，代表坛下听讲的学子、学者、恭恭敬敬地向王阳明施礼。

到了这天下午，王阳明突然咳嗽起来，冀元亨向进门看望的白鹿洞书院山长说道："我恩师旧疾复发，下午的讲学停止吧！"

山长惊讶道："大师何时有了这肺病、胃病之疾？"

冀元亨说道："我恩师在贵州龙场驿站时，就得了这种病，师母和我们众弟子，有时执意不让他讲学，可他不听。所以，我恩师这病便时好时坏，总也除不掉这病根！"

山长点头叹道："也是，学生不能让大师抱病讲学，那么就停了下午这场讲学吧！"

王阳明似乎从里屋听到了这句话，大声道："山长，别！别！定了的事，岂能说变就变呢？作为传道授业的师者，当为人师表，言而有信，岂能为区区小疾，寒了学子们一片赤心呢！"

于是，王阳明让冀元亨扶他走上讲坛。冀元亨坐在讲坛一侧，不时给王阳明斟水，让王阳明又酣畅淋漓地讲了心学。

由此王阳明成为白鹿洞书院，自南唐至大明以来，在讲坛上最受欢迎的大师。鼓掌次数是历朝历代那些先哲和先贤们，都无法比的。王阳明的《大学士本序》的真迹石刻就留在了白鹿洞书院。

第二天，在白鹿洞书院山长等人的陪同下，王阳明和夫人娖姆及弟子冀元亨等十几人登上庐山，到达庐山之后，山长笑着说道："大师，大师的真迹《大学士本序》共一千八百五十八个字，字字如铁画银钩，上追二王，堪称天下第二行书。今登临庐山，请大师再赐诗一首，吾等为大师刻石为纪如何？"

王阳明点头稍加思考即赋诗一首：

照山岩
昨夜月明峰顶宿，
隐隐雷声在山麓；
晓来却问山下人，
风雨三更卷茅屋。

阳明山人王守仁伯安书

五十二　丰城祈凤赐船发　万民踊跃聚兵马

　　正德十四年六月，即一五一九年六月，朝廷任命王阳明为汀漳巡抚。偏这时福建福州三卫军人进贤等胁众谋反，一时震惊朝野。有大臣建议，唯王阳明可做这种捕捉盗贼、平定叛逆之事！而圣上呢，心里非常清楚，这种吃苦受累把脑袋挂在裤腰带上的事，屡次任命王阳明，可事毕之后，朝野内外则鸡一嘴、鹅一嘴，都开始争这个功。大家像斗乌鸡眼似的，都想分一杯羹。但他一碗水根本端不平，遇到这种事，忠臣良将只能打落牙齿往肚里咽。王阳明就像一头忠诚无怨的驴，善于拼了心力拉磨，有一把草料喂了，也不挑肥拣瘦，俯下身子就干活，他就是这种极好使的驴。所以，当有大臣建议让王阳明平定福建福州三卫军人进贤等胁众谋反事宜时，圣上几乎未加思考，便传旨王阳明平叛。

　　王阳明接到这个敕命时，刚从庐山上下来。

　　王阳明下山后向夫人笑道："夫人，你看，自从我们从贵州龙场出来以后，哪天像今天这样轻松过，可是还没等咱们散开心，朝廷又有使命来。夫人嫁给我，受了多少颠沛流离之苦，今又要奔福建福州，唉！委屈夫人了！"

　　娓婳笑道："夫君，从讨贼起，我就习惯了这种马上马下的生活，走一个地方，新一个地方，强似总待在一个地方。走，咱是不是先回赣州，把家收拾一下带了东西再走。"

　　王阳明点点头，遂向陆续下山的罗钦顺等示意，众人驰马离开庐山。按时间推算，六月初九王阳明等一行几十人从赣州出发，到十五日下午时分，才到达了丰城县黄土脑。

　　此时，王阳明受命前往福建福州戡乱平叛，为何不走雩都、长汀，却要走吉安、丰城呢？王阳明本意是想拐弯去看看祖母的墓地，然后再去福建，他上疏朝廷，写了《乞便道省葬疏》。

　　王阳明的祖父王伦，字天叙，号竹轩。长得容貌伟岸，俊目美髯，髯白盈尺。从小爱竹，他居处皆植竹，读书每到兴奋时，便步出居室在竹林中高声吟咏，自号竹轩公。善鼓琴，但遇月朗星疏之夜，按古人之仪，焚香鼓琴，常抚弦歌之。他淡泊名利，视富贵为过眼烟云。余姚人常把他比为东晋陶渊明、北宋林和靖。他家中不富，常授徒养母。直到弘治三年，即一四九零年正月二十，竹轩公去世。其子王华闻讯大恸，当日驰马南奔，葬父于穴湖山。而且他搭庐墓前，但墓地原是虎穴，虎经常群至。王华昼夜哭其旁，时日长了，群虎为王华孝心感动，人畜不相犯，成为余姚当地一段至孝的佳话。

王阳明的祖母岑氏，一生信奉佛教，是一位非常传统的女性。丈夫只会读书授徒，家中大事小情皆由她打理，她从不埋怨。儿子中了状元，做了大官，她不自夸，仍辛勤劳作。待孙子王阳明名贯天下时，她还是那样谦卑待人。王阳明祖母活了一百岁，到正德十四年年初去世。

战争有时像一张铺天盖地的网，牵一发而动全身。且说宁王朱宸濠借生日宴杀死江西巡抚孙燧和副使许逵以后，举行了简单的登基大典，分封了官吏。而后以朕自谓，宁王府成了朝廷皇宫。太师李士实说道："陛下，当下有一件比去南京还重要的事情，陛下需找一个战将去完成！"

宁王朱宸濠皱眉道："太师，何事这般重要？"

李士实说："孙燧死前，再次提醒了臣下，王阳明是朝廷唯一能征善战且每战必胜的良将。他就在咱们身边，咱们必须先下手除掉他，陛下才可以考虑下一步，即挥师直取南京，请陛下三思！"

刘养正说道："太师之言直指要害！人常说：'先下手为强，后下手遭殃！'陛下要出其不意，志在必成方可！"此时，似有与王阳明割袍断义之心，宁王朱宸濠之事但成，王阳明必为阶下囚，他从朱宸濠的脸上似乎看到大业必成的曙光，故而他才这样一心一意效力于朱宸濠。

宁王朱宸濠说："闵念四听旨！"

闵念四转眼间成了虎威大将军，刚才还头戴个黑不拉几的破草帽，转眼间就有了封号——虎威大将军，统管三军。有俸禄官袍在身，他满脸喜气洋洋，从班列中出来。施礼道："陛下，末将在！"

宁王朱宸濠说："南赣汀漳巡抚王阳明，现从赣州出发，他就二十余人，除了他夫人就是那些随身弟子，他奉命去福州平定叛乱。你呢，马上挑选精锐之师，轻装前进，务必在丰城围截杀死他，以绝朕之后患！"

闵念四说道："陛下，这当是支精锐之师，轻装前进，要挑选多少人合适？"

宁王朱宸濠叹道："王阳明一行算足了二十余人，一千名精兵足以成事！"

闵念四点头说道："是，陛下，一千名精兵！"

宁王朱宸濠说："朕与太师、国师、太尉在南昌等你捷报，你一定要快！"

闵念四虽为虎威大将军,而今却要亲率一千名精兵去追捕围歼王阳明,而且对方只有二十余人。闵念四志在必得,雄心满满,遂督一千精兵急奔丰城。

王阳明刚到丰城的黄土脑,丰城知县顾佖急忙来见。他气喘吁吁地说道:"御史大人,天降大难,本月十四日,洪都的宁王朱宸濠叛乱,杀死江西巡抚孙燧和副使许逵,今江西三司已降朱宸濠,形势十万火急矣!"

王阳明大惊道:"怎么,宁王朱宸濠真的反了?"

顾佖点头道:"御史大人,怎么办?朱宸濠之舟楫蔽江而下,声称要直取南京!"

此时,王阳明一心想到福州平叛三卫军人进贤之事,没料到宁王朱宸濠突然举旗造反,并且水军已准备顺流而下,直取南京!朱宸濠一旦攻下南京,朝野内外必乱。

王阳明皱眉头说道:"顾知县,这个消息想必已传遍丰城全城,民众正四散逃奔,全城上下都慌乱了。但是,你身为知县,万不可惊慌,快组织县衙的人,稳定全城秩序!"

冀元亨说道:"恩师,今咱已离开赣州,恩师手下无一兵一卒,只有我们这些弟子、家眷,倘有战事该如何处置?"

正在这时,丰城县丞汗流浃背地奔过来,向知县顾佖说道:"知县大人,不好了,鄱阳湖的大盗闵念四,现在做了宁王朱宸濠的虎威大将军,他正率领一千名精兵来围捕御史大人,丰城县衙最多几十名官兵,怎么办呢?"

王阳明镇定一下情绪说道:"别急,闵念四这个大盗,我知道他,他有一千名精兵,咱们没有官兵,又无防备,眼下与闵念四智斗最好。他和这一千名精兵,是朱宸濠派来抓捕我的,他料咱们必往江上去,咱们边走边想对策吧!"

闵念四并非只会抡板斧、让人把钱财交出来的盗贼。这几年他跟着宁王朱宸濠,又加上与同行凌十一多次来往、合作,诡诈了许多。他率一千名精兵进入县城后,首先把丰城县衙围了,用他的话,只要是朝廷官衙的人,不管你举手投降,还是死顽抗对阵,反正抓住一个杀一个,决不留后患!此时知县顾佖和县丞不在县衙中,一千名精兵身穿盔甲皆配备刀剑、弓弩、长矛、盾牌,不到半个时辰把衙内官人、差役全杀死了,只留下一个典史。他眼睁睁地看着自己的同僚和差役一个个被杀,早吓得尿了。闵念四瞪着血红的双眼,一把将颤抖不止的典史抓过来,把带血的大刀架在他的身上,喝道:"蠢材,把他们都杀了,整个县衙只留下你一个人,不明白为什么吗?"

典史低头说道:"将军,下官不……不知道!"

闵念四伸出手,打在典史脸上,他吼道:"老子让你供出知县县丞和王阳明等二十几个人现藏在何处,快说!"

典史战战兢兢说道："将军，顾知县先离开县衙，县丞出去得晚，下官猜他们一定是帮王阳明过……过江吧！"

闵念四冷笑道："这不结了！砍了他，不留一个活口！"

闵念四把手一挥："走，去江边！"

一千名驰马舞刀抢剑的盗匪入丰城县。黎民百姓手无寸铁，只能被当作案板上鱼肉，任人家宰割。

王阳明急匆匆往前走，这时田庄飞快地从后面奔上来。

王阳明说道："田庄，你怎么啦？有事吗？"

田庄急忙说道："老师，你看，那个推木轮车的人怎样？"

王阳明看了看那个推木轮车的人，立即明白了他的心意，笑道："田庄，还真像！"

田庄点头道："既然如此，老师我去和他说说！"

娖婳对王阳明说道："夫君，你笑什么？你和田庄神神秘秘说什么？"

王阳明笑着低声说道："这个田庄头脑灵活，这件事，我没说一句话，他竟能悟出来，聪明中真有点诡诈！"

田庄匆匆追向那推车的中年人，笑道："老伯，你这匆匆忙忙干什么呀？"

中年人看了他一眼说道："年轻人，你还不快跑，南昌的宁王反啦！这地方很快要打仗了，一打仗最遭殃的就是咱老百姓！"

田庄说道："老伯，我这里有件急事，不知道您肯不肯帮忙，您只要帮忙，我给您银子！"

中年人笑道："年轻人，我告诉你，除了见四省巡抚王大人！对，人家见过巡抚王大人的说，我长得极像王大人，你要让我为王大人做事，我分文不取，用侠士的话说，'刀山火海，万死不辞'！"

田庄笑道："老伯，世上的事巧了，这四省巡抚王大人今天真有事，正想请您帮忙呢！"

中年人停下木轮车四处看了看说道："年轻人，你别哄我。王大人在赣州，他不在丰城，这草民是知道的。不说别的，草民这辈子只要能和王大人见上一面，就是草民最高兴的事呢！"

田庄双膝跪地，说道："老伯，我田庄在黎民百姓面前，从不说谎，四省巡抚王大人就在那边，不信我带您去看！"

中年人推起车笑道："走，有王大人在，我们丰城的百姓就什么也不怕了！走！年轻人，我跟你见王大人去！"

当田庄和推车的中年人来到王阳明跟前时，已近江边。

顾佖皱眉道:"御史大人,此乃何意啊?"

王阳明和那酷像他的中年人握手笑道:"老哥啊,今有件事真是要麻烦你帮个忙。"

中年人满脸笑着说:"王大人,虽然您没在咱丰城打过盗贼,但丰城人都知道你呀!你专为老百姓除害,过去为害十几年的盗贼,官府都拿人家没办法,大人一到,那叫连根拔!大人把盗贼抢走的土地又分给百姓,就冲这件事,百姓们天天念大人好呢!大人说吧,就像侠士英雄说的那样,只要王大人一声令下,刀山火海,万死不辞!"

王阳明把闵念四率一千名精兵追赶的事对他说了,让他装扮成自己以假乱真,只是苦了他,并问他叫什么,有朝一日,滴水之恩当以涌泉相报。

中年人笑道:"大人,你只要记住丰城县韩仁义就足够了!草民知道大人是最好的朝廷官员。为大人这样的官员上刀山下火海也值,至于银两、答谢这些不要说!"

王阳明向顾佖和那个县丞说道:"你们俩马上记下韩仁义这个名字,今日这件事平安过去则罢,倘有不测,重恤其家人,奏表上疏,县予旌表!"

顾佖点头道:"大人放心,倘今日下官遭不测,还有县丞呢,丰城县能为御史大人做事,乃我丰城之幸,百姓之幸!"

说话间,田庄把老师脱下的官服与韩仁义换上,他向冀元亨、卢尚德说道:"两位师兄,现在他像咱们老师吗?"

罗钦顺点头道:"师兄,极像!"

此时,在江边上停靠了许多船,特别是听说南昌的宁王朱宸濠造反自己称了皇上,战乱一起,丰城必然陷入战乱之中。百姓没有别的办法,只有携家带口逃离丰城,到没有战火的地方,这就形成了巨大的难民潮。难民潮流到哪里,哪里就一定会食物奇缺,打砸抢、冲击县衙和粮店等事层出不穷。而昔日以捕鱼为生的渔民们,见江边集聚了这么多人要渡江,自然也都选择了摆渡挣钱。

王阳明让替身站在江边,看到闵念四的千名精兵之后再上船,引诱闵念四等率众追赶。丰城知县顾佖和县丞把王阳明送到江边,告辞转身回县衙。

正在这时,王阳明看到一个能容下他们二十余人的大船,船上有四五个摇橹的人,遂急忙奔过去,匆忙上了船。开船的人已经知道闵念四这个江洋大盗正率领士卒四处抓捕王阳明,他们见过王阳明的画像,在江上打鱼的百姓俱知道闵念四,提起闵念四无不胆战心惊,知道他是鄱阳湖闻名的杀人魔王,越了货财还要杀人。因此,任冀元亨和王阳明等如何说好话,那船夫就是不开船。这时,闵念四率领的一千名精兵,已经从城内来到江边,正在四处搜捕王阳明,他们的喊叫声、大骂声已经传过来,形势十分危急!

卢尚德拔出长剑喝道:"我看你就是真正的刁民,与闵念四是一丘之貉,马上开船!"

那为首的说:"官爷!我们是江上打鱼的人。我们有我们的规矩,倘开了船,闵大王查出来是我们的船,他不但会没收我们的船,还要杀我们全家。官爷,草民真的不敢开呀!"

卢尚德"嗖"地飞旋长剑,将为首的一只耳朵削下,怒道:"再不开船,我要你的命!"

为首的捂着耳朵,吓得魂不附体,疼痛难忍地号叫了一阵,观卢尚德的长剑抵在他身上,急令众摇橹手开船。帆遂扯起,但没有风,船进展迟缓,眼看闵念四率人奔来了。

冀元亨急切道:"你们快划!快划呀!"

卢尚德亦怒,仗剑在船上走来走去,向摇橹的汉子们吼道:"快划!快划!快划!"

此时王阳明自己双膝跪于船头,面向天,双手放于膝上,双眼微闭道:"上天啊!上天啊,阳明乃尘世间朝廷的大臣,今突闻洪都宁王朱宸濠大逆不道,僭称皇上,他已起兵欲称帝,从此天下将大乱矣。祈求上天起风,助船速发,让王阳明乘风速至吉安调兵遣将,匡扶社稷于危难之中,阳明终不忘上天之大恩矣!"说也奇怪,至三遍时,北风急急而来,顿时,北风呼啸着吹动大船疾行,闵念四率人至岸边时,大船已飞驶而去。

闵念四正要大怒时,有两个侍从奔来说道:"将军,方才驶去的大船,乃以假隐真,小的抓到了真正的王阳明!"

说着两个侍从把假王阳明带上来,闵念四疑惑道:"可是这不对呀,刚才的那条大船为何急匆匆而逃呢?"

侍从说道:"将军,刚才的大船肯定坐着王阳明的夫人及其弟子,但是将军如果率人去追,就把这个王阳明漏掉了!陛下让咱们抓捕王阳明,这才是陛下真正要得到的人,其他人又有何用呢?"

闵念四点头道:"对!王阳明想给咱们玩调虎离山之计,多亏弟兄们精明,我才没有上王阳明的当,走,把王阳明带回去,见陛下!"

在这天夜里,王阳明与夫人及众弟子来到临江。临江知府想挽留王阳明,王阳明向临江知府提出了两个条件,如临江府能做到,他就可以留在临江组织讨伐叛逆。这两个条件,一是发动黎民百姓组成至少八万人的义军;二是有了这些讨贼的兵马,还要供应这八万余众的粮草。临江知府摇头说莫说三五十天内,就是半年恐也组织不起八万人马,何况供应八万人的粮草呢?因为临江地方狭小,兵马粮草根本无法筹集。

按距离计算，从临江府到南昌不过百里，宁王朱宸濠的叛军完全可以朝发夕至，真正打起来，临江没有回旋余地。王阳明决定立即返吉安，那里有和他一同剿匪的知府、知县等，且那里是执行十家牌法最好的府县，机不可失，遂连夜急驰吉安。

到达吉安之后，首先和吉安知府伍文定见面。此时伍文定得知宁王朱宸濠举旗叛逆自立为皇上，非常急躁。可他只是个知府，根本不可能和拥有近十万之众的宁王朱宸濠抗衡。他正处在英雄气短无力回天的煎熬之际时，王阳明到了，他非常振奋，但是事情真到了着手办理时，王阳明却有些为难！

伍文定叹道："御史大人乃四省巡抚，又有提督四省军务兵备之权，那领军旗牌尚在，有何为难？"

王阳明说道："前段时间，四省盗贼围剿全胜后，朝廷给本院又来了个敕令，封本院为南赣、汀漳巡抚，这是一；再就是本院到吉安之前半月，福建福州三卫军人进贤等人胁众叛乱，朝廷敕令命本院前往平叛。当本院六月初九从赣州出发启程往福州时，十五日下午经过丰城县城，闻听知县顾佖急告，称本月十四日宁王朱宸濠叛乱，故而本院乘船经过临江，现在才到了吉安！"

伍文定点头道："御史大人，下官知道，一是御史大人没有接到平叛宁王朱宸濠的敕令；二是南赣、汀漳巡抚似没有提督军务兵备之权，依下官看，当以国家大事为重，福州三卫军人进贤等胁众叛乱，无论如何都不能和朱宸濠叛逆相提并论！御史大人当避轻就重！时下，叛军之势如火，稍纵就会蔓延，难以遏制！眼下朝野内外，唯大人能振臂一呼四方响应！下官真心求御史大人担当此次重任！"

王阳明笑道："文定，此次本院既然舍弃福州三卫军人进贤等胁众叛乱，而转到吉安，就是要下定决心，担当此任！两个顾虑虽在心中，但挥之即去，关于此次平叛之行动计划，稍后咱们认真议一下，眼下最迫切的是马上向朝廷奏报朱宸濠叛乱之事。"

于是王阳明让伍文定准备笔墨纸张，稍加思考，便挥笔写下了《飞报宁王谋反疏》，然后与吉安知府伍文定、赣州知府邢珣等商议，根据宁王朱宸濠兵力进行部署，一是他直取京师，则朝廷危急；二是出长江顺流东下，则南京不可保；三是只顾夺取南昌周围府县，则平叛之事可缓也。但是，最担心宁王急速发兵，故而必须用计策干扰他，迟滞他过早出南昌。

邢珣问道："御史大人，我们现在当如何迟滞宁王的行动？"

王阳明说道："这样，让倚临南昌的四周各府县，马上传出情报，说本院收到了朱宸濠属下的左右丞相兼太师、国师李士实、刘养正以及干将凌十一、闵念四投诚内应密信！假说他们会早日把宁王军带出南昌，官军则掩杀之。假的说上一百遍，会让宁王认为是真的。只要迟滞了宁王离开南昌的时间，为咱们组织兵马就赢得了

五十二　丰城祈凤赐船发　万民踊跃聚兵马　｜　655

时间！"

邢珣点头道："好，这件事下官马上去部署南昌周围各府县，加快在府衙、县衙和大街通衢之处，四处公开向黎民百姓传达，以安民心，让朱宸濠知晓。"

王阳明说道："现在本院当伪造兵部密令各地迅速组织兵马准备平叛的公文。公文中要明确当今圣上对宁王谋逆早有防备，严令江西兵备军务必须按兵不动；都督许泰，却永将边兵；而刘日军、桂勇将京兵，各准备四万兵马，水陆并进，直逼南昌。而南赣巡抚王阳明、湖广巡抚秦金以及两广巡抚杨旦合领兵十六万齐头并进，直捣南昌！"

伍文定点头喜道："御史大人是要让宁王看到，朝廷已调动千军万马，日夜兼程，齐头并进，直捣南昌，来平叛宁王叛乱的形势！"

王阳明让侍从快马送走《飞报宁王谋反疏》之后，关起门来，手握笔不停地开始制造兵部的假公文和朝廷的敕令，两日内写了二百余件，即发公文火牌，他把这些假公文、敕令写成手本后用蜡封好，令府县衙抽调官员，让他们拿着这些蜡书，又给了盘费，让他们秘密出发，假意星夜前往南京及淮扬等处报与官军，而且途中故意把这些情报泄露给宁王。这些假情报、公文、敕令真的为宁王朱宸濠所得，宁王朱宸濠一时举棋不定。

尘世间之事，多有误打误撞者。就在宁王朱宸濠借其六月十三日生辰摆宴、杀了江西巡抚孙燧与副使许逵之后，恰闻当今圣上派遣有驸马参加的三人组成的钦差大臣，前往南昌宣旨。宁王朱宸濠以为这肯定是当今圣上逮捕他的敕令，遂在宁王府前组织了奉太后诏，讨伐叛逆的点将发兵仪式。当朝廷的驸马等三位钦差大臣到宁王府门前时，宁王命人立即扣押了他们，结果从他们身上搜出了"革其护卫"的敕令，但宁王的反旗已昭告天下，想退回去已经不可能。

这天，宁王朱宸濠收到左右丞相兼太师、国师李士实、刘养正和凌十一、闵念四的投诚王阳明密信，立时大怒，传令把李士实、刘养正带上来。

李士实与刘养正不知道怎么回事，二人被押上来之后，齐声说道："陛下，大军未发，为何拘押我们？"

宁王朱宸濠大怒道："就是汝二人，成天在朕耳边，让朕名正言顺登基。朕刚登基几天，你们就私下与南赣巡抚、朝廷左佥都御史王阳明勾结，试图兵马出南昌之时，会同官军掩杀朕的兵马，你俩着实可恶！当诛！来人，速将二人拿下，门外斩讫报来！"

此时，侍从把李士实、刘养正拖翻在地，扭了即往外走。李士实大怒道："朱宸濠你疯了，大事未成，所为何事要杀我李士实！"

刘养正亦大怒道："朱宸濠，我刘养正前后侍奉你十余年，今大业将成，我没功劳，当有十余年的苦劳吧，现在你就卸磨杀驴，未免太早了吧，我刘养正死不瞑目啊！"

宁王朱宸濠见二人从未如此大怒过，喝令武士把二人押过来，大声说道："李士实、刘养正，你们俩是在王府十余年，可你俩为何卖主求荣，欲置朕于死地？不信，你们看这信就知道！"

李士实和刘养正接过书信看后，齐声道："陛下圣明，我二人冤枉！冤枉！"

宁王朱宸濠说道："李士实，你冤在何处？朕封你左丞相兼太师，这正是朕一人之下、万人之上的次尊之位，可你却卖主求荣！"

李士实说道："陛下，臣敢面对天地发誓，臣绝无此事，此乃王阳明的离间之计！请陛下想想，王阳明知陛下势重，他不敢刀对刀、枪对枪和陛下公开对阵。所以，他才用离间之法，挑拨君臣关系，陛下千万不要为人所利用，上了王阳明的当啊！"

刘养正亦跪启道："陛下知道，臣与王阳明虽是同门师兄弟，但是臣十余年来，一直侍奉陛下。可他呢，一直为朝廷做事，充当朝廷的鹰犬。他行四省巡抚之职，把四省的盗匪都围剿殆尽，而今见陛下公开讨逆，有近十万之兵马，他不敢抗衡，才用这种小人的下作手段，离间君臣关系，故而臣也冤枉！"

宁王朱宸濠摇头道："刘养正，你和王阳明关系非同一般，上次王阳明的弟子冀元亨到王府与朕论学，当时在冀元亨与那两个随从弟子回赣州之时，你公开反对朕斩草除根。你执行的设伏诛杀冀元亨，不知是故意手下留情，还是你私下与王阳明约定，为掩朕耳目，只杀死两个王阳明的弟子，而放走了冀元亨，难道朕说得不对吗？"

"陛下，刘养正忠心耿耿跟随陛下，岂能生此二心？请陛下明鉴，千万不要伤了刘养正一片赤胆忠心！"刘养正叩头说道。

宁王朱宸濠冷笑道："刘养正，朕养条狗，还知道向朕摇尾乞怜呢，狗这个东西和名字虽然不好听，但它是忠臣，朕有了这封你与王阳明勾结的密信，加上上次你有意放走冀元亨，刘养正，你说，朕能不怀疑你对朕的忠心吗？"

刘养正本意是想当着宁王朱宸濠向众文武官员表示无此事的忠心，他现在是洁身坠入污泥潭，怎么办也难以自洁。他想掏出短刀，当众剁自己一只手，可是他根本下不了手，再说万一真剁了手陛下还不相信呢？于是他想剁一个手指。可是身体发肤受之父母，自残剁手剁指都是对生身父母的亵渎。他只好用力叩头道："陛下，刘养正问心无愧，绝没有私下与王阳明来往，请陛下明鉴啊！"

朱宸濠叹道："哼，刘养正，这都是古人今人用惯了的推托的常用词！心在你胸内，朕隔着衣袍怎么看得清呢？得，朕不看功劳看苦劳，朕不能让人说，大业未成就卸磨杀驴，但朕心中阴影难除，你将功补过吧！"

待宁王朱宸濠看到跪伏于阶下的闵念四一点知罪之意都没有的时候，他大怒道：

五十二　丰城祈凤赐船发　万民踊跃聚兵马

"闵念四，你知罪否？"

闵念四似乎想到了他率一千名精兵从丰城回来的事，点头道："陛下，属下忠心耿耿为陛下做事，罪在何处？"

宁王朱宸濠怒道："闵念四，上次朕派你率一千名精兵，夹江而进，捕抓从赣州出发到丰城的王阳明，他一行才二十余人，丰城县衙又没什么兵马守卫，你怎么就抓回来一个假王阳明呢？这只能是一个解释，你和王阳明事先约定，以假乱真。现在就是最大的明证，假王阳明死了，真的王阳明还在，而且他还组织指挥着军队准备攻打南昌。闵念四，原来你就是王阳明安插在朕身边的眼线卧底！"

凌十一最清楚闵念四的忠心，他奏道："陛下，这或许是巧合。闵将军对陛下多少年来忠心耿耿，他绝不会是王阳明的卧底和眼线！"

闵念四此时回想在丰城江边捕获王阳明的前后过程，叩头道："陛下，抓获王阳明时，那么多人都在现场，况且末将一直在指挥抓捕，末将怎么可能是王阳明的卧底和眼线呢？包括陛下在内，对，还有国师刘大人，都说这是一次震惊朝野的大胜利，竟抓捕了四省巡抚、朝廷的左金都御史王阳明。当时诸位都没说什么，并没任何疑问，当场就把他杀了！末将闵念四做王阳明的卧底、眼线，这可能吗？"

闵念四的这些话，让殿内文武官员陷入了沉思，当时假王阳明一句话也不说，至死不渝，高昂着头，誓不下跪，侍从踢打他的腿跪下了又站起来，宁王朱宸濠怕夜长梦多，当场就拉出去杀了！

朱宸濠怒道："可是，死的那个一定是假的！若不然，现在在吉安府组织指挥军队准备围攻南昌的四省巡抚王阳明是假的吗？刘养正，王阳明是你的同门师弟，你来辨别一下这个敕令，一鉴真伪！"

刘养正接过来看了看，道："陛下，不错，这张火牌绝对出自王阳明之手，别人模仿效法不得，因为字里行间透露着王阳明的傲骨神韵，这些你们或许不懂，我最了解他！"

闵念四大怒道："国师，睁开你的雀鸟眼，好好看，看清楚了，你这一句看似寻常，却会置我闵念四于死地！"

宁王朱宸濠讥笑道："诸位听听，刘养正道出真相，前些日子咱们杀死的是假王阳明，真的王阳明还活着！闵念四这是你与王阳明勾结，故意做的局，设的圈套，先让朕杀了假王阳明，待朕率兵马出南昌时，你再与真的王阳明联系，设伏让官军掩而杀之，则朕的大军必败！这才是你闵念四和王阳明的真正目的！"

凌十一大怒，上前扇了闵念四一耳光，喝道："闵念四，原来你真的吃里爬外，做了王阳明的卧底。怪不得当时陛下让你率一千名精兵，夹江而上去丰城抓捕王阳明时，你一蹦大高，说什么，你们放心，这回王阳明就是姜子牙、诸葛亮再生，也逃不出我闵念四的手掌心！原来是你和王阳明商量好的，让你立一回大功，让陛下更加信任你，然后陛下率军出南昌时，你和王阳明里应外合，设伏掩杀陛下的兵马。闵念四，当真的王阳明出现时，你的老狐狸尾巴，再也藏不住了！陛下，此乃天助也，若不然，连我凌十一也被蒙在了鼓里，咱们大家都会上他闵念四的大当！"

闵念四高声吼道："陛下，我闵念四说心里话，自从我做盗贼以来，我杀人抢劫无数，奸污糟蹋过多少女人，我已经头顶长疮脚下流脓，我从里到外坏透了恶透了！王阳明恨我闵念四如同恨已经杀死的詹师富、谢志珊、蓝天凤、池仲容，他怎么可能与我这个和他水火不容、善恶不同的盗贼勾结呢？我若说的这些话有一句不是发自内心的，出王府大门立死！"

宁王朱宸濠叹道："闵念四，你刚才说得不错，可是现在真的王阳明还活着，你怎么说吧？"

闵念四哭丧着脸，咬牙切齿地说道："陛下，不过，我闵念四今不想当众起什么毒誓，尽管刚才我说的出门立死是气话，但我不想起毒誓，真的，我不想！"

宁王朱宸濠摇头道："闵念四，你为什么不想起誓，难道你怕自食其言，你怕上天惩罚你吗？"

"不，陛下，你说过的，凡发誓斗狠的，都是在抓救命稻草，是人到最后无法证明自身清白的常用词，是老生之谈！陛下你不信的！"

闵念四并没有使宁王朱宸濠回心转意，更没有解除他的疑惑之心。宁王朱宸濠长叹道："闵念四，人这种东西很怪，提起裤子不认账，盗了财物转身不认账！所以，再信誓旦旦，就是把地上的一棵竹子说开了花，把一匹死马说活了，也没人信！这都是世人诡诈所致。所以，现在朕还是不信！"

闵念四近乎乞求道："陛下，你如何才信？难道如西周时，亚相比干剖出七窍玲珑心来，陛下才相信吗？"

朱宸濠摇头道："别、别呀，你挖出心来，你自当死了，朕要你一个死人还有何用？"

闵念四"嗖"地掏出短刀说道："陛下，闵念四愿剁掉一只手，以表真诚之心！"

朱宸濠说道："闵念四，这是苦肉计，很难让人识别真假。这样，朕要你一根小手指，足以表达你对朕的忠心！"

闵念四高喝道："好！闵念四送陛下一根小手指！"说着，把手放在地上，手起刀落，一根小手指掉了，血水涌了出来。

朱宸濠这才点头道："至此，朕才相信你方才的话是真的！"

王阳明和吉安知府伍文定及赣州知府邢珣等围坐在一起，商议招募兵马和筹集粮草事宜。是啊，朝廷还不知道宁王朱宸濠已谋逆，自称皇上。所以，别指望朝廷的兵马，只能靠这些人筹集兵马、粮草。

伍文定说道："御史大人，现在府衙、县衙的公人好说，随时都能集合起来，最难的就是招募义兵。百姓不愿打仗，官府一说招义兵，躲的躲，藏的藏，咱这吉安府和赣州府相似，当年按《十家牌法》官府有底账，张三家有一个兵，一查就出来了，去了一查验是那个人，多余的话不用说，带上就走了。可现在呢，一天招不了十来个，照这样怎么打？"

赣州知府邢珣也说："御史大人，过去咱们打詹师富、谢志珊、蓝天凤、池仲容的时候，有大人亲手制定的《十家牌法》《南赣乡约》，黎民百姓那叫一个踊跃啊，根本不用我这个知府发话，我属下的人到县、村一走，呼啦啦来了一大群百姓，都不带讲发饷的，跟上队伍就走！可现在盗匪已除，百姓分回了田地，再招募义兵非常难！"

王阳明摇头道："依本院看，还是我们府衙和县衙的公人没把道理讲透，没讲到心甘情愿时。这样，今儿赶上吉安的大集日，诸位随本院到人口通达稠密之处，招募义兵！"

虽然宁王朱宸濠叛乱的消息，已经传遍了吉安城，但人们到集市上交易的氛围不减。王阳明一走到大街上，似乎有些百姓认识王阳明，高声说："你们看啊，那个是四省巡抚御史王大人！他怎么又来了？"

有人说道："是啊，前两年就是这个大人招募咱老百姓当兵，把四省的盗贼都消灭了。这个人很会当先生，他讲的课人们都爱听，听了他的课才知道，做人哪，要有良知，没有良知这个社会就不可救药了！"

"是啊，是啊，当时要不是这个大人当先生，我那儿子怎么会浪子回头呢，这不前几天中了进士，回家报喜来了！"

王阳明见很多百姓都围上来，就向大家招手。他站在十字大街最耀眼处，向百姓们施礼道："吉安府的父老乡亲们，今儿咱们又见面了！"说到这儿，王阳明有意停下来，向一个年过六旬的老人问道："老哥，知道我为啥回来吗？"

那老汉满脸笑地说道："大人，草民知道，是因为南昌有宁王想当皇帝，他举兵造反呗！"

有人说："宁王富甲天下，他家很有钱，他又招了凌十一、闵念四那些大盗贼，大人这可不好消灭啊！"

王阳明高声道："乡亲们说得不错！宁王朱宸濠是有钱。可是乡亲们，拍着你们自己的胸口说，你们愿意让他率兵打过来，占咱们吉安府，把下面的九个县衙都占了吗？"

众百姓齐声道："大人，当然不愿意！"

王阳明问那老汉说："老哥，你为啥不愿让朱宸濠占呢？"

那老汉说："大人，草民知道，朱宸濠真的率兵占了吉安府，包括吉安府下面的九个县，咱老百姓要倒大霉！要抓兵抓夫，修洪都，建他的皇帝城，咱们的罪就接二连三全来了，一天到晚咱老百姓谁也别想安生！地是他的，城是他的，咱们没活路，还得拖儿带女背井离乡啊！"

王阳明高声说："所以，我王阳明愿意和咱们吉安府把百姓们组织起来，特别是把青壮年都组织起来，还像前两年一起打詹师富、谢志珊、蓝天凤、池仲容那样，父老乡亲们有人的出人，有粮的出粮，咱们打到南昌去！彻底消灭他，为百姓除掉朱宸濠这个大祸害，行不行啊，乡亲们？"

众百姓纷纷把胳膊一举，齐声呼道："行！行！行！"

就这样，两三天就聚了数千名义兵，粮食也筹措到了。王阳明和几个知府商定之后，凡百姓纳粮的，官府以市场价给付银两，这样不但纳粮的多，而且愿意成为义兵的青年男子越来越多。

伍文定向邢珣等人说道："御史大人在我们吉安、赣州、南安、临江、抚州、饶州等名气很大，大人又能打仗又能讲学当先生，他在吉安城振臂一呼，万人响应！这次平定宁王朱宸濠叛乱，非御史大人挂帅不可！"

邢珣叹道："是啊，刚开始时，我认为这是根本不可能的事，要平叛朱宸濠，不说朝廷派出几十万，起码也要一二十万大军，才能与朱宸濠对阵。现在看来，指望朝廷，没有一两个月时间，大军到不了南昌，到那时朱宸濠的叛乱大火就烧大了，有御史大人这杆大旗举起来，还得靠府衙、县衙这些公人和老百姓的义兵！伍知府，你敢和我打赌吗？"

伍文定笑道："你呀，现在咱们这么忙，准备战前刀剑、长矛，准备竹箭，制作盔甲、盾牌、头盔，包括车辆、船只、牛马，要招收抬担架的义勇，这些事多了去，你还有心思打赌啊？"

邢珣笑道："那当然！咱们御史大人历来如此，有张有弛嘛。我要说的是，从现在起一个月内消灭朱宸濠，你敢不敢赌？"

伍文定诡秘地向几个知府和知县说道："你们不知道，这两天咱们邢知府被御史大人叫进房内，他知道了御史大人的作战方案，所以，他才敢和我打这个赌。诸位说，我伍文定赌不赌？下不下这个赌注？"

五十二　丰城祈风赐船发　万民踊跃聚兵马

五十三　布下疑兵夺南昌　宸濠优柔兵难张

众人看了看志在必得的邢珣，齐声说道："下吧，赌吧！"

伍文定通过跟随王阳明围剿盗匪，他和邢珣成了无话不说的至交好友。伍文定问道："邢知府，一月内消灭朱宸濠，咱赌什么？"

邢珣笑道："咱俩过去因朝廷让剿匪之事互相推诿，几乎成了仇人。御史大人来了，咱俩今成了生死兄弟。论年龄，你长我一岁，这样，你老兄若输了，我邢珣不要别的，咱一不赌金，二不赌银，那太庸俗，掉咱四品知府的价！这样，你当着诸位，为我邢珣穿官服如何？"

伍文定点头笑道："好！我明白，我这个兄长输了，按咱们老祖宗传下来的礼仪，兄为弟正冠，这是上天恩赐的一种教诲机会，我愿赌！"

邢珣笑道："诸位，看看，我这位文定兄，这几年跟随御史大人越发知书达礼，尤其对咱们御史大人的心学，说起来头头是道！我不管你什么兄长教诲呀，什么上天恩赐呀，我邢珣只要这个面子，你文定曾经给我邢珣穿袍正冠！这个面子足够我这辈子在别人面前炫耀逞能啦！"

伍文定把手一挥说道："好！只要一个月内把朱宸濠这个大逆贼灭了，咱江西安定，黎民百姓不再遭受战乱之苦，这个面子，我伍文定给定了！"

中午时分，王阳明正与七八个知府、知县商议如何击溃朱宸濠的南昌叛乱时，侍者入内禀道："御史大人，今有朝廷监察御史谢源、伍希儒两位大人，途经吉安，特来拜会大人。现在门外等候。"

王阳明一听喜道："诸位，请随本院一起出外迎接两位大人！"

谢源和伍希儒见王阳明满面春风笑着率众知府、知县来迎接，谢源急忙施礼道："御史大人！今天我们二人若不亲眼见，怎么也不会相信，御史大人竟能带着府衙、县衙的公人们和组织起来的老百姓义兵，把朝廷十几年没有办法对付的四省盗匪彻底消灭了。下官不得不发自内心地说，御史大人真乃前无古人，后无来者，天下第一文武全才的双雄官！"

王阳明笑道："谢兄、伍兄，过誉！过誉！我王阳明没有三头六臂，归根到底，我只是挂了个帅,因为有这多肝胆相照、生死相依的知府、知县和老百姓们支持、帮助,他们都敢以命相搏,四省盗贼之事才得以根除!"

谢源、伍希儒在王阳明等陪同下落座之后,伍希儒说道:"御史大人,宁王朱宸濠号称十万兵马,在南昌造反谋逆,声势浩大,如果朝廷出兵,至少二十万才可消灭朱宸濠,你们现在没有大船,都是些渔民的小船,又都是没经过训练的黎民百姓,这仗怕是难打吧!"

王阳明叹道:"再一个,本院挂这个帅,还名不副实,但遇此种大逆不道之事,本院又不得不挂这个帅!"

谢源皱眉说道:"御史大人,下官刚听说了,大人原本是南赣、汀漳巡抚,奉命平定福州三卫军人进贤等叛乱,可刚到丰城闻宁王朱宸濠叛乱,遂急忙回到吉安,要平定朱宸濠的叛乱!这不是皇上的敕令,是大人自愿的。"

王阳明正色道:"即使如此,但遇这种忤逆之贼,凡朝廷官员自当人人踊跃,个个效力,众人奋起方可诛之!如二位大人不弃,且有一腔杀敌热血,请二位大人留下来,咱们一同平定朱宸濠的叛乱如何?"

谢源喜道:"好,下官与伍大人虽是文官,也想亲身见证一下战场厮杀,只要御史大人不弃,下官与伍大人听凭大人调遣!"

第二天的上午,王阳明拿出了自己的平叛方案,伍文定第一个说道:"御史大人,以下官看,今安庆十万火急,且朱宸濠属下近两万人围安庆,一旦安庆城失,朱宸濠之军必然长驱直入,到那时,再救安庆,围堵朱宸濠之军只怕为时已晚!"

临江知府戴德孺点头道:"伍知府切中要害,当为上策。"

邢珣则说道:"朱宸濠就是仗着咱们这些知府兵马少,防御空虚,他就像一个贪婪土财主,出了南昌大门,看见什么都想收归他有!要这样,咱们只能跟在朱宸濠后边打被动仗,说难听一点,让他牵着咱们鼻子走,咱们这么多知府,脸上无光啊!"

谢源有些担心地道:"御史大人,咱们面对的是十万之众的叛军,咱们真能打败朱宸濠吗?"

王阳明坚定地说道:"诸位,朱宸濠志在篡位,他空口说什么奉太后遗诏,这纯属子虚乌有!他故意找个冠冕堂皇、蛊惑天下、扰乱人心的托词,掩盖他真正谋逆的嘴脸!诸位首先要坚定信心,自古邪不压正;其次老百姓就怕社会不稳定,战火纷纷。有了这两点我们就有了必胜的根基。当然有牢固扎实的根基,还要有非常适合当前形势和未来局势发展的好的战略方案!"

侍者明白王阳明的心意,急忙把一根三尺长的木棍递给王阳明。王阳明把江南地形图展开,指着地形图上的地名标识说道:"诸位,今九江府、南康府已为叛贼占据,而朱宸濠的精锐之师却在皖。皖虽坚城,但贼力并未受到重挫。现在我们必须打破常规,兵法中有一计叫作围魏救赵,安庆也好,朱宸濠的精锐之师在皖也好,我们暂且不理他,不是因为那里不重要,而是因为我们手中可用的兵马太少,而且大多数没经过正规训练,我们眼下的剑锋当直指朱宸濠的老巢南昌!"

伍文定担心道:"御史大人,以我们现在刚刚组织起来的义兵,主力直抵南昌,分明是以卵击石,我们连四五分取胜的把握都没有,怎么和朱宸濠对阵呢?"

王阳明笑道:"伍知府,你忘了,'兵者,诡诈也!'你想本院怎么可能像围攻城池一样,架设云梯,号角一响,从四面八方攻打南昌城?本院告诉诸位,现在朱宸濠在南昌城东西南北四座城门上,礌石、滚木、竹箭准备得非常充足。不过,他已经张开了五指,贪的地方越多,他的兵马就越分散。他这里增兵,那里需要人马,他快忙昏了头!本院只是摆出了一副假意围攻南昌城的样子,咱们真正的意图正在于此!"

邢珣点头道:"对,下官似乎明白了,御史大人摆出假攻的阵势,这只是表面的战略部署,其目的是利用南昌城留住更多的朱宸濠人马,让他无暇他顾!这个战略像根无形的绳子,首先牵住了朱宸濠的鼻子!"

王阳明接着说道:"围城只是佯攻之态,也是真正的意图。我们不能越南昌,与其相峙江上。与其驰兵相助,不如化佯攻为真心直捣南昌!"

伍文定点头说道:"对,看似佯攻,实乃真攻,故大摆迷魂阵也!"

王阳明接着说:"朱宸濠现在是个贪财贼。他不断派遣兵马占这里、守那里,其精锐尽出。所以今天的南昌城守备已空虚,而我军新集锐气正升,攻必破!当贼闻南昌城破,必调集各方面力量解围自救。他牵着这儿顾着那儿,东拉西扯,自顾不暇,届时我军再逆击之于湖中,岂能不一举击溃朱宸濠?"

伍文定和邢珣喜道:"好!妙策也!"

朱宸濠十二年之前就曾想谋逆篡位。从那时起,他就着手组织招募兵马,直到正德十四年六月十三日,他生辰这天杀死江西巡抚孙燧与副使许逵后,才决定造反。但是他的兵马和粮草,都处在原始状态。他封的左右丞相兼太师李士实和刘养正,催促他即刻率兵顺水而下,只要捣毁了南京,就可在南京实施登基大典,待把江南收附之后,再过江北上,直捣京师。

先前,宁王朱宸濠被登基大典上山呼万岁的恭贺声所吸引。可当他组织这些兵马时,却发现许多在南昌以外的兵马并非那么轻易能调动。

凌十一的属下驰马回来奏道:"启奏陛下,王阳明和吉安知府伍文定,现在正一筹莫展，他们在吉安城招不来兵马，只有府衙、县衙的那几个现成的公人在那儿瞎喊叫。"

宁王朱宸濠一听哈哈大笑道："诸位爱卿，此乃天助我也！王阳明是个大将之才，但他手下没兵马，仅凭那些府衙、县衙的公人，他根本拉不起队伍。朕十万精兵，投鞭足以断水，十万之师大喊一声，就可以地动山摇。"

李士实奏道："陛下，此乃天赐良机，陛下当立即御驾亲征，率主力顺水而下，直捣南京，一路必是风扫残云，则大业可定矣！"

刘养正也说道："陛下，从南昌到南京，我们主力走水路，左、右军可以在陆路并进！属下把长江两岸的官府兵马人数粗略算了一下，任何一个知府也抵挡不了十万兵马的水陆并进！南京攻下，陛下即可登基称朕道寡了！乞请陛下，抓住这个天时，机不可失，早日杀出南昌去！"

凌十一摇头道："陛下，杀死孙燧、许逵本来就仓促，到现在属下的兵马尚未集聚，主力直捣南京是一步好棋。可咱们现在锣齐鼓不齐，怎能冲出南昌？再说，属下听说，这个御史王大人擅使诡诈，常常不按套路出牌！平定赣、湘、闽、粤四省盗贼时，连陛下都知道，朝廷没发一兵一卒。剿灭詹师富六七千人后，他只向朝廷要了统兵旗牌，提督四省军务兵备之权，他手中有权提督四省军务兵马，虽然朝廷没给他一兵一卒，但他可以调动四省的兵马，等于有了兵马。再加上赣州、南安、吉安等附近的府衙、县衙等公人，他便把四省的盗贼彻底消灭了！属下说的意思是，因王阳明奸诈，这一次他是不是摆出一副筹措不到兵马的样子，故意让我们伺机杀出南昌，然后，他再……"

闵念四点头道："昨日，我的属下就截获了朝廷的火牌，说当今朝廷早知道陛下迟早要造反，敕令江西的兵马先按兵不动，王阳明是不是也在执行这个敕令？"

宁王朱宸濠听了左，又听了右，各有各的说法，一时犯了难！

王妃娄氏平常只顾打点经营宁王府的生意，很少顾及宁王朱宸濠起兵之事，直到生日宴那天，发现宁王朱宸濠下令诛杀了江西巡抚孙燧和副使许逵，绑架了江西行省三司官员，她才知道宁王朱宸濠闯了大祸！

娄氏当时怒道："王爷，贱妾早就说过，老老实实做咱们的宁王爷、宁王妃有什么不好，你为何非要有这大逆不道的篡位之心呢？"

娄氏的话刚说完，宁王朱宸濠就站起来，说道："娘娘！说实话，这十几年来，咱们夫妻二人争吵都是为这事儿！这件事你无论如何也说服不了我。远的不说，今日我借生日宴杀死江西巡抚孙燧和副使许逵，这是我早就预谋好的，我还借此机会绑架了江西行省三司的要职大员，我已经到了非起兵不可之时，谁也拦不住！"

王妃娄氏一听,已无话可说。过了一阵,她说道:"王爷,即使如此,王爷可负荆请罪,上疏朝廷,听凭当今圣上发落,也总比犯下大逆不道之罪要好!"

　　宁王朱宸濠大怒道:"娘娘,此时,你说什么都是废话!诛杀巡抚、副使以及绑架江西三司,当为大逆不道之罪!在朝廷那儿,也是死罪!这有什么两样?"

　　娄氏说道:"当然不同!就算杀死了巡抚、副使,绑架了三司,只要王爷能负荆请罪,请求当今圣上发落,贱妾愿以整个王府之财献于朝廷,只求圣上免王爷一死。古代就有千金赎死之事,到时候听凭圣上发落一个地方,你我夫妻二人,加上这些儿女,咱们搭几间茅舍,男耕女织,自食其力,这不是逍遥自在的神仙生活吗?"

　　宁王朱宸濠怒道:"你别做庄子的逍遥梦啦,我明日在宁王府门口竖起反旗,让凌十一、闵念四把江西的署衙统统砸烂烧掉,南昌城、洪都都是王爷我的,然后我亲率主力,顺江而下,直捣南京!就在那儿,王爷我要举行登基大典,册封娘娘为皇后!你别说了,我朱宸濠已经无后路!"

　　从那时起,王妃娄氏一下子老了许多,头发开始花白,两眼开始模糊。当时,娄氏以为是劳累加争吵造成的,或许过几天会恢复过来;可是,过了几天依然如此。她认为宁王府的大限已到,她一个妇道人家,已经力不从心,不可能扭转宁王朱宸濠谋逆之心!

　　这天夜里,宁王朱宸濠与娄氏躺在床上的时候,他把娄氏拥入怀中,说道:"娘娘,明日准备一下,汝等一律随朕出征,咱们夫妻二人到南京登基,到那时,我可以称孤道寡,娘娘就成了天下女人之母,我们会盖更好的宫殿,天下就真的是我们夫妻二人的了!"

　　娄氏什么也没说,宁王朱宸濠抚摸娄氏脸颊时,发现娄氏已泪水涟涟。他把手抽出来,说道:"娘娘,不管你如何,我朱宸濠必须反!哪怕戴一天皇冠,哪怕只有一天山呼万岁,我死也值了!"

　　第二天,闵念四的属下回南昌奏道:"陛下,数以千计的黎民百姓围着朝廷御史王阳明和吉安府伍文定,招募义兵的大旗已经竖起来,把整个府衙大门口都挤满了!"

　　宁王朱宸濠惊道:"混账,前两天凌十一的属下说王阳明在吉安府为招不到义兵而犯愁呢,这才过了几天,百姓就蜂拥而至,是你亲眼看到的?"

　　那侍从说道:"小的所奏千真万确,连附近县的百姓都往吉安城内跑,争着要当义兵呢!"

　　李士实哈哈大笑起来。

　　朱宸濠惊道:"太师,此笑何意?"

李士实说道:"陛下,到现在为止,撇开朝廷不说,他王阳明初时就是两手攥着两把空指甲,他是光杆司令!看看,什么火牌啊、敕令啊,统统都是王阳明使的障眼法。他让陛下在南昌城左右摇摆,白白耽误了十几天,陛下,如今该彻底清楚了吧?"

朱宸濠一听,确如其说,王阳明正是用这种办法迟滞了他的行动,给王阳明留了宝贵的十几天,让朱宸濠失去了冲出南昌城打开一条通路的最佳时机。

朱宸濠高喝道:"太师所言极是,是朕犹豫不决、优柔寡断,耽误了十几天!不过,根据朕的判断,朝廷的反应至少要一个月。王阳明呢,即使他有了粮草、义兵,但他们没经过训练,是一群散兵游勇,不值得一战!凌将军、闵将军听令!"

凌十一、闵念四走出班列,齐声道:"陛下,末将在!"

朱宸濠说:"汝二人速率主力进攻南康、九江,待汝二人进展顺利,朕将出城率主力沿江而下!"

三天后,朱宸濠闻报王阳明的各知府尚未集结,说明他们雷声大,雨点小,七月二日这天上午,朱宸濠留万余人守南昌城,自率主力浩浩荡荡出了南昌城。

战争状态,敌我双方各自手中都有一个时间表。你的表在走动,人家的表也分秒不差地和你一样走动。战争最珍贵的就是机遇和时间,谁赢得了战争的有利时间,谁就掌握了战争的主动权。

王阳明和夫人娖婳刚起床,在侧室的儿子正宪听见了响动,就急忙穿衣,只怕到时候爹娘再叫他,他在这种东奔西走的生涯中学会了适应和担当,他已经开始长大了。

卢尚德奔过来,向王阳明施礼道:"老师,今日是在临江府樟树镇集结的时间,伍知府问老师的帅帐何时出发?"

王阳明直言道:"马上转告伍知府,该出发就出发。至于为师的帅帐,有你和田庄等弟子相随,咱们的安全根本不是问题。尚德,快通知你的师弟们马上集合,为师和你师兄还有事要吩咐,快去吧!"

按照王阳明的命令,各知府,包括个别知县,务于七月十五日率所招募的官衙公人和义兵,到临江府樟树镇集结,迟则军法论处。当然,此次和前两年围剿四省盗贼不同,那时盗贼分散在各地,而且都有恐惧心理,只怕断他们的粮道,四面围定攻打他们的山寨。而今呢,宁王朱宸濠以十万之众,且是训练有素、不惧生死的惯匪。王阳明心中明白,战争的决胜在于,一个指挥员要娴熟地运用天时、地利及人和三要素,以真示假,以假示真,抢抓机遇,恰到好处地出击,那么即使你面对的敌人再强大,再势众,也难抵御要害一击!

七月十五日这天,除南昌城、九江、南康、安庆等知府外,其他知府都率领自己所招募的义兵、其府衙内公人及部分官兵如期在临江府樟树镇会师了！

知府戴德孺、徐琏、邢珣，通判胡尧元、童琦、谈储，推官王玮、徐文英，知县李美、李楫、王天与、王冕等各率本部人马先后到达了樟树镇。七月十八日，王阳明率领官府军浩浩荡荡到达了丰城县。在此，王阳明对各部人马进行了具体分工，首先命令能攻善战的知府伍文定等向南昌的广顺等七座城门发起攻击。同时，卢尚德和田庄这日有了意外的收获，他们俩在侦察的路上抓获了凌十一的属下，他主动承认了在城外新旧坟场间埋伏了千余人的队伍，其旨在从攻城的王阳明属下后翼发起攻击，造成里应外合的胜战局面。卢尚德和田庄遂押着这个凌十一的属下来见王阳明。

此时，卢尚德和田庄等弟子纷纷请缨。王阳明说道："尚德、田庄，此役你们的任务就是通报协调各部队之间的进展及进攻情况，把各部队和帅帐紧密结合在一起，没有你们，为师在帅帐两眼一抹黑，所以这件事你们不用请缨。"

王阳明随即命令奉新县知县刘守绪接受此项任务。但奉新县知县刘守绪是第一次率军打仗，王阳明又派了何瑭协助刘知县完成这个任务。

此时，埋伏在城外新旧坟场间的一千余名盗匪，白天看到了王阳明的属下已经开始实施对南昌城的合围，虽然还没有发起攻城的号令，但这种兵临城下、大兵压境的氛围已经表现了出来。而他们成为孤立之敌，如果回不了城，只能被官府军消灭，于是他们处在了极其恐惧的状态中。

何瑭闻此坟场已被团团包围，并且所有官府军为避免互相伤害，每个人右手臂上都包裹上了统一的白毛巾，于是下令包围盗匪的弓箭手一起向盗匪射箭。鼓号杀声齐至，埋伏在坟场的千余盗匪被吓得魂飞魄散。他们知道官府军有个规定，只要你扔下刀剑，把双手举起来，跪在地上，官府军就不会再杀你。于是四下火把点燃，千余盗匪，除几十个死于箭伤之外，其余全部投降，王阳明为此给奉新县知县刘守绪记了第一功。

第二天，冀元亨给俘获的千余盗匪讲良知，盗匪们纷纷要改过自新，永远摘掉盗匪的帽子，甘愿做个新民，和家人团聚。绝大部分被编入奉新县刘守绪的部队之中。首战告捷，又扩充了兵源，刘守绪十分高兴。

第二天上午，王阳明让被俘获的盗匪头目向守卫南昌城的盗匪喊话。冀元亨也高声向守城的盗匪讲良知，讲谋逆大罪，讲悔过自新，又讲如何立功赎罪做新民。

那头目高声喊道："城内守城的弟兄们，宁王朱宸濠他自己想当皇帝，把咱们当成了他的牛马驱使。咱们如果执迷不悟，为他卖命，会得到什么呢？不但很快会被官军消灭，死后还要背上盗贼加逆贼的双重骂名！咱们两眼一闭死了，可咱们的家人呢？他们也要背上盗贼加逆贼的双重骂名。咱们这是为什么，咱们太傻、太愚昧了！

弟兄们赶快觉醒，放下刀剑，赶快投降，那才是咱们的最好选择，都出城投降做个新民吧，你们看我们现在多好！"

冀元亨则高声说道："守城门、城墙的有血气、有骨气的男子汉们听着，盗贼这个名字最是让人愤恨！它背在你的身上，哪怕你进坟墓的时候也摘不掉！朱宸濠谋逆朝廷，犯下了大逆不道之罪，可以说十恶不赦，死有余辜！你们跟着朱宸濠，只有死路一条。现在朝廷也增派了大批兵马，南赣、汀漳巡抚王大人已率八路大军围剿朱宸濠；鄱阳湖、长江已经封锁；他朱宸濠还想攻下南京，举行什么登基大典，做梦吧！我可以负责地告诉你们，他连江西也打不出去，就会被活捉！现在我代表朝廷御史大人宣布，凡当场投降者，即可无罪，出城后就可以做江西的新民；凡顽抗、为朱宸濠卖命守城的必死，当然对首恶者还要罪及家人！何去何从，愿生愿死，你们自己选择，一旦攻城号令响起，后悔晚矣！"

与此同时，七月十九日，在丰城的市汊镇，赣州卫指挥佥事余恩出发前，在罗钦顺的带领下，举行了誓师大会。

罗钦顺高声向数以千计的官衙公人和招募的义兵说道："国家安危自古以来系于每一个黎民百姓，今宁王朱宸濠为一己之私，倒行逆施，试图篡夺皇位，犯下了大逆不道之罪！我的老师，朝廷御史王大人，高举平叛义旗，率领各路大军，向朱贼宣战，平叛贼安社稷，男子汉大丈夫立功的机会到了！这次平叛大战结束后，御史大人定会向朝廷上疏表功，弟兄们抓紧机会立功吧！"

一个手拿大刀的汉子说道："弟兄们，我家的渔船被朱宸濠的属下砸了、烧了，我爹也被他们杀了。朝廷在村寨里招募义兵，我第一个报了名，我要为我爹报仇雪恨，让朱宸濠血债血还！我把刀磨得飞快，我向领军大人说了，这回我不亲手砍死一二十个盗匪，我不姓牛！"

还有一个额头上用朱砂写了"杀朱"二字的汉子，跳上誓师的点将台，拿着一把祖传的长柄大刀，挥手道："我呢，是当年关羽关云长的后代，临出发前我爹才把这把祖传的大刀交给我，我家祖先关云长当年，扶汉室，过五关斩六将，讲的就是一个'义'字，行的是一个'德'字，信的是一个'忠'字，做的是一个'孝'字，凭的是一个'信'字。这次到鄱阳湖打仗，我向余大人立下誓言，倘朱宸濠的脑袋我没机会砍上，那么凌十一、闵念四这两个祸乱南昌、鄱阳湖十几年的盗匪的头，我必须砍一个，我冲锋在前，决不当草包、软蛋！"

余恩向几个又要站起来说话的士卒挥挥手，走上点将台，高声说道："将士们、弟兄们！朝廷御史王大人，又像两年多之前，率领我们江西的老表们围剿盗贼了！宁王朱宸濠大逆不道，想篡夺皇位，乱朝纲，毁社稷，要把黎民百姓推向战火之中！

御史大人说了，各路军马，专有记功的记室，咱们以双耳为凭，一双耳朵一个人。这次平叛朱宸濠，按功劳大小，奖赏不一样，凡诛杀一至三个盗匪的，由县衙奖赏，一头牛，一亩田；凡诛杀四至七人的，由府衙奖励两头牛和三亩水田；凡杀盗贼人数超过七人以上，由御史大人上疏奏报朝廷予以奖赏；凡在这次平叛朱宸濠战斗中，立了功劳的县衙、府衙的公人，视功劳大小予以擢升！"

罗钦顺振臂高呼："官军必胜，朱宸濠必败！"

接着数以千计的将士们奋臂高呼道："官军必胜，朱宸濠必败！……"

余恩身边的令旗手高扬令旗大声道："出发！"

将士们边走边呼："官军必胜，朱宸濠必败！……"

罗钦顺驰马向匆匆赶路的士卒们喝道："快！快！加快速度！"

冀元亨和被俘的盗贼头目的喊话，如同一块巨石砸进静谧的池塘之中，立时掀起经久不息的涟漪；又如秋风吹荡之下，星星之火在干透的枯草中慢慢燃烧起来。朱宸濠出南昌城，率主力向安庆方向逃窜，并试图从安庆撕开一个口子。但是，池塘中荡起的经久不息的涟漪和那闪烁着光焰的星星之火，开始悄然地发酵、渗透，形成了越来越大、越来越强烈的升腾和裂变！

洪都即南昌城，"星分翼轸，地接衡庐，襟三江而带五湖，控蛮荆而引瓯越……"可谓一座历史悠久的古城，按星相之术，这是宁王朱宸濠发迹之根基。如同人常说的祖坟，虽属阴宅，但它是其子孙后代之根，倘有人掘其祖坟，等于断了龙脉或风水福兆之脉。故而，南昌在宁王朱宸濠心中非常重要。他在临走前，和太师李士实商议时，问谁守南昌更合适，李士实脱口道："非宜春王拱樤不可！"

但在行前，宁王朱宸濠又特意留下了对他忠心耿耿的太监万锐。

太监万锐听到官军中冀元亨和被俘的盗贼头目喊话，他急匆匆找到王拱樤，说道："主帅，这怎么办，城外向南昌城这么一喊，这城咱们怎么守得住啊？"

王拱樤思考了半天说道："这没办法！人家官军在城外，想怎么办就怎么办，咱们管不了！不过，你我让属下们盯紧点儿，谁要在城内反水，咱们就杀一儆百！"

万锐摇头道："主帅，不，现在我敢说，守城的士卒听了这些喊话，他们心中有了底，宁王又出了城，这南昌城咱俩说了算，现在咱们得想尽一切办法，让守城的将士听咱们的话，为咱们卖命。所以，我以为杀人绝不是什么好办法，我担心有人背后放冷箭，人不到万一不要做绝情事，你绝情人家也绝情，咱俩寡不敌众，吃亏倒霉的还是咱自己。"

王拱樤怒道："可是如此前怕狼后怕虎，岂能守得住这偌大的南昌城！到时咱如何向宁王交代？"

万锐笑道："恕我直言，我看了王阳明布下的局，高明，有眼光，先以静制动，如果以动制动，八路大军围攻南昌城，仅凭你我城中这些兵马，能守住吗？另外宁王率主力出南昌攻安庆，我真担心竹篮打水一场空！到头来南昌守不住，咱俩作为守城主帅，能不能得个全尸都很难说！"

王拱橵一听，怒道："万锐，你怎么这么说话？"

万锐笑道："我怎么说话？识时务者为俊杰！你看，人家王阳明八路大军围得南昌城水泄不通。当时宁王朱宸濠出城时，咱们没料到会是现在这样，咱们现在在这座死城里动弹不得，三国时马谡虽然失街亭导致蜀军北伐中原大败，但是，他有一句名言留下了，那就是'攻城为下，攻心为上'。人家王阳明聪明，智高一等，就是围而不攻，攻心为上。说句难听话，咱们宁王真有点儿顾头不顾尾！所以，我敢断定，咱们宁王必败！"

王拱橵听了也觉得合理，人不能一味地听别人说如何如何，你要学会用自己的心智来判断不断演变的形势。万锐确实说到了关键。不过，接手南昌城时宁王让王拱橵当众发了誓，特别是宁王那句，"倘违背誓言，一年内断绝王家子孙后代，王家祖坟遭大雨冲涤，夷为平地！"王拱橵心想，当初上了宁王的船，宁王死，则我王拱橵必死在他的船上！

这时，属下入内禀道："主帅，有人在守城军中议论城外喊话，对主帅不利，属下带领执法队把他们几个抓了过来。"

王拱橵大怒道："好，马上通知守城将领和头目开会，本帅有话说！"

当守城将领及头目都召集齐全时，万锐才知道了此事。城中百姓听说抓住了议论城外喊话的守城士兵，而且把他们捆在了大树上，数以百计的黎民百姓，以及那些守城将领及头目列队走过来。王拱橵手握长剑站在一处，几个刀斧手拎着鬼头大刀列在一侧，万锐驰马过来，他向王拱橵说道："主帅，这是怎么回事？"

王拱橵说道："我正愁杀一儆百没由头呢，这不，城外喊话后，他们几个竟敢私下议论，我看他们有通官军之嫌！"

万锐趋近王拱橵说道："主帅，守城的将士人人都长嘴，咱们不可能把弟兄们的嘴都堵上吧？朝廷的皇帝乘着逍遥马，前呼后拥，吃香的喝辣的，每天每夜还有玩不完的美人，可是天下人，几乎人人都在骂皇帝吧，明着不骂暗着骂，你见皇帝杀过几个骂他的人呢？这不能算罪的！"

王拱橵说："可是，他们这样议论，对守城不利，我想杀一儆百，从此以后谁也不敢再议论！"

这时有个被捆的士卒看了看眼前的阵势，高声说道："主帅，就因为我们议论城外喊话，今天就要杀我们，凭什么，皇帝还天天有人骂呢，谁见皇帝杀骂他的人了？"

另一个被捆的士卒则说道："主帅，你不能杀我，我不服！"

王拱樠怒道："混账，我是主帅，怎么杀不了你？"

那士卒昂着头高声说道："我们整个西城门上的将士都议论城外喊话，你凭什么只抓我？今天我实话告诉你，临来我已经给弟兄们放了话，一旦我有个三长两短，我那些拜把兄弟会找机会放冷箭射死你！不信你就试试，看看我说的话灵验不灵验！"

王拱樠没想到真有这样的人，仍怒道："那好，我可以……"

万锐高声说道："主帅的心，大家应该明白，都是为守城，不过主帅说得对，你们好好守城，别再议论了就是！主帅，只要他们答应以后不再议论城外喊话，我看可以放了他们！"

王拱樠想了想，现在宁王朱宸濠不在，王阳明的八路大军攻城，很可能守不住，万锐说得对，时逢南昌乱日，人急了什么事干不出来，放冷箭的事，从古至今太多了，他点头道："好！放了他们！"

这时，那些被捆的士卒伏地谢恩而去。

七月二十日凌晨，八路攻城大军按照王阳明的计划，皆进入了预定的攻击阵地。王阳明先令其弟子和被俘的盗匪，分别先在四座城门下高声喊话，至巳时，发起总攻命令！

闻八路大军同时攻城，王拱樠和万锐早已吓得乱了阵脚。守城的虽有滚木、石灰瓶、火炮、弓箭等防御，但八路大军齐头并进，一起攻城，并发出震天动地的喊叫声。官兵架设云梯和绳索攀上了城墙。守卫城墙的盗匪见状纷纷投降，有的弃城而逃，南昌城就这样收复了，守城主帅王拱樠和太监万锐等万余人被活捉。

宁王府的眷属听说城破，在宁王府中点火自焚，其大火蔓延及王宫附近的数十间百姓房屋，入城的官军急忙救火。

此时，御史谢源、伍希儒对斩杀擒获叛军的立功人员予以登记，同时查封了城内官署和仓库，安抚城中居民，设置巡逻队，以防潜伏遗留的盗匪乘机作乱。

攻克南昌城后，按原定行动方案，把八路大军合并为四路大军，水陆并进追击宁王朱宸濠。

中军的帅帐还没开拔，卢尚德和田庄驰马带回了十几个被宁王朱宸濠带走今又逃回来的渔民。

王阳明大喜，问道："尚德、田庄，你们两个一定有喜事可报，为师迟迟不走，就是为等你们啊！"

田庄施礼道:"老师,宁王朱宸濠率主力,从本月十六日开始围攻安庆,到现在还没攻下。安庆知府把城中的老者和幼童都动员起来,誓与安庆共存亡。所以,朱宸濠兵马虽众,火力虽强,但是至今也没有攻下!"

卢尚德说道:"老师,按照守城方案,安庆城外的怀宁、桐城、潜山、太湖、宿松、望江县衙也开始组织衙内公人及招募的义兵,纷纷驰援安庆。而且通过两次里应外合夹击朱宸濠,他现在很被动。先前他攻城甚急,志在必得。结果,各县衙的公人及义兵驰援至城下,与朱宸濠的主力接上了火,朱宸濠损失很大。"

王阳明皱眉道:"好!里应外合必然打乱朱宸濠的行动方案,啃不动时他只有后退,那么主力的锐气就减了一半。金岸,传令各路军知府、佥事,我们可做短暂的战略调整!"

朱宸濠正在安庆城外的帅帐内,凌十一从城前回到帅帐,向宁王朱宸濠施礼道:"陛下,安庆府城很坚固,加上又有怀宁、桐城、太湖、望江等县衙组织的人马驰援,咱们现在是腹背受敌,依末将看,请陛下早思良策!"

朱宸濠说道:"朕没想到安庆城这么难攻!安庆不克,如何顺流而下,直捣南京城?安庆这个关卡不过,后边的事就难以实现!"

李士实此时在帅帐内徘徊,突然有一种不祥之感,他通过帅帐向远处攻城的盗匪们看了看,他长叹一声,腹背已经受敌,看来再攻下去也不会有什么结果。

正在李士实苦思冥想之时,有两个受了伤的侍从从马上翻身下来,直奔到宁王朱宸濠面前施礼道:"陛下,大事不好,南昌城被王阳明攻下了!"

朱宸濠顿时大怒道:"王阳明断了朕的基业,这是朕万万没有想到的!虽然国师让朕坚持直捣南京的方略没错,但现在看来,朕必须回援!没有根基是无源之水、无根之本,朕决意放弃安庆,回撤!"

朱宸濠不知王阳明率官军攻下南昌后会往哪里去。他只能率主力撤至阮子江停泊。这时,朱宸濠自己也没了主意,便问李士实和刘养正。

李士实说道:"今日王阳明已非上月时可比,各地的援兵陆续驰援南昌,他手下的属军会越聚越多。但是他们官军有个致命的弱点,那就是船只少,只能在陆路上与陛下抗衡,一旦进入鄱阳湖,他们立即被动!依我看,当前的主要任务,当把南昌城的王阳明主力吸引过来,一举围歼,只要歼灭了王阳明及其主力,陛下还可重振雄风,组织兵马,通过破安庆直捣南京!"

刘养正则说道:"陛下,刚出师不到半月就回撤,这样很不好,难以再鼓励士气。不如依丞相之意,打几个大胜仗再回师安庆!"

宁王朱宸濠一听,喜道:"好,先派出疑兵,寻找官军主力,千方百计诱王阳明率主力来追,朕在水中歼灭他们!"

攻下南昌城之后,王阳明除派弟子四下打探宁王朱宸濠的情况外,又组织四路兵马的领军知府及佥事、知县研究下一步行动计划。此时,抚州知府陈槐领兵赶到南昌,于是他也参加了会议。

王阳明说:"刚才本院收到最新战报,朱宸濠获悉南昌城失守后大为震惊,虽然刘养正等力主他破安庆,直捣南京,但他们没料到安庆的属县怀宁、桐城、太湖、望江等县,已组织了援兵,驰援安庆,给朱宸濠造成腹背受敌之势。加上南昌失守,朱宸濠无奈从安庆城下退兵至阮子江停泊,他在思考下一步行动方案。"

徐琏说道:"御史大人,依我看,朱宸濠率主力停泊在阮子口,而我军呢,主力在南昌,这就形成了相峙局面。兵法中讲求在相峙阶段,当步步为营,在没有确切把握时,当以守南昌为重,拳头既然攥起来,就不要轻易分开。"

刘守绪长叹一声说道:"御史大人,从丰城到南昌,我们一举捣毁了南昌。我个人意见,可以暂做休整,等待各路援兵来会合。因为到现在为止,朱宸濠的主力除了攻打安庆城,以及和安庆属下的怀宁、桐城等驰援的兵马交战之外,并未受到过重挫,这支主力的气焰还很嚣张!那么相峙也不是坏事,尤其对我们来说,援军越来越多,我们围歼朱宸濠才能万无一失!"

其他知府、知县等还想说话,阐述自己的战略见解,但王阳明自不是那种议而不决、决而不为之人。他挥手道:"诸位,本院的见解与方才诸位的见解不同,本院率领的是正义之师,是代表朝廷行使平定朱宸濠叛乱的官军!本院不主张守南昌与朱宸濠相峙,兵法要活学活用,要结合实际,所以本院仍坚持主动出击,寻找战机,必须给朱宸濠的主力以重创,以此大杀他的嚣张气焰!"

伍文定第一个点头道:"好!这个方略大胆,有积极的战略意义!"

王阳明接着说道:"本院命令吉安知府伍文定、赣州知府邢珣,率徐琏、戴德孺共率精兵一千人,寻找朱宸濠的主力。记住,攻其不备、出其不意,打出官军的威风,大杀朱宸濠的嚣张气焰!"

伍文定与邢珣站起来,施礼道:"是,大人,下官领命!"

继而,王阳明又派出两支疑兵:余恩领兵八百人,以鄱阳湖为轴心,往来吸引朱宸濠的水军;知府陈槐、通判胡尧元、童琦、谈储,推官王玮、徐文英,知县李美、李楫、王冕、王轼、刘守绪、刘源清等,领兵九百人,多插旗帜,多鸣锣鼓、号角。

五十四　貌似大义内狰狞　强帅麾下无弱兵

　　王阳明从丰城知县顾佖口中得知，宁王朱宸濠在六月十三日生辰宴上，诱杀江西巡抚孙燧和副使许逵之后，六月十四日反。而王阳明以南赣汀漳巡抚身份，奉朝廷敕令平定福州三卫军人进贤胁众叛乱。六月九日从赣州出发，六月十五日到达丰城。听闻宁王朱宸濠叛乱，遂转身往临江，至吉安，组织平定宁王朱宸濠叛乱之事。他在第一时间上《飞报宁王谋反疏》，以快马驰往京师上疏此等危害大明朝江山社稷之大事。

　　《飞报宁王谋反疏》最先知情的是太监张忠。昔日，刘瑾祸乱朝廷时，这个张忠为御马太监，与司礼太监张雄、东厂内探张锐，都在皇宫豹房用事。前文已提及，豹房，是刘瑾等为取悦当今皇上朱厚照，从京师青楼网罗一些有名号的一流妓女，让她们充分施展取悦男人娱乐的高超伎俩，从而获得皇帝欢心的地方。加上朱厚照就好这一口，故而时常沉溺于豹房，半夜之后醉归寝宫。诛杀刘瑾时，张忠和江彬等皆为漏网之鱼。可以这样说，在后宫奸佞阉人之中，刘瑾死，张忠代。当然奸佞之人心思在内，而行出来的多是表面大义，为圣上所宠爱。

　　这个张忠性凶悖，他在圣上身边侍从，十余年间，和当时的刘瑾一样，暗中接受了宁王朱宸濠许多珍奇异宝，因此他才成了宁王朱宸濠在朝廷中宫里的最大坐探和卧底。

　　张忠拿到王阳明写的《飞报宁王谋反疏》之后，并没有直接交给皇上，让皇上及早拿出对策，而是找到另一个与他称兄道弟的许泰。二人一见面，张忠面带笑容说道："许兄，今有一桩大买卖，先揽在咱们兄弟手里，你愿干不愿干？"

　　许泰笑道："张兄，自古'上阵父子兵，打虎亲兄弟'，既然是大买卖，咱兄弟俩何乐而不为呢？"

　　至此，张忠才把王阳明写的《飞报宁王谋反疏》拿出来让许泰看。许泰看罢，大惊道："张兄，宁王是咱们兄弟的大财神，这王阳明是狗拿耗子多管闲事吧？"

　　张忠一怔，皱眉道："许兄，你这话是何意，你是说王阳明这么一上疏，断了咱们兄弟以后的财路，是吗？"

许泰摇头道:"在我记忆中,王阳明把赣、闽、粤、湘四省盗匪剿灭之后,他在赣州期间,圣上发敕令封他为南赣汀漳巡抚的吧?"

张忠至此才恍然大悟地说:"许兄,我想起来了,福州三卫军人进贤胁众叛乱,皇上就是让王阳明去福州平叛的,按时间推算,王阳明六月初接到平叛进贤的敕令,中途得知宁王朱宸濠叛乱,一边发了上疏,一边急忙从丰城返临江至吉安府,组织吉安府等平叛!"

许泰点头道:"我说什么来着,他这就是狗拿耗子多管闲事!"

张忠大笑道:"咱可以告王阳明抗旨不遵,擅作主张,随意指挥地方府县,肆意调拨军备兵务,就凭这一条他也是死罪!"

许泰急忙摇头道:"不!张兄,你忘了,刘瑾时,皇上身边那个近侍嫣儿和婵儿了吗?"

张忠笑道:"那怎么能忘了,圣上喜欢的嫣儿死了,这不又从浣衣局找了个酷似嫣儿的才女姝儿吗,婵儿和姝儿都是皇上身边的近侍,说她们是何意?"

许泰说:"据我所知,王阳明与刘瑾明目张胆地斗,主要是嫣儿引的线,让王阳明数次入碧云宫,与皇上单独会面。而且王阳明龙场悟道之后,圣上对王阳明尤为器重,上次我听人传,圣上亲口叫王阳明为王大师!这个王阳明是皇上心上的大红人,咱们可得罪不得!"

张忠讥道:"许兄,我在举一反三,宁王朱宸濠的家底儿咱俩都清楚,依我之见,最终捉拿宁王朱宸濠的,必是王阳明!"

许泰笑道:"这《飞报宁王谋反疏》刚拿到手,咱们还没让圣上过目,张兄怎么就这么肯定下结论了呢?张兄,是不是太过聪明、太过武断了呢?"

张忠示意许泰坐下喝茶,他不慌不忙说道:"朝廷内外皆知王阳明是当今第一高才,平定四省盗贼,朝廷未发一兵一卒,他王阳明硬是集合了府县衙内的公人,还靠什么他自己创造的《十家牌法》,才有了源源不断的义兵。他从来没当过朝廷的将领,从没打过仗,却用了不到一年的时间,剿灭了朝廷和地方官联合起来十几年没剿灭的盗匪,而且每战必捷!你看眼下虽然朝廷还没派兵马,很可能京师的兵马未到,朱宸濠已经做了王阳明的阶下囚!所以,我断定此战必胜,咱们兄弟俩何不借此来个名利双收呢?"

许泰本乃贪婪之徒,一听能名利双收,而且以王阳明的才智定能擒拿宁王朱宸濠,遂喜道:"兄长,名在何处?"

张忠笑道:"此次平叛必胜,咱们兄弟倘能率大军往南昌亲征,岂不是有功吗?咱们是皇上身边的人,此乃机会,咱能捞多捞,皇上能不给咱兄弟记功打赏吗,名伸手可得也。"

许泰连连点头，喜道："咱名有了，那利又何而来？"

张忠说："许兄，宁王朱宸濠富甲天下，咱们兄弟俩只管准备大车小辆，铆足了劲儿，从南昌往京师拉吧，此一举比每年朱宸濠孝敬咱们的，不知要多多少倍！"

许泰笑着说："张兄，像宁王朱宸濠这种属于叛逆的赃财，不是要充归国库吗？咱们能……"

张忠大笑道："许兄，我早想好了，这次出征要想方设法鼓动皇上御驾亲征。咱们给皇上一路上安排好吃好喝的，人说江南美天下，苏杭人间天堂，再让地方知府找些大美人，整天围着皇上转。咱们就是要打皇上这张王牌，亲手把宁王府的珍珠财宝收了，东西在咱们手里，咱们告诉皇上一场大火毁了，暗地里再以皇上的名义把这些财宝运回京城。迄今为止，没有哪一个地方官员或是朝廷大员，敢向皇上追问：宁王府的金银财宝如数收讫了吗？没有！你说，这个利，岂不又是唾手可得？"

许泰大喜道："张兄，看来我这辈子跟对了人，如此咱们不但享有功臣之名，还可以获得大财！好，下面张兄说怎么干，我许泰最擅长跑腿、磨嘴皮、操心费神，我听张兄的就是！"

张忠和许泰有了缜密的思路和行动方案后，才拿着王阳明的《飞报宁王谋反疏》来参见圣上朱厚照。

朱厚照一看顿时大惊失色，说道："这宁王着实可恶，朕只派驸马三人到南昌宁王府亲传朕的旨意，只是'革其护卫'，他怎么不遵旨还要大逆不道谋反呢？来人，速传兵部尚书王琼入宫见朕！"

待侍从下，张忠故作惊诧地说："陛下，这宁王真是太可恶、太嚣张了，竟大逆不道！此事一旦传开，朝野必然大哗。陛下，为稳定朝野，奴才想向陛下进一言，不知陛下愿听不愿听？"

圣上朱厚照说道："有话就说，朕愿听！"

张忠说道："陛下，此次平定宁王朱宸濠叛乱，威慑天下，陛下可否御驾亲征？这可是陛下功高日月、永载史册的天赐良机啊！"

圣上朱厚照一听，皱眉道："张忠，朕年少时弓马娴熟，这几年只在朝廷内忙于事务，只怕上不去马，挽不得弓了，怎么御驾亲征？万一与朱宸濠对阵，他一箭射来，朕不及躲闪，岂不是朕的一大憾事。御驾亲征，朕真的力不从心啊，朕看算了吧！"

张忠笑道："陛下，此言差矣！自古至今，有几个皇上刀对刀、枪对枪、头戴盔甲、身着甲胄地和叛乱的封王或盗贼对阵过？陛下，这份《飞报宁王谋反疏》就是四省巡抚御史王阳明所奏，他已经开始组织兵马，围剿宁王朱宸濠了！"

朱厚照连连点头喜道："对啊，王阳明是朕的肱股之臣，这次平叛非王阳明这样的丹心大臣不可！是啊，有王阳明平叛，朕无忧矣！"

张忠近前说道："陛下，奴才早就听说：'上有天堂，下有苏杭。'江南是鱼米之乡，到那里游山玩水，让人无不流连忘返啊！尤其是江南的美人，那才是一个赛似一个，闭月羞花，沉鱼落雁，真个嫦娥在世，仙女下凡！"

朱厚照大喜道："朕听说过，朕如若不去江南，不到人间天堂，岂不终身有憾？对，这次朕一定御驾亲征，流芳千古，永载史册！"

张忠说道："陛下，这次必须御驾亲征，奴才和许泰商议，若陛下不弃，奴才愿和许泰侍奉陛下左右，保准让陛下玩得兴奋，吃得开心，把江南大美人提前给陛下安排好，吃了鲜，尝了嫩，让陛下流连忘返啊！"

兵部尚书王琼入内叩拜，圣上朱厚照说道："王爱卿，四省巡抚御史王阳明传来急奏，报宁王朱宸濠反，他属下有十万之众，王阳明正在临江、吉安一带组织兵马，招募义兵，准备号令南昌之周围府县，讨伐宁王叛乱，王爱卿，此事当如何办？"

王琼惊道："臣以为此乃朝廷大事，宁王朱宸濠之反，朝中早有传言，只是没想到竟来得这么快！依微臣看，四省巡抚御史大人王阳明能及时飞报朝廷，并即刻组织兵马，实属难能可贵，当为江山社稷之栋梁！朝廷当立即组织兵马，以最快的速度奔赴江西，听从王阳明的调动，两相夹攻，则宁王朱宸濠之叛必平矣！"

圣上朱厚照点头道："好！宁王朱宸濠之反，实属大逆不道，朕准备御驾亲征！朕自谓威虎大将军，张永为平叛监军，令许泰为威武副将军，司马太监张忠率一万禁卫和京军，一万边军先行，朕亲率御林军三千与张永殿后，准备妥当后向南昌进发！"

正如张忠那日与许泰所说，二人遂按圣旨开始筹措兵马，同时开始筹划圣上到江南游山玩水事宜。他二人边走边给江浙一带的知府发圣上巡视江南日程安排。同时俩人商议到南昌之后，该怎么办。张忠狡诈地说："咱们兄弟俩只做助威，真正的厮杀靠王阳明！一旦宁王朱宸濠大败，咱们再出手，如能擒获朱宸濠，那咱兄弟俩就是平叛第一功！王阳明之前再怎么艰难组织平叛人马，只要咱们抓住朱宸濠，咱们的功劳自当比王阳明的大！"

许泰除了抓朱宸濠，他最想要的是宁王府的那些金银财宝。他说道："咱抓了朱宸濠就奔宁王府，把宁王府的所有财物都收归圣上，咱们也好组织车辆，往京城运送这些财宝。"

此时宫中，太监张永侍在一侧，圣上朱厚照说："张永啊，诛杀刘瑾时朕亏待了你，这次平朱宸濠，让你做监军，位在许泰、张忠之上。因为朕总觉得张忠与许泰二人有重利盗名之嫌，尤其王阳明写的《飞报宁王谋反疏》，以时间论，到京师的时间当还要早，你给朕查一下。"

这天下午，张永即向圣上启奏道："陛下，王阳明《飞报宁王谋反疏》当在二十日卯时到京，张忠、许泰在手中压了三天！"

圣上朱厚照惊道："如此重大之事，竟私压三天！"

张永说道："陛下，依奴才看，这三天当中，张忠、许泰肯定做了周密研究，这才奏报陛下。不过，以奴才对张忠、许泰二人多年的观察，二人与宁王朱宸濠可能私下有交往，他二人之所以请缨出征，无非贪图名与利，这才是张忠、许泰迟了三天才奏报陛下的真正原因！"

圣上朱厚照点头道："朕记得中宫有个太监说过，张公公与宁王有往来。"

张永叹道："陛下，这就对了，奴才的属下也曾说过……看来张忠与宁王见面并非谣传。今宁王朱宸濠反，张忠、许泰二人又主动请缨，我倒要看一看，他们俩为何对此事如此上心！"

圣上朱厚照点头道："好，组织好兵马再出发。"

且说知府伍文定受命后，把属下召集在一起，说道："御史大人对本府向来看重，每每到攻坚时，总把头功送给咱们。今起你们要振作起来，宁可少睡觉，甚至不吃饭，昔日咱们是诱敌，今日不但要诱敌，还要给朱宸濠以重创，杀杀朱宸濠自以为兵多将广的气势，打出咱们官军的威风来！"

有属下说道："知府大人，宁王朱宸濠的水军，船大又坚厚，只怕咱们征集的民间打鱼船，一是容纳人少，二是经不住他们大船的碰撞，再加上咱们的义兵没经过水中作战演练，即使诱敌，咱们的船也没朱宸濠水军的船走得快。"

伍文定皱眉道："不错，你方才说的这些咱们是有缺陷。但是他和咱们有本质的不同，他们是盗贼作乱，行动是诡秘的；咱们是光明正大的，咱们是专门平定他们叛乱的。咱们用头脑中的智慧和精气神来压垮他们！"

有属下点头说："对！他们归根结底怕咱们，咱们是猫，他们是鼠，绝对不一样！"

伍文定说道："诸位，你们发现没有，在平定四省盗匪前，御史大人从没打过仗，可是他为何每战必胜，大家有没有研究过御史大人有什么秘诀或锦囊妙计？"

众人一时缄口不语。

伍文定说道："御史大人每战必知己知彼，他的弟子卢尚德、田庄等专在战前做这些事。他从侦察、暗访搜集来的情报中，发现敌人的长处何在，短处又何在。在兵力部署上，哪儿该佯攻，哪儿该主攻，想方设法诱导敌人不断出现判断上的错误。

而且御史大人擅长以假示真，以真示假，使敌人更加迷惑，这就为整个战役选择了正确的突破口，这叫作出其不意攻其不备，攻必成，但战必胜！我告诉你们，跟着这样大智大勇之人打仗，不但长学问、增胆魄，还有一种说不出来的愉悦和自豪。我现在说御史大人是常胜将军，一点也不为过吧！"

众人皆点头。

伍文定说："咱们从战争中学习战争。咱们也以假示真，伪装起来，同时散开些，让朱宸濠不把咱们当成官军的船，水手要把锤子和凿子准备好，看咱们的小船如何击沉他们的大船！"

有属下说道："知府大人，咱们这些义兵大多数都是在鄱阳湖边长大的，中间流民不少，属下打问了一下，这一千名精兵中，水性好的，有八九十人，他们都是水中的浪里白条张顺，下潜几十米很轻松，属下请大人把咱们的优势发挥出来。"

伍文定笑道："好，有进步！你的话，点燃了我心里的灯，我知道该怎么办了！"

就在这天晚上，伍文定与十几名水手，在鄱阳湖上驾驶一只小船，在昏暗夜色及水面上悄然升起的一层浓雾的掩护下，驶到朱宸濠的水师船队不远处。伍文定一挥手，三五个水手似鱼儿入水一样轻松，悄然潜入水中，过了大约半个时辰，这些水手又悄然回到小船上。

伍文定喜道："怎么样？"

一水手说道："大人，我看了几艘船，他们的船底大多是松木和杉木，应该说比较容易得手。"

另一个说道："大人，常年在鄱阳湖打鱼的人一般都用樟木、栎木和雀木造船，这种木料打造出来的船，比松木、杉木的船坚实，不易穿透。感谢上天，他们的大船大多数是松木、杉木做成的，咱们干起来没问题。"

伍文定喜道："你们对船都是行家，我这个知府不懂，需要多向你们学习，你们还有什么问题吗？"

众水手点头道："大人，没有了！"

伍文定说："那好，咱们回去！"

到了这天晚上，其他寻找松油的人都回来了，按照伍文定的吩咐，把松油和一捆捆竹箭都搬运到船上，一切准备就绪后才回屋入睡。

第二天一早，伍文定率领一千名精兵，除八十余名水手在水中随船而行，其他人则分别乘坐三十余只大船和小船。伍文定站在第一条船上，各船上多插旗帜，还没来到敌主力水师前，伍文定就命令旗手把令旗一展，各船上的锣鼓开始有节奏地敲响，号角也吹响起来，在距离敌水师不足一百米时，船队停下来，伍文定高声说道:"开始!"

此时,率领宁王朱宸濠水师的是凌十一。他的水师有大小船只数百艘,他听到锣鼓号角声之后,急忙从船舱内出来一看,官军的船果然停在他的水师船队前面。他向属下笑道:"你们看啊,官军就这些小船,还敢和咱们的水师打,我早就向陛下说过,攻山头、打埋伏、布疑兵,咱们斗不过王阳明,那是陆路!现在水师是陛下的主力,咱们这些船加起来,有一千多艘,比三国周瑜时的水军还多!来呀,弟兄们把锣鼓敲起来,把号角吹起来,准备迎战官军!"

这天风向对伍文定很有利,伍文定之所以及早把锣鼓、号角鸣响起来,除了振奋士气外,更主要的是引诱对方也把锣鼓、号角敲起来吹起来,这种噪声非常大,便于伍文定手下的水手们在水中做事。

与此同时,伍文定命船上的弓弩手,皆用若鸡蛋大的松油膏缠于箭镞之后,这样既不影响射杀敌人,又能把油火送到对方船上。伍文定命令放箭,三十余艘船排成了燕子飞行阵,大家互不影响,都向敌船射箭,每支箭上都缠裹着松油膏,如同一道道火束进水扑向敌船。而此时,在敌船底下做工的水手们也返回了自己的船上!

敌船不仅成了火海,而且船底皆漏水,凌十一的水师大乱,几十只大船不仅燃烧起来,而且船中进水,越划越划不动,那风帆面对越来越沉重的船,无丝毫作用,不一会儿便船沉人亡。

伍文定见敌船起火,急令各船向前划动,同时,让弓弩手向敌船射箭,并且齐声呐喊。顿时,鄱阳湖上喊杀声震天,敌水师近百艘船着火沉水,其余几百艘船慌忙逃走。

宁王朱宸濠一听,大惊道:"官军竟有如此能人,几千人说死就死了,船也没了,这一仗损失惨重啊!"

凌十一说道:"陛下,末将没有料到,几十艘小船竟有这等能耐,下次遇官军的船决不可小觑!"

宁王朱宸濠叹道:"出师未捷,四处碰壁,朕这南京登基大典,看来遥遥无期了!"

李士实说道:"陛下,自古'胜败乃家常事'。咱们吃一堑长一智。放心,臣想组织一次鄱阳湖大反攻,把官军这些大小船只都消灭,到那时,再率主力进攻安庆,力争一举拿下安庆,最后直捣南京!"

宁王朱宸濠大喜道:"好!丞相,一切皆由丞相定夺!"

李士实走出朱宸濠的临时营帐,恰见国师刘养正在一侧。刘养正笑着说:"丞相,起初时,凌十一、闵念四在陛下面前说大话,王阳明只会攻打山头,设埋伏,布疑兵,今鄱阳湖一战,王阳明只用了几十只小船,硬是烧坏沉水了近百只大船,损失了两千多人！这证明凌十一、闵念四自吹自擂，说什么水战必胜！结果呢！……唉！"

李士实说道："国师，你说的我全知道，我全明白！"

刘养正说道："既然丞相这也明白，那也知道，为何还要组织什么一次鄱阳湖大反攻，还怎样怎样……你把陛下当皇帝的欲望又勾起来了！"

李士实说道："事已至此，咱只能拿死马当活马医！只能这样推着他往前走。我知道皇帝不好当，特别是遇到王阳明这样的大将之才，这个登基大典啊，真的是遥遥无期了！"

刘养正说道："丞相，以我对王阳明的了解，王阳明一定在陛下起兵之后，马上把此事飞报给了朝廷，朝廷的大军今天没来，说不定明天就来了。朝廷的大军一到，陛下腹背受敌，那个场面和结果我不敢想象。"

李士实点头道："国师说的我想过。横竖是那个结果，所以咱们必须拼，只有拼，才有可能柳暗花明又一村！振作起来，咱们准备拼！"

伍文定率一千名精兵，驾三十多艘小船与凌十一的水师战斗时，罗钦顺兴奋地说："老师，你看，朱宸濠的水师船起火了！起火了！"

王阳明举目一看，远处鄱阳湖的水面上，火光顿起，有些大船的风帆都着火了，王阳明点头道："好！伍文定这一战打胜了！打胜了！"

一个时辰后，伍文定入内施礼道："启禀御史大人，下官率一千名精兵，三十八艘大小船，击沉了凌十一近百艘大船，射死淹死敌军两千多人！我精兵一千无一伤亡，我战船无一损失，乘胜追击，凌十一水师现在溃退！"

王阳明还礼道："伍知府，看来凌十一的水师也没什么了不起，这一仗就是最好的说明！"

伍文定又说道："大人，据属下水手回来说，他们潜水至凌十一水师大船一侧，看到一艘装饰豪华的大船，船两侧有很多侍卫，他们由此猜想，此船就是宁王朱宸濠的！下官断定，朱宸濠所谓的精锐水师，看起来也只有一千余艘，这次我们心里有了底！"

余恩说道："伍知府，说说你们这一千精兵，怎么就敢碰凌十一的精锐水师呢？"

王阳明笑道："余金事说得对，大家应当在战争中学习战争，让伍知府介绍一下，他在战斗前准备及战斗中是如何组织、如何指挥、如何实施的，大家吸其精华，才能每战必胜！"

伍文定在众人提议下，把他的战前准备及整个战斗的过程详细说了一遍。最后说道："诸位，下官是按御史大人在战争中学习战争的原则，倘明天再与凌十一的水师对阵，可能还会出现新的情况，到那时，作战的方法还要变，这就是在战争中学习战争，没有固定的、死板的、教条的战争模式。"

王阳明说道："大家应该注意到了，伍知府巧妙地利用了一千精兵中的强项，他挑选了八十多名水性极好的渔民子弟，这些水手在这一仗中发挥了巨大作用。这就给今后的水战提供了新的思路，仅靠两船间射箭，甚至使用火炮攻击对方是不够的。战争是一门非常有趣的学问。另外，此仗朱宸濠受了重挫，他肯定要组织报复，但是他的士气已经下降，现在是彼消我长，他再想振作起来，与咱们拼一死战，绝非易事！"

送走众位知府、知县等之后，田庄说道："老师，听了伍知府介绍的这一胜仗，我由此引发了一个大胆的想法，不知老师敢不敢去尝试。"

王阳明向冀元亨、卢尚德等说道："田庄，你不要小瞧你的老师，只要为师听了你的想法，认为切实可行，为师绝对支持你尝试！"

田庄说道："老师，我和金岸都是江边的渔民，既然伍知府的战船可以接近凌十一的水师，并看到了朱宸濠的豪华大船，我看咱们完全可以接近这艘大船，做咱们自己想做的事！"

王阳明皱眉道："田庄，即使你和金岸接近了朱宸濠的大船，但这可不比陆地，大家可以配合你们，这么宽阔的水域，一旦敌军发现就难以脱身，不过，当然也可以设置接应的船只，为师认为可以一试！"

夫人婉婳听到田庄和金岸要到敌水师中刺探情报，对王阳明说道："夫君，这事太冒险！田庄说白天不能去，只能是晚上，太危险了，你别拿田庄、金岸的性命当儿戏。依贱妾看，没有八九分把握的事，就不去尝试！"

王阳明笑了笑说道："田庄，给你师母说说，你和金岸到底怎么去？"

金岸笑道："师母，我们夜暗驾船，将至敌军水师时再下水，等把事情办完，再回到船上，这样危险就减少了许多。"

田庄说："另外，我们可以同时去几艘船，晚上敲锣鼓，吹响号角，敌人知道有疑兵，就不敢追击我们。"

王阳明笑道："夫人，你看，这就是长江后浪推前浪，这是一个英雄辈出的时代！现在我可以完全放心地让他二人前往。伍文定正面重创敌人，田庄和金岸再到敌人战船中活动活动，他的精锐水师，断乎没有战斗力了！"

第二天晚上，田庄和金岸做好了充分准备，偏赶上个细雨霏霏的无星月夜晚。田庄和金岸趁着蒙蒙细雨，把几艘船都做了伪装，船上插着杂草和低矮的树枝，看上去如一片长着矮棵树木的杂草丛林。及至凌十一的水师时，一般的船上没有灯光，

只有几艘大船的船舱里有灯光,船头似有侍卫值守。

田庄和金岸悄悄从船上下了水,慢慢向有灯光的船只靠近。此时,金岸和田庄各拿着一个偌大的牛皮袋子,袋子内装着他们今晚要用的东西。金岸每至一船,就悄悄向船上扔一卷东西,一边扔,一边查看四周的情况。在船舷之间向敌人船上张望,只见敌军水师的士卒都躲回船舱睡觉了,只有个别船上有值夜的士卒,也是坐卧在船舱外,时间一长,也渐渐入睡。

田庄看到一艘船离船队较远,但船上灯火辉煌,有人员来回活动的影子,于是他悄悄向这艘船靠近。

这时,船上有女人说:"娘娘,你等等,奴婢去端药。"

田庄一喜,心中想道:"看来这个静谧处停泊的是王妃的大船。那怎么没听到宁王朱宸濠的声音呢,待我靠近了大船听听看看。"

田庄踩着水悄悄奔到船舷处,一手扶着船舷,伸出头慢慢向船舱张望,原来这只船上只有四个女人,其中坐在船舱内的是宁王朱宸濠的王妃娄氏。田庄反复看了看,为何这船上就四个人,而且这艘船离开了群船单独停泊?田庄再转身一看,这里水域辽阔,一侧是高山峻岭,山上不可能有人下来,水面这么宽,也不会有船只来,看来这是一个极为理想的停泊湖湾。

看到王妃坐在船舱内,还有两个女子坐在船舱外边的软椅上,还有一个女子在炭火炉上熬着药。田庄此时萌生了一个大胆的决定,我何不趁此夜深人静之际,上船和这王妃见面呢?可我上船后怎么称呼她呢?这时,他想起了开战之前,听冀元亨从宁王府回来说,他当着宁王朱宸濠呼王妃娘娘,可是王妃单独召见冀元亨时,则称师姑。对,我就以此称之。可是当他要爬上船舷时,他又怕惊吓了这些女人,万一有人大喊大叫怎么办,那样岂不糟了吗?

田庄想了想,在船的左舷慢慢先学了两声青蛙的叫声,船上的女人们都惊醒了,有个女人说:"这三更半夜的,哪来青蛙的叫声?"

田庄又到船的右舷学了几声青蛙叫,娄氏这才从船舱内走出来,四下看了看,说道:"怪了,这船上不该有青蛙啊?"

田庄这时就在娄氏背后,他低声说道:"师姑!别害怕!别害怕!"

娄氏听到有人叫她师姑,急忙转身看到船舷上扒着一个人,仗着胆子问道:"你是谁?为何叫我师姑?"

这时其他女子都走了过来,田庄说道:"师姑,弟子叫田庄,我老师特意让我来看看师姑!"

娄氏又问道:"田庄?呃,我想起来了,上次在王府和冀元亨见面时,他曾提到过一个卢尚德、一个田庄,是你老师最中意的门徒。田庄,今晚你和谁来了?"

田庄说道:"师姑,就我一个人。"

娄氏说道:"那好,你上来说话!"

田庄一跃跳上了大船,遂把牛皮袋子一扔,急忙跪伏于船上,向娄氏施以大礼道:"师姑,弟子田庄施礼了!"

自从宁王朱宸濠起兵造反之后,宁王府只留下了其他几个远房亲戚看守王府,她和宁王朱宸濠等一直随着主力大军,到哪儿安营扎寨,哪里就是家。她的其他儿女皆在其他船上,因她自乘船到鄱阳湖后,就一直晕船呕吐,所以才让侍女熬药,没想到,三更半夜王阳明的徒弟田庄竟奇迹般地来到她的大船上。

娄氏说道:"田庄,前天,那些小船是你们官军的船吧?"

田庄说道:"是,是吉安知府伍文定率领的一千精兵和三十几只渔民募捐的船。怎么师姑已经知道这件事了吗?"

娄氏叹道:"还是我师弟王阳明有办法!在上饶跟我爹学陆师公心学时,我就看他才华横溢,胸有大志,绝非一般的学子,几十年过去了,我这师弟真还名扬天下,几乎成了朝野内外人人皆知的社稷栋梁。"

田庄这时说道:"师姑说的是。我的老师为人谦卑,从不自夸,老师一边讲他的阳明心学,一边打仗。老师不会打仗,但学会了打仗,他每战必胜。有人说他文如三国诸葛孔明,武如常山赵子龙。而且他能调动一切人的力量,会集在他的麾下,就像众星捧月一样,越发彰显了他的赤胆忠心和光明,老师如同我田庄的生身父亲。"

娄氏说道:"田庄,你师姑现在彻底明白了,照前几天这样的仗再打下去,或许用不了几天,我夫君的皇帝梦就彻底破灭了!这是一场你师姑无论如何也挽救不了的大悲剧。天意如此,何必又要与命争呢?"

田庄说道:"师姑,今夜田庄既然来了,我老师不可能来,我想把老师的话说给师姑听,好吗?"

娄氏眼中溢出泪水,说道:"田庄,你说吧!"

田庄说道:"师姑,宁王什么样的荣华富贵没有享受过,一人之下,万人之上,何等的荣耀、逍遥!可是宁王对这些还不满足,我知道宁王造反之心十几年之前已经萌生,他把官府围剿的盗匪凌十一、吴十三、闵念四等网罗在他的麾下。就说江西巡抚孙燧吧,人家年过六旬,担当巡抚之职,为挽回宁王的一枕皇帝梦,把妻儿都送回京师。最后,宁王竟借生日宴之名,极其残忍地杀害了铮铮铁骨的孙燧与副使许逵!这已经冒天下之大不韪!可宁王自以为有十万之师,非要起兵造反,还要什么顺江而下,直捣南京,在南京城内搞什么登基大典,册封文武百官!"

娄氏垂泪道:"因为他要谋反,所以你师姑和他多次争吵,甚至要恩断情绝!你老师知道,为劝宁王做顺民不造反,你老师的恩师,我的父亲,白发苍苍从上饶坐车马来劝他,结果我爹气断了肝肠!"

田庄点头道:"师姑,这些田庄听老师说过,而且当时众弟子就在老师身边!师姑,你知道吗,为何宁王以主力之师,却连一个安庆府都攻不下?"

娄氏叹道:"大凡忤逆之贼,让万民愤恨!所谓'众人所指,无病而亡'!造反不得民心,上天也会由此生怒,如此,岂能得逞?"

田庄点头道:"师姑,宁王不但忤逆朝廷,还要陷百姓于战乱之中。故而,但有官府一呼,百姓踊跃,而且一听有人造反,府衙、县衙会马上带领民众或义兵心甘情愿来增援!我老师已派人快马入京师,上奏《飞报宁王谋反疏》,老师一人在吉安府等地组织了八路围剿大军!"

娄氏吃惊道:"是吗?那后来呢?"

田庄在船上踱着,说道:"后来,我老师用疑兵之计,在南昌城外制造了虚假声势,迟滞宁王十几天。就是这十几天的时间,我老师集聚招募了数千义兵。老师有了攻打的资本,不去救安庆府之围,亦不去九江、南康,而是率八路大军直捣南昌城!"

娄氏吃惊道:"是吗,有了时间,才有了义兵,所以才敢主动出击!"

田庄说道:"八路大军同时攻打南昌城,不到半天时间,南昌城攻破!"

娄氏说道:"田庄,宁王昨天还说南昌城稳如磐石,说官军没有三五年休想攻破!"

田庄笑道:"师姑,非也!南昌守城主帅和一个叫万锐的太监已经被杀,并俘获了万余守城的盗匪!"

娄氏大惊道:"真的吗,田庄?看来师姑被宁王骗了!师姑至今还蒙在鼓里,以为南昌城真的稳如磐石呢!这个可恶的朱宸濠!"

田庄叹了口气说道:"看来师姑还不知道,宁王府已经付之一炬!"

娄氏长叹道:"田庄,是你们官军冲进宁王府后,才……"

田庄摇头道:"师姑,非也!官军绝不做这种伤天害理之事,好好的府第,为何要一把大火烧了呢?"

娄氏不解道:"那不是官府军,还能是谁?"

田庄说:"师姑,留守在宁王府的家人,听说南昌城被攻破,便点火焚府,同时他们也都死在了火中!"

娄氏长叹道:"报应!这才是真正的报应啊!"

田庄说:"攻入城内的官府军见宁王府大火起,而且祸及周围几十间民屋民房,冲入王府急忙救火,但为时已晚!"

见娄氏沉默不语，田庄说道："现在，我老师的八路大军，已经把鄱阳湖宁王的主力水师团团围住，而且陆陆续续，又有抚州知府、安庆知府等都带着招募及所属的兵马赶来增援了！所以师姑刚才你多估了时间，我老师说最多五天，必擒获宁王，消灭宁王的水师！"

娄氏长叹了一声，自语道："我早就劝说过朱宸濠，凡造反忤逆的都不会长命，如晨时露、雪上霜、风前烛，看来果真如此啊！"

与娄氏谈完，田庄离开娄氏的大船，在大船中间来回踩着水，发放着他牛皮袋内的东西，当他来到一个灯火辉煌的大船旁边，伏在船舷一侧时，听到船舱内正在开会。

凌十一说道："陛下，两千多人死了，九十多条大船被烧沉入湖底，我只是想说，明天的大反攻，我们怎么办？能把王阳明消灭吗？我呀……"

闵念四则说道："陛下，王阳明的鬼点子太多了！陆路上咱们得不了手，水上呢他又出奇地有办法。末将真不知道，明天的大反攻，他又有何奇策妙计呢？这次咱们可是拿出了全部老本上的，胜则罢，倘若大败呢？"

李士实说道："自古'舍不得孩子，套不住狼'！如果你们几位将军这也怕那也怕，那咱们和王阳明还打什么仗，下面的话我不说你们也明白！"

刘养正说道："诸位，我以为大战在即，既然陛下已经决定明天大反攻了，就是把老本拼了，只要大家用了心、尽了力，败了也认！兵法最忌讳战前多疑、互相猜忌，甚至留小心眼。咱们现在必须抱成一团，一荣俱荣，一损俱损！王阳明打仗总是自己冲在前，身先士卒，可咱们的将领呢？胆小，士卒更胆小，是骡子是马明天拼了才知道！"

田庄听到这儿，大体听明白了宁王朱宸濠的下一步行动，他悄悄朝船上多扔了几卷东西，这才慢慢地转过身来，两脚踩着水，离开这艘大船，继而又穿越一大片停泊的船，最后游回到小船边。

田庄刚到一会儿，金岸也回来了。

田庄问："金岸，怎么样，朱宸濠大约有多少条船，把咱们的书信都发完了吗？"

金岸说道："船太多，我顾了东顾不了西，不过绝大多数都发了！明天一早，准有好戏看！"

田庄说："那好，咱现在回去，向老师报告情况。"

王阳明和几个知府、佥事、知县等二十多位将领都集中在帅帐里，待田庄、金岸把这次深入朱宸濠水师停泊的水域获得的一手情报汇报后，王阳明说道："本院还是主张群策群力，不要什么都让本院一人说了算。情况就是这样，诸位一定要畅所欲言，集思广益，或者叫仁者见仁，智者见智，只有这样，咱们才能在接下来的战斗里，形成一个拳头，把朱宸濠所谓的大反攻彻底砸碎！"

知县王冕说道："据我多年对凌十一、闵念四的观察，他们水师的进攻队形，无非是一字阵、燕子阵、川字阵、箭头阵等，但无论他们水师的队形如何变，万变不离其宗，就是两侧皆是助攻的船，真正的火力当集中在中间的船队！"

伍文定说道："御史大人，我伍文定和邢知府，从过去到现在已结成战斗同盟，我们俩最爱啃硬骨头，打前锋！请御史大人把主攻任务交给我和邢知府，昔日打谢志珊那样的盗匪，我们冲在前，今天平定朝廷叛逆，我们更要冲在前！我要让朱宸濠看看，御史大人手下的兵，从来没有孬种！"

王阳明笑着说："本院很赞赏伍知府、邢知府敢拼、敢打硬仗的精神，本院今天用实际行动，全力支持你们打赢！"

五十五　奸佞竭力谋逆狂　旗卷余孽擒苍狼

伍文定一听，大喜道："御史大人，如何支持这支主力精兵，这次御史大人不会只空口打保票，让下官和邢知府空欢喜一场吧？"

王阳明笑道："邢知府，过去围剿盗贼，本院白手起家，手里可用的就那些家当。不过，现在不同了，朱宸濠公然叛逆，十恶不赦，大逆不道，举国上下莫不痛恨之！福建兵备王将军一直在福建前线防御倭寇骚乱，闻宁王作乱，特意派属下用三辆马车日夜兼程地送来了三门火炮和几十发炮弹！"

伍文定两眼闪着喜悦的光说道："好！好！真是太好啦！真是天助我也！"

王阳明说道："伍知府，你先别光顾着高兴，这种火炮长六尺三，重二百多斤，前边有一个支架，号长筒炮，能打一百多米，威力很大，只可惜只送来三门。王将军特意派来一个炮手，你们要按这个炮手的要求，千万不要浪费了炮弹！"

邢珣说道："御史大人放心，下官听说过，这种火炮开炮时，只要把角度调好，一打一个准儿！朱宸濠，我看你这个逆贼还怎么蹦跶，明儿就是你的死期！"

这时，余恩说道："御史大人，把福建送来的三门火炮都给了主力精兵，下官担任侧翼攻击，反正就八百多人，只怕我们给主力进攻增不了多少力量！"

陈槐也说道："御史大人，下官从抚州来得晚，但属下的义兵们个个摩拳擦掌，说我这知府无能，没争上当主力精兵，御史大人总要支持下官一两件硬东西，在鄱阳湖上，也让咱打出抚州的威风来！"

王阳明摇头笑道："本院手里就这三门福建送来的火炮，再没有什么硬东西。况且本院知道好钢用在刀刃上，咱们就这些家当，本院别的真没有！不过，你们侧翼助攻的水兵，要像伍知府那样，开动脑筋，多想办法，他从他的一千名精兵中挑选了水手，把精兵分成了一明一暗，结果第一仗就重创了朱宸濠，淹死打死两千多名盗匪，还烧毁、凿漏九十多艘大船，这在战史上，伍知府和邢知府都远远超过江东周郎！所以，你们不要等、靠，现在是谁打仗谁想办法，还是那句话，在战争中学习战争，灵活、机动，才能克敌制胜！"

余恩说道："御史大人，下官明白了，我们也学学邢知府、伍知府，挑选水手明暗结合,我们虽不是主攻,但侧翼打好了,照样也能打出威风和士气来!"

陈槐说道:"御史大人,在场的知府、佥事、知县诸位都是我陈槐的老师,我也不等不靠不要了,我要把诸位的作战经验伸手拿来,再加上我自己的。不,应该是包括其他属下的聪明才智,创造性地打好这场助攻仗!余佥事说得好,他们助攻若打出花来,那么我们抚州的义兵就打出彩来!"

天刚刚亮,宁王朱宸濠水师中的士卒就发现了船上的书信,上面是王阳明写的几句提醒和忠告的话,也可称为免死牌:

朱宸濠贪婪篡位,实属大逆不道!论罪当立碟于市、诛九族!凡胁从追随者,能主动弃暗投明,放下刀剑有生路!持此书信者,均可既往不咎,不计前嫌,纳为南昌之新民!何去何从,切莫后悔晚矣!

此书信几乎每个大船上都有,一时引起了整个水师的骚动和不安。

凌十一发现后,怒气冲冲找到第一个发现书信者,大声喝问道:"你说,此等书信从何而来?你莫不是官军的坐探和卧底吧?"

那士卒吓得急忙双膝跪在船上,叩头有声地说道:"将军!小的清早起来,看见船上有这些蜡封的竹筒,小的以为里面藏了什么珍珠财物,没想到打开一看,竟是书信。对,小的打开的时候,王麻子也看到了,他是证人!"

于是,那个叫王麻子的看见凌十一拿着寒光闪烁的长剑,急切跪于船上说道:"将军,阿竹说得对!真的,小的也看见了,蜡封的竹筒里有封书信,阿竹不识几个字,还是小的念给他听的呢!"

凌十一见闵念四在另一条大船上似乎也在说竹筒书信的事,他跳上那条大船,劈头说道:"闵将军,怎么,这条船上也发现竹筒书信了?"

闵念四点头道:"是啊,现在几乎所有大船上都有这种书信,这下咱们的人心更散了!今天陛下想大反攻,王阳明的书信哪个船上都有,弟兄们都看了,谁还有心大反攻,这下全乱套了,这仗还怎么打?"

凌十一皱眉道:"这事儿还真就邪了门儿!咱们水师有站岗的放哨的,昼夜巡逻,没见官军那边有人潜水过来呀?况且这么多条大船,要有多少人才能都送到,真是奇了怪了!"

闵念四摇头道:"我觉得这竹筒书信也简单,是王阳明派人夜间潜水过来,一个船一个船往上扔,大黑天又下着雨,弟兄们都钻进船舱躲雨,人家从水中来,谁能看得见,所以人不觉鬼不知!"

凌十一皱眉道："陛下呢？陛下现在还不知道竹筒书信的事吧？"

闵念四说道："陛下回港湾去了，他离咱们这些水师船太远，可能还不知道竹筒书信的事。"

凌十一叹道："那今天的大反攻呢，还打不打？"

闵念四脱口道："当然打啦！不然咱水师的气势上不来，你我在陛下那儿何时扬眉吐气呢？"

凌十一怒道："有了这封书信，陛下只能垂头丧气，他能有什么高招儿？"

宁王朱宸濠夜间子时才回到王妃的大船上。他一进舱门，在灯光下就看到娄氏凝眉瞪眼，鼻翼间喷着粗气。他坐下拉起娄氏一只手，亲昵地说道："娘娘，别再生气了，自古有苦才有甜嘛。天一亮朕就组织大反攻，这些都将像黑夜一样，飞快地闪过，那万人之上、万首叩拜的皇上、皇后之位，两个天下最为显贵的龙凤座椅，正频频向咱们夫妻二人招手致意呢！"

娄氏并不为之所动，从嘴角挤出一句话，讥道："朱宸濠，先别梦想你的九五之尊，我问你，南昌城现在还无恙吧？"

朱宸濠信心满满地脱口道："那当然，固若金汤，没有三五年王阳明休想进城！"

娄氏不急不躁，质问道："朱宸濠，咱们夫妻几十年，我为你生儿育女，把宁王府打理得富甲天下，你头顶三尺有神灵，你不怕随口说谎话，下地狱时割了你的舌头啊？你还大言不惭，固若金汤，你敢面对上天说南昌城没攻破吗？"

宁王朱宸濠惊讶道："娘娘，我朱宸濠在这件事上是向娘娘说了谎话，可这是善意的谎话，我这不是安慰娘娘的心吗？"

娄氏大怒道："哼，我既然嫁给了你们朱家，那么我生是你们朱家的人，死亦是你们朱家的鬼！你这十几年来，要造反，要当皇帝，像吃蜜似的妖牵魔拽、鬼拉怪推，你贪心万民叩拜，山呼万岁！万万岁！我一个女人实在拗不过你，只能认命！谁让我当年立誓嫁鸡随鸡、嫁狗随狗呢！可是，这么大的事，你却只是简单地瞒我吗？你这分明在做黄粱美梦！"

宁王朱宸濠见娄氏说得句句在理，而且他无法反驳，明知道前面是个大陷阱，是个万丈深渊，但这十几年来贪欲一直牵着他的鼻子。娄氏这震耳欲聋的大声喝问，包括在安庆府城门前彻底碰壁、不得不撤兵，南昌城失守，更加上前几日王阳明派精兵三十几艘船的强力攻击，让他转眼间损失了九十多艘大船，伤亡士卒两千多人，他在这个残酷的现实面前，彻底从黄粱美梦中醒来。可是，他即使转过身来，也没有退路，仍是万丈深渊，刀山火海包围了他，上天无路，入地无门，只有一死等着他！

此时，粉饰的邪恶仍牵扯着宁王朱宸濠的心，他一声长叹说道："娘娘，自古开弓没有回头箭，我必须不遗余力地往前走，哪怕粉身碎骨我朱宸濠也认了！天意如此，我朱宸濠无力回天啊！"

娄氏怒道："朱宸濠！我问你，明明前边是大火坑，你偏去；明明前边是万丈悬崖，你偏跳！但是，你让多少无辜的人为你陪葬！让多少家中上有老下有小的男人，为你一己之私丧命！让南昌多少鲜活生灵，跟随你命丧深渊！你十恶不赦，万罪难免！这罪孽深重啊，你朱宸濠、我以及你朱姓的儿孙后辈们只能永远在黑暗的地狱中，永远永远……"

宁王朱宸濠长叹道："即使如此，我朱宸濠也认了！"

娄氏讥笑道："不过，我警告你，当然，也包括我这个王妃娘娘，还有你的九万余众的水师们，最多五天时间，五天！你、我，还有他们一定完结！这是上天既定的大限之日，你逃不过的！"

宁王朱宸濠大惊道："什么？五天时间就到了大限？这谁说的，娘娘从哪儿知道的，不是随口之言吧！"

娄氏怒道："哼，死到临头，还心存侥幸？真是人心不足蛇吞象啊！"

这时，有侍者驾船而来，向宁王朱宸濠施礼道："陛下，丞相、国师、将军们有事启奏，请陛下上船，他们在雄鹰号大船上等候陛下。"

方才娄氏说的五天大限让宁王朱宸濠心情非常不好，他抬头仰望太阳初升的湛蓝的天穹，再看着缓缓涌动着的鄱阳湖水，自谓道，不管今天情况如何，我朱宸濠一定竭尽全力和你王阳明拼了！今天不是你死就是我亡，咱们谁也别想有好下场！

宁王朱宸濠到了雄鹰号大船上，看到王阳明写的赦免书信，顿时气上加气，怒上加怒，他喝令文武大臣列两班，先烧王阳明书信，后赐酒，说道："王阳明就会使用这些卑鄙伎俩，试图瓦解朕的军心，今当众焚烧这些书信，如同火烧王阳明！"

李士实高呼："陛下万岁！万岁！万万岁！"

文武大臣皆齐呼："陛下万岁！万岁！万万岁！"

宁王朱宸濠令近侍向文武大臣及将士赐壮行酒，众人依次举碗喝酒，末了把空碗齐摔于船上。

凌十一高喝道："弟兄们，今日不活捉王阳明誓不罢休，出发！"

这是正德十四年七月二十三日晨。

王阳明闻报：宁王朱宸濠的前锋船队已进逼至樵舍，敌船的白帆似是遮蔽了整个湖面，战旗猎猎，前后有数十里，水师人数达数万，好个威武壮观的场面啊！

王阳明向众知府说道："此是朱宸濠黔驴技穷！他把他所有的本钱都压在此战

上！兵法云：'兵不在多，而在于精。'按昨夜制定的作战方案，吉安知府伍文定、赣州知府邢珣率一千精兵作为主力，走在整个大军最前面；余恩领兵作为左翼助攻；陈槐引兵作为右翼助攻，徐琏、戴德孺两知府引兵绕道从后面包抄。布置完毕，各就各位！"

继而，在王阳明的总指挥下，大军迎着敌军向前推进。

二十四日清晨，宁王朱宸濠的水师发现了官军的船只，便呐喊着乘风向官军船只冲撞过来。敌船快，又遇顺风，黑压压直逼黄家渡，气焰十分猖狂，大有把官军的小船吞噬之状。

伍文定此时已把三门火炮摆好，但是按王阳明诱敌深入、分割包抄、分段分片歼灭敌军水师的办法，继续佯装败退，还故意往湖面上丢弃旗帜等物。敌水师的战船以为大反攻的时机成熟，凌十一和闵念四令锣鼓手、号角手振鼓鸣号，敌船便争先恐后向前飞驶。他们都想建功立业，在朱宸濠面前领赏封高官。由于你追我赶，造成船与船之间拉大了距离，待成团成片的敌军水师自然呈分散状时，伍文定命三门火炮向敌军水师开炮！此时距离非常近，只要开炮就可打在船上，一打一个准。三门火炮选择各自的目标，随着轰隆隆一片巨响，敌船霎时着火沉船，十几发炮弹，弹无虚发，皆打在敌军的大船上，至此，敌水师才知上当，绝大多数船匆忙掉头仓皇逃走。

这时，在两侧及从后面包抄的官军四面夹击，除了炮击，官军还派出了随船的水手，在水下凿漏大船使其沉入湖底，淹死、中箭而亡的敌人达数万之众！敌水师无奈只得从官军船只的夹缝地带鱼贯溃逃。

但伍文定、余恩、陈槐等咬住敌水师战船不放，一直在呐喊中追击，发射带松油膏的火箭，敌军不知如何抵挡，只得大溃而逃。许多大船边扑打船上的大火边溃逃，湖面上一片狼藉。敌军水师用旗语、号角相互求救呼应，仓皇退到八字脑防守。

这次大反攻如此惨败，是宁王朱宸濠根本没想到的。他内心非常恐惧，向刘养正说道："国师，这王阳明为何这般神奇，他总是用朕想所未想过的办法，把朕数万水师打得丢盔弃甲，这次至少损失了一百艘大船，死亡数万之众，照这样打下去，三五天朕真就拼光了血本，只能……"

刘养正说道："陛下，上次布置大反攻时臣就说，王阳明把他的心学用于战争，不仅会笼络人心，还有用出奇制胜的办法，谁想到他弄了火炮，吓得将士们只能跳江，炮弹打在木船上，个个毁坏沉水，又加上他们随着火左右夹击、背后包抄，咱们的水师只能大溃逃奔，臣等恐慌之至！"

这时，李士实从船舱走过来，说道："陛下，先不要在此讨论功过失败，当前最大的事是激励将士们把胆略和士气再次提起来，胜败乃兵家常事。虽然咱们两战损失很大，但咱们的水师和船只，包括将士，是王阳明的近十倍，咱们还有的拼！可是他王阳明已经使出了浑身的解数，喊来喊去，也就万余人、一百多只船，而且多为小船。他这是猛挺着肚子搬石头，分明是强努劲儿！他也就这点儿能耐了，再也大不到哪儿去！"

宁王朱宸濠怒道："丞相，断不可如此说！朕的水师不是江边的水草，割了砍了它还能长！这是活生生的人！可以说死一个少一个，何况这两战下来，死了数万人，大船损失两百多艘！你总说胜败乃兵家常事，朕不愿听，你真是'崽卖爷田不心疼'！朕这八九万之众，是十几年积攒下来的，来得不易啊！"

李士实急忙改口说道："陛下，臣不是拿着水师将士的生命当儿戏，臣是在安慰陛下，宽陛下的心！"

宁王朱宸濠大怒道："朕心里明镜似的，用不着安慰朕！把你们的能耐、精力、智慧用在如何真的打一场大胜仗上，让朕自豪、扬眉吐气一次行吗？朕要一次胜仗，彻头彻尾的大胜仗，明白吗？"

李士实见宁王朱宸濠气势汹汹进入船舱，过了一阵，只听"啪"的一声响，不知朱宸濠大怒中随手摔了什么器皿，只听他大骂道："养兵千日，用兵一时，都是一帮废物、笨蛋！白白浪费了朕的粮食和俸禄，还真不如养一群狗呢，朕得到了什么？失败！失败！你们能不能换一个调儿，让朕听听打胜仗的调儿？尝尝打胜仗的滋味儿？你们快拿给朕看啊！"

在分工上，李士实这个左丞相兼太师，主要负责军事，他的属下就是有了封号的凌十一、闵念四等几个将军；而刘养正是右丞相，他负责军事以外的所有事。不用说，只要打了败仗，都是李士实和凌十一、闵念四等将军们的事。

刘养正听到宁王朱宸濠在船舱里的骂声，过了一阵，他向极为尴尬、似是无地自容的李士实叹道："丞相，这也难怪，早在没开战以前，凌十一、闵念四就一直说，只要打水战，王阳明必败，他们信誓旦旦，似有百分之百的把握。可实际上，两次水战都打了大败仗，死亡数万人，毁船两百多艘！安庆攻不下来，南昌城又丢了，陛下没有回去的路，连个回去住的窝儿都没了！一代宁王，富甲天下，下场凄惨到了家！他和咱们一样，只能往前走！你千万别怪陛下发怒，要按过去，这都是要诛九族的，咱们这是幸运啊！"

李士实叹道："上天知道！在宁王府时计划的好好的，一出南昌城就全乱了！八九万人连安庆这么个府城都攻不下来。凌十一、闵念四说他们是鄱阳湖上的水师霸主，战无不胜，我就把宝押在他们俩身上！一千精兵，三十几艘大小船，竟把一千多艘大船打得狼狈逃窜！今天呢，大反攻，凌十一、闵念四当着陛下起了誓，结果又是一场惨败！我现在是'赶鸭子上架，不上也得上'！我知道天意如此，可违背天意我也要这样死撑下去！现在陛下身处绝境，面临死地，我脑袋里就这点儿玩意儿，我现在真是一丁点儿办法也没有！"

刘养正摇头道："丞相，陛下的大船上不是有那么多金银财宝吗，我看这局势，王阳明已经断了我们的所有退路，各地的官府军不断往南昌涌来，人家是力量一天比一天大，咱们是越打将士越少，没有地方补充兵源。这样，我去给陛下出个主意，犒赏将士，把水师将士们的精气神再鼓起来，万一柳暗花明又一村呢，那样也许咱们就真的有了出路！"

或许两次惨败像一股能量巨大的秋风，把李士实原来头脑里的诡诈计策一下子全刮光了！现在听了国师刘养正的一番话，他感激涕零，连连点头喜道："国师！及时雨！雪中送炭！好，一切仰仗国师了！"

刘养正皱眉道："丞相，犒赏将士我去做。你还得绞尽脑汁想一想下一仗怎么打，反正你不打出个花来、彩来，陛下肯定更愤怒，到那时只怕咱们真的就彻底完蛋了！"

李士实极不情愿地叹道："好！我再想想吧！"

宁王朱宸濠身陷绝境，两次水战大惨败，把他从黄粱梦中彻底打醒了。他现在还陷在文武大臣没真本事，将士们不卖力的怨天怨地的苦闷之中。朱宸濠听了刘养正的话，猛然想起"重赏之下，必有勇夫"的古训来，连连点头喜道："国师，这个主意好！这个主意定能让朕和将士们起死回生！"

刘养正说道："陛下放心，有了重金犒赏将士，再加上丞相和凌十一、闵念四想出绝处逢生的好计策，陛下眼前就有了一条通往南京登基大典的坦荡大道！"

宁王朱宸濠顿时来了精神，他眼前立时展现出：他的水师把王阳明等官军的大小木船打得七零八落，他冲出鄱阳湖，骑着一匹骏马，把手中剑一挥，丞相李士实、国师刘养正以及凌十一、闵念四，包括他的数万将士，飞也似的直奔南京城。他沐浴着春风，蓝天丽日下，迈着矫健的步履，兴奋地登上了皇帝的宝座，他似乎看到了登基大典的盛大画面！遂大喜道："好！朕心愿如此，心愿如此啊！"

按照凌十一、闵念四提出的冲锋在前的将士名单，这些即将受到"皇帝"朱宸濠犒赏的将士，顿时都来了精神。凌十一宣布名单之后，都齐刷刷排列在大船上，文武百官侍于两侧，鼓乐队以及那些摆在船上的金银财宝，金光闪闪，将士们的贪欲之心瞬间膨胀起来，他们打开了欲壑之门，双眼无一不散发着贪婪的幽光！

朱宸濠从船舱走出来，文武百官及将士向他叩拜，他挥了挥手，开口说道："众爱卿平身，众将士平身免礼！"

文武百官及将士同声谢道:"谢陛下,愿陛下万岁!万岁!万万岁!"

"皇帝"朱宸濠说道:"众将士,自古胜败乃兵家常事!丞相和凌将军、闵将军经过反复商议,今有了战无不胜的妙策!为打出朕的水师威风和气势来,朕决定今日重金奖赏曾经冲锋在前的将士!每人奖赏黄金十两!凡在两次水战中受伤的将士,每人奖赏黄金二十两!汝等当带头继续英勇作战,不怕伤,不怕死!打了胜仗,朕将再次犒赏有功劳的将士!"

众将士排着队,到侍从那里领奖赏的银两。

李士实向"皇帝"朱宸濠说道:"陛下,这是臣组织的一次必胜决战!当务之急,咱们当收拢五指,把拳头攥起来,与其让王阳明各个击破,不如合力形成一股强军,那样他就攻不破、砸不烂了,咱们一反攻他就抵挡不住!"

"皇帝"朱宸濠皱眉问道:"丞相何意?"

李士实手抚髯须,脱口道:"陛下,时下南康、九江城的守城兵马已呈分割状态,倘王阳明一有机会,派几个偏师合而围之,则南康、九江必落于王阳明之手,咱们不如把他们调过来,合在一起岂不更强大?"

其实,"皇帝"朱宸濠就这点家底儿,让李士实一说,全都抖了出来。"皇帝"朱宸濠原来坚信宝不能押在一处,鸡蛋不放在一个篮子,才可能不全盘皆输。他叹道:"丞相,你可要想清楚,朕就这点家底儿,都集中过来放在这儿吗?会不会有些太冒险啊?"

李士实说道:"冒险?战争无处不在冒险!古往今来,险中求胜的战例太多了,最著名的井陉背水一战!下决心吧,陛下,舍不得金蛋子,打不着金凤凰,生死存亡在此一搏!"

"皇帝"朱宸濠此时仍在犹豫,这时李士实向站在一侧的刘养正递了个眼色,刘养正趋近"皇帝"朱宸濠说道:"陛下,大战在即,当断不断,必受其乱!眼前陛下如果犹豫不决,这才是咱们全歼王阳明的最大障碍!"

"皇帝"朱宸濠长叹一声:"好!传朕旨意,速把南康、九江两地守城兵马调至鄱阳湖,参加总决战!"

侍从施礼道:"是,陛下!"

此时,王妃娄氏正在大船船舱里悄悄垂泪,侍女近前说道:"娘娘,今天是丞相组织的总决战。陛下说,此战必胜,一定能把王阳明消灭。陛下说王阳明主力一亡,大军就可直捣安庆城了!"

娄氏摇头道:"陛下现在是不到黄河不死心,不撞南墙不回头!丞相想得倒美,消灭王阳明主力?哼,不是娘娘我说泄气话,自从出南昌城以来,他们打过一次胜仗没有？我相信王阳明弟子田庄说的话，五天之内水师必亡！"

侍女叹道："娘娘，那水师一完，咱们怎么办？"

娄氏说道："你们几个一会儿坐侍从的船，多找些绳索，以备厄运临头。"

侍女点头道："是，娘娘。"

此时，"皇帝"朱宸濠的水师主力还没有集结完毕。另外，南康和九江两城的守军还没有撤到鄱阳湖来，王阳明正站在冀元亨与卢尚德两人绘制的鄱阳湖敌我双方兵力及船只分布图前想着什么。

冀元亨入内施礼道："恩师，建昌知府曾玙在帐外等候。"

王阳明抬头喜道："好，快请他进来！"

建昌知府曾玙进入帅帐，向王阳明施礼道："御史大人，下官率九百人马报到。"

王阳明点头喜道："好！曾知府，你来得及时，今天下午本院组织研究对付朱宸濠的总决战的作战方案，本院很想听听你的意见。"

曾玙点头道："是，御史大人！"

综合各方面的情况，王阳明心里很清楚，现在朱宸濠绝大部分兵力和水师，都集中在鄱阳湖上。如果占据九江城的盗匪不消灭，那么鄱阳湖以北的援军就过不来。九江城扼其要冲，战略位置十分重要。另外，南康城如不及早收复，则官军也不能越过南康前去歼敌。南康更是包围朱宸濠决战中的咽喉要道，必须派兵去收复。经过短暂的军事会议，王阳明决定，必须打开九江、南康这两座府城，一旦九江、南康城收复，就可以真正意义上把朱宸濠及其水师包围压缩在鄱阳湖的区域内。那么，只要围歼了朱宸濠在鄱阳湖上的水师，朱宸濠没有了依托，就可以像痛打落水狗一样，活捉朱宸濠。

王阳明的战略部署是：速派抚州知府陈槐领兵两千人，再加上饶州知府林城统领的士兵，前往九江城，伺机攻下九江城，打开九江之通道；同时又派建昌知府曾玙领其麾下兵马，加上广信知府周朝佐的人马，共两千六百人，同样也是伺机攻下南康城，打开南康城的通道，为合围朱宸濠奠定基础。

"皇帝"朱宸濠在出发之前，为总决战能取得胜利，带领文武百官焚香祈祷上天，并以酒赐将士。

"皇帝"朱宸濠拔出佩剑高声喝道："将士们，此役必胜！"

将士们齐声喊道："此役必胜！此役必胜！……"

二十五日，在凌十一和闵念四的指挥下，"皇帝"朱宸濠的水师主力——数百艘大船遮盖了鄱阳湖的水面，气势汹汹。这天的风向对官军不利，战前为三门火炮制作了几十发炮弹,但瞄不准时舍不得开炮。王阳明决定水底作战与水上作战相结合。各攻击部队均派出至少五十名以上的水手,潜入湖中,游至对方大船下,实施破坏行动。双方一接战,官府船小进展受阻,阵亡了数十人。

伍文定见官军有退却者,大喝一声,挥剑斩杀了几人。他和邢珣身先士卒,挽弓搭箭向敌水师士卒射箭,高声大叫着,督促各船拼死前进。这时伍文定向炮手吼道:"炮手,瞄准朱宸濠的大船,快开炮啊!"

炮手瞄准了一座大船,点燃药引,"嘭"的一声巨响,正中"皇帝"朱宸濠乘坐的大船,吓得他魂飞魄散。李士实急忙招手叫来一只大船,扶"皇帝"朱宸濠跳上了那艘大船,接着文武百官也狼狈地上了那条船,而中弹的大船,不到半刻工夫,就沉入了湖底。

"皇帝"朱宸濠见状长叹道:"唉,朕又躲过了一劫!"

因为水下作战与水上作战相结合,加上火炮击中了朱宸濠的大船,敌人的主力水师,像没头的苍蝇开始大乱,有的大船沉水,有的大船起火。此时,怎一个乱字可表!"皇帝"朱宸濠的大船先退,接着整个水师纷纷溃退。

官军擒获并斩杀敌人两千余名,淹死的敌兵无法统计,"皇帝"朱宸濠无奈又退往樵舍区域防守。

接着,按丞相李士实的奇思妙想,把所有的战船连在一起,形成船岛方阵。而"皇帝"朱宸濠侥幸逃过劫难之后,在樵舍区域把所有的金银财宝都拿出来,再次赏赐将士。在李士实的带领下,组织每队战船的将领们一同宣誓:誓与王阳明的兵马决战到底,不打败官军,誓不重返樵舍!

通过侦察,王阳明了解到,"皇帝"朱宸濠的水师皆已用绳索或木板把大船连在一起,且形成了船岛方阵。用李士实的话说:这种方阵,在战斗中只能进不能退,因为前进时,除了风帆的力量,就是每个大船上的五十名摇橹手,齐力向前进。可一旦退却时,绝对处于大乱之中,你的船想退,但我的船正前行,所以根本形不成合力,只能原地不动在水面上打转儿。"皇帝"朱宸濠的目的和李士实一样,这个方阵一直向前走,不愁官军大小船不乱。即使到了现在,官军与"皇帝"朱宸濠的水军人数对比,仍在一比五到一比六。王阳明知道朱宸濠就想用绝对优势压倒官军的攻击,船岛方阵冲过去,则王阳明必败。

伍文定和邢珣、余恩等按王阳明的命令,让士卒多准备引火的松油膏等易燃之物。此时,官军在高声呐喊的气势下攻城,守卫九江与南康两城的盗匪也接到了撤退的命令,故九江、南康两城的通道都已打开,为合围开辟了通路。

王阳明在帅帐把众知府、佥事、知县等多路领军首领,召集在一起。王阳明坦

诚地说道:"诸位,知道本院为何这么兴奋吗?告诉你们,我们即将回到魏蜀吴三国时代,火烧曹营的历史画面中去!因为朱宸濠给我们创造了一个极好的条件,他把所有的水师大船都连在了一起,形成了船岛方阵。表面看威武壮观,齐头并进,船与船紧密相连,一旦向我们的船冲撞过来,我们势必阻挡不了这个船岛方阵的巨大冲击!但是,在金、木、水、火、土五行之中,克木者乃火也!所以本院、伍知府、邢知府等准备了大量的火种。诸位回顾一下,开始有人觉得水师大船可怕,小渔船无法与大船交战,但现在看呢,三次水战,我军皆大捷,重创了朱宸濠的水师!这回他学聪明了,把船连在一起,他只想到了船岛方阵的冲击力,而恰恰忽略了最普通的火攻之法。所以在战争中,我们必须活学活用,有矛就有盾,就像我们打拳、击剑一样,有进就有退嘛!"

说到这里,王阳明缓了口气,呷了口茶,接着说道:"诸位,这才是一场名副其实的总决战!现在咱们人多船也多了,这次战争的目的,就是要彻底消灭朱宸濠,给他谋逆造反画上一个句号!现在,本院宣布此次作战方案:吉安知府伍文定率精兵一千八百人,带上你们所有的火攻用品、用具,包括三门火炮,担当此次总决战的主力,从正面攻击;赣州知府邢珣率一千五百士兵,从左侧助攻;徐琏、戴德孺率一千五百士兵,从右侧助攻;金事余恩等各部均为敌后伏兵,切断朱宸濠的退路。等伍知府的火攻一开始,朱宸濠的船岛方阵必然大乱!这时,助攻及后面包抄的各部队立即实施四面合围,直到敌船岛方阵战船全面焚烧时,再抓捕或射杀逃亡的盗匪!诸位务必竭尽全力,本院站在高处,等待你们捕获朱宸濠的平叛大捷!"

王阳明果断决定把总攻时间定在二十六日辰时!

二十六日这天早晨,"皇帝"朱宸濠重温皇帝梦,在大船上朝会群臣,文武百官山呼万岁之后,把他反叛时抓获已经降顺他的原江西三司各官拘禁起来,还对上次战斗中不效死力、坐观成败的人大加指责,并要把这些人推出去斩首。他和李士实、刘养正的争论正在进行时,王阳明指挥的官军已发起总攻!火箭、炮弹从四面向叛军的船岛方阵飞射过来,大火烧着了"皇帝"朱宸濠侍从的船只,"皇帝"朱宸濠的属下顿时大乱!

只见风助着火势,火势与风齐舞,整个船岛方阵顿时陷入大火之中!

就在这时,王妃娄氏已让侍女们把自己周身捆严了绳索,先坠入水中。朱宸濠闻王妃入水自尽,遂与其他家人哭泣告别,有的文武百官见大厦已倾,只得选择跳水自尽,皆做了鄱阳湖水中的幽灵野鬼……

此役俘获了宁王朱宸濠及其世子、郡王、将军、仪宾、伪太师、国师、元帅、参赞、尚书、都督、都指挥、千百户等官,李士实、刘养正、刘吉、屠钦、王纶、熊琼、卢珩、罗璜、丁馈、王春、凌十一、闵念四、秦荣、葛江、刘勋、何镗、王信、吴国、七火信等数百人皆在其内,彻底平定了宁王朱宸濠的反叛。

但是,虽然此役王阳明投入了几乎所有的兵力参战,大火烧起时,仍有贼军残余战船砍断缆绳或木板逃脱。王阳明即命令官军分头追截。二十七日追到吴城,又擒拿斩杀敌兵千余名,余者皆落水而亡。

有诗为证:

> 十二年岁霸南昌,
> 洪都黎民祸连殃;
> 奸淫贪欲万千罪,
> 行省三司岂敢挡?
>
> 朱宸濠谋逆称伪皇,
> 啸聚盗贼虾鼠狼;
> 阳明振臂平叛逆,
> 铁骑坚兵除魅魍!

南昌黎民百姓听说在鄱阳湖上活捉了叛逆之贼宁王朱宸濠,而且见王阳明等押着朱宸濠回南昌,都心生欢喜。原来,朱宸濠自做了封王之后,渐渐产生了谋逆之心,屈指算下来已有十二年之久。在这十二年当中,他在南昌为所欲为,欺男霸女,无恶不作。南昌但提宁王朱宸濠,人人恨得咬牙切齿,都恨不得生啖其肉,死碎其尸!而江西三司没有一个人敢指责他,因其是皇族,他真正成了南昌的土皇帝!

今日听说朝廷巡抚大人王阳明活捉了宁王朱宸濠,人们纷纷携妻带子到大街上看热闹,有许多百姓自发地买了鞭炮,以示庆贺。当押着宁王朱宸濠的囚车入南昌城时,站在路两边数以万计的百姓喊骂声惊天动地,纷纷投以砖石土木,砸在宁王朱宸濠的囚车上,比打落水狗、过街鼠还甚!

有个老汉两眼喷火、怒气冲天,原来他女儿被宁王朱宸濠抢去霸占,因女儿至死不愿嫁给他,被其活活打死。老汉听说宁王朱宸濠被押入南昌城,端了一盆粪水,泼在囚禁朱宸濠的木栅栏车之内,朱宸濠头上脸上身上都是屎粪。还有年轻的汉子、中年女人、髯须盈尺的老汉等都拿着棍棒,追赶着囚车抽打朱宸濠,后被侍卫们强行推开驱散。这正应了古语:人到了千夫所指之时,定是必死之日!

朱宸濠入监时,王阳明问他,王妃为何没在,她去哪儿了?朱宸濠说她在决战前投水自尽了！王阳明问他在何处投水，朱宸濠说，就在港湾那一带水域中。

突然朱宸濠说："王妃，贤妃也！自始事至今，多次苦谏，我没听她的话，望厚葬之。"

次日王阳明派人去鄱阳湖水中打捞，果然寻到尸体。因娄氏用绳子把周身捆得严实不露肉，极难辨认。王阳明按王妃规格，把她葬在南昌城德胜门外河边，既表彰其知礼明义，也是报答当年他受娄师公教诲之恩。

按王阳明安排，把宁王朱宸濠以下一百余人，皆看押起来，听候朝廷发落。这时，王阳明才向朝廷发出《擒获朱宸濠捷音疏》。

王阳明的同门师兄刘养正参与叛乱被处死。王阳明再次路过吉安时，令当地官员葬刘养正之母，并亲自撰写了祭文。

曰："嗟嗟！刘生子吉，母死不葬，爱及干戈，一念之差，遂至于此，呜呼哀哉！今吾葬子之母，聊以慰子之魂，盖君臣之义，虽不得私于子之身，而朋友之情，犹得以尽于子之母也，呜呼哀哉！"

此是后话，不表。

然而，或许今人、后人不相信，宁王朱宸濠六月十四日在南昌反，王阳明六月十五日奉命去福州平定三卫军人进贤叛乱经过丰城县时，才从丰城知县顾佖处得知宁王朱宸濠已叛乱，遂不去福州，转去临江，后到吉安，立即给朝廷发了《飞报宁王谋反疏》，这应当在六月十七日到十八日。而后王阳明把吉安知府伍文定及赣州知府邢珣等组织起来，其时官府官员及公人充其量不过一百多人，其中多有老弱带病之人，招募的义兵也就三五千人，后来南昌四周的知府闻王阳明自发组织平叛，遂也陆续组织公人和义兵，才逐步从四面八方向南昌而来，参加了王阳明的平叛大军。到七月二十六日，共四十一天的时间里，就以一比十的悬殊差距，彻底打败并活捉了朱宸濠。这在中国历史上创造了前所未有的大奇迹，也是中国平叛史上前所未有的大奇迹！

可是，坐在京师内享受着万民跪拜、文武百官山呼万岁的当今圣上，接到王阳明发来的《飞报宁王谋反疏》将近两个月之后，才在八月二十二日，率领监军张永等禁卫军、边军几万人，开始御驾亲征。朝中大臣强谏宁王朱宸濠已被王阳明擒获，没必要再动用几万兵马浩浩荡荡御驾亲征。但圣上朱厚照为了完成到江南游山玩水的心愿，充耳不听。国家社稷是他的，他说怎么就怎么，没人拦得住。

在御驾亲征时，一开始就分为两路，即以太监许泰为威武副将军，太监张忠率禁卫军出京师后，走陆路，后沿长江直扑南昌；圣上朱厚照和张永则沿大运河走水路，进据杭州。几万人一分开，许泰和张忠就开始思考到南昌后，如何查封宁王府金银财宝。

从京师出发，非即一日。到达长江时，张忠突然向许泰说道："许兄，我有一个新想法，打仗咱们斗不过王阳明，但捉拿宁王朱宸濠这个旷世大功，咱们无论如何不能让王阳明抢占。所以，咱俩必须先想个好办法。"

许泰说道："从王阳明发来《飞报宁王谋反疏》到现在，都一个多月了，王阳明早已捉拿了宁王朱宸濠，这个功就是人家的，怎么能抢过来呢？"

张忠笑道："事在人为嘛，就算王阳明抓住了朱宸濠，咱们可以想法让朱宸濠逃跑，然后我们再抓获或让当今圣上抓获，如此擒获朱宸濠的功劳自当落在你我身上或圣上身上，让王阳明白打仗无功劳多好！"

许泰说："张兄，这种事可以这样吗？"

张忠笑道："世间之事皆人为，当然可以这样啊！"

王阳明很快知道了朝廷正德皇帝，即当今圣上御驾亲征。仗都打完了，连《擒获朱宸濠捷音疏》都飞报了朝廷，但圣上仍要亲征，而且出京师时已兵分两路。王阳明对太监张忠非常了解，他是刘瑾的党羽、爪牙，又是和江彬一样，皆为漏网之鱼，朝中人尽知。太监张忠和许泰同穿一条裤子还嫌肥，两人一个鼻孔里出气。所以，他从心里痛恨张忠和许泰。而另一路是当今圣上和太监张永，论身份张永在张忠和许泰之上，过去刘瑾作恶时，即当今圣上朱厚照初登九五之尊时，张永和刘瑾等八人，称为后宫"八虎"。这"八虎"，是当今圣上最宠爱的太监。后来，张永与刘瑾分道扬镳，因而平定宁夏安化王朱寘鐇叛乱后，杨一清献策，张永实施抓捕刘瑾的事告成。诛刘瑾后，张永在后宫的地位直线上升，此人还算正直，基本上不为奸佞之事，可算个后宫的大好人。

宁王朱宸濠总在南昌押着也不是事，王阳明已料到，许泰和张忠率领的平叛大军多是边军，即从边关调来的，他们直达南昌，是冲着朱宸濠和宁王府富甲天下而来。遂决定在他二人到来之前，即率士卒押着朱宸濠等至杭州。因此时圣上和张永皆在杭州游玩，王阳明押着朱宸濠等一百多人先到杭州，求见御驾亲征大军的监军太监张永。

但是，监军张永初时拒不相见，王阳明叱门人，径直入内，大声喝道："我王阳明，即昔日王守仁也，今来杭州与公公商议国家大事，如何反拒我？"

张永见王阳明气势惊人，遂走出大厅与王阳明相见。施礼道："御史王大人乃平朱宸濠叛乱第一功勋者，永惭愧失礼，还望御史王大人见谅！"

王阳明遂从听到朱宸濠反叛消息起，直至抓获为止，说得很详细。张永边听边点头，特别是有些细节，问得很清楚，二人越谈越觉得无拘无束。

　　张永笑道："王大人，今为何兴师动众把朱宸濠等一百多人押解到杭州来，而不交给许泰与张忠二人呢？"

　　王阳明说道："张公正直，而许泰、张忠为人想必张公也清楚，我王阳明不放心，故而才到杭州来。"

　　张永遂大笑道："聪明！王大人聪明啊！"

五十六 谈笑风生觑奸诈 张忠许泰脸丢大

王阳明率士卒押解宁王朱宸濠等一百多人，离开南昌的第二天，张忠和许泰的先头部队就到了。侍从报道："御史王大人已押解宁王朱宸濠等一百多人去杭州迎驾。"

张忠大怒道："许兄，我说什么来，王阳明这个人料事如诸葛孔明，我们俩紧跑慢跑，还是来晚了，咱们两件大事，第一件泡汤了！"

许泰说："张兄，那咱就先去查封宁王府，扣押朱宸濠的所有财产，咱们不能两头忙，两头黄吧？"

张忠怒道："你说啥呢，什么两头忙，两头黄？我说过的事在人为，我一件事也不让它黄！这样，咱派人快去追赶王阳明，就说传圣上口谕，宁王朱宸濠必须交由咱们看押！"

许泰大惊道："张兄，圣上可没这样的口谕，这可是欺君之罪，咱千万别这样说，传到圣上耳边，咱俩可吃罪不起！"

张忠怒道："你呀，表面气壮如牛，实际胆小如鼠！怕什么，这又不是什么大逆不道的口谕，咱们这是要为陛下分忧，陛下不会怪咱们的！别啰唆，就这样办吧！"

许泰说："王阳明精着哪！派谁去呢？"

张忠说道："让锦衣卫千户去，给他拿上你的令牌，见牌如见人，以令牌讨取钦犯，王阳明若胆敢违抗，咱们可以到圣上那儿添油加醋告他的御状。"

许泰立即命令锦衣卫千户，持他的令牌，驰马直追王阳明。

见罢张永，王阳明又驰马回到押解囚车的路上。因为押解人犯都是马车拉着的囚笼，自然走得慢，所以那锦衣卫千户持令牌追上王阳明时，大队人马已到了广信府城内。

卢尚德与田庄匆匆入内说："老师，有个锦衣卫千户，手持威武副将军许泰的令牌，求见老师。"

王阳明已料到此人来意，问道："他是不是驰马而来？"

卢尚德点头道："是，老师！"

此时，广信知府在侧说道："大人，锦衣卫千户手持威武副将军许泰的令牌，来头不小啊！"

王阳明笑道："我明白，他为朱宸濠而来。尚德，让他进来吧！"

继而，这个锦衣卫千户气势汹汹入内后，向王阳明随意施了礼，说道："御史大人，末将持威武副将军许泰之令牌，特来讨取钦犯！"

王阳明说道："本院押解钦犯往杭州，而且本院已见了监军张公公，本院知道，圣上和监军都在那儿，怎么……"

锦衣卫千户说道："可是……威武副将军许泰让末将持令牌讨取钦犯！"

王阳明笑道："你看，当今圣上在杭州驻跸，对朱宸濠大逆不道的钦犯，圣上肯定要亲自审问的，威武副将军持令牌来讨取钦犯不妥，请你回去说明本院之意。"

锦衣卫千户想了想也是，皇上自然要审问钦犯，威武副将军即使你把钦犯押着，那么归根到底还是要交给皇上审问，这不是多费一道手续吗？可是他有令牌在手，又讨取不到钦犯，心里正左右为难。

王阳明向广信知府低声说了句话，广信知府笑了笑随即步入内厅。

广信知府拿出五两银子，向锦衣卫千户说道："千户大人，这一路鞍马劳顿，真是辛苦你了，来到我们广信府，饭也不吃，来，这是本府的一点心意，收下吧！"

锦衣卫千户一想，心中烦躁，非常不满地说道："末将奉威武副将军之命，来讨取钦犯，让我空手而回，有违许泰将军之令，这银子我不要！"

王阳明见状上前，笑着拉着他的手说道："千户，你知道吗，我在正德初年被阉人刘瑾所害，关在你们锦衣卫大狱，你们锦衣卫里上上下下的人我都熟悉，我却没有发现一位像你这样轻财重义的。这五两银子是我让给的，礼轻情重，如你坚持不收，令我非常感动！我改日定要好好奏明皇上，让满朝文武及锦衣卫上官们都知道你的为人！"

锦衣卫千户听了王阳明的话，虽然他不明白这是半哄半讽，却也再无其他话可说，满脸通红，无奈只得告辞而去。

锦衣卫千户回到南昌，张忠大怒，许泰此时已经泄了气，他和张忠前脚让锦衣卫千户持令牌而去，后脚驰马去了宁王府，结果两人一看，立时傻了眼！偌大的宁王府早已付之一炬，化为一片偌大的废墟！细打问，原来，宁王朱宸濠谋逆出南昌时，已大车小车随身带走了金银财宝。

张忠大怒道："这个可恶的王阳明，他分明在和咱俩作对，他把金银财宝都拉走了，临了还把王府烧了，真是欺人太甚！"

这时旁边一老汉说道："官人你说得不对！"

张忠怒道:"我怎么不对啦?"

老汉说:"这宁王府是府内的下人自己点火烧的,是御史大人进南昌后,指挥士兵灭的火,这事儿我亲眼所见!"

张忠怒道:"得,我没工夫听你说废话!"

老汉亦怒道:"谁说废话?你说得不对,你敢公开污辱御史王大人,我们老百姓不干!"

张忠大怒道:"来人,这个老东西是宁王府逃脱的盗匪,把他抓起来!"

老汉跳着脚大骂道:"谁是盗匪?街坊四邻都知道,俺是地地道道的老百姓!"

几个侍从上前,不由分说地把老汉抓起来,这时围来了很多百姓。

老汉已被侍从捆绑,老汉跳着脚骂道:"乡亲们,你们都来看看,这是哪来的乌龟王八蛋,他公开污蔑御史王大人烧了宁王府,俺说了句公道话,他就骂我是宁王府逃脱的盗匪!乡亲们都评评理,他是什么东西啊!"

老汉在大街越喊人越多,越是这样张忠和许泰越下不来台。许泰向张忠说道:"张兄,你看我说什么来,得,放了他咱走吧,让百姓们指指点点这叫什么事儿?"

张忠大怒,把马鞭一指,说道:"你们这些刁民想造反哪,来人,现在谁是南昌的知府?快,让他马上过来,处置这些刁民!"

老汉高声道:"好!让伍大人过来看看,这两个乌龟王八蛋凭什么这么横?他们到底是什么狗屁官儿,他今天骂我一句,我要骂他一千句!一万句!"

少顷,伍文定等驰马奔来,下马向张忠、许泰施礼问道:"二位是……"

张忠指着许泰说道:"此乃御驾亲征行军威武副将军许泰是也!"

伍文定重又施礼道:"许将军在上,下官南昌代知府伍文定施礼了!"

许泰则草草还了礼,向伍文定说道:"此乃御驾亲征张忠,张公公是也!"

伍文定又重新施礼道:"张公公,下官南昌代知府伍文定施礼!"

张忠怒道:"伍文定,你这个南昌知府是怎么当的?快把这几个带头闹事的人都抓起来。对,还有这个宁王府逃脱的盗匪,抓回去严加审问!"

伍文定皱眉道:"许将军、张公公,别介,这些人下官知道,他们不是什么刁民,他们这几个人都参与了宁王府灭火,你看……"

张忠以鞭指着伍文定怒道:"伍文定,本公说他们是,他们就是!你敢违抗本公的命令?"

许泰坐在马上,示意伍文定近前,低声附耳道:"伍文定,你这代知府总要给我们面子吧?你今天让张公公下不来台,小心一会儿让你难堪!"

伍文定向随从们说道:"你们几个来,把他们几个带回去!"

张忠、许泰这才骑着马离开。

黎民百姓中有人说道:"伍知府,你不能不分青红皂白,只听他们的!"

伍文定挥手道:"父老乡亲们放心,有本府在,不会把他们怎样的,本府让他们说说,当面赔个礼道个歉,也就放了!"

一中年汉子说道:"知府大人,我看这两个皇上身边的人说话太霸道,张口就骂人家是宁王府逃脱的盗匪,我们不放心,我们愿到府衙看看才放心!"

一到府衙,伍文定在前,带领许泰和张忠入内,伍文定急忙示意侍从上茶。张忠把茶杯啪地一摔,大怒道:"伍文定,怎么你们南昌都是刁民,竟敢公然顶撞本公!今儿必须治他们的死罪,不然本公心中之气难消!"

伍文定腾地站起来,皱眉道:"张公公,他们几个老百姓犯了什么滔天大罪,咱凭什么把他们定成死罪?再说,定罪的事,恐怕也不是你说定就定吧?"

张忠怒道:"他们公然顶撞辱骂朝廷的钦差,他们不该是死罪吗?"

伍文定耐着性子,慢声细语道:"张公公,你是谁呀?你说让谁死谁就死呀?南昌城没王法了,就该你说了算?"

许泰这时说道:"伍文定,我看你分明不把我二人放在眼里!你想以下犯上吗?"

伍文定大怒道:"来呀,府衙的公人们都过来听听,御驾亲征的威武副将军许泰、中宫张公公,要把刚才在宁王府门前顶撞他们的百姓定成死罪!这朝廷的王法何在?"

张忠上前啪啪打了伍文定两耳光,骂道:"伍文定,你说对了,本公乃当今圣上的义子,许将军乃当今圣上的外甥,本公只要在当今圣上面前告你一个御状,管你这知府当不成,你信不?"

伍文定大怒道:"张忠,你是当今圣上的义子?许泰你是当今圣上的外甥?胡扯!我伍文定站得正、行得直,我一没犯错,二没犯法,凭什么你张忠一句话,一个御状,我这知府就当不成?"

张忠大怒道:"来人,把伍文定的冠带摘下,给我捆了!"

这时,御林军锦衣卫入内,不由分说把伍文定的冠与束腰的带子解下,并将其捆绑起来。

伍文定跳着脚大怒道:"府衙的同僚们都看看,张忠这个狗太监竟捆了我,他说他是当今圣上的义子!这个许泰是当今圣上的外甥!还说他到当今圣上那儿告我一个御状,我这知府就当不成了,拜托各位同僚做个见证,这个张忠就是这么说的?"

张忠怒道:"来呀,伍文定藐视本公,藐视威武副将军,打他三十杖,让他醒醒!"

张忠和许泰在南昌府衙为所欲为,把伍文定和那几个百姓当成出气筒;而同时入城的边军也是肆无忌惮,在大街上看了珠宝拿了就走,店家追讨,便遭到一顿暴打;还有的边军在酒店七碟八盘吃了喝了,抬腿就走,店家讨钱,也是一顿暴打,末了还把酒家砸了;还有的边军看上漂亮的女子,上前就搂抱,黎民百姓看见后,抱打不平,边军抡起皮鞭就打……

南昌城一时黑暗下来,黎民百姓恐慌不安,店家只得关闭歇业,伍文定受杖之后,一直大骂张忠、许泰。

张忠大怒说:"伍文定公开顶撞朝廷命官,有本事到当今圣上那里告状去。"

南昌城一时乌烟瘴气……

王阳明与张永在厅内喝茶聊天时,侍者入内道:"皇上有旨,请御史王阳明入内参见圣上!"

张永皱眉说道:"怎么,陛下知道御史大人到了杭州?"

那侍从说道:"是,张公公!"

张永向侍从说道:"好,你先退下吧,我与御史大人一同去。"

圣上朱厚照见王阳明跪下施礼,急忙上前,双手搀扶笑道:"王大师,咱们在京师时说过的,你是心学的一代宗师,朕拜你为大师,况且……"说到这儿,他向张永说道:"张永,这是朕与死去嫣儿和王大师的秘密,不过,朕把这件事今告诉你,让你也知道这是怎么回事。"

张永笑道:"陛下,是吗?原来陛下在京师时,就曾拜御史大人为大师,是这件事吗?陛下!"

圣上朱厚照挥手道:"张永,你看,你像百事通似的,嘚吧嘚吧说个没完,朕说的是朕这一朝的秘密。"

王阳明点头道:"陛下,请讲,臣再次恭听!"

圣上朱厚照说道:"先帝驾崩之前,朕总觉得先帝有什么话要说,可是先帝一直没说出来。直到先帝过世之后,有一次近侍嫣儿整理碧云宫东西时,朕不小心摔碎了九龙镂空琥珀宝瓶,结果,瓶内有一封书信,打开一看,是先帝亲笔写下的四句诀词:

> 会稽山下生奇才,
> 余姚紫气滚滚来;
> 怀胎十四五岁言,
> 保尔社稷稳如泰。

当时朕不知何意，就派嫣儿悄悄出宫察访。后来，嫣儿查到了余姚人王守仁，即今日之王阳明也。他的母亲怀胎十四个月，到五岁时方能开口说话，先帝的诀词之意，是说保朕江山稳如泰山的是余姚人王阳明！这个秘密，朕今日说出来，你与大师知道就行了，切不可外传外漏！"

张永喜道："陛下，还真是这样！陛下你看，赣、闽、粤、湘四省盗贼猖獗危害当地官府和百姓十几年，朝廷和官府联合围剿十几年，竟然让盗贼势力越来越大。后来，御史王大人一出马，不到两年全部剿灭，还增设了和平、崇义、平和三县，确保了四省接壤之地长治久安！现在呢，宁王朱宸濠积攒了十二年叛乱的兵马，达十万之众，水师、大船，要什么有什么，御史王大人本来接到朝廷敕令，要去福州平定三卫军人进贤之叛，走到丰城县城，丰城知县顾佖告诉王大人，说宁王朱宸濠十四日反，要篡位夺权！这正是六月十五日。王大人义无反顾，转道临江府，后至吉安府，急忙向朝廷发出《飞报宁王谋反疏》，王大人即与吉安府伍文定等商议平定叛乱！"

圣上朱厚照长叹道："大师，朕对不住你对朝廷的一片赤胆忠心，没有正规的兵马，带着几千名的府衙县衙的公人和没有经过训练的义兵，这仗怎么打？怎么能抗击朱宸濠十万大军呢！"

张永说道："陛下，这才是当今朝廷真正的大忠臣！敢于见危扶难，敢于冒着被朱宸濠砍掉脑袋的巨大风险，勇于担当！"

圣上朱厚照点头赞同道："对！大师勇于担当，敢于和朱宸濠拼命！"

张永说道："王大人是心学开山一代大宗师，他文韬武略，样样堪称奇才、干才！他不仅巧妙地攻下了南昌城，在鄱阳湖上三战三捷，用小渔船火攻朱宸濠的船岛方阵，把朱宸濠彻底打败，并活捉了朱宸濠，仅水中就淹死朱宸濠水师四五万人，活捉俘虏了朱宸濠所有的人！"

圣上朱厚照点头喜道："但有国难当头时，总有大师运筹帷幄，保朕的江山社稷长治久安！"

张永说道："陛下，奴才不是什么预见大师，更不懂得上苍星象，但我隐隐觉得，朝廷还会有事，还需御史大人前往平定。"

圣上朱厚照惊讶地说："是吗？在哪儿出事，是什么事？"

张永摇头道："陛下，奴才只是觉得会有，也许是张永对御史王大人高山仰止，敬重加崇拜的缘故吧！"

王阳明说道："陛下，今日既然把朱宸濠等一百多名被捕反叛人员交割清楚，臣想及早回到南昌，只怕有些事，还需要臣去处置！"

张永挥手道："陛下，奴才想起来了，张忠和许泰二人，按时间推算已经到南昌城了，只怕南昌波涛风云又起啊！"

这时，侍从入内施礼道："启奏陛下，有两个自称御史王大人弟子的人，说有急事，可否请王大人出来一下？"

圣上朱厚照摇头道："大师的事，亦当是朕的事。来，传他们进来说！"

原来，王阳明及卢尚德、田庄等随他押解朱宸濠等一百多名钦犯到杭州时，为确保南昌与王阳明之间的联系，王阳明特意在南昌留下了罗钦顺和何瑭两人。

罗钦顺与何瑭入内，先参拜圣上朱厚照，后参拜老师王阳明。罗钦顺说道："老师，御林军威武副将军许泰、太监张忠到南昌以后，抓了几个百姓，非说是宁王朱宸濠逃脱的盗贼，另外还把伍知府抓了，打了三十杖！"

王阳明叹道："伍知府乃此次平定宁王朱宸濠的大功臣！他……得，还有什么要说？"

罗钦顺说道："老师，入城的御林军锦衣卫以及那些边军为非作歹，现在南昌城百姓人人恐惧……"

圣上朱厚照说道："岂有此理！他们打着朕御驾亲征的旗号，祸乱南昌，真是可恶！"

王阳明说道："陛下，他们都是阳奉阴违之人。他们在陛下面前说得天花乱坠，大仁大义，一转身就现出了本相，真是破山中贼易，破心中贼难啊！"

圣上朱厚照说道："大师，朕没想到朱宸濠作为朝廷的封王，祸乱南昌十几年，残害了巡抚孙燧和副使许逵，令人发指！江西三司还委身投靠朱宸濠，江西是个大乱之省，朕竟充耳不闻！抓了叛逆的朱宸濠，朕的御林军和边军入南昌城，却故意制造新的祸乱！朕命你王阳明为江西巡抚，治理江西，给江西黎民百姓一个安静、祥和的环境！"

王阳明跪下接旨道："是，陛下，臣王阳明接旨！"

张永喜道："御史大人，今你有巡抚之职，手中有了权，就可以处置南昌之事，这样又可省陛下劳心费神。"

待王阳明等离开，张永急切说道："陛下，你看看，张忠、许泰就是这样的奸佞小人！打着陛下御驾亲征的旗号，以威武副将军和中宫太监身份祸乱南昌百姓，还捆绑杖责南昌代知府！昔日杀了刘瑾，今日又出了张忠、许泰！请陛下三思，像王阳明这样的大忠臣，该有多难！"

王阳明从杭州快马加鞭回到南昌时，黎民百姓及南昌府衙的人已同张忠、许泰等势如水火，伍文定及那几个顶撞了张忠、许泰的百姓，也被捆绑着。

张忠见王阳明及弟子驰马而来，待王阳明施了礼，便怒道："南赣、汀漳巡抚大人，你们南昌人火气不小啊，胆敢与威武副将军及本公为敌，你既然来了，请说句公道话吧？"

王阳明笑道："张公公，你错了，本院现在是江西巡抚，南昌的事当然归本院管，本院当然要说句公道话！"

王阳明指着被捆绑的伍文定及那几个百姓问道："张公公、许将军，请问伍知府和这几个百姓犯了何罪，至于捆绑和受杖责吗？"

张忠怒道："巡抚大人，这几个百姓竟敢藐视我顶撞我，他们分明是宁王朱宸濠逃脱的盗匪、余孽！至于这伍文定，根本不把本公和许将军放在眼里，不但不听本公和许将军的话，还公然顶撞本公和许将军，这等傲慢无礼之徒，不该杖责，不该定死罪吗？"

王阳明正色道："张公公、许将军，本院在《擒获朱宸濠捷音疏》中，已将伍文定列为平定宁王朱宸濠叛乱第一功臣，凭你张公公、威武副将军，就敢捆绑、杖责？就是当今圣上在此，也不至于如此吧？伍文定是平定朱宸濠叛乱的大功臣，父老乡亲们，这样做，对我们的大功臣合适吗？"

数以百计的黎民百姓齐声呼道："不合适！不合适！不合适！"

王阳明把手一挥，接着说道："关于伍知府顶撞张公公、许将军之事，本院已做了调查。当然，张公公和许将军是随当今圣上御驾亲征宁王朱宸濠的，应当尊重，应当礼遇，这些伍知府已经做了！请问张公公、许将军，这几位黎民百姓犯了什么滔天大罪，就要把他们杀死，杀一儆百呢？总不能仅凭张公公、许将军一句话，就定死罪、杀人吧？"

张忠见王阳明如此说，他气得转了转圈，大怒道："可是……"

王阳明笑道："他们无罪！伍知府更无罪！他们应当无罪释放，而且张公公、许将军，你们两位朝廷钦差，人也捆了，也打了，今日非常庆幸当今圣上没随本院来南昌，倘若来了……"

张忠从王阳明的话语中已经明白，王阳明不仅把叛贼朱宸濠等一百多名人犯，当面交给了当今圣上，而且圣上又封他为江西巡抚，王阳明说话很有分寸，并没有要把这件事一追到底的意思。他长叹一声说道："御史大人，这件事本公和许将军有些过激，有些……"

这时伍文定高声说道："御史大人，等等，这个自称中宫太监的张忠说他是当今圣上的义子！那个又蔫又坏的威武副将军许泰，说是当今圣上的外甥！倘是，下官没二话可说。倘不是，那就是打着当今圣上的名号实施诈骗，这可是欺君之罪，这种罪该杀头、诛九族！"

王阳明大惊地说道："张公公、许将军，真有这事吗？你们俩真的一个是义子，一个是外甥吗？"

张忠急忙遮掩道："本公不过一句戏言，御史大人何必当真呢？"

这时，那个之前被抓的老汉，跳着脚大怒道："御史大人，这是真的！草民拿我的项上人头保证，这个太监张忠就是这么说的！"

张忠心中真怕这件事捅到当今圣上那儿，遂急忙向王阳明施礼道："御史大人，张忠错了！张忠万不该谎称为当今圣上的义子！"

这时，许泰也向王阳明施礼道："御史大人，许泰错了！许泰不过想用圣上之名吓唬一下他们罢了，请御史大人免罪！"

王阳明这才向伍文定和那几个百姓说道："伍知府，父老乡亲们，张公公和许将军已经认错，这事就不要闹到当今圣上那儿了。这样，本院和他们商议一下，让他们向你们赔礼道歉，从此不再追究这事成吗？"

张忠与许泰担心此事传到圣上那去，一是自己面子上过不去，让人耻笑、嘲讽；二是倘圣上问责，又岂止是三十杖之事。遂急切向王阳明施礼，又向伍知府施礼，高声说道："伍知府、众乡亲们，我错了！我向你们赔礼赔罪，向你们公开道歉！"

许泰也说道："伍知府、众乡亲们，我今也错了，我诚心诚意向你们赔罪赔礼，向你们真心道歉！"

说着二人上前，给伍文定他们解开绳索，围观的黎民百姓们，顿时齐声高呼："御史大人！御史大人！……"

王阳明把手一挥，向众百姓说道："张公公、许将军知错能改，是当今世上的好人。倘有机会，本院定会向当今圣上奏报，张公公、许将军来南昌以后，虽然平定朱宸濠的叛乱没赶上，但他们还是做了很多好事的！"

王阳明向伍文定递了个眼色，伍文定会意，顿时哎呀一声瘫坐在地上，张忠和许泰立时慌了，王阳明高声道："张公公、许将军，伍知府是个很懂礼仪孝悌之人，他上有八十岁老母亲要赡养，可是他为官又清廉，每月就靠那点儿俸禄过活，这可麻烦了，要不……"

这时，赣州知府邢珣的一个属下，高声喊道："御史大人，伍知府的伤，是太监张忠和威武副将军许泰令属下打的，这看病找郎中的药诊费、营养费，都该让他俩出才是正理儿！"

张忠和许泰看了看王阳明。王阳明低声道:"张公公、许将军,钱财乃身外之物,你们俩都是聪明人,别犹豫快拿些银两,不然伍知府非要上疏圣上,这事就大了!"
　　张忠低声道:"御史大人,拿多少合适呢?"
　　许泰也说道:"是啊,多少合适呢,御史大人?"
　　王阳明叹道:"你们俩是皇上身边的人,皇上高兴了今儿赏,明儿又赏,一次赏赐顶伍知府一年的俸禄。你们若拿少了,会让这么多人瞧不起的!快呀,别让百姓看你们俩抠抠唆唆、小气吝啬嘛!"
　　这时张忠拿出了二百两银票,许泰也从身上抠唆了半天,只拿出一百两银票,王阳明叹道:"看看,怎么也要凑成双二百嘛,张公公,你先给许将军垫上,回头再让许将军还嘛,要不你们俩今天下不了台!"
　　张忠又从怀里扯出一百两,向许泰说道:"许兄,御史大人为证,你借我一百两,回到京城后马上还我!"
　　许泰只得点头道:"放心张兄,回京师我还你一百两就是!"
　　王阳明走到伍文定面前,把四百两银票交给伍文定,说道:"伍知府,张公公、许将军来得匆忙,这是他们二人的一点点儿心意,收下吧!"
　　快到中午时,王阳明和邢珣等来见张忠和许泰,说道:"张公公、许将军不辞劳苦,随当今圣上御驾亲征,风尘仆仆来到南昌,本院略表地主之谊,给二位接风洗尘!"
　　张忠、许泰二人回礼道:"多谢御史大人!多谢御史大人!"
　　没想到在请客时,江彬和刘晖等钦差坐在了主位上,而许泰和张忠坐在客位上,屋内没有了王阳明的位子。
　　王阳明向江彬和刘晖说道:"请二位钦差移步到客位席,不然,本院不坐主位,是对几个钦差大人不公、不礼啊!"
　　江彬和刘晖立时气得脸色都变了,张忠急忙说道:"江彬、刘晖,你们当知道,坐主位的才是真正给咱们接风洗尘的,而且坐主位是要付账的,你俩坐那儿确实不合适!"
　　江彬不满地站起来说道:"对,我们俩客随主便!"
　　饭后,江彬怒气冲冲地过来说道:"王阳明太狂傲嚣张、太心高气傲了。张公公和许将军,你们俩有什么好的办法,快杀杀王阳明的威风,让他在众目睽睽下难堪,咱们也出出心中之气!"
　　许泰说道:"张兄,这方面的事你最擅长,你应该有主意吧?"
　　张忠说道:"这一个多月来,我就一直在想,王阳明、伍文定、邢珣等一百多人的知府、知县及府县衙门的公人，加上招募没有训练的几千义兵，他们怎么可能消灭了朱宸濠十万大军呢？这里边有猫腻，肯定有！"

许泰说道："是啊，一个人打十个人，除非他是武当山下来的天下第一高手！要不就是华山论剑的天下第一剑客！对，要没有猫腻，鬼才相信呢！"

江彬讥道："我就说嘛，王阳明自诩心学开山一代宗师，他的牛皮越吹越大，一个人打十一个人，用十一天就把有十万将士的朱宸濠活捉了？唉，咱这样，反正这几天在南昌城也无事，咱们御林军、锦衣卫和边军都集合在南昌演兵场上，看王阳明能集合多少人。"

张忠笑道："对，王阳明最多集合上百人，可这是要干什么？"

江彬说道："表面上是让江西巡抚王阳明见识一下御林军、锦衣卫如何操练，其实这是幌子，重要的是要与他们比箭！不，找出锦衣卫中的射箭骑马高手，与王阳明比。我看他又是肺病，又是胃病，咳！咳！咳！弯着个腰，驼着个背，和乡下驼背的罗锅佬没两样。对，就让王阳明出丑！让他出大丑！"

许泰高兴地点着头，说道："好！江彬，你让刘晖通知王阳明。我从御林军锦衣卫中挑选射箭骑马高手！"

王阳明此时走进边军的营帐，有一个边军的校尉生病躺在帐内，王阳明带着郎中来到那校尉面前，几个边军正围着他，不知所措。

王阳明笑道："诸位兄弟，对不起，这件事我刚听说，这不我带来郎中，给他诊一下脉！"

那躺在床上的校尉惊喜道："御史大人，小的怎好劳驾大人呢？"

王阳明环顾众人说道："瞧这位兄弟说的，你们不远几千里来到江西南昌城，我这个巡抚总要尽一下地主之谊，来，先看病再说！"

郎中诊了脉，当下开了药方。王阳明说道："这个刘郎中，可是咱们南昌城第一郎中，药到病除。记住，你们有事就到巡抚署衙找我。"

王阳明刚走，有士卒说道："看看咱们那个太监张忠和副将军许泰，什么事都是御林军、锦衣卫的，他们大口吃了肉，咱边军连汤也喝不到！"

"是啊，还是人家御史大人，咱们在一块当兵这么多年，谁见过一个御史大人，带了郎中来亲自给咱们看病啊？这样的大人，才是真正受人拥戴的好官！怪不得人家几千人，用十一天就打败了宁王朱宸濠十万大军！哪像太监张忠、副将军许泰自以为是皇上身边的人，就比咱们高半头，对咱们和老百姓就是一味地欺压！欺压！可他们见了皇上，就像三孙子，点头哈腰，唯唯诺诺！"

这个满脸络腮胡子、瞪着一双大眼的中年人刚说完，一个精明的中年人则说道：

"你们知道啥，这就叫小人得志！你刚才说对了，凡是得志的小人，一般都是同一副嘴脸，在顶头上司那儿，他当奴才，可一转身面对他的属下，他就是唯他独尊的大爷！也好，这次让御史大人把张忠、许泰这种狗仗人势的三孙子，弄得让人确实解气！王大人打了他俩左脸，又打右脸，末了还要感谢王大人，高！我真心佩服王大人！"

他们正在营帐内闲聊，突然响起了集合号角，一问才知道让所有边军到南昌城演兵场参加演练。

王阳明不知张忠和许泰是何意，他只得让江西巡抚署衙和南昌知府署衙的人召来，他数了一下，人太少，又把新任命的三司人员叫来，凑在一起还不足二百人。他和伍文定等来到演兵场，御林军锦衣卫、边军都穿着统一的盔甲服，皆持刀剑，列队成黑压压一片。

王阳明向伍文定说道："伍知府，你说张忠、许泰摆的是什么阵法，不会是想在咱们面前耀武扬威，故意做给咱们看的吧？"

伍文定皱眉道："我觉着张忠、许泰对割肉痛的四百两银票过不去，想出咱们的丑，要不他俩摆这阵势干啥？"

王阳明笑道："对，从他们来到南昌后，先找老百姓和你出气，后来，我让他们俩怎么吃的又怎么吐了出来。对，他们这是要出气啊！"

张忠见王阳明和伍文定等署衙公人都陆续到了演兵场。伍文定一招手，公衙的人也按个头大小排起队伍。王阳明向众人说着什么。

张忠和许泰走过来，见公衙老的老，弱的弱，虽都穿着公服，但看上去总不如御林军、锦衣卫威武。他向王阳明施礼道："御史大人，本公不明白，就你们这些署衙的公人，才二百多人，招募的义兵不过八九千人，就算后来有其他知府带了三五百，或七八百人来增援，你们有什么大法、高招儿、独门绝技，在一比十一的悬殊差距之下，能打败朱宸濠的十万兵马呢？哎呀，听起来像吹牛，就连本公属下这些御林军、锦衣卫都怀疑你们！"

王阳明讥道："张公公，本院明白了，你是看我们这些署衙的人老弱病残，怎么能打败十万兵马的朱宸濠呢？这样，本院一向直来直去，今日张公公想说什么，请直言！"

许泰笑道："没啥可说的，本将军锦衣卫中有几个极善散打的士卒，他们想和御史大人的属下过过招儿，学学怎么打败朱宸濠的手段！"

伍文定说道："也罢，你们让他们先练两招儿，给我们这些老弱病残开开眼吧！"

许泰不假思索道："这个容易！来呀，你们几个给大人们亮亮身手！"

有三个锦衣卫青年士卒开始亮招式，伍文定一看，心中有了把握。其实，由于当今圣上吃喝玩乐，这些御林军、锦衣卫，只是穿了一张唬人的豹皮，都是摆摆场面的招式，看样子，说三万御林军不及三千边关军一点也不为过。

张忠说道："御史大人，本公出三名武林高手，你们署衙也选三人，切磋切磋，不过拳脚无眼，如果你们没人，不打不比，那也好办，本公只要御史大人和这伍知府给本公和许将军俯身提一下鞋，叩三个响头足矣！"

伍文定怒道："张公公！御林军、锦衣卫都是守卫皇上身边力大无穷的虎贲之士，都是全国兵马将士中挑选的。我们这些署衙的公人，都是做文案管理之人，怎么可能与之比试呢，这不公平，太不公平！"

王阳明叹了一口气，想说什么，站在他身后的卢尚德、田庄向他递了个眼色，那眼神分明说："老师，随他们去，有弟子们在，何惧！"

张忠讥道："伍知府，你们怕或是不愿比也好办，御史大人、知府大人，咱们权当游戏，无非俯下身来，提提鞋，叩三个响头嘛！"

卢尚德说道："张公公，我卢尚德乃老师的弟子，我与他们比如何？"

张忠从上到下打量了一下卢尚德，讥道："御史大人，这就是你的弟子呀，也好，你们是矮子里拔将军，比输了很简单，就三步，俯身、提鞋、叩头！"

卢尚德走到演兵场中间，向张忠、许泰说道："两位钦差大人，怎么比？是一个对一个，还是……"

许泰故意高声喊道："御史大人，你们就挑一个人，再无别人了吧？"

田庄向王阳明说道："老师，我可以算一个吧？"

王阳明点头道："田庄，可以，你去吧！"

这时，伍文定大声道："御史大人，我伍文定可以算个老将，我算一个！"

许泰大喜道："好！你们憋屈了半天终于凑够三人，可以比啦！"

卢尚德走到伍文定和田庄面前，低声说着什么，二人连连点头。

卢尚德向张忠、许泰说道："两位钦差大人，论年龄，知府大人犹如我父，将近六旬，这个田庄呢，乃我师弟，我代表他二人，和你们手下的这三位兄弟比，三战两胜如何？"

张忠讥道："卢尚德，你一个人同时与本公属下这三个人比，你太小看锦衣卫了吧？"

许泰笑道："张公公，人家要一人打三人，他没有金刚钻，不敢揽这瓷器活儿！丢了人，一会儿提鞋、叩头又不是你，你怕什么！"

其实，张忠已给这三个锦衣卫下了死话，往死里打，打死人不偿命。他说道："卢尚德，拳脚无眼，打死人不偿命，你敢比吗？"

卢尚德笑道："哼，废话！不比我卢尚德在此喝茶吗？"

三人仗剑向卢尚德砍来，卢尚德微微一笑，亮开门户，旋身一转，三剑落了空，卢尚德明白，张忠、许泰欺人太甚，他必须用最快的速度把这三人击倒在地，方能显出老师的威风来！他飞舞长剑，直逼对方三人；三人不禁大惊，情急之中，有一人露出破绽，卢尚德飞剑转身，趋近那人，用右肘使出"铁肘击牛"之力，直击其腰肋之处，将其击倒在七八尺之外。那人断了肋骨瘫倒在地。卢尚德继而舞剑腾空一跃，剩下这两人一时眼花缭乱，只顾防守，不知卢尚德用何招数。有一人露出破绽，卢尚德把周身之力聚于右脚之上，在腾空落下之时，一脚踢在那人胸口处。第二人倒地口吐血水，立时身亡！

　　剩下最后一人仗剑向卢尚德拼命乱砍乱刺，一点招数也没有。卢尚德微微一笑，挥舞手中长剑，旋即转身，剑刺对方胸口，堪可怜，剑入胸口，倒地身亡！从铁肘击始，至最后一个饮剑而亡，不过一盏茶的工夫，三个锦衣卫两死一伤，比剑就结束了！

　　许泰心中叹道："好个卢尚德，真神剑也！"

　　田庄向张忠、许泰二人说道："两位钦差大人，来，给我老师和知府大人俯身提鞋，叩三个响头吧！"

　　众目睽睽之下，张忠万没想到王阳明弟子中竟有如此神剑手。无奈长叹喑哑低头走到王阳明面前施礼道："御史大人，张忠给大人俯身、提鞋、三叩头！"

　　许泰则向伍文定红着脸说："知府大人，许泰给大人俯身、提鞋、三叩头！"

　　边军们见张忠、许泰输了，齐声呐喊："好！好！好……"

　　许泰怒道："你们瞎起什么哄，应该说不好！不好！"

　　张忠转身向御林军锦衣卫说道："你们给本公争点气行吗？让本公在这南昌城也扬眉吐气、神采飞扬一回！"

　　伍文定笑道："张公公、许将军，让人提鞋、三叩头的滋味就是好，就是爽！下面还想比什么？"

　　许泰走到王阳明身边说道："御史大人，最后比射箭，都说强将手下无弱兵，御史大人从围剿四省盗匪，到今天打败朱宸濠，我和张公公想见识一下御史大人的射箭本领，不知御史大人给不给我们俩这个面子！"

　　王阳明摇头道："别，这回你们看我的其他弟子和伍知府吧，他们代我就行。"

　　张忠以为王阳明心怯，故而说道："别呀，御史大人既然能运筹帷幄、决胜千里，这射箭还不是小菜一碟吗？今天我们俩谁也不想看，就看御史大人的！"

　　伍文定怒道："你们看到了，御史大人有肺病，刚才还咳嗽呢，看他的弟子们或我伍文定不一样吗？"

　　许泰挥手道："不！今天就看御史大人的风采！"

伍文定怒道："输了，怎么办？"

张忠笑道："咱换换花样儿，谁输了，改为捡鞋、提鞋、三叩头如何？"

伍文定说道："好！就捡鞋、提鞋、三叩头吧！"

锦衣卫中走出一个弓弩手，他站着百步穿杨，三箭只中了一箭。

王阳明飞身上马，驰马飞奔中，他挽弓，接连发射三箭，皆中百米之外靶物！在场的人皆大呼道："好！好！……"

张忠、许泰见状大惊失色，许泰说道："没想到！没想到！御史大人竟有这般神技！"

五十七　圣上贪功亦作假　元亨忠诚遭囚押

张忠长叹一声说道："完啦！全完啦！我张忠的脸丢大了！"

王阳明飞身下马，田庄上前施礼道："老师，你太累了，请坐在弟子背上，让我二师兄为老师脱靴！"

王阳明皱眉说道："田庄，你和尚德要干什么？"

田庄低声说："老师，你一会儿就明白了！"

王阳明笑着坐在田庄背上，卢尚德上前施礼道："老师，恕尚德对老师不恭！"说着俯身脱靴。两只靴子脱掉之后，卢尚德振臂一掷，那两个靴子从空中高高落在几十丈之外。

伍文定说道："张公公、许将军，两只靴子远近差不多，你们俩现在先捡靴去！"

许泰皱眉道："捡靴，哪有这种捡法，扔这么远？"

伍文定笑道："许将军，你感谢上天吧，倘他给你们扔到南昌城外，你俩也要捡回来，不然如何给御史大人提靴呀！快去吧！"

这时边军和公衙的官员们及王阳明的弟子齐声喊道："捡靴！捡靴！……"

张忠看了看许泰怒道："哼，你的人没一个给咱撑脸的，别让这么多人看笑话，走，快捡靴去！"

卢尚德向众师弟们说道："我在老家龙川羊子铺，呃，不对现在应该叫和平县，原先就养过一条狗，不论我把东西扔多远，那条狗都能奔过去叼回来，我要让张忠和许泰像狗一样把老师的靴子捡回来！不错，你们看，多听话的狗，把老师的靴子捡回来了！"

待张忠与许泰一人一只靴子给王阳明穿好后，又跪地叩了三个响头，他俩刚抬起头来，伍文定高声道："张公公、许将军，还比什么？"

张忠怒道："不比了，算你们狠！"

这个贪玩的当今圣上，这几天没有像张忠、许泰那样会拍马屁的人在身边，被人多年拍惯了，突然两三个月没人拍马屁，浑身不舒服，遂让张永传旨，让张忠、许泰，包括王阳明和伍文定四人驰马到南京来。

四匹马加上侍从，也就十几个人，在路上，张忠边驰马边想，如何借助面见圣上的机会，玩个手法，让王阳明下不来台。许泰此时只管驰马，头脑中一片空白，他只想到了南京如何侍奉圣上左右，他愿意侍在圣上一侧，看大臣们叩拜圣上，只有到了这个时候，他才感觉到，站在圣上身边，是一种别人无法享受到的荣耀。

伍文定向王阳明叹道："御史大人，张忠和许泰在南昌一分钱没捞着，便宜又没占上，还让咱们好好戏弄了一番，他们的脸丢在了南昌，这次有了圣上撑腰，不会为难咱们吧？"

王阳明笑道："嘴长在他俩脸上，咱们只能相机应对。"

伍文定说道："御史大人，我心中都有些担心，伴君如伴虎，万一我哪句话说错了，还望大人多为我修补修补。"

王阳明说道："你放心，咱们会把握分寸、火候，他俩要是敢出大圈儿，咱们就当着圣上的面摆摆，让圣上论短长。"

张忠与许泰并辔而行，张忠突然说道："许兄，这次在朱宸濠这件事上，有一步棋咱们没走，真要走了的话，你我准能立大功！"

许泰说道："是不是倘若朱宸濠在咱们手里，咱们让他逃到鄱阳湖里，然后咱们随圣上一同擒拿对吧？"

张忠讥道："王阳明先把朱宸濠送到杭州，转而又至南京，他走了这一步，咱们就没机会了。不过，为取悦皇上，我现在想了个办法，就是在朱宸濠身上做做文章，从此，圣上会为此永远感到荣耀的，而这一英雄的缔造和建议者，乃我张忠也！"

许泰禁不住问道："张兄，什么办法，可以告诉我吧？"

张忠说道："许兄，天机不可泄露！"

到达南京之后，王阳明和伍文定及弟子冀元亨、卢尚德、田庄都住在南京驿馆内，而张忠和许泰则回到了当今圣上身边侍奉。

这天，张忠和许泰来到囚牢。此时，朱宸濠等人还未处置。

跟在后面的典狱长不知道这两个钦差大人有何贵干，他带他们来到朱宸濠的囚牢前，张忠把手一挥让典狱长退下，只剩下张忠、许泰、朱宸濠三人。

朱宸濠抬头一看，是张忠和许泰，左右看看无人喜道："张公公、许大人，你们怎么现在才来，快把我放出去吧！"

张忠大声怒道："朱宸濠，睁开你狗眼看看，我们不是你要找的人！你看错人啦！"

朱宸濠狂笑道："错，就是苍天把你俩烧成灰，我也认得你俩！你们贪要了本王那么多金银财宝，见本王落难转身就不认账，那好吧，我朱宸濠到阴曹地府再来找你们！"

张忠急于摆手道："殿下，别！别呀！"

朱宸濠说道："既然如此，为什么不救本王？"

张忠说道："殿下，眼下我这里有一场戏，你只管给我演好，只要一有机会，我们肯定会救你的！"

朱宸濠问道："张公公，什么戏？"

张忠说道："别管什么戏，你只管败，不许胜就是！"

张忠和许泰在典狱长的配合下，给宁王朱宸濠饭菜中加了巴豆等泻药，让朱宸濠接连几天拉稀，然后，又停了他一天饭，直到宁王朱宸濠直不起腰来，走路不扶墙就要摔倒为止。

当今圣上初时一听，大惊道："张忠、许泰，你二人闹什么幺蛾子，让朕与宁王朱宸濠对阵，这是啥意思？"

张忠说道："陛下，人家王阳明发来《擒获朱宸濠捷音疏》时，大臣们劝陛下不要再御驾亲征了。可陛下不是想到江南玩吗？所以，陛下的御驾亲征大军分两路从京师出发，现在半年多过去了，陛下回京师后怎么向文武百官交代？"

许泰说道："陛下，这好说！就说陛下到江南游山玩水嘛！"

圣上朱厚照挥手道："不好，这样大臣们会说朕不顾江山社稷安危，不临朝事，不行朝议，接着唇枪舌剑都会劝谏朕！"

张忠说："所以嘛，奴才给陛下安排了，让陛下勇战宁王朱宸濠。陛下只要当众把宁王朱宸濠打败了，就堵住了文武百官的嘴！他们会说，原来陛下文治武功盖世啊！"

圣上朱厚照说："可是，朕多年没拿过刀枪，哪里能斗得过成天舞刀弄棒的朱宸濠呢？不行，真打起来，朕真的不是他的对手，再说了刀枪无眼，倘伤了朕……不，这种事真的绝对不行！"

许泰笑道："陛下，放心吧，奴才让他吃了三天巴豆！又饿了他一天！他早已弱不禁风，陛下稍微那么一打，就把他打翻在地了！"

圣上朱厚照喜道："如果这样，朕就敢于同他厮杀！"

第二天，在南京城的文武百官都被传到南京演兵场，御林军、锦衣卫全副武装站成黑压压一片，锣鼓号角，旗幡迎风招展，还有南京城其他署衙的公人，同时王阳明和伍文定及冀元亨等人都来到这里等候着圣上朱厚照的到来。

伍文定说道："今天这是搞什么鬼啊，南京城的文武百官都到了，南京各署衙的公人也都到了，这是要干什么？"

王阳明说道:"你看,张忠、许泰没来,张永没来,皇上也没来。天知道他们要干什么。"

少顷,皇上朱厚照穿甲胄之服居中,监军张永在左,张忠与许泰在后,四匹马驰骋而来。朱厚照仗剑下马,张永及张忠、许泰均下马,簇拥着宁王朱厚照入座。

突然,身穿甲胄之服的朱宸濠从一侧跌跌撞撞走来,他手拿一把长剑,身后有两三个狱卒,拿着长矛、长剑正追赶朱宸濠。边追边喊:"朱宸濠逃了!朱宸濠逃了!……"

朱宸濠拿着长剑摇摇晃晃边走边看,此时他心里非常清楚,典狱长告诉他,只要你今天穿上这身甲胄,拿上长剑,从演兵场里跑出来,就可以释放你,赦免你的罪,什么谋反啊,叛逆啊,都与你无关!你就彻底自由了!

朱宸濠来到演兵场一看,黑压压的御林军、锦衣卫、南京文武百官,还有许许多多他不认识的人,当然抓获他的御史王阳明、吉安知府伍文定,以及王阳明的大弟子冀元亨、卢尚德、田庄他认识。正在他看看这里又看看那里,思考这是要干什么的时候,只听后面典狱长又高喊道:"朱宸濠逃了!朱宸濠逃了!……"

张忠向圣上朱厚照说道:"陛下,你看朱宸濠逃了,陛下若今天生擒活捉了他,陛下就文治武功名扬天下了!"

许泰也说道:"陛下,你看朱宸濠摇摇晃晃,走路都不稳,两三个回合,准能把他活捉了!"

圣上朱厚照仗剑从座椅上站起来,环顾道:"众卿都不要动,今日朕定要生擒朱宸濠!"

圣上朱厚照仗剑来到朱宸濠面前,他先是心中大怒,思道:朕一向对你不薄,你见朕的时候,还装病,装游手好闲,提个鸟笼子,没想到十二年前,你就想造反,朕今天非杀了你不可!

朱宸濠抬头一看,发现来到他眼前的竟是当今圣上,这太好了。今日我就以皇上要挟,让他放走我,免我一切罪,不然我就杀死他。我朱宸濠就是不做皇上,也就名扬天下了!两个仇人相见,分外眼红!

朱厚照大骂道:"逆贼,朕一向待你不薄,你竟敢反朕!"遂仗剑向朱宸濠刺来。

朱宸濠虽体弱,但他颇通剑法之道。他轻轻用长剑一拨,就化解了圣上朱厚照的攻击。

圣上朱厚照眼见数剑落空,心中有些着急。不过,他看到文武百官及御林军、锦衣卫及文武百官皆在观看,他趁朱宸濠手拉着长剑喘息之机,随手把长剑一抡,这一抡恰好击打在朱宸濠手中的剑锋上，火光四射，朱宸濠手中的长剑落在地上。

朱宸濠一看，刚要去拿剑，圣上朱厚照已奔至他面前，照他身上猛踢一脚，把满身大汗的朱宸濠踢倒在地。朱厚照跳过去，一脚踩在朱宸濠的背上，高声道："朱宸濠逆贼，你往哪儿逃！"

演兵场响起热烈掌声。

文武百官俯身拜道："陛下文治武功，名扬天下！"

朱宸濠被押解离开演兵场之后，张永上前，启奏道："陛下，奴才没想到这种玩笑开大了！倘朱宸濠失手，陛下躲闪不及，酿成大祸，这种责任他张忠、许泰担当得起吗？"

此时圣上朱厚照有些后怕，他点头道："是啊，朕真有些担心，有些害怕，这种死生难定的事，以后再不会有了！"

张忠则说道："陛下，这事风险极小，反正陛下文治武功，名扬天下，不管南京城的文武百官，还是京师的文武百官，谁也不敢小觑陛下！"

圣上朱厚照突然怒道："名不名扬天下，朕也是皇帝！"

张忠和许泰说道："对！对！陛下是皇帝！"

到了这年冬天，南昌城到处可见白幡和飘飞遗落在大街小巷的冥纸和冥币，这是王阳明公开让南昌城黎民百姓祭奠亡灵。而仍驻扎在南昌城内的京军、边军的将士们，久离故土，人人都触景生情，想起了家人。尤其是边军将领，几次找到张忠和许泰，强烈要求回师。

那将领愤恨地说："张公公、许将军，让末将带万名边军参加御驾亲征，可是末将和将士们和谁打过一仗？再这样在南昌城耗下去，出现兵变怎么办？你们谁敢来担这个责任？"

张忠叹了口气道："将军莫急，本公和许将军再商量商量。"

当他和许泰商量时，许泰说道："张兄，王阳明把南昌城打理得井井有条，咱们没什么空子可钻，从这儿不可能再捞到油水了，咱们还是回京吧！"

张忠点头道："也罢，回京之后，咱俩就在朱宸濠身上做文章，我就不信了，王阳明老师的女儿娄氏是宁王妃，王阳明在四省围剿盗匪，又在吉安、临江、鄱阳湖平定朱宸濠叛乱，中间的面纱要一层层揭开，总有一条王阳明和朱宸濠同流合污的证据吧？"

张忠、许泰无法在南昌城再赖下去，从八月到南昌直到冬天才班师回京。

但是，仍在南京玩乐的圣上朱厚照，还没有回京之意，张永劝说了几次，他总是说，天下都是朕的，朕在哪儿都是应该的。

张永借故来南昌找到王阳明，说当今圣上不愿离开南京城，日久必然影响江山社稷安危，遭致满朝文武对圣上的不满，问王阳明可有良策。

王阳明决定写一份《重上江西捷音疏》，说平定朱宸濠是圣上指导着王阳明做的，把平定朱宸濠的叛乱都归功于圣上的运筹帷幄。还有许泰、张忠、刘晖、江彬等，都是这次平定叛逆的大功臣。圣上朱厚照看了，非常高兴，张永借此一催促，这个荒唐的圣上以御驾亲征为名，在外逍遥了一年之后，终于回京师。

王阳明于这年正月，即正德十五年，到庐山秀峰寺刻石记述了平宁王朱宸濠之功，其文曰：

正德巳卯六月乙亥，宁藩朱宸濠以南昌叛，称兵向阙。破南康、九江，攻安庆，远近震动。

七月辛亥，臣守仁以列郡之兵复南昌。朱宸濠还救，大战鄱阳湖。丁巳，朱宸濠擒，余党悉定。当是时，天子闻变赫怒。亲统六师临讨。遂俘朱宸濠以归。

于赫皇威，神武不杀，如霆之震，靡击而折，神器有归，孰敢窥窃。天鉴于朱宸濠，式昭皇灵，以嘉靖我邦国。

正德庚辰正月晦，提督军务都御史王守仁书。从征官属列于左方。

圣上朱厚照命人押着朱宸濠等一同回到京师。张忠和许泰、江彬等商议了半天，最后张忠说道："在南昌，本公和许将军给王阳明捡靴、提靴、三叩头，一想起这些奇耻大辱，本公恨得牙根疼！不错，本公就是奸佞小人。人都说，'宁可得罪君子，也不得罪小人'。可是他王阳明就是得罪了本公，得罪了诸位，明日咱们见皇上，本公启奏，你们几个帮腔，因皇上对王阳明敬重有加，非朝中一般大臣可比，因此咱们始终不点王阳明的名字，这样圣上就不得不由着咱们的计划来。"

许泰说道："对，此仇不报，我许泰誓不为人！"

江彬则说道："先前刘瑾时，我知他太恶，肯定不会太长久，所以我做了墙头草，帮了王阳明。刘瑾死了，王阳明有了发展空间，尤其是做了四省巡抚。这次平定宁王朱宸濠叛乱，我和他始终不是一路人。这不现在我和王阳明早已分道扬镳，从贵州龙场分开之后，就成了两条道上跑的马，各走各的路！让王阳明这样的正人君子清高受苦受累吧，咱们在他后边稍微一捣鼓，就有灾难降临！好，我同意张公公挑这个头！"

张忠把握了时机，这天圣上朱厚照喝多了酒，还没回到碧云宫，张忠等来到豹房，让那些妖艳妩媚的美人儿们退下。

　　张忠手捧一杯热茶，奉于朱厚照面前，叹道："陛下，这次奴才和许公公在南昌发现了一个大秘密！"

　　圣上朱厚照睁开眼惊道："张忠，什么秘密？"

　　张忠有鼻子有眼地说道："宁王朱宸濠和朝中一个大臣有秘密联系，他们同属一丘之貉，现在朱宸濠浮出水面被抓，可那个大臣还时时刻刻在朝中，这种事只能从宁王朱宸濠嘴里抠出来，不然，这个祸根不除，只怕朝廷永无宁日啊！"

　　圣上朱厚照惊讶道："这个大臣是谁？有线索吗？"

　　张忠说道："陛下，奴才和许公公愿负责这件事，从朱宸濠嘴里把这个大臣挖出来！"

　　圣上朱厚照点头道："好！传朕口谕，你二人提审朱宸濠直到查清为止。"

　　朱宸濠从南京押回京师后，关押在御林军、锦衣卫的大牢之中，只是尚未审问。典狱长按张忠和许泰的安排，把所有的刑具都集中在一间非常大的房子内，找了几个被打得半死不活的罪犯，各捆绑在这间大房子的木柱上，制造出一种非常恐惧、令人望而生畏的场面。然后才把宁王朱宸濠带上来。此时朱宸濠穿着囚衣，带着死刑犯的枷锁和镣铐，火炉里的炭火燃烧着，一把烙铁已经烧得通红……

　　朱宸濠一看这阵势，心中已经胆怯。但他表面上摆出无所谓的样子，他往刑具木椅上一坐，悬在他头顶上的一盆炭火开始烤着他。而他的背后、左右都有炭火、少顷他就汗水淋漓。当他发现张忠和许泰走进来的时候，他瞪着两眼说道："张公公、许将军，你们这是要干吗？我朱宸濠不就是反叛朝廷这件事吗？要杀要剐多痛快，何必这么麻烦呢？"

　　张忠摇头道："殿下，我听说是王阳明和你勾结，才做下这反叛朝廷的事，然后王阳明又抓了你，你们俩演了一场捉放濠，对吧？"

　　朱宸濠大怒道："纯属胡说八道！他王阳明和我朱宸濠根本不是一路人！他怎么可能和我勾结呢？我朱宸濠犯罪说犯罪，我不能无事生非，临死拉个垫背的！"

　　许泰说道："这个王阳明真的没和你勾结过？比如给你写信啊、见面啊，真的不是他和你制造的这个反叛谋逆事件？"

　　朱宸濠怒道："许泰，你还有完没完，我说没有就没有！"

　　张忠说道："殿下，你看到了，大牢里的刑具种类不少。不过呢，没谋逆以前，我和许将军对你是百般尊重，可现在不同了，你是大逆不道的死罪犯，这里的刑具我们都想给你用用，让你领受领受每一种刑具的滋味。一句话，你要配合我们，最好不要让我们生气，更不要让我们发怒，好吧？"

朱宸濠讥道:"张忠,你大可不用兜圈子绕弯子,我这个人坏是坏,恶是恶,凡是我做的事,我承认,但是如果让我硬扯上王阳明和我朱宸濠一起谋反,你今天就是把这里的刑具都用遍,我也不会承认!成者英雄败者贼,男子汉大丈夫做就是做了,没做就是没做,我和他王阳明今生是仇敌,转生来世还是仇敌!而且如果我朱宸濠临死拉一两个垫背的,只有你张忠、许泰最合适,因为你们俩自始至终知道我的事,可我不愿这样做!"

张忠冷笑道:"呃,好,我问你为什么不愿这样做?"

"为什么?因为我朱宸濠谋逆之后,陪我死的人达数万之众,我知道我罪孽深重,世上有拉人享福的,没有人死到临头还愿意拉人受罪!我朱宸濠决不做那样的人!"

许泰笑道:"好!我许泰从心里佩服你,像个男子汉!"

张忠讥道:"殿下,赞美的话,我张忠不会说,我总觉着这个王阳明即使没和你勾结谋逆造反,他在赣州几年,这次又在吉安临江府、南昌城,也总会和你联系过,或者你们派人和他联系过,你想想!"

朱宸濠怒道:"张忠,我知道,当年刘瑾得势时,你追随刘瑾与王阳明唱过对手戏。我就不明白,你现在是替刘瑾,还是替你自己非要往王阳明头上扣屎盆子,你住手吧!你看王阳明那个瘦样儿,又有肺病、胃病,他有点像三国时的诸葛亮事事亲为。不是我同情他、怜悯他,而是他为这个朝廷鞠躬尽瘁真是到了家!我朱宸濠为了当皇帝,为了享受万人跪拜、山呼万岁的至尊感受,不择手段,为达到我的目的而干!你是无事生非,凭着你阉人的特殊位置,顺我者存,逆我者亡,你是对不顺从你的人打压、捏巴!没事也要想法整死人家!这样看来你更可恨、更可恶!"

张忠哈哈大笑道:"废话,我是奸佞小人!不过,我不怕你是一个快死的人,说出来不怕你笑话,王阳明这次在南昌让我丢尽了脸面,比剑我输了,比射箭我又输了!我当着那么多人,给他捡靴、提靴、三叩头!我想好了的事,万无一失的,结果他处处胜了,这个仇我不报,我张忠誓不为人!"

朱宸濠哈哈大笑道:"你恨什么?是你的御林军、锦衣卫技不如人,你怨不得人家王阳明技高一筹!这叫愿打愿挨,愿赌服输!"

张忠向许泰递了个眼色,许泰说道:"殿下,咱今天就说王阳明!我记得有一句话说,'人之将死,其言也善;鸟之将亡,其鸣也哀!'殿下,你是个快死的人,你再好好想想,王阳明真的没和你联系过?"

朱宸濠想了想,突然说道:"平心而论,刘养正是我的右丞相兼国师,我让他去赣州拜见王阳明,因为刘养正和王阳明是同门师兄弟,他们的老师,就是我的岳父泰山。刘养正提出请王阳明到宁王府讲心学,王阳明没答应,事后派了他的首席弟子冀元亨到我府上，与我论学。我本想通过他的弟子拉王阳明入伙，但他的大弟子冀元亨和王阳明一样，说什么也不同意，我在放冀元亨回去的路上，派了几个杀手，结果杀死了陪冀元亨来的两个弟子，让冀元亨逃脱了！"

张忠一听喜道："殿下，这不就结了！这冀元亨就是你和王阳明中间的联系人。本来他和你是一起要造反的，结果呢，他突然反戈一击，他比你技高一筹，摇身一变，又以御史的身份，号令南昌以外的府衙，招募义兵平定你的叛乱！"

朱宸濠大怒道："你别瞎想象、乱联系！定案要讲究证据，刑部要一一对上，严丝合缝，本人还要承认！你再胡编乱造，没有证据也没人相信！"

张忠大笑道："殿下，刘瑾得势的时候，像这样的案子多得很！有东厂、西厂配合，先写好了证词，再让你摁手印儿，每个案子都是这种流程，你不招就打，把你打昏了再摁手印。不过现在我张忠有办法了，我们就从王阳明的大弟子冀元亨着手，有了冀元亨这个线索，不愁这大火引不到他王阳明身上！"

张忠和许泰想好了对策，这天又到当今圣上朱厚照身边，故作惊讶地说道："陛下，这几天审问朱宸濠有了新的进展，他供出了一个联络人，这个联络人是朱宸濠和那个朝廷大臣联系的桥梁，不过我相信这只是条小鱼！"

圣上朱厚照惊讶地问道："谁呀，他叫什么？"

张忠说道："他叫冀元亨，没想到这人是御史大人王阳明的首席大弟子。"

圣上朱厚照皱眉道："张忠、许泰，你们俩可别胡闹！这冀元亨朕见过，他为人谦和，知礼仪，又有很深的心学造诣。他图什么呢？这事儿不管听起来还是看起来都不靠谱！你俩还是慎重些，万不可冤枉了好人！"

张忠叹道："陛下，说心里话，奴才和许侍卫这次在南昌城也和冀元亨接触了，他看上去的确是个人人称道的好人。可是，这个联系人是朱宸濠亲口供出来的，咱们不能冤枉一个好人，更不能放过一个坏人！"

许泰说道："陛下请放心，奴才绝对忠于陛下，奴才和张公公这次要把这个案子，办成世上最公正，最能经得起历史考验的铁案！"

圣上朱厚照连连点头道："好！这样就好！"

次日，张忠和许泰以圣上口谕，派出快马，到南昌来请冀元亨入京。王阳明见钦差入江西巡抚署衙，向钦差问道："圣上让我弟子元亨入京有何事？"

钦差说："御史大人，我等只是办差，具体何事我们不知道。"

冀元亨笑道："恩师放心，既然圣上口谕让去京城，我想不会有什么大事，元亨去去就回，不劳恩师费心。"

伍文定知道了钦差到江西巡抚署衙有公干，他急忙从南昌府奔来，向王阳明说道：

"御史大人，在路上下官想了又想，圣上有什么事不找御史大人，却找冀先生，我是担心呀！"

王阳明皱眉道："你担心什么？"

伍文定叹道："我担心那两个搅屎棍，他们回京师以后，绝不会善罢甘休！圣上身边的这些近侍和当年刘瑾一样，动不动就说是皇上的口谕！皇上有没有这口谕，或者是不是这么说的，到这些近侍口中就变了味儿。"

王阳明想起当年刘瑾作乱时的事，他叹道："咱宁可信其有不可信其无。既然是圣上的口谕，我就不妄猜了，只有让元亨去了京师才知道！"

伍文定摇头道："不，御史大人，下官知道大人是世上难得的好官，大人从无害人之心。可是，那两个搅屎棍就属于记恨的奸佞小人！唉，我猜八九不离十，这口谕定是他们设下的圈套。这种奸佞小人，就会在圣上身边滋事生非，他们像韭菜一样，割了一茬又一茬，总也割不完！"

冀元亨笑道："恩师，弟子心中无他，去了京师又何妨！"

王阳明此时心中荡起波澜，伍文定的话不无道理，刘瑾当时就擅长用皇上口谕整治人，张忠和江彬等都是刘瑾伏诛时的漏网之鱼，现在张忠和许泰又兴风作浪。可是身为臣子，圣上的口谕岂能不听呢？王阳明笑道："元亨，汝犹如吾子，吾真不忍心让你赴京，这样你先去，倘有音信则罢，无音信为师让尚德、田庄再去打探。记住，凡做过的事决不推诿，没做过的事决不可苟同。人活在世上唯有一腔正气，人敬的是人的正气，是人不可磨灭的良知！"

这时，夫人娩婳听说冀元亨入京，而且是圣上口谕，她拿了十两银子，向两个钦差说道："我夫君月月只有俸禄，再无其他。元亨既是我夫君的弟子，也是我夫君和我的孩子，这十两银子权当你们回去路上的酒钱，请善待我们的孩子！"

那钦差点头道："夫人、大人放心，我们素知大人和夫人的为人，我们路上会善待冀元亨的！"

冀元亨此时泪水涟涟，他双膝跪地泣道："恩师、师母，养育、教诲之恩，元亨至今未报矣！只有恩师与师母保重，才是元亨最大的心愿！另，余下妻子，两女儿，烦劳恩师、师母多加教诲！"

王阳明的儿子正宪闻听冀元亨要入京，上前紧紧抱住冀元亨说道："元亨哥哥，正宪真的不想让你走啊！"

卢尚德和田庄等近前，卢尚德向冀元亨说道："师兄，你放心前去，老师、师母、正宪以及师弟们，尚德会照顾好的，这辈子咱们能做老师的门生，那是咱们多少辈修来的福分！话不多说，祝师兄一路平安，一路顺风！"

卢尚德带着十几个弟子，一直把冀元亨送到南昌城门外，王阳明在南昌城十里处，设饯行酒，卢尚德等与冀元亨喝罢饯行酒，洒泪而别。

有诗为证，单说冀元亨拜王阳明为恩师后，所言所行，堪称世间伟丈夫。那诗词写道：

> 为求心学师王门，
> 一朝为徒诚为本。
> 战火硝烟浑不怕，
> 元亨堪称丈夫真。

两个钦差带冀元亨来见张忠和许泰。冀元亨一见张忠和许泰，立即开口说道："张公公、许将军，这是何意？不是说当今圣上的口谕让我入京吗？呃，我明白了，是为南昌城之羞辱吧？"

张忠笑道："好，果然，有其师必有其徒，算你猜对了！不过这里可不是说话的地方，咱们还是到锦衣卫的大牢里说吧，到那儿最合适你！"

冀元亨讥道："随你到哪儿，我冀元亨决不苟同！"

许泰怒道："那好啊，看你一会儿还敢这样和我们说话吗？"

冀元亨一看到张忠和许泰，即想到在南昌城时，二人给恩师捡靴、提靴、三叩头的模样，那个令人捧腹大笑的画面，竟如刀刻一样存留在他的记忆中。看来恩师的担心和伍文定知府的猜测是对的，这些在当今圣上身边的奸诈小人，既可恨又可恶。恩师常说，既来之则安之。他有来言，我有去语，决不苟同于他们！

一到锦衣卫的大牢，里面已经布置好了各种刑具，张忠见冀元亨被带进来，怒道："把冀元亨吊起来！"

冀元亨大怒道："张忠，慢！我冀元亨遵纪守法，我犯了哪条朝廷之法，凭什么把我带到这儿，又凭什么要吊我？你若不说清楚，我冀元亨决不正眼看你！"

张忠冷笑道："冀元亨，你是我的阶下囚，你为什么不正眼看我？"

冀元亨高声道："因为凡恶毒的盗贼，凶狠的小人才会这样。不问青红皂白，先打杀威棒！"

许泰向张忠说道："张公公，这冀元亨说得对。这哭了半天，谁死了，咱告诉他！当他没有选择的时候，自然就顺从了咱们的意。你横他也横，不然到头来咱什么也捞不到！"

张忠想也对，王阳明的弟子都是以他的性格教导出来的。就刚才冀元亨说出的这些话，有理有据有节，这种人都有刚强的心志，宁折不弯。遂向冀元亨说道："冀先生，这样说吧，你很快会明白，宁王朱宸濠呢，供出了你曾到宁王府和他见面，当然你是奉了王阳明交付给你的任务去的，具体任务宁王朱宸濠已经交代了，现在本公公奉当今圣上旨意，来调查这件事，你若说了实话，和宁王朱宸濠的口供严丝合缝，圣上一满意，我们就立即放你回南昌。当然，你如果不说，这里所有的刑具，你都可以领受领受。如果你还执迷不悟，至死不说实话，那也简单，一是让你在这里过下半辈子，二是把你夫人、两个女儿都抓进来，一家人一天到晚在这里住着，肯定别有一番心境！"

冀元亨脱口道："恩师让我到宁王府，本来是要讲心学的，可是到了宁王府，这朱宸濠又改变了主意。于是，我与他论学，俩人目的大相径庭。我回赣州的路上，他还派人截杀我，只可惜了我的两个师弟，为保护我被朱宸濠的手下杀了！要说任务，这就是恩师交给我的讲学任务，你们若认为不对，那好，请问上天吧，神灵无处不在，我不敢在神灵面前说谎！"

张忠点头道："冀元亨，我知道这是你老师交给你的表面任务。宁王朱宸濠要谋反，要当皇帝，你的老师胸怀文韬武略，怎么也会给朱宸濠出点主意，比如先攻打哪儿，后攻打哪儿，在哪儿里应外合，等等，有些细节的过程，你说得越详细越好！"

冀元亨怒道："哼，张忠，你这叫信口胡编！我恩师不论是为己还是为公，一向光明磊落、刚正不阿，在家尽孝，在仕尽忠，从无一丝非分之想。何况是忤逆朝廷的谋反大罪呢？我坚定恩师临来告诫我的话，有就有，如若没有，决不苟同！"

许泰在一侧讥道："冀元亨，我听到现在听出来了，王阳明的首席大弟子，绝不是泛泛之辈，好一副铁嘴钢牙！你刚才说什么恶毒的盗贼、凶狠的小人才这样，我和张公公就是仕途中的盗贼、正人君子面前的凶狠小人！来人，吊起来狠狠地打！"

几个狱卒上前反扭着冀元亨，冀元亨讥嘲道："来吧，小人的嘴脸终于露出来了！"

冀元亨被高吊起来的时候，他把眼睛一闭，自思道，我冀元亨决不能因肉体疼痛而丧失心志，更不能因此而磨灭良知，我当以恩师之教诲以励志！

当皮鞭抽打他的时候，他开始背诵恩师写的《朱子晚年定论序》，他一字一句诵道：

洙、泗之传，至孟氏而息；千五百余年，濂溪、明道始复追寻其绪；自从辨析日祥，然亦日就支离决裂，旋复湮晦，吾尝深求其故，大抵皆世儒之多言有以乱之。

守仁早岁业举，溺志辞章之习，既乃稍知从事正学，而……

张忠见冀元亨双眼微闭，口中不知念叨什么，遂示意打手停下，且听冀元亨诵道："而苦于众说之纷扰……"

张忠讯道："冀元亨，方才的皮鞭疼否？"

冀元亨讯道："我只顾背诵恩师的《朱子晚年定论序》，方才不疼，现在倒有些疼痛。不过一想到恩师的音容笑貌和众师弟的真挚友爱，疼痛乃止！"

此时冀元亨衣袍破烂，鞭痕累累，血迹斑斑，但是他一点儿也不像受到钻心疼痛的样子。

许泰围着冀元亨转了一圈儿，惊讶道："冀元亨，你不愧为王阳明的首席大弟子，一百二十鞭下来，你一点也不像疼痛的样子。我说你刚才闭了双眼嘴里不停地念叨什么，开始我以为念什么避疼避痛咒语，原来自诵王阳明的《朱子晚年定论序》，好！我许泰今服了！"

张忠讯道："冀元亨，你不愧为先生！这里三四个弟兄汗流浃背，你却自诵文章，真是一条痴书的汉子！"

冀元亨讯道："张忠、许泰，人行于世，全凭一口气撑着。我冀元亨身上的这口气，是恩师给的。凡恩师给的，冀元亨已刻入骨，入于髓，终身不可泯灭矣！"

张忠狂笑道："好！来人，给他灌辣椒水，这次我看冀元亨还能诵什么！"

话音一落，众狱卒上前，把冀元亨解下来，强按其坐于地背靠木桩，拿绳索用力捆了，双臂双腿皆不能动弹。有狱卒上前尽力掐住他的上颌，使其嘴张开，不能闭合，然后开始一勺一勺灌辣椒水。冀元亨闭上眼睛，辣子入腔，使他大声咳嗽，眼泪不停地流下来。少顷，张忠示意狱卒住手，讯道："冀先生，方才我见你的嘴一直喝辣椒水，我看你还能诵什么？"

待冀元亨咳嗽稍缓，他清清嗓子，两眼喷火，大怒道："张忠，你堵了我的嘴，但堵不住我的心！我心诵恩师《书庭蕉》，你听我复诵：

　　檐前蕉叶绿成林，
　　长夏全无暑气侵；
　　但得雨声连夜静，
　　不妨月色半床阴。

　　新诗旧叶题将满，
　　老芰疏梧根共深；
　　莫笑郑人谈讼鹿，

至今醒梦两难寻。

许泰走近遍体伤痕的冀元亨跟前，盯着冀元亨的脸问道："《书庭蕉》倒是有韵味！王阳明在哪儿写的，当时你冀元亨在哪儿，你怎会记得诵它？"

张忠讥道："冀元亨，怎么样，回答不上来，就是你自作多情，故意用它遮挡你的疼痛！"

冀元亨怒道："哼，当时，我恩师为刘瑾所害，贬谪贵州龙场，元亨心甘情愿相随。这首《书庭蕉》是我恩师写于芭蕉叶上的诗。当时龙场芭蕉成林，恩师把诗题于芭蕉叶上，然后赠予我。我至今收藏在南昌家中，今生今世不忘恩师励志之情！"

张忠叹道："好个冀元亨！你这文人墨客，果然和常人不一样，今日我用重刑侍候你，看你明天如何口诵、心诵？"

冀元亨大笑道："张忠、许泰，你们这些奸诈势利小人，永远不懂我与恩师的师徒之情，我冀元亨能在京师的大牢里口诵、心诵恩师的传世华章和史诗，我荣幸！我荣耀啊！"

许泰讥道："冀元亨，那好啊，你明天接着荣耀吧！"

冀元亨笑道："那当然！不过但愿上天赐我冀元亨强壮体魄，能顶住你们酷刑！"

离开大牢，许泰摇头说道："张兄，依我看打住吧，看来这个如意算盘打不下去了，冀元亨视王阳明若父，王阳明视冀元亨若子。你给他用酷刑，他以口诵、心诵王阳明的文章、诗词励他的心志。这一天下来，除了他昏死，他没叫过一个痛字儿！没大呼大喊过一次！这种人的心志如铁，咱们还是另想办法吧！"

张忠点头道："是啊，这个冀元亨真是硬骨头！今晚你我都想想办法，反正咱俩的目的是让冀元亨承认，在宁王朱宸濠谋反这件事上，王阳明多次为朱宸濠出谋划策，让王阳明的计策和建议与朱宸濠身上发生的一系列事件严丝合缝，这样就不易被别人怀疑！"

许泰摇头道："得，你这叫生揭膏药硬撕皮。你就是做成了，聪明人一看就知道你是捏造，让冀元亨屈打成招的，这绝对不行！"

五十八　朝廷行事走浮桥　抉择思田非戈矛

王阳明的祖母岑氏活了百岁，儿子王华和孙子王阳明又一直入仕，因此，素有孝心的王华及早告老还乡，和夫人一直在余姚侍奉母亲。而身负朝廷重任的王阳明，难以回家省亲，就是祖母去世时，他也没有回家参加丧事。从正德十四年初，至正德十五年八九月，在这一年多的时间里，王阳明曾四次上疏请求省葬探亲，但没一次得到朝廷应允。如正德十四年擒朱宸濠，八月二十五日王阳明在上疏中写道：

> 臣今扶病，驱驰兵革，往来于广信、南昌之间。广信去家不数日，欲从其地不时乘间抵家一哭，略为经画葬事，一省父病，臣区区报国血诚上通于天，不辞灭宗之祸，不避形际之嫌，冒非其任，以勤国难，亦望朝廷鉴臣此心，不以法例绳下。使臣得少伸乌乌之痛……

到了正德十六年三月十四日，正德皇帝朱厚照乘船在江中游玩，不慎落水，受伤寒回宫后不久驾崩。因朱厚照没有儿子，更没有同胞兄弟，朝中几个大学士报经皇太后同意，把他的一个十五岁的堂弟兴王朱厚熜，从湖广之安陆接到京城做了皇帝，即嘉靖帝明世宗。

朱厚照与朱厚熜继位时，都是十五岁，实为巧合！

自古"一朝天子一朝臣，今朝不用上朝人"。新帝朱厚熜即位后，到了六月十六日，王阳明在南昌接到了新君召他入京的诏书，二十日即起程。走到浙江钱塘江时，王阳明想起了父亲病重之事，于是立即给新帝上疏，即《乞便道归省疏》，请求圣上允许他便道回余姚看望父亲，嘉靖皇帝批准了这次奏疏。思家思亲之情完全出于一片真诚之心，王阳明八月初回到山阴王家，九月到余姚扫墓，回老家登瑞云楼，睹藏胎衣地，不免泪如雨下。主要是悲痛母生其不及养也，更何况祖母死后不及殓也，这些令阳明悲痛欲绝。

嘉靖元年二月初，父亲王华去世，王阳明戒家人先勿哭，抓紧换上入殓的寿衣，把内外及将发送的东西准备齐全，才开始举哀，一哭悲痛欲绝，导致肺病又发作起来，不停地咳嗽。

湛若水，即甘泉，闻王阳明丧父，特意赶往余姚，为其父吊唁，钱德洪等弟子皆来吊唁，此处不表。

再来说张忠和许泰他们见冀元亨始终不肯苟同，依然大义凛然，索性把冀元亨之妻及两个女儿一起抓至京城大牢之内，让夫妻及两女隔栅相望，终不得团聚。这中间，卢尚德、田庄等多次奉王阳明之命，到锦衣卫大牢内打探。

有一次，冀元亨笑道："两位师弟放心，恩师的话铭刻在心。我在狱中切勿挂念，主要是我在恩师病重时，不能侍候左右，元亨心愧也！我不信，天地总这样黑暗！"

一个十五岁的朱厚熜做了皇帝，加上张忠、许泰、江彬等这些奸佞小人在侧，基本上和年仅十五岁做了皇帝的朱厚照一样，让人空悲切！为冀元亨冤狱一事，王阳明先后多次上疏朝廷，第一次上疏为《咨六部伸理冀元亨》，基本上对冀元亨的人品给出了最恰当、最公正的评价和定论。但六部置之不理。朝中文武百官不满在冀元亨确认无罪的情况下实施拘押，为之上疏者很多，世宗无奈，只得传旨放了冀元亨。但冀元亨出狱后五日病死，王阳明知道冀元亨死后留下了夫人及两女，生活十分凄惨，他不但送去银两，还上《仰湖广布按二司优恤冀元亨家属疏》，可是此疏如石沉大海，无一点反应。

王阳明在《辞封爵普恩赏以彰国典疏》中切齿道："复有举人冀元亨者，为臣劝说朱宸濠，反为奸党构陷，竟死狱中。以忠受祸，为贼报仇。抱冤赍恨，实由于臣。虽尽削臣职，移报元亨，亦无以赎此痛！"

冀元亨在狱中时，善待诸囚若兄弟，囚皆感泣！冀元亨的妻子及女儿抓捕入狱后，狱卒按张忠、许泰之意，对其妻施以重刑，昏死后醒来的冀元亨妻子，听了张忠、许泰二人的问话，高声说道："吾夫尊师乐善，为人刚正不阿，我一女子，能嫁给这样的高节义士为妻，乃我之万幸也，为此决不后悔！"

冀元亨的妻子和两个女儿在狱中织麻不停。冀元亨的冤案大白于天下之后，狱卒让冀元亨的妻子与两女儿出狱，其妻怒道："未见吾夫，我和女儿出去干什么？夫妻本乃同林鸟，要荣俱荣，要死俱死，吾夫若不来，我与女儿决不出狱！"

在王阳明守丧之前，朝中个别大臣阻拦，一直不让他入京，后来朝廷封他南京兵部尚书这个闲职。王阳明料到情况发生变化，不赴，请归老家省亲。到了这年年底，朝廷以平贼擒朱宸濠，论功，封其为新建伯，特进光禄大夫、柱国，岁支禄米一千石，而且三代与妻一同追封，子孙世世承禄。其实，这只是个名号，不予铁券，岁禄亦

五十八　朝廷行事走浮桥　抉择思田非戈矛　| 737

成了空话!

　　世宗和先前的武宗没什么两样,只是换汤不换药。但身为臣子的王阳明能去和朝廷争功论理吗?事既如此,王阳明权把这些当作过眼的烟云。我王阳明依然如故,照样鞠躬尽瘁尽我的职责,做我巡抚该做的事。

　　世宗皇帝即位之后,前三四年江山社稷还算稳固,但到了嘉靖五年,广西田州有岑猛作乱。这年六月,负责巡抚两广都御史姚镆率军讨平。可是到了嘉靖六年,不但田州土目卢苏叛乱,而且思恩土目王受也叛乱,攻陷了思恩府城。两广巡抚姚镆率四省之兵马征之,久不能攻克,被两广的巡抚御史弹劾。

　　广西历来是瑶、壮等少数民族的聚居地。这里是明朝第一次推行改土归流的地区。就是为控制此地叛乱,废除当地夷民土官,改成由朝廷派人担当负责的流官。这一举措从一开始就遭到了当地人的强烈反对。因此,在汉民与少数民族,土著居民与地方政府,乃至这些当地夷民与其首领之间,一直存在着不可调和的矛盾,这就造成了土著夷人经常不断地反叛。

　　叛乱具有连锁性,朝廷最害怕此起彼伏的连锁叛乱,镇压不但没有效果,还不断损兵折将,为此非常头疼。这年的六月初,朝廷兵部使者驰马来到绍兴府山阴县王家。也就是说,王阳明自从朝廷封他做南京兵部尚书这个闲职以后,一直在山阴县家里,讲学养病。使者送来了朝廷的敕谕,封王阳明兼都察院左都御史,总督两广及江西、湖广等多地军务,命令他速往广西查明田州的土目为何第二次叛乱;而思恩又因何失守,让土目占据了思恩府城。同时让王阳明有权可抚则抚,可剿则剿。当两叛贼平定之后,朝廷的意思,还是设立土官、流官这两种方法,哪个好使就用哪个。一句话,田州、思恩这两州,就交给王阳明全权处置。

　　此时夫人娖嫺的儿子正亿,刚过了一周岁生日。她见王阳明的肺病日益严重,遂泣道:"夫君,你为国尽忠,贱妾按说不该阻拦。可是,你现在重病在身,怎么能再去驰马带兵打仗呢?"

　　儿子正宪及王家其他人也来相劝,一长者说道:"孩子,江山社稷之事,总是出了这事,又有那事,你无论如何是做不完的!你总有干不了的那一天。何况朝廷对你非常不公!那诏封的新建伯,进光禄大夫、柱国,包括岁支禄米一千石等,都是画饼充饥,朝廷用着人时好话说尽,用不着人时一脚踢开,朝廷和奸诈小人无异!你看看有哪一个落到实处,这种皇帝保了怎样?不保又怎样?"

　　还有一个老邻居则说:"阳明,做人做到你这一步,已经荣耀了列祖列宗!你完全对得起朝廷给你的俸禄。现在你重病在身,你若非去不可我们整个王家都对你有意见!你看着办吧?"

面对来自家人和亲人的压力，再加上每天咳嗽不止，王阳明只得上疏朝廷表达自己确实卧病在床，如果带病出征，一旦因病误了事，其罪大矣！所以恳请朝廷或督促姚镆继续围剿，或另选他人担当此职。另外，为切实负责起见，又向当今圣上举荐了几个人，也完全可以做这件事，并说阳明诚心辞免朝廷重任，只乞恩允他养病。

嘉靖皇帝登基后，首辅大臣换成杨一清。他深知王阳明处置这种事的聪明才智，他在朝中包括那些边关守将中选来选去，没有一个能担当此任的。可是王阳明久患肺病、胃病的事他也知道，皇上再次催问他时，他说道："陛下，王阳明重病在身这是实情，可是现在朝廷内外确实没有第二个王阳明，非他不能平定此事！"

皇上皱眉道："这怎么办？"

杨一清叹道："唉，这样吧，让姚镆辞任，如此只能委屈王阳明，让他带着重病去两广平定此事吧！"

皇上喜道："那好，传旨就这么办！"

所以，朝廷又颁下第二道敕谕，明确告诉王阳明，今姚镆已辞任，爱卿当星夜前往两广，节制诸司，调度军马，愿剿愿抚盗贼，你可自由定夺，把两广地区的夷民安顿好，勿迟滞退却，请担当此重任！

既然如此，王阳明一直笃信身为朝廷官员，在家孝当竭力，在仕忠当尽命。于是在九月初，他告别家人、弟子，从绍兴山阴县家里启程。妮婳泪水涟涟不依不舍，这年偏赶上旱灾，江水稀少，船行艰难，直到十一月下旬，才来到两广巡抚署衙的梧州。

王阳明在赴任的路上一直在想，田州和思恩两地的叛乱，终归于朝廷强制执行改土归流。老百姓常言，谁家的羊谁拴，谁家的孩子谁管。你非要改变人家多年延续的土目制度，换成汉人来管理少数民族，少数民族当然不高兴！世上凡是带管字的，都是要强制执行的，日久自然叛乱。这种叛乱，多数原因在于土官之间多年堆积形成的仇恨与矛盾；其次，是改设流官之后，少数民族在风俗上的习惯受到严重影响。所以少数民族仍然用自己的土目管理，而官家的流官又不容，自然扰乱不止，按下葫芦起了瓢。再就是官军对叛乱向来是穷追不舍，不消灭不罢休，这就迫使这些夷民由散乱变成团聚，人多了，力量大了，自然就勇者立。流官一来，本来不乱的事，反而添了乱！更何况有的流官为节制夷民实力增长，故意在这些土目夷民中制造矛盾，挑拨离间，使其土目之间相互争斗，抢占地盘，抢夺财物，这就更加重了夷民土目的叛乱。

如田州土目卢苏与思恩土目王受，正是由于流官挑拨。可是，世上没有不透风的墙，时间一长，这两人知道了是流官中间作梗，又很快结成同盟，两人一起率众来反叛流官。王受一气之下，攻占了思恩府城，把流官赶跑了。

鉴于这两地的叛乱，王阳明站在国家安定、夷民乐业的大局之上，给朝廷上疏，首先旗帜鲜明地指出，如进行围剿，势必带来十大隐患，反之，进行安抚则势必带来十善。他果断提出，以抚代剿，以及存土去流的大胆设想。

姚镆一离开两广巡抚的署衙梧州，田州的卢苏很快就得到了朝廷最新消息，朝廷派遣王阳明为都察院左都御史，总督两广及江西、湖广等地军务，他立时大惊失色。因为王阳明在赣、闽、湘、粤四省巡抚，把朝廷十几年没解决的几个名贯四省的盗匪，在不到一年的时间里全部剿灭。特别是宁王朱宸濠谋逆造反，十万兵马，王阳明在朝廷不拨一兵一卒的情况下，自筹兵马，用了不到一个月的时间，就活捉了宁王朱宸濠。这两件大事，自然也传到了两广地区。

卢苏开始坐卧不安起来，照实际算，卢苏属下的田州府有男女大小民众四万之众，而占据思恩府城的王受有三万余人，两个人加起来不过区区七万人，可是王阳明智慧超群，以他的精明机变，田州、思恩府城不出一年自会荡平。但是面对四万之众的属下，卢苏不想束手就擒，也不想在王阳明到来时率众投降。所以他想必须把属下动员起来，修筑工事，准备与王阳明打仗时用的各种刀剑竹箭之类的东西。他把田州的事安排妥当之后，即奔赴思恩城，去见土目王受。

王受此时也知道了王阳明要来田思两州平叛，他也知道王阳明有逢战必胜、攻无不克的真本事。他开始思考退路，恰在此时，卢苏驰马来到他的思恩府城。

卢苏叹道："王兄，王阳明的大名如雷贯耳，他若率兵前来围剿，则我们必败矣！败后就是杀头，这你是知道的！"

王受叹道："当然！宁王朱宸濠有十万兵马，王阳明不到一个月就活捉朱宸濠！以兵论兵而言，我们手下的弟兄怎及朱宸濠的兵马呢？这事怎么办，我愁得快白了头！"

卢苏站起来说："我早就知道，咱们胳膊拧不过大腿！汉三国时，孟获怎么样，兵多将广，结果诸葛亮七擒七纵孟获，最后孟获不得不服软！我也想了，天命如此，自然非人力可为！今日我到思恩府城来，不知王兄有什么高见，让咱们躲过此劫！"

王受摇头道："卢兄，一旦王阳明率大军而来，那就是咱们的大限之日！"

卢苏说道："王兄，兵法云：'知己知彼，百战不殆。'咱们不能伸着脖子让王阳明挥刀砍头。这样，我突然有个想法，速派几个弟兄化装到梧州城，先打探王阳明的动静，有了消息咱俩再商议对策。"

王受摇头道："实不相瞒，我已派出几个弟兄，以卖兽皮为掩护驰马到梧州，只怕过几天就会传来王阳明的最新消息。"

卢苏大喜道："好！王兄先走一步，比我聪明！"

王受示意卢苏坐下喝茶，他趋近王受说道："卢兄，我还有个大胆的设想，当年王阳明攻打大庾谢志珊和蓝天凤时，如果谢志珊能与蓝天凤合作，王阳明不至于各个击破，两三个月把他们属下的六七千人全消灭了！你看田州也好，还是思恩府城也好，如果卢兄愿意，咱们合兵一处，共同对付王阳明，他就是诸葛亮孔明再生，也不可能三五天内就把咱们击破啊。"

卢苏摇头道："王兄，你绕来绕去又绕到过去的老问题上！思恩是思恩，田州是田州，虽然搭界，但毕竟是两个地方，而且风俗民风都不同，合在一起，不起争端则罢，倘起争端大家互伤面子！王阳明打仗自有他的独到之处，你合也罢，分开也罢，该亡该生天意如此，岂能因合在一起而逃避啊！"

王受一脸不高兴地勉强笑道："卢兄，这事儿怪我，我向卢兄致歉。"

卢苏见他没新办法，想了想摇头道："王兄，不必如此，我们都等王阳明的消息吧。"

王阳明率卢尚德、田庄等到达梧州巡抚署衙后，田庄说道："老师，有道是'不入虎穴，焉得虎子'。田庄愿与二师兄分别到田州和思恩走一趟，看看这两个土目到底现在想什么。"

王阳明点头喜道："好！为师围剿四省盗贼时就说，你们都是将帅之才，尚德，你怎么看？"

卢尚德点头道："老师，战前侦察，是咱们在围剿四省盗贼时常用的方法。田州、思恩地处偏远，即使不进行围剿，就是安抚，也需要知根知底，我同意田庄的提议。"

王阳明喜道："尚德、田庄，你们俩是为师的左膀右臂，案头的事，现在金岸代替了你们大师兄元亨，为师后继有人了！不过你们俩记住，珍惜自己，遇事要和为贵，不可争一时之强，我和你们师弟盼你们早日回来！"

卢尚德说道："老师，如方便给我们俩一个两广巡抚署衙的印信，万一用得着呢！"

王阳明笑道："尚德，你现在越来越聪明了。好，为师让金岸办。"

半月之后，卢尚德和田庄按约定时间一齐回到梧州，二人各自报告了卢苏、王受现在的状况。说他们二人都在抓紧时间抢修工事。因为他们非常清楚，王阳明绝非一般之人，欲善其事，必利其器。只有准备充分，方可一战。

听了这些情况，王阳明笑道："诸位，通过近段时间本院综合分析，梳理了田州卢苏、思恩王受二人情况，包括姚镆率军攻打这两个土目的情况。本院以为，他二人绝不同于詹师富、谢志珊等纯粹性的占山为王危害四方的盗匪，他们是那几个民族的首领，深受同民族百姓拥戴。可是朝廷在他们那个少数民族设流官，建立官府后，对这些少数民族采取欺压、敲诈等手段，引发了这些少数民族的不满，这才导致了卢苏、王受代表少数民族反抗朝廷的官府流官！今天尚德、田庄归来，更证实了本院的判断：田州、思恩土目叛乱不可剿，只可抚。本院想改变以往的策略，不动一兵一卒，招抚他们归顺朝廷，这是本院的初步行动方案。"

王阳明的话音一落，随王阳明出征田州、思恩的曾德礼摇头道："御史大人，对少数民族唯有靠真刀实枪打，直到把他们打怕，打得他们彻底服软才行！三国时，诸葛孔明七擒孟获就是明鉴，请大人三思！"

王阳明细听了曾德礼的话说道："曾将军，朝廷虽然让本院代替姚镆围剿思恩二州，但他们不是占山为王的盗匪。卢苏、王受是这两州少数民族的首领、土目，他们不想攻打官府军，只是想守护属于他们少数民族世世代代传下去的土地、山寨。这和三国时代诸葛孔明七擒孟获完全不同，因此对他们宜抚不宜剿。"

曾德礼点头道："对，下官愚钝，围剿只能剿出双方的仇恨来，剿不出真心实意的和平来。"

王阳明环顾众人说道："大家若无异议，本院就上疏朝廷，以抚代剿，存土去流。同时，就按本院方才所说的行动方案办。现在大家就把风放出去，先看看卢苏、王受二人的反应。"

卢苏从梧州得知王阳明要以抚代剿，存土去流，非常喜悦。可他的几个儿子却坚决反对。

大儿子说道："爹！你千万别认真！朝廷的人哪个不是口是心非，他们心思奸诈，这肯定是在设圈套，咱们别当真，不然就上了他们的当！"

二儿子说道："爹！猎人遇到狼，它再摇尾巴装腔作势，它也是咱的仇敌，除了打没有第二条路可走！"

三儿子则说道："爹，孩儿听说，这个王阳明用兵如神，他先给咱们灌迷魂汤，下蒙汗药，喝糊涂酒，到头来还是要灭咱们。咱们要像一群刚发现目标的鬣狗，先扑上去尽全身之力撕咬他！只有这样咱们才有险胜的机会，否则就成了案板上的鱼肉，任人宰割！"

卢苏万没想到，他的三个儿子竟会如此说。他怒道："御史王阳明现在已经从梧州出发了，为父要往东，可你们偏要往西！老大说说你的理由！"

大儿子说道："爹，虽然王阳明放出话来，什么以抚代剿，存土去流。可是，咱别忘了他身边有四千兵马，他们来干什么，难道不是来打仗的吗？"

卢苏点头道："好，老大说得有些道理，老二说说你的理由！"

其二儿子想了想说道："再早的事孩儿不知道，但自从我爷爷那时起，就和大汉官府打打停停，停停打打，什么时候掏心掏肺，两相真正好过！爹不是说过：'看看老狐狸走过的路，就知道他有多狡猾！'虽然一朝天子一朝臣，但他们万变不离其宗，总是要征服你、奴役你。到头来，等把你的油水榨完了，血喝净了，再一刀杀死你！所以，咱不能轻信官军的话！"

卢苏一听二儿子说得也在理，点头道："话是这样说，可是……老三说说你的理由！"

三儿子皱眉想了想说道："爹，非是孩儿认死理，钻牛角尖！想想咱们田州是怎么得来的，那个姓朱的流官有多可恨！他一次次想杀死爹，还想给爹制造率众叛乱的冤案，多亏爹处处设防才躲过他的魔掌，直到田州人群起杀之，田州才真正有了安稳的日子！想想过去这些事，官军尽管改头换面，他们终是一丘之貉！"

或许是三儿子提起往事的缘故，卢苏叹了一口气，想起第二次和思恩城王受见面时说的话他又犹豫了。王阳明比昔日姚镆精明十倍！他不但用兵如神，还会把他周围的人调教得都围着他转，说他是个"人精"一点不为过。我先按兵不动，看他到底要干什么，切不可因一时冲动，让王阳明抓住把柄。

知父莫如子。长子见父亲犹豫不决，似是看透了他的心思，趋近卢苏说道："爹，此千钧一发之际，万不可犹豫退缩啊！"

三儿子说道："爹，自古'当断不断，必受其乱'。机不可失时不再来，孩儿们单等爹一声号令！"

卢苏怒道："你们几个听着，谁胆敢轻举妄动，坏了爹的大事，斩！"

正在卢苏和王受观望之时，王阳明毅然率众离开梧州，把叶芳属下曾德礼的四千兵马留在梧州，并告诉曾德礼，十日之后，若无召唤的军令，即回广东龙川休整。王阳明来到离田州、思恩两州更近的南宁府，先视察了前任巡抚姚镆从各地调来的数万兵马，当场传令，让他们即日离开南宁，回到各自所守备之地。南宁城内，为剿灭田州、思恩城叛乱，姚镆从湖广永顺、保靖两个宣慰司调集的六千余士兵，由于路途太远，一时无法遣散，王阳明传令这些兵马暂留南宁、宾州解甲休息，十日之内返回原籍。

回到营帐，见到夫人婍婳。原来婍婳不放心，执意带着儿子等人，风餐露宿，不惧路程遥远，从余姚赶到南宁城。她担心地说道："夫君，你这是背水一战，没有一点退路。一旦田州卢苏和思恩王受二人不接受招抚，真的举旗反叛入南宁府，夫君咱这百十人的性命，岂不忧矣！"

尚德也担心道："老师，在梧州令叶芳属下曾德礼原地待命时，徒儿就想说老师为何自断退路，倘思田两州的土目真的反叛，今又遣散数万兵马，把永顺、保靖、宣慰司调集的六千兵马也遣散，现在老师处在刀刃上，只有招抚这一条路了，徒儿万分担心啊！"

王阳明大惊道："尚德，你这是怎么啦？昔日剿匪、平定朱宸濠反叛时，十万大军在鄱阳湖上与咱对阵，你都没有胆怯过，面临生死，你连眉头都不皱一下。今怎么了，田州、思恩两州加起来不就七万人吗？你为何如此胆怯，怎么你不相信为师的判断呢？"

婉姬说道："夫君，尚德、田庄、金岸等视你如父，他们担心难道没有道理吗？"

尚德不由地垂泪道："老师，徒儿心里非常明白，大师兄在时，徒儿从未畏惧过！可是大师兄不幸罹难，徒儿失去了那些天不怕地不怕的魄力。因为老师、师母的所有安危一下子落在徒儿的肩上，徒儿现在不敢有一点儿侥幸心理，不敢有一点儿闪失。徒儿一丝一毫不敢懈怠！因为老师和师母的安危大于天啊！故而徒儿才有了这些担心呀！"

王阳明见卢尚德提起冀元亨，心中禁不住也有些伤感和苦涩，他笑着走到卢尚德面前，抚摸着卢尚德宽阔厚实的肩膀笑着说："尚德，为师的好徒儿！元亨虽然不在了，但有你和田庄、金岸这十几个弟子在，为师有什么好担心的？再说，上天明鉴，元亨的在天之灵也会庇护为师。放心，为师的判断不会错！田州卢苏、思恩王受，他们是少数民族的首领、土目，他们昔日从来没有公开打出大旗反叛朝廷。今日他们知为师遣散南宁城中所有兵马，表明为师一反昔日朝廷前巡抚姚镆之用兵围剿之策，说招抚就是要面对面招抚，为师还用什么兵马？"

此时，夫人婉姬还想说什么，王阳明挥手，意志坚定地说道："夫人、众徒儿，明日尚德、田庄分别到田州、思恩城传达为师之令：令卢苏、王受着罪囚之衣率所部兵马到南宁城下，跪伏认罪悔罪！"

这天夜里，王阳明静静地躺在床上，久久不能入睡，而夫人婉姬虽微微闭了双眼，此时却也没有入睡。自从受命剿匪以来，夫人婉姬为了让王阳明专心致志地思考剿匪之事，即使晚上入睡时，也从不主动和王阳明说话，她怕打乱夫君的思路。而王阳明呢，没有特殊之事也绝不打扰婉姬。夫妻二人互敬互爱，多余的家长里短儿女情长的话从不多说，他们双方的一个眼神儿，一丝微笑，都能表明对方的心意。这种和谐和默契，是他们夫妻多年养成的。此时，婉姬即使不能入睡，也微闭着眼，一动不动，守着自己那半边床铺，而王阳明呢，想着想着就甜甜地入睡了。

王阳明睁开眼，当然即使醒来微闭着双眼，此时也一样头脑清晰，心中无一丝尘念，如美玉般清纯。于是王阳明开始启动他的思路之门。此门打开之后，人所固有的仁义之心，如气流般开始上升、集聚。他开始想，田州的卢苏和思恩的王受，可谓少数民族中最出类拔萃的首领、土目。当他们知道我遣散了南宁城内外昔日所有的围剿思田二州的兵马，他们会有何种反应？他们应该确定我在梧州传令时说的"以抚代剿，存土去流"八字方针是认真的，我王阳明身为朝廷大臣，一诺千金，绝无更改，而且言出必果。其次，我移帐南宁府后，又公开遣散了昔日围剿思田二州的原巡抚姚镆的数万兵马，由梧州时立言，到南宁后的立行，他们应该彻底明白，我王阳明说到做到，言行必果。他们没有任何理由怀疑我招抚的诚意！

由此王阳明转而又想，天亮之后，卢尚德和田庄二人即率随从入田州、思恩州城，传达我的命令，卢王二人接令后，不应该有任何怀疑，即会择日点齐兵马，按我之命令前来跪伏请罪！我再等朝廷旨意降下，即授卢苏为田州土目，王受为思恩城土目，广西之田思二州叛乱即平矣！

想到胜利在即，王阳明按捺不住喜悦的心情，情不自禁地悄悄披衣下床，从墙上摘下长剑，走出门。此时天空繁星闪烁，独北斗星尤为光艳夺目。

诚然，阳明是道教的一个名词。按其本义，阳明就是阳气极盛之意。另外，阳明在道教中是指东方青帝，即我们通常说的太阳神。王守仁自号阳明子，可见他对道教教义经典的认知程度是何等精深！

此处不表兴意满满的王阳明踏着星月在北斗星下轻舞长剑。且说第二天，卢尚德从南宁城出发，驰马几个时辰便来到卢苏所在的田州城下。他上前通报道："吾乃朝廷都察院左佥都御史大人帐下先锋卢尚德！快开城门，本先锋要与土目卢苏见面！"

因土目卢苏早有吩咐，守城们士卒不敢怠慢，通报少许，城门大开，在卢苏手下的带领下，卢尚德便与卢苏见了面。

卢苏待卢尚德入座，重又站起来施礼道："卢先锋，罪民土目卢苏，藐视朝廷，伺机占据田州，其罪大矣！罪民土目卢苏愿听凭朝廷问罪！"

卢尚德把手一挥道："卢苏，不必如此！今本先锋入田州城，代传御史大人之令！"

卢苏急忙示意众人跪伏于地，卢苏说道："善，今卢苏洗耳恭听！"

卢尚德说道："限汝三日之内，率所部人马，到南宁城下扎营，土目卢苏当身着罪衣，至城门前，跪伏请罪！"

卢苏点头道："先锋官大人，土目卢苏恭敬从命！不过，土目卢苏有个小小要求，请先锋官大人代为转达御史大人！"

卢尚德说道："卢苏，你说有何要求？"

卢苏说道："先锋官大人，土目卢苏反叛朝廷，独占田州城池，曾与官军为敌，依据朝廷之律当诛！可是土目卢苏事出有因，非真心反叛朝廷、与官府为敌，卢苏只求免死！"

卢尚德听后点头说道："卢苏，你放心，御史大人一向明察秋毫，从不滥杀无辜，只要你卢苏依御史大人之意行事，心无妄念，御史大人决不妄杀率众投诚之人！"

卢苏在卢尚德入田州城之时，即传令备盛宴，为朝廷御史大人帐下的先锋官接风洗尘。待卢尚德传达完毕，起身施礼辞别时，卢苏站起来笑着说道："先锋官大人，卢苏略备酒菜，请大人务必小酌一杯，以表卢苏真心归顺之意！"

卢尚德笑道："卢苏，不必客气！实不相瞒，御史大人有言在先，令到即返，我岂敢忤逆，故而还请卢苏谅解一二。"

然而，此时卢苏的长子对卢尚德前来传令非常愤怒，待卢尚德转身走出田州府大门，即向属下示意，属下转身飞快而去。

快到城门口时，随从向骑在马上的卢尚德低声道："先生不好，有十几个人仗剑飞奔而来，吾等怎么办？"

卢尚德一听，勒住马缰飞身下马讥道："不可惊慌，有我在，谅他们不敢怎样！"

来人蜂拥而至，而且个个仗剑操刀，把卢尚德等三人围了，为首者大喝道："狗官你听着，吾家大公子不降，你受死吧！"

卢尚德大怒道："好啊！自出南昌府以来，我的长剑从未出鞘，识趣的立时放下刀剑，否则休怪我剑下无情！"

且说此时，卢苏见长子的随从匆匆而去，疑道："我儿，此乃何意？"

大儿子讥道："爹，你说话晚矣，只怕此时那个朝廷的先锋官已人头落地啦！"

卢苏跺脚大怒，扇了长子一耳光喝道："来呀，先将他绑了，听候发落！"遂即率众奔出田州府，驰马向田州城门飞驰。

此时，这些围定卢尚德的十几个人，齐把刀剑舞动，直指卢尚德。起初，卢尚德并不想出剑伤人，他不愿在老师招抚思田二州大局之下，再引出什么事端，可对方分明要取他性命。他见拳脚不足以威震众人，便拔出长剑，虽然这十几人都是护卫长子的死党，对刀剑娴熟，但卢尚德领受了这些人的刀剑套路，他微微一笑，心中讥道："休怪我无情，剑出你们必死！"

卢尚德运用手中之剑，他的剑术已经达到剑心合一的最高境界，即心到剑到。心要三分三，剑绝不会三分四！他看清了为首者，心想，此人当活，我要押他见土目卢苏，看他有何话说？遂飞舞长剑，不消半盏茶工夫，除了那为首者，皆如利刃过后的环身竹木，纷纷倒地而亡！

此时，只听卢苏驰马大呼道："先锋官大人，请剑下留人！"

卢尚德趁为首者惊诧之际，飞起一脚，踢飞了他手中宝剑，遂运足气力于左掌，飞快出掌，正击打在为首者的腰肋之处，此一掌正是卢尚德这种武功修为的最佳显现，把这为首击倒在丈外，而恰落在卢苏的马前！

卢苏对眼前画面的认识非常清晰，卢尚德的两个随从牵着马站在原处，说明他们一直在观战，并没参与血战，而卢尚德恰站在倒地而亡的士兵大圆圈内，他右手握着长剑，左手如雕刻般仍在空中伸着，保留向外击掌的特定身姿。他像一具铁塔威风四射地矗立在那儿，勇不可当！

卢苏还能说什么呢，其长子一念之差，瞬间十几个鲜活的生灵皆在尘埃之中倒下，做了永世无声无息的幽鬼。

卢苏已经知道了事情的原委，匆忙伏地说道："先锋官大人，此乃卢苏之长子所为，卢苏已将他捆绑在田州府门外，听凭大人处置！"

卢尚德这才说道："卢苏，你当明白，御史大人一诺千金，既然定下'以抚代剿，存土去流'八字战略，便绝不会更改。故而御史大人在梧州先遣散随行的叶芳属下曾德礼的四千余兵马，继而入南宁城，又遣散了昔日姚镆所用的数万兵马，此后又遣散了湖广之永顺、保靖二宣慰司调集来的六千余兵马！御史大人在真做实为，无一丝虚情假意！可是卢苏你又怎样呢！虽然事是你长子所为，但你身为土目，有不可推卸的责任！"

见卢尚德如此说，卢苏连连说道："先锋官大人所言很对，都是我卢苏监管失察！请先锋官大人责罪！卢苏决无二话！"

卢尚德说道："卢苏，我知道长子在一个父亲心中的分量，但军法无情，他的死罪可免，活罪难逃，请卢苏代我在田州府大门口，当着田州城百姓的面，脊杖三十，以惩戒他人再犯！至于这个代你长子行刺之人，一样惩戒就是！"

卢苏感恩戴德致谢道："感谢先锋官大人手下留情，卢苏万分感谢！"

卢尚德指着地上死去的十几个士卒说道："自古'动刀者必死于刀下'。这十几个青壮年，行汝长子之命，旋即死于我的剑下，非我本意也！然他们的妻儿，他们的爹娘，面临儿孙之死、丈夫之死，即使悲痛欲绝，也岂能死而复生？故御史大人放弃围剿，不动刀兵，解决你田州、思恩之乱，其良苦用心，唯苍天可表！"

卢苏顿首脱口道："感谢御史大人英明决策，我卢苏心甘情愿向御史大人投诚，甘心听候御史大人发落！"

而此时，田庄受命到思恩城，和伏地叩首的王受见面后，一切都很顺利。王受识大体，明事理，大赞不动兵刃的招抚之策乃英明之策，称谢再三。

这日，田州卢苏和思恩城王受，按王阳明所传之令，按时把所属兵马带到南宁城外，分四个营帐住下等候处置。

卢苏和王受按王阳明之令，脱去土目首领的服装，身穿囚衣囚服，自缚其手，从营帐中走出来，两旁皆南宁府城的黎民百姓夹道而立看热闹。当他两人来到王阳明面前时，皆伏地叩首行参拜朝廷大臣之重礼，而后仍伏地听候朝廷都察院左佥都御史大人的训斥。

王阳明高声说道："田州土目卢苏、思恩州王受叛乱两年至今，当今圣上为此龙颜大怒！诏令本院前来围剿。但是当本院到达梧州之后，进行明察暗访，知道了你们反叛的真正原因。所以本院才决定采用'以抚代剿，存土去流'八字战略方针，以避免生灵涂炭，避免把黎民百姓陷入战乱之中。本院传令遣散原驻扎在南宁府城内外的所有兵马，这才有了今日招抚之局面！不过，朝廷法度无情，于是本院决定，田州土目卢苏、思恩州王受二人，死罪可免，但活罪难逃！"

卢苏和王受连忙叩首谢恩道："感谢皇恩浩荡，大人英明，保全我罪人性命！吾二人愿为大人赴汤蹈火，万死不辞！"

王阳明喝道："行刑手，来呀，当今众杖一百，以示朝廷惩处！"

于是行刑手上前，把卢苏、王受二人拖翻在地，举杖便打。一百杖之后，卢苏与王受趴在地上叩首谢御史大人不杀之恩。

稍后，王阳明向二人传旨：任命卢苏为田州土目，主管田州军政事宜；任命王受为思恩州土目，主管思恩军政事宜。

围观的众百姓皆欢呼雀跃，赞呼皇恩浩荡，御史大人王阳明英明，避免了生灵涂炭。

之后，王阳明让卢苏、王受当场遣散了所属共七万属兵，各自回乡务田。从此，田州和思恩由当地少数民族首领卢苏和王受治理。两州人民大定，百姓乐业，二州再无兵革之事发生。

五十九　扫除八寨断藤匪　朝议方见两是非

这日，王阳明与已赴任的田州土目卢苏、思恩土目王受说二州今后治理之事，其夫人娩婳把卢尚德、田庄等十几个弟子召集在一起，田庄笑着说："师母，有何训示请说吧！"

娩婳叹道："尚德、田庄，你们这十几个弟子，自从你们老师受命剿匪以来，今已十几年！作为你们师母，没有阻拦过你们，今师母把实情告诉你们，昨日你们老师咳嗽得厉害，他不让声张，悄悄让南宁知府找来郎中，吃药后昨晚又咳出血！今勉勉强强起来，说有事要见思田二州土目，我没拦他，本来郎中昨日再三告我，一定要让他卧床歇息，三日后方可下床！"

卢尚德听后，已明白了师母的用意，问道："师母，徒儿实在不知老师病情如此严重，师母有话请直言，我等点头听从，决不忤逆师母之命！"

娩婳说道："师母今日告诉你们实情，是要你们和师母一起劝说他，思田二州平乱之后，回老家余姚养病，这不仅是师母的心愿，也是余姚王家长辈的要求。"

卢尚德点头道："师母放心，一会儿徒儿就去见老师，催他早日离开南宁回余姚！"

王阳明把卢苏和王受二人送出来，刚要转身之时，留抚思田等处地方右布政使林富，从门外带两个随从匆匆走来。他向王阳明施礼，因其对王阳明心学仰慕已久，王阳明到南宁府平定思田二州叛乱，才得以向王阳明见面请教，今见王阳明送走了卢苏和王受，说道："大师！学生刚约了南宁几个喜爱心学的学友、学者，大师若不弃，哪怕抽出半天时间，给我们讲述一下'致良知'和'知行合一'如何？"

王阳明点头道："可以！时间林布政你定，不过要尽快，这里的事已基本完成，我要回朝复命！"

林富喜道："好！大师，我再约些人一同来听教领受。不过，我会把时间很快定下来，马上告诉大师！"

王阳明点头问道："林布政，你匆匆忙忙回府衙有何急事？"

林富似有大悟说道："大师，现在远在八寨的瑶匪阿果最是猖狂！他肆意率瑶匪杀害四周良民，攻劫州县乡村，实乃罪大恶极也！我林富作为地方布政使，真想请大帅驰往八寨，以平此枭啊！"

王阳明听了皱眉道："林布政，这八寨瑶匪阿果何以这等猖獗？难道过去没有率军平叛这个瑶匪阿果吗？"

"大师，八寨瑶匪作乱之事时日久长，前后算起来有一百六十年了！"林富紧皱眉头，他说这句话时，犹如这八寨瑶匪是压在他头顶上的一座大山，他不但有压抑之态，还有愤愤不平之状。

原来，沿柳江、黔江以及浔江一带之柳州、象州、武宣、桂平、平南、贵县、藤州、梧州等地，一直是瑶、壮少数民族的聚居地。而地方布政使林富所说的八寨瑶匪阿果，是指在广西永福县境内，在明代时被称为思吉、周安、落洪、古卯、罗墨、古凭、古钵、都者的八个瑶民村寨。这个阿果是这八寨的为首者。离此三百多里的断藤峡，原称大藤峡，由于种种历史原因，明英宗朱祁镇的天顺年间，朝廷曾派都御史韩雍统兵二十万，捣毁了大藤峡，并将大藤峡改名为断藤峡。可时隔半年，浔州府衙（今桂平）又被断藤峡的瑶匪攻陷，到了明宪宗朱见深的成化年间，断藤峡再起战火，瑶匪攻打县府衙城池、杀官吏、放囚犯、公开抢劫县府城内的官民财物，所到之处，可谓玉石俱焚，鸡犬不留。与此遥相呼应的八寨瑶匪阿果等，更是趁机生乱，凶猛异常。他们这一带的瑶匪祖传制造对付官府讨贼将士的利镖和毒箭，朝廷几次派兵马围剿，皆因他们隐匿、躲避在茫茫大山里，与围剿将士兜圈子，通过号角、火箭等联络方式，让围剿将士损兵折将。断藤峡与八寨瑶匪，像生长在大明躯体上的两个痛之入骨入髓、痒之如万蚁钻心的毒瘤，时常发作，此起彼伏。朝廷视之为心腹大患，或许路途遥远，鞭长莫及，任地方官府叫苦连天，朝廷采取了眼不见心不烦的态度。

王阳明听了林富的介绍，点头道："林布政，原来如此！"

林富趋近王阳明说道："御史大人！下官知道大人自正德十一年上任剿匪以来，无坚不摧，无匪不平，就连宁王朱宸濠叛乱，大人不过十几天就平之矣！可谓举手之劳定百年平安。下官林富作为留抚田思等处的地方布政使，对断藤峡、八寨瑶匪阿果祸乱之事，恨之入骨入髓，可又无能为力，只能眼睁睁地看着黎民百姓处于水深火热之中！下官知道，朝廷不令，下臣不行。我林富不过留抚广西这片土地的地方布政使，仅以我个人之名，乞请御史大人平定八寨和断藤峡瑶匪之乱，不仅名不正言不顺，而且人微言轻！但是，桂平永福近百万黎民百姓，渴望久旱及时雨、期盼大人这样的将才，驰马平匪，让百姓安享太平，福乐家园！"

王阳明说道："林布政，方今朝廷内奸佞复生，正狼目虎视，且此事至关重大，非本院不愿平匪，容本院想想。"

此时的八寨瑶匪贼首阿果，已坠入罪恶之海。人有了权得了势，有了招之即来挥之即去的兵马，就有了为所欲为之心，尘世间的任何坏事、恶事、毒事他都做尽了！但有个情况必须了解，原本这八寨首领是阿果之父，阿果是其次子，阿果之父的长子天性孝顺、良善。

有一次兄弟俩一起到永福县城买东西，路上俩人发生争执，阿果趁其兄长不备，一刀把兄长杀死，回寨之后，他谎称其兄长是被县衙的差役打死的，他逃了回来。其父相信了儿子的话，于是召集八寨瑶民开始攻打县城，为儿子报仇。

但上天不庇恶，后来寨民发现了阿果兄长的尸首，经查证是在去县衙的路上被人从背后刺了一刀毙命的。恰巧赶上寨里有个放羊老汉，目睹了兄弟俩争吵，而且也看到了阿果从背后捅杀兄长，直到兄长倒下。永福县衙率兵马来攻打八寨，阿果之父在打仗时中箭身亡，但他死后总不瞑目。直到入殓，老汉附其耳为其整理仪容时，悄悄告诉了他真相，这才闭目。

此后阿果就成了八寨之首，他开始率八寨瑶民攻掠县衙直至府衙，攻掠抢劫当地民众。也就在这时，或许这个老汉私下向村寨中的人说过此事，阿果知道后，借机杀死了老汉。

再后来，阿果开始对女人感兴趣，稍有姿色的女人都被他蹂躏糟蹋。属下知他好此一口，遂开始向他提供漂亮女人的线索。偏县境内有个山寨，他率人抢劫了一个漂亮姑娘，姑娘的弟弟拼死要抢回姐姐，被有谋略的族长强行拦下，告之如不怕山高路远，远在南宁平定思田叛乱的朝廷御史大人，可以除掉八寨瑶匪阿果。于是这个年仅十八岁的少年，靠一双脚，硬是从永福县翻山越岭渡江过河，受尽千辛万苦地来到了南宁府的辖地。

见王阳明在犹豫，夫人婉娩泣道："夫君，天下之大，其恶事歹人很多！况且朝廷没有传旨，乞请夫君看在两个儿子的面上，回余姚养病吧！夫君无论如何不能再这样硬撑下去了！"

王阳明摇头道："夫人、八寨瑶匪祸乱百姓，黎民百姓处在水深火热之中，我是朝廷钦命巡抚思田的都察院御史，我怎么能见匪不剿不除呢？"

这时卢尚德、田庄等十几个弟子皆跪伏于地，尚德说道："老师，徒儿们知道老师病情越来越严重，老师就听师母劝吧，徒儿们愿陪同老师回余姚老家养病。老师，真的不能再拖下去了！今徒儿真诚乞求老师回余姚！"

田庄等齐声道："老师回余姚养病吧！"

王阳明摇头叹道："夫人、徒儿们，你们应该明白，为师给你们说过多次，为师今生今世就为两件事：一者为朝廷竭力尽忠；二者传播心学，让世人都能致良知，知行合一。除此为师再无他事可做！今八寨、断藤峡瑶匪作乱，百姓深陷水火，为师能袖手旁观权作不知吗?故平定叛匪,安抚百姓,保朝廷江山社稷稳固,乃为师平生之愿也,岂能为区区疾病所阻拦呢?"

这时,王阳明的过继之子正宪哭泣着跪伏在王阳明面前,说道:"爹!回余姚养病吧,宪儿今求爹了!爹若再不同意,宪儿就这样长跪不起!"

夫人娖媚泣不成声地站起来,说道:"尚德、田庄你们这些比亲生儿子还孝顺的徒儿们都起来,宪儿,你也起来!"她说着拿来纸和笔墨,匆匆来到王阳明面前,把纸和笔墨放在王阳明面前,正色道:"夫君,看来咱们夫妻的缘分已尽,既然众徒儿和儿子的乞求你都置之不理,也罢,写个休书吧!你为朝廷竭力尽忠吧,长子正宪归你,待乳的正亿归我,今我和正亿回京师老家!"说到这儿,夫人娖媚再也忍不住,大声哭了起来……

卢尚德及众徒、正宪齐声呼道:"老师!爹!"

此时王阳明心如刀绞,急忙站起来,抚摸着夫人娖媚的手叹道:"夫人你大错特错,我们夫妻恩爱,又有两个懂事的儿子,这休书我永远不写!好吧,我听你们的,咱们回余姚先养病,先养病,先养病!"

痛苦万分的娖媚见王阳明同意先回余姚养病,急忙抬起泪脸,只怕刚才的话蓦然溜走似的,大声说:"夫君,你记住,君子一言,驷马难追!"

王阳明笑道:"好,君子一言,驷马难追!"

第四天,当王阳明与夫人娖媚带着两个儿子和卢尚德众徒及家属等数十人上了车马,离开南宁府城时,留抚思恩等处的地方右布政使林富、原任副总兵指挥同知张祐及南宁知府、同知、通判、推官及知事等府衙官员,思恩土目王受、田州土目卢苏及黎民百姓等都齐聚城门口,夹道相送。

林富等见王阳明的车马过来,遂施大礼说道:"御史大人不可走啊,今下官思虑数天,当今能平定八寨和断藤峡瑶匪者,非御史大人不可!乞请大人大发慈恩之心,在南宁多停留些时日,施以援手,拯救永福、桂平、浔州百姓于水火之中,惩处平定八寨及断藤峡瑶匪,让百万黎民百姓脱离苦难,永享太平吧!"

王阳明飞身从马背上下来,上前还礼叹道:"林布政、张副总兵、黄知府汝等都起来吧,我……"

这时,夫人娖媚掀开轿帘说道:"众位大人,你们有所不知,不是我夫君不愿平定八寨和断藤峡瑶匪,救黎民百姓于水火,实乃我夫君重病在身,郎中嘱咐,若再不歇息养病,倘引发肺病复发,性命忧矣!"

林富叹道:"夫人,恕下官不知此事,原来御史大人重病在身,有难言之隐,下官唐突,请御史大人上马吧!"

王阳明这时把夫人娪婳拉到一侧，低声道："夫人，你看看，这么多官员来乞求我，我心里岂能放下不管，我看在眼里，急在心里！夫人，说心里话，我心里十分难受！我真的于心不忍啊！"

娪婳低声道："夫君，事虽如此，可是夫君的病怎么办？我……"

王阳明笑道："夫人，你看我的病没事！我这几天来一直按时吃药，这身体不是好好的吗？"

娪婳佯怒道："夫君，你现在要两耳不闻身边事，只有一件事，那就是回余姚养病！"

这时，远道而来南宁府找御史大人的永福县的那个年轻人奔来，他得知眼前刚从马上下来的就是朝廷御史大人，遂扔掉身上的行囊，向王阳明施以大礼，说道："御史大人，草民是从永福县专程来南宁府的，乞求大人率兵平叛匪，救救我姐姐性命吧！"

王阳明见一个十八九岁的年轻人，赤着一双脏污的脚，跪伏于地，向王阳明叩头不迭。王阳明急忙奔上前，双手搀起年轻人，问道："年轻人，你刚才说什么，你是从永福县专程来南宁府的？要救你姐姐性命？"

年轻人这才把前因后果说了一遍，继而又回答了关于八寨瑶匪阿果的事，最后说道："大人，草民诚心诚意叩求大人，救救我们吧！"

其时，夫人娪婳听了这个年轻人的姐姐因为长得漂亮，被瑶匪阿果抢进八寨，做他的压寨八房夫人的事，非常气愤。她向王阳明说道："这个匪首阿果真是可恶至极，专拿女人取乐，他真的该死！该千刀万剐！"

王阳明把年轻人搀起来，向夫人娪婳说道："夫人，我的病比起这些在水深火热中的黎民百姓之苦算不了什么，乞请夫人识大体顾大局，毋以小家之事误了国家民生大事！此时，夫人不再阻拦我平定这些恶贼的祸乱了吧？"

林富、张祐等见夫人娪婳点头，向王阳明施礼道："御史大人，今众望所盼，请大人下定决心平定八寨和断藤峡瑶匪，救百万黎民百姓跳出苦海，永享太平吧！"

王阳明点头道："既如此，本院下定决心，平此贼患！"

因此，王阳明和夫人娪婳等又回到南宁府内，林富和张祐等喜悦万分。这时，田州土目卢苏和思恩土目王受二人入内，此时二人杖伤已痊愈，见了王阳明施以大礼。

王阳明喜道："感谢上天！本院想找的人，不传自到！卢苏、王受你二人随本院平定八寨瑶匪阿果叛乱吧，你们现在能出多少兵马？"

王受道："御史大人，自古'养兵千日，用兵一时'。今王受属下原有兵马皆可听凭大人调遣，大人需要多少，就出多少，王受欣然受命！"

卢苏说道："御史大人，田州卢苏是御史大人帐下不二战马，一切听从大人调遣，唯大人马首是瞻，就是刀山火海在前，卢苏也万死不辞！"

林富说道："御史大人，下官等皆闻大人平定盗匪之名，卢苏、王受的兵马不够，下官即日为大人筹措出征兵马！"

王阳明大喜道："诸位，本院今日非常高兴！至于平定八寨瑶匪阿果及断藤峡匪患，本院决定以精兵强将为主，出其不意攻其不备。卢苏，你只需从田州原兵马中挑选精兵四千足矣！"

卢苏施礼道："大人，此不过昔日田州兵马十分之一，这够吗？"

王阳明点头道："记住，本院强调的是精兵！以一当十！"

卢苏应道："是！"可是他看了看站在一侧的卢尚德说道，"大人，卢苏有一请求，不知大人应允否？"

王阳明笑道："平叛绝非儿戏，凡一切利于平叛之事，本院岂肯不应？说吧！"

卢苏说道："大人！土目卢苏敬佩大人帐下先锋官卢大人，如若大人应允可否让先锋官卢大人，做下官田州兵马的主帅，我卢苏甘为副手，若能如此，田州兵马必将无往不胜，无敌不灭！"

王阳明点头道："卢苏，这个先锋官既是本院的左膀又是本院的二弟子，是本院的爱徒！也罢，既然卢苏有此心愿，利于平定八寨叛乱，尚德，就按卢苏方才所说，你即日为田州兵马主帅，卢苏做你的副将如何？"

卢尚德施礼道："老师，尚德即日随卢苏入田州，挑选精兵强将！"

王阳明向王受说道："思恩土目王受，本院调遣你四千精兵强将！随本院出征！"

王受迟疑道："大人，四千精兵强将王受欣然领命！不过，王受也有个小小的请求，不知大人应允否？"

王阳明大笑道："王受，汝是为本院第二个先锋官田庄吧？"

王受喜道："是！下官只此要求！"

王阳明向站在一侧的田庄说道："田庄，你即日起随王受入思恩城，挑选四千精兵强将，当然，你亦为思恩兵马主帅，王受副之如何？"

田庄施礼道："田庄唯老师之命是从！"

林富说道："御史大人，下官不明白两路精兵强将八千人，可是大人的中军帅帐何人守护，难道大人剿匪不需要后续增援兵马？"

王阳明点头道："林布政放心！今田州土目卢苏与思恩土目王受，自筹资粮力辞军饷，舍死报效，本院欣慰至极，故八千人足矣。诸位，三日后出征！"

原来，王阳明指定永福县那个年轻人为向导，待兵马到达距八寨二十里处安营扎寨。接着王阳明派出精干小分队，对瑶匪阿果的八个村寨进行了详细侦察，把攻击重点放在了阿果所在的罗墨山寨。

另外，在卢尚德和田庄亲自带领下，八千兵马暂且分为八队：留抚田思等处的地方右布政使林富为第一队主帅，主攻恩吉；张祐为第二队主帅，主攻周安；卢苏为第三队主帅，主攻落洪；卢尚德为第四队主帅，主攻瑶匪阿果所在罗墨山寨；南宁知府为第五队主帅，主攻古卯；南宁府同知为第六队主帅，主攻古钵山寨；田庄为第七队主帅，主攻古凭山寨；南宁兵备金事为八队主帅，主攻都者山寨。

王阳明则率其他弟子，及参战的各府县衙的官吏等坐镇帅帐，以为增补调遣传令之用。

按王阳明制定的进攻方略，四更将尽时，发出进攻号角，出其不意攻其不备，不消半个时辰，八寨瑶匪及首领阿果，尽被诛杀在惊醒之后；两千余匪，死于未做丝毫抵抗之前！

此时，那年轻人终于和其姐相见，原来其姐至死不从，被捆在柴房内，今突然获救，姐弟相拥大哭。

事毕，凡参战的将士各携所斩瑶匪之双耳，排了很长的队，纷纷到帅帐报功。卢苏向王受说道："王兄，御史大人果然用兵如神，不消半个时辰，数千瑶匪一个不留全被歼灭了！朝廷有这样的平叛主帅，何匪不除，何贼不灭！"

二人遂双双跪伏在王阳明面前，卢苏说道："御史大人，依下官看，先前的广西巡抚姚镆大人，远远不及大人神明，真是谈笑之间，瑶匪平矣！下官与王受对大人佩服得五体投地，百般敬佩啊！"

王受见王阳明喜悦，趋前说道："大人，下官至今有一事不明，当初大人为何一到梧州，便决定招抚我们思恩二州，而放弃了围剿呢？"

王阳明说道："王受，其实这很简单，你二人不同于八寨的瑶匪，你们是思、田二州少数民族的首领，是土目。思田二州黎民百姓拥戴你们。更重要的是，你们不给百姓带来灾害，不攻打其他县衙、府衙。也就是说，你们不公开与官军、官府为敌。你们说，倘本院用围剿之法，不仅冤枉你们，还要让数万黎民百姓死于非命。如那样，本院岂不成了思田二州的罪人吗？这个天大的罪孽，本院不仅要背在身上，还要祸及本院的子孙！本院一向光明磊落，心中无私，在家行孝，在朝尽忠，岂能糊里糊涂做千古罪人呢？"

卢苏、王受又再三叩首道："感谢上天庇佑！让下官得遇御史大人，使吾等如劫后重生，此恩此德，下官即使为大人三世犬马，也难以报答此恩此德啊！"

这时，卢尚德与林富二人入内，林富赞道："御史大人，下官万万没料到，祸乱

永福境内的八寨瑶匪,朝廷连派兵马,五十余年无法荡平,今御史大人,不消半个时辰,瑶匪尽除!不但永福县黎民乐业,下官今后留抚广西也无忧矣!"

卢尚德说道:"老师,八寨尽平,接下来可否实施攻打断藤峡的方案?"

王阳明点头道:"好!尚德,就依战略方案进行吧!"

卢尚德环众说道:"传令诸军,现在开始实施攻打断藤峡的方案,各军听令!"

八寨瑶匪阿果等被全歼后,永福县举行了盛大的欢庆活动。王阳明授意,从永福县挑选了善于爬山攀壁的几十名精干猎户。接下来以这些猎户为向导,八千田州思恩二州的兵马,晓行夜宿,三百多里山路,两天多一点时间就到达了,然后隐蔽待命到日落西山。天黑之后,按部署分为三路大军,悄悄迂回接近断藤峡。

而此时八寨已被歼灭,断藤峡的盗匪并不知情。他们只知道王阳明在南宁遣散了数万剿匪兵马,连永顺、保靖两宣慰司集聚的六千多兵马也遣散了,他们认为这个朝廷御史大人,根本不可能到断藤峡来围剿他们。况且,御史大人两手空空,他就是有天大的本领,无兵根本难以围剿。天高皇帝远,断藤峡是他们的天下,他们在这里完全可以长期逍遥下去。

王阳明剿匪不同于以往任何将领,他是在明察暗访获得盗匪真实情况后,才制定了严密的战斗方案,凡向盗匪走漏一丝一毫消息者立斩!他的军纪非常严明,通常用出其不意、攻其不备的战法,但也经常运用佯攻、围魏救赵等战法。他常说,凡兵用之,则必做好各方面的充分准备。当然,王阳明是人不是神,除了他年轻时喜欢骑射及兵法之外,在创立心学之后,他思维的海洋越来越宽广,他是文官不是武将,把心学用于兵法,并让二者巧妙结合,这才能无往不胜,无战不胜!但有一点,他在这么多年剿匪、平朱宸濠叛乱中,只在鄱阳湖打过一次阵地战,即双方面对面准备好之后,开始进攻,除此再无第二例。

兵贵神速,是实施进攻敌人的制胜法宝。在断藤峡的盗匪完全不知情的状态下,奇兵奔至,以迅雷不及掩耳的方式,全歼了断藤峡的盗匪,盗匪连反抗逃脱的机会都没有。

从四月初到六月底,王阳明从部署战役到一举荡平,才用了三个月时间。可是七月初十,王阳明上《八寨断藤峡捷音疏》到达朝廷之后,却引起了当朝的权臣吏部尚书桂萼的极大不满!因为王阳明在处置广西之思、田二州,包括后来平叛八寨瑶匪及断藤峡盗贼时,完全没有按桂萼的心意办,所以小鞋、刁难,皆纷沓而至!

张忠和许泰得知王阳明违背圣上旨意,把本来对思田二州的围剿变成招抚之后,他们便开始百般挑唆。此时,尽管王阳明上疏朝廷解释此事,但二人全不顾,他们认为这是扳倒王阳明并置他于死地的绝好机会!张忠提议,许泰赞成,他们先面见了当时正把持朝政的权臣吏部尚书桂萼。

张忠说道："桂大人，你看这个王阳明多狂妄，多自高自大！朝会时本来议定的是围剿思田二州的叛乱，他可好，竟然公开废除朝议方案，实行什么招抚。现在有很多朝臣说，王阳明到广西之后，接受了田州、思恩二州叛贼的大量金银财宝，浙江行省的布政、宣慰司等官员说，有人亲眼看见有一辆拉着金银财宝的马车，回到了王阳明在余姚的老家！"

许泰则借机说道："桂大人，这王阳明太无法无天了！怪不得这些年他那么喜欢剿匪呢？或许在赣、闽、粤、湘四省剿匪中，他收获了大批金银财宝。特别是宁王朱宸濠叛乱时，现在我才想起来，朝中文武百官，包括黎民百姓都知道，宁王富厚甲天下，天下三分之一的金银财宝都在宁王府。当时王阳明像兔子一样跑得那么快，他平定宁王朱宸濠的劲头那么大，原来是看上了朱宸濠的财宝！在我和张公公到达洪都朱宸濠府邸之前，他一把大火烧了王府，天啊！王阳明肯定是抢光洗劫一空后，才故意放的火！"

桂萼本来对王阳明私改围剿为招抚就非常不满。听了张忠和许泰的话，他皱眉道："好啊，原来王阳明满口仁义道德、致良知、知行合一，转脸竟披着朝廷外衣，和盗贼同流合污！这种挂羊头卖狗肉的大臣，哪里是什么朝廷的栋梁之材，分明是打着朝廷平叛大旗，做着公开的江洋大盗！可恨！可恨！着实可恨至极！"

张忠摇头道："桂大人，似我们这些圣上的奴才，整天忙得手脚不沾地儿，总怕不能为朝廷为圣上尽职尽责、尽心尽忠，一天累个贼死，到头来，每月只领到那点可怜巴巴的俸银，勉强可以糊口。和人家名利双收的王阳明比起来，一个在天上，一个在地下，这世道真是不公平啊！"

桂萼呷了口茶，说道："张忠、许泰，本官明白你二人的心意。可是你们也当知道，现在朝中支持王阳明的大有人在，咱们不能红口白牙张嘴就来。他与盗匪勾结，借机吞占、接受、抢夺财物之事，要有证据，这种证据不需要太多，一两件就能置王阳明于死地。你们俩只要给本官提供证据，圣上那儿本官去说！"

张忠点头皱眉道："桂大人，你不知道，王阳明善于机变，心思诡诈，他像一只老狐狸，他把事情做得很机密。比如宁王朱宸濠那么多财宝去哪儿了呢？有人说宁王朱宸濠临死之前沉入鄱阳湖了，其实就算朱宸濠把一部分财宝沉入鄱阳湖，说大了不过十分之一，可那十分之九呢，那富厚甲天下可不是一句空话！但王阳明事后一把大火烧了宁王府！证据怎么找？"

桂萼挥手道："你们呀，好好动动脑子想想，金银财宝它不是草上露、瓦上霜、地上冰，太阳一照，就连点影子也没有了！那是实打实、看得见、摸得着的真金白银！

下点心思吧，花点力气找证据。一旦有了证据，本官就可以把王阳明弄死！"

许泰说："桂大人，除了王阳明暗中与盗匪勾结，收受金银宝物之外，奴才以为，他私改朝议圣旨，把围剿变招抚；再有这次他胆大妄为，朝廷没给他传旨，让他平定八寨瑶匪和断藤峡，他可好，公然不令而兵！在他王阳明眼里，还有朝廷吗？还有你桂大人吗？奴才以为这种目中无人、妄自为大，比收受金银财宝，与盗匪狼狈为奸更可怕！更让人难以容忍！"

桂萼点头道："是啊！王阳明自以为平定了四省盗贼叛乱，又平定了宁王朱宸濠叛乱，他就功劳天下第一！他不令而兵，擅自行动，倘都照他这样为所欲为下去，朝廷不乱翻天才怪呢！"

张忠和许泰见掌管朝中实权的桂萼听了他们怒斥王阳明后，让他们俩私下找证据，心中非常高兴，他们报复王阳明的天赐良机似乎马上就来到了！

这天，嘉靖皇帝朱厚熜兴致勃勃来到御花园，侍奉的张忠和许泰二人相互递了个眼色，许泰奔过来与皇后娘娘说话，张忠快步趋到圣上朱厚熜面前，先连着叹了几声气，圣上朱厚熜转身道："张忠，你怎么唉声叹气，心里有事，说说看！"

张忠见引起了圣上朱厚熜的注意，借机把和权臣桂萼见面说的话，又添枝加叶地说了一遍。

圣上朱厚熜大惊道："这不可能吧？王阳明在先朝时，为朝廷竭力尽忠闻名天下，他怎么能做此龌龊之事呢？朕不信朝中这些传说！"

张忠摇头道："可是陛下，王阳明私改朝议，把围剿改为招抚，存土去流说穿了是私下和盗匪勾结，这难道不是欺君之罪吗？他分明没把朝廷和陛下放在眼里，他简直为所欲为，无法无天！"

圣上朱厚熜皱紧眉头，过了一会儿说道："其实，朕以为王阳明改围剿为招抚做得很好！朝廷没动一兵一卒，不仅思田二州的叛乱平定了，而且现在田州土目卢苏和思恩土目王受把两州治理得很好，他二人联名上书要求朝廷给王阳明记一大功！这件事王阳明做得好，比朝廷想得还周到。更主要的是，思田二州存土去流后百姓乐业，永享太平，朕称赞王阳明深谋远虑，堪称治国安邦之奇才！"

张忠思考了一会儿，看来圣上心中敬佩王阳明。他叹道："陛下，可是这次八寨瑶匪及断藤峡匪患之事，王阳明不令而兵，朝廷没传旨，他就私自去平乱，作为朝廷的御史大臣，这是不是太狂妄，太不把朝廷和陛下当回事了？"

圣上朱厚熜点头道："对！这件事王阳明不令而兵，朕很恼火。王阳明竟如此做事，让朕失望啊！"

张忠长叹道："陛下，奴才听大臣们说，王阳明功高盖主。似这大明江山社稷，多少文武百官、朝廷元老，就他能！就他强！唉，王阳明是个非常非常危险的人啊！"

圣上朱厚熜不语。过了许久，他说道："是啊，历朝历代，凡有本事的人，也是最危险的人。明日朝议王阳明不令而兵，看大臣们怎么说！朕才好决断！"

圣上朱厚熜打破以往文武百官都来参加朝议的形式，他只点名找了几位大臣，商议王阳明受命平叛思田二州，及不令而兵平八寨瑶匪和断藤峡匪患之事。他刚把情况介绍完毕，有些大臣就坐不住了。桂萼向一老臣斜睨一眼，老者率先向圣上施礼后说道："陛下，王阳明自以为功高盖主，平定朱宸濠叛乱之后，这个王阳明把尾巴翘到了天上！本来朝议围剿思田二州叛乱，王阳明到广西后，和思田二州土目打得火热，传令遣散了南宁剿匪的数万兵马，人家不围剿改招抚了！这真是将在外，君命有所不受。不过，这也太离谱了吧？"

桂萼则说道："陛下，倘满朝文武百官都这样朝令夕改，无视朝廷，自作主张，岂不要天下大乱了吗？"

圣上朱厚熜说道："两位爱卿，这件事虽然经过朝议，可是当时参加朝议的人，有几个知道思田二州的真实情况呢？前任广西巡抚姚镆说，思田二州欲平，必须用刀剑说话，只有铁腕围剿才能平定叛乱！可实际情况呢？你们都是朕的爱卿，你们都看过王阳明的上疏，卢苏、王受是思田二州少数民族的土目，是他们的首领，他们从来没有无故杀人，攻掠其他县衙州府，他们不是占山为王的盗贼，所以王阳明才放弃围剿改为招抚，这件事王阳明处置得当，朕很满意，两位爱卿不要再中伤王阳明，到此为止吧！"

桂萼说道："陛下，可是八寨瑶匪和断藤峡匪患之事呢？不令而兵，下官作为辅佐大臣觉得，这件事王阳明办得太狂妄了吧？"

那老者说道："陛下，依下官看，王阳明这种人或许真有本事，可是他不令而兵，这种人是不是太危险了？陛下如果一味地宠信他，只怕有一天会养虎为患！所谓'蔓草不除，佳禾不生！'所以，下官恳求陛下早做决断，万一他哪天萌了反心，朝中谁能制住他？"

桂萼讥道："陛下，八寨瑶匪和断藤峡匪患他敢不令而兵，倘他有朝一日掌握了重兵，谁敢担保他王阳明不会'旧病复发'，再行不令而兵之事呢？"

圣上朱厚熜叹道："是啊，虽然先帝说过，'用人不疑，疑人不用'。但王阳明这次不令而兵，确实让朕心中有些不快！"

这时，一直侍在一侧的杨一清笑道："桂大人、宋大人，如果我没记错的话，当年先帝传诏王阳明时，你二人当非常清楚啊！今陛下不知前情，你们不可移花接木、借题发挥，置王阳明于死地啊！"

桂萼讥道："杨大人，先帝在位时，传诏多了。我知道你在说哪个呢？"

圣上朱厚熜似有所悟说道："杨爱卿，先帝曾给王阳明传什么诏？"

杨一清说道："陛下，当年先帝命王阳明巡抚赣、闽、粤、湘四省围剿盗匪，因四省兵备各听各的令，王阳明不能号令三军，遂请示先帝，向圣上要传令三军的旗牌。先帝遂传诏，给王阳明号令四省兵备旗牌，可便宜行事，但有贼盗生发，当抚则抚，可剿则剿之事权。因此这次王阳明便宜行事，不是不令而兵，更不是什么先斩后奏。陛下，据下官所知，王阳明决定平定八寨瑶匪及断藤峡匪患时，曾派人密行知会总镇太监、两广镇守！王阳明这样做错了吗？陛下！"

圣上朱厚熜连连点头说道："既然先帝有诏在前，且王阳明在巡抚处置思田二州之时，不但无错，还当记功，以示朕褒奖之意！"

杨一清见圣上喜悦，遂奏道："陛下，当年赣、闽、粤、湘四省交界地带盗贼蜂起，朝廷多次和地方县州府衙联合，二三十年围剿无任何效果！这时，兵部尚书王琼力荐王阳明为巡抚之职，受命前往平叛。不到两年时间，四省盗匪尽平，同时王阳明还建议在易发盗匪之地设立县衙，确保了四省交界之地的黎民百姓长治久安，永享太平。后来洪都宁王朱宸濠暗中集聚了十万将士，公然诛杀朝廷大臣，行大逆不道之事，又是王阳明立即着手组织人马平叛，生擒了朱宸濠，平定了十万叛军！后来，文武百官上疏，当议平定宁王朱宸濠之功，陛下接受百官建议，遂给王阳明封爵，特进光禄大夫、柱国、新建伯、世袭，岁禄一千石，赐建'新建伯府第'，按封爵当赐铁券，可是这个封爵，现在还停留在口头，不仅不给铁券，应发的岁禄一千石也没给，请问陛下这对在前方卖命的王阳明公平吗？"

圣上朱厚熜惊道："桂爱卿，有这事吗？"

桂萼近前向圣上朱厚熜低声说道："陛下，其实，按文武百官所议，王阳明平定宁王朱宸濠之反，表面看王阳明是有功的，可是朝廷和文武百官也有苦难言啊！"

圣上朱厚熜一听其中别有原因，皱眉道："桂爱卿有何难言？"

桂萼说道："陛下，这件事张忠、许泰二人最清楚。"

圣上朱厚熜向近侍说道："去传张忠、许泰。"

过了一会儿，张忠和许泰二人施礼进见。二人看了看桂萼，见他侍在一侧很坦然。

桂萼说道："张忠、许泰，满朝文武百官皆知，宁王富厚甲天下，按知道宁王朱宸濠底细之人所说，天下三分财，宁王占其一！朝廷当时想没收了朱宸濠的财物，充于国库。可是宁王朱宸濠被抓后，你二人不是奉旨到洪都宁王府吗，结果如何？"

张忠奏道："陛下，当时先帝命奴才与许泰到洪都宁王府专门负责收缴财宝一事。可是，奴才和许泰到洪都宁王府一看，宁王府早被大火烧了！一切都化为乌有！"

圣上朱厚熜说道:"这也情有可原,打仗嘛,这很正常啊!"

许泰则奏道:"陛下,这个宁王府不同一般府第,天下三分财,宁王占其一!因为王阳明当时是巡抚,况且,朱宸濠反叛时,他最先召集洪都周围的府县衙门,组织兵马平叛朱宸濠叛乱。虽然后来有人传言说,王阳明与朱宸濠在鄱阳湖对阵时,朱宸濠眼见大势已去,曾把船上的金银财宝沉入鄱阳湖之中。所以,这件事寻根查源,只有王阳明最清楚宁王朱宸濠的财宝去向!"

这时张忠说道:"陛下,宁王朱宸濠的财宝绝非小事,奴才在洪都奉旨停留期间,也曾侧面问过南昌府衙的官员,也曾问过王阳明,因王阳明攻破南昌后,率军冲入了宁王府,他却说当时大家都可以为证,宁王府没见什么金银财宝!"

圣上朱厚熜问道:"张忠、许泰,朕知道你们当时率一万多边及御林军进驻洪都,那宁王府的大火究竟是何时烧的?这个情况,你二人当知道底细吧?"

张忠说道:"陛下,有人说,是留守在宁王府的下人或是朱宸濠的亲戚见大军攻破南昌城门,才点火烧宁王府的!"

许泰说:"陛下,也有大臣说,王阳明私吞了宁王府的金银财宝!"

张忠说道:"陛下,当时朝廷银库吃紧,实指望通过收缴宁王府的金银财宝,救一下急呢,结果竹篮打水空欢喜一场!所以朝中文武百官对王阳明评功一事,颇有微词!"

杨一清现在终于明白了,王阳明平叛宁王朱宸濠反叛一事,圣上给了封爵,由于桂萼以及张忠、许泰等从中作梗,使王阳明所封光禄大夫、柱国、新建伯,世袭,岁禄一千石等,几乎都没有落实。他遂怒道:"陛下,下官作为当时的辅佐大臣,根本不知道什么朝廷银库吃紧,实指望收缴宁王府财宝,来救一下急!此乃胡说八道!无稽之谈!"

圣上朱厚熜皱眉道:"杨爱卿,果真如此?"

杨一清厉声道:"陛下,下官愿以项上之首担保,朝廷绝无此事!"

张忠和许泰见杨一清直言戳穿了他二人编造的谎言,桂萼看了看二人,又把目光移向圣上朱厚熜。张忠似有所悟,大声质问道:"杨大人,你怎么知道朝廷没这事儿,这件事千真万确!"

杨一清怒道:"陛下,昔年朝廷把阉人刘瑾磔于市!看来根未除,韭菜复又生!本来是张忠、许泰编造的谎言,现在又转到朝廷身上!下官知道你张忠、许泰到洪都后都干了什么,你二人为什么对王阳明不满,当然,你们俩不是孤立的,还有背后的一棵大树!下官不信,头顶三尺有神灵,你俩就狼狈为奸造孽吧,总有一天,上天会惩罚你们的!"

张忠怒气十足地说道："陛下，奴才这阉人算倒了十八辈子霉！奴才是先帝的近侍，是先帝的口谕，这还有假吗？"

杨一清怒道："张忠，你别动不动就说什么先帝的口谕，今当着陛下，下官有两个办法可以证明张忠说的先帝口谕是真是假，陛下，下官今天就是要为王阳明鸣不平！"

圣上朱厚熜见一向耿直的杨一清大怒，非要查证收缴宁王府财物的话，到底是不是出于先帝之口，他挥手道："杨爱卿，勿生气，你说如何查证？"

杨一清说："张忠！今陛下、众大人都在，上天神灵就在我们头顶上，你敢不敢起誓，先帝曾有口谕告诉你？你敢不敢？"

桂萼见事情要彻底败露，急忙说道："陛下、杨大人，我们今天朝议王阳明处置广西之事，怎么说着说着就走岔了道儿，拐了十八个弯儿，扯到了这儿？这离题十万八千里了吧？"

杨一清怒道："桂萼，你是顾命大臣，本官也是！我告诉你，你别在众人面前装大尾巴狼！"说到这儿，杨一清双膝跪地奏道："请陛下恩准，查看先帝起居注，看先帝到底有没有这个口谕！"

桂萼却说道："陛下，廉颇老矣，尚能饭否？杨一清就是属狗的吧，你怎么见人就咬？"

圣上朱厚熜怒道："得，你们都别争了，散朝！"

六十　鞠躬尽瘁心亦然　阳明星落逝南安

断藤峡盗匪平定之后，大队人马依次来到梧州。王阳明召集众人，首先发布命令：嘉奖田州土目卢苏及思恩土目王受，其参与围剿八寨瑶匪阿果及断藤峡盗匪事毕，今起可以返回田州与思恩城；其次，凡参与此次围剿的南宁府及相关县衙的官吏，皆可返回署衙；最后，上报朝廷把广西的政务，全权交与地方右布政使、郧阳巡抚林富管理。

林富见王阳明如此，笑着说道："御史大人，下官资质浅薄，况又无战略平贼头脑，如何敢担当接管广西政务，下官只怕辜负了大人的期望。"

王阳明摇头道："林布政，此言差矣！今广西思田二州平安无事，八寨瑶匪及断藤峡盗匪已除根，广西今起平安矣，岂能再生乱事！"

林富点头道："对，下官这是胡乱担心。不过，下官在留抚思、田等处的这些年中，目睹过朝廷多少钦差、御史等来广西，如御史王大人者，可谓凤毛麟角也！大人做事肝胆相照，心无私念，唯有竭力效忠朝廷，堪称下官之楷模也！下官在大人即将离开广西之时，斗胆请大人讲道，乞请大人不吝赐教！"

王阳明想了想说道："其实，自科举入仕以来，吾等皆黎民之子，历经十年寒窗，父母把大半生的积蓄和希望都寄托在我们科举入仕之上。现在你我身为朝廷官员，享受着朝廷俸禄，受人尊敬！黎民百姓只怕得罪了我们这些主宰他们生死命运的朝廷官员。你我为官之后，应永远不忘初衷，不忘父母的期望和街坊四邻的厚爱。无私则正，无欲则刚，视黎民百姓的子女为自己的兄弟姐妹，上无愧于天鉴，下无愧于黎民百姓，并为之想、为之行，则黎民与我官员如鱼水相处。如此我官员两袖清风，一身正气，真是治大国如烹小鲜。我们无论走到哪里，皆为赞誉，皆无惧怕、仇恨之事。"

林富大喜道："御史大人一番金玉良言，下官敬佩得五体投地！"

说到此处，林富又眉头紧锁，缓步趋前想了想说道："御史大人方才一席话，令下官茅塞顿开，但下官心中还有一扇门尚未打开，借此下官也想请教大人，请大人再不吝赐教！"

王阳明摇头道："林布政，说哪里话，我虽为朝廷御史，但并非万事能路路皆通，若说剿匪与我的心学,我尽可以谈讲,信手拈来。如是别的什么,我们可以共勉或者商讨,此乃我心中之言!"

"御史大人,非也,今下官还说为官之事。"林富笑着说。

"那好,林布政你说吧!"

林富说道:"下官奉朝廷之命留抚广西以来,不知怎么回事,下官总与各府衙、县衙,包括布政使司、宣慰使司、按察使司等官员处理不好关系,下官一旦有事,他们皆袖手旁观。似乎要看下官的热闹,有的甚至落井下石!下官为此忧愁至极,不知如何摆脱此等窘境,请御史大人,看在下官真诚相求的分上,务必给下官指点迷津!"

王阳明一听笑道:"依本院看,你在职责范围内,尽职尽责,至于地方县府、兵备、行省各司之事,非你职责内,首先不插手、不过问,使其各司其职。如果你周围的人,对你还有成见、有不满,那一定是在欲望和名利上,你想得多了,行得多了,自然远离了众人。不知本院说得对否?"

这时林富叹道:"大人所言正中下官之心!不瞒大人,在下官的家乡,凡做官的人,都信奉'一年为知县,十万雪花银'。下官家中弟兄姊妹多,家境非常贫苦,唯下官是食俸禄的官员。在广西这块地方,就想多收些银两以资家中之用。可能下官贪心太重,不知怎么,下官越是这样,家中事故越是频发,让下官奔了东又奔西!到头来,让下官灰头土脸,官不像官,有时连下官自己也开始恨,一恨自己官小,二恨自己无能,三恨这世上的银两……"

王阳明挥手道:"林布政!说心里话,本院一到南宁,从田州卢苏、思恩王受看你的眼神似乎意识到了什么。方才听了你一番话,本院真的要用致良知、知行合一之心学,来劝导你林布政快些迷途知返!"

话已至此,林富眼中涌出泪水,叹道:"大人,像我这样的人,还有药可救吧?"

"林布政,从今日起,你只要下决心彻底悔改,你就有救!"

"大人,请赐教下官,我如何才能得救?"

"这样,今起戒贪!戒欲!只要你时时刻刻想着这四个字,你就会警醒你的行动。那些该属于你林布政的,不管你如何,终究都要归于你的手中,即使有人从你手中或其他地方抢夺,或占有了该属于你的东西或财物,它不管绕多大弯儿,经几次手,终究还会回到你手中!上天历来公平公义,这是上天爱世人的最好见证!你是违背了爱人如己的初衷,林布政赶快改正,不然你的罪越积越大!"

见王阳明如此说,林富连连面对上天叩头不迭,口中说道:"上天明鉴,我林富今起要彻底悔改!彻底悔改!"

此时，王阳明咳痢之疾越发严重。离开梧州之前，他上《乞恩暂容回籍就医养病疏》，发自内心地写道："臣自往年承乏南赣，为炎毒所中，遂患咳嗽之疾。岁益滋甚。其后退休林野，虽得稍就清凉。亲近医药，而病亦终不能止，但遇暑热，辄复大作。自去岁奉命入广……炎毒益甚。今又加以遍身肿毒，咳嗽昼夜不息，心恶饮食，每日强吞稀粥数匙，稍多辄又呕吐……病日就危，尚求苟全以图后报，而为养病之举，此臣之所大不得已也，请求能悯其濒危垂绝不得已之至情，容臣得暂回原籍就医调治……"

卢尚德见老师王阳明一边伏案疾书，一边大声咳嗽。他趋步上前，先给王阳明轻轻捶背，又为他抚胸。他斟了杯茶说道："老师别写了，喝杯水躺下歇息一下吧？"

王阳明叹道："尚德，为师的这病总不争气，要做的事还很多，今却因这病耽误了事，为师心中实在不忍啊！"

这时夫人娬嫿及田庄等进来，夫人娬嫿叹道："夫君，方才贱妾劝你，现在尚德又劝你，歇息一下，哪怕靠着椅子躺一会儿，这样自然就不咳了。"

田庄和卢尚德上前搀扶王阳明慢慢斜倚在墙边。王阳明强笑道："尚德，你看你们，为师才五十多岁，还没七老八十呢，其实为师自己能动则动，倘为师病得不能再动了，到那时你们再扶嘛。"

娬嫿说道："夫君，从梧州到京师，来来回回少说要二十多天，甚或月余，贱妾和徒儿及宪儿商量了，咱们上疏之后不等朝廷的答复了。东西也收拾好了，明天是个吉日，咱们回余姚吧！"

王阳明看了夫人娬嫿一眼摇头道："夫人，我是朝廷的命官，食朝廷俸禄，就当顺服朝廷的律法，为朝廷竭力尽忠，批文没下来，怎么能随便就走呢？我为朝廷做事大半生，我不想给自己留下遗憾！"

娬嫿叹道："夫君，话虽如此，可是夫君病情日益严重，不能再这样一天拖一天等下去了！更何况'将在外，君命有所不受'，再说自古以来，治病如救火，绝不能再等了！"

卢尚德说道："老师，徒儿以为老师如一匹久经沙场为朝廷立下汗马功劳的战马，今积劳成疾，有了重病，况且病不等人，更不等时间，赶快收拾行装回老家休养生息。等病痊愈了，老师再做朝廷的事，徒儿们绝不阻拦！"

田庄半蹲下身子，抚摸着王阳明瘦得皮包骨的双手，说道："老师，今上午梧州的刘郎中一再说，病不等人，若无他事，赶紧回余姚救治吧！老师以前讲心学，打仗剿匪做事，徒儿们不忤逆老师的话，可是现在老师病情日益严重，老师当听师母和徒儿的话，哪怕就这一次行吗？田庄给老师三叩头了！"

王阳明这才伸出手说道:"田庄,好!为师答应你们,明日启程!"

这时梧州官衙送来一封书信,是余姚王阳明的徒儿钱德洪写来的,卢尚德把书信交与夫人,说道:"师母,这是余姚老家的师弟钱德洪写来的,怎么办,为防止节外生枝,师母暂收着,等老师离开梧州再交给他!"

梧州的官衙和黎民百姓知道这位朝廷的御史大人,因身体病重,今日回余姚老家,故而都来为王阳明送行。梧州署衙的官员们纷纷向王阳明招手,大街两旁的黎民百姓,有的招手,有的点头,有几个老汉和老妇们则伸手抹着眼泪为王阳明送行。

王阳明和夫人娬婳都坐在轿内,王阳明一手擦着眼泪,一手向官员和百姓们挥手,脸上强笑着大声说道:"谢谢你们!谢谢你们啊!"

夫人娬婳的泪水已经遮挡了视线,她用手帕擦擦泪水,但此时的泪水如断了线的珠子,噼里啪啦止不住地往下掉。她脸上强笑着大声说道:"谢谢!谢谢!你们都回吧!回吧!"

王阳明和夫人娬婳的还乡人马,像生命的铁流,翻山越岭,乘风踏浪,无所畏惧,一直向前延伸着。到达广西横县的时候,王阳明向在官轿一侧乘马相随的卢尚德说道:"尚德,为师记得横县有一座伏波庙,为师坐轿坐累了,身子僵硬,咱们停下来,为师想去祭拜一下伏波将军!"

卢尚德把老师的话告诉坐在另一张花布轿内的夫人娬婳,见夫人点头,这才传令大队人马停下来歇息。

经历近千年风雨的侵蚀,汉代威震八方的大将伏波将军庙几乎没什么香火,不仅显得极其冷清,而且庙的正门已经坍塌,一扇门倒在地上,原来门轴已经腐朽了,无力支撑沉重的门扇。伏波将军身披铠甲、手执长剑英姿勃发的威武形象,此时已被层层叠叠的蜘蛛网所笼罩。而庙内的方砖地上,不仅砖面塌陷,大大小小的鼠洞分布在庙内,墙角有一片稻草,还有一顶腐烂的斗笠和半个脏兮兮的瓷碗扔在地上。

卢尚德和田庄等立即入庙收拾,直到伏波将军塑像四周的蛛网被扫去,庙内地面被收拾干净、平整,按王阳明的要求摆上祭品,备下了香火,这才请老师王阳明及夫人娬婳入内祭拜。

人戎马一生,血雨腥风,到了耳边非常熟悉的胜利号角吹响偃旗息鼓,收起刀剑,扛起被猎猎沙场的风雨吹打得千疮百疮的战旗,转过身随将士们走出沙场的时候,那种豪爽喜悦之情油然而生。王阳明双膝跪地,点燃了三炷香插在香炉内,随着袅袅香烟缓缓升起,他双目凝视着伏波将军的塑像。他首先想起了马援将军那句千古流传的话:马革裹尸还。这是一名军人、一个将领最高的追求境界。由此他想到了,正德十一年,他扬起长剑,发出了向象湖山盗贼枭雄詹师富的总攻;他想起了在南安府向陈曰能、谢志珊、蓝天凤这些盗贼发出的一次又一次急冲锋；他想起了在龙川浰头发起了对池仲容三十八座敌寨总攻的命令；他想起了宁王朱宸濠倚仗他的强大水军和大船盘踞在鄱阳湖上，但那时他信心十足，硬是用民间征调的小渔船，打败了有十万之众的叛军。

这像是人生轨迹的连环画，它们是有机的联合体。由此及彼，不可分割。从平定叛贼朱宸濠的硝烟中走出，他又来到了广西。当时，他的病情已经越来越严重。但圣上一催二诏，他无奈只得抱病上马直奔广西。他想起田州土目卢苏、思恩土目王受，二人跪在地上，再三向他称谢不杀之恩。他想到了在田州城的大街上，少数民族的男人女人们，兴奋地敲起了铜鼓，踩着欢快的节奏跳起竹竿舞。他又想起了在八寨阿果贼巢里一个老汉，双手捧着醇香的米酒，请他一饮而尽……

也不知为何，就在王阳明思绪如雪片般在眼前飞舞的时候，眼前满身血水浸湿了衣袍的池仲容站了起来，大声喊着他孝敬父母，或许他真的不该被杀；蓝天凤双膝跪地，乞求饶他一死，他还想抱一抱即将出生的小孙子……包括不可一世的宁王朱宸濠，他被捆绑着双臂，骑在马上还耀武扬威地向王阳明说："王阳明你用诡诈胜了我，有本事放开我，咱们兵对兵、将对将，再厮杀一回如何？"伍文定则哈哈大笑说："朱宸濠，你的人生就和失败一样，只有一次，上天怎么会给你第二次，让你再祸乱苍生呢？"

王阳明此时心情沉重，当今圣上封他巡抚之职，他本不想残杀生灵，也不想夺去盗贼们一个个鲜活的生命。用刀剑夺去一个人鲜活的生命是世上最大也是最难的一件事！因为人不同树木杂草，砍了头可以复生。人的生命上天只赋予一次。真理不可更改，偏这些盗贼撞了南墙还不回头，刀剑架在脖子上，还振振有词地说："二十年后又是一条好汉！"王阳明知道是邪恶抓住了他们的命门，拉着他们、驱赶着他们的肉身，偏往刀刃剑锋上撞，无奈他们只得血腥飞扬地结束罪恶的一生……

到了后来，王阳明抑制不住，竟失声痛哭起来。他泣不成声地说道："伏波将军，余姚王阳明虽受命于当今朝廷，要竭力为朝廷尽孝尽忠，我真的不该杀死那么多苍天生灵！这些年间，我无奈下令向盗贼匪首们开了杀戒，其中难免有许多冤死之人。或许由于我王阳明放纵杀戮，使上天不满，这才导致我总是重病缠身，无论怎样也不能痊愈，让我处在病痛难忍的痛苦之中！乞求伏波将军，转告上天，若罪当罪及我一人，切莫罪及我王家子孙！……"

夫人婉姻和卢尚德见王阳明痛哭流涕，瘦弱的身子摇摇欲倒，遂上前搀扶着他。婉姻泣道："夫君，神灵有知，你不必罪己，此乃朝廷之意，也是臣子之责，你不必如此！真的不必如此啊！"

卢尚德眼中滚动着泪水，他什么话也说不出来，只是双手搀扶着瘦弱的老师，一声接一声地叹气。后来田庄等人问他为何叹气，他这才说道："事已至此，悔又何益？只要良知不愧上天就足矣！"

离开伏波庙后，又走了几天，终于来到广东增城。按返回路线，王阳明本不该从广东增城这里经过。但是，因为他从父亲王华和爷爷王伦那里得知，广东增城有他的先人五世祖王纲宗祠。他考虑到自己时日不多，就想到增城五世祖王纲的宗祠处，亲自谒祠奉祀祭拜一下。夫人婉姻搀扶着王阳明。王阳明在左，夫人婉姻在右，他们身后是正宪和正亿两个儿子，卢尚德、田庄等则列于后面。

婉姻双膝跪地，双手合十，向五世祖王纲十分虔诚祈道："五世祖在上，你的子孙王阳明之妻，祈祷五世祖庇护，阳明从正德十一年间受命剿匪，至今已十二年矣！从四省交界打到南昌，又从南昌打到广西，没有一次生命之忧。只是阳明在南赣打仗时，所受炎毒导致咳嗽乃至肺病，时而发作，时而呕吐，子孙媳不知如何是好。阳明在广西梧州发作时病情最甚，呕血不止。今总算踏上回老家余姚的路，祈求五世祖在天之灵，务必保佑阳明平安顺利到家，孙媳将不胜感激矣！……"

祭拜毕，王阳明向搀扶他的卢尚德和田庄说道："人生在世不论做事为人，首先要对得起爹娘；其次要对得起列祖列宗。人这一生做什么都可以，千万不可做令列祖列宗蒙羞的事！当然做官就要对得起朝廷，做官就要竭力尽忠，在家则要竭力尽孝。世上的事没有上天不知道的，因为心动神知、光明正直无私、无欲做事做人，你才能被世人尊重，上天也会随时随地赐福于你，即使遇到厄运，也会让你化险为夷，转危为安！"

王阳明离开增城的路上，想起余姚钱德洪写给他的书信，他坚持在客栈喝完药身体稍缓后，给钱德洪回信。他在信中写道："区区病势日益狼狈，自至广城又增水泻，日夜数行不得止，至今遂两足不能站立。"

站在一侧的夫人婉姻，见王阳明刚在信末写下落款，便上前搀扶说："夫君，病体难支，你还是躺着吧！"

王阳明长叹一声说道："你们看，我这不争气的身子，现在竟不能坐立了！"

田庄笑了笑说："老师放心，夜里好好睡上一觉，明天就无碍了！"

时间无情，王阳明从梧州出发时，他原来想先骑马，可刚走一段路，便觉得周身无力，这身子像失去骨骼支撑的肉体，无奈只得坐官轿。即使坐轿也是斜倚着身子半躺着，走得时间长了，他不是呕吐，就是水泻。王阳明几次内心长叹道："我不争气的身子，你几时让人舒服些啊？"

十一月二十五日，王阳明从广东南雄越过梅岭到达南安府，这使人想起一年多前，

朝廷命王阳明以南京兵部尚书兼都察院左佥都御史、总督两广兼巡抚之职，带病赴广西平田州、思恩之乱。那年十月，他经南昌、吉安到达赣州，在乘船溯漳江而上到南安府城经过峰山时，目睹南安府城的百姓安居乐业，不再受盗贼的骚扰，遂即心中有感而发，写下《过峰山城》一诗：

犹记当年筑此城，
广瑶湖寇尚纵横；
民今乐业皆安堵，
我亦经过一驻旌。

香火沿门惭老稚，
壶浆远道及从行。
峰山弩手疲劳甚，
且放归农莫送迎。

南安知府何宗伊及府县衙官员，听闻王阳明回余姚养病从南安府城经过，一起在大街两旁迎接。特别是南安府城的百姓得知当年来南安府平定陈曰能、谢志珊、蓝天凤等盗匪的朝廷御史大人王阳明从此经过，一传十，十传百，熙熙攘攘都拥到大街上，期盼着王阳明的到来。

大庾县至新城沿漳江两岸耸立有大小九座城池。其中有六座城池建于明代，这就是峰山城、小溪城、杨梅城、九所里城、凤凰城、新田城。王阳明路过南安府回余姚的路上，盗贼的祸乱已彻底根除了，这六座城更加繁荣昌盛，其商贸和人口的发展达到了鼎盛。所以，南安府大庾县城的大街上一时人山人海。

王阳明万没想到，除了官衙，黎民百姓十里空巷都来迎接他，脸色和疾病好了许多。他深知百姓喜悦的心情，整个一上午他和大街两侧的百姓见面，其兴奋之情溢于言表。与此同时，百姓们几乎都拿着家中最好的食物、米酒等，让王阳明无论如何收下，一个七十岁的老汉与妻子拉着他们的儿子、儿媳及十余岁的孙子、孙女，妻子抱着酒坛，老汉捧着酒，跪在王阳明面前，无论如何让王阳明喝了这碗迟到的喜酒。

王阳明被夫人娖婳扶着下了官轿，王阳明双手接过米酒笑着问道："老哥，这倒是怎么回事儿？"

这老汉说道："御史大人，当年大人率军平叛谢志珊那伙盗贼挖工事，是俺和儿子赶着牛车,把挖沟的工具送给了大人,大人还记得吗?"

王阳明知道,淳朴的百姓,哪怕官府给他们一点点好处,他们都会永世不忘,而且还要滴水之恩涌泉相报。他皱着眉头想了一下,猛然想了起来,遂笑道:"对,老哥!是有这么回事儿!当时将士们急需挖沟的工具,老哥和一个不及十五岁的孩子来的,老哥给了将士们工具,我让知府伍文定给老哥一袋米,当时老哥……对!老哥,这孩子……"

老汉喜气洋洋脸上笑开了花说道:"对,御史大人,你们根除了大庾的盗匪,第二年我这儿子就娶了媳妇成了家。当时,俺找到南安府衙、大庾县衙,问御史大人现在在哪儿,俺一个穷老百姓,有了水田才敢给儿子张罗婚事,所以这坛喜酒,俺们一直给大人留着!今天俺的孙子已经十岁,孙女也八岁了,这盏喜酒大人一定要喝了它!"

这时南安知府何宗伊低声向老汉和他妻子说了什么,老汉点头道:"御史大人哪怕喝一点点,也是给俺老汉这脸上增光啊!"

就这样,王阳明略微喝了一点儿,侍在身后的卢尚德接过来,一饮而尽,老汉和妻子等这才谢过了王阳明。

王阳明和夫人婉媚在南安知府何宗伊和大庾知县的陪同下,从上午辰时直到正午,总算和大街两侧的黎民百姓见完面。何宗伊笑道:"御史大人扫平盗匪,南安的黎民百姓才有了祥和幸福的今天,这份功德百姓们会代代相传,永远不忘大人的大恩大德!"

他的话刚说完,有四五个百姓从一侧奔来,他们先跪下向王阳明施了大礼,王阳明干咳着上前欲搀扶他们免礼,但他们很固执非按礼数叩毕才罢休。为首的中年汉子三叩头后,被王阳明搀起来后说道:"御史大人,俺们老百姓只知道滴水之恩,当涌泉相报。俺们非常感激大人率军平定盗贼,这不俺们在峰山城开了一个板鸭店,生意可红火了!今……"

另一个汉子则说道:"阿丹,你看你,上来就说板鸭店,你咋不说当年弓弩手的事呢?"

中年汉子摇头叹道:"御史大人,今天俺太高兴了!大人,你仔细看看俺,你肯定不会忘的!"

王阳明当年平定南安府盗贼时,接触的当地的老百姓很多,一时想不起来。这时在一侧的田庄低声向王阳明说了什么,王阳明这才大笑道:"阿根!是你呀!"

这个中年汉子听到王阳明喊他阿根时,高兴得热泪滚落下来,连忙用手一擦笑道:"御史大人,对,我就是当年的阿根啊!"

当年，为攻打谢志珊等盗贼，有人说峰山里黎民百姓几乎人人善弩。王阳明得知此事后，亲自带田庄等到峰山选拔弓弩手，而这个叫阿根的精通弓弩，且百发百中，所以选他为队长，率领三百名弓弩手，在横水消灭谢志珊和桶冈消灭蓝天凤战斗中起了重大作用。事后，南安知府奖励了这个叫阿根的三亩水田，一头牛！

王阳明环顾众人说道："阿根当年在峰山黎民百姓组织的义军中，当过三百名弓弩队的队长，为消灭谢志珊、蓝天凤立了大功！我记得南安知府奖励他三亩水田、一头牛！"

中年男子点头笑道："对！正是当年南安知府因咱杀敌立功，奖励了水田和牛，咱有了银两，这才在峰山城开了板鸭店。吃水不忘挖井人，今天俺要报答御史大人的恩情，今中午请御史大人到板鸭店里喝酒！"

何宗伊见状，把中年汉子拉到一侧说道："阿根，你不知道御史大人身负朝廷重任，他到南安府处理的都是大事。中午南安府衙都准备好了，正要给御史大人接风洗尘，依本府看，就别到你的板鸭店喝酒了吧，你改日再请御史大人如何？"

中年汉子想了想说道："好，不过，今中午御史大人必须吃咱的头锅板鸭，哪怕吃一口，咱心意也到了，这样，草民挑选几只给大人送去！"

何宗伊笑道："好，就这样吧！"

这天中午，王阳明在南安知府何宗伊及大庾知县等陪同下，刚吃完饭，南安的以薛侃、欧阳德、周冲、何廷仁、黄弘纲、周魁、袁梦麟等十几名心学弟子，就已经在门口等着王阳明出来。卢尚德和田庄从里面走出来，众人都认识卢尚德和田庄，也已知道冀元亨遇害之事。故而众人施礼道："二师兄、三师兄！吾等想请老师给我们讲一次心学！"

卢尚德与田庄还礼，卢尚德说道："诸位师弟，你们的心情我可以理解，但有一件事，我必须告诉你们！"

薛侃点头道："二师兄，何事，你说！"

当卢尚德把王阳明身患重病，正准备路过南安后回余姚老家养病之事一说，欧阳德叹道："二师兄、三师兄，这件事我刚才听说了，不过老师途经南安，南安的弟子有很多人还不知道，大家这么多年来，都想聆听老师再给讲一堂心学课！"

卢尚德点头道："好，这件事一会儿我和三师兄先给咱们师母说说，然后再问老师如何？"

黄弘纲等点头说道："好，讲一次学最好。如老师体力不支实在讲不了，南安的数百名弟子，也想和老师见一面！"

王阳明一出门，以薛侃、欧阳德为首，十几名弟子齐刷刷跪在门前，向王阳明施以大礼。薛侃说道:"老师,学生薛侃等拜见恩师!"

王阳明点头回礼道:"来,你们都起来吧!"

欧阳德等齐声道:"谢恩师!"

王阳明说道:"尚德、田庄等跟随为师多年的徒儿们都知道,为师平生只做两件事:一者传播心学,让世上更多的人能致良知、知行合一,这个世界将会有很大改观;二者平定盗贼。今四省盗贼,宁王朱宸濠、广西等盗贼及叛乱已平,现在为师只剩下传播心学这一件事了。"

这时,南安知府何宗伊和大庚知县陪夫人娩婳走出来,众人又向他们施了礼。

娩婳笑着说道:"薛侃、欧阳德你们众人当知道,你们的老师除了传播心学,现在还有养病、休养身体一事!"

第二天,按王阳明的安排,王阳明在卢尚德、田庄的搀扶下,在南安城外东山上的道源书院,给南安一带的一百多名弟子及心学爱好者讲了一次心学。南安府和大庚县衙的官员旁听了此次长达一个时辰的讲课。尽管王阳明在讲课中,几次干咳,而且还吐出了血块,但他一直强撑着把心学中至关重要的致良知和知行合一的观点讲透彻。道源书院中,多少次响起了经久不息的掌声!王阳明与众人根本不知道,这是王阳明生命中最后一次讲学,南安的学子及学者、官员们也是最后一次聆听王阳明的教诲。

这日,王阳明强撑着回到南安府为他临时安排的住所,他的呕吐和水泻,比在广西梧州时更严重了。南安知府急令属下从城中找来四个有名的郎中。众郎中皆知御史大人王阳明,四个郎中看了王阳明的症状,开始会诊,为王阳明配药。直到夜间戌时,王阳明脸色才好了许多,开始吃了些汤羹。夫人娩婳说道:"夫君,贱妾知道你终身喜欢传播你的心学,可是今日在东山道源书院,你耗费的精力太多,而且听尚德和田庄说,你中间又吐了几次血。唉,贱妾真的担心你的身体啊!"

王阳明半倚着身子笑道:"夫人,你说得没错!可是,人生就像一根燃烧的蜡烛,在照亮别人的同时,也在燃烧自己的生命。现在我意识到了,我这根蜡烛,已经弱不禁风,而且蜡烛的光亮远不及过去了。但是,越是在人生命的尽头,也就是蜡烛行将熄灭之时,越要把自己生命的光点亮!这你应该知道啊,因为我最最宝贵的便是心学!"

或许王阳明的气色好了许多,夫人娩婳抚摸着王阳明的手说道:"夫君今夜好好歇息,记住把双眼闭上,什么也不要想,你现在只有一件事,好好睡一觉,郎中们说,这才是最好的养病方式呢!"

王阳明此时像个极听话的孩子,他笑了笑说:"夫人放心,我就按夫人说的,什么也不想好好睡一觉!"

第二天的早晨，王阳明在睡醒之前做了一个梦：他梦到祖父王伦和父亲王华站在余姚家门口，两人高兴地把一只白鹤送给了王阳明，说道，"你骑上白鹤走吧！"

　　王阳明骑着白鹤来到一条小溪边，见水中有很多小鱼、虾在游弋。于是他让白鹤站在溪水中吃鱼吃虾……

　　白鹤突然展翅飞起来！王阳明大嚷大叫去抓白鹤……

　　白鹤飞向蓝天，消失在白云中。

　　王阳明站在高山之上，见一只雪白的鸟儿在草间奔逐。

　　王阳明悄然奔过去，用力一扑！

　　王阳明跳入深渊之中……

　　王阳明被噩梦惊醒，他在梦中第一次同时梦见爷爷和父亲。两个老人家把心爱的白鹤送给他，白鹤远走高飞了，王阳明跌入深渊之中，王阳明意识到这是一个凶梦，一个非常不吉之梦！

　　婉姮说道："夫君，咱们到丫山灵岩古寺散散心吧？"

　　王阳明想到，丫山灵岩古寺，即江南有数、赣南为甚的名刹，便说道："夫人，好啊！上午咱们就去谒灵岩古寺。"

　　灵岩古寺，位于丫山之巅。当他们来到峰峦叠嶂中的灵岩古寺时，方才知道前些天，寺内有一高僧坐化圆寂了，因此这些天谢绝香客入寺。王阳明的徒儿卢尚德与田庄向守门的和尚介绍了老师，和尚听说是平定南安盗贼的朝廷御史大人，连连笑着说道："别的香客不能进，既然是御史大人光临，请进！请进！"

　　过了山门和大雄宝殿，王阳明看到一座小院，便想进去看看，他和夫人婉姮来到一间紧闭的禅房门口，门上还落了锁。引路的和尚道："御史大人，这间禅房不可入，是我师父圆寂的禅房，请留步吧！"

　　王阳明笑了笑说："小师傅，我是一心来谒宝刹的，难道也不能进去？"

　　和尚突然说道："御史大人，我师父生前说，唯朝廷的新建伯可入内。"

　　王阳明点头道："我正是朝廷的新建伯啊！说明你师父让我进啊！"

　　和尚惊道："御史大人真的是新建伯？"

　　王阳明坦然笑道："我就是新建伯啊，如假包换！"

　　和尚急忙施礼道："大人，贫僧失敬！失敬！"遂从怀中取出钥匙，打开房门。

　　王阳明进入禅房，房内别无他物，唯眼前案几上有数卷经书，经书上已落满了灰尘。王阳明轻轻拂去尘土，把经书拿起来，这才发现在经书下压着一张纸，上面有两行苍劲有力颇含谶语之意的字。他拿起纸来，轻声读道：

五十七年，王守仁，启吾钥，拂吾尘，若问前生事，开门人是闭门人。

　　王阳明心中大惊道，这高僧看来肯定冥冥之中受上天点化，故意把我的归宿写在此，开门闭门，本是归来之意。联想昨夜的噩梦，爷爷、父亲亲手送给我的白鹤远走高飞，我扑向了深渊……哎呀，我王阳明命当终也！

　　卢尚德就站在老师王阳明一侧，他说道："老师不必信他，人生有命，生死在天，岂在佛道之中！"

　　当王阳明心中郁闷地离开禅房后，田庄轻轻拉了卢尚德一把，低声道："二师兄，此谶语绝非妄言，老师今年五十七岁，上面名讳也是老师，前生与今世相对。关键是最后一句，开门人是闭门人。细细思之，乃来去生死之意。故而，这当是高僧圆寂前，受上天启示，写下了这段谶言啊！"

　　卢尚德大悟道："田庄，照你这样解释，老师当……"

　　婉姗站在大雄宝殿释迦牟尼佛像前，说道："夫君，贱妾本想违背初心，为夫君点燃三炷高香，可想想夫君平生所望故而又作罢！"

　　王阳明摇了摇头，叹道："夫人，倘天命如此，岂为人尘所变？时将正午，咱们还是下山吧。"

　　在下山的路上，夫人婉姗搀扶着王阳明慢慢低声说道："夫君，你今天在大和尚带领下进了禅房，贱妾见你出来后脸上微微笑着，夫君看到了什么？"

　　王阳明笑道："夫人，没什么，几句谶语而已。"

　　婉姗点头道："夫君，在京城时，贱妾听参说过，谶语是事后必当应验的话！"

　　王阳明转过身来，站在一块不规则的大石板上说道："夫人，你当知道的，在余姚养病时，我不是告诉过你吗，上天让你三更死，绝不留你到天明！一切听从上天吧！"

　　婉姗本想再说什么，却把话又咽了下去。这时走在前面的卢尚德和田庄，见老师与师母走得慢，二人复又回来。卢尚德说道："老师，上丫山灵岩古寺时，老师坚持自己走上山，现下山了，如老师高兴，徒儿愿背老师下山！"

　　王阳明摇头道："尚德，为师现在好多了，这大半天一直没咳嗽没吐，不用你背，让老师自己走下山吧！"

　　卢尚德动情地说道："老师，世人皆知，一日为师，终身为父。徒儿今愿背老师下山！"

　　王阳明笑了笑说："好吧！"

　　下山后，王阳明上了轿。卢尚德说道："老师，何知府给老师备下了午饭，咱们先回南安吧。"

王阳明一想，早晨上山时，南安知府何宗伊已经说过，若按他本人之意，当收拾东西上船，继续向前走。可是既然有约定，王阳明点点头说道："尚德，回南安府！"

此处有一点需补充一下，王阳明因病情日益严重，离开广西梧州时，布政使门人王大用按王阳明的吩咐，备下一副上等美材随舟而行。人有一种潜在意识当自己身体病重时，这种潜在意识便由心底浮上来。王阳明无法压抑的潜意识告诉他，或者他已经察觉到些什么，他担心客死他乡，届时家人忙里忙外，还要派人订制寿材，倒不如提前备下。而且王阳明到了此时，他的人生修为境界，亦非常人可比，他已把死当成一件很轻松的事。他用坚韧不拔的意志和超越常人的胆略，在不惜燃烧自己生命的道路上，竭力尽忠朝廷，尽心传播让世人致良知、知行合一的心学，已经达到了他的内心要求。他到了生命的尽头，完成了他在人世的使命，所以他会以无怨无悔的惬意和舒畅，笑着面向死亡！

十一月二十八日，王阳明和夫人娖姮等登舟准备离开南安城。这时，他的学生、南安府推官周积前来，因周积外出办差刚回到南安，听说老师路过南安，便急匆匆奔来拜见老师。此时王阳明不知怎么咳嗽不已，但他仍强挣扎着坐起来，与学生周积相见。

王阳明说道："周积，你在南安府进学如何？"

周积笑了笑说道："老师，既然学生当初选择了仕途，喜也罢，苦也罢，反正任何事都像流水一样，都会成为过去的。早晨睁眼一看，天空当是艳阳高照，心情随着阳光的明媚好了许多！"

王阳明点头道："时间是世人的终极老师！"

周积突然说道："老师，多保重身体吧，南安的学子们都暗暗为老师祈祷呢！"

王阳明笑道："谢谢众位学子！不过，为师非常清楚这身上的病，今病势危急，所以未死者，乃人之元气在耳！"

从南安府的水运码头沿漳江顺流而下，学生周积决定多陪老师走段水路，他不肯下船，执意要陪老师说说话。到晚上恰到了一个新地界，大船突然停了下来，斜倚在船舱中的王阳明问道："周积，这应该还是你们南安府地界吧，这是什么地方？"

周积从船舱里出来，他向四周看看，不假思索地说道："老师，这当是青龙铺！"

王阳明点头道："呃，青龙铺！"

娖姮突然想到了爹在京城时，说过"飞龙在天"这句话，并把这四个字一笔一画地写在一张纸上，这个画面娖姮记得清清楚楚。龙本水中之物，一旦飞龙在天，说明龙将离水而腾……娖姮心中一惊，自思道，青龙铺，不是个好兆头啊！

就在这天晚上，娓姮精心给王阳明做了碗银耳羹。她坐在王阳明一侧，用汤匙一点一点儿喂王阳明喝下。娓姮眼中含着泪水，心中非常兴奋，今晚夫君竟喝下了一碗银耳羹，而且还不咳不吐，要总这样，该有多好啊！

没想到子夜之时，王阳明从睡梦中醒来，开始咳嗽，呕吐，把晚上吃的银耳羹都吐了出来，接着开始吐血……娓姮一时慌了手脚，又拿脸盆巾物，又烧热水，又为王阳明拍背抚胸……直到天亮，王阳明才静静地躺下来。

二十九日辰时，王阳明见卢尚德、田庄等都在，他很久才睁开眼说道："周积呢？"

周积此时正在洗漱，他听到老师召唤便奔过来。

王阳明拉着卢尚德和夫人娓姮的手长叹道："天命不可违，吾去矣！"

众人听了泪如雨下。周积泣道："老师，你还有什么要嘱咐学子和晚辈的话吗？"

王阳明强笑了笑，用细微之声说道："此心光明，亦复何言？"言罢即闭目而逝，享年五十七岁，这一年是嘉靖七年十一月二十九日。

南安知府何宗伊闻知此噩耗，连忙派出快马飞报赣州及江西巡抚，直至京师的嘉靖皇帝朱厚熜。

王阳明的学生，赣州兵备张思聪闻讯后，驰马奔至南安，在青龙铺的南野驿中堂，与卢尚德、田庄、周积等弟子，亲自含泪为老师王阳明沐浴更寿衣，摆设祭台，装殓入棺。

王阳明的弟子刑部主事黄弘纲，从家乡于都县赶至南安吊丧，并护送王阳明灵柩回乡安葬。

王阳明的弟子刘邦采如丧考妣，一路大哭着来奔丧。

提督都御史汪鋐泪水涟涟迎祭于道边。

王阳明的棺柩在数以万计的黎民百姓的簇拥下，在南安知府何宗伊的扶柩引领下，从青龙铺的南野驿中堂回南安府。

赣州兵备门人张思聪等，奔至南安官署师生设祭。继而公祭三日。

成千上万的黎民百姓纷纷拥来，哭丧吊唁。南安城远近哀声遮道，街道的商贸立时萧条，哭号之声，一时震天动地。

原本晴朗的天空，蓦地乌云浮动，一团团浓黑的云，由北向南推来，接着微风细吹，层层叠叠的乌云漫漫涌来，渐渐细雨飘飞起来。会同黎民百姓与官属师生的大恸声连在一起，使天地更加悲切威壮。真个万民哭丧，天地同悲。

十二月初四，除了正宪、正亿为孝子披麻戴孝外，卢尚德、田庄等十几个多年相随在王阳明身边的弟子，皆以孝子之礼披麻戴孝，南安府又临时征调两艘大船，就这样载着王阳明的灵柩，沿江哀声四起悲悲切切回归余姚。

灵柩到了洪都南昌，南昌知府及百姓闻讯无不出来拦路哭吊。朝廷巡按御史储良材、提学副使门人赵渊等请改岁行。南昌知府遂向夫人婤姵及正宪、正亿等提议，过了年灵柩再走，消息一传开，来祭奠的百姓络绎不绝。

嘉靖八年正月初一，丧发南昌之后连日逆风，舟不能行。众人相信阳明在天有灵，卢尚德与田庄等众弟子对着灵柩反复祷告："恩师岂为南昌土民留耶？越中弟子门人来候久矣！"忽变西风，六日直至弋阳。

与此同时，余姚钱德洪、王畿本来要进京参加殿试，听说老师王阳明病逝魂归余姚，遂转道传告几个同门，自钱塘恭迎。当他们到达严滩后顿时跪地望先生方向大恸！正月初三，二人奔至广信，遂讣告同门，直到初六在弋阳才与灵柩相会。钱德洪、王畿等几次扶柩痛哭气绝。初十过玉山，直到二月初四，王阳明的棺柩经过长达两个月的行程才到达了绍兴。

来吊唁的有王阳明的生前好友，如广西、广东、江西等省，绍兴、杭州等府，山阴、会稽、余姚等县的官员，而王阳明门人之中，有的已为内阁大学士，更多的是六部及各行省的官员，都纷纷赶来吊唁。

湛若水早年在京时就和王阳明交往甚好。当年湛母卒时，王阳明撰书《湛贤母陈太孺人墓碑》。王阳明父亲王华卒，湛若水亲往吊唁。今王阳明殁，湛若水至灵柩前号啕大哭，几至气绝。后为王阳明撰写墓志铭。他写出了王阳明传播心学，让世人致良知，知行合一，为朝廷竭力尽忠的催人泪下的长篇祭文。起灵柩时，湛若水泪水涟涟大声宣读祭文，令在场数以千计的送别人，无不为之大恸。

因王阳明生前曾与家人择好了自己百年后的洪溪墓地。其绍兴、余姚、山阴、会稽、诸暨等附近的门人学子们，在钱德洪、王畿、李琪等人和王阳明宗室家人的带领下，到洪溪墓地修墓。而正宪、正亿及卢尚德、田庄等跟随王阳明多年的十几个弟子，则在中堂以孝子守灵。

每天前来吊唁的百姓及远方奔至的学子、弟子达百人以上，灵堂及其四周悲声哀悼久久不息。

而不能奔丧吊唁的王阳明弟子及心学爱好者，闻此噩耗后，则在各地默默举哀致意。

绍兴知府深深敬佩王阳明，与王阳明的家人及弟子等联合斥资，在王阳明老家建立了巍峨壮观的新建伯祠及其牌楼，以供后人瞻仰追思。

由于奸佞权臣桂萼作祟，朝廷曾下诏禁王阳明心学。不过，这个圣旨只停留在纸上，王阳明的心学，尤其其中的精髓"致良知""知行合一"如燎原之火，遍及全国各地。

这中间有一件事必须提及，当权臣桂萼等借不令而兵的事想彻底扳倒王阳明时，以礼仪派为代表的张璁等，闻王阳明处置广西事得宜甚喜，即荐于朝，请其为内辅，共成天下之治，力挺王阳明入内阁。他的用心很明确，王阳明入朝廷内阁，即可制衡杨一清和桂萼的权力。谁知王阳明客死南安青龙铺，杨一清遗憾，桂萼无语，张璁则叹息。桂萼旋而奏王阳明擅离职守，因他把王阳明上书辞职养病疏压下，皇帝不知道，所以帝大怒，下诏停世袭。

但是，心学浪潮却高山拦不住，春风吹又生！嘉靖九年五月，薛侃等在杭州天真山建立了天真书院，以宣传王学。

嘉靖十一年，大学士方献夫等，为抗议桂萼的禁王学令，在京城联合学派同人四十多人，定期在庆寿山房聚会，共倡师学。

嘉靖十二年，国子监司业欧阳德与同门或聚会于南京僧寺，或开讲于南京国子监，王学信徒闻风欣然而至。

嘉靖十三年，邹守益在南京监祭酒任上，与刘邦采、刘文敏等在安福建复古、复真、连山书院，把嘉靖五年建的惜阴会为四乡会传播王学；逢春秋二季，则在吉安青原山举行大会。

王艮在泰州及江北地区聚众讲学，创出了一个泰州派。

嘉靖三十二、三十三年间，王阳明的再传弟子，聂豹的学生徐阶以大学士职务之便，在北京灵济宫讲学，王门弟子上千人齐集北京，声势浩大。

而绍兴的阳明书院，在王阳明去世后仍有许多学生前来追思。巡按御史周汝员支持建造阳明先生祠，供人们永久瞻仰。终嘉靖一朝，王学不但没被禁止，反而如燎原之火，影响越来越大。直至闻名天下。

顾宪成描述明朝后期王阳明的影响时指出："正嘉以后，天下之尊王子也，甚于尊孔子。"

隆庆元年，即一五六七年，数以百计的廷臣联名上疏："原任新建伯兵部尚书兼都察院左佥都御史王守仁，功勋道德，宜膺殊恤。"

在朝廷大臣歌颂其功的呼声之下，王阳明被诏赐新建侯、谥文成。第二年又赐予"世袭伯爵。"

明穆宗朱载垕在颁发铁券文书中评价说："两肩正气，一代伟人，具拨乱反正之才，展救世安民之略。"

万历十二年，即一五八四年，在皇帝朱翊钧口谕和大学士申时行等提议下，王阳明的牌位被搬进孔庙从祀，成为明代钦定的四位大儒之一（另外三位是薛瑄、胡居仁、陈献章）。万历皇帝说："王守仁学术原与宋儒朱熹互相发明，何尝因此废彼？"

王阳明牌位入孔庙从祀，说明官方已正式承认王阳明学术思想在儒学中的合法地位。王学自此得以合法化。

这正是：

　　文泰武魁独余姚，书圣后继阳明号；
　　师承娄谅开心学，剿匪安邦著勋高。

　　智斗奸谨佞尔曹，刚正傲骨总妖娆；
　　龙场悟道得真谛，永世留芳真英豪。

张兰亭
二零一六年一月二十五日起笔
二零一六年七月二十六日完稿
二零一六年十月三日初定稿
二零一七年五月五日五校终定稿
此书创作于河北衡水花香维也纳

后　记

　　二〇一五年十月二十二日，我从石家庄机场飞往贵阳，开始了前后加起来四个多月的采访王阳明之旅。然后从二〇一六年一月二十五日起笔，我驾着放飞思绪的春风，在文字的海洋里信马驰骋，到二〇一六年七月二十七日止笔，共用六个多月的时间，完成了长篇历史传记小说《王阳明全传》的创作。写作期间，我还曾经用一个月的时间，驱车六个省，即浙江、江苏、山东、河南、安徽、福建，走访了六山即武夷山、琅琊山、九华山、黄山、泰山及大伾山。这部长篇共六十章，七十三万多字，里面有多少路程辛酸和完成后的喜悦，不是一两句话能说清楚的。这部巨著，书稿重十四斤，用掉了我一瓶英雄牌上海墨水。

　　回顾伏案疾书，每天以五千、七千、八千，甚或九千字的速度写作，我的思绪马车一直沿着王阳明的人生轨迹快乐前行。王阳明快乐时，我亦快乐；王阳明苦闷时，我亦苦闷；当阉人刘瑾用奸，让他身受四十殿杖时，我似乎感到自己也被打得遍体伤痕；当王阳明龙场悟道，把良知、致良知、知行合一，融会贯通，王学终于系统化、完整化的时候，我亦异常兴奋！尤其在沿着王阳明的历史足迹采访时，即使到了入住的宾馆，看到身边林林总总的高楼大厦，美不胜收的一个个崭新城市，我心里仍只有王阳明。夫人刘素红说我痴迷于王阳明，我不假思索点头认可。当年写司马迁时，我心里只有司马迁；

在广东龙川县松林宾馆写《南越王》时，我心里只有南越王赵佗；写武则天时，我心里只有妩媚、威仪四射的武则天；尤其是写《赵子龙传》时，我每天骑着自行车，犹如赵子龙胯下骑着那匹白马，手里似乎总拿着一杆长枪，所向无敌。在石家庄市里，把赵子龙与我融为一体，上下班时在大道上飞快穿行，尤为惬意自豪。

而今书写王阳明，我心里自然只有王阳明。这不仅是要文责自负，关键是作家要对其笔下的历史人物负责，哪怕是一个衬托人物也要负责！我要对今天和后来的读者负责！我要把历史人物的音容笑貌、举手投足装进心里，然后反复揣摩，把他不规则的这事儿那事儿，像即将接受检阅似的按历史时刻表有序地排列在一起，再制成一幅幅定格画面，装进脑海里。只有这样，当我纵笔写作时，才能慢慢打开存储的宝藏，像孩提时翻看连环画册、小人书一样，只管信手拈来。用冠则冠来，用剑则手中长剑寒光四射，让它们各归其位，各尽其能。有了主体枝干，加上丰满的血肉和激情四溢的灵气，顿时一个活脱脱、栩栩如生，带着五百年前的历史尘迹和沧桑的厚重韵味，令人高山仰止、万目崇敬加敬畏，既平凡又神奇，文韬武略全才的王阳明，才能微微笑着，从历史长河里大步向我们迎面走来。

沿着王阳明的足迹，寻找他当年留下的诗词碑刻，却不是一件易事。常常要冒着危险，翻越高山峻岭。有些王阳明碑刻位于非旅游之地，其艰难险阻可想而知。比如庐山上有王阳明碑刻，但庐山之大，如何才能找到珍贵的碑刻？为找到王阳明题写的《照山岩》一诗，我和杨廷强先生，在庐山上反反复复寻找，直到日落西山，最后在一位庐山老妇的指引下，才找到了那首《照山岩》碑刻之诗，如此实例不胜枚举。

只要用心，真诚付出就有回报。为给王阳明先生写一部完整的忠于历史、真实的人物传记小说，我们搜集了丰厚的历史史料，前后驱车行程五万余里，其间得到了很多人士的帮助。值此在《王阳明全传》付梓之际，我们诚挚地感谢曾经给予我们帮助的各行各业的朋友。他们是广东政协副主席刘日知先生；和平县政协原主席张运泉先生、原副主席陈定波、徐南安先生和原秘书长、办公室主任黄若丁先生；原和平县委常委、宣传部部长、现河源市文联党组书记黄刚毅女士；和平县现任政协主席吴扶峰先生，副主席杨建华、黄小练先生、黄若华、陈新页女士，政协秘书长徐小可先生；和平县文联主席曾花君女士；和平县委宣传部副部长王军民先生；杨廷强夫人周月姐女士及家人、和平县王阳明研究会副会长萧加铃先生、副会长兼秘书长梁平先生及凌观栋先生、凌观娣女士、朱金棠先生、何秋检女士、杨东治先生、杨日娣女士、徐更生先生、何日献女士、杨廷岳、杨文堪、杨金灵先生等；在此，还要真诚感谢河源市教育考试中心主任王经纬先生、珠海市文联副主席罗方涛先生、深圳市文联美术家协会主席骆文冠先生、和平县贝墩酒业有限公司总经理朱文艺先生、和平县聚隆公寓宾馆服务人员，他们竭力支持和帮助我们，使我们宾至如归。

特别是和平县委书记陈劲松先生、县委副书记、县长王巍先生以及县委常委、宣传部部长、统战部部长袁华丽女士，对《王阳明全传》出版后的宣传和扩大影响等后续工作，和我们当面商议交流，提出了宝贵中肯的建议。在创作、出版过程中，还得到了政协和平县委员会全体同志、广东聪明人集团有限公司、和平县永强混凝土有限公司、和平县润和实业有限公司、广东中兴绿丰发展有限公司、河源市传统村落保护与发展协会，河源市和平文化发展促进会阳明分会等的鼎力支持。值此，真诚地向支持我们的领导和单位，表示最真挚的感谢和最诚恳的敬意！

这部《王阳明全传》提前一年完成创作，我参考了和平县政协印制的《王阳明与和平》、中国社会科学出版社出版的司雁人先生的《阳明境界》、中共党史出版社出版的赣州文史丛书、周建华先生和徐影先生的《王阳明与崇义》等书，值此，我谨向他们表示真诚的感谢！

尤其是夫人刘素红女士，在我创作、修改、定稿这部长达七十三万多字的《王阳明全传》过程中，她付出了极大的心血。初稿完成后，她立即组织打印文稿事宜；李明智先生主动担当本书 1/3 以上的文稿打印工作，不辞辛劳；其间还发生了两起丢书稿的事情，我焦急万分，最后庆幸的是又失而复得。王环女士应邀为《王阳明全传》做插图。她反复阅读原稿，为使图文和谐统一，精益求精，她又查找史料，力求插图与历史吻合。本书责编杨艳丽和王晓冰女士，为此书修改定稿，付出了很多努力，令我难忘！值此《王阳明全传》出版之际，我谨向他们表示最诚恳的感谢和敬意！

河北作家张兰亭

2018 年 5 月 10 日于河北衡水市花香维也纳寓所

跋

周志明

欣闻县委原宣传部副部长、文明办主任杨廷强先生，请作家张兰亭先生到和平县采访，创作长篇历史小说《王阳明全传》，之后又请我为此大作写篇跋，我深知自己资历不深，但同时也感到责任之重。

其实，王阳明生在浙江余姚，但他一生的重大事迹及其心学的发展，却不在余姚。当年，王阳明奉旨率官兵到龙川围剿盘踞在龙川一带的盗贼，剿灭了占据三浰近20年的池仲容等盗匪。剿匪成功后，为保此地长治久安，王阳明奏请朝廷设立了和平县。和平县为纪念王阳明的历史功绩，不仅为王阳明立祠、后又立像建馆，还以阳明命名了阳明镇、阳明小学、阳明中学、阳明大桥等。再后来，杨廷强先生等还成立了和平县王阳明研究会，把研究王阳明的专家集聚在一起，形成了一个开发、研究王阳明历史文化的团队。这一切的一切都是为让和平县的后人永远记住王阳明这位开山立县鼻祖及其事迹。和平人历来崇尚并敬畏王阳明，在同心协力践行社会主义核心价值观、奔小康筑造强国梦的康庄大道上，王阳明的历史文化把我们紧密联在一起。

值此，我联想到了我们聪明人集团的企业文化。不言而喻，二者现实关系明确。我们穿过时光隧道，回到现代人类的进程中，大力发展和开发猕猴桃、百香果为主导的支柱产业，一路走来，风风雨雨，虽然企业盘子越做越大，涉猎的产业空间越来越大，但我深知：文化是企业的根，文化是企业的魂！聪明人集团之所以走到今天，因为我们聪明人集团就坐落在以明代大思想家、军事家、文学家王阳明命名的阳明镇，有阳明文化的支撑。王阳明的"良知""知行合一""致良知"等王学理念，一直滋润浇灌着聪明人集团企业的发展和开拓，如春雨知时节，润物细无声。

　　我是怀着喜悦的心情和杨廷强先生见的面，当面倾听了作家张兰亭先生采访及其创作的全过程。在此，我和杨廷强先生由衷地感谢和平县委、县政府对创作《王阳明全传》的鼎力支持，特别是和平县政协用实际行动支持弘扬阳明文化。同时我也真诚地感谢作家张兰亭先生，原本应该两年完成的书案创作任务，他却用了不到一年的时间。可想而知，他付出了多少艰辛和努力！而且我听说，书稿送出版社之前，张兰亭先生以作家固有的创作良知，夜以继日、一丝不苟、精益求精，细心地对七十多万字的书稿进行了五次校对，直到自己满意，这种精神实在令人敬佩！

　　在我看来，长篇历史小说《王阳明全传》今天能够顺利出版，这是我们和平县在弘扬阳明文化上，刚刚迈出的第一步。接下来我们要把阳明文化打造成和平县的大品牌，让山里的金凤凰早日腾飞，这是一篇大有可写可作的好文章！当然，我们聪明人集团，会牢牢抓住这个机遇，力争再上一个新台阶，为阳明文化的发展助力！

2018 年 3 月 18 日于和平县